福建企业年鉴

2023

FUJIAN
ENTERPRISE
YEARBOOK

《福建企业年鉴》编委会 编

海峡出版发行集团 THE STRAITS PUBLISHING & DISTRIBUTING GROUP | 福建科学技术出版社 FUJIAN SCIENCE & TECHNOLOGY PUBLISHING HOUSE

图书在版编目（CIP）数据

福建企业年鉴. 2023 /《福建企业年鉴》编委会编. —福州：福建科学技术出版社，2024. 3

ISBN 978-7-5335-7239-6

Ⅰ. ①福… Ⅱ. ①福… Ⅲ. ①企业经济－福建－2023－年鉴 Ⅳ. ①F279.275.7-54

中国国家版本馆CIP数据核字（2024）第057453号

出 版 人 郭　武
责任编辑 李新文
编辑助理 黄洪宁
责任美编 黄　丹
责任校对 林锦春
策　　划 海　数
封面设计 力人 LIREN

福建企业年鉴　2023

编　　者	《福建企业年鉴》编委会
协　　编	福建省海峡数据信息中心 福建省产业经济发展促进会
出版发行	福建科学技术出版社
社　　址	福州市东水路76号（邮编350001）
网　　址	www.fjstp.com
经　　销	福建新华发行（集团）有限责任公司
印　　刷	福州力人彩印有限公司
开　　本	889毫米×1194毫米　1/16
印　　张	46
字　　数	900千字
插　　页	4
版　　次	2024年3月第1版
印　　次	2024年3月第1次印刷
书　　号	ISBN 978-7-5335-7239-6
定　　价	497.50元（含光盘）

书中如有印装质量问题，可直接向本社调换。

特 别 致 谢

本书编撰下列单位提供了大量翔实的数据资料和企业信息，福建科学技术出版社进行精心的审读与编校，在此一并致谢！

福建省人民政府、各设区市、县（市、区）人民政府

平潭综合实验区管委会

福建省发展和改革委员会

福建省国有资产监督管理委员会

福建省卫生健康委员会

福建省农业农村厅

福建省工业和信息化厅

福建省住房和城乡建设厅

福建省商务厅

福建省交通运输厅

福建省科学技术厅

福建省文化和旅游厅

福建省财政厅

福建省民政厅

福建省审计厅

福建省公安厅

福建省自然资源厅

福建省生态环境厅

福建省水利厅

福建省人力资源和社会保障厅

福建省教育厅

福建省退役军人事务厅

福建省应急管理厅

福建省统计局

福建省林业局

福建省海洋与渔业局

福建省地方金融监督管理局

福建省市场监督管理局

国家税务总局福建省税务局

福建省新闻出版局

福建省广播电视局

福建省体育局

福建省医疗保障局

福建省粮食和物资储备局

福建省药品监督管理局

中国人民银行福建省分行

中国人民银行厦门市分行

中华人民共和国福州、厦门海关

国家金融监督管理总局福建监管局

国家金融监督管理总局厦门监管局

中国证券监督管理委员会福建监管局

中国证券监督管理委员会厦门监管局

福建社会科学院

福建省农业科学院

福建省总工会

中国共产主义青年团福建省委员会

福建省妇女联合会

福建省科学技术协会

福建省企业与企业家联合会

福建省开发区协会

福建省统计学会

（以上单位排名不分先后）

《福建企业年鉴　2023》
编　委　会

《福建企业年鉴　2023》
编　辑　部

编 辑 说 明

一、编辑出版《福建企业年鉴　2023》以习近平新时代中国特色社会主义思想为指导，旨在宣传福建企业发展的战略、现状和进程，展示福建企业发展的新成就和出现的新情况，总结经验，提供信息，承载历史，服务企业高质量发展。

二、《福建企业年鉴　2023》是多角度系统记载福建企业发展情况的大型资料性年刊，正式出版，国内外公开发行。

三、《福建企业年鉴　2023》内容涵盖上年度福建企业发展的各个方面，分为：年度关注、发展纪事、行业创新、工业园区、品牌创建、专业人才、区域概况、经济数据、涉企政策和表彰奖励等十篇，比较客观、翔实地记载2022年福建企业的实际情况。

四、《福建企业年鉴　2023》中的一些论述仅代表作者观点，所引用的数据和资料均采用政府各部门正式发布的数据和资料；由相关协会提供的稿件，因统计口径不尽相同，个别数据可能有差异。读者如需引用数据和资料，请向相关单位查证，以相关单位提供的数据和资料为准。

五、《福建企业年鉴　2023》的编辑出版工作，得到了省委、省政府和各级政府、省直各有关单位、各有关社会组织和社会各界人士的关心和支持，在此一并致以诚挚的感谢。在本书编撰过程中，参考、引用了一些专著或资料，受联系渠道的制约，无法一一与原作者取得联络，请有关作者看到本书后与编委会联系，我们将支付稿酬并致以谢忱。限于经验和水平，难免存在疏漏和欠妥之处，谨请广大读者批评指正。

目　录

第一篇　年度关注

第二篇　发展纪事

第三篇　行业创新

第四篇　工业园区

第五篇　品牌创建

第六篇　专业人才

第七篇　区域概况

第八篇　经济数据

第九篇　涉企政策

第十篇　表彰奖励

第一篇 年度关注

数说 2022 年福建经济

2022 年，福建省保持经济运行在合理区间，全省经济发展呈现稳中向好态势，全省生产总值 53109.85 亿元，按可比价格计算，比增 4.7%。其中，第一产业实现增加值 3076.2 亿元，增长 3.7%；第二产业实现增加值 25078.2 亿元，增长 5.4%；第三产业实现增加值 24955.45 亿元，增长 4%。2022 年全省第一产业增加值占地区生产总值比重为 5.8%，第二产业增加值比重为 47.2%，第三产业增加值比重为 47.0%；全年人均地区生产总值 126829 元，比上年增长 4.3%。从经济总量看，2022 年居全国第 8 位；从增速看，2022 年实际增速高于全国平均增速 1.7 百分点，在国内各省份中增速居首位。

农业生产稳中有升。全年全省农林牧渔业实现总产值 5502.87 亿元，按可比价格计算比增 3.9%。其中，农业产值 2065.66 亿元，增长 5.2%；林业产值 430.23 亿元，增长 5.0%；牧业产值 1066.25 亿元，增长 4.2%；渔业产值 1740.75 亿元，增长 1.9%。主要农产品产量保持增长，全省粮食产量 508.70 万吨，增长 0.5%；蔬菜产量 1599.77 万吨，增长 3.9%；食用菌产量 153.13 万吨，增长 4.9%；茶叶产量 52.08 万吨，增长 6.7%；园林水果产量 817.31 万吨，增长 7.1%；木材产量 1563.16 万立方米，增长 4.8%；猪肉产量 128.07 万吨，增长 3.0%；水产品总产量 862.35 万吨，增长 1.1%。

工业生产平稳增长。2022 年，福建规模以上工业实现增加值同比增长 5.7%，领先 GDP 增速 1.0%，主要经济指标保持在合理区间。工业增速高于全国水平。第二产业增加值 25078.20 亿元，同比增长 5.4%；规模以上工业增加值同比增长 5.7%，规模以上制造业增加值同比增长 5.6%。增速分别比上年同期下降 2.1%、4.2% 和 4.4%。横向比较，第二产业增加值、规模以上工业增加值、规模以上制造业增加值分别比全国平均水平高 1.6%、2.1% 和 2.6%。在全国排名前十的主要工业省份中，福建位居第 3 位，在东部地区位列首位。民营经济贡献突出。分经济类型看，全年国有控股企业增加值下降 0.6%，股份制企业增长 9.2%，外商及港澳台商投资企业下降 3.5%，私营企业增长 8.7%。民营经济表现突出，全省规模以上民营工业增加值同比增长 9.3%，比全省规上工业高 3.6 个百分点，对规上工业增长贡献率达 97.5%。分三大门类看，采矿业增加值增长 3.9%，制造业增长 5.6%，电力、热力、燃气及水生产和供应业增长 9.3%。分行业看，38 个大类行业有 25 个行业实现同比增长，增长面为 65.8%，其中有 11 个行业增速超过 10%。增长较快的行业包括电气机械和器材制造业、化学原料和化学制品制造业、铁路船舶航空航天和其他运输设备制造业、纺织服装及服饰业，增速分别达到 40.6%、19.7%、16.7% 和 10.9%。但通用设备制造业、纺织业工业增加值下降较明显。全省高技术产业增加值同比增长 17.1%，高于全省规模以上工业增幅 11.4 个百分点，对全省规上工业增加值增长贡献率达 46.2%。从产品产量看，全省列入统计的 447 种工业产品中，195 种产品产量实现增长，增长面为 43.6%。其中，化学药品原药产量增长 85.2%、新能源汽车增长 43.7%、太阳能电池增长 28.7%、合成橡胶增长 13.3%。

建筑业生产规模持续壮大。2022 年，全省资质内总承包和专业承包建筑业企业完成总产值 17129.46 亿元，比上年增长 8.3%，增幅比全国高 1.8 个百分点，居全国第 9 位，东部地区第 1 位。

全省建筑业总产值和竣工产值占全国的比重分别为5.5%和5.0%，均比上年提高0.1个百分点，分别居全国第7位和第8位。从全年走势看，全省建筑业总产值增幅平稳，增幅持续高于全国平均水平。分结构看，建筑工程产值占据主导地位。2022年，全省建筑工程产值15845.99亿元，比上年增长8.2%，占全省建筑业总产值的92.5%；安装工程产值963.04亿元，增长1.0%，占比5.6%；其他产值320.43亿元，增长48.5%，占比1.9%。分行业看，房屋建筑业和土木工程建筑业占比高、贡献大。2022年，房屋建筑业产值12154.04亿元，比上年增长8.5%，土木工程建筑业产值4077.11亿元，增长9.7%，二者合计占全省建筑业总产值的94.8%，对全省建筑业总产值增长的贡献率为99.7%，是拉动全省建筑业总产值增长的主要支撑。建筑安装业产值342.25亿元，增长0.7%；建筑装饰和其他建筑业产值556.06亿元，增长0.3%。

服务业回升向好。2022年全年服务业实现增加值24955.45亿元，比增4.0%。分行业看，交通运输、仓储和邮政业实现增加值1960.00亿元，比增0.7%；批发和零售业实现增加值6230.37亿元，比增7.4%；住宿和餐饮业实现增加值734.41亿元，比增2.9%；金融业实现增加值3889.78亿元，比增6.7%；房地产业实现增加值2674.86亿元，下降3.0%；规模以上服务业企业营业收入比上年增长7.3%。

固定资产投资增势较好。2022年全省固定资产投资总量达20513.89亿元，比增7.5%。分产业看，第一产业投资394.94亿，增长10.4%；第二产业投资7235.74亿元，增长17.0%，其中，工业投资7231.01亿元，增长16.9%；第三产业投资12883.21亿元，增长2.7%。三次产业投资结构由2021年的1.9∶32.4∶65.7调整为1.9∶35.3∶62.8。

消费市场持续回暖。2022年全省实现社会消费品零售总额21050.12亿元，比增3.3%。按经营地统计，城镇消费品零售额18290.71亿元，增长3.6%；乡村消费品零售额2759.41亿元，增长1.8%。按消费类型统计，商品零售额19189.04亿元，增长3.4%；餐饮收入额1861.08亿元，增长2.3%。全省限额以上网上零售额增长21.0%，占限额以上零售总额的比重为25.3%，比上年提高3.0个百分点。

进出口增长较快。2022年全年货物进出口总额19828.55亿元，比增7.6%。其中，出口12140.53亿元，增长12.3%；进口7688.02亿元，增长0.9%。贸易顺差为4452.51亿元，比上年扩大1269.11亿元。2022年全年新设外商投资企业2733家，比上年下降0.3%；实际使用外资金额49.9亿美元，增长1.8%。

财政金融业运行稳健。2022年全省一般公共预算总收入5382.3亿元，剔除增值税留抵退税因素，同口径增长1.9%。其中，地方一般公共预算收入3339.06亿元，同口径增长5.5%。一般公共预算支出5702.93亿元，增长9.6%。2022年年末全省金融机构本外币各项存款余额72927.90亿元，比增17.5%；金融机构本外币各项贷款余额75373.62亿元，比增11.0%。年末农村合作金融机构人民币各项贷款余额6437.66亿元，比增12.9%。

居民收入持续增加。2022年全省居民人均可支配收入43118元，比增6.0%，扣除价格因素，实际增长4.1%。其中，农村居民人均可支配收入24987元，增长7.6%，扣除价格因素，实际增长5.7%；城镇居民人均可支配收入53817元，增长5.2%，扣除价格因素，实际增长3.3%。城乡居民人均可支配收入比值为2.15，比上年缩小0.05。

（摘编：赵小真）

2022 年度福建省重点项目名单

2022 年 2 月 23 日福建省发展和改革委员会下发的《关于印发 2022 年度省重点项目名单的通知》（闽发改重综〔2022〕97 号）提出，经省政府同意，确定 2022 年度省重点项目 1587 个，总投资 4.08 万亿元，年度计划投资 6168 亿元。名单如下。

2022 年度省重点项目名单（1587 个）

一、省在建重点项目（1354 个）

（一）农林水利（95 个）

1. 平潭及闽江口水资源配置工程（福州段）
2. 福清市龙江中下游（南门闸至滨海大通道）综合治理项目
3. 福州江北城区山洪防洪生态补水工程
4. 罗源霍口水库工程
5. 福州地区大学新校区旗山湖工程（二期）
6. 罗源县昌西水库工程
7. 福州市闽江下游南岸防洪六期工程
8. 福州大学城校区溪源泄洪洞防洪排涝工程
9. 厦门马銮湾新城雨洪生态补水工程（田边水闸至过芸溪段）
10. 厦门环东海域新城埭头溪（下游段）综合治理工程
11. 北溪引水主干渠改造工程（马銮湾新城段）
12. 漳州市东南部沿海地区九龙江调水工程
13. 漳浦县朝阳水库工程
14. 古雷区域引水及调配站工程
15. 平和县城乡供水一体化工程（一期）
16. 芗城区城乡供水一体化项目
17. 南靖县城乡供水一体化工程（一期）
18. 南靖县城区饮用水引水扩容提升工程
19. 漳州开发区招商原水有限公司取水泵站迁改工程
20. 泉州白濑水利枢纽工程
21. 永春县马跳水库及供水工程
22. 永安城乡供水一体化建设项目
23. 建宁县城乡供水一体化建设项目
24. 将乐县城乡供水一体化工程
25. 大田县下岩水库工程项目
26. 沙县城乡供水一体化工程
27. 莆田市荔城区南洋水系水环境综合治理工程
28. 仙游县城乡供水一体化项目
29. 莆田市秀屿区石门澳产业园滞洪区清淤及配套工程
30. 莆田西音水库工程
31. 莆田市城区排涝（张镇）泵站工程
32. 莆田市木兰溪防洪工程白塘段
33. 莆田市秀屿区石门澳产业园堤防提升工程
34. 浦城县城乡供水一体化项目
35. 延平区城乡供水一体化项目
36. 武夷山市城乡供水一体化建设项目
37. 南平市建阳区城乡供水一体化建设项目
38. 顺昌县城乡供水一体化
39. 浦城县南浦灌区续建配套与节水改造工程
40. 松溪县城乡供水一体化项目
41. 光泽县城乡供水一体化项目
42. 邵武市城乡供水一体化建设（城区总水厂及管网）项目
43. 武夷新区云谷水系及补水工程
44. 闽江防洪工程南平段三期（建瓯）
45. 顺昌县张源水库工程
46. 浦城县城区防洪排涝（高水高排）工程项目

47. 闽江上游建溪五期（政和段）防洪工程
48. 武夷新区第二水源工程
49. 政和县城区供水引调水工程
50. 龙岩万安溪引水工程
51. 武平县城乡供水一体化项目
52. 永定区城乡供水一体化建设项目
53. 漳平市城乡供水一体化（二期）工程项目
54. 新罗区城乡供水一体化项目
55. 连城县永丰水库工程
56. 连城县城区防洪排涝（高水高排）工程
57. 古田县城乡供水一体化项目
58. 霞浦县城乡供水一体化项目
59. 福鼎市城乡供水一体化二期工程
60. 福鼎市管阳溪跨流域引水工程溪头水库
61. 霞浦县田螺岗水库工程
62. 寿宁县城乡供水一体化（一期）项目
63. 福安市穆阳溪引水一期工程
64. 福安市溪尾水库工程
65. 周宁县城乡供水一体化项目一期工程
66. 屏南县应急备用水源龙虎岔水库引水工程项目
67. 福安市城区供水工程
68. 宁德市西陂塘（赤鉴湖）防洪防潮提升改造工程
69. 平潭综合实验区防洪防潮工程
70. 厦门棠潮园艺暨班纳利中国育种中心项目
71. 长泰花坞里现代农业产业园
72. 漳州市水仙花原产地保护项目（二期）
73. 延平区华东球根研发及育种现代农业项目
74. 邵武市片仔癀润身中药产业科技示范园项目
75. 新罗耘榕智慧高新菌菇产业示范基地
76. 宁德天山茶产业融合发展示范园
77. 永泰丹云数字农业产业园项目
78. 建宁县生态养殖厂区建设项目
79. 浦城县圣农新建年产 9000 万羽肉鸡工程及配套项目
80. 光泽县圣农种鸡饲养场新建项目
81. 光泽县圣农孵化、肉鸡饲养场新建项目
82. 福建省深海装备养殖试点项目（一期）
83. 福清市东瀚国家级海洋牧场示范区
84. 福州（连江）国家远洋渔业基地粗芦岛核心区项目一期
85. 福清莲峰国家现代渔港经济服务区
86. 福清健浩水产养殖基地及配套设施建设项目
87. 福清东瀚海亮沃口一级渔港经济区
88. 福建省漳州市云霄山前中心渔港工程
89. 光泽现代渔业产业园项目
90. 九龙江流域山水林田湖草沙生态保护修复项目
91. 福建泉州市泉港区海洋生态保护修复项目
92. 福建省木兰溪下游水生态修复与治理工程
93. 莆田市秀屿区石门澳产业园生态修复及配套工程
94. 君山片海洋生态保护修复工程
95. 中化炼化一体化（三期）回填工程

（二）交通（91 个）

96. 福厦铁路客运专线
97. 兴泉铁路（福建段）
98. 龙岩至龙川铁路龙岩至武平段
99. 福州市港口后方铁路通道项目（杜坞至樟林至透堡段）
100. 改建铁路鹰厦线华安城区段外移工程
101. 闽赣省际（建宁）公铁联运物流园铁路专用线项目
102. 三明市国家粮食和物资储备局七五五处物资转运站铁路专用线搬迁项目
103. 福州至长乐机场城际铁路工程
104. 厦门城际铁路 R1 线机场预留段工程
105. 宁德至古田高速公路
106. 国高网宁德至上饶高速公路宁德霞浦至福安段
107. 厦蓉高速龙岩东联络线（龙岩高速公路东环线）
108. 漳武线南靖至永定高速公路南靖段
109. 漳武线永定至上杭高速公路永定高头至城区段
110. 泉南国家高速公路永春互通至汤城枢纽段及沙厦国家高速公路德化至汤城枢纽段改扩建工程
111. 福州滨海新城高速公路一期工程

112. 武夷新区至沙县高速公路（三明段）

113. 沈海高速公路驿坂服务区提升改造工程

114. 古雷疏港高速公路一期工程

115. 乡镇便捷通高速工程项目

116. 普通公路提质增效补短板项目

117. “四好农村路”工程包

118. 国道 G316 线长乐漳港至营前段公路工程

119. 福清滨海大道（国道 G228 线）

120. G324 国道福清段

121. 国道 G228 连江浦口官岭至琯头东边段公路工程

122. 福州城区北向第二通道工程（晋安段）

123. 纵二线连江境 104 国道新洋（陀市）至南塘段公路改线工程

124. 国道 G355 永泰葛岭濑下至城峰蕉濑段公路

125. 滨海大通道初芦至松皋段及蛎坞至官岭段

126. 厦门第二东通道工程

127. 翔安机场高速公路（沈海高速—翔安南路）

128. 新 324 国道（灌新路—凤南七路段）提升改造工程—坂头立交以西段项目

129. 新 324 国道（翔安段）提升改造工程项目

130. 国省干线联十一线漳州长泰段公路工程

131. 国道 G324 线龙海角美大碑头至龙文朝阳漳滨段改线工程

132. 省道 219 线龙海雩林至翠林段提升改造工程

133. 国道 G324 线漳浦城关过境段公路工程

134. 国道 G324 线漳州台商投资区过境段（奥特莱斯大道至厦门界）公路工程

135. 政和杨源至永定高速公路（闽粤界）永泰至德化段（泉州境）

136. 国省干线横七线（G356）永春石鼓卿园至达埔前峰段公路工程

137. 国道 G358 线安溪城厢至官桥段公路工程

138. S217 联四线安溪县雅兴至东坑公路工程

139. 国道 G235 线尤溪西城至新阳（大田界）公路工程

140. 国道 G356 线宁化城关何家园至城郊乡瓦庄村公路建设工程

141. 国道 G534 线大田文江镇至奇韬水泥厂段公路

142. 福建省普通国省干线公路联十一线（莆田境）涵江江口至仙游枫亭段工程

143. 国道 G237 线武夷山市桐源至七马槽段公路工程

144. 国道 G528 线政和林屯至石屯段公路工程

145. 国省干线横十线新罗区龙门至大池（上杭界）段（龙门朝前至大池北溪）公路

146. 武平县 G205 线高梧至丘坑段（十方过境线）公路工程

147. 武平站交通枢纽一体化工程建设项目

148. 霞浦东冲半岛外海道路工程

149. 国省干线（联七线）公路霞浦东冲至火车站段工程

150. 国道 G104 线蕉城区八都岙村至金涵苗圃段改扩建工程

151. 国省干线公路纵二线（福鼎段）及沿线四个通乡镇支线工程

152. 普通国省干线（纵三线）周宁县纯池镇祖龙村（寿宁界）至周宁城关（仙溪亭）公路工程

153. 国道 G237 线宁东高速八都互通至衢宁铁路蕉城站段公路工程

154. 国道 G228 线福鼎市白琳镇小白岩至店下段公路工程

155. G228 线（纵一线）霞浦沙江沙塘里至溪南德土鼻段工程项目

156. 国道 G104 线蕉城区城南福洋至飞鸾孝岐头段改扩建工程

157. 国道 G235 线古田县天宫岭至高头岭段公路工程

158. 福州港江阴港区 6#、7#泊位工程

159. 福建闽江水口水电站枢纽坝下水位治理与通航改善工程

160. 福州港江阴港区 8#、9#泊位工程

161. 福州港江阴港区 13A、13B、13C 泊位工程

162. 福州港松下港区山前作业区 17#泊位工程

163. 厦门港古雷港区古雷作业区北 1#、2#泊位工程

164. 泉州围头湾港区石井作业区 16 ~ 19#码头

165. 泉州石湖作业区 5#、6#泊位工程

166. 湄洲湾港肖厝港区鲤鱼尾作业区 4 号泊位工程及仓储项目

167. 泉州港围头湾港区石井作业区 11 号、12 号泊位工程

168. 湄洲湾航道四期工程 - 南岸航道工程

169. 湄洲湾港秀屿港区石门澳作业区 6 号、9 号、11 号泊位工程

170. 莆田兴化港区涵江作业区 1 ~ 3 号泊位及兴化港区进港航道一期工程

171. 南平港延平新城港区 ppp 项目

172. 福州港三都澳港区漳湾作业区 18 ~ 20 号泊位工程

173. 福州港三都澳港区漳湾作业区 21 号泊位工程

174. 福州港三都澳深水航道二期工程（漳湾航道工程）

175. 福州港白马港区坪岗作业区 4#、5#泊位工程

176. 福州长乐国际机场二期扩建工程

177. 厦门翔安新机场

178. 泉州晋江国际机场扩能改造工程

179. 智慧广电基础配套设施建设项目

180. 2022 年中国电信福建公司 5G 建设项目

181. 中国电信千兆光网建设

182. 龙运汽车站项目

183. 高速公路和普通国省道省界服务区项目

184. 福州长乐机场综合交通枢纽配套工程

185. 泰宁城乡客运综合服务中心建设项目

186. 宁德市水陆联运中心工程

（三）能源（37 个）

187. 霞浦核电基地

188. 漳州核电站

189. 福清核电站

190. 华能霞浦核电基地厂外综合配套工程

191. 福建华电可门电厂三期项目

192. 神华福建罗源湾储煤发电一体化项目

193. 光泽圣农生物质发电厂项目

194. 华能古雷热电厂一期工程（北厂区）项目

195. 漳浦县赤湖工业园热电联产项目

196. 泉惠石化工业区热电联产项目

197. 尤溪经济开发区城南工业集中区热电联产项目

198. 莆田市石门澳产业园热电联产二期项目

199. 宁德周宁抽水蓄能电站

200. 永泰抽水蓄能电站

201. 厦门抽水蓄能电站

202. 福建云霄抽水蓄能电站

203. 国家海上风电研究与试验检测基地（国家海上风电检测中心）

204. 三峡福建漳浦六鳌海上风电场二期项目

205. 莆田平海湾 DE 区（40 万千瓦）项目

206. 平潭外海海上风电场项目

207. 长乐外海海上风电场 C 区项目

208. 平潭长江澳海上风电场工程项目

209. 福建天然气管网二期工程

210. 漳州液化天然气（LNG）接收站项目

211. 哈纳斯莆田液化天然气（LNG）项目

212. 福建北部向南部新增输电通道（福州 ~ 厦门）工程

213. 110 千伏及以下配电网升级改造工程

214. 220 千伏电网项目

215. 闽粤联网工程（福建段）

216. 500 千伏电网项目

217. 漳州 LNG 联络线及外输管道延伸段项目

218. 泉州市西三线天然气高压管网利用工程

219. 泉港地下水封洞库（后龙镇区域）

220. 泉州 GC 地下库项目

221. 泉港地下水封洞库

222. 国网时代福建吉瓦级宁德霞浦储能工程

223. 宁德核电厂生产生活附属设施项目

（四）城乡建设与生态环保（234 个）

224. 福州市轨道交通 4 号线一期工程

225. 福州市轨道交通 5 号线一期工程

226. 福州市轨道交通 6 号线工程

227. 福州市轨道交通 2 号线东延线一期工程

228. 福州市轨道交通 6 号线东调段工程

229. 厦门轨道交通 3 号线工程

230. 厦门轨道交通 4 号线工程（后溪至翔安机场段）

231. 厦门轨道交通 6 号线（林埭西至华侨大学段）

232. 厦门轨道交通 3 号线南延段工程

233. 厦门市轨道交通 6 号线漳州（角美）延伸段工程

234. 福州马尾大桥

235. 福州新店外环路西段道路工程

236. 福州跃进郭宅及周边旧屋区改造项目配套道路（一期）

237. 福泉高速公路拓宽改造工程（B 段）

238. 福州市城区北向第二通道（园中互通—新店外环）工程

239. 福清环城路外延伸线

240. 福州三叉街改造项目出让地配套道路工程

241. 马尾区港口路下穿及市政基础设施配套工程

242. 福州临空经济区文鹤中路及连接线道路工程

243. 三江口片区纵二路、纵三路道路工程（含区间桥梁）

244. 福州市华林路东延伸段道路工程

245. 福州市省拖片区及周边地块旧屋区道路工程

246. 福泉高速公路拓宽改造工程（A 段）

247. 福州绕城高速北出入口周边整治第二通道（厦坊路、万寿路）

248. 金山大道提升改造工程

249. 闽侯二桥

250. 福州工业北路延伸线工程南段（工业路—梅峰路）

251. 福州闽侯乌龙江大道（上街段）工程

252. 长乐区新福北路（环湖路）道路工程

253. 福州二环东南段闭合（林浦路、林浦互通）工程

254. 福州市工业路（上浦路—杨桥路）提升改造工程

255. 福州临空经济区文松路（仙昙路至鹏程路）道路工程

256. 连江县粗芦岛环岛公路二期工程（塘下至粗芦岛二桥连接线路段）

257. 福州临空经济区网龙二路及连接线道路工程

258. 闽侯南通文山至祥谦兰圃村段道路拓宽改造工程

259. 长乐岱岭隧道及连接线工程（一期）

260. 长乐区会堂南路（省道 203 至龙景路）道路工程

261. 福清西站站前广场及配套道路工程

262. 福清东部新城核心区配套道路工程

263. 闽侯县林森大道（二期）道路工程

264. 228 国道临空经济区道路景观提升改造工程

265. 闽侯县上街侯官大道

266. 闽侯二桥（南互通）工程

267. 厦门马銮湾道路工程

268. 湖里区东部片区市政道路工程项目

269. 海沧疏港通道工程

270. 溪东路（翔安南路至机场快速路段）（原翔安滨海东路）工程

271. 厦门环东海域滨海旅游浪漫线三期工程（琼头段及下后滨—会展段道路）

272. 厦门滨海东大道（翔安东路—莲河段）

273. 厦门体育会展新城市政配套道路

274. 厦门东部会展新城滨海东大道（翔安南路—翔安隧道段）改造工程

275. 同安进出岛通道同安端先导工程（同集路—滨海西大道段）

276. 厦门邮轮母港片区市政配套道路一期工程

277. 厦门芦澳路（马青路—翁角路段）工程

278. 沈海高速公路厦门段马銮湾片区（前场二路）出入口及连接通道工程

279. 厦门翔安西路（海翔大道—翔安南路段）道路工程

280. 厦门东坪山健康步道（东山水库—环岛路段）景观提升工程

281. 厦门新机场蔡厝片区城场路（翔安东路至溪东路）

282. 海翔大道（香山—鸿渐山段）二期工程

项目

283. 厦门新机场莲河片区沙美路（翔安南路—滨海旅游路段）工程

284. 漳州市圆山大道道路工程（含扶贫“双百”工程G319线象镇互通至靖城草前圆山大道段）

285. 龙海市锦江大道（三期）C、D段（含扶贫“双百”工程G228海澄普贤至浮宫霞威段锦江大道三期工程）

286. 漳州金峰大桥北连接线工程

287. 龙海市浮南大道（二期）道路工程

288. 泉州台商投资区海山大道建设工程

289. 泉州城东至北峰快速通道及两侧片区棚户区（石结构房）改造项目

290. 泉州台商投资区海湾大道（海江大道—海玉路、海灵大道—惠安）工程

291. 泉州市二重环湾快速路（晋江段）新建工程一期工程

292. 泉州台商投资区海城大道（原第四纵路）工程

293. 晋江市东部快速通道一期工程

294. 泉州台商投资区泉东大道（杏秀路—南北大道、杏秀路—海玉路）市政工程

295. 泉州台商投资区东西大道延伸段工程

296. 晋江南高速出口连接线延伸段工程

297. 南安市石井镇科院北路二期工程

298. 南安市石井镇通海路工程（二期）

299. 南安武荣大桥

300. 洛江西环路朋虹街—经九路段市政道路工程

301. 莆田市木兰大道三期建设工程

302. 莆田火车站南北广场东西两侧地下通道涉铁预埋工程

303. 莆炎高速萩芦出口至兴化湾涵江港作业区进港道路（南环路至芳山互通段）工程

304. 木兰大道仙游段大济溪口至度尾石牌兜段道路工程

305. 武夷新区闽越大道北延段道路工程

306. 南福路快速通道工程（一期）

307. 政和县南庄洋市政工程建设项目

308. 政和县松源洋片区综合管廊及周边配套基础设施建设项目

309. 南平市闽江大桥北桥头至316国道连接线工程

310. 武夷新区金融CBD周边市政路网及配套工程项目

311. 武夷新区南林片区滨江西路道路及景观工程（建安大桥至林后大桥段）

312. 建阳区双龙桥建设工程

313. 龙岩大道四期及地下综合管廊工程

314. 宁德市连城路（疏港路至学院路段）道路工程

315. 宁德市东侨路（天山路至天德路段）道路工程

316. 宁德市漳湾大道工程

317. 福州闽调龙高支线改扩建项目

318. 闽侯东南汽车城自来水厂项目

319. 闽侯县竹岐乡鸿尾乡供水工程

320. 厦门新机场北部片区排水除涝工程

321. 龙海市自来水厂管网及配套设施工程

322. 漳州市金峰水厂扩建工程（一期）

323. 云霄县第二自来水厂建设工程

324. 漳州市东墩污水处理厂配套污水主干管工程

325. 石狮水头排涝枢纽工程

326. 南安市官桥镇第二自来水厂

327. 莆田市第二水厂迁建工程

328. 宁德市第三水厂三期扩建项目

329. 平潭北部自来水厂工程

330. 平潭自来水厂（二期）工程

331. 全省农村生活污水提升治理项目

332. 思明区筼筜湖南北片区污水“两高”建设工程

333. 集美区正本清源项目

334. 同安工业集中区正本清源工程

335. 厦门前场污水处理厂一期工程

336. 翔安区市政排水管网正本清源改造项目

337. 厦门下潭尾污水处理厂工程

338. 厦门洪塘污水处理厂一期工程

339. 云霄县中心城区污水治理提质增效工程

340. 漳州台商投资区角美城市污水处理厂二期扩建工程

341. 南靖县农村污水处理设施建设工程项目

342. 东山县城乡污水收集系统工程（二期）及配套工程项目

343. 东山城乡污水设施和收集管网项目

344. 九龙江西溪（高新片）流域水环境综合整治工程

345. 南安市沿海片区污水处理厂尾水深海排放工程

346. 沙县水南东片区污水处理厂及城区污水管网建设项目

347. 莆田市湄洲湾北岸经济开发区城镇污水综合改造项目

348. 政和县城乡污水设施一体化建设项目

349. 光泽县和顺工业园污水处理项目

350. 漳平市农村生活污水收集与处理工程（一期）项目

351. 宁德市蕉城、东侨片区污水提质增效工程

352. 霞浦县污水厂三期及配套设施建设项目

353. 寿宁县污水处理厂配套设施工程项目

354. 古田县乡镇排水工程

355. 福清市垃圾无害化处理及综合利用项目

356. 厦门东部垃圾焚烧发电厂三期项目

357. 永春县生活垃圾焚烧发电项目

358. 永安市生活垃圾无害化处理工程

359. 邵武绿益新危险废物处置及综合利用项目二期技改、扩建工程

360. 邵武市生活垃圾焚烧发电项目

361. 上杭生活垃圾焚烧发电项目

362. 武平县生活垃圾焚烧发电项目

363. 大田广建环保科技矿业与工业固体废物资源化再利用项目

364. 福州市义序河整治工程

365. 南安市“两溪一湾”安全生态水系综合整治工程

366. 莆田市涵江区水环境综合治理一期工程

367. 东山变进出线地下综合管廊工程

368. 莆田北岸两岸智能医疗产业园市政配套及综合管廊项目一期

369. 平潭综合实验区存量管廊升级改造及维护工程

370. 闽清梅溪新区基础设施建设项目

371. 福州滨海新城 CBD 核心区输配环区域工程地下空间项目

372. 闽清县南山片区改造项目

373. 滨海新城滨江滨海路景观提升改造与防护林（海螺塔）工程

374. 福州北站南广场综合改造工程中间及东侧地块（含地下停车场）项目

375. 连江县贵安旅游区路网工程项目

376. 福州市红庙岭循环经济生态产业园区基础配套设施和综合管理服务中心建设项目

377. 厦门大小嶝造地工程陆域形成及地基处理工程项目

378. 厦门阳塘安居小区工程

379. 厦门何厝岭兜片区综合配套工程项目

380. 厦门会展嘉园

381. 翔安区南部新城片区综合配套工程项目

382. 厦门新浦嘉园安置房

383. 厦门珩边居住区保障性安居工程

384. 保障性租赁住房（厦门国际健康驿站）

385. 厦门美峰花园安置房

386. 厦门马銮湾保障房地铁社区二期工程

387. 厦门保障性住房龙泉公寓

388. 厦门体育公园片区高林安置型商品房二期工程

389. 厦门保障性住房洪茂居住区一期工程

390. 厦门机场片区大嶝岛西侧护岸及环嶝路工程

391. 厦门钟宅南苑安置房

392. 马銮湾新城集美蔡林安置房

393. 福厦客专（同安段）龙西安置房

394. 福厦客专（同安段）西湖安置房一期工程

395. 马銮湾新城南岸中心绿轴公园及配套项目（南段）

396. 筼筜湖第二排涝泵站及西堤闸工程

397. 漳浦海岸新城及配套项目

398. 漳州西湖生态园启动区一期项目

399. 芗城区金安片区基础设施项目（一期）

400. 漳州金峰经济开发区金宝园区污水处理厂及配套市政基础设施建设工程

401. 云霄县下港片区棚户区改造建设项目
402. 芗城区金安片区棚户区改造项目
403. 漳浦鹿溪南岸片区一期项目及配套工程
404. 龙海经济开发区园区建设工程（一期）
405. 东山县矿泉湖生态修复及文化旅游配套项目
406. 漳州高新区圆山新城诗墩棚户区改造项目
407. 芗城益民花园安居房二期项目
408. 云霄县莆美镇莆下村村民安置房建设项目
409. 东山县西埔、铜陵市场老旧小区改造项目
410. 漳浦县赤湖一般固废填埋场及连接线道路工程
411. 泉州西华洋片区改造项目
412. 鲤城繁荣片区棚户区改造项目
413. 泉州台商投资区白沙片区棚户区改造项目（一期）
414. 泉州台商投资区白沙片区棚户区改造项目（二期）
415. 南安海峡科技生态城项目
416. 安溪县解放路西片区改造项目
417. 惠安惠泉片区改造建设工程
418. 泉州台商投资区新泉州东站站前广场及市政配套工程
419. 厦门翔安新机场南安石料配套工程
420. 泉港高铁站前广场及配套工程
421. 兴泉铁路南安北站综合配套建设工程
422. 三明徐碧“城中村”棚户区改造项目
423. 三明生态新城人才房配套建设项目（二期）
424. 将乐县原纤维板厂地块棚户区改造项目
425. 永安新型节能减排及环保提升工程
426. 莆田市木兰溪南岸乡村振兴和生态修复工程
427. 莆田市秀屿区高铁南片区工程
428. 莆田市绶溪片区棚改项目
429. 莆田市城厢区沟头片区城市更新建设项目
430. 城厢区龙德井片区危旧房改造项目
431. 莆田市绶溪公园·状元红共享农业公园
432. 秀屿区高铁片区刘厝棚户区改造
433. 泗华郊野公园项目
434. 仙游鲤北万福 61 号地块安置区项目
435. 莆田市秀屿区四新棚户区改造项目
436. 莆田市秀屿区高铁南片区杨林棚户区改造项目
437. 建瓯市下水南片区棚户区改造 SN－B－(14－15）地块保障房建设项目
438. 松溪县武装部至财富天下棚户区改造项目
439. 武夷山市水美幸福湾项目
440. 武夷山市综合农场危旧房棚户区改造项目
441. 光泽县水美城市（一期）建设项目
442. 顺昌县龙湖湾城市客厅项目
443. 武夷山市环武夷山国家公园生态保护修复项目
444. 延平区老旧小区改造配套基础设施建设项目
445. 邵武市水美城市建设项目（一期）
446. 南平市建阳区童游老旧小区改造配套设施建设工程
447. 南平市（邵武）危险化学品应急救援中心建设项目
448. 龙岩市华龙社区改造项目
449. 武平革命老区城乡融合发展示范区建设项目
450. 龙岩大道南段二期及安置房工程
451. 龙岩大洋片区综合改造项目
452. 龙岩曹溪浮蔡片区棚户区改造
453. 龙岩市红炭山安置小区项目
454. 龙岩浮蔡安置小区建设项目
455. 上杭北站交通综合枢纽项目
456. 福宁湾滨海新城及基础设施项目
457. 宁德北部新区产业园配套服务中心

（五）工业（626 个）

458. 晋安湖东侧地块“三创”示范园
459. 福清思嘉新材料科技产业园项目
460. 福州恒美光电偏光片项目
461. 福建福融新材料有限公司年产高强度聚

烯烃膜材料70万吨项目

462. 正太新材年新增60万吨二氧化钛项目

463. 福建福米科技有限公司福美显材贴合项目

464. 福州高新区海西高新技术产业园创新园三期

465. 福州高新区5G通信配套设备及基础配电设备生产项目

466. 福清正太新材年产20万吨二氧化钛项目

467. 福清市友谊包装材料有限公司年产特种胶带基材2亿平方米项目

468. 福建福米科技有限公司模组项目

469. 福州高新区光电产业基地C区、D区

470. 金山橘园工业园区项目C

471. 福建巨泽生物医药产业园

472. 长乐福达年产100万台高精度智能仪表项目

473. 晋安华芯特种材料公司单晶硅及其制品项目

474. 马尾优你康隐形眼镜生产项目

475. 福建中旷顺亨新材料有限公司NPR新材料项目

476. 福建省腾能环保循环经济产业园

477. 福州高新区迈新生物诊断试剂生产基地

478. 福州软件园D区软件信息产业基地项目

479. 长乐拓普达新材料项目

480. 福州网驿智能制造产业园

481. 福州福光精密及超精密光学加工实验中心建设项目

482. 福州软件园数字经济产业创新中心项目

483. 马尾龙净水环境科技园

484. 仓山中能电气提升改造项目

485. 福建阿石创新材料超高清显示用铜靶材产业化建设项目

486. 福抗药业特色原料药及配套中间体生产线建设项目

487. 厦门天马第6代柔性AM-OLED生产线项目

488. 厦门钨业稀土永磁电机产业集群项目

489. 厦门时代锂离子电池生产基地项目（一期）

490. 厦门士兰12英寸特色工艺半导体芯片制造生产线建设项目

491. 翔安中航锂电A6项目

492. 中航锂电厦门二期项目

493. 厦门金鹭硬质合金工业项目

494. 厦钨年产4万吨锂离子电池材料产业化项目

495. 海辰锂电研发及智能制造项目

496. 厦门金柏半导体超精密柔性载板及模组生产基地项目

497. 海辰新材料一期项目

498. 茂晶光电（厦门）沉浸式VR光学镜头项目

499. 电气硝子玻璃（厦门）液晶玻璃基板四期（加工厂）项目

500. 厦门延江新材料项目

501. 海沧半导体产业基地项目

502. 厦门火炬智能制造产业园三期项目

503. 龙胜达巷北工业区照明项目

504. 厦门当盛新材料产业园项目

505. 厦门力卓药业产业化基地建设项目

506. 东山海洋生物科技产业基地及配套基础设施项目

507. 漳州中科龙腾智能模块式悬浮电源互感器产业化项目

508. 东山县太阳海缆项目

509. 东山一道新能源科技（漳州）有限公司光伏组件项目一期工程

510. 东方醒狮新建储能电池项目

511. 龙文关节轴承绿色智能制造技术改造项目

512. 长泰榕鑫达科技生产项目

513. 漳州高新区泓光半导体材料二期项目

514. 南安三安半导体研发与产业化项目

515. 晋江渠梁测试项目（二期）

516. 晋江百宏年产72万吨功能性聚酯薄膜项目

517. 晋江渠梁测试项目

518. 晋江百宏年产33万吨功能性聚酯薄膜项目

519. 安溪全球商业遥感卫星地面接收站网福

建站及空天大数据产业园

520. 晋江百宏年产 33 万吨差别化化学纤维生产项目

521. 惠安城南中心工业园区高端芯片项目

522. 惠安长塑高性能膜材－高功能性 BOPA 膜材产业化项目

523. 安溪大成智慧产业园

524. 泉港宇极年产 27130 吨环境友好型含氟新材料生产线建设项目

525. 惠安远洋智创空间

526. 晋江夜光达反光材料生产项目

527. 鲤城火炬电子超级电容器项目

528. 惠安信和新材料项目

529. 南安利昌新增年产 BOPP 光电反射薄膜 6 万吨扩建项目

530. 永春冠中科技年产 9 万吨生物基全降解、可降解复合材料及制品项目

531. 鲤城小体积薄介质层陶瓷电容器高技术产业化项目

532. 泉州台商投资区万安华科电子研发生产基地项目

533. 福地（石狮）ES 复合短纤维生产项目

534. 晋江胜科纳米集成电路专业分析测试平台项目

535. 泉港光启原料药生产车间及配套设施建设项目

536. 通达创智石狮智能制造基地建设项目

537. 泉州台商投资区微米科技厂区建设项目

538. 惠安博纯年产 900 吨电子材料项目

539. 晋江集成电路测试探针暨中国大陆营运总部项目

540. 明溪新型 SPC 石塑地板环保深加工建设项目

541. 清流东莹环保型氟产品生产扩建项目

542. 三明台氟年产 26000 吨含氟精细化工项目

543. 大田科华年产 5 万吨石墨化负极材料生产线技改项目

544. 清流雅鑫新型超纯系列清洗材料生产项目

545. 永安翔丰华年产 3 万吨高端石墨负极材料生产基地建设项目

546. 明溪海斯福高端氟精细化学品生产项目（二期）

547. 永安光伏热场用碳及碳复合材料制品生产项目

548. 永安劲美生物年产 5 万吨植物精油深加工项目

549. 三明悦淳有机胺中间体及特种助剂生产项目

550. 永安华药生物年产 1 万吨医药中间体项目

551. 明溪沃林大健康系列产品生产项目

552. 沙县铭峰新型高分子材料生产线建设项目

553. 宁化有机硅新材料应用及生产项目

554. 永安石墨烯家居用品生产项目

555. 永安锂离子电池负极材料项目

556. 明溪卓越氟硅新材料系列产品生产项目

557. 明溪导洁水处理剂系列产品生产项目

558. 沙县楚兴医药中间体生产项目

559. 莆田新能源产业创新示范区涵江临港标准化厂房及周边配套基础设施（含 5G 新基建）项目

560. 涵江区海丝“北斗＋”产业园

561. 莆田三利谱科技厂区项目

562. 莆田鑫瑞高性能环保超临界发泡新材料产业化项目

563. 邵武永和新型环保制冷剂及含氟聚合物等生产项目

564. 三爱富（邵武）氟化学产业基地项目

565. 顺昌添裕年产 10 万吨生物新材料项目

566. 美新科技建瓯新型环保应用材料（一期）项目

567. 邵武海德福年产 1.5 万吨高性能氟材料项目

568. 邵武康达年产 3 万吨胶粘剂新材料系列产品项目

569. 建阳金石氟业含氟系列产品生产建设项目

570. 邵武康峰有机氟系列新材料项目

571. 邵武永晶年产 1.2 万吨氟苯装置项目

572. 建阳区鑫众信钢结构加工、集成装吊板生产项目

573. 邵武华盛通年产2.2万吨含氟无机盐及1万吨含氟酸生产项目

574. 顺昌医药中间体项目

575. 邵武绿闽环保年产1万吨系列分子筛、催化剂项目

576. 邵武福豆新材料电子特气及先进电子专用化学品项目

577. 邵武市邦孚年产1500吨含氟精细化学品及副产生产项目

578. 建阳区闽瑞年产2万吨复合聚乳酸纤维项目

579. 松溪县熹茗白茶加工及产业技术基地建设项目

580. 上杭天甫年产36万吨半导体级电子材料生产项目

581. 上杭紫金锂元磷酸铁锂正极材料建设项目

582. 永定区维骑动力锂电池生产项目

583. 连城渡远复合材料生产项目

584. 新罗富尼电子元器件组装加工项目

585. 新罗华拓新能源动力电池生产项目

586. 长汀4000吨高性能稀土永磁材料扩建项目

587. 新罗双亚新能源锂电池生产项目

588. 漳平九鼎精细氟化物改扩建生产项目

589. 新罗宏贯海洋防腐材料研发与生产项目

590. 连城稳健奢侈品金属新材料配件加工生产线项目

591. 漳平福迩年产20吨富勒烯粉建设项目

592. 新罗和达智慧教育显示屏玻璃盖板生产项目

593. 福鼎时代锂离子电池生产基地项目

594. 宁德时代湖西锂离子动力电池生产基地项目

595. 宁德邦普新材料产业园项目

596. 宁德新能源湖东数字化精益工厂一期工程

597. 宁德时代锂离子动力电池生产基地项目（车里湾一期）

598. 时代一汽年产20GWh动力电池生产线扩建项目

599. 宁德时代湖西锂离子电池扩建项目

600. 宁德时代湖西锂离子电池扩建项目（二期）

601. 宁德新能源湖西产业园数码项目三期工程

602. 福鼎时代锂离子电池生产基地四期项目

603. 宁德杉杉年产5万吨动力电池负极材料项目

604. 宁德新能源湖西产业园数码项目四期工程

605. 福安青拓高性能不锈钢新材料及配套项目（一期）

606. 福安青美年产10万吨磷酸铁锂动力电池正极材料项目

607. 福安嘉元年产1.5万吨高性能铜箔项目

608. 宁德蕉城时代锂离子动力电池生产基地项目（车里湾二期）

609. 屏南润能锂离子电池材料生产项目（一期）

610. 福安弘远年产20万吨富钛料生产线项目

611. 宁德卓高高安全性锂离子电池用功能涂层隔膜生产基地及研发中心建设项目

612. 宁德文达镁铝科技有限公司年产5万吨镁铝合金项目

613. 福安瑞钢高端冷轧不锈钢精密钢带项目

614. 古田药业生物药品、制剂及保健品生产线（含中药提取）迁扩建项目

615. 宁德时代工程中心扩建项目

616. 闽东力捷迅现代化制剂生产基地建设项目一期

617. 屏南时代电子PCBA生产项目（一期）

618. 宁德国泰华荣年产8万吨新材料项目

619. 福鼎市凯欣电池材料年产10万吨锂电池电解液项目

620. 中国太子参智慧产业园

621. 星网锐捷科技园基地三期建设项目

622. 福建省福联集成电路有限公司砷化镓一期增资扩产项目

623. 福建越华晖实业有限公司光电显示科技

创新产业园项目

624. 福州高新区凯德数创信息中心

625. 联芯集成电路制造项目

626. 厦门泰亘信智能制造基地

627. 漳州台商投资区中科智谷产业园项目

628. 漳州立达信 LED 灯具、智能照明产品、物联网产品及其配套产品项目

629. 晋江存储器生产线建设项目

630. 安溪天电光电 EMC 产品系列 2.0 技改项目

631. 沙县金杨电池零部件生产项目

632. 瑞声数码蓝牙智能终端全产业链项目

633. 莆田依吨高性能覆铜板产业化项目

634. 福建大族元亨光电有限公司新型 LED 显示生产项目

635. 新罗数字经济产业园产城融合项目一期

636. 连城百鸿金智能音箱制造生产项目

637. 龙岩龙翔得能智能数字产业基地项目

638. 永定立孚 5G 布线系统生产项目

639. 武平钜明鑫 LED 连接线束生产项目

640. 永定区惠立达公司快速供电装备制造建设项目

641. 福海创公司原料适应性技改项目

642. 碳五碳九分离及下游新材料项目

643. 福建省东南电化股份有限公司江阴西部化工区高盐废水综合利用暨 60 万吨/年离子膜烧碱项目

644. 福建石化集团年产 3.6 万吨 BDO 及 6 万吨 PBT 项目

645. 连江申远二期年产 40 万吨聚酰胺一体化项目

646. 万华化学（福建）异氰酸酯有限公司 40 万吨/年 MDI 项目

647. 万华化学（福建）有限公司年产 80 万吨 PVC 项目

648. 中景石化聚丙烯热塑性弹性体项目

649. 万华化学（福建）有限公司年产 108 万吨苯胺项目

650. 万华化学（福建）有限公司扩建 25 万吨/年 TDI 项目

651. 福清科麟环保 24 万 t/a 环氧树脂一体化循环经济技术改造暨高盐废水综合利用示范项目

652. 福建力嘉化纤差别化项目

653. 福建盛桐化工碳四综合利用项目

654. 漳州奇美化工有限公司年产 30 万吨 PS 项目

655. 古雷顺酐酸酐衍生物、功能材料中间体及研发中心项目

656. 古雷瑞晟年产 3 万吨 FFS 袋用吹塑膜项目

657. 古雷丰鹏环保年产 2.5 万吨废催化剂综合利用项目

658. 惠安中化泉州基地产业升级项目

659. 泉港 66 万吨/年丙烷脱氢（PDH）和 45 万吨/年高性能聚丙烯（PP）项目

660. 中国化学天辰泉港 60 万吨/年环氧丙烷项目一期工程

661. 晋江港益年产 12 万吨涤纶短纤、2.16 万吨化纤用再生聚酯专用料、25000 万码无纺布

662. 惠安香江 SEBS 热塑性弹性体项目

663. 泉港年产 40 万吨烷氧基化新材料项目

664. 石狮百丝达新厂房、设备及配套设施建设项目

665. 尤溪鑫森年产 12 万吨差别化、功能性改性锦纶纤维生产项目

666. 清流年产 2.43 万吨抗氧剂系列产品建设项目

667. 三明三立福超纯微电子新材料和六氟磷酸锂项目

668. 三明润祥年产 3.6 万吨氟新材料生产项目

669. 清流高纯级氟化锂及医药化学品生产项目

670. 清流展化化工过硫酸盐生产线扩建项目

671. 将乐南宾树脂环保胶水生产项目

672. 清流县 6000 吨/年六氟磷酸锂及 100 吨/年高纯五氟化磷项目

673. 秀屿区永荣 2 * 100 万吨/年丙烷制丙烯及下游新材料项目

674. 福建永荣年产 60 万吨己内酰胺项目

675. 秀屿区达凯建设水性油墨、环保再生功能性聚酯及生物基聚酯材料生产线项目

676. 莆田差别化纤维及高端运动系列网生产项目

677. 莆田中锦聚酰胺6（PA6）扩建项目

678. 福建邵化化工生产装置技术升级搬迁改造项目

679. 邵武永太年产2万吨六氟磷酸锂及1200吨相关添加剂产业化项目

680. 南平青华科技建设项目（一期）

681. 邵武安能新材料年产6300吨六氟磷酸锂和双（氟磺酰）亚胺锂盐

682. 邵武准信年产6万吨半导体树脂及2000吨三嗪项目

683. 邵武博众年产17800吨高性能化工助剂生产项目

684. 上杭龙德13000吨/年新能源材料项目

685. 上杭天甫厦化60万吨/年硫磺制酸及衍生产品项目

686. 漳平菲恩年产15000吨新材料及水处理剂项目

687. 福建立源科技智能纺织设备生产项目

688. 福建盛富强汽配科技有限公司厂房及配套用房项目

689. 中网电力智能电网配套工厂建设项目

690. 厦门扬森数控精密机床装备制造基地

691. 美科科技精密结构件智能制造扩产项目

692. 云霄县奥克兰电工设备生产项目（二期）

693. 云霄县坤翔蛟电力设备生产项目

694. 石狮建新轮胎厂房及配套设施项目

695. 泉州洛江华南动力配套及试验工业园项目

696. 晋江满誉年产EVA机230台项目

697. 晋江聪勤100万套工程机械零部件项目

698. 南安恒利达年产工程机械链轨节6万件套项目

699. 南安神华年产120万套工矿（含煤矿）机械配件项目

700. 恒利达（福建）重工发展有限公司年产机械配件5万多吨和履带总成10万多条项目

701. 大田中光中高端铸件及机械加工建设项目

702. 沙县大型高端装备关键零部件研发和生产项目

703. 沙县中钛启辰高端装备易损零部件制造项目

704. 沙县立宜信节能环保换热设备生产项目

705. 三明市超越中高端铸件生产及机械制造建设项目

706. 大田铁牛中高端铸件生产及机械加工建设项目

707. 大田县新型人造板可自动循环联合机组设备制造项目

708. 将乐维德精密制造轻合金压铸件生产项目

709. 沙县闽耀金属标配件生产项目

710. 永安市M20驾驶室总成建设项目

711. 大田利缘中高端铸件机械加工及涂装建设项目

712. 三元莹隆年产2万吨重型工程机械锻配件项目

713. 永安雅众车用铝合金及装配式构件建设项目

714. 大田县鑫跃中高端铸件生产及圆盘纺织整机建设项目

715. 沙县中核三重大口径阀门生产项目

716. 沙县数控锻压装备产业项目

717. 将乐轻合金半固态成型挤压铸件生产项目

718. 莆田恒而达厂房及配套设施建设一期项目

719. 松溪县台州精铸产业园建设项目

720. 新罗龙净智慧环保产品生产项目

721. 新罗建壹真空材料及设备生产项目

722. 漳平联星塔式起重机和施工升降机生产项目

723. 长汀嘉航稀土永磁专用电机生产项目

724. 武平伊普思空气净化设备生产项目

725. 上杭绿科中欧装配式建筑制造实训基地项目

726. 龙岩绿洋高端环保智能装备制造项目

727. 新罗金品智能属具设备生产线项目

728. 漳平华滨环境保护专用设备生产项目

729. 漳平立龙装配式钢结构生产项目

730. 永定区汽车零部件精密加工生产项目
731. 龙海建筑用碎石及尾矿机制砂项目
732. 福能新材华安机制砂项目
733. 福建大东海产能置换、热轧和冷轧工程
734. 闽清县智慧食品产业园
735. 福建大东海实业集团有限公司高端精品钢铁产业项目
736. 宝钢德盛精品不锈钢绿色产业基地项目-钢铁产能置换项目
737. 罗源宝太110万吨冷轧项目
738. 长乐金强建材生产项目
739. 福建立华智纺科技有限公司年产8万吨高档智能化、差别化纺纱产品项目
740. 长乐博那德科技园低碳建筑生产一体化项目
741. 福建德盛镍业配套煤气工程节能减排改造升级项目
742. 闽侯祥鑫军民融合特种合金铝新材料项目
743. 福清元洪国际食品展示交易中心二期
744. 福建永丰针纺有限公司年产1万吨高档纺织品智能化生产项目
745. 福州吴航不锈钢拉丝深加工项目
746. 连江东禾晟智能化高档纺织面料项目
747. 连江俊诚年产4万吨智能化高档纺织面料生产项目
748. 海通星升汽车内饰品及相关辅件生产项目
749. 福建恒创优品智能化高档纺织面料生产项目
750. 福清杭加葳联年产加气新材料板材、砌块80万立方米项目
751. 福建海越环境系统工程有限公司厂房及配套设施建设项目
752. 福建兴澳诚汽车玻璃生产项目
753. 福建长源纺织有限公司5G互联网+智能化纺纱生产车间项目
754. 福清福一建材年产矿渣微粉30万吨、预拌砂浆30万吨项目
755. 厦门海嘉面粉有限公司新建年产60万吨小麦加工线项目
756. 厦门益和丰食品有限公司厂房及配套设施项目
757. 厦门力隆氨纶年产13000吨氨纶项目
758. 厦门智欣装配式建造产业基地
759. 联盛浆纸（漳州）有限公司年产390万吨林浆纸一体化项目
760. 漳州松霖智能家居项目
761. 漳浦巨信智能器材年生产智能家具620万套项目
762. 三宝钢铁1680mm热轧特殊钢卷板生产线
763. 三宝钢铁电炉技术升级改造项目
764. 漳州台商投资区阿斯福特年产4.5万吨高档纺织制成品扩建项目
765. 漳州开发区理源（福建）科创产业园
766. 诏安县中森再生资源有限公司建设项目
767. 漳州辉华福包装项目
768. 长泰中裕水性超纤3000万m/a高、中密度合成革生产建设项目
769. 漳州开发区芭芭拉园艺环境控制系统技术及设备生产基地
770. 福建品鼎电子产品制造项目
771. 漳州旺家喜钟表机芯项目
772. 漳州高新区禹澄建筑产业化生产基地
773. 漳州开发区中玻节能环保玻璃制品生产加工基地项目
774. 福建中童家居厂区建设项目
775. 三钢集团产能置换（泉州闽光部分）及配套项目
776. 石狮九牧卫浴智慧产业园项目
777. 晋江华宇多用途经编织造面料及化纤生产项目
778. 晋江冠和年产10万吨高端产业用非织造布智能工厂项目
779. 南安中泰环保石材生产项目
780. 石狮信泰年新增高档运动鞋面网布45000吨项目
781. 晋江安踏集团一体化产业园二期、三期项目
782. 洛江三一筑工（泉州）建筑科技产业园
783. 泉港燕龙基废玻璃回收加工处理项目

784. 南安焦点卫生用品新型材料智能制造项目

785. 泉州开发区立邦新型材料厂房及配套设施建设项目二期

786. 联东U谷·南安智能制造项目

787. 石狮特步现代化智能物流仓储、生产车间项目

788. 永春中闽建研绿色建筑工业化基地项目

789. 晋江佳福染整年增产1.2万吨针织坯布项目

790. 石狮百川年产1亿米再生绿色生态纺织品、3000吨熔喷纺织品项目

791. 泉州开发区立邦年产水性乳胶漆10万吨，真石漆20万吨建设项目

792. 南安耀升再生石智能制造产线新建项目

793. 晋江世兴达年新增生产定型坯布40000吨、涤纶DTY5000吨改扩建项目

794. 晋江大发年产1000万米功能性产业用纺织品项目

795. 石狮煌祥高档纺织面料织造研发、智能仓储项目

796. 晋江盼盼食品生产项目二期

797. 南安中雄年产装配式建筑20万平方米项目

798. 南安山岩年产装配式混凝土构件80万平方米项目

799. 泉州台商投资区东霖绿色建筑产业园

800. 洛江筑可丽建筑产业园项目（一期）

801. 石狮鹏泰二期智能制造建设项目

802. 三明科顺新型防水材料福建智能化生产基地建设项目

803. 大田闽鹭矿业新型环保建材产业园项目

804. 三钢焦炉升级改造项目

805. 大田英仑卫生陶瓷洁具生产项目

806. 将乐县富远再生铝综合利用生产项目

807. 尤溪德坤高档纺织品研发生产及印染后整理加工项目

808. 建宁县云杉年产40万锭多功能差异化纱线混纺项目

809. 将乐中科金属铜铝废料和碎屑等废弃资源综合利用项目

810. 将乐煌源再生铝建设项目

811. 三钢闽光360平方米烧结机工程建设项目

812. 泰宁日木年产100万平方米人造石英石板材项目

813. 尤溪华扬涤纶纤维生产项目

814. 宁化奔鹿48000吨无纺布生产线扩建项目

815. 宁化纳新有机硅橡胶生产项目

816. 大田玖悟茶叶加工及冷链一体化建设项目

817. 永安三氯蔗糖及营养补充物日化产品配料生产线建设项目

818. 建浦机床年产8000台高端数控机床全产业链生产建设项目

819. 将乐县温氏集团产业化融合发展项目

820. 梅列嘉越含金属废物资源化利用项目

821. 尤溪创益机织、针织革基布染整项目

822. 尤溪红树林新型竹木制品加工生产线项目

823. 尤溪康运蕾丝花边面料生产项目二期

824. 尤溪佳宇纺织配件生产项目

825. 尤溪万纵涤纶丝新材料及服装面料生产项目

826. 永安宏亿建筑用机制砂生产项目

827. 宁化鑫丰新型建筑材料及填充材料生产建设项目

828. 宁化小盾钢化玻璃盖生产项目

829. 尤溪丰帝高性能纤维及其复合材料创新基地项目

830. 清流高宝矿业氟精细化学品系列扩建项目

831. 泰宁金湖酒业文化创意旅游产业园建设项目

832. 三明绿田莲子系列食品深加工产业化项目

833. 宁化宁兴工业固废资源综合利用项目

834. 泰宁圣和高端地热地板生产项目

835. 建宁味蕾跳动年产3万吨农副产品系列深加工生产项目

836. 尤溪东方鑫威纺织面料生产项目

837. 泰宁现代生态循环产业园及冷链加工一体化项目

838. 大田县美湖聚氨酯石英一体板新型建材生产项目

839. 将乐县萤石充填系统改造建设项目

840. 永安永庆年产10万立方米综合利用径向竹蔑帘高强度复合集装箱底板生产线项目

841. 将乐县德弘建材制造建设项目

842. 三元明鼎鑫建材生产线建设项目

843. 将乐丰源矿业固体废物及尾矿综合利用项目

844. 永安丰源化工整体提升改造项目

845. 莆田赛隆科技年产30万吨绿色纤维产业园项目

846. 福建华锦年产15.5万吨高端纺织面料生产线建设项目

847. 秀屿区荔枝新材料年产12.6万吨高端纺织面料生产线建设项目

848. 福建赛纤新材料有限公司再生功能性纤维生产线项目

849. 秀屿区华峰华锦年产2万吨高端纺织面料生产线及配套设施建设项目

850. 莆田长城华兴玻璃年产60万吨绿色智能轻量化玻璃瓶项目

851. 福建省三棵树新材料有限公司高新材料综合产业园项目（一期）

852. 秀屿区华彩新材料先端纤维材料产业创业创新基地项目

853. 国圣食品产业园区厂房迁建项目

854. 秀屿区高端运动面料生产线建设项目

855. 南平泰盛竹浆纸项目

856. 南平元力环保用活性炭建设项目

857. 福建双龙戏珠酒业白酒扩建项目

858. 顺昌县升升木业增资扩建项目（四期）

859. 建瓯市居佳家居竹木板材全产业链建设项目

860. 光泽圣农肉鸡加工六厂新建项目

861. 南平俊达装配建筑新型材料项目

862. 邵武市朱山矿区建筑用花岗岩矿（机制砂用）生产基地项目

863. 建瓯市嘉韬机制砂及建筑骨料加工项目

864. 建阳区白泥垅机制砂生产项目

865. 建瓯市建嘉畜禽饲料及动物保健品生产项目

866. 南平彩虹染整高档针织面料织染迁建项目

867. 延平区豪泰日用品加工项目

868. 松溪县布布顺纺织生产建设项目

869. 建阳区维盛无纺布生产项目

870. 邵武市大诚全屋定制板式家具生产项目

871. 浦城县祥禾闽北粮食生产加工保障基地建设项目

872. 建瓯市建筑垃圾综合利用建设项目

873. 建阳区智能化纺织生产项目

874. 福建龙钢智能化钢铁工业4.0定制化生产示范项目

875. 新罗新兴系列纺织品生产项目

876. 上杭紫金山环境安全整体提升工程

877. 漳平红狮矿山和生态皮带长廊项目

878. 新罗太阳环保型电缆生产项目

879. 新罗春驰水泥熟料生产及长胶带输送项目

880. 长汀年产70亿只乳胶、丁腈手套生产项目

881. 长汀年产30万吨高性能铝合金材料及制品项目

882. 连城允升复合不锈钢管生产项目

883. 永定年产10万吨可降解植物纤维环保餐具项目

884. 武平东一实业智能停车设备制造项目

885. 龙岩永信达纺织制品生产项目

886. 连城航凯高端户外休闲用品项目

887. 长汀亿来20万锭混纺纱线技改项目（三期）

888. 漳平惠丰装配式建筑材料生产项目

889. 连城沣沣年产10000吨薯类系列加工休闲食品项目

890. 连城宏达森竹制品生产加工项目

891. 上杭（福建）紫金铜业高性能铜合金带箔热轧扩建项目

892. 连城康莱宝年产100万套健身器械项目

893. 连城明瑞科维年产30万吨水泥建材添加

剂加工生产项目

894. 永定区年产3万吨新型环保制品项目

895. 龙岩绿色装配式钢结构及桥梁智能制造项目

896. 连城紫心薯业年产3.5万吨功能性食品项目

897. 武平县高岭土精深加工项目（扩建）

898. 武平华润机制砂生产项目

899. 武平春晖年产36亿只丁腈、乳胶、PVC、医用手套项目

900. 长汀盼盼食品一厂技改项目

901. 上杭紫金山金铜矿尾矿综合利用与处置项目

902. 长汀华平高端智能化纺纱生产项目

903. 永定科发年产300万吨机制砂石及废料综合利用项目

904. 新罗威士忌酒生产项目

905. 长汀体外诊断试剂生产基地建设项目

906. 长汀山茶油加工生产项目

907. 上杭鲁信高端铜合金粉末生产项目

908. 连城奕龙高强环保复合纸板新材生产项目

909. 漳平新德诺户外木制品生产项目

910. 漳平越丰农产品加工二期建设项目

911. 新罗伟鸿矿业开采及生产机制砂建设项目

912. 长汀和兴矿业石英石加工改扩建项目

913. 长汀安踏二期机器换人工智能化生产项目

914. 漳平泰然铝中间合金生产项目

915. 武平新洲林化松香/松节油深加工产品升级技改项目

916. 新罗久溪威士忌酒生产项目

917. 漳平市羧甲基纤维素钠生产项目

918. 连城欧瑞得新型不锈钢制品加工生产线项目

919. 永定贝德福德年产10万千升啤酒饮料生产线建设项目

920. 福安青拓1780mm热连轧及配套扩建项目

921. 福安宏旺年增130万吨不锈钢冷轧扩建项目

922. 霞浦县绿色建筑科技产业基地建设项目（一期）

923. 周宁县立源棉纱纺织生产项目

924. 柘荣建华建材高端混凝土制品智能制造项目

925. 闽台（福州）蓝色经济产业园基础设施建设项目

926. 福州（台商）万洋众创城项目

927. 闽侯青口汽车城东台工业园项目

928. 福州台商投资区新能源及智能装备制造产业园

929. 福清元洪国际食品园基础配套工程项目

930. 闽清县中建产业园基础设施建设项目

931. 中国电信福州东南信息园区云计算产业园项目

932. 滨海新城信息产业园一期

933. 第三代半导体数字产业园项目

934. 金山橘园工业园区项目D

935. 中国东南大数据产业园研发楼七期

936. 中国东南大数据产业园研发楼六期

937. 联东U谷·福州物联网产业园（一期）

938. 厦门同翔国家级高新技术产业基地建设工程

939. 厦门安仁产业园

940. 同安工业园区污水处理厂工程

941. 漳州高新区中医药科技文化产业园项目

942. 漳州蓝田经济开发区科技产业园项目

943. 平和县科技产业园和黄井工业园区基础设施项目

944. 福建漳州语堂数字经济产业园（一期）

945. 龙海万洋众创城（一期）

946. 漳州台商投资区万福产业园项目

947. 诏安工业园区婴童文化用品产业园及配套基础设施建设项目

948. 诏安工业园区基础设施项目（一期）

949. 东山水产品冷链物流基地基础设施及配套项目

950. 漳州创新中心（高新区模具智慧产业园）

951. 南靖中基科技园项目

952. 云霄县华龙科技文化园一期

953. 漳浦县赤湖工业园横六路等园区基础设施建设项目

954. 南靖战略性新兴产业园建设项目

955. 漳州高新区联东U谷·漳州光电产业园A区

956. 漳浦县赤湖工业园区污水处理厂尾水深海排放工程

957. 晋江科创新区产业园基础设施及配套项目

958. 晋江集成电路产业园区（工业园）基础设施工程

959. 中国（南安）高端阀门智造产业园

960. “泉州芯谷”南安高新技术园区配套基础设施项目

961. 晋江经济开发区标准厂房与基础配套设施项目

962. 数字福建安溪南翼新城产业园融合发展示范区项目

963. 惠安雕艺循环经济产业园项目

964. 泉州芯谷南安科创中心项目（标准厂房）

965. 智谷（泉州）万洋高新技术产业园

966. 石狮光子技术微产业园（一园）

967. 泉州软件园二期项目

968. 南安高端装备智造标准厂房项目

969. 南安中泰石材废弃物综合利用产业园标准厂房及配套基础设施建设项目

970. 德化县工业园区标准化试点园区建设项目

971. 泉州市鲤城区高新区科创中心

972. 南安数字化卫浴产业园

973. 联东U谷·南安半导体科技产业项目

974. 晋江集成电路小微工业园基础设施项目

975. 石狮市后湖职工配套区

976. 南安市高端装备智造园基础设施及配套项目

977. 洛江区数字经济产业园

978. 泉州台商投资区联东U谷·科技创新谷

979. 南安万洋智慧厨卫产业园

980. 泉州开发区标准化提升试点园区

981. 晋江经开区绿色高端面料整理微工业园

982. 南安智能卫浴产业园标准厂房建设项目

983. 永春县工业园区标准化建设试点项目

984. 福建泉州（湖头）光电产业园二期启动区（一期）项目

985. 南安海西拆解与再制造集中管理区

986. 南安海西有色金属集中管理区（一期）

987. 南安成好海建塑料园（二期）

988. 福建（大田）机械铸造产业集聚区基础设施建设（一期）项目

989. 尤溪城南工业集中区基础设施建设项目（三期）

990. 福建省大田经济开发区均溪工业园基础设施建设项目

991. 泉三高端装备产业园项目（一期）

992. 大田铸造装备产业基地项目

993. 建宁县标准化经济开发区配套设施建设项目

994. 大田县罗丰工业区基础设施建设项目

995. 尤溪县竹木加工集中区建设项目

996. 宁化华侨经济开发区基础设施（二期）建设项目

997. 尤溪县国家农村产业融合发展示范园（洋中片区）基础设施建设项目

998. 尤溪中仙临港工业集中区建设项目

999. 福建三元经济开发区配套基础设施建设项目

1000. 将乐县化工园区基础设施建设项目

1001. 三明经济开发区高新材料产业园项目（一期）

1002. 三明三元食品加工园基础设施建设项目

1003. 大田经济开发区上京工业园标准厂房及公用配套设施建设项目

1004. 泰宁朱口园区低碳循环产业提升项目

1005. 泰宁县工业园综合设施提升工程

1006. 尤溪管前精细化工工业集中区基础设施建设项目

1007. 永安汽车零部件标准化厂房三期及配套设施

1008. 集美（清流）共建产业园（二期）建设项目

1009. 城厢区5G数字产业园基础设施建设

1010. 涵江区城北工业园地块一标准化厂房及

配套建设项目

1011. 莆田北岸两岸生物技术产业园项目

1012. 延平新城产业园区基础设施项目

1013. 顺昌县金山新材料产业园基础设施建设项目

1014. 邵武氟新材料专业园基础设施建设项目

1015. 顺昌金山新材料产业园平台及路网工程

1016. 武夷新区生态食品产业园基础设施建设项目

1017. 南平市建阳经济开发区创业园二期项目

1018. 光泽工业园区生物科技循环产业园项目

1019. 顺昌浙商（中国）出口家具产业园（一期）建设项目

1020. 武夷山生态创业园区二期基础设施建设项目

1021. 建瓯市工业园区基础设施建设工程

1022. 福建松溪经济开发区城东园新型纺织专业园标准化厂房项目

1023. 松溪县经济开发区三和园C区基础设施建设项目

1024. 浦城县食品产业创业园项目

1025. 建阳区医卫材料产业园标准厂房建设项目

1026. 建阳经济开发区精细化工产业园工业废水收集处理厂项目

1027. 政和县经济开发区电工电器产业园建设项目

1028. 政和经济开发区三期基础设施建设项目

1029. 武夷山市五夫现代绿色农产品园区基础设施项目

1030. 顺昌金山新材料产业园一区块工业管廊及配套工程建设项目

1031. 政和经济开发区竹产业园建设项目

1032. 南平市建阳经济开发区徐市北岸片区路网工程

1033. 永定国动通信产业基地建设项目

1034. 福建上杭新材料科创谷一期建设项目

1035. 永定军民融合智能制造产业基地（一期）项目

1036. 新罗能源互联网产业园基础设施建设项目

1037. 漳平工业园区循环经济试点园区基础设施建设项目

1038. 长汀稀土园区企业服务中心项目

1039. 武平县省级科技孵化器三期（信息光电与智能制造产业园）

1040. 新罗中盟科技产业园基础设施建设项目

1041. 龙岩高新区标准化厂房及配套工程

1042. 连城食品加工专业园区基础设施项目

1043. 新罗银雁新城生态轻纺电子园标准厂房项目

1044. 武平高新区光电信息产业园项目

1045. 漳平钢铁产业园交通基础设施配套工程

1046. 新罗三创园项目

1047. 连城锂电池产业园基础设施建设项目

1048. 连城县工业园区二期标准化厂房建设项目

1049. 永定工业园区光电信息产业园标准厂房三期项目

1050. 中国·三都澳大黄鱼产业园

1051. 福鼎市锂电新能源产业园配套工程

1052. 柘荣经济开发区生物医药基地基础配套设施项目（二期）

1053. 宁德锂电车里湾片区基础设施工程

1054. 屏南县溪角洋工业园区基础设施配套建设项目

1055. 宁德锆镁新材料产业园建设项目

1056. 古田宁达汽配工业园项目

1057. 周宁县站前工贸科技园基础配套工程（一期）

1058. 福鼎市汽摩配产业园建设项目

1059. 古田城西标准化厂房建设项目

1060. 宁德市东侨北部新区标准厂房（北区）项目

1061. 蕉城区三屿新能源汽车工业园区基础设施建设项目

1062. 宁德市蕉城区锂电新材料（石后）产业园项目

1063. 平潭码族部落－两岸青年数字经济协同创新园区启动区项目

1064. 爱睿思（厦门）隐形眼镜生产项目

1065. 福建三宝新材料科技项目

1066. 芗城三宝资源综合利用项目

1067. 沙县福瑞思木质素（磺酸钠）提取生产项目

1068. 政和县东平高粱生态酿造观光产业园建设项目

1069. 浦城县绿康年产活性2000吨绿色微生物添加剂项目

1070. 南平爱克太尔新材料环保型先进粘接材料项目

1071. 武夷新区久利食品加工及冷链项目

1072. 八马茶业武夷山生态工业园

1073. 上杭金铜新材料循环产业园建设项目（一期）

1074. 上杭新安科技磷系阻燃剂生产项目

1075. 新罗龙麟新型干法旋窑CO2碳捕集纯化示范项目

1076. 新罗龙池国家级特色农产品优势区基础设施项目

1077. 连城佳辉5万吨固体硅酸钠（纯碱法）及2万吨二氧化硅消光剂生产线项目（三期）

1078. 漳平卓越水性聚氨酯生产项目

1079. 马坑矿业胶凝材料厂建设项目

1080. 福建鼎盛钢铁年产172.5万吨精品钢项目

1081. 宁德福浦电子铜箔项目

1082. 宁德福浦特种铝材项目

1083. 福建瑞川化学品资源综合利用环保建设项目

（六）服务业（158个）

1084. 福建中央储备粮库粮食仓储物流项目

1085. 福州现代物流城核心区开发区项目（一期）

1086. 中国（连江）海峡国际农产品物流项目

1087. 福建丰大元洪国际食品展示交易中心（一期）

1088. 海峡国际（福州）自由物流港城

1089. 福州（马尾）万洋众创城

1090. 福清公路港

1091. 马尾御金冷链水产加工物流产业园项目

1092. 福储益风物流产业中心

1093. 马尾源洪冷冻食品园项目

1094. 厦门顺丰创新物流项目

1095. 诏安县中汉仓储物流有限公司建设项目

1096. 漳州宇培产业园项目

1097. 漳州台商投资区宝湾国际物流园项目

1098. 漳州高新区美山现代物流城

1099. 诏安蚝梅硒产品全球采购中心

1100. 云霄县生鲜冷链批发市场

1101. 中国陶瓷电商物流园

1102. 泉州顺丰创新产业园项目

1103. 中国物流泉州综合物流园区项目

1104. 泉港普洛斯智能物流产业园（一期）

1105. 晋江展志物流园项目

1106. 惠安港丰石化仓储项目（二期）改扩建工程

1107. 南安市官桥智能化食品加工配送一体化项目

1108. 晋江利郎物流园

1109. 永安闽中公铁联运物流基地铁路港建设项目

1110. 韵达（永安）电子商务物流园项目（一期）

1111. 三明大坂现代物流园基础设施提升项目

1112. 大田县农产品加工冷链物流一体化建设项目

1113. 永安佳云大型物流仓储项目

1114. 永安新型环保储库系统建设项目

1115. 莆田秀屿区快递电商园一期项目

1116. 诚壹实业冷链物流（秀屿）产业园建设项目

1117. 丰树莆田（秀屿）综合物流园

1118. 邵武市公铁港多式联运综合物流园项目

1119. 顺昌国际商贸城

1120. 武夷新区恒冰冷链物流项目

1121. 松溪县冷链物流园建设一期项目

1122. 闽北电商快递分拨中心

1123. 顺昌县华润医药三方物流中心项目

1124. 建瓯实业集团农产品冷链物流项目

1125. 长汀宏鑫智慧物流园项目

1126. 龙岩科润云智物流枢纽园建设项目

1127. 宁德国际物流中心工程

1128. 福建岚发万吨冷链产业园

1129. 八方电商物流园项目
1130. 闽侯八闽文化旅游项目
1131. 中国瓷天下旅游区项目
1132. 罗源休闲渔业旅游开发综合项目
1133. 永泰乾景云湖溪谷森林生态旅游区项目
1134. 连江筱埕滨海澜山康养项目
1135. 船政文化马尾造船厂片区保护建设工程
1136. 连江贵安西溪温泉森林公园
1137. 连江香山森林公园项目
1138. 漳浦县龙美湾旅游区项目
1139. 东山县南部景区提升工程项目
1140. 磐基国际南靖闽台文化交流中心
1141. 泰宁牧心谷森林康养基地建设项目（一期）
1142. 尤溪闽湖－蓬莱山康养休闲项目（一期）
1143. 建宁县闽江正源石窟文化创意旅游度假区建设项目
1144. 丹霞泰宁古城业态提升工程
1145. 闽江源旅游区基础配套设施提升建设项目
1146. 福建（泰宁）影视基地建设项目
1147. 泰宁金湖湾旅游度假区建设项目
1148. 三明万寿岩旅游基础设施建设项目
1149. 莆田市兴化古城历史文化街区修缮及配套基础设施提升（一期）项目
1150. 武夷山东方养心谷项目
1151. 建瓯市蟹龙岗综合性旅游区整体开发项目（一期）
1152. 武夷山顺缘康养项目
1153. 武夷山·深业生命健康中心
1154. 松溪县梅口埠 4A 景区基础设施建设项目
1155. 建瓯市中华福酱文博园建设项目
1156. 政和县洞宫红河谷生态文明体验区（一期）建设项目
1157. 武夷山朱子文化园旅游设施配套工程
1158. 建阳区考亭旅游度假区基础配套设施项目
1159. 福建宋慈文化旅游景区基础设施建设项目
1160. 政和县瑞和白茶庄园建设项目
1161. 连城冠豸山创 5A 景区改造提升工程项目
1162. 永定土楼旅游 5A 景区提升项目
1163. 中央苏区红色交通线及金砂红色小镇提升项目
1164. 连城县银湖生态农业休闲观光及红色旅游资源保护开发项目
1165. 连城萱和谷本草还原生态产业建设项目
1166. 新罗小池培斜九溪庐生态旅游项目
1167. 福安棕树山文化旅游基地项目
1168. 柘荣鸳鸯草场旅游开发项目
1169. 宁德市霞浦县海岛乡马刺岛旅游开发项目
1170. 古田临水宫景区开发项目
1171. 霞浦东冲半岛风景名胜区大京景区旅游项目一期
1172. 福安市穆阳景区旅游综合开发
1173. 平潭美丽之冠坛南湾旅游综合开发项目
1174. 平潭海峡恋岛项目
1175. 平潭国际演艺中心项目
1176. 建发汇成新时代大厦
1177. 兴业银行（集团）福州营运中心
1178. 中国华电福建总部大楼
1179. 海峡电子商务产业基地三期
1180. 国家能源集团福建生产指挥中心
1181. 厦门绿发新时代广场
1182. 中粮滨海闽南文艺示范区
1183. 厦门三迪国际金融中心
1184. 亿联网络总部大楼项目
1185. 福建（云霄）农商博览城
1186. 漳州大观食品检验检测中心
1187. 南安美的智慧家居科创项目
1188. 南安观音山现代商贸中心项目
1189. 南安市绿色泛家居建材展贸项目
1190. 德化中国茶具城项目
1191. 泉州港石狮航运中心
1192. 三明市海鑫建材家俱城建设项目
1193. 秀屿区创新综合体项目
1194. 建瓯家居建材生活广场
1195. 中国（政和）白茶城建设项目

1196. 政和县白茶（铁山）产业化建设项目
1197. 连城四角井历史文化街区综合开发项目
1198. 长汀客家首府客家菜美食文化创意基地建设项目
1199. 宁德市东侨广场项目
1200. 福鼎市闽浙现代农贸城
1201. 霞浦城乡融合产业发展示范园一期
1202. 周宁县山海协作产业园
1203. 平潭竹屿湖文旅综合体项目
1204. 福州达华卫星互联网产业园项目
1205. 网龙智能教育小镇二期项目
1206. 博思软件智能园区项目
1207. 长乐新中冠大数据研发运营中心
1208. 厦门软件园三期（西片区）
1209. 厦门现代服务业基地（丙洲片区）统建区一期工程
1210. 厦门现代服务业基地（丙洲片区）统建区三期工程
1211. 厦门现代服务业基地（丙洲片区）统建区二期工程
1212. 太保家园厦门国际颐养社区
1213. 厦门现代服务业基地（丙洲片区）统建区集中商业项目
1214. 字节跳动厦门办公楼
1215. 厦门智慧城市创新中心
1216. 漳州台商投资区国贸智谷产业园一期
1217. 晋江创新创业创造园一期工程
1218. 泉州台商投资区海峡雕艺文化园
1219. 三明学院文创产业园建设项目
1220. 大唐5G产业东南总部基地
1221. 豆讯云计算数据中心项目
1222. 南平市青年数字经济创业园
1223. 建阳区潭墩镇小白茶文化产业中心
1224. 宁德时代创新实验室建设项目（一期）
1225. 宁德市大数据产业园及基础配套设施项目（一期）
1226. 平潭瑞谦智能运营中心
1227. 省级粮食储备库建设项目
1228. 福建贝瑞和康数字生命产业园
1229. 中电数字健康产业公园
1230. 福州滨海新城智慧城市运营管理中心
1231. 鼓楼汇川科技研发服务中心建设项目
1232. 厦门新会展中心
1233. 厦门西海湾邮轮城项目
1234. 厦门新经济产业园
1235. 厦门趣店科技金融创新园
1236. 厦门银行总部大厦工程
1237. 南靖兰花电商产业园
1238. 妈祖国际健康城项目
1239. 武夷山香江茶工场
1240. 武夷山五峰九院文旅建设项目
1241. 新罗天宫山生态文旅康养项目

（七）社会事业（113个）

1242. 中国科学院大学福建学院学生公寓楼和专家楼项目
1243. "双一流"高校建设工程项目
1244. 省属高职院校办学条件补短板项目
1245. 应用型高校建设工程项目
1246. 福建省社会主义学院新校区项目
1247. 福建老年大学扩建项目
1248. 福州国际科教城及天大国际校区
1249. 福州外语外贸学院滨海校区
1250. 福州第十九中学滨海校区
1251. 福州市德诚职业培训学校
1252. 闽江学院附中综合教学楼和体育馆
1253. 厦门翔安职业技术学校新校区项目
1254. 同安职业技术学校扩建工程
1255. 福建省厦门第六中学同安校区项目
1256. 集美区苎溪高中
1257. 厦门市中小学生综合实践基地二期项目
1258. 集美新城厦门二中集美校区项目
1259. 同安区第二外国语学校高中部工程
1260. 漳州理工职业学院
1261. 福建省诏安职业技术学校实训基地工程
1262. 泉州医学高等专科学校南安校区
1263. 晋江国科大智能制造学院
1264. 惠安人工智能产业学院
1265. 泉州台商投资区首都师范大学附属泉州学校
1266. 泉州海洋职业学院
1267. 泉州华光学院健康养老产业学院及教学实训示范基地项目

1268. 晋江池店文教园

1269. 泉州第十一中学塘西校区项目

1270. 大田县毓秀中学建设项目

1271. 三明市委党校迁建项目

1272. 三明市金湖旅游职教产教融合实训基地项目

1273. 建宁县第一中学新校区建设项目

1274. 明溪县第一中学迁建项目

1275. 莆田学院迁建项目

1276. 莆田第一中学新度校区建设工程

1277. 中共莆田市委党校（莆田市行政学院）新校区建设项目

1278. 莆田第一中学秀屿校区建设工程

1279. 邵武一中新校区项目

1280. 福建省南平第一中学武夷新区高中部项目

1281. 建瓯职业中专学校实训基地

1282. 上杭古田国防教育培训基地建设项目

1283. 闽西职业技术学院建设项目

1284. 长汀职业中专学校新校区建设项目

1285. 上杭古田红色教育基地建设项目

1286. 上杭红古田教育培训基地

1287. 长汀县中复革命传统教育基地建设项目

1288. 宁德市职教园项目（一期）

1289. 寿宁县五校迁建项目

1290. 福鼎市职成教中心实训基地（一期）项目

1291. 柘荣县职业技术学校迁建项目

1292. 福建信息职业技术学院平潭校区

1293. 平潭综合实验区党工委党校（区行政学院）区公共实训基地项目

1294. 长乐区“三馆三中心”项目

1295. 福州电视中心二期（福州广电融媒体中心）

1296. 思明区青少年宫等项目

1297. 东山县谷文昌干部学院二期

1298. 诏安文化艺术中心

1299. 南安市成功文化产业园项目

1300. 晋江市工人文化宫暨人防工程项目

1301. 惠安县图书馆、博物馆项目

1302. 宁化凤凰山长征起点小镇红色文化创意产业项目

1303. 宁化县长征国家文化公园（一期）建设项目

1304. 永安抗战旧址群基础设施建设项目

1305. 将乐县常口“两山理论”实践基地

1306. 长汀红色文化实践基地项目

1307. 宁德畲族文化园建设项目

1308. 平潭综合实验区海洋科技文化中心

1309. 壳丘头考古遗址公园—壳丘头遗址博物馆项目

1310. 县级医院能力提升建设工程项目

1311. 全省疾病预防控制中心建设工程项目

1312. 福建省立医院金山院区二期工程

1313. 福建医科大学附属协和医院西院（原福建医科大学附属第三医院）二期建设项目

1314. 福建中医药大学附属人民医院中医药传承创新楼项目

1315. 省立医院急危重症诊治能力提升工程

1316. 福建医科大学附属第一医院配套用房及停车场项目

1317. 福建医科大学孟超肝胆医院（福建省肝病科学研究中心）

1318. 福清南方医院项目

1319. 福州融侨医院

1320. 福州市中医院五四北分院

1321. 福州滨海新城综合医院（二期）项目

1322. 福州市皮肤病防治院南院

1323. 四川大学华西厦门医院

1324. 厦门马銮湾医院

1325. 厦门市环东海域医院

1326. 厦门市妇幼保健院集美院区

1327. 漳州市医院高新区院区项目

1328. 漳浦天福医院

1329. 福建童昌医院

1330. 泉州宝璋肿瘤医院

1331. 泉州市正骨医院北峰院区

1332. 福建医科大学附属第二医院东海院区新建住院大楼项目（省区域医疗中心）

1333. 三明市第一医院生态新城分院建设项目

1334. 国家核医学产业园基础设施

1335. 龙岩海吉亚医院

1336. 宁德东侨开发区医院项目

1337. 宁德市医院传染病房及附属设施项目（宁德市医院迁建（三期）工程）

1338. 厦门新体育中心

1339. 漳州“中国女排娘家”基地腾飞片区建设项目

1340. 古雷朝向欢乐岛新建社会性足球场项目

1341. 福建清流开元射击训练基地建设项目

1342. 长汀体育中心（体育馆、游泳馆、运动员公寓）项目

1343. 屏南体育中心项目

1344. 漳州曜阳国际康养中心（一期）项目

1345. 漳浦天福养老项目

1346. 惠安大运山国际健康产业园

1347. 惠安老年度假康养中心项目

1348. 南安南山颐养园（一期）

1349. 松溪县生态养老康复中心项目

1350. 福州科技馆新馆

1351. 生物制品科学与技术福建省创新实验室

1352. 东山文昌新城建设项目

1353. 长泰区社会福利中心工程

1354. 中国福建化学工程科学与技术创新实验室（一期）项目

二、省预备重点项目（233 个）

（一）农林水利（12 个）

1. 平和县官峰水库工程

2. 南安市城乡供水一体化项目

3. 莆田市城乡供水一体化—涵江乌溪水厂建设工程

4. 建瓯市城乡供水一体化工程

5. 武平县水系连通及水美乡村建设项目

6. 武平县百把寨水库项目

7. 福建上白石水利枢纽工程项目

8. 先正达集团中国水稻种子供应链创新中心项目

9. 武夷山中国茶树种质资源圃项目

10. 福清东瀚镇文山渔港经济服务区

11. 东山海天阅海洋牧场建设项目

12. 石狮锦尚东店一级渔港

（二）交通（36 个）

13. 新建温州至福州高铁

14. 新建温州经武夷山至吉安铁路

15. 漳州至汕头高铁

16. 新建龙岩至龙川铁路武平至梅州段（福建段）

17. 宁德漳湾港铁路专用线项目

18. 莆田—长乐机场城际铁路（F2 线）

19. 宁德—长乐机场城际铁路（F3 线）

20. 泉州—厦门—漳州城际轨道（R1 线）

21. 沈海高速公路泉厦段扩容工程（轻型智慧高速公路）

22. 沈海线漳州龙海至诏安段扩容工程龙海北溪头至诏安闽粤界段

23. 大田广平至安溪官桥高速公路泉州段

24. 京台高速公路南平至福州段改扩建工程

25. 武夷新区至沙县高速公路（南平段）工程

26. 福州机场第二高速公路工程项目

27. 大田广平至安溪官桥高速公路三明段

28. 德上国家高速公路延伸线江西上饶至福建浦城高速公路福建段

29. 沈海线漳州龙海至诏安段扩容工程角美福井至龙海北溪头段

30. 福州滨海新城高速公路二期工程

31. 明溪胡坊至三元岩前高速公路

32. 政和杨源至永定高速公路（闽粤界）永泰至德化段福州段

33. 福州机场第二高速公路文溪枢纽互通工程

34. 莆炎高速公路起点段忠门至东吴港区段

35. 连江县丹阳至贵安公路（港城大道贵安至周溪段）工程

36. 国道 G228 线长乐松下至福清元洪公路工程

37. 连江县丹阳至贵安（港城大道周溪至义洋段及丹阳支线）公路工程

38. 纵二线连江境 104 国道丹阳至南塘段改线工程（丹阳至新洋段）

39. 104 国道长乐区长安至湖里段

40. 国道 324 改线南安洪濑至水头段工程

41. 国道 G358 线安溪虎邱至龙涓段公路工程

42. 秀永高速改扩建新增莆田站互通及连接线工程

43. 省道 S209（莆田福州连接段）萩芦溪大

桥工程

44. 南平武夷山机场至黄土公路工程

45. 国道 G205 上杭县背头岭至湖洋段公路工程

46. 福州港松下港区牛头湾作业区 4 号泊位工程

47. 武夷山机场迁建

48. 龙岩新机场建设项目

（三）能源（6 个）

49. 宁德核电 5、6 号机组

50. 福海创公司南部热源点一期工程

51. 福鼎热电厂工程扩建项目

52. 莆田市涵江滨海产业新区食品工业园供热和热电联产项目

53. 宁德霞浦海上风电场 B 区项目

54. 福建 LNG 接收站及配套工程项目

（四）城乡建设与生态环保（23 个）

55. 厦门轨道交通 6 号线同安集美段

56. 工业国货及沿线景观绿化提升改造工程

57. 福州市下洋北片区道路工程

58. 福州临空经济区福港路道路工程（二期）

59. 漳州市九龙大道（漳州大桥至郭坑大桥）快速化提升工程

60. 尤溪县埔头新区产城融合基础设施（一期）建设项目

61. 武夷新区月亮湾片区市政路网及配套设施工程

62. 龙岩市南翼污水处理厂扩建工程

63. 福州鸿生建筑垃圾再生资源回收利用产业化项目

64. 龙岩市第二生活垃圾焚烧发电项目

65. 龙岩市南城街道塔后坑城镇建筑垃圾无害化消纳场（二期）项目

66. 宁德工业固废综合处置中心二期焚烧项目

67. 福建红尖山固体废料综合利用项目

68. 罗源站前区域综合城

69. 龙海浮宫废弃矿山生态修复——比疆废弃矿山生态修复及霞圳 - 田头废弃矿山生态修复项目

70. 泉州台商投资区华侨城海丝国际未来城

71. 城厢区文献北片区城市更新建设项目

72. 莆田市产城融合示范区（紫霄片区）

73. 绶溪文创中心及配套基础设施项目

74. 城厢区万达南片区改造安置房项目

75. 城厢区坂头西片区城市更新建设项目

76. 城厢区月塘南片区改造项目

77. 宁德车里湾蚶岐安居工程

（五）工业（104 个）

78. 福州福晶科技激光及光通讯用核心元器件的产业化项目

79. 长泰安泰新能源光伏支架生产项目二期

80. 漳州宏发继电器生产基地三期项目

81. 长泰光弘电子科技项目

82. 长泰慕友光伏支架项目

83. 泉州开发区赛孔雀年产水性环保数码印花墨水 15000 吨项目

84. 将乐方解石高值化生产项目

85. 明溪县生物功能单体项目

86. 熙翔制药原料药和高端中间体研发和生产项目一期

87. 将乐水木海清生物活性系列产品加工生产项目

88. 将乐县维生素 D3 生产项目

89. 福建旺威材料科技产业园项目

90. 邵武格林金塘生物科技年产 6800 吨高级香料生产项目

91. 上杭时代思康氟硅功能材料生产项目

92. 武平天塑光电 PC 光学材料产品生产项目

93. 宁德邦普废旧锂电池循环再生新材料产业化项目

94. 福建汇得聚氨酯系列产品扩建项目

95. 湃视（福建）科技股份有限公司人工智能产业园项目

96. 龙岩雄瑞年产 3 万台套智慧建筑控制产品项目

97. 福建古雷 150 万吨/年乙烯及下游深加工联合体项目

98. 福建石化集团年产 20/45 万吨联产法 PO/SM 项目

99. 福建石化集团年产 20 万吨醋酸乙烯项目

100. 福建福海创集中空分空压装置项目

101. 古雷气体应急集中处置中心

102. 福建石化集团年产 20 万吨聚醚多元醇

(PPG) 项目

103. 海腾码头配套管线和库区升级改造

104. 万景石化年产 90 万吨丙烷脱氢制丙烯项目

105. 万华福建工业园 MDI 一体化扩能配套项目-气体扩能改造项目

106. 连江申远三期年产 20 万吨聚酰胺一体化项目

107. 福州上景新材料有限公司年产高性能聚丙烯 150 万吨项目

108. 时代聚丙烯深加工项目

109. 惠安中仑高性能聚酰胺材料产业化项目

110. 三明锂离子电解液添加剂和导电新材料项目

111. 永安合成氨装置清洁生产工程技术升级项目

112. 清流年产 5 万吨电子级氢氟酸项目

113. 福建锦飞高分子材料 40 万吨/年己二酸 60 万吨/年 PA66 项目

114. 福建荣辰新材料 30 万吨/年己二腈项目

115. 秀屿区年产 20 万吨 RPET 产业园项目

116. 上杭德尔科技含氟半导体新材料生产项目

117. 福建大金机械有限公司年产数控整机 3000 台项目

118. 南安启泰年加工挖掘工程机械配件 100 万套项目

119. 南安华茂工程机械底盘行走总成装置产品项目

120. 新罗福庚新型钢构生产项目

121. 海洋智能装备科技创新中心项目

122. 福建恒捷绿色纺织染整一体化产业项目

123. 福州乐峰建材年产 160 万吨机制砂项目

124. 长乐成昶置业建筑凝灰岩矿（机制砂）采矿项目

125. 福州市晋安区大洋矿区建筑用凝灰岩及配套设施项目

126. 长泰合信环保纸制品包装项目

127. 永安利永绿智能卫生陶瓷及环保透水砖建设项目

128. 宁化金牛水泥有限公司 4500t/d 熟料水泥生产线

129. 将乐县纤维综合利用项目

130. 将乐县超微细重质碳酸钙粉体功能新材料项目

131. 将乐县改性重钙母粒生产项目

132. 秀屿区高端户外军民两用纺织面料项目

133. 莆田市荣丰防护用品有限公司 pvc 手套生产项目

134. 浦城县年产 40 万吨精铜铝制品产业基地项目

135. 邵武市杜氏木业竹木家具全自动化生产项目

136. 浦城县樽裕年产万吨果酒生产基地

137. 建瓯福人木业年产 13 万立方米中高密度纤维板生产线建设项目

138. 邵武市科润年产 500 吨全氟磺酸树脂项目

139. 新罗力隆氨纶生产项目

140. 福建紫金铜箔科技有限公司年产 2 万吨高性能电子铜箔建设项目

141. 福建容和盛肉食品综合生产加工及储运中心建设工程

142. 福建正大白羽肉鸡综合生产加工及储运中心建设工程

143. 武平县竹材综合加工建设生产项目

144. 新罗亿城装配式新型墙材生产项目

145. 上杭蓝家渡葡萄酒生产项目

146. 上杭鑫昌龙年产 2000 吨热塑性弹性体增韧材料项目

147. 永定区恩普线材及胶料配套生产项目

148. 新峰科技光电组件基地项目

149. 闽侯汽车城七里产业园项目

150. 闽侯均和云谷·东南科创基地项目

151. 闽侯青口汽车城兰圃产业园项目

152. 福州高新区光电产业基地二期（E 区、F 区）

153. 漳州高新区智能制造产业园项目（一期）

154. 龙海市新能源汽车产业园配套工程

155. 金峰开发区新材料产业园及配套项目

156. 金峰开发区林语堂文创产业园及配套项目

157. 龙海市万洋智能众创园园区道路及配套工程

158. 南安市再生石科技产业园区项目

159. 南安国际石材智慧产业园区项目

160. 泉州智能装备产业园

161. 清流县金星工业园新材料智慧园区建设项目

162. 清流县城南工业园基础设施提升工程

163. 莆田市国家级新型功能材料核心区石门澳产业园基础设施及配套工程

164. 武夷新区科技创新孵化和城市文化科研基地基础设施建设项目

165. 武夷山茶产业专业园基础设施建设项目

166. 南平市荣华山产业组团返乡入乡创业园一期配套基础设施建设项目

167. 建阳区建盏产业标准厂房建设项目

168. 延平工业园区基础设施建设项目

169. 顺昌金山新材料产业园中试研发平台建设项目

170. 新罗区生物精细化工产业园一期建设项目

171. 连城县朋口工业集中区精细化工产业园项目

172. 新罗未来城生物医药制造园二期项目

173. 平潭新兴产业园区基础设施配套项目

174. 平潭新兴产业园区标准化厂房项目

175. 漳浦吉猛产业园

176. 漳州市粮食产业园

177. 德睿工业科技项目

178. 福建武夷谷河山泉饮用水生产基地

179. 浦城县食品产业园基础设施及配套服务工程

180. 武夷山市“溪谷留香”电商茶叶基地

181. 国际汽车科创文体产业园项目

（六）服务业（28个）

182. 福州烟草区域物流配送中心建设项目

183. 连江民天国际商贸物流中心（一期）项目

184. 韵达福建（永泰）电商产业园

185. 福建创鸿冷链物流中心

186. 惠安闽中农产品冷链物流产业园（一期）

187. 浦城县粮食产业公共服务中心建设项目

188. 上杭县优质农产品仓储保鲜冷藏冷链配送项目

189. 福州滨海新城智慧休闲海钓基地项目

190. 罗源书香小镇文旅项目

191. 八闽（漳州）不夜城项目

192. 熊家栋（泰宁）文化交流基地建设项目

193. 清流县拔口田园文旅综合体项目

194. 泰宁地博苑智慧景区旅游设施建设项目

195. 泰宁滨湖休闲静心康养基地开发项目

196. 莆田市南少林旅游配套基础设施项目

197. 建阳区武夷天沐国际旅游区基础及配套设施建设项目

198. 武夷山度假区观景台康疗文旅项目

199. 武夷山市张山头红军墓群保护及配套设施建设项目

200. 武夷山景区旅游设施提升项目

201. 连城新泉红色走廊项目

202. 漳州台商投资区金山矿区生态治理—华昌大型综合体项目

203. 石狮市灵秀网商园

204. 云创联航·晋江数字经济双创园

205. 石狮市文创园

206. 新罗厦龙采茶灯文化创意产业项目

207. 泉州市城市废弃物资源循环利用体系

208. 武夷山华祥苑茶博城项目

209. 周宁仙风山森林体育公园

（七）社会事业（24个）

210. 福建省考试入闱基地项目

211. 福耀高等研究院暨福耀科技大学（暂名）

212. 福德智慧教育园区

213. 古雷开发区中小学校舍建设提升工程

214. 石狮市树兰教育科技文旅项目

215. 泉州幼儿师范高等专科学校东海校区三期工程

216. 泉州经贸职业技术学院扩建工程一期

217. 武夷山一中新校区项目

218. 福建闽北卫生学校新校区二期续建建设项目

219. 清流县红色文旅教育实践基地及附属设施建设项目

220. 尤溪海峡两岸朱子文化交流基地基础设施项目

221. 福鼎市点头镇大坪村六妙白茶文化研究中心项目

222. 福建省肿瘤医院肿瘤防治综合大楼

223. 古雷公共医疗和社会服务设施提升工程项目

224. 上海市第六人民医院福建医院晋东院区（福建和敏医院）工程

225. 晋江市福典医院建设项目

226. 莆田市省级区域医疗中心项目一期（急重症诊疗中心大楼建设项目）

227. 武夷新区综合医院项目

228. 南平市人民医院八仙院区项目

229. 福州仓山天翔悦动城－智慧体育综合体

230. 政和县廖俊波体育中心建设项目

231. 平潭国际风帆运动训练基地

232. 晋安泰康之家福园养老社区项目

233. 福建臻日善医养中心项目

（摘编：陈建闽）

福建省国企改革三年行动改革任务全面完成

2023 年 1 月 31 日福建省国资委消息，截至 2022 年 12 月底，福建省国企改革三年行动 82 项改革任务，107 项量化指标已全面完成。

通过改革，中国特色现代企业制度更加完善。国企改革三年行动以来，福建省从制度上明确党组织在公司法人治理结构中的法定地位，省国资委指导督促 16 家一级企业和 51 家重要子企业“一企一策”，制定党委前置研究事项清单，发挥企业党委“把方向、管大局、促落实”的领导作用。

国有经济布局结构更加完善。三年行动期间，福建省先后完成港口集团的整合重组，新组建大数据集团，重组组建能化集团，重组组建水投集团，整合重组冶金控股与船舶集团；省国资国企重点培植数字经济、海洋经济、绿色经济、文旅经济的行业龙头，先后与央企签约 89 个项目，总投资 3508 亿元，与省内 5 个地市签约 164 个项目，总投资 5632 亿元，重点推进中沙古雷乙烯、厦钨新能动力锂电池材料等一大批重点项目落地建设。

国资监管职能转变更加明晰。三年来，省国资委把全面履行出资人职责、国有资产监管职责和国企党建工作三大职责统一起来，推进以管资本为主的国资监管的职能转变，有效提高国有资本证券化率。2021 年以来，省属企业新增厦钨新能、招标股份、实达集团、锐捷网络等 5 家上市公司，省属国有控股上市公司增至 21 家，股票市值超过 2200 亿元；21 家省属企业成功入选 2022 年度福建省重点上市后备企业。

科技创新和人才建设更加健全。在国企改革三年行动中，省国资国企把科技创新作为“头号任务”，完善以质量、贡献、绩效为核心的科研考评体系。目前，省属企业拥有省级以上高新技术企业 154 家（国家级 121 家），拥有 14 个省级以上重点实验室（国家级 1 个），52 个省级以上企业技术中心（国家级 7 家），32 个工程研究中心（国家级 5 个），10 个院士工作站，14 个博士后工作站。

（摘编：吴汉良）

福建出台 19 条措施推动民营经济创新发展

2022 年 8 月 15 日，省委宣传部召开的福建省传承弘扬“晋江经验”新闻发布会消息，为更好传承弘扬“晋江经验”，福建省近期出台《关于推动民营经济创新发展的若干措施》。

《若干措施》围绕五个方面，提出十九条具体措施：

一是围绕培育民营企业，强调做优做强民营龙头企业、梯度培育中小微企业。

二是围绕推动民营经济转型提升，强调提升民营企业创新能力、推动民营企业技术改造、提升民营企业智能制造水平、推进民营经济数字化转型、加快民营经济绿色低碳转型升级。

三是围绕拓展民营经济发展空间，强调加快推进民间投资增长、推动民营经济融入国内国际双循环。

四是围绕强化民营企业要素保障，强调完善民营企业引才引智服务机制、优化民营企业创新融资服务、保障民营企业用地需求、强化数据要素支持、提升知识产权创造保护和运用水平。

五是围绕优化服务，强调提供精准政务服务、发挥行业协会商会桥梁和服务作用、促进民营企业家健康成长、构建亲清政商关系、营造民营经济良好发展环境等。

“十九条措施着眼推动民营企业提升科技创新能力，加快转型升级，开拓国内国际两个市场、两种资源，打造更多具有国际影响力的福建产品和品牌等方面，充分发挥民营经济在建设现代化经济体系中的重要作用，鼓励和引导民营企业心无旁骛做实业，激发民营企业创新创造活力，为全方位推进福建高质量发展超越作出更大贡献。”省发改委党组成员、副主任张文洋介绍说，《若干措施》充分吸收了民营企业和相关部门的意见建议：

既注重产业政策支持引导，又着力满足企业具体需求。在梯度培育民营企业、推动民营经济转型升级方面，用好国家新出台的金融工具，支持民营经济发展，提出“鼓励民间投资用好基础设施 REITs、政策性开发性金融工具等，积极参与数据中心、人工智能等新型基础设施及相关领域投资建设和运营”。同时，充分回应企业关切，将企业反映的具体需求，吸收到文件中，如在“提升民营企业智能制造水平”“推进经济数字化转型”方面，措施提出“筛选一批智能生产线、智能车间和智能工厂优秀供应商，供民营企业选择”“加快培育贸易数字化和电子商务平台龙头企业”。

既注重对标先进，又充分体现福建省特色。《若干措施》充分借鉴兄弟省市的好经验好做法，结合福建省实际，在构建国际营销服务体系、用地政策等方面，提出具体措施。同时，推出一批具有福建特色、便民利企的政策措施。如，我们提出“深化与台港澳合作，支持民营企业融入两岸融合发展示范区建设，鼓励民营企业与台港澳企业共赴‘一带一路’沿线国家和地区开展投资并购和国际产能合作”“整合现有涉企服务资源，依托‘闽政通’APP 建设企业服务专区，为企业提供一体化服务”等。

既注重为民营企业营造良好发展环境，又强调引导企业自身健康发展。既要求政府在优化政务服务、加强政策落实、保护企业合法权益等方面加大力度，打造市场化法治化国际化便利化营商环境。同时，又强调引导民营经济人士完整准确理解“两个毫不动摇”，促进“两个健康”，坚持团结、服务、引导、教育的方针，一手抓鼓励支持，一手抓教育引导，在强化政治引领、助推转型升级、促进交流合作等方面作出更大成绩。做爱国敬业、守法经营、创业创新、回报社会的典范，支持帮助民营企业家实现事业新老交接和有序传承。

福建省民营经济覆盖广泛，是福建的特色、活力和优势所在。当前，福建民营企业在数量、规模、实力以及社会贡献等方面位居全国前列，呈现行业广、发展稳、贡献大、实力强、活力足的特点。2021 年，全省新增私营企业 32.68 万户，同比增长 16.6%；规上民营企业实现营业收入 40388 亿元，增长 17%；实现利润总额 2721.7 亿元，增长 29.5%。

（摘编：王增丰）

福建省从五个方面促进中小企业发展

2022 年 4 月 29 日福建省促进中小企业发展工作领导小组办公室印发《2022 年福建省促进中小企业发展工作要点》，进一步提高效率、提升效能、提增效益，优化中小企业发展环境，激发中小企业创新活力和发展动能，提升中小企业竞争力，促进中小企业稳定健康发展，福建省将重点做好五个方面工作。

一、抓政策宣贯，着力稳预期、提信心

1. 落实《福建省加大力度助企纾困激发中小企业发展活力的若干意见》《福建省积极应对疫情影响进一步帮助市场主体纾困解难的若干措施》《关于应对疫情影响促进工业企业纾困恢复加快稳定增长若干措施》等惠企政策，强化责任落实，建立政策落实情况动态化跟踪机制，加快政策奖补资金兑现，确保企业应享尽享。

2. 优化惠企政策统一发布平台，开展惠企政策“点对点”精准推送服务，优化政策和企业精准匹配功能，实现由“企业找政策”向“政策找企业”转变。

3. 加强政策宣传解读，深入开展“惠企政策进百园入万企”活动，优化“政策说”栏目，录播政策解读动漫短视频，让政策解读更多样化、更加接地气。

4. 落实中小微企业设备器具所得税税前扣除、小型微利企业所得税优惠、增值税小规模纳税人免征增值税政策，加大增值税期末留抵退税政策实施力度，顶格减半征收“六税两费”，延续实施阶段性降低失业保险、工伤保险费率政策，实现降费率优惠政策“免申即享”。

二、抓助企纾困，着力解难题、优环境

5. 深化“党企新时空·政企直通车”平台服务品牌，突出宣贯政策、纾困解难工作重点，为规上企业提供全方位诉求办理和政策服务。

6. 建立办理拖欠中小企业账款案件“绿色通道”，推动机关、事业单位和大型国有企业拖欠民营企业中小企业无分歧欠款立即清偿，建立有分歧欠款限期跟踪清偿制度，及时快处拖欠中小企业款项投诉举报。开展保障中小企业款项及时支付监督检查，2022 年底前，省中小办会同省清欠办对各地保障中小企业款项及时支付工作开展监督检查，采取实地检查和自查相结合方式进行，通报监督检查结果。

7. 实施《福建省优化营商环境条例》，完善营商环境数字化监测督导机制，客观反映全省营商环境现状，及时发现问题，督导解决问题。开展中小企业发展环境第三方评估，加强评估结果应用，推动以评促改、以评促优、以评促建。

8. 落实《市场主体登记管理办法》，推进“证照分离”改革全覆盖，力争取消审批、改为备案或实行告知承诺的事项达到 100 项以上。大力推进网上审批，2022 年底前实现不动产登记、交易和缴纳税费“一网通办”。实施生态环境系统“一个窗口对外”改革，用好生态环境亲清服务平台，提升生态环境“亲”“清”服务水平。

9. 加快推进知识产权保护中心建设。深入开展知识产权“蓝天”等行政执法专项整治行动，加大专利、商标有关违法行为打击力度。支持中小企业专利转化应用，符合条件的给予补助。

10. 深化“全闽乐购”促消费系列行动，鼓励发展宅经济、夜经济、直播电商，催生新型消费热潮。深化“助力万企成长”，办好福建外贸云展会系列活动，突出重点市场、做大新兴市场，助力企业开拓 RCEP 国家市场。持续推进“闽货华夏行”，推广优质闽企闽货。支持各地开展产品推介、展览展销、互采互购等活动，进一步挖掘省内市场潜力。

三、抓梯度培育，着力树典型、促创新

11. 大力实施中小企业创新能力和专业化水平提升工程，分层分类建立“专精特新”企业培育库，培育省级“专精特新”中小企业 100 家以上、国家专精特新“小巨人”企业 50 家以上。组织开展“专精特新八闽行”活动，对全部“专精特新”中小企业实地走访，开展调研服务，为每家企业配备 1 名服务专员，听取企业意见建议，为每家企业至少解决 1 项困难。

12. 落实中小企业梯度培养正向奖励政策，力争新增“个转企”企业 1500 家以上，“小升规”企业 1500 家以上，“规改股”企业 800 家以上，“股上市”企业 10 家以上。

13. 落实高新技术企业“双倍增”行动方案，完善高新技术企业成长加速机制，鼓励更多有科技创新能力的企业积极申报高新技术企业认定，推动高新技术企业数量突破 9000 家。落实研发费用加计扣除和企业研发经费投入分段补助等财税优惠政策，激励企业加大研发投入，带动全社会研发投入增长 18% 以上。

14. 围绕优势特色重点产业、战略性新兴产业、高技术产业，以及“卡脖子”关键技术，用好省内外专家资源，分领域梳理项目成果和企业技术需求开展联合攻关，实施科技创新重点项目 30 个左右。

15. 深入实施产业数字化转型行动，促进数字技术与实体经济深度融合，遴选数字技术应用场景 200 个以上，新增培育新一代信息技术与制造业融合发展新模式新业态标杆企业 60 家以上、工业互联网 APP 优秀解决方案 20 个以上。

四、抓融资促进，着力破难点、通堵点

16. 深化产融合作，常态化举办福建省“产融合作·助力‘专精特新’中小企业高质量发展”投融资对接活动，推动银行、创投机构等金融资源精准流向“专精特新”企业。落实应收账款融资奖励政策，帮助中小微企业拓宽融资渠道。

17. 合规运用再贷款再贴现政策，引导加大对小微企业的支持力度。做好两项直达工具退出后的平稳接续，实施好转换推出的市场化普惠小微贷款支持工作，强化正向激励，鼓励增加普惠小微贷款和信用贷款。

18. 督促银行业机构加大普惠型小微企业信贷投放力度，向欠发达地区小微企业适当倾斜信贷资源，确保法人机构普惠型小微企业贷款增速、户数实现“两增”。督促银行业机构持续开展小微企业首贷拓展专项行动，力争大型银行、股份制银行新增小微企业法人的首贷户数量超过 2021 年。

19. 进一步用好小微企业融资担保降费奖补资金，引导民营融资担保机构加大与小微企业、“三农”主体的对接工作，通过降低担保费率等措施，为企业融资增信。充分发挥政府性融资担保机构的政策性功能，加大银担合作力度，大力推广“总对总”批量担保业务，推动各级政府性融资担保机构对“总对总”批量担保业务实行“见贷即保”，简化担保审批流程，并取消反担保措施。

20. 推进“金服云”“产融云”“信易贷”“银税互动”等融资服务平台建设，加强数据开发应用，为金融机构依法依规共享企业信用信息，服务中小微企业融资提供便捷。

21. 加快省级中小微企业纾困增产增效专项贷款投放。对受疫情影响严重的制造业中小微企业给予专项融资支持，支持融资贷款总规模为 50 亿元，其中支持泉州不少于 20 亿元。

22. 推动直接融资，用好资本市场全面实施注册制改革和北交所设立的有利契机，推动一批上市后备企业加快上市挂牌融资。引导符合条件的中小企业通过股权融资、债券融资、并购重组等渠道，进一步拓宽融资渠道。

五、抓组织领导，着力优服务、强保障

23. 充分发挥各级促进中小企业发展工作协调机制作用，加强协调机制的组织领导、政策协调、指导督促，落实领导小组办公室工作制度，重点推动省、市、县（区）定期举办领导小组工作会议或领导小组办公室成员会议，研究协调中小企业发展重大事项。

24. 开展“一起益企”中小企业服务行动，充分发挥中小企业公共服务平台骨干支撑作用，汇集和带动各类优质服务资源，组织服务进企业、进园区、进集群，为中小企业送政策、送管理、送技术。

25. 深化“联百会助千企”，拓展“工商联 + N”，在融资对接、法律援助、调查研究、民企百强、项目对接等方面强品牌、建机制，形成惠及千会万企的服务保障。

26. 加强中小企业统计调查和监测分析，密切关注中小企业生产经营状况，关注新问题、研判新趋势，定期发布中小企业统计信息。加强政策研究储备，推动适时将部分阶段性惠企政策转化为可长期实施的政策，不断提升政策的连续性、稳定性、可持续性。

（摘编：黄国实）

福建省出台措施鼓励外资投向制造业

2022 年 5 月 9 日福建省工信厅消息，福建省近日印发《关于进一步推进利用外资保稳促优若干措施的通知》，从外资提质增效、强化投资促进、优化投资环境、完善正向激励等方面提出具体政策措施。其中，在惠企政策方面，保留原有企业到资奖励政策，同时加大对制造业引资，世界 500 强、台湾百大企业投资项目支持力度。

扩大实际使用外资规模。对新设（含增资）外资项目（不含房地产业、金融业）于 2021 年 7 月 1 日至 2022 年 6 月 30 日期间（下同）实际到资 500 万美元（三明、南平、龙岩、宁德四市 300 万美元）及以上，由省级财政按到资金额 1% 给予最高 1000 万元奖励。其中，对世界 500 强、台湾百大企业投资项目最高奖励 1500 万元。

加大制造业引资力度。对新设（含增资）制造业外资项目外方实际到资 1000 万美元及以上，将适当提高支持比例，由省级财政按到资金额 1.5% 给予最高 1000 万元奖励。

提升利用外资质量。对认定为国家高新技术企业、确认为技术先进型服务企业，符合到资条件的，将加大支持比例，由省级财政给予最高 1000 万元奖励。进一步落实外商投资鼓励类项目确认工作，保障符合条件的外资企业依法享受相关税收优惠政策。

提高资金使用便利化。落实人民币跨境使用便利化政策，简化资金结算流程，放宽对部分资本项目人民币收入使用限制，允许非投资性外商投资企业，依法以资本金进行境内股权投资。

（摘编：黄国实）

福建出台纾困措施
支持福州市应对新冠肺炎疫情影响

为支持福州市积极应对新冠肺炎疫情影响，2022年11月3日福建省发改委印发《关于支持福州市积极应对新冠肺炎疫情影响帮助市场主体纾困解难的若干措施》（以下简称《措施》），将设立第八期100亿元规模中小微企业纾困增产增效专项资金贷款，给予福州市50亿元专项额度支持。

《措施》提出，支持福州市应急医疗物资产业链配套生产企业，2022年底前按照项目设备（含技术、软件等）投资额的10%予以补助，单个项目最高1000万元。对福州市受疫情影响较大的工业中小企业，可依申请免征其2023年度3个月的房产税和城镇土地使用税，支持企业恢复生产。将福州市纳税人2022年11月的纳税申报期限延长至2022年11月30日，受疫情影响期限内仍无法办理纳税申报的可依法申请延期。

在金融支持方面，《措施》要求支持福州市受疫情影响严重的企业融资，尤其是文旅、住宿、餐饮、物流等行业，即日起至2023年6月30日新增流动资金贷款的，鼓励金融机构主动让利，予以优惠利率支持。同时支持福州市制造业中小微企业融资，要求银行机构主动对接申请企业，简化审批资料和流程，尽快完成尽职调查、授信审批、发放贷款。对符合条件工业领域中小微企业半年内到期的贷款给予续贷支持。对福州市符合条件的小型企业、微型企业和“三农”主体融资担保业务，按相应比例予以奖补。

在财税支持方面，《若干措施》要求对2022年10月1日至12月31日期间，福州市完工投产且符合奖励条件的技改项目，由省级财政按实际设备投资额一定比例给予奖励，最高奖励比例由原先的5%提高到6%。对福州市受疫情影响较大的工业中小企业，可依申请免征其2023年度3个月的房产税和城镇土地使用税。

《措施》还中小企业面制定了相关纾困政策。对受疫情影响未能及时缴费的小微企业和个体工商户用水、用电、用气“欠费不停供”，缓缴期可延续至2022年12月底，缓缴期间免收滞纳金。鼓励有条件的工业园区为制造业困难企业减免租金。对不裁员、少裁员的企业落实失业保险稳岗返还，大型企业按上年度企业和职工实际缴纳失业保险费的50%返还，中小微企业按90%返还。

在稳定产业链供应链方面，鼓励大型企业将中小企业纳入产业链、供应链体系；对福州市受疫情影响较大的中小企业，引导其他地市龙头企业与其开展“手拉手”活动，打通销售渠道。协调解决福州市企业货物跨省运输问题，全力保障物流通道循环畅通。

（摘编：肖启辉）

福建省增设100亿元 中小微企业纾困增产增效专项资金贷款

2022年11月4日福建日报报道，为继续发挥纾困贷款在缓解企业暂时流动性困难的积极作用，特别是支持受疫情影响严重地区中小微企业渡过难关，经省政府同意，福建省在此前已完成七期共700亿元纾困贷款投放基础上，增设第八期100亿元中小微企业纾困增产增效专项资金贷款，并切块50亿元专项支持福州地区。

第八期纾困贷款重点支持交通运输、餐饮、住宿、旅游等受疫情影响较大的行业企业，银行对符合条件的企业提供利率不超过1年期贷款市场报价利率（LPR）+50个基点的优惠贷款，省财政按贷款金额的1%给予贴息。

此外，福建省还以配额管理方式，支持前七期纾困贷款政策企业续贷，银行对符合条件的企业提供利率不超过1年期贷款市场报价利率（LPR）+100个基点的优惠贷款。通过该方式，第八期纾困贷款规模最高可放大到200亿元。

3日，兴业银行三明分行为三明市公共交通有限公司发放纾困贷款980万元，期限一年，贷款利率3.15%，在同期LPR利率基础上减50个基点，成为首笔第八期福建省中小微企业纾困增产增效专项资金贷款。

（摘编：王增丰）

福建省印发“十四五” 粮食安全和物资储备发展专项规划

2022年3月22日福建省人民政府印发《福建省“十四五”粮食安全和物资储备发展专项规划》提出，到2025年，基本实现低温、准低温储粮，全省县级以上中心粮库、储备粮代储点智能化改造全覆盖，形成全省粮食储备信息化“一张网”。全省粮食完好仓容达到700万吨，其中高标准生态粮库占比40%以上，实现粮食产业总产值900亿元，粮食优质品率提高30%以上，粮食加工转化率达到90%，十亿级企业集团达到15家，规模以上粮油加工企业研发投入占主营业务收入比例达0.5%，科技贡献率提高3个百分点。到2035年，基本实现粮食安全和物资储备基础设施水平现代化、基本构建现代化的产业体系，建成更高层次、更高质量、更有效率、更可持续、更为安全的粮食安全和物资储备保障体系。

（摘编：严志东）

2022年福建省海洋与渔业重点工作

2022年1月25日，全省海洋与渔业工作会议在福州召开。会议总结2021年海洋与渔业工作，研究安排2022年重点任务。2021年，全省海洋与渔业系统深入实施乡村振兴和海洋强省战略，海洋渔业经济运行总体平稳。全省海洋生产总值预计1.1万亿元，水产品总产量预计853万吨、比增2.4%左右，渔民人均纯收入2.58万元，高于农民人均收入11.2%，比增6.5%，继续保持全国前列。

2022年工作的总体思路：五大举措推进海洋经济高质量发展，七大重点推进“福海粮仓”建设，六项硬任务落实海洋渔业行业治理。

一、推进海洋经济高质量发展五大举措

一是抓海洋优势产业集聚区建设。加快推进泉州石狮海洋食品园、福州（连江）国家级远洋渔业基地、海连江海洋电商产业园等建设，推动海洋优势产业规模化、集群化、集约化、高端化、生态化发展。二是抓海洋新兴产业集群发展。培育海洋生物医药等5个百亿级新兴产业集群，加快海洋新兴产业园区建设，扶引龙头企业入园，打造游艇“网络经济”“夜经济”和“全产业链经济”。三是抓项目建设攻坚。统筹推进海洋强省建设规划、海洋经济高质量发展三年行动确定的产业重点项目，滚动接续推进海洋渔业、滨海旅游等储备项目。四是抓创新驱动引领。加快建设6个省级海洋产业发展示范县，争创一批国家级重点实验室、工程研究中心等创新平台，培育更多涉海专精特新企业，加快海洋科技创新成果转化落地。五是抓对外合作交流。实施“生态海丝”重点工程建设，推进与东盟国家开展海洋教育培训、海洋产业技术服务及科研合作，加快推进霞浦、东山、惠安、平潭等地闽台渔业合作产业园建设。

二、推进“福海粮仓”建设七大重点

一是启动实施水产种业振兴行动。拓展水产养殖种质资源普查成果，培优扶强一批优良新品种，建设一批种质资源库，培育一批种业龙头企业，打造本土特色优势水产种业产业集群，持续巩固特色优势种业全国领先地位。二是加快推进水产养殖绿色发展。巩固拓展水产养殖超规划整治成果，开展海上养殖设施升级改造，加快推进“百台万吨”深远海牧场建设，推动创建一批国家级绿色生态养殖示范区；加快淡水渔业高质量绿色发展。三是加快推进远洋渔业高质量发展。落实省政府支持远洋渔业八条措施，鼓励“造大船、闯深海”，加强国际渔业合作，打造鱿鱼、秋刀鱼等超百亿元产业链，推动富余养殖产能和技术积极向国外转移。四是加快推进水产加工提质增效。全面实施水产加工高质量发展行动，做大做强水产加工优势产业县，加快建设冷链物流，培育发展水产品电商，推进水产加工产业集聚发展，创新发展预制菜肴、冷链配送等业态。五是加快推动渔业产业融合发展。加快建设一批国家级渔业产业强镇、渔业特色强镇，打造“渔市游”“渔人码头”等新业态，打响“水乡渔村”休闲渔业品牌。六是加快推进渔港项目建设。力争不涉及生态红线项目全部开工建设，加快厦门欧厝、连江黄岐国家级渔港经济区建设。七是加快推进“智慧海洋”建设。加快实施“宽带入海”项目，推进1500余艘大中型渔船安装高通量卫星电话，加快建设“一中心两平台”，实施海峡立体观测网迭代工程，建设“空天岸海潜”一体化网络。

三、落实海洋渔业行业治理六项硬任务

一是抓渔业安全生产治理。强化安全隐患排查整治、商渔船共治、渔业船员技能提升、打击涉渔“三无”船舶等重点工作，实施600艘以上渔船更新改造。二是抓海上应急处置能力。加强值班值守和应急处突，落实渔船编队生产制度，建设渔船点验中心，推进渔船网格化管理，做大做强“福渔救助志愿者联盟”。三是抓台湾海峡渔场修复振兴。严格落实海洋伏季休渔与闽江禁渔，推进渔船减船转产，加快海洋牧场建设，实施渔业增汇行动，推动海洋碳中和试点工程，提高海洋固碳增汇能力。四是抓水产品质量安全监管。坚持“产出来”和“管出来”两手抓、两手硬，持续推进合格证及“一品一码”追溯体系建设。五是抓渔业保险增点扩面提标。创设渔业安全生产责任险，探索鲍鱼价格指数保险试点。持续推进渔业保险“扩面”，力争沿海地区12米以上渔船及渔工保险、远洋渔船渔工保险覆盖率达到100%。六是抓海上疫情防控。强化“人、物、环境”同防，继续开展驻港监管指导，加强渔船动态监管，严把进出港船员报备关，落实联防联控、群防群治。

（摘编：刘海元）

福建推出乡村产业振兴五大措施

2022年7月1日福建省工业和信息化厅消息，为认真贯彻落实省委省政府关于实施乡村振兴战略工作部署，省工信厅从围绕强化政策引导、加强项目对接、支持企业技改、扶持龙头企业、加大市场推广等方面，积极推动民营经济参与乡村农副食品加工业高质量发展，助力福建省乡村产业振兴。

一、深化政策引导

组织实施食品加工产业高质量发展行动计划，发挥食品行业龙头优势，做大做强闽西北生态食品、闽东南休闲食品、闽东南果蔬加工集聚区，延伸农副产品加工产业链，推进产业集聚发展。推动特色食品产业发展，培育肉禽蛋加工、水产品深加工等特色细分产业及“专精特新”企业。引导农村立足区域特色，创新开拓市场举措，培育壮大特色产业。

二、开展靶向招商

围绕茶叶、水果、蔬菜、林竹、畜禽、水产、食用菌等优势特色产业，梳理产业链薄弱环节，利用省民企产业项目对接平台，持续推进乡村产业项目招商对接，精准策划生成一批产业龙头项目，以及产业链缺失、延伸和升级项目。积极对接引进一批农副产品加工龙头企业，推进农产品加工向产地下沉。及时协调解决项目对接签约、落地建设过程中存在的困难问题，加快项目落地建设、发挥效益。

三、推进技术改造

引导乡村农副产品加工企业以设备更新换代、智能化改造、服务型制造、绿色生态发展等为重点，实施技术改造升级，对符合条件的技改项目列入省重点技改项目，给予相关技改奖补政策支持，加快农副产品加工业转型升级。推进加工装备创新，扶持一批农产品加工装备研发机构和生产企业，开展信息化、智能化、工程化加工装备研发，提高关键装备国产化水平。

四、完善物流体系

继续开展省级示范物流园区创建，组织2022年省级示范物流园区申报工作，培育一批服务乡村物流的示范物流园区。进一步发挥福建省对获评国家A级物流企业的扶持政策，推动更多服务乡村物流的企业获评国家A级物流企业，以A级物流企业指标体系为标准提升物流龙头企业综合实力。推荐优质现代物流企业进入省级工业龙头企业名单，重点在冷链物流、快递物流、农村物流、物流业制造业深度融合等领域，培育一批具有国内影响力和示范效应的物流龙头企业。

五、提升管理水平

落实中小企业梯度培养正向奖励政策，加大力度推动“个转企”“小升规”“规改股”“股上市”，构建市场主体梯次发展成长链条。实施企业高级经营管理人才队伍提升工程，推广“企业家培训企业家”的好经验，进一步推动省市联合举办中小企业领军人才培训班、“专精特新”企业高级经营管理人才培训班，引导企业规范管理、创新驱动、动能转换，提升民营企业家素质和企业经营管理水平。

（摘编：郑新民）

2022年福建省“三农”工作成效显著

2023年2月4日，福建省委召开农村工作会议消息，2022年福建省“三农”工作取得显著成效，全省第一产业增加值3076.2亿元、增长3.7%，农村居民人均可支配收入24987元、增长7.6%，农业农村工作保持稳中有进良好态势，有效发挥了“压舱石”作用，主要表现在：

“稳”的基础更加牢固：一是粮食生产保持稳定。粮食播种面积1256.4万亩、超国家任务3.7万亩，粮食产量508.7万吨、比上年增产2.3万吨。二是脱贫攻坚成果稳固。全省脱贫人口家庭人均纯收入20394元、增长14.1%，增幅继续高于全省平均水平。

“保”的作用有效发挥：一是保供给。蔬菜、水果、食用菌、肉蛋奶产量稳中有增，海水养殖产量保持全国首位。二是保收入。全省农村居民人均可支配收入增幅高于城镇居民2.4个百分点，城乡收入差距进一步缩小。三是保安全。重大动植物疫病有效防控，全省主要农产品质量安全监测合格率99%，农业安全生产形势持续向好，农村社会保持和谐稳定。

“进”的动能持续拓展：一是特色现代农业提质增效。实施特色现代农业高质量发展“3212”工程，十大乡村特色产业全产业链总产值突破2.3万亿元。二是农业现代化基础进一步夯实。主要农作物和畜禽良种覆盖率达98.6%，新建高标准农田129万亩，设施农业面积累计超240万亩，主要农作物耕种收综合机械化率提高到73%。三是乡村建设扎实推进。年度水利投资超550亿元，农村建设品质提升5类工程完成投资355.6亿元，乡村“五个美丽”建设取得新进展。四是农业农村重点改革持续深化。农村承包地“三权分置”稳步推进，农村宅基地制度改革试点稳慎开展，新型农业经营主体联农带农机制不断健全，农业农村发展活力有效激发。

（摘编：王增丰）

2022年全省工业和信息化工作重点实施八大工程

2022年1月12日，全省工业和信息化工作视频会议在福州召开。会议强调，要坚持以习近平新时代中国特色社会主义思想为指导，全面贯彻党的十九大和十九届历次全会精神，深入学习贯彻习近平总书记来闽考察重要讲话精神，弘扬伟大建党精神，按照中央经济工作会议、全国工信工作会议和省第十一次党代会、省委经济工作会议部署，坚持稳中求进总基调，完整、准确、全面贯彻新发展理念，服务和融入新发展格局，聚焦“二产进”，突出质量第一、效益优先，把做大做强做优制造业作为长期坚持的工作重点，把工业稳增长摆在最重要的位置，加快扬优势锻长板、强弱项补短板、畅循环扩内需、拓市场创品牌、抓服务优环境，不断做大产业集群、做强龙头企业、做优产品质量，加快建设先进制造业强省。

2022年要重点实施八大工程。

一是深入实施稳增长工程，确保工业持续平稳发展。坚持稳字当头、稳中求进，盯住“八个重点”加大运行监测频度力度，释放重点领域消费潜力，确保指标稳、企业稳、行业稳。

二是深入实施项目攻坚工程，加大产业投资项目招商。狠抓重点项目建设，开展新一轮技术改造行动，每季度组织一次产业招商对接活动，促进项目接续不断、滚动推进。

三是深入实施产业链供应链贯通工程，助推工业固本强基。加强全省产业链、产业集群统筹布局，加快发展新兴产业，出台主要行业高质量发展行动计划，实行“一个产业、一个工作方案、一个工作专班”，打造现代钢铁、纺织服装等若干个具有全球影响力的先进制造业集群。

四是深入实施优质企业培育工程，激发市场主体活力。传承弘扬“晋江经验”，实施龙头企业培优扶强行动计划，促进中小企业专精特新发展，推动民营经济新一轮高质量发展。

五是深入实施提质增效工程，推进产业创新绿色低碳发展。加快创新平台建设，推进企业技术中心、制造业创新中心梯次发展，完善产学研长效对接机制，加强关键核心技术攻关，加快绿色低碳转型升级。

六是深入实施融合赋能工程，增强产业发展新动能。支持传统产业数字化转型、智能化改造，开展智能制造示范工厂建设，加快研制首台（套）重大技术装备与智能制造装备，深化先进制造业与现代服务业融合发展。

七是深入实施营商环境提升工程，进一步增强服务效能。落实减税降费、金融支持等惠企政策，深化“放管服”改革，加大涉企违规收费查处，提升“党企新时空·政企直通车”平台服务效能。

八是深入实施安全保障工程，有效防范化解风险挑战。统筹安全和发展，抓实行业生产安全，抓好化工建设工程质量监管，抓细疫情防控工作，提升无线电安全保障水平，有效防范化解各类风险挑战。

会议要求，全省工信系统要以党的政治建设为统领，弘扬伟大建党精神，落实全面从严治党主体责任，提高履职尽责能力，毫不松懈抓好年终岁首各项工作，全力完成各项目标任务，全方位推进工业高质量发展超越，以优异成绩迎接党的二十大胜利召开。

（摘编：赵小真）

福建：创新引领走向高端

2022年9月29日，“牢记使命　奋斗为民”系列主题新闻发布会省工信厅专场消息，十年来，福建坚持把创新作为第一动力，加快构建以企业为主体、市场为导向、产学研用相结合的技术创新体系。

全省现有国家级企业技术中心71家，国家技术创新示范企业30家；国家级专精特新“小巨人”企业354家，国家级制造业单项冠军37家；国家级服务型制造示范企业33家、国家级工业设计中心25家，数量分别居全国第3位、第4位。

全省现有高新技术企业8900多家，省级“专精特新”中小企业1379家，省级企业技术中心670家，省级制造业创新中心4家，已实施技术创新重点攻关及产业化项目73个，认定省首台（套）装备237个。

近年来，福建省还遴选三批产业领军团队68个，带动引进“高精尖”人才150多名，落地高水平研发项目100多个，突破核心关键技术130多项。

在创新引领下，福建省的稀土永磁、光伏技术、硬质合金、储氢材料、汽车玻璃、电子特气、金属半固态快速成型、红土镍矿冶炼等工艺技术全球先进、国内领先；风力发电装备、激光增材制造钛合金粉末、“笔尖钢”等实现国产替代。

一大批制造业企业产品质量显著提升，福耀玻璃荣获中国质量奖；福光股份、九牧集团、恒安集团等产品质量全国领先；福建炼化、阿石创新材料分别获得国家科技进步奖一等奖、科技发明二等奖；安踏等21家企业入选“2022年中国最具价值品牌500强”；宁德时代工厂、京东方工厂入选世界“灯塔工厂”，成为中国智能制造名片；福州、厦门获评“中国软件特色名城”，打造出福建制造的新“品牌”。

（摘编：郑新贵）

福建五大举措做好工业质量提升和品牌建设

2022年6月6日福建省工信厅发布《2022年福建省工业质量提升和品牌建设工作的通知》，旨在推动行业质量技术创新和管理进步，促进制造业高质量发展。五大举措如下。

一、促进企业质量管理升级

推动企业落实质量主体责任，建立健全质量管理和考核制度，增强产品全生命周期质量追溯能力。鼓励行业协会开展质量管理体系成熟度评价，引导企业通过自评诊断和试点评价，系统识别和改进质量管理中的短板，不断提升质量管理体系有效性和成熟度，推动企业质量管理从合规走向卓越。组织开展质量标杆经验学习交流系列活动，引导广大工业企业通过学习与对标，导入现代质量管理方法和质量工程技术，探索构建以数字化、网络化、智能化为基础的全过程质量管理体系。

二、实施制造业质量管理数字化行动

鼓励和支持福建省传统优势行业和生物医药、新材料、新能源等重点行业加大数字化、网络化、智能化和绿色化资源投入，深化5G、人工智能、物联网、大数据等新一代信息技术与制造业融合发展，提升企业质量管控能力和水平。推进数字化质量管理所需的测量基础、软件平台、数据标准、辅助决策工具研究与应用，强化质量管理数字化关键业务场景创新。

三、进一步夯实质量基础

（一）开展质量技术攻关。做大做强行业创新平台，大力培育制造业创新中心，加强企业技术中心等研发机构建设，提升企业自主创新能力。支持企业加大研发投入，通过自主创新、协同创新、产学研联合等形式开展质量技术攻关，主导或参与先进标准制修订，提升产品供给质量。

（二）提升产业基础能力。实施产业基础再造工程，支持有能力、有条件的企业参与实施国家产业基础再造工程专项。着力在电子信息、装备、汽车、石化、轻工等领域组织实施一批基础条件好、带动作用强的项目，突破一批关键核心技术、工艺、材料，补齐发展短板，提升工业发展核心竞争力。

（三）加快智能制造推进步伐。推动优势企业开展智能制造示范工厂建设，补齐关键技术短板。加大通用技术研发力度，突破核心共性技术研发和产业化。培育一批专业性强、特色明显的智能制造系统集成服务商，重点围绕机械装备、纺织服装、食品、陶瓷等传统产业，开展智能制造诊断服务，深化诊断服务成果应用。聚焦“卡脖子”装备、短板装备、前沿装备关键技术，加快研制首台（套）重大技术装备与智能制造装备，增强企业核心竞争力。

四、推动重点产业质量品牌提升

（一）深入实施消费品“三品”专项行动。加快纺织鞋服、食品、医药等产业数字化、绿色化、品质化转型，积极引导企业发展中高端消费品，在服装、制鞋、家具等行业重点推行个性化定制模式。支持各地采取线上线下结合、“手拉手”等形式，开展产品推介、展览展销、互采互购等活动，进一步挖掘省内市场潜力。

（二）提升原材料供给水平。重点加快发展400系列不锈钢，以及双相、超级双相不锈钢等高端产品，加强稀土永磁、储氢、发光、催化、抛光等稀土新材料及应用产品开发，加快传统冶金产业转型升级。建材工业大力发展绿色建材和循环经济，支持新产品研发，重点加快发展高品质水泥，新型深加工玻璃，石材新产品和个性化、智能化建筑卫生陶瓷产品。

（三）提高装备产品先进制造水平。深化高端装备创新工程，发展智能化专用装备、高档数控机床、高技术船舶和海工装备等具有较好发展基础的重大技术装备，发展先进轨道交通装备、航空装备、传感器和智能化仪器仪表、伺服装置和控制系统、工业机器人、增材制造装备等高端新兴装备，推动汽车、船舶等重点领域的标准化和质量可靠性提升。

（四）推动信息技术产业质量提升。突出“增芯强屏”，加快发展“芯屏器核”，围绕集成电路、面板等薄弱环节，实施产业链强链补链延链，促进产业链供应链稳定，推动产业高质量发展。

五、优化质量品牌发展环境

深入推进企业品牌建设，组织开展福建省品牌故事大赛系列活动，引导企业构建品牌战略，建立品牌培育工作机制，增强品牌培育能力，提升品牌价值，加快形成一批主业突出、竞争力强、拥有自主品牌的行业领军企业。支持举办食品、鞋服、工艺美术等专业性展会，结合“中国品牌日”“质量月”等重大活动，大力宣传和推广一批优秀工业企业和品牌，讲好福建品牌故事，扩大品牌知名度和美誉度，推动福建工业品牌“走出去”。加大面向中小企业的质量品牌服务供给，推动中小企业公共服务平台与质量品牌专业机构对接，组织开展咨询诊断、辅导提升、经验交流等活动，增强企业质量品牌创新升级能力。

（摘编：黄国实）

福建省印发新能源汽车产业发展规划

2022 年 4 月 18 日福建省人民政府办公厅印发《福建省新能源汽车产业发展规划（2022—2025 年）》，规划打造世界级新能源汽车动力电池及材料先进制造业中心、万亿级产业集群，力争到 2025 年全省新能源汽车产销超过 20 万辆，全省新能源汽车生产企业产值达到 1000 亿元，全省新能源动力和储能电池产能超过 400GWh，全产业链产值超过 6000 亿元，公共领域用车电动化率居全国前列。

《规划》明确，福建将打造“三基地、两集群、一中心”——培育和壮大“福宁岩莆”新能源乘用车、“厦漳”新能源客车、“岩明”新能源货车和专用车三大生产基地；打造闽东北新能源乘用汽车、闽西南新能源商用汽车两大产业集群；壮大宁德、厦门、漳州、南平、福州、龙岩等新能源电池产业规模，打造世界级新能源汽车动力电池及材料先进制造业中心、万亿级产业集群；夯实福州、厦门、宁德、泉州、莆田、龙岩、南平等零部件配套产业；积极支持有条件的地市发展智能网联汽车和氢燃料电池汽车产业。

福建省现有新能源汽车生产企业 7 家、专用车生产企业 1 家，涵盖了新能源乘用车、商用车全品类汽车产品。2021 年，福建省新能源汽车产销均为 6.5 万辆；新能源汽车“三电”（电池、电机、电控）系统关键零部件企业 10 多家，相关产品技术均处于国内前列。2021 年福建省新能源动力电池出货量约 126GWh，产业规模位居国内第一。

（摘编：肖启辉）

福建加快推动食品生产装备首台（套）研制和推广应用

2022 年 5 月 25 日福建省工信厅消息，省工信厅日前发布关于驱动烘焙产业高质量发展的人大建议办理意见。意见提出，加快推动食品生产装备首台（套）研制和推广应用。

一是支持食品生产装备企业申报首台（套）政策。结合福建省装备产业发展实际，动态更新省首台（套）重大技术装备推广应用指导目录，支持技术创新领先的食品装备列入首台（套）指导目录；鼓励食品装备生产企业申报省首台（套）重大技术装备认定，引导企业加大科技投入和技术创新，开发具有自主知识产权、技术含量高、经济效益好的食品生产装备，提高自主研制能力，促进福建省食品装备制造业提质增效。

二提升食品生产装备关键核心技术联合攻关能力。依托省重大技术装备研发创新与首台套示范应用联盟等平台，进一步推动装备生产企业、应用客户、行业协会、科研院所等创新主体协同合作、聚集优质创新资源，增强食品生产装备首台（套）关键核心技术的联合攻关能力。同时，结合首台套装备研制和使用需求，积极搭建从用户、工程设计、设备成套研发到制造、检测等全产业链供需对接平台。

三是促进食品生产装备首台（套）推广应用。鼓励省内企业应用首台（套）产品，落实首台（套）产品应用奖励政策，对应用福建省认定的首台（套）重大技术装备的企业，继续按规定给予补助。依托有条件的行业龙头企业、重点专业平台等，加强对首台（套）产品的展示和推介，推广应用首台（套）产品，建立食品生产装备首台（套）示范应用基地。

（摘编：李兵）

福建省加大电动船舶全产业链政策支持力度

2022 年 4 月 12 日，福建省工信厅和福建省财政厅联合出台《2022 年福建省电动船舶产业发展试点示范实施方案》，进一步加大对电动船舶的全产业链政策支持力度。

方案提出，以“立足福建、服务长江、面向全国”为目标，以增强产业竞争力为核心，以提升电动船舶及其关键设备研制能力为重点，力争培育在国内外具有较强影响力的电动船舶产业集群，全面提升福建电动船舶产业竞争力。

2020 年以来，福建省积极对接省内外优势资源，全力推动产业项目落地、示范项目建设、科研立项攻关等工作，目前已取得一定成效，并得到国家有关部委的肯定支持。但发展初期，电动船舶在市场推广、核心技术研发、创业模式创新等方面还存在一些困难。

此次福建省出台的《实施方案》最大的特色是突出全产业链支持。如对福建省电动船舶电池动力推进系统生产企业，按交付电池动力推进系统价格的 20% 给予补助（不含配套省内船企），单套设备补助不超过 200 万元。对福建省电动船舶制造企业，在电动船舶交付且运行一定里程后，按交付船舶（含新建和改造）电池动力推进系统价格的 40% 给予补助，其中省级首批次示范项目按 60% 给予补助，单船补助不超过 1500 万元。

（摘编：王增丰）

福建被列为内河船舶绿色智能发展先行先试地区

2022 年 10 月 8 日，福建省工信厅消息，日前，工信部、发改委、财政部、生态环境部、交通运输部联合发布《关于加快内河船舶绿色智能发展的实施意见》（下简称《意见》），福建省被列入内河船舶绿色智能发展先行先试地区，闽江被列为示范应用流域。

《意见》在“加强组织实施”部分提出，鼓励江苏、浙江、安徽、福建、山东、湖北、广东、广西以及河北雄安新区等有条件的地方先行先试，形成可复制、可推广、可持续的内河绿色智能船舶运营发展新模式。

《意见》在“发展目标”部分提出：到 2025 年，液化天然气（LNG）、电池、甲醇、氢燃料等绿色动力关键技术取得突破，船舶装备智能技术水平明显提升，内河船舶绿色智能标准规范体系基本形成；培育一批有影响力的绿色智能内河船舶设计、建造、配套和运营企业，打造一批满足不同场景需求的标准化、系列化船型，实现在长江、西江、京杭运河以及闽江等有代表性地区的示范应用，初步构建良性可持续发展的产业生态，建立较为完善的产业链供应链。

福建省正以“立足福建、服务长江、面向全国”为目标，在全国创新开展沿海内河船舶绿色智能发展工作，此次获国家支持作为重点地区先行先试，对福建打造电动船舶产业发展先行区是个重要机遇。

当前，福建省正建设船用电池及动力总成研发制造基地，推动船舶电动化、船型标准化、岸电一体化、运营市场化、产品金融化。今年以来，引进招商局武汉长江船舶设计院、中船 702 所等高水平电动船舶研究设计机构，加强项目开发合作；重点推进一批示范船型项目建设，其中，渔业辅助船批量试点，闽江货船、电动游艇顺利交付，港作拖轮正抓紧建造，闽江游船、福州内河游船、大金湖游船、沿海观光船、渔业执法船等已完成方案设计；建成投用电动船舶试验充电站并搭建电动船舶运营管理平台。

（摘编：林开龙）

福建加快打造生物医药产业高地

2022 年 4 月 21 日，省政府新闻办召开福建省加快生物医药产业高质量发展新闻发布会，邀请省发改委、省工信厅、省科技厅、省卫健委、省药监局等部门和厦门市科技局，介绍福建省加快打造生物医药产业高地的有关情况，解读《福建省加快生物医药产业高质量发展的实施方案》（以下简称《实施方案》)。

“十三五”期间全省规模以上医药工业营业收入年均增长 14.5%，去年全省规模以上医药工业企业 282 家，实现营业收入 851 亿元，同比增长 42.2%，产业发展初具规模。

《实施方案》提出，到 2025 年，全省医药工业营业收入力争达到 1200 亿元，打造一批龙头骨干企业、重点创新产品、技术研发和公共服务平台、特色产业集群。

《实施方案》提出，补齐短板，精准施策，聚焦发展生物制药、化学药、中药、高端医疗器械、生物制造、生物医药服务等六项重点领域。省发改委副主任张文洋表示，福建省将持续加大对生物医药产业的财政支持力度，2022—2025 年，拟安排省级专项资金近 10 亿元支持生物医药产业发展。

生物医药产业高质量发展高度依赖科技进步与创新。福建省将布局实施一批重大科技专项，试点一批“揭榜挂帅”攻关项目，凝聚全省优势科研力量协同攻关，争取形成更多从“0”到“1”的原创科技成果，力争研发出更多新冠肺炎疫情防控科研“利器”。

通过下大力气引进国内外高水平科创平台，创建生物制品省创新实验室，建设更多临床医学研究中心等平台，争创国家应急防控产品技术创新中心等，全面提升福建省生物医药产业平台建设。对符合条件的新引进的重大医药研发机构，最高可补助 3000 万元。

科技成果转化是科技创新的关键环节，福建省将加大奖补力度。对购买生物医药重大科技成果在福建省实现产业化的企业，最高补助 300 万元。创新药物研发作为支持的一个重点方向，对在省内完成Ⅰ、Ⅱ、Ⅲ期临床试验的创新药给予最高 3000 万元资金奖励。

打造生物医药产业集群是推进生物医药产业高质量发展的重要抓手。厦门市生物医药纳入国家第一批战略性新兴产业集群，在新冠病毒检测、疫苗研发等方面成效显著。

针对产业发展的堵点难点痛点，加强审评审批扩面提速、完善“卫健—医保—企业”面对面机制等服务保障，福建省发力生物医药产业服务体系建设，重点解决创新产品应用“最后一公里”难题。

生物医药企业的各类产品通常要在医疗卫生机构开展临床研究和使用。未来将通过政策引导，强化临床研究服务，鼓励福建省医疗机构使用福建省药械产品。

鼓励医务人员参与临床研究，福建省将探索将临床研究工作与公立医院、医院院长绩效考核相结合。支持有条件的机构建设研究型医院，与企业联合建立技术转化平台，支持研究型医院开展临床试验用药拓展研究，支持有条件的医疗机构挂牌内设临床研究中心。

省卫健委将建立省级临床研究伦理协作审查联盟制度，推动多中心临床研究伦理协作审查工作。

省卫健委将督促引导二、三级公立医院和基层医疗卫生机构，将福建省企业的新药及通过(含视同通过)仿制药质量和疗效一致性评价药品优先纳入院内采购目录。鼓励临床医疗机构使用福建省创新药械、中药独家品种、通过(含视同通过)仿制药质量和疗效一致性评价的药品，不纳入医疗机构限制性考核指标。

审评审批制度改革和检验检测是保障药品质量安全和促进产业高质量发展的重要技术环节。省药监局药品安全总监郑纯透露，在今后几年，福建省将对药品和医疗器械检验检测专业技术队伍、检验仪器、经费保障等方面加大投入，不断推进新检验检测能力扩项，建成较高水平的省级药械检验中心，实现药械审评、检查和审批全面提速。

力争在年内形成能覆盖福建省医疗器械产业的重点领域和重点产品的有源医疗器械检验能力，力争在 2023 年取得国家疫苗批签发能力资质，以便为福建省药品监管和生物医药产业提供强有力的技术支撑。

根据《实施方案》，厦门市将先行先试打造生物医药产业创新发展策源区域，推动产业快速发展，努力建成中国一流的生物经济先行区、试验区和引领区，带动福建生物经济上新台阶。

(摘编：朱明清)

福建多措施推动工业节能降碳和资源综合利用

2022 年 4 月 14 日福建省工信厅消息，省工信厅联合省财政厅近日印发《关于推动工业节能降碳和资源综合利用的若干措施》提出鼓励企业加快节能改造措施。措施自印发之日起实施至 2024 年底，主要内容如下：

推动重点行业存量项目开展节能降碳技术改造，年节能量达一定规模且产品能效水平达到行业先进值的省工业重点节能项目，按项目年节能量给予每吨标准煤不超过 500 元奖励，单个项目最高奖励金额不超过 800 万元。

强化能效标杆示范带动。省节能和循环经济专项资金对省级标杆企业给予不超过 50 万元一次性奖励，对国家级标杆企业再给予不超过 100 万元一次性奖励。

提升节能服务管理水平。采取合同能源管理、工程项目总包建设营运等多种方式，实施节能改造项目，符合条件的统筹纳入省工业重点节能项目库予以支持。重点用能企业建设二级、三级能耗在线监测系统，分别给予不超过 10 万元、15 万元一次性补助。

深化绿色制造体系建设。对国家级绿色工厂、绿色供应链管理企业，省节能和循环经济专项资金给予每家企业不超过 30 万元一次性奖励。

推进大宗工业固废利用。支持大宗工业固废综合利用、新能源汽车动力蓄电池回收利用示范项目列为省重点技改项目，培育示范试点企业。省节能和循环经济专项资金对通过规范条件的，给予每家企业不超过 20 万元一次性奖励。

加大节能设备开发应用。经认定属于国内首台（套）的节能重大技术设备按不超过市场销售单价的 60% 予以补助，最高补助金额不超过 200 万元；属于省内首台（套）的节能重大技术设备按不超过市场销售单价的 30% 予以补助，最高补助金额不超过 100 万元。对首次应用省认定的国内或省内首台（套）节能重大技术装备的企业，给予不超过技术装备购买金额的 15% 补助，最高不超过 100 万元。

创新绿色金融产品服务。鼓励各金融机构创新设立节能降碳和资源综合利用等绿色金融产品，对接省工业重点节能项目。

（摘编：于新光）

2022年福建工业加速度
跑出东部地区规上工业增速“冠军”

2023年1月31日，福建省工业和信息化工作会议消息，2022年，福建省高效统筹疫情防控和工业发展，工业增长保持稳定，主要指标持续领先，全年规上工业增加值增长5.7%，增速稳居东部地区第一位，工业运行呈现回稳加固、稳中向好态势。

2022年，福建省充分发挥工业“挑大梁”作用，纵深推进制造强省战略，出台了一批重大政策，谋划了一批重要举措，解决了一批突出问题，办成了一批大事难事，推动全省工业高质量发展迈出坚实步伐。

福建省产业结构不断优化，新兴产业增势强劲，全年工业战略性新兴产业增加值增长15.5%，高技术产业、装备制造业增加值分别增长17.1%、13.7%，规上企业全面数字化率居全国第3位。市场主体迎难而进，近一半规上工业企业产值增长10%以上，质量效益持续改善，规上工业企业营业收入规模保持全国第5位。项目招商力度加大，支撑作用增强，中沙古雷乙烯等2920个重点项目开工建设，天马AMOLED等1166个重点项目建成投产。工业绿色低碳转型加快，加强重点用能企业节能改造，强化节能监察，发展方式进一步转变。

福建省工业总量迈上新台阶、实现提级进位，2018年到2022年工业增加值从1.48万亿元增加到1.96万亿元，年均增长6%，总量从全国第7位提高到第6位。规上工业企业营业收入突破7万亿元，规模位居全国第5位。工业投资、技改投资年均增长15%、16%。

产业面貌发生新变化、实现提质增效，电子信息产业“缺芯少屏”得到改变，“增芯强屏”步伐加快，规模跃升至全国第5位；先进装备制造产业营收突破1万亿元，动力电池出货量连续保持世界第一；石油化工产业“两基地一专区”集聚效应进一步扩大，古雷石化基地成为全国“七大石化基地”之一；现代纺织服装产业形成最完整、竞争力较强的产业链，成为福建省规模最先超万亿元的产业。食品、冶金、建材等传统优势产业实现高速增长。

企业实力得到新攀升、实现提速赶超，千亿产业集群从16个增加到21个，规上工业企业数突破2万家，营业收入超百亿元工业企业达67家，青拓集团、紫金矿业、宁德时代3家企业超千亿元。已上市工业企业89家。现有国家级企业技术中心71家，国家专精特新“小巨人”企业349家，国家级制造业单项冠军45家，国家级绿色工厂114家。国家级服务型制造示范企业46家、国家级工业设计中心25家、国家A级物流企业492家，数量分别居全国第3位、第4位、第5位。

质量效益取得新进展、实现提档赋能，增品种、提品质、创品牌有力推进，动力电池、灯用钨丝等出货量全球第一，新冠病毒检测试剂等产品从无到有，己内酰胺、钨材料等产量位居全国前三，不锈钢新材料、绿色建材等产品在国内乃至国际都占有一席之地。安踏等21家企业入选“2022年中国最具价值品牌500强”，宁德时代工厂、京东方工厂入选世界“灯塔工厂”，成为中国智能制造名片。

（摘编：张全进）

数字福建 2022 年重点任务

2022 年 3 月 17 日福建省人民政府办公厅印发的《2022 年数字福建工作要点》提出的重点任务。根据《工作要点》，今年福建省将全面升级信息网络基础设施，协同推进 5G 和千兆光网建设，新建 5G 基站 2 万个；同时，推动中国电信（长乐）东南信息园数据中心、中国移动（厦门）数据中心、数字福建（安溪）产业园数据中心、中国土楼云谷以及国企云、教育云、医疗云、海洋云、能源云等建设。

围绕数字福建建设，《工作要点》主要包括 7 个方面 38 项重点任务，包括打造协同高效的数字政府、做大做强做优数字经济、建设共治共享的数字社会、构建赋智赋能的数据资源体系、打造坚强有力的数字新基建、慎终如始抓好常态化疫情防控和保障措施等。

在做大做强做优数字经济方面，2022 年福建省将全力办好第五届数字中国建设峰会，举办第二届中国国际数字产品博览会。峰会期间将举办福建数字经济创新发展大会、数据要素与数字生态大会、数字经济国际合作交流会，推动更多领军企业、优质项目、高端人才在福建省对接落地。2022 年，福建省将培育 60 家以上新一代信息技术与制造业融合发展新模式新业态标杆企业、20 个以上工业互联网 APP 优秀解决方案，创建 10 个省级数字农业创新应用基地，力争全省数字经济领域有效发明专利拥有量超 5 万件。福建省还将稳妥有序推进福州（含平潭综合实验区）、厦门数字人民币应用试点。

在“三医一张网”整合方面，今年福建省将建立“三医”信息共享交换平台，基于福建码，建立以身份证号码为主索引的实名身份认证体系，推动医疗就诊“一卡（码）就医”；改造提升全民健康信息平台，加快推进检查检验结果互认和影像共享调阅。

在疫情防控方面，今年福建省将建设全省统一大规模核酸检测系统，实现核酸检测系统功能覆盖采、送、检、报全流程，对接各辖区内的检测机构实时获取核酸检测结果。

根据《工作要点》，福建省将研究制定《福建省数字经济核心产业增加值核算方法》，开展全省数字经济统计监测；建立数字福建评价指标体系，发布数字福建发展指数，纳入设区市政府绩效考核内容。

（摘编：赵小真）

福建省数字经济发展指数评价报告发布

2022年8月8日福建省发改委消息，省经济信息中心近日发布《福建省数字经济发展指数评价报告（2022年）》，报告显示，全省数字经济发展指数（简称FJDEI指数）达73.4，数字经济规模超2.3万亿元，占全省GDP比重超47%。

FJDEI指数从数字发展基础、数字技术创新、数字社会应用、数字治理水平和数字产业发展五个方面，评估福建省九市一区数字经济发展状况。根据FJDEI指数评价结果，从总体上来看，2021年，福建省数字经济继续稳步发展，闽东北协同发展区指数为72.5、闽西南协同发展区指数为74.2，两大协同发展区数字经济产业结构持续优化，发展新动能不断增强。

报告显示，2021年，福建省各地区不断涌现发展数字经济的经验做法。其中，福州积极融入国家数字经济创新发展试验区（福建）建设，持续推动数字技术与实体经济深度融合，指数达91.1。厦门做大做强软件和信息服务业、电子信息制造业等支柱产业，发展壮大人工智能、信息技术应用创新等特色产业，全力打造全国数字经济发展示范区，指数达88.3。漳州优化布局物联网、人工智能、大数据等产业，推动数字经济产业集聚发展，指数达69.6。泉州推动重点园区建设、推广数字技术创新应用、实施数字赋能营商环境优化，指数达79.1。三明围绕数字乡村、数字项目、数字基建，加快推进数字经济发展，指数为65.3。莆田以数字技术赋能产业转型升级，推动资源要素快捷流动，加速市场主体融合创新发展，指数达69.9。南平数字经济核心产业稳步向好，指数为67.2。龙岩重点数字项目、园区和企业建设成效显著，指数为68.7。宁德推动数字经济新兴区域特色发展，指数为68.6。平潭建设两岸数字经济融合发展示范区，指数为68.6。

（摘编：黄国实）

2022年福建省“独角兽”“瞪羚”企业发展报告发布

2022年10月8日福建日报刊载：近日，福建省经济信息中心编制的《福建省“独角兽”“瞪羚”企业发展报告（2022年）》发布。报告以省数字办公布的2022年度福建省数字经济核心产业领域316家创新企业为研究样本。

报告显示，福建省“独角兽”“瞪羚”企业总体呈现新增企业多、发展潜力足、成长速度快、集聚程度高、高新企业多、经营效益好、自主创新强等特点。

2022 年，福建省遴选公布数字经济核心产业领域创新企业 316 家。从遴选数量看，新增企业多，比上年增加 21 家。其中“独角兽”企业 10 家、“未来独角兽”企业 82 家，合计比上年增加 25 家；“瞪羚”企业 224 家。

10 家“独角兽”企业中，4 家为上年获评“独角兽”企业，3 家为新增企业，2 家由上年的“未来独角兽”企业成长升级为“独角兽”企业，1 家由上年的“瞪羚”企业成长升级为“独角兽”企业。82 家“未来独角兽”企业中，41 家为上年获评“未来独角兽”企业，25 家为新增企业，16 家由上年的“瞪羚”企业成长升级为“未来独角兽”企业。224 家“瞪羚”企业中，113 家为上年获评“瞪羚”企业，111 家为新增企业。

2022 年福建“独角兽”“瞪羚”企业情况

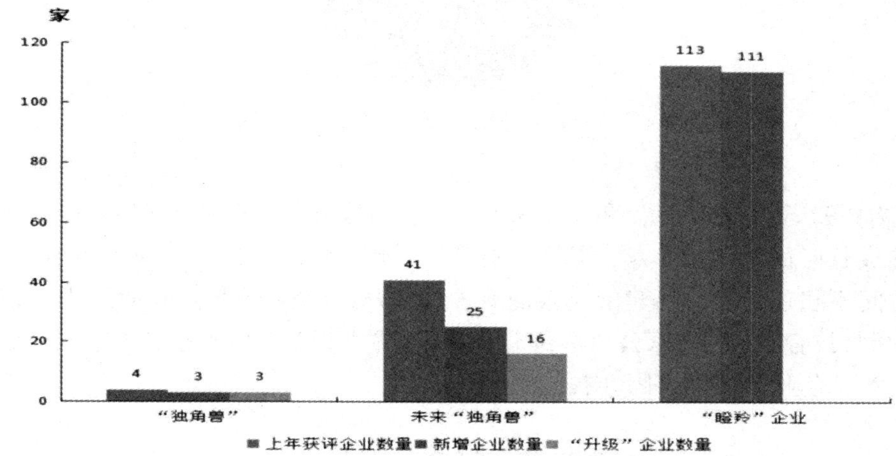

序号	地区	申报单位	2021 年遴选结果	2022 年遴选结果
1	福州	福建汇川物联网技术科技股份有限公司	“独角兽”企业	“独角兽”企业
2	福州	福建好运联联信息科技有限公司	“独角兽”企业	“独角兽”企业
3	福州	福建省华渔教育科技有限公司	“独角兽”企业	“独角兽”企业
4	厦门	四三九九网络股份有限公司	“独角兽”企业	“独角兽”企业
5	莆田	福建豆讯科技有限公司	“未来独角兽”企业	“独角兽”企业
6	漳州	漳州宏发电声有限公司	“未来独角兽”企业	“独角兽”企业
7	福州	宝宝巴士股份有限公司	“瞪羚”企业	“独角兽”企业
8	福州	锐捷网络股份有限公司	未参评	“独角兽”企业
9	福州	福建纵腾网络有限公司	未参评	“独角兽”企业
10	三明	福建闽光云商有限公司	未参评	“独角兽”企业
11	南平	福建南平南孚电池有限公司	“独角兽”企业	遴选领域范围调整，未获评
12	龙岩	福建马坑矿业股份有限公司	“独角兽”企业	遴选领域范围调整，未获评

从市场估值看，10 家“独角兽”企业市场估值约 200.3 亿美元，平均估值约 20 亿美元，其中四三九九网络股份有限公司市场估值最大，为 47.05 亿美元。82 家“未来独角兽”企业市场估

值为234.56亿—239.11亿美元，平均估值2.86亿—2.92亿美元。“独角兽”“未来独角兽”企业市场估值为1亿—4亿美元有66家，占比71.7%，比重最高。

2022年福建“独角兽”“未来独角兽”企业市场估值

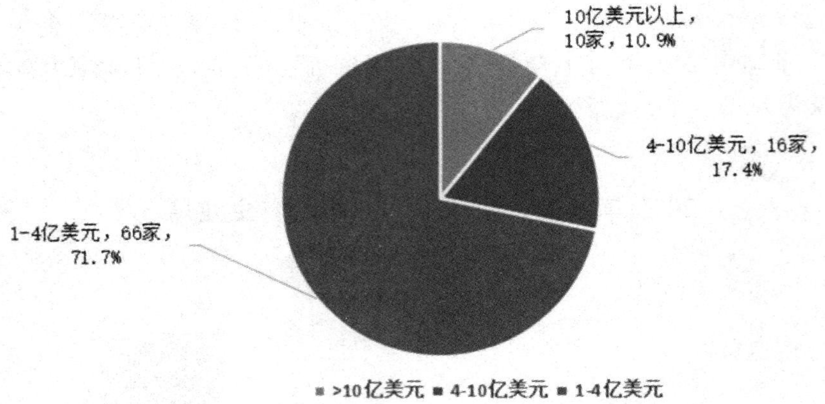

从培育周期看，92家“独角兽”和“未来独角兽”企业平均成长时间为10.65年，其中，有23家企业成长时间不超过5年。福建闽光云商有限公司、福建豆讯科技有限公司2家公司不到3年就成长为“独角兽”企业。量子云码（福建）科技有限公司、福建时代星云科技有限公司2家公司不到2年就发展为“未来独角兽”企业。224家“瞪羚”企业平均成长时间为5.21年，其中有49家企业成长时间不超过3年，占比约21.9%。

2022年福建“瞪羚”企业成长时间

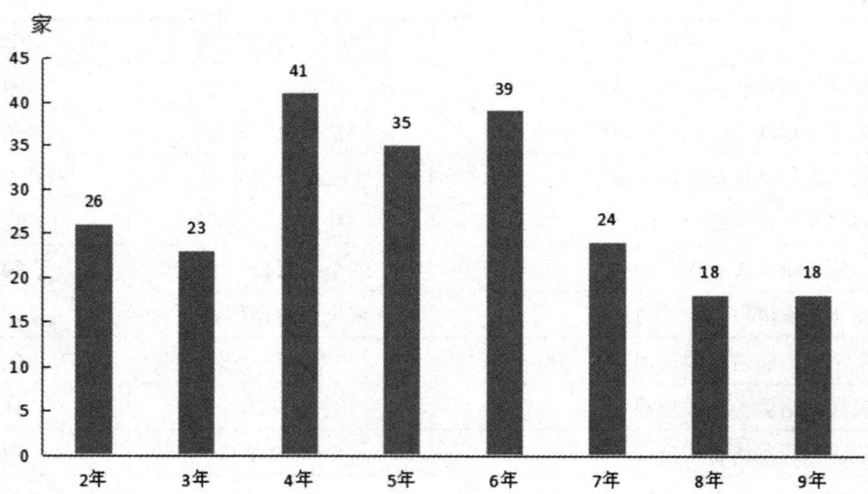

从区域分布看，福厦占比高。根据创新企业在九市一区分布数量情况，约80%的创新企业分布在福厦两地。福州有6家“独角兽”企业、37家“未来独角兽”企业、89家“瞪羚”企业，合计132家，数量最多，占全省的41.8%；厦门有1家“独角兽”企业、34家“未来独角兽”企业、83家“瞪羚”企业，合计118家，占全省的37.3%。

福建各地“独角兽”“瞪羚”企业分布情况

（单位：家）

地区	“独角兽”	“未来独角兽”	“瞪羚”企业	合计
福州	6	37	89	132
厦门	1	34	83	118
泉州	0	4	13	17
南平	0	4	12	16
莆田	1	1	8	10
漳州	1	2	5	8
龙岩	0	0	6	6
三明	1	0	3	4
平潭	0	0	4	4
宁德	0	0	1	1
合计	10	82	224	316

从营收情况看，92 家“独角兽”和“未来独角兽”企业实现营业收入 1566. 79 亿元，平均每家企业的主营业务收入为 17. 03 亿元。有 75 家企业营业收入超过 1 亿元，其中有 17 家企业营业收入超过 10 亿元。有 20 家企业 2019—2021 年营业收入平均增长率超过 1 倍，有 19 家企业 2019—2021 年营业利润平均增长率超过 1 倍。224 家“瞪羚”企业营业收入 329. 24 亿元，平均每家“瞪羚”企业营业收入为 1. 47 亿元；其中营业收入 1000—5000 万元的企业有 120 家，占比 53. 6%。有 89 家企业的 2019—2021 年营业收入平均增长率 1 倍以上，有 69 家企业的 2019—2021 年营业利润平均增长率 1 倍以上。

（摘编：严志东）

福建省出台九条措施支持工业企业数字化转型

2022 年 8 月 31 日福建省工信厅联合省财政厅印发《关于推进工业数字化转型的九条措施》（下简称《措施》），从九个方面支持福建工业企业加快数字化转型。

《措施》提出支持工业互联网平台赋能，评选一批省级工业互联网示范平台，每个平台给予 200 万元奖励。同时，按照先做先补、多做多补的原则，对省级以上工业互联网平台年度新增连接和有效服务企业数达到 100 家（含）以上的予以分档奖励，每个平台每年奖励最高不超过 300 万元。

《措施》在延续对新模式新业态标杆企业奖励的基础上，增加对 5G 全连接工厂评定支持，对获评上述示范标杆的企业给予 50 万元奖励，并在“专精特新”中小企业认定中给予加分；对入选国家智能制造示范工厂的企业，给予最高 100 万元奖励。

软件服务商也被纳入奖励范围，《措施》提出评选支持一批综合竞争力强、增长速度快的“领雁”软件服务商，给予最高50万元奖励；瞄准产业共性痛点，探索梳理一批低成本易推广的解决方案，服务中小企业数字化转型。

着眼于推广一批成熟的典型应用场景，《措施》提出，对完成项目攻关并验收通过的，按照项目投资额的50%予以补助，最高补助100万元；支持各级通过政府购买服务的形式为工业企业开展数字化转型咨询诊断服务；对入选国家智能制造优秀场景的企业，给予最高50万元奖励。

此外，《措施》还从推进标识解析建设应用、加强金融服务、引培数字技术人才、提升“党企新时空・政企直通车”服务效能、加强数据安全保障等方面推出“真金白银”的举措。

依据省委办公厅、省政府办公厅印发的新一代信息技术与制造业融合发展实施方案，对上述符合省重点技改项目条件的，可叠加享受技改项目投资补助和奖励政策。

（摘编：刘海元）

第五届数字中国建设峰会数字引领新格局

2022年7月24日，第五届数字中国建设峰会在福州闭幕。本届峰会继续坚持四个平台定位，聚焦“创新驱动新变革　数字引领新格局”主题，通过论坛、政策发布、成果展览、创新大赛、云生态大会等活动，凝聚共识，推动创新，助力各方在数字化发展浪潮中把握新机遇、应对新挑战、塑造新优势。数据显示，本届峰会共签约数字经济项目565个，总投资2990亿元。

本届峰会发布了一批有关信息化发展的权威报告。国家网信办发布的《数字中国发展报告（2021年）》显示，2017年到2021年，我国数字经济规模总量稳居世界第二，年均复合增长率达13.6%，占GDP的比重从32.9%提升到39.8%，成为推动经济增长的主要引擎之一。峰会发布的《全民数字素养与技能发展研究报告》显示，我国数字技术专业人员规模庞大。2021年，全国软件业从业人员平均人数809万人，同比增长7.4%。峰会还发布了《国家数据资源调查报告（2021）》、《全国卫生健康信息化发展指数（2022）》、《6G典型场景和关键能力》白皮书、《国有企业数字技术典型成果》等。

在数字中国建设最新成果展示方面，本届峰会布设超过8.5万平方米的实体展厅，吸引近500家展商现场展示数字科技新成果，首展率超过50%。峰会成果展设置十二大版块，除数字政府、数字经济、数字文化、数字社会等展区外，特别设置“数字中国建设成就巡礼”，展示党的十九大以来数字中国的建设足迹。经过遴选，峰会产生“十大硬核科技”“十佳解决方案”“十佳首展成果”三大类奖项共30项优秀成果。其中，“十大硬核科技”涵盖高端芯片、操作系统、人工智能关键算法、传感器等技术领域；“十佳解决方案”专注以数字化方案驱动生产方式、生活方式和治理方式变革的应用；“十佳首展成果”聚焦数字化转型标杆的创新技术。

峰会举办的第五届数字中国创新大赛，设置了数字城市设计、大数据、数字医疗等十个赛道，吸引了一大批年轻人在数字中国建设领域创新创业，推动了数字技术创新应用和数字产业发展。

在理论经验和实践交流方面，本届峰会在继续设置数字经济、数字丝路、大数据、工业互联网等分论坛之外，紧跟数字中国建设前沿和热点领域，新增新技术、5G 应用及 6G 愿景、跨越数字鸿沟、数据法治、数字人民币产业发展等 7 个分论坛，吸引百位院士专家、百位数字产业领军人参会演讲，中央企业、民营企业、外资企业、跨国企业等千余家国内外企业现场参会参展。峰会还举办数字经济创新合作发展大会、数据要素与数字生态大会、数字经济国际合作交流会和电信“云生态大会”等 4 场重要数字领域专业大会，深入开展数字技术和数字项目对接洽谈，全力服务促进数字生态交流合作、数字经济发展壮大。

汇聚全球力量，助推数字中国建设。与会嘉宾表示，面向新时代新征程，要加快数字中国建设，把握信息时代新机遇，抢占未来发展制高点，以数字化转型整体带动生产方式、生活方式、治理方式变革，推动经济社会高质量发展。

（摘编：朱明清）

福建省出台政策力推
数据中心和 5G 等新型基础设施绿色高质量发展

2022 年 5 月 5 日福建省发改委消息，数据中心、5G 是关系新型基础设施节能降耗的关键环节之一。根据省委、省政府关于构建碳达峰碳中和“1 + N”政策体系的统一部署，日前，省发改委、省委网信办、省工信厅、省通信管理局联合发布《福建省贯彻落实碳达峰碳中和目标要求推动数据中心和 5G 等新型基础设施绿色高质量发展实施方案》。《方案》提出，有序推动以数据中心、5G 为代表的新型基础设施绿色高质量发展，发挥其“一业带百业”作用，助力福建省实现碳达峰碳中和目标。

《方案》提出，到 2025 年底，全省数据中心标准机架数达 15 万个，5G 基站数达 12 万个以上，基本形成贴近需求、布局合理、绿色低碳、智能高效、技术先进、安全可靠的一体化数据中心和 5G 运行格局。《方案》还对数据中心和 5G 绿色高质量发展提出量化目标。到 2025 年，全省数据中心电能利用效率（PUE）普遍不超过 1.5，整体利用率和可再生能源利用率明显提升；5G 基站能效提升 20% 以上。其中，新建大型及超大型数据中心绿色低碳等级达到 4A 级以上，电能利用效率不高于 1.3。这意味着，作为福建省经济社会高质量发展的新引擎、新动能，数据中心与 5G 等新基建成为实现“双碳”目标重要发力点。

（摘编：严志东）

2022 年福建省住房城乡建设工作重点

2022 年 1 月 19 日，全省住房城乡建设工作会议召开。会议传达了尹力书记、赵龙代省长对住房城乡建设工作作出的批示。会上回顾总结 2021 年工作，布置 2022 年工作，重点抓好“发展、安全、保护、提升”四个方面工作，以实际行动迎接党的二十大胜利召开。

一是稳步推进行业发展。要坚持房子是用来住的、不是用来炒的定位，加大保障住房和租赁住房的建设，满足购房者合理需求，健全分级管控机制，促进房地产业良性循环和健康发展。要进一步做大做强建筑业，扶持发展龙头企业，全年力争总产值达 1.7 万亿元。开展工程质量奖评定，推进行业信用体系建设。全面检索、更新、提升招标造价管理，真正抓好过程结算和保证金保函制度。开展设计大师评定，规范设计企业招投标。发挥科技创新引领作用，推行新型建造方式和组织模式。要持续深化工程建设项目审批制度改革，优化审批流程，加快推进审批全事项、全环节网上办理。

二是坚守安全生产底线。坚决防范治理住房城乡建设领域风险隐患，逐步构建自我控制机制。深化房屋安全专项整治，加快钢结构专项整治和一般安全隐患房屋整治。落实农村建房安全 6 项制度，建立完善网格巡查、快速处置机制。压实企业安全主体责任，完善施工安全保障体系。持续抓好危大工程安全管控，实行差异化监管、安全评价“一票否决”。持续开展城镇燃气安全专项整治，推进市政维护安全、病害桥梁、有限空间作业安全专项整治。

三是加强历史文化和自然生态环境保护。在城乡建设中，要敬畏自然生态，保护历史文化。严格执行先普查再征收制度，不断完善保护名录。编制全省城乡历史文化保护传承体系规划，系统梳理总结地域文化遗产脉络。继续改善提升一批古街古镇古厝，加大活化利用。在开展城市更新、基础设施改造时，推行小规模、渐进式有机更新和微改造，注重保护大树老树和景观风貌，最大限度保护好城市自然生态环境。

四是提升城乡建设管理水平。要提升城乡建设品质，实施城市更新、新区拓展、生态连绵、交通通达、安全韧性等工程，推进乡村建设，全年力争完成投资 4600 亿元。要提升城乡建设碳达峰工作水平，系统研究福建省城乡建设领域碳达峰实现路径和工作方案，建立碳排放控制指标体系，选择若干公共建筑、住宅小区、建筑工地、独立岛屿等开展绿色低碳试点。要提升无障碍设施改造，突出公共服务场所和公共建筑，重点打造 10 个无障碍示范区和 250 个示范样板项目，开展无障碍通行设施、服务设施等综合整治。要提升城市精细化管理，开展城市智慧平台建设试点，推进城市运行管理服务平台建设，逐项梳理城市管理问题清单、逐项改进提升。要提升行业自身能力，始终坚持和加强党的全面领导，不断学习历史知识、厚植文化底蕴、强化生态观念，提升干部队伍政治素养、理论水平、专业能力、实践本领。

（摘编：赵小真）

2022年福建省实施城乡建设品质提升方案

2022年3月4日福建省城市建设品质提升工作组、福建省农村建设品质提升工作组印发《关于印发2022年全省城乡建设品质提升实施方案的通知》（闽城建提升〔2022〕1号）提出，经省政府同意，现将《2022年全省城乡建设品质提升实施方案》印发给你们，请认真贯彻执行。

一、2022年城乡建设品质提升工作的主要内容

2021年，全省各地积极贯彻落实省委省政府的决策部署，重点推进居住、交通、水环境、风貌、管理等五个方面品质提升，着力建设十类样板工程，全省共申报城市建设品质提升类项目5405个，累计完成投资4089亿元，同比2020年度实际完成投资增长38.8%。

2022年，根据"十四五"城乡基础设施建设专项规划的目标任务，实施方案明确以十类工程的实施带动全省城乡建设品质提升工作，其中：五大城市建设品质提升工程，分别为城市更新工程、新区拓展工程、生态连绵工程、交通通达工程、安全韧性工程，包含26项重点任务；四大农村建设品质提升工程，分别为水环境治理工程、居住环境整治工程、风貌管控工程、基础设施提档工程，包含17项重点任务；省级样板工程12类，分别为新区（组团）建设、城市（县城）更新、绿色社区建设、城市快速路（主干道）建设、生态连绵工程建设、花漾街区建设、无障碍设施建设示范区、水环境综合治理、城市精细化管理街区、集镇环境整治、崇尚集约建房、农村生活污水治理。

二、如何推进城市更新工程

我们以提升城市宜居水平、打造城市风貌特色、历史文化保护利用、城市照明整治等工作为重要抓手，重点推进老旧小区、街区、片区整体改造提升，2022年计划安排改造老旧小区18.8万户，各设区市至少开工一个老旧街区片区改造项目，开展绿色社区创建、老城（含县城）更新样板工程。厦门已列入部里第一批城市更新试点，我们将加强经验探索，总结典型经验做法和案例在全省推广，并争取有更多城市列入部里后续批次试点。各设区市各选择1个区开展生活垃圾分类示范，各选择1个县开展生活垃圾分类试点，持续推进福建省生活垃圾分类工作在全国走前列。推进原生生活垃圾"零填埋"，永春、德化、邵武、永安、宁化、霞浦、寿宁（周宁）焚烧厂开工建设。

三、如何推进新区拓展工程

新区建设仍是城市品质提升的重中之重，对城市高质量发展意义重大，去年各地都推动1个新区（组团）建设，成效不错，今年将继续推进重点片区建设、推动建筑产业化和新型城市基础设施建设，高标准实施城乡结合部、重要交通节点的集中连片开发，适度超前推动基础设施建设。福州滨海新城、厦门翔安新城、莆田高铁新城等新区要采用最先进的理念和标准，优先布局新型基础设施等重大项目，打造城市建设新标杆。

四、如何推进生态连绵工程

生态连绵工程是今年新增的工作任务，全省将系统建设沿海生态连绵带，大力提升环城一重山生态功能，提升改造滨海风景道、沿河沿路生态廊道，推动串点连线成网，打造"生态屏障—生态廊道—城市公园"三级网络化生态空间体系。全省新建或改造提升郊野公园22平方千米以上、公园绿地900公顷、福道1000千米，打造特色精品公园25个以上，完成口袋公园和立体绿化各

400处。

五、如何推进交通通达工程

我们通过城市道路建设、公共交通完善、公共停车设施增设、慢行系统建设、交通整治等五个方面改善城市交通，重点推动交通“高快一体化”，加快福州厦门地铁建设，力争福州地铁5、6号线完成建设；推进停车设施建设，力争新增公共停车泊位2万个；加强绿道与道路衔接，建立全域慢行系统，形成串联山水、景点、商圈的城市慢行示范区，各设区市各推进1个以上慢行示范区建设，让城市更加便捷畅通。

六、如何推进安全韧性工程

我们高度重视城市安全，从排水防涝、保障城市供水、城市生活污水处理提质增效、强化燃气安全监管、强化房屋和桥梁安全管理推进安全韧性工程。推行城区水系与周边江河湖海、水库等“联排联调”运行管理模式，深化海绵城市建设，新建改造雨水管网500千米、供水管网500千米。开展新一轮城镇污水处理提质增效专项行动，新建改造污水管网750千米，新增污水处理能力30万吨/日，持续提升污水收集处理效能。抓好南平、龙岩市首批国家系统化全域推进海绵城市建设示范城市创建，争取成功申报新一批国家海绵建设示范城市。

（摘编：林开龙）

《福建省建材行业“十四五”节能降碳实施方案》发布

2022年3月23日福建省工信厅消息，为深入贯彻习近平生态文明思想，完整、准确、全面贯彻新发展理念和碳达峰碳中和战略部署，突出标准引领作用，重点推进水泥、平板玻璃、建筑卫生陶瓷等行业节能降碳技术改造，加快行业节能降碳步伐，带动全行业绿色低碳转型，省工信厅结合福建省实际情况，并广泛征求各地、各有关部门和企业意见，制定出台了《福建省建材行业“十四五”节能降碳实施方案》（以下简称《方案》），确保如期实现建材行业碳达峰目标。

《方案》明确至2025年12月31日止，全省水泥、平板玻璃、建筑卫生陶瓷等行业能效达到标杆水平的产能比例超过30%，建材行业整体能效水平明显提升，碳排放强度明显下降，绿色低碳发展能力显著增强。

《方案》要求。

1. **严格项目建设管理**。严格执行水泥熟料、平板玻璃产能置换有关规定，严禁盲目引入产能新建水泥熟料项目，坚持存量调整。合理布局水泥粉磨项目，新建项目应匹配所属企业省内既有水泥熟料产能。提高行业准入门槛，拟建、在建项目严格对照能效标杆水平建设实施，坚决淘汰落后产能和工艺装备。落实项目流程审核，确保项目符合政策要求。

2. **建立能效清单目录**。开展水泥、玻璃、建筑卫生陶瓷行业现有项目能效情况调查，认真排查在建项目，科学评估拟建项目，建立企业能效清单目录，向社会公开企业能效清单，接受监督。

3. **加快节能降碳改造**。发布建材行业能效标杆，引导企业对标对表改造升级。鼓励建材行业采用先进节能设备、工艺和技术，促进绿色建材发展。对能效低于行业基准水平的存量项目，应于2023年前完成节能改造。

4. **推进产业结构优化**。推动水泥、平板玻璃、建筑卫生陶瓷行业集中集聚发展，优化产业结构，形成规模效益，降低单位产品能耗。

《方案》提出了相关保障措施。

1. **有序退出低效产能**。严控限制类装备使用，坚决淘汰退出《产业结构调整指导目录》规定的淘汰类工艺装备和产能（见《方案》附件2、3）。未在期限内达到标杆水平的企业实行阶梯电价等政策。

2. **加大监督管理力度**。严格能评、环评审查，加大节能监察工作力度，加强日常监督和现场检查，确保政策标准落实。压实属地监管责任，建立健全工作机制，完善监管体系。

3. **强化企业用能监测**。督促企业健全完善节能管理制度、能源统计制度，建设能耗在线监测系统，落实能源统计和能源计量要求。全面强化企业能源管理，提升能源管理水平。

4. **加大政策资金支持**。落实节能税收优惠政策，统筹各级财政资金，支持节能降碳能效提升。落实首台（套）重大技术装备示范应用、重点新材料首批次应用鼓励政策。积极发展绿色金融，倾斜支持节能降碳成效显著的重点项目融资。

（摘编：郭鹭）

福建深入推动城乡建设绿色发展

2022 年 10 月 11 日，福建省住建厅会同省发改委、工信厅、自然资源厅、生态环境厅、农业农村厅联合印发《关于深入推动城乡建设绿色发展的实施方案》（以下简称《实施方案》）。

《实施方案》在城乡建设高质量发展超越工作的基础上，更加突出绿色转型目标和措施。在目标设置上，注重远近结合、梯次推进，明确 2025 年、2035 年总体目标，围绕城乡基础设施、城乡污水垃圾、绿色建筑和绿色建造等方面提出福建省细化目标，努力走在全国前列。在任务安排上，注重增量提高标准、存量提质增效，对推动两大都市圈联动、建设公园绿地、提升农村人居环境、提升历史文化保护等工作提出细化措施。在工作方法上，强调系统性、创新性和群众参与性，强化先进带动，以更好促进绿色转型，满足群众对美好生活的需求。《实施方案》由五个方面内容组成。

（一）总体要求。以习近平新时代中国特色社会主义思想为指导，深入贯彻党的十九大和十九届历次全会精神，深入贯彻习近平总书记来闽考察重要讲话精神，结合生态省、生态文明试验区、碳达峰碳中和等工作要求，提出 2025 年、2035 年工作目标。

（二）推动城乡建设一体化发展。围绕区域和都市圈、城市、乡村等三个方面提出具体措施。统筹推进区域和都市圈绿色发展；建设人与自然和谐共生的美丽城市；打造绿色生态宜居的美丽乡村。

（三）加快转变城乡建设发展方式。主要落实五个方面工作。推进绿色建筑高质量发展；提高城乡基础设施体系化水平；加强城乡历史文化保护传承；实现工程建设全过程绿色建造；大力倡导绿色生活方式。

（四）创新工作方法。主要包括五项工作方法。一是统筹城乡规划建设管理，二是落实城市体检评估制度，三是强化科技创新引领，四是推动城乡智慧化建设，五是推动美好环境共建共治共享。

（五）加强组织实施。主要包括四个方面内容。一是强化责任落实，二是完善工作机制，三是健全支撑体系，四是加强培训宣传。

（摘编：黄国实）

福建省2035年建成交通强国先行区

2022年11月4日福建省交通运输厅消息，福建省委、省政府近日印发《福建省综合立体交通网规划纲要》。明确提出，到2035年建成交通强国先行区，交通基础设施达到世界先进水平，综合交通运输发展保持全国领先。

根据《纲要》规划，到2035年，福建省要形成安全、便捷、高效、绿色、经济的现代化综合立体交通运输体系。

形成“三纵六横两联”综合立体交通网主骨架，便捷通达京津冀、长三角、粤港澳大湾区，经济高效连接中西部地区、台湾地区，覆盖省域内主要发展轴带、深度融入全国发展格局、辐射21世纪海上丝绸之路、对接丝绸之路经济带。

建成福建“211”交通圈，实现各设区市间2小时通达，福州、厦漳泉两大都市圈1小时通勤，设区市至所辖县、各县至所辖乡镇1小时基本覆盖。主要通道立体多元、大型港站无缝衔接、运输组织方式先进高效，现代交通运输服务业规模、质量、效益居全国前列。

综合立体交通网络结构显著优化、实体线网规模显著增加。其中，包括高铁、高速公路在内的快速网达1.3万千米，包括普通国省道、普铁、城际铁路、内河高等级航道在内的干线网2万千米，以农村公路为主的基础网14.3万千米。基本实现乡镇15分钟上国省道、30分钟上高速公路，县级行政中心30分钟上铁路，市级行政中心15分钟上高铁、60分钟到机场。全省超过95%的人口享受1小时内快速交通服务，设区市中心城区至综合客运枢纽半小时可达，中心城区综合客运枢纽之间公共交通转换时间不超过1小时。

枢纽能级实现跃升，凸显福建省现代化港口群、机场群在国际国内运输网络中的比较优势。建成厦门国际枢纽海港和福州国际深水大港，全省沿海港口万吨级以上泊位达到230个以上。“丝路海运”航线体系基本形成，中欧班列做优做强，打造衔接“一带一路”的重要国际陆港。以厦门、福州机场为核心的区域枢纽机场辐射范围、服务品质、市场竞争力显著提升，航线网络通达全球重点地区。

为了推动规划加快实施，《纲要》提出组织实施六大工程。

实施国家级主通道扩能工程，投资约2200亿元高标准新改建沈海、京台等18条高速公路，新建规模1200千米；投资约2720亿元加快推动沿海高铁、昌福厦高铁等高速铁路建设，总建设规模1600千米。

实施海丝国际航空枢纽工程，建成以厦门新机场、福州长乐机场为双核心，集航空、城际铁路、城市轨道、高速公路、城市道路无缝衔接的两大国际综合交通枢纽。

实施国际一流强港工程，投资约700亿元推进11个重点港区整体连片开发，建设15条港口后方铁路通道及铁路支线，打造福州国际深水大港、厦门国际枢纽海港两个世界一流港口。

实施两岸融合发展联通工程，全力推动两岸交通基础设施互联互通，打造两岸融合更便捷的通道。

实施福建滨海风景道工程，以国道G228为主线，配套设置联络线和旅游支线，投资约430亿元打造1250千米的“东南海韵、魅力闽道”滨海风景道。

实施两大都市圈互联互通工程，优化福州都市圈交通布局，打造福州“两环六射”高速公路主骨架网；进一步推动厦漳泉都市圈互联互通，加快厦漳泉城际铁路R1等轨道项目落地，以国道G324试点推进厦门、泉州等沿线城市快速通道建设，加速构建“1小时”通勤网络。

（摘编：陈建闽）

福建综合交通发展总体水平迈进全国先进行列

2022年9月27日上午，福建省委宣传部“牢记使命　奋斗为民”系列主题新闻发布会省交通运输厅专场召开。从发布会获悉，党的十八大以来，全省交通运输系统紧紧围绕新福建建设，持续推动福建交通“由通向畅、由畅向优”跃升，全面建成“两纵三横”综合运输通道，综合交通发展总体水平迈进全国先进行列。

福建省构建了覆盖广泛、高效便捷的公路网络，干线路网综合服务水平位居全国第四。全省现有公路11.1万千米，实现所有县市15分钟内上高速，所有县城都连接了二级及以上公路。党的十八大以来，全省新增高速公路3339千米，总里程达6156千米，综合密度居全国前列，全省超过80%陆域乡镇实现30分钟内上高速，省级以上产业园区、重要交通枢纽100%通达高速公路。普通国省道年均建成里程超500千米，通车总里程超过11000千米，实现了全省主要产业基地和重要景区全覆盖。推动交通和文旅经济融合发展，全力建设1250千米的高颜值“福建滨海风景道”。

福建省整合形成4个清晰定位、科学分工、协同发展的沿海港口，其中3个已发展为亿吨港。厦门东南国际航运中心地位更加明显，集装箱吞吐量排名提升至全球第13位、全国第7位。整合组建省港口集团，打造全省公共码头投资、运营和资本运作平台。全省港口吞吐能力显著提升，建成了湄洲湾40万吨级深水主航道、罗屿40万吨铁矿石泊位等一批重大工程，沿海港口拥有生产性泊位430个，货物实际通过能力超8亿吨、集装箱超2100万标箱，可停靠世界最大的集装箱船、油轮和散货船。港航经济产业持续壮大，沿海港口货物吞吐量从2012年的4.14亿吨增长到2021年的6.92亿吨，增长了67%；集装箱吞吐量从1073万标箱增长到1746万标箱，增长63%；运输船舶载重量从687万吨发展到1645万吨，增长了129%。智慧港口释放强大效能，持续实施“数字赋能”工程，充分利用5G、大数据、自动化等新技术，有效提高生产效率和服务质量。厦门港相继建成全国第一个拥有自主知识产权的全自动化码头。福州港江阴港区实现了船舶配载、岸桥策划等生产作业自动化。

省委、省政府连续多年将“四好农村路”建设列入“为民办实事”项目，全省建成农村公路9.4万千米，建成了资源路、产业路、旅游路1380千米。多项“四好农村路”福建经验被交通运输部面向全国推广。

福建省以航运为主题，打造“丝路海运”品牌，连续举办4届“丝路海运”国际合作论坛，联盟成员达270家，94条命名航线通达31个国家和地区的108座港口，累计开行超9000艘次，完成集装箱吞吐量超1000万标箱。全省新能源公交车占比超过80%，位居全国第四位。福州、厦门迈进“地铁时代”，武夷新区开通了轻轨交通。所有设区市建有便捷换乘的综合客运枢纽，所有机场、动车站、客运码头100%配套了公路客运站或公交站，中心城区实现公交站500米全覆盖，乘客出行方便快捷。

增开航线航班，提高煤炭、粮食等重要物资的运输保障能力。在全国率先策划培育交通运输现代服务业，加快推动网络货运、快递服务、多式联运发展。

省交通运输厅牵头开展交通检疫和物流保通保畅工作，有效落实“一断三不断”要求，交通畅通度位居全国前列，服务外贸增长，确保产业链供应链畅通。

（摘编：王增丰）

福建加快推进疫情防控应急医疗物资产业发展

2022 年 5 月 9 日，福建省工信厅联合省发改委、科技厅、财政厅、卫健委、医保局、药监局印发《福建省加快推进疫情防控应急医疗物资产业发展若干措施》，从 6 个方面提出 19 条措施，切实提升医疗物资保供能力，壮大应急医疗物资产业规模。

措施支持企业改造扩产。省技改项目设备投资奖补、融资支持等专项政策对符合条件的项目给予重点支持，设备投资补助最高比例由 5% 提高到 10%。同时，针对本轮疫情防控期间福建省相关企业出现关键生产物资省外采购难的情况，措施关注产业链项目对接引进。对新引进新冠抗原检测试剂用抗体、新冠核酸检测试剂用酶、NC 膜、鼻拭子、胍盐等应急医疗物资产业链配套生产企业，按照投资额的 10% 予以补助，单个项目最高 1000 万元。

措施聚焦支持产品创新开发、支持新产品产业化应用、推动科技成果对接转化，推出一系列“真金白银”的补助或奖励，以缓解企业的创新压力。如，对符合省级技术创新重点攻关及产业化项目条件的，最高给予 300 万元补助；对新认定的省级新型研发机构及工业和信息化类企业技术中心，给予一次性奖励 50 万元；首次对应急医疗物资取得二类医疗器械注册证书并产业化的，给予 30 万元奖励；对购买重大科技成果在福建省实现产业化的企业，按不超过实际支付技术交易额的 30% 予以补助，最高 300 万元，等等。

为培育壮大优质企业，措施还提出鼓励龙头企业开展兼并重组，对企业年营业收入首次超过 10 亿元，按档次给予一次性奖励；支持“专精特新”企业发展，降低应急医疗物资生产企业列入省“专精特新”企业库的门槛，年营业收入条件由 5000 万元降低到 2000 万元；促进企业上市发展，引导企业在境内外资本市场上市、挂牌，实现 IPO、再融资、并购重组，对首发上市的企业，市、县（区）可给予一次性奖励。

此外，措施还从推动市场循环畅通、优化审评审批服务、强化要素保障等方面提出一系列举措。如，积极引导福建省疫情防控应急医疗物资产品及时在省药械采购平台挂网，供医疗机构采购使用；制定福建省重点应急医疗物资产品指导目录，引导二、三级公立医院和基层医疗卫生机构采购目录内产品；对应急医疗物资产品的注册人或生产企业，加强产品注册、临床、审评等方面的指导服务，实现二类医疗器械审批时限的全面提速；积极争取国家相关专项资金支持，探索建立应急医疗物资产业中长期贷款“白名单”制度，加大应急医疗物资产业中长期融资支持，等等。

（摘编：刘海元）

我国首艘高端游轮启航运营

2022年7月5日福建省交通运输厅消息，近日，“招商伊敦”号厦门首航仪式隆重举行，宣告厦门邮轮母港首条国内沿海游轮航线正式开通。

此次来厦的“招商伊敦”号，由招商蛇口携手维京游轮组建的招商维京游轮负责运营，是我国首艘悬挂五星红旗的高端游轮，也是首艘我国自主运营的高端游轮。其执航的“深圳—厦门—深圳”滨海双城游，通过海陆结合，港口、陆地多产品联动，实现船上娱乐、海上观光、岸上体验的有机结合，打造游轮旅行的独特体验，让游客充分感受深圳、厦门两座滨海城市魅力。未来该航线计划开展常态化运营。

目前，立足厦门港口高质量发展的新任务、新要求，厦门邮轮母港正持续提升接待水平——总投资6.28亿元、总建筑面积6.8万平方米的新航站楼将于年内完工，毗邻新航站楼的“海上世界”商业综合体也将于9月30日精彩开业。届时邮轮母港将实现通关效率翻倍、核心竞争力和品牌影响力大幅提升，为推动厦门邮轮产业、文旅产业全面复苏，更好服务港城融合、产城融合，更高水平建设高素质高颜值现代化国际化城市增添强劲动能。

（摘编：刘海元）

RCEP航线在厦门港起航

2022年1月4日，随着一声汽笛长鸣，满载货物的“海丰巴生”轮扬帆起航，标志着厦门港迎来区域全面经济伙伴关系协定（RCEP）的全面生效。

2022年1月1日，《区域全面经济伙伴关系协定》（RCEP）在文莱、柬埔寨、老挝、新加坡、泰国、越南等6个东盟成员国和中国、日本、新西兰、澳大利亚等4个非东盟成员国之间正式生效，已核准成员国之间90%以上的货物贸易实现零关税，韩国将于2月1日加入。聚焦RCEP航线发展，厦门港持续扩大全球航线布局，着力构建“辐射日韩、连接东南亚、贯通中东地区并连通欧美的远洋干线”国际中转大通道，助力保障全球产业链、供应链稳定。

此次起航的航线是东南亚精品航线，也是厦门港标志性RCEP代表航线，沿途挂靠印尼雅加达、三宝垄、泗水、望加锡、八打雁等RCEP区域重要港口。截至目前，厦门港RCEP航线已达90条，全面覆盖东盟、日本、韩国、澳大利亚等14个国家。

（摘编：赵旭东）

2022 年福建省多项金融指标创新高

2023 年 2 月 7 日，人行福州中心支行召开的新闻发布会消息，2022 年，全省社会融资规模增加 1.15 万亿元，比上年多增 1463.87 亿元，社融增量创历史新高。本外币各项存款余额 7.29 万亿元，同比增长 17.5%，增速创 2010 年以来新高并居全国首位，比全国平均增速高 6.6 个百分点。贷款余额 7.54 万亿元，同比增长 11%，比全国平均增速高 0.6 个百分点，全年各项贷款增加 7479.03 亿元。

2022 年，福建省政银合力，扎实落实稳经济一揽子政策和接续政策，提振市场信心，激发微观主体活力，创下多个历史新高，为全省经济大盘回稳向上提供了坚强金融保障。

市场主体综合融资成本大幅降低。2022 年，全省新发放企业贷款加权平均利率 3.90%，企业发债加权平均利率 2.90%，均创历史新低，同比分别下降 0.41 个百分点、0.53 个百分点。

央行低成本资金支持叠加财政贴息、担保增信等，有效降低了银行成本和信贷风险，促进实体经济综合融资成本大幅下降，全年全省通过推动贷款利率和企业发债利率下降，为实体经济节约融资成本约 290 亿元。

2022 年末，全省再贷款再贴现余额 1086.9 亿元，创历史新高，同比增长 20.51%，再贴现余额中涉农、民营、小微三类票据占比达 91.67%。

货币政策与财政、产业政策协调联动，截至 2022 年末，累计投放纾困贷、技改贷、制造业小微贴息贷、科技贷、乡村振兴贷、文旅专项贷、纺织鞋服贷等福建特色优惠贷款 1278.6 亿元、惠及企业 2.3 万家。创新开展的“一县一品　贷动‘闽’生”专项行动，全省 62 个项目贷款余额合计 2611 亿元、加权平均利率 4.61%，分别比专项行动启动时增长 24.11%、降低 0.68 个百分点。

重点领域贷款投放显著增加。截至 2022 年末，全省制造业贷款余额同比增长 16.4%；其中，制造业中长期贷款余额同比增速高达 39.3%。全省普惠小微贷款余额 1.18 万亿元，同比增长 24.5%；小微经营主体授信户数达 194.65 万户，全年增加 16.18 万户。全省涉农贷款余额 1.8 万亿元，按可比口径计算同比增长 12.4%，其中农户贷款余额为 6694.07 亿元，同比增长 11.3%。全省绿色贷款余额 6097.14 亿元，同比增长 48.3%，增速比上年末提高 7.8 个百分点，全年绿色贷款增加 1959.74 亿元，比上年多增 786.89 亿元。全省专精特新“小巨人”企业贷款余额 231.98 亿元，企业获贷率为 58.62%；贷款合同平均利率 4.12%，比年初下降 35 个基点。

此外，福建省跨境贸易投融资便利化也取得阶段性成效。2022 年，全省跨境人民币结算金额 8853.5 亿元，创历史新高，同比增长 96.1%；跨境资金结算规模创历史同期新高，福建省与 RCEP 成员国跨境收支总额 932 亿美元，涉及企业 1.7 万家，同比分别增长 11% 和 3%。

（摘编：孙云荣）

2022 年闽企直接融资稳步提升

2023 年 2 月 14 日福建省金融监管局消息，截至 2022 年末，全省共有境内上市公司 170 家，居全国第 7 位。2023 年初，工信部专精特新“小巨人”美科科技和国内民营干散货航运领域的龙头企业之一海通发展首发成功过会，将分别登陆创业板和主板，至此，福建省已过会待注册企业 12 家，另有 8 家正在审核。2022 年，全省企业通过沪深交易所和银行间市场直接融资 7210.48 亿元，同比增长 4.98%，其中股权融资 1364.77 亿元，债权融资 5845.71 亿元，分别居全国第 6、7 位。

提高直接融资比重，有利于拓宽投融资渠道，降低社会融资成本和金融系统风险。近年来，福建省实施“资本市场提升工程”“加快推进企业上市专项行动”，着力加快重点上市后备企业孵化、提升上市公司质量和企业发债融资规模，企业直接融资稳步提升。

2022 年，股权融资同比大幅增长 663.64%。除新增的 9 家境内上市公司首发融资 119.79 亿元外，20 家上市公司通过增发、配股和发行可转债再融资 1244.98 亿元，进一步增强资本实力，提高盈利能力和市场竞争力。其中，宁德时代以 450 亿元的融资规模问鼎 2022 年 A 股“定增王”，募集资金主要用于锂电池基地扩建等项目；兴业银行成功发行 500 亿元可转换公司债券，是 A 股史上规模最大的可转债之一；兴业证券也通过配股再融资 100.84 亿元。

综合利用公司债、企业债和资产支持证券等多元化债券融资品种筹措中长期资金，也日渐成为闽企直接融资主渠道之一。据 Wind 数据统计，去年闽企债权融资 674 只、5845.71 亿元，其中，90 家企业通过银行间市场发行债务融资工具 403 期、2806.15 亿元。

债券创新产品不断落地。2022 年 6 月，象屿集团成功发行全国首批用途类科创票据，募集资金 10 亿元专项用于厦门天马第 6 代柔性 AMOLED 生产线项目，助力厦门打造国际领先的新型显示产业中心；7 月，安踏体育发行金额 5 亿元的全国首单民营企业绿色熊猫债券，也是市场首单体育行业绿色债券。募集资金主要用于安踏集团总部绿色建筑项目建设；12 月，宁德时代成功发行金额 50 亿元的绿色中期票据，成为全国银行间债券市场首单锂电行业绿色债券，也是福建省企业单笔发行金额最大的绿色债券，募集资金全部用于锂离子电池制造项目。

福建省企业债权融资余额由 2017 年末的 5214 亿元增长至 2022 年末的 14019.03 亿元，年均复合增速达 21.87%。

（摘编：孙云荣）

2022年福建进出口贸易规模创新高

面对2022年的诸多困难挑战，福建省外贸人，逆势出击，为福建外贸稳定增长奠定基石。2023年1月19日据福州海关统计，2022年福建省货物贸易进出口1.98万亿元人民币，比上年（下同）增长7.6%，达到历史最高值。其中，出口1.21万亿元，增长12.3%；进口7688亿元，增长0.9%。

这其中，一般贸易进出口1.53万亿元，增长7.9%，占同期福建省外贸进出口总值的77%。同期，加工贸易进出口2225.2亿元，下降4.2%。以保税物流方式进出口1564.7亿元，增长18.3%。

民营企业进出口1.11万亿元，增长12.9%，占同期福建省外贸进出口总值的55.9%。同期，国有企业进出口4368.8亿元，增长5.9%，占22%。外商投资企业进出口4360.7亿元，下降2.3%，占22%。

东盟、美国、欧盟为前三大贸易伙伴。福建对东盟进出口4226.6亿元，增长12.6%；对美国进出口2631.3亿元，增长15%；对欧盟进出口2466.1亿元，增长19.4%。上述3者合计占同期福建外贸进出口总值的47%。

机电产品出口成为一大亮点。去年福建省机电产品出口4648.6亿元，增长16.7%，增速较全国同类产品出口高9.7个百分点，占同期福建省外贸出口总值的38.3%，比重较上年提高1.5个百分点。其中，锂离子蓄电池出口增长152.6%，出口新动能引领作用凸显。同期，劳动密集型产品出口3774.6亿元，增长3.4%。农产品出口848.2亿元，增长12.4%。

福州海关统计分析，除主要出口产品竞争优势明显外，福建省生产消费需求向好，也为进口增长提供支撑。2022年以来，福建省经济持续稳定增长，生产需求恢复向好，消费品市场平稳增长，为进口增长提供有力支撑。2022年，福建省农产品进口1164.3亿元，增长14.1%，未锻轧铜及铜材、基本有机化学品等中间产品进口分别增长10%、16%。

此外，从国家到地方多措并举，一系列稳外贸政策措施落地见效，有力提振了市场主体的信心，有效激发了外贸主体的活力，为福建省外贸企业创造了良好的发展环境。

（摘编：刘海元）

2022 年福建跨境电商健康快速发展

2022 年福建跨境电商健康快速发展势头，2023 年 1 月 22 日根据海关统计数据显示，2022 年 1—12 月，福建省经海关监管的跨境电商出口、进口、进出口规模均实现同比 20% 以上增长，均高于全国增速。其中，出口 1286.4 亿元，同比增长 21.1%，高于全国 9.4 个百分点，对福建外贸出口贡献度达 10.6%。进口 72.1 亿元，同比增长 43.3%，高于全国 38.4 个百分点。进出口 1358.5 亿元，同比增长 22.1%，高于全国 12.3 个百分点。

此外，2022 年省内企业新增海外仓 35 万平方米，总面积超 180 万平方米，居全国前列，分布在 35 个国家和地区，年配送跨境电商货物零售价值超千亿元，成为福建省跨境电商企业融入海外零售体系的重要支撑。目前全省设立跨境电商海关监管场所 22 个，面积近 15 万平方米，全省已建成各类跨境电商园区超过 140 个，园区功能日益完善，产业承载能力持续提升。

不断完善的物流通道是跨境电商发展的支撑。目前福建省多式联运的国际物流通路已逐步贯通，"丝路海运"联盟成员已超过 270 家。省内相继开通了至欧美主要国家的洲际货运航线，厦门—汉堡、武夷山—阿拉木图、泉州—莫斯科中欧班列畅通亚欧大陆。平潭台北快轮、福州对台跨境电商专线、厦门"中远之星"实现与台北港、高雄港、台北桃园机场无缝对接，成为大陆对台最稳定的通路。

（摘编：陈建闽）

福建省首批 60 件专利实施开放许可

2022 年 11 月 3 日福建省市场监管局消息，近日，省市场监管局（知识产权局）积极指导推动海峡股权交易中心知识产权交易服务平台专利开放许可专区上线运行，首批集中发布 60 件开放许可的发明专利信息。

集中发布的专利来自福州大学、福建工程学院、泉州师范学院、厦门医学院、省农科院、省产品质量检验研究院以及福建省电力有限公司等企事业单位。涉及的领域有高端装备、工程机械、生物医药、高端纺织、绿色食品、现代农业等领域。

开放许可期限均超过 2 年，最长为 18 年。这是新《专利法》引入专利开放许可制度并实施后，福建省首批发布的开放许可专利。

在多方联合推动下，已促成福建省产品质量检验研究院、厦门百安兴新材料有限公司、福州金博建材有限公司、福州鼎诚信息科技有限公司共有的发明专利"一种化学建材透黄风险评价的检测方法"达成许可交易，被许可方为福建惠兴涂料科技发展有限公司。这是福建省首单达成的专利开放许可交易。

此举是促进专利“一对多”快速许可的有效举措，也是促进技术转移的形式之一，将进一步强化企业创新主体地位，深化产学研合作，解决企业技术难题，支撑福建省产业创新集群进一步做大做强。

（摘编：于新光）

福建自贸试验区聚焦六个“着力点”谋发展

2022年3月15日福建省商务厅消息，福建自贸试验区近日出台2022年建设工作要点，在新的起点谋划和推进自贸试验区高质量发展，发挥好改革开放排头兵的示范引领作用，着力打造国内国际双循环相互促进的重要枢纽。聚焦六个“着力点”16项重点任务：

一是着力更好服务国家重大战略。聚焦自贸试验区扩区提质，积极争取中央支持，力争赋予更大的改革自主权，在空间载体和功能政策上有新突破，在数字人民币、网络游戏属地管理试点等一批关键政策先行试点。

二是着力加强制度创新复制推广。持续开展首创性和差别化探索，推进RECP在自贸试验区创新引领，探索CPTPP、DEPA等有关规则的研究储备，形成更多有影响力的创新成果。支持跨部门、跨领域、跨区域协同创新，加快创新成果在全省开发区复制推广，推进自贸试验区与海关特殊监管区域统筹发展，与福厦泉国家自主创新示范区“双自联动”，拓展改革的溢出效益。

三是着力探索两岸融合发展新路。充分发挥沿海近台优势，推进两岸应通尽通，积极承接台湾地区优势产业，深化两岸经贸合作，建设两岸共同市场，打造海峡两岸融合发展示范区。率先落实落细台企台胞同等待遇，吸引更多台胞来闽创业就业，打造台胞台企登陆的第一家园的“第一站”。

四是着力构建开放型经济新体制。统筹要素流动型开放与制度型开放，争取医疗、教育、金融、增值电信、管理咨询等领域率先在自贸试验区试点开放。用好自贸试验区外商投资负面清单和即将出台的自贸试验区跨境服务贸易负面清单，吸引更多外资项目落地。深化“丝路贸易”“丝路海运”“丝路电商”等标志性工程建设，加强与共建“一带一路”沿线国家和地区交流合作，助力“海丝”核心区建设走深走实。

五是着力培育壮大经济发展动能。动态调整福建自贸试验区重点平台，做大做强集成电路、物联网、整车平行进口、航空维修、基金小镇、海产品、进口酒、进口燕窝等特色优势产业；加快跨境电商、文化出口、离岸贸易等战略性新兴产业发展；加强数字化公共服务体系和智慧港口建设，构建一批具有影响力、特色鲜明的数字化发展标杆平台。

六是着力打造国际一流营商环境。完善片区的管理体制机制，推进福州片区与福州新区资源整合优化、融合发展，促进厦门片区扁平化管理，提升管理效能，促进平潭片区与平潭综合实验区政策叠加、协同发展。深化“放管服”改革，完善“互联网＋政务服务”体系建设，探索强化公平竞争政策实施的有效路径，不断创新和加强事中事后监管。推进海丝中央法务区自贸先行区建设，争取国际商事争端预防与解决组织等机构入驻并试点运营，建设“一带一路”国际海商事争端解决平台，构建全方位、全链条、专业化的法律服务生态圈。

（摘编：郭鹭）

第二十二届投洽会福建省代表团成果丰硕

第二十二届中国国际投资贸易洽谈会（以下简称“投洽会”）于2022年9月8日至11日在厦门成功举办。福建省代表团（以下简称“省团”）认真贯彻落实习近平总书记致第二十届投洽会贺信精神，按照省委、省政府有关工作要求，落实落细疫情防控措施，细化完善工作方案，安全高效举办各项活动，取得明显成效。

省团共邀请331个客商团组880人线上线下参会，策划生成招商项目1092个，总投资额18396亿元，组织举办27场论坛会议活动。全省签约各类投资项目392项，总投资2928.8亿元。其中，签约外商投资合同项目244项，计划总投资1500.8亿元，拟利用外资623.1亿元（折93亿美元），同比增长2%；签约对外投资项目6项，计划总投资68.4亿元；签约央企投资项目19项，计划总投资366.7亿元；签约省属国企投资项目5项，计划总投资181.1亿元；签约民企投资项目118项，计划总投资811.8亿元。

一、围绕全球发展热点交流研讨

举办“丝路海运”国际合作论坛、金砖国家数字经济对话会、福建－RCEP国家经贸合作对接会、中印尼“两国双园”经贸合作推介会等系列活动，促进福建省打造高层次开放合作通道。尹力书记出席“丝路海运”国际合作论坛开幕式并致辞，赵龙省长主持开幕式，论坛发布《“丝路海运”建设蓝皮书（2021—2022）》、第十批“丝路海运”命名航线。

二、强化项目对接洽谈

9月8日下午，举办福建省重大项目集中签约仪式，尹力书记、赵龙省长、崔玉英主席等省领导出席仪式并见证签约。现场签约50个项目，计划总投资996.3亿元。其中，四大经济项目35个、计划投资735.7亿元，分别占签约项目的70%和73.8%。尹力书记、赵龙省长等省领导亲自会见生物科技跨国企业福建行代表团，高层推动生物医疗领域项目合作。

三、整合资源培育省团品牌

举办第二届海丝中央法务区论坛，尹力书记出席开幕式并致辞。与商务部相关司局联合举办海峡两岸农产品采购订货会、绿色化工产业跨境合作高峰论坛等系列活动，争取到国侨办恢复举办海外华商中国投资峰会，着力培育省团品牌活动。举办闽港澳经贸交流座谈会、中国福建－塞尔维亚经贸合作发展推介会、“丝路投资”园区开发对接会、稳增长扩内需与投融资创新论坛、文化和旅游项目招商推介会等经贸活动，进一步促进福建省与相关国家和地区双向投资合作。

四、展示开放发展新形象

福建展区总面积6100多平方米。其中，福建馆面积891平方米，以“闽山闽水物华新”为主题，设置四大经济、开放发展、特区风采、对接洽谈等四个专区。突出四大经济产品实物展示，展出宁德时代钠离子电池、厦门美日丰创光罩、金风科技风电机组等37件（套）展品，辅以元宇宙技术、“万福”“老字号”“福建预制菜”“福茶网”等展览，全面展现开放发展成就和营商环境。

五、发挥投洽会溢出效应

推动各分团和省直成员单位开展大员招商、小分队招商、精准招商。将重要参会客商引流到市、县（区），组织华南美商会赴福州、莆田、龙岩等地市开展对接交流。组织部分阿拉伯国家驻华使节及客商，开展“魅力漳州行”，将中阿经贸投资高峰论坛延伸到漳州。各地也积极开展精准对接，推动生成一批线索项目。

（摘编：郭鹭）

第二篇

发展纪事

1 月

1 日，上午 8 时 20 分，武夷新区旅游观光有轨电车满载旅客准点从南平市高铁站驶向南源岭站，这标志着福建武夷新区旅游观光轨道交通南平市站至武夷山景区段正式开通运营。

3 日，闽企鸿星尔克新疆于田服装生产基地投产。该基地将实现 120 条生产线全面投产，落实 4000 个就业岗位。福建省的安踏、恒安、七匹狼、利郎、匹克、柒牌、特步、中乔体育、361 度等企业都长期采购和使用新疆棉，不少纺织服装企业与优质新疆棉生产企业或供应商保持长期战略合作关系。

4 日，福建省交通运输厅消息，元旦小长假期间（1 月 1 日—1 月 3 日 16：00），全省道路客运累计发送旅客 211 万人次，累计开行班次约 9.68 万班，道路客运总体安全平稳有序。假日期间，全省共组织 1.45 万辆客运班车、2.1 万辆公交车、2.2 万辆巡游车、6.2 万辆网约车、191 列地铁（1146 辆）参与假日运输，满足群众出行需求。同时，组织全省 48 家客运企业、198 家货运企业，落实 2183 辆应急保障运力。

5 日，《2022 年福建省海洋生态预警监测工作方案》评审会在省渔业资源监测中心召开。会议邀请了来自自然资源部海洋减灾中心、自然资源部海岛研究中心、国家海洋局东海环境监测中心、闽江学院等单位的专家对《方案》进行评审。与会专家一致认为，《方案》严格按照《全国海洋生态预警监测总体方案（2021—2025 年）》以及福建近海生态特征编制。编制规范、依据充分、工作目标明确、监测内容全面。

5 日，根据住房和城乡建设部《建筑市场信用管理暂行办法》（建市〔2017〕241 号）的规定，福建省住房和城乡建设厅将利用虚假材料、以欺骗手段取得资质的福建黑石建设有限公司等 6 家企业列入福建省建筑市场主体“黑名单”，管理期为 2022 年 1 月 8 日至 2023 年 1 月 7 日。

5 日，福建省交通运输厅消息，近日，《福建省交通建设质量安全“十四五”发展规划》正式发布。《规划》系统梳理总结了“十三五”期间福建省交通建设质量安全工作所取得的成就，深入分析了福建省交通质安工作面临的四个新形势和两个新挑战，提出“围绕一个中心、坚持三个理念、实现六个新目标”的“一三六”发展战略，并从法治体系建设再上新台阶、监督长效机制得到新提升、交通强国创建迈出新步伐、市场诚信管理达到新水平、质安行业发展形成新格局和质安队伍建设取得新成效六个方面对“十四五”期间的福建省交通质安工作做了详细的规划与展望。

5 日，福建省交通运输厅消息，近日，省交通运输厅、省发展和改革委员会、省自然资源厅、省商务厅、省应急管理厅联合印发《福建省高速公路和普通国省道省界服务区建设实施方案》，旨在推进福建省加快建成全国领先、具有福建特色的公路综合服务体系，全面提升公路通道服务经济发展、服务群众生活、服务乡村振兴水平。

6 日，经省政府同意，省促进中小企业发展工作领导小组办公室日前印发《福建省加大力度助企纾困激发中小企业发展活力的若干意见》，提出十个方面 28 条措施，进一步加大对福建省中小企业纾困帮扶力度，帮助企业纾困解难，激发市场主体活力，促进企业稳定健康发展。

7 日，福建省委农村工作会议在福州召开。省委书记尹力，副书记、代省长赵龙对福建省做好“三农”工作作出批示要求。省委副书记、政法委书记罗东川出席会议并讲话。会议强调，各地各有关部门要坚持稳字当头、稳中求进，坚决守住保障粮食安全和不发生规模性返贫两条底线，加强耕地保护和质量建设，丰富“菜篮子”产品供给，大力推进种业振兴，加快推动特色现代农业高质量发展，深入实施乡村建设行动，深化农业农村改革，切实提升农业农村防灾减灾能力，保障重点领域安全生产，以更大的决心、更实的举措、更足的干劲，推动全面推进乡村振兴取得新进展、农业农村现代化迈出新步伐。会议表彰了2021年度全省乡村振兴先进单位和个人。会议以视频形式召开，各市、县（区）及平潭综合实验区设分会场。

7日，福建省发改委牵头召开一季度“开门红”政策解读新闻通气会，对福建省各有关部门围绕相关领域出台的具体政策措施进行解读。

7日，福建省交通运输厅消息，近日，省交通运输厅印发《福建省交通运输安全应急“十四五”规划》。《规划》吸收了交通运输安全生产专项整治三年行动以来的经验做法，对全省交通运输系统安全应急工作发展现状及面临的形势进行全面分析，明确提出了十四五期间的总体要求、规划任务、保障措施。

8日，全省农业农村局（乡村振兴局）局长会议在福州召开。会议深入学习贯彻习近平总书记重要讲话重要指示和中央农村工作会议精神，全面落实全国农业农村厅局长会议、全国乡村振兴局长会议和省委农村工作会议部署，总结2021年工作，研究安排2022年重点任务。会议强调，要牢牢守住保障粮食安全和不发生规模性返贫底线，扎实推进乡村发展、乡村建设、乡村治理等重点工作，全面推进乡村振兴，加快农业农村现代化，走具有福建特色的乡村振兴之路。

10日，福建省统计局消息，2021年1—11月，全省规模以上工业企业实现利润总额3833.83亿元，同比增长23.0%，增幅比1—10月份提升3.2个百分点。1—11月，全省实现营业收入58520.08亿元，同比增长14.0%，增幅比1—10月份提升2.0个百分点。去年前11个月，全省38个工业大类行业中，有28个行业利润实现同比增长，有21个行业实现两位数增长，比1—10月增加3个，其中石油、煤炭及其他燃料加工业同比增长10.7倍，黑色金属矿采选业同比增长1.6倍，医药制造业同比增长1.5倍，煤炭开采和洗选业同比增长1.2倍。1—11月，每百元资产实现营业收入150.42元，同比增加9元；人均营业收入170.62万元，同比增加24.97万元。另外，企业盈利能力也有所增强。1—11月，营收收入利润率为6.55%，同比增加0.48个百分点，比1—10月提高了0.09个百分点；每百元营业收入中成本为86.6元，同比减少0.27元，比1—10月下降0.13元。效益结构也在不断优化。其中，技术密集型产业盈利快速增长。1—11月，高技术制造业盈利792.22亿元，同比增长66%，拉动全省利润增长10.1个百分点；装备制造业盈利1000.92亿元，同比增长30.8%，比1—10月份提升3.7个百分点。另外，下游消费品制造业盈利也呈改善趋势。1—11月，消费品制造业盈利1568.12亿元，同比增长19%，比1—10月提升5.2个百分点，其中食品制造业提升11.6个百分点、农副食品加工业提升11.3个百分点、纺织业提升9.0个百分点。

10日，工信部日前发布2021年工业互联网APP优秀解决方案公示名单。福建省共有8家企业的解决方案入围榜单，数量仅次于山东、广东和湖北。福建入围的企业和解决方案分别是：福建华鼎智造技术有限公司的“智能装备远程运维工业APP”、信泰（福建）科技有限公司的“SincetechPDA经编生产管理APP集成应用解决方案”、德化亿星软件有限公司的“陶瓷工业互联网APP应用解决方案”、福建雷盾信息安全有限公司的“大型网络东西向威胁一站式管控APP集成应用解决方案”、福建东南西北科技集团有限公司的“纺织工业互联网解决方案”、中电望辰科技有限公司的“基于工业互联网的鞋业创新APP集成应用解决方案”、硕橙（厦门）科技有限公司的“机器听诊大师应用解决方案”、厦门信达环能科技有限公司的“水泥生产智能化控制系统”。

11日，福州港江阴港区新增一条“福州江阴—安徽郑蒲”内贸新航线。这也是闽皖间第一条江海联运航线。航线由福建东方海运周班运营，货源以石子为主，运往安徽马鞍山郑蒲港，回程携带粮食和建材货类。航线辐射福建福厦泉和安徽郑蒲、合肥等腹地，有效联通促进海峡西岸经济区和长江经济带的经济交流。

11—13 日，首届中国 - 东盟网红大会暨“福建品牌海丝行”在福州举行。本次活动在开展的过程中，特别聚焦福茶推广，专设“制茶体验”“福茶品鉴”等环节，让东盟十国使节和境内外网红代表了解福茶、爱上福茶、宣传福茶。本次活动在开展的过程中，重点聚焦闽菜推广，特设“闽味小吃品鉴”“创新闽菜推介”等环节，让东盟十国使节和境内外网红代表了解闽菜、爱上闽菜、宣传闽菜。

12 日，全省工业和信息化工作视频会议在福州召开，会议总结 2021 年工作，分析当前形势，部署 2022 年重点工作。会议指出，2021 年，福建工业运行呈现稳中加固、稳中向好态势。据统计，2021 年，福建工业生产稳定恢复，全省规模以上工业增加值同比增长 9.9%，超八成行业保持增长，超六成产品产量增加。2022 年，全省工信工作坚持稳中求进总基调，完整、准确、全面贯彻新发展理念，服务和融入新发展格局，聚焦“二产进”，突出质量第一、效益优先，把做大做强做优制造业作为长期坚持的工作重点，把工业稳增长摆在最重要的位置，加快扬优势锻长板、强弱项补短板、畅循环扩内需、拓市场创品牌、抓服务优环境，不断做大产业集群、做强龙头企业、做优产品质量，加快建设先进制造业强省。

12 日，福建省工信厅消息，中国物流与采购联合会日前发布 2021 年度中国物流企业 50 强、民营物流企业 50 强榜单，福建省 4 家企业上榜。其中，厦门象屿股份有限公司和建发物流集团有限公司分别以 2021 年物流业务收入 2161．3 亿元和 248．4 亿元，名列中国物流企业 50 强的第 2 位和第 13 位；盛丰物流集团有限公司和盛辉物流集团有限公司分别名列中国民营物流企业 50 强的第 31 位和第 35 位。

12 日，福建省交通运输厅消息，近日，中国陶瓷电商物流园建成后正式启用。该物流园位于德化县浔中镇，总投资 28 亿元，建设用地 570 亩，总建筑面积 70 万平方米。其中，仓储功能板块 47 万平方米，主要为电商仓储、物流分拨、实训中心和“司机之家”用房，同步建设园区管理平台及部分物流自动化系统设施；配套功能板块 23 万平方米，主要为商务办公、展厅、酒店、住宅等。

13 日，福建省农业农村厅召开乡村振兴工作专题会议，贯彻 1 月 10 日厅党组会议精神，加快建立省委乡村振兴办与省乡村振兴局协同运作工作机制，安排近期重点工作。会议强调，要科学谋划 2022 年工作，切实巩固拓展脱贫攻坚成果、深化闽宁对口协作、加快乡村建设、推进重点项目等，走具有福建特色的乡村振兴之路。

13 日，以“山海和福　风好正扬帆”为主题的首届中国 - 东盟网红大会暨“福建品牌海丝行”活动于福州精彩落幕。在为期三天的活动中，多位东盟国家驻华外交官，媒体代表、中国网红使者及东盟网红代表，通过“线下走访 + 线上互动 + 社交媒体矩阵助推”的方式，实地了解福建福州数字产业发展经验，走访体验福建特色闽文化。活动聚焦中国 - 东盟经贸合作与人文交流开展，围绕数字经济、网红经济、跨境电商等维度，开展层次丰富、主题深刻的对话交流。

14 日，福建省农业农村厅举办全省农田建设工作视频培训班，深入学习贯彻中央、省委农村工作会议精神，全面落实全国、全省农业农村厅局长会议工作部署，总结 2021 年农田建设和耕地质量提升工作，研究部署 2022 年农田建设重点工作。

14 日，福建省统计局消息，2021 年 12 月份福建省工业生产者出厂价格同比上涨 6.7%，涨幅比上月回落 1.5 个百分点；环比由上月上涨 0.5% 转为下降 0.7%。工业生产者购进价格同比上涨 12.0%，涨幅比上月回落 3.0 个百分点；环比由上月上涨 1.8% 转为下降 1.4%。

18 日上午，乌拉圭驻华大使费尔南多·卢格里斯一行到福建省海洋与渔业局访问交流，双方就如何进一步加强海洋渔业领域合作进行了座谈交流。福建海洋渔业从技术、人才等方面都有很好的储备，对外合作空间大，与乌拉圭乃至拉丁美洲和加勒比地区都有很强互补性。双方在远洋渔业、水产养殖、水产品加工和贸易上将加强合作，实现互利共赢。

18 日，打造一流营商环境赋能民营经济高质量发展。2021 年 10 月，福建省工商联发布“2021 福建省民营企业 100 强”名单，本次百强企业入围门槛达 35.41 亿元（营业收入），比上年增加 17.41 亿元，增幅近 100%。近日，全国工商联发布 2021 年度“万家民营企业评营商环境”主要结论，福建营商环境得分排名全国第 10 位。由此可见，福建民营经济高质量发展成绩明显，成为经济社会发展的重要力量和创造社会财富的重要来源。同时，福建营商环境排名在全国整体处于中上水平，并呈现上升态势。

18 日，75010/09 次列车从泉州东站启程，将经由满洲里口岸直达莫斯科，总行程 10960 千米，预计 20 天抵达，标志着泉州中欧班列首发。中欧班列是指按照固定车次、线路等条件开行，往来于中国与欧洲及“一带一路”沿线各国的集装箱国际铁路联运班列，是“一带一路”的重要合作纽带。2015 年 8 月福建省在厦门首次开行中欧班列，2021 年 1 月又在南平武夷山开行，目前线路已通达欧洲、中亚、俄罗斯等 10 多个国家 30 多个城市，并通过铁海联运延伸到我国台湾及东南亚等地区，实现“海丝”与“陆丝”无缝对接。

19 日，中央企业 2021 年经济运行成绩单“出炉”：全年实现营业收入 36.3 万亿元，同比增长 19.5%，两年平均增长 8.2%；实现利润总额 2.4 万亿元、净利润 1.8 万亿元，分别同比增长 30.3%、29.8%，两年平均增速分别为 14.5%、15.3%。

19 日，福建省 2021 年省级工业企业质量标杆名单发布，全省共 14 家企业质量管理典型经验为 2021 年省级质量标杆。

24 日，省统计局发布 2021 年全省经济运行情况显示，根据地区生产总值统一核算结果，2021 年全省生产总值 48810.36 亿元，按可比价格计算，比上年增长 8.0%。其中，第一产业增加值为 2897.74 亿元，比上年增长 4.9%；第二产业增加值为 22866.32 亿元，增长 7.5%；第三产业增加值为 23046.30 亿元，增长 8.8%。

24 日，福建省交通运输厅消息，近日，福州盛辉智慧物流园正式启用。该物流园位于福州晋安区北三环园中立交可溪西侧，是交通运输现代服务业重点项目之一，于 2019 年 10 月动建，总投资 3.9 亿元，总占地面积 33334 平方米，总建筑面积 77321 平方米，由 3 栋科技云仓、1 栋综合配套楼宇及联体式地下室一层、二层有机组成。目前该物流园已与星网锐捷等 3 家企业签订了入驻合作协议。

24 日，福建省交通运输厅消息，近日，伴随着一声汽笛长鸣，一列满载着纸、纺织品、手套、铜制品、盐等货物的“南昌—厦门—台湾”台海专列从南昌向塘站缓缓出发并驶往厦门，这批货物将通过铁海联运模式无缝衔接直运台中、基隆、高雄等多个港口，全程最快仅需 5 天。这是江西省发出的首趟至台湾的铁海联运专列。

25 日，福建省农业农村厅举办全省种植业工作视频培训班，深入学习贯彻中央、省委农村工作会议精神，全面落实全国、全省农业农村厅局长会议工作部署，总结回顾 2021 年种植业工作成效，分析面临的困难与挑战，部署安排 2022 年重点工作。

26 日，福建省交通运输厅消息，近日，装载船舶生活污水的“闽厦门油 0086”轮顺利靠泊厦门港石码港区亿源码头，标志着亿源码头作为厦门港首个具备船舶生活污水、含油污水接收和处置“全链条”功能的码头正式投入运营。此次接卸作业共有 419 立方米船舶生活污水通过管道输送至码头污水收集池，后续将通过码头后方污水处置基地处理后达标排放。

27 日，福建省农业农村厅携手省高速公路集团，在沈海高速宁德林厝服务区举办“福农优品”进高速农特产品展销活动启动仪式。活动现场省农业农村厅授予省高速公路集团“福农优品”高速公路专营服务区牌匾，并为“福农优品”首家门店揭牌。200 多家企业现场推介 600 多种福建优质农产品。

27 日上午，2022 年全省科技工作会议在福州召开。2022 年全省科技工作围绕加快建设区域科技创新中心，大力实施创新平台建设行动，持续强化创新主体地位，加强科技攻关和成果应用，突出科技人才引育留用，坚持巩固深化科技特派员制度，实施全社会研发投入提升行动和体制机制创新行动等八个方面的主要任务，着力转变政府职能、转变作风、深化改革，提升科技创新整体效能，积极打造高效活力科技创新生态，充分发挥科技创新对全方位推进高质量发展超越的引领和支撑作用。

27 日下午，省促进中小企业发展工作领导小组办公室在福州召开全省惠企政策智能匹配试点工作推进视频会，推广福州市试点工作经验做法，部署和推进全省惠企政策智能匹配有关工作。会上，省中小企业服务中心实操演示“政策云配”功能，详细介绍各级涉企政策拆解配置、企业如何操作使用等。

28日，福建省渔业互保协会首单远洋渔业水产品货物运输保险正式签出，为福建省港顺远洋渔业有限公司、福建万通渔业有限公司远洋渔业企业水产品运输提供风险保障5950万元。

随着首单远洋渔业水产品货物运输保险的正式签出，进一步扩大了福建省远洋渔业互助保险责任保障范围。

28日，福建省农业农村厅举办全省畜牧兽医工作视频培训班，深入学习贯彻中央、省委农村工作会议精神，全面落实全国、全省农业农村厅局长会议部署，总结2021年畜牧兽医工作，分析面临的形势，部署安排2022年重点工作任务。会议还就中央环保督察“回头看”迎检、畜牧兽医领域安全、应急值班值守等工作进行了专门部署。

28日，福建省商务厅在前期开展“全闽乐购·跨年购”“网上年货节”等系列活动的基础上，于春节前夕再发力，牵头开展“全闽乐购·万福迎新春”促消费活动。活动在福州市长乐旅游集散服务中心举行，同时，长乐新春文化旅游月系列活动也拉开序幕。省委常委、常务副省长郭宁宁出席活动并宣布启动。

29日，全省一季度“开门红”工作调度视频会议召开。会议强调，要站在讲政治的高度，充分认识一季度“开门红”的重要意义，深入贯彻落实习近平总书记对福建工作的重要讲话重要指示批示精神，按照省委和省政府部署要求，牢固树立效率意识、效能意识、效益意识，坚定信心，勇于担当，积极进取，全力以赴做好一季度“开门红”工作，确保实现全年目标任务。省委常委、常务副省长郭宁宁主持会议并讲话。

（摘编：谢建东）

2月

6日，圆通智慧供应链创新中心暨福建总部基地成功签约落地石狮市。该项目用地面积约169亩，总投资6.5亿元，主要建设科创综合楼、智慧物流中心、商贸管理中心、云仓中心及附属配套设施，建成后将进一步提升福建省物流中转和集散功能，服务推进地方经济高质量发展。

7日下午，省委省政府在福州举行民营企业家座谈会，向全省广大民营企业家致以新春祝福，与大家共商良策、共谋发展。省委书记尹力在会上强调，要深入学习贯彻习近平总书记关于民营经济发展的重要论述，坚持“两个毫不动摇”，传承弘扬“晋江经验”，为民营经济营造更好发展环境，引导民营企业进一步激发创新创业创造活力，为新发展阶段新福建建设作出更大贡献。座谈中，励民、陈钦忠、陈建龙、王诗榕、章高路、郭建涛、陈成辉、翁强、李海锋、吴体芳、谢秉昆、邹剑寒等民营企业家代表先后发言，结合企业发展情况，围绕做大做强做优数字经济、海洋经济、绿色经济、文旅经济和科技创新、产业转型、人才引进、营商环境等方面提出意见建议。省长赵龙主持。

7日，春节后开工第一天，福建即吹响重大项目建设集结号。省委、省政府举行第一季度重大项目视频连线集中开工活动。全省共组织项目230个，总投资2398亿元、年度计划投资564亿元。与去年同期相比，这批项目在体量上呈现较大增长。其中总投资额同比增长35%，年度计划投资同比增长24%。

9日，2022年全省科技工作会议消息，福建省全力推进福厦泉国家自主创新示范区建设，带动全省国家高新区快速发展，2021年全省7个国家高新区工业总产值预计可突破1万亿元，增长6%以上。

9日，省委书记尹力深入福清市，来到春节假期不停工、不停产的重大项目和重点企业实地调研，了解项目建设进展和企业生产情况，并沿途察看城市规划建设。尹力强调，要深入学习贯彻习近平总书记重要讲话精神和党中央决策部署，加强党的基层组织建设，推进经济社会高质量发展，以实施“提高效率、提升效能、提增效益”行动为抓手，真抓实干，奋力实现一季度“开门稳”“开门红”。

10日，在北京冬奥村物流仓库内，国内首款冷链病毒紫外光催化复合消杀机正在对进入冬奥村内的行李、运动器械等进行消杀。这是全国唯一获准在北京冬奥会使用的大型表面消杀设备，标志着该设备已具备保障当今世界最高水平体育赛事的能力。该项目由福州大学付贤智院士团队和福夏科技陈健博士团队共同研发。

11—12日，水利部副部长刘伟平率队到福建省调研抗旱保供水工作。刘伟平一行先后到漳州、泉州、厦门等地，实地察看了九龙江北溪水资源调配中心和西溪水闸，调研金门供水工程龙湖水源地，了解厦门、漳州等地抗旱保供水情况。刘伟平副部长听取了抗旱保供水、闽西南水资源配置工程等有关情况的汇报，并与省市县有关负责同志进行了座谈交流。

11日，福建省农业农村厅召开农业农村工作专题视频会，深入贯彻落实省委农村工作会议、全省农业农村局（乡村振兴局）局长会议精神，研究部署2022年全省农业农村经济形势运行分析、产业发展、项目建设、资金管理、农业安全生产、绩效管理等工作，确保实现农业农村经济首季“开门红”，为全面完成全年目标任务奠定坚实基础。

11日，福建省农业农村厅举办全省农村人居环境整治暨农村建设品质提升工作视频培训班，深入学习贯彻习近平总书记关于改善农村人居环境的重要指示精神，贯彻落实中央、省委农村工作会议和全国、全省农业农村厅局长会议部署，总结回顾2021年工作成效，部署安排2022年重点任务。

14日，福建省工信厅发布了《开展软件业关键技术产业化项目征集工作的通知》，将在本月28日前向全省征集软件和信息技术服务业关键技术产业化项目。

15日，福建省总工会举办劳模（工匠）新春交流座谈会，详细了解企业生产运营基本情况，以及对工会系统服务保障企业“开门红”的建议。10名来自生产一线的国家级、省级和市级劳模和工匠代表，紧紧围绕福建省企业发展大局各抒己见，为新发展阶段新福建建设建言献策。

15日，工信部发布《国家新型数据中心典型案例名单（2021年）》。福建省电子信息集团成员企业福建省数字福建云计算运营有限公司“数字福建云计算数据中心”项目入选，成为福建省唯一入围的典型案例。

16日，福建省农业农村厅举办全省农机化工作视频培训班。会议强调，2022年要围绕抓重点、补短板、强弱项、提水平，推进农作物全程机械化，提高主要农作物耕种收综合机械化水平；规范高效落实农机购置补贴政策，提高政策实效；建设数字农机，提高社会化服务水平；强化监督管理，确保农机生产安全。

16日，福建省农业农村厅举办全省农产品质量安全监管工作视频培训班，贯彻落实全国农产品质量安全监管工作视频会议和全省农业农村局（乡村振兴局）局长会议精神，总结2021年工作，分析当前形势，部署安排2022年重点工作。

16日，春节期间，省委书记尹力、省长赵龙等省领导带头深入企业，与企业家座谈交流，商对策、鼓干劲、谋发展。全省各地广泛开展走访看望企业家活动，组织广大党员干部采取现场办公、调研走访等方式，面对面了解企业发展需求，帮助解决实际困难，与全省企业家想在一起、干在一起、赢在一起。

16日，全省“开门红”工作调度暨重大投资项目月度协调视频会议召开。会议指出，要按照省委和省政府部署要求，围绕实施“提高效率、提升效能、提增效益”行动，紧盯目标任务，强化跟踪调度，狠抓工作落实，奋力实现一季度“开门红”“开门稳”。省委常委、常务副省长郭宁宁主持会议并讲话。

16日，福建省统计局消息，2021年，福建省消费品市场新业态不断发展，市场规模再创新高。全省社会消费品零售总额首度突破2万亿元大关，实现20373.11亿元，比上年增长9.4%。

17日，工信部公布“2021年工业互联网试点示范项目公示名单”，试点示范项目名单，福建省四个项目入围。此次福建省入围的试点示范项目包括福建移动的工业互联网网络化改造解决方案试点示范（国网福建电力网络智能化改造解决方案）、福建龙净环保股份有限公司的工业互联网平台+绿色低碳解决方案试点示范（智慧环保岛优化运行平台）、中电福富信息科技有限公司的工业互联网平台+质量管理解决方案试点示范（云边端协同5G+AI工业生产视觉监测平台解决方案）、福州市数字产业互联科技有限责任公司的工业互联网平台+供应链协同解决方案试点示范（长乐区纺织工业互联网平台）。

17日，国家统计局福建调查总队消息，1月份福建省工业生产者出厂价格同比上涨5.7%，环比下降0.2%；工业生产者购进价格同比上涨10.1%，环比下降0.5%。

17日，福建省工业和信息化厅、福建省水利厅公布福建省2021年重点用水企业水效领跑者名单，入选的2家企业分别为：福建省宏港纺织科技有限公司、福建永荣科技有限公司。

18日，福建省农业农村厅召开农业农村经济运行视频调度会议，深入贯彻落实省委和省政府工作部署，梳理今年以来全省农业农村经济运行情况，分析存在的困难问题，研究安排下阶段重点工作举措，确保实现农业农村首季“开门稳”“开门红”。

18日，全省工业投资和产业发展工作电视电话会议在福州召开。会议传达贯彻全国工业和信息化工作会议精神和省委省政府相关工作部署，细化落实2022年全省工业和信息化工作视频会议要求，通报2021年全省工业投资、技术改造、龙头企业、民企对接、园区标准化建设和新兴产业等工作情况，部署2022年重点工作。

18日，福建省工业和信息化厅召开新闻发布会，介绍《福建省传统工艺美术保护和发展办法》修订过程及主要内容。福建省是工艺美术产业大省，2021年全省工艺美术规模以上工业企业749家，实现主营业务收入1728.68亿元；累计获评中国工艺美术大师49人，省级工艺美术大师526人，均位居全国前列。2020年，福建省启动《福建省传统工艺美术保护和发展办法》（以下简称《办法》）的修订，经省人民政府第101次常务会议审议通过，于2022年3月1日起施行。《办法》分为总则、评审认定、保护传承、发展促进、监督管理、法律责任、附则，共7章45条。

18日，由塞尔维亚“一带一路”研究院主办的“实现可持续发展的共同未来”智库论坛以线上线下相结合的方式举行。论坛由塞尔维亚“一带一路”研究所所长拉利奇主持。福建省商务厅欧洲处通过视频方式参加本次活动，并组织紫金矿业等福建省相关企业参与投资研讨。

20日，由省工信厅领导统筹协调、处级干部带队，全厅抽调业务骨干组成的3个“护墩”工作小分队深入厦门、泉州“冰墩墩、雪容融”冬奥吉祥物重点生产企业，开展驻企专项服务，帮助企业纾困解难，推动企业以最快速度、最优质量、最大限度提高产能、抢占市场、提升品牌。

22日，福建省农业农村厅在福州召开福建省农业产业化龙头企业发展座谈会，厅有关负责人出席并讲话。省农业产业化龙头企业协会负责人和春伦、光阳、百利、益海嘉里、傲农、祥云、武夷星、天人、品品香、圣农、名佑、虎伯寮等企业代表作交流发言。

22日，为深入实施创新驱动发展战略，加强项目成果推介对接，促进项目成果转化落地，全方位推动福建省制造业高质量发展超越，福建省工信厅发布的关于做好《2022年项目推介对接工作的通知》提出，围绕两个工作目标：一是征集企业技术需求与行业共性技术需求300项以上，征集推介先进适用项目成果1000项以上；二是推进日常项目对接，召开4场左右专场项目成果对接会或优秀项目成果转化推广会，争取对接项目200项以上。

24 日，福建省商务厅在泉州石狮市召开“2022全省电子商务工作现场会”。省商务厅相关负责人出席会议并讲话。会上，各设区市商务局、平潭经发局进行了交流发言，部分典型企业代表做了经验分享，省商务厅电商处向各地征求了拟出台2022 支持内贸电商、跨境电商发展政策措施的意见建议。

25 日，省总工会举办的全省“数字工匠技能大赛”推进总动员会消息，2021 年福建省数字经济增加值达2.3 万亿元。今年1 月，省总工会在全国首创“数字工匠技能大赛”，通过竞赛选树一批“数字工匠”，更好地推动新时代数字福建建设。

25 日，福建省工信厅消息，去年以来，随着光伏成本的大幅下降，光伏建筑一体化，成为优化能源结构、实现“双碳”目标的重要路径。2021 年9 月，国家能源局公布整县（市、区）屋顶分布式光伏开发试点名单，福建省 24 个县（市、区）入列，规划装机568 万千瓦。2021 年11 月，省发改委公布《2021 年集中式光伏试点项目名单》，列入首批集中式光伏试点项目共9 个，装机规模32 万千瓦。按照分布式与集中式并举的发展路径，福建省光伏发电正步入快车道。

25 日，福建省工信厅消息，根据近期修订的《福建省传统工艺美术保护和发展办法》，从今年3 月1 日起，福建省传统工艺美术品种和技艺、工艺美术珍品、工艺美术大师、工艺美术名人四项评审认定工作将全部下放给评审认定机构，不再由政府部门评选。

25 日，福建省交通运输厅消息，近日，福建省首座电动重卡换电站正式投入使用，标志着福建省电动重卡换电技术应用领域“零的突破”。省高速集团、宁德市交通投资集团有限公司等企业分别与换电技术支持企业宁德时代签署合作协议。重卡电动化是新能源汽车发展的重要组成部分，在节能减排领域具有巨大的潜力，是我国实现“3060 碳排放目标”的重要抓手。

28 日—3 月1 日，省农业农村厅举办全省农产品产地冷藏保鲜设施建设工作推进会，总结 2021年工作，分析面临的困难问题，部署安排 2022 年重点工作。会议强调，要大力推进农产品产地冷藏保鲜设施试点建设，强化组织领导，加强要素保障，策划好项目，建设好项目，运营好项目，加快解决鲜活农产品出村进城“最先一公里”问题，提高农业质量效益和市场竞争力，促进农民持续增收。

（摘编：孔明德）

3 月

1 日，全省“开门红”工作调度视频会议召开。会议指出，一季度“开门红”既是经济目标，也是政治任务。各地各有关部门要按照省委和省政府部署要求，切实增强紧迫感和责任感，保持“开局就是决战、起步就是冲刺”的劲头，深入实施“提高效率、提升效能、提增效益”行动，扭住目标任务，狠抓政策落实，只争朝夕、全力以赴，确保一季度“开门稳”“开门红”，为完成全年目标任务打下坚实基础。省委常委、常务副省长郭宁宁主持会议并讲话。

2 日，福建省住建厅组织修订的《福建省建筑施工安全生产标准化评价实施细则（2022 年版）》，现予印发，要求认真贯彻执行。

3 日，省水利厅召开 2022 年全省农村水利水电工作会议，通报了 2021 年全省农村水利水电工作和 2022 年工作重点。漳州、三明、龙岩、南平市水利局作了交流发言。

3 日，科学补碘，防治碘缺乏病，是我国政府对联合国的郑重承诺。碘能帮助儿童和青少年健康成长，缺碘会对儿童和青少年健康生长发育特别是智力的发育造成损害。甲亢、甲状腺炎、自身免疫性甲状腺疾病等患者中的少数人，因治疗需要遵医嘱食用无碘盐。为确保福建省合格碘盐覆盖率在 90% 以上，规范未加碘食盐供应，满足特殊人群用盐需求，日前，省工信厅通过公开遴选，确定由福建省盐业集团有限责任公司承担福建省未来五年未加碘小包装食盐的统一供应。

5—6 日，农业农村部种植业管理司副司长李增裕一行来闽调研设施农业工作。调研组深入福清、长乐等设施农业大县，实地走访苏春英番茄种植基地、星源农牧、绿丰农业、李明锥合作社、雪美农业公司等设施农业经营主体，听取意见建议，对福建设施农业发展给予充分肯定。

7 日，福建省水利建设中心与河海大学农业科学与工程学院举行战略合作协议签约仪式，并成立“河海大学农业科学与工程学院科研与教学基地”。该基地成立后将充分发挥双方的技术、人才、资源、管理等优势，全面提升各自人才实力、科技实力和核心竞争力。双方将从战略研究、人才培养、科技合作、成果转化、社会实践、决策咨询等方面开展全面合作，全方位推动福建农村水利水电高质量发展超越。

8 日，为规范工程质量检测行为，加强行业监管，根据《建设工程质量管理条例》第四十七条、《福建省建设工程质量管理条例》第三十九条、《建设工程质量检测管理办法》（建设部第 141 号令）第二十一条等有关规定，福建省住建厅即日起至 5 月底在全省范围开展工程质量检测专项整治行动，提出了整治重点、工作安排和工作要求。

8 日，2020 年度福建省高级经济师任职资格评审会在榕举办，省工信厅、省人社厅有关领导出席会议并讲话。本届评审是在人社部关于深化经济专业人员职称制度改革的指导意见印发实施后，福建省首次采取考试与评审相结合开展的经济系列副高级职务任职资格评价工作。并首次设置了高级经济师评审专业，参评人员均为参加并通过高级经济师任职资格考试人员，参评专业与考试专业一致。

8 日，福建省农业农村厅举办全省生态农业建设工作视频培训班，深入贯彻落实中央、省委农村工作会议精神和全国、全省农业农村局（乡村振兴局）局长会议精神，总结 2021 年工作，部署 2022 年重点任务。会议强调，要全力抓好 2022 年生态农业建设，加快推进农业资源利用集约化、投入品减量化、废弃物资源化、产业模式生态化，推动农业农村减排固碳，不断开创农业绿色发展新局面。

11 日，省总工会以“晋江经验”提出 20 周年为契机，在全省实施“百千万行动计划”，为民营经济营造更好发展环境。该计划包含实施助力民营企业产业工人队伍建设改革的“百千万提素计划”，实施助力民营企业加快转型升级的“百千万建功计划”，实施助力民营企业和谐劳动关系构建的“百千万护航计划”，实施助力民营企业优化营商环境的“百千万暖企计划”，实施助力小微民营企业帮扶减负的“百千万纾困计划”，实施助力民营企业工会提质扩面的“百千万组建计划”。

15 日，上午 10 点，福州地铁 6 号线潘墩站至万寿站正式开始试运行。试运行线路长度约 31.5 千米，共设 16 座车站，列车全程运行时间约 45 分钟，最高运行速度 100 千米/小时。线路将与福州地铁 1 号线在梁厝站、下洋站换乘，与 4 号线在林浦站换乘。福州地铁 6 号线开通后，将连接福州三江口片区、长乐区和滨海新城等地，为福州城市沿江向海发展提供交通支撑。

16 日，全省“开门红”工作调度视频会议召开。会议指出，要认真落实全国两会精神，按照省委、省政府工作部署，着力提高效率、提升效能、提增效益，持之以恒、真抓实干，在打好疫情防控阻击战的同时抓好一季度“开门红”工作，奋力夺取疫情防控和经济社会发展双胜利。省委常委、常务副省长郭宁宁主持会议并讲话。

17 日，为进一步规范建筑市场秩序，营造公平竞争、诚信守法的市场环境，提升建机一体化企业建设管理水平，保障建筑施工安全生产，福建省住建厅组织修订并印发了《福建省建机一体化企业信用综合评价办法（2022 年版）》（以下简称“本《办法》”），要求认真贯彻执行。本《办法》自2023年1月1日起施行，《福建省建机一体化企业信用综合评价办法》（闽建〔2018〕11号）（以下简称“原《办法》”）同时废止。

18日，省统计局发布今年前两月福建省主要经济指标运行情况。今年1—2月福建省经济实现良好开局。数据显示，1—2月，全省规上工业增加值同比增长11.9%，比全国高4.4个百分点。全省38个行业大类中有34个增加值实现同比增长。投资对经济的带动作用同样强劲。1—2月，全省固定资产完成投资2540.67亿元，同比增长17.2%。全省九市一区投资均实现两位数增长，在各项投资中，制造业投资增长势头强劲。1—2月，全省社会消费品零售总额同比增长10.3%。1—2月，福建省进出口总额2848.06亿元，同比增长15.3%，增幅高于全国2.0个百分点；一般公共预算总收入1356.39亿元，同比增长9.9%。

21日，福建省科学技术厅联合科技部农村中心、南平市政府共同举办全国茶产业骨干科技特派员专题培训班云开班、全国骨干科技特派员（南平）培训基地签约暨2022年福建省科技特派员出征等系列仪式活动。作为科技部和福建省有关单位举办的习近平总书记来闽考察科技特派员工作一周年系列活动之一，本次活动以线上视频形式在北京、福州、南平三个会场同时召开。

21日，福建省工信厅启动政银对接工作机制，“点对点”联系兴业银行福州分行，助力福州长庚医疗器械有限公司一天内获批2000万元贷款额度，专项用于核酸采样管原材料采购，及时缓解企业燃眉之急。

22日，为切实加强燃气管道工程质量安全管理，保障安全运行，对强化燃气管道工程质量安全监督工作提出四条意见，要求各地务必结合实际贯彻执行。

22日，为落实《国务院办公厅关于促进建筑业持续健康发展的意见》《住房和城乡建设部等部门关于推动智能建造与建筑工业化协同发展的指导意见》等有关文件要求，推动福建省房建市政工程项目智慧工地建设，促进建筑施工企业质量安全管理标准化、信息化、智能化。福建省住建厅决定在全省范围内开展智慧工地建设试点，并提出试点目标、试点对象及主要内容和工作安排。

22日，根据中央授权，经省政府批准，省财政厅、省税务局联合印发通知，明确从2022年1月1日至2024年12月31日，对福建小微企业减半征收“六税两费”。“六税两费”指的是资源税、城市维护建设税、房产税、城镇土地使用税、印花税（不含证券交易印花税）、耕地占用税和教育费附加、地方教育附加。作为今年新的组合式税费支持政策之一，“六税两费”减征政策面向的是小微企业，包括增值税小规模纳税人、小型微利企业和个体工商户。

22—23日，省委书记尹力深入南平市的企业、乡村、景区等，实地调研了解当前经济发展状况，检查疫情防控措施落实情况。尹力强调，牢记教诲再出发，统筹好疫情防控和经济社会发展，把稳增长放在更加突出的位置，严格保护耕地，保障粮食安全，保护好古建筑和文物，传承弘扬优秀传统文化，加快推动高质量发展，提高人民生活品质，在落实“四个更大”重要要求上不断取得新成效。

23日，福建省农业农村厅举办全省农资打假专项治理行动视频培训班，深入贯彻落实中央、省委农村工作会议和全国农资打假专项治理行动视频会议精神，总结2021年工作，部署2022年重点任务。

24日，在工信部协调下，国务院联防联控机制医疗物资保障组向辽宁、山东等地的相关物资生产企业发出调运任务。3月21日起，国务院联防联控机制医疗物资保障组将连续多日紧急调运咽拭子700万支、采样管190万套，全部用于支援泉州抗疫需要。3月23日上午，工信部明确给福建省安排辉瑞生产的第一批新冠治疗紧缺药品PF－07321332/利托那韦片（Paxlovid）用于省级储备。省工信厅已安排专人及时跟踪工信部发出紧缺物资的调拨、资金拨付等情况。截至3月23日，咽拭子和采样管已部分到货。3月24日上午，PF－07321332/利托那韦片药品已于首班航空发货到达，目前已第一时间紧急运送部分药品到泉州抗疫一线救治病人。

24日，福建省统计局消息，受益RCEP生效带来的政策红利，福建省纺织服装出口呈现增长态势。1—2月，全省出口纺织服装268亿元人民币，同比增长9.9%。数据显示，民营企业是福建省纺织服装出口的主力军。1—2月，福建省民营企业出口纺织服装202.2亿元，同比增长5.3%，占同期福建省纺织服装出口总值的75.5%；外商投资企业出口40.6亿元，同比增长16.1%；国有企业出口25.2亿元，同比增长49.8%。东盟、欧盟和美国是福建省纺织服装的主要出口市场。1—2月，福建省对东盟出口纺织服装67.9亿元，同比增长13.1%，占同期纺织服装出口总值的25.3%；对欧盟出口43.6亿元，同比增长17.5%，占16.3%；对美国出口29.3亿元，同比增长12.4%，占10.9%。

25日，省发改委印发《关于支持泉州市积极应对新冠肺炎疫情影响的若干措施》，支持泉州市积极应对新冠肺炎疫情影响。增强泉州疫情防控能力，安排1094万元资金补助泉州市建设2个方舱医院及医疗设备配备。稳定企业生产经营，泉州市受疫情影响较大的工业中小企业，可申请免征其2022年度3个月的房产税和城镇土地使用税。从省级工业企业技改专项资金中安排1500万元工业企业抗疫纾困资金，用于工业企业疫情防控、稳岗补助、恢复生产、物流运输补助等。促进产业链供应链稳定，全力保障物流通道循环畅通，严格落实应急运输绿色通道政策。加大金融支持力度，福建省将加快设立第六期100亿元中小微企业纾困增产增效专项资金贷款，并给予泉州市35亿元的专项额度支持。

27日晚，省市疫情防控视频会召开，九市一区主要负责同志在会上汇报交流了近期疫情防控工作情况，国务院联防联控机制综合组福建工作组谈了意见建议。省委书记尹力在会上强调，要把疫情防控摆在当前工作首要位置，全面做好生产生活的服务保障，争取拐点早日到来、动态清零目标早日实现。省长赵龙主持。

28日，国务院国资委发布《关于做好2022年服务业小微企业和个体工商户房租减免工作的通知》，推动中央企业抓紧抓实抓好2022年房租减免工作，切实帮助服务业领域困难行业恢复发展、渡过难关。

29日，福建省召开重点地市运行工作视频会。会上，福州、厦门、漳州、泉州、莆田市工信局主要负责人分析了疫情对工业运行的影响和当前工业运行的突出问题，研究应对疫情的措施和促进工业稳增长的意见建议。康涛副省长出席会议。

29日，福建省商务厅消息，据省金服云平台统计，截至目前，福建省“商贸贷、外贸贷”放款总额已突破10亿元，受益轻资产中小微企业超250家次，平均利率4.2%。

30日，福建省农业农村厅召开厅党组理论学习中心组学习会，围绕学习贯彻中央、省委一号文件精神开展专题研讨。会议强调，要聚焦提高效率、提升效能、提增效益，深入开展“两直两前”调研实践活动，抓好“一号文件”学习宣讲，全力推动“一号文件”决策部署落地见效。要在悟要求、悟政策上下功夫，提高政策研判、谋划能力。要加强和改进调查研究，及时发现问题、解决问题。要突出“快”“优”“实”，全力推动农业农村高质量发展。

30日，福建省十三届人大常委会第三十二次会议上，《福建省优化营商环境条例》作为今年省人大常委会重点立法项目获得表决通过，将于2022年5月1日起正式施行。《条例》共分为七章：总则、市场环境、政务服务、监管执法、法治保障、法律责任和附则，共计六十八条，对优化营商环境工作作了较为全面的规范。

30日，省农业农村厅举办全省现代种业重点工作视频培训班，总结2021年工作，部署2022年重点工作任务。会议强调，2022年要深入实施种业振兴行动，着力夯实种质资源基础，推进种业创新攻关，支持种业企业做强做大，加强种业基地建设，净化种业市场环境，强化组织、政策、队伍保障，全力推进福建省种业高质量发展，为农业现代化提供有力支撑。

30日，随着“鑫鹏轮”一声汽笛长鸣，福州港罗源湾第一季度“开门红”项目福州港罗源湾南北航路正式通航。该项目在省、市各级管理部门和企业的多方协调推进下，完成了前期调研、项目设计评审、保障分析、协调推动等工作，各环节有序推进，确保了顺利开航。该航路开通后，罗源湾南北两岸航程缩短约12km，有效解决罗源湾水转航路需绕行至湾口的现状，有效破解福建省“两集两液两散”罗源湾核心散货港区通航瓶颈，大大加快南北两岸水水转运效率，降低临港企业物流成本，提高生产效率，促进企业节能减排，更好地服务地方经济。

31 日，为贯彻落实《建设工程消防设计审查验收管理暂行规定》（住建部令第 51 号）、《建设工程消防设计审查验收工作细则》（建科规〔2020〕5 号）及《福建省建设工程消防设计审查验收管理暂行实施细则》（闽建〔2020〕6 号），进一步规范福建省房屋建筑和市政基础设施工程消防设计技术审查行为，保障审查质量，福建省住建厅组织相关单位编制了《福建省房屋建筑和市政基础设施工程消防设计技术审查导则》，现予以印发，要求各地认真遵照执行。

31 日，在收听收看全国安全生产电视电话会议后，省安委会随即召开电视电话会议，深入学习贯彻习近平总书记关于安全生产重要指示精神和李克强总理批示要求，认真落实全国安全生产电视电话会议部署和省委要求，部署开展全省安全生产大检查。省长赵龙出席并讲话，省领导郭宁宁、郑建闽、康涛、黄海昆、林文斌参加。

31 日，为支持受疫情影响出现经营困难的中小微企业，激发中小微企业和个体工商户活力，福建省在此前设立五期纾困贷款共 500 亿元的基础上，新增设立第六期 100 亿元中小微企业纾困增产增效专项贷款。

31 日，工信部日前发布 2021 年国家新型数据中心典型案例名单，数字福建云计算数据中心入围，成为福建省唯一进入这份“榜单”的数据中心。

（摘编：陈建闽）

4 月

1 日，福建省农业农村厅举办“福建省乡村振兴贷”视频培训班。会议指出，“福建省乡村振兴贷”，是贯彻落实中央 1 号文件和省委 1 号文件决策部署的具体行动，是引领带动金融资源支持乡村振兴的务实举措。全省各级农业农村部门要充分认识乡村振兴贷在推进农业农村现代化的重要作用，加强组织领导、政策宣传、协调服务，抓紧摸清农业经营主体贷款需求，及时推送白名单，做到农业经营主体“应知尽知”“愿贷尽贷”，把乡村振兴贷打造成为福建省金融支农的“金字招牌”。

1 日，近期随着水温逐渐上升，福建近岸海域进入赤潮灾害高发期。今日起，福建省全面启动赤潮监视监测工作。在沿海重点养殖海域开展每日 1 次的赤潮监视；在闽东沿岸、连江黄岐半岛、福清沿海、平潭沿海和南日岛等 5 个赤潮多发养殖区海域，开展每周 2 次的加密监测。

1 日，福建省住建厅消息，为进一步优化营商环境，遏制资质买卖，清理“僵尸”企业，净化建筑市场，保障工程质量安全，促进福建省建筑业高质量发展，决定 2022 年在全省范围开展建设工程企业（包括勘察、设计、建筑业、监理企业和工程质量检测机构）资质动态核查专项行动。

1 日，福建省与国家能源集团以视频连线形式举行产业发展合作框架协议签约仪式。根据协议，双方将在煤炭储运基地、港口铁路建设、综合能源服务、氢能运用、新能源开发、清洁能源发展、低碳智慧园区等方面加强合作，实现共赢。省委书记、省人大常委会主任尹力，国家能源集团党组书记、董事长王祥喜在签约仪式上讲话并见证。省长赵龙主持。

1 日，商务部召开 2022 年地方对非经贸工作电视电话会议，商务部副部长钱克明出席会议并讲话。福建省商务厅相关负责人在福建分会场参加会议。此次会议以“落实中非合作论坛第八届部长级会议‘九项工程’，推动地方对非经贸合作迈上新台阶”为主题，分析研判新形势下中非经贸合作面临的机遇挑战，交流借鉴地方对非经贸的工作经验做法，明确下一步工作要求，推动中非经贸合作高质量发展。

5日，福建省积极应对疫情影响进一步帮助市场主体纾困解难若干措施印发实施，从实施普惠性扶持措施、支持工业企业恢复发展、加大服务业纾困力度、帮助企业稳定用工、优化涉企服务等五个方面，提出33条政策举措，积极帮助市场主体有效应对新冠肺炎疫情冲击。本轮疫情发生以来，福建省各地各部门加快政策出台兑现，打开政策“储备库”“工具箱”，打出稳增长“组合拳”“连环招”，结合各自情况和职能定位，陆续出台一系列应对疫情惠企政策文件，助力全省经济“稳字当头”“稳中求进”。

7日，福建省交通运输厅消息，近日，福船集团（福宁重工）为南平闽江航运发展有限公司建造的两艘58米内河集散两用货船顺利开工建造，预计8月底交付使用，为闽江复航奠定了良好的基础。闽江通航后，可为三明、南平等地市大宗工业、农业产品流通创造更加经济、环保、便利的运输条件，对于振兴福建省内陆经济，推动闽西北山区经济协同发展具有重要意义。

8日，根据《工业和信息化部办公厅关于组织开展金砖国家工业创新大赛的通知》，工业和信息化部、福建省政府、厦门市政府定于2022年3月—9月联合主办金砖国家工业创新大赛（以下简称大赛）项目征集。省工信厅负责组织福建省单位参赛。即日起至6月30日，拟参赛单位可按要求在大赛官网（www.bricsiic.com）报名参赛。

8日，福建省与西希腊大区视频交流会召开，商谈双方深化合作事宜。省委常委、常务副省长郭宁宁出席并讲话。会上，省商务厅介绍了福建省对外经贸合作情况，提出希望与西希腊大区在航运、旅游、农业等领域发挥各自比较优势，促进供应链产业链协同，加大双方在贸易进出口、技术以及投资等领域合作，实现互利共赢。省文旅厅、教育厅及福建工程学院先后就加强双方在文旅、教育等领域的合作进行了推介交流。

12日，为认真贯彻习近平总书记关于安全生产的重要论述和指示批示精神，深刻吸取重大事故教训，根据国务院安委会、省安委会关于安全生产工作有关精神和住建部《关于开展房屋市政工程安全生产治理行动的通知》等要求，福建省住建厅制定并印发了《福建省房屋市政工程安全生产治理专项行动实施方案》，要求认真抓好组织实施。

13日，福建省住建厅消息，为深入贯彻落实习近平总书记关于统筹疫情防控和经济社会发展的重要指示精神，全面落实省委和省政府工作要求，积极应对新冠肺炎疫情影响，保供给、保民生、保运转，促进全省住房城乡建设行业健康发展，省厅特制定18条措施。

13日，福建省食品工业协会消息，2021年，福建省规模以上食品工业企业2368家，实现营业收入达6660.48亿元，位居全国第四位（较2020年全国排名上升一位），名列全省消费品工业首位。

13日，福建省交通检疫组消息，全省公路、铁路、港口、民航严格落实省委“快、准、严、实、细”精准防控措施，全力保障综合交通网络顺畅运行。全省384个高速公路出入口全部双向通行，254个高速公路服务区全部开放运营，399个货运码头泊位正常作业，72个动车站、6个机场保持正常运转，有力保障了医疗防控物资、民生物资、邮政快递以及能源物资、重点生产物资的高效运输，企业生产链稳定运行。

14日，福建省总工会消息，为进一步助力民营经济高质量发展，支持小微民营企业工会工作，根据《福建省总工会实施助力民营经济高质量发展“百千万行动计划”》要求，面向小微民营企业的工会实施经费返还政策。

15日，工信部公示了2021年物联网示范项目，共179个项目入选。福建省有11个项目入围，入围数仅次于北京，排名全国第二。此次征集项目分为“关键技术攻关类”和“融合应用创新类”两个类别。福建省11个入围项目中有4个为“关键技术攻关类项目”，分别为：福建新大陆自动识别技术有限公司的“开源鸿蒙中关键子系统的开发与示范应用”；西人马联合测控（泉州）科技有限公司的“面向物联网的呼吸机用智能MEMS压力传感器”；厦门盈趣科技股份有限公司的“基于

UMS工业物联网平台的智能生产线数字孪生技术研究与产业化”；福建通力达实业有限公司的“智能物联断路器”。7个项目入围“融合应用创新类项目”，分别为：福建汇川物联网技术科技股份有限公司的“基于远程视频测量技术的工程建设数字监理解决方案”；福建八马茶业有限公司的“现代智慧农业茶园”；福州物联网开放实验室有限公司的“智慧物联网体育公园”；福建新大陆通信科技股份有限公司的“基于可信数字身份的智慧安防小区管理系统”；厦门光莆电子股份有限公司的“基于物联网技术的公共防疫系统整体解决方案”；泉州市搏浪科技集团有限公司的“基于综合出行服务建设的泉城通智慧城市公共服务平台”；福水智联技术有限公司的“基于5G技术的智慧校园用水节水综合解决方案”。

16日，下午4时，全国首张统一格式、全国互认的重点物资运输车辆通行证在福安市发放。福建青拓集团冷轧物流组申领到编号尾数为0001—0004的4张通行证。这几张通行证始发地为福建福安，目的地为浙江瑞安，保障4辆车132吨不锈钢钢卷运输。

16日，福建省在全国率先开通“福建行”重点物资运输车辆通行证网上办理平台。通过主流媒体、政府网站、各类微信公众号等多种方式，“福建行”平台二维码及操作规程得到了广泛传播。截至19日17时，已为福建省重点物资单位或企业办理通行证1203件。“福建行”平台整合了卫健、公安、工信、商务、交通等部门数据，实现了一网通办，申请单位或企业只需扫描“福建行”二维码即可办理，线上申报、线上审核、线上生成，实行全程网办。

18日，福建省召开视频会议，贯彻落实全国保障物流畅通促进产业链供应链稳定电视电话会议精神，部署全省货运物流保通保畅工作，副省长林文斌出席并讲话。

18日，福建省工信厅、财政厅、金融监管局、人行福州中心支行、福建银保监局联合印发了《关于落实制造业中小微企业融资支持专项政策有关工作的通知》。根据该通知，省工业和信息化发展专项资金将对符合条件的企业新增流动资金贷款，且单行单户贷款余额不超过1000万元的部分，在贷款利率基础上予以1个百分点贴息补助。

18日，中景石化全球最大年产120万吨多元共聚聚丙烯装置中交验收仪式举行，标志着这一省重点项目顺利进入调试阶段，预计6月份开车投产。中景石化年产120万吨多元共聚聚丙烯项目总投资40亿元，年产值150亿元，可拉动产业链250亿元，带动供应链金融250亿元。项目引进世界著名企业——荷兰利安得巴塞尔最先进技术，产品填补省内空白，并改变我国每年大量进口共聚聚丙烯的局面，补齐内循环产业链。

19日，全省季度经济会议暨第二季度重大项目视频连线集中开工活动在福州举行。省委书记尹力宣布全省重大项目集中开工并作讲话，强调要深入学习贯彻习近平总书记来闽考察重要讲话精神，坚持稳字当头、稳中求进，统筹疫情防控和经济社会发展，统筹发展和安全，把提高效率、提升效能、提增效益贯穿各项工作全过程，认清形势积极作为、坚定信心攻坚克难，奋力实现“双过半”。省长赵龙点评一季度各地经济运行情况并具体部署下一步工作。省政协主席崔玉英出席。本活动，共开工253个项目，总投资1941亿元，年度计划投资477亿元。

19日，随着满载7万吨煤炭的“新东莞8号”货轮顺利靠泊福州港罗源湾港区可门作业区1－2号泊位，标志着该码头正式投入运营。该码头位于福建省连江县可门作业区，拥有天然深水良港的宝贵资源优势，可满足30万吨级散货船舶全天候靠泊，年设计通过能力达2668万吨。

20日，为贯彻落实党中央、国务院决策部署和省委、省政府工作要求，加快培育和发展“专精特新”中小企业，带动更多中小企业走“专精特新”发展之路，促进福建省中小企业高质量发展。福建省工信厅印发《“专精特新”中小企业培育库建设工作方案》，提出“五大措施”。

21日，福州市举行产业链招商“云签约”活动。活动分会场连江县共签约3个交通运输现代服务业项目、1个战略合作框架协议，连江县与京东集团、新希望集团分别签订了京东福州智能供应链运营中心项目用地投资合同、新希望鲜生活冷链东南运营中心项目用地投资合同以及运荔枝网络货运平台东南总部项目投资合同，总投资约

13.5亿元，签约项目均落地福州现代物流城。

21日，2022数字中国创新大赛数字低碳赛道决赛在南平举行。决赛以“线上+线下”结合的形式举行，来自国内电力、金融、通信、互联网等行业领军企业，以及清华大学、浙江大学、南京大学、武汉大学、厦门大学等“双一流”高校的36支晋级决赛队伍采用“云路演”“云答辩”方式展开最终角逐。

22日，福建省统计局消息，根据地区生产总值统一核算结果，一季度全省生产总值11859.21亿元，按可比价格计算，比上年同期增长6.7%，高于全国1.9个百分点。其中，第一产业增加值为468.88亿元，同比增长3.9%；第二产业增加值为5493.15亿元，增长7.9%；第三产业增加值为5897.18亿元，增长6.0%。数据显示，一季度，福建省农林牧渔业总产值872.23亿元，按可比价计算比上年同期增长4.3%，增幅比上年同期高0.1个百分点。一季度，全省规模以上工业增加值同比增长9.9%，增速居全国前列。分经济类型看，国有控股企业增加值增长1.0%，股份制企业增长13.5%，外商及港澳台商投资企业增长0.7%，私营企业增长14.1%。一季度，福建省服务业增加值同比增长6.0%。一季度，福建省社会消费品零售总额5515.40亿元，同比增长7.0%。一季度，福建省固定资产投资4981.59亿元，同比增长14.2%。分产业看，第一产业投资增长45.6%；第二产业投资增长22.0%，其中工业投资增长21.9%；第三产业投资增长9.9%。进出口增长较快。一季度，福建省海关进出口总额4330.78亿元，同比增长12.1%。其中，出口2624.26亿元，增长14.3%；进口1706.52亿元，增长8.8%。贸易顺差为917.74亿元，同比扩大160.14亿元。居民消费价格温和上涨。一季度，福建省居民消费价格同比上涨0.8%。就业形势总体稳定。一季度，全省城镇累计新增就业人数13.59万人，同比下降1.2%。财政收入稳定增长。一季度，一般公共预算总收入1908.93亿元，同比增长11.2%。金融业运行稳健。3月末，全省金融机构本外币各项存款余额67194.21亿元，同比增长13.2%。

22日上午，省工信厅召开政策宣贯会，详细解读《2022年福建省电动船舶产业发展试点示范实施方案》。会议由省工信厅相关领导主持，省海洋与渔业执法总队、省船舶集团、省港口集团、国网福建电力、宁德时代、中船赛斯亿、星云电子、金牛水泥、顺达物流等省内电动船舶产业链相关单位代表参加会议。

22日，福建省商务厅消息，一季度，福建省新设港资企业数126家，合同港资110.6亿元，实际使用港资132.7亿元，同比增长32.8%，占全省同期实际使用外资总额的69.7%。

22日，福建省商务厅消息，今年3月底，大陆首个“台企快服贷”产品在福建金服云平台正式上线运行。日前，厦门银行福州分行依托该平台正式向福州某台资外贸企业发放了700万元人民币，用于企业扩大生产经营，标志着福建首笔“台企快服贷”顺利落地。

24日，福建省住房和城乡建设厅制定并印发了《福建省住建系统职工岗位技能竞赛管理办法》，要求结合实际，认真贯彻执行。

24—25日，福建省农业农村厅调研组赴云南省考察特色农业发展，并就闽滇两省农业领域合作开展交流。调研组深入云南省昆明市官渡区、寻甸县参观种养基地、种苗繁育场、茶叶市场，了解当地特色农业产业发展，与云南省农业龙头企业负责人、市场管理人员交流探讨特色农产品生产、加工、市场开拓等情况，在云南省农业农村厅召开闽滇两省农业领域合作座谈会，商讨两省农业领域合作事项。

26日，国家工业信息安全发展研究中心日前公布了“2021年中小企业数字化转型典型案例”，福建省有6个案例入围。此次公布的111个典型案例中，地方政府推进中小企业数字化转型案例15个、中小企业数字化转型案例47个、应用场景解决方案案例49个。福建省有4个项目入围中小企业数字化转型案例，分别是：九牧集团福建良瓷科技有限公司“基于5G+工业互联网打造的工业4.0智慧云工厂”、漳州科华技术有限责任公司“建设智能化、数字化工厂提升精细化管理管控水平”、福建铁拓机械股份有限公司“通过5G智能制造产业园数字化改造实现提效降耗”、厦门芯阳科技股份有限公司“自主开发适合柔性生产的数字化智能制造平台推动转型升级”。福建星云电子股份有限公司“基于工业互联网动力电池生产智能管控平台”、厦门乐石科技有限公司“乐石智能制造整体解决方案”2个项目入围应用场景解决方案案例。

28日，“买在金砖”启动仪式在厦门举办。本次活动是金砖中国年经贸领域办会重要配套活动，也是“双品网购节”的配套活动之一，由商务部主办，厦门市人民政府、福建省商务厅承办。启动仪式上，厦门国贸集团与巴西CJ集团、巴西卡拉宾工厂签订战略合作协议，俄罗斯联邦总商会代表及南非开普酒业代表签约入驻厦门跨境电商产业园金砖国家产品服务中心展厅。“买在金砖”在线上与线下同步进行。在线上，借助“云上投洽会”平台，设立“买在金砖”专区。在线下，象屿跨境电商产业园在核心位置开设了金砖国家商品服务中心，面积约800平方米，展厅汇集相关金砖国家产品达700余款。

28日，“全闽乐购·福见商旅”促消费活动启动仪式在福州电视台成功举办。活动现场设置了“预制菜”“福字号”“老字号”3个直播专区，邀请近40家商户同步进行直播带货。共有20多个种类300余款优质“福品”进入直播间，让线上线下的观众更直观感受和体验到福建商品的魅力。

29日，省政府新闻办召开福建省“十四五”专项规划新闻发布会（生态省建设专场），邀请省发改委、省工信厅、省自然资源厅、省生态环境厅、省住建厅、省林业局等部门解读《福建省“十四五”生态省建设专项规划》（以下简称《规划》）。根据《规划》，“十四五”时期，福建省将坚定不移实施生态省战略、深化国家生态文明试验区建设，“双碳”工作有序推进，绿色经济发展质量更高，节能减排保持全国先进水平，生态系统质量巩固提升，绿色生活方式和生态文明理念深入人心；到2035年，率先建成美丽中国福建示范区。

29日，福建省工信厅印发《开展“一起益企”中小企业服务行动方案》。《方案》明确，要坚持以习近平新时代中国特色社会主义思想为指导，深入贯彻落实党中央、国务院决策部署和省委、省政府工作要求，进一步提高效率、提升效能、提增效益，以“宣传政策、落实政策，纾解难题、促进发展”为主题，充分发挥福建省中小企业公共服务平台骨干支撑作用，汇聚和带动各类优质服务资源，组织服务进企业、进园区、进集群，为中小企业送政策、送管理、送技术，促进全省中小企业平稳健康发展。《方案》旨在提高政策惠达率、扩大服务覆盖面、增强企业获得感。

29日，自2006年商务部启动“振兴老字号工程”以来，福建省高度重视老字号保护和促进工作，先后开展了六批“福建老字号”认定工作。截至目前，福建省共有“福建老字号”企业145家，中华老字号企业34家。为鼓励“老字号”传承创新发展，福建省商务厅出台《“福建老字号”认定管理办法》，组织认定59家企业为全省第六批“福建老字号”，并在“全闽乐购·福见商旅”促消费活动启动仪式上进行正式授牌。

（摘编：李兵）

5月

5日，工信部发布《2022年新增跨行业跨领域工业互联网平台清单公示》，2022年共新增14家跨行业跨领域（简称“双跨”）工业互联网平台。摩尔云工业互联网平台入选，成为福建省首个国家级“双跨”工业互联网平台。摩尔云工业互联网平台是福建省企业摩尔元数（福建）科技有限公司打造的。该平台侧重构建低成本、低技术门槛的工业软件开源开发生态，可以熟练地将各种工业技术、经验和知识转化为可复用的工业软件模型。目前，平台已形成一定规模的工业云化软件应用商城，与国内多个工业互联网“双跨”平台建立合作，累计服务企业超2万家，帮助相关企业提高工业软件开发效率3～5倍，开发难度和开发量降低80%以上，开发成本降低70%以上。

6日，为规范房屋建筑和市政基础设施工程施工招标投标活动，福建省住建厅委托省建筑业协会工程建设项目招标投标分会，根据福建省施工招投标规范性文件有关规定并结合建筑业高质量发展需要，组织编制了《福建省房屋建筑和市政基础设施工程标准施工招标文件（2022年版）》，现予印发。

6日，福建省科技厅在福州组织召开福建省集成电路创新实验室建设可行性专家论证会，邀请8位有关院士、专家对实验室建设进行了论证。集成电路创新实验室由泉州市政府牵头、以福建省电子信息集团为依托单位申报建设。与会专家听取实验室建设方案汇报，围绕实验室建设建议书进行了质询和讨论。专家组充分肯定了集成电路创新实验室的建设意义，认为实验室总体定位合理、建设目标明确、方向鲜明，建设方案基本可行。

7日，按照省纪委监委关于巩固提升“点题整治”工作要求，“整治在建工程项目拖欠工程款、农民工工资问题，保障农民工权益”为15个深化推进项目之一。为进一步推进福建省房屋建筑和市政基础设施工程领域在建项目拖欠工程款及农民工工资问题整治，巩固提升“点题整治”成果，按照“定主体、定目标、定措施、定进度”原则和“可操作、可整治、可见效、可评估”的要求，福建省住建厅与省人社厅联合制定印发了《深化推进在建项目拖欠工程款及农民工工资问题专项整治方案》，要求各地结合实际，认真组织开展。

7日，福建省工信厅印发《福建省技术创新重点攻关及产业化项目实施方案》指出，2022年到2024年，福建省将每年发布征集符合福建产业新体系相关领域的产业短板和急需紧缺的关键技术并对入选项目予以分档补助。根据《实施方案》，入选项目将综合考虑研发投入、团队实力、技术创新水平、预期产生的经济社会效益等因素，按不超过项目总投入的40%进行分档补助（A、B、C档分别不超过300万元、200万元、100万元）。补助款入选当年拨付50%，验收通过后拨付剩余部分。厦门市入选项目可参照执行，所需资金由厦门市安排。项目经立项后，实施期原则上不超过12个月。因故无法完成的，最长延期6个月；软件和信息技术服务业项目实施期原则上不超过24个月。

9日，福建省海洋与渔业执法总队与广东省海洋综合执法总队共调派16艘执法船艇，在两省交界海域同步开展闽粤海洋伏季休渔联合执法行动。此次联合行动重点开展海上疫情防控，严控严打应休渔船、未休钓具渔船擅自改变作业违法捕捞，严厉打击违法采砂用海行为、非法电毒炸鱼、涉渔“三无”船舶、渔业辅助船从事捕捞作业等。

9日，福建省统计局发布工业效益数据显示，3月份福建省虽受局部区域疫情冲击，但在部分行业的带动及各项帮扶政策的强力推动下，规上工业利润止跌回稳，同比增长2.3%。

9日，随着“中谷厦门”轮稳稳地驶离厦门海天码头，中谷海运“厦门—青岛—胡志明”外贸航线成功首航，成为厦门港新增的又一条RCPE航线。中谷海运是厦门港吞吐量最大的船公司，新航线的开通，是其加快完善在厦门港外贸航线网络布局、进一步发展外贸航运业务的重要举措，将助力厦门港高质量实施RCEP、纵深推进“一带一路”建设、打造国内国际“双循环”枢纽节点。

9日，福建省交通运输厅消息，近日，三明港尤溪港区规划调整通过三明市人民政府批复。调整后，港区规划岸线总长2554米，规划雍口、西滨、尤溪口3个作业区，规划9个客运码头，共计规划22个客货泊位。尤溪口至雍口大桥航段规划等级为Ⅲ级航道，通航1000吨级船舶。

10日，福建省住建厅等3部门印发《关于在城乡建设中加强历史文化保护传承七条措施的通知》提出，为深入贯彻习近平总书记来闽考察时重要讲话精神，全面落实中共中央办公厅、国务院办公厅《关于在城乡建设中加强历史文化保护传承的意见》要求，坚持以人民为中心的发展思想，在城乡建设中始终敬畏历史、敬畏文化、敬畏生态，全面保护好历史文化遗产，经省政府领导同意，提出以下七条措施：（1）加快编制历史文化保护传承体系规划；（2）进一步充实历史文化遗产保护名录；（3）落实历史文化遗产动态监测制度；（4）防止随意拆除有保护价值的老建筑、古民居；（5）完善监督检查机制；（6）持续强化技术支撑；（7）加强统筹推动。

12 日，福建省海洋与渔业局召开推进远洋渔业高质量发展暨“监管提升年”动员视频会。

会议要求，各级各单位一定要以习近平总书记“树立大食物观”重要论述为指导，积极推动远洋渔业全产业链发展，强力推进福州（连江）国家远洋渔业基地建设，持续抓好安全生产和海上疫情防控，放眼未来，致远而行，齐心聚力推进福建远洋渔业高质量发展。

12 日，全省高标准农田建设现场推进培训会在邵武召开。会议提出，近年来，福建省高标准农田建设成效显著，超额完成中央下达的建设任务，为巩固提升粮食综合生产能力奠定坚实基础。下一步各地要加快推动农田建设提档升级，紧扣建设内涵，按照“填平补齐”原则，有序推进农田“宜机化、生态化、田园化、数字化”建设。要提高建设标准，强化组织实施，完善建后管护机制，着力打造旱涝保收、稳产高产、绿色生态农田。

13 日，全省经济运行调度视频会议召开。会议指出，实现二季度结果好、上半年“双过半”，责任重大、任务艰巨。各地各部门要认真贯彻党中央、国务院决策部署，聚焦提高效率、提升效能、提增效益，既抓存量又抓增量，以旬保月、以月保季、以季保年，确保完成全年目标任务。省委常委、常务副省长郭宁宁主持会议并讲话。

13 日，福州海关出台二十条措施，围绕保畅通促循环、提质效促增长、强区域促发展、优服务提效能四个方面，发挥海关职能作用，帮扶企业稳订单、稳预期，促进外贸保稳提质。

13 日下午，福建省碳达峰碳中和工作领导小组办公室召开全省视频会议，按照省政府的工作要求，传达学习贯彻落实中央近期召开的严厉打击碳排放数据造假电视电话会议精神，研究部署相关工作，推进碳市场健康有序发展。

15—16 日，福建省农业农村厅调研组赴四川省考察预制菜产业发展工作。调研组一行深入川娃子食品有限公司、成都希望食品有限公司等企业，与当地干部和企业负责人深入交流，详细了解四川省预制菜产业发展以及预制菜企业生产经营、产品研发、品牌培育、市场开拓等情况。

17 日，福建省水利厅消息，自 2018 年 8 月 5 日通水近四年来，省水利厅持续加强对福建晋金供水有限公司的运维指导，按照“月计划，周调整，日供应”的供水机制，做到需则供水，供则足量。截至 2022 年 5 月 16 日，福建省向金门持续、稳定、优质供水 1381 天，累计突破 2000 万吨，日均供水 1.45 万吨。

18 日，福建省住建厅召开全省住建系统打击整治养老诈骗专项行动推进视频会，传达学习住建部和省专项行动推进会精神，通报全省住建系统专项行动进展情况，并对开展专项行动进行再部署、再动员、再推进。

19 日上午，福建省举行重大水利工程集中开工视频动员会，11 个项目集中开工，总投资 105.87 亿元。受省委书记尹力委托，省长赵龙讲话并宣布开工。水利部副部长魏山忠作视频讲话，副省长康涛主持。

19 日上午，作为福建省 11 个集中开工的重大水利项目之一，中国福建水土保持科教园拉开了建设的序幕。中国福建水土保持科教园是贯彻习近平生态文明思想和习近平总书记重要批示精神，由水利部、福建省共建的首个国家级水土保持科教园，目的是示范宣传绿色发展理念，总结推广水保“长汀经验”。园区占地 24769 平方米，总建筑面积 10957 平方米，总投资 9820 万元，按照科教展示区、科普体验区、科研试验区、植被示范区、生态宣传廊“四区一廊”布局进行规划建设，具有科普教育、科研交流、水文化及水利规划展示、“数字水利”展示和便民服务五大功能。

19 日，按照省纪委监委巩固提升“点题整治”工作要求，福建省住建厅会同省发改委、公安厅、市场监管局等部门联合制定并印发的《关于深化“整治物业服务企业侵占业主公共收益、收入及分配不公开等问题　切实维护业主利益”工作方案》

提出，各地要结合实际，持续深化，认真组织开展专项整治，加强宣传发动，通过制作图表、录制视频等方式，在门户网站的专栏（页面）、微信公众号等公开整治工作方案和监督方式，引导群众积极参与，提高群众知晓率。

19日，福建省1—4月经济运行“成绩单”出炉。1—4月，全省规模以上工业增加值同比增长8.4%，比一季度回落1.5个百分点。全省38个大类行业中有32个行业增加值同比增长，增长面为84.2%，11个行业实现两位数以上增长。规模以上工业销售产值增长13.5%。1—4月，固定资产投资同比增长11.1%，比一季度回落3.1个百分点。分领域看，房地产开发投资同比持平；制造业投资增长22.8%；基础设施投资增长10.2%。民间投资增长9.2%。1—4月，全省社会消费品零售总额7077.11亿元，同比增长5.0%，比一季度回落2.0个百分点。1—4月，全省进出口5826.79亿元，同比增长8.3%。其中，出口3496.98亿元，增长10.8%；进口2329.81亿元，增长4.6%。1—4月实际使用外资211.56亿元，增长32.6%。1—4月全省一般公共预算总收入2220.95亿元，同比下降5.2%。4月末，全省金融机构本外币各项存款余额67319.95亿元，同比增长14.1%，比一季度高0.9个百分点。本外币各项贷款余额71423.00亿元，同比增长14.2%，比一季度高0.8个百分点。1—4月，居民消费价格同比上涨1.0%，其中4月份上涨1.8%。粮食价格同比下降0.1%，衣着上涨0.4%，居住上涨1.7%，交通和通信上涨6.0%。工业生产者出厂价格同比上涨5.1%，其中4月份上涨4.7%；工业生产者购进价格同比上涨9.1%，其中4月份同比上涨8.2%。

20日，2022年福建省内陆地区水产养殖生物保险在南平市顺昌县开出首单，签单保费1.8万元，为养殖户提供风险保障30万元。2021年，省渔业互保协会在南平浦城、三明清流、龙岩上杭首推内陆地区水产养殖生物保险，将水产养殖保险延伸至陆上淡水养殖。2022年，协会又新增了邵武、顺昌、永安、宁化、新罗、漳平等6个试点地区。内陆地区水产养殖生物保险采取指数化的理赔方式，解决了传统养殖险理赔阶段的定损技术难题，无须现场查勘，当高温灾害强度和暴雨灾害强度达到约定赔偿条件，即可快速获得保险赔款，避免了各类理赔纠纷。

20日，为培育出一批实体经济“单项冠军”“专精特新”企业，引领产业集群发展，福建省工业和信息化厅日前发布通知，启动福建省第三批“产业领军团队”遴选申报工作。今年福建省计划遴选25个左右团队，厦门原则上不高于10%，截止时间为2022年6月10日。

20日，由福建省商务厅指导，福州市会展行业协会、福州会展会务集团有限公司主办的2022福建会展业发展高峰论坛在福州闽江世纪金源会展大饭店顺利召开。此次高峰论坛是首次由省市携手举办的福建省会展业发展盛会，以线下+线上形式同步开启，以“共享共赢——赋能会展业高质量发展”为主题，同期还举行了福州会展研究院揭牌与签约仪式。

21日，第二届“国际茶日·福茶行天下”三茶融合发展大会在闽成功举办。省委常委、常务副省长郭宁宁出席。本次大会由中国茶叶流通协会、福州市人民政府、福建省供销社、福建省商务厅、福建省大数据有限公司联合主办。本次大会以“福茶行天下，健康进万家”为主题，通过文化引领与科技赋能，让“好喝、好懂、好记、好玩”的中国茶更加深入千家万户，共享绿色健康福茶与中国文化之美。

23日，福建省住建厅印发关于《福建省房屋征收实施单位规范化管理办法》的通知提出，为推进和谐征收和行业信用管理，保障被征收人合法权益，根据原《福建省房屋征收实施单位规范化管理办法》实施情况，在广泛征求房屋征收部门和房屋征收实施单位修改建议的基础上，省厅进行了修订。现将修订后的《福建省房屋征收实施单位规范化管理办法》印发，要求各地遵照执行。

23日晚，金砖国家工业互联网与数字制造发展论坛主论坛举行，来自金砖国家和其他嘉宾国政府代表，科研机构、高等院校、领军企业代表等通过论坛开展深入交流。会上，南非驻华大使谢胜文，阿根廷驻华大使牛望道，中国工程院院士、华中科技大学教授李培根，全国工商联副主席、TCL 董事长李东生，巴西全国工业联合会国家工业培训服务中心创新和技术负责人杰斐逊·德·奥利维拉·戈麦斯，印度工商会联合会执行董事阿都尔·达拉果地等嘉宾以线上线下的方式作精彩发言。作为论坛的重要标志性成果，《金砖国家制造业数字化转型合作倡议》也在论坛上发布，倡议从凝聚数字化发展共识、建设通达的数字基础设施、充分激发数据要素价值、加快制造业数字化转型等十个方面，共同把握发展机遇，携手应对数字化发展风险和挑战。

23 日，福建省与瑞士施维茨州举行视频交流会，探讨两省州结好及扩大经贸、文旅等领域合作事宜。会上，福建省商务厅相关负责人介绍了福建省对外经贸合作情况，提出希望与瑞士施维茨州建立完善合作机制，推动双方在人工智能、高端制造、新材料、数字经济、创新等领域开展投资贸易合作；借助大型经贸活动，促进双方企业对接洽谈；推动跨境电商、服务贸易等新兴领域合作，优化贸易结构，进一步提升经贸合作水平。

23 日，厦门大学焦念志院士为负责人的国家基础科学中心项目“海洋碳汇与生物地球化学过程基础科学中心”启动会在厦门举行。会议采取线上线下相结合的方式进行。国家自然科学基金委副主任侯增谦院士、地球科学部主任郭正堂院士以及汪品先院士等院士专家参加会议。

23—24 日，中共中央政治局常委、国务院副总理韩正在福建宁德、福州、漳州调研。韩正强调，要深入贯彻习近平总书记有关重要指示精神，高效统筹疫情防控和经济社会发展，着力抓好稳就业稳物价等工作，采取精准务实举措帮助企业解决实际困难，保持产业链供应链稳定，稳住宏观经济大盘，不断推动高质量发展迈出新步伐。

24 日，福建省发改委的统计数据显示，2022 年省重点项目 1587 个，总投资 4.08 万亿元，年度计划投资 6168 亿元。1—4 月累计完成投资 2397 亿元、占年度计划的 38.9%，同比完成投资增加 211 亿元。

24 日，金砖国家工业互联网与数字制造发展指数在福建厦门对外发布。指数显示，金砖五国工业互联网与数字制造发展特色显著，各具优势。其中，中国在金砖五国的综合测算结果中优势较为明显。

25 日，福建省工信厅消息，工信部网站日前公布了建议支持的国家级专精特新“小巨人”企业公示名单（第三批第一年），共涉及 546 家企业，福建省共有 11 家企业上榜。入围公示名单的 11 家福建企业分别是：福州迈新生物技术开发有限公司、福州华虹智能科技股份有限公司、丽珠集团福州福兴医药有限公司、漳州市东风智能仪表有限公司、福建群峰机械有限公司、英桥机械制造有限公司、泉州恒利达工程机械有限公司、厦门扬森数控设备有限公司、厦门斯坦道科学仪器股份有限公司、三达膜科技（厦门）有限公司、厦门市容大合众（厦门）科技集团股份有限公司。

25 日，省长赵龙主持召开省政府常务会议，认真贯彻落实党中央国务院决策部署以及省委工作要求，研究通过 2022 年新增政府债务限额分配方案，决定提请省人大常委会审议；审议通过《福建省矿产资源监督管理办法（修订草案）》；研究推进林业改革发展再出发等事项。

26 日，由工业和信息化部、福建省人民政府共同主办的金砖国家工业互联网与数字制造发展论坛 23 日晚在厦门开幕。本次论坛以“把握工业互联网发展机遇，携手推动制造业数字化转型”为主题，旨在顺应新一轮科技革命和产业变革发展趋势，共同推动数字化转型领域创新合作，打造金砖国家数字化发展重要交流平台。论坛期间发布了《金砖国家制造业数字化转型合作倡议》。目前，我国工业互联网快速发展，制造业数字化转型呈现出良好的态势。截至目前，我国已建成 5G 基站 161.5 万个，连接用户超过 5 个亿，培育较大型工业互联网平台超过了 150 家，开展网络化协同企业比例已接近了 40%，开展服务型制造企业的比例已经接近 30%。

26 日，省委书记尹力主持召开省委常委会会议，学习贯彻习近平总书记在庆祝中国共产主义青年团成立 100 周年大会上的重要讲话、在庆祝中国国际贸易促进会建会 70 周年大会暨全球贸易投资促进峰会上的视频致辞和给南京大学留学归国青年学者的回信精神，贯彻落实全国稳住经济大盘电视电话会议精神，研究福建省具体贯彻落实措施。

26 日，根据国务院统一安排，国务院稳增长稳市场主体保就业专项督查第五督查组抵闽开展实地督查。日前，省委书记尹力、省长赵龙在福州与督查组组长、国家税务总局总经济师饶立新一行在福州座谈并进行工作衔接。

26 日，第七届世界闽商大会暨第十二届福建省民营企业产业项目洽谈会新闻发布会在福州举办。会上获悉，第七届世界闽商大会 6 月 18 日将在福州举办，世界各地闽商回函踊跃，参与意愿强，预计有 1200 人出席大会。本届世界闽商大会采取“线下＋线上”办会模式，在福州设主会场，在境外闽商聚集的国家和地区设立若干个视频分会场。大会期间，第十二届民营企业产业项目洽谈会与第二十届海创会将同期举行。本届民营企业产业项目洽谈会对接民企项目超 2800 项，计划投资超 8000 亿元（人民币，下同）。其中，经筛选提出拟集中签约的备选项目 50 项，计划投资超 1800 亿元，涉及民企、国企（含央企）、外企等投资主体，涵盖数字经济、海洋经济、绿色经济、文旅经济、科技服务等领域。

27 日，福建省加快建设世界一流港口。近日印发的《福建省建设世界一流港口做大做强东南国际航运中心工作方案（2021—2023 年）》提出，到 2023 年，福州港吞吐量力争达 3 亿吨、集装箱 420 万标箱，厦门港、福州港绿色、智慧、安全发展实现重大突破；到 2025 年，福州国际深水大港建设卓有成效，全省建成功能分工合理、空间布局优化、保障能力充分、具有比较优势的现代化东南沿海港口群。

27 日，本月中上旬，福建港口集团在福州港罗源湾港区和平潭港区的区域化整合正式落地。在罗源湾港区，福建港口集团将所持可门港物流及福能万业公司股权整合至福州港务集团，由福州港务集团负责经营管理。在平潭港区，以平潭港务为主体，将福州港务集团持有的福港（平潭）国际港务有限公司股权转让给平潭港务，组建省港口集团在平潭综合实验区建设和运营港口物流主业的平台。

29 日，福建省农业农村厅联合省司法厅在上杭县举办 2022 年“促乡村振兴·民法典进农村”主题宣传主场活动，是推动民法典走到群众身边，走进群众心里，助力乡村振兴的重要举措。活动现场，举办了普法文艺表演、民法典专题宣讲、法律知识有奖竞答、普法宣传资料发放、普法作品展播展示等活动，举行了农村学法用法示范户授牌和乡村“法律明白人”颁证仪式。

30 日，科技工作者们迎来了自己的节日——在第六个“全国科技工作者日”。省委书记尹力、省长赵龙在福州看望慰问科技工作者代表，并通过他们向全省广大科技工作者致以节日问候和美好祝愿。

31 日，工业和信息化部办公厅日前公布 2021 年度电信基础设施共建共享典型案例，福建省共有 3 个项目上榜，分别是福建联通申报的“福建省福州市大数据智能运营 5G 共建共享案例”、福建铁塔申报的“福建省福州市平潭海峡公铁大桥通信设施共建共享案例”以及国网福建电力申报的“构建‘电信＋电网’基础设施共建共享合作新模式案例”。

31 日，全省经济运行调度视频会议召开。会议指出，当前正处于决定全年经济走势的关键节点。各地各部门要认坚定信心、下定决心，坚持短期长期结合、存量增量并举，全力以赴稳增长稳市场主体保就业防风险，确保经济运行在合理区间。省委常委、常务副省长郭宁宁主持会议并讲话。

31 日下午，省工信厅召开了全省医药产业纾困提振与高质量发展培训视频会议，邀请中国医药工业信息中心郭文主任和有关专家开展了《从“十四五”医药工业发展规划看产业发展趋势》《中国仿制药发展格局及产业策略》《2021 年度中国医药统计年报汇编》专题讲座，省工信厅消费品工业处解读了《福建省加快生物医药产业高质量发展实施方案》，省中小企业服务中心介绍了“党政新时空·政企直通车”服务平台。

（摘编：郑新贵）

6 月

1 日，福建省工业和信息化厅在福州召开全省工业领域数据安全管理试点工作线上推进会，进一步深化试点各项工作的部署与落地。会议邀请国家工业信息安全发展研究中心保障技术所专家对工业领域数据安全管理试点任务及工业领域数据安全管理与服务平台进行了详细讲解。自今年三月份以来，福建试点工作在全国工业和信息化领域数据安全工作总体框架下推进，成立工作专班；13 家试点企业积极落实主体责任，开展分级分类、提升安全防护、组织自评估；全省范围内遴选优秀产品、典型方案、标杆企业以及技术专家的工作也同步展开。

1 日下午，福建省科技厅在福州组织召开福建省海洋创新实验室建设可行性专家论证会，邀请有关院士专家从技术、管理、财务等方面对实验室建设进行了论证。海洋创新实验室由厦门市政府牵头，以厦门大学、自然资源部第三海洋研究所为依托单位申报建设。专家组充分肯定了海洋创新实验室建设必要性和紧迫性，认为实验室建设方案基本可行。

2 日，福建省住建厅印发《关于开展建筑业稳产帮促专项行动的通知》提出，为深入贯彻落实省政府工作部署，保持建筑业持续健康发展态势，为福建省经济建设作出更大贡献，经研究，决定在 2022 年 6 月至 7 月开展建筑业稳产帮促行动。具体内容包括：实施“干部进千企”活动、推动落实纾困政策、培育建筑业新增长点、监测主要建材价格情况、做好欠薪欠款“点题整治”和建立健全工作机制。

2 日下午，福建省工业和信息化厅召开全省工业稳定运行视频会议，传达学习全国、全省稳住经济大盘相关会议精神，落实厅党组关于促进工业平稳增长工作要求，分析当前全省工业运行情况，研究布置下阶段工业稳增长工作。6 月的工业生产是关键，当前正处于决定全年经济走势的重要节点，全省工信部门要坚定信心、攻坚克难，突出稳增长政策落实、强化运行调度、畅通产业链供应链、精准助企纾困，想方设法、全力以赴促进 6 月份工业生产、工业用电双回升，确保经济运行在合理区间，奋力实现工业运行“双过半”。

6 日上午，福建省人民政府新闻办公室召开新闻发布会，介绍福建省《关于贯彻落实扎实稳住经济一揽子政策措施实施方案》的有关情况。福建 8 部门出实招，多措并举稳增长、稳市场主体、保就业，一季度全省地区生产总值高于全国 1.9 个百分点。

6 日，福建省政府新闻办召开新闻发布会，发布贯彻落实扎实稳住经济一揽子政策。其中提出，要加大新能源汽车在公共领域的推广应用力度，带动私人消费者购买和使用新能源汽车。截至今年 3 月，福建省共推广新能源汽车 25 万辆，

6 日，为贯彻落实国务院减轻企业负担部际联席会议《减轻企业负担工作规则》和省委省政府对减轻企业负担工作的要求，深入了解福建省各地企业负担状况，评估福建省减负政策落实效果，近日省工信厅印发通知，开展 2021 年企业负担状况调查及减负政策落实效果评估工作，评估时间截至 2022 年 6 月 30 日。

7 日，福建省农业农村厅与建设银行福建省分行举办农村集体“三资”监管平台及农村产权交易平台合作协议签约仪式。

8 日，福建省对重点新材料首批次生产应用予以奖励。日前，省工信厅印发《福建省重点新材料首批次生产应用奖励办法》。根据该办法，福建

省将对符合条件的企业按照不超过其上一年度单个重点新材料产品销售总额5%的比例予以奖励，奖励金额最高200万元。

9日，福建省住建厅发布《关于开展建筑业稳产帮促专项行动的通知》，决定于6月至7月开展建筑业稳产帮促行动。《通知》要求做好欠薪欠款"点题整治"，督促建设单位按照合同约定及时拨付工程款项，限期清偿拖欠工程进度款，疫情隔离医院、方舱医院建设欠薪欠款问题限期在6月30日前完成整改。

10日，福建省住建厅出台《关于稳住住建行业经济运行若干措施》，提出实施住房公积金阶段性支持政策，职工家庭第二次申请使用住房公积金贷款购房的，最低首付款比例由40%降低至30%，具体最低首付款比例由各地住房公积金管委会根据当地公积金资金状况、当地房价水平等因素综合确定。按照新政，政策内生育二孩或三孩家庭的，住房公积金最高贷款额度予以适当提高。具体提高额度由各地有关部门确定。各地根据当地房租水平和合理租住面积，可提高住房公积金租房提取额度，支持缴存人按需提取，更好地满足缴存人支付房租的实际需要。数据显示，2021年，福建省住房公积金实缴职工467.85万人，缴存额826.92亿元，同比增长11.69%。2021年，共有191.85万名缴存职工提取住房公积金，提取额614.16亿元，同比增长8.51%。2021年，福建省发放个人公积金住房贷款6.89万笔、347.69亿元，分别同比下降7.16%、7.13%。

10日，福建省住建厅印发由的《福建省绿色建筑设计标准》提出，批准该标准为福建省工程建设地方标准，编号DBJ/T 13－197－2022，自2022年9月1日起实施。原《福建省绿色建筑设计标准》DBJ 13－197－2017同时废止。该标准由省厅负责管理，具体技术内容由主编单位负责解释。

10日，福建省住建厅印发《关于稳住住建行业经济运行若干措施》的通知提出，为坚决贯彻"疫情要防住、经济要稳住、发展要安全"的重要要求，聚焦提高效率、提升效能、提增效益，全面贯彻省委和省政府工作要求，深入落实省政府48条稳住经济政策措施，努力保持住建行业经济运行在合理区间，省厅研究制定了《关于稳住住建行业经济运行若干措施》，已经省政府领导同意，现予印发，要求各地认真抓好实施。

10日，省长赵龙主持召开省政府常务会议，认真贯彻落实党中央国务院决策部署以及省委工作要求，听取全省营商环境数字化监测督导机制实施情况汇报，审议通过《福建省营商环境创新改革行动计划》《关于进一步推进工业用地提质增效促进工业经济高质量发展的通知》。

10日，全省第二期工业互联网培训在福州召开，旨在贯彻落实党中央、国务院关于深化新一代信息技术与制造业融合发展的工作部署，以及省委和省政府工作要求，加快工业互联网创新发展，进一步促进福建省工业迈向价值链中高端。培训由福建省工信厅、中国工业互联网研究院和省联通公司联合举办，全省工信系统、电信运营商、企业、行业协会、服务商代表以及省新一代信息技术与制造业融合发展专家组成员近1800名学员参加培训。

10日，全省医药企业与医疗卫生机构"手拉手"系列活动——福州场对接活动顺利举办。本次活动由福建省工信厅、卫健委、医保局、药监局指导，福州市工信局、卫健委、医保局共同主办，福建省医药行业协会承办。省市有关部门和省医药行业协会、省医疗器械协会、省属医疗卫生机构、福州市属医疗卫生机构、全省重点医药企业相关负责同志等100多人参加活动。

10—12日，第三届中国食用菌产业博览会在福州举办。本届展会，福建省首次设立国家（福建）珍稀食用菌产业集群专题展区，组织食用菌主产县65家企业参展，现场达成意向采购合同15个、合同金额1.2亿元。食用菌是福建重要的优势特色产业，福建省要充分利用中国食用菌产业博览会平台，集中展示福建省食用菌产业发展成果，加大宣传推介力度，积极拓展销售渠道，不断提高"福菌"知名度和影响力。

16日，全省经济运行调度会议召开。会议指出，上半年已经进入冲刺阶段，各地各部门要落实"疫情要防住、经济要稳住、发展要安全"重要要求，坚决贯彻党中央、国务院决策部署，紧紧围绕"两稳一保一防"，聚焦提高效率、提升效能、提增效益，扭住目标任务不动摇，坚定信心、下定决心，立足实际、精准施策，确保二季度结果好、上半年“双过半”。

省委常委、常务副省长郭宁宁主持会议并讲话。

16日下午，福建省商务厅联合省地方金融监督管理局、香港贸发局成功举办福建企业赴港上市暨股权投融资对接交流会（福州专场）。对接交流会上，香港交易所、汇丰银行、瑞丰德永、戴德梁行、雄牛资本、德勤税务师事务所等机构专家分别就香港资本市场的新机遇、企业海外股权融资及返程投资、香港上市主要财税问题以及境外投资备案等热点进行了宣讲。香港已成为福建省企业赴境外上市首选地，截至目前，福建省赴港上市企业超70家，IPO融资近600亿元人民币。

17日，第七届世界闽商大会开幕前夕，全国政协副主席、中华全国工商业联合会主席高云龙在福州与参加本届大会的部分闽商代表座谈交流。省委书记尹力出席并讲话。省长赵龙主持。中央统战部副部长许又声，省政协主席崔玉英出席。座谈会上，曹燕灵、蔡建四、吕联选、吴家莹、丁世忠等与会代表先后发言。大家结合自身发展经历，围绕弘扬“晋江经验”、坚守实业主业、加强科技创新、促进闽港闽澳交流合作、深化闽台融合发展、进一步优化营商环境等方面畅所欲言，积极建言献策。

17日，福建省统计局发布数据显示，今年1—5月，全省固定资产投资8609.27亿元，同比增长10.2%。其中，项目投资6081.44亿元，增长17.4%；房地产开发投资2527.83亿元，下降4.0%。数据显示，1—5月，全省改建和技术改造投资909.77亿元，增长33.2%，占全省投资的比重为10.6%。高技术产业投资676.78亿元，增长15.8%。1—5月，全省制造业投资2529.55亿元，增长21.5%，占全省投资的比重为29.4%，同比提高2.7个百分点，对全省投资增长的贡献率为56.1%。其中，制造业改建和技术改造投资增长23.7%，增幅比全部制造业投资高2.2个百分点，占比26.2%，同比提高0.5个百分点，制造业投资结构持续优化。1—5月，全省基础设施投资2129.07亿元，增长12.9%，对全省投资增长的贡献率为30.6%。1—5月，全省航空运输业投资、水利管理业投资分别增长164.6%、58.6%。

18日，第七届世界闽商大会、第二十届中国·海峡创新项目成果交易会和第十二届福建省民营企业产业项目洽谈会在福州同期举办。来自海内外的闽商、两院院士、创新企业代表、金融专家会聚福建，参会参展。今年“6·18”，总投资超1700亿元的50个重大产业项目现场签约，其中数字经济、海洋经济、绿色经济、文旅经济项目占比达80%。亮眼的数据充分表明，多会合一如期举行、越办越好的目标成功达成。

18日，在福州举办的第七届世界闽商大会闽商发展高峰论坛上，洪杰、许清流、林孝发、谢秉昆、付文辉、陈成辉等闽商代表与专家学者、有关部门负责人，围绕“数字融合实体　绿色引领发展”主题进行深入交流和探讨。与会人士认为，“数字”与“绿色”是高质量发展的重要动能，将为不断满足人民群众对美好生活的需要提供更多可能，闽商要顺应产业变革发展趋势，面向数字化经济主战场，面向“双碳”战略目标，实现数字化与绿色化协同转型。

20—22日，农业农村部计划财务司调研组到福建省调研粮食生产情况。调研组深入武夷山、浦城等地，实地了解水稻生产、工厂化育秧、高标准农田建设和优势特色产业集群建设等情况，并就扶持粮油生产政策听取意见建议。调研组对福建再生稻等粮食生产以及农业一二三产融合发展给予充分肯定，要求落实好藏粮于地、藏粮于技战略，大力加强粮食生产，巩固提升综合生产能力，进一步提高种粮农民收入水平。

22日，福建省住建厅印发《关于支持建筑业中小企业发展的通知》提出，为深入落实国家、省里稳住经济一揽子政策措施，结合省厅出台《关于稳住住建行业经济运行若干措施的通知》等文件要求，进一步支持建筑业中小企业发展，具体措施包括：帮助中小企业纾困、推动行业转型发展、规范专业承包市场秩序、支持总包单位择优分包和减轻中小企业负担五个方面。

22日，福建省第三次全国土壤普查试点启动会在浦城县召开。会议提出，浦城土壤普查试点工作的启动，标志着福建省普查工作正式由前期准备阶段转向实战阶段，必须切实增强责任感、使命感和紧迫感，确保10月底前完成试点工作任务，为全省全面推进提供经验。会议期间，与会代表现场观摩了剖面取土采样，省农科院土肥所技术专家进行现场实操采样和讲解。

22日，福建省统计局发布数据显示，今年1—5月，全省规模以上工业增加值同比增长7.5%，高于全国4.2个百分点，继续位居东部第1位；民营工业企业对全省规上工业增长贡献率高达93.3%。5月份，福建省规上工业中有六成行业、超四成产品产量实现增长，凸显当前福建省工业生产的平稳态势。分析显示，福建省38个行业大类中，有26个行业在5月增加值实现同比增长，行业增长面为68.4%；其中，增速高于规上工业的行业有15个。全省列入统计的447种工业产品中，有189种产品产量实现增长，增长面为42.3%；其中，液晶显示屏、方便面、精制茶和鞋是增速较快的工业产品。

22日，福建省商务厅指导福建省对外经济合作中心依托承办的“葡语国家基础设施建设企业实务展示线上推介会”，举办企业实务展示推介活动，邀请省内三家对外承包工程重点企业参加，与葡语国家基础设施建设管理部门有关官员和企业对接交流。本次推介活动是省商务厅为福建对外承包工程企业搭建平台，切实服务福建企业“走出去”而开展的系列活动之一，是应用省对外经济合作中心承办商务部援外交流活动为福建企业开拓国际市场的有益探索。

22日，福建省组建港口集团后，保障重点企业物流需求，港口服务能力不断提升。发挥整合协同作用，确保国际供应链稳定，全省完成外贸集装箱1062万TEU，同比增长12.1%，增速位列全国第4，其中厦门港同比增长14.1%，增速在全国沿海前7位港口中位列第1。

23日，省统计局近日陆续公布1—5月经济运行数据。1—5月，全省规模以上工业增加值同比增长7.5%，增速高于全国4.2个百分点，全省固定资产投资8609.27亿元，同比增长10.2%；全省外贸进出口总额比去年同期增长6.5%，在全国位次继续保持前列。

23日，好政策“牵手”好平台，帮助企业将惠企政策用得好。据统计，“党企新时空·政企直通车”自去年7月上线以来，线上共协调办理企业诉求、建议件5000多件，答复企业来电咨询件1万多件，“点对点”推送政策信息40多万次、提供政策智能匹配服务5万多次；线下组织4场政策对接会、8场面对面协调会，并推进市级搭建平台、用好平台，成效显著。

24日，福建省功能性化纤新品材料“手拉手”对接活动在晋江顺利举办。本次活动由省工信厅指导，泉州市工信局、省纺织行业协会主办，省工信厅、泉州市工信局、晋江市领导出席活动，永荣锦江、百宏聚纤、中纺院海西分院等化纤产品开发单位，以及57家省内龙头骨干鞋服、面料企业和省、市相关行业协会等负责同志参加活动。福建省纺织服装产业规模位居全国前列，服装服饰是福建省优势产业，2021年实现营收2722亿元，化纤产品特色明显，2021年实现营收1737亿元，锦纶、涤纶产量居全国第1位和第3位。

25日，莆田市秀屿区鲍鱼科技产业园暨壹路鲜伴生产研发基地项目开工仪式举行。这是福建省第一个鲍鱼加工产业园区，也是莆田市首个专业的水产品精深加工园区。秀屿区鲍鱼科技产业园位于笏石工业园区，总规划建设面积用地约200亩，是以鲍鱼加工为主题，集合海洋食品加工、海洋生物研发、冷链仓储、产品展示、生产观光体验于一体的海洋产品加工示范产业园。

27日，稳外贸口岸通关便利化政策宣贯暨中国（福建）国际贸易“单一窗口”报关技能竞赛颁奖仪式在福州隆重举行。活动由福建省商务厅（口岸办）、福州海关联合主办。福建省财政厅、福建海事局、省电子信息集团、省港口集团和相关金融机构负责人及省内重点外贸企业、跨境电商企业代表等120多人参加本次活动。

27日，今天是联合国中小微企业日。中小企业是经济发展的主力军、促进就业的主渠道、产业链供应链稳定的重要基础。为进一步加强优质中小企业梯度培育工作，推动中小企业高质量发展，工业和信息化部近日印发《优质中小企业梯度培育管理暂行办法》，明确了创新型中小企业、专精特新中小企业、专精特新“小巨人”企业的评价或认定标准。

27日，福建省促进中小企业发展工作领导小组办公室在福州举办“中小微企业日”主题活动暨《2021年度福建省中小企业发展环境评估报告》视频发布会。根据评估报告，2021年福建省中小企业发展环境综合评价得分62.81分，比上年提升2.75分，总体保持向好态势，厦门、福州、龙岩位居各设区市中小环境评价综合得分前三名。此次评估工作围绕中小企业面临的主要痛点难点问题，从“财税环境、融资环境、政务服务环境、创新环境、市场开拓环境、权益保护与法治环境和要素环境”7个维度构建了7个一级指标、75个二级指标和104个三级指标，并增加在新冠肺炎疫情影响下中小企业政策获得感的评估评价，以求全面地进行综合评价。

28日，福建省与卡累利阿自治共和国结好五周年视频交流会暨经贸对接会召开。省委常委、常务副省长郭宁宁出席会议并讲话，卡累利阿自治共和国副行政长官季莫费耶夫出席。本次活动经贸对接环节，福建省与卡累利阿石材、木材、橡胶等领域的企业在会上进行推介，并就携手拓展国际国内市场进行深入交流。经省商务厅积极组织撮合，福建省企业与卡累利阿签订面粉、铝锭等采购协议，采购金额达10亿元人民币。

28日，“全闽乐购·万企百日惠福品”系列活动启动仪式在福州市上下杭成功举办，省委常委、常务副省长郭宁宁出席仪式并现场启动系列活动。启动仪式现场发布了“万企百日惠福品”系列活动方案，福建省将围绕福品消费，从10方面策划30项主题系列活动，涵盖工业、商贸、文旅、农业、平台等领域及家电家装、汽车、鞋服、餐饮、预制菜、农特产品等品类。福州市启动第三期2500万元“惠聚榕城　福见商旅”商贸消费券发放，分别投放1800万元通用消费券，200万元“闽江之心”和500万元“家电家居珠宝百货”满额立减商贸专享券。

29日，第三届海丝国际茶文化论坛在福鼎市举办。论坛提出，茶叶是福建特色优势农产品，茶叶产量、产值、出口额等均居全国前列。要牢记嘱托，坚持走“三茶”统筹的路子，着力挖掘资源、打造品牌、促进交流，弘扬茶文化；着力优化布局、培育龙头、促进融合，做强茶产业；着力推进品种优良化、生产绿色化、服务数字化，提升茶科技；不断推进“多彩福茶”高质量发展。

29—30日，工业和信息化部副部长徐晓兰带队赴福建省调研中小企业发展情况，分别在福州、泉州召开了座谈会，并实地调研了福建省中小企业服务中心、福建火炬高新技术创业园及部分专精特新“小巨人”中小企业。

30日，为贯彻落实住建部《关于印发工程造价改革工作方案的通知》，推进工程造价市场形成机制，推行投标人自主报价计价模式，保障工程质量安全，结合《关于加强房屋建筑和市政基础设施工程招标投标活动管理的通知》（闽建筑〔2022〕3号），福建省住建厅组织编制了《福建省房屋建筑和市政基础设施工程施工招投标工程计价实施细则》，现予以印发。实施细则于2022年10月1日起实施，适用于依法必须招标的项目，其他项目参照执行。

30日，省委书记尹力在福州会见了中国大唐集团有限公司党组书记、董事长邹磊一行。省长赵龙参加。尹力希望大唐集团发挥自身优势，进一步加大在闽投资力度，在清洁能源开发利用、科研创新等方面深化合作，助力福建构建清洁低碳、安全高效能源体系，实现互利共赢。会见后，双方还签署了产业合作协议。

30日，福建省金服云平台：党建引领促发展。自2019年12月试运行至今，金服云平台注册用户已突破21万户，为3.8万余户市场主体解决融资需求超4.6万笔、金额突破1600亿元，在缓解中小微企业融资难题、帮助财政金融惠企政策精准落地、搭建数字化普惠金融生态等方面发挥了重要作用，为福建稳住经济大盘持续贡献力量。

30日，“福酒公共品牌宣传推介会”在福州悦华酒店成功举办。作为“全闽乐购·万企百日惠福品”系列活动之一，本场推介会由福建省商务厅指导，福建省贸易促进中心主办，福州建旅商务会展有限公司承办，相关酒类商协会及酒企代表100多人参会。活动旨在促进“福酒”公共品牌创建工作取得积极成效，加快推进福建酒类市场转型和发展，推动特色“福品”销售。

（摘编：徐根生）

7 月

1 日，福建省商务厅消息，今年 1—5 月，闽台贸易额 435.3 亿元，比增 6%，其中对台出口 249.1 亿元、比增 28.9%，高于全省出口增幅 19 个百分点。

1 日，福建省水利厅消息，近日，由省水利厅指导，省水土保持学会和省水土保持试验站共同承担的《两岸水土保持（科教园）标准共通试点》项目，经过申请、论证、答辩等环节，成功入选省市场监管局“两岸标准共通试点项目（一类）”。

4 日，福建省住建厅关于印发《福建省绿色建筑专项规划编制导则（试行）》的通知提出，为贯彻落实《福建省绿色建筑发展条例》，住建厅组织编制了《福建省绿色建筑专项规划编制导则（试行）》，现印发给你们，要求结合本地实际，科学组织编制绿色建筑专项规划，全面提升绿色建筑质量，助力城乡建设碳达峰碳中和工作。

4 日，首批省级现代产业学院建设项目确定。近日，省教育厅和省工信厅公布了首批省级现代产业学院建设项目名单，立项建设省级现代产业学院 21 个。这些学院涉及省内 18 所高校，包括福州大学紫金矿业学院、石油化工学院，福建师范大学智慧文旅产业学院，福建农林大学安溪茶学院，集美大学罗普特人工智能学院，福建工程学院工程数字化管理产业学院，厦门理工学院软件与服务现代产业学院，福建江夏学院数字经济产业学院，福建技术师范学院元洪食品产业学院，泉州师范学院绿色化工新材料产业学院，莆田学院高端装备与智能制造现代产业学院，闽江学院人工智能产业学院，三明学院中兴通讯 ICT 学院、闽光学院，龙岩学院专用机械装备学院，武夷学院圣农食品学院、武夷茶学院，宁德师范学院正大产业学院，闽南理工学院智能制造产业学院，泉州信息工程学院智能制造现代产业学院，以及阳光学院智能信息技术现代产业学院。

4 日，福建金融对接 RCEP 经贸合作发展促进会议在福州成功举办。会议由中国人民银行福州中心支行、国家外汇管理局福建省分局、福建省商务厅作为指导单位，福建省银行外汇与跨境人民币业务自律机制、中国银联福建分公司、福建亚太合会共同主办，以线上线下结合的方式举行。福建省委常委、省政府副省长郭宁宁出席会议并致辞，省相关部门领导及省内 36 家银行行领导、近 200 家企业代表，共计 300 余人线下参会。会上，省有关部门负责人就最新出台的《福建省高质量实施〈区域全面经济伙伴关系协定〉的若干措施》、《关于金融支持福建省全面对接＜区域全面经济伙伴关系协定＞的指导意见》作了宣传解读、答疑解惑，省内外金融专家、业界代表围绕“金融助企行稳致远”议题展开交流互动，积极建言献策。会议同时在线上开辟金融频道，梳理汇总 18 家金融机构及其服务窗口进行“金融服务产品数字路演”，通过“一站式”页面，为企业搭建了金融服务产品的快速通道，方便银企对接洽商。会议线上观看人数近 40 万人次。

5 日，福建省财政厅近日印发通知，将政府采购项目面向中小企业预留份额由 30% 以上阶段性提高至 40% 以上。通知要求，200 万元以下的货物和服务采购项目、400 万元以下的工程采购项目，适宜由中小企业提供的，采购单位应当专门面向中小企业采购。

5 日，为支持受新冠肺炎疫情影响，出现暂时生产经营困难、能够较快恢复生产的制造业中小微企业，4 月 18 日，福建省设立了总规模 50 亿元的制造业专项融资贷款，由省级财政对不超过

1000万元的贷款给予1%贴息。50亿元专项贷款近日已发放完毕，共支持制造业中小微企业1120家，涵盖纺织鞋服、橡胶塑料制品、通用设备制造、食品制造等传统制造业，以及新材料、节能环保等高技术和战略性新兴制造业领域。

5日，国内首艘绿色智能混合动力拖轮项目签约。近日，5000马力绿色智能型新能源混合动力拖轮项目签约及启动会在福建省马尾造船股份有限公司召开。该船为福建省电动船舶重点示范项目，也是国内首艘同时满足串联式混合动力、绿色船舶、智能船舶附加标志的高技术高附加值拖轮。该拖轮由福建船政研发设计院自主研发，设计吃水3.6米，设计航速13.2节，正车系柱拖力约61吨，配备3套柴油发电机组及1860kW双“L”形全回转带导流罩螺旋桨，配置的锂电池组在纯电航行模式下续航能力2小时，满足单航次作业港区零排放、静音航行等要求，每年可减少逾120万元燃料费用。

5日，第五届数字中国建设峰会新闻发布会上省委常委、常务副省长郭宁宁介绍了峰会“四个突出”的新特色、新亮点。本届峰会将于7月23日至24日在福州举办。峰会由国家网信办、发改委、科技部、工信部、国务院国资委、福建省政府等共同主办，包括开幕式、主论坛、政策发布、分论坛、成果展览会、数字产品博览会、创新大赛、云生态大会等8个部分，并将举办30多场特色活动。

6日，省农业农村厅在屏南县双溪镇岩后村举办“助力乡村振兴、捐赠农机下乡”农机捐赠仪式。本次捐赠活动是省农业农村厅挂钩帮扶和为民办实事的一项重要举措，组织7家农机企业共向革命老区岩后村捐赠田园管理机、割草机、轨道车等23台农机设备，促进岩后村农业生产“机器换人”、节本增效。

6日，福州江阴港-安徽郑蒲港江海直达航线首航仪式成功举办，仪式采用线上线下同步进行的方式，线下活动场地位于马鞍山郑蒲港，线上位于福建港口集团监控中心。福建港口集团与安徽港航集团致力于打造世界一流的港航集团，为交通强国贡献力量。从去年开始，双方多次互访，并于5月24日在“丝路海运”福州峰会上签署了战略合作协议。

6日，福建跨境通“海空联运”助力闽货链接全球。今年以来，福建跨境通借助马尾及平潭港跨境电商9610出口海运转关业务模式，实现长乐翔福海关监管场所出口业务量稳步增长。目前累计操作1364吨，出区金额4235万美元，完成年度指标55%，奋力冲刺“双过半”。

6—8日，农业农村部国际合作司调研组到福建省开展粮食生产调研。调研组深入厦门、云霄、漳浦等地，实地了解水稻生产、工厂化育秧、大棚轮作单季稻、脱毒甘薯种植以及农资供应、农机社会化服务等方面情况。调研组充分肯定福建粮食生产工作，要求继续加强政策支持，进一步挖掘种粮潜力，切实保障粮食安全。

7日，中共中央政治局常委、国务院总理李克强在福建主持召开东南沿海省份政府主要负责人座谈会，分析经济形势，对做好下一步经济工作提出要求。会上，福建省委书记尹力、省长赵龙发了言，上海市市长龚正、江苏省省长许昆林、浙江省省长王浩、广东省省长王伟中通过视频发言。大家谈了对当前经济形势和下一步走势的看法，并提出建议。

7日，台湾专线快递业务在福建省对台数字化综合服务平台“台陆通”上线。该业务可在大陆38400多个快递服务点实时接单，一小时上门揽件，提供清关派送一条龙服务。这意味着从大陆向台湾寄货将享有与在大陆境内同样的快速便利，福建省在跨境电商的新业态新模式探索上又迈出新的一步。

7—8日，中共中央政治局常委、国务院总理李克强在福建省委书记尹力、省长赵龙陪同下，在福州、泉州考察。他强调，要以习近平新时代中国特色社会主义思想为指导，落实党中央、国务院部署，全面贯彻新发展理念，高效统筹疫情防控和经济社会发展，扎实把稳经济大盘各项政策落到位，坚持发展是解决我国一切问题的基础和关键，更大力度推进改革开放，稳市场主体稳就业保民生，着力巩固经济恢复基础，保持经济运行在合理区间。

8日，省海洋与渔业局组织召开全省淡水养殖排放口摸排工作部署及技术培训视频会。会上，介绍了淡水养殖排放口摸排工作的背景意义和具体任务。在全省范围内启动淡水养殖排放口摸排工作，建立专家组，采取分区包片工作机制，力争2022年底前形成全省淡水养殖排放口一张图，2023年起开展常态化淡水养殖尾水排放监测工作，进一步推进淡水养殖尾水治理，促进淡水养殖业绿色高质量发展。

8日，第十九届福建省优秀企业家表彰大会在福州举行。会上，王钻等134位企业经营管理者获颁福建省优秀企业家奖杯、奖牌和证书。副省长康涛，第十三届全国政协委员雷春美，省级老同志黄文麟、李祖可、李川出席活动并为优秀企业家颁奖。今年受表彰的134位福建省优秀企业家是从388位候选人中评选产生的，他们都是福建省经济活动的主要参与者、技术进步的主要推动者、就业机会的主要提供者，在推动企业转型升级、提质增效、绿色发展及履行社会责任等方面作出了优异成绩，为推动福建省经济社会发展作出了突出贡献。这些获奖企业家分布在福建省各地、各行业中，既有国有企业的经营管理者，也有民营、外资企业的经营管理者；既有年富力强的企业家，也有年轻一代企业家，是一批德才兼备、善于经营、充满活力，致力于创新创业创造的优秀企业家。

8日，按照省委统一部署，纪念“晋江经验”提出20周年企业家座谈会在榕召开。省政协主席崔玉英主持会议并讲话。全国政协经济委副主任马建堂致辞。省委常委、统战部部长王永礼出席并讲话。会上，许连捷、曹晖、柯希平、王晶、蔡金钗、尤玉仙、周少雄、李冬敏、吴家莹等企业家代表先后发言，其中有“晋江经验”的亲历者、见证者，还有8年前致信习近平总书记的企业家们。他们结合亲身经历和思考感悟，真挚抒发对习近平总书记的深厚崇敬、爱戴和感恩之情，深情叙述二十年来“晋江经验”的生动实践和显著成效，共同表达了续写“晋江经验”新篇章、再创民营经济发展新奇迹的信心决心。

8日，福建退税减税政策效应显现。今年，国家实施新的组合式税费支持政策，其中大规模增值税留抵退税是重头戏。来自国家税务总局福建省税务局的统计数据显示，自4月1日政策实施以来，截至6月25日，已有503亿元留抵退税款退到5.2万户纳税人账户。其中，小微企业4.98万户、占比95.8%，涉及退税金额203亿元、占比40.4%；中型企业退税103亿元，大型企业退税197亿元，分别占比20.5%、39.1%。

11日，国家统计局福建调查总队发布数据，今年6月份，福建省工业生产者出厂价格（PPI）同比上涨4.4%，涨幅连续7个月回落，环比上涨0.2%；工业生产者购进价格同比上涨7.4%，涨幅亦为连续7个月回落，环比上涨0.6%。1—6月平均，福建省工业生产者出厂价格比上年同期上涨4.9%，工业生产者购进价格比上年同期上涨8.5%。

11日，国家统计局福建调查总队发布数据显示，今年6月份，全省居民消费价格（CPI）同比上涨2.6%，涨幅创下一年来新高。分析人士认为，这主要是受猪肉、汽油等主要消费品上涨以及上年同期低基数等因素影响。数据显示，6月份，福建省食品价格同比上涨4.0%，非食品价格同比上涨2.2%；消费品价格同比上涨3.7%，服务价格上涨0.9%。

12日，全国首款鲍鱼价格指数保险落地连江，为福州日兴水产食品有限公司开出首单。该险种一经推出，就受到了广大鲍鱼养殖户的欢迎，开单首日签单保费达10万元，为养殖户提供250万元风险保障。连江县水产品总产量位居全国县级第二，全省、全市第一，获得“中国鲍鱼之乡”称号。鲍鱼养殖已成为连江县养殖主导产品，2021年连江县鲍鱼养殖产量约占全国产量30%。

12日，福建省数字经济发展指数全国第九，数字经济发展指数高于全国平均水平。日前，由国家工业信息安全发展研究中心编制的《全国数字经济发展指数（2021）》报告（以下简称“报告”）正式发布。报告显示，截至2021年12月，全国数字经济发展指数为130.9，呈现显著增长。

12日，在福建省商务厅和省外办指导下，省对外经济合作中心成功组织举办了“中国企业境外投资安全讲座－走进非洲专场”线上视频直播活动。活动在“福建商务”微信公众号同步直播，线上参会人数达5100多人。

12日，福建省交通运输厅消息，近日，随着2

辆汽车起重机整车从福州港平潭港区金井港区 3# 泊位滚装船专用通道驶入台北快轮出口至台湾，标志着平潭港区整车出口业务开启新篇章，平潭对台货源结构多元化与货物吞吐量取得新成效。

13 日，工信部国家工业信息安全发展研究中心联合福建省工业和信息化厅赴福州、龙岩、宁德试点企业及重点企业现场调研，开展工业数据安全试点企业“把脉问诊”。今年 2 月，福建获批工信部工业数据安全试点省，共有 13 家企业参与试点。

13 日，为推动福建省数字与绿色经济国际合作，深化与德国在上述领域的互动交流，省外办联合省商务厅以视频 + 直播方式举办“中国（福建）– 德国数字与绿色经济合作对接会”。来自德国莱法州、石荷州、不来梅州、汉堡市的 9 家德国企业和经济促进机构代表与福建省宁德时代、龙净环保等 8 家绿色和数字企业代表在会上推介交流，共商合作、共谋发展。

14 日，农业农村部对台湾农业事务办公室调研组赴厦门调研两岸农业融合发展情况。调研组深入厦门市海沧区洪塘村赤土、过坂等社区，实地了解借鉴台湾社区营造经验，支持台湾青年参与大陆乡村振兴情况等。

14 日，《人民日报》刊发通讯《全心做实业　一起向未来》，点赞安踏集团坚持自主创新，持续履行社会责任，站在上市 15 周年的新起点上，安踏将心无旁骛做实业，坚持与体育、社会、环境等共同进步，一起向未来。

15 日，全省医药企业与医疗卫生机构“手拉手”系列活动——龙岩站对接活动顺利举办。本次活动由福建省工信厅、卫健委、医保局、药监局、医疗器械协会、龙岩市人民政府指导，龙岩市工信局、卫健委等共同主办。省市有关部门和省医疗器械协会，省属、厦门、三明、龙岩共 35 家医疗机构、近 60 家医药企业参加此次对接活动，达成一批采购合作意向，协议金额 1000 多万元。

15 日，第十四届海峡论坛 · 两岸特色乡镇交流对接暨乡村融合发展论坛在厦门举行。论坛期间，10 个闽台乡村与产业发展合作重点项目现场签约，6 位两岸嘉宾围绕“两岸农业携手向前，共创乡村美好未来”主题作了精彩演讲。本次论坛由海峡两岸农业交流协会、福建省农业农村厅主办，各设区市、平潭综合实验区农业农村局、6 个国家级台湾农民创业园管委会、9 个闽台农业融合发展产业园所在县（市、区）主管部门共同承办。

15 日，福州开行的首列中欧班列“闽都号”从福州江阴港站驶出，将经由阿拉山口口岸出境，于 16 天后抵达俄罗斯莫斯科别雷拉斯特站。该班列满载 50 个货柜、100 个标箱的婴幼儿用品，货重 455 吨，货值 1240 万元，全程运行约 9900 千米。

15 日，省水利厅在九龙江北溪引水工程设置分会场，举办“关爱山川河流　守护国之重器　福建水利在行动”志愿服务活动启动仪式。启动仪式后，各志愿者服务队分赴各区域开展志愿服务活动。公益宣传志愿服务分队走进北溪引水工程周边村庄，向群众分发节约用水、水法、历史治水名人等宣传手册，讲解珍惜水资源、保护河流的重要性；巡河护河志愿服务分队和清河行动志愿服务分队，乘坐巡逻船或沿库区两岸开展巡河护河志愿活动，清理河道垃圾，劝导非法水上作业、钓鱼、游泳等危险行为；水质监测志愿服务分队运用水质监测仪器开展藻类监测、水质监测活动。

17 日，2022 年全国执业兽医资格考试福建考区考试在福州顺利举行。本次考试为期 1 天，分基础、预防、临床、综合应用 4 个科目进行。全省共设置闽江学院（大学城）和福州大学（旗山校区）科技园 2 个考点，26 个考场，1431 名考生参考。

18 日，据福州海关统计，今年上半年，福建省外贸进出口 9713.7 亿元人民币，同比增长 12.4%。其中，出口 5933.6 亿元，增长 17.8%；进口 3780.1 亿元，增长 4.9%；进出口、出口及进口增速全面高于全国，增速分别较同期全国平均水平高 3 个、4.6 个、0.1 个百分点。上半年，福建省对前三大贸易伙伴进出口呈两位数增长。对东盟进出口 1998.7 亿元，增长 17.7%；对美国进出口 1382.8 亿元，增长 28.2%；对欧盟进出口 1167.3 亿元，增长 25.6%。主要出口产品中，机电产品、劳动密集型产品、农产品出口均实现两位数增长。进口方面，农产品、原油、铜矿砂进口增长。

18 日，截至目前，福建省工业互联网标识注册量达 1.05 亿个，较上年末增长 150%，二级节点注册企业达 762 家，覆盖纺织、食品、材料等多个重点行业领域，累计标识解析量达 5.26 亿次。工业互联网标识解析体系是工业互联网网络架构的重要组成部分，是维护我国以及全球工业互联网稳定运行的重要基础设施、关键支撑和核心服务。

19 日，全省上半年经济会议在福州召开，强调要以习近平新时代中国特色社会主义思想为指导，完整准确全面贯彻新发展理念，落实"疫情要防住、经济要稳住、发展要安全"重要要求，坚定信心决心，大力推动经济持续发展，确保经济运行在合理区间，确保社会大局安定稳定，以实际行动迎接党的二十大胜利召开。省委书记尹力出席并讲话。省长赵龙结合省委省政府工作检查暨"两稳一保一防"督查活动总结，点评九市一区上半年经济运行情况并作具体部署。省政协主席崔玉英出席。

19 日，第七届"创客中国"区块链中小企业创新创业大赛近日启动报名，截止时间为 7 月 31 日。大赛由工信部信息中心和福建省工业和信息化厅联合主办，福州市高新区、数字中国研究院（福建）、熵链科技（福建）有限公司、福建省区块链协会共同承办。聚焦"区块链"重点产业领域，致力于培育一批"专精特新"中小企业。

19 日，今年以来，尼日利亚国内局势动荡加剧，社会治安情况恶化，暴恐袭击和中国公民遭绑架事件时有发生，在尼企业面临的安全风险明显增高。为引导帮助在尼企业提高合规经营水平，提高安全风险防范意识和能力，下午，福建省商务厅外经处举办安全风险防范培训会，会同尼日利亚福建商会、中国出口信用保险福建分公司共同为在尼福建企业宣讲政策、答疑解惑，共 19 家在尼企业负责人参加了会议。

20 日，福建省对 589 家 2021 年取得科技型中小企业入库登记编号的企业发放科技创新券补助 2039 万元，对企业 244 项技术开发转让许可服务及大数据服务、3185 项检验检测服务进行补助，带动企业购买科技服务超 9000 万元。自 2015 年起，福建省已累计补助 3965 家次企业，补助金额达 1.7 亿多元。省科技创新券用于补助符合条件的科技型中小企业在研发过程中向境内高校、科研院所及其他企事业单位购买科技创新服务所产生的费用，包括技术开发、技术转让、技术许可、大数据技术服务和产品检验检测。

21 日，以"数字新时代　共赢新未来"为主题的数字经济国际合作交流会在福州举行，旨在推进数字技术和项目对接洽谈，服务和促进数字生态交流合作，打造引领全球数字经济发展、助推数字中国建设的国际合作新平台。交流会上，多家英资企业和机构作了专题分享，有关省直单位和部分境外机构、企业代表进行了专题推介，近百家福建企业和境外企业开展"一对一"对接洽谈。省委常委、常务副省长郭宁宁出席交流会并致辞。中国贸促会副会长陈建安，英国驻华贸易代使节路睿出席。

21 日，由商务部、国台办共同指导，海峡两岸经贸交流协会、进口博览局联合主办的"支持台企发展　深化两岸融合"政策宣讲会暨第五届进博会线上推介活动成功举办。商务部副部长盛秋平、国台办副主任龙明彪出席活动并致辞。来自大陆 12 个省市的商务主管部门和对台工作部门代表、600 余家台资企业在 66 个会场在线参加。福建省商务厅在福州、厦门和漳州设立分会场，本次活动主要面向台企宣介解读大陆支持两岸经济融合发展的贸易和投资政策，推介第五届进博会。

21 日下午，数字经济国际合作交流会在福州悦华酒店成功举办。大会由省政府主办，省贸促会、商务厅、工信厅等部门共同承办，以"数字新时代　共赢新未来"为主题，旨在促进福建省与欧洲及 RCEP 国家数字经济领域的交流合作。

22 日，第五届数字中国建设峰会开幕前夕，今日，福建省召开数字经济创新发展大会。第十二届全国政协副主席王钦敏，省委书记尹力出席开幕式并致辞。省长赵龙主持。尹力在致辞中指出，当今世界，新一轮科技革命和产业变革深入发展，数字经济发展之快、辐射之广、影响之深前所未有。习近平总书记在福建工作时，深刻洞察信息科技发展趋势，带领福建干部群众建设数字福建、发展数字经济。多年来，福建坚持一张蓝图绘到底、一任接着一任干，推动数字经济蓬勃发展，数字经济已成为福建经济增长的重要引擎。

22 日、23 日，省委书记尹力、省长赵龙在福州与出席第五届数字中国建设峰会的部分企业负责人分别座谈交流，进一步深入推动数字经济各领域务实合作，实现共同发展。尹力代表省委省政府对各位嘉宾来闽参会表示欢迎，对企业助力福建发展表示感谢。福建省还分别与中国电子、中国电信、中国联通签订相关合作协议。

23 日，第五届数字中国建设峰会在福州开幕。中共中央政治局委员、中宣部部长黄坤明以视频方式出席开幕式并发表主旨演讲，强调要深入学习贯彻习近平总书记关于网络强国的重要思想，加快数字中国建设，以数字化转型整体带动生产方式、生活方式、治理方式变革，在数字化发展浪潮中把握新机遇、应对新挑战、塑造新优势。第十二届全国政协副主席王钦敏在开幕式上就推进数字政府建设作专题发言。

23 日，《人民日报》刊发“奋进新征程　建功新时代·非凡十年”福建篇，以特刊 2 个整版的形式，聚焦党的十八大以来，八闽儿女牢记习近平总书记的殷切嘱托，把福建发展放在全国大局中谋划推进，围绕建设“机制活、产业优、百姓富、生态美”新福建宏伟蓝图，全方位推进高质量发展超越，奋力谱写全面建设社会主义现代化国家福建篇章。

24 日，第五届数字中国建设峰会工业互联网产业生态大会在福州举行，中国工程院院士高金吉、国家电网有限公司副总信息师王继业、中国联通大数据首席科学家范济安作大会主旨报告；来自百度、阿里云、浪潮、华为、摩尔元数、凯邦锦纶等企业的代表围绕平台赋能、技术创新、行业应用作主题报告。会上举行了签约仪式，中国工业互联网研究院福建省分院暨国家工业互联网大数据中心福建省分中心落地福州，厦门、晋江与中国工业互联网研究院签约共建“数字工匠”工业互联网人才培养基地。大会还发布了 2021 年县域工业互联网发展 20 强榜单，福建省的晋江市、福清市、闽侯县入围。工信部副部长徐晓兰、中国联通董事长刘烈宏、福建省副省长康涛出席大会。

25 日，央广时评：做大做强中国数字经济，用新动能推动新发展。7 月 23 日至 24 日，第五届数字中国建设峰会在福建福州举行。本届峰会的主题为“创新驱动新变革　数字引领新格局”。会上，21 个分论坛、上百次主旨演讲为数字中国建设聚智汇力，多场新产品、新技术发布会让人们看到缤纷多彩的数字化发展成果。2018 年至 2021 年，数字中国建设发展水平稳步提升。中国在全球创新指数的排名从第十七位跃升至第十二位，数字经济规模从 31.3 万亿元增长到 45.5 万亿元，数字经济占国内生产总值比重由 34.8% 提升至 39.8% 等，蓬勃发展的数字经济成为新的经济增长点，成为推动经济社会高质量发展的重要支撑和关键引擎。

25 日，第五届数字中国建设峰会闭幕第二天，2022 至简致远·华为云产业峰会在福州举办。此次峰会以“赋能产业，创新融通，至简共致远”为主题，福建省工信厅、福州市政企代表、专家学者、华为云高管和生态伙伴齐聚一堂，共同探讨了如何通过技术手段简化实现数字化转型的路径，助力产业数实相融，繁荣区域数字经济生态，最终赋能区域产业、驱动全量创新，实现产业创新升级。

25 日，第二届中国国际消费品博览会（以下简称“消博会”）在海口开幕。福建省应邀设置福建馆参加省市自治区展区展览展示。福建省以“福品齐聚，情满山海”为主题，展区展示面积 300 平方米，整体特装布展，共组织福建省老字号、“福茶”、“福酒”、“福品”等 23 家企业和平台参展，设置福建形象展示区和福建商品展销区，充分反映福建省消费领域的新发展，突出展示福建省总体发展情况。

27 日，福建省水动力与水工程重点实验室顺利通过省科技厅验收，并正式授牌运行。这是福建省水利系统唯一一家省级重点实验室。

27 日，全省城市建设品质提升暨县城品质提升工作现场会在上杭举行。会议深入学习贯彻习近平总书记关于城市建设的重要论述和来闽考察重要讲话精神，聚焦提高效率、提升效能、提增效益，部署推进全省城市建设品质提升工作。副省长林文斌出席会议并讲话。

27 日，福建省统计局消息，上半年，福建省克服新冠疫情和自然灾害等超预期因素不利影响，经济社会发展保持稳中有进，经济多数指标高于全国。今年上半年，福建省 GDP 同比增长 4.6%，居全国第 6 位，比全国高 2.1 个百分点，居东部省份第一；其中，二季度增长 2.6%，比全国高 2.2 个百分点，领先全国的幅度较一季度扩大 0.3 个百分点，较好发挥对全国经济大盘的支撑拉动作用。上半年，福建省固定资产投资、出口总额、地方一般公共预算收入（同口径）等主要指标好于全国、实现“双过半”，GDP 领先幅度进一步扩大。其中，固定资产投资增长 9.2%，比全国高 3.1 个百分点；出口增长 17.8%，比全国高 4.6 个百分点；地方一般公共预算收入（同口径）增长 6.7%，比全国高 2 个百分点。CPI 上涨 1.4%，低于全国 0.3 个百分点；城镇调查失业率 5.4%，低于全国 0.3 个百分点。上半年全省社会消费品零售总额增长 3.0%，比全国高 3.7 个百分点。

27 日，福建港口集团响应“一带一路”倡议，大力推进“丝路海运”建设，构筑我国与海丝沿线国家的命运共同体。目前，集团正在推进丝路海运信息平台研发，这是我国首个以港航融合为主题的“一带一路”国际综合物流服务品牌和平台，为“一带一路”沿线国家、地区提供高质量的“福建方案”。

28 日，综合福建省统计局、省工信厅提供的数据，上半年，福建省工业运行总体平稳，主要工业指标均保持增长。全省规上工业增加值同比增长 6.5%，增速高于全国 3.1 个百分点，居东部第一位。全省工业增值税开票同比增长 15.3%，工业贷款余额增长 15%，工业用电增长 1.9%；1—5 月规上工业实现营业收入增长 11.8%，高于全国平均 2.7 个百分点。从数据分析，上半年，福建省工业发展增长面广，超七成行业、近五成产品产量实现增长。全省 38 个工业行业大类中，有 28 个行业增加值实现同比增长，行业增长面为 73.7%，其中电气机械（37%）、废弃资源综合利用（18.6%）、金属制品（11.9%）、计算机通信（11.5%）等行业实现两位数较快增长。全省列入统计的 447 种工业产品中，有 219 种产品产量实现增长，增长面为 49.0%。得益于多年来“电动福建”战略的开花结果，汽车工业产品产量保持较快增长，新能源汽车增长 36.1%；健康医疗产品产量增长加快，化学药品原药增长 85.5%。

28 日，福建省海洋与渔业局召开全省第三季度渔业安全生产暨海上疫情防控工作部署会议。

会议深入分析当前渔业安全生产、疫情防控面临的形势和存在的突出问题，通报第二季度全省渔业船舶水上安全事故和渔业值班情况，部署加强全省渔业安全生产管理和疫情防控工作。

28—29 日，首届全球农遗・安溪铁观音茶文化系统保护与发展论坛在安溪县举办。论坛提出，要把茶文化、茶产业、茶科技统筹起来，坚持保护利用并重，兑现申遗承诺，发挥品牌效应，加大宣传力度，强化农遗文创产品开发，积极发展农遗生态旅游，不断探索农遗促进乡村振兴的实践，努力打造农遗价值提升的“安溪模式”。

29 日，福建省科技厅消息，日前，福建省对 589 家 2021 年入库的科技型中小企业发放科技创新券补助 2039 万元，对企业 244 项技术开发转让许可服务及大数据服务、3185 项检验检测服务进行补助，带动企业购买科技服务超 9000 万元。省科技创新券用于补助符合条件的科技型中小企业在研发过程中向境内高校、科研院所及其他企事业单位购买科技创新服务所产生的费用，包括：技术开发、技术转让、技术许可、大数据技术服务和产品检验检测。

29 日，全省经济运行分析会议召开。会议指出，三季度处于承上启下、决定全年走势的关键节点。各地各部门要认真落实“疫情要防住、经济要稳住、发展要安全”重要要求，深入贯彻全省上半年经济会议精神，坚定信心决心，坚持稳字当头、稳中求进，全力稳住经济大盘，确保三季度态势稳。省委常委、常务副省长郭宁宁主持会议并讲话。

29—30 日，福建省商务厅在厦门国家会计学院成功举办全省商务系统投资促进专题培训班。来自全省商务系统招商业务骨干 140 多人参加培训。本次培训邀请到省委党校，省发改委，厦门火炬高新区、政和县、浙江省长兴县沪苏招商片区，普华永道等单位业务骨干前来授课。两天时间安排 6 个课程，内容丰富、针对性强。

（摘编：黄国实）

8月

1日，今年上半年金融数据。福建省社会融资规模增加8525.93亿元，同比多增2151.33亿元，占全国比重的4.1%，比上年同期高0.48个百分点。存贷款增速均创近年来新高，6月末，本外币各项贷款余额7.33万亿元，同比增长15.2%，增速居全国第3位，比全国平均增速高4.4个百分点；上半年累计增加5357.51亿元，创历史同期新高，是去年全年增量的66.7%。本外币各项存款余额7.1万亿元，同比增长14.5%，增速居全国第3位，比全国平均增速高4.0个百分点；上半年累计增加8925.86亿元，创历史同期新高，是去年全年增量的156.5%。

1日，为深入实施创新驱动发展战略，落实国务院和省政府稳住经济一揽子政策措施，加大力度推动高水平创新平台建设，优化创建流程、提升创建效率，规范和加强福建省制造业创新中心的建设与管理，完善制造业创新体系，促进全省制造业创新能力提升，今日，省工信厅修订印发《福建省制造业创新中心建设管理办法（试行）》（闽工信法规〔2022〕10号），自发布之日起施行。

1日，在省商务厅组织推动及福州市、县（区）商务部门积极协调对接下，继福州肉燕、鱼丸等特色小吃之后，又一款闽味十足的产品——橄榄茉莉花茶进入肯德基区域化菜单，今日起在福建、广东、湖南三省的约1800家肯德基餐厅销售。

2日，福建省农产品食品检验员职业技能竞赛暨农产品质量安全检测技能竞赛启动仪式在福州隆重举行。本次竞赛旨在培育农产品质量安全检验检测技术技能标杆，进一步激发全省检验检测人员崇尚技能、精益求精的热情，为推动福建省农产品质量安全水平持续提升提供重要的技术支撑。

2日，中国海油新能源福建总部项目正式落地福州，将统筹管理中海油在闽新能源业务，投资开发建设海上风电、光伏发电、氢能等绿色低碳能源项目。中国海洋石油集团有限公司已启动实施绿色发展跨越工程，将以福建深远海为目标，打造“风、光、渔、旅、海防、5G”等六位一体的深远海海上风电示范项目。“十四五”期间，中海油将发挥自身海上装备和施工作业优势，加大对福建的投资力度，力争在福建投资约200亿元开展海上风电建设；择优开展光伏示范区建设，计划投资30亿元投产光伏发电项目500兆瓦。

3日，农业农村部2022年海洋伏季休渔联合交叉执法行动组第七工作组，对闽东辖区2022年海洋伏季休渔开展检查，福建省海洋与渔业执法总队相关负责人陪同。

3日，RCEP生效这半年。统计数据显示，1—6月，福州海关共签发出口货物RCEP原产地证书2318份，签证金额10.5亿元；厦门海关共为厦门市332家出口企业签发RCEP原产地证书5107份，货值约合23.8亿元人民币，出口企业可在进口国享受关税减免超2300万元人民币。降税对外贸的刺激效果并未立竿见影。上半年福建省对RCEP贸易伙伴进出口增长5.8%，低于进出口总值12.4%的增幅，对日进出口还出现了小幅下降。

3日，省科技型中小企业技术创新中心公布福建省科技小巨人企业的发展现状，成就令人振奋。数据显示，新增970家、总数达2425家，营收较去年增长32%，净利润增长51.5%。

4日，福建推动工业数字经济发展。近年来，省工信厅持续将新一代信息技术与制造业融合发展作为推动工业数字经济发展的重要引擎，树立新标杆，培育新平台，探索新模式，形成一批典型经验，全省工业数字化、网络化、智能化转型步伐加快。截至目前，全省已培育1个国家级跨行业跨领域工业互联网平台，3个国家级特色专业型平台，福州京东方、宁德时代入选世界经济论坛“灯塔工厂”，遴选发布典型应用案例78个，数字化转型服务商31家，福州市获评国家建设信息基础设施和推进产业数字化成效明显市（州），入选国家区块链创新应用综合型试点城市。

4日，福建省商务厅在谷文昌干部学院成功举办“全省商务系统RCEP专题培训班”。为期3天的专题培训，重点围绕RCEP总体解读、关税减让、原产地规则、通关便利化、RCEP下贸易新机遇与挑战、重点国别分析、跨境电商发展、对接实施RCEP经贸新规则的举措与思考等开设了9门课程，邀请商务部国际贸易经济合作研究院亚洲研究所袁波副所长和福州海关、中信保福建分公司等专家、学者、企业家及省商务厅亚洲处、外贸处、电商处、通关处等处室领导或业务骨干授课，着力提升学员对RCEP规则的理解和应用能力。

5日，福建省工信厅消息，日前，在厦门海关所属东渡海关监管下，904台出口欧洲的纯电动汽车缓缓开上停靠于现代码头的滚装船。这是现代码头承接的首个纯电动汽车出口欧洲项目，也是福建省口岸首次大批量出口纯电动汽车至欧洲。此次出口的新能源汽车是上汽集团生产的全球纯电超能跨界车，其中，534台出口到英国，370台出口到比利时，在设计、安全、环保、品质方面均对标国际一流水平，将于第四季度在欧洲首发上市。

5—7日，农业农村部政策与改革司调研组到福建省开展农村集体经济发展情况调研。调研组深入福清、长乐等地实地了解村级集体经济发展试点、村级财务管理等农村集体经济发展工作，对福建农村集体产权制度改革工作给予充分肯定，要求福建省进一步巩固和拓展改革成果，积极探索新农村集体经济发展路径。

8日，福建省农业农村厅在福州召开全省国家现代农业产业园、农业现代化示范区负责人座谈会。会议指出，要高度重视现代农业产业园和农业现代化示范区建设工作。创建现代农业产业园和农业现代化示范区，是加快农业农村现代化的重要抓手，是培育农业农村发展新动能重要载体，是探索农民持续增收新机制的重要平台。

8日，省委书记尹力在福州会见了中国五矿集团董事长翁祖亮、总经理国文清一行。省长赵龙出席。尹力希望五矿集团发挥综合优势，在矿产资源勘查开发、新能源新材料产业发展、大宗商品贸易和基础设施建设等领域深化双方务实合作，促进矿产资源绿色高效利用，实现互利共赢。会见后，双方签署了战略合作框架协议。

8—10日，农业农村部种植业管理司调研组到福建省开展秋粮生产调研。调研组深入尤溪、永安等地实地了解联合梯田水稻生产、再生稻种植、优质稻品种展示、千亩优质水稻示范、玉米产业发展等方面情况，对福建秋粮生产工作给予充分肯定，要求福建省进一步落实落细各项措施，努力夺取秋粮丰收，切实保障粮食安全。

9日，省委书记尹力在福州会见了中国海洋石油集团有限公司董事长汪东进一行。省长赵龙出席。尹力希望双方进一步加强优势互补、深化战略对接，围绕清洁能源应用、新能源产业发展、海洋经济新业态拓展等方面开展深入而广泛的全面合作，实现共同发展。会见后，双方签署了战略合作框架协议。

9日，省降低实体经济企业成本厅际联席会议办公室组织召开全省涉企违规收费专项整治行动电视电话会议，省工信厅会同省直相关部门就整治行动方案和重点领域涉企违规收费专项整治工作进行动员和部署。《福建省涉企违规收费专项整治行动实施方案》近日已正式印发，根据该方案，此次专项整治行动由福建省多部门及各地共同参与，将全面排查交通物流、水电气、地方财经、金融、行业协会商会等5个领域涉企违规收费，以及借疫情防控名义违规收费、中介机构违规收费问题。

9日，福建省统计局消息，今年以来，面对疫情冲击，福建省高效统筹疫情防控和经济社会发展，规模以上工业营业收入保持稳定增长。1—6月，全省规模以上工业实现营业收入达34556.14

亿元，同比增长 9.6%，增幅高于全国 0.5 个百分点。

10 日，第七届“创客中国”福建省中小企业创新创业大赛暨第五届“创响福建”大赛龙岩赛区决赛在龙岩大学科技园举行。自大赛启动以来，龙岩共吸引 120 个创新创业项目报名参赛，其中企业组项目 96 项，创客组 24 项。经过激烈的角逐，“大尺寸光刻级氟化钙单晶产业化项目”项目获得企业组一等奖，“紫金锂元磷酸铁锂正极材料建设项目”项目获得创客组一等奖。

10 日，自然资源部东海局副局长魏泉苗带队来福建省检查汛期海洋观测预报业务工作。检查组由东海局以及江苏、上海、浙江等省市自然资源主管部门人员组成。工作会上，检查组观看了海洋减灾科普宣传短视频，听取海洋观测系统运行、海洋预警报工作、海洋信息集成与服务和卫星海洋应用服务等 2022 年度福建省汛期观测预报业务自查情况后，充分肯定了福建省在海洋观测预报业务上的工作成效。

11 日，省政协召开“抓住 RCEP 实施契机，加强‘一带一路’国际合作示范区建设”网络议政远程协商会，百名政协委员、企业界人士、RCEP 成员国侨企代表与有关部门齐聚“云”端，共同为福建省积极对接实施 RCEP，高质量共建“一带一路”献良策、出实招。今年 1 月 1 日，随着《区域全面经济伙伴关系协定》（下文称为“RCEP”）正式生效，全球规模最大的自贸区“扬帆起航”，为区域及全球经济增长注入强劲动力。

11 日，福建自贸试验区紧紧围绕制度创新这一核心任务，大胆探索、勇于突破，充分发挥改革开放试验田作用，制度创新成效显著，改革开放红利在更大范围内得以释放。在福州、厦门、平潭三片区和省有关部门大力支持下，经第三方评估，推出第 19 批 48 项创新举措。其中，全国首创 28 项、复制拓展 19 项，复制 1 项；对台特色 7 项。

11—12 日，福建省海洋与渔业局组织科技服务队前往南平市顺昌县、邵武市开展水产养殖科技服务。科技服务队先后来到福建省顺昌明晶农业开发有限公司、福建省顺昌兆兴鱼种养殖有限公司、福建顺兴泰生态农业有限公司等企业，走进养殖车间，与企业技术人员、养殖户交流大刺鳅、马口鱼、光唇鱼、黑莓鲈等特色淡水鱼的规模化繁育技术，开展异育银鲫、福瑞鲤等大宗淡水鱼新品种引进，淡水养殖绿色发展新模式，优质鱼种选育等工作探讨，并对企业淡水水产苗种生产、养殖尾水治理等工作进行现场技术指导。

12 日，福建省海洋与渔业局组织部分党员代表赴云霄县陈岱镇礁美村开展“我在渔区有口塘”活动。今年 7 月以来，该局各级党组织积极响应省直机关工委倡议，结合行业特点，以养殖户养殖、代放代管、代收代包装的方式，向云霄县陈岱镇礁美村高周东养殖场认养养殖池塘 8 口，养殖面积 12.2 亩。目前，所有认筹款均已到位，虾苗投放工作在水产养殖专家指导下陆续完成。

15 日，福建省统计局消息，7 月份，福建省工业生产者出厂价格同比上涨 3.1%，环比下降 0.7%；工业生产者购进价格同比上涨 5.4%，环比下降 0.9%。1—7 月平均，工业生产者出厂价格比上年同期上涨 4.6%，工业生产者购进价格比上年同期上涨 8.1%。

15 日，央视《新闻联播》聚焦福建：创新驱动，数字赋能，助力民营经济高质量发展。福建的民营经济传统制造业占比高，产品附加值相对较低，近年来对技术突破创新的需求日益增长。针对民营企业创新研发的短板，福建省不断加大力度，从重点院校、科研院所选认科技特派员，协助企业科研攻关。目前，已累计为民营企业选认工业领域科技特派员 6000 多名，在新材料、集成电路、信息技术等领域为民营企业实施科技开发项目超过 1300 个。同时，福建积极推动数字化转型，为民营经济降本增效。目前已培育建成 1 个国家级跨行业跨领域工业互联网平台、3 个国家级特色专业型平台、22 个省级工业互联网示范平台。今年前 5 个月，福建省规模以上工业增加值同比增长 7.5%，其中，民营工业企业的贡献率高达 93.3%。全省外贸进出口实现 6.5% 的增长，达到 7500 亿元，其中民营企业占 53.1%。

15 日，福建省住房和城乡建设厅等 5 部门印发的关于《福建省深入打好城市黑臭水体治理攻坚战实施方案》的通知提出，经省政府同意，现将《福建省深入打好城市黑臭水体治理攻坚战实施方案》印发，要求各地认真组织实施。

15 日，福建省住房和城乡建设厅、福建省生态环境厅、福建省发展和改革委员会印发《福建省深入推进城市污水处理提质增效专项行动实施方案》要求各地认真组织实施。

15 日，省委宣传部召开福建省传承弘扬“晋江经验”新闻发布会，省发改委、泉州市、晋江市相关负责人介绍了 20 年来传承弘扬“晋江经验”，一以贯之贯彻落实习近平总书记当年提出的“六个始终坚持”和“正确处理好五大关系”的科学理念和工作方法，全方位推进高质量发展的相关情况。

16 日上午，“心系桑梓·赋能故里”福州高新区南屿镇“双院士文化馆”揭牌仪式暨乡村振兴推介系列活动在南屿镇五都村举行。中国科学院院士庄文颖被授予福州高新区“引才大使”荣誉证书，并与嘉宾共同为“双院士文化馆”揭牌。“双院士”的由来：据介绍，1916 年，庄巧生出生在这座院落，后考入南京私立金陵大学农学院，一生守望麦田，为我国小麦生产发展作出巨大贡献，并于 1991 年当选为中国科学院院士。在父亲的言传身教下，庄文颖成为一名真菌学家，主要从事菌物物种多样性与分子系统学研究，2009 年当选为中国科学院院士。

16 日，福建省工信厅消息，赛迪研究院信息化与软件产业研究所近日正式发布《中国大数据区域发展水平评估报告（2022 年）》。根据该报告，福建大数据发展水平居全国第 7 位，进入第一梯队。根据综合各项指标得出的大数据区域发展水平总体指数，广东、北京、江苏、上海、浙江、山东、福建的大数据区域发展水平为全国七强。报告聚焦基础环境、产业发展、融合应用三个关键维度，选取相关典型指标，对全国 31 个省区市大数据政策体系、产业基础、产业链、生态体系等发展情况进行评估和分析。

17 日，福建省住房和城乡建设厅等 6 部门印发《关于进一步加强农村生活垃圾收运处置体系建设管理的通知》提出，为贯彻落实《住房和城乡建设部等 6 部门关于进一步加强农村生活垃圾收运处置体系建设管理的通知》精神，做好农村生活垃圾收运处置体系建设管理工作，现提出如下工作目标：到 2025 年，农村生活垃圾基本实现无害化处理，收运处置体系覆盖的自然村比例达 100%，达无害化处理标准的自然村比例 100%。

18 日，水利部太湖流域管理局调研组来闽调研指导省级水网规划。调研组认真听取了省水利厅推进省级水网规划的有关情况汇报，就目标指标设定、总体建设布局、重大项目谋划、体制机制创新、投资规模匡算等工作提出了具体的意见建议。

18 日，以“海洋文化赋能‘海上福建’建设”为主题的首届福建省海洋文化论坛，在海洋历史文化重镇霞浦县举办。本次论坛在省委宣传部、自然资源部宣传教育中心指导下，由省海洋与渔业局和省文旅厅联合主办。

18 日，省政协十二届常委会召开第二十七次会议，就“提升福建制造数字化水平，加快制造强省建设”进行协商议政。省委书记尹力出席会议并讲话，强调要深入学习贯彻习近平总书记关于制造强国战略重要论述和网络强国重要思想，传承弘扬习近平总书记在闽工作期间开创的建设数字福建重要理念和重大实践，加快推进数字产业化、产业数字化，进一步汇聚制造强省建设合力，不断推动福建制造业数字化智能化转型步入快车道。省政协主席崔玉英主持会议。

18 日上午，由省工信厅指导、福州市工信局主办、福州报业传媒承办的福建“三品”消费季·2022“福州优品”消费节在福州南后街展览馆正式启幕。活动开幕首日，线上主题直播同期举办，带领用户观众“云上赶集”，感受消费节的多样好物和创新体验。本场为期 4 天的“福州优品”主题促销活动，将充分融合福州地域特色，立足福州食品、工美等特色消费品行业，组织茉莉花茶、鱼丸、肉燕、青红酒、寿山石、软木画等近 30 家本地优质生产企业，通过潮玩集市、参与互动的形式，宣传推广福州特色产品与闽都文化、国潮文化相结合，在满足消费者多层次、个性化、高品质消费需求同时，全面提升消费者购物体验，从而进一步释放消费潜能，助推消费扩大升级，促进经济提质增效。

18 日，省农业农村厅在福州举行全省农业综合行政执法制式服装统一着装仪式。仪式上，全省农业综合执法队员代表进行庄严宣誓。

18日，福建省统计局消息，1—7月，全省工业生产稳中有进，规模以上工业增加值同比增长5.7%，高于全国2.2个百分点。7月，全省规模以上工业增加值同比增长3.3%，较6月回升1.2个百分点。数据显示，1—7月，全省超七成行业、近五成产品产量实现增长。全省38个行业大类中27个行业增加值实现同比增长，行业增长面为71.1%。其中，增速高于规上工业的行业有20个。列入统计的447种工业产品中218种产品产量实现增长。

18日，福建省交通运输厅消息，近日，“丝路海运”联盟与加纳港务局通过“云端”签署战略合作框架协议，双方将在提升港口和航运服务、推广“丝路海运”服务标准体系、数据交换及人才培养等方面，进行长期稳定的战略合作，携手积极融入和服务“一带一路”建设。加纳港务局是“丝路海运”联盟首个非洲伙伴，其正式加入“丝路海运”联盟，进一步体现了该联盟合作的国际化和多元化。

19日，今年是“晋江经验”提出20周年。福建省举办弘扬“晋江经验”促进民营经济高质量发展大会，传承弘扬“晋江经验”，谋划谱写发展新篇。

19日，“晋江经验”与习近平经济思想理论研讨会在福州召开。研讨会由中共福建省委和人民日报社共同主办，福建省习近平新时代中国特色社会主义思想研究中心、泉州市委市政府等单位承办。福建省委副书记、省长赵龙出席并讲话，人民日报副总编辑方江山致辞，福建省委常委、宣传部部长、福建省习近平新时代中国特色社会主义思想研究中心执行主任张彦主持。

19—21日第六届中华老字号（山东）博览会济南举办。本次博览会以“国潮国货　品质生活”为主题，现场设置各省团展区、品牌荟萃展区、食品展区、调味品展区、医药健康展区、名酒名茶展区、非遗技艺展区、外贸精品展区以及家政服务专区等9大展区，展览面积2.3万平方米，25个省（自治区、直辖市）的600余家企业携万余款产品集中亮相泉城济南。福建省商务厅依托本次博览会平台，展出面积200平方米，福建省共有福矛酒业、片仔癀、闽榕茶业、郑森记食品、依海肉燕、将乐陈记柴窑陶瓷等22家企业参展，涵盖茶、酒、食品、工艺品及中医药等多个品类，产品琳琅满目，吸引众多采购商、参展商、观众驻足洽谈交流。

20—25日，农业农村部政策与改革司调研组一行到福建省调研县域内城乡融合发展情况。调研组深入沙县、福鼎等地实地了解“医改”“林改”等改革经验和美丽乡村建设、乡村产业发展、跨村联建等情况，对福建县域内城乡融合发展工作给予充分肯定，要求福建省加强改革探索，加快推进城乡融合发展，促进乡村全面振兴。

23日，以“数智产业、创新赋能、安全护航”为主题，由福建省工信厅、人社厅、教育厅、总工会、共青团福建省委、通管局等六部门主办，福州市马尾区人民政府和闽南师范大学承办，中国信息通信研究院、中国通信工业协会等相关单位协办的“2022年中国工业互联网安全大赛（福建省选拔赛）暨福建省第二届工业互联网创新大赛”，将于8—12月举办。

23日，2022年福建省疫情防控科技成果推介活动在福州举行，一批成熟度高、转化性强、具有一定产业化前景的疫情防控最新科技成果和技术，通过线上线下同步进行的方式向省内外推介。本次活动共征集项目成果52项，成果涉及生物医药、安全消杀、智慧防疫等疫情防控全领域，组织了省内部分高校、科研机构、企业等参加推介展示与对接。

23—25日，第五届全国农业行业职业技能大赛茶叶加工赛项福建省选拔赛暨福建省第二届茶叶（绿茶）加工工职业技能竞赛在福安市举办。本届赛事由省农业农村厅、省人力资源和社会保障厅、省总工会联合主办，宁德市农业农村局、福安市人民政府共同承办。赛事采取理论考试、拼配比拼和实操考核方式进行，旨在选拔培养福建省茶业加工技能人才，推动“多彩闽茶”高质量发展。来自全省7个地市的代表队参赛，产生金奖、银奖、铜奖各1名，优胜奖3名，前5名选手将代表福建参加全国总决赛。

24日，由福建省商务厅、香港特区政府驻粤办共同主办的闽港商务午餐交流会在福州成功举行。本次交流会以“香港：把握投资新机遇·开拓海外新商机”为主题，聚焦借助香港平台闽港两地在携手开拓“一带一路”上的新机遇，分享最新资讯、开展交流洽谈，让福建企业更深层次了解香港作为拓展海外市场的重要平台角色。

24日，国家税务总局福建省税务局的最新数据显示，今年前7个月，福建省民营经济开具增值税发票金额同比增长11.0%，增幅高于全省平均水平1.1个百分点。截至7月底，全省今年合计新增减税降费及退税缓税缓费约909亿元，其中民营经济受益最大。4月至7月，增值税留抵退税政策为民营企业减轻税费负担和增加现金流占全省增值税留抵退税金额的比重达93.2%；民营批发零售业、制造业、建筑业退税户数占全部退税企业的七成，民生行业和支柱行业普遍享受退税红利。

25日上午，“2022年金融资本服务实体经济福建创新发展大会”子论坛——福建企业上市工作推进会在榕举行。论坛上，上海证券交易所、深圳证券交易所、北京证券交易所以及有关专家学者，围绕“拥抱全面注册制，服务高质量发展”主题，为推进福建企业上市工作建言献策。省委常委、常务副省长郭宁宁到会致辞。

25日，福建省科技厅消息，福建省多措并举助推“科技贷”持续释放创新动能，有效解决“高科技、高风险、轻资产、无抵押物”科技型中小企业融资难题。截至2022年8月24日，福建省累计发放4894笔“科技贷”，发放金额达200.13亿元，惠及2837户科技型企业。

26日，福建省农业农村厅在福州举行全省乡村产业振兴带头人培育“头雁”项目实施启动仪式暨第一期培训班开班仪式。从今年起在全省开展乡村产业振兴带头人培育“头雁”项目，每年为每个县培育10名左右“头雁”，用5年时间培育一支乡村产业振兴带头人“头雁”队伍，大力实施“头雁”项目，加快培育一支乡村产业振兴带头人“头雁”队伍，带动全省新型农业经营主体形成“雁阵”，为推进乡村振兴、农业农村现代化提供坚强有力的人才支撑。

28日，根据国务院统一部署，国务院稳住经济大盘督导和服务工作组来闽开展督导服务。省委书记尹力、省长赵龙与工作组组长、住房和城乡建设部部长倪虹一行在福州座谈。29日，倪虹在福州主持召开现场办公会，赵龙出席并作表态发言。

29日，福建省工信厅消息，省工信厅联合省住建厅、省重点办日前组织召开了全省钢材水泥生产企业与重点建设项目对接会。全省11家钢材水泥生产企业、18个重点建设项目和5家建筑业龙头企业代表分别在会上推介产品、发布需求，增进合作。今年以来，受多重超预期因素持续影响，终端消费收紧、下游需求不足，国内基建和房地产市场低迷，冶金建材行业产能发挥受限、利润效益下滑，一些企业产品库存积压、影响正常生产经营。为促进经济平稳发展，省直各有关部门指导相关设区市举办钢材、水泥等产销对接活动20多场，直接促成了水泥钢材生产企业与重点建设项目对接水泥178万吨、钢材340多万吨，取得了初步成效。此次会议是对此前阶段工作的再深化、再部署、再推动。

30日，福建省住房和城乡建设厅、省应急管理厅、省消防救援总队转发关于加强超高层建筑规划建设管理的通知提出，为进一步加强超高层建筑规划建设管理工作，现将《住房和城乡建设部　应急管理部关于加强超高层建筑规划建设管理的通知》转发，要求各地贯彻执行。

30日，为支持企业用好跨境电商平台资源，推动更多福建商品销往海外，福建省商务厅联合沃尔玛公司在福州举办“沃尔玛跨境电商平台对接会”。福建省商务厅、沃尔玛公司、福州市和闽侯县商务局、福州市跨境电商协会以及30家福州跨境电商卖家和外贸企业代表共50人参加了活动。

30日，由中联部、中国驻尼日利亚使馆，福建省外办、省商务厅和尼日利亚卡诺州政府共同主办的“中国－尼日利亚工商界视频对话会”在北京、福建和尼日利亚多地以线上线下结合方式成功举行。中联部副部长沈蓓莉，福建省委常委、常务副省长郭宁宁，中国驻尼日利亚大使崔建春，尼日利亚执政党全体进步大会全国书记奥米索，卡诺州州长甘杜杰，工贸投部部长阿德巴约等双方领导，以及中尼双方企业代表约150人参会。

31日，福建省农业农村厅召开全省农村厕所问题摸排整改推进视频会议，对全省农村厕所问题摸排整改工作进行再动员、再部署、再推动。会议提出，农村厕所问题摸排整改，是贯彻落实习近平总书记重要指示批示精神的具体举措，要提高政治站位，强化责任担当，切实把思想和行动统一到习近平总书记重要指示批示精神和党中央决策部署上来，将摸排整改任务抓紧抓实抓好抓出成效。

31 日，全省首艘内河集散两用电动货船“武夷 2 号”在福安市顺利交付。“武夷 2 号”由南平武夷发展集团权属南平闽江航运有限公司投资，省船舶集团权属福宁船舶重工有限公司承建，计划投入闽江内河运营。该船总长 58.00 米，型宽 10.50 米，型深 2.65 米，设计吃水 1.85 米，装箱量 21 箱，载货量可达 765 吨，配备 1540 千瓦时宁德时代锂电池组和两台 250 千瓦发电机组，正常航行状态下，优先使用锂电池组作为主要动力源，当电池电量低于 15% 时，柴油发电机组自动启动供电。该船纯电续航里程 100 千米，利用水口充电站在候闸时充电 2.5 小时后，可实现南平（延平新城港区）至福州（马尾港区）纯电航行。“武夷 2 号”是福建省电动船舶试点示范项目之一，与同日交付的“武夷 1 号”为姐妹船，外形参数一致，区别是该船为电动货船，“武夷 1 号”为柴油机驱动货船。

31 日，省农业农村厅邀请浙江大学袁康培院长为厅机关干部作“数字农业与数字乡村建设”专题辅导讲座。讲座中，袁康培对数字化背景、数字化技术、数据方法论、数字农业和数字乡村内涵、数字化技术在数字农业和数字乡村建设中的应用等方面进行了详细解读。参会干部表示，通过专题辅导讲座，对数字农业与数字乡村建设有了准确全面的认识，在今后工作中要深入学习贯彻习近平总书记关于数字中国建设重要指示精神，努力推动福建省数字农业和数字乡村加快发展，为乡村振兴、农业农村现代化作出更大贡献。

31 日，福建省住房和城乡建设厅印发《福建省建筑装配式内装修工程技术标准》，批准该标准为福建省工程建设地方标准，编号 DBJ/T 13－407－2022，自 2022 年 12 月 1 日起实施。

该标准由省厅负责管理，具体技术内容由福建省建筑设计研究院有限公司负责解释。

31 日，第七届“创客中国”福建省中小企业创新创业大赛暨第五届“创响福建”大赛全省总决赛在福州落下帷幕。大赛历时三个月，吸引了新一代信息技术、智能制造、新材料、新能源、生物医药、光电等行业领域共 1561 个项目报名参赛。经过激烈角逐，一二三等奖尘埃落定，10 个企业组项目、6 个创客组项目入围“创客中国”全国 500 强候选名单。

（摘编：江涛）

9 月

1 日，全省经济运行分析会议在福州召开。省委常委、常务副省长郭宁宁主持会议并讲话。会议指出，当前正处于决定全年走势的关键节点。各地各有关部门要认真贯彻党中央、国务院决策部署，按照省委、省政府工作要求，坚定信心、稳中求进，坚持日监测、周分析、旬调度，加强经济运行跟踪研判，及时果断实施稳增长政策措施，确保“三季度好于二季度、下半年好于上半年”。

1 日，福建省和塔斯马尼亚州合作发展混合委员会第三次会议以视频连线方式召开。福建省委常委、常务副省长郭宁宁和塔州内阁成员、州发展部部长盖·巴内特出席并致辞。混委会双方成员单位领导参加了会议。

2日，福建省商务厅消息，福建自贸试验区于2015年4月21日正式挂牌运行，在全国属于第二批。统计显示，福建自贸试验区特色产业集聚发展，累计新增企业12.1万户，注册资本2.6万亿元，分别是挂牌前的7.85倍、11.5倍。培育了燕窝加工、酒类进口、飞机融资租赁、基金小镇等16个全国领先的重点平台，离岸贸易、文化保税等新业态加快发展。

2—4日，福建省商务厅相关负责人率财务处、市场处相关同志参加了在宁夏举行的“百家闽企塞上行”系列活动。推介会以“深化经贸新合作 赓续闽宁山海情”为主题。福建恒安国际、融汇（福建）集团、阳光控股、盛辉物流集团、中绿食品等120家企业及商（协）会负责人两省区商务、乡村振兴、农业农村、工商联和五市政府有关同志和福建省相关地市、县区工商联的负责同志参加会议，共叙闽宁深情，共话交流合作，共谋互利共赢。

5日，2022金砖国家新工业革命展览会”将于9月7日—11日在厦门国际会议展览中心A4、A5、A6馆举行。本届金砖国家新工业革命展览会的规模扩大到15000平方米，与中国国际投资贸易洽谈会同期同地举行。此次展会在彰显金砖元素的同时，紧跟行业发展趋势，涵盖了信息通讯、科技创新、新能源汽车、金融、能源材料、航空航天、食品消费、生物医疗等诸多领域。在此次参展的100余家中外单位中，有逾10家世界五百强企业，逾50家行业领军企业。本次展会的国际参展单位包括巴西淡水河谷、金砖国家新开发银行、俄罗斯亚太研究院、印度通信企业展团、南非5W酒业、白俄罗斯中白工业园展团、德国创新中心展团、法国三达、奥地利欧本德弗、丹麦威卢克斯、东盟中心等。国内参展单位包括中石油、工商银行、中国移动、中粮、华为、中远、中国联通、通用技术、比亚迪、航天科技集团长城公司、北方发展投资、大疆、宁德时代、九牧、奇安信、天融信、东方通、和利时、金蝶软件、分享通信、致景科技、上汽通用五菱、东风风行、小鹏汽车、威马汽车、精测电子、依迅北斗、惠强新能源材料、现代精工、盛隆电气、华工赛百、赛维尔生物、香港合兴等。

6日，投洽会新闻发布会消息，第二十二届中国国际投资贸易洽谈会将于9月8日至11日在厦门举办。作为商务部主办的投资领域的国家级展会，投洽会历经二十多届辉煌历程，已成为具有全球影响力的国际投资盛会。本届投洽会以“全球发展：共享数字机遇、投资绿色未来”为主题，将举办41场重要的会议论坛研讨活动，展览规模12万平方米。联合国工发组织以及韩国、日本、奥地利等48个国家和地区的使领馆、商协会和投资促进机构参展，国内的26个省、自治区、直辖市参展。

6日，金砖国家工业创新大赛决赛在厦门启动。经过4个月的项目征集，大赛共吸引了1330个项目参赛，其中金砖及“金砖+”项目390个。经专家评审，最终遴选推荐90个国内外项目进入决赛。本届大赛以“工业创新促进更加强劲、绿色、健康的全球发展”为主题，设置工业互联、智能制造、绿色循环三个赛道，围绕数字化、网络化、智能化、绿色化，聚焦制造业数字化转型、新一代信息技术、绿色循环低碳等方向，评选出在新工业革命领域具有创新驱动力和市场应用前景的技术成果。

7日，福建省科技厅组织对福建省（不含厦门）申报2022年全国颠覆性技术创新大赛的项目进行合规性审查，“干细胞亚群新药研发”等10个公开海选项目通过审查，进入国家大赛组委会项目筛选环节。

7日，2022金砖国家新工业革命伙伴关系论坛在厦门开幕。来自金砖国家的嘉宾共聚一堂，围绕“深化新工业革命伙伴关系，推动共同可持续发展”主题开展交流对接，为深化合作探索新航路、注入新活力。省委书记尹力在开幕式上致辞，省长赵龙出席。

7日下午，第四届中国－阿拉伯经贸投资高峰论坛在厦门会展中心举办。论坛上，漳州古雷经开区现场推介石化招商项目，阿联酋经济部、外贸国务部长、阿联酋、毛里塔尼亚、科摩罗、阿尔及利亚、叙利亚、沙特阿拉伯驻华大使、埃及驻华代办、摩洛哥驻华公使，沙特投资部、阿布扎比投资局、迪拜投资发展署、迪拜商会、阿联酋阿布扎比第一银行、阿联酋国民银行等阿拉伯驻华机构、企业、金融和商业组织代表，福建、宁夏等省市政府部门、中国日报社以及中资企业、媒体、智库等代表，通过线上线下相结合的方式参与论坛，宣传推介自身产业优势、研讨中阿合作新机遇、畅谈中阿合作美好前景。

8日，全国人大常委会副委员长张春贤在厦门出席第二十二届中国国际投资贸易洽谈会开幕式并发表主旨演讲。福建省委书记尹力致辞。来自多个国家的驻华使节，跨国公司、境外商协会、相关国家和地区的代表团及国际组织代表，国家有关部委领导，部分省（区、市）领导，知名企业负责人等参加了开幕式。省长赵龙，省政协主席崔玉英等省领导出席。省委常委、厦门市委书记崔永辉主持开幕式。本届投洽会将举办41场重要的会议论坛研讨活动，联合国工发组织以及韩国、日本、奥地利等48个国家和地区的使领馆、商协会和投资促进机构参展，国内的26个省、自治区、直辖市参展。

8日，第二十二届投洽会期间，福建省代表团设立福建馆，展馆面积891平方米，位于厦门国际会展中心C1馆。展馆以“闽山闽水物华新”为主题，围绕四大经济、开放发展、特区风采等，共设置15块展板展屏、50件实物，充分展示福建开放发展成果和机遇。馆内通过高科技实物、信息化电子展墙、电子化设备等，展现满满科技感。同时，在“云上投洽会”搭建福建馆云展馆，为国内外客商深入了解福建、捕捉商机、拓展合作提供永不落幕的平台。

8日，2022中国国际工业互联网创新发展大会在厦门开幕。福建省副省长康涛、工业和信息化部原党组成员郭炎炎、中国科学院院士郑志明出席开幕式并致辞。本次大会由中国通信学会、福建省工业和信息化厅、福建省通信管理局共同主办，聚焦“促进数字化转型　助力工业经济稳增长”主题，旨在通过政策研读、行业前瞻、成果展示、创新案例发布、投资洽谈等方式，展示我国工业互联网创新技术和应用的现状以及发展成就。大会设置主论坛、工业互联网赋能绿色发展论坛、中小企业专精特新发展论坛，发布“工业互联网平台品牌榜”，颁发最具推广价值5G创新应用奖、最具投资价值工业互联网企业奖、最具投资价值物联网企业奖等奖项。全国工业百强县代表团、福建省工业企业百强代表、互联网双跨平台企业代表等参会，对接数字化转型需求，促进制造业企业产业升级。

8日，金砖国家数字经济对话会在厦门举行。商务部部长助理郭婷婷、福建省副省长李建成出席并致辞。本次会议以“共享数字经济发展新机遇”为主题，由商务部电子商务和信息化司、福建省商务厅、厦门市政府共同主办。会议邀请金砖国家驻华使领馆代表、专家学者及相关平台（企业）代表，就如何进一步推进金砖国家数字经济交流合作，构建高质量伙伴关系，共享数字经济发展红利进行深度对话。

8日，福建省人民政府、中国航海学会主办的2022“丝路海运”国际合作论坛在福建厦门开幕。来自国内外港口航运物流企业、行业协会和金融机构的代表，围绕“服务新格局，畅通双循环”主题，共商港航合作、共建丝路通道、共享经贸繁荣。

8日，领航中国·新兴产业投融资合作大会开幕式暨主旨论坛在厦门举办。大会以“创新引领·聚合赋能”为主题，瞄准新能源、新材料、能源环保、物联网+5G、体育科技、生命科学、数字经济、人工智能、电子信息、金融等领域，邀请产业头部企业、独角兽企业、专精特新企业等参展接洽，以展览展示、项目路演和对接洽谈一体化模式，打造项目资本高效对接的平台，进一步提升投资促进实效，助力产业链供应链国际合作。

8日，由福建省商务厅和香港贸发局、澳门贸促局共同主办的2022年闽港澳经贸交流对接会在厦门成功举行。本次对接会采用线上、线下相结合方式举行，吸引了闽港澳三地近百位嘉宾参加。怡和集团、华润集团、招商局集团、太古集团、光大集团、费森尤斯、普华永道等世界500强、港澳行业龙头企业高管以及香港贸发局、澳门贸促局、香港中华总商会、澳门厦门联谊总会、福建省香港商会等重要机构、商协会负责人亲自莅会。

8日下午，第二十二届中国国际投资贸易洽谈会福建省重大项目集中签约仪式在厦门会展中心举行。省委书记尹力，省长赵龙，省政协主席崔玉英出席并见证签约。本次集中签约项目50个，计划总投资996.3亿元，涵盖电子信息、先进装备制造、石油化工、现代纺织服装、生物医药、新能源、新材料等领域，其中数字经济、海洋经济、绿色经济、文旅经济项目35个，计划投资735.7亿元，分别占签约项目的70%和73.8%。从投资类别看，外商投资项目20个、计划投资337.9亿元，央企投资项目15个、计划投资356.9亿元，省属国企投资项目3个、计划投资97.7亿元，民企投资项目12个、计划投资203.8亿元。从产业投向看，制造业项目25个、计划投资413.4亿元，服务业项目18个、计划投资503.6亿元，电力能源项目6个、计划投资72.6亿元，建筑业项目1个、计划投资6.7亿元。从签约形式看，签约合同项目28个、计划投资519.1亿元，协议项目22个、计划投资477.2亿元。从项目规模看，单个项目平均计划投资19.9亿元，福州罗源牛坑湾港口及加工物流园区填海工程、厦门恩捷锂电池隔膜生产基地、泉州芯谷新能源智造产业园暨二代异质结规模化量产线等7个项目计划投资均超50亿元。这些重大项目的签约，将对福建省扩大有效投资、加快产业转型升级、建设现代化经济体系、完善基础设施、增进民生福祉等发挥积极作用，为全方位推进高质量发展提供有力支撑。

8日下午，福建省商务厅联合菲华商联总会、菲华各界联合会共同举办中国（福建）－菲律宾经贸推介会。推介会由中国驻菲律宾大使馆、菲律宾贸工部支持指导。2021年，福建省与菲律宾进出口贸易总额760.2亿元人民币，同比增长10.7%。其中，出口674.2亿元，同比增长8.5%；进口86.0亿元，同比增长31.3%。2022年1—7月，福建省与菲律宾进出口贸易总额484.5亿元，同比增长15.8%。其中出口427.2亿元，同比增长15%，进口57.3亿元，同比增长22%。菲律宾企业对福建投资不断增长，截至2021年底，菲律宾在福建省投资的项目有1410个，合同外资29.5亿美元。一大批福建企业也走进菲律宾，产品、服务、技术和工程分布在菲律宾各地，截至2022年7月，福建省经备案对菲律宾投资项目43个，中方协议投资额1.9亿美元，双向投资呈现多元化发展势头。

9日，借助第二十二届投资贸易洽谈会平台，福建省商务厅联合商务部投资促进事务局、印尼驻广州总领馆、福州市人民政府成功举办了中印尼“两国双园”经贸合作推介会。会议以厦门国际会议中心为主会场，以线上线下相结合＋直播的方式，连线北京、上海和印尼的雅加达、民丹省等多地成功举办，现场120多家企业踊跃参会，中国、印尼企业纷纷线上参会。

9日，由海峡两岸经贸交流协会、福建省海峡商务交流协会、泉州市进出口商会、南安市海峡两岸交流协会共同主办的第十五届海峡两岸（泉州）农产品采购订货会（下称“农订会”）圆满落幕，为大陆台资企业进一步拓展内销市场、更好地融入新发展格局提供了重要平台。本届农订会设有3个线下展馆，展出面积达18000平方米，共471个国际标准展位，吸引近300家企业前来参展。其中，大陆台资企业展位232个、大陆特色农业企业展位215个、“一带一路”沿线国家企业展位24个。为期3天的展会，共达成协议合作意向578笔、意向金额达13.8亿元，现场销售额4160余万元。

9日，由福建省商务厅、福建省外办、龙岩市政府、塞尔维亚对俄对华合作委员会、塞尔维亚驻上海总领事馆联合主办的“中国福建－塞尔维亚经贸创新合作发展推介会”在厦举行。本次推介会主会场设厦门会展中心，塞尔维亚有关政府机构设分会场，借助视频直播平台开展对接交流及合作推介。中塞双方政府部门、商协会以及工商企业界代表1万多人相聚云端，共话合作、共谋发展。

9日下午，由福建省商务厅与中国外商投资企业协会联合主办的“金融与投资－地方经济发展的助推器”对接会在厦门国际会展中心成功举办。福建省11家国家级开发区、厦门自贸片区、华安经开区在对接会上作招商推介，日本贸易振兴机构、日中投资促进机构、韩国驻广州总领事馆、默克投资（中国）有限公司、百时美施贵宝（中国）投资有限公司、通用电气医疗（中国）有限公司、三井住友银行（中国）有限公司等20多家国外投资促进机构、驻华使领馆代表、知名金融机构及世界500强、跨国龙头企业负责人出席对接会，部分国外投资促进机构、跨国公司代表发言，介绍有关业务内容及未来投资、合作方向。在互动交流环节，参会开发区与企业代表洽谈热烈，纷纷表示本次对接会为双方扩大合作提供了难得的机遇和平台。会议达成了一批初步合作意向，收到了良好的效果。

13日，福建省委书记尹力在福州会见了中国广核集团董事长杨长利、总经理高立刚和中国大唐集团总经理刘明胜等。省长赵龙出席。尹力希望中广核、大唐持续加大在闽投资力度，大力发展核电、风电等清洁能源，加快推动项目落地、建成投产、接续发展，不断拓展合作领域，共同努力实现多方共赢。

13日上午，福建省工业企业供需对接平台正式开通上线。截至目前，平台已累计入驻企业10924家，发布产品信息7874个、需求信息704条。平台主要包括供方市场、需求市场、特色展馆、对接成果、企业服务、闽企展示、纺织产业链图谱等模块，实现工业企业信息发布、产品展示展销和供需对接等。平台通过搭建主题鲜明的特色展馆，汇集了行业龙头、专精特新、单项冠军、首台套、技术中心等一批具有产业特色、竞争力强、技术水平先进、影响带动力大的省内优质企业，展现福建产品风采；同时，根据企业一键发布的供应链需求，打通产品上下游信息并进行智能匹配，为企业降本增效。

13—14日，全省乡村“五个美丽”建设现场推进会在泉州晋江召开，副省长李建成出席会议并讲话。省农业农村厅相关负责人主持会议并介绍“五个美丽”建设进展情况。会上，泉州、晋江、福清、海沧、长汀等市、县（区）作了交流发言。会前，与会代表实地观摩了晋江、石狮市“五个美丽”建设点。

15日下午，作为2022年全国双创活动周福建省分会场的首个系列活动，“科技创新激发创业活力 带动就业增长”福建省创新创业生态发展论坛在福州软件园举办，本次活动作为全国双创活动周地方重点活动之一，邀请到了北京市长城企业战略研究所、国家双创示范基地、多家双创载体、创业服务机构代表、企业代表等共同出席。

16日，国家统计局福建调查总队近日发布数据显示，8月份，福建省工业生产者出厂价格同比上涨1.9%，环比下降0.6%；工业生产者购进价格同比上涨4.0%，环比下降1.3%。1—8月平均，工业生产者出厂价格比上年同期上涨4.3%，工业生产者购进价格比上年同期上涨7.5%。

19日，福建省农业农村厅研究部署特色现代农业高质量发展“3212”工程工作会议召开。会议指出，实施特色现代农业高质量发展“3212”工程是加快农业现代化的重要举措，是培育农业农村发展的重要载体。要全面系统实施“3212”工程，统一布局、整体推进现代农业产业园、优势特色产业集群、农业产业强镇和“一村一品”专业村创建，用好用足各项支持政策，引导社会资本积极参与，梯次推进实施重点项目建设，促进特色产业集聚集群发展。要指导各地编制规划或方案，提前谋划储备明年产业园、产业集群、产业强镇项目，做好项目前期，确保项目接续滚动，夯实发展后劲。

19日，福建省住建厅组织相关单位对相关规范进行梳理，汇总有关技术要点，编制了《福建省变配电工程消防设计技术要点》《福建省变配电工程消防设计技术审查要点》及《福建省变配电工程消防查验技术要点》三份技术指导文件，今日印发，要求各地认真参照执行。

20日，福建省科技厅消息，日前，福建省向185家科技小巨人企业下达1亿元的科技小巨人企业研发投入奖励资金，此举将带动企业年度研发费用投入近20亿元。其中有79家企业已连续两年获得奖励，这部分企业近两年的研发费用平均增长率超过55%、平均营业收入增长率超过46%。科技小巨人研发投入奖励资金奖励对象为2021年以来遴选的科技小巨人企业。被列入科技小巨人的企业可申请研发费用税前加计扣除政策发生的研发费用奖励，每家企业的奖励金额不超过200万元。

20日，福建省统计局消息，今年1—8月，全省工业生产稳中有升，规模以上工业增加值同比增长6.0%，高于全国2.4个百分点；其中，8月份增长8.4%，增速较7月份加快5.1个百分点。

数据显示，1—8 月，全省 38 个行业大类中，有 29 个行业增加值实现同比增长，行业增长面为 76.3%。其中，增速高于规上工业的行业有 20 个。列入统计的 447 种工业产品中，有 212 种产品产量实现增长，增长面为 47.4%。其中，合成橡胶产量增长 27.8%，新能源汽车增长 19.8%，十种有色金属增长 14.1%。

21 日，福建省统计局消息，今年 1—8 月，全省固定资产投资 13904.42 亿元，同比增长 9.1%，增幅比 1—7 月提高 0.1 个百分点。其中，项目投资 9928.22 亿元，增长 17.0%；房地产开发投资 3976.20 亿元，下降 6.7%。

21 日，福建省下达 1 亿元科技小巨人企业研发投入奖励资金。日前，福建省向 185 家科技小巨人企业下达 1 亿元科技小巨人企业研发投入奖励资金，此举将带动企业年度研发费用投入近 20 亿元。其中有 79 家企业已连续两年获得奖励，这部分企业近两年的研发费用平均增长率超过 55%、平均营业收入增长率超过 46%。福建省积极培育发展科技小巨人企业，目前科技小巨人企业总数已达到 2425 家。去年以来，这些企业在研发投入、营业收入、利润等方面的数据都有显著提升；战略新兴产业领域的科技小巨人企业，特别是生物与新医药、新材料、高端装备、新能源等领域的企业，净利润率保持两位数高增长，增长率领先其他行业。如，生物与新医药企业平均净利润增长 143.2%，新材料企业平均净利润增长 34%，新能源企业平均净利润增长 31.7%。科技小巨人企业正逐渐成为福建省促进经济中高速增长和迈向中高端水平的新生力量。

21 日，福建省港口集团联合中国铁路南昌局集团在泉州举办以“山海互联·启航刺桐”为主题的 2022 年海铁联运（泉州）峰会。峰会上，与会嘉宾就兴泉铁路开通后，形成的全新区域优势，港口、物流独特竞争力等进行了推介，同时围绕港口与铁路联运的运价、服务、运力等议题进行了交流探讨。

22 日，省农业农村厅与兴业银行股份有限公司在福州签订战略合作协议。兴业银行长期以来大力支持福建“三农”发展，为乡村振兴注入金融活水。希望兴业银行围绕乡村振兴重点领域，创新金融产品，提升服务水平，助力福建乡村全面振兴。

22 日，福建省开源数字技术研究院挂牌成立，这是福建省首家专注于开源数字技术的研究院。近年来，福建省全面部署推进做大做强做优数字经济，开源技术作为数字经济的细分领域，引起广泛关注。福建省开源数字技术研究院的成立，将进一步推动开源产业关联企业协同发展、合作共赢。

22 日，2022 年全国双创活动周福建分会场“创响中国”OpenHarmony 技术论坛举办。论坛围绕“创新增动能，创业促就业”主题，旨在广泛汇聚开源创新资源，建立“场景谋划—技术协同—推广应用”联合攻关工作机制，推进 OpenHarmony 等国产开源技术全面创新发展。

23 日，2022 年福建省“中国农民丰收节”主会场活动在永泰县隆重举办。省委副书记罗东川出席并宣布 2022 年“中国农民丰收节”福建省系列活动启动，省政府副省长李建成致辞，主会场活动由省农业农村厅、福州市人民政府、省广播影视集团主办，永泰县人民政府、福州市农业农村局、省广播影视集团融媒体资讯中心承办。省直有关部门和九市一区农业农村局负责同志、农民代表等 300 多人参加活动。

25—26 日，福建省农业农村厅在沙县区举办全省种业创新与产业化工程优质稻品种推广培训班，中科院谢华安院士到会指导。培训期间，举办优质稻品种品质现场鉴评，评出 12 个优质稻获奖品种。参训人员现场考察观摩沙县区夏茂国家级、省级优质稻品种展示示范基地。

26 日，福建省工信厅消息，福州市近日出台《福州市工业（产业）园区建设项目极简审批“四即”改革措施》，提高园区项目落地建设速度，助推工业（产业）园区标准化建设，促进制造业高质量发展。

26 日，福建省工信厅消息，厦门市工业和信息化局近日出台《厦门市进一步促进工业经济稳定运行的若干措施》，从降低中小微企业融资成本、扩大技术创新基金覆盖面、降低本地采购补助门槛和鼓励工业企业增产增效四个方面发力，巩固经济恢复发展基础，助力工业经济稳定运行。

26日，2022年福建省民企100强发布。在举行的省政府新闻发布会上，2022年福建省民营企业100强正式发布，这是省工商联第5年发布该榜单。今年福建民营企业100强企业营业收入入围门槛达43亿元，比上年增加7.6亿元。100强企业中，有6家营业收入超500亿元，3家营业收入超1000亿元。

26日下午，福建省商务厅（口岸办）相关负责人主持召开专题协调会，省交通运输厅，福州海关、省税务局，福州、三明、平潭商务局（口岸办）、省港口集团以及福州港务集团、平潭港务公司和福州报关协会等相关单位参加会议。与会单位围绕企业关注的通关代理费、港口收费、冷链费用、通关时间、集装箱供给等问题逐一梳理逐一分析，对照业务和职责范围深入探讨，提出进一步改进措施。

27日，福建省与国家电力投资集团有限公司以视频连线形式举行深化产业发展合作协议签订仪式。省委常委、常务副省长郭宁宁，国家电投副总经理徐树彪分别代表双方在协议上签字。省委书记、省人大常委会主任尹力，国家电投党组书记、董事长钱智民作讲话，并共同见证签约。根据协议，双方将从总部经济、科技研发、核能、县域经济等方面进一步深化合作，带动产城融合、乡村振兴与能源绿色低碳转型。省长赵龙主持。省委常委、秘书长吴偕林出席。

28日，福建省农业农村厅、水利厅在福州联合召开全省高标准农田建设排查整改工作推进视频会，贯彻落实全国高标准农田建设排查整改工作推进视频会议精神，对下阶段排查整改、高标准农田建设和第三次全国土壤普查工作进行部署安排。

29日，福建省农业农村厅在福州举办全省农业外来入侵物种普查视频培训班。会议强调，各级农业农村部门要切实抓好农业外来入侵物种普查工作，加强组织领导、组建普查机构、制定普查实施方案，落实经费保障，抓紧开展野外调查，强化质量控制，确保普查工作取得实效。

29日，福建省推进电动船舶产业发展。省工信厅、兴业银行和宁德时代在宁德市签署战略合作框架协议，三方将联手推动船舶电动化、船型标准化、岸电一体化、运营市场化、产品金融化，全面提升福建省电动船舶产业竞争力，打造形成可复制、可推广的电动船舶产业发展“福建模式”。

29日，福建省农业农村厅在福州举办全省防止返贫监测帮扶排查、巩固脱贫攻坚成果和乡村建设信息采集工作视频培训班。会议提出，要切实抓好防止返贫监测帮扶排查工作，坚持问题导向，加大排查力度，及时将易致贫返贫人口纳入监测帮扶范围，确保应纳尽纳、应帮尽帮，坚决守住不发生规模性返贫的底线。要做好防止返贫监测帮扶、巩固脱贫攻坚成果及乡村建设数据采集工作，强化组织领导，提高数据质量，搞好多方统筹，减轻基层负担，确保按时保质完成任务。

29日，商务部财务司举办商务领域财税金融政策培训班。本次培训班邀请了财政部、人民银行、工商银行、中信保公司等单位的专家，针对外经贸发展专项资金政策、跨境人民币结算政策、跨境人民币结算金融产品和实务、保单融资政策等当前较受关注的热点领域，为参训人员做了权威解读。福建省商务厅组织了中国武夷实业股份有限公司、中建海峡建设发展有限公司、福州瑞芯微电子股份有限公司、福州轻工进出口有限公司等部分外经贸重点企业及福州、莆田等设区市商务主管部门财务工作人员参训。

30日，为规范住宅小区公共收益管理，保障业主的知情权、监督权及合法权益，根据《中华人民共和国民法典》《物业管理条例》《福建省物业管理条例》等法律、法规，并结合福建省物业管理实际，福建省住建厅会同省发改委、公安厅、市场监管局等部门制定的《福建省住宅小区公共收益管理办法（试行）》今日印发。

30日，为落实国务院办公厅《关于印发城市燃气管道等老化更新改造实施方案（2022—2025年）的通知》（国办发〔2022〕22号），加快推进福建省燃气管道等老化更新改造工作，福建省住建厅、发改委、财政厅、市场监管局制定了《福建省燃气管道等老化更新改造实施方案》。经省政府同意，今日印发，要求有关单位认真贯彻执行。

30日，福建省农业农村厅召开全省秋冬农业生产推进视频会，贯彻落实全国三秋农业生产推进会部署，安排秋冬农业生产工作。会议提出，要扎实推进秋冬农业生产，全面完成各项目标任务，切实稳住农业基本盘。要毫不松懈抓好秋管秋收，挖掘增产潜力，加强农机调度和收获服务，奋力夺取秋粮丰收。要抓紧抓细秋冬种，加快分解生产任务，重点推进马铃薯生产，努力扩大油菜种植，积极发展优势秋冬蔬菜，切实抓好防灾减灾，夯实明年农业生产基础。要统筹抓好生猪等重要农产品生产，严管严控农产品质量安全，保障市场需求。要加快高标准农田建设，高质量开展土壤“三普”工作。

（摘编：刘海元）

10 月

1 日，福建日报消息，日前，中共中央批准：迟耀云同志任福建省委委员、常委和省纪委书记；李仰哲同志另有任用。

2 日，福建省发改委消息，1—8 月，福建省 2022 年 1587 个省重点项目累计完成投资 4839 亿元，占年度计划的 78.5%，超序时进度。在总投资大于 50 亿元的项目中，万华化学（福建）40 万吨/年 MDI 项目、厦门马銮湾道路工程、福建天然气管网二期工程、宁德时代湖西锂离子动力电池生产基地项目、福州地铁 6 号线等 20 多个项目已提前完成年度计划投资。从各地完成情况看：厦门、福州、莆田、泉州超 80%。分领域进度看：城建环保、工业、服务业、社会事业超 75%。2022 年以来，福建省不断加大项目协调调度力度，全力推动项目建设，对稳投资形成良好支撑。今年 1—8 月，全省固定资产投资中项目投资达 9928.22 亿元，同比增长 17.0%。

3 日，据福州海关统计，今年前 8 个月，福建省对东盟出口家电 8.8 亿元，同比增长 22.4%，跃居福建省家电出口市场第二位。数据显示，前 8 个月福建对东盟主要出口家电品种为电扇 1.6 亿元，增长 47.8%；电炉等 1 亿元，增长 47.6%；电视机 0.9 亿元，增长 91%，三者合计占同期福建省对东盟出口家电总值的 39.8%。东南亚地区是全球最有潜力的家电消费市场，以印尼、菲律宾为代表的东盟中等收入国家仍处在大家电普及阶段，人口基数大、经济发展快，保有量提升空间可观，已经成为我国家电出口的重要增量市场。今年 RCEP 正式生效，进一步增强了我国家电产品在东盟国家的市场竞争力。

6 日，福建省工信厅消息，工信部、发改委、财政部、生态环境部、交通运输部日前联合发布《关于加快内河船舶绿色智能发展的实施意见》，福建省被列入内河船舶绿色智能发展先行先试地区，闽江被列为示范应用流域。

6 日，福建省财政厅消息，根据福州和平潭综合实验区在数字人民币应用与推广中取得的成效，省财政下达资金 1000 万元给予奖励。2022 年，福建省福州（含平潭）、厦门入选第三批数字人民币试点地区。通过加大推进力度，拓展落地场景，强化地方特色，福州和平潭综合实验区的试点工作取得良好效果。其中，福州市以交通出行、生活缴费和党费缴纳、文娱旅游消费、商圈零售等 8 大类通用场景为切入点，结合福州特色，推出数字峰会体验、海上渔业交易、榕台融合消费等特色场景，逐步在全市全域推开。

7 日，国庆节前，长乐、漳浦、泉州、仙游 4 个省级粮库建设项目相继开工。自此，福建省新一轮省级粮库建设项目已全部开工，全省预计将新增 75 万吨省级仓容。其中，省储备粮管理公司长乐直属库扩建项目概算总投资 3.06 亿元，规划建设浅圆仓仓容 15 万吨及附属生产生活设施。扩建后，长乐直属粮库仓容将达到 36.2 万吨，是福建省地方储备粮仓容最大的粮库。

8 日上午，“建功‘十四五’ 筑路当先锋”福建省铁路建设劳动竞赛启动仪式在榕举行。省人大常委会党组副书记、副主任，省总工会主席周联清出席活动。

8 日，福建省加快构建产业人才体系赋能制造业高质量发展。近年来，福建省着眼于有效聚集产业人才，推动一批高水平科研院所、高校优秀团队落地，促使企业创新能力不断提升。目前，全省共培育产业领军团队 68 个，引进“高精尖缺”人才 150 多名，攻克一批“卡脖子”难题；培育省级制造业创新中心 4 家，引进高端人才 1200 多名；通过技能竞赛平台培养技能型人才超 3 万名。

8 日，刚刚过去的国庆假期，福建省统筹抓好文旅活动、疫情防控等各项工作，全省文旅市场供需两旺。据第三方测算，国庆假期全省举办 300 余场文艺演出活动、263 项旅游主题活动、257 场群众文化活动等接待游客 2927.52 万人次，实现旅游收入 212.75 亿元。

9 日，福建省工信厅信息产业工会成功举办“数字赋能 创新发展”专项技能竞赛。省工信厅信息产业工会和中电福富信息科技有限公司联合举办“数字赋能 创新发展”专项技能竞赛。本次技能竞赛于 7 月—9 月开展，共设四个竞赛项目，分别是 AI 人工智能技能竞赛、云网融合技能竞赛、数字化产品经理技能竞赛和信息安全技能竞赛，竞赛吸引了 240 多名职工报名参加。经过初赛和决赛的激烈角逐，赛事最终决出一等奖 10 名、二等奖 24 名、三等奖 24 名。9 月 29 日，在中电福富信息科技有限公司举办“数字赋能 创新发展”专项技能竞赛颁奖仪式，为获奖选手颁发荣誉证书和奖励。

9 日，全省金融形势分析会在福州召开，人民银行福州中心支行通报前三季度福建省金融运行情况，省委常委、常务副省长郭宁宁出席并讲话。

9 日、11 日，随着载有两批福建外贸人的厦航飞机从福州、厦门降落香港，“福品销全球”系列活动首站正式启航。作为疫情以来福建省首次组织的赴境外“福品销全球”拓市场之旅，福建省 24 家企业赴港参加香港消费电子展、品质生活时尚产品展和香港秋季电子产品展、香港国际秋季灯饰展，并拜访当地客户，取得丰硕成果。

11 日，福建省交通运输厅消息，近日，交通运输部、中华全国总工会公布“2021 年最美出租汽车司机”名单，福建省福州市华榕出租汽车有限公司王忠连（女）、福州海峡出租车有限责任公司陈章宇、福州市台江客运联合公司高孟榕等 3 人获“2021 年最美出租汽车司机”称号。

11 日，2022 年院士专家八闽行——全国海洋经济高峰论坛暨连江县海洋渔业碳汇建设体系发布会在连江贵安举行。会上发布全国首个海洋渔业碳汇建设体系，全国首笔数字人民币海洋碳汇融资同时签约落地。连江县发布的海洋渔业碳汇体系按“1+3+1+N”模式建设，即开展海洋渔业碳汇的机理机制研究；指定监测技术规范、核算技术指南、交易价值评估技术指南 3 个标准；建立海洋渔业碳汇交易平台；实施一批项目和工程，逐步实现海洋碳汇生态价值。

12 日，福建省工信厅消息，近日，工业和信息化部正式确定 12 个城市首批开展产业链供应链生态体系建设试点，宁德市名列其中。试点城市要通过机制创新、要素集聚、平台搭建、数智赋能和政策支持，推动区域产业链供应链生态体系迭代升级，形成龙头企业、配套企业、高等院校、科研院所、第三方平台、金融机构等协同联动、竞合共生的生态发展格局。通过试点，探索形成“遴选试点—加强指导—资源倾斜—滚动评估—持续优化—推广应用”的工作推进模式，树立一批可复制、可推广的发展标杆，推广典型案例和成功经验，助力制造业高质量发展。近年来，宁德加快构建以锂电新能源、不锈钢新材料、新能源汽车、铜材料为主的四大主导产业体系。宁德工业经济已形成存量工业、在建项目和洽谈对接项目滚动发展态势，正加速迈向“万亿工业时代”。

12 日，近年来，福建省积极对接央企投资，央企大项目、好项目在闽签约、落地、开工、投产渐成常态。沿着福建漫长蜿蜒的海岸线，宁德核电、中铜东南铜业、三峡海上风电产业园、福清核电、福建炼化、泉州中车、古雷石化等央企项目密布，蔚为壮观。截至目前，98 家央企中，已有92家在福建省投资项目或开展业务合作。党的十八大以来，共有44家央企与福建省签订合作协议，全省各地与央企合作项目657个，总投资1.8万亿元。央企项目活跃于福建重点布局领域，已成为福建产业补短板、增总量、优结构、提质量的重要支撑。

12日，福建省农业农村厅与人保财险福建省分公司在福州签订保险服务乡村振兴战略合作协议。人保财险福建省分公司长期以来致力于支持和保障"三农"事业发展，为福建省农业农村改革发展作出了积极贡献。希望人保财险福建省分公司继续聚焦乡村振兴重点领域，创新保险产品，提升服务水平，助力福建乡村全面振兴。

13日，福建省科技厅组织召开的全省企业研发投入促进工作会议消息，最新统计显示，全省全社会研究与试验发展（R&D）经费投入强度持续提升，2021年，全省共投入R&D经费968.7亿元，同比增长15.0%，增幅与上年相比回升了3.2个百分点；全省研究与试验发展（R&D）经费投入强度（与国内生产总值之比）为1.98%，比上年提高0.06个百分点。

13日，厦门火炬元宇宙孵化器揭牌仪式暨元宇宙产业发展论坛近日在厦门软件园一期举行。

当天揭牌成立的火炬元宇宙孵化器，将重点引进元宇宙初创型企业，并充分发挥软件园一期作为国家级孵化器的平台作用，通过打造公共技术服务平台、组建元宇宙基金、举办元宇宙大赛、建设应用场景等方式，为入驻企业提供有力支持。论坛上，厦门火炬高新区发布《高新区元宇宙产业培育政策》，该政策将从场地租金优惠、平台展厅建设补贴、火炬创新券等方面支持企业创新成长。同时，幻眼科技、青普启元、蚂蚁特工、易智时代、指挥家等一批优秀项目在论坛现场签约落地。

13日，南平市突出绿色发展，围绕"3+4+5"（三个千亿产业、四个五百亿集群、五个百亿集群）重点产业集群和"五个一"（一座山、一片叶、一根竹、一瓶水、一只鸡）等生态优势产业，积极开展产业链招商、以商招商等，促进三爱富氟新材料产业基地、华润怡宝武夷山生产基地、爱克太尔环保型先进粘接材料、闽瑞新合纤年产2万吨复合聚乳酸纤维等一批补链强链延链项目落地。2021年6月至2022年6月，全市对接民企464项，签约项目数居全省第2位。

13日，宁德市育龙头、锻长板、补短板助推工业经济稳定增长。近年来，宁德市深入贯彻落实习近平总书记"多上几个大项目，多抱几个'金娃娃'"的殷切希望，瞄准高质量发展落实赶超，先后培育壮大、引进落地青拓集团、新能源科技、宁德时代、中铜、上汽、格林美、时代一汽等一批"个头""颜值""气质"俱佳的大企业、大项目。突出产业链招商，构建不锈钢新材料、锂电新能源、新能源汽车、铜材料四大主导产业集群发展新格局，全市规上工业增加值增速连续多年位列全省前列。

13日，中国泉州—俄罗斯远东航线围头港首航暨"沃德菲泉州"轮命名仪式在晋江围头港举行。"沃德菲泉州"轮是以泉州命名的国际班轮，载重13477吨、565标箱，船期双周班。此次首航从围头港发往俄罗斯符拉迪沃斯托克（海参崴），主要船载货物是婴儿纸尿裤、PVC夹网布、鞋底、现代大理石制品、卫生用品等，预计一个星期后抵港。俄罗斯是晋江对外贸易的新增长极。2021年晋江全市外贸进出口总值突破1000亿元，占据了泉州的"半壁江山"，其中260家企业出口俄罗斯市场同比增长66.28%。

13日，上午7点，完成卸船任务的40万吨矿石船"明祥"轮缓缓驶离湄洲湾港罗屿码头，从巴西马德拉港远道而来的第8艘40万吨铁矿石船"明志"轮正在准备进港。这是继今年一月以来，湄洲湾港第二次迎来"一月双靠"40万吨船舶的良好生产态势。

14日，福建省海洋与渔业局消息，根据全国水产技术推广总站日前公布的2022年全国水生动物防疫系统实验室检测能力验证结果，福建省14家参加检测能力验证的水技推广机构全部获得满意结果，为福建省参加全国能力验证和获得满意结果最多的一年。获得能力验证满意结果的实验室，同时将获得2023年国家及省级水生动物疫病监测计划的相应疫病检测实验室备选资格。

14日，福建省海洋与渔业局消息，农业农村部日前公布2019—2021年度全国农牧渔业丰收奖获奖情况。其中，由福建省水产技术推广总站牵头组织实施的“节能环保型养殖技术集成创新与推广项目”，以及宁德市水产技术推广站牵头组织实施的“坛紫菜高效绿色生产技术集成与示范推广项目”荣获“全国农牧渔业丰收奖”农业技术推广成果奖三等奖。

14 日，福建省工信厅消息，日前，福建省出台《福建省优质中小企业梯度培育管理实施细则》，将按创新型中小企业、专精特新中小企业、专精特新“小巨人”企业三个梯度，对全省优质中小企业实施梯度培育。“优质中小企业”是指在产品、技术、管理、模式等方面创新能力强、专注细分市场、成长性好的中小企业。其中，“创新型中小企业”具有较高专业化水平、较强创新能力和发展潜力，是优质中小企业的基础力量；“专精特新中小企业”实现专业化、精细化、特色化发展，创新能力强、质量效益好，是优质中小企业的中坚力量；“专精特新‘小巨人’企业”位于产业基础核心领域、产业链关键环节，创新能力突出、掌握核心技术、细分市场占有率高、质量效益好，是优质中小企业的核心力量。

17 日，福建省商务厅消息，商务部部长王文涛与沙特投资部大臣法利赫以视频方式共同主持召开中国－沙特高级别联合委员会贸易投资分委会第四次会议。福建省商务厅以视频连线方式在福州参加了会议。近年来，福建与沙特经贸关系呈现良好发展态势，经贸往来更加密切。沙特成为福建在西亚地区的第一大贸易伙伴、第一大进口来源国和第二大出口市场。2021 年，双方进出口总额 543.8 亿元人民币，同比增长 52.1%，在福建与西亚国家进出口中占比 45.5%。2022 年 1—8 月，双方进出口额同比增长 28.9%。今年 3 月，由沙特基础工业公司（SABIC）、福建能化集团和漳州九龙江集团共同出资建设的“中沙古雷乙烯项目”，项目总投资 420.7 亿元人民币，是福建与阿拉伯国家最大的合作项目，彰显了福建与沙特的合作进入新的发展阶段。

18 日，根据国家统计局福建调查总队数据，9 月份福建省工业生产者出厂价格同比上涨 1.0%，环比下降 0.4%；工业生产者购进价格同比上涨 2.8%，环比下降 0.5%。1—9 月平均，工业生产者出厂价格比上年同期上涨 3.9%，工业生产者购进价格比上年同期上涨 7.0%。

18 日，“纺织鞋服产业专项纾困贷款”上线。日前，省工信厅、省财政厅、省金融监管局、人行福州中心支行、福建银保监局联合印发了《关于设立福建省纺织鞋服产业纾困专项资金贷款的通知》（闽工信联消费〔2022〕37 号）。根据该通知，为贯彻落实省委省政府关于推动纺织鞋服产业转型升级的工作部署，纾解纺织鞋服企业面临的暂时流动性困难，支持企业增产增效，保障产业链供应链稳定，福建省设立 50 亿元规模的纺织鞋服产业纾困专项资金贷款。

18—20 日，福建省农业农村厅调研组赴南平市调研农业农村重点工作，深入顺昌县际下村、兴源村生态循环农业基地，邵武市和平镇绿色食品观光产业园、水北镇高标准农田、大乾村巨型稻种植实验示范项目和金坑乡红色教育基地，光泽县圣农肉鸡加工厂等，实地察看党建引领乡村发展。

19—20 日，福建省林业局在尤溪县举办全省林业有害生物防治技术培训班，各市、县（区）森防检疫站技术骨干近 100 人参加培训。本次培训班邀请了省林科院、沙县区和新罗区林业局等专家授课，就福建省森林生态系统外来入侵种普查工作和松材线虫病防控技术与政策解读进行培训。培训班上，各位专家详细讲授了外来入侵物种识别、普查技术方案、普查监测平台及 APP 使用、外业普查规范、松材线虫病防控技术、政策和经验做法。

19 日，中欧（厦门）班列首列冷链专列从厦门自贸片区海沧园区驶出经满洲里口岸出境后，预计 15 天可抵达俄罗斯莫斯科。此趟冷链专列装载福建本地的冻鱿鱼片、秋葵条等优质海鲜蔬果产品，共约 906 吨、承运货值近 3 千万元，专列实现从工厂源头到最终买家仓库全程恒温运输，保证现有技术下最大限度货物的冷鲜品质。截至 2022 年 9 月，中欧（厦门）班列中俄线已承运 31070 个标准柜，承运货值近 70 亿元。

20 日，福建省农业农村厅有关负责人应邀参加宁德市山地农业生产全程机械化现场推进活动暨古田县利洋炮弹柿丰收节活动。

20 日，为贯彻落实省委省政府关于推动纺织鞋服产业转型升级的工作部署，日前，省工信厅、省财政厅、省金融监管局、人行福州中心支行、福建银保监局联合印发了《关于设立福建省纺织鞋服产业纾困专项资金贷款的通知》。根据该通知，福建省将设立50亿元规模的纺织鞋服产业纾困专项资金贷款，用于纾解纺织鞋服企业面临的暂时流动性困难，支持企业增产增效，保障产业链供应链稳定。该专项资金贷款将支持福建省化纤制造、棉纺、织造、染整、服装、制鞋、家纺、箱包、产业用纺织品、纺织鞋服机械等纳入统计范围的纺织鞋服规上工业企业及纺织鞋服产业工业互联网平台企业。其中，将重点支持受新冠肺炎疫情等影响暂时生产经营困难但当前仍在生产经营的中小型纺织鞋服工业企业。

20日，由澳门贸易投资促进局主办的第27届澳门国际贸易投资展览会在澳门开幕。本届展会，福建作为主要合作省份参加，并设立福建省主题馆。本届展会，福建省代表团设立了180平方米的福建馆，全方位、多角度展示以“闽山闽水物华新”为主题的新时代福建省经济社会发展成果。同时，组织近30家企业，展示了数字经济、海洋经济、绿色经济和文旅经济等“四大经济”的展品，参展企业数及商品数均居内地代表团首位。

20日下午，由福建省商务厅、中葡论坛（澳门）常设秘书处、澳门贸易投资促进局主办，澳门福建同乡总会、澳门福建同乡会、澳门厦门联谊总会、葡中工商会澳门分会协办的“福建－澳门－葡语国家经贸合作对接会”在澳门成功举行。此次经贸合作对接会达成了多个合作意向，福建武夷艾与葡萄牙中国经贸旅游协会、亚洲及大洋洲区葡侨委员会、佛得角与中国友好协会就中医药合作签订战略合作协议。福建金风科技、三棵树等企业分别与澳门永利集团等澳门及葡语国家企业签订相关产品合作协议。

21日，福建省住房和城乡建设厅印发《轨道交通矿山法隧道施工质量验收标准》，批准该标准为福建省工程建设地方标准，编号DBJ/T 13－409－2022，自2023年2月1日起实施。该标准由省厅负责管理，具体技术内容由福州市地铁建设工程质量安全监督站负责解释。

21日，福建省工信厅召开《福建省优质中小企业梯度培育管理实施细则》宣贯视频会。为认真贯彻落实工信部《优质中小企业梯度培育管理暂行办法》和《福建省优质中小企业梯度培育管理实施细则》（以下简称《实施细则》），进一步加强优质中小企业梯度培育工作，下午，福建省工信厅在福州组织召开《实施细则》宣贯视频会，福州主会场和各设区市、平潭综合实验区分会场以视频连线方式举行。

21日，福建省农业农村厅与省农信联社在福州签订战略合作协议。双方希望继续聚焦农业农村发展，积极创新产品服务，加大信贷支持力度，为助力乡村全面振兴、促进共同富裕作出更大贡献。

21日，福建省商务厅相关负责人率开发区管理处和台湾处相关同志赴福清融侨经济技术开发区和福州金山工业园区开展园区标准化建设和对台经贸工作调研。调研组一行先后到冠捷电子（福建）有限公司、绿星（福州）居室用品有限公司、青大创意中心等台企和橘园洲智能产业园（包括字节跳动等企业）调研，详细了解企业生产经营、外贸进出口以及园区建设等情况；并分别与两个园区管委会和属地相关部门的同志座谈交流。

22日，签约落地福州（连江）国家远洋渔业基地的正冠南极磷虾产业园，迎来最新进展——投资6.9亿元建造的南极磷虾捕捞加工船正式开工建造。这标志着，这个全国第一家专业的南极磷虾产业园进入加速建设阶段。正冠南极磷虾产业园占地约60亩，总投资约9.16亿元，建成后有望带动年约15万吨的磷虾在福州（连江）国家远洋渔业基地上岸。同时，该产业园正与中国水产科学研究院黄海研究所展开科研合作，研发磷虾油提纯、磷虾蛋白肽等产品，将极大程度地填补我国在该领域产品的空白。

24日，福建省住房和城乡建设厅印发《城镇排水管渠修复工程工程量计算标准》，批准该标准为福建省工程建设地方标准，编号DBJ/T 13－408－2022，自2023年2月1日起实施。该标准由省厅负责管理，具体技术内容由福州市建设工程造价管理站负责解释。

24日，福建省在建最大分布式光伏发电项目并网试运行。近日，在福建联合石化聚烯烃堆场泉港光伏项目建设现场，工程师对一期光伏发电试运行预制舱进出线柜进行核对，通过冲击试验检测设备运行情况。据介绍，这次并网试运行，将为一期项目全容量投产、验收发电奠定良好基础。

24日，福建省加快工业互联网标识解析体系建设。近日，省工信厅联合省通信管理局印发《关于加快工业互联网标识解析体系建设与规模应用的通知》（以下简称《通知》），提出到2025年底，建成层次分明、功能完善、覆盖全省的工业互联网标识解析体系。工业互联网通过标识码为实体和虚拟的对象赋唯一的身份码，为跨领域、跨行业、跨企业提供基础资源和信息互联互通能力。标识解析体系是工业互联网的中枢神经，是工业互联网实现互联互通的关键基础设施。

24日，上午10时许，一列中欧（厦门）班列缓缓驶出厦门马銮湾新城前场铁路大型货场站台，满载50个集装箱货柜，装有太阳能支架、液晶显示器、服装等中国制造产品，开往一万余千米外的德国汉堡。同时，位于马銮湾新城前场物流园区的前场多式联运监管中心进入竣工阶段，今后，中欧班列将正式转移至前场铁路大型货场始发。

25日，泉州师范学院—匹克（中国）有限公司共建先进功能面料实验室正式签约揭牌，全球先进功能面料创新联合体同步正式签约。全球先进功能面料创新联合体由泉州师范学院、东华大学、匹克（中国）有限公司、泉州海天材料科技股份有限公司、福建百宏聚纤科技实业有限公司、清源创新实验室、福建省纺织品检测技术重点实验室等单位共同发起，成为全省第一个以民营企业和高校、科研院共同牵头的创新联合体，将在科技攻关、技术成果转化、人才培养等方面开展深度合作，实现学校与企业、科研院所资源共享、互利共赢。

26日，福建省住建厅于2022年7月份组织各设区市（含平潭综合实验区）房屋征收部门对辖区内已在省厅备案的房屋征收实施单位开展2021年度信用评价。经各设区市房屋征收部门评价，共有71家单位信用评价结果为A级，142家单位信用评价结果为B级，21家单位为2022年初审新增备案，按规定不参加本次信用评价。

27日，聚焦前三季度福建省经济运行情况。今年前三季度，全省上下高效统筹疫情防控和经济社会发展，加力落实稳经济一揽子政策和接续政策措施，加快释放政策效能，前三季度全省经济运行稳中向好，主要经济指标保持在合理区间。省统计局前日发布数据显示，今年前三季度，福建省地区生产总值（GDP）达37793.71亿元，同比增长5.2%，比上半年加快0.6个百分点，增速高于全国2.2个百分点。

28日，福建积极推动省工业企业供需平台建设。为加强产业链上下游协作配套，助力企业市场开拓扩大生产，促进产业链供应链畅通稳定，推动全省工业平稳健康发展，根据省政府工作部署，今年6月份以来，省工信厅按照“瞄准对接、以快为主、入驻为重、轻重缓急、好做先做、能做都做”的思路，推进福建省工业企业供需对接平台建设。一是加强组织领导。成立了平台建设领导小组。二是强化指导督促。多次召开平台建设工作视频会议，推动规上工业企业主动入驻平台。三是注重走访调研。在平台建设过程中，积极对接省税务局、统计局、电信公司，加强与相关部门的沟通协调，汇集规上工业企业基础信息。

28日，福建省港航事业发展中心消息，国庆期间，湄洲湾港秀屿港区6#泊位正如火如荼地开展原木接卸工作。这艘满载84269根/32904.19m3北美木材的巴拿马籍“肯吉/KEN JYO”轮刷新了秀屿港区整船接卸最大进口原木船舶的纪录。标志着一体化协同联动不断深入，融合发展再结硕果。

31日，福建省发改委组织人员前往福州市永辉超市、大润发超市、上海东农贸市场等开展价格巡查，目前各超市及农贸市场米、面、油、肉、蛋、菜等货源充足，价格稳定，市场秩序井然，未出现断档、抢购等异常情况。

31日，福建省商务厅按照商务部相关工作部署，根据年度工作计划，开展了2022年“绿色商场”创建实施工作。经地市组织推荐，第三方评价机构审核及现场评价，省商务厅审定和公示公布，“福建世欧商业管理有限公司（福州世欧广场）”等13家企业获评福建省2022年“绿色商场”，标志着福建省2022年“绿色商场”创建实施工作按计划圆满完成。

（摘编：肖启辉）

11 月

1 日，2021 年度福建省工艺美术系列高级专业技术职务任职资格评审圆满收官，经过组织推荐、材料预审、论文鉴定、业绩评价、实操审核、面试答辩、综合评议、集体表决等环节，并报省人社厅批准确认，最终全省新增正高级工艺美术师 3 名、副高级 18 名，涉及石木雕、陶艺、传统服饰等专业类别。

1 日，福建省进一步扩大“单一窗口 + 出口信保”政策覆盖面，由年出口规模在 600 万美元以下企业扩大至 700 万美元以下企业，财政对企业投保保费予以支持。符合条件的小微出口企业，可通过国际贸易单一窗口申领 2023 年出口信用保险保单，保单有效期为 2023 年 1 月 1 日—2023 年 12 月 31 日，参保企业最高可享百万元风险保障。

1 日，福建省科技厅会同省直相关部门与专家召开厦门海洋高新产业园创建省级高新区咨询会。会议同意厦门市创建省级海洋高新技术产业园区，建议要持续完善规划，凝练重大项目，聚集高端产业，打造专业化园区。

1 日，福建省财政厅消息，财政部提前下达福建省 2023 年新增政府债务限额 1034 亿元，比上年增长 33.9%。其中，一般债务 101 亿元，专项债务 933 亿元。新增债券资金将用于支持交通基础设施、新能源项目、新型基础设施等领域重点项目建设。

1 日，由中国茶叶流通协会主办的第二届世界红茶产品质量推选活动在福安举行。本届活动共收到国内 20 个省、自治区和直辖市以及印度、尼泊尔、斯里兰卡等国家和地区 1031 家企业选送的 1334 个红茶样品，具体涵盖 20 余个品类，参与数量、覆盖面、代表性创新高。本届推选活动分别在中国福安、印度加尔各答、斯里兰卡科伦坡三地进行评审，评审委员会成员按干茶外形和茶叶冲泡后的汤色、香气、滋味、叶底等方面进行综合审评，采用百分制打分，然后根据打分结果和评分系数计算各茶样总分。

2 日，福建省财政厅根据 2021 年保障性安居工程工作综合考评结果，下达正向激励资金 4800 万元，对成效明显地区进行奖励。获得城镇老旧小区改造激励的有漳州市本级、仙游县、南安市、沙县区、邵武市；获得棚户区改造激励的有莆田市本级、云霄县、仙游县、安溪县、建宁县、武夷山市；获得保障性租赁住房激励的有福州市本级、连江县。省财政厅按照每个设区市 600 万元、每个县（市、区）300 万元标准分别给予奖励。这是福建省首次对保障性安居工程工作成效明显地区给予奖励。

2 日，福建船政重工消息，1 月至 10 月，福建船政重工已成功出口 17 艘各类船舶，加上后续出口，预计全年可实现出口创汇 3.75 亿美元，同比增长 9%，居福建船舶出口前列。

2 日下午，全省经济运行分析视频会召开。会议指出，四季度是全年经济工作的攻坚期，各地各有关部门要按照省委和省政府部署要求，把学习宣传贯彻党的二十大精神作为当前和今后一个时期的首要政治任务和长期战略任务，在全面学习、全面把握、全面宣传、全面落实上下功夫，统筹疫情防控和经济社会发展，统筹发展和安全，只争朝夕、全力冲刺，确保四季度“冲劲足”、下半年好于上半年，确保全省经济总量再上一个新台阶。省委常委、常务副省长郭宁宁主持会议并讲话。

3 日，福建省交通运输厅消息，日前，省厅两项福建省地方标准《公路隧道仰拱施工质量无损检测技术规程》（DB35/T 2075－2022）和《交通建设水运工程造价咨询文件编制规程》（DB35/T 2076－2022）获得省市场监管局批准发布。

3日，福建省山商务厅消息，商务部今日对外公布，商务部、国家发展改革委、财政部等8部门决定，在全国增设29个国家进口贸易促进创新示范区，晋江位列其中，为全省唯一。

4日，根据《福建省建机一体化企业信用综合评价办法（2022年版）》，省住建厅组织开发了福建省建机一体化企业信息登记系统，定于2022年11月15日至12月31日登记系统试运行，已列入建机一体化企业名录的143家企业进行信息登记；2023年1月1日起正式启用登记系统，全面开展建机一体化企业信息登记工作。

4日，尹力赴宁德古田宣讲党的二十大精神并调研推动乡村振兴发展。尹力强调，学习宣传贯彻党的二十大精神，是当前和今后一个时期的首要政治任务。他深入企业厂区、田间地头调研，与基层干部群众深入交流。在福建天天源生物科技有限公司，尹力详细了解银耳菌种培育、工业化种植、产品精深加工、银耳文化推广等一体化全产业链情况，鼓励企业坚持科技创新，攻克更多专利技术，研发更多个性化产品，打响品牌商标，与省内食品龙头企业联手拓展广阔市场，带动产业转型升级。民以食为天，食以安为先，企业一定要高度重视食品安全，准确把握人民对高品质生活的美好追求，从源头上守护好“舌尖上的安全”。尹力指出，企业发展与国家发展息息相关。党的二十大报告强调，必须坚持科技是第一生产力、人才是第一资源、创新是第一动力。尹力希望，广大企业家和科研人员要深入学习贯彻党的二十大精神，坚定发展信心，坚守实体经济，发挥企业科技创新主体作用，加大自主研发和创新力度，不断塑造自身发展的新动能新优势，在新领域新赛道上坚定不移向前走。

4日，2022金砖国家职业技能大赛决赛和2022金砖国家技能发展与技术创新大赛厦门国际赛同期在厦开赛。该赛事是今年我国作为主席国在金砖国家合作机制下举办的第一届职业技能大赛，由教育部、人社部、金砖国家工商理事会和厦门市政府共同主办。此次两项大赛共吸引国内外千余支队伍、2000多名选手参赛，其中来自国内各省市的选手在厦门线下参赛，国外选手通过线上远程参赛。

4日，福建省统计局日前发布数据显示，今年9月份，福建省规模以上工业企业利润总额同比增长6.0%，比上个月回升了16.8个百分点；38个工业大类行业中18个利润较上月增速加快或降幅收窄，2个行业利润由降转增，合计占比超五成。数据显示，前三季度，全省规模以上工业企业实现利润总额2733.59亿元，比上年同期下降8.6%，降幅比1—8月收窄1.9个百分点。

4日，福建省住房和城乡建设厅印发《关于进一步健全完善拖欠工程款和农民工工资问题源头治理机制的通知》，从源头治理拖欠工程款和农民工工资。

5日，《国家公园》纪念邮票首发仪式在武夷山国家公园举行。该邮票由中国邮政发行，一套5枚，图案名称分为三江源国家公园、大熊猫国家公园、东北虎豹国家公园、海南热带雨林国家公园和武夷山国家公园。全套邮票面值6元。

6日，福建省住房和城乡建设厅消息，1—9月，全省城市建设品质提升累计完成投资4068.6亿元，占年度投资目标任务的90.41%。今年3月，福建省出台方案提出实施10类工程带动城乡建设品质提升工作，年内计划实施6900个项目，投资4500亿元。前三季度，全省住建系统有序推进城市基础设施建设项目加快落地，城乡人居环境得到持续改善。

7日，福建省市场监管局消息，截至10月底，福建省实有市场主体702.14万户，同比增长6.70%。其中，企业181.85万户，同比增长8.73%；个体工商户515.89万户，同比增长6.05%；农民专业合作社4.40万户，同比增长2.43%。

7日上午，福建省交易团、福建省医疗保障局借助“数字进博”平台共同举办第五届进博会福建省重点项目“云签约”仪式。当天重点项目“云签约”仪式上，现场共签约9批30个项目，涵盖了新材料、食品、药品、医疗仪器及器械等高端设备以及银企战略合作协议等银行授信项目。

8日，福建省交通运输厅消息，福建省首个农发行“福路贷”项目——永安市贡川镇乡村振兴示范路综合提升工程于11月3日获批，并于11月7日成功放贷。贡川镇乡村振兴示范路建设“福路贷”项目是全省第一批通过省农发行批准和第一个在农村路网建设中使用贷款资金的项目，放款额度6000万元。

8日，福建省财政厅消息，根据财政部、住房和城乡建设部等部门日前印发的通知，自今年11月起，在48个市（市辖区）实施政府采购支持绿色建材促进建筑品质提升政策，福建省福州、龙岩成为试点城市。

9日，中国建设银行漳州分行为福化古雷化学有限公司放款450万元，这是福建省落地的首单“绿电贷”。此笔贷款将专项用于福化古雷化学10月份购买635万千瓦时的全部绿电电费支出，相比企业日常流贷利率下浮了25%左右。

10日，2022厦门国际海洋周开幕式暨厦门国际海洋论坛在厦门举行。自然资源部副部长、国家海洋局局长王宏，福建省人民政府副省长林文斌，厦门市人民政府市长黄文辉出席并分别致辞，联合国副秘书长李军华等国际嘉宾线上致辞。

10日，隶属于地中海航运印尼线（“海豚”线）的“地中海凯普三号”轮满载着鞋服、轻工产品、机械等大宗货物，成功首航厦门海天码头。“海豚”线直航印度尼西亚泗水港、雅加达港，最快航程仅9天，将高效助力厦门至印尼进出口货物往来畅通。另一条地中海航运东南亚新线（“海鸥”线）将紧随其后在厦开通。“海鸥”线覆盖越南头顿港、泰国林查班港、新加坡港、马来西亚槟城港及巴西古丹港。

10日，在福建省商务厅牵头组织下，福建－阿根廷双向贸易对接会成功举办。中国驻阿根廷使馆经商处、福建省商务厅、福州市商务局、福州市进出口商会及其会员企业的代表与阿根廷BICE银行、Catamarca省、Santa Fe省、Mendoza省、Salta省、La Rioja省政府及当地企业代表等共30多人参与了线上对接会。福建方面表示，阿根廷是农牧业、矿业出口大国，福建省是轻工业出口大省，双方贸易互补性强，合作空间广、潜力大，希望在双方政府、商会、企业共同努力下，福建与阿根廷的贸易尽快实现量的倍增和质的提升。阿根廷Catamarca等五个省政府的农牧业及经贸代表先后介绍了当地经济结构和特色商品，表达了与福建扩大经贸往来的强烈意愿。

11日，24时，一年一度的“双十一”活动正式落幕，中国（福建）国际贸易单一窗口跨境电商综合服务系统再次圆满完成大促保障各项工作，全力为跨境电商快速通关保驾护航。今年“双十一”期间，中国（福建）国际贸易单一窗口跨境电商综合服务系统共完成跨境电商进出口业务总量突破335万票，同比上升5.45%；货值超9.5亿元，同比上升62.74%。其中，进口业务量超250万票，货值近3.9亿元，出口业务量近81.5万票，货值超5.5亿元。在进出口热销商品中，进口热销商品多以防晒、护理用品为主，而在出口商品方面，排名前3分别是女士大衣、衣服、饰品等。

11日，为积极抢抓《区域全面经济伙伴关系协定》（RCEP）机遇，深化对日经贸合作，福建省商务厅结合中国（厦门）国际跨境电商展览会于2022年11月10日至12日举办第三季“日资企业福建行”活动。副省长李建成出席本次活动。

14日，南平市建阳区水吉镇和平村再生稻绿色丰产高效示范基地进行现场实收测产，测算结果显示，再生季产量达631.89公斤，加上头季稻的658.76公斤，两季产量达1290.65公斤，该示范基地连续7年实现再生稻两季亩产“超吨粮”。该示范基地由福建农林大学再生稻科技团队与南平市建阳区农业农村局共建。

15日，厦门港务控股集团旗下福建电子口岸股份有限公司的智慧港口项目落地巴西桑托斯港。项目将完成8台套“集卡防吊起系统”的升级改造，为桑托斯港生产运营更加安全高效提供“智慧”依托。桑托斯港是巴西第一大集装箱吞吐港，也是世界最大咖啡输出港。

15日，连接福建龙岩到广东龙川的龙龙铁路福建段最长隧道——双髻山隧道贯通。双髻山隧道是龙龙铁路全线重点控制性工程之一，至此，龙龙铁路福建段23座隧道全部贯通。龙龙铁路双髻山隧道位于龙岩市上杭县境内，全长7668.85米，是龙龙铁路在福建段最长也是最后一个贯通的隧道，设计时速250千米，为单洞双线隧道。双髻山隧道的贯通标志着福建段全线3座超5000米特长隧道已全部贯通，为下一步施工作业奠定基础。

16—18日，水利部原水文局局长邓坚为组长的水利部景区办专家组，对福建省入围第二批国家水利风景区高质量发展典型案例建议名单的南靖土楼水乡水利风景区开展现场复核。南靖土楼水乡水利风景区以九龙江西溪上游的船场溪支流生态建设为抓手，结合土楼世界文化遗产的品牌效应，通过对树海瀑布、云水谣河段、享阳湖（南一水库）的整治和开发，融合亚热带雨林、世界文化遗产、全国历史文化名村、中国景观村、中国传统村、省重点水利工程等自然、人文景观，打造土楼与山水的“最佳配置”。2014年被水利部授予“国家水利风景区”。

17日，为期3天的2022中国（厦门）国际跨境电商产业展览会在厦门国际会展中心落幕。相比往届，人流量、成交量均呈增长态势，人流、商流都在持续回暖。此次展会是全国性展会恢复举办以来的首场国家级专业跨境电商主题展会，哈尔滨、广州、义乌、重庆、吉林、石狮、建宁等地均组团参展，同期配套举办30多场论坛、沙龙、推介会等活动。

18日，2022年福建（屏南）蔬菜种业创新大会在屏南县岭下乡海峡现代种业创新园举行，来自全国各地的150多家种业企业参会。省人大常委会副主任严可仕出席。大会采用“线上＋线下”方式展示国内外蔬菜科研单位和种子企业的蔬菜新优品种3000多个，并组织国内知名专家现场评审，向社会推荐优秀品种30多个。大会设室内展区和室外新品种展示区，组织蔬菜新品种、现代农业装备、绿色药肥、农业新科技的展示、交流、洽谈、交易。

19日，第六届中国（宁德）大黄鱼文化节在宁德会展中心隆重开幕。本届文化节由中共宁德市委、宁德市人民政府、中国渔业协会主办，中共宁德市蕉城区委、宁德市蕉城区人民政府承办。

20日，在2022中国5G＋工业互联网大会上，工业和信息化部举行工业互联网标识解析体系国家顶级节点全面建成发布仪式，标志着工业互联网标识解析体系——“5＋2”国家顶级节点全面建成。工业互联网以标识解析体系为纽带，标识解析体系以国家顶级节点为中枢，上联国际根节点，下联二级节点及企业节点。四年多来，累计标识注册量突破2000亿个，日解析量1.2亿次，服务企业超20万家，覆盖29个省、自治区、直辖市和38个重点行业，已成为推动数字经济创新发展、产业优化升级、生产力整体跃升的重要力量。

20日，为积极应对疫情影响，推动餐饮、批发零售、服务业等消费市场复苏，福州市在分批有序开放重点公共场所的基础上，于今日晚启动八闽美食嘉年华活动暨“鱼燕榕城　丸转福州”促消费活动。省委常委、常务副省长郭宁宁，副省长李建成出席启动仪式并调研餐饮企业。

21日，由省工信厅对口指导，九牧厨卫公司、厦门大学、福建电信、福建移动、福建联通等单位联合编制的《5G＋工业互联网应用指南　陶瓷行业》正式发布。该标准填补了国内陶瓷行业5G＋工业互联网标准化应用的空白，为全国其他陶瓷生产基地的5G＋工业互联网建设应用提供了借鉴。此项标准的制定有利于指导陶瓷行业开展5G＋工业互联网智能化生产，有利于促进陶瓷行业5G＋工业互联网应用的实施，降低“5G＋工业互联网”的技术应用风险。

21日，在福清江阴中景石化科技园，全球最大的丙烷丙烯分离塔在中景石化二期年产100万吨丙烷脱氢项目工地完成吊装（如图）。作为项目最核心的设备，该塔高度138米、容积11000立方米，是目前世界上最高、最大的丙烷丙烯分离塔。中景石化年产100万吨丙烷脱氢项目，总投资40亿元，年产值100亿元，可拉动上下游产业链产值200亿元。项目引进世界最先进的丙烷脱氢制丙烯生产工艺技术，生产高纯度丙烯原料，满足园区下游共聚聚丙烯需求。项目在技术引进、工程设计、设备采购、建造及安装过程中攻克了一个个难题，并实现50兆瓦正压防爆电机、169兆瓦空气加热炉的首次国产化。

21日，福建省交通运输厅消息，日前，随着船舶检验证书、登记证书及营业运输证的办理完成，南平闽江航运发展有限公司“武夷1号”“武夷2号”两条船舶正式入籍南平港，为南平市航运发展掀开了新篇章。“武夷1号”“武夷2号”为内河集散两用货船，船长58米，参考载货量702吨，可用于运载集装箱、干杂货及干散货，为目前南平籍吨位最大的运输船型。其中，“武夷2

号”为全省首制内河增程式电动货船，相较传统内燃机动力船舶，在低碳环保和经济效益方面具有明显的优势。

22 日，生态环境部发布《自贸试验区加强生态环境保护推动高质量发展案例》，福建自贸试验区入选 5 项，占全部 52 项案例的 9.6%。厦门片区积极打造零排放示范区，围绕航空产业积极发展绿色供应链，科学防控航空进境维修废物监管风险，助推航空产业高质量发展。平潭片区创新海洋多元共治模式，探索“海上风电 + 海洋牧场”融合发展，相关举措此次入选，印发全国学习借鉴。

22 日，福建 – 俄勒冈跨境电商线上培训会成功举办。培训活动由俄勒冈 – 中国理事会主办，中国商务部外贸发展事务局、中国驻旧金山总领馆、俄勒冈州商务厅、俄勒冈州农业厅、福建省外事办、福建省商务厅及汉连跨境电商平台共同协办。16 家俄勒冈当地企业及商业组织代表在线参会。福建方面表示，跨境电商是中美数字合作的前沿，希望福建与俄勒冈以此为契机，把握政策优势，深化数字经济领域交流合作，搭建俄勒冈州农产品、消费品销往中国的“快捷通道”；希望双方企业利用跨境电商平台积极对接，加快数字赋能，推动产业协同发展，为福建 – 俄勒冈友好省州注入新内涵和新活力。

22 日，福建省港航中心消息，连日来，福建省港口的绿色发展捷报频传：靠泊福州港罗源湾 4 号泊位的“鑫鹏轮”、靠泊湄洲湾港秀屿作业区 1 号泊位的“金兆 39”轮、罗屿作业区 10 号泊位的“三航浚 6”轮和莆头作业区的“海泓星”散货船，都得到优先靠泊及高效的岸电连船供电服务。这标志着福州港罗源湾码头、湄洲湾港秀屿作业区、罗屿作业区和莆头作业区在高质量推进码头岸电工作上取得了阶段性成果，实现了靠港船舶使用岸电连船作业零的突破。

23 日，福建省统计局日前发布的数据显示，今年 1—10 月，全省固定资产投资 17361.34 亿元，同比增长 9.0%。其中，项目投资 12496.97 亿元，同比增长 17.8%；房地产开发投资 4864.37 亿元，同比下降 8.5%。今年以来，全省支持工业稳增长的政策密集出台，为增强产业韧劲注入动能。

23 日，全省产业数字化转型工作现场会在厦门召开，副省长康涛出席并讲话。会上，福州、厦门、三明、莆田市分别介绍了推进产业数字化转型经验做法，福州大学、省电信公司、宁德时代和奇安信公司作了交流发言。

23 日，16 兆瓦海上风电机组在福建三峡海上风电国际产业园下线。该机组是目前全球单机容量最大、叶轮直径最大、单位兆瓦重量最轻的风电机组，其发电机、叶片、数字化控制系统等主要部件完全实现国产化，打破了海上风电机组关键部件国外垄断。本次下线的海上风电机组由中国三峡集团、金风科技联合研发，机组轮毂中心高度达 146 米，叶轮直径 252 米，叶轮扫风面积约 5 万平方米。在额定工况下，单台机组每转动一圈可发电 34.2 千瓦时。根据多年平均发电量设计值，单台机组每年可输出超过 6600 万千瓦时清洁电能，能够满足 3.6 万户三口之家一年的生活用电，可节约标煤约 2.2 万吨，减排二氧化碳约 5.4 万吨。

23—26 日，水利部太湖流域管理局工会主席、二级巡视员吴志平一行莅闽，对福建省数字孪生流域建设先行先试工作进行调研督导。调研督导组先后赴厦门、漳州、福州等地开展实地调研督导工作，听取了数字孪生九龙江北溪、数字孪生溪源溪小流域（溪源水库）、数字孪生厦门东西溪流域等先行先试建设项目及福建省数字孪生流域整体推进情况的汇报，观看了数字孪生流域平台、福建省数字水利智慧平台（一平台）等系统功能演示，并从数字孪生底板、知识平台、模型平台、数据共享、网络安全等方面开展了深入交流。此外，调研督导组还实地调研了九龙江北溪孪生流域物模基地、福州市联排联调中心等。调研督导组对福建省数字水利智慧平台（一平台）建设和数字孪生流域先行先试工作给予充分肯定，认为福建省充分发挥数字化先发优势。

24 日，以“新格局 · 大资管 · 绿色经济”为主题的 2022 第三届中国资产管理武夷峰会在南平举行。省委常委、常务副省长郭宁宁出席峰会并致辞。在峰会上，中国人民大学国家发展与战略研究院发布了《中国资产管理行业发展报告 2022》，现场签约对接 11 个产融项目，合作金额共 75.6 亿元。

24 日，福建省科协遴选确认 5 个平台为 2022

年福建省科技经济融合服务平台，每个平台给予50万元经费资助。此次遴选出的新一批科技经济融合服务平台包括：厦门大学申报的福建省半导体光电科技经济融合服务平台、福州大学申报的福建省人工智能科技经济融合服务平台、福建工程学院申报的福建省数字城乡融合发展科技经济融合服务平台、中国科学院福建物质结构研究所申报的福建省智能控制科技经济融合服务平台、龙岩学院申报的福建省数字普惠金融科技经济融合服务平台。

27日，福建省林业局消息，福建省已提前全面完成2022年度互花米草除治任务。截至26日，全省累计除治面积105858亩，占年度任务的120.83%、总除治任务的77.48%。其中，莆田市、厦门市、漳州市、泉州市已全部完成除治任务。宁德市、福州市已超额完成年度除治任务，其中宁德市累计完成54074亩，年度除治完成率为136.29%，总除治完成率为71.53%；福州市累计完成22629亩，年度除治完成率为120.48%，总除治完成率为71.01%。互花米草是全球最危险的100种外来入侵物种之一。20世纪80年代引入我国后，互花米草在福建省沿海滩涂快速蔓延，严重影响了福建滨海湿地生态安全和群众生产生活。

28日，国家发展改革委发布2022年国家物流枢纽建设名单，以晋江陆地港片区为主体的泉州商贸服务型国家物流枢纽（简称“泉州枢纽”）入选，系本次福建省唯一入选的国家物流枢纽。泉州枢纽包含晋江陆地港片区和石狮石湖港片区，由福建陆地港集团作为牵头单位，与普发仓储公司、丝路云仓公司、港口开发公司和阜康储运公司等4家企业组成战略联盟，共同推进枢纽项目的建设运营。

28日，作为第十三届海峡心血管病高峰论坛的重要分论坛，“心产业·新未来”2022年厦门心血管健康产业创新论坛在厦门举办。论坛上，心血管健康产业协同创新基地揭牌。心血管健康产业协同创新基地由厦门市科技局、厦门火炬高新区管委会、厦门心血管病医院合作共建，以厦门火炬生物医药专业孵化器为运营载体。基地将以医工融合创新和科研成果产业化为导向，开展协同创新合作、公共平台服务、产业招商联动、科技企业孵化、投融资对接和学术论坛等活动，加快技术、项目、人才、临床和资本等创新要素的聚集和流动。

28日，福建省海洋与渔业局消息，近日，国家能源集团龙源电力福建公司漂浮式海上风电融合深海养殖关键技术研发与工程示范项目半潜式浮体平台开工建造，标志着全球首个漂浮式风电与网箱养殖融合示范项目取得新突破。该项目位于莆田市秀屿区南日岛国家级海洋牧场示范区，基础型式采用半潜式浮体平台，安装1台4兆瓦漂浮式海上风电机组，同时在浮体平台上安装光伏板，平台中间取正六边形作为养殖区域，养殖水体约1.2万立方米，用以探索形成漂浮式风电融合深海养殖的关键技术。

29日，福建从省交通运输厅港航事业发展中心消息，闽江航道建设全面提速——闽江口外沙至南平延福门段278千米航道经过整治，闽江干流航道现已具备500吨级船舶恢复通航的条件。与此同时，南平闽江航运发展有限公司“武夷1号”“武夷2号”两条船舶近日入籍南平港，成为南平籍吨位最大的运输船型。两艘船的入籍，将改变近年来南平市航运大幅萎缩的状态，从原来的4829载重吨提升至6234载重吨，增长29.1%，标志着南平市航运发展掀开了新篇章。

29日，在摩洛哥王国拉巴特召开的联合国教科文组织保护非物质文化遗产政府间委员会第17届常会宣布，将“中国传统制茶技艺及其相关习俗”列入人类非物质文化遗产代表作名录，这是我国第43个列入联合国教科文组织非物质文化遗产名录的项目。该项目包括了福建省的武夷岩茶（大红袍）制作技艺、铁观音制作技艺、福鼎白茶制作技艺、福州茉莉花茶窨制工艺、坦洋工夫茶制作技艺、漳平水仙茶制作技艺等6个国家级非遗代表性项目。

30日，福建省工信厅消息，为培育一批高端品牌，促进纺织服装产业高质量发展，工信部日前印发《重点培育纺织服装百家品牌名单（2022版）》。经各省级工业和信息化主管部门推荐，中国纺织工业联合会分析研究，最终确定124家品牌（消费品牌53家，制造品牌54家，区域品牌17家）为重点培育对象，福建省8家企业入围。福建金源纺织有限公司、福建经纬新纤科技实业有限公司、福建景丰科技有限公司、福建省长乐山力化纤有限公司、福建永荣锦江股份有限公司、福建长源纺织有限公司、恒申控股集团有限公司7家企业入选重点培育纺织服装百家品牌（制造品牌）。值得一提的是，这7家入围企业均来自福州市长乐区。另外，福建七匹狼实业股份有限公司入围重点培育纺织服装百家品牌（消费品牌）。

30日，第26期国家林草科技大讲堂暨福建省林业科技特派员培训活动在福建省福州市成功举办。本次科技大讲堂主题为“东南沿海林业灾害防控与珍贵树种高效栽培关键技术”，由国家林业和草原局科技司主办、福建省林业局承办，采取线上线下结合的方式进行。国家林业和草原局科技司、福建省林业局有关领导出席活动并致辞。

30日，福建省城市精细化管理研究培训中心揭牌仪式在三明市委党校举行。该中心是全省首个城市管理领域研究培训中心。成立该中心是贯彻习近平总书记关于城市管理重要指示重要批示精神的重要举措，旨在搭建城市精细化管理学术研究和交流平台，培养城市精细化管理人才，推动全省城市精细化管理工作再上新台阶。

（摘编：王增丰）

12 月

1日，受益于RCEP政策红利，福建省对东盟进出口保持增长态势。据厦门海关统计，今年前10个月，福建省对东盟累计进出口3402.9亿元，同比增长13.2%，占全省进出口总额的21%，东盟继续保持福建省第一大贸易伙伴的地位。其中，出口2096.5亿元，同比增长13.3%；进口1306.4亿元，同比增长13%。从产品种类上看，出口以劳动密集型产品、机电产品为主。福建省对东盟出口劳动密集型产品679.2亿元，同比增长7.4%，占同期福建省对东盟出口总值的32.4%；其中，纺织服装、鞋靴同比分别增长3.9%、23.6%。同期，出口机电产品595.9亿元，同比增长7.3%。出口农产品332.4亿元，同比增长25.4%。此外，出口基本有机化学品21.3亿元，同比增长153.3%。进口产品方面，前10个月，福建省自东盟进口煤、天然气分别为223.1亿元、79.1亿元，同比分别增长27.2%、45.9%。上述两者合计占同期福建省自东盟进口总值的23.1%。同期，进口农产品187.8亿元，同比增长45.6%；进口金属矿及矿砂98.2亿元，同比增长56.6%。

1日，福建省工信厅消息，10月14日，福建省在全国率先设立规模50亿元的纺织鞋服产业纾困专项贷款，目前已发放完毕，共惠及全省280多家纺织鞋服企业，营收总额约占全省纺织鞋服产业的1/5，涵盖化纤、棉纺、织造、染整、鞋服等产业链上下游企业以及纺织鞋服机械、工业互联网平台等配套产业。

1日，福建省人社厅、工信厅、国资委日前联合下发通知，将实施制造业技能根基工程，加强技能根基工程培训基地建设，动态调整急需紧缺职业工种目录，在制造业企业中全面推进中国特色企业新型学徒制，全面推进制造业工学一体化技能人才培养模式。通知明确，组织符合条件的企业和技工院校申报国家制造业技能根基工程培训基地，并争取地方政府各项目资金予以支持。各地要主动作为，在急需紧缺职业工种目录中合理体现制造业类职业技能培训，并根据产业发展方向动态调整，可结合实际适当提高相关职业工种补贴标准。实施“揭榜挂帅”机制，开展项目制培训，提升培训的针对性、有效性、适应性。

同时，压实制造业企业和技工院校等培训机构联合培养企业新型学徒的主体责任，高质量开展企业新型学徒制培训。

1 日，厦福泉国家综合货运枢纽补链强链工程启动。福建省交通运输厅消息，近日国家提前下达第一批车辆购置税收入补助地方资金，支持福建省建设厦门、福州、泉州国家综合货运枢纽补链强链工程。这项重大交通工程计划实施时间 3 年，预计完成投资超过 200 亿元，重点建设一批综合货运枢纽、集疏运、装备升级以及信息化项目。同时，为支撑打造厦福泉国家综合货运枢纽，福建省将建设一批港口泊位、机场等重大交通枢纽以及铁路干线、高速公路等通道项目，预计总投资超过 1000 亿元。建成后，综合货运枢纽在立体综合交通网上的重要作用将得到进一步强化，促进多式联运融合发展，提高运输效率，降低货运成本，形成资金流、信息流、商贸流等多方面集聚效应，辐射带动区域经济高质量发展。

2 日，福建省科技特派员工作联席会议办公室下发通知，2023 年福建省科技特派员选认工作启动。2023 年，福建省将精准选认省级科技特派员 2000 名左右。其中，服务原省级扶贫开发工作重点县的省级科技特派员 360 名以上、团队（法人）科技特派员 800 个左右。在全产业推广科技特派员制度，鼓励更多科技人员把论文写在生产车间和田野大地上，为福建省乡村振兴和产业转型提供有力的科技支撑和人才保障。选认对象包括个人、团队和法人科技特派员三类。

2 日，全省首家氟化工院士工作站建站协议在明溪签订。明溪县委组织部牵头推动三明市海斯福化工有限责任公司与中科院上海有机化学所陈庆云院士签订全省首家氟化工院士工作站建站协议。陈庆云院士是国际知名有机氟化学家，长期从事有机氟化学和氟材料的研究工作，开创了陈试剂、铬雾抑制剂、全氟酮化学、双酚 AF 等重要课题研究，为我国有机氟化学发展作出了重要贡献。陈庆云院士团队与明溪县及海斯福有着多年实质性合作，多项科研成果转化落地。

5 日，福建省林业局会同福建省民政厅、福建省卫健委、福建省总工会、福建省医保局等五部门联合发布 2022 年省级森林养生城市、森林康养小镇和森林康养基地名单。经市县推荐、专家评定、网上公示等程序，确定武夷山市等 5 个城市为福建省级森林养生城市、永安市青水畲族乡等 14 个乡镇为福建省级森林康养小镇、连城县萱和谷等 38 个森林康养基地为省级森林康养基地。截至目前，福建共有 9 个省级森林养生城市、24 个省级森林康养小镇、80 个省级森林康养基地。

5 日，全省经济运行分析会议在福州召开。会议指出，全年收官工作到了最关键的阶段，各地各有关部门要深入学习贯彻落实党的二十大精神，认真落实省委和省政府部署要求，进一步坚定信心、鼓足干劲，全力以赴决战决胜最后 20 余天，保持经济运行在合理区间，努力完成全年目标任务。省委常委、常务副省长郭宁宁主持会议并讲话。

5 日，福建省工信厅消息，日前，福建高速首批 6 座换电站在沈海、京台高速线部分服务区开工建设，这标志着福建高速开启高速路网新能源汽车换电建设新篇章。首批建设的 6 座换电站是蔚来汽车二代换电站，具有占地面积小、换电自动化等特点。换电站箱体占地 60 平方米，用户仅需将蔚来新能源汽车停在对应的车道上，用手机 App 打开换电功能，换电站即可自动将车倒入换电站内完成换电，这一过程仅需 4 分钟。这将有效解决新能源汽车续航短、充电慢、排队长等出行焦虑问题，为新能源汽车用户提供更便捷的补能方式。

5—6 日，福建省水利厅监督处在莆田市举办全省水利安全生产监管人员培训班，全省各市、县（市、区）水利局及省水利厅相关处室和厅属单位的安全生产监督管理人员等共计 120 人参加。本次培训班邀请了水利部专家、教授级高级工程师钟卫领和水利部专家、注册安全工程师辜也加为全体学员讲授水利水电工程危险源辨识与安全风险管控、推动构建安全生产风险管控“六项机制”等课程。此次培训重点突出，针对性、指导性和实用性强，有效提升了全省水利系统安全生产监管人员的业务能力和水平，为今后的工作指明了方向。

6 日，福建省农业农村厅召开乡村“五个美丽”建设宣传推广工作专题会。会议强调，开展“五个美丽”建设是福建省推进乡村建设的一项创新举措。要进一步提高思想认识，突出特色典型，强化融合推进，加大宣传推广力度，推出一批叫得响、立得住、推得开的典型示范，以点带面推动全省宜居宜业和美乡村建设。

6日，福建省农村公路灾毁保险项目正式签约。近日，省公路中心与中国人寿财险福建省分公司正式签署2023—2027年福建省农村公路灾毁保险服务协议。根据最新协议，本轮灾毁保险的总费率为0.4‰/年，每县年度累计赔偿额度可达保费的10倍，每县单次事故赔额限额是年度保费的3倍且不低于50万元。同时，设立防灾防损基金，在当年度全省赔付率低于65%（不含）时，按65%提取赔付差额部分作为防灾防损基金，统筹用于投保路线的防损设施建设等支出，更好地发挥保险抵御巨灾功能。

6—8日，福建省林业局在延平区举办全省林业科技业务培训班。培训班邀请省林科院、福建林业职业技术学院等单位专家授课，就食用林产品质量安全监测促进产业健康发展、构建新型标准体系服务林业高质量发展、《中华人民共和国植物新品种保护条例》解读、规范省级财政林业科技补助项目管理等专题辅导讲座，培训期间还对全省林业科技工作进行交流部署。组织参观了南平市森科种苗有限公司育苗基地、延平区王台镇溪后杉木丰产林、王台镇新坑百合花种植示范基地等。

8日，全省畜牧兽医重点工作推进视频会议在福州召开。省农业农村厅召开全省畜牧兽医重点工作推进视频会议，贯彻落实全国生猪生产供应、畜间布鲁氏菌病防控、畜禽养殖废弃物资源化利用等会议精神，部署推进畜牧兽医重点工作。会议强调，要对标国家部署，强化政策，细化措施，推动畜牧业高质量发展不断取得新成效。各市、县（区）设分会场。

8日，福建首次出口全球最长量产风电叶片。该风电叶片在福州江阴港区装船销往欧洲市场。该风电叶片由福建艾尔姆公司生产，是目前全球量产的最长的风电叶片。艾尔姆风电叶片制造项目位于福清江阴，由美国通用集团（GE）于2018年11月投资设立，员工500多人，主要生产100米以上海上风力发电叶片，第一条生产线于2021年7月投产，第二条生产线于2022年4月投产。下一步，福建各级商务部门将继续做好服务，打造优质营商环境，争取艾尔姆二期项目尽快落地，推动福建风电产业加快发展。

9日，全省政银企保和林农林场林企对接视频活动在福州举办。省科技厅、金融保险机构有关单位、省林业局有关处室局站同志在省级主会场参加活动。开展林业政银企保和林农林场林企对接活动，主要目的是认真学习贯彻党的二十大精神，落实12月6日中央政治局会议关于“推动经济运行整体好转”的部署要求，促进信贷、保险、林业、科技等政策协调联动用活，形成倍增效应，实现多方共赢，为“稳增长”作出更大贡献。

9日，为深入学习贯彻党的二十大精神和习近平法治思想，进一步提升全省住建设系统法治建设水平，今日上午，福建省住建厅通过线上方式举办全省住建系统依法行政培训班。省、市、县三级住建系统共设置61个培训会场，近1300余名执法人员参加培训。

9日，福建船舶工业行业协会消息，截至目前，福建船舶工业企业今年已实现出口船舶高达22艘，其中有5艘23500吨成品油轮、2艘9700吨成品油轮、2艘5400载重吨集散箱船、3艘60米平台供应船、3艘75米平台供应船、2艘88.8米多用途平台供应船、2艘60米三用工作船、2艘新型玻璃钢客滚船、1艘72米客滚船。今年福建出口船舶品种之多、船型之复杂、数量之大、出口地区之广，凸显在疫情时期福建船舶工业之韧性。

11日，福建省农科院消息，该院碳计量与低碳农业技术科技创新团队致力于碳汇型茶园研究，探索构建了符合福建省实际的茶园碳汇计量方法体系，同时在全省茶叶主产区推广茶园生态修复与固碳减排模式。目前，累计推广面积已达31万亩（次）。

12日，国家统计局发布的2022年粮食产量数据显示，全国粮食总产量68653万吨（13731亿斤），比上年增加368万吨（74亿斤），增长0.5%，粮食产量连续8年稳定在1.3万亿斤以上。其中，福建全年粮食产量508.7万吨，略高于去年的506.4万吨。2022年，全国粮食播种面积118332千公顷（177498万亩），比上年增加701千公顷（1052 万亩），增长 0.6%。其中，福建全年粮食播种面积 837.6 千公顷，高于去年的 835.1 千公顷。

12 日，福建省工信厅消息，福建省 10 月 14 日在全国率先设立规模 50 亿元的纺织鞋服产业纾困专项贷款，现已发放完成，共惠及全省 280 多家纺织鞋服企业，营收总额约占全省纺织鞋服产业的 1/5。与以往的银行贷款相比，纺织鞋服产业纾困贷利率和成本大大降低，审批和放款时间明显缩短。此次符合条件的省级工业龙头企业和中小企业分别享受单户不超过 5000 万元和 3000 万元的贷款额度，省级财政在优惠贷款利率基础上予以 1 个百分点贴息补助，共安排贴息资金 5000 万元。

12 日，莆田国际陆港揭牌暨首票出口通关仪式在莆田市跨境电商监管中心举行。莆田市外贸、电商、物流企业代表及相关行业商协会代表参加。首票货物顺利出口通关标志着莆田国际陆港正式运行。活动期间，莆田市跨境电商监管中心与 8 家外贸、电商及物流企业代表签订战略合作协议，莆田海关、税务和人行等部门分别就莆田国际陆港业务模式、跨境电商税收优惠政策及出口退税政策、外贸收结汇政策等进行宣讲解读。

12—15 日，福建省水利厅在泰宁举办全省水旱灾害防御与水文业务培训班，本次培训班采用现场授课和交流座谈相结合的方式进行。培训班邀请了中国水科院、省防汛办、数字水利智慧平台项目组的专家，就变化环境下极端水旱灾害风险演变特征与韧性提升策略、河南郑州“7.20”特大暴雨灾害的思考与启示、数字水利智慧平台建设与应用等进行了辅导授课。各参会单位代表分别做交流研讨。

12—16 日，福建省水利厅在厦门举办全省水利工程招投标监管和重大水利建设项目法人培训班。本次培训班邀请了有关行业专家为学员授课，培训主题突出，内容富有针对性和实操性，得到参训学员普遍好评，有力提升了福建省水利建设项目招投标监管和重大项目建设管理水平。

13 日，福建省统计局消息，11 月份，福建省工业生产者出厂价格同比下降 0.3%，环比上涨 0.1%。工业生产者购进价格同比下降 0.5%，环比下降 0.2%。1—11 月平均，工业生产者出厂价格比上年同期上涨 3.1%，工业生产者购进价格比上年同期上涨 5.7%。

14 日，福建省工信厅消息，近日，一艘装载着 8 片 108 米长风电叶片的船舶缓缓驶离福清江阴港区，驶向欧洲。这是我国百米级以上风电叶片首次批量外贸出口，标志着江阴港区跻身全国主要风电设备作业港口前列。

15 日，福建省住建厅消息，福建省首只县城新型城镇化建设专项企业债券簿记发行。近日，福安市城市建设投资集团有限公司县城新型城镇化建设专项企业债券（第一期）成功簿记，发行规模 4.4 亿元，债券期限 7 年，发行利率 4.26%。本期债券是福建省首单县城新型城镇化建设专项企业债券，华福证券担任主承销商和簿记管理人。

15 日，福建省商务厅积极推动与阿拉伯国家经贸合作走深走实。2021 年，福建与阿拉伯国家贸易总额 1100.5 亿元人民币，同比增长 37.5%，高出全省增速 6.7 个百分点，高出全国增速 9.1 个百分点，占全省贸易额的 6%，居全国各省（区、市）第 6 位。沙特是福建在阿拉伯国家中第一大贸易伙伴，双方贸易额占福建对阿贸易额约 50%。2022 年 1—10 月，福建与阿拉伯国家贸易总额 1103.31 亿元人民币，同比增长 19.48%。

16 日，福建省统计局发布数据，11 月份，受疫情影响，全省工业经济运行波动较大。11 月福建省规模以上工业增加值同比增长 4.1%，增幅比全国高 1.9 个百分点，但较上月回落 2.8 个百分点。1—11 月，全省规模以上工业增加值同比增长 6.2%，比全国高 2.4 个百分点，较 1—10 月回落 0.2 个百分点。数据显示，1—11 月，福建省有超七成行业、超四成产品产量实现增长。全省 38 个行业大类中，有 28 个行业增加值实现同比增长，行业增长面为 73.7%；列入统计的 447 种工业产品中，有 199 种产品产量实现增长，增长面为 44.5%。

16 日，东方电气股份有限公司、东方电气（福建）创新研究院有限公司与深圳大学、四川大学谢和平院士团队，共同签署了“海水无淡化原位直接电解制氢原创技术中试和产业化推广应用”四方合作协议。根据四方协议，东方电气（福建）创新研究院有限公司将共有海水无淡化原位直接电解制氢技术的知识产权，并承担中试、示范和产业化任务。这意味着，这项革命性科技成果正式落地福州，将有力推进福建省氢能产业跨越式发展。

16日，全省首批预制菜团标发布实施。近日，厦门市食安办、市场监管局联合公布了《供厦食品预包装冷藏膳食》《预包装冷藏膳食生产经营卫生规范》两项团体标准。

17日，福建省发改委发布《关于加快推动锂电新能源新材料产业高质量发展的实施意见》，提出争取到2025年，全省锂电池产能规模突破500GWh，全产业链产值超过6000亿元，全省累计建成电动汽车换电站达1000座以上。宁德和厦门，成为福建省重点打造的锂电产业发展集聚区。

18日，闽江干流复航暨南平港开港活动，在南平港延平新城港区洋坑码头举行。活动得到了新华社、《人民日报》、央视、《光明日报》、中新网、中国网以及《福建日报》、福建电视台等各大主流媒体的广泛关注，各大主流媒体纷纷通过图文、视频、现场直播等多种方式，报道闽江干流复航暨南平港开港活动盛况。截至目前，累计超过400家央级、省级媒体（含融媒体平台）报道，累计信息浏览量超270万。

19日，海峡两岸规模最大的石化合作项目——总投资278亿元的福建漳州古雷炼化一体化项目正式投入商业运营。这是海峡两岸石化行业融合发展史上一个新的里程碑。古雷炼化一体化项目是福建漳州古雷石化工业园区的龙头项目，由中国石化福建炼油化工有限公司和旭腾投资有限公司各占50%投比合资建设。该项目一期工程主要包括实际加工能力100万吨/年乙烯裂解等9套化工装置，以及配套的公用工程、码头及储运设施等，总投资278亿元，年产乙烯百万吨。

19日，福建省统计局消息，今年1—11月，全省固定资产投资18990.79亿元，同比增长8.1%。其中，项目投资增长17.2%，房地产开发投资下降10.2%。当前，福建省正加快企业数字化、自动化、智能化、信息化、绿色化转型，有力带动产能提质增效。数据也印证了这一趋势。

20日，2022两岸企业家峰会年会20日在厦门市举行。中共中央政治局常委王沪宁向两岸企业家峰会理事会发贺信，代表中共中央和习近平总书记，对年会召开表示祝贺，向峰会全体会员和与会嘉宾致以问候。

20日，福州新区（暨长乐北区）集中供热项目开工建设。该项目以华能福州电厂为热源点，将建设从电厂向长乐区北部各工业片区供热的蒸汽管网。项目总长约86千米，是目前省内最长的供热管线项目，建成后可产生显著的经济效益、社会效益和环保效益。

20日，政企校合作项目“申远新材料产业学院”揭牌成立。该学院由恒申集团旗下申远新材料有限公司与连江县政府、闽江师范高等专科学校、连江职业中专学校合作设立，办学模式为福建省首创，将于近期开始正式招收第一届“订单班”学员。2013年，恒申控股集团投资百亿元在连江经济开发区可门园区建设申远新材料一体化产业园，打造己内酰胺生产基地。

20日下午，2022两岸企业家峰会年会在厦门圆满闭幕。两岸企业家峰会大陆方面理事长郭金龙，峰会台湾方面理事长刘兆玄，省委常委、常务副省长郭宁宁，省人大常委会副主任、省总工会主席周联清出席闭幕式。本次年会共有300多位两岸工商团体代表、企业家、政府代表参会，此外超1500位两岸工商界人士通过线上直播积极参与互动。

20—21日，省委书记周祖翼深入漳州古雷开发区、东山县、云霄县、芗城区等地，学习弘扬谷文昌精神，调研重大项目建设和重点企业发展。

20—22日，为进一步助推全省排水管道工技能人才培养，增强排水管理科学化、精细化、智能化水平，12月20日至12月22日，由福建省住房和城乡建设厅、福建省总工会联合主办，福建省建设建材工会工作委员会等5家单位承办的福建省排水行业排水管道工岗位技能竞赛在福州顺利举行。来自全省各地市21支参赛队伍、63名选手同场竞技。竞赛分为理论和实操两部分。

22日，省委书记周祖翼主持召开省委经济工作务虚会，强调要深入贯彻落实党的二十大精神，认真学习贯彻习近平总书记在中央政治局会议分析研究2023年经济工作时和在中央经济工作会议上的重要讲话精神，总结今年福建省经济工作，分析当前经济形势，研究谋划明年经济工作的思路举措。省委副书记、省长赵龙出席并讲话。

22 日，2022 海峡科技专家论坛分会场——海峡两岸果业合作论坛在邵武市举办。海峡两岸 70 多名专家学者和业界代表分别通过线上线下方式参会。论坛以“绿色发展　果旅融合”为主题，就两岸果业技术、产业发展以及园区建设等方面，开展学术研讨、技术交流和项目对接，推进闽台农业融合发展和产业园区建设，促进海峡两岸绿色融合发展。

23 日，福建省品牌建设标准化技术委员会成立大会在泉州召开。福建省品牌建设标准化技术委员会将负责福建省品牌建设领域地方标准制修订工作，对口全国品牌评价标准化技术委员会（SAC/TC532），发挥智库和平台优势，进一步凸显标准在品牌建设与管理中的技术支撑和保障作用。

23 日，福建省工信厅消息，日前，中国工程科技发展战略福建研究院重大咨询项目“福建省汽车产业集群发展战略研究”项目启动会暨院士专家研讨会在线上召开。会议由项目负责人、中国工程院副院长钟志华院士主持，中国工程院院士、中国汽车工程学会理事长李骏，中国工程院院士、北京理工大学教授孙逢春，中国工程院院士、清华大学教授李克强，以及中国汽车工业协会、中国汽车技术研究中心、清华大学、同济大学、中国工程院战略咨询中心等单位的 30 多位专家参加。

23 日，福建省发改委印发《福建省氢能产业发展行动计划（2022—2025 年）》，提出福建省氢能产业发展目标：到 2025 年，培育 20 家具有全国影响力的知名企业，覆盖氢能制备、存储、运输、加注、燃料电池和应用等领域，实现产值 500 亿元以上；全省燃料电池汽车应用规模达到 4000 辆，覆盖全省主要氢能示范城市的基础设施配套体系初步建立，力争建成 40 座以上各种类型加氢站。

23 日，为贯彻落实党的二十大精神，推进质量强省、人才强省、创新驱动发展，激发广大工程勘察设计人员的责任感与荣誉感，推动福建省勘察设计高质量发展，第五届福建省工程勘察设计大师授牌仪式今日在福州市举办。本届认定工作自今年 10 月启动以来，吸引了 18 家单位 43 名勘察设计师参与，经过认定专家委员会初评、综评等环节，最终认定任希等 8 位大师，专业领域涵盖建筑、勘察、结构、电气、公路、园林、规划等方面。

25 日，第二十二届中国（南安）水头国际石博会暨石设计周（简称“石博会”）在南安水头开幕。展会为期 4 天，其间，第六届中国（南安）泛家居主题活动周、中国建筑学会室内设计分会第 31 届（泉州）年会等活动将陆续举行。今年的石博会突出“源头办展、消费转型、设计引领、跨界破圈”，以 9 大主题展区、20 场精彩活动、100 件原创石作、30 个城市联动，打造一个“石界无边界”石博会。展会还强化了“设计”元素，吸引全国数十个设计师组团、3000 多位设计师前来参与。

26 日，福建省工信厅消息，日前，省工信厅、发改委、财政厅、人社厅四部门联合出台八条措施，保障 2023 年一季度工业生产稳定运行，进一步加力振作工业经济，促进工业实现“开门稳”。《措施》提出，对符合国家产业政策、2023 年一季度工业总产值不低于 5000 万元（其中三明市、南平市、龙岩市、平潭综合实验区的企业不低于 3000 万元）且现价同比增长 7% 及以上、季度产值增量 1000 万元及以上的规上制造业企业，按企业一季度工业总产值同比增量的 1‰ 给予奖励。其中，符合奖励条件且纳入 2022 年省工业战略性新兴产业年报库的企业按企业 2023 年一季度工业总产值同比增量的 1.2‰ 给予奖励；对 2023 年一季度新投产纳统的规上工业企业给予每家 10 万元的一次性奖励。

26 日，全省最大的地方储备粮库在福州新区加快建设。连日来，位于福州新区的省级储备粮长乐直属库扩建项目有序施工、加快推进。该项目建成投用后，长乐直属库总仓容可达 36.2 万吨，将成为福建省最大的地方储备粮库。省级储备粮长乐直属库扩建项目位于松下镇，是福建本轮粮库新、扩建项目的重点建设项目之一，总投资约 3.1 亿元，扩建 15 座浅圆仓，总设计仓容 15 万吨，利用库区预留 54.67 亩用地，同时配套工作塔及汽车接发站、倒班宿舍等。

26 日，第二届福建省海洋生物医药产业高质量发展推进活动在福州举行。本届活动征集发布环境友好型海洋防污涂料、药用注射剂辅料海藻糖、高端生物基质标准样品研发与供给基地等96项科技成果，海洋制品去腥技术、海参成分分析及提取技术、鲈鱼精深加工技术等33项技术需求；举行了琼胶寡糖类活性新材料的产业化、红藻高值化小分子琼脂产业化关键技术开发与应用2个全流程项目路演和投融资对接；开展了南极磷虾油生产新工艺及抗炎制剂的研发与应用、海洋藻源蛋白肽的研制及药剂配伍应用、鲍鱼肽开发技术研究与应用等9项政银对接、银企对接、研企对接等政产学研合作签约。

26日，2022年全国革命老区体育产业发展高峰论坛暨福建省体育产业招商及赛事推介活动日前在线上举办。在体育产业项目签约仪式中，共有涵盖体旅融合、体教融合、数字体育、体育赛事、体育综合体、体育用品制造等领域的20个项目签约，总投资额超23亿元。

28日，全省经济工作收官暨明年一季度“开门稳”工作部署视频会召开。省委常委、常务副省长郭宁宁主持会议并讲话。

29日，福建省互联网协会发布2022年福建省互联网综合实力前50家企业和福建省互联网最具成长型企业、福建省互联网最具创新型企业、福建省互联网数据安全服务能力前5家企业等榜单，以及《2022年福建省互联网企业综合实力研究报告》。报告显示，2022年福建省互联网综合实力前50家企业的2021年互联网业务收入高达536.2亿元，整体规模较上年前50家的互联网业务收入（456.8亿元）增长17.4%；占福建省互联网经济总规模比重达17.0%，呈现规模实力大幅扩张，头部集中效应显著的特点。

30日，省委经济工作会议在福州召开。会议主要任务是，以习近平新时代中国特色社会主义思想为指导，全面贯彻落实党的二十大精神，按照中央经济工作会议部署，落实省第十一次党代会和省委十一届三次全会要求，总结2022年全省经济工作，分析当前经济形势，部署2023年经济工作。省委书记周祖翼出席并讲话。省委副书记、省长赵龙作会议总结。省政协主席崔玉英出席。

30日，经福建省政府同意，福建省工信厅、财政厅、人社厅、药监局日前联合印发了《关于加快推进新冠病毒感染防治重点药械产业发展有关措施》，从支持企业改造扩产、优化审评审批服务、加强企业用工保障、强化要素服务协调等四方面加大对福建省新冠病毒感染防治重点药械产业发展的扶持力度。在支持企业改造扩产方面，《措施》提出对省应对疫情有关工作机构重点管理的相关企业，在2022年12月1日至2023年3月31日期间购买相关药械生产设备，并经所属设区市工信部门组织确认后，按照项目设备（含技术、软件、咨询设计等）投资额80%的比例给予补助，单家企业最高1000万元。

30日，福建省人民政府副省长李建成出席首届福品博览会开幕式暨“全闽乐购·福兔迎春”跨年购促消费系列活动及2023福建网上年货节启动仪式发表致辞并巡馆。本届福博会为期3天，展览规模超5万平方米，展会突出“福”文化设置了福味飘香、福茶生活、福农优品、福潮国风、福贸名品、福见商旅“六福”展区。汇聚1000+参展商，数百家行业头部助力，优质上下游产业链供应商以及各色品牌企业携特色福品入榕亮相。同时，广聚百家协会，数千家专业采购商，助力福品打开融入新技术和新模式的发展窗口，打造出创新发展的新业态。

30日，首届中国茶叶交易会在福州开幕。由福建省农业农村厅、福州市人民政府、中国优质农产品开发服务协会共同举办的首届中国茶叶交易会在福州盛大开幕。省委常委、福州市委书记林宝金致辞并宣布大会开幕。首届中国茶叶交易会以“三茶统筹强产业　商贸协同促发展”为主题，展览面积达20000平方米，邀请来自全国30个茶叶主产区、20余个省市、百余个县的茶叶区域品牌及超150余家品牌龙头企业参与，展品涵盖茶叶、再加工茶、茶叶深加工及衍生品、茶包装、茶器具等全产业链产品。

30日，2022年“闽茶海丝行”活动圆满收官。由福建省农业农村厅、省政府外事办公室、福建日报社共同主办的“闽茶海丝行”主会场活动在福州成功举办。该活动以“万里海丝·闽茶飘香”为主题，在马来西亚吉隆坡、中国香港、法国巴黎举办了3场海外专场活动，开展福建茶叶品饮、文化交流、产品展示，并通过境外“闽茶文化推广中心”辐射50多个国家和地区，向全球爱茶人士讲述福建茶叶故事，分享福建茶叶魅力，让更多人了解茶、爱上茶，喝到了福建好茶，“多彩闽茶”知名度和竞争力进一步扩大。活动现场还开启了亚马逊、来赞达、易贝等全球三大电商平台闽茶展示与销售专区，授予部分境内外人士“闽茶推广之星”荣誉称号。

30日，8时15分，随着T8010次列车驶离福建泉州站，向着江西兴国县呼啸而去，全长464千米的兴泉铁路全线通车。兴泉铁路的全线贯通，结束了江西宁都、石城，福建宁化、清流、明溪、大田、德化、永春等8个革命老区县不通铁路的历史。同时，增加了一条以“货运为主，兼顾客运”往东出海的铁路运输通道，有力促进赣南和闽西革命老区振兴步入“快车道”。

31日，中国报关协会发布了“2022年十大海运集装箱口岸营商环境测评”结果，福建省厦门口岸再次获评最高星级“四星级”。该测评围绕跨境贸易口岸成本、时效、监管环境、商事服务、信息化及其他配套等6个一级指标和19个二级指标开展，2019年启动以来，厦门口岸已连续四年蝉联此项测评最高层级。

31日，新修订的《福建省湿地保护条例》（以下简称《条例》）将于2023年1月1日起施行。该《条例》在与上位法衔接的同时，直面近年来福建省湿地保护中遇到的新情况、新问题。湿地是地球三大重要生态系统之一，发挥着涵养水源、调节气候、改善环境、维护生物多样性等重要生态功能。福建湿地资源丰富。根据《湿地保护法》规定的湿地定义和福建省国土三调公布的数据，全省全口径湿地面积约78.48万公顷。

（摘编：江涛）

第三篇

行业创新

新福建建设的根本出路在科技创新

福建省委书记尹力 2022 年 6 月 7 日在《光明日报》发表文章《把科技创新作为福建高质量发展的关键引擎》提出，面对世界科技、经济激烈竞争和国内区域竞相发展的外部环境，面对“八山一水一分田”，土地、环境、碳排放、能耗等发展硬约束加大的特殊省情，福建唯有大力实施科技兴省战略，依靠科技创新提高效率、提升效能、提增效益，才能不断提高全要素生产率，为经济社会发展注入更为强大的动力。创新是引领发展的第一动力，新发展阶段新福建建设的根本出路在科技创新。

面向未来，我们将坚持把科技创新作为高质量发展第一动力源，深入实施创新驱动发展战略，加快建设高水平创新型省份，让科技创新对全省经济社会发展的支撑更加有力。

以福厦泉国家自主创新示范区为总牵引，打造区域创新高地。创新平台具有强大集聚功能，有利于推动创新要素从分散转向高效聚合。我们将实施高水平科技创新平台建设行动，打造科技创新走廊、沿海科技创新产业带，推动建设若干国家重点实验室、国家工程研究中心，积极发展新型研发机构，加快技术转移服务载体和市场体系建设，强化对创新基地、优势团队和重点方向的长期支持，让全省各方面创新资源更好汇聚起来。

以数字经济、海洋经济、绿色经济、文旅经济为主战场，推动科技赋能产业。围绕产业链配置资金链、部署创新链，推动科技创新与实体经济深度融合，才能让科技成果更快转化为现实生产力。我们将聚焦四大经济，打造新型显示、新材料、新能源、生物医药四大科创高地，支持行业龙头企业、高校、科研机构打好关键核心技术攻坚战，加快数字技术赋能赋值赋智，深化科技与一二三产业交叉融合，为福建发展插上科技创新的翅膀。

以集聚人才、完善机制和加大投入为强保障，营造良好创新生态。科技创新越是向纵深发展，越需要良好的创新生态滋养。我们将坚持创新不问“出身”，发挥福建创业条件和生态良好相叠加的优势，用心用情引才育才聚才用才。健全新时代科技特派员机制，实行订单式需求对接、菜单式服务供给，支持科技特派员与服务对象建立发展共同体，更好把创新动能扩散到田间地头，更好助力乡村振兴。稳定增加各级财政科技创新投入，用好国家加计扣除、加速折旧、加大留抵退税等政策，带动企业持续加大研发投入力度。完善政府重大科研任务形成机制，加快培育创新沃土、激发创造活力。

（摘编：赵小真）

福建省出台技术创新重点攻关及产业化项目实施方案

2022年5月11日福建省工业和信息化厅消息，为进一步强化企业创新主体地位，着力推动产业关键核心技术攻关，加快研发成果落地转化，培育高质量发展新引擎，近日，省工信厅印发《福建省技术创新重点攻关及产业化项目实施方案》。明确重点，要聚焦重点领域技术难题，以关键共性技术突破、产品创新研发和创新成果落地转化。

此次采取项目征集申报的方式，是以企业为创新主体，以产业化为目标，支持企业、高校和科研院所等联合开展核心技术攻关。省工信厅负责组织征集申报、遴选、立项，各设区市工信部门负责推荐、管理和验收等工作。

《实施方案》阐述了符合福建省产业新体系相关领域，包括：电子信息（含软件和信息技术服务业）、先进装备制造、现代纺织服装等万亿级支柱产业；新材料、新能源、生物与新医药等战略性新兴产业；食品、冶金、建材等传统优势产业；数字经济、海洋经济、绿色经济等领域。同时，满足以下条件：1. 符合国家产业政策，符合新技术、新业态、新模式、新产业的发展导向要求；2. 采用新技术、新工艺、新材料进行创新性研发，能代表先进技术发展方向，符合节能、环保、安全等有关指标要求，具有较大市场潜力；3. 技术水平先进，预期能形成较好的技术成果。

申报基本条件：1. 在福建省行政区域内具有独立法人资格的企事业单位；2. 具备较好的研发设计能力、科研条件和稳定的人才队伍，研究试验基础条件良好；3. 具有健全的财务管理制度、良好的资信等级。

《实施方案》要求，2022—2024年期间，组织开展技术攻关及产业化推广，选拔领头羊、先锋队，支持一批技术先进、产业化前景好，能提升企业竞争力和行业影响力的优秀产品和应用解决方案，加快提升福建省产业基础能力和产业链现代化水平，着力推动核心技术自主可控。

《实施方案》表示，根据福建省产业短板和急需紧缺的关键技术，每年发布征集申报通知，明确当年度申报的具体事项。申报单位根据年度征集申报要求，编制材料，经各设区市工信部门汇总后向省工信厅推荐。省工信厅对申报材料进行初审，通过初审的，组织专家评审。评审结果经研究审定后，进行公示。经公示无异议的，发文公布入选名单。

《实施方案》强调，对入选的项目，综合考虑研发投入、团队实力、技术创新水平、预期产生的经济社会效益等因素，按不超过项目总投入的40%进行分档补助，A、B、C档分别不超过300万元、200万元、100万元。入选当年拨付50%，验收通过后拨付剩余部分。厦门市入选项目可参照执行，所需资金由厦门市安排。项目经立项后，实施期原则上不超过12个月。因故无法完成的，最长延期6个月；软件和信息技术服务业项目实施期原则上不超过24个月。

《实施方案》优化考评与管理，将项目实行绩效管理，获得专项资金补助的项目，由实施单位明确预期达到的绩效目标，经审定后作为实施验收考评的依据。项目完成进行验收，按照“属地管理”原则，由各设区市工信部门组织开展。对于实现重大技术突破、能快速支撑相关产业转型升级的优秀项目，由省、市工信部门牵头组织在相关行业推广、对接。

（摘编：李兵）

提升实体经济竞争力　推进产业高质量发展

实体经济是福建发展的鲜明特色。数据显示，全省规上工业企业数突破2万家，规上工业企业营业收入达6.58万亿元，规模位居全国第5位；工业利润总额达4980亿元，总量居全国第6位。

党的二十大报告提出，建设现代化产业体系。坚持把发展经济的着力点放在实体经济上，推进新型工业化，加快建设制造强国。

如何深入学习宣传贯彻党的二十大精神，全力以赴稳住经济大盘，推动经济高质量发展？2022年12月日19省发改委党组书记、主任孟芊表示，按照省委、省政府工作要求，省发改委将强化规划政策引导，聚焦提升实体经济竞争力，大力发展四大经济，纵深推进经济体制改革，协调推进区域发展，加快实施创新驱动发展战略，持续推进产业集聚发展，推动建设制造强省。

一是建立专项协调机制，推进产业集聚发展。通过建立“一产业一专班”机制，推进产业高质量发展。省级层面设立石化－化纤－纺织－鞋服、集成电路、新能源汽车、锂电新能源新材料、生物医药等五个重点产业专项协调小组，分产业成立工作专班，及时帮助协调产业园区建设、龙头企业发展、重点项目实施中遇到的困难问题。目前，全省产值超千亿元产业集群21个，新型功能材料、生物医药等4个集群纳入国家战略性新兴产业集群，打造形成17个特色省级战略性新兴产业集群。

二是强化规划政策引导，确保产业稳定增长。抓好顶层设计，聚焦《福建省“十四五”制造业高质量发展专项规划》，配套制定石化、生物医药等行业行动（实施）计划，实行一个产业一份行动（实施）计划、一套扶持政策。积极应对补齐产业结构短板，为加快构建现代产业体系，形成多元发展、多点支撑的产业发展格局提供重要支撑。1—11月，1587个省重点项目完成投资6550亿元，占年度计划的106.2%，超序时进度。

三是实施创新驱动战略，增强产业新生动能。发展壮大战略性新兴产业，加快实施《福建省“十四五”战略性新兴产业发展专项规划》，推进锂电新能源新材料高质量发展。在规划政策编制、创新平台布局、产业集群培育等方面持续发力，稳步提升产业规模，加快发展骨干企业，加速提升创新能力，促进新兴产业集群集聚效应显现。通过实施高新技术企业“双倍增”，福建省国家级高新技术企业突破8900家，国家级专精特新“小巨人”企业突破200家。

四是夯实数字基础设施，加快产业数字化转型。纵深推进产业数字化转型，深入实施“上云用数赋智”行动，培育形成1个国家级跨行业跨领域工业互联网平台、5个国家级特色专业型平台、27个省级工业互联网示范平台，超5万家企业实现上云。在纺织、鞋服、冶金、建材等传统优势行业率先开展数字化转型，培育工业互联网应用标杆企业107家、新一代信息技术与制造业融合发展标杆企业115家。

省发改委将深入推进制造业竞争力提升，落实重点产业“一产业一专班”专项协调推动机制，促进上下游产业链延伸集聚发展，牵头加快推动重点产业开展节能降碳技术改造，持续培育经济新增长点，推进福建产业高质量发展迈上新台阶。

（摘编：黄国实）

福建省出台新举措鼓励制造业技术创新

2022年4月2日，福建省工信厅印发《关于组织申报2022年技术创新重点攻关及产业化项目的通知》，计划遴选一批技术先进、产业化前景好，能提升实体经济竞争力和创新力的制造业技术创新重点项目。

此次遴选项目计划为50个，按最高不超过300万元进行补助。

项目要符合以下条件：符合国家产业政策，符合新业态、新模式、新产业的发展导向要求；采用新技术、新工艺、新材料进行创新性研发，能代表先进技术发展方向，技术水平先进，符合节能、环保、安全等有关指标要求，具有较大市场潜力；能有效带动相关产业转型升级和新兴产业快速发展，预期能形成较好的技术成果，涉及的知识产权归属明晰；所申报项目应尚未产业化，预期能解决行业关键核心技术或“卡脖子”难题，具有良好产业化前景。到期验收时，项目应实现产业化或在合作企业中完成中试。

出台这项新举措旨在着力突破产业技术瓶颈，加快提升福建省产业基础能力和产业链现代化水平，推动核心技术自主可控，以创新赋能福建制造业高质量发展。

（摘编：刘海元）

福建：突出创新引领　工业“挑大梁”

党的十八大以来，福建省坚持以习近平新时代中国特色社会主义思想为指导，深入贯彻党中央、国务院决策部署，充分发挥工业“挑大梁”作用，深入实施制造强省战略，加快构建现代化产业体系，全省工业和信息化高质量发展迈出坚实步伐，取得历史性成就，发生历史性变革。

一、突出创新引领，发展动能更加强劲

这十年，福建坚持把创新作为第一动力，加快构建以企业为主体、市场为导向、产学研用相结合的技术创新体系，充分发挥创新对产业发展的支撑作用。

截至目前（2022年10月，下同）全省现有国家级企业技术中心71家，国家技术创新示范企业30家；拥有国家级专精特新“小巨人”企业354家，国家级制造业单项冠军37家。国家级服务型制造示范企业33家、国家级工业设计中心25家，数量分别居全国第3位、第4位。全省现有高新技术企业8900多家，省级“专精特新”中小企业1379家，省级企业技术中心670家，省级制造业创新中心4家。已实施技术创新重点攻关及产业化项目73个，认定省首台（套）装备237个。遴选三批产业领军团队68个，带动引进“高精尖”人才150多名，落地高水平研发项目100多个、突破核心关键技术130多项。稀土永磁、光伏技术、硬质合金、储氢材料、汽车玻璃、电子特气、金属半固态快速成型、红土镍矿冶炼等工艺技术全球先进、国内领先。建设厦门金砖创新基地，连续举办三届论坛及相关活动，推动“金砖+”国家合作创新发展。

二、瞄准现代化经济体系，产业发展提质增效

这十年，福建坚持把围绕“产业优”突出“二产进”作为聚焦点，加快扬优势锻长板、强弱项补短板，实行“一产业一政策一专班”，做大产业集群、做强龙头企业、做优产品质量，打造多元发展、多点支撑的产业发展格局。

电子信息产业“缺芯少屏”的局面根本改变，“增芯强屏”步伐加快，引进落地京东方、士兰微等一批大项目，奠定了福建省电子信息产业在全国的地位；营业收入达8800亿元，规模从第8位提升到第5位。先进装备制造产业向智能化、高端化发展，营业收入突破1万亿元；新能源汽车实现弯道超车，成为新的增长点；在全国率先开展船舶绿色智能发展试点，被列为国家先行先试重点地区。石油化工产业注重“减油增化”、一体化、精细化发展，“两基地一专区”集聚效应逐步扩大，烯烃芳烃产能显著提高；古雷石化基地与台湾石化产业深度融合，进入高速发展期，成为全国“七大石化基地”之一；全省实现营业收入5300多亿元、是2012年2.5倍，跻身全国石化大省行列。现代纺织服装产业加快品牌化、高附加值发展，已形成“前端化工原料、上游纤维制造、中端纺纱织染、下游鞋服产品、配套纺织机械等”最完整、竞争力极强的产业链，是福建省规模最先超万亿元的产业。食品、冶金、建材等传统优势产业也都实现翻倍增长，战略性新兴产业增加值占规上工业增加值比重达22%。规上企业全面数字化率居全国第3位，建有国家级工业互联网平台4个、省级平台22个。

三、坚持项目带动，发展后劲显著增强

这十年，福建坚持把项目招商、项目落地和项目服务作为工业发展的主攻方向，突出制造业、软件业、服务业一起抓，大中小企业一起上、国企民企外企同发力，深化“全系统、全覆盖、全过程”抓项目工作机制，充分发挥项目对经济发展支撑作用，经济发展后劲更足。

坚持大招商、招大商、招好商，强化产业链招商、龙头企业招商、以商招商，连续举办十二届民营企业产业项目洽谈会，引进了宁德时代、青拓集团、三一集团、桐昆控股、富士康工业互联等一大批全球500强、民企500强以及行业龙头企业来闽投资，截至目前，对接项目有近80%都已建成投产或在建。

突出抓好开工和投产两个关键环节，建立10亿元以上重大工业项目台账，分级分类跟踪推进重点项目建设，全省工信重点项目系统累计入库工业项目1.35万项，总投资达4.4万亿元。

持续下基层、走一线、进现场，主动靠前服务，协调项目开工建设中的困难和问题，努力为项目建设提供优质服务。先后推动福州京东方、厦门联芯、中化泉州、上汽宁德、古雷炼化一体化等一大批工业重大项目相继建成投产，既调优结构，又补了短板；既引来了资金、技术、人才，又增强了工业发展后劲。

深入实施企业技改专项行动，建立省重点技改项目常态化申报受理、发布机制，打好技改设备补助、完工投产奖励、技改融资贴息等政策组合拳，有效激发企业扩大投资动力。2022年已实施省重点技改项目1145项，截至目前，省技改融资贴息累计签约项目170项、融资金额230亿元，融资成本平均下降约40%。

四、坚定高质量发展，质量效益稳步提升

这十年，福建坚持把提高质量效益作为重要目标，加快质量变革、效率变革、动力变革，推动工业实现量的较快增长和质的稳步提升。

增品种方面，动力电池、消费类电池、珠光材料、电容氧化锆、灯用钨丝、POS机、LED芯片等出货量全球第一；锂电池、氟化工等产业特色凸显；高纯电子化学品、“手撕钢”、宫颈癌疫苗、新冠病毒检测试剂等产品从无到有，填补福建省行业空白；己内酰胺、钨材料、黄金、锂电正极材料等产量位居全国前三；不锈钢新材料、绿色建材、光电材料、光学晶体、电子取证软件、办公软件等产品，在国内乃至国际都占有一席之地。

提品质方面，一大批制造业企业产品质量显著提升，福耀玻璃荣获中国质量奖，福光股份、九牧集团、恒安集团等产品质量全国领先，福建炼化、阿石创新材料分别获得国家科技进步奖一等奖、科技发明二等奖。风力发电装备、激光增材制造钛合金粉末、"笔尖钢"等实现国产替代。

创品牌方面，安踏等21家企业入选"2022年中国最具价值品牌500强"。宁德时代工厂、京东方工厂入选世界"灯塔工厂"，成为中国智能制造名片。福州、厦门获评"中国软件特色名城"。

（摘编：朱明清）

福建做大做强做优绿色经济

全国首个国家生态文明先行示范区、全国首个国家生态文明试验区，以占全国约1.3%的土地、2.9%的能源消费创造全国约4.3%的经济总量。绿色，福建经济社会发展最亮的底色，亦是福建发展的比较优势所在。

绿色能源。2022年，亚洲地区单机容量最大、叶轮直径最大的13兆瓦海上风电机组在福建顺利下线。截至6月底，全省海上风电装机规模居全国第三；全省形成4个核电基地，共10台核电机组建成投用，总装机规模居全国第二，占全省电力装机比例居全国第一；今年7月，福建省首次绿色电力交易完成，累计成交19笔双边协商合同，交易成交电量2842.7万千瓦时，"绿电"供需市场初步形成；今年9月，漳州核电项目3号、4号机组获国务院核准；至2021年底，全省清洁能源装机比重达58%，高于全国平均水平6个百分点；动力电池产业已夯实全球领先地位，2022年1—8月产值达1008亿元，同比增长101%；"电动福建"不断提速，全省累计推广新能源汽车31.2万辆，全省城市公交车基本更新为新能源汽车，2022年1—8月，全省推广新能源汽车9.1万辆，同比增长101.7%。

绿色平台。全国首个省级碳市场综合服务平台、首个农业碳汇交易平台、首个海洋碳汇交易平台、"中国碳票第一村"接连在闽落地。福建碳市场顺利运行5个履约周期，履约率保持100%，林业碳汇成交量、成交额均居全国首位。

绿色制造。至2022年10月，福建省已入选国家级绿色工厂114家、绿色设计产品184项、绿色园区5个、绿色供应链管理企业17家，居全国前列。2012年至2021年，全省单位GDP能耗下降30.8%。2021年，福建省规上工业单位增加值能效、水效水平均居全国前列，工业固废综合利用率达65%，高出全国10个百分点；同时高技术产业增加值增长26.4%，工业战略性新兴产业增加值占规上工业增加值比重约为21.5%，居全国前列。2022年1—7月，全省规模以上工业在增加值同比增长5.7%的同时，单位增加值能耗同比下降4.63%，绿色产业竞争力不断跃升。

绿色品牌。"武夷山水"区域公用品牌拉动闽北优质农产品从大山走向广阔天地——浦城大米，带动1.2万种植户，户均同比增收2167元；建瓯竹笋，年产值134亿元；政和白茶，茶农户均年增收1.35万元，同比增长50%；武夷岩茶连续5年位列中国茶叶类区域品牌第2名，品牌价值超10亿元。"红古田"区域公用品牌，带领龙岩农产品行销全国；寿宁下党乡"下乡的味道"品牌，销售额已超4600万元。

绿色金融。创新推广"闽林通"系列普惠林业金融产品，其中的拳头产品"福林贷"，在全国率先探索由村级合作社提供担保。2019年至今，全省累计发放"闽林通"贷款106亿元，受益农户9.26万户。2021年，全国首单林业碳汇指数保险落地龙岩市；今年6月，厦门推出茶园碳汇损失保险；今年8月，在全国率先推出农业碳汇保险等一系列绿色金融产品走在全国前列，为绿色经济保驾护航。

绿色生活。建筑节能改造加快推进，全省累计建成绿色建筑面积超2.8亿平方米，实施公共建筑节能改造面积达1000多万平方米；节约型机关、绿色家庭加快创建，至2021年9月，全省已有1565家县级及以上党政机关建成节约型机关，评选省级美丽庭院5999户；消费领域绿色升级，以快递包装为例，2021年，快递电子运单、循环中转袋基本实现全覆盖，可循环快递箱（盒）投放量达630万个。

“双碳”时代，福建处处抢占先机。2022年8月，尤溪县1965户林农陆续领到社会化碳汇造林项目收益金，青山绿水的守护者收获了真金白银；全国首个农业碳汇交易平台在厦门落地，并完成全国首批农业碳汇交易项目签约；全国首单农田碳汇交易试点项目在海峡股权交易中心完成交易；首例运用森林碳汇补偿机制的刑事案件、全国首例渔业领域“蓝碳”赔偿案在福建执行等。截至6月底，福建碳市场累计成交碳排放权产品3516.33万吨，成交金额逾9亿元，林业碳汇成交量和成交额均居全国首位。美丽福建坚定不移走生态优先、绿色低碳的高质量发展道路。

（摘编：郭鹭）

福建：海洋经济　逐梦深蓝

拥有13.6万平方千米海域面积、逾3700千米海岸线、125处大小港湾，福建的海洋资源得天独厚。经过多年发展，福建海洋经济综合实力位居全国前列。在新时代新征程中，福建正将海洋资源优势转化为高质量发展优势。

一、传统产业向深向绿

经多年发展，福建的远洋渔业综合竞争力、养殖加工能力实力不俗。2021年全省海洋生产总值超1.1万亿元，连续七年保持全国第三；水产品年出口78亿美元，连续多年居全国第一。在新发展格局下“靠海吃海念海经”，推动传统产业转型升级是必由之路。

向深，海洋养殖由近海、浅海延伸至远海、深海。在全国首创深海装备养殖租赁试点，“闽投宏东号”下水即将正式投产，其他4台套也即将开工建设。“闽投”系列养殖装备预计将形成高品质水产养殖量5000吨，产值10亿元。

向绿，修复生态环境、增殖渔业资源，走可持续发展之路。实施海上养殖转型升级行动，截至6月底，全省累计改造传统养殖渔排19.35万口，新建深水抗风浪网箱446口。福清东瀚海域美源、莆田南日岛海域国家级海洋牧场示范区完成预验收。

向融，全省整合形成厦门港、福州港、湄洲湾港、泉州港4个清晰定位、科学分工、协同发展的沿海港口，其中3个已发展为亿吨港。依托“丝路海运”，福建“海丝”核心区逐渐成为服务“一带一路”沿线的黄金物流通道。截至8月底，“丝路海运”命名航线已累计开行9014艘次，完成集装箱吞吐量1018.2万标箱。

闽江入海口的连江粗芦岛，国家远洋渔业基地核心区母港一期建设，码头正浇筑横梁、预制方桩。作为全国第三个获批建设的国家级远洋渔业基地，明年一期工程就将投产运营。届时，是全国最先迎接远洋渔船归来的国家级基地！不仅是国家远洋渔业基地、国际水产品交易基地，粗芦岛还致力打造海洋生物、海工装备和数智渔业“科创三高地”，将以多产业链集聚、一二三产融合的发展态势，成为福建远洋渔业逐梦深蓝的“尖兵”。

陆海统筹，加快环三都澳、闽江口、湄洲湾、泉州湾、厦门湾、东山湾等六大湾区建设，“一带六湾多岛”的区域海洋经济发展格局逐步形成。2022 年，福建省推进海洋经济高质量发展重点项目 339 个，总投资额超 9300 亿元，从近海向远海、深海延伸，福建海洋经济空间正不断拓展。

二、新兴产业扬帆起航

现代化产业体系建设，是推进经济高质量发展的关键。增添蓝色动能，深化“海上福建”建设，福建全力打造海洋优势产业集聚区和新兴产业集群，高水平拓展海洋开放合作空间。

领跑海上风电产业。目前，福建已拥有全球首个大功率海上风电样机试验风场，亚洲地区单机容量最大、叶轮直径最大的风电机组，全国首个全产业链的海上风电产业园。

发力海工装备和高技术船舶产业。宁德时代电机自主研发的“白海豚 1 号”成功下水首航成功；福建船政发布国内首艘满足中国海事局要求的 60M 新型海上风电运维母船船型；2021 年全省船舶建造销售产值同比增长 5.2%，船舶修理营业收入同比增长 24.8%。

布局海洋信息产业。福建已建成国内领先的区域性海洋立体观测网和海洋渔船动态监控管理网络；全省行政村及有人居住海岛均已实现光纤通达和 4G 网络覆盖；在全国率先开展海洋高通量卫星互联网试点建设。

挖潜滨海旅游产业。成立福建滨海旅游联盟，以 1 号滨海旅游风景道建设为主线，挖掘滨海特色资源，优化滨海发展格局，现已发展成为海洋经济的主导产业之一。

建设海洋生物医药产业。近年来福建省已培育了蓝湾科技、金达威、汇盛生物、致善生物等一批高科技企业，建设海洋生物医药产业集群效应初显。

“十四五”期间，福建省提出高质量构建现代海洋产业体系，着力建设临海石化、海洋旅游 2 个万亿级产业集群，打造现代渔业、航运物流、海洋信息、地下水封洞库储油 4 个千亿级产业集群，培育海洋生物医药、工程装备、可再生能源、新材料、海洋环保 5 个百亿级产业集群。海洋新兴产业正在加速崛起。

三、科技创新乘势而上

加快推进海洋科技创新，福建高位引领，加快实施一批海洋科技研发项目，大力培育引进一批海洋科技型企业，推动海洋经济向创新引领型转变。2022 年省政府工作报告提出，福建将实施创新平台建设行动，建好福厦泉科学城，打造沿海科技创新走廊，筹建半导体、海洋领域省创新实验室。

实处着手，省科技厅等 11 部门联合出台《福建省建设海洋科技创新平台工作方案》，明确支持海洋科技创新平台建设的政策举措。

创新机制，启动省高等院校和科研院所科技成果转化综合试点，实施海洋科技成果购买补助政策。

盘点资源，全省海洋科技发展一盘棋。论人才优势，福建拥有 11 位涉海科技两院院士、200 余位涉海高层次人才、1500 余位创新骨干；论学科优势，厦门大学海洋学科是双一流重点建设的“A+”学科；论条件装备，福建拥有 6 艘海洋科学考察船，10 余个省部级野外观测平台；论产业基础，福建拥有 10 余个海洋生物产业研发基地、资源保护及开发平台，10 余个产业转化公共服务平台。

才智涌流促发展，科技创新正发挥强大引擎功能，澎湃起蓝色动力，有力推进海洋经济现代化进程。4 月，海洋负排放国际大科学计划总部落地厦门，将致力实现海洋负排放的重大技术突破，推出海洋碳汇标准体系；5 月，由福建省戴民汉院士和焦念志院士共同发起的我国首个海洋领域国家基础科学中心——海洋碳汇与生物地球化学过程基础科学中心正式启动；9 月，新成立的东方电气（福建）创新研究院以“揭榜挂帅”方式征集研发团队，面向国内外发布了首批重大科技攻关项目，涵盖大型海上风电、新型波浪能发电装备、海岛综合能源利用等领域；当前，南方海洋创业创新基地、国家级华东（霞浦三沙）台风野外科学试验基地等科技创新平台建设正在加快推进；

整合跨学科资源，协同省内外科研院所及涉海领军企业，建设高能级赋能平台，厦门大学正在全力筹建海洋领域省级创新实验室，打造吸引海洋人才、撬动社会资本、汇聚产业要素的“磁铁石”。2021 年，福建共达成海洋领域技术交易合同 171 项，合同金额 9791 万元。

科技蓝海，千帆竞发，福建科技创新及其对海洋经济的战略支撑作用不断夯实；走向远海，逐梦深蓝，一个新时代现代化的海洋强省正在祖国东南海滨崛起。

（摘编：于新光）

福建：数字经济　创新领跑

22 年前，时任福建省省长习近平亲自绘制了数字福建蓝图。福建，成为数字中国的思想源头和实践起点。党的十八大以来，数字经济成为领跑福建经济发展的重要引擎，持续为福建经济高质量发展赋能。

一、释放政策红利，修筑数字经济高速路

近年来，福建省大力实施新网络、新技术、新算力、新安全、新融合、新平台等新型基础设施建设工程，超前布局新型基础设施体系，为数字经济发展强基固本。福建省健全完善与数字经济发展相适应的法规制度体系，先后出台《“十四五”数字福建专项规划》《福建省做大做强做优数字经济行动计划》《福建省大数据发展条例》等 20 余项政策措施，凝聚政策合力。截至 2022 年 6 月底，福建省实现所有县区和 99% 乡镇 5G 网络覆盖；全省在用互联网数据中心 36 个，在建 5 个，总机架数 7. 3 万个。

基础设施超前布局，得益于数字福建全省“一盘棋”的顶层设计。党的十八大以来，福建陆续成为国家数字经济创新发展试验区及电子政务综合改革、公共信息资源开放等方面的全国试点省份。

在重点领域率先布局，打造聚合集智的活力生态，也成为福建发展数字经济的亮点和特色。连续五年在福州举办的数字中国建设峰会，深化数字经济交流合作，推动数字经济项目落地福建，已成为数字经济建设领域的高端平台。

完善的创新生态，推动数字经济集聚发展，助力闽企在数字经济关键核心技术领域勇闯难关，展现磅礴的创新力量。全省 50 多家数字经济企业在专业细分领域居全国之首乃至全球领先水平。新大陆公司研发的活体检测算法达到世界一流水平，美亚柏科成为国内网络空间安全领域领跑者，福光、星云电子等一批骨干企业获评省产业领军团队，推动核心元器件与关键材料技术攻关等。2022 年，省数字办公布全省数字经济核心产业领域创新企业 316 家。最新发布的报告显示，福建省“独角兽”“瞪羚”企业总体呈现新增企业多、发展潜力足、成长速度快、集聚程度高、高新企业多、经营效益好、自主创新强等特点。

二、打造数字支点，助力传统产业高质量发展

福建省工信厅近日公布 2022 年福建省工业互联网 APP 优秀解决方案名单，摩尔元数打造的基于数字孪生技术的工业仿真 APP 解决方案成功入选。通过这一方案，中小企业可快速将各类工业技术转化为可复用的工业软件模型，降低使用成本。摩尔元数打造的福建省首个“双跨”工业互联网平台，正连接千行百业，为福建省制造业进行数字化赋能。数据显示，该平台已与国内多个工业互联网“双跨”平台建立合作，累计服务企业超 2 万家。

数字经济，是继农业经济、工业经济之后的主要经济形态，它不仅是新的经济增长点，更是改造提升传统产业的支点。数据显示，2021 年全省数字经济增加值达 2.32 万亿元，其中产业数字化达 2.03 万亿元，居全国第 7 位，同比增长 15.7%。

如何加快推进产业数字化转型？通过政策引领，福建省先后出台发展工业互联网实施意见和深化新一代信息技术与制造业融合发展实施方案等，在纺织、鞋服、冶金、建材等不同行业领域，率先开展数字化转型，积累了一系列行之有效的经验做法。

纺织鞋服产业，是福建省传统优势产业。瞄准数字化转型，福建省龙头重点企业加快步伐，推进工业互联网集成提升。数据显示，目前，福建省棉纺企业万锭用工数已从原先的 200 人降至最低不到 15 人。

工业互联网创新发展是制造业数字转型的必由之路。在福建省，福州长乐、泉州晋江数字化建设走在全国前列，长乐区建立纺织工业互联网平台，接入 60% 纺织企业、80% 纺织设备；晋江市鞋服企业 90% 以上"触网"，60% 以上应用"数控一代"智能装备技术。

赋能千行百业，产业数字化需久久为功。当前，福建省正深入开展"上云用数赋智"行动，推动工业企业内外网改造提速，一大批企业完成工厂内网络 IP 化、扁平化、柔性化技术改造。目前，全省已培育 4 个国家级工业互联网平台、22 个省级工业互联网示范平台、161 家标杆企业，涌现 78 个典型应用案例。

三、建设数字丝路，锚定国际合作新方向

厦门软件园，是国家首批数字服务出口基地、中国服务外包产业集聚园区，累计注册企业 8400 多家，入驻员工超 10 万人，目前已实现"千亿园区"目标。入驻该园区的梦加网络在不久前落幕的 2022 年中国国际服务贸易交易会上亮相，这家有全球员工近 400 人的数字文化企业，聚焦"游戏出海"，产品已发行 20 多个语言版本，覆盖近百个国家。通过在游戏领域不断探索创新，该企业在全球注册用户数量超 1 亿，助力中国文化"出海"。2021 年 3 月印发的国家数字经济创新发展试验区（福建）工作方案明确，加快推进厦门软件园国家数字服务出口基地建设，打造数字贸易的重要载体和数字服务出口的集聚区。

加快建设"数字丝路"，打造数字经济开放合作核心区，成为数字领域国际合作锚定的方向。今年的中国投洽会上，谋求数字经济国际合作成为嘉宾们的共同愿望。打开福建数字企业"出海"版图，一大批实力雄厚的创新企业正抢先领跑，与世界各国共享数字发展机遇，深化数字领域国际合作。

扎根于福州的网龙，以数字教育为基石，与 20 多个"一带一路"沿线国家开展深度合作并收获良好口碑，成为中国数字教育企业的"出海"样本。国内唯一、列入全球仅 4 家掌握二维码识读核心技术企业的新大陆，业务已遍及全球 100 多个国家和地区，2021 年创下海外业绩历史新高。

福建率先开行的"丝路海运"，联盟成员达 259 家，联通 29 个国家 102 个港口。今年，"丝路海运"信息化平台启动建设，通过汇聚多维度数据，平台将推动港口间数据互联，推出更多航运指数和数据产品。

福州全球数字教育资源生产基地、南平人工智能产教融合基地、"丝路茶道"品牌、世界妈祖文化交流公共信息平台、华人华侨数字化公共服务平台、南洋华裔族群寻根谒祖综合服务平台等，如今，福建省正努力打造一批具有较强国际影响力的文化交流信息化平台，加强中外文化交流互鉴。发力数字经济，福建正把握机遇，努力建成数字经济新高地和数字中国样板区，走向数字经济国际合作广阔舞台，持续推进福建更高水平的对外开放。

（摘编：陈建闽）

福建激励企业加强基础研究

2022年9月9日福建省工信厅消息，上半年，福建省规模以上工业企业研发费用365.05亿元，同比增长22.5%，高于全省营业收入增速12.9个百分点。近年来，福建省大力建设各类创新平台，引导、鼓励企业对制约产业发展的基础研究和卡脖子技术开展攻关，加快推进福建创新链和产业链协同发展。

基础研究是科技创新的总开关。企业身处生产第一线，对市场动向最敏感，最需要科技创新成果作为发展动力，是科技创新的主力军。福建省建设创新型省份，基础研究和卡脖子技术是两个难关。基础研究的进展会带来革命性的技术突破，带动工业水平质的提高，还培养了一大批创新型人才，企业也得到良好的发展机会。企业对基础研究投入严重不足，会导致产业缺乏核心技术，企业没有足够的知识储备和能力积累，影响产学研合作和科技成果转化。举个正面的例子，新能源产业是福建重点布局的战略性新兴产业。宁德时代、厦门钨业与中国科学院院士、厦门大学教授孙世刚团队密切合作，立足学科基础研究，持续在新能源领域斩获面向产业的突破性成果。厦钨新能源首席工程师魏国祯表示，孙老师团队在这一领域获得的基础研究前沿成果，加深了企业对电池材料界面的认识和理解，大大缩短了企业解决技术难题的时间。

部分企业对基础研究的投入长期不足，有复杂的主客观因素。除了相关人才匮乏，主要有两方面的原因：一是基础研究主要是为了获得基本原理、规律和新知识，研究周期长、不确定性高、不能直接产生经济效益，而部分企业追求中短期利益，不愿为基础研究投入较大成本、承担较大风险。二是国家缺乏专门的鼓励企业开展基础研究的激励政策，地方政府在这方面的支持力度也不足，导致企业做基础研究的动力不强。对综合实力相对雄厚、基础研究力量相对较强的国企来说，相关部门对其的考核评价也偏向产值、利润等经济效益，对其开展基础研究、科技创新则不够重视，也影响了国企的积极性。

只有采取有力措施，鼓励企业优化研发经费投入结构，加强基础研究，才有利于从源头上化解部分产业关键核心技术受制于人的难题。今年起施行的科学技术进步法明确提出：“国家引导企业加大基础研究投入，鼓励社会力量通过捐赠、设立基金等方式多渠道投入基础研究，给予财政、金融、税收等政策支持。”相关部门、地方政府应当在这个基础上，制定出台具体的鼓励企业加大基础研究力度的实施细则，努力完善鼓励企业开展基础研究的政策体系，使科技进步法的相关精神落实落地，提高企业加大基础研究投入的积极性。比如，对企业基础研究经费投入给予更优惠的税收减免，对企业从事基础研究的人才给予专项补贴，加大对国企开展基础研究、科技创新的考核力度，依托政府项目加大对企业基础研究的财政支持，等等。

（摘编：肖启辉）

第七届“创客中国”区块链中小企业创新创业大赛在福州落幕

2022年8月26日，由工信部信息中心和省工信厅联合举办的第七届“创客中国”区块链中小企业创新创业大赛在福州落幕，一大批优秀的区块链项目脱颖而出。

这场区块链领域的“国家级”赛事吸引了全国20多个省市的400余支参赛队伍，覆盖存证溯源、数字藏品、存储加密、碳中和等区块链热门领域。赛事经初赛、复赛决赛，最终角逐出全国总决赛一、二、三等奖和优胜奖，《海峡链：下一代区块链技术服务平台》《随艺：基于智能技术的艺术品鉴证数据服务平台》分别获得大赛企业组和创客组冠军。

区块链技术拥有多中心化、不可篡改、可追溯等特点，能很好地解决信任问题，促进实体经济的数字化升级转型。这次比赛打通了“政产学研用”协同的开放生态体系，为优质项目提供交流展示、产融对接、项目孵化、落地应用的舞台，营造出良好的产业发展氛围。

第三届区块链产业与企业家国际峰会同期举行，峰会邀请全国区块链行业精英共论区块链前沿技术，共谱数字经济未来蓝图。

（摘编：郭鹭）

福建省集成电路产教融合创新发展联盟成立

2022年7月18日福建日报报道，福建省集成电路产教融合创新发展联盟成立大会暨“产教融合·创新发展”论坛日前在厦门大学举行。

会上，福建省集成电路产教融合创新发展联盟正式启动，联盟为理事长、副理事长颁发了荣誉牌。该联盟由厦门大学发起，已发动福建省10余家高校、50余家企业、10余家研究机构及行业协会，共约100家单位组成。联盟的成立，既是厦门大学服务国家战略和区域发展的有力举措，更标志着福建省在集成电路人才链与创新链、产业链的有效衔接和协同发展上迈出新步伐。

今后，联盟将瞄准集成电路关键核心技术，特别是“卡脖子”问题，充分发挥协同作用，强化重大科技攻关，组建产学研联合体和新型研发机构，推动知识产权共享、通用基础设施共建共享，强化关键工艺环节与核心技术联合攻关。同时，联盟也将加快产业需求、人才培养融合进程，释放高校和科研院所科学研究、技术创新潜力，构建支撑集成电路产业重大需求的技术人才和创新创业人才培养体系，力争成为福建省集成电路人才培养和关键核心技术攻关的加速器。

2019年5月，厦门大学与清华大学、北京大学、复旦大学成为首批获准建设国家集成电路产教融合创新平台的四所高校。厦门大学国家集成电路产教融合创新平台是迄今为止福建省唯一的国家级产教融合创新平台。经过3年的建设发展，已建成集产业人才培养、科学研究、学科建设于一体的区域共享型国家级创新平台。

（摘编：于新光）

福建推进建筑业低碳转型

2022年6月7日福建日报报道，建筑业是福建的支柱性产业，2021年，福建建筑业总产值达1.58万亿元，占全省GDP的32.4%，同比增长12%，实现增加值5140.55亿元。建筑业历来是碳排放大户，2020年全国建筑全过程排碳量占全国总量的比重超50%。近年来，福建全方位推进高质量发展，深入推动建筑领域节能减排。但是，建筑业的碳排放效率仍处于全国中下等水平，单位产值碳排放量依然较高。因此，福建亟需加快建筑业低碳转型，从以下几个方面发力。

加强顶层设计与统筹谋划，系统设计建筑业低碳转型发展路径。建筑业碳达峰碳中和的治理任务复杂，涉及住房城乡建设、生态环境、工业信息化等不同政府职能部门，须明确福建建筑业低碳转型发展的治理任务要求及责任主体，建立健全省级组织领导与工作机制，建设具有区域代表性的低碳建造技术体系、制度体系及考核监督体系。基于建筑业关联碳排放量、碳排放强度、碳要素生产率、低碳技术转化率等关键指标，结合目前建筑业技术、管理以及经济方面总体水平，分阶段制定福建省建筑业碳减排目标，规划科学合理的发展路径。

建立健全低碳建筑政策制度体系，发挥政策法规制度基础保障作用。2022年4月1日起，我国开始严格执行强制性规范《建筑节能与可再生能源利用通用规范》。而福建与之相配套的与碳排放有关的政策法规较为欠缺，建议应围绕碳排放，修订和完善覆盖建筑业碳排放各个维度的强制性政策与法规体系，进一步提高推行低碳建筑工作的法律地位；加强对已实施政策与措施的集成创新，增强低碳建造推进政策与措施的系统性、协同性、针对性；将低碳建筑标准纳入规划设计、施工、监理及竣工验收等阶段审查内容，明确各方法律责任；细化落实低碳建筑发展的具体规章制度，出台附有可操作性实施细则的相关政策，以强化政策投放的精准性和可持续性。

加快完善建筑领域碳排放核算体系，强化碳排放数据战略支撑作用。亟需加快建立福建建筑碳排放核算体系，为约束建筑碳排放提供重要的数据支撑。建立易于落地的建筑碳排放计算标准，明确建筑碳排放计算的边界、范围、测算主体及计算方法，构建城乡建设各领域、各层级、各阶段碳排放核算标准体系，如构建装配式建筑部件碳排放标准、建筑和市政设施等项目层面碳排放核算标准、建筑业企业和房地产企业等组织层面碳排放核查核验报告标准等。

全面构建多元化建筑碳减排激励机制，充分调动各利益主体积极性。在测算增量成本基础上，对新建建筑与既有建筑低碳改造、公共机构能效提升等项目予以资金补贴，加大绿色建筑材料的补贴力度。运用市场化激励手段，推动建立建筑节能、低碳与部分土地出让相挂钩的机制，对于政府投资项目、政府办公楼等，优先采用低碳产品或标准，对新建的节能住宅、低碳建筑设备等实行加速折旧、贴息贷款、减免税收等政策扶持；鼓励消费者选择低碳住宅，对消费者给予购房贷款及税收优惠，推进鼓励城镇高耗能建筑节能低碳改造。建立企业低碳声誉激励机制，将企业低碳行为作为其声誉的一部分。

加快建立建筑领域低碳技术创新机制，推动建筑低碳技术产业化。通过鼓励企业、高校与科研机构合作成立现代低碳技术研究院，开展相关技术路线、技术开发、技术集成等方面的研究，着力突破一批前瞻性、战略性和应用性技术。

（摘编：周忠志）

中国联通（福建）工业互联网研究院成立

2022年5月15日，福建省工业互联网专题培训暨中国联通（福建）工业互联网研究院成立揭牌仪式在福州举行，福建数字经济发展又有新智库。

中国联通（福建）工业互联网研究院将被打造成为福建省工业互联网领域数字化转型重要智库、技术创新重要源泉、政府监管重要支撑、工互生态重要载体、企业赋能重要动力、人才实训重要基地，推动福建工业互联网产业数字化、网络化、智能化、绿色化发展。

福建联通近年来全力打造"两院、两云、一基地、五大实验室"创新能力体系，并建设了凯邦锦纶智慧工厂"5G＋工业互联网"、马坑矿业"5G矿山无人车"等标杆项目。下一步，福建联通将以工业互联网研究院为载体，持续锻强工业互联网专精特新能力，打造工业互联网六大能力体系，加速标杆示范效应，推动5G应用从"样板间"向"商品房"加速转变，做大做强福建工业互联网。

当天，福建省工业和信息化厅与福建联通还联合举办了面向福建省工信系统的工业互联网专题培训，邀请中国联通工业互联网领域的专家及省内优秀企业代表，围绕工业互联网技术体系及应用实践作主题分享。

（摘编：朱明清）

武汉长江船舶设计院在闽设立分院 助力"电动福建"建设

2022年5月8日，武汉长江船舶设计院有限公司福建绿色智能船舶研究分院（以下简称：研究院）揭牌仪式在福州举行，这是长航集团落实招商局集团与福建省战略合作协议、助力"电动福建"建设的具体举措。

武汉长江船舶设计院是国内大型专业船舶设

计研究单位龙头，是央企招商局集团旗下长航集团的科研创新平台，拥有完整的船舶设计资质，研发设计了全球最大纯电动游轮，在电池动力、氢燃料电池动力、LNG 动力等新能源、清洁能源船舶开发上处于国内领先地位。

长航集团作为中国最大的内河航运企业，此次在闽落地福建绿色智能船舶研究分院对进一步补强福建省电动船舶产业链，提升福建省电动船舶研发设计水平，助力福建省打造电动船舶产业发展的样板区和示范区具有重要的推动作用。

研究院成立后，将在新能源船舶应用场景、营运特点、市场需求、经济性、适应性等方面进行深入研究，打造兼具经济性、安全性、实用性的电动船舶及其关键配套设施设备产业体系；同时，发挥示范效应，积极拓展长江流域等省外应用场景，并辐射带动全国，助力福建早日建成国家级电动船舶示范区。

（摘编：李兵）

福建省一批重点领域将率先开展节能降碳改造

2022 年 5 月 6 日，福建省发改委消息，省发改委、省工信厅、省生态环境厅、省市场监督管理局四部门近日联合出台《关于做好重点领域节能降碳改造升级工作的实施方案》，聚焦福建省一批重点领域率先开展节能降碳改造升级工作。到 2025 年，全省钢铁、电解铝、水泥、平板玻璃、炼油、乙烯、合成氨等重点行业和数据中心企业能效全部达到基准水平，达到标杆水平的产能比例超过 30%。

为实现该目标，福建省将建立企业能效清单，制定节能降碳改造实施方案，组织企业实施改造升级，引导低效产能有序退出。针对拟建、在建、存量等不同项目类型，落实能效要求，分类开展节能降碳行动。

在引导低效产能有序退出方面，福建省将加大重点领域淘汰落后产能工作力度，坚决淘汰落后生产工艺、技术、设备、产品，推动省内企业通过“上大压小”“减量替代”等方式进行产能整合。各地在谋划、洽谈重点领域拟建项目（装置）时，要严把项目能效、碳排放准入关。新建钢铁、电解铝、水泥熟料、平板玻璃、尿素项目必须实施产能等量或减量置换。引导利用率低、耗能高、效益差的小散数据中心腾退改造升级，避免重复建设和无效投入。

福建省将充分发挥省级节能和循环经济专项资金引导作用，用好省内工业企业技术改造、中小企业发展等各类专项资金，支持企业开展节能降碳改造升级。同时，加大监管力度，建立健全通报批评、用能预警、约谈问责、整改督办等工作机制，依法依规运用信用激励和约束手段，实施失信惩戒。

（摘编：郭鹭）

全国首个物联网开放实验室赋能产业发展

在马尾的中国·福州物联网开放实验室，2022年7月28日测试工程师通过5G终端产业服务平台进行终端设备状态跟踪。这个服务平台是全省第一套5G2B实验装备。

5G终端产业服务平台的建立，让中国·福州物联网开放实验室拥有了2G到5G全覆盖的测试能力，可以帮助物联网企业的5G终端产品进行网络性能测试和参数调校，为5G产业的发展提供坚实的实验基础。

该服务平台支持5G网络最新版的特性，比如超高可靠与低时延通信，常用业务时延可以做到10毫秒，特殊切片工业场景可以做到0.5毫秒，同时支持1.8Gbps的大数据场景。该平台获得福建省发改委数字专项奖励。

目前，中国·福州物联网开放实验室与全国200多家物联网企业展开合作，为其提供技术服务。作为全国第一个物联网开放实验室，中国·福州物联网开放实验室由中科院上海微系统与信息技术研究所、福州市政府、马尾区政府共建，于2017年4月28日揭牌。目前，实验室已完成二期建设。

实验室一期以NB-IoT窄带物联网产品的测试为主；二期侧重以5G为代表的无线通信领域，建设了EMC电磁兼容实验室、OTA天线性能实验室等七大类认证实验室体系，建成以5G为代表的物联网领域专业的无线通信设备性能检测及可靠性试验平台。

中国·福州物联网开放实验室副总裁孔鹏说，实验室一、二期建成后，中小企业尤其初创企业受益最大，实验室为无线通信产品提供从产品试验设计、研发调试整改、产品检测验证、产品国际认证等“一站式”解决方案。

定位为公共服务平台的福州物联网开放实验室配置了射频、天线、电磁兼容、OTA等各领域技术专家，企业产品在测试及认证出现问题时，开放实验室各领域专家可提供问题的定位分析、调试整改及验证测试等技术服务，确保产品尽快满足认证要求，帮助企业缩短产品开发周期，尽快完成产品的产业化。

（摘编：郑新贵）

首批5G应用安全创新示范中心福建省入围

2022年1月7日福建省工信厅消息，工信部日前公布了首批5G应用安全创新示范中心名单，北京市、天津市、浙江省、福建省、河南省、广东省、重庆市、四川省、贵州省等9省市的5G应用安全创新示范中心上榜。

为进一步强化区域协同，凝聚力量，工信部

规定每省设立1个示范中心，对于省内有两个或以上申报主体入选的，每个申报主体作为分中心，共同组成该省示范中心。福建省此次入围的5G应用安全创新示范中心（福建）是由省通信管理局和省工信厅推荐，联合体牵头单位为省大数据公司，联合体参与单位包括中兴通讯股份有限公司、中国电信福建分公司、福建师范大学、工信君阳（北京）科技有限公司和南京中新赛克科技有限责任公司。

工信部要求，各示范中心要按《5G应用安全创新示范中心申报和创建指南》的要求以及申报内容，进一步强化示范特色，提升产品、服务、解决方案的创新性和可复制性，加大开展规模化推广力度；进一步夯实现有科研能力和配套资源，为示范中心发展提供更好条件；落实申报书规划，在标准研制落地、安全服务培育、解决方案推广、人才技术培训等方面切实抓出成效，发挥好创新引领作用。各地主管部门要指导示范中心聚焦目标行业领域，加大资源投入，并在政策、资金等方面为示范中心提供必要的支持；对于省内有多个分中心的，地方主管部门应协调指导各分中心加强交流互鉴，鼓励优势互补、错峰发展、凝聚合力。

（摘编：于新光）

福建自贸试验区制度创新成效显著

2022年9月2日福建省商务厅消息，自2015年4月21日挂牌运行以来，福建自贸试验区制度创新成效显著，注重改革系统集成，累计推出563项创新举措，其中全国首创249项，34项创新成果在全国推广，7项试点经验列入自贸试验区“最佳实践案例”，居全国前列。

统计显示，福建自贸试验区特色产业集聚发展，累计新增企业12.1万户，注册资本2.6万亿元人民币，分别是挂牌前的7.85倍、11.5倍。

福建自贸试验区对外开放全面深化，外商投资负面清单减至27条，其中制造业条目清零，率先在增值电信、医疗、金融等服务业领域对外开放，累计新增外资企业占全省同期近三成。培育了燕窝加工、酒类进口、飞机融资租赁、基金小镇等16个全国领先的重点平台，离岸贸易、文化保税等新业态加快发展。

强化闽台合作成为福建自贸试验区的突出特点。福建自贸试验区50多个领域率先对台开放，实施直接采认台湾地区部分技能职业资格，采信台湾地区第三方检验结果，首创台胞台企征信查询、台商台胞金融信用证书、台资企业资本项目便利化改革等创新举措，促进台胞台企来闽创业、就业、学习、生活更加便利，打造台胞台企登陆第一家园“先行区”。

福建自贸试验区还积极融入共建“一带一路”开展制度创新，围绕落实全球发展倡议，高质量实施《区域全面经济伙伴关系协定》（RCEP），加强金砖国家合作，促进沿线国家和地区互联互通、共建共享。推进“丝路投资”，累计备案（核准）境外企业和机构270家；拓展“丝路海运”，航线增至86条，通达29个国家102座港口；发展“丝路电商”，全球布局海外仓总面积近180万平方米；中欧（厦门）班列常态化运行，并通过海铁联运延伸至东盟和我国台湾地区，初步构建了连接国内国际双循环的重要枢纽、重要通道。

（摘编：彭文荣）

第四篇 工业园区

福建省开发区发展情况综述

2021年，全省开发区坚持以习近平新时代中国特色社会主义思想为指导，认真贯彻落实国务院《关于推进国家级经济技术开发区创新提升打造改革开放新高地的意见》《关于促进国家高新技术产业开发区高质量发展的若干意见》《关于促进综合保税区高水平开放高质量发展的若干意见》和省政府《关于促进开发区高质量发展的指导意见》《关于实施工业（产业）园区标准化建设推动制造业高质量发展的指导意见》等文件精神，聚焦“三提三效”，统筹疫情防控和经济社会发展，加快推动开发区质量变革、效率变革、动力变革，开发区建设发展取得新成效。一是经济总量较快增长。全省开发区实现地区生产总值1.88万亿元，增长14.3%，占全省比重为38.6%；实现规模以上工业增加值1.01万亿元，增长15.3%，占全省比重56.6%。实现税收收入（不含海关代征，下同）1572.65亿元，增长20.6%，占全省比重32.4%。二是投资聚集效应凸显。全省开发区实现公共基础设施建设投资总额1886.08亿元，较上年增长12.9%。省级工业龙头企业450家，较上年增加101家，占全省60.2%。全省开发区户均产业集聚水平为83.3%，较上年提高2.9个百分点。三是土地利用集约增效。全省开发区工业用地固定资产投入强度552.44万元/亩，增长18.4%；户均综合容积率达1.11，较上年提高3.5个百分点。全省开发区工业用地地均税收28.10万元/亩，增长19.5%。四是创新动能持续增强。新认定国家高新技术企业数1414家，累计5051家，占全省56.3%。有效发明专利数28661件，较上年新增2164件，增长8.2%，占全省比重为46.1%。五是开放合作继续深化。全省开发区实际使用外资总额180.92亿元，增长3.2%，占全省49.0%。实现进出口总额1.04万亿元，增长28.6%，占全省56.1%。重点推动以下几方面工作：

一、研究制定开发区工作要点及促进政策

制定印发《2021年全省开发区工作要点》，重点从十个方面提出创新举措，提升开发区对外合作水平和经济发展质量；起草制定《福建省开发区管理办法（试行）》，规范开发区管理，促进开发区高质量建设发展，争取以省政府规章的形式出台；研究制定《福建省综合保税区提升行动方案》，促进综合保税区提质增效、争先进位。

二、推动开发区整合提升创新发展

全年有福清龙田经济开发区、漳平工业园区、三明尤溪经济开发区、宁德三都澳经济开发区等10个省级开发区实行“一区多园”整合托管。印发《全省开发区建设自贸创新成果复制推广先行区的实施意见》，推动全省开发区全面复制推广自贸创新成果，打造国内国际双循环重要载体。总结各地开发区在创新发展中形成的好经验好做法，编辑印发《福建省开发区高质量发展典型经验汇编》，供开发区学习互鉴。落实《福建省工业（产业）园区标准化建设“机制创新专项行动”实施方案》，推动园区标准化建设试点。

三、推进海关特殊监管区域整合优化

推动海关特殊监管区域与自贸试验区统筹发展，制定印发《推动海关特殊监管区域与福建自贸试验区统筹发展任务分工方案》。福州综合保税区、厦门象屿综合保税区完成验收，实施封闭监管、开关运作。推进厦门海沧港综合保税区和福州江阴港综合保税区，分别通过由厦门海关和福州海关组织相关部门进行的验收。推动福州保税区整合优化为福州长乐国际机场综合保税区，推进厦门象屿综合保税区和厦门象屿保税区整合优化，规划新设

厦门空港综合保税区。组织全省7家海关特殊监管区域参加海关总署组织的发展绩效评估，结果显示福建省海关特殊监管区域发展绩效居中上水平。

四、推动开发区招商引资

第二十一届投洽会共有福州高新区、厦门海沧台商投资区、福州综合保税区、漳州古雷港经济开发区等14家国家级和省级开发区参展，其中9家参展开发区设置7个独立特装展台，面积达810平方米，会上共签约内外资项目13个，总投资580多亿元。同时结合第四届进博会、第四届数字中国建设峰会、“日资企业福建行”等活动，组织开发区参加招商推介，对接洽谈投资项目；推动中国与印尼、中国与意大利、中国与塞尔维亚等“两国双园”建设。

五、开展开发区综合发展水平考核评价

组织对全省97家省级以上开发区开展2020年度综合发展水平考核评价，通报评价结果，对先进开发区予以奖励，督促落后开发区整改提升。组织10家国家级经开区参加2020年全国国家级经开区考评，并根据2019年评价结果督促相关国家级经开区整改提升。

六、推动对口合作帮扶

持续协调推动福清融侨经开区、龙岩经开区、东侨经开区与宁夏银川国家级经开区、石嘴山经开区落实合作，推动宁夏固原经济开发区分别与漳州金峰经济开发区、晋江经济开发区开展合作。推动福建开发区与新疆昌吉高新区、昌吉国家农业科技园区、准东经开区开展合作，加强对口帮扶，促进产业合作。继续推动福州经开区等4个国家级经开区对口帮扶新疆准东经开区，推动泉州经开区扶持吉林珲春边境经济合作区，促进招商合作和资金支持。

七、推进开发区生态环境保护和安全生产

持续推动落实省委省政府办公厅印发的《福建省贯彻落实中央生态环境保护督察报告整改方案》要求，督促开发区做好中央环保督察问题整改落实，重点推进沿海开发区混合处理生活污水和工业污水的配套污水处理厂提标改造，福清江阴港城经济区等5家开发区污水处理厂提标改造工程已完成。联合省生态环境厅、科技厅印发《福建省开发区生态环境专项整治工作方案》。开展“污水零直排区”建设，提升开发区污水接管率和处理率。督促闽江、九龙江流域开发区、近岸海域开发区按照省河长办等相关部门要求，落实生态环境保护措施，提高污水处理水平。督促开发区健全安全生产监管机构，明确安全生产监管人员。

2021年全省开发区建设发展虽然取得较好成绩，但是仍然存在一些问题，主要是总体规模偏小，仍然有17个开发区没有工业龙头企业入驻，辐射带动作用发挥不充分；对外开放水平还有差距，外资增长缓慢，占比不高，对外投资下降；集约用地有待继续提升，沿海和山区开发区亩均税收差距进一步拉大等。

（撰稿：福建省商务厅开发区管理处　原载《2022福建开发区年鉴》）

2021年度全省开发区综合发展水平考核评价结果

2022年11月2日福建省商务厅网站刊载，根据《福建省人民政府关于促进开发区高质量发展的指导意见》（闽政〔2018〕15号）和《福建省商务厅等7部门关于印发〈福建省开发区综合发展水平考核评价办法（暂行）〉的通知》（闽商务开发区〔2018〕10号），福建省商务厅组织开展2021年度福建省开发区综合发展水平考核评价工作，从发展规模、土地集约、科技创新、环保安全、开放合作、管理服务等六方面57项指标对全省开发区年度建设发展情况进行综合考核评价。考评结果显示，2021年全省开发区聚焦“三提三效”，加快质量变革、效率变革、动力变革，发展态势良好。

一是经济总量较快增长。全省开发区实现地区生产总值1.88万亿元，增长14.3%，占全省比重为38.6%，较上年提高1.0个百分点；实现规模以上工业增加值1.01万亿元，增长15.3%，占全省比重56.6%，较上年提高1.2个百分点。实现税收收入（不含海关代征）1572.65亿元，增长20.6%，占全省比重32.4%，较上年提高1.6个百分点。

二是投资聚集效应凸显。全省开发区实现公共基础设施建设投资总额1886.08亿元，较上年增长12.9%。除海关特殊监管区域外的90个开发区实现区内企业固定资产投资总额7071.53亿元，较上年增长26.2%。省级工业龙头企业450家，较上年增加101家，占全省工业龙头企业数的60.2%。全省开发区户均产业集聚水平为83.3%，较上年提高2.9个百分点。

三是土地利用集约增效。全省开发区工业用地固定资产投入强度552.44万元/亩，增长18.4%，较上年提高3.4个百分点；户均综合容积率1.11，较上年提高3.5个百分点。全省开发区工业用地地均税收28.10万元/亩，增长19.5%，较上年提高12.4个百分点；其中，除海关特殊监管区域外的90个开发区地均税收27.92万元/亩，增长16.6%，较上年提高9.5个百分点。

四是创新动能持续增强。全省开发区财政对科技的实际投入额为79.98亿元，较上年新增4.67亿元，增长6.2%。全省开发区新认定国家高新技术企业数1414家，累计5051家，占全省高新技术企业数的比重为56.3%。除海关特殊监管区域外的90个开发区省级以上创新研发平台数1004家，较上年新增64家，增长6.8%；期末有效发明专利数28661件，较上年新增2164件，增长8.2%，占全省数的比重为46.1%。

五是开放合作继续深化。全省开发区实际使用外资总额180.92亿元，增长3.2%，较上年提高3.9个百分点，占全省实际使用外资额49.0%。实现进出口总额1.04万亿元，增长28.6%，占全省进出口总额56.1%。其中，出口总额5945.17亿元，增长32.9%，占全省55.0%；进口总额4408.01亿元，增长23.1%，占全省57.7%。

2021年度福建省开发区综合发展水平前30位名单

位次	开发区名称	类别
1	厦门火炬高技术产业开发区	国家级
2	厦门海沧台商投资区	国家级
3	东侨经济技术开发区	国家级
4	晋江经济开发区	省级
5	福州经济技术开发区	国家级
6	福清融侨经济技术开发区	国家级
7	莆田高新技术产业开发区	国家级
8	泉州台商投资区	国家级
9	福州高新技术产业园区（福州软件园）	省级
10	泉港石化工业园区	省级
11	泉惠石化工业园区	省级
12	泉州经济技术开发区	国家级
13	漳州台商投资区	国家级
14	泉州高新技术产业开发区（鲤城园、石狮园）	国家级
15	漳州金峰经济开发区	省级
16	泉州半导体高新技术产业园区	省级
17	长乐经济开发区	省级
18	福州金山工业园区	省级
19	漳平工业园区	省级
20	漳州蓝田经济开发区	省级
21	安溪经济开发区	省级
22	南安经济开发区	省级
23	福州高新技术产业开发区	国家级
24	宁德三都澳经济开发区	省级
25	上杭工业园区	省级
26	福清江阴经济开发区	省级
27	连江经济开发区	省级
28	南平工业园区	省级
29	洛江经济开发区	省级
30	莆田华林经济开发区	省级

（摘编：刘海元）

福建省开发区发展成就

2022 先进制造业百强园区上榜名单

2022 年 7 月 7 日福建省工信厅消息，工信部赛迪顾问智能装备产业研究中心日前发布了《先进制造业百强园区（2022）》榜单，福建省共有 5 个园区上榜。其中，厦门火炬高新区在全国 230 个国家级经开区和 168 个国家级高新区中位列第 11 位，较 2021 年度排名上升 3 位，领衔福建省入围园区。

经评定，中关村科技园区、北京经济技术开发区、深圳市高新技术产业园区、上海张江高新技术产业开发区、广州经济技术开发区列前五位。福建省入选的 5 个园区分别是厦门火炬高技术产业开发区（第 11 名）、福州高新技术产业开发区（第 44 名）、福州经济技术开发区（第 68 名）、泉州高新技术产业开发区（第 86 名）、厦门海沧台商投资区（第 99 名）。

为助力国家级产业园区制造业高质量发展，2022 年先进制造业园区发展研究在优化先进制造业园区发展“五力”评估模型的基础上，对国家级园区先进制造业综合发展水平进行评价。百强榜单，在经济实力维度，更加注重经济总量带动，促进区域经济增长；在创新潜力维度，更加关注技术创新驱动，引领高质量发展；在融合能力维度，更加注重智能制造和数字化水平，带动产能提升；在产业聚力维度，更加突出先进制造业集聚，关注生产要素流动优势；在绿色动力维度，更加倡导低碳制造，助力绿色制造体系建设。

（摘编：李兵）

全国和谐劳动关系创建示范企业、工业园区福建省上榜名单

2022 年 10 月 24 日福建省人社厅消息，福建省 13 家企业被命名为“全国和谐劳动关系创建示范企业”、2 个工业园区命名为“全国和谐劳动关系创建示范工业园区”。

（一）全国和谐劳动关系创建示范企业

1. 福耀玻璃工业集团股份有限公司 2. 福建福光股份有限公司 3. 福建奔驰汽车有限公司 4. 厦门海谊楼宇经营管理有限公司 5. 厦门保沣实业有限公司 6. 漳州片仔癀药业股份有限公司 7. 安踏（中国）有限公司 8. 福建省鸿山热电有限责任公司 9. 福建一建集团有限公司 10. 福建华峰新材料有限公司 11. 福建杜氏木业有限公司 12. 福建海华医药连锁有限公司 13. 福建亚南电机有限公司

（二）全国和谐劳动关系创建示范工业园区

1. 福州市软件园 2. 中国（福建）自由贸易试验区厦门片区管理委员会海沧园区

（摘编：谢建东）

中国自贸试验区制度创新指数福建上榜名单

根据 2022 年 7 月 22 日发布的“2021－2022 年度中国自由贸易试验区制度创新指数”，厦门自贸片区成绩抢眼，位列全国第五。在这一榜单中，厦门自贸片区已连续两年排名前五。

制度创新指数主要围绕“政府职能转变”“贸易便利化”“投资自由化”“金融改革与创新”“法治化环境”五大维度开展系统性评估，今年还

引入了智能评估系统，使指数评估更具客观性。根据指数得分结果，前海、南沙、上海（浦东）、上海（临港）、厦门、天津、成都、北京、武汉、重庆进入全国前十名。

中国自由贸易试验区制度创新指数由中山大学自贸区综合研究院组织编写发布。这项成果作为总结自贸试验区制度创新经验与进一步分析改革方向的系统性研究，旨在为自贸试验区制度创新政策的落地与创新方向提供建设性的意见和建议，受到社会各界的广泛关注。

制度创新是自贸试验区的核心工作。厦门自贸片区自2015年成立以来，始终坚持制度创新与功能培育相结合，发挥改革先导和突破作用，推出“一照一码”等一批首创性强、特色鲜明的创新举措，扎实有力地赋能地方经济高质量发展。截至目前，厦门自贸片区累计推出创新举措513项，其中全国首创111项，5个经典案例入选全国自贸试验区最佳实践案例。

（摘编：孔明德）

福州开发区概况

福州经济技术开发区

福州经济技术开发区于1985年1月经国务院批准设立（1992年与马尾区实行“两区合一”的行政管理体制），是首批14个国家级经济技术开发区之一，地处福州市东南部、闽江下游北岸，距闽江口17海里，是福建省的重要商港、福州的水上门户。2021年，福州经开区完成地区生产总值639.84亿元，比上年增长3.5%；一般公共预算总收入35.6亿元，增长12.8%；地方一般公共预算收入22.95亿元，增长9.3%；固定资产投资144.18亿元，下降28.4%；社会消费品零售总额204.14元，增长9.4%；进出口总额345亿元，增长31.4%；实际使用外资6.07亿元，下降9.3%；城镇居民人均可支配收入58990元，增长7.9%；农村居民人均可支配收入32375元，增长10.4%。

项目建设赶超进度。省重点项目：全年列入省级重点项目9项，年计划投资14.89亿元，全年完成投资17.42亿元，完成年计划117.1%；市重点项目：全年列入市重点项目110项，年计划投资200.75亿元，全年完成投资226.78亿元，完成年计划113%；区重点项目：全年区重点项目344项，年计划投资174.67亿元，全年完成投资165.83亿元，完成年计划的94.9%；“五个一批”项目：全区产业开工项目34项，总投资78.15亿元（其中战兴项目11项，总投资30.21亿元）；“抓促”项目：全年新开工94项，完成市下达任务的110.6%；新竣工项目66项，完成市下达任务的113.8%；“一企一议”：全年累计收集项目问题1198条，已协调解决1174条，办结率97.9%（其中区主要领导协调675条，解决675条，办结率100%）；“攻坚120天”项目：专项行动提速攻坚项目107项，计划投资123.35亿元，累计完成投资165.37亿元，完成率134.1%；开工提速攻坚项目36项，实际开工36项，开工率100%；竣工投产攻坚40项，实际竣工40项，竣工率100%；地铁二号线东延线项目：顺利完成项目工可专家评审、站点及管线工程技术对接、社会稳定风险评估报告专家评审、总体设计专家评审、节能报告专家评审。

产业发展快速壮大。物联网产业创新发展中心已确定入驻意向企业279家，其中已落地企业244家。物联网认定企业达201家，产值达700亿元，比增8%。物联网产业创新发展二期联东U谷项目动工建设，物联网开放实验室测试认定体系进一步完善，成为国际、国内物联网标准制定的重要机构，在多个物联网垂直应用领域开展标准化工作，已完成37项物联网相关标准发布，正在推进39项标准的拟定、立项在编，涵盖智能网联汽车、智能道路照明、远程抄表、生命体征感知、可燃气体监测等多个物联网应用领域。建成全国首个“5G产业服务平台”、省内首个“城市道路”车路协同开放试验场。承办第四届数字中国建设峰会物联网分论坛、中国工业互联网安全大赛（福建省选拔赛）暨首届福建省工业互联网创新大赛等大型活动，数字中国成果展马尾展区被组委会授予“优秀展示奖”。马尾物联网产业的知名度和影响力持续提升。新兴产业快速发展。加大传统产业技术改造力度，全年完成37项省市重点技改项目，完成投资21.59亿元，超序时进度11.26个百分点。全力推动龙头企业发展，2021年全区国家级高新技术企业累计共212家，福建省科技小巨人企业41家。

招商引资成果丰硕。全区新引进招商落地项目366个，总投资额549.66亿元。按产业类别分：一产项目12项，投资额19.05亿元；二产项目68项，投资额208.57亿元；三产项目286项，投资额322.04亿元。按三维属性分：国企项目6项，投资额28.16亿元；外企项目15项，投资额21.58亿元；民企项目345项，投资额499.92亿元。从项目规模看：投资额5—10亿元（含5亿元）以上的大项目、好项目有7个，总投资额45.68亿元；投资额10亿元以上（含10亿元）的大项目、好项目有6个，总投资额102.02亿元（其中1个为重大产业项目，投资额51.5亿元）。

体制机制深化改革。深化供给侧结构性改革，大力营造有利于创新创业创造的良好发展环境。深化区属国有企业改革，加快区属国企重组整合步伐，已全面完成区工业建总、区房地产公司两家全民所有制企业公司制改革工作，同时完成区建发集团和区城投集团组建工作。初步建立区属国有企业负责人经营业绩考核体系。深化医疗卫生体制综合改革，全面实行区医院全员目标年薪制、绩效管理工分制以及院长聘任制。成立全省县（区）首家标准化代谢性疾病管理中心（MMC），进一步提升马尾区医疗水平。深化教育体制综合改革，印发《马尾区属公办中小学、幼儿园参照事业单位聘用制人员管理办法》，创新招聘形式，逐步解决缺编缺员问题，进一步激发教师队伍工作积极性。规范开展农村集体资产股份合作制改革，全面完成农村集体经济组织成员认定、农村集体经济组织赋码登记，57个村开展股份合作制改革，5个村成立经济合作社。加强农村集体“三资”台账管理工作，落实农村集体“三资”网上公开。

生态环保持续优化。马尾区全年空气优良天数362天，优良率99.7%，其中优257天，占比71.0%，比上年提高15.3%；6项污染物平均浓度均达到国家环境空气质量二级标准，PM2.5年均浓度18微克/立方米，小于23微克/立方米的考核指标要求，空气质量综合指数比上年有所下降，表明空气质量较去年有所改善。臭氧上升势头得到遏制。白眉水库等集中式饮用水源水质达标率100%，闽江国控琯头断面、白眉溪省控小流域水质达标率100%。昼间区域环境噪声平均值55.8分贝，昼间道路交通噪声平均值63.5分贝，符合声学环境质量功能区标准。固废和危废处置综合利用率达100%。强化生态环境执法监管，加大执法力度，立案处罚14家企业，罚款42.87万元。

（摘编：徐根生）

福清融侨经济技术开发区

福清融侨经济技术开发区位于福建省福清市，地处东南沿海，海峡西岸经济区中部、福建省省会城市福州市的南翼，与宝岛台湾隔海相望，是对台交流合作先行先试的重要窗口。开发区创办于1987年，是全国第19个国家级经济技术开发区，规划面积为10平方千米。区内交通便利、环境优美，国道324线、高速福厦线贯穿全区，福州新港码头、元洪码头、长乐国际机场临近周边，具备良好的物流运输条件。2021年，福清融侨经开区249家规上工业产值1264.8亿元，比增13.7%，占福清市规上工业产值一半以上；限上零售额114.6亿元，比增24.4%；限上批发额236亿元，比增114.5%；固定资产投资311.4亿元，比增20.4%，其中，工业固投99.2亿元，比增40%；实际使用外资3.3亿元，比减9.7%；税收收入51.3亿元，比增0.5%。

产业发展多措并举。一是做实龙头培育，重点抓好列入福州市“扶持产业壮大龙头”的11家企业跟踪服务，对企业存在问题进行深入调研和现场协调解决。2021年列入福州市“扶持产业壮大龙头”的11家企业，累计完成产值733.1亿元，比增26.3%，占全区工业产值的一半以上。二是做大产业集群，围绕电子信息、汽车部件、光学器件三大产业，持续强链、补链、延链，不断培育壮大产业集群。全年共引进福融新材料、越华晖显示科技产业园等产业链项目52个，总投资346.2亿元。三是做优要素供给，开展零地招商工作，实施“腾笼换鸟”，推进土地集约利用，有效提升经开区厂房整体利用率。2021年通过“零地招商”，引进科富电子、世高智能、嘉德等项目44个，总投资6.85亿元，盘活闲置厂房30.04万平方米。

营商环境完善优化。一是强化服务保障。结合开展“千名干部进千企”行动，建立完善党员干部挂钩联系服务工作机制，联合到基层一线、到企业、到工地现场去帮助他们解决问题，指导企业做好安全生产、常态化疫情防控、环境保护以及有序用电等工作，帮助企业增速转正。落实好各项惠企政策，2021年共帮助企业申请兑现各项补助资金8405.57万元。二是强化配套保障。实施一批强基础补短板项目，不断提升基础配套水平，做好“筑巢引凤”文章。道路方面，新建15条道路总长度达20余千米；交通方面，启动光电园友谊集团及洪宽工业区公交首末站建设；绿化景观方面，推进洪宽大道绿化综合整治项目建设；环保设施方面，实施了福前路、万安大道等4个污水管网项目；员工住房方面，完成洪宽工业村员工宿舍（一期）项目，加快推进友谊集团公共租赁住房项目建设；教育方面，完成崇文小学二期项目，加快推进石竹高仑小学附设幼儿班项目及宏路中学综合楼项目建设。三是强化人才保障。联合闽江职校、福建技术师范等院校，探索开展订单培养、岗前短训和技能等级培训，为区内企业发展提供大量技术人才。规模以上工业企业中开展产教融合校企合作培养技能人才比例39.8%。依托福建省闽江职业技术学院设立的融侨经济技术开发区职业技能提升中心已通过省级备案并顺利揭牌。

创新提升围绕重点。一是抓科技赋能。用足用活各类创新激励政策，鼓励企业开展自主创新、加大研发投入规模。2021年经开区新批35家国家级高新技术企业，现有国家级高新技术企业82家；新批科技型中小企业35家，科技小巨人企业10家。二是抓改造提升。着力从技改提升、“5G+工业互联网”改造和企业“上云上平台”三个维度推动产业升级、创新发展。2021年共备案各类技改项目28个，总投资63.83亿元；实施了17个“互联网+先进制造业”重点项目，培育了福耀玻璃、福州京东方2家省级工业互联网应用标杆示范企业，福耀集团和京东方集团还荣获中国质量奖。三是抓平台打造。围绕“大众创业，万众创新”，积极打造提升“双创”载体平台，积极推进厦门大学科技园、均和云谷·福清科技港、岁金智谷·福清科创走廊项目等一批科技平台项目落户经开区，加快推进联东U谷三创中心项目建设。目前，联东U谷·三创中心项目厂房已封顶，已签约入驻项目7个，总投资约2.68亿元，面积约2.38万平方米，其中国家高新技术企业3家。

（摘编：陈建闽）

福州高新技术产业开发区

1991年，在时任福州市委书记习近平同志的部署推动下，福州高新区成功获批全国首批国家级高新区。下辖海西高新技术产业园、生物医药和机电产业园以及洪山、仓山、马尾和福州软件园等6个园区，2016年6月，经国务院批复同意建设国家自主创新示范区。2021年，福州高新区实现财政总收入30.18亿元，比增11.1%；地方一般公共预算收入20.27亿元，比增14.2%；一般公共预算支出23.7亿元，比增20.1%；固定资产投资257.6亿元，比增14.2%，完成计划的108.8%；工业固定资产投资127.9亿元，比增55.8%。规上工业企业66家，规上工业总产值完成

226亿元，比增13.7%。实际利用外资15856万元，完成全年任务的101.6%；进出口总额36.23亿元，比增28%；限上社零30.6亿元，比增19.3%。

基础设施提升改造。市政基础设施建设方面：完成市政道路新建改建12条，总长度约14千米，投资金额约9.34亿元；完成污水管网建设14.07千米，投资金额约1.18亿元；雨水管网建设13.05千米，投资金额0.98亿元；供水管网建设12.03千米，投资金额0.68亿元；完成燃气管网建设5千米，投资金额130万元。园林绿化方面：新建和改造提升公园绿地面积10公顷，新建和改造提升福道长度10千米、立体绿化5处、口袋公园5处，完成总投资9000万元。

项目建设赶超进度。全年市重点项目93个，总投资962.14亿元，年计划投资171.62亿元。累计完成投资175.26亿元，完成年计划投资102.1%。其中：在建项目54项，总投资562.44亿元，年计划投资139.84亿元，全年累计完成投资142.5亿元，完成年计划投资101.9%；计划新开工项目15项，总投资178.82亿元，年计划投资31.78亿元，全年累计完成投资32.8亿元，完成年计划投资103.2%；预备项目24项，总投资220.88亿元。组织开展市级园区标准化建设项目45个，所有项目累计完成投资44.4亿元，项目完成比率为104.9%。其中，6个龙头培育和集群建设项目完成投资9.94亿元；4个优化规划和集约发展项目完成投资10.1亿元；5个科技创新和产教融合项目完成投资4.92亿元；30个基础设施和生产生活配套项目完成投资19.44亿元。2021年建成、投产年产600台液晶面板自动化设备生产线项目、物联网大口径水表智能生产项目、福州建工（集团）总公司建筑生产基地、高新区万达广场等18个重点项目。迈新生物诊断试剂生产基地、5G通信配套设备及基础配电设备生产项目、凯德数创信息中心、广裕德扩能增效建设项目等15个重点项目按期实现开工。国家地球空间信息福州产业化基地、创新园三期、光电实验室等54个省、市重点项目正在加速建设。

招商引资卓有成效。实行全员招商，组建18支招商小分队，开展"招商效率和招商质量提升工程"专项行动。引进福耀科技大学、保利通信福州科技产业园、腾讯云数字经济生态产业总部等260个招商项目，总投资约993.35亿元，比增9%。其中福耀科技大学、保利通信产业园和海峡星云等3个项目投资额超百亿元，腾讯云、中建五局、国投福州等多个区域总部基地落地。接洽工联院、东方电气、鹏博士、大陆希望、上海莱士、上海微创、中建三局等300余家企业，海狮数智中心、云众锂电池生产基地和中科兰剑智能制造研究中心等好项目落地，创新园一期、二期、三期共计落地500余家企业。与区内办公楼宇、金融机构达成招商引税合作伙伴，多渠道接收一手招商信息，每周定期走访企业，甄别好商、优商。借助第四届数字中国建设峰会签约项目17项，总投资额达480亿元。

生态环保持续优化。2021年，高新区环境质量总体良好，区环境空气质量优良率达99.5%，优良天数达363天。粗颗粒物、细颗粒物、二氧化硫、二氧化氮、一氧化碳和臭氧六项指标均达到国家《环境空气质量标准》中的二级标准，其中细颗粒物PM2.5平均浓度为20微克/立方米，优于23微克/立方米目标值。

（摘编：郑新贵）

福州保税区

福州保税区位于闽江下游福州经济技术开发区的东北部，占地面积1.8平方千米，是经国务院批准的我国大陆迄今为止开放度最大的投资区域。2021年，福州保税区新设内资企业412户，注册资本52.09亿元，新设外资企业4户，注册资本1285.75万美元。截至2021年底，区内共有企业5968户，注册资本820.72亿元，其中内资企业5878户、注册资本718.04亿元，外资企业90户、注册资本160045万美元。全年全区一般公共预算总收入突破历史新高达7.28亿元，同比增长40.1%，增长率创历年最高。

基础建设改造升级。启动福州保税区滨河路道路工程及通港路北段道路工程建设，推进保税区路网骨架从"一纵八横"升级为"两纵八横"，缓解中央大道交通压力。2021年5月，该道路通过验收并投入使用，道路总长度1540米，项目共投入资金近7000万元。

项目建设持续推进。鑫原达冷链中心（二期）项目，占地2822平方米，总建筑面积14933平方米，2021年5月建成投用，总投资1亿元。二期项目为目前福建省高度最高的单体冷库（单层楼高5.33米，总高度80米），库容3万吨，建成后与一期项目连成一体，总体库容量达8万吨。

园区建设转型升级。积极谋划园区转型升级方向，对标工业园区标准化建设要求，研究编制《福州保税区产业发展规划》。开展园区环境集中大整治，新建、修缮各类围墙近2000米，路面硬化约1630平方米。建立健全区长效管理机制，研究出台《福州保税区日常网格化管理制度》，提升园区管理精细化水平。以区内国有地块为突破口，拟引进第三方产业园区运营机构，建设标准化工业厂房，吸引智能装备制造、海洋经济、智慧物流等产业的研发科技型企业落地孵化。

（摘编：陈建闽）

福州综合保税区

福州综合保税区位于福建自贸试验区福州片区内，前身为福州出口加工区，于2005年6月批准成立，总面积0.659平方千米，2020年1月14日，国务院正式批复同意福州出口加工区整合优化为福州综合保税区，同年11月18日通过福州海关组织的联合验收。2021年2月海关总署批复开关运作，成为福州市首个、省内第二个综合保税区。2021年，全年完成进出口总额35.26亿元，比增66%；实际利用外资1165万元，比增11.4%；固定资产投资6.42亿元，比增7.1%；完成跨境电商业务量约541万票，比增9.9%；跨境电商交易额10.48亿元，比增43.9%；完成规模以上、限额以上“两转”任务4个。

基础建设完善提升。累计投入1672万元对监控、卡口、围网、环区巡逻道、海关监管信息平台等配套设施进行修复和完善，提升了福州综合保税区软硬件设施水平。在原有信息化管理系统上新增“非保税货物电子账册”、“保税物流仓储管理系统”、“一般纳税人资格试点”、“业务数据可视化展示系统”、“综保区园区管理系统”等5个功能模块，于8月18日审核通过上报试运行。

项目建设卓有成效。2021年，列入省重点项目1项、市重点项目2项、区重点项目3项。其中，优你康隐形眼镜生产项目综合车间和研发实验室竣工，安装2条生产线并试投产；冷链加工物流产业项目取得阶段性成效；中交汉吉斯冷链枢纽暨跨境电商项目3、4号厂房已完工，1、2号冷库及研发中心主体结构已基本完成；正福超低温冷库项目（一期）的制冷、电气、消防等工程安装调试完成，开始试投产；御金冷链水产加工物流产业园项目完成开工前期准备。

招商引资超额完成。2021年，招商落地项目38项，注册资本48.91亿元，比增109.2%。各类开竣工项目和投资额均提前并超额完成年度任务，其中，新开工项目3项，总投资8.61亿元；新竣工项目2项，总投资4.08亿元。省“五个一批”已完成开工项目4项，总投资10.54亿元，提前完成年度任务。首次参加厦门“9·8”投洽会，依托“9·8”平台宣传推介综保区投资环境、产业导向等内容。

（摘编：黄国实）

福州福兴经济开发区

福兴经济开发区创办于1990年8月，位于福州市区东部晋安区鼓山镇，规划总面积5.5平方千米。福兴经济开发区是福建省首家遵循镇村自办、资金自筹、设施自建、收支自求平衡的方针进行开发建设的民办开发区。2005年12月，福兴经济开发区成为首批国家批准保留的省级开发区。2021年，福州福兴经济开发区现有规模以上企业84家，规模以上工业产值480亿元，年产值亿元以上工业企业46家。晋安湖“三创园”实现营业收入1119.4亿元，增长8.1%。

项目建设稳步推进。遵循“工业园区姓工”的原则，规划工业园区容积率从现状1.4调至2.57，全面落实“管得住、拆得下、建得起、招得来”四步工作法，推进31项“四个一批”（收储出让一批、工业用地增容一批、老旧厂房转租一批、企业利用自有用地建设零星办公用房一批）项目进程，顺利举办湖塘科创园、未来科技大厦等重点项目开工仪式，序时推进永正检测中心、金强欧居装配产业园、福州数字内容产业园等在建工程，推动园区产业逐步转型升级。

产业发展集群效应。产业集群渐成体系，形成以高意光学、华科光电、日光照明等企业为龙头的光电通讯产业集群；以中信网安、天盟数码、无线创意等企业为龙头的数字经济产业集群；以高意通讯、茶花家居、海峡环保、华润燃气、喜相逢集团等企业为龙头的总部经济产业集群；以麦克赛尔数字映像、高壹工机、本田动力等企业为龙头的智能制造产业集群；以盛辉物流、盛丰物流、宏捷物流等企业为龙头的智慧物流产业集群。

招商引资多措并举。建立“政府＋企业”招商信息共享机制，与外部招商公司和团队合作共享招商资源、招商渠道和招商信息，以达到资源的优势互补、增强市场开拓、协同推广目的。2021年开发区及鼓山镇通过考评项目86个，认定总投资518.65亿元。重点引进纵横集团总部项目、福州中晋投资有限公司、IGG集团总部办公及研发中心项目、本田动力舷外机生产项目、未来无线职能总部大楼及互联网数据中心项目等。

（摘编：陈建闽）

福州金山工业园区

福州金山工业园区包括橘园洲片、金山片、浦上片、福湾片和义序片等五大片区，现有企业约3500家，2021年园区获评福建省新型工业化产业示范基地和省级示范数字经济园区。2021年，园区实现税收约16.22亿元，拥有规上企业385家，全年实现规模工业产值784.14亿元，服务业营业收入92.34亿元，社会消费品零售额62.31亿元，建筑业产值3.27亿元。2021年，在省市各项考核中，园区均取得优异成绩，市级重点工业园区绩效考核位列第一，福厦泉自主创新示范区福州片区“一区二十四园”考核在产业核心园区中排名第一、综合排名全市第二，全省开发区综合评价跻身全省前十。

招商引资突出重点。以橘园洲智能产业园、瑞科医药健康产业园、财茂生物医药科技园等“园中园”为抓手，实施主导产业招商引资补链工程，推动智能产业、生物医药产业集聚式发展。全年招商项目397个，总投资额1168.22亿元。

（摘编：徐根生）

福州高新技术产业园区（福州软件园）

福州软件园地处福州城西北隅，规划面积近2平方千米。园区形成了软件和信息技术服务、光电芯片智造、新一代信息技术为核心，产业创新服务为基础的“3＋1”产业集群，现已汇聚1100余家企业，其中主板上市挂牌企业9家、上市公司分支机构15家、上市后备企业24家、产值超亿元企业112家、高新技术企业279家；园区瑞芯微、联迪、福昕等30家企业在全国行业细分领域名列前茅。

招商引资卓有成效。全面冲刺“攻坚120天”，梳理任务102项，总投资近百亿元，推动37个重大签约项目落地，落地率97%，21个招商项目生效，生效率42%。通过开展线上招商、平台招商、以商招商等举措，瞄准国内外数字龙头企业，推动数字经济领域的领军企业落户园区。全年引进字节跳动、阿里钉钉生态加速基地、新西兰绘梦集团等招商项目，总投资65.39亿元，在鼓楼区排名第一。

（摘编：郑新贵）

福州青口汽车工业园区

福州市青口投资区是经国家发改委核定的省级汽车工业园区，位于福建省会福州市的东南部，是省市重点打造的汽车生产基地。全区规划面积56平方千米，规划工业用地16平方千米。已开发工业用地12平方千米，主要发展汽车、机械、电子等工业，汽车产业占主导地位。2021年，青口汽车工业园区实现规上工业产值549.33亿元，比增30.1%，其中：东南产值4.44亿元、比降33.7%，产量7342辆、比降24.4%；奔驰产值143.98亿元、比增29.1%，产量37786辆、比增26%。税收收入37.25亿元、比增19.3%；实际使用外资 9432 万元，比增 458.1%；固定资产投资完成 98 亿元，比增 13.9%。

基础建设全面提升。全力推进“解难清障”专项行动，加快推进东台产业园、兰圃产业园等征地拆迁工作，提前谋划新的集中开发片区，盘活园区存量土地资源和低效用地，统筹推进园区供水、污水、防洪、环卫、公交等五位一体建设，加快实施汽车城六大主要出入口绿化、花化、彩化、亮化改造，改善汽车城整体面貌，持续提升园区教育、医疗、养老水平，宜居宜业的东南汽车城逐渐显现。

产业发展重点突出。基本形成以东南汽车和福建奔驰为龙头的汽车产业链，以福建青口新型材料研发中心为代表的高端制造产业链，以海峡汽车文化广场为中心的第三产业链的高质量融合发展新格局。

招商引资要素保障。推进“链长＋招商专员”工作机制，对接小康集团、理想、奇瑞、上汽、比亚迪、领跑等整车制造企业与东南汽车洽谈项目合作，力促项目落地。完成招商项目 126 项，总投资 321.81 亿元。

（摘编：徐根生）

罗源湾经济开发区

罗源湾经济开发区成立于 1992 年，于福建省政府 1998 年 3 月批准建立省级开发区，定名为福州罗源湾开发区。2021 年，罗源湾开发区完成规模以上工业产值 565.4 亿元，比增 17.7%；工业固定资产投资 75.46 亿元，比增 64.8%；地方级财政收入 4.24 亿元；其他营利性服务业 1.2 亿元，比增 14.8%；限上社会消费零售总额 2.78 亿元，比增 9.8%。

基础建设提升改造。坚持规划引领，明确发展战略，已完成《环罗源湾地区工业产业布局规划》，其中包含园区产业规划。罗源湾经济开发区北工业区控规和金港工业区控规已委托福州市规划院编制。罗源湾南片控制性详细规划（含台商投资区松山片区）2017 年完成编制并通过县政府常务会议研定。投入 320 万元完成罗江路等 2 条道路建设、完成松歧路等 7 条道路环境整治及绿化提升工程。

项目建设赶超进度。全年列入省市县重点项目共 24 个，总投 320.39 亿元，年度计划投资 71.41 亿元，完成投资 83.91 亿元，完成年度投资 117.50%，超额完成序时进度。2021 年开工项目任务数 8 个，完成 10 个；竣工项目任务数 6 个，完成 7 个；“抓项目促发展”专项行动综合排名全县第一。

产业发展初具规模。在一批龙头企业的带领下，开发区初步形成了冶金建材、轻工食品、船舶修造、机械制造、港口物流等临港产业集群。特别是作为罗源县工业主导产业的冶金工业，内容涵盖了产业链上的冶炼、轧制成材环节，工艺上的冷轧、热轧，产品主要有棒形、板形、线形钢铁材料，初步形成包括生铁、钢、镍合金不锈钢冶炼、压延加工、周边设备及制品制造，铝材加工等在内的冶金工业体系，具备了较为雄厚的产业基础，为加快打造罗源湾绿色高端千亿钢铁产业基地奠定了基础。

招商引资成果丰硕。全年累计完成招商项目 23 个，引资约 149.38 亿元。其中，投资额超 50 亿元项目 2 个，超 2 亿元项目 7 个；三产项目 14 个，二产项目 8 个，技改工业项目 1 个。

生态环保严格执行。贯彻落实中央、省、市县生态文明建设和环境保护重大决策部署，牢固树立“绿水青山就是金山银山”的发展理念，把绿色发展融入开发区发展的全过程，把环境保护工作和污染防治工作纳入全年工作的议事日程，不断健全环境保护工作制度。加强园区重点区域环保巡查工作，狠抓水、气、尘等环保突出问题的督查，完成开发区网格巡查 288 次，发现并及时制止有关影响生态环境问题 32 次，向区内有关企业发放 37 份整改通知书，并按时跟踪督查落实，全面提升环保工作水平，努力形成环保工作上下齐抓共管的良好局面。完成金港工业区德胜新建材企业生活污水纳管。启动编制开发区环境事件应急预案。深入推进“四减四增”，加快亿鑫钢铁超低排放、德盛镍业节能减排改造。持续整治“散乱污”企业，减少面源污染。

（摘编：江涛）

福州江阴经济开发区
（福州江阴港城经济区）

福建福清江阴经济开发区位于海峡西岸经济区中间区段著名侨乡福清市东南部沿海。2005 年 4 月经福州市人民政府批准实施，总体规划面积 158.6 平方千米。2021 年，福清江阴经济开发区完成规上工业产值 471.16 亿元，比增 27.2%；固定资产投资 136.98 亿元，比增 8.8%；工业固投 120.14 亿元，比增 13.1%；集装箱吞吐量 206.83 万标箱，比减 3.9%；港口货物吞吐量 4253.84 万吨，比增 2.9%。截至 2021 年底，共落地工业企业 116 家，其中规上企业 65 家。

基础建设完善配套。围绕企业生产需求，逐步完善园区基础设施配套，完成新建及提升道路各 3 条，总长 3.35 千米；完成 16 万平方米绿化景观提升工作；完成顺宝河、圣发河、高港大道边沟绿化等驳岸景观提升改造工程。钱塘河工程已完成左右岸挡墙各 700 米；高港南、北滞洪区已完成水泥搅拌桩施工；壁头河、壁头支河已完工。启动园区污水管网及设施运维方案编制工作。

产业发展融合平台。推动区内平台深化与京东、拼多多、菜鸟等国内大型平台的合作关系，2021 年完成累计运营 1533.4 万票（进口运营 639.77 万票，出口运营 893.63 万票），同比增长 217.8%。整车进口平台：推动进口整车符合性整改场所升级，进一步完善整车口岸配套服务设施。培育进口粮食加工贸易中心：推动拓田年产 100 万吨饲料加工项目达产，招引天马年产 100 万吨饲料项目和国捷进口粮食集散分拨中心项目，致力打造区域粮食加工贸易中心。

生态环保严格落实。加强安全基础设施建设，推进危险化学品运输车辆专用停车场、消防车辆取水点或取水码头建设，完成视频监控能力提升项目建设并通过验收。建立健全企业安全分级管理考核机制，实施企业安全考核分级管理，强化企业主体责任落实。完成有毒有害气体环境风险预警体系建设，于 11 月通过验收。推动成立园区道安办、江阴港城城管中队、江阴交警中队，增强执法力量，提升园区道路安全和交通管理水平。采用“科技 + 制度”方式，推进建设覆盖安全生产、道安、应急、环保等工作的综合性智慧化平台。

（摘编：郑新贵）

连江经济开发区

福建连江经济开发区于 2006 年 3 月经省政府批准，通过国家发改委审核通过的省级开发区。2021 年，连江经济开发区实现地区生产总值 359.9 亿元，比增 134.4%；实现规模以上工业增加值 111.2 亿元，比增 30.5%；实现税收 30.19 亿元；实现规模以上工业产值 548.04 亿元；完成固定资产投资 187.38 亿元（其中：公共基础设施建设投资 46.93 亿元，区内企业固定资产投资 140.45 亿元），比增 93.6%；实现进口总额 14.6 亿元，比增 171.8%；实际使用外资 3.86 亿元，比增 309.1%。

基础建设有序推进。粗芦岛污水处理厂二期、海西园区污水处理厂二期、青岛啤酒北侧道路、宏东产业园纵二路等项目开工动建；金凤高科标准厂房建成投用，正在开展项目招商。

项目建设持续推动。长恒水产品精深加工项目、连江聚力实业有限公司水产品加工及冷链项目开工动建；普洛斯二期仓储物流项目、福州海大饲料有限公司年产 18 万吨生物饲料项目建成投产。

产业发展多点合作。庄臣酒业公司依托福建农业大学食品学科优势，推进校企“产、学、研”合作，建立专家工作站，秉承“工匠精神”，实现“连江下濂地瓜烧酿造工艺”入选第七批省级代表性名录名单；以聚春园食品、海欣食品、奇新食品为龙头，依托宏东交易中心“线上 + 线下”平台，通过文化传承和技术创新相结合，不断丰富以福州鱼丸为代表的鱼糜类制品强链延链补链。

（摘编：江涛）

福州新区长乐功能区
（长乐经济开发区）

福州新区长乐功能区（长乐经济开发区）位于长乐区东南沿海，是福州新区核心区，规划面积92平方千米，地处福州长乐国际机场与松下港之间的沿海区域，主要涵盖松下、江田、古槐、文武砂、漳港五个镇街，包含了滨海新城86平方千米核心区以及松下临港片区，是福州市工业集聚区与数字经济发展重点区域。2021年，长乐功能区工业总产值1437.5亿元；规上工业企业实现营收526.94亿元，比增26%；税收5.42亿元，比增36%；固定资产投资582.48亿元，比增30%；工业固定资产投资230.76亿元，比增31.8%。数字经济核心产业2021年占比约9.5%，高于全国、全市平均水平。大数据产业园实现营业收入501.7亿元，比增286%；税收7.8亿元，比增212%。

项目建设持续推进。全年安排重点项目119个，年度计划投资417.1亿元，完成投资467.49亿元。其中，在建项目79个，总投资1317.38亿元，年度计划投资369.8亿元，完成投资412.13亿元；计划新开工项目18个，总投资243.1亿元，年度计划投资47.3亿元，完成投资55.36亿元。达华卫星互联网产业园、福州滨海新城CBD核心区输配环区域工程地下空间项目等16个项目已动工建设，开工率88.9%。

营商环境健全完善。在加快滨海新城文化教育、健康医疗、生态绿地、住房保障、便捷交通等营商硬环境和城市配套功能建设的同时，继续优化园区服务软环境，结合千名干部进千企暨“我为企业办实事”活动，用心用情用力解决企业烦心事，帮助企业排忧解难。健全完善滨海行政服务中心，简化审批环节，依托省网上办事大厅、e福州APP，推动一网通办，提供“一站式”、“新连办”服务。特别是资规、住建、发改等部门简化审批环节，压缩审批时限，提高了审批效率，为企业提供高效便捷服务，努力创造宜商宜业宜居的良好营商环境。

产业发展围绕重点。围绕“建设数字经济应用第一区”为目标，以“载体+龙头企业+产业链+平台”发展模式，聚焦四个载体（数字峰会永久会址、国家医疗中心、纺织冶金龙头企业、区域大数据存储及算力中心），主攻四条产业链（生物医疗产业链、大数据产业链、数字经济产业链、纺织冶金功能性新材料产业链），打造四个平台（产业培育平台、资本运作平台、人才焦聚平台、管理创新平台），全力推动数字经济、生物医药、大数据等新兴产业落地、集群发展。着力推进东湖“三创园”建设工作，以“三基地一中心”为重点，打通“众创空间—孵化器—加速器—产业园区”的科技成果转化通道，初步构建起“三创”生态体系。构筑产学研融合体系，6家企业与天津大学签署科研转化合作项目。

招商引资成效喜人。全年招商落地数125项，总投资564亿元，招商排名保持全市各类园区前三。利用“5.16”、数字峰会等招商平台，积极开展数字产业链精准招商工作，累计引进747家企业入驻东南大数据产业园，注册资本587.6亿元。其中，在数字峰会上共签约项目23个，总投资328.6亿元。

（摘编：黄国实）

闽台（福州）蓝色经济产业园

闽台蓝色产业园位于福清市东南部、兴化湾北岸、江阴半岛东面，划至国家级福州新区规划南翼片区，规划总面积56平方千米，包括江镜华侨农场及江镜镇、港头镇的部分陆域和海域，距福州市区69千米，距福州长乐国际机场50千米，在一小时交通圈内；距平潭综合实验区25千米，福清火车站约27千米，在半小时交通圈内；距福州港江阴港区8千米，待东港大桥建成后，蓝园与江阴港城经济区、福州保税港区行程时长将缩短至15分钟，渔平高速公路和沈海高速公路从蓝园北部穿过，园区蓝色大道、港头入园大道两条主干道在园区东西两侧分别连接高速江镜互通口和高速港头互通口，区位优势明显，交通条件优越，土地资源丰富。

基础建设逐步完善。路网方面：蓝园园内交通以“三横三纵”为主线，推进滨海大道蓝园段、闽台大道、湖滨大道、海洋大道等主干路网框架逐步成型；水网方面：蓝园迎面向海，水系资源丰富，规划水系河道总长度约35千米，横向河道长约15千米，纵向河道长约20千米。绿网方面：蓝园规划绿地与广场用地面积为6136亩，占总规划面积19.5%，已建成绿化面积800余亩。正着力推进实现打造水清岸绿的良好生态环境。生产生活配套逐步完善。供水方面，日供水量8000吨的蓝园专线供水管道铺设工程已完成，远期日供水量可增容至3.5万吨，可满足远期项目需求；污水处理方面，日处理量1.25万吨的污水处理厂已建成并投入使用；供电方面，110kV高压电力走廊工程已交付使用，220kV变电站正进行项目前期设计，预计2023年底投入运行；供气方面，由华润燃气公司投资建设日供气量2.0万 Nm^3/h 的LNG燃气站已投入使用；通信方面，4G网络已实现全覆盖，5G网络试点覆盖。

招商引资多措并举。2021年，园区以"三抓"为手段，全力推进招商工作，已完成招商项目12项，总投资额达196.5亿元。一是抓产业链招商。依托中铝东南沿海铝精深加工产品项目的品牌优势，延伸产业链，力争打造新材料项目产业链条。深入研究铝精深产业链的细分方向、关键环节，充分利用中铝瑞闽市场关系，配合企业招引其合作伙伴，吸引上下游产业和深加工项目向产业园集聚。二是抓以商招商。依托蓝谷产业综合体，稳步推进小微集群招商。园区紧密配合蓝谷做好入驻企业跟踪服务，与发改、市场监管、生态等多个部门联动，靠前服务加快审批分批推进，实现入驻蓝谷产业综合体的企业项目快注册、快审批、快落地。现项目一期共吸引58家中小微企业入驻，已推进9家企业项目完成落地备案。三是抓重点招商。园区积极与东方电气、浙大氢能、国家能源集团氢能公司、中国氢能源产业联盟、氢能产业示范项目展开对接，推动在蓝园发展制氢产业。同时与福清核电公司共同推进核能驱动智慧零碳产业园项目，打造国际首创"核能驱动，零碳智慧"新型产业园，利用核能建设园区零碳综合能源供应体系，大幅提高能源有效利用率，显著减低园区能源价格水平。已完成项目备案工作，正全力推进一期"清洁供汽"工程建设。大力推进福清市氢能产业规划编制、氢能产业宣传册制作、氢能展馆规划工作，打造氢能产业福清蓝园名片。

（摘编：江涛）

厦门开发区概况

厦门海沧台商投资区

厦门海沧台商投资区于1989年5月经国务院批准设立，规划开发面积100平方千米，目标是建成厦门市的新工业区、新港区、新市区。海沧三面环海，海岸线长26千米，深水岸线长5.5千米，具备建设第五、六代集装箱码头的条件，按规划可建设万吨级深水泊位36个，年吞吐量可达7000万吨。海沧地势平坦，地质结构稳定，发展空间和内陆腹地广阔，具备建设发展大工业的良好条件。2021年，厦门海沧台商投资区完成地区生产总值938.24亿元，比上年增长11.9%；固定资产投资（不含农户）增长15.1%；全区财政总收入237.26亿元，增长25.6%；区级财政收入40.14亿元，增长18.1%；合同外资完成14.73亿元，实际到资17.34亿元，增长15.8%。全区全年完成征地375.35公顷（5630.22亩）；交地476.8公顷（7152.06亩）；拆迁35.74万平方米；拆除74.06万平方米，封闭项目25个。

产业发展欣欣向荣。全年全区439家规模以上工业企业完成产值1809.2亿元，比上年增长27.6%；规模以上工业企业完成增加值576.2亿元，比上年增长23.7%。规模以上工业企业实现销售产值1776.32亿元，产销率为98.2%，出口交货值643.68亿元，增长35.7%。生物医药、集成电路和新材料等战略性新兴产业发展初见成效，获国务院办公厅通报激励。全区生物医药企业总数405家，实现产值516.24亿元，增长57.4%；其中规模以上生物医药企业完成工业总产值371.38亿元，占全区规模以上工业总产值的20.5%，增长81.6%。获批第三、第二、第一类医疗器械产品分别为32项、62项、259项，各占全市的82.1%、55.9%、71.9%。万泰沧海自主研发的宫颈癌疫苗获世界卫生组织认证，全国首座硼中子俘获治疗中心竣工。厦门艾德生物医药科技股份有限公司自主研发的肺癌多基因联合检测产品（PCR－11基因）获日本医药品医疗器械综合机构（PMDA）批准上市。以宝太、安邦、为正等为代表的新冠诊断产品出口企业增长迅猛，并带动信银生物、迪佰生物、同仁心等一批体外诊断上游活性原料及辅材企业快速发展。疫情突发应急工作中，博迪泰、美林美邦、迈达瑞、国贸艾迪康、医药港健康公司等一批防疫物资生产和第三方医学检验企业紧急增产，全力保障防疫物资供应，提供核酸检测力量支持。集成电路企业实现总营收约26.3亿元，增长约230%；规模以上集成电路企业完成工业总产值15.44亿元，比增363.4%，其中年产值亿元以上的企业有4家，总产值13.74亿元。通富、士兰化合物、士兰集科等集成电路企业生产递增，海沧集成电路园区荣获“2020—2021中国集成电路高质量发展十大特色园区”，“三链融合”的集成电路产业发展模式获评第四届“IC创新奖”产业链合作奖。新材料产业按照“龙头培育—科技支撑—复合拓展”的思路，加强自主创新和产品开发，向以高附加值深加工为主转变，发展新型有色金属合金材料制造。重点围绕厦钨新能源等企业，深耕电池正极材料、铝箔加工、薄膜等优势产业，厦钨钨钼制品产业链基本形成。法拉电子、长塑实业、厦钨新能源等企业纷纷增资扩产，厦钨新能源公司成功上市。全年新材料产业实现产值214.37亿元，占全区规模以上工业总产值的11.8%，比上年增长52.7%。三大主导产业全年产值共601.19亿元，比增72.6%，产值占全区总量的33.2%，拉动全区规上工业产值增长17.8%。现代制造业更具活力，机械制造、智能家居等优势产业产能提升，佳浴陶瓷、捷太格特等新产线投产。锐珂（厦门）医疗器材有限公司入选第五批省级制造业单项冠军企业，厦门东声电子有限公司生产的手机扬声器受话器入选第五批省级制造业单项冠军产品。松霖、瑞尔特、威迪亚等水暖卫浴行业等智能卫浴产品市场表现突出。全年完成建筑业产值302.98亿元，机械产业产值452.83亿元，水暖卫浴产值100.46亿元，电子信息产业产值290.28亿元。2021年，海沧港综合保税区正式运营，21个项目签约入驻，总投资额超百亿。中欧（厦门）班列持续拓展，首次以电商货物9710监管方式申报出口，3月20日开出全省首列跨境电商专列。全年中欧（厦门）班列发运197列，共9634个40尺大柜，累计货值69.74亿元。11月，海投·厦门进口汽车贸易博览中心首次展出进口厢式货车，这也是厦门口岸首次进口厢式货车车厢，总价值超35万美元。推动黄金产业园区建设，累计引进26个境内外知名项目入驻，园内已实现加工、检测、展示、批发、贸易、文创、零售等业态。黄金产业园黄金加工提纯实现工业产值143.68亿元，各入园企业工业产值、销售收入合计约175亿元。燕窝加工、进口酒等平台有序运营。2021年，海沧港区完成集装箱吞吐量963.45万标箱，占全市的75%，完成货物吞吐量12893.48万吨，占全市的50%。

招商引资成果喜人。2021年，海沧区建立长效招商机制，落地项目875个、总投资1164亿元。先后推动当盛新材料、万泰凯瑞、中谷海运、远海供应链、宝太生物等重点项目落地。考察和对接125家重点企业和项目，推动班纳利、中通快递等重点项目落地；接待100余家重点企业客商，实地考察海沧营商环境，推动元初食品、新格诺康等重点项目落地。依托厦门大学校友招商大会、第四届数字中国峰会、海沧港综合保税港区揭牌暨企业入驻签约会、第二十一届投洽会等各类重要会议，推动安捷利美维、宝太生物POCT产业园等28个项目会上签约，签约总投资额约382.2亿元。与马銮湾新城指挥部联合推动中通、兆樾投资等456个项目落地；与自贸委联合推动沧雅投资、卓志全球优品等62个项目落地。争取黄金产业园股东周大生公司电商等业务板块落地园区，推动紫金信息科技项目注册落地；跟进东南燕都产业园、小仙炖等企业业务开展情况，力促新项目生成；对接石油交易中心，落地石油关联商贸项目78个，落地项目投资总额59.52亿元。全区直接新增录入市招商引资项目管理平台并审核通过的招商项目1144个，总投资额1204.70亿元。全区落地项目853个，落地项目投资总额1005.97亿元，注册资本439.86亿元。高能级落地项目39个，高能级落地项目投资总额193.35亿元，高能级到资金额140.02亿元。实际到位内资金额288.11亿元。项目库外资促到资金额约12.90亿元。全年合同外资完成14.73亿元，实际到资17.34亿元，比上年增长15.8%，完成全年任务的107.2%，同比增长15.8%。

（摘编：刘海元）

厦门海沧港综合保税区

厦门海沧港综合保税区前身是厦门海沧保税港区，于2008年经国务院批准设立。经过十多年发展，园区建成了世界一流的集装箱深水港口和配套设施，集聚了一批跨国企业、世界知名企业，形成了以港口物流为依托，保税仓储为特色，高端加工增值和服务外包产业为重点的现代服务业集聚区。2021年，海沧港综保区进出口额394.09亿元，同比增长30.8%，其中一般贸易进出口额85.63亿元，同比增长146.9%，加工贸易进出口额55.39亿元，同比减少2.7%，保税物流进出口额252.99亿元，同比增长20.7%。2021年，海沧港区完成货物吞吐量12877.46万吨，同比增长2.9%，占厦门港业务量的56.6%；完成集装箱吞吐量891万标箱，同比增长7.5%，占厦门港业务量的74%。在2020年度全国134个海关特殊监管区发展绩效评估工作中，海沧港综保区在全国排名第31位，比2019年前进20名，在全省排名第2位。

营商环境要素保障。一是保障园区基础设施正常运行。坚持市政巡检月度例会制度，指导物业公司坚持经常性市政巡查，对园区围网、道路、管网、水电等基础设施进行规范化管理；做好园区防汛防台期间基础运维安全工作，组织排查园区存在的安全隐患，及时协调推进海景中路积水、京口岩山体滑坡、石仓南路东北侧政府储备用地山体滑坡应急整治项目等相关工作。2021年度小额零星维修项目10个，已完工项目10个。二是保障园区海关监管设施正常运行。组织协调福建电子口岸公司、海投物业及维保单位三支管理力量，合力抓好维护管理，确保海关监管设施正常运行。三是优化园区营商环境。改善园区交通环境，根据园区现有交通情况，对厦门港区工程建设指挥部关于海沧港区道路交通集疏运系统优化方案提出相关意见；参加海沧区建交局组织召开的海沧港区道路交通安全及集装箱车辆停放整治工作领导小组工作，对道路停车和停车服务港建设提出相关意见。积极参加海沧区“两高”指挥部会议，协调自贸区海沧园区正本清源改造工程项目。

项目建设转型升级。综合保税区是开放层次最高、政策最优惠、功能最齐全的特殊监管区，具备出口加工、保税仓储、现代港区“三位一体”的功能。2020年9月国务院批准海沧港综合保税区以来，自贸委联合海沧区政府成立验收工作领导小组，多次召开专题会统筹协调推进验收各项工作，经过半年多的紧锣密鼓建设，一期5.23平方千米于2021年5月12日通过海关验收，首批21个项目签约入驻、总投资109亿元。

平台建设欣欣向荣。1. 中欧（厦门）班列：2021年3月中欧（厦门）班列首次以电商货物9710监管方式申报出口，也是福建省首票跨境电商班列货物出口。采用市场化手段调节运价，首次取得运营平衡的良好局面。自开通截至2021年12月底，中欧班列已累计开行1107列、45393个40尺大柜，累计货值261.48亿元。2021年全年发运197列、9634个40尺大柜，累计货值69.74亿元。2. 燕窝平台：燕窝平台已成为全国最大的进口毛燕基地，2021年11月17日平台进口2吨马来西亚毛燕原料，刷新了全国单批毛燕进口量纪录。经过三年多的协调努力，推动福建省市场监督管理局2021年8月出台印发《福建省非即食燕窝生产许可审查细则（试行）》，成为全国首个涵盖进口毛燕、净燕非即食燕窝生产许可审查细则。平台企业燕安居实业有限公司获得全省首张非即食燕窝生产许可牌照。3. 进口酒平台：进口酒平台形成东南红酒自贸直销中心和海翼供应链、海投供应链两个进口酒仓储物流中心发展格局，海沧港成为全国最大的啤酒进口口岸。2021年，东南红酒自贸直销中心营业额5.65亿元，酒划算加盟商938家。4. 跨境电商平台：跨境电商平台吸引了京东、卓志、菜鸟等一批头部电商企业入驻，2021年开展1210保税备货业务241万单，货值超7.46亿元。5. 黄金产业园：产业园内现有加工、检测、展示、批发、贸易等业态，已引进台湾今生金饰、紫玉方舟等26家企业，其中紫金矿业集团黄金珠宝有限公司等5家已正式入驻园区。2021年，园区实现工业产值143.68亿元，投产以来累计完成产值305.29亿元。6. 青创基地：截至2021年注册企业1471家，其中2021年新增注册企业数62家。目前入驻一品创客众创空间，其中，海峡两岸无人机暨智能机器人孵化基地累计孵化创业团队超600家，孵化总人数超1600人。包括国家级高新技术企业11家，市级高新技术企业26家，厦门市“双百计划”企业7家，获得融资企业19家，融资金额超1700万。海峡智慧经济产业基地累计孵化创业团队近160家，孵化总人数超500人，包括国家级高新技术企业4家，市级高新技术企业3家，厦门市“双百计划”企业1家。7. 整车口岸平台：2021年口岸累计一线到港各类整车152辆，同比下降92.2%（去年同期1943辆），累计进口货值1343.93万美元，同比下降87.2%（去年同期10503.71万美元）。自2018年口岸开放以来，口岸已累计到港整车4187辆，货值20646.9万美元。

招商引资双管齐下。一是依托平台开展精准招商，坚持以产业平台为依托，尤其是利用综保区设立为契机，吸引一批跨境电商、智能高端制造和整车进口等项目落户，包括京东国际中心仓、中通云仓、菜鸟物流、威驰腾（福建）汽车制造、捷牛智能装备、百德迈整车进口、众诚汽车销售等21个项目，投资总额11亿元，注册资本2.05亿元。二是建立区间联动招商机制，加强与海沧区招商公司、海投供应链公司等招商单位的联动招商，合力推进招商项目落地或开工，先后引进包括云创直播小镇、中远智慧供应链、中化保税燃油、中顺信供应链和信达国贸汽车等一批高质量、高能级项目。2021年全年累计上报项目97个、落地项目87个，实现落地项目投资总额50.62亿元、注册资本13亿元（含联动项目）。其中与海沧区联动招商项目54个、总投资14.4亿元、注册资本3.6亿元。

（摘编：刘海元）

厦门火炬高技术产业开发区

厦门国家火炬高技术产业开发区（简称“厦门国家火炬高新区”）1991年被国务院批准为全国首批国家级高新区，是全国三个以“火炬”冠名的国家高新区之一。2021年，厦门火炬高技术产业开发区主要经济指标平稳增长。完成规上工业总产值3453.8亿元，占全市42%，同比增长13.9%。完成规上工业增加值833.02亿元，同比增长10.6%。规上软件业营收同比增长10.7%。固定资产投资完成332.5亿元，同比增长21.3%。实际利用外资35亿元，同比增长16.7%，超额完成市里下达的各项任务。新净增企业4148家，企业数量增长39.6%。国家级高企超1200家，高技术产业产值占比规上工业总产值达78.9%，数字经济产值占比达92%。高技术企业利润同比增长96.8%。实现一般公共预算总收入74.4亿元，同比增长41.1%，其中实现区级一般公共预算收入19.9亿元，同比增长80.7%。

项目建设提速增效。围绕推进产城人深度融合，加强项目策划，加快项目建设，形成投资强有力拉动。超额完成省、市重点项目全年投资目标，连续五次在全市综合排名第一。12个省重点项目完成投资189.35亿元，完成年度计划116%；37个市重点项目完成投资209.38亿元，完成年度计划115.9%。厦门时代项目1500亩工业用地仅42天就完成全过程审批，并正式动工建设；天马6代项目近65万平方米的主厂房不到一年实现建设封顶；海辰项目建设仅一年即实现竣工投产，重大项目建成投产时限快速提升。重大片区加快成型成势。新储并供给产业用地超1000亩，出让用地宗数、总量均居全市第一。率先推进国企回购存量土地房产新举措，ABB、峻凌、麦克奥迪等工业地块回购取得突破性进展。聚焦同翔高新城、软件园三期等重大片区，推动产业项目和基建配套项目建设协同推进。推动同翔高新城市政设施、学校、安置房等66个重点配套项目落地，产城人融合进一步推进。

产业发展加快推动。加强企业服务保障，千方百计稳增长，促进主导产业供应链安全、价值链提升。平板显示产业实现产值1543.7亿元，同比增长7.7%；计算机与通讯设备产业实现产值1006.6亿元，同比增长15.1%。半导体和集成电路、电力电器等其他主导产业增速均超过两位数，实现持续快速发展。加力扶持专精特新“小巨人”企业。推出专精特新“小巨人”企业10条专项扶持政策，每年安排不少于1.5亿元专项资金，新增国家级专精特新“小巨人”企业9家，总数达29家。加强培育“三高”企业。落实企业服务“六必访”制度，实现“三高”企业精准服务全覆盖，全年协调解决企业问题和困难1334项，新增“三高”企业179家，增量全市第一，在库“三高”企业数达1116家。罗普特、青瓷游戏成功上市。4399等3家企业获评中国“软件百强”，美图等4家企业获评中国“互联网百强”。21家企业入选福建省软件50强，占比全省42%。加速布局新兴产业。积极谋划布局智能传感器与物联网、生物医药与健康等新兴产业，初步编制完成产业发展规划，启动专业产业园选址设计，筹划产业引导基金设立。与中科院计算所、中国芯片产业联盟等深度合作，打造全国首个集赛事论坛、项目加速、公共技术平台于一体的RISC－V开源芯片产业生态。

招商引资成效显著。开展平板显示、集成电路、计算机与通讯设备、软件与信息服务业等主导产业链群系统研究，围绕产业链薄弱、缺失环节重点发力，提高招商精准度。百亿级厦门时代项目落地有效助推厦门市打造千亿级新能源产业集群；新引进中国电力、光谷云等十亿级项目，以及烟台显华、南京高光、诺华精密等先进制造业强链补链项目。同时，深入挖掘园区企业增资扩产潜力，推动中航锂电、电气硝子、友达等重点企业增资179亿元。落地神州信创、和利时、她趣泛娱乐平台等10余个软件与信息服务业重点项目，产业发展后劲充足。基金招商效应初显。设立火炬孵化加速母基金，落地惠新长期资本、惠友豪嘉、芯跑共创三号等产业基金。做优基金招商平台，并通过基金投资，引进集睿致远、天德钰、华大北斗等优质项目，推进星宸科技、鑫天虹、熙重电子等企业加速发展。专业化水平稳步提升。加强以招商中心公司为龙头、各委属企业和火炬集团、信息集团参与的专业化招商队伍建设；依托赛迪、集邦等专业咨询机构，建立包括项目评估、平衡测算、谈判、决策等全链条流程，强化招商项目的科学决策和规范化管理。全年落地招商项目1751个，总投资1583.5亿元；落地高能级项目46个，实际利用外资35亿元。

生态环保持续治理。绿色园区建设有为有效，开展能源管理试点，推动火炬（翔安）产业区增量配电改革。持续开展环境污染第三方治理试点工作，探索启动工业园区危险废物集中收贮试点项目。制订火炬高新区（信息光电园）低碳工业园区试点实施方案，提升园区绿色发展水平。

（摘编：刘海元）

厦门象屿保税区和厦门象屿综合保税区

2005年厦门市决定建设厦门现代物流园区，由象屿保税区、保税物流园区、东渡港区、航空港工业与物流园区等部分组成，面积约9平方千米，由保税区管委会管理。2021年，象屿保税区进出口额811.8亿元，比增90.5%；象屿综保区进出口总额314.7亿元，比长25.6%。2020年度全国综合保税区发展绩效评估中，厦门象屿保税区位列全国第23位、福建省第1位，厦门象屿综合保税区位列全国第44位、福建省第3位。同时，在福建省开发区综合发展水平考核评价中，厦门象屿保税区、厦门象屿综合保税区分列全省海关特殊监管区综合排名第一、第四位。

产业发展持续推动。2021年园区着力打造几大重点产业平台发展。一是融资租赁平台。截止2021年底，已注册的融资租赁企业435家，其中SPV公司123家。融资租赁年贡献税收超10亿元，其中飞机租赁贡献6.12亿元，产业涉及飞机、船舶租赁、集成电路产业、影视设备、汽车、大型设备等。船舶融资租赁累计量达27艘，集成电路产业租赁累计投放55.84亿元。在疫情反复，航空业务复苏缓慢的背景下，通过租赁仍引进12架飞机（累计达144架）。二是进口酒平台。2021年进口酒平台企业销售额88亿元，同比增长23%。厦门国际酒类交易平台共引入轩尼诗、麦卡伦、马爹利等近40个国际一流品牌，会员企业共236家，对接产业链企业58家（新增引入日本知名威士忌运营商三得利、国产白酒华茅品牌入驻平台）。数字酒平台上线发布仪式在厦门国际酒类交易平台隆重举行。活动现场发布了数字酒平台官网和线上商城小程序，并展示了产业资讯发布、VR线上展会等核心功能。京东商城首家以“自贸区”名义设立的专业进口酒类旗舰店——厦门自贸片区进口酒旗舰店上线运营，有效帮助自贸区酒商拓展数字化零售新销路。三是机电设备平台。2021年平台及平台注册企业开展设备集采、贸易代理等多项业务规模营收近38亿元，同比增长26.7%。2021年，平台坚持贯彻《落实机电“平台+基地”三年行动方案的意见》和《落实机电“平台+基地”三年行动方案支持政策》。截至2021年底，机电平台累计注册企业332家（2021年新增注册企业23家），累计注册资本90.03亿元（2021年新增注册资本21.37亿元），累计服务工业企业超2500家，已签约入驻430个国内外知名企业。机电设备工业互联网平台自2019年9月正式运营，累计达成业务订单金额约7亿元。平台创新举办首届高端装备和智能制造云上订购会，携手世界商品网，以云展云销模式首创举办国际智造装备海外订购会，活动共吸引线上30多位知名商界领袖参与、全球130家主流媒体跟踪报道和200多个海外采购团体持单寻盘。四是水产交易平台。厦门国际水产品交易平台总占地面积约18.2万平方米，总建筑面积17.8万平方米，总投资10.5亿元。平台主营活鲜、冰鲜、贝类、冻品、淡水鱼、干货等，日常经营水产品品种超过200个，入驻商户1100多家。2021年厦门国际水产品交易平台进口水产品交易量17.69万吨，比增24.4%，交易额79.02亿元，比增15.37%。其中，龙虾、帝王蟹、青蟹、面包蟹、珍宝蟹、虾等高端水产品年交易额突破35亿元，年分拨中转量居全国前茅。

（摘编：蔡志轩）

厦门同安工业园区

厦门同安工业集中区目前规划面积13平方千米，地处厦门市同安区，国道324线以南、同集路以西，距高崎国际机场25千米、东渡港码头27千米、福厦高速公路1千米。同安工业集中区由同安园、思明园、湖里园和火炬园等4个园区组成。园区已建通用厂房建成260栋，占地183公顷，总建筑面积269万平方米。截至2021年底，园区共有工业企业300余家，其中规模以上企业57家。2021年同安工业园区规模以上工业企业完成工业产值110.30亿元。

项目建设持续推进。同安工业园区开发较早，园区配套设施项目相对完善，近几年来主要对原有设施的提升改造项目为主。2021年，园区建设项目主要有：美禾园美禾二路（美禾三路至海翔大道）道路工程，总投资约1200万元；轻工食品工业园区美禾园提升改造工程（一期），总投资约590万元；轻工食品工业区美禾九路道路工程，总投资约250万元；海翔大道与美禾二路交叉口西北侧地块配套道路工程，总投资约280万元；海翔大道北侧排洪沟提升整治工程，总投资约230万元；以上项目总投资约2550万元。

生态环保严格执行。园区不断加强生态环境保护，为入园企业和周边村庄村民和楼盘小区居民创造良好的生产和居住环境。特别是近年来，政府投入大量资金对存在的环保问题进行专项整治和提升改造，相关部门根据国家和省环保督查要求和反馈存在问题，采取有力措施和加强管理，不断促进园区的生态环保工作上新的台阶。园区污水排水采用分流制。污水（包括生活污水与工业污水）独立排放，目前排入同安污水处理厂处理，轻工食品工业区污水待西柯污水厂建成后，规划区内污水改为排入西柯污水厂处理，污水必须经预处理达到标准后才能进入污水厂处理。雨水独立排放，就近排入水体。区域大气环境质量趋于改善，目前园区大气环境质量可满足《环境空气质量标准》（GB3095—2012）二级标准要求。随着同集热电公司实施日常锅炉烟气超低排放运行，可进一步改善区域大气环境质量。根据工业区的工业发展方向，规划范围内产生的工业固废主要以轻工、食品、机械等方面的废弃物居多，固体废物的类型主要是食品生产过程中产生的有机类的食品下脚料、食品剩余物等，均由企业委托有资质单位统一处置。截至2021年末，园区用于防治水污染的集中治理设施和在线监控设备（含与生态环境部门平台联网）已建成并正常运行，涉水排污企业接管率和处理率达到100%；园区固废和危废处置综合利用率达到100%。

（摘编：肖启辉）

厦门翔安工业园区

厦门翔安工业园区于2006年3月经福建省人民政府批准设立为省级工业园区，位于国道324线以北，地跨马巷、内厝、新圩三镇，中长期规划面积25.52平方千米，分为银鹭高科技园区和巷北园区两大园区，围绕打造先进制造业基地和百十亿产业工程的目标，主要发展、引进光电及其配套行业、电器电工、纺织化纤、电子信息和食品加工游艇产值、高效益、高附加值和低污染、低能耗的行业。2021年园区规模以上工业增加值434.5亿元，同比增长6.2%。高新技术企业90家，比增96%。实际利用外资4.83亿元。

项目建设加快推进。2021年工业区管委会固投计划10亿元，计划建设项目共计20个，其中财政投融资项目9个，省市重点项目6个，目前已开工16个。新开工建设延江项目、晟腾祥、益和丰牛肉等项目，加快推进利胜三期横一路、东寮一期东寮一路、内厝物流园市政基础设施配套工程、巷北四期B地块市政基础设施配套工程等项目建设。鼓励本地规模企业做大做强，推动具备高效益高增量的吉士汀奶酪、爱源科技健康家电、捷昕集成电路引线框架制造等项目增资扩产。加快推进入驻银鹭三期C地块的益和丰牛肉加工仓储、晟腾祥输配电设备制造项目，入驻巷北四期B地块的延江新材料、龙胜达智慧家居照明电器增资扩产、钜瓷氮化铝粉项目开工建设。2021年区属工业实际完成固定资产投资16.7亿元。

招商引资围绕重点。2021年，共生成策划项目18个，新增入库高能级项目5个。积极协同厦门市同翔高新城片区指挥部加快推进项目落地，围绕天马六代、中航锂电等龙头企业打造集成电路、微电子及平板显示等产业集群，持续引入相关项目，包括南京高光半导体材料、厦门普诚、厦门诺华精密电子等项目。完成招商落地项目注册资本总额9.04亿元。

（摘编：肖启辉）

漳州开发区概况

东山经济技术开发区

东山经济技术开发区于1993年1月经国务院正式批准设立。东山经济技术开发区位于福建省南端，厦门、汕头两个经济特区之间的东山岛，是漳州市目前唯一的国家东山经济技术开发区级经济技术开发区。2021年，东山经济技术开发区规模工业产值完成151.92亿元，比增48.3%；工业增加值完成54.14亿元，比增66.4%；全社会固定资产投资28.36元，比增10.7%；财政总收入完成9.5亿元，比增21.7%。其中，本级财政收入完成5.05亿元，比增13.7%。

基础设施优化升级。按照“一区两园”产业布局，以参与“六比一看”竞赛活动为契机，着眼打造优质产业发展平台，高标准推动园区标准化建设。谋划建设总投资5.6亿元的众创孵化园，在“两个园区”入口处建有大型地名标识牌。坚持“园区即是景区、厂区即是庭院”，开展“美丽园区”建设行动，实施临港园路灯工程等一批园区绿化、亮化、靓化工程，谋划建设园区入口景观带，改造完善园区道路设施，大大提升了园区整体形象。2021年全市园区标准化建设活动中，东山位列全市第五。

项目建设有力推动。开发区坚持工作以项目为重点、要素向项目集中、服务向项目聚拢，实行“9+9+12”项目动态管理，建立项目挂钩责任制，坚持把解企业之难当作肩上之责，实行“一月一集中调度、一周一专题研办”，成立开发区“营商办”及审批服务工作专班，在县行政服务中心开设“帮代办中心”窗口，对落户开发区的项目，实行一个专班服务、一系列问题帮助协调、一站式审批办理服务等全程“班帮办”。在良好的营商环境带动下，一年来，全区共新开工项目12个、竣工项目3个、投产项目7个，项目建设、投产如火如荼。

招商引资多措并举。开发区坚持“一把手”招商、“走出去”招商、以商引商相结合，捕捉光伏组件、新能源、新材料等产业风口，前往北京、浙江衢州、湖南郴州等地开展招商活动，围绕水产业精深加工和玻璃新材料产业等主导产业，有针对性引入大项目、好项目。一年来，完成签约项目14个、总投资87.86亿元。其中，签约引进总投资30.66亿元的旗滨一窑多线光伏组件高透基板项目、总投资17.18亿元的太阳海缆项目等大项目、好项目，与一道新能源科技（衢州）有限公司合作，有望实现单项目达产后年产值100亿元、税收4.5亿元以上，为全区工业发展蓄足后劲、铆足马力。

（摘编：王增丰）

漳州招商局经济技术开发区

漳州招商局经济技术开发区（以下简称“漳州开发区”）位于中国东南沿海厦门湾南岸，与厦门经济特区仅一水之隔，总体规划面积56.17平方千米。漳州开发区处在上海、台湾、香港三大经济区的中间地带，距香港、上海港、台中港分别为287海里、564海里和120海里，是福建省建设海峡西岸经济区的重要组成部分和漳州市港口经济发展的龙头。2021年，漳州招商局经济技术开发区完成地区生产总值116.7亿元，比增9%；规模工业总产值完成153亿元，比增39.2%；一般公共预算总收入12.91亿元，比增32%；地方一般公共预算收入8.02亿元，比增36%；主要经济指标实现大幅增长，规模工业总产值指标创历史新高，一般公共预算总收入、地方级收入指标增速位居漳州市第一。

项目建设持续完善。2021年，园区港航设施持续优化，招银航道扩建二期工程开工；后石航道二期工程完成军用光缆迁改及疏浚工程交工验收；四区码头项目完成前期研究论证及谈判工作。基础设施持续完善，基建项目完成投资2.11亿元，四区四号路、寨山七路等建成投入使用；完成实验幼儿园总园、大径许厝水产研究所周边截污整治等工程。公共配套持续改善，推出厦门湾“海上巴士”月卡，提升公共服务水平和群众的幸福感。区内首家综合性购物商场“中闽百汇”开业，填补了我区商业综合体空白。厦漳城际轨道R3线纳入福建交通强国先行区建设重大项目谋划。

产业发展欣欣向荣。2021年，漳州开发区在做好疫情防控的同时，狠抓经济发展，通过深入开展“产业发展项目建设年”活动，临港工业产值大幅增长。全年交通设备制造业完成22.72亿元，比增118.9%；粮油食品加工业完成41.86亿元，比增40.7%；金属制品加工业完成64.97亿元，比增141.7%。中集、福钢、豪氏威马、中纺等重点企业产销两旺，产值10亿元以上规上企业达5家。新增纳统“四上”企业19家，全区“四上”企业总数比增19%，经济活力得到增强。经济结构持续优化，第二产业占GDP比重由2020年的30.2%提高至2021年的34.7%。成功举办双鱼岛开发启动暨项目奠基仪式，双鱼岛全面启动二级开发。此外，2021年，区内的重点工业企业也亮点频出：海工装备行业龙头企业豪氏威马顺利交付了为中国首艘中深水半潜式钻井平台“CMHI-182”项目交付钻塔等核心部件。在高质量完成订单的同时，豪氏威马中国还投资约1.1亿元扩建厂房，并持续加大投入研发可用于海上风电的设备。中信重工漳州公司落地漳州开发区后，超额完成了2021年全年生产任务，并投资1.5亿元对厂区进行改扩建，结合产品开展技术工艺创新，改制焊接操作平台和固定吊梁。

招商引资全力以赴。漳州开发区认真按照市委市政府部署，一以贯之秉承重商、亲商、安商、富商理念，依托港口带动，聚焦“3+2”产业体系，狠抓“一把手”招商，全力推进产业发展项目建设年活动，2021年全年签约中玻玻璃等26个产业项目，投资总额75.6亿元；开工项目20个，包括多肽产业化二期项目、福钢科技厂区及办公楼项目等；此外，共有漳州开发区3#泊位贮仓、威驰腾新能源汽车样车组装、白玉兰精糖等11个项目竣工投产。

生态环保严格落实。2021年，漳州开发区全面贯彻落实习近平生态文明思想，认真践行“绿水青山就是金山银山”发展理念，全面推进落实2021年党政领导生态环境保护目标任务，严格落实生态环保“一岗双责”，推进污染源头整治，完成多处生活污水截污纳管项目。推进入海排污口及大气污染整治，空气优良天数比例达99.7%。危险废物规范化管理处置率达100%。2021年围绕“碳达峰、碳中和”战略，漳州开发区组织实施减污降碳项目，与漳州国网合作建设一套2000KVA船舶岸点设施，节约油料消耗950吨，减少碳排放约3000吨。

（摘编：孙云荣）

漳州台商投资区

漳州台商投资区位于漳州、厦门城市节点，是规划中的漳州市中心城区组团之一，区域总面积163平方千米，是漳州中心城区重要组成部分，处于漳州、厦门城区中心区（古为漳州府和泉州府连接点），南临九龙江入海口，是漳州距离福建自贸区厦门片区最近的区。2021年，漳州台商投资区实现地区生产总值407.8亿元，增长9.8%；规模工业总产值971.48亿元，增长15.3%；固定资产投资160.19亿元；进出口总额180.72亿元，增长21.3%；实际使用外资1.2亿元；一般公共预算总收入35.19亿元，增长15.9%；地方一般公共预算收入22.65亿元，增长14.5%；社会消费品零售总额73.8亿元，增长7.1%；城镇居民人均可支配收入44755元，增长9%；农村居民人均可支配收入24696元，增长11.3%。

基础设施更新完善。坚持“以产兴城、以城促产，产城联动”。加快城市更新，完成全区城市更新专项规划、城市更新单元文化和产业布局研究和开发策略方案，34个城乡建设品质提升工程完成投资16.07亿元，占年任务的120.3%；完成棚户区改造1149套，城市道路、绿道10千米、公园绿地75亩；新建改造城乡公共停车泊位240个，全区首个智慧停车系统于龙池片区试点使用；对接市级编制国土空间规划，建成区计划扩大到75.8平方千米。大力发展楼宇经济、地铁经济，夜间经济，华侨城欢乐美港、国贸智谷、双十中心体育中心、博物馆、图书馆等配套项目顺利推进，城市业态加速涌现。推进园区标准化建设，社头、龙江标准化园区打造取得阶段性成果，加快“二次招商”“腾笼换鸟”，处置批而未供土地876亩，清理闲置厂房3.3万平方米。

项目建设大力推动。开展“产业发展项目建设年”活动，实施“六比一看”竞赛，“比征地拆迁与耕地保护”“比园区标准化建设”专项工作位居全市开发区系列第二。一以贯之坚持项目为王，深化“三百三下”帮扶活动，强化用地、用电、用水、用工、用林、人才等保障，加快解决能耗双控问题，为企业提供“妈妈式”服务，推动项目建设、企业发展提速增效，全年新开工项目25个，建成或部分建成项目17个；固投项目入库91个，总投资211.5亿元；13个省级续建重点项目、59个市级重点项目均超序时完成；福欣特钢二期竣工投产；厦门地铁6号线漳州（角美）延伸段全线开工，站点建设和盾构区间贯通取得重大进展。抓招商增后劲，新签约项目106个，总投资237.1亿元，其中，中节能双碳产业园等6个项目投资10亿元以上，华昌大型综合体投资上百亿元。

产业发展围绕重点。坚持突出工业、突破工业。龙头企业做大做强，五大主导产业完成产值822.25亿元，比增26.7%，拉动规模工业总产值增长21.9个百分点；战略性新兴产业产值465.33

亿元，增长45%；新增新上规模工业企业22家。创新能力持续提升，完成技改投资33.89亿元；新培育国家级高新技术企业17家，全区国家级高新技术企业46家，科技小巨人企业9家；全社会研究与试验发展经费支出12.8亿元，比增29%。现代服务业不断做强，餐饮烹饪协会成立运转；扶持拓展跨境电商业务，台商区保税物流中心（B型）完成进出口业务10636票，总货值5.05亿美元；全市首个国际快件监管中心投入使用。现代农业不断做优，落实乡村振兴战略专项资金3000万元；省、市级乡村振兴试点项目完成投资704万元，100%完成年任务；4个“多规合一”实用性村庄完成规划编制；推广吴宅村“1+N”食用菌产业工厂化种植，沙洲岛无土栽培蔬菜生产基地初具规模。

（摘编：周树峰）

漳州高新技术产业开发区

漳州高新技术产业开发区地处九龙江西溪南岸平原，是全国有名花果之乡、漳州水仙花故里，也是漳州市四大经济增长极之一。2012年11月经省政府批准设立，2013年12月经国务院批准升级为国家级高新技术产业开发区。2021年，漳州高新区完成地区生产总值153.8亿元，增长11.8%，增幅位列全市第3、开发区第3；规模工业产值275.17亿元，增长26.9%，增幅位列全市第4、开发区第4；规模工业增加值85.98亿元，增长26.6%，增幅位列全市第4、开发区第4；固定资产投资127.76亿元，增长11.8%，增幅位列全市第8、开发区第2；社零总额66.85亿，增长9.2%，增幅位列全市第5、开发区第3；一般公共预算总收入15.1亿元，增长11.2%，增幅位列全市第10、开发区第4；地方一般公共预算收入6.84亿元，增长33.2%，增幅位列全市第2、开发区第2。

基础建设配套完善。市政道路方面，全区建成道路总长94千米，其中“区地合一”以来建成道路总长41.13千米。横向重点建成南江滨路、圆山大道，纵向重点建成龙江南路、西环城路、金圆大道等；给排水方面，（1）自来水供水，目前园区的用总水量约3.68万吨/天，现已完成市政主干管网建设约124.8千米。（2）污水处理，主要依靠3座污水厂和2个农村污水整治项目，累计投资多达10亿。污水处理厂现有沧溪、林前及马洲等三座，共计远期可收集处理污水达26.2万吨/天，近期可收集处理污水达4.4万吨/天。圆山新城污水整治农村污水整治PPP项目总投资约4.5亿，共计划设置82座污水处理设施，截至12月底全部完成建设；靖圆片区农村污水处理主要建设7座一体化污水处理站、35座污水提升泵站，污水管道48.9千米，总投资约1.3亿元，已全部建设完成。供电方面，全区现有220kV变电站2座，110kV变电站7座。10kV线路约670千米，其中架空线路390千米、电缆线路280千米。公园绿地方面，扎实开展“生态+”行动，荔枝海、南湖、水仙花海等10座公园，总面积约678公顷。建成绿道约48千米，新增绿地花海约192公顷，形成139.2万平方米的城市绿地空间。2021年来，陆续建成漳州红色教育主题园地、龙江岁月、水仙花海、片林公园、七首岩串点连线等一批热门打卡点，重现漳州古八景之“南山秋色”，将城市南区的人文景观效应进一步放大，带动漳州南部更好的发展。

产业发展突出重点。（一）突出工业发展。全力以赴突出工业、突破工业，紧盯“一药一智”主导产业，引进片仔癀大健康智造园、德睿重型机械总部项目、巴比熊高端休闲食品等“一药一智”项目14个、总投资83.3亿元。加快在建工业项目建设，全年新开工产业项目36个、竣工23个项目，新增规模工业企业9家，资质等级建筑业企业13家，限上商贸企业15家，规上服务业企业2家。积极发展总部经济，总投资约26.9亿的漳龙总部经济大楼、九龙江置地广场、七建总部大楼、建业总部大厦和汇商发展广场5个项目总部经济项目开工建设，总建筑体量达40万平方米。（二）突出园区建设。着力推进园区标准化建设工作，智能制造产业园、大健康产业园、中盟科技园、联东U谷、上海岁金等5个重点工业园区标准化项目完成投资93.3亿元，新建成厂房62.2万平方米，引进新能源电池电芯制造一期项目、捷牛智能装备制造项目、航升商业微小卫星研发制造项目等高新技术产业项目30个，总投资21.3亿元，产业集聚发展的态势进一步增强。园区引进抖音电商直播基地正式落户，成为全国第二个花卉绿植电商直播销售平台，推动漳州百亿传统花卉苗木产业数字化转型。

招商引资围绕重点。按照漳州市委、市政府“突出工业、突破工业”的工作安排，围绕“一药一智”（生物医药、智能制造）、文旅康养、总部经济等重点产业领域，进行精准产业链招商、以商引商，2021年共完成4次集中签约，签约正式协议项目36个，总投资110.73亿元。推行“一把手”招商，共开展招商活动超过100次，外出招商14次，赴北京、长三角、珠三角等地实地考察企业超40家；开展驻点招商，驻深圳招商平台共完成对接企业90家，邀请来区考察的企业34家，签约澜海智能终端生产基地等4个项目；实践“基金+招商”模式，借助基金公司投资带动，先后引入捷牛智能装备制造、冠能发光材料、奥咨达医疗器械科创中心、航升商业微小卫星研发制造等一批高质量项目。

生态环保严格治理。紧密围绕“产城融合宜居宜业新城区”的发展定位，持续推动高新区生态环境质量持续改善提升。一是持续推进流域污染治理。深化“源头治理、末端兜底”理念，以项目建设为抓手，突出“河畅、水清、岸绿、景美、兴业”五个管护目标，投资约1200万元实施浦尾港污水处理设施提升改造、小梅溪生活污水处理站、下割排涝渠水质提升等16个流域污染治理攻坚项目。2021年省控南凌大桥断面水质由Ⅲ类越级提升至Ⅱ类；小流域水质优良比例达100%，其中岱仙岩水质由Ⅳ类水质越级提升至Ⅲ类。二是扎实推进突出问题整改。扎实开展生态环境执法专项行动，综合运用日常巡查、双随机抽查和信访件办理等方式，严厉打击企业偷排、超标排放、污染治理设施不规范运行等环境违法行为。2021年共立案处罚13起，累计罚款金额160.87万元，移送公安机关予以行政拘留2起，查封23起，限产1起，实施生态损害赔偿1起。同时，扎实推进群众反映强烈环境问题攻坚整治，着力解决群众身边的生态环境污染问题。全年共受理投诉件103件，办结率100%。三是不断夯实项目资金保障。积极向上争取资金补助，策划形成“山水林田湖草沙”项目6.38亿元，并获批，为辖区生态环境治理提供项目支撑和资金保障。同时，靖圆片区农村污水处理设施建设工程取得省级农村污水治理项目资金补助760万元。

（摘编：周树峰）

漳州金峰经济开发区

漳州金峰经济开发区位于漳州市区西北部，介于厦门、汕头两大经济特区之间，距漳州港30千米，距厦门机场、厦门港50千米的金峰经济开发区，漳龙高速公路、319国道纵贯全区，立体交通网络健全，四通八达。1998年经福建省人民政府批准，确定为省级重点开发区。2000年9月与芝山镇合并，实行“以区带镇”的管理模式。2005年12月8日成为国家发改委第一批审核公告的省级经济开发区。2021年，金峰开发区多项经济指标取得新突破：地区生产总值突破400亿元，规模工业产值突破1000亿元，固定资产投资突破200亿元，税收收入突破25亿元，经济实力再上新台阶，为芗城区“六比一看”竞赛考评总分位列漳州市第1名作出巨大的贡献，为芗城区“十四五”规划开好头、起好步。

项目建设有力推动。结合市委、市政府“千名干部挂千企”，区委、区政府“百名干部挂百企”的活动，完善沟通渠道，建立高效、快捷、便利的工作机制。一是用地保障：今年来，征迁工作：持续推进征迁项目15个，合计1904亩；土地报批：完成林地报批10宗，合计921亩；项目供地：完成7宗项目供地，合计422亩。二是建设审批：推行“1+N”行政审批机制，完成建设项目规划方案模拟审批26宗、正式审批18件，办理建筑工程施工许可证22宗，消防验收备案10件，建设工程消防设计审查1件，建设工程竣工验收备案17件，工程规划条件核实与土地核验11件；协助办理用地预审与选址意见书6件，建设用地规划许可证35件，工程规划许可证18件。三是产业项目建设：坚持项目引领，推进三宝新材料科技等50个项目开工建设，中南高科金湖云谷智造小镇一期（B区）工程等63个项目如期竣工。四是园区配套建设：市政设施方面，实施道路“黑化、亮化、绿化”项目共48个，金塘路一期等项目竣工通车；实施软件园地块电力迁改工程等电力项目18个。民生工程方面，铁塘、金安片区棚改项目均已完成所有楼栋主体封顶；石亭中心小学已到项目的尾声阶段，金安片区幼儿园建设工程已完成主体封顶。

产业发展持续强化。2021年开发区持续强化工业支撑，逐步形成食品加工、冶金新材料、高端装备制造、电子信息“四大主导产业”，积极推动“个转企、小升规、规改股、股上市”，强化创新驱动发展。“四大主导产业”形成龙头企业带动效应：食品加工产业，傲农集团被认定为“农业产业化国家重点龙头企业”，入围“2021中国制造业民营企业500强”榜单，入围“2021福建企业100强”、“2021福建制造业企业100强”榜单，入围“2021福建省民营企业100强”、“2021福建省民营企业制造业50强”榜单；信华食品成为国家级绿色工厂。冶金新材料产业，三宝集团入围“2021中国制造业企业500强”“2021中国民营企业500强”“2021中国制造业民营企业500强”榜单，入围“2021福建企业100强”“2021福建制造业企业100强”榜单，入围“2021福建省民营企业100强”“2021福建省民营企业制造业50强”榜单。高端装备制造产业，龙溪轴承入围“2021年（第十九届）中国机械500强”榜单；正兴集团成为国家级绿色工厂。电子信息产业，科华技术成为漳州市首家国家级服务型制造示范企业，漳州市首批入选的国家级工业产品绿色设计示范企业，国家级绿色工厂、省级绿色工厂。傲农集团、三宝集团（含三宝钢铁、三宝特钢）、闽光钢铁、龙溪轴承、正兴集团入选福建省工业现有龙头企业名单；大北农科技、科华技术、众环科技入选福建省工业龙头培育企业名单。

招商引资精准高效。加强队伍建设，提升服务水平。为进一步提升招商团队的专业化水平，金峰招商服务中心坚持学习与研讨相结合，定期组织开展专题培训、学习研讨、活动竞赛等活动，鼓励和推荐骨干人员外出学习和提升，交流招商经验，拓宽招商思维，致力于提高团队成员的业务能力和招商水平，以便高效地围绕开发区产业发展方向，做到精准招商、专业化招商。完善招商机制，优化产业格局。一是培育壮大现有企业，立足开发区主导产业，着力招引一批集聚度高、带动力强的项目，将“招大引强”与“延链补链”相结合，发展总部经济、楼宇经济，做大增量、优化存量，引进了万安集团、科华电气、盈趣科技漳州区域总部、视瑞特科技、大舟建设、立熊食品等企业总部项目，进一步攀升价值链，推动现有产业做优做强。二是聚焦产业结构升级，着重发展轻型经济，围绕电子信息产业，以平台为抓手，招引项目，引入语堂数字经济产业园、盈科智谷产业园、闽台科技产业园、新经济产业园等重点产业发展平台，促进产业发展资源集聚。摸查闲置资源，推进“零地招商”。坚持“借巢引凤、腾笼换鸟”，摸清闲置厂房、僵尸企业等闲置资源，建立空置厂房、楼宇数据库。持续推进“零地招商”新模式，实现“增资增效不增地”的良好效应。助力企业轻装上阵提质扩容，为土地集约化、产业集聚化创造条件。2021年，已摸查出开发区内面积约15万平方米的闲置厂房信息。强化外出招商，拓展招商路径。前往福州、厦门、泉州等地区，考察项目、宣传推介、招揽投资，积极推动更多大项目、好项目落地金峰。参与“知名台企漳州行”、“央国企对接大会”，“第四届数字中国建设峰会”等6场大型活动，与企业家精准对接、招引投资。12月，在厦门、漳州、芗城台商协会的参与下，举办芗城区闽台科技产业招商推介会暨漳州信息产业发展论坛，共有6个项目现场签约，总投资25.3亿元；同月在厦门举办芗城区台商台企招商推介会精准对接厦漳台商企业，取得良好的效果。2021年完成新签约产业项目58个，完成总投资224.58亿元，其中投资百亿以上的项目1个，10亿以上的项目5个；主要参与的“比项目招商”竞赛获得漳州市第2名。

生态环保严格执行。园区坚持贯彻“绿色”发展理念，进一步打造“金山银山”。持续开展建筑施工扬尘整治工作，查出并督促责任单位落实好整改。8月，溪里溪（香蕉海）安全生态水系建设项目投入使用，项目以“人在景中，景映水中，水融园中，生态同行”为设计主题，对沿岸生态保护、生态修复、生态水利、生态亲水、生态补植、标识管理等方面起到积极作用，同时也将排涝设计标准提升为二十年一遇。8 月 26 日，万安集团、科华技术、众环科技入选福建省第四批绿色制造体系示范名单，被省工信厅认定为省级绿色工厂；11 月 3 日，科华技术入选工信部第三批工业产品绿色设计示范企业，是福建省机械装备行业目前唯一入选的企业，也是漳州市首批入选的该类企业；12 月 10 日，万安集团、科华技术、信华食品、正兴集团入选工信部 2021 年度绿色制造公示名单。

（摘编：周树峰）

漳州蓝田经济开发区

漳州蓝田经济开发区位于漳州市龙文区，由蓝田、龙文两个省级工业区整合而成，总规划面积 10.19 平方千米。2006 年 3 月经福建省政府批准，蓝田工业区、龙文工业区整合成立福建漳州蓝田经济开发区，是漳州市第一个省级经济开发区。2021 年，蓝田经济开发区完成规上企业工业产值 305.6 亿元，同比增长 53.6%；完成固定资产投资 73.88 亿元，同比增长 47.6%；完成限额以上社会消费品零售额 46.29 亿元，同比增长 -5.9%；完成税收 8.4 亿元，同比增长 0.6%。在全省开发区综评中，开发区总得分 381.31 分，综合排名第 28 名，相较 2019 年上升 8 个位次，相较 2018 年上升 16 个名次。

项目建设赶超进度。2021 年，开发区实施产业园区提升工程项目 58 个，总投资 230.57 亿元，完成年度投资 54.2 亿元、完成年度计划的 101.5%；2021 年实施省市级重点项目 20 个，其中：省级重点项目 3 个，总投资 86.1 亿，完成投资 10.49 亿元，完成年度计划的 104.9%；市级重点项目 17 个，总投资 99.4 亿元，完成投资 21.96 亿元，完成年度计划的 107.1%。

产业发展加快推动。深入开展“产业发展项目建设年”，以实施“六比一看”竞赛和“八大提升工程”为重要抓手，加快推动产业发展和转型升级。比征地拆迁与耕地保护方面。2021 年，开发区清理闲置厂房目标 4.16 万平方米，实际完成 5.5 万平方米，已完成全年任务目标。比项目招商方面。蓝田经济开发区、景山街道已新签约产业项目 54.4 个（飞地招商项目 1 个），完成率 147%；已签约项目总投资 127.24 亿元，完成率 157.1%，其中投资 10 亿元以上项目 2 个，完成率 100%；实现新开工项目数 60 个，完成率 187.5%；实现新竣工投产项目 40 个，完成率 400%，位居全区第一。比项目开竣工方面。全年开工建设重点项目 8 个，建成或部分建成项目 5 个，集中开工项目 9 个，集中竣工项目 11 个，10 亿以上开竣工项目 1 个，新增入库项目 24 个，新谋划项目 21 个，新谋划项目转化开工完成率 96.8%。比园区标准化建设方面。重点项目 79 个，实际投资额完成投资 90.83 亿元，竣工项目 39 个，新建成厂房面积 70.7 万平方米。比新增规上（限上）企业方面。全年新上规上工业企业 6 家，户均产值 3152.2 万元。盘活闲置厂房 10 万平方米。

招商引资卓有成效。2021 年，蓝田经济开发区累计招引新供地工业项目 8 个，总用地面积约 539.7 亩，总投资约 40.62 亿元。科技产业园项目、富乘创新式智能划船器生产基地、景田包装饮用水生产基地及仓储项目等 7 个项目已签订《投资合同书》，总用地面积约 453.23 亩，合计总投资约 30.42 亿元。

生态环保落实到位。2021 年 8 月，蓝田经济开发区通过“福建省省级绿色园区”认定，时隔四个月，蓝田经济开发区通过 2021 年“国家级绿色工业园区”认定，成为漳州市 2021 年唯一获此殊荣的单位。蓝田经济开发区全面践行创新、协调、绿色、开放、共享的新发展理念，先后制定发布了《漳州蓝田经济开发区绿色园区发展规划》《绿色园区创建和管理办法》和《绿色园区发展规划》等系列政策文件，全年组织到企业宣讲近百场次，近千名企业主要负责人员参与。同时，蓝田经济开发区还成立了绿色发展工作领导小组，形成了以区委常委、蓝田经济开发区党委书记为组长，区政府党组成员、蓝田经济开发区管委会主任为副组长、各部门分管为主要成员的园区绿色发展管理与服务组织构架，划分 7 大片区，由 16 名科级领导、4 名开发公司班子成员作为组长、副组长，92 名干部挂钩指导 1105 家工贸企业，明确了组长及各成员的职责，为漳州蓝田经济开发区绿色、可持续发展提供了组织保障，切实为园区企业创造良好的绿色发展环境。

（摘编：周树峰）

长泰经济开发区

长泰经济开发区地处于“千年古县，状元故里”长泰县的东南部，1997 年设立管委会，是第一批国家发改委审核通过的省级重点开发区之一，规划面积 22 平方千米。2021 年，长泰经济开发区各项主要经济指标保持较快增长，实现规模工业产值 535 亿元，比增 50%；规模工业企业纳税 10.2 亿元，比增 59%；签约项目 49 个，比增 188%，投资总额 107.2 亿元，比增 182%；新增规模企业 34 家，比增 240%，新增限上商贸企业 7 家，比增 600%；盘活闲置土地 400 亩，比增 60%，盘活闲置厂房 20 万平方米，比增 150%。

项目建设赶超进度。持续转变干部作风。大力弘扬“马上就办、真抓实干”的作风，提振干部干事创业的精气神，通过深入开展“千名干部挂千企”活动，践行“妈妈式”服务，落实“基层吹哨、机关报到”、“驻企特派员”等工作机制，在长泰区率先实行四个“负责到底”工作机制，推行“一线工作法”，全面推动干部力量下沉靠前服务、主动服务、全程服务，坚持“一企一策、一问题一方案”，全方位提供各种要素保障，满足不同企业发展需求。2021 年，40 个区级以上重点项目完成投资 38.4 亿元，完成年度计划的 110%，新开工项目 18 个，新竣工项目 24 个；共有 3 个成片开发批次获批，包括科技产业园、电子信息产业园、官山北、前山、宏发 5 个成片开发方案，获批总面积 4600 亩；向上争取专项债、一般债资金 1.15 亿元，有效保障了基础设施配套项目建设的资金需求；千方百计推进达规纳统工作，全年固投项目入库完成 39 个，计划总投资 40.2 亿元，培育新增新上企业 34 家，商贸企业 7 家、建筑企业 2 家，发展后劲较为充足。树立服务企业标杆。坚持精心服务、快速服务、优先服务，在服务企业发展过程中，长泰经济开发区坚持专人专班跟踪服务，尤其是全力协调解决立达信企业运营总部将迁入长泰中遇到的征地、停车、厂房验收、人才认定、人才公寓等问题，实行“一日一会商、一周一督办、一月一推进”，先后为立达信量身定制土地连片开发方案，努力向上争取林地、耕地报批指标，全力加快土地报批和征地赔青工作。

产业发展扶持引导。落实《长泰区三大主导产业链发展工作方案》，全面推行主导产业链长制，实施龙头带动强链工程，坚持“抓龙头、筑链条、建集群”，电子信息产业重点实施立达信“千才聚泰、众企驻泰”引才铸链行动计划，支持新峰科技、安泰新能源上市；新材料产业重点扶持壮大山鹰纸业、安安、兴岩等龙头企业，培育一批创新型“小巨人”企业。

招商引资成效显著。持续深化“一把手”招商、链条招商、以商招商，进一步推进“零地招商”，资源配置全面优化，招商引资工作实效显著，产业有序集约集聚发展。全年完成新签约产业项目 67 个、总投资 131.5 亿元，分别完成年任务数的 478.6%、305.9%；其中，投资 10 亿元以上产业项目 4 个。

（摘编：孙云荣）

漳州古雷港经济开发区（绥安）

绥安工业开发区设立于 1991 年 6 月，总规划面积 34.59 平方千米，1998 年 3 月列为省级开发区。2021 年，绥安工业区完成规模工业产值 180.1 亿元，占全县规模工业产值的 44.47%；完成工业固定资产投资 7.63 亿元，占全县工业投资额的 14%；完成税收收入 5.76 亿元，占全县税收收入的 22.2%。

项目建设有力推进。持续深化推进“五个一批”项目工作，建立健全项目工作机制，着力完善园区基础设施配套，破解制约建设要素保障难题，推进批而未供和闲置土地处置工作，有效地促进一批项目投建、生产、增效，三年来，鹏利玩具、伟伊化纤三期、欧康化妆品、达川食品二期、自行车产业园等 87 个市县重点项目开工建设，台玻二期技改、和丰食品、敏捷动漫、政伸印刷、海新饲料、金马百虹金葱粉等 75 个项目投产产生效益，为园区发展注入新动力。

产业发展做大做强。为加快推进产业聚集优

化布局，工业区围绕食品加工、轻纺制品、运动器材等三大主导产业，做大做强特色产业。一是积极做大食品产业，2021 年园区规上食品加工企业 20 家，实现产值 51 亿元，税收 5450 万元；重点做大大南坂食品产业园，计划新增用地 800 亩全面打造食品产业集群。二是补全运动器材产业链条，2021 年运动器材规上企业 11 家，实现产值 7.5 亿，税收 3100 万元；目前自行车产业园规划面积 800 亩，先后引进自行车配件生产企业 10 家，总投资 10 亿。捷安特、爱地雅、意普等品牌整车生产企业等近 20 家企业先后到园考察形成意向，自行车产业园初具规模。2021 年，绥安工业区主要领导带队外出招商 15 次，其中参与县委书记带队北京开展招商引资活动 1 次、县长带队 2 次、副县长带队 3 次，组织参加漳州市“大众创业、万众创新”项目集中签约仪式 1 次，组织对接第十九届“海创会”项目成果对接仪式 1 次。

招商引资突出重点。围绕主导产业，突出产业链补齐，实施以商招商、产业链招商、盘活存量促招商等，努力克服疫情影响，赴珠三角、长三角、泉厦地区三大招商重点区域，以自行车产业、食品产业两个特色园为主打精准招商。五年来，累计引进了冷链物流园、源文兴车料、骏驰运动器材、三商食品、春藤工贸、妙江食品等 205 个项目（含增资项目），累计签约投资额 151 亿元，先后盘活闲置厂房共计 28.44 万平方米，盘活闲置土地 1282 亩，实现“腾笼换鸟”促招商。

生态环保持续治理。2021 年来，对老旧工业片区管网进行改造和完善，确保企业污水纳管。已完成神味食品片区、同溢堂片区、辕门社区、鼓山北路、彩露华片区、腊山片区等近 3km 污水管道铺设，还有明泰包装、中美食品等企业纳管改造，使近 20 家企业污水纳入管网。同时对老旧管道进行维护与清淤，确保管道畅通。完成大南坂至县城污水管道、周军口明沟、绥东溪上游厦商段、辕门社区雨污沟渠等 10 千米管沟清淤，修复管道破损外溢问题 3 处及县城污水厂大南坂片提水泵站改造。

（摘编：周树峰）

漳州古雷港经济开发区（古雷港）

漳州古雷港经济开发区，地处厦门、汕头两个经济特区之间，与台湾隔海相望，对台地缘、人员及区域经济协作优势突出，是全省、全市全方位推动高质量发展超越的重要增长极。2006 年 4 月，经省政府批准设立福建漳州古雷港经济开发区，同年 9 月被国务院确认为省级开发区。2021 年，古雷港开发区实现地区生产总值 130 亿元，增长 18%。其中第一产业 17.2 亿元，增长 1.2%；第二产业 65.9 亿元，增长 30.5%，第三产业 46.9 亿元，增长 10.7%。“突出工业、突破工业”格局突出明显。其中，规模以上工业总产值 449.9 亿元，可比增长 42.0%；固定资产投资 176.8 亿元，增长 6.8%；一般公共预算总收入 24.5 亿元，下降 14.3%；地方一般公共预算总收入 19.9 亿元，增长 15.9%；资质建筑业总产值增长 339.2%；社会消费品零售总额 60.5 亿元，增长 11.4%。

项目建设赶超进度。对标建设世界一流绿色生态石化基地的定位，以“产业发展项目建设年”活动和“六比一看”竞赛为抓手，着力抓好活动办、前期办工作，建立健全周、月例会协调机制跟进项目找问题、解难题，切实改进工作作风，强化督查问效力度，确保在建项目抓进度，建成项目抓投产，全力保障重点项目顺利推进，通过赛成绩、比排名来倒逼完善机制、优化服务、提高效率、抓好工作、推动发展。园区 2021 年省级重点项目 23 个，总投资 1508.77 亿元，年计划投资 148.20 亿元，其中在建项目 18 个，预备项目 5 个，在建项目总投资 665.34 亿元，年计划投资任务 144.56 亿元；市级重点项目 26 个，总投资 2066.85 亿元，年计划投资 170.30 亿元，其中在建项目 21 个，总投资 687.90 亿元，年计划投资任务 165.26 亿元。截至 12 月底，园区市级重点在建重点项目已完成投资额 178.60 亿元，序时进度为 108.1%，超序时 8.1%。

产业发展多措并举。园区以提升石化产业竞争力为核心，稳步推进基础炼化产业项目，大力发展石化深加工产业，打造规模、质量、效益协调发展的高端石化产业体系。一是紧抓龙头企业，古雷炼化一体化一期项目、福华气体、中怡化工、奇美ABS、新阳树脂等项目已于年内投产；目前PX、PTA产能位居全国前列；重点推进中沙古雷150万吨/年乙烯项目加快“储转规”进度，古雷炼化一体化二期项目申请尽快列入国家《石化产业规划布局方案》，力争在“十四五”末形成古雷石化园区千亿产业集群，朝世界级石化基地目标不断奋进。二是加快产业集聚，重点跟踪对接古蕾化学、海顺德催化剂、鲁华碳五碳九、奇美PS等项目建设进度，力争2023年整个区域实现投产高峰；三是推进配套建设，公用管廊、电力管廊、华能热电、码头、北部污水处理厂等配套项目按照既定时间节点有序推进。

招商引资成果喜人。2021年，古雷开发区围绕“产业发展项目建设年”活动，积极参加“六比一看”竞赛活动并取得良好佳绩，“比项目招商”排名全市第一，新签约产业项目共有9个，完成率150%，总投资额673.6亿元，完成率350.8%，新开工项目6个，完成率150%，开竣工投产项目14个，完成率700%；外资到资10.23亿元，到资规模位列漳州第一。聚焦主责主业抓招商，在区主要领导的带队下先后赴多个省份及福建周边外出招商10余次，从龙头企业、重点项目、产业链关键环节出发，重点对接石化标杆企业，精选招商项目，建立重点项目滚动推进良性机制。多层次、高频率开展招商推介活动，不断提升古雷知名度，吸引一批优质企业前来参观洽谈，为项目选资提供储备库。

生态环保严格治理。2021年，古雷开发区将“守好生态环境的底线”纳入全区工作格局，认真贯彻落实省市实施“三线一单”生态环境分区管控要求，将生态保护红线、环境质量底线、资源利用上线落实在每一个项目的选址、布局、可研等各个环节。辖区环境质量稳中优化，大气环境质量、饮用水源环境质量、近岸海域环境质量指标持续向好。2021年全年环境空气质量优良率为98.9%，较2020年同期提高2.38个百分点；辖区集中式饮用水源水质监测优良率100%；古雷石化基地地下水调查与评估工作报告通过专家评审和省生态环境厅审核，为全省首例；近岸海域国省水质考核点位水质监测均达到考核要求。污染防治攻坚成效显著，石化园区北部污水处理厂于2021年10月进入试生产阶段，北污配套排海管道工程已全线贯通，试生产进展顺利；古雷石化基地有毒有害气体环境风险预警体系试运行正常，项目于2021年11月通过验收；辖区目前有7台65蒸吨以上燃煤锅炉，均能稳定达到超低排放要求；自2021年1月1日起正式实施农村生活垃圾清扫保洁市场化运作管理，农村生活垃圾常态化治理机制更加完善；出台“湾滩长”制度工作方案，建立健全近岸海域海漂垃圾治理长效机制，加强海漂垃圾综合治理。持续强化环境安全监管，2021年，修订出台《福建漳州古雷石化基地突发环境事件应急预案》和制定《古雷开发区祖妈林水库饮用水水源地突发环境事件应急预案》，开展辖区放射性物品“一体化”督查检查；结合2021年全国生态环境系统开展“以案促建提升环境应急能力”专项活动，科学总结环境应急处置经验，积极推动古雷开发区环境应急能力持续提升。

（摘编：周树峰）

诏安工业园区

诏安工业园创建于1988年，前身为“诏安县闽粤边界贸易加工区”，1992年被省政府正式批复为省级开发区，2005年12月，经国家发改委公告确认为省级开发区，正式更名为“福建诏安工业园区”。2021年，园区各项经济指标均实现正向增长。实现规模工业总产值335.86亿元，比增19.4%；累计完成固投出数16.81亿元，比增149.5%；实现财税总收入3.02亿元，比增10.2%；全年实现外贸出口额30.64亿元，比增26.5%。园区总体规划面积约68.8平方千米，开发建成面积7.95平方千米，其中工业用地6.24平方千米，尚有可供开发利用土地约25000亩，入驻企业近300余家。

基础设施配套完善。经过多年建设，园区道路、用电、供水、排水、排污、绿化、路灯等配套不断完善，生活、休闲、医疗、文化、教育场所逐步形成。在市政道路配套方面：县城西侧园区的“二横三纵”路网格局及县城东侧园区“五横六纵”的路网格局共同构成了四通八达的交通网络。今年拟建婴童产业园配套道路专项债项目，包括站前四条路、经纬四条路、怡景路，共9条，可新增道路里程7千米。在功能设施配套方面：日处理1.2万吨污水的诏安城西污水厂及16千米配套管网已建成试运营，另有日供水1.6万吨工业园区自来水厂已纳入县城乡供水一体化项目推进。同时拥有可承接大项目入驻的基础配套设施，通信和宽带网络基本覆盖全区；有日供水2万吨海利自来水厂1座，今年计划新建一期日供水4万吨的金都自来水厂1座；有日处理量1.2万吨、一级A排污标准的城东污水处理厂1座，今年拟扩建日处理量1.2万吨污水处理设施；引进的金都气化站工程项目已基本完成。在公共配套方面：已建成企业服务中心、职工文体中心、党群活动中心、农民工服务中心，"四个中心"连一体，服务企业"加速度"。同时，建成4.8万平方米的兴业园标准通用厂房、农民工公寓等配套设施进一步提升园区的项目承载力。同步完善辖区生活商业服务配套设施，打造金都海洋生物产业域、水产品加工产业城，实现产城融合发展。

项目建设全面推动。园区始终把项目作为发展的生命线，加大项目推进力度，全力推进项目进展。一是年初谋划项目。年初结合项目业主投资积极性、前期工作完成情况、项目用地现场情况等，梳理出23个条件相对成熟的促开工项目，总投资约19.65亿元，作为重点促建项目。二是完善项目"四"机制。包括责任挂钩机制、协调配合机制、项目督查机制、考核奖惩机制，形成项目闭环管理。三是解决要素保障。针对征迁遗留、报批新旧规不同等情况，梳理问题症结，成立工作专班，全力协调有关乡镇、部门. 落实土地、环评、规划许可等要素保障，全年推进10宗土地报批前期工作；涉及环保、林地指标、不动产权证办理的完成20宗。四是开展"百日攻坚战"。为持续增添项目促建动力，园区创新实施"大行动、大提升、大攻坚"活动，实现市县集中开工项目13个。2021年园区重点项目数达23个，总投资45.85亿元，年度计划投资19.65亿元。其中省级重点项目1个，为诏安工业园区婴童文化用品产业园及配套基础设施建设项目，项目总投资11亿元，年度计划投资3.3亿元。市级重点项目15个（均已开工或续建），总投资29.6亿元，年度计划投资13.3亿元。县级重点项目7个，已开工3个（物华路一期、国锆、融海），另3个在土地招拍挂，1个在基建手续办理，总投资5.25亿元，年度计划投资3.05亿元。新开工项目11个，续建项目12个，省市县重点项目1—7月份累计完成投资128624万元，完成年度计划65.5%，超序时进度7.1%。

产业发展欣欣向荣。目前园区初步形成食品加工、婴童文化创意、电子轻工机械、海洋生物、新材料新能源五大主导产业集群。2021年五大主导产业总产值280.11亿元，占全区总产值的83%，税收收入2.27元，占全区税收收入的75%。1. 食品加工产业是立足"中国青梅之乡"和"中国生态牡蛎之乡"的本地资源品牌优势打造的重点产业，重点发展青梅加工、水产品加工产业。目前已培育出能裕、荣华、铭兴、海洲、忠发等23家规模以上企业。2021年实现产值128.67亿元，税收1.15亿元。2. 婴童文化创意产业是根据诏安毗邻广东的区位优势，承接粤港澳大湾区产业转移打造的重点产业。目前，有星辉、京丰等6家规模以上企业。2021年实现产值47.39亿元，税收2492.32万元。3. 电子轻工机械产业是园区重点打造的四大主导产业之一。目前，有大新电子、超悦纸业等16家规模以上企业。2021年实现产值57.41亿元，税收3530.71万元。4. 海洋生物产业园规划面积2.51平方千米，重点发展海洋生物制品、海洋生物医药材料、海洋生物育种和健康养殖、海洋生物服务业、海洋生物综合配套产业五大领域。以润科生物为龙头带动，吸引了环海生物、大北农水产、玛塔生态等一批海洋生物企业入驻。截至目前，在产、在建企业14家，其中，规上企业5家。2021年实现产值18.88亿元，税收4662.97万元。5. 新材料、新能源产业园主要发展锂电池、新能源汽车及配件、机械制造等高科技制造业，已引进猛狮新能源龙头企业。截至目前，在产企业2家，其中，规上企业2家。2021年实现产值27.76亿元，税收503.79万元。

招商引资精准高效。园区深入实施"诏商回归"工程，开展精准招商，运用"以商招商、产业链招商”等组合模式，拓宽招商渠道成效显著。2021年新签约项目29个，超全年任务数9个，涵盖新材料、电子制造、食品加工等行业，协议总投资33.25亿元，同比增长31.4%；盘活闲置用地、厂房14个，对接项目用地416.47亩。新引进的项目中，新材料这一战略新兴产业占比30%，产业集聚优势不断凸显，有望成为新的经济增长点。

生态环保严格执行。一是加大污染减排力度，确保完成年度减排目标任务。继续加强建设项目环境管理，严格把好项目准入关、环评关、验收关，严格执行项目审批各项规定，切实提高项目准入门槛。强化对企业污染治理设施的监督管理，确保所有治理设施高效稳定运行。二是强化工业污染防治，做好重点企业行业监管。加强对重点排污企业的监督管理，集中人力和车辆，组织巡查队伍，每周不定期开展2—3次巡查。督促企业进一步认清当前环保工作形势和要求，积极、主动、有效落实污水排放问题整改，集中整治环保领域违法违规行为。三是紧盯“一厂一湖一溪”（城西污水处理厂及配套管网建设、南湖片区企业黑臭水体治理和赤水溪流域水质提升），完善提升园区基础设施配套。扎实推进城西污水处理厂及污水管网建设、南湖片区企业黑臭水体治理和赤水溪流域水质提升工作，进一步提升园区招商引资及项目建设承载力。四是深入开展环境保护宣传，大力营造公众参与氛围。密切关注涉区涉企有关环保工作网络舆情动态，适时启动网络舆情应急预案，把社会矛盾消灭在萌芽状态。及时有效化解个别企业排污与周边社区、村庄农户矛盾问题，防止出现群体事件和诱发社会不稳定因素。不断加强生态环保宣传教育和舆论引导，运用好信息公开栏、微信公众号、标语等各种媒体宣传手段，倡导绿色文化。

（摘编：孙云荣）

云霄常山经济开发区（云陵）

云陵工业开发区地处海峡西岸经济区闽南金三角，位于云霄县南部，介于厦门和汕头两个特区中间，面对台湾海峡，南临港澳。国道324线穿过全区，沈海高速公路和沪深高速公路在园区内设有互通口及客运、货运站埠，云霄疏港公路、将军大道和规划建设中的入闽通道均在开发区交汇，是漳州南部主要的交通枢纽中心，区位优势明显，交通便利。云霄经济开发区现有入住企业138家，已投产95家，在建10家，其中规上工业企业41家，2021年实现规模工业产值42.72亿元，其中开发区引资有10家，规模工业产值9.88亿元；工业税收6268.33万元，其中开发区引资企业4143.64万元；限额以上社会消费品零售企业5家，零售总额5495.4万元；出口额53426.86万元人民币；进口1951.35万元人民币。截止2021年末，已供应建设用地面积约18230亩，已达到供地条件土地面积约19440亩，土地供应率约为93.8%，土地建成率约为89.4%，综合容积率为2.1%。

项目建设有序推进。扎实做好“六稳”工作、全面落实“六保”任务、推进“大抓工业、抓大工业”，做好项目服务攻坚活动，建立健全项目服务攻坚机制，分类施策，有效推动。围绕重点工作，加大重点项目建设力度，2021年园区列入县级以上的重点项目13个，其中市级重点4个。

招商引资卓有成效。围绕“2+2”产业新体系，开展“一把手”招商、产业链招商，创新“云”招商方式，加大产业链条招商力度，补齐补全产业链，优化本地产业集群，逐步形成园区产业集聚优势，加快建设富佳宝食品工业园和奥克兰电工设备产业园，推动产业集群化发展。2021年以来，区主要负责同志带队，分别前往深圳、东莞、佛山、福州、厦门、泉州等经济发达地区进行招商推介，突出区域招商，长三角、珠三角等地区仍然是园区承接产业转移和招商引资的重点区域。全年园区共外出招商12场次，参加集中签约活动4次，签约项目数4个，完成签约项目投资额12.5亿元。

生态环保持续治理。2021年园区未发生重大环境污染事件。云霄经济开发区污水处理厂目前已正常运行，污水主管网18.78千米及污水管网干管13.7千米，企业污水排放口至污水处理厂的管网全线贯通，污水处理规模为10000m^3/d，接纳全区89家企业污水进水量。目前污水处理厂日平均污水处理量达到7000吨，基本按一级A标准排放。为进行区域农村污染源防治，改善农村人居环境，创建生态城镇，村庄生活污水治理民生基础设施补短板项目已于2020年10月开工，该项目建成可有效解决开发区7个行政村10370人日常生活中产生的污水，污水处理量可达830m^3/d，截至2021年12月该项目已完成75%工程量。

（摘编：周树峰）

云霄常山经济开发区（常山华侨）

云霄常山华侨经济开发区，隶属于福建省漳州市，地处漳州市南部，云霄、诏安、东山三县交界处，西南与诏安县接壤，东、北与云霄县毗邻，南与东山县、云霄县相连。行政区域总面积115平方千米。2021年，常山华侨开发区地区生产总值36.78亿元，增长13.2%；规模工业总产值87.90亿元，增长30.3%；规模工业增加值23.49亿元，增长30%；固定资产投资14.73亿元，增长17.5%；一般公共预算总收入2.49亿元，增长23.9%；地方一般公共预算收入1.65亿元，增长29.7%；完成进出口额42.31亿元，增长43.4%；实际利用外资2593万元；社会消费品零售总额4.23亿元，增长13.3%；城镇居民人均可支配收入38272元；农村居民人均可支配收入21665元；完成年度节能减排任务。

项目建设有序推进。狠抓重大项目建设，成立项目前期办，开展“百名干部挂项目”活动，完成五个一批项目37个，总投资47.96亿元，9个市级重点项目超额完成年度投资任务，固定资产投资由负转正，增速位列开发区序列第1。积极开展全民招商，落实“一把手”招商，全区新签约项目24个，总投资21.8亿元。其中，撕烤官食品等10个项目开工，盛吉食品等6个项目竣工，长农食品等7个项目投产。强化要素保障，全年完成土地征收308.79公顷、报批377.68公顷，处置耕地“非农化”4.77公顷，处置批而未供土地294.5公顷，处置闲置土地3.71公顷，为确保项目高效有序推进提供坚实保障。

产业发展全面推动。深入开展“产业发展项目建设年”活动，大力实施“六比一看”竞赛，主要经济指标基本实现两位数增长，其中GDP、财政总收入、社会消费品零售额3项指标增速位居全市第2，规模工业总产值、增加值、地方财政收入3项指标增速位居全市第3，固定资产投资和社会消费品零售总额2项指标增速位居开发区序列第1。致力推动企业做大做强，坚持突出工业、突破工业，支持企业科技创新、转型升级，完成工业投资7.96亿元，增长52.5%；技改投资3.5亿元，增长81.6%；实现工业税收1.22亿元。全力支持外贸企业拓展线上市场、开拓国内市场，外贸进出口总额达到42.31亿元，增长43.4%，其中出口39.5亿元，增长60.18%。全面促进市场主体持续健康快速增长，新增市场主体406户，同比增长18.7%。积极开展“千名干部挂千企”帮扶活动，为企业提供“妈妈式”服务，兑现各类惠企政策资金650万元；新增减税减费426.3万元。加快现代服务业发展，新增限上商贸企业5家，乌山湾田园度假区项目开工建设。特色现代农业提质增效。新增现代农业企业3家、生产基地300公顷，完成金猴椅省级生态农业项目和大统省级闽台水果推广基地建设。

生态环保治理到位。落实“一村一方案”，以梧园、双山、柘林为主打造乡村振兴“串点连线成片”示范线，年度投资965万元推进22个项目建设。全力推进人居环境整治，开展农村人居环境整治提升五年行动及乡村建设品质提升行动，推进3个水源保护区划定、4个行政村污水处理设施验收等重点工作。加快推进基础设施建设，年度投资3.36亿元实施36个城乡建设品质提升项目，覆盖道路建设、污水处理、城区排水等多个领域，新建改造道路2.2千米；建成农村污水处理站8座，尾水排放均达到一级A标准；铺设污水管道30千米，实现开发区城区污水管网全覆盖。着力优化城市环境功能，完成裸房立面整治120栋，整治屋顶水箱103个，完成房地产投资0.5亿元，商品房销售436套。

（摘编：周树峰）

平和工业园区

平和工业园区成立于1999年3月，前身为平和县文峰工业区，2006年3月经国家发改委、福建省人民政府批准升格为省级工业园区，是一家以机械制造、汽配、建材、纸品、家具为主，其它轻加工业为辅的综合工业园，园区规划控制面积5平方千米。2021年，园区累计实现规模工业产值114亿元，比去年同期增加46亿，同比增长67.7%；税收入库10004.65万元，比去年同期增加1804.48万元，增长22%，完成全年任务100.1%；新引进签约招商引资项目7个，新落地信达管业、得利再生资源、德拓新型建材等3个，计划投资2.5亿元。

营商环境整合资源。一是推进征地拆迁。开展征地攻坚活动，集中人员、时间、精力，较快推进了西蝉成片开发地块的征地，用一个时间征地接近100亩。推进西蝉蜗牛池等久拖未决的征地扫尾攻坚，完成信达管业等8个项目征地扫尾工作，全年完成征地300多亩，完成房屋拆迁5126平方米。二是推进土地成片开发。持续获批平和县第一、四批次成片开发方案，合计2061.84亩；其中西蝉成片开农转报批已完成选址意见书、规划条件意见书等。三是推进批而未供和闲置土地处置。处置批而未供土地853.4亩，完成数全县最多。闲置土地13宗1104.78亩全部得到妥善处置。四是推进盘活闲置厂房。完成多年未生产的腾云纸业嫁接中凯环保、汀龙机械通过法院拍卖引进木业生产项目、汇润丰通过股权转让嫁接PVC项目，全年共完成闲置厂房5宗，面积超过10万平方米。

项目建设多点突破。一是抓招商项目。新引进落地项目7个，总投资15.55亿元；完成新增入库项目11个，总投资16.23亿元。二抓重点项目。在建重点项目12个，总投资65.28亿元，全年完成投资额20亿元；建成或部分建成项目5个，有效增强发展后劲。三抓投产项目。月度新增规工企业2家，年度新增规工企业4家，超额完成县下达任务。积极谋划，完成年度新增限上贸易企业1家。四抓园区标准化建设项目。园区标准化建设重点项目完成12个投资额10.2亿元；竣工项目完成6个；新建成厂房完成36.341万平方米。

（摘编：王增丰）

华安经济开发区

华安经济开发区位于漳州市北郊、华安县南部，于2005年创办，2007年7月成立华安工业集中区管委会，2010年12月21日由省人民政府批准同意设立华安经济开发区，纳入省级经济开发区。2021年，开发区固定资产投资完成69.5亿元，同比增长1.07%；规模以上工业总产值完成257.3亿元，同比增长35%；规模以上工业增加值完成72.8亿元，同比增长40.9%；财政总收入完成4.7亿元，同比增17.5%；规模以上企业共83家，2021年新增规模以上企业13家；实际利用外资完成3842万元；进口总额完成2.3亿元；出口总额完成11亿元。

项目建设成效喜人。2021年新开工项目9个，总投资9.52亿元；新投产项目11个，总投资18亿元。截至2021年底，开发区已入驻企业257家，总投资450亿元，其中投资10亿元以上企业11家；省级龙头企业7家；国家级高新技术企业17家；上市公司5家；投产项目221家，规模以上企业83家，2021年实现产值257.3亿元，工业税收4.7亿元。

产业发展围绕重点。开发区坚持做大做强产业链，围绕主导产业实施铸链、补链、强链工程，重点培育“先进装备制造、智能家具家居”两大百亿产业集群，聚力打造“铝车轮、针织机械、冻干食品”三大专业生产园区，培育具有核心竞争力的产业集群，打造产城人融合示范区。

招商引资完善规划。2021年新供地项目10个，总投资17.6亿元；新引进项目34个，总投资84.39亿元。其中，上亿元项目26个，主要涉及针织机械、钢结构建筑、家具家居、金属制品等行业。同时，为进一步明确招商条件及投资进度，开发区会同县工信局、发改局、自然资源局等相关部门，重新修订《华安县招商引资工作实施方案》和《华安县人民政府（乡镇、开发区）项目投资协议书》。

（摘编：王增丰）

泉州开发区概况

泉州经济技术开发区

泉州经济技术开发区地处泉州南大门，是泉州南翼新城的重要组成部分，于1996年12月开始开发建设，2010年6月升格为国家级经济技术开发区。2021年，开发区实现地区生产总值203.4亿元，比增8.1%；工业增加值154.6亿元，比增5.3%；第三产业增加值46.6亿元，比增18.3%；一般公共预算总收入13.53亿元，比增2.3%；一般公共预算收入6.34亿元，比增2.3%；全社会固定资产投资11.85亿元，比增17.3%；社会消费品零售总额119.42亿元，比增14.6%；出口商品总值53.34亿元，比增15%；实际使用外资（验资口径）3.18亿元，比增45%。其中，三产增加值、固定资产投资、社会消费品零售总额增速排在全市前3位。

营商环境深化服务。深入开展“营商环境提升年”攻坚活动，深化“放管服”改革，推出“清亲清濛”微信公众号，打造惠企服务、政务审批、便民服务等平台，已进驻各类服务事项551项；聚焦高效办成一件事，推广网上办、就近办和24小时自助服务。目前，审批事项全部压缩在3个环节以内，审批时限压缩至法定的11.5%，行政许可事项“一趟不用跑”占比位居全市第一。同时，持续做好配套提升工作，着力完善服务和生活消费配套。拟谋划建设中高端消费街区，初步选定在2.5产业园、圣弗兰小镇，打造集购物、娱乐、餐饮、休闲、健身等为一体的商业配套区。

产业发展有力推动。一是推进新规划。编制“十四五”规划纲要，提出“提升含金量、含新量、含绿量”，实施创新驱动引领、产业升级、数字经济领跑等9项重点任务。二是引育新平台。先后引育友臣等食品电商总部、斐乐等工业设计，利讯等贸易平台，比邻等服务型制造平台，现有平台类企业近百家。全年平台经济贡献占销售额近一半，带动三产对GDP贡献较2020年提升1.6个百分点。三是发展新经济。引进华数机器人等数字企业；与科复时代、京东科技共同打造新型显示数字经济产业园，锐驰与冠捷联合开发多款智能投影显示系列产品并在京东线上及冠捷线下门店销售，区内数字经济占GDP的42.9%。四是攻坚新项目。重点建设数字经济、工业更新、城市更新等项目，2021年，17个市级在建重点项目年度计划投资14.86亿元，已完成116.7%。

招商引资多路并进。一是“走出去”拓宽渠道。区主要领导赴上海、深圳、杭州等地开展9场招商活动，实地考察联东U谷、立邦公司、西虎汽车、中深数字科技等30多个项目及企业；组织参加第四届上海进口博览会、第二十一届国际投资洽谈会等9场签约推介活动。二是“请进来”精准招商。已成功落地奇鹭产业园、腾趣休闲食品电商产业园等47个项目，合计总投资124.95亿元，其中海丝埃睿迪智慧水务等12个项目纳入民企项目管理库跟踪管理，超额完成市级下达的泉州市招商季和民企对接任务。三是策划搭建总部平台。在2.5产业园搭建区域总部平台集聚区，鼓励和吸引域外企业在开发区设立区域总部平台，提供免费注册办公场所，引进绿泉、宝峰、三峡等9家总部企业入驻。现有外资投资企业86家，特步于2021年6月实际到资4亿元，重点跟踪立邦新型材料海峡西岸经济区生产基地等项目，推动项目尽快到资、投入生产。

生态环保严格执行。园区认真做好生态提品。

启动全区规划环评报告编制，严把建设用地环境准入和建设项目准入，全年共处理环境污染投诉12件，同期相比减少74.5%。深化大气、水、土壤等污染防治攻坚战，完成5个VOCs治理项目和4个制鞋企业水性胶替代项目，年度空气质量优良天数比例高于近三年平均值，大气污染物指标达到国家二级标准。有序推进智慧停车项目。启动奥林匹克花园低碳社区试点创建工作。全市中心市区小区考评成绩位居第一。

（摘编：郑新贵）

泉州高新技术产业开发区（江南园）

泉州高新技术产业园区（江南园）是鲤城区乃至整个泉州市发展高新技术产业的核心区域，于2001年11月开园建设，2003年经省政府批准确认为省级开发区，2006年3月经国家发改委审核正式更名为“福建泉州高新技术产业园区（江南园）”。2021年，江南园完成规上工业产值420亿元，较上年比增9.1%；实现税收收入11.31亿元，比增7.6%。2020年福建省开发区综合发展水平考核评价位居全省第15名，较2019年上升四个名次。

项目建设围绕重点。园区坚持“项目为王”。2021年重点聚焦四大项目。一是科创中心项目。组织干部职工学习福州园区标准化建设的相关经验，并积极走访调研企业。在此基础上，确定科创中心项目作为园区标准化建设试点项目。紧接着，牵头对接设计单位，形成高质量设计方案，通过市资规局组织的“多评合一”专家评审；协同配合城建集团，加快组织“投建营”一体化公开招标，策划形成包括投资、建设、运营、产业定位、监管机制等系列方案，2021年12月完成公开招标。二是恒劲科博项目。该项目用地面积30亩，计划投资1.3亿元，建设3万平方米厂房及配套设施，新增流量测量仪表生产线和行政办公、研发中心，生产应用于石油、化工、电力、水利等的计量和自动化控制系统，目前，项目已动工建设。三是万盛中心项目。该项目自2018年9月完成裙楼施工后停工至今，高新区主要领导多次到项目现场调研。经多方协调，已解决项目纠纷和动建手续办理问题，万盛公司于2021年6月取得施工许可证，项目恢复建设。目前，项目已施工至主体结构22层底板。四是宝峰公司临时用地。2020年9月，高新区公开拍卖在2010年1月至2019年12月期间出租给宝峰公司使用的临时用地，鸿荣轻工公司竞得用地使用权。但由于种种矛盾，宝峰公司迟迟未能腾空移交用地。高新区高度重视这一问题，主要领导亲自协调。宝峰公司、鸿星尔克公司与江南新区公司于2021年7月30日签定补偿协议达成和解，宝峰公司于2021年9月27日完成腾空。现该用地已交付鸿荣轻工使用，租赁合同于2021年10月1日正式签订。

产业发展强强联合。积极探索推动企业与高等院校、职业院校共建产业学院，“二元制”培养产业工人和技能人才，福建众益太阳能科技股份公司与泉州经贸职业技术学院签订校企合作协议，既实现学校、企业和学生三方共赢，也可促进职业教育和产业联动发展。2021年10月，思源海峡研究院项目落地鲤城，总投资35亿元，计划选址高新区创投中心。该研究院由上海交通大学、西安交通大学、西南交通大学、北京交通大学和台湾新竹交通大学等5所高校校友联合发起，旨在聚焦新一代信息技术，将以精准智慧医疗、电力电子技术、新材料等为研究方向，更好地推动鲤城产业转型升级。

招商引资要素结合。园区坚持把招商引资工作作为加快发展的关键要素，坚持把项目落地作为关键环节。2021年，加大招商力度，成功引进多个项目，盘整未利用土地258亩。其中，常泰路东侧68.25亩土地成功挂牌出让，由福建火炬电子科技股份有限公司摘牌竞得，将建成集生产、研发、仓储为一体的四号工厂和智能化自动化仓储中心，已进场动工建设。泰新街南侧123亩工业用地成功挂牌出让，规划建设科创中心项目，已完成公开招标工作。促成百川服饰对接盘活奇信机械用地，正协助企业开展方案设计报批和场地清理。世腾汽车公司于2017年7月购得金象汽配项目用地59.14亩，闲置28亩，一期用地完成规划竣工验收手续投入运营。帮助宝峰公司成功对接东方克拉，盘活17.78亩用地作为宝峰公司扩建及瑜伽垫等生产线项目用地。同时，积极与盈石国际水果冷链创新产业园项目、国金通汇运营中心及数字化产业园区项目、泉州（东旭集团）新材料产业园、军民融合产业－泉州市军英航宇科技有限公司、泉州网易联合创新中心、思源海峡研究院、苏州陈那自动化等项目对接洽谈，其中军民融合产业－泉州市军英航宇科技有限公司已完成工商注册。

生态环保持续推进。园区持续推进生态环境保护工作，为居民群众营造良好的生活环境。2021年重点聚焦以下四项工作：一是组织实施紫安路渠清淤工程。紫安渠长约350米，宽6米，深度约3米，于2006年建成，起到汛期排山洪重要作用。由于历年山洪造成渠道泥土沉积，2021年，高新区组织对该段渠道进行全面清淤，共清运约366立方米淤泥，保证汛期内行洪的要求。二是解决南环路跨南高渠梁下（雷克萨斯北侧）排水问题。由于紫新路等道路雨污分流不彻底，2019年市水利部门对该直排口进行封堵，造成紫新路、紫华路沿路雨天时雨水无法正常排放，形成严重的交通安全隐患。2021年，高新区再次协调区城管局处理此事。目前已策划生成南环路（雷克萨斯段）雨水节点改造项目，设置一体化雨水提升泵站，建设单位泉州水务集团于当年12月底进场动工。三是启动建设泰康路—泰塘街智慧路灯工程。该路段于2010年修建完成，未配套路灯，为保障周边企业和居民交通出行安全，启动实施该工程。泰康路长800米，宽30米，泰塘街长1000米，宽18米。2021年9月30日，全部共118杆新型太阳能路灯建设工程已完工并正式投入使用。四是实施泰明街路段LED光源节能改造项目。泰明街路段全长1.25千米，人流量、车流量较大。改造后，该路段144盏路灯全部改为太阳能LED一体化路灯。路灯各组成部件采用安全、环保材料，节能、光效高，使用寿命长，每年可节约用电量约7.9万度，节约电费约4.7万元，相当于每年减少碳排放量241吨标准煤，更好保障周边企业员工和市民夜间出行安全。

（摘编：郑新贵）

泉州高新技术产业开发区（石狮园）

泉州高新技术产业开发区（石狮园）位于泉州湾南岸，东临台湾海峡，西连晋江、泉州市区，北靠国家一类口岸——石湖港，南接石狮城区，距晋江机场10千米、石狮北高速入口2.5千米，交通区位优越。泉州湾跨海大桥、沿海大通道、环湾大道和共富路等快速通道横贯其中，形成便捷的海陆空立体交通网络。2021年，石狮园全年经济运行保持强劲的增长态势，实现规上产值506.35亿元，首次突破500亿元大关，同比增长20.8%。2020年，根据省开发区综合发展水平评价结果，高新区位居全省第15位。

项目建设助推发展。园区围绕项目建设，助推经济发展“新”突破。一是在社会投资方面，中益制药二期、鸿日光学、汇星机械厂房扩建等5个已建成或投产；建新轮胎、中石光芯二期、新启兴防伪科技、振富机械、胜宏水产、海益冷冻、明泰船舶、得宝染料二期等27个项目正在建设当中。二是在基础设施方面，石狮海洋生物食品园C区道路工程、莲农路及古莲路工程等3个项目已完工；高新区污水处理厂尾水深海排放项目陆上段已施工完毕，正管道与应急锚地冲突问题基本协调完毕，正进行应急锚地优化调整论证；同时为提升完善园区配套功能，高新区西片（智能产业园）供热工程已全线贯通，于2021年3月通气并正式投入使用，该部分供热管网已服务企业16家，淘汰清理自天然气、燃煤等小锅炉16台。2021年，高新区共实施重点建设项目46个，总投资46.97亿元，其中社会投资项目36个，投资额43.39亿元，基础设施项目10个，投资额3.58亿元。

招商引资双管齐下。园区围绕招商选资，引进长远发展“新”动力。一是在招商选资方面，高新区重点围绕光子技术、智能制造、海洋生物等产业开展“招大商、大招商”，先后赶赴深圳、上海、福州、厦门、苏州、杭州等地开展项目考察20余次，与30多个项目进行招商洽谈，在谈项目投资额达100多亿元。二是在扩线增产方面，以龙头企业为支点，不断扩大产业规模和延伸产业链条，顺利推动通达集团在现有产业基础上，新增落地5G通讯模块金属件、创智智能制造基地2个项目；推动安元光学新增落地反光膜深加工、圆点光栅研发与制造2个项目；推动中科光芯新增落地高端元器件、光学器件基地2个项目。2021年，光子技术产业共新增签约产业项目50个，新增开工 36 个，新增投产 27 个，共有落地企业 40 家，完成产值 70 亿元，同比增速达 70%；此外，高新区顺利促成福地化纤、上海诚一、天保益等落地项目 13 个，总投资额 14.2 亿元。

（摘编：郑新贵）

泉州台商投资区

泉州台商投资区成立于 2010 年，位于泉州市中心城区东部，与泉州市新行政中心隔海相望。2021 年，园区实现地区生产总值 355.7 亿元，增长 10.7%；规上工业增加值增长 13.4%；第三产业增加值 92.07 亿元，增长 10.3%；社会消费品零售总额 98.24 亿元，增长 14%；固定资产投资增长 16%；一般公共预算总收入 25.06 亿元，增长 23.6%；一般公共预算收入 16.7 亿元，增长 31.3%；实际利用外资 2.5 亿元，增长 119.1%。8 个主要经济指标增速全部高于全市平均水平，其中地区生产总值、固定资产投资、实际利用外资、一般公共预算总收入、一般公共预算收入等 5 个指标全市前三。

基础建设配套完善。一是新泉州东站站前广场及市政配套工程建设年度计划投资 7.9 亿元，已完成投资约 7.9 亿元，组织成立了泉州台商投资区高铁片区建设推进协调小组，编制高铁片区单元控制性详细规划。二是白沙片区棚户区改造工程今年计划总投资约 27.16 亿元，目前项目整体有序推进中，白沙一期安置房共 38 栋，已结构封顶 35 栋，将于 5 月交付使用。白沙二期安置房共 22 栋，18 栋正在进行主体结构施工。部分周边配套道路已启动建设。首师大附属学校及台商第三实验小学均处于征地、拆迁阶段。成立了白沙片区棚户区改造项目工程管理指挥部。三是“五横五纵”路网现已建成道路 46.75 千米，完成总投资约 59.95 亿元。洛阳大道、南北大道、东西大道、海灵大道均已完成建设并通车。

项目建设赶超进度。开展“项目攻坚年”和项目攻坚“插红旗”活动，举办重点项目集中开竣工活动 5 场、集中开（竣）工项目 43 个、总投资 406 亿元，137 个区级、25 个市级、11 个省级重点项目分别完成投资 207.67 亿元、134.13 亿元、91.83 亿元，完成年度计划的 101.7%、120.1%、118.5%，其中 95 个区级在建项目、24 个市级在建项目、10 个省级在建项目分别完成投资 198.16 亿元、134.1 亿元、91.8 亿元，完成年度计划的 104.4%、120.6%、119.2%，新开建联东 U 谷 · 科技创新谷、泉州东站等项目 52 个、完成年度计划的 101.9%，建成（部分建成）泉东大道、德国侧尼特混凝土成型设备等项目 31 个、完成年度计划的 110.7%，分四个季度为招商（签约）、拔钉清障、新开工、建成投用等工作完成较好的 4 个乡镇和 17 个部门授“红旗” 62 面，海湾大道双山段道路及景观工程被推荐为 2021 年省人民政府表彰的全省优胜项目。加快“五个一批”项目建设，累计完成投资 166.56 亿元、完成计划的 100.4%，其中新增谋划项目 135 个、总投资 1075.51 亿元，新签约项目 66 个、总投资 323.64 亿元，新开工项目 22 个、总投资 65.21 亿元，转投产项目 19 个、总投资 157.72 亿元。

产业发展欣欣向荣。第一产业方面，全区农林牧渔总产值 9.82 亿元，同比增长 1.6%。全年农作物播种面积 4.64 万亩，产量 1.56 万吨，其中粮食播种面积 2.46 万亩，产量 0.8 万吨，油料作物 1.71 万亩，产量 0.32 万吨，蔬菜 0.47 万亩，产量 0.44 万吨；全年肉蛋奶总产量 8472.2 吨，其中肉类总产量 6531.2 吨、禽蛋产量 1936 吨、奶类产量 5 吨；全区水产养殖面积约 701 公顷，全年水产品总产量 2.58 万吨，渔业总产值 6.42 亿元。2021 年，全区累计有 3 家市级龙头企业、1 家省级龙头企业；集盛肉鸽等 5 个“三品一标”产品。“集盛牌肉鸽”被授予“2021 年度福建名牌农产品”称号。2021 年新增设施大棚 413 亩。完成 900 亩高标准农田建设。新增农业投资 1500 万元。落实耕地地力保护补贴 256 万元、实际种粮农户一次性补贴 29 万元、区级特色农业补贴 22 万元。完成高素质农民培育 892 人次。第二产业方面，全年实现工业增加值 219.74 亿元，增长 11.4%，其中规上工业增加值增长 13.4%；产值超亿元企业产值同比增长 25%，占规上工业总产值 95%。全区规上工业企业 228 家，其中纺织鞋服产业规上工业企业 81 家，规上工业增加值 71.77 亿元、增长 10.5%，企业产品主要为制鞋和服装，拥有洲克、快乐玛丽等知名品牌。机械装备产业规上工业企业45家，规上工业增加值41.2亿元、增长9.8%，企业产品主要为力达机电、华德机电的空压机、钜闽机械等。纸品印刷产业规上工业企业18家，规上工业增加值32.38亿元、增长21.9%。产品主要有两类：一是造纸和纸制品，生产企业主要为玖龙纸业、文松彩印、金百利包装、玖龙智能包装等；二是纸尿裤，生产企业主要为利澳纸业、和成日用品等。石化后加工产业规上工业企业23家，规上工业增加值26.41亿元、增长25.8%。产品主要有三类：一是化学原料和化学制品，生产企业主要为立亚新材、森瑞新材料等6家；二是化学纤维，生产企业主要为科一超纤、烯石新材料等2家；三是橡胶和塑料制品，生产企业主要为华世科技、联盛新材料等15家。工艺制品产业规上工业企业23家，规上工业增加值9.41亿元、增长－5.4%。生产企业主要为圣丰木雕、杰丰礼品、艺洋轻工等。第三产业方面，全年实现第三产业增加值92.07亿元，增长10.3%。举办全区旅游发展大会，现场签约文旅项目5个、总投资超100亿元，推出5条精品旅游线路和1条研学旅游线路。洛阳桥作为“泉州：宋元中国的世界海洋商贸中心”22处代表性古迹遗址之一，被列入《世界遗产名录》，欧乐堡景区获评国家3A级旅游景区，玉沙湾公园建成并对外开放。

招商引资卓有成效。台商区全年签约海峡雕艺文化产业园项目、台商机械产业园项目、福建时代自动化新能源智能船舶研发生产运营基地项目等269个招商项目，总投资724.66亿元。新签约台商时代广场等10个重大台资及涉台项目，总投资90.15亿元。全年举办春节重大招商项目集中签约活动、疫情以来首场台资招商大会、产业链招商暨要素供给保障签约活动、智能电网电器产业峰会、旅游发展大会等5次专题招商活动。

生态环保监管到位。区党工委、管委会贯彻落实习近平生态文明思想，以改善生态环境质量为核心，强化措施深入打好污染防治攻坚战，全区环境质量持续向好，县级集中式饮用水水源地水质保持Ⅲ类标准，功能区水质达标率100%，空气质量达标天数比例99.4%，土壤生态环境质量继续保持良好水平，未发生环境污染事件，为全区经济高质量发展提供了良好的生态保障。同时，综合推进渣土治理，实行领导挂钩制，推进落实建设工地场地扬尘污染防治“六个100%”措施，打造文明工地。建立村、片、镇三级联动机制，开展设点检查、动态巡查、工地盯守等监管方式，强化科技赋能，在重要节点、区域投用10个高空智慧监控，实现渣土车违法行为24小时全方位监管。

（摘编：徐根生）

泉州综合保税区

泉州综合保税区，前身为泉州出口加工区，于2005年经国务院批准设立，2016年年初获国务院正式批准升格为综合保税区，是泉州市唯一的国家级海关特殊监管区，也是落实国家“一带一路”及海丝先行区战略的重要平台、发展对外贸易的政策洼地及复制自贸区政策的主要载体，是晋江集成电路产业配套园区。2021年，泉州综合保税区主动融入泉州跨境电子商务综合试验区大局，加大招商引资，优化营商环境，拓宽业态发展新链条，重点培育跨境电商，推动跨境电商产业集聚，领跑区域跨境电商产业经济发展。泉州综合保税区规上工业总产值28.04亿元，同比增长44.2%；限上批零销售额4.09亿元，同比增长40.7%；社会固投2.97亿元；进出口总额54.64亿元，同比增长15.6%。

营商环境优化升级。泉州综合保税区聚焦打造服务链，优化整体营商环境。助推园区企业高质量发展。一是攻坚克难，推动重难点项目落地。建立重点项目服务专班，关注重点引进项目，提供全程“保姆式”跟踪服务，精准掌握企业需求，从选址、项目规划、入园核准、产业对接等多个方面提供服务，积极争取优质企业落户。二是多点发力，做企业发展的贴心人。建立领导干部挂钩服务企业机制，坚持领导干部带队定期走访调研园区企业，关注重点引进项目跟踪，提供全程专人“保姆式”服务，精准掌握企业发展需求，收集企业诉求并积极协调解决企业困难。三是加大政策激励，护航企业提振发展信心。建立高质量发展工作专班，深度解读、研究政策，结合发展定位和政策优势，优化惠企政策措施，扶持奖励激励措施。四是创新监管服务模式。探索创新运行“1210”“9610”通关服务模式，开启泉州跨境电商综试区首单“1210”业务。投入近2000万元建设“9610”监管查验中心，打造厦门关区首个具备“9610”业务通关能力的综保区。进一步提升报关实效、简化流程、节约通关成本，进一步推动集聚进出口持续发展新动能。

招商引资助推发展。泉州综合保税区立足高端高新产业集聚区、产业发展创新发展引领区的功能定位，主动融入泉州和晋江跨境电子商务综合试验区大局，引进港盛物流、御金跨境贸易产业园等优质商贸物流项目；引进富盈通纺织、朗朗上口食品、庞珀珞斯鞋服、霞美纤维、浩博新材料等工业项目；引进建设SAP海丝工业互联网（泉州）创新中心，进一步推动泉州区域工业互联网、智能制造的高质量发展。2021年对接洽谈的招商引资项目共16项，成功签约6个项目，涉及保税研发、保税物流、机械制造、食品基地等多个产业领域。

（摘编：徐根生）

洛江经济开发区

洛江经济开发区是2006年4月经国家发改委批准设立，由原万安开发区、双阳华侨经济开发区整合而成的省级经济开发区。2021年，洛江经济开发区完成地区生产总值284亿元，增长17%；规模以上工业产值713亿元，增长17.3%；财政收入12亿元；实际利用外资15469万元。

项目建设有力推动。开展“项目攻坚2021”、重点项目五大专项攻坚及路演竞赛、拉练比拼观摩，实行区领导一对一挂钩，月调度、月督查、月收账，96个区级在建重点项目完成投资95亿元，其中6个省级重点项目、32个市级重点项目超额完成年度投资任务。滚动推进项目谋划、储备，列入省“五个一批”项目120个、总投资560亿元。基础设施日益完善。优化交通路网体系，万虹路河市中学至马甲新庵岭拓改工程加快建设，启动省道213线、万虹路马甲至罗溪段提升改造，打通新城路、学府路、经五路等一批断头路，完善杏星路、金庄街、安达路等支路路网。实施万安市政道路改造提升，新建社区微光能路灯亮化、双阳高速出口匝道路灯工程；完成智慧停车项目，升级城区停车位1027个；投入4200万元实施万贤街、万盛街等市政道路绿化景观项目；新建改造绿化面积19.5万平方米、口袋公园5个。公共服务扩量提质。投入1.5亿元建设13个教育项目，创建2所省级“义务教育管理标准化学校”，泉州十一中晋升省一级达标高中；泉州宝璋肿瘤医院、区医院项目有序推进，区妇幼疾控综合业务大楼即将投用；文体设施不断完善，改造提升2个村（社区）综合文化服务中心，依托阳江社区综合文化服务中心打造区图书馆分馆；建成一批健身路径、多功能运动场、全民健身驿站、篮球场。

产业发展稳步推进。园区致力于工业产业做强做优，主导产业稳健增长。机械装备、纺织鞋服、工艺制品、纸类卫生用品等产业分别完成产值178、162、155、65亿元。传感智造动力增强，34家智能装备企业实现规上工业产值137亿元、增长11%，华南动力配套及试验工业园年底前开工投建，泉州市传感智能制造产业基地核心区万洋高新技术产业园开工建设并吸引60家企业意向入驻。新型材料加速培育，天智合金与中科院宁波材料所共建非晶纳米晶磁性材料工程中心；信和新材料新型海洋重防腐涂料技术荣获浙江省科技进步一等奖；泉州绿色建筑产业园二期等一批新型建材项目开工建设。建筑规模持续壮大。实施建筑业资质升级培育工程，全年新增建筑业企业50家，目前开发区内共有建筑业企业250家，其中总承包一级资质企业13家、二级资质企业8家，实现建筑业总产值263.5亿元、增长22%，纳税4.6亿元；推进小总部建筑业产业园区开发建设，已引进5家建筑业企业入驻。第三产业增势强劲。举办2021年泉州首届全民购车节、“全闽乐购·洛江乐购生活节”“五一超级置家节”系列促消费活动，社会消费品零售总额增长20%，限额以上批零住餐销售额增长32%。推进生鲜电商、社区电商、直播电商等新业态发展，房地产市场健康发展，房地产开发投资增长20.1%，商品房销售面积60.5万平方米、增长78.4%，销售额58.5亿元、增长90.6%。以泉州申遗成功为契机，策划洛阳桥遗产点等专题营销，有效融入泉州古城半小时旅游圈；全年接待游客230万人次，实现旅游收入20亿元。

生态环保专项整治。园区开展大气污染治理专项行动，完成5个精准治理减排项目，空气质量优良天数比率达97.9%；开展流域水质提升专项行动，实施12个精准治理项目；开展污染地块修复，治理修复污染面积1.8万平方米，修复污染土壤1.4万立方米；转移危险废物1703吨；完成植树造林及森林经营6238.2亩。有效扩容环境设施，实现万安、双阳街道19个社区生活垃圾分类全覆盖。深入开展节能降碳，稳步开展有序用电工作，规上工业单位增加值能耗下降5.9%。

（摘编：吴汉良）

晋江经济开发区

福建晋江经济开发区于2000年正式动工建设，2003年被省政府批准为省级开发区，2005年被列入省级开发区示范区，2006年经省政府批准、国家发改委正式审核公告更名为“福建晋江经济开发区”。2021年，晋江经济开发区入驻企业共1252家，其中规模以上企业388家、限额以上企业134家、上市及上市后备企业46家，园区内企业规模率37%。完成规模以上工业总产值1364.11亿元，比增18.2%，超出全年计划100.7亿元；限上批发业完成596.13亿元，比增28.4%，超出全年计划64.53亿元；固定资产投资完成57.34亿元，比增14.6%；新增四上企业99家。

项目建设加速推进。开发区深入开展“百大项目攻坚大比拼”活动，按照开工建设一批，加速建成一批、竣工投产一批的原则，全力推进98个总投资达567.88亿元重点项目建设，全年累计完成投资83.11亿元，完成年度计划112.8%。落实拔钉清障攻坚行动，成功化解“三张清单”内国际企业大道南延伸（侨晖路至围头支线段）工程、晋江南高速出口连接线延伸段工程2个项目涉及4个问题销号。冠和非织造布智能工厂、港益纤维等10个项目新开工，华清电子材料自动化生产线改造项目、信泰集团研发综合办公大楼建设项目等22个项目竣工或部分竣工；新增普达仓储、泉州亲亲安东园扩建项目等6个项目入库省系统。

产业发展强链补链。开发区以集约高效为导向，启动开发区五里园、安东园控规修编工作，将园区工业用地容积率由原来的上限1.2—1.5提高到3.0，建筑密度上限提高到60%，有效释放存量空间。根据企业地块亩均税收、亩均产出，绘制“红、粉、橙、黄、棕、绿、蓝”七色等级热力图，以最直观的可视化模型对园区企业进行全面辨识评估，实现企业综合效益“好中差”一目了然。以亩均效益为核心，以热力图作为支撑基底，在五里园、安东园、食品园试点实施工业厂房亩均效益评价及激励约束制度，以“优质精扶、低质倒逼”方式，有序推进低效用地提升改造。以双控限电、“雷霆行动”为契机，联合派出所、市场监督管理所、税务分局、环保执法中队力量开展联合执法，截至2021年底查封、取缔关闭66家，倒逼企业低效用地“腾笼换鸟”。大力引导企业采用新建、改扩建等“零地增资扩产”方式，破解空间要素制约，同步对园区公共配套设施及市政配套管网统筹规划设计，满足企业增资扩容的配套需求。推动38家公司启动改扩建，企业建筑面积增量约190万平方米，相当于增加约1900亩的用地空间（按建筑容积率1.5计算）。突出“规划、规范、提升、示范、招商”一体化，探索采取国企投资主导运营、政府规划+企业投营、政府规划+企业投建+政府统租统管等多种模式，以晋江开发区绿色高端面料整理微工业园为试点，打造6个“专精特新工业园”“微工业园”，总建筑面积120万平方米以上，实现鞋服、纺织、装备制造等行业强链补链。

招商引资积极推动。开发区立足高质量发展，围绕构建全市“4341”现代产业体系，以壮大传统产业、培育新兴产业、补齐产业短板为招商目标，积极推行“带土地找项目、带空间去招商”的招商模式，全年引进招商项目17个，总投资额达41.92亿元。先后引进盈茂食品、安普智新材料等5个项目，总投资6.7亿元，并联合水务集团共建坊源工业污泥处置中心，总投资2亿元；支持伟泰化纤、好林家食品等项目增资扩产，总投资10亿元；利用园区闲置厂房引入胜科纳米集成电路专业分析测试平台及新宇顺纸塑等3个项目，总投资6.2亿元；配合集成电路筹备组引进胜科纳米集成电路专业分析测试平台项目，总投资3.5亿元，并引荐石拓信息科技入驻三创园，助力企业数字化升级、智能化改造；引进万益广场商业配套项目，总投资7.7亿元，完善“3+2+1”生活配套体系，构建宜居宜业的园区营商环境。

生态环保落实到位。开发区坚持“控源、截污、清淤”三同步，全面排查河段16.36千米，巡河上报事件办结率100%。完成安东园61个大地块涉及80家企业地块的雨、污分流的整治。全年总投资约2914万元，完成河道整治、清淤疏浚、景观绿化提升、管网改造等工作。开展了“巾帼护河”“河小禹”等爱河护河主题专项行动12场次，聘用“企业河长”、“百姓河长”，落实门前三包，引导社会资本流向生态环境领域，构建“水清河畅岸绿景美天蓝空气清新”的绿色生态园区。

（摘编：吴汉良）

永春工业园区

永春工业园区于1993年8月经福建省人民政府批准设立，于2006年7月通过国家发改委审核，列入省级工业园区序列管理。2021年园区企业纳税首次突破3亿元，达3.13亿元，同比增长24.2%。九牧永春智慧制造产业园（一期）在全国陶瓷行业中率先实现5G赋能，获评全国“5G+工业互联网”试点示范项目。骏源纺织、凯鑫食品（QQ糖）、中顺科技、中闽建研、冠中科技一期等项目建成投产，为产业发展注入新活力。

项目建设高效务实。一是加快推动轻工新城智慧产业园基础设施工程（二期）建设，项目总投资1.4亿元，年度计划投资8000万元，完成投资8200万元，超时序进度2.5个百分点。二是完成QQ糖、冠中一期、香橼茶叶等项目基础设施建设并交地，共计新增平整工业用地150亩。三是积极推动永春老醋科技产业园（石鼓）基础设施工程项目建设，目前已完成可研批复、专项债入库，正在进行方案设计。四是启动冠中科技二期、云度、第三水厂西侧、南德北侧等批而未供项目用地基础设施建设前期工作，预计新增拓展工业用地185亩。

招商引资双管齐下。一是组建招商专班。明确专班工作职责，抓紧抓牢园区招商项目。已招商落地项目2个（华膜环保和春满园大酒楼），在谈项目9个。华膜环保项目总投资5000万元，一期租赁厂房5000平方米，安装2条全自动生产线，主要进行反渗透膜工业纯净水滤芯生产；二期拟租赁厂房3000平方米，并建设4条半自动生产线。二是牵头做好高端智造产业链招商工作。组建产业链招商工作群，建立管理台账，重点跟进推动。现有在谈高端智造产业链项目15个，计划总投资82亿元。三是全力配合全县招商后勤服务。积极做好县“五全”招商服务工作，对接各部门、各乡镇到园区招商工作70余次，2021年新增出让工业用地6块共433亩。

生态环保专项整治。一是完成《永春县工业园区规划环境影响评价报告书》跟踪评价工作，在全面总结工业园区2015－2020年园区环境影响跟踪评价基础上，提出下一轮规划环评意见及减缓措施，已送省环保厅备案。二是对榜头溪的污水问题开展集中整治活动，开展水质监测3次，现场检查20多家企业污水排放情况和设施运行情况，督促企业雨污分流，污水全部接入市政污水管网。三是与县生态环境局共同督促园区企业完善环评编制、验收和排污许可证的办理，实地检查设施运行情况，开展“静夜守护”专项整治活动。

（摘编：徐根生）

德化陶瓷产业园区

德化陶瓷产业园区于2012年9月12日被国家发改委确定为福建省唯一的国家循环化改造示范试点园区。该园区总面积8.98平方千米，于2006年被国家发展改革委命名为德化陶瓷产业园区。截至2021年底，园区入驻企业1920家，规上企业数量67家，创造就业岗位10万人以上，园区工业总产值183亿元，其中规上企业173亿元，实现财税收入1.6亿元。形成了以陶瓷业为主导产业的发展模式，产业集聚水平高达82%。

项目建设成效显著。园区被列入泉州市重点项目2个（城东四期古洋片区、紫洋陶瓷科技文化产业园区），县在建重点项目34个。2021年，项目建设成效显著，共推进县重点项目建设34个，完成投资133162万元（其中，财政性投资项目35382万元），完成年度投资计划的84.5%。

产业发展促进融合。园区主导产业定位为日用陶瓷、国内外工艺品、茶具茶盘等，拥有大量陶瓷行业专业技术人员。园区坚持产城融合的总体思路，依托厦沙高速、兴泉铁路德化站（在建）、德化至嵩口高速等道口区位优势，交通便利。园区建成后，将成为产业协调发展、配套设施完备、资源节约、环境友好、富有特色的新型工业园区，对于进一步实施德化县“大城关”发展战略，合理高效利用资源，改善城市形象，提升城关辐射和带动能力，建设成闽中区域发展中心，提供坚实用地保障。

招商引资积极推动。园区招商引资模式为开发区管委会协同县招商办联合做好招商工作。园区管委会凭借园区集聚的独特优势，积极扩大对外招商新路，力争引进重大招商项目，辐射带动，提升园区整体品质。

生态环保落实到位。园区内企业均采用自建地下污水管网的形式，建成后全部接入县污水处理厂集中处理。园区生活垃圾由当地镇政府环卫站负责统一清理；工业垃圾由企业出资定期运至县级垃圾填埋厂集中进行处理。园区规划建设瓷土集中加工区，建设瓷土集中加工区污水管网配套工程，将浐溪上游瓷土加工类企业集中规划进区，这样可减少浐溪源头污染，改善城乡居民生活环境。此外，园区开发建设过程中十分注重做好水土保持、绿化养护等各项工作，大力建设街边绿地、袖珍公园。园区内现有建成阳光公园、嘉裕公园、月亮湾公园，规划建设何朝宗公园等场所供辖区内群众休闲娱乐，整个园区发展环境良好。

（摘编：吴汉良）

安溪经济开发区

安溪经济开发区于2006年4月经省政府批复为省级开发区，现核准面积826.22公顷，共分为六个区块，形成“一区带三园”的格局。2021年，开发区实现地区生产总值641.82亿元，比增14.6%；税收收入18.06亿元，比增19.6%；出口总额33.58亿元，比增15.5%；实际使用外资1.25亿元。

基础建设日臻完善。组织安溪县综合档案馆边坡支护、安溪凤岩保健茶有限公司项目用地边坡支护、仙苑村埔尾山佛子格角落排洪沟改造等工程施工；全面推进纵一路、横一路、纬一路延伸段、C－30至C33、C41、C34、C38地块边坡支护、1#排洪渠、污水处理厂、场地平整和泰高寨安置区土石方等工程建设。

招商引资成果喜人。2021年，城区工业园区签约福建省安华市政工程建设有限公司、福建浪川智能科技有限公司等2个投资项目，项目总投资1.5亿元以上。湖头工业园大力开展“以商招商、精准招商、产业链招商”，深化“妈妈式”服务，湖头新城片区共完成科技体育用品生产、米粉文化园、食品工厂和餐饮管理公司总部建设、红外光耦技术研发和产业化、蓝宝石衬底技改等招商签约项目。其中，科技体育用品生产、米粉文化园建设项目控制性规划及土地成片开发方案编制中，食品工厂和餐饮管理公司总部建设项目用地已报批，控制性规划编制中，红外光耦技术研发和产业化项目现约60台机台正在生产，2号厂房1楼装修工程待进场施工；蓝宝石衬底技改项目现已完成无尘蚀刻车间装修，以及水气电及供酸、上胶等辅助系统施工，首批工艺生产设备完成定位安装；LED封装改造项目相关产线已开始部分试产。龙桥工业园深入推进“项目攻坚”“大招商招大商”活动，新开工项目29个，总投资53.61亿元；谋划招商项目24个，总投资98.55亿元，签约16个，总投资58.35亿元。湖里园入驻企业26家，其中，富一锦塑胶、欣省控实业、君诺美橱柜、健为医疗、芸台科技、宝丽金、诚尔兴电子配件等15个项目已正式投产；欧叶自动化、小罐茶、明电实业、业盛电气、秦北消防、尚贸家饰等6个已动工建设。思明园入驻企业30家，其中，牡丹饲料、吉福厨具、信亿食品、古山医药、申兴商贸、启邦食品、大腾云茶业、芸茗茶业、峻源生物科技、益号茶业等23家企业已投产；翔业厨卫已进入工程收尾阶段，智途户外用品、恒桥纸箱正在进行厂房主体建设和室内装修。南方食品园入驻企业9家，其中万寿谷食品、安恒物流、腾龙水产、渔百惠食品厂房主体封顶，正在进行内外装修；港安、大发食品正在办理施工许可证。弘桥智谷（泉州）电商园入驻企业近百家，主要涉及茶叶、铁艺、家居、仓储物流等，年度交易额迫近10亿元大关，园区入驻率常年保持在90%左右。

（摘编：吴汉良）

惠安经济开发区

惠安经济开发区于2021年6月经省市编委批准设立，由原城南、惠东两个省级工业园区一体化融合而成。2021年，惠东园区地区生产总值占全县的6.0%，占比增长0.01%，增速12.6%；规模以上工业增加值占全县9.0%同比虽有稍微下降，但同比去年增长11.5%；财政收入方面，税收增长4.7%，非税收入仅有一个地块进行土地清算因此有所下降；省级龙头企业与2020年持平，产业水平进一步提升达到90.2%；企业累计完成固定资产投资12.15亿元，增长6.2%，公共基础设施建设投资1.64亿元，较2020年增长7.2%。城南园区实现工业产值433亿元，固定资产投资13.5亿元。

基础设施完善提升。惠东园区地处三个乡镇交界，坚持产城融合发展理念，配套功能更加完善，针对园区生活配套不足问题，加快推进翔豪新城、金龙壹号及和亨·幸福里项目建设，新增园区公交路线站点，进一步营造宜居便企园区，对企业招工、稳工、留工等具有重要意义。城南园区对东拓片区进行控制性详细规划修编工作，将灵山工业基地纳入园区整体布局统筹规划，重新规划产业布局，适当扩大第三产业，增加居住、医疗、商业、物流、休闲娱乐及生态景观用地，适应发展新兴产业要求。

项目建设求真务实。认真组织实施“项目攻坚年”活动，抓好项目落实，实施挂图作战和项目挂钩制度，及时跟踪掌握项目建设进度，梳理解决存在问题及服务需求，确保项目能够按照时间节点完成建设进度，平稳快速推进项目建设。惠东园区累计建成工业用地4004.32亩，较2020年末增加132.35亩；2021年，园区列入县重点项目共有17个，总投资38.72亿元。城南园区11个重点项目中，双羽服饰、宇信金刚石工具等4个正在办理施工前置手续，展宏汽车项目（二期）、海丝新梦园等6个项目已经完成建设并部分投入使用，米诺纸业2亿片纸尿裤生产项目已经完成建设并部分投入使用。

招商引资精准发力。园区高度重视招商引资，采取“走出去、引进来、一把手亲自抓”的招商方式，不断开拓创新招商思路，实施精准招商，采取签订对赌协议的方式，进一步确保项目落地投产。惠东园区为加快项目落地，充分利用好园区标准厂房，引进易动力锂电池、佳泰数控等项目，实现企业拎包入驻，落地即投产，节省了项目前期建设时间。城南园区积极盘活建成区供而未用、低效利用等存量土地，采取“工改工”的方式，通过“腾笼换鸟”，重点引进和发展符合产业发展的产业链及相关配套设施项目，提高产业关联度和互补性。引导一些地理位置较好的倒闭、停产企业进行“退二进三”，建设园区服务配套。

生态环保严格执行。园区高度重视生态环保建设，严格抓好各企业环保措施落实，严格按照环境保护部要求，认真落实绿色可持续发展战略。实行严格的环保制度，从项目准入、建设及生产三个环节全程把控。2021年惠东、城南两个园区均无环境污染事故发生。惠东污水处理厂做到污水全收集，日出水量3900吨左右；固废和危废处置综合利用率84.5%。

（摘编：吴汉良）

南安经济开发区

南安经济开发区是2006年经国家发改委、省政府正式批准设立的省级工业园区。2020年11月，南安市委、市政府创新园区体制机制，实行“一区多园”管理模式，设立3大产业分园区，即：智能泛家居产业园、机械光伏产业园、高端智造产业园。2021年，园区地区生产总值591.25亿元，增速10%；规模以上工业增加值249.24亿元，增速17.3%；税收收入22.22亿元，非税收入1.35亿元；产业集聚水平达84%；公共基础设施建设投资19.92亿元；企业固定资产投资83.62亿元，增速10.8%；外资企业131家，出口总额62.41亿元，增速106.6%；进口总额18.37亿元，增速32.8%。

产业发展特色鲜明。园区围绕水暖厨卫、机械装备、光电信息、石材陶瓷、日用轻工五大产业集群来建设特色鲜明的产业园区。水暖厨卫：南安经济开发区是全国发展潜力最大、配套最完整、名牌企业最集中的水暖厨卫生产基地，“中国水暖之乡”，规上产值近300亿元，3个水龙头至少1个是南安造，产品走进鸟巢、水立方、故宫。南安经济开发区·五金制品（水暖厨卫）被工信部确认为国家新型工业化产业示范基地，被原国家质检总局批准建设“全国水暖卫浴知名品牌创建示范区”，水暖工业园被商务部认定为“国家外贸转型升级基地（水暖卫浴）”，入选中国百佳产业集群和泉州市九大千亿产业集群。机械装备：福建省装备制造业重点基地，规上产值600亿元。主打整装机械、通用设备、专用设备、智能装备等，有亚洲最大的针织机生产企业和国内最大的球磨机生产企业。电子信息：中国可再生能源学会产业化示范基地、南安国家光电信息高新技术产业化基地，拥有大规模光电应用产业及电子信息产业集群。其中从事对讲机及配件产销的规模企业100多家，模拟对讲机年产销量近3000万台，占全球对讲机年产量60%以上，年规模产值超20亿元。

生态环保监管到位。园区用于防治水污染的集中治理设施和在线监控设备与生态部门平台已联网，完成西区泵站应急池主体建设和园区大气自动监测站选址论证；新铺设福昌路三期、福金北路等道路的雨污管道约10千米，疏通污水管道4千米；园区内涉及的燃煤锅炉均已经改为燃气锅炉；园区固废和危废处置综合利用率达99.7%。2021年，南安经济开发区无发生一般、较大环境污染事故。

（摘编：吴汉良）

泉港石化工业园区

泉港石化工业园区位于中国东南沿海、福建省中部、湄洲湾南岸，是2007年9月福建省政府批准的《福建省湄洲湾石化基地发展规划》确定的湄洲湾石化基地先导区，是福建省发展石化产业的龙头地区。2012年3月，省政府正式批复为省级经济开发区，2014年被国家发改委和财政部门确定为国家级循环化改造示范试点园区。2021年，泉港石化工业园区统筹抓好企业疫情防控和生产经营，最大限度降低疫情对企业的影响，保障企业生产平稳顺畅，全年实现石化产值1158亿元，连续3年突破千亿，税收86.1亿元，连续9年跻身中国化工园区20强，综合发展水平在福建97家省级开发区中名列第四。

项目建设大力推进。在落实疫情防控各项措施的前提下，持续深化“五个一批”，抓好签约、开工、投产三个关键环节，集中力量开展项目攻坚，大力推进石化项目建设投产进度。2021年，新开工建设国亨化学丙烷脱氢及聚丙烯、西建聚羧酸减水剂、鲤鱼尾作业区4号泊位工程及仓储工程等6个项目，总投资134.38亿元。新投产福建百宏石化250万吨/年PTA、佑达精细电子化学、新立基沥青等4个项目，总投资70.5亿元。

招商引资精准配对。园区坚持“大招商、招大商”，围绕联合石化“脱瓶颈”下游及其它深度延伸的石化产业链项目开展招商工作，推进石化产业链延伸，发挥石化基地的综合效益。现已招商引进石化企业48家，落户了联合石化炼化一体化、天原化工聚苯乙烯树脂、振戎石化等从“油头”到“化尾”较为完善的上中下游石化产业，并配套相关仓储、码头公司，服务园区入驻企业，提供港口物流服务。南山片区作为园区产业项目发展的主战场，重点规划下游烯烃、芳烃等产业链条。2021年，成功引进中国化学天辰泉港新材料产业基地、邦丽达高吸水性树脂、宇极环境友好型新材料产业化总部等7个项目，总投资264.37亿元。其中总投资150亿元的中国化学天辰泉港新材料产业基地项目在2021年泉州市招商大会上成功签约，是泉港石化工业园区碳三、碳四产业链的关键强链补链项目，将同步拉动园区内下游企业增资扩建，并将带动泉州纺织服装、高端鞋材、管道线缆、护理医疗等行业进一步发展。另储备了联合石化二期新建120万吨/年乙烯及其下游产品、百宏化学BDO及EVA等一批优质项目。

生态环保落到实处。园区深入推进危险废物规范化管理工作，切实防控危险废物环境风险。以创建低碳片区为契机，推动园区企业循环化和低碳化改造，推进VOCs“一厂一策”整治，推进非甲烷总烃连续在线监测设备安装，开展园区走航工作，探索建立政府引导、企业协同、公众参与的园区低碳发展机制，实现园区绿色生态发展、循环低碳发展。按照“减量化、再利用、资源化”的原则，始终坚持园区内石化产业间的循环协调，进一步完善产业链的延伸，加强废弃物的综合回收利用，实施完成“火炬气回收利用”、“干气回收利用”和“失效催化剂资源回收利用”等16个循环化改造项目，顺利通过国家发展改革委、财政部关于2021年园区循环化改造示范试点和“城市矿产”示范基地验收。

（摘编：陈建闽）

泉惠石化工业园区

泉惠石化园区位于中国福建省泉州市湄洲湾南岸。园区作为省级经济开发区、是福建省湄洲湾石化基地的重要组成部分，也是海峡西岸经济区发展石化产业的重要载体。截至2021年，泉惠石化工业园区已累计完成固定资产投资1204.16亿元、实现规模以上工业产值4581.26亿元、实现税收364.76亿元；其中2021年完成固定资产投资42.05亿元，实现规模以上工业产值1015.78亿元，实现税收64.8亿元。

基础设施配套完善。园区始终对标国家级临港石化基地标准，按照产业项目、公辅设施、物流传输、安全环保、管理服务“五个一体化”模式，致力做优载体平台，提升园区品质。园区从开发建设以来，累计投入近80亿元集中建设了绿化、防洪、道路、供水、供热、供电、供气、应急救援、污水处理、一般固废填埋场、工业废物综合处置、公用管廊、码头、天然气管网等公用工程项目，形成集约使用的公用工程和物流运输体系，最大限度地发挥了公用配套设施大型化、规模化的优势。同时，充分发挥惠安海岸线长、港阔水深的天然优势，加大公用码头和仓储的开发建设，配套扩建化工原料和产品输送的公用管廊。大力扶持二、三产业融合，加快规划石油化工产品交易中心项目的建设，以满足石化工业原料及产品日益旺盛的交易需求。另外，围绕“产城双轮驱动”的发展思路，打造“产城人”融合，开展园区周边空间拓展研究，加快生产服务业发展规划，引导研发检测中心、金融服务、信息中心、培训中心等生产性服务业落户周边镇区，提升园区的科研、商服配套能力，满足园区职工基础的就学、医疗、居住、消费等需求。

产业发展精准发力。近年来，园区以中化炼油、中化乙烯为龙头，依托临港靠海、产业基础等优势，大力打造石化产业板块。一是促龙头。紧盯中化集团，积极推动和落实省、市政府与中化集团签订的各项战略合作协议，全力做好中化龙头项目的服务协调工作，力争中化集团在园区的累计投资额达2000亿元以上。目前，入驻园区的中化龙头项目主要有：1. 中化1200万吨/年炼油项目，建设19套炼油生产装置及配套码头仓储设施，主要生产煤油、汽油、柴油、聚丙烯等产品，占地4636亩，总投资300亿元，项目于2014年7月建成投产。2. 中化100万吨/年乙烯及炼油改扩建项目，建设常减压装置扩建至1500万吨、100万吨乙烯、80万吨芳烃、20万吨乙烯－醋酸乙烯共聚物等装置，占地6600亩，总投资325亿元，项目于2020年9月建成投产。二是筑链条。按照“少油多化”原则，以中化炼油、乙烯原料为依托，加快石化上中下游产业链条填平补齐，重点发展高性能新材料、精细化工、化纤三大产业，打造产业链“闭合圈”，让“高峰”变成“高原”。目前，已引进总投资约200亿元的28个中下游及配套项目，并与中化园区公司建立了联合招商机制，加大产业链招商力度，一批关联项目正在洽谈。这些项目的入驻有效补齐园区炼油、烯烃、芳烃产业链条，构筑了乙烯、丙烯、碳四、碳五、苯、碳九、对二甲苯（PX）、环氧乙烷（EO）等10条产品链，形成以中化炼油为龙头，石化中下游项目为配套的石化产业链条，实现央企、民企和外资企业耦合发展、产品项目一体化建设。预计至2035年可实现工业产值超2000亿元、税收超200亿元规模，建成具有国际竞争力的石化产业基地。

生态环保多措并举。一是严格环境准入，园区于2015年委托福建省环境科学研究院编制规划环评，于2016年12月份委托天津大学城市规划设计研究院编制安全控制区专项规划，并在2018年2月获市政府批复，确定园区用地界线、外部安全防护距离界线、环境风险防范界线“三线”，把好源头关，对入园项目从产业政策、工艺技术先进、清洁生产、污染物排放总量控制等方面严格审核，有效推动企业建设绿色供应链，实现整区绿色发展。二是健全监管机制，严格落实环保安全“党政同责、一岗双责”，建立企业“一企一档”、第一时间通报等制度，实现信息互通共享，及时掌握企业环保安全状况变化情况。三是严格排污监管，园区企业产生的污水经预处理达到接管要求后进入运水处理厂集中处置，对处理达标后的废水作进一步深度处理、加工和净化，实现达标排放；严格大气监管，2017年投资813万元在园区下风向建成3个大气环境自动监测站，2020年投资1724万元建成园区有毒有害气体环境风险预警体系项目，在园区内部11个站点布设传感器等硬件设施，构建全覆盖的“预警监测网”，实时掌控园区环境情况，对园区企业排放的废气进行在线监测及重点整治；同时鼓励企业采用先进的环保技术装备，实施清洁生产技术改造，减少硫氢等物质对环境的污染。

（摘编：陈建闽）

泉州半导体高新技术产业园区

泉州半导体高新技术产业园区是福建省级高新技术产业园区，由晋江集成电路产业园区、南安高新技术产业园区、安溪湖头光电产业园区等3个园区整合而成，总规划面积1480.9102公顷。2021年，管委会按照“抓点串线建园带面”的总体思路，加速推进泉州市半导体产业成形成势，深度推动海峡两岸集成电路产业合作试验区建设，年内规上企业实现产值209.2亿元，同比增长85.1%。新增半导体签约项目13个，总投资规模76亿元。全市半导体产业集群列入福建省首批战略性新兴产业集群名单；园区在2020年度全省开发区考核评价排名进一步提升至第17位，其中科技创新指标排名全省第4位，管理服务指标排名全省第5位。目前，园区累计引进项目54个，计划总投资1314亿元，拥有晋华（总投资370亿元）、三安（总投资333亿元）、渠梁（总投资102亿元）等投资额超10亿元项目10个。现有规上企业13家（其中营业收入超亿元9家）、高新技术企业15家、科技型中小企业3家、外商投资企业18家，年内完成产业项目投资131亿元。

基础建设日臻完善。2021年，完成基础设施投资51亿元，同比增长28%，累计完成投入209亿元，晋江分园区科学园、南安分园区主次干道相继建成通车，园区污水处理等配套设施建成投用。一是持续推进南安科创中心、联东U谷半导体科技产业港、晋江邻里中心及安溪园区二期标准厂房等项目，加速打造项目空间载体。二是扎实开展园区标准化建设工作，安溪分园区二期内规划建设的“安溪芯园”纳入全市标准化建设试点工业园区。三是公共服务设施不断健全，芯谷七星湾人才房项目及其配套幼儿园已完成竣工验收，芯人才之家建成投用，南安一中奎霞分校、南翼实验小学等5所中小学项目正办理相关手续，台湾人才之家开工建设，芯动家园项目完成设计方案编制。

项目建设提质增效。三安项目是国内化合物半导体产业龙头企业，填补我国在大功率氮化镓激光器、射频滤波器及功率半导体等领域的空白，目前氮化镓、砷化镓、特种应用封装、滤波器等项目已投产并逐月提速释放产能，全年完成产值40.1亿元，同比增长213%；渠梁项目高端封测领域国内技术领先，一期已满产，二期已通过国家“窗口指导”，三期正同步规划中。晋华项目是国内领先的存储器芯片制造生产线。中石光芯项目持续放量，年度产值达2.7亿元，已实现25G DFB光芯片量产，打破国际垄断。晶安光电项目是全球最大的蓝宝石衬底企业，年度产值达42.6亿元。天电光电项目大功率封装技术和产能国际领先，年度产值达28亿元。慧芯项目一期主体建筑已完成，正在进行车间装修及设备安装。宏芯项目已完成海外流片，正在进行设备安装调试。

招商引资成果喜人。园区聚焦上下游产业链开展招商，会同泉州市发改委等市直单位、丰泽区、石狮市、晋江市等县（市、区）、市金控集团等金融机构，邀请国家特聘专家廖廷俤等产业专家，组建“政府＋专家＋项目”信任链条，多次组织前往深圳、合肥、西安、北京等地开展招商活动，取得积极成果，年内洽谈项目72个，总投资超110亿元，签约项目13个，总投资76.3亿元，落地开工项目8个，总投资75.3亿元，促成渠梁二期、胜科纳米、元谷波场等项目签约落地。招商经验获市领导充分肯定，管委会主要领导受邀在全市招商大会作招商经验分享发言。

（摘编：陈建闽）

三明开发区概况

三明高新技术产业开发区（尼葛园）

三明高新技术产业开发区（尼葛园）是1992年6月经福建省政府批准设立，2007年3月经国务院审核通过保留的省级开发区，2015年2月经国务院批复升级为国家高新技术产业开发区。2021年，三明高新技术产业开发区（尼葛园）完成规模以上工业产值144亿元，比上年增长12%，市里纳入园区核算税收额2.35亿元。实现税收实得1.46亿元，比增48%左右。园区通过中国质量认证中心管理体系认证，荣获全省首批“绿色开发区示范区”、省劳动关系和谐园区、三明市文明单位等荣誉。2021年园区被评为年度绩效考评二等奖，“五比五晒”二等奖、重点工作先进团队、平安建设先进单位。

项目建设有力推进。作为全市项目建设的主阵地，按照工作项目化、项目清单化、清单责任化的总体要求，采取挂图作战、序时列表、帮扶督导等措施，持续深化“五比五晒”“项目攻坚年”活动，园区五比五晒实现晋位提升。科宏生物健康产业项目作为全省开竣工现场连线和三明市“项目攻坚年”现场交流推进项目，投资6亿元的中科宏业有机碳酸酯项目在6.18海交会集中上台签约；聚明德项目在9.8投洽会上集中签约；有8个项目列入三明市重点跟踪项目，投资增长点项目科宏生物、华药生物进度超前，实现投资额度和形象进度“双确保”；GDP增长点完成累计完成30.88亿元，新增7.7亿元，增长33.2%，超额完成新增3.1亿元目标任务。已完成入库9个项目开工（科宏、华药、昌盛、君浩、恒丰开关、中泰、顺发科技、劲美生物、建兴设备），4个项目竣工（中瑞装备、固体硅酸钠、钛多彩板、昌盛竹制品），超额完成5个开工，3个竣工任务数。新增规模以上企业3家，新增固投项目入库4个（科宏生物、华药生物、顺发科技和中泰纺织），入库固投数10.23亿元。

产业发展以点带面。培育扶持园区建新轮胎、科宏生物、信明橡塑、中科宏业等龙头企业做大做强，通过龙头企业带动集聚主导产业。编制完成《尼葛开发区产业发展规划》，重点发展橡胶、纺织新材料、化工医药等产业。一是做强橡胶产业。利用建新、信明橡塑富余炼胶能力，招商对接橡胶内胎、垫带等橡胶深加工项目，努力形成橡胶全产业链条。二是提升传统产业。以纺织新材料、林竹加工为重点，引导现有传统企业转型升级，提升自身竞争力。三是集聚化工医药产业。完成北部新城“化工及生物制药集中区”认定工作，以科宏生物、华药生物、顺发科技等项目建设为重点，加快项目建设进度，集聚化工医药产业。

招商引资成效显著。落实“招商地图工作

法”，理顺招商主攻方向，突出谋划、对接、服务三环节，创新招商引资方式，围绕主导产业开展产业链拓展招商，紧盯沿海发达地区开展以商招商，依托资源优势开展定向招商，成效明显。对接国务院《关于新时代支持革命老区振兴发展的意见》，新增谋划项目12个（10个工业项目2个基础设施项目）；先后10多次到福州、晋江、南京等地开展小分队招商，完成招商签约建新内胎、昌盛工贸、热熔胶、君浩包装桶、德森光伏、华电永安发电公司7#机组改造项目、分布式光伏、中盛宏业、聚明德、华电入厂煤智能验收系统等10个项目，招商备案申报16.96亿元。

生态环保专项整治。园区异味扰民问题列入中央环保督察反馈问题，省、三明、永安等各级领导对中央环保督察问题整改十分重视，多次到尼葛现场指导和调研，指导制定实施方案，贯彻落实上级领导指示要求，按照“精准溯源、科学施治、清单销号、合力推进、标本兼治”的工作思路，坚持党政主导、部门主管、园区主责、企业主体、群众主评，扎实推动环保问题整改。园区投资2000多万元，建成尼葛污水厂废气收集、16个大气特征因子自动监测站、1个背景站等一批环保基础项目，初步建成异味污染溯源监测体系；企业先后投资3000多万元，配套建设73套废气处理设施；专门设立环保工作站，实施6期精准治污，排查整改77个问题。持续实行每天昼夜“双巡查”制度，领导干部带队不定时夜间蹲点行动，推进企业精细化管理，累计巡查1100余次，出动3300余人次。6月21日华东督察局、7月26日省第三方监督评估组分别到园区现场督查第二轮中央环保问题整改和信访投诉情况。直面园区环保投诉异常反弹问题，采取入户走访、昼夜巡查、现场蹲点、约谈企业等方式，抓好环保整改落实，环保投诉已大幅下降。目前正在推进异味整改交账销号。

（摘编：江涛）

三明高新技术产业开发区（金沙园）

三明高新技术产业开发区（金沙园）由金沙园和金古园两大工业园区组成，总规划面积93平方千米。2021年，高新区规上企业实现产值708.62亿元，同比增长10.7%，实现工业增加值54亿元；用电量30415万千瓦时，比增11.8%；限上贸易商品销售额13.71亿元，比增30.7%；实现企业税收2.26亿，完成固定资产投资21.34亿元。“五个一批”累计完成谋划48个、签约28个，开工20个，投产14个，增资4个，超额完成全年目标任务。

项目建设赶超进度。全年完成投资38亿元，占年度计划的111%，新开工项目9个，新投产项目21个，中钛启辰、开诚、三重阀门、乐敏、金杨、华饮等21个项目超序时进度；金瀚重工、送变电等33个项目达序时进度。

招商引资常抓不懈。采取“走出去、请进来”方式，以长三角、珠三角地区以及省内沿海地区产业项目为重点，发扬“四千”精神，推动一批项目签约。开展“一把手”招商，重点对接高端装备、新能源动力锂电池、5G电缆项目、体育器材用品项目，以及上海中合汇集团建材产业链项目、正威国际集团稀土永磁产业园项目、深圳宝安集团生物医药项目、国潮富民预制菜及调味料、薯多多小吃食品供应链等。开展以商招商，发挥海西分院、金杨科技、天中纳米等龙头企业及招商顾问作用，对接电液伺锻压装备项目、井杨新能源光伏外资项目、科飞新型民爆及军工产业链合作项目、纳米二氧化钛项目。开展平台招商，主办沙县区—南安市机械制造企业产业链深化融合对接会、“6·18中国食材订货节”（沙县）专场招商会、“6·18海创会”沙县招商专场，以“数字中国”峰会、“9·8”投洽会、中关村“创新中国行”、“上海进博会”、“12·8”小吃文化旅游节为平台，推动项目签约落地。2021年，共签约引进项目33个，外资实际到资957万元。

（摘编：江涛）

三元经济开发区

三元经济开发区于2002年12月经三明市人民政府批准设立，2006年5月经国家发改委审核，福建省人民政府正式批准为省级经济开发区。2021年，开发区规模以上企业96家，龙头企业20家，实现规模以上工业总产值454.16亿元，规模以上工业增加值8.9亿元，增幅17.2%；规模以上企业创造税收2.36亿元。

基础建设趋于完善。2021年，园区基础设施配套项目64个，完成泉三高端装备产业园一期三批次53公顷平台开发，平台平整约40.7公顷；完成市政道路A线道路885米；B线道路已完成路基碎石层1437米；完成黄砂氟橡胶地块土石方平整工作；小蕉工业园小微创业园二期土石方平整；明州一路边坡项目；吉服化工至宏力钢构道路改造项目；黄砂园三农至191挡墙南侧污水管应急抢修等项目。

招商引资有序推进。2021年，开发区管委会列入三元区“百日攻坚赛场练兵”行动中项目12个，其中7个已投产，其余5个项目中，1个项目试生产，4个项目有序推进；泉三高端产业园总投资达60亿，用地需求80公顷，达产后可实现年产值约66亿元，已完成土地摘牌并投入建设10家，其中投产6家，在建4家。

（摘编：刘海元）

尤溪经济开发区

尤溪经济开发区是2006年4月经国家发改委审核公告的省级开发区。开发区控制性规划面积60000亩，即40平方千米（含将新规划30000亩城南园），分为城西园、埔头园、林坑园、城南园、仙山园、生态园等若干个工业园区。2021年，尤溪经济开发区新上规模企业2家，园区44家规上企业完成工业产值203.02亿元，同比增幅11.3%；规模以上工业用电量达到7.24亿千瓦时，同比增长11.1%，占全县规模企业用电量的77.6%。

项目建设要素保障。抓住项目审批及供地等关键环节，推动康运实业蕾丝花边面料、佳宇纺织配件、格利尔印染、德坤织染、创益织染、华扬纤纺、华达茶叶、富瑞热电和旭源纺织等项目加快厂房、宿舍楼、办公楼等施工进度，其中旭源纺织一期建成投产。

招商引资围绕重点。采取以商招商、以产业链招商的方式，充分发挥招商顾问作用，坚持走出去请进来，主动承接沿海发达地区产业转移，挖掘本地优秀产业项目，积极对接高端民用布织造、染整及成衣织造等补链强链项目，策划生成一批科技含量高、产品附加值高、财税贡献率高、辐射带动能力强的“三高一强”储备项目清单。2021年7月以来，新签约宏昌纺织服装面料布项目、氨纶纺织、成衣织造、厦门通耐高端刀具及装备产业链智能制造基地、苏州玉立年产10亿米高端差别化面料织造及后整理、自动化家具配件定制生产等8个项目，总投资30亿元以上。

生态环保持续推动。2021年春节来临之际，安环科和工会共同举办了以安全生产、新冠肺炎、民法典为主题的宣传教育活动。通过安全生产警示教育会、约谈会和安全生产布置会等要求各企业张贴安全生产法宣传标语。安全生产月制作了宣传横幅15条、有限空间宣传图册500多份发给企员工进行宣传学习，制作安全生产展板68块悬挂在各企业的显要位置。此外城南污水处理厂提标改造可研报告已获批、《城南园印染企业工业废水排放标准论证报告》7月9日通过专家评审。

（摘编：刘海元）

泰宁工业园区

泰宁工业园区系2006年3月经省政府批准设立的省级开发区、4月经国家发改委审定为省级工业开发区。2021年，泰宁工业园区实现地区生产总值48.83亿元，比增4.1%；税收收入4034万元，比增5.8%；区内企业固定资产投资总额6.57亿元，比增29.7%；出口总额2.07亿元，比增39.3%。在省开发区综合发展水平考核评价中，泰宁工业园区居全省38位，并在23个省级扶贫开发工作重点县中排名第1位。

项目建设不断推进。2021年，持续加强园区道路、污水管网和消防设施等基础设施建设，不断提升工业园区的产业承载力和招商吸引力。2021年，共投入资金200万元，实施园区至高速互通口连接线、大洋坪二路E、F栋生产厂房消防、污水管网堵塞修复等工程建设，建设道路218米，边挡土墙1700立方米；新增消防管网1060米，消防栓28组，布设电力线7000米，应急灯68盏；清理七期道路污水管网215米，检查井8个，沉砂池1个。同时，推进公共服务平台建设，策划生成山海协作产业园和朱口龙湖工业园综合提升项目，计划总投资10.3亿元，拟在园区布局综合服务中心、商贸中心、标准化厂房及孵化中心、物流仓储中心等公共服务设施。目前，部分工程项目已完成规划设计，将着手开展手续办理、招投标等工作。

招商引资有效促进。2021年，共引进日木新型建材、佳宏纺织、竹泰智能装备、灏源木业、太林木业等5个项目和企业落户园区，推进深圳银星绝缘子电气化铁路器材生产和“镇冠”草本植物饮品2个重大项目签约。坚持实行项目帮代办“店小二式”服务，高效率推进项目进度，有效促进新引进的5个项目全部年内完成投产。

生态环保精细管理。2021年园区加强生态环境保护工作，投入资金10余万元，实施大洋坪工业园绿化和泰宁工业园环境卫生整治等工程项目，绿化面积4800平方米、植树430棵，维护公共环境卫生面积约12万平方米，并组织开展环保巡查100余人次，发放企业整改通知10余份，着力建立整洁、和谐、美丽园区。

（摘编：刘海元）

宁化华侨经济开发区

宁化华侨经济开发区1999年6月经省政府批准设立，2005年12月第一批通过国家发改委审核公告。开发区总体规划面积28平方千米，包括城南工业园、莲塘食品加工园、生物产业园和城南化工工业集中区“一区四园”。2021年，宁化华侨经济开发区新增落地项目12个，新增规上企业5家，累计入驻项目85个，其中规模以上36家，完成工业产值76.8亿元，同比增长24.8%，占全县工业产值36.8%；上缴税收5730万元，同比增长48.4%；工业用电1.43亿度，同比增长6.7%；现有员工5530人。

基础建设完善配套。2021年，扎实推进各园区开发建设，完善园区水、电、路等基础及配套设施建设，为企业落地提供发展空间。河龙贡米产业园（二期）主体建设完成，总建筑面积6万平米的智能制造产业园启动建设，完成江背路、园区二路等道路1千米挡土墙建设，实施白色家电产业园、元仲路等区域绿化及亮化工程，打造优质、健康、卫生的工作生活环境，提升园区整体形象。

招商引资精准发力。2021年，开发区按照宁化县招商引资地图，围绕智慧家电、新兴材料等主导产业，实行一把手招商制度，前往青岛、浙江、苏州、福州、厦门、深圳、东莞等地开展招商活动12次，签订投资意向项目22个。纳新有机硅、固泰有机硅、拓普斯、滑雪杆、环成鞋业、纳福硅油、朝达家具、天翊硅油等12个项目入驻园区，总投资达19.5亿元。其中纳新有机硅、固泰有机硅、拓普斯、滑雪杆、环成鞋业、骏良体育、正鑫模具、轻科新能源等8个项目已实现当年落地投产。

（摘编：黄国实）

将乐经济开发区

将乐经济开发区是经国家发改委审核确认，2006年8月省人民政府批准设立的省级经济开发区，规划总用地面积1280公顷。2021年，将乐经济开发区企业共111家，已经落户投产企业共82家，其中积善已投产企业63家、北郊已投产企业19家、在建企业23家、停产6家。企业完成工业总产值176.67亿元；完成企业固定资产投资10.47亿元；完成税收2.28亿元。新增规模以上工业企业7家。

基础建设完善配套。1. 完善园区道路路网结构：投资2700万元建设积善工业园河滨路市政道路工程第一期A标、B标段工程，A标段全面竣工完成验收，B标路基整形，第二期完成规划并着手地勘勘察。2. 提升污水处理能力：投资1800万元建设积善新区污水处理厂（第三期）及配套管网工程完成竣工验收；针对污水处理厂第一期、第二期工艺出水不稳定，色度高的问题，多方咨询最优方案，12月底第一期技改完成100%。3. 第四期征迁地块场平工程及道路建设：第四期土石方SQ2地块土方完成100%；四期主干道与南滨支路路线进行规划完成前期准备工作并组织开工；

排洪渠完成施工并组织结算审核工作。4. 生活商服配套：投资3600万元建设积善工业园区PPP项目商服区商服中心、5栋公租房已全部完成竣工。5. 轻合金产业园建设：研发楼B栋、C栋、D栋附属工程完工并组织结算审核。

项目建设加速推进。2021年，落实重点项目代办和企业零距离服务，加快项目建设审批办证，帮助协调解决困难、问题，促进在建项目早投产、投产企业早达产项目23家。加快推进中科金属、久策气体、富远铝业、方岩改性重钙、桂垚方解石深加工、盈美新材料等15家在建项目建设进度。到年末建成投产或部分投产项目有创明钛业、乐信包装等项目。截至年底，开发区企业共111家，已经落户投产企业82家、在建企业23家、停产6家。

招商引资卓有成效。2021年，重点抓好半固态轻合金、精细化工等产业链招商，重点打造轻合金特色产业。开发区签约10个项目，签约额为人民币15.25亿元，分别是：集中供热项目重组，总投资0.65亿元；农产品深加工项目，总投资1.4亿元；手机锂电池项目，总投资0.6亿元；桥梁预制厂建设项目，总投资0.8亿元；工业新型铝型材生产项目，总投资1.5亿元；危废包装物再生利用项目，总投资2亿元；方解石深加工超微细重质碳酸钙粉体功能新材料生产项目，总投资4亿元；改性重钙母粒生产项目，总投资3亿元；羽毛球拍、网球拍项目，总投资0.3亿元；将乐经济开发区数字经济产业园项目，总投资1亿元。

（摘编：徐根生）

三明经济开发区

三明经济开发区（海西三明台商投资区）于2009年9月开始筹建，2010年12月31日，福建省人民政府批准设立省级三明经济开发区。2021年，园区新增规上企业2家，工业总产值53.61亿元，同比增长11.4%；完成税收0.94亿元；规模以上企业技改增资1.42亿元；企业固定资产投资10.06亿元，同比增长59%以上；完成基础设施固定投资4.64亿元，同比增长130.4%以上；工业用电量2.41亿度。

项目建设围绕重点。围绕“强龙头，铸链条”，大力培育厦钨新能源、三化元福新材料两个百亿龙头企业。三立福项目完成一期厂房封顶，台氟项目完成土地出让和施工图审查，中州新材料项目已完成土地出让、地勘、地块强夯，悦淳项目完成土地出让、施工图审查、地块强夯，润祥项目已完成土地出让和地勘作业，钢联项目已完成项目建设并完成年工业产值1650万元。

产业发展精准发力。三明经济开发区吉口产业园是福建省稀土战略布局“一龙头、两园区”中的两园区之一。重点发展稀土新材料、新能源电池材料及氟新材料产业。现已形成氟化工新材料、新能源新材料、水泥制造、重竹加工等产业。稀土新材料产业方面。三明稀土资源丰富，主要为离子吸附型稀土，全市稀土氧化物储量200万吨以上。2012年三明稀土工业园（吉口新兴产业园）开工建设，集中建设稀土分离中心，重点打造稀土磁性材料、发光材料、储氢材料、催化材料、稀土合金、稀土陶瓷、稀土助剂等产业链。新能源（锂电池）产业方面。三明市萤石、石墨等资源在全省乃至全国占有重要地位，锂电池上游正极材料、负极材料、电解液等产业配套齐全，下游应用需求旺盛，发展新能源（锂电池）材料有良好的基础。吉口新兴产业园重点发展以锂电池在新能源汽车、消费类数码产品等领域应用为方向，向上下游延伸，满足中、高端市场的需求。含氟新材料产业方面，三明市已形成从萤石→氢氟酸→F22→四氟乙烯→六氟丙烯→六氟环氧丙烷→六氟异丙基甲醚→吸入式麻醉剂（七氟烷）的氟化工主产业链，实现资源就地深加工、就地转化的愿景。在现有产业基础上，重点发展绝缘材料、注塑和挤塑制品、纤维增强材料，并努力扩大含氟新材料的品种范围，拓展应用空间延伸产业链。

招商引资成果显著。2021年，工业项目签约5个，投资超过10亿元的项目2个，总投资88亿元。先后引进中州新材、润祥新材等多个氟化工产业链上下游关联项目，产品种类超过100种。在工业生产型企业的基础上，引进物流、贸易、建筑等类型服务配套企业36家，为做好园区重点产业和重点企业的生产性配套服务提供坚实保障。

生态环保推动落实。积极践行绿色发展责任，严格做好园区企业环评准入工作，同时结合吉口村区位与开发区产业发展特点，以生态产业化创新发展作为具体突破口和着力点，发展光伏发电产业，推动绿色园区建设。

（摘编：江涛）

三明现代物流产业开发区

三明现代物流产业开发区是由三明市和沙县两级政府共同投资创办，2006 年被省政府列入福建省“十一五”现代物流业发展十大专项规划重点建设项目，是一个集加工配送中心区、多式联运中心区、物流中心区、综合服务区为一体的综合性功能区，是一个集物流基础设施建设、物流企业发展、依托物流进行产业开发的综合性开发区。2021 年，三明现代物流产业开发区共实施重点项目 30 个，完成投资约 35.06 亿元，超年度计划 68%；完成固定资产投资约 6.02 亿元，同比增长 26.2%；实现税收约 2.6 亿元，同比增长 509%；三明陆地港全年完成进出口集装箱 28926 个标箱，同比增长 19%，累计货值约 53922.72 万美元，同比增长 17.3%。

项目建设扎实推进。认真落实“两单一表”，实施挂作战图，实行一月一调度，扎实推进各重点项目建设，所有项目均按“四保”要求扎实推进。截至年底，市第一医院生态新城分院项目门急诊大楼、医技综合楼、行政后勤科研综合楼、住院病房大楼、人才公寓均已封顶，正在进行砌体工程施工。市委党校迁建项目办公区及宿舍生活区均已封顶，正在进行装修工程施工。三明生态康养城项目康养公寓和康养配套已封顶，正在进行室内装修，康养住宅累计销售房源 4132 套；项目一期、二期工程均按序时进度有序推进。市档案馆项目主体结构已封顶，正在进行砌体工程施工。市疾控中心建设项目主体结构已封顶，正在进行幕墙工程施工。三明市生态新城学校项目校前广场、操场基底施工及地下室主体结构完成，正在进行主教学楼主体工程施工。

产业发展围绕重点。开发区着力打造生态康养、教育培训、商贸物流、数字经济四大产业：一是依托三明市第一医院生态新城分院、三明生态康养城、如意湖湿地公园，集医疗、颐养、教育、休闲、娱乐等完善资源，发展生态康养产业；二是依托市委党校、三明职教园、三明北大附属实验学校等，建设全省先进教育示范区，发展教育培训产业；三是依托三明陆地港、三明生态文化广场、明城新城广场等，做大做强圆通、韵达等物流企业，发展商贸物流产业；四是依托三明·中关村科技园创新网络和高端产业资源，结合三明资源禀赋和产业发展需求，发展数字经济产业。

招商引资精准对接。园区成立三明生态新城五个方面招商工作专班并印发《实施方案》，明确目标任务，落实责任到人，营造人人招商的浓厚氛围。依托三明·中关村科技园区域协同创新资源优势，探索“数字医疗 + 数智红谷”产业体系发展路径，大力发展电子商务、智能互联、生命健康等产业，深入北京、深圳等地开展创新中国行、京闽创新汇等各类招商活动 38 场次，对接 360、科大讯飞等企业 500 多家次，促成园区注册企业 104 家，注册资金超 7 亿元，常态化办公人数超 500 人，基本实现“一年打基础”的阶段性目标，产业集聚效应初步显现。

（摘编：刘海元）

建宁经济开发区

建宁经济开发区位于建宁县城北部，总规划面积为 15.27 平方千米。至 2011 年 8 月由省政府批准升格为省级经济开发区。截至 2021 年 12 月，建宁开发区已开发建成面积 2.95 平方千米，其中建成工业用地 2.37 平方千米。共有入驻企业 45 家（其中：投产企业 38 家，规模以上企业 27 家，在建企业 7 家）；2021 年实现工业总产值 64.96 亿元，税收 0.31 亿元。初步形成特种造纸、食品加工、林产、机械装备制造等四大产业。

项目建设精准发力。开发区现已落地三个重中之重项目，一是建浦机床年产 8000 台高端数控机床全产业链生产建设项目。总投资 5 亿元。预计可实现年工业产值 10 亿元，税收 5000 万元左右。目前完成厂房主体施工，正在进行场地硬化、设备已定购，确定生产线布局。完成用电用水开户申请和专变实施方案设计。二是建宁县云杉纺织年产40万锭多功能差异化纱线混纺项目。总投资12亿元。项目全部建成投产后，年产40万锭混纺纱线，年实现工业总产值13亿元，年创税约3500万元。解决就业岗位980个。目前一期项目建设综合楼、宿舍楼、食堂、厂房等4栋建筑，总建筑面积约4.2万平方米，已完成主体施工，正在进行内外装修，设备已继续到场安装调试，预计2022年6月份点火试产。三是奥晟科技机械设备配件加工产业园建设项目。总投资5亿元。该项目2021年12月7日完成签约，目前完成签约、企业注册、备案，一期土地已挂牌。已完成用地降标高平整工程及确定设计方案，正在做地质勘察及办理开工前相关手续。项目建成达产后，可年产12万件（套）机械设备配件等产品。预计实现工业年产值10亿元，税收0.5亿元，可提供约100个就业岗位。

招商引资常抓不懈。开发区把招商引资作为“重中之重”工作为抓手，牢固树立“招大商招好商”的意识，按照“大项目—产业链—产业集群—循环经济工业生产基地”的思路，依托大项目培育关联配套产业，促进企业集聚和产业链延伸，使园区产业链以及产业间的相互协作。重点发展：通用设备制造业、电气机械和器材制造业、食品制造业、金属制品业等符合国家产业发展政策的产业。现已引进建浦机床、铖盛通用机械、佰川数控、奥晟科技、云杉纺织、恒冠新材、和骏工业、味蕾跳动、金博旺环保科技、绿田退城入园等一批好项目落户园区。

（摘编：徐根生）

明溪经济开发区

2011年8月省政府批准明溪经济开发区为省级经济开发区。开发区位于明溪县城关东北侧约3千米处，以306省道为基准，分为南、北两个分区，规划总面积约10.22平方千米，其中工业用地6100多亩。2021年，园区企业完成规上工业总产值87.03亿元，实现税收1.88亿元，同比增21.4%和30.8%；开发区三新产业完成规上工业总产值47.89亿元，实现税收1.59亿元，同比增长46.6%和31.4%，产值、税收占比高达55.0%、84.6%。现入驻企业67家，其中规模以上企业39家，高新技术企业10家，上市企业3家。

项目建设有序推进。一是基础设施方面。开发区实施标准化园区建设项目17个，累计完成投资10652万元。完成智慧园区监管平台、医疗救护站、事故应急池等12个化工园区补短板基础设施建设项目建成投用，特勤消防站、危化停车场、工业污水处理厂二期等项目正在加快推进中。二是项目建设方面。常态化开展“访、解、促”专项行动，持续抓好“五比五晒”“项目攻坚年”重点项目跟踪服务，及时协调解决项目落地、建设、用工等困难问题150余个，全力推进海斯副四期、瑞博奥、导洁水处理剂、紫杉园抗肿瘤药物迁建项目、科顺防水新材料、熙华药业产业园等12个重点建设项目，旻和含氟核苷类中间体、福瑞明德医药中间体、南方二期、格林韦尔（NMP）提纯等四个项目建成投产。

生态环保双管齐下。一是应急保障方面。建成安全环保应急智慧管理中心，接入企业“两重点一重大”实时在线监测监控相关数据、关键岗位视频监控、安全仪表等异常报警数据，实现对化工园区内重点场所、重点设施在线实时监测、动态评估和及时自动预警。二是制度方面。建立健全《园区封闭化管理制度》《安全风险分级管控制度》《承包商管理暂行规定》等10项制度规定，科学调整化工园区特征污染物名录库，综合运用人防、物防、技防手段，强化事故隐患排查整改，全年开展安全、环保隐患排查223家次，严格实行闭环管理，确保风险可控、隐患消除。

（摘编：黄国实）

大田经济开发区

大田经济开发区于2008年设立，2012年经省政府批准升格为省级开发区。开发区位于大田县城东部的华兴乡京口村境内，规划面积7560亩，其中工业用地4018亩，办公、服务设施用地940亩，道路、公共绿化用地2602亩。2021年，大田经济开发区规模以上工业产值66.53亿元，同比增长39.8%；规上企业用电4.25亿千瓦时，增长17%；企业新增固定资产投资14.91亿元，增长64.9%；实际利用外资140万美元；税收5005万元。

基础建设完善配套。进一步完善基础设施，京口工业园方面，新增一台日处理6000吨净水器投入使用、集中供热进行试运行，新增2000平方米消防站训练用地。上京工业园方面，2021年近期用水工程于3月投产、上京园二标段道路及管网于5月竣工、110kV变电站于10月份竣工投入使用；污水厂、职工公寓等配套设施正在有序建设；罗丰工业园方面，完成110kV线路工程建设并投入使用；罗丰大道、污水处理厂、供水厂等设施正在有序建设。

项目建设推动落实。以提升项目转化率为目的，制定了领导牵头、专人负责的服务机制，通过问题数字化、进度图文化的形式开展“亮、晒”服务活动，每周通报项目服务成效，形成比学赶超的浓厚氛围，推动项目问题逐项、限时解决，推进项目早建设、早投产。2021年来，落地转开工项目15个，开工转投产项目10个，其中晟兴、英仑陶瓷开工后半年内实现投产、3.2万平方米生产生活配套设施仅用时4个多月完成主体封顶，跑出了园区项目建设“加速度”。协助大田京泰能源公司做好京口工业园集中供热项目排污权购买，为企业节约资金1365万元。

招商引资靶向施策。根据各园区自身产业定位，加快主导产业招商，有选择地引进一批符合园区发展方向、有利于产业集群发展的大项目、好项目，同时依托“6·18”“9·8”及商会年会等契机，积极开展招商推介，2021年新签约项目16个。特别是通过合作重组、司法拍卖等方式，引进了合鑫金属、英仑陶瓷2个项目盘活2家闲置资产及土地346亩，实现了增资增效不增地。闽西南地区协同发展取得突破，通过加大与闽西南城市协作开发集团有限公司洽谈对接，于2021年1月与该集团公司签订大田经济开发区上京工业园综合楼、职工公寓等配套设施建设项目共建协议，一期投资12000万元，是三明首个与闽西南集团合作项目。

（摘编：徐根生）

清流经济开发区

清流经济开发区总规划面积12平方千米，按功能划分为“一区两园（金星加工园区、龙翔轻工园区）”，起步期规划4.5平方千米，其中金星工业园3平方千米、龙翔轻工园1.5平方千米。2021年，清流经济开发区实现地区生产总值98.67亿元，比增9%；税收收入2.5亿元，下降30%；区内企业固定资产投资总额16.54亿元，比增64.9%；出口总额2.08亿元，比增18.2%。2021年度三明市抓园区非公企业党建工作述职评议得分第一名；氟新材料产业园通过化工园区认定，并获得安全风险等级两C—B评级，园区总体发展稳中有进、持续向好。

项目建设有序推进。2021年，园区完成22个基础设施项目建设，共投入资金约8806万元。其中氟新材料产业园福宝片已完成氟新材料产业园取水工程、永福片水渠、下平台污水管网、排污口下移工程，启动了福宝园西侧道路工程、福宝园污水处理厂（二期）、消防站改造等项目。大路口片已完成环保型制冷剂取水工程、污水排放口下移工程、东莹技改扩建项目土石方工程。金星工业园完成了金星园西南片市政道路、净水厂、消防站等项目的建设。城南工业园完成城南工业园消防管道工程、垃圾中转站等项目建设，启动了集美（清流）共建产业园小微双创基地（二期）、南极公园等项目建设。

招商引资卓有成效。2021年签约了致远亚克力循环利用建设项目、彬晖水上制品生产项目、伊铂5G通信电子元件一体成型模压电感生产项目、博思韬高纯氟化锂及医药化学品生产项目、精瑞光电元件生产项目、废旧沥青环保再生利用项目、年产5万吨电子氢氟酸项目、年产功能性电子清洗材料制备项目、超纯清洗材料配套原料扩建项目、年产100吨氟氮气生产项目共10个入园项目，总投资约15.16亿元。目前，已洽谈睿鑫新材料投资的睿鑫氟化盐生产线技术改造及配套附属设施建设项目，正抓紧进行签约。

（摘编：黄国实）

三明埔岭汽车工业园区

三明埔岭汽车工业园区由三明、永安市两级政府共同开发，2013年12月1日经福建省人民政府批准设立为省级经济开发区，是海西生态工贸区的重要组成部分，也是福建省现有两个专业汽车工业园区之一，列入工信部《海西先进制造业发展规划》汽车产业的重点园区，是福建省重要的汽车产业发展平台和汽车及零部件制造业基地。2021年，规模以上企业完成工业产值89.97亿元，比增23.8%；完成固定资产投资4.4亿元，完成任务74.5%；实现税收4216万元。基础建设有序推进。完成省重点项目雅众科技车用铝合金项目1—4厂房、标准化厂房三期9#、10#厂房建设，省重点项目重汽海西汽车车身冲压项目开工建设，完成吉山甲中小微企业园区场地平整80亩及供水、供电管线的铺架设1000米；完成埔岭路南侧局部控规局部调整工作，办理审批事项15件。完成中科以南及周边地块征收工作；完成洛溪新村三期37户安置房基础钻探工作，完成园区2021年度开发区土地集约利用评价工作。开展违法建设及涉及安全建筑排查，拆除违章搭建建筑1500平方米厂房。已征土地已进入有序管理中，签订临时用地出租协议22份。项目建设落到实处。全年举办专场招商2场、外出招商12次。谋划10亿元以上项目入库2个（汽车零部件标准化厂房三期及配套设施项目、企业孵化基地二期项目）；完成开工项目入库4个（雅众车用铝合金项目、亦城车架项目、海西M20驾驶室总成项目、海西新能源载重汽车配件基地项目）；投产项目完成3个（竹中竹旅居房车项目、中重卡驾驶室配件生产线项目、汽车传动轴生产线项目）；固定资产在库项目6个（汽车座椅、货箱及底盘件生产线项目、汽车内外饰件生产项目、汽车传动轴生产线项目、竹中竹旅居房车改造项目、零部件集聚区配套项目、源创智行车用智能底盘紧固零部件项目）；入库省级重点项目3个（雅众车用铝合金及装配式构件项目、汽车零部件标准化厂房三期及配套设施项目、海西M20驾驶室总成建设项目）；申报引资项目4个（乾华车用底盘支架类项目、亦城汽车车架总成项目、源创智行车用智能底盘紧固零部件项目、海西M20驾驶室总成建设项目）。生态环保严格执行。2021年，获批省级绿色园区，正在申报绿色园区节能循环经济财政奖项目专项资金，全年组织开展安全生产检查32次，督促企业整改隐患88个；污染防治攻坚战网格化巡查76次，排污企业固废及危险废物实行规范化处置并备案，利用率达98%以上；园区污水处理厂共处理废水75吨，危废间库存物化干污泥、化学废液1.5吨，转移处置上年度危险废物近1吨；中国重汽福建海西汽车有限公司涂装VOCs废气治理项目完成调试及投入运行前的废气指标检测。

（摘编：江涛）

莆田开发区概况

莆田高新技术产业开发区

莆田高新技术产业开发区于2002年6月经省人民政府批准成立，规划面积11.05平方千米，2012年8月19日，国务院正式批准莆田高新园区升格为国家级高新技术产业开发区。2021年，莆田高新区实现规模以上工业产值930亿元，较上年同期增长12.7%；综合发展水平位列福建省开发区（89家）第8名；获批省级示范数字经济园区、省级职业技能提升中心。

产业发展欣欣向荣。一是加快产业提质增效。电子信息产业，园区主动作为，城北工业园开工建设，引入大族元亨、睿信自动化，进一步延链、补链。作为福建省电子信息制造业“增芯强屏”战略部署的重要环节，华佳彩生产的中小尺寸高阶面板产品实现满产满销，2021 销售额超 20 亿元；福联 6 英寸砷化镓射频芯片 9 月已量产，筹备建设二期年产 12 万片 6 英寸晶圆毫米波、光通信与功率芯片生产线，是射频芯片国产化替代的核心力量。依吨扩大生产规模，建设高性能覆铜板产业化和智能家居互连通信用印制电路板等项目。装备制造产业，荣兴机械获评省级制造业单项冠军，在建机动车高性能零件智能制造生产线开发项目和新能源汽车控制器箱体加工线开发项目。威诺数控入选福建省未来“独角兽”企业，其七轴为主的智能制造总体方案成为行业标杆，“威诺高档数控机床智能制造工厂”项目荣获工信部主办的“第二届促进金砖工业创新合作大赛总决赛”二等奖，在建焊接结构数控机床智能加工生产线、面向高端数控机床智能制造试验和技术检测服务工业互联网平台和智能制造工厂关键技术研究及应用创新等项目。云度新能源汽车与国投首汽约车合作，并在建 A 平台车型产品提升项目。食品加工产业，百威雪津实现产能 200 万吨，在产销分离情况下，预计今年可实现产值 38 亿元。华兴玻璃在建年产 60 万吨绿色智能轻量化玻璃瓶项目，投产第 3 条生产线实现年产能 45 万吨。中粮制罐建设第二条两片罐生产线提速扩产项目，推动产能从 6000 万罐/月向 9000 万罐/月提升。迁建国圣食品产业园，主要建设集生产、冷藏、办公、生活为一体的产业综合体，建成后产值将达到 11 亿元。

招商引资招优引强。紧盯高质量、高能级项目，2021 年签约引进大族元亨 LED 项目、睿信自动化 SMT 设备生产项目、海丝“北斗 +”产业园、艾丽鑫生产基地项目、莆田海吉星国际农产品综合产业园和启明产业园项目，与福建钜能电力有限公司签订框架协议，引进首台（套）异质结电池生产制造项目。洽谈对接中南高科高新科创园、杰华特汽车电子测试和封装等 8 个项目。拓展招商渠道。龙头企业招商，瞄准中电科、华峰公司、中南高科、王老吉等一批龙头企业加强项目洽谈，签约总投资 200 亿元的功能性纺织新材料及配套生产线项目和总投资 120 亿元的资源循环智能装备生产线及配套研发项目。“基金 + 产业”招商。通过“政府引导”与“市场运作”相结合的方式设立产业投资基金，成立 5 亿元电子信息产业投资基金，于 2021 年 2 月签约落地大族元亨和睿信自动化两个项目，对接杰华特微电子、深圳联建光电、深圳芯智锐光电等项目。“产业园（标准化厂房）”招商。以专业园区建设为切入点，采用“两体两中心三房”的园区布局模式建设国投·城北园，其产业综合体面积约 20 万平方米，拟建设 10 幢标准化厂房，建成后可入驻电子信息类企业约 40 余家，目前已建成 3 栋标准化厂房，建成面积 13 万平方米，并已洽谈海丝北斗、永辉塑胶、黑石精密等 5 家意向入驻企业。“要素资源”招商。滨海园引入中国通号建设集团合作开发建设，开发面积约 800 亩，拟建生产厂房、研发大楼、总部办公楼、生活配套共约 100 万平方米工建及相关配套设施。

（摘编：谢建东）

莆田湄洲湾北岸经济开发区

湄洲湾北岸经济开发区是经国家发改委、福建省政府批准设立的省级开发区，是福建省少有的具有县区一级行政管理职能的经济开发区，与台湾隔海相望，距台中港仅 72 海里。2021 年，莆田湄洲湾北岸经济开发区实现地区生产总值 104.76 亿元，比增 6.6%；规上工业增加值比增 6.5%；固定资产投资 230.11 亿元，比增 5.5%；外贸出口总额 35 亿元，比增 54.3%；社会消费品零售总额 23.82 亿元，比增 12.5%；财政总收入 12.63 亿元。

项目建设稳步推进。罗屿作业区 9#泊位 40 万吨散货码头投入运营。哈纳斯莆田液化天然气（LNG）接收站项目已通过国家发改委核准。总投资 102 亿元的金鹰绿色产业园项目一期实现开工。2 家科研院所投入运营，2 所大学稳步推进，3 家高端专科医院全面装修。硼中子医疗装置示范基地项目核心设备离子源完成阶段性调试。轻离子装置及配套设备生产基地项目研发厂房主体全面封顶并成立合资公司。太阳树医药研发生产基地项目试投产。“两体两中心”配套一期、市政配套及综合管廊项目一期有序推进。城市展厅建成投用，入驻北岸咖啡、小镇客厅等城市元素。悦海壹号酒店如意楼完成装修试营业，康乃馨酒店完成出让并开始场地平整、基础打桩。百地一条街已有商户入驻装修。新策划“贤良水镇”4A级景区、紫玉湖湿地公园等文旅项目。

产业发展持续提升。坚定实施“双轮驱动、三箭齐发”战略，全力打造港产城联动发展的港城经济新增长极。临港产业以赛得利、火电厂为龙头，依托得天独厚的深水良港，重点发展新型功能材料、新能源、海洋经济、现代物流等业态，策划并推动金鹰绿色纤维产业园、哈纳斯LNG、火电厂三期、潜能恒信等一批大项目好项目。生命健康产业以妈祖健康城、两岸生技园为主阵地，重点发展生物技术、核医学、高端医疗器械、大型医疗设备等业态，推动以“重轻硼”三子一体项目为龙头的高端医疗形成集聚。文旅产业主要发挥妈祖文化、滨海风光等优势，有机整合自然生态、文创地标、民俗文化、渔家文化等资源，切实融合生命健康元素，致力打造健康养生地和未来智慧城。

招商引资靶向施策。坚持产业链、专业队招商，聚力招政策、招机制、招动能、招人气、招资金。围绕“全生命周期”招商目标，进一步明晰“产业链招商路线图”“资源分布图”“招商攻坚图”，引进研究院所、高精尖人才，构筑高新产业洼地。以产业发展撬动资源集聚，通过产业链招商，集聚上下游产品、降低综合成本、延长产业链条、提高产业配套能力，提升产业发展的规模效应和技术外溢效应。全年共组队外出招商10余次，接待中华医养健康总会等来北岸考察客商20余批次，组织召开招商洽谈会近20场次，新增对接项目53个，达成合作意向21个，签订框架协议14个、总投资额超过200亿元。

生态环保严格执行。蓝色海湾整治项目海岸带生态修复工程、妈祖城海堤生态化加固主体工程基本完成。全力推进全域造林绿化，投资约7000万元，完成造林面积约1000亩，种植乔木41.3万株、灌木102.9万株、地被93.8万平方米。持续深入推进河长制，扎实开展河道周边截污和治污工作。全面推行林长制，设立区镇村三级林长，并出台区级配套制度。持续开展农村污水收集治理，港城新区污水处理厂与市级平台实现联网，企业危废委外处理利用量503.43吨，处置率98.5%。完成莆禧爱尔爱司、东仙一期、后壶山等矿山生态恢复治理，持续推进海漂垃圾综合治理。

（摘编：孔明德）

莆田华林经济开发区

莆田华林经济开发区的前身为华林工业园，华林园区于2003年6月经莆田市人民政府及有关部门批准成立，规划面积8.16平方千米，可利用工业用地面积近4000亩。2006年4月17日经国家发改委批准为省级经济开发区。2021年，开发区共有企业460家，其中征地企业117家，租赁企业343家，规上工业企业78家，纳税100万以上企业39家，白名单企业62家。2021年完成产值262.3亿元，比增17.4%。其中，太湖工业园共有企业42家，其中征地企业27家，租赁企业15家，规上工业企业23家，纳税100万以上企业9家。2021年完成产值85亿元，比增21%。2021年完成固定资产投资6.5亿元。

产业发展全面开花。华林园区的产业布局：主要以鞋服产业、电子信息产业、食品产业、工艺美术四大产业为主：1. 鞋服产业规模以上企业39家，2021年工业产值为132.3亿元，占50.4%，比上年同期增长19.2%。税收千万以上的有力奴鞋业、三迪鞋服、郭氏鞋业、新路体育等。2. 电子产业规模以上企业11家，2021年工业产值为24.49亿元，占9.3%，比上年同期增长30%。重点企业有：三利谱电子、嘉辉光电、杰讯光电等。3. 食品产业规模以上企业7家，2021年工业产值为28.27亿元，占10.8%，比上年同期增长29.7%。重点企业有：天怡现代、亚明食品、复茂食品等。4. 工艺美术产业规模以上企业6家，2021年工业产值为28.7亿元，28.41亿元，占

10.8%，比上年同期增长3%。重点企业有：庄严苑工艺、腾晖工艺、艺峰工艺、欧雅艺术等。5. 其他产业规模以上企业15家，2021年工业产值为29.62亿元，45.54亿元，占17.4%，比上年同期增长16.2%。重点企业有：新旺隆、溢通环保、荔城纸业等。太湖工业园的产业布局：主要以鞋服产业和食品产业为主：1. 鞋服产业规模以上企业1家，2021年工业产值为4.1亿元，占4.8%，比上年同期增长16.7%。重点企业有：华骏鞋业。2. 食品产业规模以上企业11家，2021年工业产值为39.5亿元，占46.5%，比上年同期增长15.4%。重点企业有：天喔食品、诚味食品等。3. 其他产业规模以上企业12家，2021年工业产值为41.4亿元，占48.7%，比上年同期增长18.4%。重点企业有：华源工贸、赛博思钢结构、超淇纸业等。

招商引资成果丰硕。华林工业园招商共对接项目11个，签约转开工项目3个，前期项目2个，签约项目4个，洽谈项目2个。

1. 已开工项目3个。一是大唐5G产业东南总部基地，一期标准化厂房已主体封顶，目前进行室内装修、室外道路施工。5G配套厂房已完成主体结构施工，正进行外墙涂料粉刷。5G综合楼已完成地下室结构施工，目前进行二层结构施工。二是大唐网络东南运营总部项目计划五年内布设5G室内微基站110万台套设备，年可实现主营业务收入110亿元，税收8亿元。项目二、三期用地220亩拟选址于华亭西许片区，正在开展前期工作，项目用地已完成征地丈量224.27亩。三是三利谱偏光片生产项目规划用地约95亩，布局2条宽幅TFT偏光片生产线，总投资约10亿，建成投产后年产值6亿元以上，年税收超5000万元。项目10幢建筑已全面完成主体工程建设，力争6月份竣工交付使用。2. 期项目2个。一是中电科创城项目总投资约50亿元，规划总面积约739亩，全面建成运营后，可实现园区注册企业500家，带动就业2万人，实现企业年营业收入200亿元、税收5亿元。截至目前，意向入驻企业有15家，正式签约入驻有福建三体科技有限公司等3家。二是光电光纤元器件产业化项目，规划用地10亩，项目投资1亿，项目投产后预计年产值将超2亿元、税收1000万元以上，解决就业1000人以上。去年已摘牌星华模具厂房旁10亩。目前正在办理施工许可证。3. 已签约项目4个。一是中餐标准化智能厂房，拟计划在亚明食品厂边北面扩征约4亩，建设产品展示馆及厂房配套设施，预计投资1亿元。已完成开发编制方案及申报材料，正在办理土地出让前期手续。二是国钛钛瓷纳米新材料总部，目前已设立“国钛（福建）新材料有限公司”作为全国总部（已于2020年10月在城厢区注册，注册资本20230万元），在华林智汇租赁约1328平方米作为总部研发办公楼拥有自主专利和专家团队。三是宝得智能制造生产基地，拟选址华林园区约14.8亩，建设服装厂房及员工宿舍楼20000平方米。达产后预计年产值3亿元、税收1500万元。项目已于1月28日签订投资协议，正在办理土地招拍挂前期手续。四是全自动3D打印及机器人雕刻项目，拟投资1亿元进行厂房建设及设备采购。投产后预计增加年产值2亿元，年纳税400万元。目前已与业主签订项目投资协议。4. 洽谈项目2个。一是中国电子云（东南）大数据中心，中国系统拟在莆建设“中国电子云”二级节点，初步规划用地10亩，一期建设1000个机柜。预计总投资10亿元。二是中国中餐标准化产业基地项目，宁波康喜乐嘉餐饮管理有限公司拟选址华林经济开发区，规划用地15亩，建设中餐标准化厂房项目，布局满足全市中小学生集体用餐配套的7个中央厨房，并配套建设万吨智能冷库，预估年营收4.5亿元。正在协调用地选址事宜计划签订招商投资协议。

（摘编：孔明德）

荔城经济开发区

福建荔城经济开发区原为莆田市荔园工业区，创办于2002年10月，2006年3月份经省政府批准、国家发改委审核，升级为省级经济开发区。2021年，荔城开发区完成固投12.9亿元，实现规上工业产值355.16亿，亩均产值达1060.81万元，实现税收11.84亿，亩均税收28.3万元。

基础建设补齐短板。一是加快基础设施建设。荔园北路（西侧）综合提升工程、工业一号路沥青加铺工程、石盘路沥青加铺工程等。荔园北路提升工程于2021年4月中旬动工，已完成沥青加铺及绿化带路缘石安装，对部分破损路面进行修复，正在人行道铺设施工。石盘路、工业一号路提升2个项目于2021年8月30日完工，10月19日竣工。二是推进“两体两中心”。通过开发区下属运营公司（莆田市荔城区荔兴投资有限公司），通过法院拍卖收购锦田及中科嘉世标准化厂房、员工宿舍楼及办公楼，建筑面积约11万平方米，并将通过第三方招商、小分队招商和专业招商，主动对接省市招商项目库，按照园区土地利用规划和产业规划，从地价厂房租金、人才和品牌奖励等方面统一招商优惠口径，提高园区招商功能质量。三是配套污水集中处理设施。西天尾镇及荔城经济开发区内污水管网已建成并投入使用的约为36千米，已形成以城涵大道、荔涵大道、南少林路、荔园路、东川路、九华路等为主干道的污水管网，上述污水管网中的污水经西天尾镇提升泵站统一纳入闽中污水处理厂收集处理。

项目建设持续推进。开发区全年在建项目23个（续建6个，新建9个，技改8个）；预备项目7个；前期项目6个。其中已竣工5个，分别是：荔园北路西侧综合提升工程、工业一号路沥青加铺工程、石盘路沥青加铺工程、鑫合鞋业扩建项目、和顺鞋业扩建项目等；已开工4个：福盛鞋材扩建项目、华承鞋业扩建项目、方显光电扩建项目、央聚跨境电商大楼等；新竣工及新技改投产9个：分别是三棵树涂料、东瑞制药、安健致远、飞特鞋业等。

招商引资多措并举。1. 强化招商引资。依托莆田大学城、商务总部经济区、才子产业园、新日科创园和顺天通电商物流园等平台，优化创新服务，提质增效企业产能；通过央聚跨境数字产业园和灏谷（莆田）智能制造创新产业园两个招商载体进行专业化、产业化、灵活化招商，创新招商模式，提升招商成效；同时加强武汉科技大学、海山机械与欧麦鑫科技校企产研运营合作，打造多样化产业，促进开发区高质量发展。2. 加强项目攻坚。加大招商引资力度，拟以荔城经济开发区现有产业为基础，建设创业孵化中心，利用可利用土地进行招商，引进一批高质量、高技术、高水准的项目，为引进项目比如豆讯科技等项目提供手续报批一条龙服务，促落地、促建设、促投产。豆讯科技项目预计2022年第一季度开工建设。鑫合鞋业样品车间目前主体已竣工验收，正在二次装修及室内装修。顺天通0594莆猫电商城，已完成标准化厂房改造及装修，已投入使用。3. 梯次培优企业。已基本形成以三棵树涂料为龙头的新型化工建材，以协丰鞋业、才子服饰、双驰鞋业为龙头的鞋服主导产业，以海山机械、钛米机器人为龙头的高端装备及以东瑞制药为龙头的生物医药产业。全年实现转规上企业7家，目前正在培育3家转规企业。

生态环保落实到位。开发区污水管网已建成并投入使用的约为32千米，已形成以荔涵大道、南少林路、荔园路、东川路、九华路、绶溪路等为主干道的污水管网，上述污水管网中的污水经西天尾镇提升泵站统一纳入闽中污水处理厂收集处理。一年来，开发区已完成对园区内南少林路、九华路、石盘路、工业一号路等污水管网进行疏通和清淤维护，确保污水有效收集。

（摘编：谢建东）

仙游经济开发区

仙游经济开发区地处海峡西岸经济区的中心地带、莆田市南大门、湄洲湾南北岸湾底结合部，南邻肖厝港，东接秀屿港，西连福泉高速公路出入口处，东南紧接出海通道。2021年开发区核心区50家规模以上工业企业预计实现产值约202.12亿元，同比增长25%；完成固定资产投资约72.3亿元，同比增长44.6%；实现工业税收3.14亿元，同比增长5.7%。新增规模以上工业企业2家，年产值超亿元的企业达29家，创税500万元以上的企业达21家。在全市园区“三比”活动中，列第3位。

基础建设加速推进。加快基础设施建设，高标准、高质量完成道路等基础设施建设项目着力解决基础设施建设进度不平衡问题，重点加快内部道路与对外重大交通工程的串联贯通。枫秀西路已完成控制性工程（两座盖板涵、两座桥梁工程）、路面6.5千米工程，路基6.7千米，正在推进东宅段箱涵和路基建设；仙港大道连接线（枫亭段）道路工程因信息价变化，正在进行预算审核调整；慈岳中路已完成资金证明等前期手续；公园东路已完成施工图设计及图审工作；锦山路及安置房完成施工图设计工作。

项目建设机制推动。全面推行“一个项目、一套专班、一抓到底”的推进机制，开发区列入2021年重点项目30个，项目总投资324.1206亿元，2021年计划投资55.39亿元。（其中：在建重点项目18个、预备项目3个、前期项目9个。）严格按照时间表、任务书、路线图，全力推进重点项目建设，截至目前，泰景装配式（PHC）项目，房办公楼装修外架正在拆卸，正在办理规划验收，其余设施已投产；南伴生物中药饮片项目，土建部分已完工，正在厂房装修及设备安装；强友实业项目，2#厂房主体封顶，一二层开始装修，仓库基础已完工，正在主体施工；众鑫设备生产项目1#厂房钢结构屋面已完成，正在施工墙面及地板，地磅已完工，厂区主要出入口已完成；正昊新型鞋材制造项目一期已完成1#、3#厂房建设，完成设备安装，正在试生产；康保无尘科技项目厂房正在装修，设备正在采购。中海油抢维修技改项目设备已全部到位，安装完成，目前已投用；日晶玻璃技改正在规划设计。

产业发展方兴未艾。华峰绿色纤维产业园，计划总投资86亿元，分三期建设，一期已投产，二期化学法生产线部分建设完成，设备正在调试。鞋服标准化产业园，占地93亩，计划总投资10亿元，总建筑面积约11万平方米，建设10幢标准化厂房及综合楼、宿舍楼、研发楼，目前10栋厂房主体封顶，正在粉刷及涂料，一号宿舍楼地下室施工，2#宿舍楼跟研发楼正在砌体。项目建成后为园区新的鞋服产业链平台，实现引智引才引资，提升研发、生产、营销能力水平，培育鞋服产业新增长点。鑫瑞新材料产业园，占地91亩，计划投资7亿元，建筑面积7.2万平方米，计划建设厂房5幢、检验检测中心1幢，宿舍楼1幢，目前已供地56亩，宿舍楼正在装修，厂房正在主体施工。

招商引资成果喜人。坚持“项目优先”，大招项目、招大项目，始终把招商引资作为加快发展的突破口，2021年已落地建设项目3个，总投资14亿元，一次性丁腈手套投资建设项目，总投资10亿元，占地60亩，完成桩基施工；给力机械（福建）集团有限公司扩建，总投资1亿元，正在钢结构厂房施工；福建益明科技有限公司，总投资3亿元，正在办理项目前期手续；已签约项目3个，总投资76.33亿元，海安三期厂房扩建项目，总投资2.6亿元，地块控规已完成公示，专家评审已完成；华峰服装产业园项目，总投资23.73亿元，一期120亩正在进行报批组件，报批材料已送达省政府；旺威材料科技产业园项目，总投资50亿元，一期40亩地块已挂牌出让。意向项目8个，计划总投资126.6亿元，分别是青拓（仙游）新材料产业园项目，海安集团高端装备产业园项目，精制、包装食用油投资建设项目，年产10万吨环保型聚羧酸系高性能减水剂母液项目，温州新正强现代物流项目，福建美斯拓机械设备有限公司莆田市诚顺建材有限公司，厦门欧德朗汽车配件有限公司，锌合金原材模具压铸成型项目，厦门益材集团有限公司。

（摘编：孔明德）

湄洲湾国投经济开发区

2010年12月，省政府批复同意将湄洲湾（石门澳）产业园区确认为省级开发区，定名为湄洲湾国投经济开发区，规划面积35.8平方千米，包括石门澳一期10平方千米围填海工程，形成陆域面积1.5万亩，其中可利用工业用地1万多亩，已得到全面开发利用或完成招商签约落地工作。2021年，园区实现工业产值273.4亿元，财税收入约3.5亿元。

基础建设全面推进。园区道路、供水、供电、供气、污水处理厂、防洪排涝、特勤消防站、公共应急池、码头等一批重大基础设施建设全面推进，已累计完成投资40多亿元。主要有：一是道路及管网建设一步到位。形成“三横三纵”路网，“三横”即疏港路、石门澳路、沁峤路已通车；“三纵”即城港大道、东九街一期、东五街已通车，同时道路供水、给水、电力、通信等管网建设一步到位。二是石化消防配置标准较高。总投资0.6亿元石门澳产业园特勤消防站是全省布局的综合应急救援石化特勤大队之一，于2018年1月建成投用，配备有原装进口泡沫消防车、远程供水系统等技术先进的消防车辆20部。三是应急环保硬件齐全。日处理1万吨的石门澳产业园污水处理厂（一期）及配套管网已建成投用，企业实现统一接管、达标排放，二期日处理3.5万吨的污水处理厂项目正在工程招标；容量5.5万立方米的石门澳产业园区公共应急池一期工程于2018年11月投入使用，建成全天候自动监测站2座。四是防洪防潮实现百年一遇。按照满足100年一遇的防潮要求，内侧堤防满足100年一遇的防洪要求，全长5.3千米的堤防提升工程西堤、北堤标段和全长3.2千米东堤、南堤，以及总投资2.3亿元的西园片区防洪防潮排涝一期工程及石门澳东沁片区（一期）防洪排涝工程已建成；投资15.3亿元的石门澳产业园滞洪区清淤及配套工程、生态修复及配套工程等项目累计完成投资10.72亿元。五是供水实现双水源保障。总投资2亿元的莆田金钟水利枢纽引水配套工程石门澳支线工程已建成供水，莆田市东圳水库枢纽引水配套工程引入作为备用应急供水，实现双水源供水。六是电力实现双电源双回路供电。总投资0.8亿元的石门澳产业园输变电工程由国网莆田供电公司建成投用，形成双回路双电源供电。七是供气实现双气源保供。石门澳产业园供气工程由旷远能源股份有限公司承建，形成双气源供气，满足园区企业用气需要。八是用热实现集中供给。总投资约26.7亿元的热电联产项目由福建永荣科技有限公司承建，目前一期已投用，二期项目正在加快建设，预计今年建成。同时，石门澳作业区6#9#11#码头泊位正在主体工程建设，库容量10万立方米的莆田市工业固体废物综合处置项目二期填埋场项目已建成，沿石门澳产业园堤岸长12千米已完成绿化林带建设，构建产业园与村庄绿色屏障。

产业发展围绕重点。着力“主攻三大产业链条”：一是己内酰胺产业，建成年产28万吨的CPL一期、37万吨的PA6项目；依托CPL项目，引进了投资165亿元的PA66及产业链配套项目，推动了产业强链、增链、延链；二是丙烷制丙烯产业，引进投资396亿元的丙烷制丙烯及下游新材料产业链项目；三是纺织化纤产业，引进投资150亿元的年产50万吨再生功能性纤维及配套项目。围绕做强做大三条产业链，2021年开展了石门澳化工新材料产业发展规划修编并取得市发改委批复实施，完成了2个地块控规报批并取得市政府批复实施，推动了园区公共管廊规划、供电规划、区域规划环评编制审查，为重大产业项目落地建设创造条件。特别是集中人力、财力、物力，全力推进三大在建产业项目建设，其中永荣年产30万吨的CPL二期项目2022年底中交，2023年上半年建成试投产，2023年己内酰胺年产规模达到60万吨，将成为全国单个工厂生产己内酰胺规模最大的基地之一；全力推动华峰水性油墨一期项目今年建成投产，将成为全国规模最大的水性油墨生产基地之一；全力推动三棵树高新材料综合产业园一期一阶段2022年上半年建成投产，将成为全省规模最大的涂料生产基地。

招商引资精准突破。主动对接意向企业、行业协会、第三方招商机构，借力用力、借智发力，着力在产业链招商、平台招商有突破有作为。2021年6月总投资11亿元的莆田石门澳作业区1#、13#泊位项目、总投资150亿元的年产50万吨再生功能性纤维及配套项目、总投资165亿元的年产60万吨尼龙66（PA66）及产业链配套项目签约落地，同时做好催化剂等CPL产业链配套项目的招商推介。

生态环保落实到位。按照2015年11月省环保厅批复同意《莆田湄洲湾（石门澳）产业园总体规划（2014—2030）环境影响报告书》内容，一是在石门澳化工新材料产业园周边进行地形测绘并落标定桩，片区外设置200米的环保隔离带、2000米的环境风险防范区，落实环保隔离带内不得有居民区、学校、医院等敏感目标，环境风险防范区应控制人口规模，不新增居民区、学校、医院等敏感目标要求。二是建设日处理1万吨的石门澳产业园污水处理厂（一期）及配套管网工程，项目于2017年3月开工、2019年1月开始接收污水。三是建设总投资0.8亿元的石门澳产业园区公共应急池一期工程，容量为5.5万立方米，项目于2017年10月开工建设、2018年11月投入使用。四是建设总投资约0.12亿元，建设全天候自动监测站2座，东沁、苏厝环境空气自动监测站分别于

2015年6月、2018年5月投入使用。五是建设投资约2.32亿元的莆田市工业固体废物综合处置项目二期填埋场项目，由莆田宏盛环保产业发展有限公司承建，占地58.5亩，填埋坑总库容为10万立方米，目前综合楼、固化车间、填埋场已投用。

（摘编：谢建东）

南平开发区概况

南平工业园区

南平工业园区，为国家发改委审核通过、福建省人民政府批准创建的省级开发区，也是南平市委、市政府“突出工业，突破工业”，推动闽北经济、社会发展的重要战略手段。经过多年的开发建设，南平工业园区已取得明显成效，构就了长沙电子电器及汽配组团、塔下电线电缆及有色金属加工组团、水东针纺组团、罗源综合产业组团“一区多组团”的发展格局。2021年，南平工业园区新增规上工业企业5家，入选福建省工业和信息化省级龙头企业10家，新增省级“专精特新”企业1家，海峡股权交易中心挂牌展示企业10家；园区企业太阳电缆被评为国家级绿色工厂、绿色供应链企业；华闽南配、元力活性炭、新南针等5家入选省级高新技术企业名单；闽航电子企业技术中心入选省级企业技术中心认定名单；元力活性炭被评为省级循环经济示范企业，远大墙材、九峰建材等2家企业入选省级循环经济示范试点企业。太阳电缆、华闽南配、德赛电子、闽航电子等四家企业被列为省军民融合重点关注企业。南平铝业被评为福建省工业互联网应用标杆企业，南孚电池APP应用项目入选省级工业互联网典型应用案例。全年园区完成规上工业产值183.77亿元，同比增长8.8%；工业增加值36.95亿元，现价比增13.6%，累计税收入库7.82亿元，同比增长20.8%。

项目建设加快推进。园区路网、港口项目建设持续推进。疏港路一期、从彦路一期、崇仁路三期建成通车，南福路快速通道工程一期、南平港延平新城港区项目全面动工，天祥路、疏港路二期等加快实施。强化项目用地保障，加快推进工业平台开发，新增2000余亩工业平台建设。注重生产生活配套提升，热能中心、危废固废填埋场、污水处理厂及配套管网、LNG气化站、工业水厂等生产配套相继建成投入使用；延平新城产业园、科技创新产业园配套基础设施项目等一批标准化厂房、办公楼等基本建成，建设规模将进一步扩大；职业技能培训中心一期投入使用，元力产业学院成功办学，瓦口洋湿地公园景观基本成型，延平医院等配套有序推进，九年一贯制学校、职工、专家公寓，研发设计中心等聚人气、留人才配套项目加紧谋划。

产业发展持续发力。太阳电缆技改提升、南孚智能制造、南铝技改提升项目实现当年建设，当年投产；南纺水刺无纺布生产项目，力克疫情，逆势发力，迅速扩建两条智能生产线，水刺针刺无纺布产业链向医卫终端产品和民用超纤材料延伸。围绕南孚电池产业链延伸集聚发展，加快推动南孚工业互联网智造技改，电池彩印包装、钢壳制造等一批产业链配套项目入园，朝打造世界小电池生态产业园目标快速迈进。

招商引资凸显效益。2021年，园区林产化工不断做强，循环经济不断壮大。元禾水玻璃、三元竹业、元力化学炭和超级电容炭生产线、三元热能中心等相继投产，总投资22亿元的白炭黑—林产化工循环经济专业园基本建成，实现循环发展，不断增资扩产，并获评省级循环经济示范园。总投资65亿元的泰盛纸业项目、12亿元的元力环保用活性炭项目、3亿元的爱克太尔新材料、5亿元的高性能纳米二氧化硅项目及1.2亿元的熊宝户外重竹项目等重点产业项目签约入园。园区林产化工循环经济园产业集聚效应逐步显现，朝百亿产值目标稳步迈进。

（摘编：周树峰）

南平高新技术产业园区（闽北经济开发区）

2005年，福建省开展《中心城市框架规划研究》时，提出了“武夷新区”的概念，并设立省级闽北经济开发区。2021年，南平高新区实现地区生产总值35.16亿元，规模以上工业增加值9.32亿元，税收收入4.82亿元，出口总额2400万元，实际使用外资2200万元。

项目建设务实笃行。园区实行挂图作战、专班推进。一是严格落实重点项目闭环管理机制，按照“三化”运作、“四单”管理要求，倒排工期、压茬推进，做到项目只多不少、任务只增不减、时间只前不后。二是加强协调，形成合力，推行“问题收集、分析研判、派单协调、接单落实、结果反馈”的工作方法，将项目建设过程中所需清单打包，一揽子协调服务。三是聚焦问题，强化督查，按照“每旬一督查、每月一点评”实施动态跟踪督查，对滞后项目的问题现场协调解决，确保工作高效落实。

产业发展围绕重点。在产业发展方面，围绕新能源、新材料上下游产业抓招商，依托闽铝轻量化、海源新材料等企业，加强与绿色储能电池、光伏组件等产业招商项目的对接。围绕生态食品、智慧物流等绿色产业抓招商，发挥华润怡宝、圣农恒冰物流等入驻企业的领军作用和品牌效应，提升生态资源的附加值，加快引进水产业、生态食品相关头部企业落地。围绕文旅产业抓招商，紧抓省运会在南平举办的历史机遇，进一步完善城市基础设施建设，以赛事带动旅游产业发展，发挥邻近武夷山国家公园优势，加快引进文旅康养项目，实现兴田片区项目落地的突破。

招商引资卓有成效。在招商引资方面，围绕食品加工业、水产业、商贸物流、教育产业及健康养生等产业，精心谋划“一把手”招商线路、精准对接招商目标企业，前往福州、厦门、泉州、上海等地外出招商。2021年开展“一把手”外出招商活动20余次，主要对接的企业有：圣农集团、华润怡宝、顺丰集团、晟硕集团、福建银河投资管理有限公司、省旅游集团、上海艾绿集团、福建省艺术职业学校、泉州蜡笔小新公司、厦门源香食品公司及宁德时代等。主要对接洽谈项目23个，其中已完成签约项目12个，完成年度目标任务的120%，转开工项目7个，完成年度目标任务的116.67%，转开工率为58.33%，具体转开工项目为：闽铝轻量化三期、恒冰冷链物流、久利食品、万马复合食品包、顺丰闽北智慧物流枢纽中心、喜马拉雅有声文化装袋等项目。

生态环保严格落实。在生态环境保护方面，坚持“党政同责、一岗双责”，强化开发区环保监督和服务，创新环保工作管理方式，通过购买服务方式引进第三方环保服务机构，为做好开发区环境保护工作提供技术支持，在大力促进园区发展的同时，确保既创造“金山银山”，又守护好绿水青山。目前开发区一企一档已建立，开发区突发环境事件应急预案已完成编制并发布，环境质量评估报告已完成，日常技术服务有序推进，下一步将加快事故应急池和应急物资储备库的建设并对园区内企业内部雨污管网进行全面摸排。

（摘编：周树峰）

光泽工业园区

福建光泽工业园区为省级开发区，总规划面积23.4平方千米，分为和顺工业园、金岭工业园。2021年，光泽工业园区共实现工业总产值136.11亿元（其中规模以上企业产值133.96亿元），比上年增长6.3%，税收1.49亿元，比上年下降5.5%，解决就业21210人。目前，光泽工业园区拥有上市企业1家，省级龙头企业1家，创新研发平台机构1家，创业服务平台机构2家，通过ISO14000认证企业3家，国家级及省级高新技术企业10家，企业发明专利15项。

基础建设设施完善。园区已有农业产业化国家重点龙头企业、南方规模最大的联合型肉鸡生产加工企业圣农集团等企业入驻。金岭工业园已建成金岭110千伏专用变1座，已开发范围的道路、排水、排污、供水、供电、通讯已完善到位；建设标准厂房22幢，面积60000平方米，员工配套楼2幢，面积8160平方米；已开通城区至园区公交线路。

项目建设日新月异。光泽工业园区共入驻企业58家，其中已投产53家，在建5家。其中食品加工企业24家，竹木精深加工企业16家，工艺箱包企业4家，生物类项目企业3家，电子类及电力配件生产企业2家，发电企业2家，其它企业7家。2021年，在建项目有：圣新能源生物质发电厂、圣农肉鸡六厂、电子科技产业园、农产品公共冷链；竣工投产项目有：晟成食品产业园、竹循环产业园。同时，对金岭工业园18幢标准厂房周边环境进行提升改造，完善公共餐厅、围墙、外墙立面、路灯、安防等基础配套设施。注册了光泽县晟成生态食品产业园有限公司，将租赁提升改造的标准厂房分租给所入驻的中小型企业，并按入驻企业要求，分割办理不动产登记证等有关证照，当年干黄酒业、苏彭新能源汽车、青源食品、信达调味品、艺扬墨业等10多家企业入驻，其中6家企业当年已投入生产。

产业发展聚集效应。和顺工业园为食品加工专业园，以圣农集团为龙头，是我国规模最大、现代化程度最高的自繁、自养、自宰白羽肉鸡专业生产企业，已形成了集饲料加工、种鸡养殖、种蛋孵化、肉鸡饲养、肉鸡加工、食品深加工为一体的白羽肉鸡“全进链”的全产业链。金岭工业园作为承接发达地区产业转移，新上工业项目以及老企业提升改造后退城进园的集约化工业平台，是以食品加工为主导产业，以生物制药和传统资源加工为辅助产业的生态园区。2021年，食品加工产业实现工业产值123.92亿元，产业集聚达94.8%。

招商引资凸显活力。重视招商前期项目策划、论证工作，及时更新项目储备库，定期开展招商项目策划工作。进一步明确光泽县项目策划的目标任务、重点方向、项目库的建设管理和保障措施。为促进县域经济结构调整和产业转型升级，提供项目支撑。实行招商项目跟踪管理机制，按照“谁签约、谁负责、谁跟踪”的原则，建立健全签约项目跟踪落实责任制。合同签约后，确保及时报批注册，按时开工建设，切实提高签约项目履约率、到资率、开工率。全年招商引资氛围浓厚，“回归经济”活力凸显，在上海、厦门等地召开“回归经济”座谈会，共引进回归项目25个，总投资19.5亿元。推进“以商招商”，引进圣新能源生物质发电厂、圣农肉鸡六厂、金岭孵化中心等一批项目落地；实施“轻资产招商”，盘活园区18幢5.3万平方米闲置厂房，晟成生态食品产业园、电子科技产业园、竹循环产业园等特色鲜明的“园中园”初具规模。2021年，全县共引进签约超5000万元产业招商项目32个，总投资43.83亿元，其中，已转化开工项目27个，项目履约率超80%。

生态环保严格执行。和顺工业园投资近8000多万元建立4个污水处理厂，采用物化加生化相结合的处理工艺，每日可处理污水22000多吨，完成规划环境影响评价评审。金岭工业园绿化面积9.3万平方米，绿地率达31%，绿化覆盖率达36%。投资4000多万新建了日处理污水5000吨的金岭污水处理厂已投入营运。目前，工业园新一轮土地集约利用评价、水土保持方案、地质灾害评估。为提高项目投资的可行性，项目落地决策的科学性和确定项目投资政策的合理性，对投资入驻工业园区的投资项目，实行联合审核制度，确定项目是否可以入园。同时，对新上项目坚决执行“四不批”政策：即环境影响评价不过关的不批、环境容量不允许的不批、区域或流域排污总量超标的不批、污染防治措施不可行的不批。入园项目均通过环评审查，按要求建设污水处理、粉尘处理、降噪处理设施，尤其是对用水量大，要求建设水循环利用系统，加强定期监测，主要污染物符合全县污染物排放总量控制要求，有关企业固体废物综合利用率指标达到国家标准。

（摘编：王增丰）

邵武经济开发区

邵武经济开发区自2003年2月开始建设，2006年8月经国家发改委审核省政府批准为省级开发区，核定面积为86.67公顷（1300亩）。2021年园区共入驻企业301家，规上企业62家，2021年全年实现规模工业产值182亿元，工业企业税收2.45亿元。在2020年全省97家省级以上开发区评比中，涉及57个指标中有14个均取较上年取得进步，综合实力排名第58位，比2019年上升6位。

基础建设日趋完善。电力设施：建设22万千伏安坪变电站1座，规划建设朱山11万千伏变电站。供水系统：实行工业用水和生活用水分支供水，工业用水来源1.75万吨/日的紫金山水厂（日供水1万吨左右），生活用水管网与城区联网，均由中闽水务（邵武）有限公司运行。环保设施：已建成并正常运行6000吨/日的污水处理厂一座（远期总规模为30000吨/日）和空气监测站3座，正在建设6000立方米事故应急处1座；一般固废和危废处理分别依托市垃圾填埋场和绿益新环保公司专业处理。能源供应：主要以天然气和蒸汽为主，天然气由中裕燃气公司建设运行，供气管网已铺设至紫金、龙川平台；蒸汽由福建中燃清洁能源公司投资建设集中供热项目，设计规模3×45吨燃煤锅炉。通讯设施：已建成5G基站5个，5G信号基本可覆盖整个园区。产城融合：建有皇庭新世界、城中花园、紫金城等3个高档住宅小区，有商品房近6000套，同时配套建设建成4个保障性安置小区，建设安置房1254套；区内有邵武第二实验幼儿园、八一希望小学、邵武第八中学等，维也纳酒店、大型商超、餐饮酒店、麦当劳、闽赣物流园已入驻，基础设施配套完善。是闽北地区规模优势明显、产业配套齐全、产业特色突出、产业链条完善、产业集群聚集的综合性省级开发区。

项目建设全力推进。2021年，园区以“五个一批”为抓手，推进全区20个项目建设，项目总投资18亿元。全年新开工荃利家居、大诚世纪二期、鑫丰竹木、含香二期、黄记食品、豪顺兔肉等6个项目（总投资8亿元），建成闽达清水笋、鑫森炭业车用活性炭、德林多粘胶纱、利良印刷生产、集中供热、天宇热溶胶、佳诚竹木、意创机械、林炎生活用纸、臻翔防腐设备、隆鑫纺织无纺布、丁腈手套、金维新材料、晗昊板式家居等14个项目，总投资10亿元。谋划54个基础配套设施建设项目，总投资1.6亿元，已竣工项目50个，总投资1.2亿元。

产业发展稳步提升。园区以林产加工、新型轻纺、绿色食品、新能源新材料、电商物流为主，共入驻企业301家。按产业分为：林产加工类企业191家，新型纺织类企业27家，绿色食品类企业7家，其他类企业76家，就业人数2万余人。按规模分为：规模工业企业64家，规下企业237家。2021年，随着大诚世纪集成家居有限公司、福建含香食品有限公司、福建邵武佳诚竹木制品有限公司、林炎（福建）有限公司、闽赣（邵武）互联网产业物流园、邵武隆鑫纺织实业有限公司等公司相继投产，初步形成了多产业齐头并进的良好局面。

招商引资拓宽渠道。2021年，开发区创新招商理念，采取“链长制招商、一把手招商、以商招商”等方式扩大招商引资。全年，开发区新引进投资项目8个（总投资额11亿元），其中荃利家居用品日用及医用竹制品项目、鑫森炭业车用活性炭生产扩建项目、存知高档展示（卡）册、广告册、装饰和包装美化的纸制品项目、杜氏高端智能家具生产项目投资额均超过亿元。

生态环保严守底线。园区大力抓好生态环保工作。严守“环境质量只能更好、不能变坏”底线，坚持生态优先、加快绿色发展，以中央生态环保督察整改为抓手，结合“四比六促”活动，严格落实党政领导生态环境目标责任制，全力打好污染防治攻坚战，精心呵护好绿水青山。一是坚持高位推进，着力强化生态环保责任；二是坚持绿色发展，着力推动高质量发展；三是坚持综合治理，着力打好污染防治攻坚战；四是坚持问题导向，着力解决生态环境突出问题；五是坚持依法依规，着力提升环境监管水平；六是坚持与时俱进，着力构建生态环境治理体系；七是坚持从严治党，着力打造生态环境保护铁军。

（摘编：孙云荣）

浦城工业园区

浦城工业园区地处县城北部，离中心城市3.5千米，工业园区紧连“长三角”与上海、温州、杭州、福州、南昌形成四小时经济圈。是福建浦城北大门前锋的重要平台，也是浦城承接长三角产业梯度开发的前沿平台及经济结构调整、产业升级和招商引资的重要基地。2021年，浦城工业园区24家规模企业完成工业产值32.57亿元，比去年同期增长19.9%；创造税收1.14亿元，比去年同期增长9.3%。园区规模工业企业在整体经济下行及疫情环境下保持了逆势增长的态势。

基础建设有序推进。浦潭产业园横九路、浦潭大桥、滨溪路、浦潭大道、110千伏变电站（双线双变）等项目现已建成且投入使用，显著提升园区企业对外对内的输送能力。按照“循环化绿色园区”发展理念，建成浦潭产业园日蒸汽量4000吨热电联厂（全市首家）项目，全力推动浦潭产业园实现集中供水、供电、供热、污水处理，降低企业生产成本。同时新增2.5亿元建设防洪堤、滨溪路、浦潭大道、污水处理厂二期（10000吨/日）等配套设施，着力打造优质营商环境，增强园区承载力、吸引力。

招商引资改革创新。坚持把招商引资作为重中之重的工作之一，通过创新招商引资模式，强力推进招商引资工作迈上新台阶。采取会议招商、机构招商、环境招商、政策招商、中介招商等方式，引进了一批实力雄厚、税源可靠、前景看好的省市重点工业项目。目前，园区共入驻企业36家，均已建成投产；热电联产项目已竣工拟投入生产；在建和计划建设的项目有绿康系列产品、蒙正系列产品、仁宏药业等项目，初步形成了以医药制造、生物制药、食品及饲料添加剂、专用化学品和日用化学品制造等产业为主、相关下游产业为辅的生物化工产业集群。

生态环保一以贯之。园区引导、督促入园企业加快工艺改进和设备更新，淘汰了一批能耗大、污染重、效益低的陈旧设备，实现了环保技术升级。积极推广清洁生产，提高入园企业门槛，构建多层次的产业链网，使园区内的产业结构和空间布局合理化，从源头控制污染。建成日蒸汽量4000吨热电联厂（全市首家）项目及一期日处理量达6000吨污水处理厂，加快建设二期日处理量达10000吨污水处理厂和日处理8000吨自来水厂，实现园区集中供水、供电、供热、污水处理，为园区各企业安全、绿色、高质发展提供有力保障。

（摘编：孙云荣）

建瓯工业园区

建瓯市工业园区位于建瓯市东郊，距市中心3千米，距火车站约6千米，高速公路枢纽互通口设置其中，环城路和浦南高速公路均在中心区穿过，到武夷山机场50分钟车程，交通十分便利。2021年，建瓯工业园区入驻企业130家，其中工业企业95家，商贸企业35家。全年实现工业产值135亿元，实现税收2.05亿元，其中40家规模工业企业实现工业产值63亿元，税收1.64亿元，完成出口创汇6.5亿元。2020年在全省率先完成省级园区整合托管工作。在2020年度全省89家开发区综合评价中排名第41位，排名保持连续四年上升。2021年度开发区绿色发展考评工作在南平市排名第二。

基础建设大力推动。2021年园区加大力度投资园区基础设施建设，其中城东工业园已建成客运汽车始发站、22万伏变电站、供水能力达3万吨的自来水供水站、省级竹产品检测中心、总规模2万吨（一期建设日处理7500吨）的污水处理厂、全民健身活动中心和园区主次干道。园区主干道曙光路“白改黑”项目完成部分路面破除，管道施工，正在进行路缘石和人行路床、护坡土方施工。丰乐工业园正在建设投资1.5亿元的园区基础设施项目，包含路网3.8千米、台地平整约500亩、总规模日处理5000吨（一期日处理量3000吨）的污水处理厂和总规模日处理1万吨（一期日处理量5000吨）的自来水厂各一座。丰乐污水处理厂已完成粗细格栅、综合机房、综合楼、高效沉淀池基础，调节及事故池顶板也已完成施工。丰乐二期道理已完工，丰乐一期道路完成雨污管铺设，丰乐三期道路完成部分路基施工、管道开挖及铺设。莲花坪工业园已建成日处理

3000吨的污水处理厂，园区主次干道。二期规划面积3000亩，完成征地650亩，二期开发项目建成后预计可供入驻企业40家。

产业发展提质增效。为贯彻落实习近平总书记来闽考察重要讲话精神，园区围绕绿色、环保的发展理念，全力打造高质量发展的产业园区。在做强“一根竹”、做大“一瓶酒”产业发展中挑大梁勇担当，强化产业延链补链，着力谋划、生成、落地一批质量高、利长远的新项目好项目，推进项目滚动接续，持续增强发展后劲，为园区生产提质增效。做大做强圣象华宇集团、双龙戏珠酒业等龙头企业，跟踪落实华宇集团二期、双龙戏珠二期建设项目，确保项目按期竣工投产。开展绿色园区创建，加大绿色制造理念和相关政策宣传，提高全民绿色发展意识，为绿色工厂和绿色园区建设创造良好社会氛围。精准园区产业定位，充分发挥建瓯市优势资源，结合现有招商环境、优惠政策，发挥现有园区产业集群效应，对一区三园进行统一规划，集中打造城东工业园以竹木加工为主导，食品加工、中药制造、废纸再生利用、汽车物流，专业市场等公共服务设施相配套的综合园区。丰乐工业园产业规划以竹木加工、农产品加工为主导。莲花坪工业园规划以新材料（竹木加工及塑木制品为主）、食品加工为主导。明确三园发展方向，突出主导产业，带动产业集群，延伸产业链条，打造工业园区区域品牌。

招商引资精准突破。为全面营造快捷、规范、透明的营商环境，推动经济快速发展，园区从健全机制、优化流程、夯实基础等几个方面入手，建立“一站式服务平台”，全流程对接企业，做好服务跟踪。2021年园区主动对接客商，共接待客商30多批次，充分用好闽东北协同招商、以商招商工作机制。2021年新落地项目18个，其中，新入园企业12个，其中包括美和家居工艺品、联华七贡食品、美新科技等业内知名企业。腾笼换鸟4个（永昌木业、巨宏木业已入驻雅虎地块、新永兴木业入驻莲花坪园大自然地块、三木（福建建瓯）竹业有限公司竹木家居日用品生产项目入驻精工齿轮地块），改扩建2个（圣象华宇集团居怡二期居佳家居竹木全产业链项目、双龙戏珠二期项目），当年开工当年投产项目7个。

（摘编：周树峰）

松溪经济开发区

松溪经济开发区按照“一区三园”构架，分城东园、旧县园、三和园组团建设。城东园于2003年启动建设，2007年启动旧县园建设，三和园目前处于开发建设起步阶段，2011年8月城东园经省政府批准升格为省级开发区。2021年，开发区实现工业总产值55亿元，创税约9600万元。园区列入省、市重点项目8项，总投资18.38亿元。闽瑞三期新型复合纤维扩建项目第二套生产线、普仑斯泵业年产2万台（套）高效节能单级离心泵系列研发生产项目、松溪县盛邦精密铸件厂区建设项目、雷尔高分子吸水新材料项目第二条生产线、松溪县电机绝缘套管生产项目、松溪县精密铸件建设项目、松溪县年产10000吨水泵铸件生产线建设项目先后竣工投产。

基础设施配套完善。开发区交通便捷，2020年衢宁铁路开通运营，长深高速和G353线从园区穿过，园区毗邻浙江省庆元县，是向北承接浙沪地区产业转移的“桥头堡”。园区基础设施和拓园项目建设高效推进，先后完成了三和园C区启步区第一批次土地、城东园新型纺织专业园、旧县园（奥大二期、金宏洋二期、矩霖制造）等成片开发方案的报批工作，完成三和园毛源垅片区（原聚酯瓶片地块）土方平整、黄坑垅地块土方平整、城东园排水系统提升改造（一期）、城东园中兴五路、旧县园基础设施（污水、排水、人行道等）提升、三和园矮溪桥改沟项目等工程建设。为园区高质量发展奠定了坚实的基础。

项目建设有序推进。2021年，园区列入省、市重点项目8项，总投资18.38亿元。闽瑞三期新型复合纤维扩建项目第二套生产线、普仑斯泵业年产2万台（套）高效节能单级离心泵系列研发生产项目、松溪县盛邦精密铸件厂区建设项目、雷尔高分子吸水新材料项目第二条生产线、松溪县电机绝缘套管生产项目、松溪县精密铸件建设项目、松溪县年产10000吨水泵铸件生产线建设项目先后竣工投产。

产业发展蓬勃壮大。开发区目前已形成以林产工业、机械制造、新型轻纺、食品加工为主导的产业格局。城东园位于县城东部，距县城中心1千米，规划面积2.31平方千米，以林产工业、机械制造、新型轻纺为主导产业，其中林产工业分为工艺茶具加工、文化产品加工、竹制品加工三个类型，代表性的企业分别有畅宏茶具、金亿文化用品、华韵竹木等。机械制造的代表性企业为永顺机械，该企业承接的福建省科技厅重大科技援疆项目——新型棉秆拔切残膜回收联合作业机目前已取得重大进展，产品已进入批量生产阶段。新型轻纺产业主要依托从华西村引进的高端ES纤维项目，形成以福建闽瑞新合纤股份有限公司为龙头的新型轻纺产业链。旧县园位于松溪县旧县乡，距长深高速旧县出口1千米，规划面积2.09平方千米，主要打造精密铸造专业园区，形成以工程机械、智能装备、电力电气、汽车部件等产业的精密制造特色，产品覆盖不锈钢、耐热钢、双向钢、碳钢、合金钢等100多种材质，广泛应用于军工、汽车、船舶、医疗、食品、建筑等行业。三和园位于松溪县郑墩镇，规划面积8.05平方千米，目前处于开发建设阶段，重点打造绿色食品（茶叶加工）、机械制造、新型建材、生物医药等产业。

招商引资精准定位。新型轻纺产业重点招商方向：纺织面料、化纤、品牌服饰以及洗洁巾等家用纺织品加工；箱包鞋服加工；绿色围挡、纺纱、汽车内饰生产加工。林产工业重点招商方向：竹木制品加工（竹木工艺品和家居制品加工、建筑材料等）；绿色食品加工（以茶业加工为主）；生物能源。机械制造产业重点招商方向：精密铸件阀门和泵业、汽车零配件铸件生产加工。

生态环保严格把关。为完善园区生态环境监管，统筹推进园区污染治理，完善支持绿色发展，已启动园区的规划环评（修编）工作。同时以建设“绿色园区”为抓手，严把项目准入关口，对不符合环保政策的企业不予准入，同时对现有“三高一低”（高投入、高能耗、高污染、低效益）项目，引导企业易地搬迁、改造转型。

（摘编：张全进）

政和经济开发区

政和经济开发区于2011年9月谋划建设，2012年4月动工建设，同年6月获批为省级经济开发区。2021年，政和开发区围绕政和县“2+3+4”现代绿色产业体系，立足一区五组团发展格局，打造“百亿产业园”，经济持续增长，主导产业发展势头较好，骨干企业运行良好，企业效益明显提高，2021年来，新增入驻企业10家，新增开工企业8家，新增投产企业3家，目前，签约入驻企业118家，96家投产经营，15家正在建设，用工人数超6000人，2021年完成工业总产值42.2亿元，比增15.3%，32家规模以上企业工业总产值34.61亿元，比增26.6%；完成固定资产投资12亿元；实现税收入库1.22亿元，比增79.5%；实现工业用电量约2.81亿千瓦时，比增34.2%。在2020年度福建省国家级和省级开发区（全省97个）综合发展水平评价中，政和经济开发区位列福建省第40位，在参评的22个省级脱贫县名列第三，呈现逐年上升趋势。

基础建设改造提升。2021年开发区坚持高质量发展要求，坚持高质量发展要求，完成开发区基础设施建设，完成鸭母垄、松源垄场地平整，并完成各大路网安防监控、道路工程（除人行道、路灯外）等项目。2021年开发区增设各交叉路口红绿灯，新增29处高清道路安全监控摄像头，铺设道路减速带，竖立交通警示牌，保障开发区交通安全；逐步推进第二污水处理厂改造提升、天然气供应系统、职工文化活动中心、闽北绿色家居产业园、电工电器产业园、三期基础设施项目、松源垄工程及部分市政基础设施建设。加快产城融合，同心幼儿园已投入使用，接纳园区及周边儿童就学；中职校、同心小学启动项目建设前期工作；同心创业小区建设项目一期已完成所有前期工作，预计于2022年竣工。

招商引资多点开花。强化“一把手”招商、小分队招商，利用市、县活动平台招商，围绕产业链招商、以商招商及以企引企等方式，广泛收集项目信息，接洽意向入园企业达97家，走访考察盼盼食品集团、宁波惠政工程机械有限公司等

60多家，引进福钻科技（汽车玻璃机械设备）、格兰德电机（减速机）整机成品等3个机电项目，投资约4亿元；在谈项目23个，项目总投资超20亿元，盼盼集团、政和源鑫矿业、福建电友科技等3个一把手招商项目在谈，总投资约40亿元。盘活闲置资源，通过腾笼换鸟，累计帮助17家问题企业完成资产重组，2021年完成原蓝雁、原南鼎王公司资产竞拍，完成再招商工作；联合法院推进武夷三和债务化解，采取节点倒排等方式推进，促进公司负责人积极与民生银行、建行对接处理抵押贷款等事宜。围绕盘活闲置低效土地，激发企业二次创业，依托各片区网格对企业用地情况进行全面摸底排查，加快催促企业进行二期建设，实现产能规模的扩张。

生态环保多管齐下。加快铸造产业转型升级，打造绿色铸造产业，拟制定《政和县铸造产业规范提升三年行动工作方案》，加快铸造产业转型升级。依托南平市环境交叉检查契机，对园区企业进行全面环保排查，多措并举推进问题整改，在前期废水整治方面和固废整治方面取得良好成效的基础上，推进废气全面整治，即“新入园企业高标准建设，原有企业提质升级，淘汰落后工艺设施”目前整改率达90%。

（摘编：张全进）

顺昌工业园区

顺昌县工业园区总规划面积15.21平方千米，沿316国道和福银高速引线等交通干道布局，初步形成了“一区多园”发展格局，即以新屯机械加工园区为核心、促进金山化工园、郑坊光电园、文新生物质产业园、张坑绿色食品产业园等多个专业特色园区共同发展。2021年，顺昌工业园区紧密围绕县委、县政府决策部署，根据《福建省人民政府关于实施工业（产业）园区标准化建设推动制造业高质量发展的指导意见》（闽政〔2020〕1号）、《南平市实施工业（产业）园区标准化建设推动制造业高质量发展三年行动方案》（南政办〔2020〕56号）等文件精神，坚持以党建工作为引领，以项目建设为抓手，以绿色低碳循环为发展理念，推进各项工作有效落实。全年对接中央专项债券，谋划一批大项目、好项目积极向上争取资金，并拓展银行贷款等园区建设资金渠道来源，累计向上争取资金8.05亿元；实行挂图作战，全力抓好项目入库和重点项目建设，完成固定资产投资4.36亿元，工业产值56.86亿元。

基础建设提升改造。围绕高起点、高标准做好园区规划、建设、配套要求，紧盯施工进度质量，推动各产业平台基础设施建设加快推进，有效地提升了园区各产业平台的承载能力和配套服务，保障了企业的生产建设。郑坊工业园区一期平台路网工程、排洪系统改造工程、标准厂房及公租房建设项目已基本完成建设；浙商出口家具产业园一期土方和路网工程基本完成，启动标准厂房建设；保障性租赁住房、污水处理厂提升改造项开始项目前期工作。金山新材料产业园污水处理厂、工业供水厂、埔上至水口寨公路改建工程顺利建成，一期路网道路主体工程完成施工，园区双电源供电、工业管廊、智慧平台、特勤消防站、取水泵房及应急池等基础设施抓紧建设。谟武竹木产业园标准厂房建设加快推进，1、2、3、4号标准厂房已建成。新屯机械加工园完成220千伏宝华Ⅱ路15#—17#塔基迁改，启动污水处理厂建设。五里亭物流园完成电商楼大楼建设。

招商引资精准突破。2021年先后赴北京、上海、天津等多地开展招商引资工作，按投资政策、相关法规及园区产业规划，严把项目质量关，精准招商，共引进企业31家，谋划产业集群建设。同时，突出服务，扶持企业良性发展，为重点项目提供点对点、面对面、心连心的服务，精细化对接各项工作，确保了升升木业、宏丰钢铁等企业增资扩产或技术提升改造项目顺利推进。

（摘编：孙云荣）

龙岩开发区概况

龙岩高新技术产业开发区（龙岩经济技术开发区）

龙岩高新技术产业开发区是福建省人民政府正式批准在龙岩设立的省级高新区，园区范围涉及长汀、永定、新罗三个县区，规划面积132.9平方千米。2021年，龙岩高新区（经开区）实现规模工业增加值比增11.3%；财政总收入完成12.03亿元、比增6.7%，其中地方级收入完成7.6亿元、比增13.1%；固定资产投资比增14.5%，其中工业固投比增31.1%，技改投资比增36.2%；限上商品销售额及营业额比增17.7%。国家级高新区、国家级经开区年度综合评价分别进位17名、26名，获评国家级节约型机关，成功创建福建省军民融合高技术产业基地（示范园区），在全省经开区综合评价中进位2名，管理服务排名全省第2位，在2021年度园区标准化省级综合评价中获产教融合专项第一名。

项目建设赶超进度。实施项目“7+X”部门联审，严把项目准入关，建立项目工作专班制，全面推行帮办代办制，“五比一看”中实现比项目开竣工完成率126.7%、166.7%，其中竣工完成率居全市第一；新签约项目开工转化率100%，居全市第一。15个省市重点、4个“重中之重”项目分别完成年度计划投资的110%、109%。龙净环保输送装备、龙邦工程机械、绿色装配式钢结构等8个项目开工建设，龙马高端环卫装备、龙驰专用汽车、电子信息产业园三期等9个项目竣工投产，龙工新能源装载机、福龙马氢燃料电池洗扫车成功下线。

产业发展欣欣向荣。深入实施“三大”工程，16家重点企业实现产值210.5亿元、比增12%，15家成长型中小微企业实现产值22.1亿元、比增42%。三大战略性新兴产业产值比增33.7%，其中新一代信息技术增势迅猛，产值比增245.7%。全年新增“四上”企业28家，其中规上工业企业13家；新增备案公示国家高新技术企业28家，总数达89家，占比全市约1/4；培育省级“专精特新”企业4家、新增“省级绿色工厂”2家，省级制造业单项冠军企业1家，17家重点企业“上云上平台”。德煜照明成为全市两家省数字经济领域“瞪羚”创新企业之一，龙合智能荣获国家级专精特新第一批重点“小巨人”，龙马环卫和龙合智能获得“省级绿色工厂”称号，致尚生物质获评福建省第五批制造业单项冠军企业。

招商引资成果喜人。充分发挥招商顾问、招商引荐人、“一把手”招商等作用，“以商招商”实现新突破，推行“链长+链主”招商新模式，编制机械装备、新型显示、智能手机三类招商图谱，搭建电子信息产业园、高端装备智造园和新医药产业园等重要产业平台，筑巢引凤，推动新兴产业实现集群发展。全年完成市级谋划项目15个，签约项目48个、总投资109.4亿元，分别完成任务数的107.1%、200%。建成全市唯一跨境电商生态圈，实现注册企业70余家，入驻企业18家，公共服务平台备案企业30余家，通关122万票，出口交易额达10.8亿元。

（摘编：刘海元）

漳平工业园区

漳平工业园区位于福建省龙岩地区漳平市菁城街道、和平镇、西园乡三个乡镇之间。全称为

"福建漳平工业园区" 福建漳平工业园区是国家发改委批准建设的省级工业园区。2021 年漳平工业园区现有规模以上工业企业 96 家，新增规模以上工业企业 10 家，实现规模以上工业产值 194.86 亿元，同比增长 18.9%；实现入库税收 2.4 亿元，同比增长 61.4%；企业用电总量 27741.13 万千瓦时，同比增长 28.1%，占全市工业用电总量 113636.08 万千瓦时的 24.4%。截止 2021 年底在册企业员工 9402 人，较 2020 年底增加 1302 人。2021 年获国家级绿色工业园区。2020 年全省开发区综合发展水平考核评价位列第 20 名。

基础建设提升改造。实施园区基础设施改造提升工程包，持续开展"七通一平"标准化建设。2021 年，总投资 1.55 亿元以上，完成大洋北路、康榜北路、纬二路、纬五路等 7 条路网，总长 2.9 千米；登榜工贸新区标准化厂房 10 万平方米、新材料产业园污水处理厂、新材料产业园道路及菁华大道两侧绿化提升改造工程、智慧体育公园附属设施工程等项目完成建设，园区承载力进一步提升。

项目建设全力推进。以钢铁机械制造主导产业为抓手，加快推进龙钢项目前期，完成项目用地红线 5050 亩（不含公铁物流园）内所有地块土石方工程发包，龙钢 219 地块、原炼铁地块、烧结地块土石方工程已全部施工完成，通信线路、20KV 电力线路完成迁改；11 月 24 日取得《福建省生态环境厅关于批复福建龙钢智能化钢铁工业 4.0 定制化生产示范项目环境影响报告书的函》。规划建设钢铁智慧制造加工产业园，规划面积 1000 亩，承接钢铁机械制造项目落户。新材料产业园开发建设。围绕"3 + N"产业，推进新材料产业园开发建设，一期已完成开发建设 700 亩，总投资 2.3 亿元，道路、水、电、热、通讯等配套设施已完善，新材料产业园污水处理厂建成试运行，入驻企业 5 家；2021 年 3 月启动新材料产业园二期开发建设，开发面积 345 亩，已完成土地征收，土地成片开发方案已经获批。完善华寮化工集中区基础设施。以 2021 年华寮化工园集中区通过化工园区认定为契机，加快完善华寮化工集中区配套设施；开展华寮化工集中区环保基础设施建设项目、智慧园区（一期）建设。

产业发展强链补链。重点培育发展钢铁机械制造、建材、新材料等 3 大主导产业，加快木竹加工、轻纺等产业转型升级，不断强化建链补链强链延链，加速形成产业集群竞争优势和规模效应。2021 年工业园区钢铁机械制造、建材、新材料产业三大主导产业产值占园区总产值 53%。

招商引资精准发力。主动融入粤港澳大湾区、闽西南协同发展区，引进一批好项目、大项目落地。2021 年新签约入驻项目 31 个，总投资约 17.6 亿元以上，其中供地项目 8 个，供地面积 274.83 亩，租赁标准化厂房企业 8 个。

生态环保抓在日常。坚持常态化企业环保日常巡查，提升企业环保主体责任意识，2021 年累计巡查企业 215 人次，发出整改通知书 6 份，与企业约谈 3 次；完成漳平新材料产业园污水处理厂建设工作，2021 年 10 月 22 日污水处理厂已投入试运行。

（摘编：王增丰）

武平工业园区

武平工业园区是省级工业园区，规划面积 14.37 平方千米。2021 年，武平工业园区入驻企业 102 家，其中，规上企业 46 家，国家级高新技术企业 8 家。实现工业产值 101.28 亿元，同比增长 18.9%，首次实现百亿园区目标，其中规模工业产值 91.4 亿元，同比增长 18.3%；实现税收 9120.48 万元（纳税百万企业 14 家），同比增长 34.6%；实现外贸出口 2201.68 万美元；工业用电量 7665.53 万千瓦时，同比增长 11.2%。；完成工业固投 4.07 亿元。在 2020 年全省开发区综合发展水平考核评价中排名第 43 名，前进了 15 名。

基础建设完善配套。配套齐全的高标准厂房为企业提供"拎包入住"的"武平服务"。入孵企业从 2020 年 12 月入驻到 2021 年 5 月全部实现投产，最快的福盛达公司仅用了 3 个月就投产，创造了"武平速度"。从粤港澳大湾区引进的清一色新显企业具有新显产业上游光学级材料，中游显示模组，下游显示终端产品等生产能力，形成了新显产业链的雏形。全力抓好武平新显产业体验中心建设，打造成一座集展览、洽谈、会晤、休闲及教育等多功能为一体的现代化综合性体验中心。新建4栋职工宿舍楼，项目总投资约1.5亿元，总建筑面积约3万平方米，已完成方案设计、施工图设计等前期工作。建设心月公园，与千鹭湖国家湿地公园、集文校区和园区职工宿舍相融合，按照山、水、林、田、湖、草、沙是一个生命共同体的理念，融入“心”“月”元素，打造浪漫唯美的景观氛围，项目总投资约3500万元，11月底开工建设。

招商引资持续发力。2021年园区完成一个1亿元以上项目（可植入式柔性线材生产设备建设项目）和2个辅助项目（年产800万平方米宽幅TFT偏光片项目、年产120吨TFT－LCD混合液晶显示材料项目），亿元以上项目通过市级专家评审并进入市库。实现新签约项目9个（其中新显企业4家），新开工项目9个，新投产项目13个。新引进“宠物金属工艺笼产品生产项目”，实现当年签约、开工、竣工。

（摘编：肖启辉）

上杭工业园区

福建上杭工业园区成立于1997年8月，2006年9月经国家发改委审批核定为省级工业园区。2021年上杭工业园区落户企业225家，其中规模以上企业34家。2021年，完成固定资产投资9.3亿元，实现工业产值689亿元，税收收入3亿元。在2020年度全省开发区综合发展水平考核评价中排名30位。

基础建设深化推进。2021年，深化推进园区标准化建设，实施龙飞路二期（杭富路—黄竹路）道路接通完善工程、杭富路右侧道路完善工程、生态环境公共应急池建设项目和标准厂房建设，在全市“五比一看”中排名前3名。标准厂房项目分三期建设，总建筑面积约18.6万平方米，建成约7.4万平方米，在建约10.8万平方米，总投资约5.18亿元。其中一期项目总投资6813万元，入驻福建晶旭半导体科技有限公司和福建润发电缆科技有限公司等两家企业，拟入驻惠州市豪锦鹏新能源有限公司；二期项目，建设面积约4.2万平方米，总投资8920万元，拟入驻艾斯芸防伪有限公司；三期项目，建筑面积约10.8万平方米，总投资约3.5亿元，2021年12月开工建设。

项目建设全面开花。引入金铜新材料循环产业园建设项目，预计总投资186亿元，占地约4000亩，按照“国际领先、全国一流”工艺设计要求，重点规划精深加工区、产业配套区、创新研发区、表面处理区、废水处理区、集中供热区以及园区市政配套设施，打造国际一流专业表面处理园区。项目建成后，预计实现年产值500亿元以上，年上缴税收30亿元以上。项目计划分三期建设：一期规划位于上杭南高速出口周边，预计总投资60亿元，规划用地约900亩，重点布局高性能铜合金深精加工、高端五金加工等项目；二期规划位于李家坪国控断面区域，预计总投资71亿元，规划用地约2100亩，其中表面处理区约500亩。拟建标准表面处理厂房约15万平方米，标准厂房约40万平方米，配套日处理量2.5万吨的废水处理中心以及应急池。将引入九牧集团建设智能五金新材料产业，规划布局智能厨卫五金新材料、高端线路板（PCB）、新能源汽车内饰新材料、新型不锈钢材料、高性能医疗器械材料产业及其表面处理，金（银）盐及金银首饰表面处理、光伏电池背银材料，打造集产业链上下游铜材加工、表面处理、成品制造、新材料研发为一体的水暖卫浴新材料产业链，预计年产值300亿元以上；三期规划位于李家坪国控断面以下区域，预计总投资55亿元，拟规划用地约1000亩，配套日处理量2.5万吨的废水处理中心。以引进高端PCB下游封装、金铜新材料、机械制造等下游产业为主，包括：①机械设备零件溅射镀膜、精密设备、汽车关键配件、结构件等；②高性能电子信息零部件制造、5G通讯、智能装备等领域。目前在建待建项目有福建紫金铜业有限公司铜合金精深加工项目、福建紫金铜箔科技有限公司年产2万吨高性能电子铜箔生产项目、鑫昌龙年产2000吨热塑性弹性体增韧材料项目、晶旭半导体5G通信滤波芯片生产项目、亘鸿钢构集束智能装配科技新模式产业化项目、宏拓金属制品智能化加工项目等。

（摘编：肖启辉）

连城工业园区

福建连城工业园区坐落在风景秀丽的国家重点风景名胜区冠豸山城区西部，是经国家发改委核准、省人民政府批准的省级工业园区。2021 年，连城工业园区规模以上企业实现产值 203.3 亿元，税收 2.4 亿元，产业集聚水平 82.9%。成功培育福建渡远户外运动用品有限公司、福建宇文浩电子有限公司、福建航凯户外休闲用品有限公司、福建力传生物有限公司、龙岩博文工业材料科技有限公司、龙岩安能天然气有限公司、福建省鸿祥竹业有限公司等 7 家规上企业。

项目建设发展壮大。园区新签约致锋钨钢模具材料异型产品及精密加工制造、恒晟和 3C 数码配件、奕龙高强环保复合纸板新材等 29 个项目。新开工康莱宝运动产业园建设、菲克斯达世卫组织防疫物资生产基地、大拇指年产 8000 吨地瓜系列食品等 27 个项目。新竣工渡远复合材料科技产业园、航凯高端户外休闲用品项目、福农三期地瓜干精深加工等 21 个项目。

（摘编：刘海元）

永定工业园区

永定工业园区原称莲花工业园区，创建于 2002 年 10 月，2006 年 9 月经省政府批准为省级工业园区，2012 年起委托永丰新区管理。2014 年 9 月获省政府批复同意南扩，总体规划用地面积 13.68 平方千米，沿永梅出省公路两侧拓展。2015 年 4 月市委进行“三区两园”体制调整，原在高陂的永定工业园区管委会于 2016 年 2 月整体搬迁至南部园区，负责具体管理永定工业园区。截至 2021 年 12 月底，园区入驻企业 101 家，已投产企业 85 家，解决就业人口 4000 余人，其中规上企业 24 家，实现工业总产值 78.5 亿元。

项目建设多措并举。园区加快光电信息产业园建设，引进一批竞争力强、技术含量高、产业链长的线材线缆项目，推动光电信息产业企业集聚发展。一是强化要素保障，优化园区产业布局。重点对园区排洪、排污、供水、供电、边坡治理进行优化，完成了工业园区北环路、文秀数字产业园成片土地开发方案的编制工作，完成青橄榄二期等 6 个项目的土地出让工作，面积达 245.8 亩。二是加快项目建设，增强园区承载能力。园区实行重点项目领导挂钩联系制度，重点推进光电信息产业园二期、三期和新材料产业园二期、三期、纺织循环经济产业园配套设施、文秀数字产业园标准厂房、莆永高速坎市互通等 13 个重点项目建设，实现立孚光电等 4 个项目竣工投产。切实加快推进标准厂房建设和市政管网建设，对部分闲置旧厂房实行“腾笼换鸟”，不断增强园区承载能力。2021 年完成标准厂房建设 17.5 万平方米，在建 4.3 万平方米。完成新材料产业园二期、三期市政道路管网建设 0.7 千米，全年完成投资 5.6 亿元。

招商引资主动出击。园区主动融入粤港澳大湾区和闽西南协同发展区开展招商引资工作。全年外出招商 23 次，接待来园区考察客商 50 余批次，跟踪洽谈项目 38 个，其中落地意愿强烈项目 12 个，新签约项目 8 个，其中数字经济项目 4 个，光电信息及配套项目 2 个、新材料及配套项目 2 个，总投资 30.8 亿元。

（摘编：肖启辉）

长汀经济开发区（龙岩稀土工业园区）

长汀经济开发区规划面积 12.82 平方千米，建设用地面积 7.98 平方千米，已纳入省级工业园区管理，为福建省重点抓的 20 个产业基地（集群）之一，被评为第二批福建省新型工业化产业示范基地、第三批福建省省级绿色园区、第四批福建省循环经济示范园区、第一批福建省省级战略性新兴产业集群。2021 年稀土及其相关应用产业产值实现 140.7 亿元，同比增长 13%；新增规上企业 2 家，纳税超百万元企业 7 家。截至年底，共有企业 17 家（含在建），其中规模企业 9 家，亿元企业 5 家。

基础设施持续建设。全年已完成金龙稀土公司稀土园厂区门口道路工程项目、福建先知化学助剂制造有限公司挡土墙工程项目、金龙路排水沟工程项目、18 号、19 号公寓挡土墙工程项目、污水管网工程项目等基础设施项目建设，完成基础设施投资约 8232 万元。

项目建设稳步推进。坚定不移把项目建设作为经济发展的重要抓手，全力开展产业发展建设年活动和“五个一批”项目活动，高水平推进项目建设。园区全年新开工项目 4 个，具体为长汀达旺科技消费类磁组件项目、长汀金龙稀土年产 4000 吨高性能永磁材料改扩建项目、长汀贝思科 5000 吨多层陶瓷电容器用电子级纳米原材料（高纯度电子级纳米碳酸钡）项目、年产 3000 吨稀土功能靶材及稀土金属合金生产线项目；新投产项目 3 个，具体为长汀贝思科高性能纳米钛酸钡产业化项目、长汀优驰磁性材料生产项目、年产 5000 吨碳酸氢镁溶液改建项目。稀金精工特色小镇建设项目正在稳步推进，其中中心大道道路工程 C 段、西环路 A 段、黄馆路、临江绿道景观工程、小镇文化展示区（包括展示馆、体验馆和科技馆）、小镇游客集散中心（包含旅游集散中心、咨询中心、推广中心、集散分流等功能为一体的综合体，同时包括稀土文化广场等）等建设项目现已初步完成方案设计及初步设计工作。3 栋职工公寓已完成扫尾工程并竣工验收。

招商引资突出重点。积极发挥长汀稀土资源优势，依托厦门钨业龙头带动，围绕“龙头招商”“产业链招商”“以商招商”等模式，不断拓展招商领域，提高招商成效。全年前往京津冀、长三角、珠三角等地区开展稀土产业招商活动 11 场，完成签约项目 2 个（长汀达旺消费类磁组件项目、先知化学催化剂原料配套项目），总投资 2.2 亿元。

（摘编：王增丰）

龙雁经济开发区

龙雁经济开发区是福建首批循环经济示范园区、国家级加工贸易梯度转移重点承接地核心区，2013 年 11 月 13 日，福建省政府批复同意设立龙雁经济开发区，纳入省级经济开发区管理。2021 年，龙雁经济开发区实现工业产值 134.67 亿元，同比增长 14.1%，完成税收 2.33 亿元，新增企业 5 家，新上规模工业企业 1 家。在 2020 年度福建省开发区综合发展水平考核评价中实现全省省级园区综合排名第 67 名，综合排名前进 14 名。

项目建设落实到位。围绕产业发展项目建设年、“五比一看”工作要求，落细落实 2021 年经济发展工作部署，紧抓项目建设工作，着力解决项目推进过程中的困难和问题，累计完成开工建设项目 3 个，即博坦尼年产 10 万套各类汽车零部件及配件项目、兴瑞再生废钢铁和铁屑生产项目、龙茂机械黏土砂精密铸造生产线项目。

招商引资凸显优势。围绕园区机械加工、化工、建材、新能源等主导产业，着力引进一批“强链、补链、延链”项目，提升园区产业链集聚水平，助推园区高质量发展。2021 年，策划完成危险化学品应急救援实训演练中心建设项目 1 个，对接豪邦化工年产 18 万吨农用硫酸钾项目、危固废处置中心及资源化综合利用项目二期工程、年产 5 万吨环保燃料项目、钨渣减量化资源化和无害化综合利用处置项目 4 个。

（摘编：刘海元）

宁德开发区概况

东侨经济技术开发区

东侨经济技术开发区位于福建省宁德市中心城区。1997年成立，2012年12月经国务院批准，升级为国家级经济技术开发区，定名为东侨经济技术开发区，实行现行国家级经济技术开发区政策。2021年，东侨经济技术开发区实现生产总值658.62亿元，比增61.1%；规上工业增加值633亿元，比增89.3%；一般公共预算总收入61.9亿元，其中，地方一般公共预算收入32.02亿元；固定资产投资191.49亿元；完成出口总值358亿元；实际利用外资1800万元。年度绩效考评连续4年保持优秀等次。在全省开发区综合发展水平评价中位列全省第2，在最新的国家级经开区综合发展水平考核评价综合排名位列第26名，成为全省首个进入30强的国家级经开区。

基础建设提升改造。2021年，东侨经济技术开发区完成湖东片区控规和北部景观提升规划编制，扎实开展塔南片区控规编制。着眼提升城市品质，新建城市福道10.3千米、雨（污）水管网6.8千米、停车泊位175个、口袋公园5处。巩固拓展全国文明城市创建成果，制定出台《开发区农贸市场长效监管工作实施方案》等一系列文明城市创建常态长效机制，实施九龙商城、置业小区等一批老旧小区改造提升工程。常态化整治摊位乱摆、车辆乱停等城市顽疾，落实“门前三包”3760家，整治占道经营1.8万起，疏导流动摊点1.7万次，拆除违建1.12万平方米，市容市貌焕然一新。

项目建设扎实推进。东侨经济技术开发区全年累计签约项目60个，协议总投资140.13亿元，其中，5亿元以上重大项目9个、5000万元以上项目44个，完成全年签约任务的107.8%。“三比三赛”、百日攻坚活动热火朝天，25个在建重点项目完成投资115.4亿元，完成计划123.8%，16个在建重点项目提前完成年度投资计划；年度新增“五个一批”项目101个，在库签约项目履约率100%，开工项目投产率69%。大力破解历史遗留问题，成立棉桃山、井濂、塔南三个片区攻坚突击队，完成征迁660.7亩。专项债券资金申请获批支持28.5亿元，占全市1/4以上，连续两年保持全市第一。城建项目有序推进，完成投资5.3亿元，棉桃山片区路网完成年度计划，二附小周边配套路网前期工作全面启动，新建、续建城市道路2.84千米，完成城市道路“白改黑”4.05千米。扎实推进小微园建设，北部新区标准厂房开工建设，标准化工业（产业）园区排名位居全省前列，获省政府表彰。锂电新能源小镇完成投资58.94亿元，通过国家3A级旅游景区认定。

产业发展蓬勃壮大。东侨经济技术开发区全年实现产值1451亿元，增长98.6%，成功打造全市第二个千亿产业集群。宁德时代实现供应商100%国产化，市场占有率稳居全球首位，入选“全球灯塔工厂”；智能装备制造、大健康产业产值分别完成15.96亿元、44.66亿元。安发、鲁花、亚南等公司入选省级工业龙头企业；成功落地好奇心影业等一批现代服务项目，初步形成以武汉动游为龙头，好奇心影业、极光传媒等组成的新媒体文创产业集群，成为全省唯一入选全国第二批先进制造业和现代服务业融合发展试点区域。双创示范基地建设稳步推进，创新能力持续增强，时代21C创新实验室部分投入使用，新增国家级高新技术企业10家，入选省级科技小巨人领军企业7家，获批省、市“专精特新”企业4家、“单项冠军”企业3家，高新技术企业产值占规上工业产值93.8%。全区获批专利授权405件，增长37.8%，每万人发明专利拥有量提升至17.63件，远超全市平均水平，专利合作协定（PCT）国际专利申请642件，位居全省第一。

生态环保严格治理。建成全省首个县级低值可回收物分拣中心，成功创建福建省垃圾分类示范片区。扎实推进生态环保督察问题整改，全面启动西陂塘防洪防潮提升改造工程和四孔桥水闸除险加固工程。全面落实河（湖）长制，持续推进生态环境改善，以生态底色彰显为民本色。

（摘编：张全进）

福安经济开发区

福建福安经济开发区（原名福建省闽东赛岐经济开发区），地处闽东中心的赛江之畔，是福安市滨海新区建设的重要组成部分，是闽东地区第一个省级经济开发区，是宁德市（福安）军民融合深度发展产业园的核心区。2021年，开发区完成规上工业企业总产值62.98亿元，固定资产投资6.09亿元，税收收入2.51亿元。2020年，开发区共有规上工业企业28家，全年完成限上商贸贸易额10.31亿元。

项目建设有力推进。2021年，开发区全面启动并部分完成樟港、大留、小留和罗江产业园的基础设施配套前期工作。赛和置业和世贸云玺等房地产建设有序推进，成为罗江的新地标和高尚住宅区，为罗江人口聚集和企业职工提供良好的生活环境。江滨大道（B段）道路工程一期工程竣工投入使用，莺歌大道、坑门里工业路动工建设，大洋路、樟港路即将完成前期工作并即将动工建设。罗江社区卫生服务中心动工建设，福安二中初中部教学综合楼建成并投入使用。城镇面貌、基础设施配套、民生事业建设和产业发展同步推进、相得益彰，进一步推进了产城融合。

产业发展转型升级。2021年，开发区成立了鑫泰汽车新能源产业技术研究院，建成京港众创空间并投入使用，智慧园区一期投入试运行，为企业搭建了政府主导的创新服务平台。国家级大中小企业融通型双创特色载体项目顺利通过财政部验收，省级园区循环化绿色改造项目通过省工信厅验收，带动了巨龙、新银嘉、大西、一洲、德普柯、富贵铼、福华和联港等一批企业转型升级。一批低效高耗的产业相继淘汰，一批空置厂房实现“腾笼换鸟”，以新能源配套为主的新的主导产业正在形成，企业转型升级步伐加快，经济质量持续向好。

招商引资创新改革。2021年，开发区不断创新招商引资方式，改进招商引资方法，完善招商引资优惠政策，努力以大项目推进大发展。全年引进项目6个，完成招商引资17.4亿元，同比上升182.35%，排名位居福安市前列；相继引进广东嘉元科技、深圳长盈精密技术和宁波震裕科技等一批上市企业落地建设或投产，是开发区成立以来招商成果最好的一年，为实现“十四五”发展目标奠定基础。

（摘编：赵小真）

宁德三都澳经济开发区

宁德三都澳经济开发区于1998年3月经省政府批准设立，是以港口、商贸、加工业、海洋产业为主的省级经济开发区，位于天然深水良港三都澳内，已建成万吨码头和疏港公路，可建多个10—30万吨级泊位码头。2021年，开发区完成地区生产总值188.54亿元，增长153.5%；新增入园企业4家，目前入园企业共计66家；实现工业产值572.1亿元，增长355.9%；财政收入8.6亿元，增长203%；税收收入8.22亿元，增长138%。其中三屿工业园区上汽乘用车福建分公司完成22.8万辆整车生产，增长241%，实现工业总产值超231亿元，增长超150%；创造税收约5.6亿元。2020年，三都澳经济开发区在全省88个开发区的综合发展水平考核评价排名再度上升10个位次，位列第35名。

项目建设有序推进。宁德锂电新能源车里湾产业园区：项目建成后主要生产新能源汽车动力电池及储能电池，预计新增就业岗位4000多个；主要供应国际车企需求，有助于吸引更多新能源车企在宁德投资落户。2021年总投资约80亿元，项目于2022年4月开始逐步试产并达产，达产后预计年新增产值约500亿元、税收15亿元。省重点项目大黄鱼产业园：按照百日攻坚要求有序推进建设工作，完成排污口论证、环评、污水处理、供水供电等基础设施建设，园区厂房及办公配套用房有序推进。2021年，大黄鱼产业园已累计完成投资约7.9亿元，其中2021年完成投资约2亿元，建设厂房面积6万多平方米。同时，三都澳港区城澳作业区西1号泊位于2021年11月19日竣工投产；园区基础设施建设和安吉物流等配套项目建设有序推进，启动新增10万平方米厂房建设，协调落实园区外整车停放5500台；积极推进园区厂房建设、停车场建设以及各项保障服务工作。

产业发展全力推动。开发区结合区位特点、资源禀赋、产业基础、环境容量等，科学制定发展规划，全力推动新能源汽车、港口货运、食品冷链等园区产业发展，走专业化发展道路。充分发挥龙头企业引领、集聚、支撑作用，支持三屿工业园区上汽宁德基地做优、做大、做强，建成配套齐全、功能完善、全国先进、技术一流、绿色生态的现代化汽车生产标杆基地。进一步推进标准化园区建设，推进信息化与工业化深度融合，鼓励企业推进智能化发展，提高产业竞争力，推动各类要素资源、政策资源向龙头企业倾斜。统筹推进三都澳港区城澳作业区连片开发，2021年度福建省重点项目三都澳港区城澳作业区西1号泊位工程项目于2021年11月竣工，投产后将进一步提升三都澳港区城澳作业区港口基础设施条件，加快三都澳港口高质量发展，满足临港产业水路运输的需求。

招商引资精准发力。围绕上汽宁德基地配套供应链持续招商发力，积极开展企业摸排和招商拓展，2021年共引入四家一级供应商，进一步完善上汽宁德基地汽车生产产业链，实现新一级供应商落地投产。

生态环保严格落实。加强园区环境整治，2021年已完成开发区（城澳园区）总体规划环评论证；推动省环保督察三屿污水处理厂的整改工作，落实园区整体管网排查和溯源工作，已完成园区内雨污混接整改。

（摘编：赵小真）

福鼎工业园区

福鼎工业园区位于福建省宁德市福鼎市福鼎新城，距市中心2千米，总规划面积2.1平方千米，前身为星火工业园区，于1998年9月由宁德市政府批准成立，2006年4月福建福鼎工业园区经省政府批准并报国家发改委审核为省级工业园区。2021年，福鼎工业园区104家规模以上企业完成工业产值194亿元；完成固定资产投资69.92亿元。

基础建设完善配套。园区完成温州大道、双岳溪和文渡污水厂提升改造等基础配套建设和前岐、双岳片区防洪排涝规划编制和控规编制。完成大湾区生态产业园区滨溪西路、环城西路便道建设，棠园至新能源220KV双回线路电力专线建设，以及水、气、污水等锂电项目配套建设，确保锂电项目设备进场和投产后成品运输需求。启动龙安化工园周边道路及配套设施等项目组卷报批，进一步增强园区项目承载能力。

产业发展稳中向好。福鼎工业园区星火、文渡项目区已基本完成，开发建设基本形成具有产业特色的新型工业园区。其中星火项目区逐步形成以华益机车部件、丰泰化油器、晨冠乳业、誉达茶业等为龙头的汽摩配及食品加工产业园；文渡项目区形成以宏大特钢、欧荣布业、有氟密管阀等为龙头的特钢、泵阀、树脂、无纺布、PU革及上下游产品为主的产业园区。双岳项目区作为福鼎市新兴产业园区。根据宁德市委市政府工作部署，该片区定位为先进制造业重要基地、福鼎中心城市产城融合特色组团，增加锂电项目结构件配套产业布局，并规划商住、教育、医疗、交通等公共设施用地以及其他用地。前岐片区定位为宁德湾区产业新兴增长点、福鼎市锂电新能源产城融合新区，主要布局宁德时代锂电项目及商住配套等。佳阳片区定位为发展锂电项目物流、仓储配套及储能项目。龙安化工园被认定为省第二批化工园区，主要以宁德时代配套的锂电池相关配套化工产业及合成革配套的上游产业为主。

招商引资重点围绕。园区强化一把手招商、产业链招商，文渡项目区引进润锦新材料，投资

1.2亿元，双岳项目区引进锂电配套项目领福新能源，其中一期投资2.5亿元。同时，按照产城一体，重点围绕三产服务业，二产机械制造、食品深加工等产业加大招商力度，构建园区产业发展新格局。

生态环保严格执行。全面落实环保“党政同责”、“一岗双责”，严格按照园区的规划环评和批复要求，优化园区产业布局，严把建设项目环境准入。持续推进文渡合成革行业二甲胺气体污染整治，基本完成二甲胺废气治理和废水处理等环保设施的升级改造，进一步改善文渡项目区的大气环境质量，全力推动园区实现全面、协调、可持续发展。

（摘编：赵小真）

周宁工业园区

周宁工业园区始创于1992年，几经扩建，现规划面积3500亩。2021年，周宁工业园区共有规模以上工业企业23家，完成固投入库项目19个。全年完成规上工业增加值5.76亿元，固定资产投资4.23亿元，税收1.23亿元。

项目建设提质提效。周宁工业园区按照周宁县委、县政府工作思路，县城产业发展布局规划：重点围绕不锈钢、新能源和上汽、铸造，以不锈钢产业园工业园区为核心，形成分工合作、产业配套、集群发展的“一区四园”产业主导方向，策划包装招商项目，突出产业发展平台，做到提质提效。其中，周宁县不锈钢深加工产业园总规划用地面积6000多亩。一期总投资8.85亿元，规划面积1743亩，引进不锈钢深加工企业43家，达产后产量可达30万吨，实现产值120亿元以上，税收3亿元；整个园区建成可培育规上工业企业百家，产值突破200亿元，税收10亿元，入驻43家企业，截至目前，共有28家企业完成厂房建设，其中16家企业已投产，15家正在进行基础建设。二期规划用地4400亩，其中可出让用地为2148亩（工业用地1948亩、生活配套200亩），可出让用地可安排不锈钢针管、不锈钢餐厨、不锈钢拉丝等不锈钢深加工企业60家。

招商引资主动出击。2021年以来，园区围绕四大主导产业开展产业链招商，认真做好招商引资，做到了目标明确、积极落实、稳步推进，招商各项工作均保持良好发展态势。推行县党政“一把手”亲自带头招商。全县各乡镇、各有关部门通力协作，通过“小分队”走出去招商和请进来洽谈等形式，先后赴浙江、广西、上海、厦门等地，围绕千亿集群产业链和特色旅游、金融服务、大宗商品贸易等方面，开展党政“一把手”招商。

（摘编：谢建东）

古田工业园区

古田工业园区位于古田县城区西南面的局下、浣中、浣下、官江一带，距城区约2千米，总用地面积为249公顷，其中一期工程47.5公顷。园区根据现状用地控制情况与202省道衔接。区内交通便捷，三面环山，区内现有一座35kV变电所，有4回35kV进出线，并将规划建设一座220kV古田变电站，位于本区东北方向古田县城300立方米高位水可向本区供水，是古田县最大的工业新区。2021年，园区实现地区生产总值45.86亿元，比增8.6%，规模以上工业增加值4.23亿元。纳税总额2831.69万元，进出口总额79703万元，从业人员约3000人。

项目建设扶持推动。以扶持县食用菌支柱产业为原则，根据国家、省、市的工业用地调整的政策要求，在符合规划、不改变土地用途的前提下，按照相关法律法规，对东区采取厂房增层扩容、建筑立面改造的办法，扩大企业生产空间。同时加快西区基础设施配套工程建设（包括园区道路、河道、供水、供电等），配合推进“双创”基地项目、“文化三馆”、城西双语幼儿园等项目建设，扶持推动、引导动员对驻留厂区窄小和旧厂房的企业退城入园，集聚发展。

产业发展突出优势。园区根据发展调整优化产业布局，依托古田食用菌产业优势，形成东区以食用菌加工、销售、仓储和包装为主导的绿色园区，现集聚企业123家，包含规模以上企业23家，限上企业12家。西区以食用菌精深加工为主导，配套博览中心、美食体验中心和物流仓储等公共服务，现西区已入驻三友、德惠、志诚、康亿达等十一家食用菌龙头企业。

生态环保多措并举。一是建立健全环保机制，制定园区环保检查计划和方案，加强环境保护管理；二是严格监管已入园企业，明确环保要求，并要求已建成投产企业严格落实环保责任，排放污染物必须达到环保排放标准；三是全面开展“一企一档”工作，收集园区内企业环保方面信息。现东西区规划环保评估已完成，固体废物与维修废物处置综合利用率两年连续达到100%，园区土地建成率73.4%，综合容积率89%。园区企业环保相关信息已进行摸底排查，数据库逐步建立。

（摘编：赵小真）

屏南工业园区

屏南县工业园区为省级开发区，按照福建省人民政府审核批准的范围，福建屏南县工业园区东至涤头村、南到甘棠村、西到屏南县城关、北至凤林村，用地总面积160公顷。2021年，屏南工业园区工业企业投产达效明显。新能源锂电池凹版、华仁汽车配件等15个产业项目开工建设，新能源正极材料一期、瑞幸咖啡、板式家具等10个产业项目竣工投产，新增规模以上工业企业6家，合计产值2.18亿元，逐步形成产值增长极。

产业发展转型升级。溪角洋工业园区位于棠口镇，规划面积约为446.8公顷，该园区重点布局新能源新材料、高端制造业、高新技术产业项目，以屏南时代为核心，发展动力锂电池、新能源汽车产业链及配套或附属产业。入驻的企业有屏南时代新材料技术有限公司10家企业。溪坪工业园区位于屏城乡南部，规划面积约为100公顷（其中13.33公顷为上源工业集中区）该园区是屏南县最早开发的园区，园区工业用地与居民区用地毗邻，现结合上源工业集中区发展规划，逐步引导园区转型升级，重点建设用于承载其他园区所需要配套的电商、金融、物流、商务服务等生产性服务业，打造产城融合发展新高地。漈头工业园区位于城关至火车站主干道两侧，规划面积约为51.73公顷，四至范围为东至漈头村、南至S303、西至屏南锦辉木业有限公司、北至清水变电站。该园区利用“全国民间药膳示范县”和“福建药膳美食名城”的牌子，结合药膳小镇开发建设，重点发展特色食品加工基地及配套或附属产业。已落户的企业有瑞幸咖啡烘焙（屏南）基地项目、健神生物、泰华工艺、永丰生物等15家企业。2021年，新增甘棠（新型）工业园区，该园区位于甘棠乡南侧，规划面积约为66.67公顷，四至范围为东至S202、南至S202、西至高速互通、北至甘棠镇区。该园区结合早兴亭组团发展规划，利用屏南县丰富的森林资源，重点发展竹木加工上下游产业链及配套或附属产业，形成集群效应。福建省旅贸实业有限公司、宁德谊邦家具有限公司等8家板式家具企业已签约入驻，共建设20条以上板式家具生产线，该园区主要以板式家具制造项目入驻为契机，强化园区基础设施建设，努力打造成为国内一流、国际知名的板式家具产业自主创新示范区。

（摘编：赵小真）

寿宁工业园区

寿宁工业园区2006年4月被省政府确定为省级工业园区，是寿宁县对接长三角、承接浙东南产业转移的重要平台，也是宁德市较早定位、启动的工业园区之一。截至2021年12月，园区入驻企业115家，2021年实现工业总产值32.75亿元，税收10734万元。

基础建设日趋完善。南阳工业园区自来水和污水管网设施建设、园内主干道硬化、通讯网络等建成投用。际武工业集中区涵盖职工生活区、污水处理厂、溪滨山前路硬化、景观公园等，ppp项目已竣工验收。宁德锆镁新材料产业园职工共享之家、产品展览厅、科研楼已建成投用，为园区的进一步发展夯实基础。

产业发展着力打造。园区牢记习近平总书记对寿宁县提出的“马不停蹄办好工业”的殷切嘱托，坚持“布局集中、资源集约、企业集群、产业集聚、生态环保”的原则，依托溧宁高速公路在境内的三个互通口，规划建设南阳工业园区、际武工业集中区和宁德锆镁新材料产业园，着力打造“道口经济”“场站经济”，培育形成工业新材料、精密铸造、汽摩配件、电机电器等主导产业，工业经济已成为推动寿宁加快发展绿色崛起的主引擎。

生态环保从严治理。寿宁是国家级生态功能区，园区根据国家产业政策及产业负面清单的要求，严把项目引进审批关，从源头上杜绝高污染、高耗能、低效益的企业入驻；并对区内各类企业进行合理规划布局，促进园区产业聚集和生态保护、集约用地、资源节约，努力建设“节能减排、低碳环保、循环经济”的绿色工业园区。按照生态型工业园区的发展目标，强化源头管控，实行绿色招商。严格入园企业项目准入门槛，杜绝或限制引进污染大、能耗大的项目，同时淘汰一批在环保、节能方面存在较大问题且无力整改的企业项目；强化企业生产过程动态监管，对重点耗能、耗水、排放企业，按照“减量化”有限原则，进行节能改造、节能监察、能源审计。大力扶持发展绿色产业，实现富民富县。建设污水、垃圾以及固废处理设施，加强运行管理，营造环保、生态、美洁的园区环境。推进循环经济发展，鼓励和扶持企业内部以及企业之间的副产品与能源梯级利用，实现环境效益、经济效益和社会效益同步提升。

（摘编：赵小真）

柘荣经济开发区

柘荣经济开发区总规划面积 9 平方千米，省政府批复面积 4.4 平方千米，目前建成面积约 3 平方千米，下辖生物医药循环经济产业园、砚山洋山海协作示范园、富源综合区等 3 个产业园区。2021 年，开发区实现产值 53.26 亿元，缴纳税收 2.44 亿元。

产业发展逐步升级。园区推动出台新一轮《柘荣县促进刀剪产业发展的五条措施》，从工业用地、培育龙头企业、鼓励创新、支持整合重组、完善产业平台等方面推动刀剪转型升级，积极对接市工信局出台《宁德市促进生物与新医药产业发展若干措施》，主要从科技创新发展、促进科技成果转化、推进特色中药材发展、壮大产业规模能级、推动产业集聚集群、加强市场供应保障、人才培育引进等 7 个方面支持生物医药产业发展。

招商引资有效推进。园区积极开展以商招商、以情招商，有效推进招商引资工作。2021 年先后对接漳州片仔癀与时珍堂合作项目、新生命中药颗粒生产线项目等 18 个生物医药产业项目。元鑫医用手套两条新生产线已建成投产，时珍堂将竣工投产，草本汤全国生产服务中心项目已开工建设，福建龙窠谷生物药业股份有限公司已落地。同时，成功向省侨联推介生物医药产业孵化器、太子参保健酒合作等两个项目。

（摘编：谢建东）

霞浦经济开发区

霞浦经济开发区于 2014 年 1 月经省政府批准设立省级经济开发区，位于城市南部，南临古县沙塘里，规划面积 362.2 公顷。至 2021 年底已引进企业 90 家，总投资达 70 多亿元，现有规模以上企业 39 家，限上企业 12 家，正在建设及筹建的项目 16 家。全年完成工业制造业（含技改）固定资产投资 21 亿元，规上工业产值 61 亿元，税收 1.76 亿元。

基础建设持续推进。2021 年，园区启动霞浦县新能源产业园及配套设施项目，总投资 23.7 亿元。已完成横二路初步设计文件编制并获发改委批复；纵二路（北段）勘察、初步设计文件编制批复和施工图设计文件编制，施工图审查批复完成。招标控制价和工程量清单编制完成，财审初稿完成。同时继续推进开发区转型升级一期项目，项目总投资 7.37 亿元，陆续完成了时代一汽 110KV 线路工程，主物流通道工程及周边路网工程和排洪沟改造工程等工程建设。

项目建设围绕重点。做好项目入驻前期工作和配套基础设施建设，目前省市等重点项目建设进展顺利，邦德年产 3180 万米超纤合成革生产线建设项目树脂车间已竣工投产；“时代科士达储能项目”（北区）第一第二生产线完成安装，2021 年 9 月顺利投产，并顺利完成规上企业的培育工作；嘉鸿水产、善邀福项目、元福塑胶及三海科技项目顺利开工，昌荣工贸、寰江食品完成竣工，正洋食品顺利投产。

招商引资精准配对。围绕“扶引大龙头、培育大集群、发展大产业”为目标，大力支持主导产业发展壮大、新兴产业占比提升、传统产业转型升级，利用时代一汽等龙头企业入驻的有利条件，加快产业结构调整，组织开展上下游配套项目的招商活动。2021 以来陆续引进浦晟新能源、康纳科技、福麟工贸等 12 家企业，协议总投资达 7 亿元，培育壮大福建邦德、众源机械、创凯缝纫机、野湾水产等 10 多家本土企业，新增时代科士达、爱谱森、福宁港渔业等 5 家规模以上工业企业，兴办电商产业园、物流园等商业服务配套。

生态环保严格落实。开发区高度重视环保生态建设，严格抓好各项目环保措施落实，力推不锈钢集中式污水处理厂的环保验收工作，全面实现大沙片区不锈钢集中式污水处理厂和邦德合成革基地污水处理厂的污水处理达标后全部回用不外排，入园企业的生活污水全部接入县城污水厂处理，安排资金投入园区水循环系统建设和园区绿化，建设省级绿色环保生态工业区。

（摘编：谢建东）

第五篇

品牌创建

2022 福建企业 100 强名单

2022 年 12 月 7 日下午，由莆田市政府、省企联、省广播影视集团、省社科院共同举办的 2022 福建企业 100 强发布大会在莆田举行。会上发布了“2022 福建企业 100 强”“2022 福建制造业企业 100 强”“2022 福建服务业企业 100 强”“2022 福建战略性新兴产业企业 100 强”4 个榜单。从榜单来看，尽管 2021 年受全球经济下行叠加疫情影响，福建省大企业整体规模和效益增长态势良好。

数据显示，与去年相比，2022 福建百强企业入围门槛为 100.22 亿元，突破百亿元大关，同比增长 19.97%；总营收 54128.4 亿元，同比增长 19.3%；营收超过千亿元的企业有 10 家，较上年增加了 2 家；共实现净利润总额 2767 亿元，增幅 19.8%，6 家企业净利润超百亿元。此外，2022 福建制造业百强入围门槛为 40.81 亿元，同比增长 34.33%；服务业百强入围门槛为 42.35 亿元，同比增长 20.66%；战略性新兴产业百强企业入围门槛为 8.11 亿元，同比增长 41.04%。

2022 福建企业 100 强名单

排名	企　业　名　称	属性	地区	行业	2021 营业收入（万元）
1	厦门建发集团有限公司	国有	厦门	服务业	71957617
2	厦门国贸控股集团有限公司	国有	厦门	服务业	60498494
3	厦门象屿集团有限公司	国有	厦门	服务业	48438283
4	兴业银行股份有限公司	国有	福州	服务业	39560200
5	紫金矿业集团股份有限公司	国有	龙岩	制造业	22510249
6	青拓集团有限公司	民营	宁德	制造业	16060726
7	国网福建省电力有限公司	国有	福州	服务业	13292865
8	宁德时代新能源科技股份有限公司	民营	宁德	制造业	13035580
9	福建省冶金（控股）有限责任公司	国有	福州	制造业	10604594
10	福建大东海实业集团有限公司	民营	福州	制造业	10123439
11	永辉超市股份有限公司	民营	福州	服务业	9106189
12	厦门路桥工程物资有限公司	国有	厦门	服务业	8342169
13	戴尔（中国）有限公司	外资	厦门	制造业	7142182
14	中化泉州石化有限公司	国有	泉州	制造业	7081224
15	恒申控股集团有限公司	民营	福州	制造业	6592748
16	永荣控股集团有限公司	民营	福州	制造业	6505855
17	福建省港口集团有限责任公司	国有	福州	服务业	6504841
18	福建省能源石化集团有限责任公司	国有	福州	制造业	6472824

续表

排名	企 业 名 称	属性	地区	行业	2021 营业收入（万元）
19	福建闽光云商有限公司	国有	三明	服务业	5865028
20	福建省电子信息（集团）有限责任公司	国有	福州	制造业	5598398
21	福建省农村信用社联合社	国有	福州	服务业	5330379
22	福州中景石化集团有限公司	民营	福州	制造业	4832141
23	福建联合石油化工有限公司	中外合资	泉州	制造业	4722415
24	福建省金纶高纤股份有限公司	民营	福州	制造业	4695729
25	安踏体育用品集团有限公司	民营	泉州	制造业	4559564
26	盛屯矿业集团股份有限公司	民营	厦门	制造业	4523673
27	厦门中骏集团有限公司	民营	厦门	服务业	4033480
28	三宝集团股份有限公司	民营	漳州	制造业	4024038
29	中建海峡建设发展有限公司	国有	福州	建筑业	4000028
30	福建百宏聚纤科技实业有限公司	民营	泉州	制造业	3998798
31	均和（厦门）控股有限公司	民营	厦门	服务业	3727611
32	福州城市建设投资集团有限公司	国有	福州	服务业	3525495
33	漳州市九龙江集团有限公司	国有	漳州	服务业	3447274
34	福建建工集团有限责任公司	国有	福州	建筑业	3332778
35	福建福海创石油化工有限公司	国有	漳州	制造业	3217794
36	厦门海沧投资集团有限公司	国有	厦门	服务业	3076013
37	福建漳龙集团有限公司	国有	漳州	服务业	2937123
38	中铜东南铜业有限公司	国有	宁德	制造业	2800442
39	厦门禹洲集团股份有限公司	民营	厦门	服务业	2707124
40	中国移动通信集团福建有限公司	国有	福州	服务业	2559447
41	福建省高速公路集团有限公司	国有	福州	服务业	2441069
42	兴业证券股份有限公司	国有	福州	服务业	2407294
43	福耀玻璃工业集团股份有限公司	中外合资	福州	制造业	2360300
44	达利食品集团有限公司	民营	泉州	制造业	2229400
45	福建省国有资产管理有限公司	国有	福州	服务业	2220530
46	福建亿力集团有限公司	国有	福州	制造业	2107049
47	厦门航空有限公司	国有	厦门	服务业	2103421
48	福建恒安集团有限公司	民营	泉州	制造业	2079014
49	冠捷电子科技（福建）有限公司	外资	福州	制造业	2047485
50	福州京东方光电科技有限公司	国有	福州	制造业	1824861
51	福建傲农生物科技集团股份有限公司	民营	漳州	制造业	1803816
52	龙岩烟草工业有限责任公司	国有	龙岩	制造业	1789335
53	厦门翔业集团有限公司	国有	厦门	服务业	1783558
54	福建世德久晟贸易有限公司	民营	平潭	服务业	1774529

续表

排名	企业名称	属性	地区	行业	2021 营业收入（万元）
55	厦门合兴包装印刷股份有限公司	民营	厦门	制造业	1754878
56	鹭燕医药股份有限公司	民营	厦门	服务业	1754540
57	厦门夏商集团有限公司	国有	厦门	服务业	1685442
58	福建纵腾网络有限公司	民营	福州	服务业	1682561
59	厦门国际银行股份有限公司	国有	厦门	服务业	1679151
60	福建省汽车工业集团有限公司	国有	福州	制造业	1667425
61	中国电信股份有限公司福建分公司	国有	福州	服务业	1663308
62	福建长源纺织有限公司	民营	福州	制造业	1616644
63	厦门天马微电子有限公司	国有	厦门	制造业	1600000
64	一柏集团有限公司	民营	福州	服务业	1595117
65	宝钢德盛不锈钢有限公司	国有	福州	制造业	1590697
66	厦门宝太生物科技股份有限公司	民营	厦门	制造业	1549262
67	福建圣农控股集团有限公司	民营	南平	制造业	1542539
68	中建四局建设发展有限公司	国有	厦门	建筑业	1541428
69	厦门烟草工业有限责任公司	国有	厦门	制造业	1447910
70	厦门恒兴集团有限公司	民营	厦门	服务业	1402383
71	福建奔驰汽车有限公司	中外合资	福州	制造业	1370052
72	泉州市金融控股集团有限公司	国有	泉州	服务业	1364133
73	中国（福建）对外贸易中心集团有限责任公司	国有	福州	服务业	1337471
74	福建一建集团有限公司	国有	三明	建筑业	1335189
75	祥兴（福建）箱包集团有限公司	民营	福州	制造业	1334751
76	福建吴航不锈钢制品有限公司	中外合资	福州	制造业	1327637
77	福州朴朴电子商务有限公司	民营	福州	服务业	1291307
78	中国人民财产保险股份有限公司福建省分公司	国有	福州	服务业	1291239
79	福建省旅游发展集团有限公司	国有	福州	服务业	1288614
80	福建福清核电有限公司	国有	福州	制造业	1264403
81	厦门市嘉晟对外贸易有限公司	民营	厦门	服务业	1257006
82	三明市城市建设发展集团有限公司	国有	三明	建筑业	1200390
83	厦门鑫东森控股有限公司	民营	厦门	服务业	1152518
84	三棵树涂料股份有限公司	民营	莆田	制造业	1142871
85	福建漳州城投集团有限公司	国有	漳州	服务业	1136117
86	宸关（厦门）光电有限公司	外资	厦门	制造业	1135072
87	百威雪津啤酒有限公司	外商投资	莆田	制造业	1134702
88	福建南平太阳电缆股份有限公司	民营	南平	制造业	1122475
89	福建友谊胶粘带集团有限公司	民营	福州	制造业	1111753
90	福州锦泽石化有限公司	民营	福州	服务业	1108618

续表

排名	企 业 名 称	属性	地区	行业	2021 营业收入（万元）
91	厦门火炬集团有限公司	国有	厦门	服务业	1088554
92	福建宁德核电有限公司	国有	宁德	制造业	1072345
93	福建省闽南建筑工程有限公司	民营	泉州	建筑业	1071335
94	厦门市明穗粮油贸易有限公司	民营	厦门	服务业	1062011
95	福建新华源科技集团有限公司	民营	福州	制造业	1061547
96	厦门经济特区房地产开发集团有限公司	国有	厦门	服务业	1056231
97	福建巨岸集团有限公司	民营	厦门	服务业	1033396
98	福建路港（集团）有限公司	民营	泉州	服务业	1029512
99	福建省华荣建设集团有限公司	民营	福州	建筑业	1010595
100	厦门宏发电声股份有限公司	民营	厦门	制造业	1002266

2022 福建制造业企业 100 强名单

排名	企 业 名 称	属性	地区	2021 营业收入（万元）
1	紫金矿业集团股份有限公司	国有	龙岩	22510249
2	青拓集团有限公司	民营	宁德	16060726
3	宁德时代新能源科技股份有限公司	民营	宁德	13035580
4	福建大东海实业集团有限公司	民营	福州	10123439
5	戴尔（中国）有限公司	外资	厦门	7142182
6	中化泉州石化有限公司	国有	泉州	7081224
7	永荣控股集团有限公司	民营	福州	6505855
8	福建省能源石化集团有限责任公司	国有	福州	6472824
9	福建省三钢（集团）有限责任公司	国有	三明	6419696
10	福州中景石化集团有限公司	民营	福州	4832141
11	福建联合石油化工有限公司	中外合资	泉州	4722415
12	安踏体育用品集团有限公司	民营	泉州	4559564
13	盛屯矿业集团股份有限公司	民营	厦门	4523673
14	三宝集团股份有限公司	民营	漳州	4024038
15	福建百宏聚纤科技实业有限公司	民营	泉州	3998798
16	厦门钨业股份有限公司	国有	厦门	3185220
17	中铜东南铜业有限公司	国有	宁德	2800442
18	福耀玻璃工业集团股份有限公司	中外合资	福州	2360300
19	达利食品集团有限公司	民营	泉州	2229400
20	腾龙芳经（漳州）有限公司	国有	漳州	2169525
21	福建亿力集团有限公司	国有	福州	2107049
22	福建恒安集团有限公司	民营	泉州	2079014
23	冠捷电子科技（福建）有限公司	外资	福州	2047485

续表

排名	企　业　名　称	属性	地区	2021 营业收入（万元）
24	福建省恒申合纤科技有限公司	民营	福州	1975045
25	福建申远新材料有限公司	民营	福州	1935113
26	福建福日电子股份有限公司	国有	福州	1863373
27	福州京东方光电科技有限公司	国有	福州	1824861
28	福建傲农生物科技集团股份有限公司	民营	漳州	1803816
29	龙岩烟草工业有限责任公司	国有	龙岩	1789335
30	厦门合兴包装印刷股份有限公司	民营	厦门	1754878
31	合力泰科技股份有限公司	国有	莆田	1623260
32	福建长源纺织有限公司	民营	福州	1616644
33	厦门天马微电子有限公司	国有	厦门	1600000
34	宝钢德盛不锈钢有限公司	国有	福州	1590697
35	厦门宝太生物科技股份有限公司	民营	厦门	1549262
36	福建圣农控股集团有限公司	民营	南平	1542539
37	厦门金龙汽车集团股份有限公司	国有	厦门	1541841
38	翔鹭石化（漳州）有限公司	国有	漳州	1514706
39	厦门烟草工业有限责任公司	国有	厦门	1447910
40	福建奔驰汽车有限公司	中外合资	福州	1370052
41	福建星网锐捷通讯股份有限公司	国有	福州	1354868
42	祥兴（福建）箱包集团有限公司	民营	福州	1334751
43	福建吴航不锈钢制品有限公司	中外合资	福州	1327637
44	福建福清核电有限公司	国有	福州	1264403
45	福建省南平铝业股份有限公司	国有	南平	1168569
46	三棵树涂料股份有限公司	民营	莆田	1142871
47	宸美（厦门）光电有限公司	外资	厦门	1135072
48	福建龙净环保股份有限公司	国有	龙岩	1129674
49	福建南平太阳电缆股份有限公司	民营	南平	1122475
50	福建友谊胶粘带集团有限公司	民营	福州	1111753
51	福建省力恒锦纶实业有限公司	民营	福州	1101155
52	福建宁德核电有限公司	国有	宁德	1072345
53	福建新华源科技集团有限公司	民营	福州	1061547
54	厦门宏发电声股份有限公司	民营	厦门	1002266
55	特步集团有限公司	民营	泉州	1001324
56	联盛纸业（龙海）有限公司	民营	漳州	958588
57	冠城大通股份有限公司	民营	福州	945722
58	安井食品集团股份有限公司	民营	厦门	927220
59	福建省船舶工业集团有限公司	国有	福州	914937

续表

排名	企 业 名 称	属性	地区	2021 营业收入（万元）
60	九牧集团有限公司	民营	泉州	888466
61	中铝瑞闽股份有限公司	国有	福州	880404
62	宸鸿科技（厦门）有限公司	外资	厦门	871015
63	福建省长乐市山力化纤有限公司	民营	福州	870085
64	福建福欣特殊钢有限公司	中外合资	漳州	826721
65	福建匹克集团有限公司	民营	泉州	820530
66	漳州片仔癀药业股份有限公司	国有	漳州	802155
67	奥佳华智能健康科技集团股份有限公司	民营	厦门	792672
68	福建盼盼食品有限公司	民营	泉州	786709
69	厦门正新橡胶工业有限公司	外资	厦门	737842
70	福建金源纺织有限公司	民营	福州	734037
71	飞毛腿（福建）电子有限公司	港澳台法人独资	福州	717625
72	立达信物联科技股份有限公司	民营	厦门	647723
73	上海电气风电设备莆田有限公司	国有	莆田	643091
74	中交一公局厦门工程有限公司	国有	厦门	637090
75	福建经纬新纤科技实业有限公司	民营	福州	629047
76	明达实业（厦门）有限公司	外资	厦门	605919
77	华峰华锦有限公司	民营	莆田	605692
78	厦门市建潘集团有限公司	民营	厦门	599855
79	福建祥鑫股份有限公司	民营	福州	588009
80	福龙马集团股份有限公司	民营	龙岩	570194
81	捷太格特转向系统（厦门）有限公司	外资	厦门	562302
82	路达（厦门）工业有限公司	民营	厦门	555362
83	福建凯邦锦纶科技有限公司	民营	福州	545803
84	福建天马科技集团股份有限公司	民营	福州	541902
85	林德（中国）叉车有限公司	中外合资	厦门	536731
86	福建龙麟集团有限公司	民营	龙岩	517544
87	昇兴集团股份有限公司	民营	福州	516612
88	福建天辰耀隆新材料有限公司	国有	福州	509562
89	福建恒捷实业有限公司	民营	福州	492563
90	科华数据股份有限公司	民营	厦门	486570
91	厦门轻工集团有限公司	国有	厦门	479573
92	厦门建霖健康家居股份有限公司	外资	厦门	471212
93	福建鑫森合纤科技有限公司	民营	三明	450266
94	厦门强力巨彩光电科技有限公司	民营	厦门	447907
95	福建金牛水泥有限公司	民营	三明	437388

续表

排名	企　业　名　称	属性	地区	2021 营业收入（万元）
96	联芯集成电路制造（厦门）有限公司	民营	厦门	437337
97	厦门银祥集团有限公司	民营	厦门	433706
98	福建省轻纺（控股）有限责任公司	国有	福州	431013
99	华特控股集团有限公司	民营	厦门	429917
100	百路达（厦门）工业有限公司	民营	厦门	408106

2022 福建服务业企业 100 强名单

排名	企　业　名　称	属性	地区	2021 营业收入（万元）
1	厦门建发集团有限公司	国有	厦门	71957617
2	厦门国贸控股集团有限公司	国有	厦门	60498494
3	厦门象屿集团有限公司	国有	厦门	48438283
4	兴业银行股份有限公司	国有	福州	39560200
5	国网福建省电力有限公司	国有	福州	13292865
6	永辉超市股份有限公司	民营	福州	9106189
7	福建闽光云商有限公司	国有	三明	5865028
8	福建省农村信用社联合社	国有	福州	5330379
9	厦门港务控股集团有限公司	国有	厦门	5260428
10	厦门中骏集团有限公司	民营	厦门	4033480
11	中建海峡建设发展有限公司	国有	福州	4000028
12	均和（厦门）控股有限公司	民营	厦门	3727611
13	福建建工集团有限责任公司	国有	福州	3332778
14	厦门海沧投资集团有限公司	国有	厦门	3076013
15	福建漳龙集团有限公司	国有	漳州	2937123
16	联发集团有限公司	国有	厦门	2729983
17	厦门禹洲集团股份有限公司	民营	厦门	2707124
18	中国移动通信集团福建有限公司	国有	福州	2559447
19	福建省高速公路集团有限公司	国有	福州	2441069
20	兴业证券股份有限公司	国有	福州	2407294
21	厦门航空有限公司	国有	厦门	2103421
22	厦门翔业集团有限公司	国有	厦门	1783558
23	福建世德久晟贸易有限公司	民营	平潭	1774529
24	鹭燕医药股份有限公司	民营	厦门	1754540
25	厦门夏商集团有限公司	国有	厦门	1685442
26	福建纵腾网络有限公司	民营	福州	1682561
27	厦门国际银行股份有限公司	国有	厦门	1679151
28	中建四局建设发展有限公司	国有	厦门	1541428

续表

排名	企业名称	属性	地区	2021 营业收入（万元）
29	漳州路桥物资发展有限公司	国有	漳州	1501990
30	厦门恒兴集团有限公司	民营	厦门	1402383
31	中国（福建）对外贸易中心集团有限责任公司	国有	福州	1337471
32	福建一建集团有限公司	国有	三明	1335189
33	福州朴朴电子商务有限公司	民营	福州	1291307
34	中国人民财产保险股份有限公司福建省分公司	国有	福州	1291239
35	福建省旅游发展集团有限公司	国有	福州	1288614
36	厦门市嘉晟对外贸易有限公司	民营	厦门	1257006
37	三明市城市建设发展集团有限公司	国有	三明	1200390
38	厦门鑫东森控股有限公司	民营	厦门	1152518
39	福建漳州城投集团有限公司	国有	漳州	1136117
40	福州锦泽石化有限公司	民营	福州	1108618
41	厦门火炬集团有限公司	国有	厦门	1088554
42	福州市建设发展集团有限公司	国有	福州	1080903
43	福建省闽南建筑工程有限公司	民营	泉州	1071335
44	厦门市明穗粮油贸易有限公司	民营	厦门	1062011
45	一柏国际贸易有限公司	民营	厦门	1046356
46	福建巨岸集团有限公司	民营	厦门	1033396
47	福建路港（集团）有限公司	民营	泉州	1029512
48	福建省华荣建设集团有限公司	民营	福州	1010595
49	福建省人力资源服务有限公司	国有	福州	964092
50	百威东南销售有限公司	民营	莆田	958691
51	泉州银行股份有限公司	国有	泉州	953543
52	福建好运联联信息科技有限公司	民营	福州	946347
53	龙若文旅汇金发展集团有限公司	国有	龙岩	928908
54	厦门金圆投资集团有限公司	国有	厦门	922931
55	福建三木集团股份有限公司	国有	福州	860048
56	永富建工集团有限公司	民营	福州	853750
57	新大陆科技集团有限公司	民营	福州	826479
58	厦门信和达电子有限公司	民营	厦门	825894
59	智旦运宝宝（福建）科技有限公司	民营	福州	798995
60	福建省惠东建筑工程有限公司	民营	泉州	795488
61	福建省二建建设集团有限公司	国有	福州	781052
62	名城控股集团有限公司	民营	福州	767555
63	福建省投资开发集团有限责任公司	国有	福州	741836
64	福建发展集团有限公司	民营	福州	732553

续表

排名	企 业 名 称	属性	地区	2021 营业收入（万元）
65	厦门宝拓资源有限公司	民营	厦门	721385
66	福建省石油化工供销有限公司	国有	福州	718268
67	厦门安居控股集团有限公司	国有	厦门	714437
68	中国联合网络通信有限公司福建省分公司	央企	福州	714395
69	福建网龙计算机网络信息技术有限公司	民营	福州	703550
70	泉发建设股份有限公司	民营	泉州	696367
71	福建省五建建设集团有限公司	国有	泉州	694682
72	福建晟育投资发展集团有限公司	民营	漳州	667014
73	福建省民益建设工程有限公司	民营	福州	652696
74	平安银行股份有限公司福州分行	民营	福州	642808
75	四三九九网络股份有限公司	民营	厦门	634201
76	福州开发区新电燃料有限公司	民营	福州	623934
77	厦门海澳集团有限公司	民营	厦门	619679
78	福建省九龙建设集团有限公司	民营	厦门	616527
79	厦门源昌集团有限公司	民营	厦门	584254
80	中铁二十二局集团第三工程有限公司	国有	厦门	580882
81	福建省东霖建设工程有限公司	民营	泉州	563551
82	中建协和建设有限公司	民营	泉州	562203
83	鑫东森集团有限公司	民营	厦门	552718
84	福建省通信产业服务有限公司	国有	福州	546607
85	福建省顺安建筑工程有限公司	民营	莆田	530329
86	福州市金融控股集团有限公司	国有	福州	528815
87	厦门特房建设工程集团有限公司	国有	厦门	525208
88	福建宏盛建设集团有限公司	民营	福州	500947
89	福建广源再生资源回收有限公司	民营	福州	500614
90	福建广电网络集团股份有限公司	国有	福州	500215
91	垒知控股集团股份有限公司	民营	厦门	491775
92	福建磊鑫（集团）有限公司	民营	厦门	472145
93	厦门市万科企业有限公司	民营	厦门	467679
94	泉州城建集团有限公司	国有	泉州	466457
95	厦门吉比特网络技术股份有限公司	民营	厦门	461905
96	泉州交通发展集团有限责任公司	国有	泉州	461645
97	厦门中联永亨建设集团有限公司	民营	厦门	461287
98	厦门信和达供应链有限公司	民营	厦门	457284
99	福建省百盛建设发展有限公司	民营	福州	443822
100	福建省金正建设工程有限公司	民营	泉州	423520

2022福建战略性新兴产业企业100强名单

排名	企业名称	战新业务所属领域	企业所属行业	属性	地区	2021营业收入（万元）
1	福建省恒申合纤科技有限公司	新材料	化学纤维制造	民营	福州	1975045
2	福建申远新材料有限公司	新材料	化学纤维制造	民营	福州	1935113
3	福州京东方光电科技有限公司	电子核心产业	新型电子元器件及设备制造	国有	福州	1824861
4	福建长源纺织有限公司	新材料产业	化学纤维制造	民营	福州	1616644
5	厦门天马微电子有限公司	新一代信息技术	电子核心产业	国有	厦门	1600000
6	厦门厦钨新能源材料股份有限公司	新材料产业	新能源材料制造	国有	福州	1555732
7	厦门金龙汽车集团股份有限公司	新能源汽车产业	客车制造	国有	福州	1541842
8	三棵树涂料股份有限公司	新材料	涂料制造	民营	莆田	1142871
9	宸美（厦门）光电有限公司	新一代信息技术	新型电子元器件及设备制造	外资	厦门	1135072
10	福建省力恒锦纶实业有限公司	新材料产业	化学纤维制造	民营	福州	1101155
11	锐捷网络股份有限公司	新一代信息技术	网络设备制造	国有	福州	918864
12	宸鸿科技（厦门）有限公司	新一代信息技术	新型电子元器件及设备制造	外资	厦门	871015
13	智旦运宝宝（福建）科技有限公司	新一代信息技术	互联网平台服务（互联网+）	民营	福州	798995
14	上海电气风电设备莆田有限公司	新能源产业	风能发电机装备及零部件制造	国有	莆田	643091
15	明达实业（厦门）有限公司	新材料产业	先进石化化工新材料产业	外资	厦门	605919
16	漳州立达信光电子科技股份有限公司	新一代信息技术	智能消费相关设备制造	民营	厦门	561741
17	福建凯邦锦纶科技有限公司	新材料产业	高性能纤维及制品制造	民营	福州	545803
18	福建广源再生资源回收有限公司	节能环保产业	城乡生活垃圾综合利用	民营	福州	500614
19	福建省长汀金龙稀土有限公司	新材料产业	稀土新材料制造	国有	福州	471807
20	厦门强力巨彩光电科技有限公司	新一代信息技术	新型电子元器件及设备制造	民营	厦门	447907
21	福建合力泰科技有限公司	电子核心产业	新型电子元器件及设备制造	国有	莆田	444226
22	联芯集成电路制造（厦门）有限公司	电子核心产业	集成电路制造	民营	厦门	437337
23	福建省轻纺（控股）有限责任公司	生物产业	现代中药与民族药制造	国有	福州	431013
24	厦门金鹭特种合金有限公司	新材料产业	硬质合金及制品制造	国有	福州	418701
25	奋安铝业股份有限公司	新材料产业	铝及铝合金制造	民营	福州	401937
26	福建中锦新材料有限公司	新材料产业	工程塑料制造	民营	莆田	387676
27	厦门亿联网络技术股份有限公司	新一代信息技术	通信桌面终端	民营	厦门	368424
28	福建省华龙集团饲料有限公司	生物产业	生物饲料制造	民营	福州	350536

续表

排名	企业名称	战新业务所属领域	企业所属行业	属性	地区	2021营业收入（万元）
29	福建佳通轮胎有限公司	新能源汽车产业	新能源汽车零部件配件制造	民营	莆田	332532
30	玉晶光电（厦门）有限公司	新一代信息技术	人工智能	外资	厦门	320807
31	厦门弘信电子科技集团股份有限公司	新一代信息技术	柔性电路板	民营	厦门	319522
32	科之杰新材料集团有限公司	新材料产业	新型建筑材料制造	民营	厦门	307366
33	华映科技（集团）股份有限公司	新一代信息技术	新型电子元器件及设备制造	国有	福州	301373
34	厦门松霖科技股份有限公司	高端装备制造	智能关键基础零部件制造	民营	厦门	297700
35	福建采木工业互联网科技有限公司	新一代信息技术	互联网平台服务（互联网+）	民营	莆田	292092
36	福建省福投新能源投资股份公司	新能源	其他新能源运营服务	国有	福州	284763
37	中福大明（福建）发展有限公司	新能源	太阳能电池片	国有	福州	279588
38	福建恒捷实业有限公司	新材料产业	高性能纤维及制品制造	民营	福州	269233
39	福建光通实业有限公司	新能源	太阳能电池片	民营	福州	261366
40	联通（福建）产业互联网有限公司	新一代信息技术	工业互联网及支持服务	国有	福州	251081
41	新中冠智能科技股份有限公司	新一代信息技术	互联网平台服务（互联网+）	民营	福州	244570
42	福建申马新材料有限公司	新材料产业	专用化学品及材料制造	民营	福州	242467
43	福建海峡企业管理服务有限公司	新一代信息技术	新型信息技术服务	国有	福州	240501
44	厦门翔鹭化纤股份有限公司	新材料产业	化学纤维制造	合资	厦门	235819
45	圣元环保股份有限公司	节能环保	城乡生活垃圾综合利用	民营	厦门	229568
46	金强（福建）建材科技股份有限公司	新材料产业	新型建筑材料制造	民营	福州	227608
47	漳州蒙发利实业有限公司	高端装备制造	其他智能设备制造	民营	漳州	226664
48	开发晶照明（厦门）有限公司	新一代信息技术	电子核心产业	国有	厦门	220519
49	福建新大陆支付技术有限公司	新一代信息技术	新型计算机及信息终端设备制造	民营	福州	207981
50	中仑新材料股份有限公司	新材料	高性能BOPA薄膜	民营	厦门	199359
51	腾龙特种树脂（厦门）有限公司	新材料产业	聚合单体纤维制造	外资	厦门	190813
52	中电福富信息科技有限公司	新一代信息技术	云服务平台	国有	福州	189933
53	厦门乾照光电股份有限公司	新一代信息技术	全色系超高亮度LED外延片、芯片	民营	厦门	187914
54	福建天晴数码有限公司	数字创意	数字文化创意软件开发	民营	福州	187003
55	长乐力源锦纶实业有限公司	新材料产业	化学纤维制造	民营	福州	185713
56	福建省电信技术发展有限公司	新一代信息技术	其他网络运营服务	国有	福州	184022
57	漳州中科智谷科技有限公司	新一代信息技术	液晶显示模组	民营	漳州	182690
58	福建合盛气体有限公司	新材料产业	专用化学品及材料制造	民营	福州	175813
59	南威软件股份有限公司	新一代信息技术	新兴软件和新型信息技术服务	民营	泉州	171633

续表

排名	企 业 名 称	战新业务所属领域	企业所属行业	属性	地区	2021 营业收入（万元）
60	正兴车轮集团有限公司	新材料	高品质铝锻件制造	民营	漳州	167973
61	福建省禹澄建设工程有限公司	节能环保产业	环保工程施工	民营	漳州	160044
62	福建博思软件股份有限公司	新一代信息技术	新型信息技术服务	民营	福州	156410
63	福建飞毛腿动力科技有限公司	新一代信息技术	智能消费相关设备制造	港澳台法人独资	福州	153933
64	中闽能源股份有限公司	新能源	风能发电运营维护	国有	福州	153263
65	飞毛腿电池有限公司	新一代信息技术	集成电路制造	港澳台法人独资	福州	148302
66	福建海峡科化股份有限公司	新材料产业	专用化学品及材料制造	国有	三明	147632
67	福建福船一帆新能源装备制造有限公司	新能源产业	风能发电其他相关装备及材料制造	国有	漳州	147498
68	福建升腾资讯有限公司	新一代信息技术	新型计算机及信息终端设备制造	国有	福州	145785
69	福建鑫森合纤科技有限公司	新材料产业	化学纤维制造	民营	三明	143704
70	福建龙溪轴承（集团）股份有限公司	高端装备制造	智能关键基础零部件制造	国有	漳州	143517
71	福建龙麟环境工程有限公司	节能环保	资源循环利用产业	民营	龙岩	140830
72	福建雪人股份有限公司	节能环保产业	节能型制冷设备	民营	福州	137845
73	福建省数字福建云计算运营有限公司	新一代信息技术	互联网与云计算、大数据服务	国有	福州	132755
74	晋江力绿食品有限公司	生物产业	海洋生物制品制造	民营	泉州	129612
75	中邮科通信技术股份有限公司	新一代信息技术	新型信息技术服务	国有	福州	126686
76	中铁福船海洋工程有限责任公司	新能源	风能发电工程施工	国有	福州	125508
77	厦门蒙发利电子有限公司	高端装备制造	其他智能设备制造	民营	厦门	121575
78	厦门她趣信息技术有限公司	新一代信息技术	互联网相关信息服务	民营	厦门	117729
79	福建永晶科技股份有限公司	新材料	专用化学品及材料制造	民营	南平	115030
80	厦门中创环保科技股份有限公司	新材料	产业用纺织制成品制造	民营	厦门	114204
81	福建赛隆科技有限公司	新材料	涤纶纤维	民营	莆田	111689
82	中武（福建）跨境电子商务有限责任公司	新一代信息技术	互联网平台服务（互联网＋）	国有	福州	110342
83	厦门市最有料信息科技有限公司	新一代信息技术	互联网平台服务（互联网＋）	民营	厦门	109463
84	厦门石头城信息服务有限公司	新一代信息技术	互联网平台服务（互联网＋）	民营	厦门	107241
85	福建翔丰华新能源材料有限公司	新材料	高端石墨负极材料	民营	三明	106881
86	福建南平青松化工有限公司	生物产业	化学药品与原料药制造	民营	南平	104135
87	清源科技股份有限公司	新能源	智慧光伏＋数字能源解决方案	民营	厦门	101798
88	福建龙净脱硫脱硝工程有限公司	高端装备制造	除尘装置和烟气脱硫装置	国有	厦门	99601

续表

排名	企业名称	战新业务所属领域	企业所属行业	属性	地区	2021营业收入（万元）
89	厦门呼博仕智能健康科技股份有限公司	高端装备制造	环境健康类产品	民营	厦门	98380
90	福建兆元光电有限公司	新一代信息技术	新型电子元器件及设备制造	国有	福州	98099
91	福州福光水务科技有限公司	节能环保	环境监测系统集成	民营	福州	95913
92	厦门点触科技股份有限公司	数字创意	数字文化创意软件开发	民营	厦门	94127
93	福建星网智慧科技有限公司	新一代信息技术	新型计算机及信息终端设备制造	国有	厦门	93937
94	德京集团有限公司	新能源	海上风电场电力工程施工	民营	宁德	93881
95	安安（中国）有限公司	新材料	高性能纤维及制品制造	民营	漳州	91062
96	福建海峡环保集团股份有限公司	节能环保	环境保护及污染治理	国有	福州	88958
97	厦门狄耐克智能科技股份有限公司	高端装备制造	其他智能设备制造	民营	厦门	87586
98	金旸（厦门）新材料科技有限公司	新材料	高分子复合材料	民营	厦门	86899
99	厦门雷霆互动网络有限公司	数字创意	数字文化创意软件开发	民营	厦门	85951
100	福建星云电子股份有限公司	高端装备制造	智能测控装备制造	民营	福州	81069

（摘编：于新光）

2022福建省民营企业100强榜单

2022年9月26日福建省人民政府新闻发布会消息，2022年福建省民营企业100强正式发布，这是省工商联第5年发布该榜单。今年福建民营企业100强企业营业收入入围门槛达43亿元，比上年增加7.6亿元。100强企业中，有6家营业收入超500亿元，3家营业收入超1000亿元。

数据显示，2022年，福建民营企业100强的营业收入总额1.85万亿元，资产总额2.3万亿元，税后净利润999.4亿元。其中，青拓集团以1606.1亿元的营业收入首次位居榜首，宁德时代（1303.6亿元）和大东海实业（1012.3亿元）则成为另两家营收过亿元的企业。另外，永辉超市（910.6亿元）、恒申控股（659.3亿元）、永荣控股（650.6亿元）的营业收入超过500亿元。

当前福建民营企业经营持续稳健增长，此次入围100强榜单的民营企业平均销售净利率为6.77%，比上年增加1.21个百分点；平均资产净利率为4.34%，比上年增加0.46个百分点，人均利润为15.1万元。据调研统计，人均利润超200万元的企业有6家，超100万元的有12家，超50万元的有20家。

沿海地区发展优势显著。2022福建省民营企业100强主要集中于厦门市、福州市和泉州市，三地分别有38家、31家、17家企业入围，在入围企业数量、营业收入和资产规模等指标上优势明显。其中，福州市入围企业营业收入总额达7410.5亿元、资产总额达10204.8亿元，均位居第一。

制造业支撑地位更加凸显。据统计，100强企业中，主营业务为第二产业的有64家，第三产业的有36家；第二产业的营业收入总额、纳税总额、净利润总额分别是第三产业的2.3倍、1.93倍、10.98倍。

技术创新不断增强。100强企业年度研发经费投入共计429.7亿元，比上年增加266.4亿元，同比增长163.2%。其中，排名前十位企业的研发经费投入为116.3亿元，比上年增加60.4亿元，同比增长108.1%。

社会贡献逐年增加。100强企业纳税总额为669.4亿元，青拓集团、安踏体育、禹州集团三家企业纳税额超过50亿元。百强企业员工总数达到81万人，比上年增长9%，为福建省社会就业和经济发展作出重要贡献。

此外，福建民企百强积极参与国家重大决策部署，45家制造业企业为落实碳达峰、碳中和目标任务，已实施低碳绿色转型；58家民营企业参与“万企兴万村”行动。

100强企业还在助力福建高质量发展超越中发挥了重要作用。涉及“四大经济”企业有57家，他们加大布局大数据、物联网、区块链、人工智能等数字经济领域，积极践行绿色发展理念，促进全产业链和产品全生命周期绿色发展，坚定不移推进“海洋强省”建设，大力发展文旅经济。

2022福建省民营企业100强榜单

（根据企业自主申报数据为依据）

序号	企业名称	地区	所属行业	营业收入（亿元）
1	青拓集团有限公司	宁德市	黑色金属冶炼和压延加工业	1606.1
2	宁德时代新能源科技股份有限公司	宁德市	电气机械和器材制造业	1303.6
3	福建大东海实业集团有限公司	福州市	黑色金属冶炼和压延加工业	1012.3
4	永辉超市股份有限公司	福州市	零售业	910.6
5	恒申控股集团有限公司	福州市	化学纤维制造业	659.3
6	永荣控股集团有限公司	福州市	化学纤维制造业	650.6
7	安踏体育用品集团有限公司	泉州市	皮革、毛皮、羽毛及其制品和制鞋业	493.3
8	福州中景石化集团有限公司	福州市	化学原料和化学制品制造业	483.2
9	福建省金纶高纤股份有限公司	福州市	化学纤维制造业	469.6
10	盛屯矿业集团股份有限公司	厦门市	有色金属矿采选业	452.4
11	三宝集团股份有限公司	漳州市	黑色金属冶炼和压延加工业	402.4
12	福建百宏聚纤科技实业有限公司	泉州市	化学纤维制造业	399.9
13	均和（厦门）控股有限公司	厦门市	批发业	372.8
14	正荣地产控股股份有限公司	福州市	房地产业	369.9
15	融信（福建）投资集团有限公司	福州市	房地产业	332.8
16	名城控股集团有限公司	福州市	综合	306.8
17	福建圣农控股集团有限公司	南平市	农副食品加工业	291.2
18	福信集团有限公司	厦门市	综合	291.0
19	福建三安集团有限公司	厦门市	计算机、通信和其他电子设备制造业	273.7
20	厦门禹洲集团股份有限公司	厦门市	房地产业	270.7

续表

序号	企业名称	地区	所属行业	营业收入（亿元）
21	福耀玻璃工业集团股份有限公司	福州市	非金属矿物制品业	236.0
22	达利食品集团有限公司	泉州市	食品制造业	222.9
23	福建恒安集团有限公司	泉州市	造纸和纸制品业	207.9
24	福建傲农生物科技集团股份有限公司	漳州市	农副食品加工业	180.4
25	福建世德久晟贸易有限公司	福州市	批发业	177.5
26	厦门合兴包装印刷股份有限公司	厦门市	造纸和纸制品业	175.5
27	鹭燕医药股份有限公司	厦门市	批发业	175.5
28	一柏集团有限公司	福州市	批发业	159.5
29	厦门宝太生物科技股份有限公司	厦门市	医药制造业	154.9
30	福建甬金金属科技有限公司	宁德市	黑色金属冶炼和压延加工业	153.2
31	福建力聚物流有限公司	福州市	批发业	146.5
32	厦门恒兴集团有限公司	厦门市	批发业	140.2
33	福建宏旺实业有限公司	宁德市	金属制品业	137.2
34	祥兴（福建）箱包集团有限公司	福州市	其他制造业	133.5
35	福建人力宝科技有限公司	厦门市	道路运输业	130.5
36	厦门市嘉晟对外贸易有限公司	厦门市	批发业	125.7
37	厦门宏发电声股份有限公司	厦门市	电气机械和器材制造业	124.0
38	三棵树涂料股份有限公司	莆田市	化学原料和化学制品制造业	114.3
39	福建南平太阳电缆股份有限公司	南平市	电气机械和器材制造业	112.2
40	福建友谊胶粘带集团有限公司	福州市	化学原料和化学制品制造业	111.2
41	福建新华源科技集团有限公司	福州市	纺织业	107.7
42	福建省闽南建筑工程有限公司	泉州市	房屋建筑业	107.1
43	厦门市明穗粮油贸易有限公司	厦门市	批发业	106.2
44	飞毛腿（福建）电子有限公司	福州市	电气机械和器材制造业	102.8
45	盈众控股集团有限公司	厦门市	零售业	101.4
46	特步集团有限公司	泉州市	皮革、毛皮、羽毛及其制品和制鞋业	100.1
47	冠城大通股份有限公司	福州市	综合	94.6
48	福建好运联联信息科技有限公司	福州市	软件和信息技术服务业	93.6
49	安井食品集团股份有限公司	厦门市	食品制造业	92.7
50	福建省华荣建设集团有限公司	福州市	房屋建筑业	89.0
51	九牧集团有限公司	泉州市	非金属矿物制品业	88.8
52	福建省长乐区山力化纤有限公司	福州市	化学纤维制造业	87.0
53	永富建工集团有限公司	福州市	房屋建筑业	85.4
54	物泊科技有限公司	莆田市	道路运输业	83.5
55	新大陆科技集团有限公司	福州市	软件和信息技术服务业	82.6
56	厦门信和达电子有限公司	厦门市	批发业	82.6

续表

序号	企业名称	地区	所属行业	营业收入（亿元）
57	福建匹克集团有限公司	泉州市	纺织服装、服饰业	82.1
58	福建省惠东建筑工程有限公司	泉州市	房屋建筑业	79.5
59	奥佳华智能健康科技集团股份有限公司	厦门市	专用设备制造业	79.3
60	安通控股股份有限公司	泉州市	装卸搬运和仓储业	77.9
61	福建路港（集团）有限公司	泉州市	建筑装饰、装修和其他建筑业	77.7
62	福建省永泰建筑工程公司	福州市	房屋建筑业	72.3
63	厦门宝拓资源有限公司	厦门市	批发业	72.3
64	厦门盈趣科技股份有限公司	厦门市	其他制造业	70.6
65	福建网龙计算机网络信息技术有限公司	福州市	软件和信息技术服务业	70.4
66	福建源盛纺织服装城有限公司	福州市	纺织服装、服饰业	68.9
67	全骏达实业有限公司	福州市	批发业	66.6
68	立达信物联科技股份有限公司	厦门市	电气机械和器材制造业	64.8
69	四三九九网络股份有限公司	厦门市	软件和信息技术服务业	63.4
70	福建经纬新纤科技实业有限公司	福州市	化学纤维制造业	62.9
71	厦门海澳集团有限公司	厦门市	批发业	62.0
72	福建省九龙建设集团有限公司	厦门市	房屋建筑业	61.7
73	厦门市建潘集团有限公司	厦门市	家具制造业	60.0
74	中乔体育股份有限公司	泉州市	皮革、毛皮、羽毛及其制品和制鞋业	59.3
75	福建祥鑫股份有限公司	福州市	有色金属冶炼和压延加工业	58.8
76	福龙马集团股份有限公司	龙岩市	专用设备制造业	57.0
77	固美金属股份有限公司	泉州市	有色金属冶炼和压延加工业	56.5
78	福建省东霖建设工程有限公司	泉州市	房屋建筑业	56.4
79	福建凯邦锦纶科技有限公司	福州市	化学纤维制造业	54.6
80	福建天马科技集团股份有限公司	福州市	农副食品加工业	54.2
81	厦门西海控股有限公司	厦门市	批发业	53.4
82	鼎丰集团（中国）有限公司	厦门市	综合	51.9
83	厦门吉宏科技股份有限公司	厦门市	互联网和相关服务	51.8
84	福建龙麟集团有限公司	龙岩市	非金属矿物制品业	51.8
85	瑞幸咖啡（中国）有限公司	厦门市	餐饮业	48.9
86	坤健控股（厦门）有限公司	厦门市	批发业	48.9
87	科华数据股份有限公司	厦门市	计算机、通信和其他电子设备制造业	48.7
88	福建省石狮市通达电器有限公司	泉州市	计算机、通信和其他电子设备制造业	48.0
89	福建鸿星尔克体育用品有限公司	泉州市	皮革、毛皮、羽毛及其制品和制鞋业	47.6
90	福建磊鑫（集团）有限公司	厦门市	房屋建筑业	47.2
91	厦门建霖健康家居股份有限公司	厦门市	橡胶和塑料制品业	47.1
92	厦门吉比特网络技术股份有限公司	厦门市	软件和信息技术服务业	46.2

续表

序号	企业名称	地区	所属行业	营业收入（亿元）
93	厦门中联永亨建设集团有限公司	厦门市	房屋建筑业	46.1
94	福建鑫森合纤科技有限公司	三明市	化学纤维制造业	45.0
95	厦门强力巨彩光电科技有限公司	厦门市	计算机、通信和其他电子设备制造业	44.8
96	福建三叶集团有限公司	泉州市	批发业	44.1
97	厦门中合逸化工贸易有限公司	厦门市	批发业	44.1
98	福建金牛水泥有限公司	三明市	非金属矿物制品业	43.7
99	厦门银祥集团有限公司	厦门市	农副食品加工业	43.4
100	华特控股集团有限公司	厦门市	石油、煤炭及其他燃料加工业	43.0

2022 福建省制造业民营企业 50 强榜单

（根据企业自主申报数据为依据）

序号	企业名称	地区	所属行业	营业收入（亿元）
1	青拓集团有限公司	宁德市	黑色金属冶炼和压延加工业	1606.1
2	宁德时代新能源科技股份有限公司	宁德市	电气机械和器材制造业	1303.6
3	福建大东海实业集团有限公司	福州市	黑色金属冶炼和压延加工业	1012.3
4	恒申控股集团有限公司	福州市	化学纤维制造业	659.3
5	永荣控股集团有限公司	福州市	化学纤维制造业	650.6
6	安踏体育用品集团有限公司	泉州市	皮革、毛皮、羽毛及其制品和制鞋业	493.3
7	福州中景石化集团有限公司	福州市	化学原料和化学制品制造业	483.2
8	福建省金纶高纤股份有限公司	福州市	化学纤维制造业	469.6
9	三宝集团股份有限公司	漳州市	黑色金属冶炼和压延加工业	402.4
10	福建百宏聚纤科技实业有限公司	泉州市	化学纤维制造业	399.9
11	福建圣农控股集团有限公司	南平市	农副食品加工业	291.2
12	福耀玻璃工业集团股份有限公司	福州市	非金属矿物制品业	236.0
13	达利食品集团有限公司	泉州市	食品制造业	222.9
14	福建恒安集团有限公司	泉州市	造纸和纸制品业	207.9
15	福建傲农生物科技集团股份有限公司	漳州市	农副食品加工业	180.4
16	厦门合兴包装印刷股份有限公司	厦门市	造纸和纸制品业	175.5
17	厦门宝太生物科技股份有限公司	厦门市	医药制造业	154.9
18	福建甬金金属科技有限公司	宁德市	黑色金属冶炼和压延加工业	153.2
19	福建宏旺实业有限公司	宁德市	金属制品业	137.2
20	祥兴（福建）箱包集团有限公司	福州市	其他制造业	133.5
21	厦门宏发电声股份有限公司	厦门市	电气机械和器材制造业	124.0
22	三棵树涂料股份有限公司	莆田市	化学原料和化学制品制造业	114.3
23	福建南平太阳电缆股份有限公司	南平市	电气机械和器材制造业	112.2
24	福建友谊胶粘带集团有限公司	福州市	化学原料和化学制品制造业	111.2

续表

序号	企业名称	地区	所属行业	营业收入（亿元）
25	福建新华源科技集团有限公司	福州市	纺织业	107.7
26	飞毛腿（福建）电子有限公司	福州市	电气机械和器材制造业	102.8
27	特步集团有限公司	泉州市	皮革、毛皮、羽毛及其制品和制鞋业	100.1
28	安井食品集团股份有限公司	厦门市	食品制造业	92.7
29	九牧集团有限公司	泉州市	非金属矿物制品业	88.8
30	福建省长乐市山力化纤有限公司	福州市	化学纤维制造业	87.0
31	福建匹克集团有限公司	泉州市	纺织服装、服饰业	82.1
32	奥佳华智能健康科技集团股份有限公司	厦门市	专用设备制造业	79.3
33	厦门盈趣科技股份有限公司	厦门市	其他制造业	70.6
34	福建源盛纺织服装城有限公司	福州市	纺织服装、服饰业	68.9
35	立达信物联科技股份有限公司	厦门市	电气机械和器材制造业	64.8
36	福建经纬新纤科技实业有限公司	福州市	化学纤维制造业	62.9
37	厦门市建潘集团有限公司	厦门市	家具制造业	60.0
38	中乔体育股份有限公司	泉州市	皮革、毛皮、羽毛及其制品和制鞋业	59.3
39	福建祥鑫股份有限公司	福州市	有色金属冶炼和压延加工业	58.8
40	福龙马集团股份有限公司	龙岩市	专用设备制造业	57.0
41	固美金属股份有限公司	泉州市	有色金属冶炼和压延加工业	56.5
42	福建凯邦锦纶科技有限公司	福州市	化学纤维制造业	54.6
43	福建天马科技集团股份有限公司	福州市	农副食品加工业	54.2
44	福建龙麟集团有限公司	龙岩市	非金属矿物制品业	51.8
45	科华数据股份有限公司	厦门市	计算机、通信和其他电子设备制造业	48.7
46	福建省石狮市通达电器有限公司	泉州市	计算机、通信和其他电子设备制造业	48.0
47	福建鸿星尔克体育用品有限公司	泉州市	皮革、毛皮、羽毛及其制品和制鞋业	47.6
48	厦门建霖健康家居股份有限公司	厦门市	橡胶和塑料制品业	47.1
49	福建鑫森合纤科技有限公司	三明市	化学纤维制造业	45.0
50	厦门强力巨彩光电科技有限公司	厦门市	计算机、通信和其他电子设备制造业	44.8

2022 福建省创新型民营企业 100 强榜单

（根据企业自主申报有关数据测算）

排名	企业名称	地区	所属行业
1	科华数据股份有限公司	厦门市	计算机、通信和其他电子设备制造业
2	九牧集团有限公司	泉州市	非金属矿物制品业
3	福建恒安集团有限公司	泉州市	造纸和纸制品业
4	宁德时代新能源科技股份有限公司	宁德市	电气机械和器材制造业
5	特步集团有限公司	泉州市	皮革、毛皮、羽毛及其制品和制鞋业
6	三棵树涂料股份有限公司	莆田市	化学原料和化学制品制造业

续表

排名	企业名称	地区	所属行业
7	厦门松霖科技股份有限公司	厦门市	橡胶和塑料制品业
8	福建匹克集团有限公司	泉州市	纺织服装、服饰业
9	立达信物联科技股份有限公司	厦门市	电气机械和器材制造业
10	新大陆科技集团有限公司	福州市	软件和信息技术服务业
11	厦门厦华科技有限公司	厦门市	计算机、通信和其他电子设备制造业
12	永荣控股集团有限公司	福州市	化学纤维制造业
13	厦门宏发电声股份有限公司	厦门市	电气机械和器材制造业
14	福耀玻璃工业集团股份有限公司	福州市	非金属矿物制品业
15	金牌厨柜家居科技股份有限公司	厦门市	家具制造业
16	福建鸿星尔克体育用品有限公司	泉州市	皮革、毛皮、羽毛及其制品和制鞋业
17	厦门延趣网络科技有限公司	厦门市	软件和信息技术服务业
18	厦门东昂科技股份有限公司	厦门市	专用设备制造业
19	厦门艾美森新材料科技股份有限公司	厦门市	橡胶和塑料制品业
20	厦门美图网科技有限公司	厦门市	互联网和相关服务
21	丽珠集团福州福兴医药有限公司	福州市	医药制造业
22	厦门邦芒服务外包有限公司	厦门市	商务服务业
23	厦门盈趣科技股份有限公司	厦门市	其他制造业
24	厦门光莆电子股份有限公司	厦门市	计算机、通信和其他电子设备制造业
25	福建傲农生物科技集团股份有限公司	漳州市	农副食品加工业
26	福建晋工机械有限公司	泉州市	通用设备制造业
27	福慧达股份有限公司	厦门市	农业
28	厦门建霖健康家居股份有限公司	厦门市	橡胶和塑料制品业
29	宝宝巴士股份有限公司	福州市	软件和信息技术服务业
30	厦门呼博仕环境工程产业股份有限公司	厦门市	专用设备制造业
31	厦门汉印电子技术有限公司	厦门市	计算机、通信和其他电子设备制造业
32	厦门三德信科技股份有限公司	厦门市	计算机、通信和其他电子设备制造业
33	厦门市得尔美卫浴有限公司	厦门市	其他制造业
34	厦门普为光电科技有限公司	厦门市	电气机械和器材制造业
35	福建赛特新材股份有限公司	龙岩市	非金属矿物制品业
36	通达（厦门）精密橡塑有限公司	厦门市	橡胶和塑料制品业
37	厦门力鼎光电股份有限公司	厦门市	计算机、通信和其他电子设备制造业
38	福建南王环保科技股份有限公司	泉州市	造纸和纸制品业
39	科之杰新材料集团有限公司	厦门市	化学原料和化学制品制造业
40	厦门乾照光电股份有限公司	厦门市	计算机、通信和其他电子设备制造业
41	福建泉州顺美集团有限责任公司	泉州市	文教、工美、体育和娱乐用品制造业
42	福建人力宝科技有限公司	厦门市	道路运输业

续表

排名	企 业 名 称	地区	所 属 行 业
43	厦门喜德隆家具制品有限公司	厦门市	家具制造业
44	福建省三明正元化工有限公司	三明市	化学原料和化学制品制造业
45	福建亚通新材料科技股份有限公司	福州市	橡胶和塑料制品业
46	厦门正黎明冶金机械有限公司	厦门市	专用设备制造业
47	厦门唯科模塑科技股份有限公司	厦门市	专用设备制造业
48	福建青松股份有限公司	南平市	医药制造业
49	厦门美润医疗科技有限公司	厦门市	专用设备制造业
50	厦门金汇峰新型包装材料股份有限公司	厦门市	印刷和记录媒介复制业
51	中乔体育股份有限公司	泉州市	皮革、毛皮、羽毛及其制品和制鞋业
52	福建岳海水产食品有限公司	宁德市	农副食品加工业
53	优必选（厦门）智能科技有限公司	厦门市	计算机、通信和其他电子设备制造业
54	厦门铱科卫浴科技有限公司	厦门市	非金属矿物制品业
55	瑞华高科技电子工业园（厦门）有限公司	厦门市	计算机、通信和其他电子设备制造业
56	福建网龙计算机网络信息技术有限公司	福州市	软件和信息技术服务业
57	安踏体育用品集团有限公司	泉州市	皮革、毛皮、羽毛及其制品和制鞋业
58	奥佳华智能健康科技集团股份有限公司	厦门市	专用设备制造业
59	福建恒杰塑业新材料有限公司	福州市	橡胶和塑料制品业
60	厦门强力巨彩光电科技有限公司	厦门市	计算机、通信和其他电子设备制造业
61	厦门万泰沧海生物技术有限公司	厦门市	医药制造业
62	信和新材料股份有限公司	泉州市	化学原料和化学制品制造业
63	福建恒捷实业有限公司	福州市	化学纤维制造业
64	福建源盛纺织服装城有限公司	福州市	纺织服装、服饰业
65	福建新峰科技有限公司	漳州市	其他制造业
66	福建省铁拓机械股份有限公司	泉州市	通用设备制造业
67	盈众控股集团有限公司	厦门市	零售业
68	福建麦特新铝业科技有限公司	福州市	有色金属冶炼和压延加工业
69	宁化月兔科技有限公司	三明市	电气机械和器材制造业
70	厦门市世纪网通网络服务有限公司	厦门市	软件和信息技术服务业
71	厦门瑞为信息技术有限公司	厦门市	软件和信息技术服务业
72	厦门安科科技有限公司	厦门市	专用设备制造业
73	厦门大金机械有限公司	厦门市	通用设备制造业
74	厦门中构新材料科技股份有限公司	厦门市	其他制造业
75	智业软件股份有限公司	厦门市	软件和信息技术服务业
76	厦门瑞尔特卫浴科技股份有限公司	厦门市	橡胶和塑料制品业
77	厦门狄耐克智能科技股份有限公司	厦门市	计算机、通信和其他电子设备制造业
78	白鸽在线（厦门）网络科技有限公司	厦门市	软件和信息技术服务业

续表

排名	企业名称	地区	所属行业
79	福建亿达食品有限公司	福州市	渔业
80	厦门快快网络科技有限公司	厦门市	软件和信息技术服务业
81	厦门东亚机械工业股份有限公司	厦门市	通用设备制造业
82	四三九九网络股份有限公司	厦门市	软件和信息技术服务业
83	大博医疗科技股份有限公司	厦门市	专用设备制造业
84	安井食品集团股份有限公司	厦门市	食品制造业
85	福建万鸿纺织有限公司	福州市	化学纤维制造业
86	厦门弘信电子科技集团股份有限公司	厦门市	计算机、通信和其他电子设备制造业
87	飞毛腿（福建）电子有限公司	福州市	电气机械和器材制造业
88	厦门保沣实业有限公司	厦门市	金属制品业
89	方菱桥隧模架（福州）有限公司	福州市	金属制品业
90	厦门长塑实业有限公司	厦门市	橡胶和塑料制品业
91	厦门亿联网络技术股份有限公司	厦门市	软件和信息技术服务业
92	厦门特宝生物工程股份有限公司	厦门市	医药制造业
93	厦门延江新材料股份有限公司	厦门市	纺织业
94	邵武永太高新材料有限公司	南平市	化学原料和化学制品制造业
95	帕拉丁（厦门）体育用品有限公司	厦门市	零售业
96	厦门保驾护航网络科技有限公司	厦门市	软件和信息技术服务业
97	厦门斯坦道科学仪器股份有限公司	厦门市	仪器仪表制造业
98	厦门市唯云网络科技有限公司	厦门市	软件和信息技术服务业
99	莆田市协诚鞋业有限公司	莆田市	皮革、毛皮、羽毛及其制品和制鞋业
100	科技谷（厦门）信息技术有限公司	厦门市	软件和信息技术服务业

（摘编：陈建闽）

福建省高新技术企业名单

福建省2021年度第一批高新技术企业名单

2022年3月1日福建省科学技术厅、福建省财政厅、国家税务总局福建省税务局印发《关于认定福建省2021年度第一批高新技术企业的通知》（闽科高〔2022〕2号）提出，根据《高新技术企业认定管理办法》（国科发火〔2016〕32号）（以下简称《认定办法》）和《高新技术企业认定管理工作指引》（国科发火〔2016〕195号）有关规定，以及全国高新技术企业认定管理工作领导小组办公室于2022年2月21日发布的《关于对福建省2021年认定的第一批高新技术企业进行备案的公告》，现认定石狮市润泰环保科技有限公司等1244家企业为福建省2021年度第一批高新技术企业，发证日期为2021年12月15日。高新技术企业资格有效期3年。

福建省2021年度第一批高新技术企业名单

序号	企业名称	证书编号
1	石狮市润泰环保科技有限公司	GR202135000001
2	福州白鲸网络科技有限公司	GR202135000002
3	泉州市博凡信息科技有限公司	GR202135000003
4	福建省金鹿日化股份有限公司	GR202135000004
5	晋江福豪舜机械配件有限公司	GR202135000005
6	龙岩市创鑫塑粉有限公司	GR202135000006
7	泉州市丰泽区佳泰印刷有限公司	GR202135000007
8	福建嘉怡塑胶有限公司	GR202135000008
9	秀艺（福建）园林工程有限公司	GR202135000009
10	福建省维博士网络信息技术有限公司	GR202135000010
11	泉州市方森机械工贸有限公司	GR202135000011
12	福州市福大智远教育科技有限公司	GR202135000012
13	神华福能发电有限责任公司	GR202135000013
14	犇云（福建）科技有限公司	GR202135000014
15	兆丰华生物科技（福州）有限公司	GR202135000015
16	漳州市灿华电子科技有限公司	GR202135000016
17	泉州市友腾光电科技有限公司	GR202135000017

续表

序号	企业名称	证书编号
18	福州喜悦树信息技术有限公司	GR202135000018
19	名成腾德检测服务（福州）有限公司	GR202135000019
20	福建美营自动化科技有限公司	GR202135000020
21	泉州市德化县丰弘机械有限公司	GR202135000021
22	福建信亿机械科技有限公司	GR202135000022
23	武平县鸿翔电路科技有限公司	GR202135000023
24	泉州市德化县拓牌瓷业有限公司	GR202135000024
25	南靖军典新材料科技有限公司	GR202135000025
26	一方（福建）教育发展有限公司	GR202135000026
27	福建省榕跃科技发展有限公司	GR202135000027
28	宁德市白马山茶叶有限公司	GR202135000028
29	福建凯米网络科技有限公司	GR202135000029
30	福建省德化县日顺陶瓷有限公司	GR202135000030
31	福建省建瓯市富晶宝微粒有限公司	GR202135000031
32	福建合茶道生态农业有限公司	GR202135000032
33	福州施密特信息科技有限公司	GR202135000033
34	福州豌豆荚教育咨询有限公司	GR202135000034
35	福州和宜佳科技发展有限公司	GR202135000035
36	莆田华昇光电有限公司	GR202135000036
37	福建赛福食品检测研究所有限公司	GR202135000037
38	福建龙岩闽雄生物科技股份有限公司	GR202135000038
39	龙岩市极点信息科技有限公司	GR202135000039
40	三明市缘福生物质科技有限公司	GR202135000040
41	福建山瓜瓜农业发展有限公司	GR202135000041
42	漳州蒙发利实业有限公司	GR202135000042
43	福州智贸信息技术有限公司	GR202135000043
44	福建瑞博斯医疗科技有限公司	GR202135000044
45	福建新安格口腔技术发展有限公司	GR202135000045
46	福建裕全机械制造有限公司	GR202135000046
47	福建省中科生物股份有限公司	GR202135000047
48	福州欧虹工程设计有限公司	GR202135000048
49	福建省环境保护设计院有限公司	GR202135000049
50	福建省富尔邦自动化设备有限公司	GR202135000050
51	晋江市思博箱包配件有限公司	GR202135000051
52	福建亿山能源管理有限公司	GR202135000052
53	福建省霍尔比特科技有限公司	GR202135000053

续表

序号	企业名称	证书编号
54	福州易博新睿信息技术有限公司	GR202135000054
55	漳州泰里斯体育器材有限公司	GR202135000055
56	福州慧林网络科技有限公司	GR202135000056
57	福建创想亿佳科技有限公司	GR202135000057
58	福建川行网络科技有限公司	GR202135000058
59	万农高科集团有限公司	GR202135000059
60	漳州冠誉灯饰有限公司	GR202135000060
61	福州恒奥信息科技有限公司	GR202135000061
62	福州启云信息技术有限公司	GR202135000062
63	巨龙光学（福建）有限公司	GR202135000063
64	漳州康创净化材料有限公司	GR202135000064
65	莆田市东升涂料有限公司	GR202135000065
66	福建致尚生物质材料发展有限公司	GR202135000066
67	福建信亚照明科技有限公司	GR202135000067
68	泉州凯佳新材料研究院有限公司	GR202135000068
69	福建时创建设有限公司	GR202135000069
70	莆田新威邦电池有限公司	GR202135000070
71	福州科迪电子技术有限公司	GR202135000071
72	福建信通捷网络科技股份有限公司	GR202135000072
73	泉州毅通信息科技股份有限公司	GR202135000073
74	晋江市超骏机械有限公司	GR202135000074
75	南安市鑫能机械有限公司	GR202135000075
76	福建辉龙机械有限公司	GR202135000076
77	福州青图科技有限公司	GR202135000077
78	龙工（福建）桥箱有限公司	GR202135000078
79	福州梓烨网络科技有限公司	GR202135000079
80	泉州绿光达电子科技有限公司	GR202135000080
81	福州青橙邦信息科技有限公司	GR202135000081
82	福州小成软件科技有限公司	GR202135000082
83	神州云软（福建）信息技术有限公司	GR202135000083
84	福州易联星拓通信科技有限公司	GR202135000084
85	漳州金蝶软件有限公司	GR202135000085
86	福建省信鑫拉链织造有限公司	GR202135000086
87	福建特莱顿电渗透防水技术有限公司	GR202135000087
88	全测科技股份有限公司	GR202135000088
89	福建省宠爱生活科技有限公司	GR202135000089

续表

序号	企业名称	证书编号
90	福建亿发卫生用品有限公司	GR202135000090
91	福建万鹏网络技术有限公司	GR202135000091
92	福建省中核工勘察设计有限公司	GR202135000092
93	福建省智青天成科技有限公司	GR202135000093
94	普天国脉网络科技有限公司	GR202135000094
95	福建新航凯材料科技有限公司	GR202135000095
96	福建微森林信息技术有限公司	GR202135000096
97	福建省庆川数控机械有限公司	GR202135000097
98	福建永聚兴新材料科技有限公司	GR202135000098
99	福建海西通达测绘有限公司	GR202135000099
100	福州中战网络科技有限公司	GR202135000100
101	福建省长汀县中旭机械设备有限公司	GR202135000101
102	漳州市方拓粉体涂料有限公司	GR202135000102
103	福州迈特电子技术有限公司	GR202135000103
104	泉州市盛誉机械设备有限公司	GR202135000104
105	福州龙呈信息技术有限公司	GR202135000105
106	福建欧玛克智能科技有限公司	GR202135000106
107	福建北极星电力科技有限公司	GR202135000107
108	泉州市泰智机械发展有限公司	GR202135000108
109	福建智义玻璃有限公司	GR202135000109
110	福州知立航科技有限公司	GR202135000110
111	福建说茶文化传播有限公司	GR202135000111
112	福建省卓越工贸有限公司	GR202135000112
113	福建福强精密印制线路板有限公司	GR202135000113
114	新纪元（福建）体育用品有限公司	GR202135000114
115	泉州市鑫胜峰机械设备科技有限公司	GR202135000115
116	福州市民卡有限公司	GR202135000116
117	福建兴伟达信息技术有限公司	GR202135000117
118	福建省明能新型建材有限公司	GR202135000118
119	福建省林业勘察设计院	GR202135000119
120	福州华想信息科技有限公司	GR202135000120
121	福州维视星光智能科技有限公司	GR202135000121
122	福建智龙电力科技有限公司	GR202135000122
123	福建广汇信息技术有限公司	GR202135000123
124	漳州福友食品有限公司	GR202135000124
125	信诚染织（福建）有限公司	GR202135000125

续表

序号	企业名称	证书编号
126	福建零一字节科技有限公司	GR202135000126
127	莆田市万海文化传播有限公司	GR202135000127
128	福州宸畅信息科技有限公司	GR202135000128
129	泉州市秉盛电子科技有限公司	GR202135000129
130	福建太平洋智慧水务科技有限公司	GR202135000130
131	晋江市新益拉链织造有限公司	GR202135000131
132	福建省太古陶瓷有限责任公司	GR202135000132
133	福建星阔信息科技有限公司	GR202135000133
134	福建省丰盛佳园农林科技集团有限公司	GR202135000134
135	泉州市先峰精密机械有限公司	GR202135000135
136	福建虎翼网络科技有限公司	GR202135000136
137	福建阿古电务数据科技有限公司	GR202135000137
138	福建省福星农业综合开发有限公司	GR202135000138
139	德林智能科技有限公司	GR202135000139
140	晋江鹏德纺织有限公司	GR202135000140
141	泉州市勤力机械有限公司	GR202135000141
142	福州云创云网络科技有限公司	GR202135000142
143	福建惠林机械有限公司	GR202135000143
144	福建谷科生物科技有限公司	GR202135000144
145	福建威凌通风设备有限公司	GR202135000145
146	福建省德化县腾艺陶瓷有限公司	GR202135000146
147	晋江鲜之惠食品有限公司	GR202135000147
148	宁德新能源科技有限公司	GR202135000148
149	泉州玺堡家居科技有限公司	GR202135000149
150	福建省四轮工程机械有限公司	GR202135000150
151	漳州庆峰机械设备有限公司	GR202135000151
152	福州市推尚信息技术有限公司	GR202135000152
153	福建星网元智科技有限公司	GR202135000153
154	石狮市诺达轻工实业有限公司	GR202135000154
155	福建三易云通信息科技有限公司	GR202135000155
156	福建集薪物联网科技有限公司	GR202135000156
157	福建东电电力设备有限公司	GR202135000157
158	福州申毅自动化设备有限公司	GR202135000158
159	福州域网迅达网络技术有限公司	GR202135000159
160	漳州市云联信息技术有限公司	GR202135000160
161	福州盈科水处理工程有限公司	GR202135000161

续表

序号	企业名称	证书编号
162	福建南平龙晟香精香料有限公司	GR202135000162
163	漳州市艾科索兰电子有限公司	GR202135000163
164	怡佳（福建）卫生用品有限公司	GR202135000164
165	福建嘉泓建设工程有限公司	GR202135000165
166	福建省闽创环保科技有限公司	GR202135000166
167	福建刺桐花涂料科技有限公司	GR202135000167
168	福建省中广达特种设备科技有限公司	GR202135000168
169	南平兴利环境检测有限公司	GR202135000169
170	泉州乐恺鞋业有限公司	GR202135000170
171	福建省新天地信勘测有限公司	GR202135000171
172	晋江市盛泰机械配件有限公司	GR202135000172
173	泉州合力成服装织造有限公司	GR202135000173
174	三都港海洋食品有限公司	GR202135000174
175	中广信（福建）环保投资有限公司	GR202135000175
176	福建鹏枫智能科技有限公司	GR202135000176
177	福建上源生物科学技术有限公司	GR202135000177
178	福建正孚软件有限公司	GR202135000178
179	福建闽晟勘测规划有限公司	GR202135000179
180	福建晶辉环境科技有限公司	GR202135000180
181	福建榕丰塑胶有限公司	GR202135000181
182	漳州市天锐网络服务有限公司	GR202135000182
183	福建飞筹金融服务有限公司	GR202135000183
184	泉州市奥维电子有限公司	GR202135000184
185	泉州市创佳自动化设备有限公司	GR202135000185
186	晋江市睿科光电有限公司	GR202135000186
187	福州福立创电子科技有限公司	GR202135000187
188	福建省捷龙模具压铸有限公司	GR202135000188
189	三祥新材股份有限公司	GR202135000189
190	晋江妙客食品有限公司	GR202135000190
191	福建京华电气设备有限公司	GR202135000191
192	福建省德锐新材有限公司	GR202135000192
193	福州浩华智能科技有限公司	GR202135000193
194	上杭建润电子科技有限公司	GR202135000194
195	福州布波企业管理信息咨询有限公司	GR202135000195
196	科盟（福州）电子科技有限公司	GR202135000196
197	漳州则宇文化传播有限公司	GR202135000197

续表

序号	企业名称	证书编号
198	三明市久辰新型冶金材料有限公司	GR202135000198
199	福州福电电力科技有限公司	GR202135000199
200	福州君道空间信息技术有限公司	GR202135000200
201	莆田市海岛人家水产有限公司	GR202135000201
202	福建省美矣信息科技有限公司	GR202135000202
203	莆田市涵江区怡佳电子有限公司	GR202135000203
204	福建云飞响网络科技有限公司	GR202135000204
205	福州乐亿生态科技股份有限公司	GR202135000205
206	福州汇思博信息技术有限公司	GR202135000206
207	福建钢泓金属科技股份有限公司	GR202135000207
208	福建省欧品轩竹木傢俬有限公司	GR202135000208
209	福建省万物智联科技有限公司	GR202135000209
210	泉州市振鑫机械制造有限公司	GR202135000210
211	福建瑞趣创享网络科技有限公司	GR202135000211
212	福建欧居信息产业研究有限公司	GR202135000212
213	磁菱科技（福州）有限责任公司	GR202135000213
214	福州贝石轴承有限公司	GR202135000214
215	福州佳宸生物科技有限公司	GR202135000215
216	漳州市申力智能科技有限公司	GR202135000216
217	德化豪晟艺品有限公司	GR202135000217
218	福州福德恩生物科技有限公司	GR202135000218
219	福建省本讯环境检测有限公司	GR202135000219
220	中谱科技（福州）有限公司	GR202135000220
221	高特控股集团有限公司	GR202135000221
222	福州笃行网络科技有限公司	GR202135000222
223	漳州市亚和木业有限公司	GR202135000223
224	泉州市德荣彩印包装有限公司	GR202135000224
225	福州福磁电子科技有限公司	GR202135000225
226	福建闽光软件股份有限公司	GR202135000226
227	漳州市盛胤机械设备有限公司	GR202135000227
228	福建省德化佳旺达陶瓷有限公司	GR202135000228
229	福建维锐尔信息科技有限公司	GR202135000229
230	福建众芯成信息科技有限公司	GR202135000230
231	泉州汇可实电子科技有限公司	GR202135000231
232	漳州友商软件有限公司	GR202135000232
233	泉州市春光照明科技有限公司	GR202135000233

续表

序号	企业名称	证书编号
234	福建麦特新铝业科技有限公司	GR202135000234
235	福建庆烨电子有限公司	GR202135000235
236	福建凯优汽车空调有限公司	GR202135000236
237	福建省恒邦企业服务有限公司	GR202135000237
238	泉州华闽科技有限公司	GR202135000238
239	福州恒通工程测绘有限公司	GR202135000239
240	福建省小滴哥网络科技有限公司	GR202135000240
241	福州微猪信息科技有限公司	GR202135000241
242	泉州七星电气有限公司	GR202135000242
243	福建省金玉科技发展有限公司	GR202135000243
244	福建万川信息科技股份有限公司	GR202135000244
245	福州纽智云电子科技有限公司	GR202135000245
246	福建龙生机械有限公司	GR202135000246
247	福建金石能源有限公司	GR202135000247
248	福建惠兴涂料科技发展有限公司	GR202135000248
249	泉州三川机械有限公司	GR202135000249
250	泉州道峰金刚石工具有限公司	GR202135000250
251	泉州智慧果技术服务有限公司	GR202135000251
252	福州雅乐食品有限公司	GR202135000252
253	福建三达智慧科技有限公司	GR202135000253
254	龙岩阿童木信息科技有限公司	GR202135000254
255	福建御研农业科技有限公司	GR202135000255
256	福建省新能海上风电研发中心有限公司	GR202135000256
257	泉州灵通集团有限公司	GR202135000257
258	福建合口味食品工业有限公司	GR202135000258
259	福州立立丰鞋业有限公司	GR202135000259
260	福建世卓电子科技有限公司	GR202135000260
261	长泰县富达环保科技有限公司	GR202135000261
262	泉州市法智星软件有限公司	GR202135000262
263	晋江市亿泰隆化纤制造有限公司	GR202135000263
264	波尔（泉州）测控科技有限责任公司	GR202135000264
265	福建容宜大数据科技有限公司	GR202135000265
266	漳州市天辰纸品包装有限公司	GR202135000266
267	福建新达阀门有限公司	GR202135000267
268	福建省凯仕达运动服饰有限公司	GR202135000268
269	莆田市宏耕农业发展有限公司	GR202135000269

续表

序号	企业名称	证书编号
270	福建弧聚网络科技有限公司	GR202135000270
271	福建九为生物技术有限公司	GR202135000271
272	福建闽科环保技术开发有限公司	GR202135000272
273	泉州泉风电机有限公司	GR202135000273
274	福建海屹舰船设备有限公司	GR202135000274
275	福建赛园食品有限公司	GR202135000275
276	福建亚特兰塑料制品有限公司	GR202135000276
277	福建省长乐区华伟针织有限公司	GR202135000277
278	福州联迅信息科技有限公司	GR202135000278
279	三明市金达机电设备有限公司	GR202135000279
280	福建国脉生物科技有限公司	GR202135000280
281	福州杏仁网络科技有限公司	GR202135000281
282	福建九兆智能科技有限公司	GR202135000282
283	福建中广视界文化传媒有限公司	GR202135000283
284	福建纬龙机械制造有限公司	GR202135000284
285	福州昌盛食品有限公司	GR202135000285
286	三实电器（漳州）有限公司	GR202135000286
287	中铝南铝（福建）铝结构技术开发有限公司	GR202135000287
288	福建快指信息科技有限公司	GR202135000288
289	漳州达菲机械有限公司	GR202135000289
290	福建辉阳电缆科技有限公司	GR202135000290
291	福建拓佳天地信息科技有限公司	GR202135000291
292	福建映雪节能环保科技有限公司	GR202135000292
293	福建雪人制冷设备有限公司	GR202135000293
294	福建睿闻信息科技有限公司	GR202135000294
295	福建省中建海丝勘察设计有限公司	GR202135000295
296	晋江源泰皮革有限公司	GR202135000296
297	漳州市瑞敏特电子设备有限公司	GR202135000297
298	万匠大作（福建）艺术品有限公司	GR202135000298
299	红海（福建）档案技术服务有限公司	GR202135000299
300	福州葡萄网络科技有限公司	GR202135000300
301	福建宝中海洋工程股份有限公司	GR202135000301
302	福建省科丰电讯工程有限公司	GR202135000302
303	福州正阳饲料有限公司	GR202135000303
304	福州微桔电子商务有限公司	GR202135000304
305	泉州久祥自动化设备制造有限公司	GR202135000305

续表

序号	企业名称	证书编号
306	福州金宇电器设备有限公司	GR202135000306
307	福建省统一环保科技有限公司	GR202135000307
308	福建飞通通讯科技股份有限公司	GR202135000308
309	龙强建工有限公司	GR202135000309
310	泉州市搏浪信息科技有限公司	GR202135000310
311	福建卓航特种设备有限公司	GR202135000311
312	泉州市抖米网络科技有限公司	GR202135000312
313	福州正强电子有限公司	GR202135000313
314	福州泉运制版有限公司	GR202135000314
315	福建大娱号信息科技股份有限公司	GR202135000315
316	福建省阳光三源铝业有限公司	GR202135000316
317	福建华网信息科技有限公司	GR202135000317
318	福建威盾科技集团有限公司	GR202135000318
319	新源泰（莆田）机车配件有限公司	GR202135000319
320	天瑞康健（福州）信息科技有限公司	GR202135000320
321	福建省德化县全丰陶瓷有限公司	GR202135000321
322	泉州市朗旭电子科技有限公司	GR202135000322
323	漳州三炬生物技术有限公司	GR202135000323
324	福建立信换热设备制造股份公司	GR202135000324
325	漳州市弘扬汽车咨询服务有限公司	GR202135000325
326	晋江市中德顺钢结构件工程发展有限公司	GR202135000326
327	福建泰兴特纸有限公司	GR202135000327
328	福州鼎瀚软件有限公司	GR202135000328
329	福州尚上机械有限公司	GR202135000329
330	腾众新锐（福建）科技有限公司	GR202135000330
331	莆田市涵江区大众鞋材有限公司	GR202135000331
332	福建迅克生物科技有限责任公司	GR202135000332
333	福建省华盖机械制造有限公司	GR202135000333
334	福建省企业信用信息管理有限公司	GR202135000334
335	福建金明食品有限公司	GR202135000335
336	福建省德化戴玉堂陶瓷有限公司	GR202135000336
337	福建省微森信息科技有限公司	GR202135000337
338	泉州市顺风耳电子科技有限公司	GR202135000338
339	漳州市龙文区康保建材有限公司	GR202135000339
340	泉州市锦盛轻工制品有限公司	GR202135000340
341	福建省加成信息技术有限公司	GR202135000341

续表

序号	企业名称	证书编号
342	皇宝（福建）环保工程投资有限公司	GR202135000342
343	福建景方建设有限公司	GR202135000343
344	龙岩宏展信息技术有限公司	GR202135000344
345	福州欣瑞捷信息技术有限公司	GR202135000345
346	福建圣维生物科技有限公司	GR202135000346
347	福建南平南孚电池有限公司	GR202135000347
348	福建麦香园食品有限公司	GR202135000348
349	福州佳成活塞有限公司	GR202135000349
350	福州伯瑞电源科技有限公司	GR202135000350
351	福建迈路光电科技有限公司	GR202135000351
352	泉州精准网络科技有限公司	GR202135000352
353	福州市惠宏网络科技有限公司	GR202135000353
354	莆田市涵江永德兴电子石英有限公司	GR202135000354
355	惠安煜龙鞋业有限公司	GR202135000355
356	福州海林食品有限公司	GR202135000356
357	泉州贝夫食品有限公司	GR202135000357
358	福建蜻蜓网络科技有限公司	GR202135000358
359	福建建阳龙翔科技开发有限公司	GR202135000359
360	福州中源环境科技有限公司	GR202135000360
361	福建鸿达家具有限公司	GR202135000361
362	福州闽创仪器设备有限公司	GR202135000362
363	福建国安船业有限公司	GR202135000363
364	漳州捷龙自动化技术有限公司	GR202135000364
365	福建福安汉升电机有限公司	GR202135000365
366	泉州市信实科技有限公司	GR202135000366
367	福建省伟志兴体育用品有限公司	GR202135000367
368	福州乌班图信息科技有限公司	GR202135000368
369	福州市面向对象科技有限公司	GR202135000369
370	福建省梅美一生服饰定制科技有限公司	GR202135000370
371	福州一方威视科技有限公司	GR202135000371
372	诺奥（福建）环保家居用品有限公司	GR202135000372
373	福建长荣自动化设备有限公司	GR202135000373
374	福建鸿燕化工有限公司	GR202135000374
375	福州鹏飞制冷设备有限公司	GR202135000375
376	晋江森溢新材料科技有限公司	GR202135000376
377	漳州有时网络科技有限公司	GR202135000377

续表

序号	企业名称	证书编号
378	福建省德化县福德丰陶瓷有限公司	GR202135000378
379	恩耐斯（福建）科技有限公司	GR202135000379
380	福建开柚信息科技有限公司	GR202135000380
381	福建国通星驿网络科技有限公司	GR202135000381
382	福建金泰机械制造有限公司	GR202135000382
383	福建德正智能有限公司	GR202135000383
384	福建致一环保科技有限公司	GR202135000384
385	福建潘山热处理科技有限公司	GR202135000385
386	福建省中明技术开发有限公司	GR202135000386
387	福州米里智联网络科技有限公司	GR202135000387
388	福建巨泉集团有限公司	GR202135000388
389	漳州市华仪电子有限公司	GR202135000389
390	漳州市百语网络科技有限公司	GR202135000390
391	龙岩科晶空心砖有限公司	GR202135000391
392	福建睿邮智能科技有限公司	GR202135000392
393	福州佰羽网络科技有限公司	GR202135000393
394	福建宏翔塑胶有限公司	GR202135000394
395	龙岩易为电子技术有限公司	GR202135000395
396	福建博思数字科技有限公司	GR202135000396
397	福州京东方光电科技有限公司	GR202135000397
398	漳州市邦晟机械有限公司	GR202135000398
399	福建征途汽车部件制造有限公司	GR202135000399
400	漳州楷欣网络技术服务有限公司	GR202135000400
401	晋江联盈电缆有限公司	GR202135000401
402	福建中兴专用车制造有限公司	GR202135000402
403	福州智睿云创网络科技有限公司	GR202135000403
404	福建富明科技有限公司	GR202135000404
405	福州宇辰电气科技有限公司	GR202135000405
406	福建源鑫环保科技有限公司	GR202135000406
407	长威信息科技发展股份有限公司	GR202135000407
408	福建新宝龙建设发展有限公司	GR202135000408
409	福建远近物联网科技有限公司	GR202135000409
410	泉州市风火轮机械设备有限公司	GR202135000410
411	福建宏兴橡胶有限公司	GR202135000411
412	福建森达电气股份有限公司	GR202135000412
413	福州芝麻智水科技有限公司	GR202135000413

续表

序号	企业名称	证书编号
414	福建省南安宝达建材有限公司	GR202135000414
415	漳州钰尚文化传媒有限公司	GR202135000415
416	泉州市川亚机械设备有限公司	GR202135000416
417	泉州市骏豪化纤有限公司	GR202135000417
418	福州三立电子有限公司	GR202135000418
419	福建中利科技有限公司	GR202135000419
420	福建尚汇信息科技有限公司	GR202135000420
421	福建中润纸业有限公司	GR202135000421
422	福建海西新药创制有限公司	GR202135000422
423	共享数据（福建）科技有限公司	GR202135000423
424	福州晨征光电有限公司	GR202135000424
425	福建共成工程设计有限公司	GR202135000425
426	永安市泰启力飞石墨烯科技有限公司	GR202135000426
427	福州合农农业科技有限公司	GR202135000427
428	泉州市伟启拉链工贸有限公司	GR202135000428
429	福建诚扬致远科技有限公司	GR202135000429
430	福州安固物流科技有限公司	GR202135000430
431	晋江市火炬油压机械有限公司	GR202135000431
432	福州数据技术研究院有限公司	GR202135000432
433	福建省文海勘测技术有限公司	GR202135000433
434	漳州市鼎合工程项目咨询有限公司	GR202135000434
435	福州卓立信息科技有限公司	GR202135000435
436	福建德到信息技术有限公司	GR202135000436
437	泉州固诚鞋业有限公司	GR202135000437
438	福建又微信息科技有限公司	GR202135000438
439	漳州正邦农牧科技有限公司	GR202135000439
440	福建环储安装工程有限公司	GR202135000440
441	福建幕派教育科技有限公司	GR202135000441
442	泉州市恒星五金橡塑有限公司	GR202135000442
443	晋江新合兴针纺服饰有限公司	GR202135000443
444	泉州市超年电子机械有限公司	GR202135000444
445	中科云芯（福州）云计算科技有限公司	GR202135000445
446	福建沃土环保集团有限公司	GR202135000446
447	石狮市卡西图体育用品有限公司	GR202135000447
448	福建通用同溢电气有限公司	GR202135000448
449	福建省威尔陶瓷股份有限公司	GR202135000449

续表

序号	企业名称	证书编号
450	福州宜星大数据产业投资有限公司	GR202135000450
451	漳州鑫海工艺家具有限公司	GR202135000451
452	福建省南安兴泰阀门有限公司	GR202135000452
453	福建省蓝光节能科技有限公司	GR202135000453
454	福州金锻工业有限公司	GR202135000454
455	福州凌顶软件有限公司	GR202135000455
456	福建省晋江市丹豪陶瓷有限公司	GR202135000456
457	福建华威钜全精工科技有限公司	GR202135000457
458	福建省亿宝光电科技有限公司	GR202135000458
459	福州剑讯网络科技有限公司	GR202135000459
460	福州市延兴工程检测有限公司	GR202135000460
461	永春县岵山津源酱醋厂有限公司	GR202135000461
462	泉州海天材料科技股份有限公司	GR202135000462
463	福建迈顶信息科技有限公司	GR202135000463
464	福州龙卷风网络科技有限公司	GR202135000464
465	福建维力能源科技有限公司	GR202135000465
466	中国电建集团福建省电力勘测设计院有限公司	GR202135000466
467	漳州市图策天下网络科技有限公司	GR202135000467
468	福建安达福新材料科技有限公司	GR202135000468
469	泉州联众工贸有限公司	GR202135000469
470	漳州安越新材料科技有限公司	GR202135000470
471	福州品象网络科技有限公司	GR202135000471
472	福州优佳智慧科技有限公司	GR202135000472
473	懋达（泉州）鞋业有限公司	GR202135000473
474	泉州飞鹰无纺布有限责任公司	GR202135000474
475	福建省捷盛网络科技有限公司	GR202135000475
476	福建星宏新材料科技有限公司	GR202135000476
477	泉州鸿展模具制造有限公司	GR202135000477
478	漳州鑫永顺智能设备有限公司	GR202135000478
479	漳州合益塑料有限公司	GR202135000479
480	福州畅唐网络科技有限公司	GR202135000480
481	泉州润锋节能科技有限公司	GR202135000481
482	福建三宝钢铁有限公司	GR202135000482
483	福建荣光世纪照明科技有限公司	GR202135000483
484	南安市奥力石业有限公司	GR202135000484
485	福建曙光电缆有限公司	GR202135000485

续表

序号	企业名称	证书编号
486	福建泰坤电子有限公司	GR202135000486
487	福州近道教育咨询有限公司	GR202135000487
488	龙岩市众成信息技术有限公司	GR202135000488
489	泉州市欧美润滑油制品有限公司	GR202135000489
490	泉州禾逸电子有限公司	GR202135000490
491	福建陆海工程勘察设计有限公司	GR202135000491
492	福建新视觉光电科技有限公司	GR202135000492
493	新大陆科技集团有限公司	GR202135000493
494	福建新位激光科技有限公司	GR202135000494
495	华师（福建）环境科技有限责任公司	GR202135000495
496	漳州众环科技股份有限公司	GR202135000496
497	福建欣享悦实业有限公司	GR202135000497
498	福建省德化县鹏明陶瓷有限公司	GR202135000498
499	福州奇子科技股份有限公司	GR202135000499
500	蛤老大（福建）食品有限公司	GR202135000500
501	润星（福建）新材料科技有限公司	GR202135000501
502	福州鸿业融信信息科技有限公司	GR202135000502
503	泉州红美包装有限责任公司	GR202135000503
504	莆田市兰台档案技术服务有限公司	GR202135000504
505	福建百宏聚纤科技实业有限公司	GR202135000505
506	福州大闽电子衡器有限公司	GR202135000506
507	福建清景铜箔有限公司	GR202135000507
508	莆田市海之鸿水产科技有限公司	GR202135000508
509	福建博艺材料科技有限公司	GR202135000509
510	泉州伊莱特塑胶制品有限公司	GR202135000510
511	福州金威航信息科技有限公司	GR202135000511
512	南安市泉信液压机械有限公司	GR202135000512
513	漳州杰成五金制品有限公司	GR202135000513
514	惠安建设监理有限公司	GR202135000514
515	福建省永春双恒铝材有限公司	GR202135000515
516	福州普贝斯智能科技有限公司	GR202135000516
517	福州兆凌网络科技有限公司	GR202135000517
518	三明建华纺织有限公司	GR202135000518
519	泉州市星跃电子科技有限公司	GR202135000519
520	福清市福一建材有限公司	GR202135000520
521	福建先达机械有限公司	GR202135000521

续表

序号	企业名称	证书编号
522	宁德东恒机械有限公司	GR202135000522
523	福州智臾悦动科技有限公司	GR202135000523
524	福州小象网络技术有限公司	GR202135000524
525	福建省德化县恒利陶瓷有限公司	GR202135000525
526	宁德市国鑫印刷机械有限公司	GR202135000526
527	福州天下互娱网络科技有限公司	GR202135000527
528	福建博思信息科技有限公司	GR202135000528
529	泉州市众鑫纺织品有限公司	GR202135000529
530	福建省乐普陶板制造有限公司	GR202135000530
531	福建龙迪环保设备科技有限公司	GR202135000531
532	福州法莫优科机械科技有限公司	GR202135000532
533	云霄县长亮工贸有限公司	GR202135000533
534	福建聚车信息科技有限公司	GR202135000534
535	福建省劲德电源科技有限公司	GR202135000535
536	福建成丰电力工程有限公司	GR202135000536
537	福州脉趣恒生科技有限公司	GR202135000537
538	福建天舟互动娱乐有限公司	GR202135000538
539	福州随易约网络科技有限公司	GR202135000539
540	福建福科环保科技有限公司	GR202135000540
541	福州金时代印刷科技有限公司	GR202135000541
542	福建省龙岩液压集团有限公司	GR202135000542
543	福建省德化臻南陶瓷有限公司	GR202135000543
544	福建俊达装配材料有限公司	GR202135000544
545	福建科沃环境工程有限公司	GR202135000545
546	漳州市鼎鑫电子科技有限公司	GR202135000546
547	福建鑫严创科技有限公司	GR202135000547
548	泉州华数机器人有限公司	GR202135000548
549	福建紫辰信息科技有限公司	GR202135000549
550	福建永晶科技股份有限公司	GR202135000550
551	东南新材料股份有限公司	GR202135000551
552	福建澳鑫服饰有限公司	GR202135000552
553	福建墨易科技有限公司	GR202135000553
554	福建可比信息科技有限公司	GR202135000554
555	泉州市康建网络科技有限公司	GR202135000555
556	泉州市永达针织机械有限公司	GR202135000556
557	龙岩市建中机械有限公司	GR202135000557

续表

序号	企业名称	证书编号
558	福建富鑫达电子有限公司	GR202135000558
559	福建东方鑫威纺织科技有限公司	GR202135000559
560	福建省泉州达盛窑陶瓷有限公司	GR202135000560
561	福建航融建材科技有限公司	GR202135000561
562	泉州普洛赛斯检测科技有限公司	GR202135000562
563	福州市沃创智能科技有限公司	GR202135000563
564	福建东南云创信息科技有限公司	GR202135000564
565	漳州市博嘉自动化机械设备有限公司	GR202135000565
566	福建欧瑞园食品有限公司	GR202135000566
567	福建省波蓝食品有限责任公司	GR202135000567
568	福建省帆盛机械有限公司	GR202135000568
569	福建紫蔚信息科技有限公司	GR202135000569
570	泉州雄风电脑软件开发有限公司	GR202135000570
571	华术科技有限公司	GR202135000571
572	福建腾力电力发展有限公司	GR202135000572
573	福建杰达环保科技有限公司	GR202135000573
574	福建省金皇环保科技有限公司	GR202135000574
575	漳州东刚精密机械有限公司	GR202135000575
576	匹克（中国）有限公司	GR202135000576
577	福建驷信信息科技有限公司	GR202135000577
578	福建紫牛塑业科技有限责任公司	GR202135000578
579	泉州市中茂信息科技有限公司	GR202135000579
580	福建省汉领东方信息科技有限公司	GR202135000580
581	福州畅博软件开发有限公司	GR202135000581
582	福州果核电子科技有限公司	GR202135000582
583	惠安伟盛鞋业有限公司	GR202135000583
584	福建言诚知识产权管理股份有限公司	GR202135000584
585	福建省荔松新型材料有限公司	GR202135000585
586	福建广源再生资源回收有限公司	GR202135000586
587	泉州市跃先电子科技有限公司	GR202135000587
588	福州市耀鑫机械科技有限公司	GR202135000588
589	晋江市祺烽线带有限公司	GR202135000589
590	晋江市亿兴橡塑有限公司	GR202135000590
591	晋江鼎辉机械有限公司	GR202135000591
592	福建通达星海科技有限公司	GR202135000592
593	福州仓山区禾峰信息科技有限公司	GR202135000593

续表

序号	企业名称	证书编号
594	海呐海纳网络科技发展有限公司	GR202135000594
595	福州长衡信息科技有限公司	GR202135000595
596	福建点芯在线网络技术有限公司	GR202135000596
597	莆田市天然星农业开发有限公司	GR202135000597
598	福建祥云光电科技有限公司	GR202135000598
599	福建省慕兰卡食品有限公司	GR202135000599
600	福州欧龙光学科技有限公司	GR202135000600
601	晋江市深沪键升印刷有限公司	GR202135000601
602	福建立亚特陶有限公司	GR202135000602
603	漳州市溢绿农业开发有限公司	GR202135000603
604	东京计装（漳州）仪表有限公司	GR202135000604
605	泉州市和森机械工贸有限公司	GR202135000605
606	福州北极狐软件科技有限公司	GR202135000606
607	三六一度（中国）有限公司	GR202135000607
608	福建星瑞格软件有限公司	GR202135000608
609	漳州市品凯机械有限公司	GR202135000609
610	晋江市小蜜蜂服装制造有限公司	GR202135000610
611	漳州时利和电子有限公司	GR202135000611
612	三明索富泵业有限公司	GR202135000612
613	网链科技集团有限公司	GR202135000613
614	漳州润捷信息科技有限公司	GR202135000614
615	石狮市世联达服装辅料有限公司	GR202135000615
616	福建慧舟网联科技有限公司	GR202135000616
617	泉州市立泰通信设备有限公司	GR202135000617
618	福建省德化县驰宇陶瓷有限公司	GR202135000618
619	福建豪邦化工有限公司	GR202135000619
620	福建信通慧安科技有限公司	GR202135000620
621	福建欧路浦照明电器有限公司	GR202135000621
622	泉州海之川工程机械有限公司	GR202135000622
623	福建新纺纺织有限公司	GR202135000623
624	德化县诚艺特种纸业有限公司	GR202135000624
625	胜田（福清）食品有限公司	GR202135000625
626	宁化县新绿金农业综合开发有限公司	GR202135000626
627	福建厦兴重工机械有限公司	GR202135000627
628	泉州华威国维电子科技有限公司	GR202135000628
629	福建英迈软件有限公司	GR202135000629

续表

序号	企业名称	证书编号
630	福建雪丰制冷设备有限公司	GR202135000630
631	漳州四合软件开发有限公司	GR202135000631
632	福建盛捷知识产权股份有限公司	GR202135000632
633	福州柯斯莱特网络科技有限公司	GR202135000633
634	福建新大陆时代科技有限公司	GR202135000634
635	福建旭华机械设备有限公司	GR202135000635
636	泉州西加科技有限公司	GR202135000636
637	蓉中电气股份有限公司	GR202135000637
638	泉州市新美奇艺品企业有限公司	GR202135000638
639	福建云互动数字传媒有限公司	GR202135000639
640	龙岩市富鑫达电子制造有限公司	GR202135000640
641	福建车载宝电子科技有限公司	GR202135000641
642	福建省高创机械股份有限公司	GR202135000642
643	福州德寰流体技术有限公司	GR202135000643
644	福建万智科技有限公司	GR202135000644
645	博思数采科技发展有限公司	GR202135000645
646	福建信达机械有限公司	GR202135000646
647	晋江闽阳汽车部件制造有限公司	GR202135000647
648	漳州市将帅工业设备有限公司	GR202135000648
649	福州明测电子有限公司	GR202135000649
650	福建诏安宝丰铸造有限公司	GR202135000650
651	晋江市华峰齿轮制造有限公司	GR202135000651
652	福建榕基软件股份有限公司	GR202135000652
653	福建随行软件有限公司	GR202135000653
654	福建环宇通信息科技股份公司	GR202135000654
655	福州神行科技有限公司	GR202135000655
656	嘉泰数控科技股份公司	GR202135000656
657	龙岩铭诚电子工程有限公司	GR202135000657
658	福建省东锅节能科技有限公司	GR202135000658
659	中科洁力（福州）环保技术有限公司	GR202135000659
660	福建强纶新材料股份有限公司	GR202135000660
661	福建固尔特矿用汽车有限公司	GR202135000661
662	福建国光新业科技有限公司	GR202135000662
663	福州东青物博科技有限公司	GR202135000663
664	福州盘石信息技术有限公司	GR202135000664
665	福建恩科宇通讯科技有限公司	GR202135000665

续表

序号	企业名称	证书编号
666	福建省德化县灿东陶瓷有限公司	GR202135000666
667	福建大通电力工程有限公司	GR202135000667
668	泉州市风擎网络科技有限公司	GR202135000668
669	晋江市谷风文化科技有限公司	GR202135000669
670	泉州市泉志轻工机械有限公司	GR202135000670
671	漳州北极光数字科技有限公司	GR202135000671
672	泉州坤泰机械精工制造有限公司	GR202135000672
673	盖洛特（福州）数据研究股份有限公司	GR202135000673
674	福建广聚电气技术设备有限公司	GR202135000674
675	福建省攀宇信息科技有限公司	GR202135000675
676	福建鸿业船艇有限公司	GR202135000676
677	福州辉旭科技有限公司	GR202135000677
678	福建石全石美新型材料有限公司	GR202135000678
679	泉州嘉德利电子材料有限公司	GR202135000679
680	福州竹蜻蜓动漫有限公司	GR202135000680
681	福建亿松机械有限公司	GR202135000681
682	福州云水居网络科技有限公司	GR202135000682
683	漳州市乐辉智能科技有限公司	GR202135000683
684	福建蒂摩斯光电科技有限公司	GR202135000684
685	福州市惠友企业信息咨询有限公司	GR202135000685
686	莆田市鑫镭腾科技有限公司	GR202135000686
687	福建贝高工贸有限公司	GR202135000687
688	福建东亚环保科技股份有限公司	GR202135000688
689	福建泉州市精通电子有限公司	GR202135000689
690	福州联创智信科技有限公司	GR202135000690
691	泉州市武荣体育器材有限公司	GR202135000691
692	泉州市忠伟华艺品有限公司	GR202135000692
693	武平飞天电子科技有限公司	GR202135000693
694	福州南鲸文化传播有限公司	GR202135000694
695	福州乐学坊教育科技有限公司	GR202135000695
696	福建森源电力设备有限公司	GR202135000696
697	福建名盛美洁环境工程有限公司	GR202135000697
698	金绿源（中国）生物科技有限公司	GR202135000698
699	福建恒和创网络科技有限公司	GR202135000699
700	福州微星数码科技有限公司	GR202135000700
701	福清市新富创机械有限公司	GR202135000701

续表

序号	企业名称	证书编号
702	福州四维联创网络科技有限公司	GR202135000702
703	漳州市鸿源电子工业有限公司	GR202135000703
704	福建天视信息科技有限公司	GR202135000704
705	福建蓝海黑石新材料科技有限公司	GR202135000705
706	福建欧普特工业标识系统有限公司	GR202135000706
707	晋江市安盛机械工业有限公司	GR202135000707
708	福建省得力机电有限公司	GR202135000708
709	福州易仕达软件有限公司	GR202135000709
710	莆田市东印机械有限公司	GR202135000710
711	福州华丰巨鼎电子科技有限公司	GR202135000711
712	龙岩亿丰机械科技有限公司	GR202135000712
713	宝士龙新材料科技（龙岩）有限公司	GR202135000713
714	乐澄（中国）生活用品有限公司	GR202135000714
715	福建科航环保科技有限公司	GR202135000715
716	福州万悉地网络科技有限公司	GR202135000716
717	福建安芯半导体科技有限公司	GR202135000717
718	福建沃虎电子商务有限公司	GR202135000718
719	福建金通建设工程检测有限公司	GR202135000719
720	福建省建诚工程咨询有限公司	GR202135000720
721	科美（龙岩）科技有限公司	GR202135000721
722	福州米柚软件技术有限公司	GR202135000722
723	福建巨昂电子科技有限公司	GR202135000723
724	长乐华精密工业有限公司	GR202135000724
725	福建省闽发铝业股份有限公司	GR202135000725
726	福建浦之玉米业有限公司	GR202135000726
727	福州优强软件科技有限公司	GR202135000727
728	福州日宏电子有限公司	GR202135000728
729	福建惠安辉腾玻璃塑业有限公司	GR202135000729
730	福建省佳圣轩工艺品有限公司	GR202135000730
731	新大陆（福建）公共服务有限公司	GR202135000731
732	福建福融新材料有限公司	GR202135000732
733	泉州科缔恒电子科技有限公司	GR202135000733
734	新港热能工程（漳州）有限公司	GR202135000734
735	漳州无极药业有限公司	GR202135000735
736	福建国威电子科技股份有限公司	GR202135000736
737	福建兴万祥建设集团有限公司	GR202135000737

续表

序号	企业名称	证书编号
738	福建兰台库房智能化科技有限公司	GR202135000738
739	漳州市月靓环境科技有限公司	GR202135000739
740	福建掌链科技有限公司	GR202135000740
741	福建和企时代信息科技有限公司	GR202135000741
742	泉州市弘辉信息科技有限公司	GR202135000742
743	福建光线科技有限公司	GR202135000743
744	福州福洛森信息技术有限公司	GR202135000744
745	泉州青晚田信息科技有限公司	GR202135000745
746	泉州亿力电气技术设备有限公司	GR202135000746
747	福建大泽网络科技有限公司	GR202135000747
748	德化恒瀚艺品有限公司	GR202135000748
749	福建华悦佳宝智能科技有限公司	GR202135000749
750	中国电建集团航空港建设有限公司	GR202135000750
751	福建奥博兹新材料科技有限公司	GR202135000751
752	福州鸿业科技有限公司	GR202135000752
753	福建世通信息产业发展有限公司	GR202135000753
754	泉州市天志智能科技有限公司	GR202135000754
755	泉州冰点科技有限公司	GR202135000755
756	福建蓝凯信息科技有限公司	GR202135000756
757	泉州联拓科技有限公司	GR202135000757
758	福建搜鱼互联网服务有限公司	GR202135000758
759	福建省博那德真木房屋有限公司	GR202135000759
760	建筑帮（龙岩）信息科技有限责任公司	GR202135000760
761	福建米花信息科技有限公司	GR202135000761
762	福建京科科技有限公司	GR202135000762
763	福建九有建设发展有限公司	GR202135000763
764	福建亮晶晶新材料有限公司	GR202135000764
765	众甫（福建）自动化科技有限公司	GR202135000765
766	福建省晨曦信息科技股份有限公司	GR202135000766
767	福建中微厦林生物技术有限公司	GR202135000767
768	福建福来德航空科技有限公司	GR202135000768
769	石狮市福旺达五金有限公司	GR202135000769
770	福州锦威船务有限公司	GR202135000770
771	福建欧克新材料科技有限公司	GR202135000771
772	福建朝业电气有限公司	GR202135000772
773	福建中金金科发展有限公司	GR202135000773

续表

序号	企业名称	证书编号
774	泉州鑫锐光电科技有限公司	GR202135000774
775	福建安擎信息技术有限公司	GR202135000775
776	福州大同实业有限公司	GR202135000776
777	福建火米互动数字创意科技有限公司	GR202135000777
778	莆田市瀚青信息科技有限公司	GR202135000778
779	龙岩万顺机械制造有限公司	GR202135000779
780	中机数控科技（福建）有限公司	GR202135000780
781	福建卫士实业有限公司	GR202135000781
782	福建龙岩拓海信息科技有限公司	GR202135000782
783	福建云极致新软件科技有限公司	GR202135000783
784	泉州市禾力机械制造有限公司	GR202135000784
785	福建福诺移动通信技术有限公司	GR202135000785
786	莆田市诺斯顿电子发展有限公司	GR202135000786
787	东山县盛通机械有限公司	GR202135000787
788	福建省神六保健食品有限公司	GR202135000788
789	漳州和泰电光源科技有限公司	GR202135000789
790	福建浩普信息技术有限公司	GR202135000790
791	福建原动力信息技术有限公司	GR202135000791
792	恒锋信息科技股份有限公司	GR202135000792
793	安踏（中国）有限公司	GR202135000793
794	福建闽紫种业有限公司	GR202135000794
795	环德（福建）环保科技有限公司	GR202135000795
796	福建省南星环保科技有限公司	GR202135000796
797	福建海诚信息影像软件科技开发有限公司	GR202135000797
798	福建省软众数字科技股份有限公司	GR202135000798
799	福州博仕睿电子科技有限公司	GR202135000799
800	福建省昇邦电子科技有限公司	GR202135000800
801	福建迈斯特空间信息科技有限公司	GR202135000801
802	福建庞大网络科技有限公司	GR202135000802
803	福建胜海鞋业有限公司	GR202135000803
804	福州舜天通风设备有限公司	GR202135000804
805	大闽食品（漳州）有限公司	GR202135000805
806	福州青果时代网络科技有限公司	GR202135000806
807	福州众联信息科技有限公司	GR202135000807
808	石狮市龙兴隆染织实业有限公司	GR202135000808
809	福建万物易联网络科技有限公司	GR202135000809

续表

序号	企业名称	证书编号
810	福州鑫博雅信息技术有限公司	GR202135000810
811	福州新奥生物技术有限公司	GR202135000811
812	常裕（福州）汽车内装工业有限公司	GR202135000812
813	福建鑫信捷网络科技有限公司	GR202135000813
814	泉州市扬荣信息科技有限公司	GR202135000814
815	福州冠融计算机系统工程有限公司	GR202135000815
816	泉州市鸿高工艺品有限公司	GR202135000816
817	漳州富乘健康科技有限公司	GR202135000817
818	泉州艺颜电子有限公司	GR202135000818
819	中国皮革和制鞋工业研究院（晋江）有限公司	GR202135000819
820	福州杰因特塑料焊接设备有限公司	GR202135000820
821	福建和盛崇业电瓷有限公司	GR202135000821
822	泉州市三牛网络科技有限公司	GR202135000822
823	福建省灿辉环保科技有限公司	GR202135000823
824	福州精艺展览设计有限公司	GR202135000824
825	福州可源电子有限公司	GR202135000825
826	晋江市舒温智能科技有限公司	GR202135000826
827	福建绿力生物科技有限公司	GR202135000827
828	福建琦峰科技有限公司	GR202135000828
829	福州绿邦环保有限公司	GR202135000829
830	欧冠阀门科技有限公司	GR202135000830
831	福建省庆安精工机械制造有限公司	GR202135000831
832	福建省水手食品有限公司	GR202135000832
833	福建时代星云科技有限公司	GR202135000833
834	中融固成建设科技有限公司	GR202135000834
835	泉州市杰欣智能科技有限公司	GR202135000835
836	福建艾迪莫网络科技有限公司	GR202135000836
837	福州二五驱网络科技有限公司	GR202135000837
838	福建海涵环保咨询有限公司	GR202135000838
839	福建省德化友盛陶瓷有限公司	GR202135000839
840	福建品成建设工程顾问有限公司	GR202135000840
841	泉州领布机械科技有限公司	GR202135000841
842	福建东迅通信技术发展有限公司	GR202135000842
843	长泰金诺农业科技有限公司	GR202135000843
844	莆田市诺达电子发展有限公司	GR202135000844
845	福建丰盛农林科技集团有限公司	GR202135000845

续表

序号	企业名称	证书编号
846	福建成达玻璃有限公司	GR202135000846
847	中科瑞能电气股份有限公司	GR202135000847
848	三明中正天网络科技有限公司	GR202135000848
849	福建省聚名堂科技有限公司	GR202135000849
850	莆田市佳阳电子有限公司	GR202135000850
851	泉州市强昊智能科技有限公司	GR202135000851
852	福州盛福电子科技有限公司	GR202135000852
853	莆田市思软信息技术有限公司	GR202135000853
854	泉州市泉兴五金艺品有限公司	GR202135000854
855	福建泉州振跃工艺品有限公司	GR202135000855
856	福州邦泰金研金刚石工具制造有限公司	GR202135000856
857	福建煜茂化纤有限公司	GR202135000857
858	福州万力电气科技有限公司	GR202135000858
859	泉州天健艺品有限公司	GR202135000859
860	福建省金普达电子科技有限公司	GR202135000860
861	福州仰望网络科技有限公司	GR202135000861
862	龙岩科望信息技术有限公司	GR202135000862
863	龙岩市鑫源机械有限公司	GR202135000863
864	福州海文教育发展有限公司	GR202135000864
865	福建映像东方传媒有限公司	GR202135000865
866	福建省伍测测绘有限公司	GR202135000866
867	晋江市现代彩色印刷有限公司	GR202135000867
868	莆田市威特电子有限公司	GR202135000868
869	福州花火传媒有限公司	GR202135000869
870	福建智云动能智慧科技有限公司	GR202135000870
871	福建輸达流体控制设备有限公司	GR202135000871
872	福建省锋源盛纺织科技有限公司	GR202135000872
873	福建亿发护理用品有限公司	GR202135000873
874	晋江万兴隆化纤制品有限公司	GR202135000874
875	福州安渡神州科技有限公司	GR202135000875
876	泉州恒泰晟智能科技有限公司	GR202135000876
877	福建省石狮市中兴科技有限公司	GR202135000877
878	泉州市微粒软件科技有限公司	GR202135000878
879	新万鑫（福建）精密薄板有限公司	GR202135000879
880	福州景羽空间信息技术有限公司	GR202135000880
881	漳州恩诚网络科技有限公司	GR202135000881

续表

序号	企业名称	证书编号
882	福建大智网络科技有限公司	GR202135000882
883	漳州市英格尔农业科技有限公司	GR202135000883
884	福建铖盛通用机械有限公司	GR202135000884
885	中建协和建设有限公司	GR202135000885
886	长泰鑫润橡塑有限公司	GR202135000886
887	福州沪深创科网络科技有限公司	GR202135000887
888	福建枫林信息技术有限公司	GR202135000888
889	福建通联照明有限公司	GR202135000889
890	福建雨宙之星网络科技有限公司	GR202135000890
891	有氟密管阀集团有限公司	GR202135000891
892	漳州众鑫橡胶有限公司	GR202135000892
893	福建汇仟航空科技有限公司	GR202135000893
894	福建礼恩科技有限公司	GR202135000894
895	泉州市铭泰机械制造有限公司	GR202135000895
896	福建省德化县百得隆陶瓷有限责任公司	GR202135000896
897	福建优仕信息科技有限公司	GR202135000897
898	福建天治网络技术有限公司	GR202135000898
899	福州数云通网络技术有限公司	GR202135000899
900	福建省博勇机械制造有限公司	GR202135000900
901	福建锐云网络科技有限公司	GR202135000901
902	福建路通管业科技股份有限公司	GR202135000902
903	泉州市金草生物技术有限公司	GR202135000903
904	伟顺（中国）机电设备有限公司	GR202135000904
905	福建中广智慧物联科技有限公司	GR202135000905
906	福州元九通讯技术有限公司	GR202135000906
907	福州欧酷网络科技有限公司	GR202135000907
908	泉州市奇星制动器材有限公司	GR202135000908
909	星鸟（福建）数据科技有限公司	GR202135000909
910	莆田市明扬纸品有限公司	GR202135000910
911	福州银白物联科技有限公司	GR202135000911
912	泉州市联讯科技有限公司	GR202135000912
913	福州诺特机电科技有限公司	GR202135000913
914	福建省广厦信息科技有限公司	GR202135000914
915	福建福大机械有限公司	GR202135000915
916	福州泛能智能科技有限公司	GR202135000916
917	盖恰（福建）智能科技有限公司	GR202135000917

续表

序号	企业名称	证书编号
918	福建中科网络科技有限公司	GR202135000918
919	福建省泉州市味博食品有限公司	GR202135000919
920	福建国碳科技有限公司	GR202135000920
921	德化县宏鹏瓷业发展有限公司	GR202135000921
922	福建三艺门业有限公司	GR202135000922
923	福建和其祖林业科技有限公司	GR202135000923
924	福建万峰节能建材有限公司	GR202135000924
925	龙岩市勘察测绘大队	GR202135000925
926	福州丁豆信息技术有限公司	GR202135000926
927	福建超瓷新型材料有限公司	GR202135000927
928	禾瑞（漳州）助剂有限公司	GR202135000928
929	福建广智信息技术有限公司	GR202135000929
930	福州杰亚信息技术有限公司	GR202135000930
931	龙岩市宝丽建材科技有限公司	GR202135000931
932	福建悦安科技有限公司	GR202135000932
933	福建省盛世大翔茶业有限公司	GR202135000933
934	福建必联物联网科技有限公司	GR202135000934
935	泉州寻鹿信息科技有限公司	GR202135000935
936	泉州奇诺电子有限公司	GR202135000936
937	泉州融康智能科技有限公司	GR202135000937
938	福建都市生活通信息科技有限公司	GR202135000938
939	华达（福建龙岩）环卫科技有限公司	GR202135000939
940	石狮市长庆汽车配件有限公司	GR202135000940
941	福州盛天游网络科技有限公司	GR202135000941
942	上杭县浩丰工艺品有限公司	GR202135000942
943	福建索邦化工有限公司	GR202135000943
944	泉州睿泽恒创物联网科技有限公司	GR202135000944
945	福州市纳飞光电科技有限公司	GR202135000945
946	福建省指尖智能科技有限公司	GR202135000946
947	福建博思软件股份有限公司	GR202135000947
948	晋江渠成机械有限公司	GR202135000948
949	福州雅普信息技术有限公司	GR202135000949
950	东图（福州）地理信息科技有限公司	GR202135000950
951	福建省南平南线电力电缆有限公司	GR202135000951
952	福建浩氧环保有限公司	GR202135000952
953	石狮市瑞力机械科技有限公司	GR202135000953

续表

序号	企业名称	证书编号
954	漳州市聚祥家具有限公司	GR202135000954
955	福建泰宁竹圣日用品有限公司	GR202135000955
956	福建智辰智能农业装备有限公司	GR202135000956
957	福州联顺电子科技有限公司	GR202135000957
958	中联物博（福建）科技发展有限公司	GR202135000958
959	福建富兴工业彩弹枪有限公司	GR202135000959
960	福州木鸡郎智能科技有限公司	GR202135000960
961	云懿信息科技（福建）有限公司	GR202135000961
962	福建中检创信检测技术有限公司	GR202135000962
963	福州凯隆电气有限公司	GR202135000963
964	福州领视网络科技有限公司	GR202135000964
965	晋江市达丽弹性织造有限公司	GR202135000965
966	福州市网翔网络科技有限公司	GR202135000966
967	泉州宏宇服装有限公司	GR202135000967
968	福州英特姆科技有限公司	GR202135000968
969	福州市居正软件有限公司	GR202135000969
970	福建采控网络科技有限公司	GR202135000970
971	福州嘿漫网络科技有限公司	GR202135000971
972	万全速配网络科技有限公司	GR202135000972
973	泉州兰台信息科技有限责任公司	GR202135000973
974	德化县宏顺陶瓷有限公司	GR202135000974
975	泉州市海恩德机电科技发展有限公司	GR202135000975
976	福建凯思达电子有限公司	GR202135000976
977	福州磬基电子有限公司	GR202135000977
978	泉州胡桐科技有限公司	GR202135000978
979	福建鸿兴达工程科技有限公司	GR202135000979
980	龙岩广锝机械设备有限公司	GR202135000980
981	福建世纪东海机电有限公司	GR202135000981
982	承大（福建）科技有限公司	GR202135000982
983	龙岩市闽盛物流有限公司	GR202135000983
984	福建粤海饲料有限公司	GR202135000984
985	福建省美丽谷环保科技有限公司	GR202135000985
986	福州芯源微电子科技有限公司	GR202135000986
987	福建嘻刷科技有限公司	GR202135000987
988	福建智慧海西信息技术有限公司	GR202135000988
989	福建德化德瓷生活家用有限公司	GR202135000989

续表

序号	企业名称	证书编号
990	福建省南安市恒骏铸造有限公司	GR202135000990
991	福州亿维格电子有限公司	GR202135000991
992	福建仁宏医药化工有限公司	GR202135000992
993	福建省德化县盛艺窑瓷业有限公司	GR202135000993
994	承启通（福建）科技有限公司	GR202135000994
995	漳州华锐锂能新能源科技有限公司	GR202135000995
996	福州和达电子科技有限公司	GR202135000996
997	福建光阳蛋业股份有限公司	GR202135000997
998	福建省泰祺软件开发有限公司	GR202135000998
999	福建联森环保科技有限公司	GR202135000999
1000	泉州建新科技有限公司	GR202135001000
1001	福建联众云医疗科技有限公司	GR202135001001
1002	福建腾川环保科技有限公司	GR202135001002
1003	福建大丰收灌溉科技有限公司	GR202135001003
1004	福建英明智护信息科技有限公司	GR202135001004
1005	龙岩索利普智能科技有限公司	GR202135001005
1006	莆田市协信制模有限公司	GR202135001006
1007	福建丰华传媒广告有限公司	GR202135001007
1008	漳州源泉信息科技有限公司	GR202135001008
1009	福建云晟物联网科技有限公司	GR202135001009
1010	福建恒冠机电设备有限公司	GR202135001010
1011	企汇（福建）信息科技有限公司	GR202135001011
1012	福建省泽贤网络科技有限公司	GR202135001012
1013	福建瑞途信息技术有限公司	GR202135001013
1014	福建省蓝腾新材料科技有限公司	GR202135001014
1015	福建数美信息技术有限公司	GR202135001015
1016	莆田澳普睿智能科技有限公司	GR202135001016
1017	龙岩市融聚信息科技有限公司	GR202135001017
1018	漳州碧山凯盛食品有限公司	GR202135001018
1019	福建省中电网络科技有限公司	GR202135001019
1020	福建集大智能科技有限公司	GR202135001020
1021	福建顺昌虹润精密仪器有限公司	GR202135001021
1022	将乐三晶新材料有限公司	GR202135001022
1023	福建大老古食品有限公司	GR202135001023
1024	福州中诺电子有限公司	GR202135001024
1025	福建术曲网络科技有限公司	GR202135001025

续表

序号	企业名称	证书编号
1026	晋江科龙机械有限公司	GR202135001026
1027	漳州爱果冻信息科技有限公司	GR202135001027
1028	福建省馨和纳米硅业有限公司	GR202135001028
1029	福建省信泰隆电力科技有限公司	GR202135001029
1030	福州市厚东针织染整有限公司	GR202135001030
1031	邵武市利良纸品有限公司	GR202135001031
1032	福建尚健科技信息有限公司	GR202135001032
1033	福州市众心联光电科技有限公司	GR202135001033
1034	福建四合创为信息科技有限公司	GR202135001034
1035	泉州嘉丽电子有限公司	GR202135001035
1036	莆田市晟熠光电科技有限公司	GR202135001036
1037	福建省德化县中信陶瓷有限公司	GR202135001037
1038	福建友创信息科技有限公司	GR202135001038
1039	中天（中国）工业有限公司	GR202135001039
1040	福州八通信息科技有限公司	GR202135001040
1041	福州艾斯佩克检测设备有限公司	GR202135001041
1042	福建省宇安机电设备有限公司	GR202135001042
1043	龙岩优电智能科技有限公司	GR202135001043
1044	福建鑫成裕机器人科技有限公司	GR202135001044
1045	福州天勤测绘有限公司	GR202135001045
1046	福建水数智工程管理有限公司	GR202135001046
1047	闽清航华木业有限公司	GR202135001047
1048	福建永荣锦江股份有限公司	GR202135001048
1049	福建宏晟照明电器有限公司	GR202135001049
1050	福建省邵武市榕辉化工有限公司	GR202135001050
1051	莆田市坚强缝制设备有限公司	GR202135001051
1052	邵武市万家美家居用品制造有限公司	GR202135001052
1053	福建和聚兴科技有限公司	GR202135001053
1054	晋江市远大服装织造有限公司	GR202135001054
1055	福建天诚电子科技开发有限公司	GR202135001055
1056	福建米客互联网科技有限公司	GR202135001056
1057	福州酷达威科技有限公司	GR202135001057
1058	沐禾（福建龙岩）教育科技有限公司	GR202135001058
1059	漳州市祥鸿包装机械有限公司	GR202135001059
1060	福建惠企信息科技有限公司	GR202135001060
1061	福建邵武万丰模具铸造有限公司	GR202135001061

续表

序号	企业名称	证书编号
1062	漳州重远船舶机械工业有限公司	GR202135001062
1063	福建美斯拓机械设备有限公司	GR202135001063
1064	福建宜美智能科技有限公司	GR202135001064
1065	泉州哈喽沃的科技有限责任公司	GR202135001065
1066	福建天守纺织新材料有限公司	GR202135001066
1067	福建龙植生物科技有限公司	GR202135001067
1068	福州市七八九信息科技有限公司	GR202135001068
1069	福建明泰嘉讯信息技术有限公司	GR202135001069
1070	福州诚立优品实业有限公司	GR202135001070
1071	嘉亨家化股份有限公司	GR202135001071
1072	福建闽山消防有限公司	GR202135001072
1073	福建省威诺数控有限公司	GR202135001073
1074	全冠（福建）机械工业有限公司	GR202135001074
1075	中建精彩（福州）印务有限公司	GR202135001075
1076	福建鸣鹤网络科技有限公司	GR202135001076
1077	福州正城铅封有限公司	GR202135001077
1078	福建皓尔宝新材料科技有限公司	GR202135001078
1079	福建金源泉科技发展有限公司	GR202135001079
1080	福州弘智信息科技有限公司	GR202135001080
1081	福建码上教育科技有限公司	GR202135001081
1082	福建然一木业有限公司	GR202135001082
1083	福建武夷俊威净化科技有限公司	GR202135001083
1084	龙岩市海诚信息科技有限公司	GR202135001084
1085	泉州市佳源环保科技有限公司	GR202135001085
1086	福州莱特检测技术服务有限公司	GR202135001086
1087	福建正味生物科技有限公司	GR202135001087
1088	华运中科（福建）信息技术有限公司	GR202135001088
1089	福建榕基软件工程有限公司	GR202135001089
1090	福州红树林环保有限公司	GR202135001090
1091	福建天眼视讯网络科技有限公司	GR202135001091
1092	泉州市超维医疗科技有限公司	GR202135001092
1093	福州乐天网络技术有限公司	GR202135001093
1094	威洁（石狮）中水回用技术有限公司	GR202135001094
1095	漳州市华威电源科技有限公司	GR202135001095
1096	福建新大陆通信科技股份有限公司	GR202135001096
1097	福建莱亨信息科技有限公司	GR202135001097

续表

序号	企业名称	证书编号
1098	福建库易信息科技有限责任公司	GR202135001098
1099	锐马（福建）电气制造有限公司	GR202135001099
1100	福州鑫轩信息技术有限公司	GR202135001100
1101	福州石子科技有限公司	GR202135001101
1102	中光科技（福建）有限公司	GR202135001102
1103	力星（福建）工贸有限公司	GR202135001103
1104	福建索天信息科技股份有限公司	GR202135001104
1105	福建省瑞祥竹木有限公司	GR202135001105
1106	中润智控物联网科技有限公司	GR202135001106
1107	福建沐天璀璨网络科技有限公司	GR202135001107
1108	福建立亚化学有限公司	GR202135001108
1109	福建晟扬管道科技有限公司	GR202135001109
1110	福建中检康泰检测技术有限公司	GR202135001110
1111	龙海特尔福汽车电子研究所有限公司	GR202135001111
1112	福州创腾信息技术有限公司	GR202135001112
1113	邵武市美菰林卫生用品有限公司	GR202135001113
1114	晋江市澳雷朗灯具制造有限公司	GR202135001114
1115	福建匠数科技有限公司	GR202135001115
1116	福建省南极星大数据有限公司	GR202135001116
1117	福州瑞克布朗医药科技有限公司	GR202135001117
1118	泉州云点三维科技有限公司	GR202135001118
1119	中电望辰科技有限公司	GR202135001119
1120	福建易点查科技有限公司	GR202135001120
1121	福建致宏硬质合金有限公司	GR202135001121
1122	福州推澜知识产权服务有限公司	GR202135001122
1123	莆田市上得利电子仪器有限公司	GR202135001123
1124	福建华科计量检测有限公司	GR202135001124
1125	华光阀门有限公司	GR202135001125
1126	福建东南铁正工程质量检测有限公司	GR202135001126
1127	福建标新易开盖集团有限公司	GR202135001127
1128	富利（福建）科技集团有限公司	GR202135001128
1129	浪峰（福建）实业有限公司	GR202135001129
1130	莆田市房网信息技术有限公司	GR202135001130
1131	旭通（福建）信息科技有限公司	GR202135001131
1132	政和县瑞昌工艺品有限公司	GR202135001132
1133	华闽南配集团股份有限公司	GR202135001133

续表

序号	企业名称	证书编号
1134	中检集团康泰安全科技有限公司	GR202135001134
1135	创蔚来集团有限公司	GR202135001135
1136	福州市和广丰信息科技有限公司	GR202135001136
1137	德化县万盛陶瓷有限公司	GR202135001137
1138	龙岩市海德馨汽车有限公司	GR202135001138
1139	福建省德化县恒昇陶瓷有限公司	GR202135001139
1140	福州五诚精密机械有限公司	GR202135001140
1141	福建省森鑫水产科技发展有限公司	GR202135001141
1142	福州市永洋信息科技有限公司	GR202135001142
1143	福州宝可数码科技有限公司	GR202135001143
1144	福建同鑫源工程服务有限公司	GR202135001144
1145	莆田市凯特数字印刷有限公司	GR202135001145
1146	福州锐景达光电科技有限公司	GR202135001146
1147	福州市锦泓针织有限公司	GR202135001147
1148	福建省曾志环保科技有限公司	GR202135001148
1149	福建省新东方机械有限公司	GR202135001149
1150	福州闲时间网络科技有限公司	GR202135001150
1151	福州众点网络技术开发有限公司	GR202135001151
1152	晋江市溢泰织造机械有限公司	GR202135001152
1153	福建华继电气科技有限公司	GR202135001153
1154	福建智了健康技术有限公司	GR202135001154
1155	福建省福芯电子科技有限公司	GR202135001155
1156	福建省奔流智能科技有限公司	GR202135001156
1157	福建福京智能电子科技有限公司	GR202135001157
1158	福建爱巴士网络科技有限公司	GR202135001158
1159	福建海山机械股份有限公司	GR202135001159
1160	福建省裕翔铸业有限公司	GR202135001160
1161	福州六诺科技有限公司	GR202135001161
1162	福建省商益汇科技有限公司	GR202135001162
1163	晋江市绿雨彩色印刷有限公司	GR202135001163
1164	福州兴博新中大软件有限公司	GR202135001164
1165	福州丽锦网络科技有限公司	GR202135001165
1166	福州万隆电子有限公司	GR202135001166
1167	莆田市数字城市互联网信息服务有限公司	GR202135001167
1168	晋江市龙裕打印科技有限公司	GR202135001168
1169	福建百思买工艺品有限公司	GR202135001169

续表

序号	企业名称	证书编号
1170	德化县凯得利工艺品有限公司	GR202135001170
1171	福建省德化县昱晟工艺品有限责任公司	GR202135001171
1172	福建罗屿岛食品有限公司	GR202135001172
1173	晋江创鑫机械有限公司	GR202135001173
1174	福建省三明巨丰化工有限公司	GR202135001174
1175	威尔（福建）生物有限公司	GR202135001175
1176	鑫亿智慧科技有限公司	GR202135001176
1177	漳州鑫阳食品有限公司	GR202135001177
1178	福州慧源水务科技有限公司	GR202135001178
1179	百润（中国）有限公司	GR202135001179
1180	福建省德化龙顺陶瓷有限公司	GR202135001180
1181	福州盛天电子技术有限公司	GR202135001181
1182	福建天雄巨彩科技有限公司	GR202135001182
1183	漳州新百盛花卉科技有限公司	GR202135001183
1184	福建诚安蓝盾实业有限公司	GR202135001184
1185	晋江市中德顺机械有限公司	GR202135001185
1186	泉州嘉唯光电有限公司	GR202135001186
1187	福建省顺昌县升升木业有限公司	GR202135001187
1188	福建引迈信息技术有限公司	GR202135001188
1189	泉州市恒昇精密机械有限公司	GR202135001189
1190	福建康之味食品工业有限公司	GR202135001190
1191	福建全家福食品有限公司	GR202135001191
1192	三明市星辰科技有限责任公司	GR202135001192
1193	福建中兴电子科技有限公司	GR202135001193
1194	福建长宏建材有限公司	GR202135001194
1195	福建省南平市奥翔鞋业有限公司	GR202135001195
1196	福建科烨数控科技有限公司	GR202135001196
1197	神州易联（福州）信息技术有限公司	GR202135001197
1198	福建景盈建设有限公司	GR202135001198
1199	福建省工大工程设计有限公司	GR202135001199
1200	钰丰乐器（福建）有限公司	GR202135001200
1201	万宝龙（漳州）金属制品有限公司	GR202135001201
1202	福建省福地化纤科技有限公司	GR202135001202
1203	福州飞蟹网络科技有限公司	GR202135001203
1204	福州威泰思光电科技有限公司	GR202135001204
1205	福建旭牧联生物科技有限公司	GR202135001205

续表

序号	企业名称	证书编号
1206	泉州宝鹭电子有限公司	GR202135001206
1207	福建钜铖汽车配件有限公司	GR202135001207
1208	福州亚马电子科技有限公司	GR202135001208
1209	福建巨芯科技有限公司	GR202135001209
1210	福建福格电气有限公司	GR202135001210
1211	龙岩市有讯信息科技有限公司	GR202135001211
1212	福建菲斯特锻件制品有限公司	GR202135001212
1213	福建宜珊智能科技有限公司	GR202135001213
1214	漳州威辰信息科技有限公司	GR202135001214
1215	福州轻松玩网络科技有限公司	GR202135001215
1216	泉州大众山涂料有限公司	GR202135001216
1217	鑫威铝业（漳州）有限公司	GR202135001217
1218	福建省德化县冠鸿陶瓷有限公司	GR202135001218
1219	福建美成祥科技发展有限公司	GR202135001219
1220	福州三龙喷码科技有限公司	GR202135001220
1221	福州创源同方水务有限公司	GR202135001221
1222	福建鑫邦新材料科技有限公司	GR202135001222
1223	联特（福建）智能装备有限公司	GR202135001223
1224	福建鑫瑞新材料科技有限公司	GR202135001224
1225	福建爱普伦电子科技有限公司	GR202135001225
1226	福建滴咚共享科技股份有限公司	GR202135001226
1227	龙岩闽龙信息技术有限公司	GR202135001227
1228	福建乔盛合成革有限公司	GR202135001228
1229	福建匆匆科技有限公司	GR202135001229
1230	福建东龙针纺有限公司	GR202135001230
1231	福州市燊翼龙网络科技有限公司	GR202135001231
1232	福建汉特云智能科技有限公司	GR202135001232
1233	福建迦百农信息技术有限公司	GR202135001233
1234	福建简飞科技有限公司	GR202135001234
1235	福建问问猫网络科技有限公司	GR202135001235
1236	福建百旺金赋信息科技有限公司	GR202135001236
1237	筑巢科技（福建）有限公司	GR202135001237
1238	泉州健坤模具制造有限公司	GR202135001238
1239	福建海姆网络科技有限公司	GR202135001239
1240	福建光华百斯特生态农牧发展有限公司	GR202135001240
1241	泉州丰裕模具有限公司	GR202135001241

续表

序号	企业名称	证书编号
1242	福州曜宇网络科技有限公司	GR202135001242
1243	福建省德化艺飞工艺品有限公司	GR202135001243
1244	福州灰度科技有限公司	GR202135001244

福建省2021年度第二批高新技术企业名单

2022年3月1日福建省科学技术厅、福建省财政厅、国家税务总局福建省税务局印发《关于认定福建省2021年度第二批高新技术企业的通知》（闽科高〔2022〕3号）提出，根据《高新技术企业认定管理办法》（国科发火〔2016〕32号）（以下简称《认定办法》）和《高新技术企业认定管理工作指引》（国科发火〔2016〕195号）有关规定，以及全国高新技术企业认定管理工作领导小组办公室于2022年2月21日发布的《关于对福建省2021年认定的第二批高新技术企业进行备案的公告》，现认定福建省泉州恒盛塑胶有限公司等1566家企业为福建省2021年度第二批高新技术企业，发证日期为2021年12月15日。高新技术企业资格有效期3年。

福建省2021年度第二批高新技术企业名单

序号	企业名称	证书编号
1	福建省泉州恒盛塑胶有限公司	GR202135001245
2	福建省将乐县长兴电子有限公司	GR202135001246
3	晋江伟业机械有限公司	GR202135001247
4	福建意德信息技术有限公司	GR202135001248
5	福建海嘉包装有限公司	GR202135001249
6	福建美柯不锈钢制品有限公司	GR202135001250
7	福建省金淮建筑设备有限公司	GR202135001251
8	福州标顺信息科技有限公司	GR202135001252
9	福州井仁信息科技有限公司	GR202135001253
10	泉州市永春亿诚服装有限公司	GR202135001254
11	福清市胜德塑胶制品有限公司	GR202135001255
12	福建巨工木制品有限公司	GR202135001256
13	福州翔飞航空科技有限公司	GR202135001257
14	福建省保邦科技有限公司	GR202135001258
15	福建圣远信息科技有限公司	GR202135001259
16	福州畅利智能科技有限公司	GR202135001260
17	福建光宇环保科技有限公司	GR202135001261
18	福建赛宇仪器科技有限公司	GR202135001262
19	泉州三宝电子有限公司	GR202135001263

续表

序号	企业名称	证书编号
20	福建元科机械有限公司	GR202135001264
21	福州聚星光电科技有限公司	GR202135001265
22	泉州市佳恒文化传播有限公司	GR202135001266
23	海峡（晋江）伞业科技创新中心有限公司	GR202135001267
24	福建省华研环境检测有限公司	GR202135001268
25	福建省石狮市和兴塑胶有限公司	GR202135001269
26	福清市亿星彩印有限公司	GR202135001270
27	福建甬嘉科技有限公司	GR202135001271
28	福建省奔浪体育用品有限公司	GR202135001272
29	龙岩市日月星科技有限公司	GR202135001273
30	福建省德化县帝窑陶瓷有限公司	GR202135001274
31	福建科峰建设工程检测有限公司	GR202135001275
32	西埔（福建）医药用品有限公司	GR202135001276
33	福建广远科技股份有限公司	GR202135001277
34	福建中安保全报警网络有限公司	GR202135001278
35	福建省亿鹏云创科技有限公司	GR202135001279
36	福建叶家记健康食品科技有限公司	GR202135001280
37	福建南烽防火科技有限公司	GR202135001281
38	福建学成创想信息科技有限公司	GR202135001282
39	英迈斯（福建）信息技术有限公司	GR202135001283
40	福建方维信息科技有限公司	GR202135001284
41	福建华开电力科技有限公司	GR202135001285
42	福建省仙茶美科技有限公司	GR202135001286
43	南安市华泰消防器材有限公司	GR202135001287
44	福建联骏机械有限公司	GR202135001288
45	福建嘉喜不锈钢制品有限公司	GR202135001289
46	泉州市国新体育用品有限公司	GR202135001290
47	福建光华农牧科技开发有限公司	GR202135001291
48	泉州市天启网络科技有限公司	GR202135001292
49	福建省建筑设计研究院有限公司	GR202135001293
50	福建漳州市天亿饼业有限公司	GR202135001294
51	福建泉州市鸿佳机械有限公司	GR202135001295
52	泉州联创厨卫有限公司	GR202135001296
53	福建宏宇工程管理有限公司	GR202135001297
54	福建中科星泰数据科技有限公司	GR202135001298
55	福建省起航智能工程有限公司	GR202135001299

续表

序号	企业名称	证书编号
56	福州聚敏科技信息咨询有限公司	GR202135001300
57	福建亿泰康电子有限公司	GR202135001301
58	龙岩市绿鑫源肥业有限公司	GR202135001302
59	福建省贵峰消防科技有限公司	GR202135001303
60	福建省蔚来纺织科技有限公司	GR202135001304
61	福建中富龙重工有限公司	GR202135001305
62	福建华绿纸业有限公司	GR202135001306
63	功夫动漫股份有限公司	GR202135001307
64	福建昌航针纺有限公司	GR202135001308
65	福州微联达传媒有限公司	GR202135001309
66	福建省航通游艇制造有限公司	GR202135001310
67	晋江诚明鞋业有限公司	GR202135001311
68	福建森友福装饰科技有限公司	GR202135001312
69	福州千里马科技有限公司	GR202135001313
70	福建省龙圣重工机械股份有限公司	GR202135001314
71	福州星之源工艺品有限公司	GR202135001315
72	福建勤工机电科技有限公司	GR202135001316
73	漳州市万鸿信网络技术服务有限公司	GR202135001317
74	泉州市驰尔达电子通讯有限公司	GR202135001318
75	福建省闽旋科技股份有限公司	GR202135001319
76	福建大道之行教育科技有限公司	GR202135001320
77	泉州华大超硬工具科技有限公司	GR202135001321
78	福建兴鼎辉检测技术有限公司	GR202135001322
79	福州合瑞利电子科技有限公司	GR202135001323
80	泉州森达塑胶有限公司	GR202135001324
81	福建省阳山新型建材有限公司	GR202135001325
82	福建天闽绿色建筑产业有限公司	GR202135001326
83	福建省建鑫晟智能科技有限公司	GR202135001327
84	福建泉盛电子有限公司	GR202135001328
85	福建海峡服装有限公司	GR202135001329
86	福建晋工机械有限公司	GR202135001330
87	福建连城航凯木业有限公司	GR202135001331
88	福建仕途科技有限公司	GR202135001332
89	泉州市永鑫模具制造有限公司	GR202135001333
90	武平紫金矿业有限公司	GR202135001334
91	来莎来酷（福建）服饰实业有限公司	GR202135001335

续表

序号	企业名称	证书编号
92	福建宸润生物科技有限公司	GR202135001336
93	福建涌宁检测有限公司	GR202135001337
94	福建东诚超纤有限公司	GR202135001338
95	福建明鑫机器人科技有限公司	GR202135001339
96	福建省盛世唯红标识有限公司	GR202135001340
97	福建源鑫建材有限公司	GR202135001341
98	福州安泰消防科技有限公司	GR202135001342
99	永安千禾生物能源有限公司	GR202135001343
100	福建一品居生物科技有限公司	GR202135001344
101	福建驼能生物科技有限公司	GR202135001345
102	泉州夏宇伞业有限公司	GR202135001346
103	普仑斯（福建）泵业有限公司	GR202135001347
104	福建省满天星传媒信息科技有限公司	GR202135001348
105	福建爱的电器有限公司	GR202135001349
106	福建新弘电电气设备有限公司	GR202135001350
107	福建利豪电子科技股份有限公司	GR202135001351
108	福州福变电气有限公司	GR202135001352
109	福建省宏盛闽侯酒业有限公司	GR202135001353
110	福建省悠游环保科技有限公司	GR202135001354
111	闽清金水湾生态农业有限公司	GR202135001355
112	福州酷游网络科技有限公司	GR202135001356
113	泉州克莱逊自动化科技有限公司	GR202135001357
114	漳州开源软件有限公司	GR202135001358
115	福建焕章网络科技有限公司	GR202135001359
116	泉州知予食品科技有限公司	GR202135001360
117	福建建宁日鑫菌业科技有限公司	GR202135001361
118	威驰腾（福建）汽车有限公司	GR202135001362
119	福建闽泰交通工程有限公司	GR202135001363
120	福建长城华兴玻璃有限公司	GR202135001364
121	福建省中电工程设计有限公司	GR202135001365
122	满誉（福建）制鞋机械有限公司	GR202135001366
123	南安市豪威电子科技有限公司	GR202135001367
124	福建云星电子有限公司	GR202135001368
125	福建荣荣新材料股份有限公司	GR202135001369
126	龙岩沉缸酒业有限公司	GR202135001370
127	中国电建集团福建工程有限公司	GR202135001371

续表

序号	企业名称	证书编号
128	福州云天乐模具有限公司	GR202135001372
129	东南管阀股份有限公司	GR202135001373
130	石狮市隆宝机械有限公司	GR202135001374
131	福建省高速公路达通检测有限公司	GR202135001375
132	南控电气科技有限公司	GR202135001376
133	福建省中瑞集成房屋有限公司	GR202135001377
134	福建康鸿生物科技有限公司	GR202135001378
135	泉州市鲤城刚胜鞋塑有限公司	GR202135001379
136	泉州市拓新金属机械有限公司	GR202135001380
137	福建永前生态环境技术有限公司	GR202135001381
138	泉州市中力机电有限公司	GR202135001382
139	白沙消防设备有限公司	GR202135001383
140	福建省铭兴激光科技有限公司	GR202135001384
141	福建六正新材料科技有限公司	GR202135001385
142	福州世纪巅峰信息技术有限公司	GR202135001386
143	福州力达威机电设备有限公司	GR202135001387
144	福州猎游网络科技有限公司	GR202135001388
145	福建圣泽生物科技发展有限公司	GR202135001389
146	泉州市兴亿军教器材有限公司	GR202135001390
147	福建泉州海滨防护装备有限公司	GR202135001391
148	福州锐洁源电子科技有限公司	GR202135001392
149	福建上杭兴恒硅品有限责任公司	GR202135001393
150	福建恒嘉环保设备有限公司	GR202135001394
151	福建佳来户外服装有限公司	GR202135001395
152	福建泉州金灿五金制造有限公司	GR202135001396
153	福州龙程网络科技有限公司	GR202135001397
154	新胜（福州）彩印有限公司	GR202135001398
155	福建丰稔环境工程有限公司	GR202135001399
156	福建恒安卫生材料有限公司	GR202135001400
157	艾视朗光学科技（福建）有限公司	GR202135001401
158	福州欣翼通网络技术有限公司	GR202135001402
159	福州三富源信息技术有限公司	GR202135001403
160	福建译宁科技有限公司	GR202135001404
161	福建省鼎嘉质量技术服务有限公司	GR202135001405
162	福州市辉知源网络科技有限公司	GR202135001406
163	绿华能源（福建）有限公司	GR202135001407

续表

序号	企业名称	证书编号
164	福建闽科测试技术研究院有限公司	GR202135001408
165	福建吉兴竹业有限公司	GR202135001409
166	福建省威创信息科技有限公司	GR202135001410
167	福建灿丰玻璃有限公司	GR202135001411
168	福建省久久环保设备有限公司	GR202135001412
169	福建名盾建材有限公司	GR202135001413
170	泉州华煜鞋业有限公司	GR202135001414
171	福州美乐莲生物科技有限公司	GR202135001415
172	福建省益震科技有限公司	GR202135001416
173	福建五六能源装备有限公司	GR202135001417
174	泉州市澳莱格电子有限责任公司	GR202135001418
175	泉州市世宏机械制造有限公司	GR202135001419
176	川安消防实业有限公司	GR202135001420
177	龙岩东腾再生资源科技有限公司	GR202135001421
178	福建省三明同晟化工有限公司	GR202135001422
179	福建省尚飞制衣有限公司	GR202135001423
180	莆田飞达鞋材有限公司	GR202135001424
181	漳浦通鑫建材有限公司	GR202135001425
182	漳州大一智能装备有限公司	GR202135001426
183	漳州盛良工业有限公司	GR202135001427
184	龙岩创嘉科技有限公司	GR202135001428
185	晋江市顺力纸箱有限公司	GR202135001429
186	康瑞达（福州）环保科技有限公司	GR202135001430
187	漳州浦飞速机械制造有限公司	GR202135001431
188	泉州龙闰海洋科技有限责任公司	GR202135001432
189	漳州市绿木工贸有限公司	GR202135001433
190	福建大和电气有限公司	GR202135001434
191	泉州市星达金属制品有限公司	GR202135001435
192	福州博瑞奇机电设备有限公司	GR202135001436
193	福建树标体育用品有限责任公司	GR202135001437
194	福建省数字福建云计算运营有限公司	GR202135001438
195	福建南安艺洋泡沫制品有限公司	GR202135001439
196	福建省恒锦天成科技有限公司	GR202135001440
197	福建正图影视传媒有限公司	GR202135001441
198	长汀雷生科技有限责任公司	GR202135001442
199	漳州永生利家具有限公司	GR202135001443

续表

序号	企业名称	证书编号
200	福建蜂起智能科技有限公司	GR202135001444
201	福建省龙岩盛通液压有限公司	GR202135001445
202	石狮市新华塑料机械有限公司	GR202135001446
203	福建省海乐威生物工程有限公司	GR202135001447
204	福建德尔科技有限公司	GR202135001448
205	漳州宙士新材料科技有限公司	GR202135001449
206	福建易来电新能源科技有限公司	GR202135001450
207	福州欧冠创新工业设计有限公司	GR202135001451
208	回头客食品集团股份有限公司	GR202135001452
209	漳州市技周机械有限公司	GR202135001453
210	福建中联智创教育科技有限公司	GR202135001454
211	漳州市瑞禾祥网络科技有限公司	GR202135001455
212	泉州市雄伟电子科技有限公司	GR202135001456
213	福建省德化正和陶瓷有限公司	GR202135001457
214	惠安港德海洋生物科技有限公司	GR202135001458
215	宁德博鑫网络科技有限公司	GR202135001459
216	福建省鑫通通信技术开发有限公司	GR202135001460
217	福建省机电沿海建筑设计研究院有限公司	GR202135001461
218	莆田市益宏木业有限公司	GR202135001462
219	石狮市镐森五金科技有限公司	GR202135001463
220	泉高阀门科技有限公司	GR202135001464
221	福建安吉达智能科技有限公司	GR202135001465
222	永安市恒丰开关设备有限公司	GR202135001466
223	福建省莆田市双驰研发有限公司	GR202135001467
224	龙岩中洋日用品有限公司	GR202135001468
225	福建野小兽健康科技有限公司	GR202135001469
226	福建省益医信息科技有限公司	GR202135001470
227	福州长榕弹簧有限公司	GR202135001471
228	福州云豆网络科技有限公司	GR202135001472
229	福建科华工程技术有限公司	GR202135001473
230	福州荣德光电科技有限公司	GR202135001474
231	福建中铁联合勘察设计有限公司	GR202135001475
232	金贝尔（福建）水环境工程有限公司	GR202135001476
233	漳州茂新工贸有限公司	GR202135001477
234	福建新同兴针纺织有限公司	GR202135001478
235	龙岩市海鹏工贸有限公司	GR202135001479

续表

序号	企业名称	证书编号
236	福建省博特生物科技有限公司	GR202135001480
237	福建漳州主滨食品科技有限公司	GR202135001481
238	福州汉佰康生物科技有限公司	GR202135001482
239	福建省晋江新德美化工有限公司	GR202135001483
240	福州新锐软件科技有限公司	GR202135001484
241	福建中网电气有限公司	GR202135001485
242	福州日兆信息科技有限公司	GR202135001486
243	福州云动信息科技有限公司	GR202135001487
244	福建省卡友实业有限公司	GR202135001488
245	石狮市恒正针织机械有限公司	GR202135001489
246	龙岩黄阳机械科技发展有限公司	GR202135001490
247	晋江市汉威紧固件制造有限公司	GR202135001491
248	福建帝视信息科技有限公司	GR202135001492
249	福建意乐焙宝生物科技有限公司	GR202135001493
250	一品一码检测（福建）有限公司	GR202135001494
251	福建省新闽科生物科技开发有限公司	GR202135001495
252	福建恒大伟业电气有限公司	GR202135001496
253	福建益明纺织有限公司	GR202135001497
254	福建神威系统集成有限责任公司	GR202135001498
255	福清赢禾电子科技有限公司	GR202135001499
256	福建东西乐活科技有限公司	GR202135001500
257	福州蜂鸟网络科技有限公司	GR202135001501
258	福建省晖乾消防检测有限公司	GR202135001502
259	福建省汇令工程检测有限公司	GR202135001503
260	泉州市闽达机械制造有限公司	GR202135001504
261	福清市兴顺隆金属制品有限公司	GR202135001505
262	莆田市涵江区安泰涂料有限公司	GR202135001506
263	福州市长乐区东风轴承有限公司	GR202135001507
264	漳州市大越机电科技有限公司	GR202135001508
265	泉州市速杰安建材有限公司	GR202135001509
266	云天软件科技有限公司	GR202135001510
267	福建思科硅材料有限公司	GR202135001511
268	华瑞（福建）生物科技有限公司	GR202135001512
269	福建省汉盛展示用品有限公司	GR202135001513
270	福建省赛诺致远门业有限公司	GR202135001514
271	福建省华厦能源设计研究院有限公司	GR202135001515

续表

序号	企业名称	证书编号
272	漳州升亿隆建材有限公司	GR202135001516
273	泉州劲鑫电子有限公司	GR202135001517
274	福建启信创联网络科技有限公司	GR202135001518
275	福建力盾实业有限公司	GR202135001519
276	龙岩文伍车桥制造有限公司	GR202135001520
277	福建省鑫东胜装饰工程有限公司	GR202135001521
278	绿亚科技（平潭）有限公司	GR202135001522
279	福建博尚科技发展有限公司	GR202135001523
280	泉州市顺源军教器材有限公司	GR202135001524
281	福建省科锦信息科技有限公司	GR202135001525
282	泉州伟业生物医学科技有限公司	GR202135001526
283	福建华诚工程研究院有限公司	GR202135001527
284	宁德市鼎诚水产有限公司	GR202135001528
285	漳州天创电子科技有限公司	GR202135001529
286	松嘉（泉州）机械有限公司	GR202135001530
287	福州福达仪表有限公司	GR202135001531
288	福建杨振华 851 生物科技股份有限公司	GR202135001532
289	福州立秋信息科技有限公司	GR202135001533
290	福州东仕照明科技有限公司	GR202135001534
291	福建省泽和包装有限公司	GR202135001535
292	福建卓众信息科技有限公司	GR202135001536
293	宁德思客琦智能装备有限公司	GR202135001537
294	莆田市汇龙海产有限公司	GR202135001538
295	福建金龙腾动力机械有限公司	GR202135001539
296	漳州市东宏环保科技有限公司	GR202135001540
297	福建同安堂生物科技有限公司	GR202135001541
298	福建省尤溪县华鑫化工有限责任公司	GR202135001542
299	福建华源纺织有限公司	GR202135001543
300	福州大友信息科技有限公司	GR202135001544
301	福清市福盛达塑胶制品有限公司	GR202135001545
302	福州帝天信息科技有限公司	GR202135001546
303	福州永鑫塑料包装用品有限公司	GR202135001547
304	漳州金宝达服饰有限公司	GR202135001548
305	漳州市圆周网络科技有限公司	GR202135001549
306	福州群鹏网络科技有限公司	GR202135001550
307	福州市星辉针织有限公司	GR202135001551

续表

序号	企业名称	证书编号
308	泉州市有成精密机械有限公司	GR202135001552
309	福建拓成物流科技有限公司	GR202135001553
310	福建省大东方古典家具有限公司	GR202135001554
311	福建和动力智能科技有限公司	GR202135001555
312	莆田市涵江区永辉塑胶有限公司	GR202135001556
313	晋江市南星印染材料有限公司	GR202135001557
314	福建亿能达信息技术股份有限公司	GR202135001558
315	泉州市弘瑞户外用品有限公司	GR202135001559
316	泉州市华德机电设备有限公司	GR202135001560
317	福建惠丰电机有限公司	GR202135001561
318	福建天然木业有限公司	GR202135001562
319	石狮市冠豪体育用品有限公司	GR202135001563
320	福建省德化县双盈陶瓷有限公司	GR202135001564
321	泉州恩斯曼裁剪设备有限公司	GR202135001565
322	福建省德化县中昱陶瓷有限公司	GR202135001566
323	漳州市广益塑料有限公司	GR202135001567
324	漳州长峰电脑设备有限公司	GR202135001568
325	福建玮晟机械有限公司	GR202135001569
326	福建中电合创电力科技有限公司	GR202135001570
327	海峡（福州）通信服务有限公司	GR202135001571
328	福建茂增木业有限公司	GR202135001572
329	泉州市高敏自动化机电有限公司	GR202135001573
330	福建航海信息科技有限公司	GR202135001574
331	福州云中天创软件有限公司	GR202135001575
332	福州即富宝信息技术有限公司	GR202135001576
333	福建安能新材料股份有限公司	GR202135001577
334	福建大壹健康科技有限公司	GR202135001578
335	福州拓谷信息科技有限公司	GR202135001579
336	国华（泉州）科技有限公司	GR202135001580
337	福建德善教育科技有限公司	GR202135001581
338	漳州信拾知识产权代理有限公司	GR202135001582
339	晋江平盛鞋业有限公司	GR202135001583
340	福州维斯多网络科技有限公司	GR202135001584
341	米艾西（福建）测控技术有限公司	GR202135001585
342	福建灵动互动文化传媒有限公司	GR202135001586
343	漳州益利食用菌科技有限公司	GR202135001587

续表

序号	企业名称	证书编号
344	泉州百佳印务有限公司	GR202135001588
345	福建连天福生物科技有限公司	GR202135001589
346	福建雅泰实业有限公司	GR202135001590
347	福建省瑞康电子设备有限公司	GR202135001591
348	福州福光橡塑有限公司	GR202135001592
349	福建省中楠环保工程设计有限公司	GR202135001593
350	福清市杰诺机械制造有限公司	GR202135001594
351	福建省地恒建材有限责任公司	GR202135001595
352	福建欧莱德家具有限公司	GR202135001596
353	福建省莆田市永展机械有限公司	GR202135001597
354	福建省恒龙消防科技有限公司	GR202135001598
355	福建众合开发建筑设计院有限公司	GR202135001599
356	石狮市华宝明祥食品有限公司	GR202135001600
357	福州中天迅通信技术有限公司	GR202135001601
358	劲能（福建）车用空调有限公司	GR202135001602
359	龙岩嘉隆机械有限公司	GR202135001603
360	铠强科技（平潭）有限公司	GR202135001604
361	泉州市雨相伴伞业科技有限公司	GR202135001605
362	福建星光食品有限公司	GR202135001606
363	泉州市无为展示用具有限公司	GR202135001607
364	福建省德化铠宇陶瓷有限公司	GR202135001608
365	福建宏冠化工股份有限公司	GR202135001609
366	泉州市英育机械科技有限公司	GR202135001610
367	福建省兴达阀门制造有限公司	GR202135001611
368	福建省数科信息科技有限公司	GR202135001612
369	泉州市中天石油化工机械制造有限公司	GR202135001613
370	福建德广中草药有限公司	GR202135001614
371	惠安县联盛鞋塑有限公司	GR202135001615
372	福州计信科技有限公司	GR202135001616
373	福建省竹家缘工贸有限公司	GR202135001617
374	福州汉强电子有限公司	GR202135001618
375	福建海睿达科技有限公司	GR202135001619
376	漳州宏华材料科技有限公司	GR202135001620
377	石狮市永兴鞋材有限公司	GR202135001621
378	福建省德化上古陶瓷有限公司	GR202135001622
379	福州跳跳鱼信息科技有限公司	GR202135001623

续表

序号	企业名称	证书编号
380	中化泉州能源科技有限责任公司	GR202135001624
381	晋江南星海水产食品有限公司	GR202135001625
382	美诺电气（福建）有限公司	GR202135001626
383	福建龙翔水产食品有限公司	GR202135001627
384	晋江市高威电磁科技有限公司	GR202135001628
385	古田县禾兴食用菌有限公司	GR202135001629
386	福建省闽投信息科技有限公司	GR202135001630
387	石狮市成鑫针织机械有限公司	GR202135001631
388	莆田市城厢区星华电子模具有限公司	GR202135001632
389	福建艺考网网络信息咨询有限公司	GR202135001633
390	福建大昌盛饲料有限公司	GR202135001634
391	漳州蓝旗亚智能设备有限公司	GR202135001635
392	仙芝科技（福建）股份有限公司	GR202135001636
393	福建亿钻机械有限公司	GR202135001637
394	福建省南安市同盛体育器材有限公司	GR202135001638
395	福建省光大消防设备有限公司	GR202135001639
396	福建乾能工业设备科技有限公司	GR202135001640
397	漳州市源享信息科技有限公司	GR202135001641
398	石狮市闽士达电子技术有限公司	GR202135001642
399	福建瑞普电力科技有限公司	GR202135001643
400	福州胜蓝智能科技有限公司	GR202135001644
401	福建瑞达茶业有限公司	GR202135001645
402	泉州周道网络科技有限公司	GR202135001646
403	福建万施博建材有限公司	GR202135001647
404	石狮市赛琪体育用品有限公司	GR202135001648
405	福建华清电子材料科技有限公司	GR202135001649
406	福清市益兴堂卫生制品有限公司	GR202135001650
407	厦工（三明）重型机器有限公司	GR202135001651
408	福建先德能源科技有限公司	GR202135001652
409	福建蓝禾网络技术有限公司	GR202135001653
410	尚鼎信息股份有限公司	GR202135001654
411	福州奥特龙环保技术有限公司	GR202135001655
412	漳州市永良针纺机械有限公司	GR202135001656
413	漳州市逗号信息技术有限公司	GR202135001657
414	福州青藤互娱网络科技有限公司	GR202135001658
415	泉州市将兵网络科技有限公司	GR202135001659

续表

序号	企业名称	证书编号
416	福建永德吉灯业股份有限公司	GR202135001660
417	泉州市福昇精密机械有限公司	GR202135001661
418	福州中基元电子科技有限公司	GR202135001662
419	莆田市城厢区城建白蚁防治技术有限公司	GR202135001663
420	福州安圣达机电设备有限公司	GR202135001664
421	泉州亿星鞋材有限公司	GR202135001665
422	福建舜洋食品有限公司	GR202135001666
423	泉州海川半导体有限公司	GR202135001667
424	福建省腾龙工业公司	GR202135001668
425	宁德市路兴设计有限公司	GR202135001669
426	漳州市万思刻电子有限公司	GR202135001670
427	漳州腾飞软件科技有限公司	GR202135001671
428	连城县东方经济开发有限公司	GR202135001672
429	福建雷尔新材料有限公司	GR202135001673
430	福州许继电气有限公司	GR202135001674
431	福建绿滢生态农林发展有限公司	GR202135001675
432	福州宜美电子有限公司	GR202135001676
433	漳州市恒源机械有限公司	GR202135001677
434	漳州鑫荣网络科技有限公司	GR202135001678
435	福建龙永机械有限公司	GR202135001679
436	福建中基能源有限公司	GR202135001680
437	机器元素（福建）智能打印技术有限公司	GR202135001681
438	石狮昌隆农业种植有限公司	GR202135001682
439	泉州市冰黄生物科技有限公司	GR202135001683
440	龙王君（福建）信息科技有限公司	GR202135001684
441	福建省鈊美机械科技有限公司	GR202135001685
442	福建锐意电力科技发展有限公司	GR202135001686
443	上杭县新德里现代农业发展有限公司	GR202135001687
444	福建省漳州建华陶瓷有限公司	GR202135001688
445	三明市维铭机械制造有限公司	GR202135001689
446	福州市鑫连众电力设备有限公司	GR202135001690
447	福州慧美丰科技有限公司	GR202135001691
448	福建凯威消防通风设备有限公司	GR202135001692
449	福建赛孔雀新材料科技有限公司	GR202135001693
450	泉州亚林新材料科技有限公司	GR202135001694
451	漳州市正发钢结构有限公司	GR202135001695

续表

序号	企业名称	证书编号
452	优联合光电科技（福州）有限公司	GR202135001696
453	福建省科兴消防工程检测有限公司	GR202135001697
454	福建福光天瞳光学有限公司	GR202135001698
455	福建绿科智造工业集团有限公司	GR202135001699
456	福州利嘉特水处理环保工程有限公司	GR202135001700
457	福建省银泰林业开发有限公司	GR202135001701
458	晋江市天纬服装织造有限公司	GR202135001702
459	福建棋乐网络科技有限公司	GR202135001703
460	晋江力达电子有限公司	GR202135001704
461	福建省航达机械制造有限公司	GR202135001705
462	福州晨宝信息科技有限公司	GR202135001706
463	福建海峡环保集团股份有限公司	GR202135001707
464	福建南安市南发铸造有限公司	GR202135001708
465	春晖科技集团有限公司	GR202135001709
466	福州维尔德医疗科技有限公司	GR202135001710
467	名观科技（福建）有限公司	GR202135001711
468	福建国源档案管理有限公司	GR202135001712
469	福建亿林节能设备股份有限公司	GR202135001713
470	福建良瓷科技有限公司	GR202135001714
471	石狮市永固体育用品有限公司	GR202135001715
472	宁德市交投电子信息有限公司	GR202135001716
473	福州市爱上游网络科技有限公司	GR202135001717
474	泉州博美彩印有限公司	GR202135001718
475	福建光通互联通信有限公司	GR202135001719
476	腾翼科技（福建龙岩）有限公司	GR202135001720
477	泉州市洛江区汇丰妇幼用品有限公司	GR202135001721
478	福建瑞升电子科技有限公司	GR202135001722
479	福建零点光电有限公司	GR202135001723
480	福建省钜海生物科技有限公司	GR202135001724
481	宁德时代电机科技有限公司	GR202135001725
482	福建中科光汇激光科技有限公司	GR202135001726
483	长乐力盛纺织有限公司	GR202135001727
484	福建普斯特服饰有限公司	GR202135001728
485	福建博奥医学检验所有限公司	GR202135001729
486	福州市香香中草药研发有限公司	GR202135001730
487	福建智高科技股份有限公司	GR202135001731

续表

序号	企业名称	证书编号
488	福建瑞建信息科技有限公司	GR202135001732
489	会有科技（福建）有限公司	GR202135001733
490	三禾电器（福建）有限公司	GR202135001734
491	福建兴晨信息科技集团有限公司	GR202135001735
492	福建省高品科技管材有限公司	GR202135001736
493	福建南智信息技术有限公司	GR202135001737
494	福州荣凯钢化玻璃有限公司	GR202135001738
495	福州锐步信息科技有限公司	GR202135001739
496	漳州市康贝卫生用品有限公司	GR202135001740
497	泉州隆汉物流有限公司	GR202135001741
498	漳州中科智谷科技有限公司	GR202135001742
499	福建明博商业设施有限公司	GR202135001743
500	福州互瑞精工科技有限公司	GR202135001744
501	福建坤华智能装备有限公司	GR202135001745
502	福州市楚天电子有限公司	GR202135001746
503	福建诚拓电气设备有限公司	GR202135001747
504	翡柯机械（福建）有限公司	GR202135001748
505	泉州六合儿童创意产业有限公司	GR202135001749
506	泉州达斯琪数字科技有限公司	GR202135001750
507	福建合为信息科技有限公司	GR202135001751
508	福建江隆水利水电工程有限公司	GR202135001752
509	莆田市万鑫模具有限公司	GR202135001753
510	泉州天通科技有限公司	GR202135001754
511	安科讯（福建）科技有限公司	GR202135001755
512	福建恒联电力科技发展有限公司	GR202135001756
513	山鹰华南纸业有限公司	GR202135001757
514	龙岩龙竹雨信息技术有限公司	GR202135001758
515	晋江市恒溢雨具有限公司	GR202135001759
516	漳州东荣工贸有限公司	GR202135001760
517	福州中研电机有限公司	GR202135001761
518	福州昌育农业开发有限公司	GR202135001762
519	福建博文织造有限公司	GR202135001763
520	福建睿升智能科技有限公司	GR202135001764
521	智恒科技股份有限公司	GR202135001765
522	福建省嘉泰智能装备有限公司	GR202135001766
523	福州讯晟软件技术开发有限公司	GR202135001767

续表

序号	企业名称	证书编号
524	泉州耐保鞋业有限公司	GR202135001768
525	福建栢合冷链仓储管理有限公司	GR202135001769
526	石狮市越峰信息科技有限公司	GR202135001770
527	漳州市凯盛环境服务集团有限公司	GR202135001771
528	漳州亚太汽车附件有限公司	GR202135001772
529	福建冠维汽车零部件有限公司	GR202135001773
530	福建中涂新材料科技有限公司	GR202135001774
531	福州市长乐区山城针纺有限公司	GR202135001775
532	福州澳星同方净水业有限公司	GR202135001776
533	福建省艺邦新材料科技有限公司	GR202135001777
534	力达（中国）机电有限公司	GR202135001778
535	福建吴氏鸿达不锈钢有限公司	GR202135001779
536	福州恒展电子有限公司	GR202135001780
537	博禾（福建）电子科技有限公司	GR202135001781
538	德化县鑫源再生资源有限公司	GR202135001782
539	福州仁之和传媒有限公司	GR202135001783
540	福州农福腾信息科技有限公司	GR202135001784
541	泉州旭盛模具有限公司	GR202135001785
542	漳州市益民生物科技股份有限公司	GR202135001786
543	福州开睿动力通信科技有限公司	GR202135001787
544	漳州绿州农业发展股份有限公司	GR202135001788
545	福建开辉机械工程有限公司	GR202135001789
546	漳州悦阳生物科技有限公司	GR202135001790
547	福建瓦能科技有限公司	GR202135001791
548	福建南亿智能科技有限公司	GR202135001792
549	福州中森环保工程有限公司	GR202135001793
550	漳州市城市规划设计有限公司	GR202135001794
551	福州聚合盛信息科技有限公司	GR202135001795
552	福建龙源环境工程技术有限公司	GR202135001796
553	德化开元瓷业有限公司	GR202135001797
554	福建省国建君安环境科技有限公司	GR202135001798
555	漳州精弘智能科技有限公司	GR202135001799
556	福建凯威斯发电机有限公司	GR202135001800
557	福建容数信息科技有限公司	GR202135001801
558	泉州市洛江宏硕机械有限公司	GR202135001802
559	福州福铁网络科技有限公司	GR202135001803

续表

序号	企业名称	证书编号
560	福建高技汽车服务股份有限公司	GR202135001804
561	漳州聚源投资管理有限公司	GR202135001805
562	福建省德化县瓷国文化有限公司	GR202135001806
563	晋江市恒松机械制造有限公司	GR202135001807
564	福建佰达优创网络科技有限公司	GR202135001808
565	福州像素信息科技有限公司	GR202135001809
566	美图（福建）铝业有限公司	GR202135001810
567	福建电广车联网络科技有限公司	GR202135001811
568	福建客家软件技术有限公司	GR202135001812
569	晋江揽胜伞业有限公司	GR202135001813
570	福建沈佳有机农业科技发展有限公司	GR202135001814
571	福建方速汇信息科技有限公司	GR202135001815
572	福州高科新技术开发有限公司	GR202135001816
573	福建诚昊信息科技有限公司	GR202135001817
574	泉州龙步鞋业有限公司	GR202135001818
575	泉州市晨瑞机床附件制造有限公司	GR202135001819
576	泉州好工作人才开发有限公司	GR202135001820
577	福州鸿基自动化设备有限公司	GR202135001821
578	福州酷克网络科技有限公司	GR202135001822
579	福建职客网络信息科技有限公司	GR202135001823
580	晋江市红日袜业有限公司	GR202135001824
581	福建永信数控科技股份有限公司	GR202135001825
582	泉州蓄源光电科技有限公司	GR202135001826
583	福建太平洋制药有限公司	GR202135001827
584	泉州喆之鑫生化科技有限公司	GR202135001828
585	福建米园电子科技有限公司	GR202135001829
586	福建德诺迈斯科技有限公司	GR202135001830
587	龙工（福建）机械有限公司	GR202135001831
588	佳辉（福建）陶瓷有限公司	GR202135001832
589	福建耐德力新材料有限公司	GR202135001833
590	福建省奥克兰光电科技有限公司	GR202135001834
591	泉州绅翔橡胶股份有限公司	GR202135001835
592	福建省交通科研院有限公司	GR202135001836
593	福建施氏快纳润滑油有限公司	GR202135001837
594	南平武夷信息技术有限公司	GR202135001838
595	中琉环保科技有限公司	GR202135001839

续表

序号	企业名称	证书编号
596	福州米花传媒有限公司	GR202135001840
597	福州福大经纬信息科技有限公司	GR202135001841
598	福建龙岩飞腾科技有限公司	GR202135001842
599	福建太和广业消防服务有限公司	GR202135001843
600	福建省嘉环环保科技有限公司	GR202135001844
601	福建省华成广告有限公司	GR202135001845
602	泉州市宏山工程机械有限公司	GR202135001846
603	平潭台奖水产养殖有限公司	GR202135001847
604	福建省商通电子商务有限公司	GR202135001848
605	福建吉邦电子有限公司	GR202135001849
606	福建富兰光学股份有限公司	GR202135001850
607	晋江富润织造有限公司	GR202135001851
608	武夷星茶业有限公司	GR202135001852
609	福建福光股份有限公司	GR202135001853
610	经纬联合（福建）工程技术集团有限公司	GR202135001854
611	嘉博联合设计股份有限公司	GR202135001855
612	福州天助人和信息技术有限公司	GR202135001856
613	泉州金宇塑胶箱包配件有限公司	GR202135001857
614	福建省鸿益包装科技有限公司	GR202135001858
615	福建省大兴教学设备有限公司	GR202135001859
616	龙岩恒净环保科技有限公司	GR202135001860
617	泉州市三盛金刚石工具有限公司	GR202135001861
618	泉州国腾服饰有限公司	GR202135001862
619	南安瑞隆机械有限公司	GR202135001863
620	福建日升华科技有限公司	GR202135001864
621	中琉科技有限公司	GR202135001865
622	福州市台江区明暗交界文化传播有限公司	GR202135001866
623	福建大场包装材料有限公司	GR202135001867
624	福州冠洲电子有限公司	GR202135001868
625	莆田市大大科技有限公司	GR202135001869
626	福建省国腾信息科技有限公司	GR202135001870
627	福建永坤电力设备有限公司	GR202135001871
628	福建中科百讯光电有限公司	GR202135001872
629	福州格丽凯环保科技有限公司	GR202135001873
630	福建省光辉东升食品有限公司	GR202135001874
631	福建有度网络安全技术有限公司	GR202135001875

续表

序号	企业名称	证书编号
632	福建省华创电力技术有限公司	GR202135001876
633	泉州巨晖电子有限公司	GR202135001877
634	福建省德化县宏跃陶瓷有限公司	GR202135001878
635	福建省德化县豪鹏机械有限公司	GR202135001879
636	泉州市盛发安防发展有限公司	GR202135001880
637	福建天眼遥测信息科技有限公司	GR202135001881
638	福州商搏软件有限公司	GR202135001882
639	晋江市胜洋服装织造有限公司	GR202135001883
640	福建平潭旭坤实业有限公司	GR202135001884
641	福建省晋蓝环保科技有限公司	GR202135001885
642	福州榕水环保科技有限公司	GR202135001886
643	福建盛荣船舶设备制造有限公司	GR202135001887
644	莆田市万佳机动车配件股份有限公司	GR202135001888
645	福州福水源水务设备有限公司	GR202135001889
646	龙海优麦嘉食品有限公司	GR202135001890
647	漳州市龙东五金制品有限公司	GR202135001891
648	金创建设集团有限公司	GR202135001892
649	福建省裕荣香茶业有限公司	GR202135001893
650	福建省福永德环境科技有限公司	GR202135001894
651	晋江市安海联诚机械有限公司	GR202135001895
652	漳州柚皮王生物技术有限公司	GR202135001896
653	泉州昆泰芯微电子科技有限公司	GR202135001897
654	福建宏达辉建筑工程有限公司	GR202135001898
655	泉州市闽秀网络科技有限公司	GR202135001899
656	福建硅光通讯科技有限公司	GR202135001900
657	福建鼎力电气设备有限公司	GR202135001901
658	福建通保网络科技有限公司	GR202135001902
659	福建乾德机电有限公司	GR202135001903
660	中拓（漳州）木业有限公司	GR202135001904
661	福建省苍乐电子企业有限公司	GR202135001905
662	漳州知了信息技术服务有限公司	GR202135001906
663	石狮市凌峰漂染织造有限公司	GR202135001907
664	晋江百达机械有限公司	GR202135001908
665	福建合信包装有限公司	GR202135001909
666	福建革升不锈钢管业有限公司	GR202135001910
667	龙岩市三佳冶金炉料有限公司	GR202135001911

续表

序号	企业名称	证书编号
668	福州奔翔彩印有限公司	GR202135001912
669	石狮市新成织造有限公司	GR202135001913
670	三明英威尔环保科技有限公司	GR202135001914
671	福建省菲莱特信息技术有限公司	GR202135001915
672	泉州市创新电子科技有限公司	GR202135001916
673	福州市力夫模具制造有限公司	GR202135001917
674	福建开创高科信息科技有限公司	GR202135001918
675	福州冠泓新材料科技有限公司	GR202135001919
676	三明福磁电子科技有限公司	GR202135001920
677	福建兆凯竹业有限公司	GR202135001921
678	龙岩龙津环境检测有限公司	GR202135001922
679	漳州市易贝特自动化设备有限公司	GR202135001923
680	漳州振元塑胶有限公司	GR202135001924
681	石狮铭达针织机械配件有限公司	GR202135001925
682	福建博鸿新能源科技有限公司	GR202135001926
683	福建泰阳新能源开发有限公司	GR202135001927
684	福建福州闽大机械制造有限公司	GR202135001928
685	福州爱立德软件技术有限公司	GR202135001929
686	福州乐思智能科技有限公司	GR202135001930
687	福建屹鑫钢业有限公司	GR202135001931
688	泉州梅洋塑胶五金制品有限公司	GR202135001932
689	三明市盛龙低压电器有限公司	GR202135001933
690	福建省永泰县安利席业有限公司	GR202135001934
691	福建紫金矿冶测试技术有限公司	GR202135001935
692	漳州市万鸿涂料有限公司	GR202135001936
693	福建尚龙新材料科技有限公司	GR202135001937
694	晋江圣翔机械有限公司	GR202135001938
695	福州捷东家具有限公司	GR202135001939
696	福州闽泉工艺品有限公司	GR202135001940
697	福建亿站通电子商务有限公司	GR202135001941
698	福建息土科技有限公司	GR202135001942
699	泉州市大鲨鱼机械科技有限公司	GR202135001943
700	福建正标竹木有限公司	GR202135001944
701	福建省百凯经编实业有限公司	GR202135001945
702	漳州市昱琪丰金属结构件有限公司	GR202135001946
703	福建江恒纺织有限公司	GR202135001947

续表

序号	企业名称	证书编号
704	福建省东方水泥制品有限公司	GR202135001948
705	福建龙净环保智能输送工程有限公司	GR202135001949
706	福建省全味食品有限公司	GR202135001950
707	泉州市全通光电科技有限公司	GR202135001951
708	福建三杉生物科技有限公司	GR202135001952
709	福建省德化县嘉发陶瓷有限公司	GR202135001953
710	福建省满利红包装彩印有限公司	GR202135001954
711	福建融诚检测技术股份有限公司	GR202135001955
712	汇航科技有限公司	GR202135001956
713	福建恒力混凝土搅拌有限公司	GR202135001957
714	福建光泽天瑞农业发展有限公司	GR202135001958
715	福建莲龙科技股份有限公司	GR202135001959
716	福建省农科农业发展有限公司	GR202135001960
717	福建开思云聚信息科技有限公司	GR202135001961
718	福建蓝水环保科技有限公司	GR202135001962
719	福建利众诚食品有限公司	GR202135001963
720	福州美泰光电有限公司	GR202135001964
721	福州众致力信息科技有限公司	GR202135001965
722	福建航天机电集团有限公司	GR202135001966
723	福建展智共创工业科技有限公司	GR202135001967
724	宁德市参商网络科技有限公司	GR202135001968
725	晋江市新达纸箱包装有限公司	GR202135001969
726	安溪县地标网络科技有限公司	GR202135001970
727	福建省华松环保科技有限公司	GR202135001971
728	福建众辰精密机芯有限公司	GR202135001972
729	漳州明威建材发展有限公司	GR202135001973
730	福建广铁钢结构有限公司	GR202135001974
731	福建省路明达新材料科技有限公司	GR202135001975
732	福建欧丽舍建筑材料有限公司	GR202135001976
733	福建省闽铝轻量化汽车制造有限公司	GR202135001977
734	福建得乾集团有限责任公司	GR202135001978
735	福建华鼎智造技术有限公司	GR202135001979
736	福建和而不同规划设计有限公司	GR202135001980
737	福建创识科技股份有限公司	GR202135001981
738	宁德市森森林业技术有限公司	GR202135001982
739	福建清软扬帆智能科技有限公司	GR202135001983

续表

序号	企业名称	证书编号
740	福建思知行信息技术有限公司	GR202135001984
741	福建远恩智能技术有限公司	GR202135001985
742	福州特实科技有限公司	GR202135001986
743	得利高（莆田）机械有限公司	GR202135001987
744	福建帕特汽车零部件有限公司	GR202135001988
745	福建兴纳科技有限公司	GR202135001989
746	福建省德化县富盛陶瓷有限公司	GR202135001990
747	泉州泉旺食品有限公司	GR202135001991
748	福建金品农业科技股份有限公司	GR202135001992
749	福建奥翔体育塑胶科技股份有限公司	GR202135001993
750	福建省德化县卓越陶瓷有限公司	GR202135001994
751	漳平圣兴汽车制造有限公司	GR202135001995
752	福建柯宝建材科技有限公司	GR202135001996
753	福建省铁拓机械股份有限公司	GR202135001997
754	泉州玉环模具有限公司	GR202135001998
755	福建省德化县盛鼎瓷艺有限公司	GR202135001999
756	宁德市金道网络科技有限公司	GR202135002000
757	福州力天纺织有限公司	GR202135002001
758	福建明业新能源科技有限公司	GR202135002002
759	福建三凯建筑材料有限公司	GR202135002003
760	福建康鑫矿山设备制造有限公司	GR202135002004
761	福建省名尚彩印包装有限公司	GR202135002005
762	泓欣环境集团有限公司	GR202135002006
763	泉州市丰泽黎发工艺有限公司	GR202135002007
764	福州欣正自动化科技有限公司	GR202135002008
765	福州龙恒电子有限公司	GR202135002009
766	福州欢捷网络科技有限公司	GR202135002010
767	福建诚兴新材料科技有限公司	GR202135002011
768	福建路阳信息科技有限公司	GR202135002012
769	福建省兆亨科技有限公司	GR202135002013
770	福建省诚德智能科技有限公司	GR202135002014
771	泉州威可赛机械科技有限公司	GR202135002015
772	逸凯（福建）科技集团有限公司	GR202135002016
773	泉州市晟泽华智能设备有限公司	GR202135002017
774	福建省康辉食品有限公司	GR202135002018
775	石狮市炜悦纺织科技有限公司	GR202135002019

续表

序号	企业名称	证书编号
776	泉州市铭启智能科技有限公司	GR202135002020
777	福建祥龙塑胶有限公司	GR202135002021
778	福建省文华贞观教育科技有限公司	GR202135002022
779	泉州市登峰环保科技有限公司	GR202135002023
780	泉州纬翔机械有限公司	GR202135002024
781	福建创凯缝纫机有限公司	GR202135002025
782	福建昊晟软件科技有限公司	GR202135002026
783	福建省致青生态环保有限公司	GR202135002027
784	福州科力恩生物科技有限公司	GR202135002028
785	武夷山捷安医疗器械制造有限公司	GR202135002029
786	莆田市新思维软件有限公司	GR202135002030
787	泉州市塑宝新材料科技有限公司	GR202135002031
788	福建淘客互动网络科技有限公司	GR202135002032
789	福州符宝音基教育科技有限公司	GR202135002033
790	福建省泉州勤发陶瓷有限公司	GR202135002034
791	福建中创新型材料科技有限责任公司	GR202135002035
792	莆田市建泰工贸有限公司	GR202135002036
793	福州众鑫电子有限公司	GR202135002037
794	福建星幕数据科技有限公司	GR202135002038
795	福建省交通建设工程试验检测有限公司	GR202135002039
796	福建省新兰仔服饰有限责任公司	GR202135002040
797	福建和蓝环保科技集团有限公司	GR202135002041
798	福建宝寨木业有限公司	GR202135002042
799	漳州信德皮革有限公司	GR202135002043
800	福建建利达工程技术有限公司	GR202135002044
801	福州海恒通风设备有限公司	GR202135002045
802	福建兴隆香业有限公司	GR202135002046
803	福建省闽测检测技术服务有限公司	GR202135002047
804	福建恒威新材料科技有限公司	GR202135002048
805	福建省德化同鑫陶瓷有限公司	GR202135002049
806	福建华耀工程玻璃有限公司	GR202135002050
807	鸿安消防设备有限公司	GR202135002051
808	福州威莱科电气有限公司	GR202135002052
809	福州云众付信息科技有限公司	GR202135002053
810	晋江市天益服饰织造有限公司	GR202135002054
811	莆田市钜铨机械设备有限公司	GR202135002055

续表

序号	企业名称	证书编号
812	福建省福食安检测技术有限公司	GR202135002056
813	鞍钢冷轧钢板（莆田）有限公司	GR202135002057
814	伟昊（泉州）机械有限公司	GR202135002058
815	福州志一光电有限公司	GR202135002059
816	宁德岭阳电子科技有限公司	GR202135002060
817	福州百宝购科技有限公司	GR202135002061
818	福建泉州世光照明科技有限公司	GR202135002062
819	福建吉阳家具制造有限公司	GR202135002063
820	莆田德信电子有限公司	GR202135002064
821	福建省绿道生态科技有限公司	GR202135002065
822	福建冠能机械有限公司	GR202135002066
823	福建利利普光电科技有限公司	GR202135002067
824	泉州太和广业信息科技有限公司	GR202135002068
825	福州鼎诚信息科技有限公司	GR202135002069
826	漳平市增恩环保科技有限公司	GR202135002070
827	福建省晋华集成电路有限公司	GR202135002071
828	漳州达亨信息技术有限公司	GR202135002072
829	福建芝成建设有限公司	GR202135002073
830	福建玖安工程检测有限公司	GR202135002074
831	百能数控设备（福建）有限公司	GR202135002075
832	福州友宝电子科技有限公司	GR202135002076
833	泉州财盛铸造有限公司	GR202135002077
834	福建鸿大革业有限公司	GR202135002078
835	泉州创域机械有限公司	GR202135002079
836	福建兴翼机械有限公司	GR202135002080
837	福州匠心数字科技有限公司	GR202135002081
838	泉州奇和信息科技有限公司	GR202135002082
839	泉州新讯服装有限责任公司	GR202135002083
840	福建省高速技术咨询有限公司	GR202135002084
841	福州智匠科技有限公司	GR202135002085
842	龙岩卓越新能源股份有限公司	GR202135002086
843	福建省永春金春酿造有限公司	GR202135002087
844	福建润柏科技有限公司	GR202135002088
845	泉州市亿仟信息科技有限公司	GR202135002089
846	福建永合联科发展有限公司	GR202135002090
847	福建洁大师高分子科技有限公司	GR202135002091

续表

序号	企业名称	证书编号
848	福州威普软件技术有限公司	GR202135002092
849	晋江力达机械有限公司	GR202135002093
850	泉州阳光创艺陶瓷股份有限公司	GR202135002094
851	福州致卓晶体光电科技有限公司	GR202135002095
852	福建禾丰种业股份有限公司	GR202135002096
853	福州巨梦时空网络科技有限公司	GR202135002097
854	福州福尼斯机电设备有限公司	GR202135002098
855	福建万聚福体育科技有限公司	GR202135002099
856	福州剑锋机械设备有限公司	GR202135002100
857	福建恒劲科技有限公司	GR202135002101
858	福建利新德塑胶制品有限公司	GR202135002102
859	漳州市金米农业科技有限公司	GR202135002103
860	福建帝盛科技有限公司	GR202135002104
861	福建省绿麒食品胶体有限公司	GR202135002105
862	福清明源竹木制品有限公司	GR202135002106
863	福建省步兴环保科技发展有限公司	GR202135002107
864	漳州市龙文区德兴工贸有限公司	GR202135002108
865	福建永福信息科技有限公司	GR202135002109
866	泉州市友茗机械设备有限公司	GR202135002110
867	福建省泰昌信息技术有限公司	GR202135002111
868	福建省长希生态环境有限公司	GR202135002112
869	福建省创鑫木业有限公司	GR202135002113
870	福建强跃机械科技发展有限公司	GR202135002114
871	闽清县金沙大龙湾生态养殖场有限公司	GR202135002115
872	福州蜗蜗牛信息科技有限公司	GR202135002116
873	福建慧勃信息技术有限公司	GR202135002117
874	泉州银盾斯金金属制品有限公司	GR202135002118
875	福建科诺尼电子有限公司	GR202135002119
876	福州译国译民翻译服务有限公司	GR202135002120
877	福建科达衡器有限公司	GR202135002121
878	福建天威电气有限公司	GR202135002122
879	福建同方集成住宅建设有限公司	GR202135002123
880	福州创实讯联信息技术有限公司	GR202135002124
881	漳州拓奇实业有限公司	GR202135002125
882	福建明鑫智能科技股份有限公司	GR202135002126
883	福建省闽武机械有限公司	GR202135002127

续表

序号	企业名称	证书编号
884	福建省汇创新高电子科技有限公司	GR202135002128
885	福建省胜佰龙体育用品科技有限公司	GR202135002129
886	晋江市深沪鸿仁针织服装有限公司	GR202135002130
887	龙岩骏行机械制造有限公司	GR202135002131
888	领路峰（福建）科技发展有限公司	GR202135002132
889	泉州晋嘉机械有限公司	GR202135002133
890	福建辉盛机械有限公司	GR202135002134
891	福州瑞烁光电科技有限公司	GR202135002135
892	永定县胜捷家饰有限公司	GR202135002136
893	建瓯市映山龙农业科技有限公司	GR202135002137
894	泉州市弘博网络科技有限公司	GR202135002138
895	龙岩市榕轩信息技术有限公司	GR202135002139
896	福州川大软件科技有限公司	GR202135002140
897	泉州明旺家具有限公司	GR202135002141
898	福建省国磊园林集团有限公司	GR202135002142
899	宁德开能环保能源有限公司	GR202135002143
900	漳州市军立工贸有限公司	GR202135002144
901	德化县顺尔美工艺品有限公司	GR202135002145
902	福州闽台机械有限公司	GR202135002146
903	福州拉维斯文化发展有限公司	GR202135002147
904	福建飞扬鞋材有限公司	GR202135002148
905	福州兴教印刷有限公司	GR202135002149
906	福安品创网络科技有限公司	GR202135002150
907	福州艾瑞数码影像有限公司	GR202135002151
908	福建兴迅新材料科技有限公司	GR202135002152
909	福州金浩洋电力设备有限公司	GR202135002153
910	福建华检质检技术服务有限公司	GR202135002154
911	福建宏协承汽车部件有限公司	GR202135002155
912	福州众擎信息科技有限公司	GR202135002156
913	福州正泰轻工制品有限公司	GR202135002157
914	三维时空软件股份有限公司	GR202135002158
915	福建省福海环保科技有限公司	GR202135002159
916	福建毅天自动化科技有限公司	GR202135002160
917	万象宸和（福建）新材料科技有限公司	GR202135002161
918	谊美吉斯光电科技（福建）有限公司	GR202135002162
919	福州鸿杨信息技术有限公司	GR202135002163

续表

序号	企业名称	证书编号
920	福建纵图科技有限公司	GR202135002164
921	长乐佳纶纺织实业有限公司	GR202135002165
922	福建省南安市巨轮机械有限公司	GR202135002166
923	莆田市德信机械设备有限公司	GR202135002167
924	福州麟造印刷有限公司	GR202135002168
925	福建昊华中意玻璃钢有限公司	GR202135002169
926	福建省凯蓝信息科技有限公司	GR202135002170
927	福建兴华东景观设计有限公司	GR202135002171
928	福建省力得自动化设备有限公司	GR202135002172
929	福州汇闽信息技术有限公司	GR202135002173
930	蝶恋花（福州）食品有限公司	GR202135002174
931	尤溪久泰现代农业发展有限公司	GR202135002175
932	泉州市明创电子科技有限公司	GR202135002176
933	福建紫讯信息科技有限公司	GR202135002177
934	晋江九鼎除尘烘烤设备有限公司	GR202135002178
935	石狮元德鞋业有限公司	GR202135002179
936	福建奥瑞机械有限公司	GR202135002180
937	石狮嘉鸿电气有限公司	GR202135002181
938	龙岩市宏茂塑料制品有限公司	GR202135002182
939	福建省煜坤强威电机有限公司	GR202135002183
940	福建榕融芯微电子科技有限公司	GR202135002184
941	福建恒源纺织有限公司	GR202135002185
942	福建两岸国际旅行社有限公司	GR202135002186
943	德化县鸿日印刷有限公司	GR202135002187
944	泉州市洛江恒雪卫生用品有限公司	GR202135002188
945	福州捷飞商业设备有限公司	GR202135002189
946	福建捷泰工业科技股份有限公司	GR202135002190
947	泉州市永春龙翔工艺品有限公司	GR202135002191
948	石狮市晓光服饰反光材料有限公司	GR202135002192
949	福建中瑞电气有限公司	GR202135002193
950	福建科彤光电技术有限公司	GR202135002194
951	福建维真园医药科技有限公司	GR202135002195
952	福建辉龙环境集团有限公司	GR202135002196
953	福清市伊鑫机械有限公司	GR202135002197
954	晋江全信机械有限公司	GR202135002198
955	福建威普物联科技有限公司	GR202135002199

续表

序号	企业名称	证书编号
956	福州皇家地坪有限公司	GR202135002200
957	福建永顺机械有限公司	GR202135002201
958	仙游县鑫恒机械有限公司	GR202135002202
959	漳州天珍塑料制品有限公司	GR202135002203
960	福建实达电脑设备有限公司	GR202135002204
961	福建省德化县现代陶瓷有限公司	GR202135002205
962	宁德嘉拓智能设备有限公司	GR202135002206
963	泉州天娇妇幼卫生用品有限公司	GR202135002207
964	福安市中虹机电技术开发有限公司	GR202135002208
965	光泽县泽农生物科技有限公司	GR202135002209
966	漳州市英姿钟表有限公司	GR202135002210
967	泉州强盛机械有限公司	GR202135002211
968	福建省尤溪县百源木业有限公司	GR202135002212
969	闽峰消防科技有限公司	GR202135002213
970	泉州东辰自动化设备有限公司	GR202135002214
971	福建省中瑞装备制造科技有限公司	GR202135002215
972	石狮市泓盛鞋材有限公司	GR202135002216
973	福州市油晓信息科技有限公司	GR202135002217
974	福建佶龙机械科技股份有限公司	GR202135002218
975	漳州创优智能科技有限公司	GR202135002219
976	福建租付通信息科技有限公司	GR202135002220
977	福建龙业光电科技有限公司	GR202135002221
978	漳州市百纳智能科技股份有限公司	GR202135002222
979	福建省德化县优扬工艺品有限公司	GR202135002223
980	福州市天也信息科技有限公司	GR202135002224
981	福建省三星电气股份有限公司	GR202135002225
982	福州轨道交通电气科技有限公司	GR202135002226
983	福建掌易网络科技有限公司	GR202135002227
984	福州市枫业林业技术咨询有限公司	GR202135002228
985	泉州兴源新材料科技有限公司	GR202135002229
986	福建海超环保科技股份有限公司	GR202135002230
987	福建瑞维光电科技有限公司	GR202135002231
988	福州润达通讯技术有限公司	GR202135002232
989	福建希达美文化用品有限公司	GR202135002233
990	福建泉昇水泵有限公司	GR202135002234
991	福州世纪飞扬电子技术有限公司	GR202135002235

续表

序号	企业名称	证书编号
992	晋江市无极激光工艺品工贸有限公司	GR202135002236
993	福建数林信息科技有限公司	GR202135002237
994	福建格一信息科技有限公司	GR202135002238
995	福建省长城信息发展有限公司	GR202135002239
996	福建云宿信息科技有限公司	GR202135002240
997	福建福容软件技术有限公司	GR202135002241
998	空天（福建）信息有限公司	GR202135002242
999	福清市华睿电子配件有限公司	GR202135002243
1000	福建创享蓝途科技发展有限公司	GR202135002244
1001	福建光宇电力设备有限公司	GR202135002245
1002	福建惠安县振惠家私有限公司	GR202135002246
1003	莆田市涵兴食品有限公司	GR202135002247
1004	福州长恩信息科技有限公司	GR202135002248
1005	福州米鱼信息科技有限公司	GR202135002249
1006	硕威工程科技股份有限公司	GR202135002250
1007	福建东南彩色印刷有限公司	GR202135002251
1008	福建龙岩方圆水泥制品有限公司	GR202135002252
1009	福建省英泰智能科技有限公司	GR202135002253
1010	福建佳隆胶带有限公司	GR202135002254
1011	福州锐迪优通讯科技有限公司	GR202135002255
1012	福建省莆田市协龙鞋业有限公司	GR202135002256
1013	福建汇龙化纤纺织实业有限公司	GR202135002257
1014	漳州市玉山电子制造有限公司	GR202135002258
1015	福建省七八九化纤织造有限公司	GR202135002259
1016	福建华景电气设备有限公司	GR202135002260
1017	福建省政和县博奕竹业有限公司	GR202135002261
1018	福建省亿承电力科技有限公司	GR202135002262
1019	福州松佳电子技术有限公司	GR202135002263
1020	泉州牡丹生物科技有限公司	GR202135002264
1021	莆田市涵江区鑫盛电子有限公司	GR202135002265
1022	福建省莆阳检测有限公司	GR202135002266
1023	泉州福舜机械有限公司	GR202135002267
1024	漳州众辰信息技术有限公司	GR202135002268
1025	泉州市鲤辉家居用品有限公司	GR202135002269
1026	福建众辉环保设备有限公司	GR202135002270
1027	福建新宇电子有限公司	GR202135002271

续表

序号	企业名称	证书编号
1028	福建凯邦锦纶科技有限公司	GR202135002272
1029	福建毅宏游艇股份有限公司	GR202135002273
1030	福建强坤机械设备有限公司	GR202135002274
1031	龙岩市安特环保有限公司	GR202135002275
1032	中聚（福建）新材料有限公司	GR202135002276
1033	福建鑫意通电气有限公司	GR202135002277
1034	福建星时代电机有限公司	GR202135002278
1035	福建高鑫水产科技开发有限公司	GR202135002279
1036	福安市建达流体科技有限公司	GR202135002280
1037	福州鑫泉声学环保工程有限公司	GR202135002281
1038	福建凯胜机械有限公司	GR202135002282
1039	亚鹰建筑科技集团有限公司	GR202135002283
1040	南安市贝斯泰石业有限公司	GR202135002284
1041	福建省天奕网络科技有限公司	GR202135002285
1042	福建天目区块链科技有限公司	GR202135002286
1043	福州榕凯科技有限公司	GR202135002287
1044	莆田市永德顺金属制品有限公司	GR202135002288
1045	福州慧邦机械设备有限公司	GR202135002289
1046	福建莆田市涵江珍宝电子塑胶有限公司	GR202135002290
1047	福建群英系统工程有限公司	GR202135002291
1048	福建斯森科技有限公司	GR202135002292
1049	福建中仑新材料科技有限公司	GR202135002293
1050	龙岩市隆顺金属工程有限公司	GR202135002294
1051	久鑫（福建）幕墙制造有限公司	GR202135002295
1052	福建绿植源生化科技有限公司	GR202135002296
1053	捷能阀门制造有限公司	GR202135002297
1054	福州原石互娱网络科技有限公司	GR202135002298
1055	福建天宏创世科技有限公司	GR202135002299
1056	福建麦凯智造婴童文化股份有限公司	GR202135002300
1057	建瓯市华恒竹制品有限公司	GR202135002301
1058	福建省和普新材料有限公司	GR202135002302
1059	格联特（漳州）轻工制品有限公司	GR202135002303
1060	福建居敬泽惠养老产业发展有限公司	GR202135002304
1061	福建省德化县顺兴达陶瓷工艺有限公司	GR202135002305
1062	福建御味香冷冻食品有限公司	GR202135002306
1063	石狮市胚布配信息技术有限公司	GR202135002307

续表

序号	企业名称	证书编号
1064	福建洁泰实业有限公司	GR202135002308
1065	福建康莱宝运动用品有限公司	GR202135002309
1066	福建太尔集团股份有限公司	GR202135002310
1067	福州智创通信技术有限公司	GR202135002311
1068	福州海王福药制药有限公司	GR202135002312
1069	福建安骑友电子科技有限公司	GR202135002313
1070	福建分云智能科技有限公司	GR202135002314
1071	福州五维电子有限公司	GR202135002315
1072	石狮市永锋针织机械有限公司	GR202135002316
1073	南平华田机械工业有限公司	GR202135002317
1074	漳州市桥头木业有限公司	GR202135002318
1075	福建省东浦科技实业有限公司	GR202135002319
1076	长乐佳宇纺织器材有限公司	GR202135002320
1077	泉州开普勒车用电机有限公司	GR202135002321
1078	福建施可瑞医疗科技股份有限公司	GR202135002322
1079	中宏盛熠能源科技有限公司	GR202135002323
1080	福建帝峰生态茶业发展有限公司	GR202135002324
1081	福建星河在线信息科技有限公司	GR202135002325
1082	福州冠航建材有限公司	GR202135002326
1083	福建青云季建筑科技有限公司	GR202135002327
1084	福建省统仕金属制品有限公司	GR202135002328
1085	福建盛世中兴新材料有限公司	GR202135002329
1086	晋江森达塑胶有限公司	GR202135002330
1087	福建省福大百阳化工科技有限公司	GR202135002331
1088	福州中科易达计算机技术有限公司	GR202135002332
1089	福建浚顺设备科技有限公司	GR202135002333
1090	漳州海银智慧信息科技有限公司	GR202135002334
1091	漳州科龙伟特电子有限公司	GR202135002335
1092	美律科技（福建）有限公司	GR202135002336
1093	福建三梵体育用品实业有限公司	GR202135002337
1094	福建宏宇电子科技有限公司	GR202135002338
1095	福州锐丽信电子有限公司	GR202135002339
1096	益琨（泉州）环保技术开发有限公司	GR202135002340
1097	福建省福清市诺华水务有限公司	GR202135002341
1098	福建省博亿水暖科技有限公司	GR202135002342
1099	福建泰安预涂膜有限公司	GR202135002343

续表

序号	企业名称	证书编号
1100	福建科硕科技发展有限公司	GR202135002344
1101	泉州市名扬网络科技有限公司	GR202135002345
1102	泉州顺宏机械科技有限公司	GR202135002346
1103	福建海狮集团有限公司	GR202135002347
1104	福建中耀信息科技有限公司	GR202135002348
1105	福建鼎石科技有限公司	GR202135002349
1106	福州超邮智能科技有限公司	GR202135002350
1107	福建大同电子科技有限公司	GR202135002351
1108	泉州市康电光电科技有限公司	GR202135002352
1109	三明市柏毅竹业技术开发有限公司	GR202135002353
1110	晋江市鸿兴机械制造有限公司	GR202135002354
1111	福州市规划设计研究院集团有限公司	GR202135002355
1112	福建鑫福泰建设工程有限公司	GR202135002356
1113	莆田萨拉曼户外用品有限公司	GR202135002357
1114	福州帝九生物科技有限公司	GR202135002358
1115	福建远道网络科技有限公司	GR202135002359
1116	福建省顺昌县饶氏佰钰食品有限公司	GR202135002360
1117	福建中电能源股份有限公司	GR202135002361
1118	福建丰源资源再生利用科技发展有限公司	GR202135002362
1119	海峡彩亮（漳州）光电有限公司	GR202135002363
1120	泉州麦科信息技术有限公司	GR202135002364
1121	福建惠安县和成日用品有限公司	GR202135002365
1122	晋江市振祥服饰织造有限公司	GR202135002366
1123	漳州市兴宝机械有限公司	GR202135002367
1124	福建渔家傲养殖科技有限公司	GR202135002368
1125	福建上杭志成电子实业有限公司	GR202135002369
1126	福州泽钦信息科技有限公司	GR202135002370
1127	福建华欣实验设备有限公司	GR202135002371
1128	宁德市卓力电机有限公司	GR202135002372
1129	福清市景士兰涂料有限公司	GR202135002373
1130	莆田市正洋水产发展有限公司	GR202135002374
1131	金蚂蚁（福建）建筑装饰设计工程有限公司	GR202135002375
1132	泉州鑫豪工程机械科技有限公司	GR202135002376
1133	福建省东菱纺织机械有限公司	GR202135002377
1134	福建睿能科技股份有限公司	GR202135002378
1135	晋江市晋舟机械配件有限公司	GR202135002379

续表

序号	企业名称	证书编号
1136	福建省川标阀业科技有限公司	GR202135002380
1137	福建永春老醋醋业有限责任公司	GR202135002381
1138	福建曼玲食品有限公司	GR202135002382
1139	莆田市中科士兰光电科技有限公司	GR202135002383
1140	福建正阳汽车部件有限公司	GR202135002384
1141	晋江市恒威机械制造有限公司	GR202135002385
1142	福州市木子网络科技有限公司	GR202135002386
1143	福州国丰信息技术有限公司	GR202135002387
1144	福建鑫仁和电力发展有限公司	GR202135002388
1145	福建金山建设集团有限公司	GR202135002389
1146	漳州市松福新型建材有限公司	GR202135002390
1147	福建泉牌阀门科技股份有限公司	GR202135002391
1148	漳州欧凯家具有限公司	GR202135002392
1149	福建智享舒适科技有限公司	GR202135002393
1150	中富通集团股份有限公司	GR202135002394
1151	福州点金互娱网络科技有限公司	GR202135002395
1152	永春县恒耀服装制造有限公司	GR202135002396
1153	福州天瑞线锯科技有限公司	GR202135002397
1154	福州易趣网络科技有限公司	GR202135002398
1155	福建浚通达环保科技有限公司	GR202135002399
1156	福州创博电子科技有限公司	GR202135002400
1157	晋江市灿兴服装织造有限公司	GR202135002401
1158	闽南消防科技有限公司	GR202135002402
1159	福建中科兰剑智能装备科技有限公司	GR202135002403
1160	永安市日发纺织有限公司	GR202135002404
1161	皓耀时代（福建）集团有限公司	GR202135002405
1162	将乐县国通隧道机械有限公司	GR202135002406
1163	福建省固牌新型建材有限公司	GR202135002407
1164	福建振杭机器人装备制造有限责任公司	GR202135002408
1165	泉州欧信箱包有限公司	GR202135002409
1166	漳州中成信息科技有限公司	GR202135002410
1167	福建浩辰皮革有限公司	GR202135002411
1168	福建睿森景观规划设计有限公司	GR202135002412
1169	福州兴峰机械设备有限公司	GR202135002413
1170	福建天茂利达实业发展有限公司	GR202135002414
1171	福建中森亚环保科技有限公司	GR202135002415

续表

序号	企业名称	证书编号
1172	渔哥科技有限公司	GR202135002416
1173	晋江湘宇电子有限公司	GR202135002417
1174	泉州市格利纳米科技有限公司	GR202135002418
1175	福建工蜂物联科技有限公司	GR202135002419
1176	铭创（福建）电子科技有限公司	GR202135002420
1177	福建龙亿粉体装备制造有限公司	GR202135002421
1178	福建省长乐区华诚针纺织品有限公司	GR202135002422
1179	福建微光时代新能源有限公司	GR202135002423
1180	福建龙兴九源科技股份有限公司	GR202135002424
1181	福建友隆新型环保建材科技有限公司	GR202135002425
1182	福州新福兴浮法玻璃有限公司	GR202135002426
1183	福州中路长兴工程检测有限公司	GR202135002427
1184	福建润华化工有限公司	GR202135002428
1185	晋江骏泰鞋材有限公司	GR202135002429
1186	福建瑞昌新能源科技开发有限公司	GR202135002430
1187	福建春锦市政园林有限公司	GR202135002431
1188	福建中青睿创文化科技有限公司	GR202135002432
1189	福建省通远阀门制造有限公司	GR202135002433
1190	福建星连电子有限公司	GR202135002434
1191	泉州嘉信彩印有限公司	GR202135002435
1192	漳州锐腾电器有限公司	GR202135002436
1193	福建志桔光信息技术有限公司	GR202135002437
1194	晋江市塘塑合成材料有限公司	GR202135002438
1195	福建省古德网络技术有限公司	GR202135002439
1196	福州迈鼎信信息技术服务有限公司	GR202135002440
1197	福建省德化县雅丽达陶瓷有限公司	GR202135002441
1198	福建省盛拓环保科技有限公司	GR202135002442
1199	泉州华脉科技有限公司	GR202135002443
1200	泉州市博格森机械科技有限公司	GR202135002444
1201	泉州市暖光广告设计有限公司	GR202135002445
1202	福建萌牛智联照明有限公司	GR202135002446
1203	泉州市海拓新材料科技有限公司	GR202135002447
1204	福建省丰盈生态农业有限公司	GR202135002448
1205	福建省德化艺囝瓷业有限公司	GR202135002449
1206	福建乾丰机械有限公司	GR202135002450
1207	福建和益塑胶有限公司	GR202135002451

续表

序号	企业名称	证书编号
1208	福建省华飞检测技术有限公司	GR202135002452
1209	泉州运城制版有限公司	GR202135002453
1210	莆田市新元鞋业有限公司	GR202135002454
1211	福州长江镇宝电器有限公司	GR202135002455
1212	泉州市旺达五金制品有限公司	GR202135002456
1213	银超卫浴科技有限公司	GR202135002457
1214	石狮雍仓织造有限公司	GR202135002458
1215	福建成达科技有限公司	GR202135002459
1216	福州志泰汽车配件有限公司	GR202135002460
1217	福建阳坤晟源科技有限公司	GR202135002461
1218	福建龙易配信息科技有限公司	GR202135002462
1219	晋江市志协鞋塑有限公司	GR202135002463
1220	漳州市百事得家具有限公司	GR202135002464
1221	中铝瑞闽股份有限公司	GR202135002465
1222	天一同益电气股份有限公司	GR202135002466
1223	福建省阳强塑胶制品有限公司	GR202135002467
1224	福建十方融汇科技有限公司	GR202135002468
1225	泉州市安太电子科技有限公司	GR202135002469
1226	福建好来屋食品工业有限公司	GR202135002470
1227	品胜（福建）食品有限公司	GR202135002471
1228	福建省麦雅数控科技有限公司	GR202135002472
1229	福建省港达新材料科技有限公司	GR202135002473
1230	泉州市恒兴工业机械有限公司	GR202135002474
1231	南安市恒发鑫彩印包装有限公司	GR202135002475
1232	福州博峰智能电器有限公司	GR202135002476
1233	福建截飞侯科技有限公司	GR202135002477
1234	中绘云图信息科技有限公司	GR202135002478
1235	莆田市盛荣管业有限公司	GR202135002479
1236	泉州市瑞天园艺科技有限公司	GR202135002480
1237	宁德卫星大数据科技有限公司	GR202135002481
1238	浦城县明圣生物制品有限公司	GR202135002482
1239	龙岩市海川机械有限公司	GR202135002483
1240	福建普立辰生物技术有限公司	GR202135002484
1241	福建翊善生物科技有限公司	GR202135002485
1242	泉州市盛德机械发展有限公司	GR202135002486
1243	石狮市佳宝士机械有限公司	GR202135002487

续表

序号	企业名称	证书编号
1244	福州中泛智力信息技术有限公司	GR202135002488
1245	泉州百世盾信息技术有限公司	GR202135002489
1246	福建澳尤机电有限公司	GR202135002490
1247	福建省圣新环保股份有限公司	GR202135002491
1248	福建珠江埃诺教育管理有限公司	GR202135002492
1249	宗仁科技（平潭）股份有限公司	GR202135002493
1250	谷米恒越信息科技有限公司	GR202135002494
1251	龙岩联弘新材料有限公司	GR202135002495
1252	漳州汉旗乐器有限公司	GR202135002496
1253	福州旭和电子有限公司	GR202135002497
1254	福安市正浩机械配件有限公司	GR202135002498
1255	泉州迪特工业产品设计有限公司	GR202135002499
1256	润科生物工程（福建）有限公司	GR202135002500
1257	晋江市玉树荣钣金加工有限公司	GR202135002501
1258	福州泰翔网络科技有限公司	GR202135002502
1259	晋江市南仕风服装制造有限公司	GR202135002503
1260	福建钧石能源有限公司	GR202135002504
1261	福州玮烨智能科技有限公司	GR202135002505
1262	福建国创智能科技发展有限公司	GR202135002506
1263	汇创网融科技有限公司	GR202135002507
1264	福州富日衡之宝电子有限公司	GR202135002508
1265	福建省德化伟杰陶瓷有限公司	GR202135002509
1266	福建英辉新材料科技有限公司	GR202135002510
1267	泉州首航智能制造技术有限公司	GR202135002511
1268	龙岩逸狼网络科技有限公司	GR202135002512
1269	龙岩市万腾车桥制造有限公司	GR202135002513
1270	五虎电气（福州）有限公司	GR202135002514
1271	中加百康（福建）医疗器械有限责任公司	GR202135002515
1272	福建南安实达橡塑机械有限公司	GR202135002516
1273	漳州恒昌机械制造有限公司	GR202135002517
1274	福建省德化铭丰金花纸有限公司	GR202135002518
1275	泉州市天成工业产品设计有限公司	GR202135002519
1276	福建宏作科技有限公司	GR202135002520
1277	福建结诚塑业科技有限公司	GR202135002521
1278	泉州市泉铸科技发展有限公司	GR202135002522
1279	福建君赢网络有限公司	GR202135002523

续表

序号	企业名称	证书编号
1280	泉州领泰科技有限公司	GR202135002524
1281	福建安溪亿盛机械工贸有限公司	GR202135002525
1282	向兴（中国）集团有限公司	GR202135002526
1283	福建鑫宏华机械有限公司	GR202135002527
1284	福建日鼎筑业建设工程有限公司	GR202135002528
1285	福建远拓电气科技有限公司	GR202135002529
1286	石狮联诚植绒有限公司	GR202135002530
1287	福建联达市政机械制造有限公司	GR202135002531
1288	福建福顺半导体制造有限公司	GR202135002532
1289	福建省宏鑫纺织有限公司	GR202135002533
1290	漳州雷大电子辐照有限公司	GR202135002534
1291	福建省华渔生态科技有限公司	GR202135002535
1292	立邦（福建）滤清器制造有限公司	GR202135002536
1293	福建吉乐科技有限公司	GR202135002537
1294	晋江市盛益服饰织造有限公司	GR202135002538
1295	福建斯力特机动车配件有限公司	GR202135002539
1296	福州辉腾网络工程有限公司	GR202135002540
1297	福建战地吉普户外服饰有限公司	GR202135002541
1298	福州蓝博威电子有限公司	GR202135002542
1299	福建士维建设有限公司	GR202135002543
1300	福建智罗科技有限公司	GR202135002544
1301	亚化（福建）油墨科技有限公司	GR202135002545
1302	福建安安网络科技有限公司	GR202135002546
1303	莆田市屹立砂轮磨具有限公司	GR202135002547
1304	福建省宝明五金制品有限公司	GR202135002548
1305	福建泓光半导体材料有限公司	GR202135002549
1306	福州国化智能技术有限公司	GR202135002550
1307	福建省吉发消防科技有限公司	GR202135002551
1308	福建秒道科技有限公司	GR202135002552
1309	福建钢铁长城环保科技有限公司	GR202135002553
1310	泉州丰泽新福山机械有限公司	GR202135002554
1311	福建上匠农牧机械设备有限公司	GR202135002555
1312	泉州华茂光电有限公司	GR202135002556
1313	福建申工电源设备有限公司	GR202135002557
1314	福建省天和纺织实业有限公司	GR202135002558
1315	福鼎市鑫金龙机车部件有限公司	GR202135002559

续表

序号	企业名称	证书编号
1316	福建创极科技有限公司	GR202135002560
1317	福建桃子信息技术有限公司	GR202135002561
1318	福建力和万讯信息技术有限公司	GR202135002562
1319	漳州淳浦电子设备有限公司	GR202135002563
1320	福建中检华日食品安全检测有限公司	GR202135002564
1321	永发纸业（福建）有限公司	GR202135002565
1322	三明市毅君机械铸造有限公司	GR202135002566
1323	福建时刻智能科技有限责任公司	GR202135002567
1324	福建中灿信息科技有限公司	GR202135002568
1325	福州大坤彩色印刷有限公司	GR202135002569
1326	福建省华电防爆电器制造有限公司	GR202135002570
1327	福建省德化县火木工艺品有限公司	GR202135002571
1328	福建宏创科技信息有限公司	GR202135002572
1329	福州果壳网络科技有限公司	GR202135002573
1330	福建新华夏建工集团有限公司	GR202135002574
1331	泉州市科盛包装机械有限公司	GR202135002575
1332	漳州市鸿创电子科技有限公司	GR202135002576
1333	晋江山水橡塑机械制造有限公司	GR202135002577
1334	福建雄风电气有限公司	GR202135002578
1335	漳州土拨鼠智能科技有限公司	GR202135002579
1336	福州合创机电设备有限公司	GR202135002580
1337	福建崇宁建设工程有限公司	GR202135002581
1338	漳州托普莱特工贸有限公司	GR202135002582
1339	福建顺意科技有限公司	GR202135002583
1340	福建上杭亚达电子科技有限公司	GR202135002584
1341	福建省鼎智新材料科技有限公司	GR202135002585
1342	福建雄辉幕墙门窗系统制造有限公司	GR202135002586
1343	青春之家（福建）体育用品有限公司	GR202135002587
1344	福建永易信息科技有限公司	GR202135002588
1345	福州果集信息科技有限公司	GR202135002589
1346	福建晨轩信息科技有限公司	GR202135002590
1347	中一（福建）环境工程有限公司	GR202135002591
1348	知鱼智联科技有限公司	GR202135002592
1349	福建云扬科技有限公司	GR202135002593
1350	福建省闽鸿顺汽车有限公司	GR202135002594
1351	福州尚品汇科技有限公司	GR202135002595

续表

序号	企业名称	证书编号
1352	福建乐华电力设备有限公司	GR202135002596
1353	福建科林检测技术有限公司	GR202135002597
1354	福建深纳生物工程有限公司	GR202135002598
1355	福建省鑫港路通车辆制造有限责任公司	GR202135002599
1356	福建省八月瓜科技服务有限公司	GR202135002600
1357	福州和成信达电子科技有限公司	GR202135002601
1358	福州市农科生态环保有限公司	GR202135002602
1359	福建省钜弘电气科技有限公司	GR202135002603
1360	福建冠正电子技术有限公司	GR202135002604
1361	泉州易呼通电子科技有限公司	GR202135002605
1362	漳州视安智能设备有限公司	GR202135002606
1363	漳州市钜钢精密机械有限公司	GR202135002607
1364	福建省大地管桩有限公司	GR202135002608
1365	福建道普精工机械设备有限公司	GR202135002609
1366	高斯康实业有限公司	GR202135002610
1367	福州天注科技发展有限公司	GR202135002611
1368	福建南大环保科技有限公司	GR202135002612
1369	福州万祥厨房设备有限公司	GR202135002613
1370	福建福缘生物科技有限公司	GR202135002614
1371	福清市伟鑫机车配件有限公司	GR202135002615
1372	福建省青晨竹业有限公司	GR202135002616
1373	福建省国策照明设计工程有限公司	GR202135002617
1374	福州赛瑞特新材料技术开发有限公司	GR202135002618
1375	泉州创合软件有限公司	GR202135002619
1376	福建瑞之付微电子有限公司	GR202135002620
1377	福建东水食品股份有限公司	GR202135002621
1378	福建省建瓯市朝阳竹编帽业有限公司	GR202135002622
1379	诏安海联食品有限公司	GR202135002623
1380	福建汇鑫环保科技有限公司	GR202135002624
1381	福建旺能达环保科技有限公司	GR202135002625
1382	福建芗江工程项目管理有限公司	GR202135002626
1383	泉州高品医学检验实验室有限责任公司	GR202135002627
1384	泉州市华力电气设备有限公司	GR202135002628
1385	福建塔洛斯科技有限公司	GR202135002629
1386	福建亿立享信息科技有限公司	GR202135002630
1387	福州力王电子科技有限公司	GR202135002631

续表

序号	企业名称	证书编号
1388	福建安正智能科技有限公司	GR202135002632
1389	泉州双羽服饰有限公司	GR202135002633
1390	中食北山（福建）酒业有限公司	GR202135002634
1391	漳州耀德农业科技有限公司	GR202135002635
1392	泉州恒兴能源节能技术有限公司	GR202135002636
1393	福建大源山农业科技有限公司	GR202135002637
1394	福建致辰宇洋环保科技有限公司	GR202135002638
1395	福州市同宇家居制品有限公司	GR202135002639
1396	福建初日涂料科技有限公司	GR202135002640
1397	泉州市道信精密钣金有限公司	GR202135002641
1398	福建优迪电力技术有限公司	GR202135002642
1399	福州市闽建工程检测有限公司	GR202135002643
1400	武平县新鑫盛金属制品有限公司	GR202135002644
1401	福州源洁环保科技有限公司	GR202135002645
1402	福建汉氏联合干细胞科技有限公司	GR202135002646
1403	福建省乐轩网络科技有限公司	GR202135002647
1404	龙岩智云信息技术有限公司	GR202135002648
1405	莆田市兆纬环保纸品有限公司	GR202135002649
1406	福建智合电力勘察设计有限公司	GR202135002650
1407	福建锐鑫科技有限公司	GR202135002651
1408	福州中科讯档案技术有限公司	GR202135002652
1409	福建晟立检测技术有限公司	GR202135002653
1410	福建宜联管业有限公司	GR202135002654
1411	福建嘉田农业开发有限公司	GR202135002655
1412	福州海锐黎思生物科技有限责任公司	GR202135002656
1413	福州广泰机械设备有限公司	GR202135002657
1414	福建新合发建材科技有限公司	GR202135002658
1415	福建凌跃科技发展有限公司	GR202135002659
1416	福州榕棋鞋业有限公司	GR202135002660
1417	漳州市飞翔机械制造有限公司	GR202135002661
1418	光泽县兴盛生物科技开发公司	GR202135002662
1419	永安梦康石墨烯家居科技有限公司	GR202135002663
1420	泉州新日成热熔胶设备有限公司	GR202135002664
1421	福州中澳科技有限公司	GR202135002665
1422	中国水电四局（福清）装备工程有限公司	GR202135002666
1423	福建睿禾嘉建筑工程有限公司	GR202135002667

续表

序号	企业名称	证书编号
1424	福建省南安市鼎美家私有限公司	GR202135002668
1425	福建星网物联信息系统有限公司	GR202135002669
1426	福建榕图电力科技有限公司	GR202135002670
1427	漳州金鼎发彩钢板有限公司	GR202135002671
1428	福建中建万邦钢结构工程股份有限公司	GR202135002672
1429	泉州市洛江东晖机械有限公司	GR202135002673
1430	明一国际营养品集团有限公司	GR202135002674
1431	漳州市振辉电机制造有限公司	GR202135002675
1432	福安市鑫远电机有限公司	GR202135002676
1433	福建华南重工机械制造有限公司	GR202135002677
1434	福州达华家具制造有限公司	GR202135002678
1435	福州丁当科技有限公司	GR202135002679
1436	福州依仕捷喷码系统科技有限公司	GR202135002680
1437	三明市金圣特种钢有限公司	GR202135002681
1438	优米耐（福建）智能科技有限公司	GR202135002682
1439	福州星格电子有限公司	GR202135002683
1440	泉州市东宝科技集团有限公司	GR202135002684
1441	福建中试所电力调整试验有限责任公司	GR202135002685
1442	泉州市天发食品机械有限公司	GR202135002686
1443	福建省莆田市三月三农业科技有限公司	GR202135002687
1444	福州时代传奇文化科技有限公司	GR202135002688
1445	泉州市菱盛制冷科技有限公司	GR202135002689
1446	峰安皮业股份有限公司	GR202135002690
1447	安溪新唐信家俱有限公司	GR202135002691
1448	福建中基恒信电子科技有限公司	GR202135002692
1449	福建省百代兴机械制造有限公司	GR202135002693
1450	石狮市鑫隆针织机械有限公司	GR202135002694
1451	漳浦玮柏自行车有限公司	GR202135002695
1452	福州昇立莱旅游制品有限公司	GR202135002696
1453	福州金榕纸制品有限公司	GR202135002697
1454	晋江市德力机械有限公司	GR202135002698
1455	龙岩新奥生物科技有限公司	GR202135002699
1456	长乐天顺针织有限公司	GR202135002700
1457	福州亿纵电子科技有限公司	GR202135002701
1458	福建省永泰县顺达食品有限公司	GR202135002702
1459	福建省福船海洋工程技术研究院有限公司	GR202135002703

续表

序号	企业名称	证书编号
1460	云度新能源汽车有限公司	GR202135002704
1461	福建巨彩天雄光电科技有限公司	GR202135002705
1462	漳浦县蓝月亮电子科技有限公司	GR202135002706
1463	泉州市英伦环保科技有限公司	GR202135002707
1464	福建省正元工程设计有限公司	GR202135002708
1465	福建中科锐创光电科技有限公司	GR202135002709
1466	丽声助听器（福州）有限公司	GR202135002710
1467	福建省德化明英华陶瓷有限公司	GR202135002711
1468	福建省新益源电缆有限公司	GR202135002712
1469	福建捷思金属科技发展有限公司	GR202135002713
1470	福建宏其检测科技有限责任公司	GR202135002714
1471	仙游县新兴纸业有限公司	GR202135002715
1472	福州来爸电子商务有限公司	GR202135002716
1473	福建省棱普新材料科技有限公司	GR202135002717
1474	杯子金服（福建）科技有限公司	GR202135002718
1475	泉州龙川电子有限公司	GR202135002719
1476	漳州斯力特家具有限公司	GR202135002720
1477	福建省文松彩印有限公司	GR202135002721
1478	福州无比欢信息科技有限公司	GR202135002722
1479	福力德（福州）消防检测有限公司	GR202135002723
1480	泉州市巨将防盗设备有限公司	GR202135002724
1481	福建省三明正元化工有限公司	GR202135002725
1482	福建有伦物联网运维服务有限公司	GR202135002726
1483	福州微澜信息科技有限公司	GR202135002727
1484	中机铸材科技（福建）有限公司	GR202135002728
1485	晋江纳洋服装有限公司	GR202135002729
1486	福州捷丰海珍品开发有限公司	GR202135002730
1487	福建中科光芯光电科技有限公司	GR202135002731
1488	福建星城纸业有限公司	GR202135002732
1489	福建省永正生态科技有限公司	GR202135002733
1490	漳州市三禾知识产权代理有限公司	GR202135002734
1491	福建顶旺食品有限公司	GR202135002735
1492	福建桥南实业有限公司	GR202135002736
1493	福建花巷营养科技股份有限公司	GR202135002737
1494	福建省旺发新能源科技有限公司	GR202135002738
1495	福建省师傅邦科技股份有限公司	GR202135002739

续表

序号	企业名称	证书编号
1496	漳州信德堡电子科技有限公司	GR202135002740
1497	福建兴天胜机械有限公司	GR202135002741
1498	福建省五星信息科技有限公司	GR202135002742
1499	晋江市鑫腾连盛机械有限公司	GR202135002743
1500	泉州亿达家用电器实业有限公司	GR202135002744
1501	泉州安运制版有限公司	GR202135002745
1502	福建省云唯电子科技有限公司	GR202135002746
1503	泉州市新雷仕箱包实业有限公司	GR202135002747
1504	福建千顺达信息科技有限公司	GR202135002748
1505	福建泰发建设工程有限公司	GR202135002749
1506	漳州和品工贸有限公司	GR202135002750
1507	泉州市嘉益体育用品有限公司	GR202135002751
1508	福州希达木业有限公司	GR202135002752
1509	福建省凯安包装科技有限公司	GR202135002753
1510	泉州市固泰机械设备有限公司	GR202135002754
1511	福州一鼎信息科技有限公司	GR202135002755
1512	福鼎市科龙汽车部件有限公司	GR202135002756
1513	泉州派力莎护理用品有限公司	GR202135002757
1514	福建华晋农业技术开发有限公司	GR202135002758
1515	福州新展精密机械有限公司	GR202135002759
1516	漳州宝达生物科技有限公司	GR202135002760
1517	龙海市永隆泡沫包装有限公司	GR202135002761
1518	福州蓝达光电有限公司	GR202135002762
1519	福建闽诚农业发展有限公司	GR202135002763
1520	福建省格兰尼生物工程股份有限公司	GR202135002764
1521	漳州市东方智能仪表有限公司	GR202135002765
1522	福建资讯通信息科技有限公司	GR202135002766
1523	三明市冶金机械轧辊有限公司	GR202135002767
1524	泉州凯杰科技有限公司	GR202135002768
1525	福州精锐生物技术有限公司	GR202135002769
1526	福建新佳鑫实业有限公司	GR202135002770
1527	晋江市恒荣碳纤制品有限公司	GR202135002771
1528	福州新密机电有限公司	GR202135002772
1529	福建新华源纺织集团有限公司	GR202135002773
1530	福建万鸿纺织有限公司	GR202135002774
1531	龙海市兴明船舶工业有限公司	GR202135002775

续表

序号	企业名称	证书编号
1532	福建鑫博亿电力科技有限公司	GR202135002776
1533	远卓检验认证有限公司	GR202135002777
1534	福建省德鑫机械制造有限公司	GR202135002778
1535	福建省鑫旭日电气设备有限公司	GR202135002779
1536	石狮市起鑫针织机械配件有限公司	GR202135002780
1537	福建省捷辉信息科技有限公司	GR202135002781
1538	泉州众锦源精密机械有限公司	GR202135002782
1539	福建惠保信软件工程有限公司	GR202135002783
1540	福建省达沃宇建材有限公司	GR202135002784
1541	福建省德化县天俊陶瓷有限公司	GR202135002785
1542	泉州兴跃机械有限公司	GR202135002786
1543	福建天成保德环保科技有限公司	GR202135002787
1544	新驱动（福建）信息科技有限公司	GR202135002788
1545	福建省春龙农牧科技有限公司	GR202135002789
1546	德化县吉元瓷业有限责任公司	GR202135002790
1547	福建匠源帅信息科技有限公司	GR202135002791
1548	福州永华信信息科技有限公司	GR202135002792
1549	石狮市聚能量织造有限公司	GR202135002793
1550	福建兰水旭升自动化科技有限公司	GR202135002794
1551	福建恒实建设发展有限公司	GR202135002795
1552	福建明圣生物制品有限公司	GR202135002796
1553	福建辛秦安全设备集团有限公司	GR202135002797
1554	福建省德化县杰宝陶瓷有限公司	GR202135002798
1555	福建宁杭电子科技有限公司	GR202135002799
1556	福建青竹林信息技术科技有限公司	GR202135002800
1557	福建鼎和通信科技有限公司	GR202135002801
1558	福建菩尔新材料科技有限公司	GR202135002802
1559	石狮市新维网络科技有限公司	GR202135002803
1560	泉州市利德电子科技有限公司	GR202135002804
1561	福州金掌柜软件科技有限公司	GR202135002805
1562	福建嘉盛电力科技有限公司	GR202135002806
1563	福建省南安市宝华软包装彩印有限公司	GR202135002807
1564	泉州市超越蜗轮阀门有限公司	GR202135002808
1565	福建省红太阳精品有限公司	GR202135002809
1566	福建瑞博恩环境科技有限公司	GR202135002810

福建省 2021 年度第三批高新技术企业名单

2022 年 3 月 17 日福建省科学技术厅、福建省财政厅、国家税务总局福建省税务局印发《关于认定福建省 2021 年度第三批高新技术企业的通知》（闽科高〔2022〕4 号）提出，根据《高新技术企业认定管理办法》（国科发火〔2016〕32 号）（以下简称《认定办法》）和《高新技术企业认定管理工作指引》（国科发火〔2016〕195 号）有关规定，以及全国高新技术企业认定管理工作领导小组办公室于 2022 年 3 月 8 日发布的《关于对福建省 2021 年认定的高新技术企业进行第一批补充备案的公告》，现认定泉州新华福合成材料有限公司等 74 家企业为福建省 2021 年度第三批高新技术企业，发证日期为 2021 年 12 月 15 日。高新技术企业资格有效期 3 年。

福建省 2021 年度第三批高新技术企业名单

序号	企业名称	证书编号
1	泉州新华福合成材料有限公司	GR202135002811
2	漳州市昱恒乐器有限公司	GR202135002812
3	福建锐智时代数字科技有限公司	GR202135002813
4	福建省锦强机械制造有限公司	GR202135002814
5	福州市榕智信息科技有限公司	GR202135002815
6	德化县英发陶瓷有限公司	GR202135002816
7	福建亿兆自动化设备有限公司	GR202135002817
8	福建华日汽车配件有限公司	GR202135002818
9	泉州市美尔奇装饰材料有限公司	GR202135002819
10	漳州爱伯特家居有限公司	GR202135002820
11	梦想中榕（福建）网络科技有限公司	GR202135002821
12	福建世高智能科技有限公司	GR202135002822
13	福建省德化县晖龙陶瓷有限公司	GR202135002823
14	福建广生堂药业股份有限公司	GR202135002824
15	福州天成立电子有限责任公司	GR202135002825
16	晋江市诺特新材料科技有限公司	GR202135002826
17	晋江市宝林鞋材科技有限公司	GR202135002827
18	龙岩水发环境发展有限公司	GR202135002828
19	万美（福建）云计算有限公司	GR202135002829
20	泉州巨能机械有限公司	GR202135002830
21	石狮市致高纺织实业有限公司	GR202135002831
22	福州鑫奥特纳科技有限公司	GR202135002832
23	赛得利（福建）纤维有限公司	GR202135002833
24	福建省德化县泉鑫陶瓷有限公司	GR202135002834
25	正太新材料科技有限责任公司	GR202135002835
26	福建阿特贝尔景观设计有限公司	GR202135002836

续表

序号	企业名称	证书编号
27	福州数彩信息技术有限公司	GR202135002837
28	福建天华工贸有限公司	GR202135002838
29	宁德山水测绘有限公司	GR202135002839
30	武平县骏达电子科技有限公司	GR202135002840
31	福州智凯信息技术有限公司	GR202135002841
32	福州烹兰科技有限公司	GR202135002842
33	福建省德化县希尔凯陶瓷有限责任公司	GR202135002843
34	漳州纽什达信息科技有限公司	GR202135002844
35	福建辉伦婴童用品有限公司	GR202135002845
36	福州兴诺机械工业有限公司	GR202135002846
37	长泰县华信混凝土有限公司	GR202135002847
38	漳州佳联化工有限公司	GR202135002848
39	泉州市展鸿自动化科技有限公司	GR202135002849
40	福建秦劲川交通设备有限公司	GR202135002850
41	石狮市百溢织造有限公司	GR202135002851
42	福州汇思达信息科技有限公司	GR202135002852
43	福建路雅科技有限公司	GR202135002853
44	福州清山压铸有限公司	GR202135002854
45	泉州市铁通电子设备有限公司	GR202135002855
46	福州木头软件有限公司	GR202135002856
47	福建东亚机械有限公司	GR202135002857
48	福建恒创信息科技有限公司	GR202135002858
49	福建风林火山信息技术有限公司	GR202135002859
50	福建省政和县源鑫矿业有限公司	GR202135002860
51	福鼎利都超纤皮革有限公司	GR202135002861
52	石狮市福明针纺染整有限公司	GR202135002862
53	福建省惠和城市规划设计有限公司	GR202135002863
54	福建省水投勘测设计有限公司	GR202135002864
55	晋江市鑫顺鞋业有限公司	GR202135002865
56	福建华泰电力实业有限公司	GR202135002866
57	龙岩瑞成硬质合金工具有限公司	GR202135002867
58	福建嘉土信息科技有限公司	GR202135002868
59	福建环奥电梯科技股份有限公司	GR202135002869
60	福建陆海生态科技中心有限公司	GR202135002870
61	福建泰坦时空教育科技有限公司	GR202135002871
62	福建恒信环保安全技术有限公司	GR202135002872

续表

序号	企业名称	证书编号
63	石狮市锦辉机械有限公司	GR202135002873
64	福建新峰科技有限公司	GR202135002874
65	福州同创微波通讯技术有限公司	GR202135002875
66	福建恩迈特新材料有限公司	GR202135002876
67	三明市爱绿地节能环保有限公司	GR202135002877
68	福建中成新材料科技有限公司	GR202135002878
69	福建路驰环境科技股份有限公司	GR202135002879
70	泉州荣田针织机械有限公司	GR202135002880
71	福建中弘环境科技有限公司	GR202135002881
72	福建弘策软件有限公司	GR202135002882
73	南安市文盛消防器材有限公司	GR202135002883
74	福建格瑞诗化工科技有限公司	GR202135002884

福建省取消 3 家企业高新技术企业资格

2022 年 3 月 24 日福建省科学技术厅、福建省财政厅、国家税务总局福建省税务局印发《关于取消米亚索乐装备集成（福建）有限公司等 3 家企业高新技术企业资格的通知》提出，根据《高新技术企业认定管理办法》（国科发火〔2016〕32 号）的有关规定，经研究，决定取消米亚索乐装备集成（福建）有限公司（证书编号：GR201835000178）、福建通用机器人科技有限公司（证书编号：GR201835000189）、艾而丹（漳州）光电科技有限公司（证书编号：GR201835000074）自 2021 年度起的高新技术企业资格。

（摘编：吴汉良）

2022 年度福建省“十强”“十佳”“十优”县（市、区）评价结果

2022 年 11 月 23 日福建省人民政府发展研究中心消息：2022 年度福建省县域经济实力“十强”县（市）、经济发展“十佳”县（市）和城市发展“十优”区（以下简称三个“十”）评价结果今日发布。

县市区经济评价是引导激励各地比学赶超、加快高质量发展的重要抓手，从 1994 年开始，省政府发展研究中心连续开展该项工作。该评价体系不完全以 GDP 论英雄，既有存量指标也有增量指标，不仅考察了县市区的发展现状，更兼顾了

县市区的发展潜力和可持续性。

从今年的评价结果看，经济实力“十强”县（市）中，福清市首次超过石狮市上升至第2名，福安市从第10名上升至第8名。经济发展“十佳”县（市）中，闽清县和连城县均连续5年进入榜单。

近年来，三个“十”成为全省经济高质量发展的基本盘和增长极，2021年以全省30%左右的行政区域面积，创造了55%的经济总量，经济增速高出全省平均增速1.5个百分点。

此外，三个“十”还集聚了全省七成以上的千亿产业集群，贡献了一半以上的科研经费投入，规上工业企业营业收入和第三产业增加值占全省比重均接近60%，是建设更高质量现代产业体系的“排头兵”。

擦亮高质量发展的民生底色，2021年三个“十”居民人均可支配收入高出全省平均水平3771元，社会消费品零售总额占全省54%，增长率高出全省水平1.8个百分点，成为福建省扎实推进共同富裕的重要抓手。

2022年度福建省“十强”“十佳”“十优”县（市、区）

经济实力“十强”县（市）

排名依次为：晋江市、福清市、石狮市、闽侯县、南安市、惠安县、上杭县、福安市、连江县、永安市。

经济发展“十佳”县（市）

排名依次为：霞浦县、德化县、闽清县、宁化县、连城县、安溪县、长汀县、周宁县、永春县、华安县。

城市发展“十优”区

排名依次为：思明区、鼓楼区、海沧区、蕉城区、长乐区、湖里区、长泰区、马尾区、台江区、龙文区。

（摘编：赵小真）

福建省营业收入前300家工业企业（2022年）

序号	企业名称	序号	企业名称
1	宁德时代新能源科技股份有限公司	13	福建三钢闽光股份有限公司
2	国网福建省电力有限公司	14	腾龙芳烃（漳州）有限公司
3	中化泉州石化有限公司	15	宝钢德盛不锈钢有限公司
4	紫金矿业集团黄金冶炼有限公司	16	上海汽车集团股份有限公司乘用车福建分公司
5	福建联合石油化工有限公司	17	福建三宝钢铁有限公司
6	福建青拓镍业有限公司	18	厦门海峡黄金珠宝产业园有限公司
7	宁德新能源科技有限公司	19	龙岩烟草工业有限责任公司
8	戴尔（中国）有限公司	20	戴尔（厦门）有限公司
9	福建鼎信科技有限公司	21	福建鼎信实业有限公司
10	福建青拓实业股份有限公司	22	福建大东海实业集团有限公司
11	紫金铜业有限公司	23	福建永荣锦江股份有限公司
12	中铜东南铜业有限公司	24	福建申远新材料有限公司

续表

序号	企业名称	序号	企业名称
25	冠捷电子科技（福建）有限公司	61	厦门海投鑫锋工贸有限公司
26	福鼎时代新能源科技有限公司	62	宸鸿科技（厦门）有限公司
27	福建甬金金属科技有限公司	63	厦门万泰沧海生物技术有限公司
28	厦门烟草工业有限责任公司	64	福建金源纺织有限公司
29	福建古雷石化有限公司	65	中创新航新能源（厦门）有限公司
30	福建福清核电有限公司	66	华阳电业有限公司
31	福建三宝特钢有限公司	67	福建吴航不锈钢制品有限公司
32	厦门厦钨新能源材料股份有限公司	68	福建元成豆业有限公司
33	翔鹭石化（漳州）有限公司	69	福建省石狮市通达电子有限公司
34	安踏体育用品集团有限公司	70	泉州福海粮油工业有限公司
35	宁德市凯欣电池材料有限公司	71	九牧厨卫股份有限公司
36	联盛纸业（龙海）有限公司	72	福建圣农发展股份有限公司
37	时代一汽动力电池有限公司	73	福建龙净环保股份有限公司
38	福建百宏石化有限公司	74	福建经纬新纤科技实业有限公司
39	福建宏旺实业有限公司	75	捷星显示科技（福建）有限公司
40	友达光电（厦门）有限公司	76	福建亿鑫钢铁有限公司
41	厦门璟鹭新能源材料有限公司	77	福建南平太阳电缆股份有限公司
42	福建罗源闽光钢铁有限责任公司	78	飞毛腿（福建）电子有限公司
43	福建省力恒锦纶实业有限公司	79	宁德蕉城时代新能源科技有限公司
44	福州京东方光电科技有限公司	80	紫金矿业集团股份有限公司
45	福建奔驰汽车有限公司	81	泉州市燃气有限公司
46	福建百宏聚纤科技实业有限公司	82	福建科宝金属制品有限公司
47	厦门天马微电子有限公司	83	漳州立达信光电子科技有限公司
48	福建泉州闽光钢铁有限责任公司	84	福建省长乐区第二棉纺织厂
49	冠捷显示科技（厦门）有限公司	85	莆田新飞天鞋业有限公司
50	锐捷网络股份有限公司	86	厦门宏发电声股份有限公司
51	中海福建天然气有限责任公司	87	福建申马新材料有限公司
52	福建宁德核电有限公司	88	福建紫金贵金属材料有限公司
53	三明厦钨新能源材料有限公司	89	林德（中国）叉车有限公司
54	福建上杭太阳铜业有限公司	90	福建祥鑫股份有限公司
55	特步（中国）有限公司	91	福建省长汀金龙稀土有限公司
56	中铝瑞闽股份有限公司	92	厦门金龙联合汽车工业有限公司
57	福建长源纺织有限公司	93	福建凯航再生资源有限责任公司
58	福建省长乐区山力化纤有限公司	94	厦门银鹭食品集团有限公司
59	福州市长乐锦源纺织有限公司	95	福建凯邦锦纶科技有限公司
60	宸美（厦门）光电有限公司	96	福建景丰科技有限公司

续表

序号	企业名称	序号	企业名称
97	联芯集成电路制造（厦门）有限公司	133	福建美得石化有限公司
98	福建新华源纺织集团有限公司	134	福建圣农发展（浦城）有限公司
99	福建省金纶高纤股份有限公司	135	厦门 ABB 低压电器设备有限公司
100	福建中景石化有限公司	136	百威雪津啤酒有限公司
101	福建省中江石化有限公司	137	福建百宏高新材料实业有限公司
102	捷太格特转向系统（厦门）有限公司	138	益海嘉里（泉州）粮油食品工业有限公司
103	宁德厦钨新能源材料有限公司	139	福建省鸿山热电有限责任公司
104	厦门厦顺铝箔有限公司	140	福建华锦实业有限公司
105	国能（泉州）热电有限公司	141	厦门金鹭特种合金有限公司
106	福建省恒申合纤科技有限公司	142	厦门市三安半导体科技有限公司
107	福建省南平铝业股份有限公司	143	福建华源纺织有限公司
108	太龙电子股份有限公司	144	华能国际电力股份有限公司福州电厂
109	厦门金龙旅行车有限公司	145	福建省马尾造船股份有限公司
110	福建战地吉普户外服饰有限公司	146	昇兴集团股份有限公司
111	路达（厦门）工业有限公司	147	厦门正新橡胶工业有限公司
112	国投云顶湄洲湾电力有限公司	148	厦门 ABB 开关有限公司
113	福建冠盖金属包装有限公司	149	渠梁电子有限公司
114	福建华电可门发电有限公司	150	福建省信达光电科技有限公司
115	国能神福（石狮）发电有限公司	151	浪潮（厦门）计算机科技有限公司
116	福建龙麟集团有限公司	152	福建金德尚黄金有限公司
117	福州吴航钢铁制品有限公司	153	福建友谊胶粘带集团有限公司
118	福建晶安光电有限公司	154	福州市长乐区华亚纺织有限公司
119	福建罗源小蕉轧钢有限公司	155	龙工（福建）机械有限公司
120	新大陆数字技术股份有限公司	156	赛得利（福建）纤维有限公司
121	厦门亿联网络技术股份有限公司	157	漳州片仔癀药业股份有限公司
122	福建大唐国际宁德发电有限责任公司	158	瓮福紫金化工股份有限公司
123	厦门太古发动机服务有限公司	159	厦门钨业股份有限公司
124	福建福欣特殊钢有限公司	160	厦门法拉电子股份有限公司
125	福州中民新能源有限公司	161	阳光中科（福建）能源股份有限公司
126	蜡笔小新（福建）食品工业有限公司	162	福建永荣科技有限公司
127	福建圣农食品有限公司	163	厦门海辰储能科技股份有限公司
128	厦门保沣实业有限公司	164	福建中锦新材料有限公司
129	漳州奇美化工有限公司	165	晋江市新合发塑胶印刷有限公司
130	福建天辰耀隆新材料有限公司	166	上杭县志裕铜业有限公司
131	玖龙纸业（泉州）有限公司	167	宁德国泰华荣新材料有限公司
132	明达实业（厦门）有限公司	168	福建逸锦化纤有限公司

续表

序号	企业名称	序号	企业名称
169	福建佳通轮胎有限公司	205	泉州钳美建材有限公司
170	泉州华星燃气有限公司	206	昆胜高分子材料（福建）有限公司
171	福建长德蛋白科技有限公司	207	达利食品集团有限公司
172	国投闽光（三明）城市资源有限公司	208	莆田启明鞋业有限公司
173	福建天电光电有限公司	209	福建东水食品股份有限公司
174	科华数据股份有限公司	210	福建鼎盛钢铁有限公司
175	国能（连江）港电有限公司	211	泉州匹克鞋业有限公司
176	金牌厨柜家居科技股份有限公司	212	厦门华特集团股份有限公司
177	宝宸（厦门）光学科技有限公司	213	龙岩卓越新能源股份有限公司
178	柯林（福建）服饰有限公司	214	福建正隆纺织有限公司
179	福建路通管业科技股份有限公司	215	中乔体育股份有限公司
180	漳州蒙发利实业有限公司	216	福州华润燃气有限公司
181	泉州闽华电器有限公司	217	福建合盛气体有限公司
182	三六一度（中国）有限公司	218	首钢凯西钢铁有限公司
183	厦门宏发电力电器有限公司	219	大通（福建）新材料股份有限公司
184	福建省闽华电源股份有限公司	220	福建金鑫纺织有限公司
185	建新轮胎（福建）有限公司	221	惠安金旺食品有限公司
186	玉晶光电（厦门）有限公司	222	福安青拓冷轧科技有限公司
187	福建元恒再生资源有限责任公司	223	屏南时代新材料技术有限公司
188	福建省莆田荔兴轻工实业有限责任公司	224	福建晋工机械有限公司
189	宁德卓高新材料科技有限公司	225	厦门盈趣科技股份有限公司
190	宁德邦普循环科技有限公司	226	福建省辉源金属制品有限公司
191	万华化学（福建）有限公司	227	厦门华夏国际电力发展有限公司
192	国能（福州）热电有限公司	228	安踏（中国）有限公司
193	福建御冠食品有限公司	229	福建德胜能源有限公司
194	长乐聚泉食品有限公司	230	福建经纬集团有限公司
195	厦门三安光电有限公司	231	福建晋江天然气发电有限公司
196	晋江新奥燃气有限公司	232	施耐德电气（厦门）开关设备有限公司
197	漳州鼎鑫工贸有限公司	233	宁化月兔科技有限公司
198	福建统一马口铁有限公司	234	福建省万达汽车玻璃工业有限公司
199	漳州旗滨玻璃有限公司	235	厦门宝钢精密钢材科技有限公司
200	泉州禾伦织造有限公司	236	福建有道贵金属材料科技有限公司
201	大田县太华铁矿	237	福建省华普股份有限公司
202	厦门强力巨彩显示技术有限公司	238	泉州市泉港中日石石业有限公司
203	华能罗源发电有限责任公司	239	福建华电邵武能源有限公司
204	福建三钢（集团）三明化工有限责任公司	240	泉州鸿荣轻工有限公司

续表

序号	企业名称	序号	企业名称
241	宁德鼎信管业有限公司	271	福建泰兴特纸有限公司
242	泉州三安半导体科技有限公司	272	福建三钢小蕉实业发展有限公司
243	九牧王股份有限公司	273	漳州宏发电声有限公司
244	贝莱胜电子（厦门）有限公司	274	漳州中集集装箱有限公司
245	福建浩睿建材有限公司	275	福州丰诚环保科技有限公司
246	龙岩正大有限公司	276	福建省大田县恒丰工贸有限公司
247	福建华峰新材料有限公司	277	福建紫金铜业有限公司
248	福建美明达鞋业发展有限公司	278	福建南平南孚电池有限公司
249	福建大田县金阳矿业有限公司	279	福建大自然茶业科技有限公司
250	福建青拓特钢有限公司	280	厦门市波生生物技术有限公司
251	晋江市三福纺织实业有限公司	281	福建省红太阳精品有限公司
252	厦门翔鹭化纤股份有限公司	282	福建青旭不锈钢有限公司
253	神州鲲泰（厦门）信息技术有限公司	283	锐珂（厦门）医疗器材有限公司
254	利莱森玛电机科技（福州）有限公司	284	厦门厦杏摩托有限公司
255	卡宾服饰（中国）有限公司	285	福建翔丰华新能源材料有限公司
256	福建凯景新型科技材料有限公司	286	福建东南造船有限公司
257	福建新大陆支付技术有限公司	287	泉州嘉德利电子材料有限公司
258	福建福贞金属包装有限公司	288	泉州市一扬文化用品有限公司
259	三六一度（福建）体育用品有限公司	289	荣兴（福建）特种钢业有限公司
260	福建省闽发铝业股份有限公司	290	莆田华青日用品有限公司
261	莆田市大金鞋业有限公司	291	厦门建禾油脂有限公司
262	福建青拓设备制造有限公司	292	中纺粮油（福建）有限公司
263	恒安（中国）纸业有限公司	293	阿一波食品有限公司
264	福建星网锐捷通讯股份有限公司	294	奋安铝业股份有限公司
265	山鹰华南纸业有限公司	295	三斯达（福建）塑胶有限公司
266	大田县前坪乡矿业公司	296	百路达（厦门）工业有限公司
267	星宸科技股份有限公司	297	家世比科技有限公司
268	福建春驰集团新丰水泥有限公司	298	晋江福兴拉链有限公司
269	腾龙特种树脂（厦门）有限公司	299	福建福华新材料集团有限公司
270	力达（中国）机电有限公司	300	福建金风科技有限公司

（摘编：孔明德）

福建省建筑业总产值前300家企业（2022年）

序号	企业名称	序号	企业名称
1	中建海峡建设发展有限公司	31	中城投集团第八工程局有限公司
2	中建四局建设发展有限公司	32	福建省龙祥建设集团有限公司
3	福建建工集团有限责任公司	33	福建七建集团有限公司
4	福建省永泰建筑工程公司	34	福建省百盛建设发展有限公司
5	福建省华荣建设集团有限公司	35	福建卓越建设集团有限公司
6	永富建工集团有限公司	36	福建省融旗建设工程有限公司
7	福建九鼎建设集团有限公司	37	福建璟榕工程建设发展有限公司
8	福建省惠东建筑工程有限公司	38	福建磊鑫（集团）有限公司
9	中交一公局厦门工程有限公司	39	福建省兴岩建设集团有限公司
10	福建省泷澄建设集团有限公司	40	福建来宝建设集团有限公司
11	福建省二建建设集团有限公司	41	泉发建设股份有限公司
12	福建省闽南建筑工程有限公司	42	中国水利水电第十六工程局有限公司
13	福建华航建设集团有限公司	43	福建新华夏建工集团有限公司
14	海峡宏基建工集团有限公司	44	中铁（福州）投资有限公司
15	华辉建工集团有限公司	45	中铁海峡建设集团有限公司
16	福建宏盛建设集团有限公司	46	福建省透堡建筑工程有限公司
17	福建路港（集团）有限公司	47	福建成森建设集团有限公司
18	中铁二十二局集团第三工程有限公司	48	福建铭泰集团有限公司
19	福建省民益建设工程有限公司	49	厦门中联永亨建设集团有限公司
20	中铁一局集团厦门建设工程有限公司	50	福建荣建集团有限公司
21	福建省五建建设集团有限公司	51	福建省冠辉建设工程有限公司
22	福建发展集团有限公司	52	福建省八方建筑工程有限公司
23	福建一建集团有限公司	53	中建力天集团有限公司
24	中建八局（厦门）建设有限公司	54	福建惠丰建筑工程有限公司
25	中建三局（福建）投资建设有限公司	55	福建省工业设备安装有限公司
26	中交三航局第六工程（厦门）有限公司	56	福建永东南建设集团有限公司
27	中铁二十四局集团福建铁路建设有限公司	57	福建省五洲建设集团有限公司
28	厦门特房建设工程集团有限公司	58	新纪建工集团有限公司
29	中建协和建设有限公司	59	福建省安泰建筑工程有限公司
30	福建路桥建设有限公司	60	中晟海峡建设有限公司

续表

序号	企业名称	序号	企业名称
61	至永建设集团有限公司	97	福建三建工程有限公司
62	中建海峡（厦门）建设发展有限公司	98	福建省荔隆建设工程有限公司
63	中交四航局第五工程有限公司	99	福建森正建设集团有限公司
64	福建金鼎建筑发展有限公司	100	宇旺建工集团有限公司
65	福建省顺安建筑工程有限公司	101	福建省源昌建设工程有限公司
66	福建省东霖建设工程有限公司	102	福建省汇恒达建筑工程有限公司
67	福建省实盛建设工程有限公司	103	福建闽清一建建设发展有限公司
68	福建联泰建设工程有限公司	104	福建省长鸿建设集团有限公司
69	中交建宏峰集团有限公司	105	福建省筑信建设集团有限公司
70	福建省晓沃建设工程有限公司	106	厦门树鑫建设集团有限公司
71	福建中冶永行集团有限公司	107	中磐建设集团有限公司
72	福建省中马建设工程有限公司	108	福建拓海建设工程有限公司
73	聚璜集团有限公司	109	福建第一公路工程集团有限公司
74	中建（福建）建设有限公司	110	厦门源昌城建集团有限公司
75	乐嘉建设工程有限公司	111	福建省水利水电工程局有限公司
76	福建省泰宏建设工程有限公司	112	福建蓝海市政园林建筑有限公司
77	福建省利恒建设工程有限公司	113	福建大华鑫建设工程有限公司
78	福建永旺建设集团有限公司	114	福建铭瑞建设工程有限公司
79	方圆建设集团有限公司	115	福建博业建设集团有限公司
80	福建省禹澄建设工程有限公司	116	中铁十七局集团第六工程有限公司
81	福建六建集团有限公司	117	恒富建设集团有限公司
82	福建远舟港湾建设工程有限公司	118	神州建设集团有限公司
83	福建省涵城建设工程有限公司	119	万图建设集团有限公司
84	福建省同源建设工程有限公司	120	海曜建工集团有限公司
85	中国电建集团航空港建设有限公司	121	福建省国筑建设工程有限公司
86	福建华建工程建设有限公司	122	中建富林集团有限公司
87	福州第七建筑工程有限公司	123	永太建设集团有限公司
88	福州工业园区开发集团有限公司	124	福建省汤头建工集团有限公司
89	千易建设集团有限公司	125	福建巨岸建设工程有限公司
90	中建远南集团有限公司	126	福建鑫陆建设集团有限公司
91	名筑建工集团有限公司	127	福建创盛建设有限公司
92	福州建工集团有限公司	128	福建省雄盛建筑工程有限公司
93	福建才溪建设集团有限公司	129	福建省日誉建设集团有限公司
94	福建省恒基建设股份有限公司	130	中建五局海西投资建设有限公司
95	福建弘祥建设工程有限公司	131	福建省凡士建设集团有限公司
96	福建省九龙建设集团有限公司	132	海峡建工集团有限公司

续表

序号	企业名称	序号	企业名称
133	福建省惠裕建设工程有限公司	169	福建省富旺建设有限公司
134	中核工建设集团第四工程局有限公司	170	福建省榕圣市政工程股份有限公司
135	恒晟集团有限公司	171	福建省高华建设工程有限公司
136	福建省惠一建设工程有限公司	172	福建省吴航建筑工程有限公司
137	紫金矿业建设有限公司	173	福建实联建设有限公司
138	福建省南安市第一建设有限公司	174	福州亿力电力工程有限公司
139	鑫泰建设集团有限公司	175	福建耀通工程开发有限公司
140	福建西南建设有限公司	176	福建鑫楷鼎建设工程有限公司
141	龙岩市西安建筑工程有限公司	177	福建省协兴建设有限公司
142	福建省五方建设集团有限公司	178	厦门市捷安建设集团有限公司
143	福建恒声建设集团有限公司	179	福建省邮电工程有限公司
144	中交上航（福建）交通建设工程有限公司	180	福建互助建筑工程有限公司
145	中建鑫宏鼎环境集团有限公司	181	福建省昊立建设工程有限公司
146	亿耀（福建）建设有限公司	182	福建恒盛建筑集团有限公司
147	福建省隆盛建设工程有限公司	183	福建九翔龙建设工程有限公司
148	中建二局（厦门）建设有限公司	184	皓耀时代（福建）集团有限公司
149	中建旷博（福建）有限公司	185	水玲龙（福建）建设工程有限公司
150	厦门海投工程建设有限公司	186	厦门市建安集团有限公司
151	福建平祥建设工程有限公司	187	福建省巨龙建设工程有限公司
152	福建省送变电工程有限公司	188	中呈建设集团有限公司
153	闽晟集团城建发展有限公司	189	福建省上杭县宏庄建筑工程有限公司
154	泉州亿兴电力工程建设有限公司	190	福建领航园林工程有限公司
155	福建省新华都工程有限责任公司	191	福建金田建设工程有限公司
156	福建勤马集团有限公司	192	福建省恒鼎建筑工程有限公司
157	福建省国泰建设有限公司	193	福建上杭广厦建设有限公司
158	福建星原建设工程发展有限公司	194	厦门电力工程集团有限公司
159	福建博成建筑工程有限公司	195	厦门思总建设有限公司
160	福建联美建设集团有限公司	196	福建省晋南建设集团有限公司
161	中汇建筑集团有限公司	197	莆田中建建设发展有限公司
162	厦门鲁班源房屋营造有限公司	198	福建安兆建设有限公司
163	福建巨铸集团有限公司	199	福建省天柱建设工程有限公司
164	厦门泰睿坤建设工程有限公司	200	福建省诚毅工程建造有限公司
165	福建省闽楚建设工程有限公司	201	漳州市建筑工程有限公司
166	福建省永泰县第三建筑工程有限公司	202	福建省华策建设集团有限公司
167	福建省亿方建设工程有限公司	203	福州闽龙铁路工程有限公司
168	福建泉州市二建工程有限公司	204	海峡福环建工集团有限公司

续表

序号	企业名称	序号	企业名称
205	厦门市大方舟建设有限公司	241	中兴华竣建设有限公司
206	厦门中胤建筑工程有限公司	242	中星联丰建设集团有限公司
207	福建新纪建设集团有限公司	243	福建联谊建筑工程有限公司
208	福建泉润建设工程有限公司	244	华浩建设（福建）有限公司
209	福建省中木建设集团有限公司	245	福建鑫泷鼎建设工程有限公司
210	福建兴万祥建设集团有限公司	246	福建陆度建设有限公司
211	中国电建集团福建工程有限公司	247	宇烈建工集团有限公司
212	福建中闽大秦工程管理有限公司	248	福建嘉宜建筑工程有限公司
213	精易建工集团有限公司	249	福建汇达建筑工程有限公司
214	福建省金通建设集团有限公司	250	福建省泉州市第一建设有限公司
215	厦门安能建设有限公司	251	福建永聚友建设工程有限公司
216	福建中奥建筑工程有限公司	252	福建省同美建设工程有限公司
217	福建省浦口建筑工程有限公司	253	福建省兴盛建设工程有限公司
218	福建省弘基建设工程有限公司	254	福能联信建设集团有限公司
219	福建省睿煌建筑工程有限公司	255	福建承昌建设工程有限公司
220	福建省东昇建设工程有限公司	256	大成工程建设集团有限公司
221	鑫中坤建设工程有限公司	257	三明客家源建设工程有限公司
222	福建冠云鑫建设工程有限公司	258	福建登凯成龙建设集团有限公司
223	万崇建设有限公司	259	隆恩建设工程有限公司
224	福建荣成建设工程有限公司	260	海环科技集团股份有限公司
225	福建住建建设有限公司	261	凯辉集团（福建）有限公司
226	福建荣冠环境建设集团有限公司	262	厦门集三建设集团有限公司
227	福建省泉州市东海建筑有限公司	263	中锦骏业建设有限公司
228	厦门上建建设集团有限公司	264	福建永宏建设工程有限公司
229	福建东标建设集团有限公司	265	福建省百川建设发展有限公司
230	福建京源建设工程有限公司	266	福州市一建建设股份有限公司
231	中建四海建设开发有限公司	267	福州市第三建筑工程公司
232	飞阳建设工程有限公司	268	福建省华实建设工程有限公司
233	厦门城健建设有限公司	269	中盛华勋建设有限公司
234	福建鑫达建设集团有限公司	270	向阳建设实业有限公司
235	北京建工集团（厦门）建设有限公司	271	福建省梁禹工程有限公司
236	福建省惠房建设工程有限公司	272	福建赞晖亮建设工程有限公司
237	巨茂建设投资有限公司	273	融一建工（福建）有限公司
238	福建省南星建设工程有限公司	274	福建中凯建设工程有限公司
239	厦门市政工程有限公司	275	福建冶地恒元建设有限公司
240	砖文建设集团有限公司	276	善建华西建设发展有限公司

续表

序号	企业名称	序号	企业名称
277	福建省国恒建设工程有限公司	289	中铁东南投资有限公司
278	福建省长汀县第一建筑工程有限公司	290	福建宇杭建设发展有限公司
279	中大（福建）工程建设集团有限公司	291	福建省闽盛建设工程有限公司
280	福建省厚德建设集团有限公司	292	福建全顺建设工程有限公司
281	达顺建设集团有限公司	293	福建中宅建设有限责任公司
282	福建大舟建设集团有限公司	294	福建祥睿建设发展有限公司
283	福建省嘉晟建设发展有限公司	295	三合（福建）建设工程有限公司
284	福建鑫远建工有限公司	296	福建合龙建工科技有限公司
285	福建省惠三建设发展有限公司	297	中东基建科技集团基建有限公司
286	福建龙健建设发展有限公司	298	冶建鸿泰（福建）建设有限公司
287	福建省永泰一建工程有限公司	299	厦门崇发建设集团有限公司
288	漳州新源电力工程有限公司	300	福建易顺建筑工程有限公司

（摘编：谢建东）

福建省主营业务收入前300家批发零售企业名单（2022年）

序号	企业名称	序号	企业名称
1	厦门国贸集团股份有限公司	14	福建海裕石化有限公司
2	福建兴大进出口贸易有限公司	15	建发物流集团有限公司
3	厦门象屿物流集团有限责任公司	16	厦门集金供应链有限公司
4	厦门象屿铝晟有限公司	17	厦门国贸石化有限公司
5	厦门建发物产有限公司	18	点钢科技有限公司
6	厦门信达股份有限公司	19	厦门建发原材料贸易有限公司
7	福建闽光云商有限公司	20	厦门国贸金属有限公司
8	中化石油成品油销售有限公司	21	厦门国贸纸业有限公司
9	中石化森美（福建）石油有限公司	22	厦门建发能源有限公司
10	厦门建发金属有限公司	23	厦门建发矿业资源有限公司
11	厦门华闽盛屯物产有限公司	24	成大物产（厦门）有限公司
12	漳州市九龙江集团有限公司	25	福安青拓不锈钢贸易中心有限公司
13	厦门建发纸业有限公司	26	厦门国贸能源有限公司

续表

序号	企业名称	序号	企业名称
27	中国石油天然气股份有限公司福建销售分公司	63	厦门港务贸易有限公司
28	厦门同金供应链有限公司	64	厦门建发化工有限公司
29	厦门国贸矿业有限公司	65	福建信通贸易有限公司
30	厦门海翼国际贸易有限公司	66	福建省烟草公司泉州市公司
31	福建省长一实业有限公司	67	福建福海创石油化工有限公司
32	厦门象屿矿业有限公司	68	厦门象屿农产品有限责任公司
33	厦门国贸铜泽贸易有限公司	69	厦门鑫同玺供应链管理有限公司
34	福建漳龙集团有限公司	70	厦门市明穗粮油贸易有限公司
35	神州数码（福州）科技有限公司	71	福建安越服饰有限公司
36	厦门国贸化工有限公司	72	福建云通供应链有限公司
37	泉州展志钢材有限公司	73	紫金矿业集团（厦门）金属材料有限公司
38	海峡石化产品交易中心有限公司	74	盛屯矿业集团股份有限公司
39	厦门京东东和贸易有限公司	75	漳州路桥物资发展有限公司
40	中石化化工销售（福建）有限公司	76	厦门建发股份有限公司
41	厦门国贸农产品有限公司	77	晋江辉豪化工有限公司
42	厦门海峡供应链发展有限公司	78	福建省榕江进出口有限公司
43	厦门象屿新能源有限责任公司	79	福建闽海能源销售有限公司
44	上杭县紫金金属资源有限公司	80	紫金国际贸易有限公司
45	厦门象屿资源有限公司	81	福建永荣控股集团有限公司
46	厦门安踏有限公司	82	斐乐体育有限公司
47	均和（厦门）控股有限公司	83	厦门栢瑞供应链服务有限公司
48	厦门海投供应链运营有限公司	84	厦门象屿化工有限公司
49	厦门海投经济贸易有限公司	85	厦门新纸源电子商务有限公司
50	厦门建益达有限公司	86	厦门信达矿业资源有限公司
51	厦门建发物资有限公司	87	福建世德久晟贸易有限公司
52	厦门安踏电子商务有限公司	88	福建省烟草公司福州市公司
53	昌富利（厦门）有限公司	89	福建三宝云商有限公司
54	厦门翔熙供应链管理有限公司	90	福建三钢国贸有限公司
55	福建永辉超市有限公司	91	福建恒安集团厦门商贸有限公司
56	福建达利发展有限公司	92	厦门象盛镍业有限公司
57	厦门国贸同歆实业有限公司	93	百威东南销售有限公司
58	福建逸坤化纤有限公司	94	福建华锦贸易有限公司
59	一柏国际贸易有限公司	95	厦门航空开发股份有限公司
60	福建力聚物流有限公司	96	宁德正威发展有限公司
61	厦门振丰能源有限公司	97	中化（泉州）石油销售有限公司
62	厦门国贸有色矿产有限公司	98	中煤京闽（福建）工贸有限公司

续表

序号	企业名称	序号	企业名称
99	福建象屿新能源有限责任公司	135	坤健控股（厦门）有限公司
100	斐乐服饰有限公司	136	福州产投实业有限公司
101	福州城投均和供应链管理有限公司	137	厦门特步投资有限公司
102	象屿宏大供应链有限责任公司	138	福建省烟草公司厦门市公司
103	象晖能源（厦门）有限公司	139	福建省龙岩市国贸有限公司
104	福州新投创业投资有限公司	140	福建省盛泰航空燃料有限公司
105	福建启润贸易有限公司	141	厦门路桥国际贸易有限公司
106	厦门晟茂有限责任公司	142	全骏达实业有限公司
107	厦门东茂祥和供应链有限公司	143	福建新东联国际贸易有限公司
108	厦门集昌供应链管理有限公司	144	厦门同顺供应链管理有限公司
109	厦门合兴包装印刷股份有限公司	145	厦门象屿物产有限公司
110	紫森（厦门）供应链管理有限公司	146	泉州市金同供应链管理有限公司
111	福州开发区新电燃料有限公司	147	福建闽海能源有限公司
112	漳州圆山发展有限公司	148	中化石油福建有限公司
113	厦门信和达电子有限公司	149	厦门乔丹发展有限公司
114	福建青拓再生资源开发有限公司	150	福建国海燃料有限公司
115	中国石化销售有限公司福建石油分公司	151	厦门三裕丰能源有限公司
116	厦门安踏服饰有限公司	152	厦门夏商国际贸易有限公司
117	福建省烟草公司漳州市公司	153	厦门信息集团商贸有限公司
118	福建三棵树建筑材料有限公司	154	厦门象屿同道供应链有限公司
119	龙岩市龙地贸易有限公司	155	厦门芗江进出口有限公司
120	福建采木工业互联网科技有限公司	156	福建漳州城投集团有限公司
121	海量（厦门）资源有限公司	157	中海油销售福建有限公司
122	福建省福能物流有限责任公司	158	福建省烟草公司三明市公司
123	福建省石油化工供销有限公司	159	均达升（厦门）控股有限公司
124	厦门施普圣供应链管理有限公司	160	福建省晋江市进出口有限公司
125	青拓集团有限公司	161	厦门路桥工程物资有限公司
126	仙游瑞禾金属材料有限公司	162	福州朴朴电子商务有限公司
127	厦门万翔物流投资有限公司	163	福建三安集团有限公司
128	福建省创造者贸易有限公司	164	福建省福农农资集团有限公司
129	漳州城投商贸发展有限公司	165	龙岩投创商贸有限公司
130	中化石化销售（福建）有限公司	166	翱隽国际贸易（厦门）有限公司
131	神华（福建）能源有限责任公司	167	厦门海易航供应链物流有限公司
132	龙岩交发睿通商贸有限公司	168	鑫东森集团有限公司
133	福建朔能供应链管理有限公司	169	厦门兴汇能源有限公司
134	厦门夏商粮食发展有限公司	170	福建顾盈贸易有限公司

续表

序号	企业名称	序号	企业名称
171	厦门捷瑞旺供应链有限公司	207	华彬快速消费品销售（福建）有限公司
172	福建省烟草公司南平市公司	208	福建锦江泓晟贸易有限公司
173	漳州伊莱福食品有限公司	209	福建正集科技有限公司
174	竞点（福建）国际贸易有限公司	210	厦门安踏贸易有限公司
175	厦门嘉晟供应链股份有限公司	211	厦门泓屿供应链有限责任公司
176	均和（厦门）能源有限公司	212	晋江市大长江钢管实业有限公司
177	正威（福建）供应链有限公司	213	厦门汇通瑞祥贸易有限公司
178	漳州新业贸易有限公司	214	厦门闽嘉华石化有限公司
179	福建省烟草公司龙岩市公司	215	晋江福华化工有限公司
180	厦门市信达安贸易有限公司	216	厦门市嘉晟对外贸易有限公司
181	福建炼油化工有限公司	217	中国航油集团福建石油有限公司
182	厦门嘉联恒进出口有限公司	218	厦门翼遥贸易有限公司
183	紫金矿业集团（龙岩）金属材料有限公司	219	紫金矿业集团黄金珠宝有限公司
184	瑞幸咖啡（中国）有限公司	220	厦门西海控股有限公司
185	宝通千宏（厦门）科技有限公司	221	泉州象屿石化有限公司
186	福建新华发行（集团）有限责任公司	222	龙工（中国）机械销售有限公司
187	漳州市龙江商贸有限公司	223	福建省建筑材料设备有限责任公司
188	盛屯金属有限公司	224	新中冠智能科技股份有限公司
189	新天钢国贸矿业有限公司	225	紫金矿业物流有限公司
190	晋江裕福集团有限公司	226	厦门弘矢实业有限公司
191	福安市益卓商贸有限公司	227	福建标盛商贸有限公司
192	福建省南安市进出口有限公司	228	福建高速中化石油有限公司
193	晋江市德明钢材实业有限公司	229	道普（厦门）石化有限公司
194	福建申宏国际贸易有限公司	230	福建福化古雷石油化工有限公司
195	厦门建发农产品有限公司	231	泉州闽海能源有限公司
196	厦门恒兴集团有限公司	232	福建康泰再生资源利用有限公司
197	厦门鼎尚永建商贸有限公司	233	厦门象屿速传供应链发展股份有限公司
198	福建省路路达石油制品有限公司	234	盛时辉供应链管理（厦门）有限公司
199	富冶（厦门）贸易有限公司	235	福建省烟草公司宁德市公司
200	福州少涛贸易有限责任公司	236	国药控股福州有限公司
201	厦门宝拓资源有限公司	237	福建隆百融国际能源发展有限公司
202	晋江市汇品进出口贸易有限公司	238	福建三木建设发展有限公司
203	厦门宝达纺织有限公司	239	黑马（厦门）供应链管理有限公司
204	福建闽侯永辉商业有限公司	240	新储（厦门）农业有限公司
205	福建省烟草公司莆田市公司	241	厦门隆昌晟商贸有限公司
206	福建申远贸易有限公司	242	厦门信和达供应链有限公司

续表

序号	企业名称	序号	企业名称
243	厦门宏发电声科技有限公司	272	福建湛华智能科技有限公司
244	福建一品嘉云创信息技术股份有限公司	273	金控均和（福州）供应链有限公司
245	闽清瑞拓商贸有限公司	274	中钧（厦门）新能源有限公司
246	中煤京闽（莆田）工贸有限公司	275	福建凯晟鸿贸易有限公司
247	晋江锦兴贸易有限公司	276	福建凯恒祥再生资源有限公司
248	福建福泰钢铁有限公司	277	厦门海峡投资有限公司
249	厦门象屿股份有限公司	278	泉州晟创商贸有限公司
250	晋江市新长江精密钢管制造有限公司	279	中海石油福建新能源有限公司
251	厦门昌兴格瑞商贸有限公司	280	中钧（福建）控股集团有限公司
252	福州展志钢铁有限公司	281	厦门砻廷郡信息科技有限公司
253	厦门航开保税贸易有限公司	282	福建能化供应链管理有限公司
254	博璿璟进出口（厦门）有限公司	283	厦门建翔尚达有限公司
255	厦门大亮贸易有限公司	284	福州城投供应链集团有限公司
256	晋江君丽科技有限公司	285	中民油（福建）能源科技有限公司
257	漳州晟发贸易有限公司	286	均和（厦门）供应链管理有限公司
258	福建鸿裕药业有限公司	287	厦门国贸泰达有色金属有限公司
259	福建康佰家医药集团有限公司	288	中祺嘉成（厦门）能源有限公司
260	福建永飞投资有限公司	289	厦门圣德达元贸易有限公司
261	厦门是竞国际贸易有限公司	290	莆田市众鞋网络科技有限公司
262	厦门金圆产业发展有限公司	291	福建三元金属有限公司
263	厦门朴朴电子商务有限公司	292	厦门佰行供应链管理有限公司
264	厦门建发轻工有限公司	293	福州华信实业有限公司
265	中国厦门国际经济技术合作有限公司	294	厦门依夏实业有限公司
266	厦门匹克贸易有限公司	295	福建翔信商贸有限公司
267	厦门翔屿供应链有限责任公司	296	龙岩元瑞贸易有限公司
268	厦门金诺供应链管理有限公司	297	厦门古龙发展有限公司
269	晋江宝华钢材有限公司	298	厦门智江新能源有限公司
270	厦门华闽实业有限公司	299	国药控股福建有限公司
271	厦门建发食品供应链有限公司	300	福建高速石化有限公司

（摘编：江涛）

福布斯2022全球企业2000强上榜闽企

2022年5月12日晚间，福布斯发布“2022全球企业2000强”。该榜单合计有399家中国企业上榜，其中兴业银行（第55位）、宁德时代（第296位）、紫金矿业（第324位）、建发股份（第667位）、阳光城（第1015位）、安踏体育（第1025位）、厦门国贸（第1418位）、厦门象屿（第1437位）、兴业证券（第1710位）、漳州片仔癀药业（第1875位）、厦门信达（第1933位）等多家总部在闽企业以及闽商创办企业上榜，再次彰显了福建企业的竞争力。

此次全球企业2000强榜单采用截至4月22日的过去12个月的财务数据来计算公司在销售、利润、资产和市价等四个方面的指标，并以此对企业排名。伯克希尔哈撒韦、中国工商银行、沙特阿美、摩根大通、中国建设银行、亚马逊、苹果、中国农业银行、美国银行以及丰田汽车跻身十强。值得一提的是，今年排名第2位的中国工商银行，此前连续9年位居榜首。取代其首位的是由巴菲特执掌的伯克希尔哈撒韦，这也是伯克希尔哈撒韦首次登顶。

入选榜单的闽企中，总部位于福州的兴业银行位列第55位，在上榜的福建企业中排名最为靠前。2021年全年，兴业银行实现营业收入2212.36亿元，同比增长8.91%；归母净利润826.80亿元，同比增长24.10%。

福建企业中排名最靠前的民营企业是宁德时代，受益于新能源产业的快速发展，宁德时代从去年的第739位飙升至第296位，在福建企业中仅次于兴业银行。韩国市场研究机构SNE数据显示，2022年一季度，宁德时代在动力电池领域的全球装车量达到33.3GWh，同比增长137.7%，排名保持世界第一；全球市场占有率达35%，2021年同期为28.5%。

紫金矿业在福建企业中排名第3位，列总榜单第324位。2021年，紫金矿业经营指标实现跨越增长，创下历史最高水平，营收和资产总额双双突破2000亿元大关，全年利润总额248亿元，归属母公司净利润157亿元，同比增长141%。

（摘编：王增丰）

“2022中国企业500强”入围闽企

2022年9月7日福建省工信厅消息，日前，中国企业联合会、中国企业家协会在北京发布了“2022中国企业500强”榜单，这是中国企联连续第21次向社会发布该榜单，福建省有19家企业入围，比2021年多1家，数量创历史新高。

福建省4家企业入围全国“百强”。其中，厦门建发集团排名第26位，刷新福建企业的最高排名，厦门国贸控股、厦门象屿集团、兴业银行分列第36位、第52位、第66位。4家进入“百强”的福建企业与紫金矿业、宁德时代、大东海实业一起成为进入营收“千亿俱乐部”的7家闽企。其余入围500强榜单的福建企业还有：永辉超市、厦门路桥工程、恒申股份、永荣控股、省港口集团、省能化集团、三钢集团、省电子集团、厦门港务集团、中景石化、安踏集团、盛屯矿业。

紫金矿业、宁德时代跻身中国制造业企业“百强”，领衔21家福建企业入围“2022中国制造业企业500强”。此外，40家闽企入围“2022中国服务业企业500强”，仅次于广东、江苏、北京、浙江，位列全国第五，数量创历史新高。

（摘编：于新光）

中国新经济企业500强入围闽企

2022年8月3日福建省工信厅消息，中国企业评价协会日前发布了2021中国新经济企业500强榜单，腾讯、阿里巴巴、字节跳动、华为和宁德时代位列前五。福建省累计有15家企业入围榜单。

福建省入围的企业有宁德时代（第5）、亿联网络（第101）、三安光电（第118）、瑞芯微（第146）、三棵树（第160）、吉比特（第198）、永辉超市（第233）、盈趣科技（第239）、宏发股份（第248位）、大博医疗（第259）、火炬电子（第278）、厦门钨业（第394）、福昕软件（第463）、新大陆（第487）、美亚柏科（第500）。福建省入围企业涵盖了数字经济领域的龙头企业、专精特新“小巨人”，以及先进制造业企业、现代服务业企业，代表了新经济领域的发展方向。

2021年新经济500强榜单，较上年变化率达到34.2%，超过三分之一的企业未能蝉联第二届榜单。从行业分类看，先进制造业企业314家，比上年增加58家，占比增加一成。从企业性质看，民营企业仍占绝对优势，数量为422家；国有企业数量为78家，比去年增加4家。从区域分布看，新经济500强仍以东部为主场向内地辐射。其中北京102家，成为新经济500强企业数量最多的省份；广东、上海、浙江的新经济500强企业数量分别为98家、67家、61家。新经济500强龙头企业集中效应仍明显。企业总市值中位数为421.69亿元，平均值为1115.92亿元，分别比去年上涨了68.54%和70.14%。

（摘编：郑新贵）

2022 新型实体企业 100 强入围闽企

2022 年 12 月 1 日福建日报报道，近日，中国企业评价协会发布了“2022 新型实体企业 100 强”名单及发展报告，国家电网、京东、华为位居前三。一同上榜的还有宁德时代、福耀玻璃和九牧集团 3 家福建省企业，分列榜单的第 27 位、第 29 位、第 50 位。

新型实体企业是指由数字技术与实体经济深度融合催生的企业类别，这类企业既属于实体产业，又服务于实体产业，以实体性、科技性、生态普惠性为主要特征。

根据中国企业评价协会的统计数据，百强企业中，超过六成属于智能制造、智能交通、智慧物流等数字化效率提升的新兴产业，三成属于传统实体产业数字化转型升级，产业数字化占比超过九成，只有 8 家企业隶属于数字产业化企业。百强企业 2021 年总研发投入 6481 亿元，新增发明专利 5.6 万件，呈现科技创新和产出“双高”的特点。在自身科技创新的同时，新型实体企业还对外输出数字技术服务，成为助力千行百业生产工艺升级、经营效率提升的“数字底座”。从供应链赋能来看，65 家企业承担起供应链数字化服务商角色，发挥出数字基础设施的作用。

（摘编：郑新贵）

全国轻工业 200 强入围闽企

2022－08－15 近日，中国轻工业联合会发布了 2021 年度轻工业二百强企业，福建省 11 家企业入围。

入围榜单的福建企业分别是：安踏体育用品集团有限公司（第 16 位）、达利食品集团有限公司（第 33 位）、特步集团有限公司（第 48 位）、九牧集团有限公司（第 56 位）、奥佳华智能健康科技集团股份有限公司（第 100 位）、福建盼盼食品有限公司（第 101 位）、立达信物联科技股份有限公司（第 109 位）、厦门银祥集团有限公司（第 143 位）、三六一度（中国）有限公司（第 160 位）、信泰（福建）科技有限公司（第 186 位）和中乔体育股份有限公司（第 193 位）。

数据显示，2021 年度二百强企业分布在全国 24 个省区市，涉及家电、食品制造、酿酒、造纸等 38 个轻工行业，其中 7 家企业营业收入超过 1000 亿元，利润总额超过了 100 亿元，美的集团、海尔集团、格力电器列二百强榜单的前三位。

在同期公布的中国轻工业科技百强企业中，福建省的立达信物联科技股份有限公司、奥佳华智能健康科技集团股份有限公司、福建瑞达精工股份有限公司 3 家企业入围，分列第 20、45、95 位。

（摘编：肖启辉）

福建省首获国家最严格水资源管理考核优秀等次

2022 年 6 月 28 日福建省水利厅消息，日前，经国务院审定，国务院实行最严格水资源管理制度考核工作组发出《关于发布 2021 年度实行最严格水资源管理制度考核结果的公告》，福建省荣获优秀等次。这是自 2013 年国家实行最严格水资源管理制度考核工作以来，福建省首次获得优秀等次。

根据《国务院关于实行最严格水资源管理制度的意见》（国发〔2012〕3 号）和《国务院办公厅关于印发实行最严格水资源管理制度考核办法的通知》（国办发〔2013〕2 号）规定，水利部会同发展改革委、工业和信息化部、财政部、自然资源部、生态环境部、住房和城乡建设部、农业农村部、统计局等部门，制定了考核方案，成立了考核工作组，对 31 个省（自治区、直辖市）2021 年度实行最严格水资源管理制度情况进行了考核。

2021 年，福建省认真落实党中央、国务院决策部署，完整、准确、全面贯彻新发展理念，积极采取有力措施，扎实推进最严格水资源管理制度实施，有效促进水资源保护和合理利用。全省用水总量有效控制在 182. 6 亿立方米以内；万元工业增加值、万元国内生产总值用水量分别比 2020 年下降 28. 7%、10. 3%；农田灌溉水有效利用系数提高到 0. 561；重要江河湖泊水功能区水质达标率 94. 5%。

（摘编：刘海元）

2022 年农业品牌精品培育名单福建省入选品牌

2022 年 11 月 4 日福建省农业农村厅消息，日前，农业农村部办公厅发布 2022 年农业品牌精品培育名单。经省级推荐、形式审查、专家推选、网上公示等程序，全国共 75 个品牌入选，其中福建省 4 个，分别是平和琯溪蜜柚、正山小种、福鼎白茶、宁德大黄鱼。

近年来，我国加快实施品牌强农战略，农业农村部更于今年启动实施农业品牌精品培育计划。按照计划，到 2025 年，我国将聚焦粮油、果蔬、茶叶、畜牧、水产等品类，塑强一批品质过硬、特色鲜明、带动力强、知名度美誉度消费忠诚度高的农产品区域公用品牌，培育推介一批产品优、信誉好、产业带动作用明显、具有核心竞争力的企业品牌和优质特色农产品品牌。

（摘编：黄国实）

莆田市木兰陂水利风景区获评首届国家水利风景区高质量发展典型案例

2022年7月28日，水利部水利风景区建设与管理领导小组办公室联合中国农业电影电视中心，在北京举办"'水美中国'首届国家水利风景区高质量发展典型案例发布会"。福建省莆田市木兰陂为第一批重点推介的10个标杆景区之一。

木兰陂水利风景区依托木兰陂灌溉工程而建，属于灌区型水利风景区。该景区通过木兰溪流域综合治理赋能高质量发展，加大投入、提升规划，科学保护利用世界灌溉工程遗产，成为"水利遗产保护利用典范"景区，塑造了"木兰陂"品牌，亮相于第44届世界遗产大会，享誉国际，并致力打造习近平总书记治水理念莆田学习基地、爱国主义教育基地和水情教育基地。

目前，木兰陂水利风景区拥有全国重点文物保护单位、世界灌溉工程遗产、全国十大最美水工程等荣誉。木兰溪已成为流域系统治理的样板工程，入选水利部示范河湖和首届全国十大最美家乡河。

（摘编：郭鹭）

2022年福建省重点用水企业、园区水效领跑者名单

2022年11月21日福建省工信厅消息，省工信厅、省水利厅、省发改委和省市场监管局近日遴选并公布了2022年重点用水企业、园区水效领跑者，福建凤竹纺织科技股份有限公司、恒安（中国）纸业有限公司、福建省向兴纺织科技有限公司、联盛纸业（龙海）有限公司、百威雪津啤酒有限公司和清流经济开发区入围。

重点用水企业水效领跑者遴选条件为：企业年用水量超过10万立方米的独立法人企业；2021年主要产品的水效指标达到节水型企业国家标准要求，且为领先水平；未使用国家明令禁止或列入禁止、淘汰目录的用水设备或器具；建立节水管理制度，各生产环节有配套的节水措施，建立完备的用水计量和统计管理体系，用水计量器具配备满足国家标准《用水单位水计量器具配备和管理通则》要求，并依法检定或校准等。重点用水园区水效领跑者则需达到国家绿色工业园区中水效指标要求且水效为领先水平，新建、改建、扩建项目时实施节水"三同时""四到位"制度，建立节水管理制度，主要企业有配套的节水措施等条件。

（摘编：肖启辉）

首批设计下乡可复制经验清单福建省入选项目

2022年11月3日福建省住建厅消息，日前，住房和城乡建设部印发《设计下乡可复制经验清单（第一批）的通知》，全国有14个省份的设计下乡经验做法列入首批可复制经验清单，福建、江苏、山东均有4项入选，数量并列全国第二。

此次福建省入选清单的4项经验做法为：创新闽台合作驻村陪护机制、编印基层干部和技术人员培训“六个一”简明图册、闽台乡建乡创提供补助资金支持、采取多种形式宣传闽台乡建乡创合作经验做法。

近年来，省住建厅在全国首创以乡建乡创为主题的闽台合作模式、第三方全程辅导服务模式和两岸建筑师联合驻村模式，省级财政累计安排1.22亿元补助244个闽台乡建乡创合作项目，数据显示，福建省已累计引进台湾团队105支、台湾乡建乡创人才300多名，“陪护”服务300多个村庄，覆盖全省80%以上的县（市、区），已逐步形成一批可借鉴可推广的创新举措。

此外，针对农村实际，省住建厅组织编印了“六个一”：农村污水垃圾治理和农房整治“一张图”、农房自建房质量安全“一张图”、农村危房鉴定加固“一张图”、危房简易鉴定“一张表”、农村危房改造政策技术“一本手册”、农户政策告知“一张卡”，以图文并茂、基层干部和村民易学易懂的方式解读政策及技术要求，作为各级培训内容并印发到镇到村到户，培育一批“土专家”。

（摘编：王增丰）

第四批工业产品绿色设计示范企业入围闽企

2022年11月4日福建省工信厅消息，近日，工业和信息化部公布了工业产品绿色设计示范企业（第四批）名单。全国共有99家企业通过评审，福建省有2家企业入围，分别是科华数据股份有限公司（电子电器类）和福建凤竹纺织科技股份有限公司（纺织印染类）。

工信部遴选工业产品绿色设计示范企业，旨在聚焦生态环境影响大、消费需求旺盛、对产业链供应链有重要影响的工业产品，系统梳理各领域在推广绿色设计理念及方法、开发绿色设计先进技术和产品、制定绿色设计相关标准等方面的典型经验做法，引领和带动绿色消费。

从2019年起，工业和信息化部已遴选三批工业产品绿色设计示范企业，戴尔（中国）有限公司、漳州科华技术有限公司、漳州市陆海环保产业开发有限公司、厦门宏发电声股份有限公司、福建百川资源再生科技股份有限公司、紫金铜业有限公司、三棵树涂料股份有限公司、金强（福建）建材科技股份有限公司等 8 家福建企业成为国家级工业产品绿色设计示范企业。

（摘编：刘海元）

2022 年全国质量标杆入围闽企

2022 年 10 月 13 日福建省工信厅消息，近日，工信部网站公布了 2022 年全国质量标杆入围名单，确定 47 项工业企业质量管理体系升级、质量管理数字化、可靠性提升、过程控制和质量管理方法等领域的典型经验，以及 5 项中小企业、7 项服务业企业典型经验为 2022 年全国质量标杆。福建省四家企业入围。

其中，福建宁德核电有限公司的“设备可靠性管理体系在核电运维质量管控中的应用经验”、科华数据股份有限公司的“构建基于精益生产管理体系的智能供应链经验”入围工业企业质量管理体系升级方向典型经验；福建闽威实业股份有限公司的“实施海洋食品产业链精准协同质量管控经验”入围工业企业过程控制方向典型经验；国网福建省电力有限公司厦门供电公司“通过构建‘115 全业务、全流程质量管控模式’提升供电可靠性的经验”入围服务业方向典型经验。

“全国质量标杆”是由工信部主导、中国质量协会具体组织的全国性质量奖项，被誉为企业管理质量最高奖项，上榜企业代表着全国范围内质量管理的先进水平，更为行业提供了质量管理典型经验的参考和示范。

（摘编：李兵）

2022 年“科创中国”创新基地福建入选名单

2022 年 8 月 15 日福建省科协消息，中国科协日前公布 2022 年“科创中国”创新基地认定结果，首批 194 个“科创中国”创新基地入选，福建省有 4 个基地获得认定，分别是“科创中国”光电信息创新基地（闽都创新实验室）、“科创中国”智能制鞋装备产业创新基地（泉州华中科技大学智能制造研究院）、“科创中国”福州高新区创新基地（福州高新技术产业开发区管理委员会）和“科创中国”纺织服装（泉州）创新基地（石狮市中纺学服装及配饰产业研究院）。

近年来，省科协积极推动“科创中国”试点城市工作的开展，促进科技经济融合。泉州和福州先后入选“科创中国”试点城市，省市科协密切配合，组织科技服务团，围绕两个城市重点产业，服务福建省高质量发展。

福建省将发挥创新基地的优势，积极对接试点城市的产业需求，聚焦创新要素，促进科技成果转化，加快推进“科创中国”试点城市建设。

（摘编：郭鹭）

国家级科技企业孵化器福建省新增名单

2022年4月28日福建省科技厅消息，在最新公布的2021年度国家级科技企业孵化器名单中，福建省共有3家单位上榜。截至目前，全省共有国家级孵化器23家（含2家大学科技园）。

此次上榜的3家单位是：莆田高新区科技孵化器（运营主体为莆田市高新技术产业开发区创业服务中心）、博思创业园（运营主体为福建博思创业园管理有限公司）、厦门火炬物联网专业孵化器（运营主体为厦门火炬物联网孵化器有限公司）。

（摘编：林开龙）

工业互联网推动数字化创新领先县（市）福建省入围名单

2022年7月29日福建省工信厅消息，中国工业互联网研究院近日发布工业互联网推动数字化创新领先县（市）名单，20个县（市）入围，福建省的晋江、福清、闽侯位列其中。

此次公布的工业互联网推动数字化创新领先县（市）是按照全国县域工业互联网发展指数指标体系进行评选，评价涵盖了基础设施、融合应用、产业生态、发展环境4个评价维度，13项一级指标，20项二级指标。最终入围的20个县（市）分别是：昆山、江阴、张家港、慈溪、太仓、常熟、晋江、长沙、余姚、福清、海盐、义乌、胶州、宁海、乐清、宜兴、大冶、浏阳、泰兴、闽侯。其中，江苏省7个，浙江省6个，福建省3个，湖南省2个，山东省、湖北省各1个。

从各项指标来看，20个领先县（市）呈现以下特点：

在基础设施方面，领先县（市）每万人拥有5G基站数量平均达15个，培育工业互联网重点平台数量平均超5家。

从产业生态和科技创新角度看，领先县（市）工业增加值平均达766.34亿元，规上工业企业数量平均超过1071家，高新技术企业数量平均超过623家。

在融合应用方面，工业互联网带动领先县（市）生产总值增长合计超1434亿元，带动地区就业总人数超86371人次。

从人才环境角度来看，领先县（市）所在的设区市合计有普通高等院校、职业技术学校平均超20家，各地积极通过人才引进、基地实训、产教融合等路径厚植人才沃土。

（摘编：郭鹭）

2022年中国电子信息百强企业榜单入围闽企

2022年9月19日福建省工信厅消息，日前，中国电子信息行业联合会发布了《2022年电子信息企业竞争力指数报告及前百家企业名单》，省电子信息集团、厦门宏发电声、新大陆科技集团等3家福建省企业入围百强榜单，分列第22位、第87位、第96位。

《2022年电子信息企业竞争力指数报告及前百家企业名单》是中国电子信息行业联合会在工信部指导下，基于企业2021年的经营数据，利用指数模型，结合专家评审编制而成，在电子信息领域具有较高的权威性。

数据显示，本届电子信息百强企业2021年主营业务收入合计53805亿元，同比增长17.0%，占规模以上电子信息制造业收入比重接近40%；实现利润总额4180亿元，同比增长43.0%，占全行业利润比重超过50%；出口额达到13732亿元，同比增长26.7%，占收入规模比重超过25%；研发投入合计3435亿元，同比增长19.0%，超过同期收入增速2.0个百分点，平均研发投入强度达到6.4%。华为、联想、海尔、小米、TCL、京东方、比亚迪、海信、中兴通讯、天能控股列榜单前十名。

（摘编：李兵）

2022年中国互联网企业综合实力前百家企业上榜闽企

2022年11月5日，中国互联网协会和厦门市政府联合主办的中国互联网企业综合实力指数（2022）发布会暨百家企业高峰论坛在厦门召开。会议发布了《中国互联网企业综合实力指数报告（2022）》，并公布了2022年中国互联网企业综合实力前百家企业、成长型前二十家企业和数据安全服务前十家企业名单，福建省多家企业进入各个榜单。

2022年中国互联网综合实力企业榜单共计100家企业入围，腾讯、阿里巴巴、百度、京东等知名互联网公司跻身榜单，福建省共计5家企业入选2022年中国互联网企业综合实力前百家企业，分别是：位列第33的美图公司、位列第45的四三九九网络股份有限公司、位列第60的厦门吉比特网络技术股份有限公司、位列第66的福建博思软件股份有限公司和位列第89的福建网龙计算机网络信息技术有限公司。

另外，2022年中国互联网成长型前二十家企业中，有6家来自福建，分别是：位列第1的厦门旷世联盟网络科技有限公司、位列第3的福建健康之路信息技术有限公司、位列第5的福州来玩互娱网络科技有限公司、位列第6的厦门极致互动网络技术股份有限公司、位列第12的厦门吉快科技有限公司以及位列第20的福建游龙共创网络技术有限公司。

本次会议还发布了连续十年名列中国互联网综合实力企业名单，全国共计19家企业入选，福建省的四三九九网络股份有限公司和福建网龙计算机网络信息技术有限公司与阿里巴巴、腾讯、百度、京东、新华网等互联网头部企业共同入选。

（摘编：于新光）

2022年新一代信息技术与制造业融合发展试点示范名单入围闽企

2022年11月2日福建省工信厅消息，工业和信息化部近日公示了2022年新一代信息技术与制造业融合发展试点示范名单，共有9家闽企及项目入围。

在“两化融合管理体系贯标方向”共有7家闽企入围。其中，厦门强力巨彩光电科技有限公司的“LED显示屏生产过程数字化供应链管控能力”、厦门宏发电声股份有限公司的“基于统一管控和互联互通的全产业链研产供销协同能力”、三棵树涂料股份有限公司的“可视化和透明化的订单交付闭环能力”入围“面向数字化供应链的新型能力建设”细分方向；厦门金龙联合汽车工业有限公司的“产品全生命周期追溯及质量优化能力”入围“面向智能产品设计与服务的新型能力建设”细分方向；福建省莆田市双源鞋业有限公司的“基于MES系统的精益生产管控能力”入围“面向生产制造数字孪生的新型能力建设”细分方向；福州京东方光电科技有限公司的“第8.5代半导体显示器件生产线数据管理能力”、科华数据股份有限公司的“业财一体化管控能力”入围“面向数字化转型的数据管理能力建设”细分方向。

“特色专业型工业互联网平台方向”则有2家闽企入围。其中，福龙马集团股份有限公司的“智慧环卫工业互联网云平台”、爱普（福建）科技有限公司的“特定区域工业互联网平台”分别入围成为“面向重点行业的特色型工业互联网平台行业”“面向重点区域的特色型工业互联网平台”。

（摘编：严志东）

2022年大数据产业发展试点示范项目福建省入围名单

2022年9月13日福建省工信厅消息，日前，在工信部公布的2022年大数据产业发展试点示范项目名单中，福建省七个项目入围。

其中，入选大数据重点产品和服务试点示范领域的共4项，包括厦门市国网信通亿力科技有限责任公司的“基于跨业务领域的智慧能源应用平台”项目、泉州大数据运营服务有限公司的“基于大数据的泉州市公共数据资源开发服务平台”项目、福建中信网安信息科技有限公司的“基于区域链的数据安全共享关键技术研发及应用示范”项目、厦门卫星定位应用股份有限公司的“基于大数据的重大活动交通安全保障指挥平台”项目。

入选行业大数据应用试点示范领域的共3项，包括福建龙净环保股份有限公司的“烟气治理环保大数据智能应用”、福建省福龙马集团股份有限公司的“智慧环卫工业互联网云平台建设”项目、福建博思软件股份有限公司的“医疗电子票据大数据应用监管平台”项目。

（摘编：黄国实）

2022年国家新型信息消费示范项目福建省入选名录

2022年8月8日福建省工信厅消息，工信部公布近日了2022年新型信息消费示范项目的遴选结果，全国151个项目入选，福建省4个项目入选，分别是：莆田国投云信科技有限责任公司申报的“智慧U站深度体验式智慧便利店”项目，中电望辰科技有限公司申报的“KOPF阿里国际品牌体验中心”项目，福建榕基软件股份有限公司申报的“‘互联网+’移动在线协同办公平台”项目，智童时刻（厦门）科技有限公司申报的“区县智慧幼教提质项目”。

信息消费以信息产品和信息服务为对象，从“吃饱穿暖”到智能手机、平板电脑等电子产品，再到电商直播、在线办公、远程医疗等，正成为增长最迅猛、创新最活跃、辐射最广泛的消费领域之一。今年，工信部聚焦信息消费+乡村振兴、信息消费体验中心、新型信息消费产品与服务3个方向9个领域，面向5G、人工智能、大数据等前沿技术，在全国范围内遴选一批发展前景好、带动作用大、示范效应强的新型信息消费示范项目，通过示范引领，总结形成可复制、可推广的经验做法，加快扩大和升级信息消费。

（摘编：李兵）

2022年度智能制造标准应用试点名单福建省入选项目

2022年8月8日福建省工信厅消息，工信部近日公示2022年度智能制造标准应用试点项目名单。全国59个项目入选名单，福建入选2个，分别是：厦门金龙旅行车有限公司和中汽研汽车工业工程（天津）有限公司联合申报的客车制造供应链协同智能制造标准应用试点、金牌厨柜家居科技股份有限公司申报的家居行业大规模个性化定制标准应用试点。

今年，国家市场监管总局与工信部联合开展智能制造标准应用试点项目，围绕智能制造标准在制造业各细分行业中的应用，确定智能车间/工厂建设类、新模式应用类、新技术应用类、供应链协同类4个重点方向，在全国遴选首批50余个具有代表性的标准应用试点，形成一批推动智能制造有效实施应用的“标准群”，发挥标准对促进制造业转型升级、引领创新驱动的支撑作用。试点建设周期一般为2年，试点建设单位将围绕申报方向，推进一批以智能制造重点国家标准为核心的先进“标准群”的实施应用。

（摘编：严志东）

国家智能制造试点示范工厂入围闽企

2022年2月22日福建省工信厅消息，工信部、发改委、财政部、市场监管总局近日联合发布了《2021年度智能制造试点示范工厂揭榜单位和优秀场景名单》，共110家企业、241个场景上榜。福建省共有3家企业入围“智能制造试点示范工厂揭榜单位”，另有两家企业的智能制造场景入围“智能制造优秀场景”。

此次福建省入围智能制造试点示范工厂揭榜单位的分别是宁德时代新能源科技股份有限公司的电池智能制造示范工厂、福建星网锐捷通讯股份有限公司的网络设备智能制造示范工厂、阳光中科（福建）能源股份有限公司的太阳能电池组件智能制造示范工厂，三个示范工厂都有多个智能制造场景获认可。此外，晋江市华宇织造有限公司的智能在线监测、福建恒源纺织有限公司的精准作业派工两个场景入围智能制造优秀场景。

此次试点示范行动通过遴选智能制造优秀场景，以“揭榜挂帅”方式推进示范工厂建设，深化智能制造推广应用。其中，智能制造示范工厂主要聚焦原材料、装备制造、消费品、电子信息等领域的细分行业，围绕设计、生产、管理、服务等制造全流程，建设智能制造示范工厂。

（摘编：朱明清）

第二届全国智能制造创新大赛福建省获奖项目

2022年11月28日福建省工信厅消息，近日，第二届全国智能制造创新大赛颁奖仪式在南京举行，代表福建省参加决赛的福建省龙合智能装备制造有限公司、福建省万物智联科技有限公司两个团队分获各自赛道的二等奖、三等奖。

第二届全国智能制造创新大赛共吸引来自全国29个省、自治区、直辖市的800余个团队3000余名选手报名参赛。大赛历时3个月，经过80余名业界权威专家专业细致的评审，最终评选出各赛道各小组一等奖1名、二等奖3名、三等奖6名、创意奖3名、人气奖3名和优秀奖5名。

来自龙岩的龙合智能装备制造有限公司“新能源智能装卸系统实现零碳物流”成果获得智能制造装备创新赛道领航组二等奖，来自泉州的福建省万物智联科技有限公司“纺织精编自动穿卸轴及运输系统”成果获得智能制造系统集成解决方案创新赛道潜力组三等奖。

（摘编：李兵）

首批特色化示范性软件学院福建省入选名单

2022年3月28日福建省工信厅消息，教育部办公厅、工业和信息化部办公厅日前印发《关于公布首批特色化示范性软件学院名单的通知》（以下简称《通知》），公布了入围首批特色化示范性软件学院的单位名单，其中包括33家特色化示范性软件学院及68家合作企业名单。福建省厦门大学信息学院入选特色化示范性软件学院名单，重点领域为嵌入式软件；福建星网锐捷通讯股份有限公司与厦门市美亚柏科信息股份有限公司入选合作企业名单。

特色化示范性软件学院建设是贯彻落实国家软件发展战略，培养特色化软件人才的关键举措。《通知》要求，各省级教育行政部门、工业和信息化主管部门要加强对学院和合作企业的支持力度，积极将有关内容纳入地方发展规划，统筹解决好发展过程中的重大问题，积极总结典型经验，发挥示范带动作用。有关合作企业要深度参与学院建设，结合企业自身需求，统筹考虑学院发展基础与特色方向，制定科学合理的资源投入方案，提供切实有效的人员、资金、场地、设备、技术等资源要素，与高校合作建立收益共享和风险分担机制，持续追踪投资成效，并按期提交年度合作报告。

（摘编：李兵）

中国冶金矿山企业50强马坑矿业入围

2022年5月11日福建省工信厅消息，中国冶金矿山企业协会近日发布2021年中国冶金矿山企业50强名单，马坑矿业以营业收入16.16亿元位列榜单第22位，相比2020年前进了8位。马坑矿业也成为入围榜单的福建省唯一企业。

中国冶金矿山企业50强名单参照国际通行做法，以企业2020年营业收入为主要依据，综合考虑企业资产规模、盈利能力、产品产量、掌控资源量等因素，最终得出评选结果。

近年来，马坑矿业安全生产形势稳定，产品质量稳定优质，营业收入跨越式增长，主要矿产品制造成本竞争力明显提升，矿山实现高质量可持续发展。创新方面，公司荣获2021年度“中国铁精粉优质供应商”，充填技术及胶结材料研发与运用科技项目处于国际领先水平并荣获2021年度“中国有色金属工业科学技术奖”二等奖；公司实验室获得CNAS实验室认可证书，多项技术指标达到行业领先水平。2021年，马坑矿业还入选国家级绿色矿山名录。

根据50强榜单，上海宝武资源营收216亿元居第一、鞍钢矿业195亿元居第二、太钢矿业、首钢矿业、建龙矿业分列第三到五位。

（摘编：赵小真）

2022年度十大类纺织创新产品福建省上榜名录

2022年11月2日福建省工信厅消息，受工信部消费品工业司委托，中国纺织工业联合会自2017年以来持续5年开展了“培育和推广十大类纺织创新产品”专项工作，该会近日公布了“2022年度十大类纺织创新产品”获选产品及单位名单，8家闽企11款产品上榜。

“2022年度十大类纺织创新产品”集合了来自服装、家纺、产业用三大终端消费领域的178件获选产品，从多个维度展示了科技、时尚、绿色的消费新风尚。上榜闽企及产品分别为狼文化数码印花系列服饰（七匹狼）、狂潮4代篮球鞋（安踏）、飞骑士儿童专业骑行服（安踏）、踏足迹测评“碳”索商务休闲男装（劲霸）、多彩纯棉一次性内裤（厦门悠派）、气凝胶棉服（三六一度）、迭代涤纶透干运动套装（安踏）、防疫收纳包（厦门欣维发实业 & 厦门当盛新材料）、闪蒸法防护服（厦门当盛新材料）、茶碳文化运动鞋（安踏）、聚乳酸/天丝/莫代尔可降解短袖针织衫（特步），涵盖时尚创意产品、数字科技产品、消费场景创新产品、舒适功能产品、运动功能产品、安全防护产品、生态环保产品等创新门类。

（摘编：严志东）

第六批全国工业领域电力需求侧管理示范企业入围闽企

2022 年 3 月 28 日福建省工信厅消息，为贯彻党中央、国务院关于碳达峰碳中和决策部署，落实国家能源生产和消费革命战略，日前，工信部确定了 22 家企业以及 4 家园区为第六批全国工业领域电力需求侧管理示范企业（园区），福建省的福建省晋华集成电路有限公司入围。

电力需求侧管理是指电力行业（供应侧）采取行政、经济、技术措施，鼓励用户（需求侧）采用各种有效的节能技术改变需求方式，在保持能源服务水平的情况下，降低能源消费和用电负荷，实现减少新建电厂投资和一次能源对大气环境的污染，从而取得明显的经济效益和社会效益。

工信部要求各地工信主管部门结合电力市场改革和要素保障工作，加强工业用电研究和配套政策支持，强化示范企业（园区）宣传推广，充分发挥其示范辐射带动作用，推动工业领域电力需求侧管理工作取得新成效，为促进工业领域能源消费革命发挥积极作用。

（摘编：郑新民）

国家进口贸易促进创新示范区晋江获批

2022 年 11 月 3 日商务部对外公布，商务部、国家发展改革委、财政部等 8 部门决定，在全国增设 29 个国家进口贸易促进创新示范区，晋江位列其中，为全省唯一。

主动扩大进口，是中国推进高水平对外开放的重要内容。商务部等 8 部门联合印发通知，在全国增设北京首都国际机场临空经济区、天津经济技术开发区、上海淮海新天地进口贸易功能区等 29 个国家进口贸易促进创新示范区。截至目前，我国进口示范区已达 43 个。

晋江实体经济活跃，拥有纺织、鞋服 2 个超千亿元产业集群和建材、食品、集成电路、智能装备、医疗健康等 5 个超百亿元产业集群，拥有“中国鞋都”“中国纺织产业基地”等 15 项“国字号”区域产业品牌，培育出 46 件中国驰名商标、24 个中国名牌产品，成为全国闻名的“品牌之都”。

近年来，晋江扎实推进“国际化”战略，构建市场采购、综合保税、国际陆港、国际机场、围头港等开放平台，形成海陆空港立体格局。晋江对外贸易规模常年位列福建省县级市首位，2021 年实现进出口总值 1009.02 亿元，同比增长 59.3%，其中进口同比增长 4.8%，进口来源涉及 103 个国家和地区。

晋江获批国家进口贸易促进示范区，将进一

步促进进口商品流通，激发进口潜力；促进进口与产业深度融合，加快构建现代化产业体系；加速贸易及产业集聚，深化对外合作，推动进口贸易创新发展。

（摘编：林开龙）

国家小微企业创业创新示范基地福建省入选名单

2022年11月4日福建省工信厅消息，工业和信息化部日前发布2022年度国家小型微型企业创业创新示范基地公示名单，福建8家企业入选。

根据《国家小型微型企业创业创新示范基地建设管理办法》《工业和信息化部办公厅关于组织推荐2022年度国家小型微型企业创业创新示范基地的通知》，工业和信息化部组织开展2022年度国家小型微型企业创业创新示范基地评审工作，全国共有170家基地通过了审核。其中，福建通过审核的基地有：华侨大学（丰泽）创新创业园、福建火炬高新技术创业园、永定工业园区小微企业创业基地、龙岩大学科技园、厦门市软件园三期创新社区、厦门中达电商园、台湾科技企业育成中心、厦门两岸集成电路产业园。

创建国家小微企业创业创新示范基地旨在贯彻落实国务院关于推动“大众创业、万众创新”，支持小型微型企业发展的相关要求，从营造氛围、优化环境、规范服务、构建生态等角度推动小微企业创业创新基地的升级，实现平台化、智慧化和生态化，进一步推动双创向更大范围、更高层次、更深程度发展。

（摘编：肖启辉）

全国“四星级绿色港口”福建获评名单

2022年9月27日福建省港航事业发展中心消息，中国港口协会近日发布了2021年度绿色港口等级评价第一批项目评价结果，泉州港鸿山热电有限公司煤炭码头获评“四星级绿色港口”称号。这是国内首批、全省首个获评“四星级绿色港口”的干散货码头，也是目前全国唯一获此荣誉的发电企业码头。

泉州港鸿山热电码头是“岸电使用示范点”和“绿色港口创建示范点”，由省泉州港中心牵头，泉州海事局、泉州市生态环境局、交通运输部规划研究院、鸿山热电厂共同推进建设，通过政府部门指导服务，权威科研机构和优秀企业强强联合，取得了积极成效。目前，鸿山热电码头已建设生态水系统，实现码头生活生产污水“零排放”；万吨卸煤能源消耗0.97吨标准煤，优于国家干散货码头单位产品能源消耗限额先进值40%；2021年靠港班轮岸电使用率100%。

（摘编：严志东）

第 34 批次 A 级物流企业名单福建省上榜单位

2022 年 8 月 23 日，中国物流与采购联合会对外发布了第 34 批次 A 级物流企业的通告。福建省第 34 批 A 级物流企业综合评估工作中，通过 A 级物流企业 34 家（包括升级企业 4 家）。名单如下。

第 34 批福建省通过 A 级物流企业名单

（企业排列顺序不分先后）

5A 级（4 家）

福建省海运集团有限责任公司

福建省港口集团有限责任公司

福建安踏物流信息科技有限公司（4A 升 5A）

象道物流集团有限公司

4A 级（4 家）

福州星光德邦物流有限公司（3A 升 4A）

福州盛丰运输有限公司

福建四赢物流有限公司（3A 升 4A）

安吉汽车物流（福建）有限公司

3A 级（21 家）

福建善祥物流有限公司

福建八方盛丰物流有限公司

福建省顺翃农产品冷链物流有限公司

福建福港国际物流有限公司

福安市泓闽物流有限公司

安吉智行物流（福建）有限公司

八方物流（莆田）有限公司

福建艾城物流有限公司

漳州市永信物流有限公司

中危（福建）供应链管理有限公司

龙岩市闽进物流有限公司

龙岩市红进物流有限公司

将乐县金运达物流有限公司

三明市海鑫运输有限公司

建瓯市源达物流有限公司

福建省建瓯市芝峰同齐物流有限公司

福建鲲鹏供应链管理有限公司

长春藤供应链管理（厦门）有限公司

厦门运盛物流有限公司

厦门道宇供应链有限公司

厦门陆安达物流有限公司

2A 级（5 家）

福建达三江物流有限公司（1A 升 2A）

福建畅翔物流有限公司

宁德市交投物流集团有限公司

宁德市交投物流产业园管理有限公司

三明市奕淇物流有限公司

至第 34 批（2022 年 8 月 23 日）止，福建省 A 级物流企业保有量为 492 家（含厦门），其中 5A 级企业 20 家；4A 级企业 107 家；3A 级企业 319 家；2A 级企业 42 家；1A 级企业 4 家；A 级物流企业各地区分布情况为：福州 79 家；厦门 123 家；泉州 108 家；莆田 18 家；漳州 28 家；龙岩 40 家；三明 52 家；南平 26 家；宁德 16 家，平潭 2 家。

（摘编：肖启辉）

第五批福建省工业龙头企业名单

2022年12月21日福建省工信厅消息，日前，根据《福建省人民政府办公厅关于印发福建省培优扶强工业龙头企业引领产业高质量发展行动计划的通知》，省工信厅公布了第五批福建省工业现有龙头企业名单（3家）和福建省工业龙头培育企业名单（25家）。

《通知》提出，根据有关申请，将之前发布的长乐恒申合纤科技有限公司等9家企业名称进行调整、福建湄洲湾氯碱工业有限公司等3家企业退出龙头企业名单。通知要求，请各地各有关单位将工业龙头企业作为日常管理服务重点，动态跟踪掌握企业生产经营状况，做好政策宣贯服务，推动龙头企业持续发展壮大。

福建省工业现有龙头企业名单（第五批）

序号	大类行业	细分行业	企业名称	属地
1	电子信息	锂电和光伏（锂电池组件）	三明厦钨新能源材料有限公司	三明
2	现代纺织服装	服装（商务休闲男装）	福建七匹狼实业股份有限公司	泉州
3	冶金	稀土及稀有金属	福建省长汀金龙稀土有限公司	龙岩

福建省工业龙头培育企业名单（第五批）

序号	大类行业	细分行业	企业名称	属地
1	电子信息	新型显示（液晶模组）	厦门弘汉光电科技有限公司	厦门
2	电子信息	通讯设备	通达（石狮）科技有限公司	泉州
3	电子信息	电子元器件（电子元件）	厦门金越电器有限公司	厦门
4	电子信息	电子元器件（电子器件）	福州高意光学有限公司	福州
5	先进装备制造	机械基础件（铸造）	漳州海力机械制造有限公司	漳州
6	先进装备制造	船舶和海工装备	中信重工装备制造（漳州）有限公司	漳州
7	现代纺织服装	化纤新材料	福建烯石新材料科技有限公司	泉州
8	现代纺织服装	化纤新材料	福建闽瑞新合纤股份有限公司	南平
9	现代纺织服装	纺织（染整）	福建福田纺织印染科技有限公司	泉州
10	现代纺织服装	产业用纺织品	厦门延江新材料股份有限公司	厦门
11	现代纺织服装	服装（女装童装）	百佳（福建）内衣有限公司	泉州
12	现代纺织服装	制鞋（女鞋童鞋）	莆田新飞天鞋业有限公司	莆田
13	现代纺织服装	制鞋（鞋用材料）	福建三丰鞋业有限公司	福州
14	现代纺织服装	制鞋（鞋用材料）	莆田市协诚鞋业有限公司	莆田

续表

序号	大类行业	细分行业	企业名称	属地
15	食品加工	食品制造（中式菜肴）	福建大老古食品有限公司	莆田
16	食品加工	农副食品（饲料）	福建粤海饲料有限公司	漳州
17	轻工	竹木加工	福建省八一村永庆竹木业开发有限责任公司	三明
18	轻工	生活用品（日用包装）	泉州金百利包装用品有限公司	泉州
19	轻工	生活用品（日用包装）	厦门赢晟科技股份有限公司	厦门
20	轻工	生活用品	福建省嘉顺艺品股份有限公司	泉州
21	生物与新医药	生物制药	浦城正大生化有限公司	南平
22	冶金	金铜（铜压延加工）	福建紫金铜业有限公司	龙岩
23	软件和信息技术服务	软件产品（应用软件）	厦门科拓通讯技术股份有限公司	厦门
24	软件和信息技术服务	软件产品（应用软件）	福建福昕软件开发股份有限公司	福州
25	软件和信息技术服务	信息技术服务（工业互联网）	福建东南西北科技集团有限公司	福州

福建省前四批工业龙头企业调整名单

序号	企业名称	变更情况	属地
1	长乐恒申合纤科技有限公司	更名为“福建省恒申合纤科技有限公司”	福州
2	长乐力恒锦纶科技有限公司	更名为“福建省力恒锦纶实业有限公司”	福州
3	长乐力源锦纶实业有限公司	更名为“福州市力源锦纶实业有限公司”	福州
4	福建锦江科技有限公司	更名为“福建永荣锦江股份有限公司”	福州
5	福建省长乐区欣美针纺有限公司	更名为“福建欣美针纺有限公司”	福州
6	福建省长乐区星辉针织有限公司	更名为“福州市星辉针织有限公司”	福州
7	福建捷联电子有限公司	更名为“冠捷电子科技（福建）有限公司”	福州
8	福州美涓家居制造有限公司	变更为“美和（福建）集团有限公司”	福州
9	福建福能南纺新材料有限公司	更名为“福建福能南纺卫生材料有限公司”	南平
10	福建湄洲湾氯碱工业有限公司	退出龙头企业名单	泉州
11	福建省恒峰实业有限责任公司	退出龙头企业名单	三明
12	福建旺丰生态农业发展有限公司	退出龙头企业名单	三明

（摘编：陈建闽）

2022年福建省建筑业龙头企业（施工总承包企业）名单

2022年6月7日福建省住房和城乡建设厅印发《关于公布福建省建筑业龙头企业名单的通知》（闽建筑〔2022〕8号）提出，经研究，中建海峡建设发展有限公司等50家企业为2022年福建省建筑业龙头企业（施工总承包企业），现予公布。龙头企业名单实行动态管理，符合条件的企业每年增补一次，存在相关不良行为的即时清出。

2022年福建省建筑业龙头企业（施工总承包企业）名单

（名单不分先后）

1. 中建海峡建设发展有限公司
2. 福建建工集团有限责任公司
3. 中建四局建设发展有限公司
4. 福建省泷澄建设集团有限公司
5. 福建九鼎建设集团有限公司
6. 中建海峡（厦门）建设发展有限公司
7. 福建省华荣建设集团有限公司
8. 永富建工集团有限公司
9. 福建省闽南建筑工程有限公司
10. 中交一公局厦门工程有限公司
11. 福建省惠东建筑工程有限公司
12. 海峡宏基建工集团有限公司
13. 福建宏盛建设集团有限公司
14. 福建省二建建设集团有限公司
15. 福建发展集团有限公司
16. 福建省九龙建设集团有限公司
17. 福建省五建建设集团有限公司
18. 福建路港（集团）有限公司
19. 福建华航建设集团有限公司
20. 福建一建集团有限公司
21. 中铁二十二局集团第三工程有限公司
22. 中交三航（厦门）工程有限公司
23. 泉发建设股份有限公司
24. 中铁一局集团厦门建设工程有限公司
25. 福建省涵城建设工程有限公司
26. 福建金鼎建筑发展有限公司
27. 福建璟榕工程建设发展有限公司
28. 福建省东霖建设工程有限公司
29. 福建省兴岩建设集团有限公司
30. 厦门特房建设工程集团有限公司
31. 福建省民益建设工程有限公司
32. 福建巨岸建设工程有限公司
33. 中建协和建设有限公司
34. 福建卓越建设集团有限公司
35. 厦门中联永亨建设集团有限公司
36. 福建省融旗建设工程有限公司
37. 福建成森建设集团有限公司
38. 中国水利水电第十六工程局有限公司
39. 福建博业建设集团有限公司
40. 福建荣建集团有限公司
41. 福建省路桥建设集团有限公司
42. 福州建工集团有限公司
43. 鑫泰建设集团有限公司
44. 福建三建工程有限公司
45. 福州市一建建设股份有限公司
46. 中建远南集团有限公司
47. 飞阳建设工程有限公司
48. 福建第一公路工程集团有限公司
49. 至永建设集团有限公司
50. 莆田中建建设发展有限公司

（摘编：肖启辉）

福建省企业技术中心（建筑施工企业）第一批复查合格名单

2022 年 9 月 13 日福建省住房和城乡建设厅印发《关于公布运行满 3 年省企业技术中心（建筑施工企业）第一批复查合格名单的通知》提出，经组织审查，现将运行满 3 年省企业技术中心（建筑施工企业）第一批复查合格的 20 家名单和考核评价结果予以公布，名单如下。

20 家省企业技术中心名单和考核评价结果

序号	企业名称	考核评价	序号	企业名称	考核评价
1	厦门特房建设工程集团有限公司	优秀	11	福建巨岸建设工程有限公司	良好
2	永富建工集团有限公司	优秀	12	福建省兴岩建设集团有限公司	良好
3	中建协和建设有限公司	优秀	13	福建华航建设集团有限公司	良好
4	福州建工集团有限公司	优秀	14	中建四局建设发展有限公司	良好
5	中铁二十二局集团第三工程有限公司	优秀	15	福建闽清一建建设发展有限公司	良好
6	福建省二建建设集团有限公司	优秀	16	中建远南集团有限公司	良好
7	中建海峡建设发展有限公司	优秀	17	福建省泷澄建设集团有限公司	良好
8	福建建工工程集团有限公司	优秀	18	福建省九龙建设集团有限公司	良好
9	福建六建集团有限公司	优秀	19	福建金鼎建筑发展有限公司	良好
10	厦门源昌城建集团有限公司	良好	20	福建路港（集团）有限公司	良好

（摘编：李兵）

福建省第三十三批省企业技术中心名单（建筑施工企业）

2022年4月13日福建省工信厅发布《福建省第三十三批省企业技术中心名单（建筑施工企业）》。根据企业申请，按照《福建省企业技术中心认定管理办法》（闽工信法规〔2020〕9号文）有关要求，经审核，同意认定海峡建工集团有限公司等6家建筑施工企业技术中心为福建省第三十三批省企业技术中心。名单如下：

第三十三批省企业技术中心名单（建筑施工企业）

序号	企业名称	技术中心名称	企业所在地
1	海峡建工集团有限公司	海峡建工集团有限公司技术中心	福州
2	福建昱勋建设有限公司	福建昱勋建设有限公司技术中心	漳州
3	福建省南星建设工程有限公司	福建省南星建设工程有限公司技术中心	泉州
4	福建森正建设集团有限公司	福建森正建设集团有限公司技术中心	厦门
5	精易建工集团有限公司	精易建工集团有限公司技术中心	厦门
6	福建省巨龙建设工程有限公司	福建省巨龙建设工程有限公司技术中心	厦门

（摘编：陈建闽）

福建省新增两个省级制造业创新中心

2022年9月7日福建省工信厅消息，近日，由中国皮革和制鞋工业研究院（晋江）有限公司牵头创建的福建省高端绿色鞋服制造业创新中心、福建永晶科技股份有限公司牵头创建的福建省氟新材料创新中心被省工信厅认定为最新一批省级制造业创新中心。

福建省制造业创新中心是由有较强经济实力和研发能力且在业内具有较大影响力的单位牵头，联合产业上下游企业、科研院所、高校、行业组织等各类创新主体共同建立的新型创新载体，是面向制造业创新发展重大需求，突出协同创新取向，以重点领域前沿技术和关键共性技术的研发供给、转移扩散和首次商业化为重点的创新平台。

福建省氟新材料创新中心是南平市首家省级制造业创新中心，牵头单位永晶科技是一家集氟精细产品研发、生产、销售于一体的国家级高新技术企业。

福建省高端绿色鞋服制造业创新中心是按照“公司+联盟”的模式，由中国皮革和制鞋工业研究院（晋江）有限公司作为牵头单位和运营公司，联合海西纺织新材料工业技术晋江研究院、安踏、三六一度、柒牌、七匹狼、长源纺织、闽江学院等20余家龙头企业、高校、科研院所和产业联盟共同组建。该创新中心将重点开展高端绿色鞋服新材料、鞋服三维数字化大数据、鞋服三维数字化设计开发、鞋服高端装备及智能制造等领域的关键共性技术研发。

截至目前，福建省共有4家省级制造业创新中心。

（摘编：严志东）

福建省新增970家科技小巨人企业

2022年7月1日福建省工信厅消息，按照省委、省政府强化科技支撑，服务疫情防控与经济社会发展要求，福建省积极培育和发展科技创新型企业，推动其成长为科技小巨人企业。经各地遴选推荐，省科技厅、省发改委、省工信厅日前联合确认了970家科技小巨人企业，入选的科技小巨人企业具有成长性好、创新能力强、研发投入高等特点。

从省科技型中小企业技术创新中心获悉，通过两年的培育，福建省科技小巨人企业总数达到2425家，培育成效显著。一是企业营业收入、利润端齐发力，科技小巨人企业营业收入较上年增长32%，净利润增长51.5%；二是企业研发投入维持高位，研发投入占比稳步提高，科技小巨人企业的研发投入增长36.2%；三是战略新兴产业领域的科技小巨人企业，特别是生物与新医药、新材料、高端装备、新能源等领域的企业，净利润率保持两位数的高增长，增长率领先其他行业。例如，生物与新医药企业平均净利润增长143.2%，新材料企业平均净利润增长34%，新能源企业平均净利润增长31.7%。福建省科技小巨人企业已逐渐成为促进经济中高速增长和迈向中高端水平的新力量。

（摘编：陈建闽）

福建省首次发布软件与信息技术服务业五十强

2022年4月29日福建省工信厅消息，2021年福建软件与信息技术服务业50强日前发布，这是福建省首次开展软件企业竞争力评价。美亚柏科、亿联网络、南威软件、博思软件、榕基软件、四创科技等50家企业上榜。上榜企业中，厦门27家、福州22家、泉州1家，涵盖行业应用软件、大数据、集成电路设计、工业互联网、移动互联网、信息通讯、大数据、数字文创等领域。

此次评选是在省工信厅指导下，由福建省软件行业协会和厦门市软件行业协会联合开展。50强企业认定是经企业自主申报，专家评估、审核，通过企业规模、经营业绩、研发能力、创新成果、质量保证等五个方面进行综合评价产生。

发布活动旨在打造一批带动力和支撑力强的福建软件企业，发挥引领带头作用，提高全省软件与信息技术服务业的整体竞争力和品牌影响力，为福建省软件企业品牌生态体系构建打下坚实基础。

（摘编：朱明清）

福建省新增省级工业设计中心名单

2022年2月25日福建省工信厅消息，省工信厅日前认定5家企业的工业设计中心为第九批福建省省级工业设计中心。

新增的5家企业分别为：福州联泓交通器材有限公司、泉州寰球鞋服有限公司、梅花（晋江）伞业有限公司、福建华峰新材料有限公司、福建省威诺数控有限公司。截至目前，福建省已认定90家省级工业设计中心。

工业设计在引领创新驱动、提升产品附加值、促进产业转型升级等方面发挥重要的作用，是制造业价值链的关键环节。各省级工业设计中心要进一步提升中心建设水平，充分发挥示范带动效应，引领行业设计能力提升，为全省产业提质增长赋能助力。

（摘编：黄国实）

福建省新增支持建设省级商务特色镇名单

2022年7月26日，福建省商务厅消息，省商务厅、省财政厅近日联合印发《关于核定2021年度省级商务特色镇资金的通知》（闽商务〔2022〕92号），新增支持建设省级商务特色镇30个。

一、2021年度省级商务特色镇名单

连江县潘渡镇、永泰县嵩口镇、龙海区九湖镇、平和县坂仔镇、晋江市磁灶镇、德化县上涌镇、沙县区夏茂镇、宁化县石壁镇、泰宁县新桥乡、建宁县均口镇、三元区莘口镇、尤溪县新阳镇、将乐县白莲镇、仙游县榜头镇、秀屿区东峤镇、邵武市和平镇、顺昌县郑坊镇、武夷山市兴田镇、延平区太平镇、政和县东平镇、浦城县临江镇、松溪县茶平乡、漳平市永福镇、永定区下洋镇、连城县新泉镇、上杭县湖洋镇、蕉城区八都镇、寿宁县凤阳镇、福安市坂中畲族乡、柘荣县富溪镇。

二、资金使用要求

省级商务特色镇资金用于促进乡村商贸流通与当地特色产业融合发展、推进乡村商贸振兴，主要方向包括：支持建设改造商贸特色街、农贸（集贸）市场，打造乡镇商贸中心；围绕乡镇主导产业和优势，推动产销对接，扩大农产品销售；上级部门确定的其他商务发展事项。用于建设改造商贸特色街、农贸（集贸）市场的资金比例不得超过60%，且不得使用县域商业建设行动补助资金等中央财政资金、其他商务发展专项资金等省级财政资金重复支持。资金不得用于征地拆迁、以及楼堂馆所等国务院明令禁止的相关项目建设，不得用于一般性业务费和“三公”经费支出，不得用于支付罚款、捐款、赞助、投资、偿还债务以及财政补助单位人员经费和运转经费。

三、绩效管理要求

省级商务特色镇资金应于核拨后两年内使用完毕，对未按时形成实际支出的，省级财政将按规定收回。省商务厅将于2024年下半年组织开展2021年度省级商务特色镇绩效评价，各商务特色镇应充分利用下达资金推动商务发展，绩效评价时至少拥有一个在营乡镇商贸中心，两年内至少开展2场产销对接或消费促进活动（包括参加市级以上展销活动）。

（摘编：李兵）

福建省第二批国家A级物流企业培育名单

2022年12月8日福建省工信厅消息，在省、市物流协会推荐基础上，省工信厅经研究，确定福州盛丰运输有限公司等64家企业为第二批国家A级物流企业培育对象。同时，要求列入培育的企业进一步完善设施建设、丰富服务模式、提升服务能力，尽快达到国家A级物流企业的认定条件。

第二批国家A级物流企业培育名单

序号	企业名称	序号	企业名称
1	福州盛丰运输有限公司	25	石狮市华锦码头储运有限公司
2	福建善祥物流有限公司	26	福建省世运物流有限公司
3	福建省顺翃农产品冷链物流有限公司	27	福建中通云仓科技有限公司
4	福建畅翔物流有限公司	28	百琪物流科技有限公司
5	福州港马尾港务有限公司	29	泉州港口物流有限公司
6	福建万隆港铁多式联运有限公司	30	泉州港务集团有限公司
7	福建省祥通运输有限公司	31	三明市奕淇物流有限公司
8	福州景通物流有限公司	32	三明市强运物流有限公司
9	福建可门港物流有限责任公司	33	三明市福源通物流有限公司
10	福建盛丰物流有限公司	34	腾顺（福建）危险货物运输有限公司
11	长春藤供应链管理（厦门）有限公司	35	将乐县汉宇物流有限公司
12	厦门盛丰物流有限公司	36	福建环亚物流有限公司
13	厦门万翔物流管理有限公司	37	三明安速达物流有限公司
14	福建万翔现代物流有限公司	38	三明嘉鹏物流有限公司
15	元翔空运货站（厦门）有限公司	39	福建省速天捷汽车运输有限公司
16	厦门嘉功物流有限公司	40	八方物流（莆田）有限公司
17	厦门汉航物流有限公司	41	建瓯市源达物流有限公司
18	厦门港海沧集装箱查验服务有限公司	42	南平市飞力士现代物流产业园有限公司
19	厦门中泓基国际货运代理有限公司	43	南平市众配物流有限公司
20	漳州市永信物流有限公司	44	南平市蚂蚁帮快递有限公司
21	福建胖虎物流有限公司	45	建瓯市奔腾物流有限公司
22	福建闽昌物流有限公司	46	建瓯市国标物流有限公司
23	福建瑞丰快递有限公司	47	邵武市永诚物流有限公司
24	福建艾城物流有限公司	48	福建长盛通达物流有限公司

续表

序号	企业名称	序号	企业名称
49	中危（福建）供应链管理有限公司	57	安吉智行物流（福建）有限公司
50	龙岩市闽进物流有限公司	58	宁德市交投物流集团有限公司
51	龙岩市红进物流有限公司	59	宁德市交投物流产业园管理有限公司
52	福建信运冷藏物流有限公司	60	宁德市旭日东升供应链管理有限公司
53	福建龙岩卓信物流有限公司	61	福建双一物流有限公司
54	福建利华物流有限责任公司	62	宁德港务集团有限公司
55	安吉汽车物流（福建）有限公司	63	宁德市交投信达物流有限公司
56	福安市泓闽物流有限公司	64	平潭综合实验区岚台物流有限公司

（摘编：林开龙）

第六篇 专业人才

2021 年度福建省科学技术奖励获奖名单

2023 年 1 月 26 日福建省人民政府印发《福建省人民政府关于 2021 年度省科学技术奖励的决定》（闽政文〔2023〕75 号）提出，为深入学习贯彻习近平新时代中国特色社会主义思想，全面贯彻党的二十大精神，认真落实习近平总书记对福建工作的重要指示要求，坚定实施科教兴省战略、人才强省战略、创新驱动发展战略，加快推动科技自立自强，根据《福建省科学技术奖励办法》有关规定，省科学技术奖励委员会组织对 2021 年度福建省科学技术奖进行评审。经研究，决定对 2021 年度在科学技术进步活动中作出重要贡献的科学技术人员和组织给予奖励。

一、授予“几何方程与不变量理论”等 3 项成果福建省自然科学奖一等奖，授予“双曲守恒律的高精度数值方法研究”等 5 项成果福建省自然科学奖二等奖，授予“物联网络可信数据处理理论与方法”等 8 项成果福建省自然科学奖三等奖。

二、授予“机械剥离法石墨烯的制备与改性技术及应用”成果福建省技术发明奖一等奖。

三、授予“防御电力系统次生灾害的继电保护技术”等 23 项成果福建省科学技术进步奖一等奖，授予“面向智能车辆的多源协同感知与计算关键技术研发及产业化”等 57 项成果福建省科学技术进步奖二等奖，授予“中低压配电人身触电防护关键技术及应用”等 99 项成果福建省科学技术进步奖三等奖。

四、授予“木质素高质利用制备分散剂关键技术及产业化”1 项成果福建省科学技术成果转化奖一等奖，授予“绿色移动机械高效机电液耦合传动节能技术研发及产业化”等 3 项成果福建省科学技术成果转化奖二等奖，授予“疾病快速检测关键技术开发及转化”等 8 项成果福建省科学技术成果转化奖三等奖。

希望获奖集体和个人珍惜荣誉，再接再厉，再创佳绩。全省广大科技工作者要认真贯彻落实习近平总书记关于科技创新的重要论述，大力传承弘扬科学家精神，勇于担当，攻坚克难，加强原创性、引领性科技攻关，加快科技成果落地转化，为全方位推进高质量发展提供更加有力的科技支撑。

附件

2021 年度福建省科学技术奖获奖名单

序号	项目名称	主要完成单位	主要完成人
一、自然科学奖（16 项）			
一等奖			
1	几何方程与不变量理论	福建师范大学、同济大学	王长平、王　鹏、王孝振
2	热力学亚稳态纳米晶的形成机制与可控合成	厦门大学	谢兆雄、匡　勤、林海昕、蒋亚琪、郑兰荪
3	土壤微生物胞外电子转移机制及效应	福建农林大学、广东省科学院生态环境与土壤研究所	周顺桂、袁　勇、刘　星、余林鹏、庄　莉

续表

序号	项目名称	主要完成单位	主要完成人
二等奖			
1	双曲守恒律的高精度数值方法研究	厦门大学、南京航空航天大学	邱建贤、朱　君
2	超材料理论及新型波场调控	厦门大学、苏州大学、浙江大学	陈焕阳、徐亚东、王振宇、伏洋洋、徐　林
3	植物生长素和葡萄糖协同调控生长发育的新机制	福建农林大学	徐通达、熊　延、黄荣峰、何　军、林德书
4	配位超分子材料结构设计与应用	中国科学院福建物质结构研究所	孙庆福、李小贞、蔡丽璇、严亮亮、胡绍军
5	有机光电器件载流子输运特性调控、机理及应用	泉州师范学院、中国科学院长春光学精密机械与物理研究所、华侨大学	苏子生、杨惠山、初　蓓、吴志军、李文连
三等奖			
1	物联网络可信数据处理理论与方法	华侨大学、中南大学	王　田、刘安丰、蔡奕侨、田　晖、陈永红
2	基于概率方法和 Ramsey 理论的图与超图划分基础研究	福州大学	侯建锋、林启忠、曾庆厚
3	偏微分方程理论与应用的若干研究	福州大学、闽南师范大学	邵志强、黄梅香
4	变分方法在非线性方程解的存在性和稳定性中的应用	福建师范大学	陈建清、李永青、王志强
5	电纺复合纤维的储能与环境催化机制及多级结构调控	福建师范大学	钱庆荣、曾令兴、罗永晋、薛　珲、许丽洪
6	GaN 半导体垂直腔面发射激光器（VCSEL）	厦门大学、中国科学院苏州纳米技术与纳米仿生研究所	张保平、梅　洋、刘建平、应磊莹、许荣彬
7	计算智能驱动的蛋白质结构与功能预测方法研究	厦门大学	魏乐义、邹　权、高　星、廖明宏
8	铂纳米酶的设计及其仿生催化性能研究	福建医科大学、福建省立医院	陈　伟、邓豪华、吴钢伟、彭花萍、何少斌
二、技术发明奖（1 项）			
一等奖			
1	机械剥离法石墨烯的制备与改性技术及应用	华侨大学、厦门凯纳石墨烯技术股份有限公司	陈国华、赵立平、洪江彬、方崇卿、黄卫明
二等奖（空缺）			
三等奖（空缺）			
三、科学技术进步奖（179 项）			
一等奖			
1	防御电力系统次生灾害的继电保护技术	国网福建省电力有限公司、清华海峡研究院（厦门）、清华大学、国电南京自动化股份有限公司、珠海许继电气有限公司、北京清源继保科技有限公司	董新洲、张明龙、钱国明、施慎行、唐志军、王　宾、陈福锋、张　维、李怡然、钱　健

续表

序号	项目名称	主要完成单位	主要完成人
2	台风多发复杂海域大型风电场工程关键技术及应用	福建永福电力设计股份有限公司、福州大学、福建省福能海峡发电有限公司	宋启明、游先辉、刘　蔚、吴兆旗、赖福梁、范夏玲、陈　翔、欧寅华、吴　昀、陈志冰
3	显示用微小尺寸氮化物 LED 芯片关键技术	厦门大学、南京大学、厦门三安光电有限公司、厦门市三安光电科技有限公司	张　荣、康俊勇、刘　斌、陆　海、刘建明、黄　凯、李金钗、陶　涛、臧雅姝、吴超瑜
4	动力电池 CTP 系统集成关键技术及应用	宁德时代新能源科技股份有限公司	吴　凯、金海族、李　星、孙占宇、李振华、王　鹏、赵丰刚、史东洋、陈兴地、胡　飞
5	云－端融合的泛在物联网关键技术及系统	福州大学、国网信通亿力科技有限责任公司、厦门盈趣科技股份有限公司、福建省星云大数据应用服务有限公司、福建师范大学	陈　星、郭文忠、陈哲毅、林建华、钟臻哲、侯浩天、林　兵、郑相涵、黄文思、陈建成
6	复杂场景的海量视频智能分析平台关键技术研发与产业化	厦门理工学院、厦门大学、厦门市美亚柏科信息股份有限公司、电子科技大学	朱顺痣、王菡子、周成祖、商　烁、陈　思、栾江霞、严　严、钟　瑛、林淑强、陈玉明
7	高性能光学元件超精密测控与制造关键技术研究与工程应用	福州大学、福建福光股份有限公司	钟舜聪、何文波、任志英、肖维军、张秋坤、屈立辉、陈剑雄、钟剑锋、林杰文、黄　异
8	铜冶炼渣含铜相结晶控制与高效回收关键技术及应用	紫金铜业有限公司、紫金矿业集团股份有限公司、福州大学	衷水平、吴健辉、刘　春、廖元杭、陈延进、迟晓鹏、陈　杭、许培燕、梁治安、温志森
9	沿海水域藻华与微小有害生物的高效绿色防控新技术及工程应用	厦门大学、大连海事大学、中国环境科学研究院、中科同恒环境科技有限公司、厦门水务集团有限公司	白敏冬、黄金良、魏　源、艾春香、俞　哲、方宏达、张钰博、张小芳、林少云、郑琦琳
10	大型桥梁水下结构数字化检测、评估与加固关键技术及应用	福州大学、福州市公路事业发展中心、福建才溪建设集团有限公司、福建警声市政园林集团有限公司、中盛华勋建设有限公司、福建新华夏建工集团有限公司、福建永东南建设集团有限公司、福建昱勋建设有限公司	姜绍飞、沈　圣、罗伟林、何肖斌、林晓威、张培旭、吴少峰、雷　瑶、缪锋、骆剑彬
11	岩爆隧道安全高效建造技术研发与应用	福州大学、侨智建设有限公司、中交鹭建有限公司、中铁隧道局集团有限公司、中国电建集团成都勘测设计研究院有限公司、福州闽龙铁路工程有限公司、华侨大学	刘成禹、俞　缙、李红军、王金贵、沈习文、刘士雨、杨静熙、曹洋兵、王　华
12	海洋鱼源蛋白加工关键技术及装备的创新与应用	福建农林大学、海欣食品股份有限公司、福建省天源水产集团有限公司、福建省亚明食品有限公司、浙江鱼极食品有限公司	郑宝东、张　怡、曾红亮、郭泽镔、滕用雄、滕用伟、陈滢增、吴其明、蒋荣龙、魏倩婷
13	林业三剩物制备低密度木质复合材料关键技术研发与产业化	福建农林大学、国际竹藤中心、福人集团有限责任公司	饶久平、周吓星、陈礼辉、余　雁、兰从荣、杨大可、叶世俊、陈奶荣、苗庆显、赵　鹤

续表

序号	项目名称	主要完成单位	主要完成人
14	白茶产业升级关键技术创新与应用	福建农林大学、中国农业科学院茶叶研究所、福建品品香茶业有限公司、六妙白茶股份有限公司、长沙湘丰智能装备股份有限公司、福建政和瑞茗茶业有限公司、福建茶叶进出口有限责任公司、福鼎市天天品茶叶有限公司	孙威江、林　智、黄　艳、戴伟东、商　虎、陈李林、林振传、庄长强、汤　哲、蔡良绥
15	作物重要疫病监测与防控关键技术及应用	福建省农业科学院植物保护研究所、海南大学、南京农业大学、福建省植保植检总站、北京汇思君达科技有限公司	陈庆河、翁启勇、王源超、刘裴清、李本金、董莎萌、王荣波、叶文武、张　君、兰成忠
16	“圣泽 901”白羽肉鸡新品种培育与产业化应用	福建圣泽生物科技发展有限公司、福建圣农发展股份有限公司、东北农业大学	傅芬芳、肖　凡、刘亚彬、罗忠宝、贺增杰、郭怀顺、何锡栋、严　翔、胡宇平、李　辉
17	主动脉夹层腔内治疗关键技术体系建设及应用	复旦大学附属中山医院厦门医院、复旦大学附属中山医院、先健科技（深圳）有限公司	符伟国、王利新、周　旻、董智慧、郭大乔、卢伟锋、司　逸、洪　翔、洪诗钗、王　刚
18	鼻咽癌诊疗新技术的系列研究及应用	福建省肿瘤医院、福建师范大学	陈传本、邱素芳、林　多、陆军、费召东、冯尚源、林万尊、吴君心、潘建基、陈　荣
19	肝癌微创与诊疗一体化技术的研究及应用	福建医科大学孟超肝胆医院（福州市传染病医院）、福建医科大学附属第一医院、中国科学院福建物质结构研究所、福建省肿瘤医院	刘景丰、刘小龙、曾永毅、张达、王培园、李　阳、吴　名、张　翔、赵必星、张晓龙
20	急危重症护理创新救治技术体系的建立及应用	福建省立医院、中南大学湘雅医院	李　红、李映兰、陈巧玲、郑若菲、陈美榕、陈晓欢、尚秀玲、陈丽丽、李　娜、何进椅
21	人工关节感染诊断与治疗关键技术创新与推广应用	福建医科大学附属第一医院	张文明、黄子达、李文波、方心俞、张超凡、白国昌、杨　滨、林建华
22	两项首创的脊柱外科显微手术的临床系列研究	福建省立医院	徐　杰、林　院、余博飞、郑　武、肖毓华、李　鋆、郑益新、俞云龙、田建平
23	膝骨关节炎中医康复技术方案的创新研究及推广应用	福建中医药大学、福建中医药大学附属康复医院、河南省洛阳正骨医院（河南省骨科医院）、五岳尚水（北京）科技有限公司	苏友新、李　楠、杨　洸、罗庆禄、仲卫红、洪振强、陈少清、王晓玲、洪昆达、王　凯
二等奖			
1	面向智能车辆的多源协同感知与计算关键技术研发及产业化	华侨大学、厦门云知芯智能科技有限公司、厦门金龙联合汽车工业有限公司、云知声智能科技股份有限公司	曾焕强、陈卫强、陈　婧、吕冬冬、朱建清、丘德来、彭振文
2	新型吸附催化复合材料的设计合成与污染净化关键技术	华侨大学、中国科学院城市环境研究所、中汇建筑集团有限公司、福建嘉宜建筑工程有限公司、福建登发建设工程有限公司、中大（福建）工程建设集团有限公司	付明来、苑宝玲、吴承彬、李建荣、徐　垒、吴世昌、洪国华

续表

序号	项目名称	主要完成单位	主要完成人
3	纳米流式检测技术的研发、应用及产业化	厦门大学、厦门福流生物科技有限公司	颜晓梅、朱少彬、马玲、田野、陈超翔、吴丽娜
4	自动控制内容积比大型氨螺杆压缩机组关键技术及制冷低温应用	福建雪人股份有限公司、中国科学院理化技术研究所	魏德强、胡忠军、戴闽洪、谭海龙、王炳明、李强、李青
5	新能源客车安全管控关键技术及产业化	厦门金龙联合汽车工业有限公司、北京理工大学、北京理工新源信息科技有限公司	苏亮、王震坡、任永欢、朱武喜、张照生、宋光吉、洪少阳
6	湿法冶金电积阳极材料制备关键技术与应用	厦门理工学院、江西理工大学、昆明理工恒达科技股份有限公司	朱茂兰、钟晓聪、郭忠诚、王瑞祥、姜春海、黄惠、李月婵
7	建筑工程低碳建造关键技术及应用	福州大学、福州市规划设计研究院集团有限公司、福建省融旗建设工程有限公司、恒亿集团有限公司、中建海峡建设发展有限公司、华辉建工集团有限公司	季韬、傅大宝、苏文悦、梁咏宁、周骏宇、张鸿儒、王耀
8	复合饰面多维被动调节室内环境关键技术及应用	福建祥睿建设发展有限公司、福建工程学院、福建省兴岩建设集团有限公司、厦门中联永亨建设集团有限公司、福建三建工程有限公司、福建博厚建设工程有限公司	刘心中、吕学斌、刘润雨、姜宝峰、袁统一、林锦昌、靳贵晓
9	车载视频智能处理关键技术研发及产业化	福州大学、福信富通科技股份有限公司、福州视驰科技有限公司、福建电广车联网络科技有限公司	黄立勤、潘林、李勇、陈志峰、张林、吴林煌、魏云龙
10	面向安全服务的智能视觉感知与理解关键技术及其应用	福建师范大学、福建星网锐捷通讯股份有限公司、福建星网物联信息系统有限公司、福建创高智联技术股份有限公司、福建睿和科技有限公司	黄添强、曾智勇、高如正、叶锋、黄丽清、罗海峰、郑宏雄
11	城市轨道交通智慧建造与空间智能感知关键技术及产业化应用	厦门大学、厦门轨道交通集团有限公司、上海城建信息科技有限公司、厦门思总建设有限公司、上海城建市政工程（集团）有限公司	王程、李明洪、温程璐、胡海斌、刘伟权、邹树琪、颜晓程
12	智能网联电动汽车底盘一体化集成与协同控制技术及产业化	厦门大学、厦门金龙旅行车有限公司、清华大学、北京智行者科技有限公司	郭景华、石添华、罗禹贡、王靖瑶、张德兆、张文超、陆军
13	智能可调光汽车玻璃关键技术研发及产业化	福耀玻璃工业集团股份有限公司	刘贤平、林寿、郑国新、陈志新、冯涛、郑明生、林军
14	基于红土镍矿的低能耗冶炼技术及资源节约型高耐蚀不锈钢产品开发	福建青拓特钢技术研究有限公司、青拓集团有限公司、哈尔滨焊接研究院有限公司、福建鼎信实业有限公司、福建青拓镍业有限公司、福建鼎信科技有限公司	姜海洪、江来珠、石显云、蒋一、周庆龙、方乃文、奚飞飞
15	面向碳纤维复合材料切削的金刚石涂层刀具研制及产业化	厦门金鹭特种合金有限公司、厦门钨业股份有限公司、集美大学	吴高潮、刘菊东、林亮亮、刘超、王珏、杨小璠、李友生
16	5G 通信基站 GaN 功放芯片关键技术研发及产业化	厦门市三安集成电路有限公司	孙希国、杨健、刘胜厚、卢益锋、王文平、蔡仙清、刘波亭

续表

序号	项目名称	主要完成单位	主要完成人
17	多变流器馈入型微电网系统稳定控制与高效运行技术及应用	国网福建省电力有限公司、国网福建省电力有限公司经济技术研究院、上海电力大学、中国农业大学、南京南瑞继保工程技术有限公司、清华大学	林　毅、巨云涛、陈　俊、边晓燕、吴文传、徐光福、林章岁
18	福建强雷电地区输电线路雷电防护关键技术与应用	国网福建省电力有限公司电力科学研究院、清华大学、国网陕西省电力公司电力科学研究院、武汉大学、中国电力科学研究院有限公司、福州大学	许　军、张　波、鲁海亮、李　伟、方超颖、康　鹏、舒胜文
19	数据驱动的配电网核心设备绝缘故障诊断关键技术研发	国网福建省电力有限公司莆田供电公司、福建中电合创电力科技有限公司、华北电力大学、国网能源研究院有限公司	林智炳、刘　鹏、鲁　刚、朱永利、林明星、王晓晨、王　艳
20	双万兆高密型安全无线接入关键技术研究及应用	锐捷网络股份有限公司、福建师范大学、北京星网锐捷网络技术有限公司	潘文贤、黄增安、许　力、陈建祥、周赵斌、苏彬庭、贾　攀
21	手机宽频显示技术的开发与产业化	厦门天马微电子有限公司、厦门天马显示科技有限公司	陈　浩、杨金金、钟健升、杨贤艳、陈少云、何　水、李建兴
22	生活垃圾源废塑料精细化分选与高质利用产业化	福建师范大学、福建技术师范学院、福龙马集团股份有限公司、厦门陆海环保股份有限公司、江苏金发环保科技有限公司、福建省百川资源再生科技股份有限公司	陈庆华、杨文卿、周挺进、庄凌峰、汪　海、江凤凤、张飞鹏
23	漆酚基海洋自抛光防污涂料的关键技术研发及应用	福建师范大学、闽江学院、泉州市新协志精细化工有限公司、福建省台华化学工业有限公司	徐艳莲、白卫斌、林　棋、程慧萍、陈美香、魏方芳、陈基棚
24	夏秋茶高值化利用关键技术及产业化应用	福州大学、大闽食品（漳州）有限公司、安徽农业大学、达利食品集团有限公司、福建盼盼食品有限公司	汪少芸、高学玲、陈　旭、蔡茜茜、岳鹏翔、陈　选、翁祖铨
25	广色域量子点背光关键技术开发及产业化	福州大学、深圳市 TCL 高新技术开发有限公司、广东普加福光电科技有限公司、闽都创新实验室、冠捷电子科技（福建）有限公司	郭太良、叶　芸、李　阳、闫晓林、陈旭彪、陈恩果、季洪雷
26	聚醚类功能湿电子化学品的研发及其在显示领域的产业化应用	福州大学、福建华佳彩有限公司、福建省佑达环保材料有限公司、清源创新实验室	侯琳熙、刘小勇、姚慧君、肖龙强、黄子昺、房龙翔、李　纹
27	合成樟脑高效连续生产关键技术与产业化	福州大学、福建南平青松化工有限公司、清源创新实验室	郑辉东、江承艳、陈晶晶、邓新贵、严佐毅、叶国梁、刘　杰
28	悬索桥抗震及减震关键技术研究及应用	福州大学、中工建设集团（福建）有限公司、福建省鼎贤市政园林工程有限公司、精易建工集团有限公司、北京工业大学、福建省金通建设集团有限公司	张　超、贾俊峰、黄　凯、林志滔、王　莹、许长宾、李　栋
29	基于北斗系统的大坝安全实时监测与智能预警关键技术与应用	福州大学、福建中锐网络股份有限公司、浙江省第一水电建设集团股份有限公司、福建省水利水电勘测设计研究院、中恒宏瑞建设集团有限公司、福建省溪源水库管理处	张　挺、苏　燕、郑相涵、林　川、陈继泉、黄祖海、黄志辉

续表

序号	项目名称	主要完成单位	主要完成人
30	建筑工程数字化建造关键技术研究与应用	福建省建筑设计研究院有限公司、中建海峡建设发展有限公司、福建建工集团有限责任公司、厦门海迈科技股份有限公司、福建工程学院、北京鸿业同行科技有限公司	戴一鸣、任　彧、黄晓冬、王　耀、阮锦发、金季岚、陈　群
31	桥梁抗震与加固技术及工程应用	福州大学、同济大学、福建省交通规划设计院有限公司、中铁大桥勘测设计院集团有限公司、广州市市政集团有限公司	卓卫东、王志强、陈　阵、谷　音、袁万城、张　强、安关峰
32	滨海城市海底隧道建造关键技术	福建省交通建设质量安全中心、厦门路桥工程投资发展有限公司、中铁十八局集团有限公司、山东大学、中铁十八局集团第一工程有限公司	蔡　杰、王学斌、林立华、董建松、高海东、薛翊国、孙　磊
33	历史遗产及城乡风貌保护系统理论构建与数字技术创新应用	福州大学、福建省建筑科学研究院有限责任公司、福建工程学院、中国科学院城市环境研究所、中建海峡建设发展有限公司、中兴华骏建设有限公司	罗　涛、李苗裔、杨　艳、张　鹰、李梁峰、缪　远、晁鹏飞
34	建筑子结构抗震及减隔震关键技术与应用	福建九鼎建设集团有限公司、福州大学、福建闽清一建建设发展有限公司、福建省渚港建工发展有限公司、千易建设集团有限公司、福建省中隧建设工程有限公司	颜学渊、陈再现、李素超、毛会敏、杨　国、祁　皑、王黎园
35	大型城市地下工程设计施工关键技术研究及应用	福州市规划设计研究院集团有限公司、浙大城市学院、福建省九龙建设集团有限公司、福建工程学院、上海铁能建设工程有限公司、福建璟榕工程建设发展有限公司	夏　昌、魏新江、陈加才、黄建华、丁　智、傅大宝、魏　纲
36	智能网联汽车无线网络车路协同关键技术研发及应用	华侨大学、大连理工大学、厦门金龙联合汽车工业有限公司、厦门蓝斯通信股份有限公司	高振国、姚念民、李　理、丁　男、林升元、赵　睿、刘强生
37	功能性复合薄膜高效制造关键技术与产业应用	厦门大学、厦门理工学院、厦门市科宁沃特科技有限公司、厦门世达膜科技有限公司、厦门纳莱科技有限公司	郑高峰、李文望、纪镁铃、李振峰、王　翔、姜佳昕、黄春梅
38	工矿作业场所的灯具散热材料及其在智能照明系统中的应用	厦门东昂科技股份有限公司、福建工程学院	庄俊辉、朱育兵、许永超、林永南、杜　峰、陈　勋、翁章勋
39	鲍鱼南北大规模保活运输与精深加工技术及产业化应用	集美大学、福建中新永丰实业有限公司、厦门大学、福建海文铭海洋科技发展有限公司、晨洛（福州）食品有限公司、福建紫山集团股份有限公司	曹敏杰、孙乐常、陈玉磊、吴永寿、章　骞、柯才焕、游伟伟
40	特色珍贵树种半枫荷种质挖掘与高效繁育利用	福建省林业科学研究院、福建农林大学、顺昌县林业科学技术中心、三明市沙县区林业科技推广中心、福建省鑫闽种业有限公司、福建省顺昌埔上国有林场	范辉华、刘　宝、张天宇、汤行昊、胥清利、汤道平、刘敬灶

续表

序号	项目名称	主要完成单位	主要完成人
41	南方特色果树关键气象保障技术研究与应用	福建省气象科学研究所、云南省气候中心、广西壮族自治区气象科学研究所、福建省漳州市热带作物气象试验站	陈　惠、杨　凯、李丽纯、林　晶、李丽容、朱　勇、余凌翔
42	主要生物毒素新型快速检测卡及速测仪器的研制与应用	福建农林大学、福州大学、福建商学院、福建拓天生物科技有限公司、厦门斯坦道科学仪器股份有限公司、江苏省农业科学院	汪世华、王荣智、高跃明、陈清爱、肖志勇、林晓丽、祭　芳
43	南亚热带城市生态风景林构建与功能提升技术及应用	福建农林大学、福建省林业科学研究院、闽江学院、福建省源野景观规划设计有限公司	董建文、洪志猛、叶功富、潘　辉、许春如、黄石德、傅伟聪
44	杉木高值化大径材高效培育关键技术及其应用	福建农林大学、福建省洋口国有林场、福建省顺昌埔上国有林场	曹光球、吴鹏飞、邹显花、李　明、郑　宏、林开敏、陈春莉
45	福建柏速生优质新品种选育技术与应用	福建省林业科学研究院、福建省仙游溪口国有林场、福建省安溪丰田国有林场、福建省沙县官庄国有林场、福建省大田梅林国有林场、福建省南靖国有林场	郑仁华、苏顺德、吴清金、陈元品、张运根、杨宗武、章进峰
46	海洋微生物资源获取、战略储备与可持续利用	自然资源部第三海洋研究所	邵宗泽、赖其良、董纯明、王丽萍、李光玉、王万鹏、骆祝华
47	食药用菌高值化加工关键技术及产业化	福建农林大学、福州东星生物技术有限公司、福建三明草本宝藏生物工程有限公司、福建省菌芝堂生物科技有限公司、福建省农业科学院农业工程技术研究所、厦门一三九生物科技有限公司	刘　斌、赵　超、赵立娜、吕旭聪、曾　峰、陈君琛、林占熺
48	禽坦布苏病毒病病原学及诊断技术研究与应用	福建省农业科学院畜牧兽医研究所、福州海关技术中心、中国农业大学	傅光华、万春和、黄　瑜、傅秋玲、陈　珍、陈翠腾、郑　腾
49	食用菌菌渣基料化利用关键技术与配套装备研发应用	福建省农业科学院农业生态研究所、福建农林大学、厦门市江平生物基质技术股份有限公司、福建省农业科学院科技干部培训中心、宁德市益智源农业开发有限公司	陈　华、邢世和、王义祥、胡开辉、陈永快、陈倩倩、刘朋虎
50	基于间充质干细胞技术平台的GvHD优化治疗	福建医科大学附属协和医院、中国医学科学院血液病医院](中国医学科学院血液学研究所)、北京汉氏联合生物技术股份有限公司、莆田学院附属医院	杨　婷、韩忠朝、胡建达、任金华、韩之波、冯晓明、骆晓峰
51	肺癌微创精准肺段切除关键技术的研究与推广	福建医科大学附属协和医院	陈　椿、郑　斌、徐国兵、梁明强、张树亮、陈　昊、郑　炜
52	遗传病孕前阻断的辅助生殖关键技术研究与应用	中国人民解放军联勤保障部队第九〇〇医院	刘　芸、黄吴键、王志红、张群芳、曾　健、陈国勇、张　朵
53	基于HPV检测的宫颈癌初筛防控体系的研究及应用	福建省妇幼保健院(福建省妇儿医院)、中山大学、厦门大学、华侨大学	孙蓬明、邹华春、董滨华、吴　婷、毛晓丹、宋一一、柳培忠
54	人感染新型流感和禽流感病毒的发现及其分子生物学研究	福建省疾病预防控制中心	谢剑锋、郑奎城、翁育伟、张炎华、陈　平、修文琼、黄婕莉
55	体现辨证论治特点的中医药疗效评价方法与应用研究	福建中医药大学、漳州片仔癀药业股份有限公司、厦门大学	李灿东、林雪娟、黄进明、罗志明、俞　洁、闵　莉、王　洋

续表

序号	项目名称	主要完成单位	主要完成人
56	闽产道地药材太子参质量控制关键技术及产业化应用	福建省中医药科学院、福建中医药大学、福建西岸生物科技有限公司、福建省闽东力捷迅药业股份有限公司、福建中医药大学附属第二人民医院	胡　娟、林　苑、郑珍珠、游奶寿、阚永军、李　斌、应佳檬
57	国家一级中药保护品种片仔癀抗大肠癌二次开发及推广应用	福建中医药大学、漳州片仔癀药业股份有限公司、福建省立医院	沈阿灵、彭　军、褚剑锋、洪　绯、陈志亮、魏丽慧、陈宏伟
三等奖			
1	中低压配电人身触电防护关键技术及应用	国网福建省电力有限公司、厦门理工学院、山东科汇电力自动化股份有限公司、中国石油大学（华东）	李天友、黄建业、黄超艺、薛永端、刘冰倩
2	±320kV 直流电缆设计、安装与运行维护关键技术及应用	国网福建省电力有限公司厦门供电公司、南瑞集团有限公司、中天科技海缆股份有限公司、西安交通大学	严有祥、朱智恩、张洪亮、徐　阳、刘　英
3	电力网络安全仿真验证和数据防护关键技术及应用	国网福建省电力有限公司电力科学研究院、电子科技大学、国网福建省电力有限公司信息通信分公司、武汉大学	何金栋、秦　臻、郭敬东、李俊娥、赵志超
4	能源计量器具规模化检测与分级式仓储智能协同关键技术及应用	国网福建省电力有限公司营销服务中心、中国电力科学研究院有限公司、深圳市科陆电子科技股份有限公司、福建通力达实业有限公司	李建新、郑安刚、张荔鹃、周厚源、洪巧文
5	核电站主泵机械密封服役性能提升和延寿关键技术与应用	福建福清核电有限公司	杨全超、文　学、向先保、江腊涛、吴　明
6	RK3399 高性能智能物联网终端通用 SoC 芯片	瑞芯微电子股份有限公司	陈晓冬、陈继晖、陈　辉、邓训金、郑应勇
7	消费类锂离子电池安全技术的开发和应用	宁德新能源科技有限公司	李保章、苏义松、程文强、宋传涛、杨　帆
8	基于国产化芯片的异构环境融合云办公技术研究和关键行业应用	福建升腾资讯有限公司	张　辉、夏　威、杨荣尊、陈　敏、杨　辉
9	F5000 电脑横机控制系统关键技术研发及其产业化应用	福建睿能科技股份有限公司	张国利、唐宝桃、林　杰、谢学忠、林云鹏
10	基于云－边－端协同的民生大数据平台关键技术研究与产业化	厦门大学、厦门市民数据服务股份有限公司、众数（厦门）信息科技有限公司、云从科技集团股份有限公司	杨律青、上官慧柏、吴炳坤、刘世英、姚志强
11	时变多径环境下的信道感知水声通信技术及应用	厦门大学、西安天和海防智能科技有限公司、福州大禹电子科技有限公司	童　峰、程　恩、陈建峰、周跃海、上官明禹
12	高浓度难降解污水应急处理关键技术及轻量化智能装备	厦门嘉戎技术股份有限公司、厦门理工学院、优尼索膜技术（厦门）有限公司	严　滨、王如顺、董正军、许美兰、刘德灿
13	生物质废弃物的炭转化成套技术研发与产业化应用	中国科学院城市环境研究所、厦门市江平生物基质技术股份有限公司、厦门中科城环新能源有限公司、岐北通用净水技术（厦门）有限公司	汪　印、余广炜、李智伟、邢贞娇、刘学蛟

续表

序号	项目名称	主要完成单位	主要完成人
14	基于TiO2多功能纳米材料的水环境监测技术	闽南师范大学	李顺兴、郑凤英、刘凤娇、黄旭光、黄　泱
15	除尘用脉冲高效电源开发与应用	福建龙净环保股份有限公司	谢小杰、邹　标、陈　颖、刘振兴、李文芹
16	基于振动信号处理的新型幕墙结构远程在线实时健康监测系统	华侨大学、厦门雅众建设集团有限公司、福建坤加建设有限公司、福建三建工程有限公司	王　成、廖金杰、张忆文、缑　锦、林新强
17	城市地下基础设施大跨度空间动环设备监控和智能运维技术及应用	华侨大学、科华数据股份有限公司	莫毓昌、方瑞明、王军平、许　斌、赵学举
18	难降解有机废水处理工艺系统关键技术研发与应用	华侨大学、厦门烟草工业有限责任公司、福州建工（集团）总公司、福建省融旗建设工程有限公司	张　倩、洪俊明、王永全、曾　静、朱剑钦
19	电动车新型驱动电机系统高效高可靠运行关键技术与应用	华侨大学、中国矿业大学、厦门唯质电气科技有限公司、厦门欧斯拓科技有限公司	陈　昊、郭新华、李钟慎、闫文举、王荣坤
20	面向显示屏的多光谱智能检测关键技术及应用	华侨大学、厦门天马微电子有限公司、厦门市计量检定测试院	余　卿、谢玉练、王　寅、颜华生、郑伟峰
21	层状裂隙隧（巷）道围岩失稳机制及其控制关键技术	华侨大学、河南理工大学、福建省交建集团工程有限公司、福建省百川建设发展有限公司	常　旭、王树仁、刘国生、陈耀文、陈业伟
22	特殊条件下盾构始发与接收安全控制关键技术及应用	华侨大学、中建交通建设集团有限公司、中国建筑第二工程局有限公司、福建省恒基建设股份有限公司	陈星欣、尹清锋、江玉生、庄全贵、王春河
23	全护眼校园智慧健康照明关键技术研发及产业化	厦门立达信照明有限公司、漳州立达信光电子科技有限公司	许建兴、马永墩、汤茂平、陈云伟、方　翔
24	建筑结构抗连续倒塌关键技术与工程应用	福建工程学院、江西中煤建设集团有限公司、福建才溪建设集团有限公司、福建省协兴建设有限公司	乔惠云、钟炜辉、孟宝、廖青龙、王　征
25	高水压充填型岩溶隧道灾害预警预测与施工控制技术	福建工程学院、福建省燕城建设工程有限公司、中铁二十四局集团福建铁路建设有限公司、中铁二十局集团有限公司	臧万军、王林峰、林剑忠、范德全、王兴照
26	燃煤耦合生物质污泥掺烧及其全流程烟气污染控制关键技术与应用	福建省特种设备检验研究院、华北电力大学（保定）、福州和特新能源有限公司、上海风和能源科技有限公司	郝润龙、张自丽、赵　毅、曾钦达、杨雪辉
27	福建省中小河流安全生态治理关键技术与应用	福建省水利水电勘测设计研究院有限公司、福建省水利水电科学研究院、福州大学、福建荣冠环境建设集团有限公司	詹冯达、刘耀辉、阮伟芳、黄向阳、吴树延
28	滨水工程生态整治与绿色防护关键技术	福建省恒超建设发展有限公司、南昌航空大学、皓耀时代（福建）集团有限公司、宇烈建工集团有限公司	陈　榕、韩尚宇、张云忠、郑　瑶、陈德贵
29	新能源汽车用高压直流继电器研发与产业化	厦门宏发电力电器有限公司、华侨大学	钟叔明、张青年、代文广、周广涛、洪尧生

续表

序号	项目名称	主要完成单位	主要完成人
30	高精高效绿色螺杆压缩机主机关键技术及产业化	集美大学、厦门大学、厦门东亚机械工业股份有限公司	沈志煌、姚　斌、林思桥、蔡志钦、韩文翰
31	超高强度超低摩擦高效内燃机灰铸铁气缸套制造关键技术及应用	三明学院、福建汇华集团东南汽车缸套有限公司、中原内配集团股份有限公司、恒亿集团有限公司	高　浩、陈　秋、熊　毅、高广东、王春荣
32	大数据驱动的智能金融关键技术及应用	福州大学、兴业证券股份有限公司、北京邮电大学、福建顶点软件股份有限公司	廖祥文、蒋剑飞、张　熙、戴小戈、纪达麒
33	功能微生物群落与生态修复材料的混合构建及其工程应用	福州大学、海环科技集团股份有限公司、福建同坤建设有限公司、福建佰胜达建设有限公司	程扬健、何　琛、黄天寅、余　强、吕源财
34	工业机器人接触感知与柔顺控制关键技术研究及应用	福州大学、福建省特种设备检验研究院、上海新时达机器人有限公司、福建明鑫智能科技股份有限公司	吴海彬、郑耿峰、张敏梁、叶锦华、陈浩龙
35	大型建筑施工安全多尺度保障关键技术与应用	福州大学、中国建筑第二工程局有限公司、福建省永正工程质量检测有限公司、福建路港（集团）有限公司	方圣恩、陈福全、王　鹏、王巧艺、吴　琛
36	新型线罗茨鼓风机及其在大气治理脱硫脱硝设备中的应用	福州大学、百事德机械（江苏）有限公司、福建龙净环保股份有限公司	姚立纲、蔡英杰、陈晓雷、张　俊、谢维民
37	背照式高灵敏科学成像系统（sCMOS）开发与应用	福州大学、福州鑫图光电有限公司、福州英迪格成像技术有限公司	林振宇、陈　兵、邹兴文、郭隆华、赵泽宇
38	智能化高效化的防汛救灾应急决策指挥系统	福州大学、福建省水利水电建设有限公司、中国移动通信集团福建有限公司、福建经纬测绘信息有限公司	刘漳辉、施建华、柯　逍、黄庆荣、林世森
39	复杂环境深基坑绿色施工与智慧防控关键技术研究与应用	龙岩市西安建筑工程有限公司、浙大城市学院、千易建设集团有限公司、福建西南建设有限公司	徐化新、王新泉、刁红国、章丽莎、孙余好
40	智慧型超大功率电力应急车关键技术及应用	龙岩市海德馨汽车有限公司、三明学院、福建省机械科学研究院（福建省农业机械化研究所）、泰豪科技股份有限公司	黄建祥、薛天茂、陈　刚、江媛英、谢传楠
41	基于人工智能的营运车辆安全管理服务平台	厦门卫星定位应用股份有限公司、华侨大学、厦门瑞为信息技术有限公司	张志辉、谢维波、詹红梅、苏敏咸、俞　辉
42	基于物联网+的新型智能同步升降防护平台研究及产业化	厦门安科科技有限公司、泉州芸台科技有限公司	钟松杏、张阳川、林宇鹏、施志峰、罗　炜
43	环保型连续式沥青混合料成套设备关键技术与应用	福建省铁拓机械股份有限公司、长安大学、福建省卓筑建设工程有限公司、福建省厚德建设集团有限公司	高国强、傅章敏、陈志雄、刘洪海、程志峰
44	纤维增强复合材料技术及工程应用	中建四局建设发展有限公司、中庆建设有限责任公司、福建筑兆建设有限公司、福建星原建设工程发展有限公司	丘华生、陈金成、林恒舟、江闽洋、郭　展
45	废弃花岗岩石粉制备多功能加气混凝土板材关键技术与应用	福建省兴岩建设集团有限公司、福建祥睿建设发展有限公司、福建博厚建设工程有限公司、福建三建工程有限公司	郑东明、范亚明、郑闽锋、彭蕾、刘益萌

续表

序号	项目名称	主要完成单位	主要完成人
46	5N级超高纯氧化镥纯化关键技术研发及产业化	福建省长汀金龙稀土有限公司	钟可祥、李来超、郑仙荣、叶纪龙、阴长福
47	高能量密度高压钴酸锂电池的高安全性关键技术与应用	飞毛腿（福建）电子有限公司、福建师范大学、易佰特新能源科技有限公司	童庆松、俞　峰、方　乐、冯明竹、胡洪文
48	基于用户交互状态感知的自动问答关键技术研究	闽江学院、福建天晴数码有限公司、福建榕基软件股份有限公司、中国标准化研究院	徐　戈、刘德建、陈　威、朱　虹、吴冬华
49	海量多源多标签数据协同融合推理关键技术研究及应用	闽南师范大学、长威信息科技发展股份有限公司、厦门大学、宁德市交投电子信息有限公司	林耀进、吴剑锋、李绍滋、李明堃、王晨曦
50	建筑垃圾高品质再生骨料关键技术研发与应用	厦门卓毅建筑工程有限公司、福建筑兆建设有限公司、福建省盛达建设有限公司、福建才溪建设集团有限公司	林金顶、隋玉武、郑志阳、李小阳、雷勇春
51	应对台风－雨涝灾害链的滨海高密度城市生态化智慧海绵关键技术	厦门市城市规划设计研究院有限公司、天津大学、福建省禹澄建设工程有限公司、天津城建大学	曾　坚、吴连丰、曾穗平、王　宁、王泽阳
52	基于数字孪生和人工智能的智慧城市治理关键技术研究与应用	恒锋信息科技股份有限公司、中国科学院声学研究所南海研究站	李松斌、魏晓曦、刘　鹏、欧霖杰、陈榕魁
53	异形钢管混凝土结构关键技术及工程应用	福建工程学院、福建荣建集团有限公司、中国建筑第四工程局有限公司、福建西南建设有限公司	郑永乾、郑莲琼、周继忠、吴进华、姜少伟
54	交通基础设施超高精自动化智能检测关键技术及工程应用	福建农林大学、福建省高速公路集团有限公司、武汉光谷卓越科技股份有限公司、福建省汤头建筑工程有限公司	罗文婷、李　林、刘光东、周　峰、张　超
55	大型泄洪闸门接力式液压启闭机关键技术及应用	福建水口发电集团有限公司、中国电建集团华东勘测设计研究院有限公司、福州德寰流体技术有限公司	黄光斌、胡涛勇、王功明、金晓华、范家庆
56	非成像光场调控技术及其半导体投影显示应用与产业化	泉州师范学院、厦门力鼎光电股份有限公司、合肥全色光显科技有限公司、中国科学技术大学	黄启禄、张军光、许立新、廖廷俤、吴富宝
57	轻质高弹缓震运动鞋材制备关键技术及产业化	泉州师范学院、安踏（中国）有限公司	刘　超、朱君秋、苏加明、郭江彬、吴清实
58	莲子低温高质脱水加工关键技术的研究与应用	福建农林大学、福建闽江源绿田实业投资发展有限公司	田玉庭、庄玮婧、刘文聪、郑亚凤、邓凯波
59	微生物光合净化富营养化污水关键技术与应用	福建师范大学、龙岩市稀土开发有限公司、福建方明环保科技股份有限公司、福建蓝海市政园林建筑有限公司	王明兹、陈必链、赖小彬、何勇锦、郑梅清
60	外来入侵杂草国门生物安全监测及防控技术的研究与应用	福州海关技术中心、中国检验检疫科学研究院、中国科学院植物研究所	于文涛、范晓虹、徐　晗、于胜祥、黄　振
61	南方梨早期落叶成因及关键防控技术研究与应用	福建省农业科学院果树研究所、华中农业大学、江苏省农业科学院	黄新忠、曾少敏、陈小明、洪　霓、孙伟波

续表

序号	项目名称	主要完成单位	主要完成人
62	高产优质多抗广适花生泉花551的选育与应用	泉州市农业科学研究所	陈剑洪、陈永水、李锦泉、郭陞垚、滕振勇
63	银耳工厂化瓶栽技术研发与应用	福建省祥云生物科技发展有限公司、福建农林大学、尤溪县农业科学研究所	邓优锦、杨　彬、黄勇云、陈祥珍、彭传尧
64	葡甘聚糖-花青素偶联功能配料的关键技术创制与应用	福建农林大学、蜡笔小新（福建）食品工业有限公司、福建技术师范学院、福州素天下食品有限公司	吴春华、潘泽川、庞杰、王丽霞、王良玉
65	新型食品杀菌保鲜关键技术创新与应用	福建农林大学、厦门银祥集团有限公司、莆田市汇龙海产有限公司、阿一波食品有限公司	林少玲、胡嘉淼、张志刚、林建杰、曾绍校
66	百香果（西番莲）病毒鉴定、检测技术研发与应用	福建省农业科学院果树研究所、福建省种植业技术推广总站	李　韬、谢丽雪、施　清、张小艳、张立杰
67	狼尾草新品种选育及其在生猪生态养殖中的关键技术研究与应用	福建省农业科学院农业生态研究所、福建省畜牧总站、福建省南平市农业科学研究所	黄秀声、陈钟佃、黄勤楼、钟珍梅、黄水珍
68	国兰和大花蕙兰品种创新与产业化应用	福建省农业科学院作物研究所、福建百秝生态科技有限公司、三明市农业科学研究院、三明市森彩生态农业发展有限公司	钟淮钦、林榕燕、林　兵、陈南川、周辉明
69	生物炭基功能性生物有机肥产品的创制与应用	泉州师范学院、江苏省农业科学院、福建三炬生物科技股份有限公司、南安市鸿盈天然有机肥有限公司	袁建军、余向阳、陈晓燕、林培成、梁晓辉
70	竹林主要食叶害虫无公害防治技术研究与应用	三明市沙县区森林病虫害防治检疫站、福建省林业科学研究院	洪宜聪、丁　珌、许春枝、朱祥锦、刘化桐
71	武夷山脉多花黄精种质资源保护利用与产业化应用	武夷学院、三明市农业科学研究院、福建生物工程职业技术学院、邵武市旭东生物科技有限公司	李宝银、周建金、张传海、林志銮、罗晓锋
72	桉树山地混交林栽培技术研究与应用	福建省林业科学研究院、南京林业大学、福建省龙海九龙岭国有林场、福建省长泰岩溪国有林场	李宝福、陈国彪、汤建福、吴培衍、朱　炜
73	福建山樱花和山樱花种群遗传特征与种质创新应用	福建省林业科学研究院、南京林业大学、福建丹樱生态农业发展有限公司、福建省洋口国有林场	黄云鹏、伊贤贵、吴擢溪、王贤荣、林荣光
74	竹基集装箱底板关键技术创新与应用	福建和其昌竹业股份有限公司、福建农林大学	林金国、俞　艳、侯伦灯、郑忠福、俞先禄
75	生态型营养饲料创制及产业化健康养殖技术集成应用	福建省新闽科生物科技开发有限公司、福建省农业科学院畜牧兽医研究所、福建闽科饲料有限公司、福建深纳生物工程有限公司	况应谷、陈鑫珠、陈炳钿、时祥柱、卢文标
76	澳洲龙纹斑细菌性疾病病原学及防控技术研究与应用	福建省农业科学院农业质量标准与检测技术研究所、福州海关技术中心、福建海洋职业技术学校	饶秋华、刘　洋、罗土炎、罗　钦、张志灯
77	海洋经济贝类高值化加工关键技术及产业化	福建省水产研究所、中国水产科学研究院黄海水产研究所、蛤老大（福建）食品有限公司	刘淑集、曹　荣、林秋云、王　茵、廖登远

续表

序号	项目名称	主要完成单位	主要完成人
78	低盐驯养技术在大黄鱼繁育上应用及产业化	宁德师范学院、宁德市鼎诚水产有限公司、福建省闽东水产研究所、中国科学院烟台海岸带研究所	黄伟卿、谢伟铭、全汉锋、吉成龙、王兴春
79	花鲈健康苗种繁育及其大网箱养殖模式的示范与推广	福建闽威实业股份有限公司、集美大学	黎中宝、方　秀、汪　晴、刘荣城、李文静
80	海洋生物牡蛎胶原蛋白肽关键技术创制及产业化应用	福建大众健康生物科技有限公司、福州日兴水产食品有限公司、福建农林大学、福建省农业科学院农业工程技术研究所	江铭福、江新辉、方　婷、潘超然、蓝登杭
81	山海可吸收生物材料及其产品的研发与推广应用	福建省博特生物科技有限公司、福建吉特瑞生物科技有限公司、中国医学科学院整形外科医院、福州大学	张其清、张　瑗、刘玲蓉、袁　平、栾　杰
82	神经外科手术协同训练系统开发及云应用	福州大学、福建省立医院、中国移动通信集团福建有限公司、超选集团有限公司	何炳蔚、刘宇清、邓震、朱兆聚、张　月
83	病原微生物安全风险防御与管控系统关键技术及产业化应用	福建师范大学、厦门金龙联合汽车工业有限公司、四川智研科技有限公司、中国科学院生物物理研究所	欧阳松应、苏经迁、付新苗、谢乐敏、吴志辉
84	胃肠肿瘤光子诊断关键技术创新与应用	集美大学、南方医科大学南方医院、福建省肿瘤医院、福建师范大学	卓双木、严　俊、陈　刚、陈德鑫、陈建新
85	免疫炎症与心血管疾病相关机制的基础与临床研究	福建省立医院、中山大学附属第八医院（深圳福田）	朱鹏立、余惠珍、尚秀玲、林　帆、黄　峰
86	非小细胞肺癌转移机制及精准治疗系列研究	福建省立医院、福建医科大学	李鸿茹、陈愉生、许能銮、林　明、涂洵崴
87	福建省食管鳞癌发病与预后的相关因素研究	福建医科大学	胡志坚、彭仙娥、林　征、史习舜、刘凤琼
88	改良皮瓣移植在关节烧创伤创面修复及功能重建的研究与应用	中国人民解放军联勤保障部队第九一〇医院	黄书润、刘江涛、欧阳容兰、张勇、阮明珍
89	非小细胞肺癌精准诊疗体系关键技术的建立和临床推广应用	福建省肿瘤医院、香港中文大学、北京吉因加科技有限公司	林　根、力超、莫树锦、黄　诚、徐海鹏
90	梅毒的临床与发病机制研究	厦门大学附属中山医院	牛建军、杨天赐、刘莉莉、童曼莉、林丽蓉
91	创新光学分子影像技术体系的建立及其在乳腺癌精准外科的应用	厦门大学附属翔安医院	张国君、黄文河、白静雯、邱斯奇、曾焕城
92	人多能干细胞衍生细胞技术创新及临床应用	厦门大学、福建和泽生物科技有限公司	徐秀琴、刘　靖、洪礼伟、刘乐锋、邱　彦
93	多模态影像学新技术在肾脏肿瘤的诊断及预后评估的临床应用	复旦大学附属中山医院厦门医院、复旦大学附属中山医院	周建军、丁玉芹、戴辰晨、唐启瑛、李晓霞
94	前列腺癌的早期筛查与精准诊疗新策略	厦门大学附属第一医院（厦门市第一医院）、华中科技大学同济医学院附属同济医院、厦门市领汇医疗科技有限公司	邢金春、王　涛、叶章群、张开颜、胡志全

续表

序号	项目名称	主要完成单位	主要完成人
95	富马酸替诺福韦二吡呋酯原料药及胶囊剂的研究开发	福建广生堂药业股份有限公司	陈仕魁、张燕华、苏　葳、毛昌元、吴文强
96	膝关节半月板损伤的创新理论与修复关键技术研究	中国人民解放军联勤保障部队第九〇九医院	郑佳鹏、林达生、翟文亮、邓辉云、肖　棋
97	脑血管病康复基础理论新认识及其临床策略的构建与应用	福建中医药大学附属康复医院、福建中医药大学	薛偕华、柳维林、黄　佳、江一静、林志诚
98	从痿痹并存辨治骨关节炎的科学内涵与临床应用	福建中医药大学、福建中医药大学附属康复医院、中国人民解放军联勤保障部队第九〇〇医院	李西海、曾维铨、林木南、郑春松、叶锦霞
99	补肾益髓法治疗帕金森病神经保护机制研究及临床应用	福建中医药大学、福建中医药大学附属第三人民医院（福建省第三人民医院）	蔡　晶、许　茜、林　瑶、陈诗雅、曾建伟
	四、科学技术成果转化奖（12 项）		
	一等奖		
1	木质素高质利用制备分散剂关键技术及产业化	福州大学、福建清源科技有限公司、三明市缘福生物质科技有限公司、厦门鸿益顺环保科技有限公司	刘明华、林春香、刘以凡、吕源财、叶晓霞、刘剑锋、陈珍喜、姚梅宾、周凌强、程水燃
	二等奖		
1	绿色移动机械高效机电液耦合传动节能技术研发及产业化	华侨大学、福建华南重工机械制造有限公司	林添良、陈其怀、郭俊锋、缪骋、郭海波、李钟慎、付胜杰
2	高档数控刀具用抗黏结涂层的设计、制备、检测及其应用	华侨大学、厦门金鹭特种合金有限公司、厦门钨业股份有限公司、东方电气集团东方汽轮机有限公司	姜　峰、邹伶俐、言　兰、范超颖、向志杨、李友生、查旭明
3	高可靠无主从并联自适应 BCS 系列大功率储能变流器	科华恒盛股份有限公司	曾春保、林镇煌、陈海森、许林毅、陈　林、黄凯伦、焦保帅
	三等奖		
1	疾病快速检测关键技术开发及转化	厦门宝太生物科技有限公司	张国锋、颜　珊、陈彩华
2	中化泉州石化 100 万吨/年乙烯及炼油改扩建项目	中化泉州石化有限公司	胡福磊、宋立臣、孟　华、张琪、程广伟
3	基于 BIM 的建设项目全过程信息模型与数据集成控制管理	福州市建设发展集团有限公司、福建华夏工程造价咨询有限公司、福建七建集团有限公司、广联达科技股份有限公司	林　磊、王毅雄、黄启兴、王逢朝、许文舟
4	港口工程施工质量检测与安全风险评估关键技术转化应用	福建省交通建设质量安全中心、河海大学、福建省港航勘察设计院有限公司、福建省港航管理局勘测中心	林同钦、朱瑞虎、程李凯、刘荣林、李同飞
5	预制劲性桩复合地基软基处理成套关键技术研究及应用	福建省交通规划设计院有限公司、福建省建筑设计研究院有限公司、建华建材（中国）有限公司、福建陆海工程勘察设计有限公司	寇　军、郑金伙、张　雁、刘秋江、曾庆有
6	绿色建筑全过程关键技术集成创新与工程应用	中建四局建设发展有限公司、厦门市建筑科学研究院有限公司、中国建筑第四工程局有限公司、厦门佰地建筑设计有限公司	王建飞、王金兵、张向军、黄　华、陈景镇

续表

序号	项目名称	主要完成单位	主要完成人
7	心电大数据平台及智能分析技术的研究与应用	厦门纳龙健康科技股份有限公司	徐拥军、钟玉秋、徐乃平、李　熙、曾文斌
8	遗传性耳聋基因检测芯片在福建新生儿筛查中的推广应用	福建博奥医学检验所有限公司、福州市妇幼保健院（福州市计划生育服务中心）、福建省妇幼保健院（福建省妇儿医院）、中国人民解放军总医院	张冠斌、夏　泳、张秋韵、王国建、林　堃

（摘编：吴汉良）

2022 年“科学探索奖”福建获奖名单

2022 年 9 月 15 日，第四届“科学探索奖”获奖名单揭晓。50 位青年科学家榜上有名，其中包括周大旺、李剑锋、侯旭等三位厦大教授。

“科学探索奖”于 2018 年设立，面向基础科学和前沿技术领域，支持在中国内地及港澳地区全职工作、45 周岁及以下的青年科技工作者，每年遴选不超过 50 位获奖者。

厦门大学生命科学学院教授周大旺长期聚焦 Hippo 信号通路如何调控肝脏尺寸大小与肿瘤起始发生的科学问题开展系列研究，入选教育部长江学者特聘教授，获得国家杰出青年科学基金，荣获中国细胞生物学学会普洛麦格创新奖。

厦门大学化学化工学院/能源学院教授李剑锋长期从事电化学拉曼光谱相关研究，建立了系列高灵敏、高空间分辨的壳层隔绝纳米结构增强光谱新方法，突破表面增强拉曼光谱长期存在的材料和形貌普适性差、无法广泛应用的瓶颈。他从分子水平揭示了能源催化反应中界面水分子构型和反应中间物种与催化性能的关联，为阐明电化学界长期争议的反应机理提供了直接证据。同时还致力于推动拉曼光谱在公共安全和医疗健康领域的产业化应用。

厦门大学化学化工学院/物理科学与技术学院教授侯旭长期致力于仿生液基材料系统的科学与技术研究，曾获得国家杰出青年科学基金，荣获全国创新争先奖。他还担任厦门大学电化学科学与工程研究所所长、固体表面物理化学国家重点实验室副主任、Chinese Chemical Letters 副主编、中国化学会仿生材料化学委员会委员等。

（摘编：郑新贵）

第一届中国科技青年论坛福建省获奖名单

2022年11月21日，中国科协办公厅公布第一届中国科技青年论坛获奖名单，由省科协推荐的侯旭、游伟伟、付志飞、杜鹏程等4名青年科技人才在专题分论坛演讲环节表现优异，均榜上有名。其中，厦门大学侯旭、游伟伟和福建医科大学付志飞荣获二等奖，中核集团福建福清核电有限公司杜鹏程荣获三等奖。福建省科协荣获“优秀组织单位”称号。

中国科技青年论坛由中国科协主办，致力于打造青年人才交流观点、分享心得、碰撞思想的平台。本届论坛主题为“自立自强，创见未来”，参与对象为各领域、各行业40周岁以下的青年科研团队负责人、科技人才、卓越工程师、高技能人才、科技管理人才以及科协系统干部等。

（摘编：徐根生）

第十七届中国青年科技奖福建省获奖名单

2022年11月12日，第十七届中国青年科技奖揭晓，并在浙江温州召开的2022世界青年科学家峰会开幕式上颁奖。厦门大学推荐的厦门大学尤延铖教授、福建省科协推荐的福建农林大学徐通达教授荣获该奖项。

尤延铖，现任厦门大学航空航天学院党委副书记、常务副院长，教育部“长江学者”特聘教授，博士生导师。尤延铖长期从事空气动力学理论、内外流一体化设计等方面应用基础研究；主持完成装备预先研究、国家重大科技专项基础研究、基础加强重点项目、科工局国防基础科研项目、国家自然基金联合基金重点项目等科研课题40余项，发表国内外期刊论文40余篇，出版专著1部，授权国家发明专利70余项。现任高等院校航空航天专业教学指导委员会委员、中国科协航空发动机产学联合体专家委员会委员。

徐通达，现任福建农林大学教授，博士生导师，福建农林大学未来技术学院海峡联合研究院副院长、国家自然基金委优秀青年基金项目获得者、入选国家级人才、闽江学者特聘教授，中国植物生理和分子生物学学会常务理事。徐通达长期聚焦植物核心激素生长素调控细胞命运机理的基础科学问题，首次发现植物生长素细胞膜信号通路，为解析植物生长调控机理及解决农业产业重大问题提供新突破口。他主持国家自然基金委重点项目等，共发表学术论文30余篇。

（摘编：郑新贵）

全国三八红旗手、全国三八红旗集体称号福建省荣获名单

“三八”国际劳动妇女节即将到来，，全国妇联日前决定授予布茹玛汗·毛勒朵等10人全国三八红旗手标兵、王小云等300人全国三八红旗手、北京市市民热线服务中心协调督办处等200个单位全国三八红旗集体称号。其中，福建9人荣获全国三八红旗手称号，6个集体荣获全国三八红旗集体称号。

福建省荣获全国三八红旗手称号的分别为：福州市晋安区总医院党委副书记、晋安区医院医务科副科长沈彧，漳州市实验小学党委书记兰臻，福建豆讯科技有限公司总经理郑丽煌，南平市邵武市人民检察院检察委员会委员、第一检察部负责人李华，龙岩市公安局情报指挥中心主任刘亚宾，省环境科学研究院院长、教授级高工张玉珍，兴业银行股份有限公司企业金融业务管理部总经理兼福建业务总部副总裁王凌云，福建农林大学食品科学学院教授、闽台特色海洋食品加工及营养健康教育部工程研究中心主任张怡，厦门城建市政建设管理有限公司嵩屿管理站环卫组长蔡月英。

福建省荣获全国三八红旗集体称号的分别为：厦门市湖里区人民检察院第一检察部、泉州市惠安县螺阳镇尾透村惠女调解室、三明市尤溪县总医院、宁德市妇联、国家税务总局平潭综合实验区税务局第一税务所（办税服务厅）、省人力资源服务有限公司社会保险部。

（摘编：徐根生）

第八届中国工艺美术大师福建入选名单

2022年8月5日福建省工业和信息化厅消息，中国轻工业联合会发布公告，确定第八届中国工艺美术大师名单，全国共108人获此殊荣。福建省推荐的13名候选人共有11名入选，分别是：刘传斌、许瑞峰、吴文忠、吴德强、宋春国、张木芳、张建奎、陈明志、林建胜、郑则评、袁师永，入选人数与江苏省并列全国各省（区、市）第一位。

按行业分，11名人选中，寿山石雕3名、木牙雕3名、工艺陶瓷2名、石雕2名、漆艺1名；按地区分，福州市4名、泉州市4名、莆田市2名、南平市1名。至此，福建省荣获“中国工艺美术大师”称号的人数增至60名，居全国前列。

中国工艺美术大师是工艺美术行业的最高荣誉，是德艺双馨工艺美术从业者的典型代表。1979年第一届评选，每4年评选一次，至今共评选8届，第七届开始由中国轻工业联合会组织评审。

（摘编：林开龙）

第一届“最美公路人”福建省获评者名单

2022年4月2日福建省交通运输厅消息，近日，交通运输部发文公布第一届“最美公路人”名单，来自全国各地的100名个人（团队）被评为2021年“最美公路人”。福建省两名公路人入选，他们是三明市公路事业发展中心三元区荆东公路站站长刘金福、宁德市屏南公路事业发展中心坂兜公路站站长张书贵。

刘金福，自参加工作以来，38年如一日，精心保障辖区管养78千米道路的安全畅通。一直以来，刘金福严格要求自己，从普普通通的养护职工，成长为公路养护的专家和“多面手”，带头实施公路“绿色长廊”工程，建设G205线示范路，参与上百次道路抢险。作为公路站长，他勇做先锋表率，毫无保留地传授养护经验技能，把荆东公路站职工个个练成岗位能手。在他的带领下，荆东公路站连年被评为“先进班站”，管养的G205线现已打造成人民满意的“五优”公路。

张书贵，是一名公路养护工，同时也是一名有着20多年党龄的优秀共产党员。在岗31年他始终坚持“以路为业，以班为家”，用出色的工作成绩为屏南公路养护事业做出贡献。从砂石路到沥青路再到水泥路，每个阶段张书贵同志都将“拼命三郎”的精神诠释得淋漓尽致，他始终立足岗位，勤于思考、善于专研，在变化中摸索创新，他曾通过创新养护，使32.3千米沥青路面的使用周期延长1倍以上，他坚持“不怕麻烦”的干劲，反复琢磨，在辖区公路站中保持公路PQI值提升最高。几十年来，辖区公路发生灾情时，他总是冲在最前头，最险最难最累的活都少不了他的身影。

（摘编：周忠志）

2022年度农民教育培训“百优保供先锋”福建省入选名单

2022年10月11日，福建省农业农村厅消息，近日，农业农村部办公厅公布了2022年度农民教育培训“百优保供先锋”名单。福建省3人入选，分别是永安市曹远镇的张仕滨、屏南县古峰镇的邱桂敏、连城县庙前镇的杨树煌。

农业农村部依托高素质农民培育计划，培养了一大批产业发展带头人。2022年，农业农村部继续组织开展农民教育培训“百优保供先锋”评选活动，从近3年农民教育培训学员中，遴选100名保障国家粮食安全和重要农产品有效供给“百优保供先锋”，展示他们在发展产业、保障农产品供给、带动农民增收等方面的积极成效，激励更多高素质农民投身乡村振兴。

（摘编：郑新贵）

中国农技协百强乡土人才福建省获评名单

2022年11月7日福建省科协消息，日前，中国农村专业技术协会公布选树为中国农技协百强乡土人才的100位同志，福建省5位同志上榜。

福建省农技协积极开展乡土人才推介活动，经过精心选拔，最终有5位同志获评中国农技协百强乡土人才，他们分别是：厦门三秀山蔬菜专业合作社领办人郭永远，晋江市磁灶镇李锦成农场场长李锦成，福建金品农业科技股份有限公司副总经理兼技术总监、副研究员邵贵荣，永春云河白番鸭保种繁育股份有限公司总经理、永春白番鸭养殖协会会长巫金春，福清市渔溪郑为平家庭农场负责人、福清龙眼科技小院依托单位负责人郑为平。

（摘编：徐根生）

“2021八闽工匠年度人物”名单

2022年5月13日，省总工会在福州举办“2021八闽工匠年度人物”发布仪式。

10位“八闽工匠年度人物”分别是：福建福光股份有限公司总工程师肖维军、福建青拓特钢技术研究有限公司首席工程师周小明、福建柒牌时装科技股份有限公司高级技师侯国建、紫金矿业集团股份有限公司紫金山金铜矿选矿车间副主任华建彬、莆田藏云堂艺术品有限公司艺术总监林建军、大通互惠集团有限公司铸造总工程师曾瑞宏、福建棉花滩水电开发有限公司安环部主任方春生、福建佳友茶叶机械智能科技股份有限公司首席高级技师陈加友、惠安县大千雕刻工艺社艺术总监许为民、南平市曜变陶瓷研究院高级工艺美术师陆金喜。

本次活动自2021年6月启动，最终经网络投票和专家评审，产生10名“2021八闽工匠年度人物”，都是所在行业的顶尖技术技能人才，也是劳模精神、劳动精神、工匠精神的优秀传承者。

自2019年以来，省总工会共举办三届“八闽工匠”选树活动，共产生30名“八闽工匠年度人物”，其中一人获评“大国工匠年度人物”。

（摘编：李兵）

福建省化工建设工程技术专家库第一批入库专家名单

2022年4月4日福建省住房和城乡建设厅办公室印发《关于公布福建省化工建设工程技术专家库第一批入库专家名单的通知》（闽建办消〔2022〕2号）提出，经省行业主管部门和各地市初审推荐、省厅审核，结合实际工作需要，确定汤培平等98人为福建省化工建设工程技术专家库第一批入库专家，现将名单予以公布。

福建省化工建设工程技术专家库第一批入库专家名单

序号	姓名	工作单位
1	汤培平	厦门大学（已退休）
2	赵英汝	厦门大学
3	杜建华	华侨大学
4	解丽娟	华侨大学
5	陈前火	福建师范大学
6	童庆松	福建师范大学
7	龚凌诸	福建工程学院
8	王晓达	福州大学
9	翁佳伟	福建省石油化学工业设计院有限公司
10	许　昌	福建省石油化学工业设计院有限公司
11	刘　红	福建省石油化学工业设计院有限公司
12	欧俊峰	福建省石油化学工业设计院有限公司
13	潘颖震	福建省石油化学工业设计院有限公司
14	陈明环	福建省石油化学工业设计院有限公司
15	林玉春	福建省石油化学工业设计院有限公司
16	陈　杰	福建省石油化学工业设计院有限公司
17	卢淑榕	福建省石油化学工业设计院有限公司
18	林　敏	福建省石油化学工业设计院有限公司
19	林　城	福建省石油化学工业设计院有限公司
20	林　海	福建省石油化学工业设计院有限公司
21	蒋春花	福建省石油化学工业设计院有限公司（已退休）
22	陈珍珍	福建省石油化学工业设计院有限公司（已退休）
23	林开建	福建医工设计院有限公司
24	吴建华	福建医工设计院有限公司
25	郑美清	福建医工设计院有限公司
26	谢隆昌	福建医工设计院有限公司
27	何　敏	福建医工设计院有限公司
28	章孟杰	福建医工设计院有限公司
29	徐　铭	福建医工设计院有限公司
30	吴　雯	福建医工设计院有限公司
31	林　云	福建医工设计院有限公司
32	蔡晓阳	福建福海创石油化工有限公司
33	周建民	福建福海创石油化工有限公司
34	刘亭引	福建福海创石油化工有限公司
35	蔡顺利	福建福海创石油化工有限公司
36	李玉光	福建福海创石油化工有限公司
37	黄身旺	福建福海创石油化工有限公司
38	陈　昌	福建省福化古雷化学有限公司
39	吴建荣	福建省福化古雷化学有限公司
40	刘福安	国家管网集团闽投（福建）天然气有限责任公司
41	苏幼明	国家管网集团闽投（福建）天然气有限责任公司
42	孙建成	国家管网集团闽投（福建）天然气有限责任公司

续表

序号	姓名	工作单位
43	周茂盛	国家管网集团闽投（福建）天然气有限责任公司
44	陈春升	国家管网集团闽投（福建）天然气有限责任公司
45	翁　晖	福建联合石油化工有限公司
46	蔡玉梅	福建联合石油化工有限公司
47	尹桂英	福建联合石油化工有限公司
48	陈颖锋	福建联合石油化工有限公司
49	刘齐忠	福建联合石油化工有限公司
50	文　韬	福建联合石油化工有限公司
51	应雪敏	福建联合石油化工有限公司
52	邹　智	福建联合石油化工有限公司
53	鲍云娇	福建联合石油化工有限公司
54	严宝锋	中化泉州石化有限公司
55	王　君	中化泉州石化有限公司
56	杨全忠	中化泉州石化有限公司
57	于宗堂	中化泉州石化有限公司
58	程芳文	中化泉州石化有限公司
59	廖长江	中化泉州石化有限公司
60	丁　健	中化泉州石化有限公司
61	王康健	中化泉州石化有限公司
62	孙　富	中化泉州石化有限公司
63	马小莉	中化泉州石化有限公司
64	张少辉	中化泉州石化有限公司
65	尹文升	中化泉州石化有限公司
66	徐冬新	中化泉州石化有限公司
67	陈文红	中化泉州石化有限公司
68	彭远祥	中化泉州石化有限公司
69	刘国兵	中化泉州石化有限公司
70	徐松晨	福建古雷石化有限公司
71	卞　勇	福建古雷石化有限公司
72	郑　胜	福建古雷石化有限公司
73	张国忠	福建古雷石化有限公司
74	董福华	福建古雷石化有限公司
75	林昌艳	福建省东南电化股份有限公司
76	张　耕	福建省东南电化股份有限公司
77	卓其泉	福建省东南电化股份有限公司
78	秦　华	福建省东南电化股份有限公司
79	陈厚钗	福建省东南电化股份有限公司
80	陈本峰	中海福建天然气有限责任公司
81	黄　鹏	福建湄洲湾氯碱工业有限公司
82	范志忠	福建省工业设备安装有限公司
83	鞠舰波	中国特种设备检测研究院
84	杨天雪	福建省特种设备检验研究院
85	汪永强	福建省特种设备检验研究院
86	洪晓云	福建省化工建设工程质量技术服务中心
87	徐　恬	福建省化工建设工程质量技术服务中心
88	叶善强	福建省建设工程消防设计审查验收技术中心
89	官金明	福建省建设工程消防设计审查验收技术中心
90	王建华	福建申远新材料有限公司
91	杨志华	福建申远新材料有限公司
92	孙玉发	福建申远新材料有限公司
93	赖喜祥	厦门市九安安全监测评价事务所有限公司
94	汪清波	厦门市应急管理协会
95	胡　明	福建金鼎建筑发展有限公司
96	王富铭	永明项目管理有限公司
97	黄艳华	万华化学（福建）有限公司
98	黄志明	福建福能东南热电有限责任公司

（摘编：刘海元）

福建省农产品食品检验员职业技能竞赛暨水产品质量安全检测技能竞赛获奖名单

为培养和选拔水产品质量安全检验检测技能标兵，进一步激发和调动基层水产品检测人员爱岗敬业、精益求精的热情，全面提升福建省水产品质量安全检测队伍素质和能力水平，2022 年 8 月 15 至 17 日，福建省海洋与渔业局会同省农业农村厅在福州举办 2022 年福建省农产品食品检验员职业技能竞赛暨水产品质量安全检测技能竞赛。

来自全省 9 个设区市和平潭综合实验区的 10 名基层一线水产品检测技术人员同台竞技、各显身手。经过 3 天的激烈角逐，最终来自平潭代表队的叶贵堂脱颖而出摘得桂冠，来自漳州代表队的杨明松、莆田代表队的颜志山分别获得第二、三名。

本次比赛是检验福建省渔业质检机构技能水平的重要平台，参赛选手充分展现了自身的扎实专业理论和过硬职业技能，赛出了水平，赛出了风格，赛出了风采。此次竞赛的优秀选手将代表福建省参加第五届全国农业行业职业技能大赛，展现新时代福建农产品（水产品）质检人员的风采。

（摘编：刘海元）

福建省正高级经济师任职资格人员名单

2022 年 1 月 4 日，福建省人力资源和社会保障厅下发《关于批准确认徐瑞蓉等 7 位同志正高级经济师任职资格的通知》（闽人社批复〔2022〕1 号）提出，经研究，批准确认由福建省第一届正高级经济师评委会评审通过的徐瑞蓉、吕家进、陶以平、苏军良、李兴湖、桂兴刚、曾凡沛等 7 位同志正高级经济师的任职资格，任职资格确认时间为 2021 年 12 月 22 日，现予公布。

（摘编：孔明德）

福建省经济系列副高级职务任职资格人员名单

2022年3月17日，福建省人力资源和社会保障厅下发《关于批准确认方晏等123位同志经济系列副高级职务任职资格的通知》（闽人社批复〔2022〕147号）提出，经研究，批准确认由2020年度福建省高级经济师任职资格评审会评审通过的方晏等123位同志经济系列副高级职务任职资格，任职资格确认时间为2022年3月6日，现予公布，名单如下：

一、高级经济师（59人）

（一）福建省财政厅（1人）

福建省财政科学研究所：方晏

（二）福建省交通运输厅（1人）

福建省交通规划设计院有限公司：刘学玲

（三）兴业银行股份有限公司（1人）

兴业银行股份有限公司：魏玮

（四）福建省农村信用社联合社（3人）

福建省农村信用社联合社：李统会

福建福州农村商业银行股份有限公司：林滕

永泰县农村信用合作联社：林盈

（五）福建省冶金（控股）有限责任公司（2人）

福建省冶金（控股）有限责任公司：黄子颖

福建省南平铝业股份有限公司：张翠云

（六）福建省港口集团有限责任公司（1人）

厦门港务金融控股有限公司：李梅君

（七）福建石油化工集团有限责任公司（1人）

漳州古雷海腾码头投资管理有限公司：庄燕坤

（八）福建省招标采购集团有限公司（3人）

福建省招标采购集团有限公司：陈栋梁

福建省机电设备招标有限公司：李茂涛

福建省闽招咨询管理有限公司：张敏

（九）中国电信股份有限公司福建分公司（1人）

中国电信股份有限公司福建分公司：黄开宇

（十）福州市（4人）

福建省罗源国有林场：林莉

福州外语外贸学院：陈佳渲

福州市规划设计研究院集团有限公司：郭玉鹏

福州市长乐区鹤上镇综合技术保障中心：陈燕钦

（十一）漳州市（6人）

漳州市农业会展中心：郭晓义、张葭

漳州片仔癀药业股份有限公司：李飞燕

数字南靖建设服务中心：张小玲

漳州市城市房屋征收中心：刘艳婷

中共漳州市芗城区委党校：林榕

（十二）泉州市（6人）

泉州职业技术大学：韦妙花

泉州台商投资区管理委员会环境与国土资源局：苏银量

石狮高新技术产业开发区服务中心：蔡志祥

泉州台商投资区财政投资评审中心：康雪燕

泉州台商投资区水务投资经营有限公司：蔡超萍

永春县政府机关事务中心：王美华

（十三）三明市（9人）

建宁县经济技术服务中心：蒋兰英

宁化县归侨服务中心：黄庆才

宁化县农业市场与经济信息站：张远勤

清流县招商服务中心：江水红

泰宁县乡镇财政服务中心：杨忠兰

宁化县土地开发整理中心：李玉香

尤溪县土地收购储备中心：陈雪花

尤溪县卫生职工中等专业学校：何新妹

尤溪县西城镇经济发展综合服务中心：陈固明

（十四）莆田市（5人）

莆田壶山自来水有限公司：李静
莆田市城厢区第三产业发展服务中心：林丽珍
莆田市城厢区交通运输局：蔡清锋
莆田市荔城区工业企业服务中心：蔡琼
仙游县发展和改革局：余国珍
（十五）南平市（3人）
建瓯市财政收费票据所：周建标
武夷山市五夫镇乡村振兴发展中心：黄夏萍
顺昌县农村合作经济指导站：谢蓉
（十六）龙岩市（8人）
龙岩投资发展集团有限公司：鲁小琴
龙岩人才发展集团有限公司：李强
龙岩市新罗区节能监察监测中心：王艳
上杭县机关事务服务中心：胡发荣
武平县农村公路养护所：朱凤明
武平县矿产资源税费征收中心：曾文豪
武平县城厢镇乡村振兴服务中心：方添立
连城县农村合作经济经营指导站：陈金树
（十七）宁德市（4人）
宁德市不动产登记中心：赖桂玲
宁德市交通建设发展中心：叶晓容
宁德市蕉城区价格认定中心：郑锦凤
霞浦县松港街道办事处社区建设服务中心：叶信平

二、高级人力资源管理师（64人）

（一）中共福建省委组织部（2人）
福建省人才发展研究中心：李媛媛、陈坤生
（二）福建省教育厅（1人）
福建船政交通职业学院：陈斌琼
（三）福建省民政厅（1人）
福建省康复辅具技术服务中心：黄微
（四）福建省人力资源和社会保障厅（3人）
福建省劳动人事争议仲裁院：魏靖华
福建省人事考试中心：林冠新、夏小汝
（五）福建省卫生健康委员会（2人）
福建省肿瘤医院：余宏玉、张旭雷
（六）福建省地质矿产勘查开发局（2人）
福建省地质测绘院：洪剑
福建省厦门地质工程勘察院：赖晓玲
（七）中国海峡人才市场（2人）
中国海峡人才市场：林忠锦
福建日报社：杨雪玲
（八）福建省高速公路集团有限公司（1人）
福建省福宁高速公路有限责任公司：郑谨坤
（九）福建省冶金（控股）有限责任公司（2人）
福建省冶金（控股）有限责任公司：邵承宝
福建省三钢（集团）有限责任公司：郭先福
（十）福建省汽车工业集团有限公司（1人）
福建奔驰汽车有限公司：游小娟
（十一）福建建工集团有限责任公司（1人）
中国武夷实业股份有限公司：陈云钦
（十二）福州市（7人）
福州市劳动人事争议仲裁院：唐虚谷、郭森
福州市退役军人服务中心：黄家添
福州市医疗保障基金中心永泰管理部：连德安
福建红庙岭海峡环保有限公司：林少青
福州新榕城市建设发展有限公司：林甦
福州市马尾区融媒体中心：王家勋
（十三）漳州市（8人）
漳州市体育中心：廖述丽
漳州市龙文区城乡居民社会养老保险中心：林剑伟、蒲丹松
东山经济技术开发区建设发展总公司：庄兴
福建省龙海林下国有林场：刘艳
漳浦县城乡居民社会养老保险中心：姚佳惠
华安县职工服务中心：蔡艺英
华安县亚行贷款项目服务中心：张丹瑜
（十四）泉州市（7人）
泉州市洛江区财政国库支付中心：蒋志强
晋江经济报社：谢传信
南安市军队离休退休干部休养所：王文斌
南安市社会保险管理中心：林爱珠
南安市就业和人才人事服务中心：陈奕秩
永春县城乡居民社会保险中心：王宝桂
永春县五里街镇社会事务服务中心：颜昭仪
（十五）三明市（9人）
三明市检验检测中心：张慧
三明市公路事业发展中心：李华灵
三明市皮肤病医院：邓登辉
清流县林业执法大队：江密凤
尤溪县闽湖水库发展中心：姜其平
尤溪县救助站：钟诗露

尤溪县朱熹诞生地海峡两岸交流基地服务中心：叶开祥

尤溪县散装水泥与新型建材推广中心：范晓航

大田县城乡居民社会养老保险中心：肖桂兰

（十六）莆田市（2人）

莆田市医疗保障基金中心：郑海远

福建省仙游县总医院：李志伟

（十七）南平市（4人）

南平市建阳区城乡居民社会养老保险管理中心：周艳梅

武夷山市企业退休人员社会化管理服务中心：江凌

建瓯市劳动人事争议仲裁院：邓云珍

松溪县人力资源档案服务中心：杨国强

（十八）龙岩市（6人）

漳平市人事考试中心：曾晓智

龙岩卓越新能源股份有限公司：张丽萍

连城县劳动就业中心：赖玉梅

上杭县机关事业单位社会保险管理中心：朱庆平

上杭县人力资源公共服务中心：周胜

武平县劳动保障监察大队：王占益

（十九）宁德市（3人）

中共宁德市蕉城区委基层党建服务中心：张城娥

福安市城市管理综合执法大队：刘部安

霞浦县数据信息和重点项目服务中心：黄艳君

（摘编：陈建闽）

福建省高级会计师职务任职资格人员名单

2022年10月27日福建省人力资源和社会保障厅下发《关于批准确认陈艳端等379位同志高级会计师职务任职资格的通知》（闽人社批复〔2022〕580号）提出，经研究，批准确认由省会计专业高级职务评审委员会评审通过的陈艳端等379位同志高级会计师职务任职资格，其中，事业类任职资格确认时间为2022年9月18日；企业类任职资格确认时间为2022年9月25日。现予公布名，单如下：

一、福建省教育厅（1人）

福建卫生职业技术学院（1人）：陈艳端

二、福建省财政厅（1人）

福建省财政科学研究所（1人）：汪洁琼

三、福建省卫生健康委员会（8人）

福建省肿瘤医院（2人）：陈烨、吴秀颖

福建省立医院（2人）：林玲、李芸菲

福建省妇幼保健院（4人）：童毅、郭征、林艳、黄晓霞

四、福建省水利厅（1人）

福建省水利厅预算执行中心（1人）：林振官

五、福建省市场监督管理局（1人）

福建产业知识产权保护中心（1人）：黄荣

六、福建省地质矿产勘查开发局（2人）

福建省地质物资供应站（1人）：陈晓芳

福建省闽东南地质大队（1人）：陈珍

七、福建医科大学（3人）

福建医科大学附属协和医院（1人）：赵丽华

福建医科大学附属第一医院（1人）：肖玮

福建医科大学附属第二医院（1人）：王小琴

八、福建中医药大学（2人）

福建中医药大学附属人民医院（1人）：林绮

福建中医药大学附属第二人民医院（1人）：范岳峰

九、福建江夏学院（1人）：林萍萍

十、福建社会科学院（1人）：张明阳

十一、福建省能源石化集团有限责任公司（1人）

福州住房公积金中心福建能源集团分中心（1人）：庄紫英

十二、福州市（17人）

闽江师范高等专科学校（1人）：游云英

闽江学院（1人）：陈玉萍

中国共产党福州市委员会党校（1人）：林春萍

福州市粮食批发交易市场管理处（1人）：曹云峰

福州市实验幼儿园（1人）：邓冬华

福州高新区人事人才公共服务中心（1人）：杨凌群

福州市台江区国有资产管理中心（1人）：林梁鑫

福建省闽清精神病防治院（1人）：黄钦菁

福清市水系联排联调中心（1人）：黄炎玲

福清市妇幼保健院（1人）：陈棋

福清市医院（1人）：丁芹

福清市火车站片区综合管理处（1人）：翁芳

福清市融媒体中心（1人）：李琴

福清市交通运输综合执法大队（1人）：许岩武

闽侯县财政国库收付中心（2人）：林云燕、程惠英

闽清县基层卫生会计核算中心（1人）：刘槟

十三、厦门市（9人）

厦门大学附属第一医院（1人）：高魏

厦门市仙岳医院（1人）：黄燕雪

厦门市儿童医院（复旦大学附属儿科医院厦门医院）（2人）：郑鸿、王丽英；

厦门市建筑废土站（1人）：吴逸婷

海西晨报社（1人）：李青云

厦门市同安区财政事务中心（1人）：陈玉梅

厦门市思明区妇幼保健院（1人）：李昕

厦门市海沧区教育事务中心（1人）：杨秀兰

十四、漳州市（9人）

福建省漳州市医院（1人）：曾玉宝

漳州市第五医院（1人）：廖毅敏

漳州市芗城区巷口街道社区卫生服务中心（1人）：沈毅惠

漳州市龙文区财税信息中心（1人）：陈越

漳州市东山县生态环境保护综合执法大队（1人）：施琼瑜

云霄县城乡居民社会养老保险中心（1人）：方彬

漳浦县医院（1人）：林丽娟

华安县乡镇审计服务中心（1人）：苏艺程

华安县丰山中心小学（1人）：杨文花

十五、泉州市（11人）

泉州市第三医院（1人）：叶生方

泉州市建材和散装水泥中心（1人）：张燕娜

南安市石井中心小学（1人）：许振彬

鲤城区妇幼保健院（1人）：陈清新

德化县医院（1人）：林慧英

德化县国库支付中心（1人）：林少华

永春县东平卫生院（1人）：郑碧英

惠安县国库支付中心（1人）：艾少彬

南安市东田镇卫生院（1人）：侯锦丽

晋江市财政国库支付中心（1人）：侯丽英

泉州市泉港区财政国库支付中心（1人）：段靖莲

十六、莆田市（3人）

莆田市医疗保障稽核技术中心（1人）：林少凡

莆田市荔城区人民政府镇海街道办事处（1人）：詹双梅

仙游县教育会计核算中心（1人）：黄文钗

十七、三明市（13人）

三明市计量所（1人）：陈美玲

三明市政府与社会资本合作（PPP）项目中心（1人）：黄文杰

三明市第一医院（1人）：岑惠萍

三明学院（1人）：肖淑琴

三明市三元区卫生健康监督所（1人）：伊位岚

福建尤溪经济开发区综合服务中心（1人）：陈爱欣

尤溪县林业局坂面林业站（1人）：郑娟

尤溪县总医院（1人）：杨成昌

尤溪县梅仙镇经济发展综合服务中心（1人）：吴章康

永安市婚姻登记服务中心（1人）：姜美珍

宁化县林业服务中心（1人）：谢新涛

宁化县财政局国库支付中心（1人）：吴运铎

福建省宁化国有林场（1人）：谢海英

十八、南平市（17人）

南平广播电视台（1人）：陈小琴

南平市城市公园服务中心（1人）：赵淑华

南平市延平区城乡居民社会养老保险中心（1人）：李琳

南平市延平区林业基金中心（1人）：赖萍华

建瓯市企业服务中心（1人）：吴秀钦

建瓯市市场监管综合执法大队（1人）：刘慧芝

建瓯市国库支付中心（1人）：范秀琴

邵武市财政国库收付中心（1人）：肖龙生

邵武市林业局洪墩林业工作站（1人）：庄婷

邵武市通泰街道社区发展中心（1人）：徐玲英

顺昌县国库支付中心（1人）：林彩仙

顺昌县医院（1人）：曾莉莉

浦城县临江镇党群服务中心（1人）：刘丽衡

浦城县国库支付中心（1人）：鲜怡

浦城县河滨街道社区卫生服务中心（1人）：林文剑

武夷山市国有资产运营服务中心（1人）：刘桂珍

武夷山市财政局国库收付中心（1人）：焦倩

十九、龙岩市（10人）

福建省龙岩市第三医院（1人）：陈煜

龙岩市新罗区工人文化宫（1人）：章婧怡

龙岩市新罗区西城街道企业发展服务中心（1人）：吴丽珊

漳平市拱桥中心学校（1人）：刘正昌

武平县文物保护服务中心（1人）：肖文秀

武平县基层卫技人员服务中心（1人）：钟晓菁

武平县财政国库支付中心（2人）：兰雄德、林湘平

武平县国资金融中心（1人）：邱国安

福建省龙岩市上杭精神病人疗养院（1人）：谢敏

二十、宁德市（6人）

中共宁德市委党校（1人）：胡志丹

东侨经济技术开发区卫生健康服务中心（1人）：王小娟

古田县医院（1人）：周任松

福鼎市医院（1人）：郑立定

古田县疾病预防控制中心（1人）：林翠知

柘荣县医院（1人）：袁惠平

二十一、平潭综合实验区工作委员会党群工作部（2人）

平潭综合实验区行政服务中心（1人）：陈为官

平潭综合实验区农业农村发展服务中心（1人）：游文婷

二十二、华侨大学（2人）：孙玲、张正秋

二十三、交通运输部（1人）

交通运输部东海第二救助飞行队（1人）：唐慎

二十四、国家广播电视总局（1人）

国家广播电视总局七六一台（1人）：李民强

企业类高级会计师职务任职资格人员名单

一、福建省交通运输厅（2人）

陕建丝路（福建）建设发展有限公司（1人）：林斌

福建路桥建设有限公司（1人）：叶建敏

二、共青团福建省委（3人）

宁德时代新能源科技股份有限公司（1人）：江燕燕

合力泰科技股份有限公司（1人）：程火金

福州软件职业技术学院（1人）：邹晓霞

三、中国海峡人才市场（27人）

华泰人寿保险股份有限公司福建分公司（2人）：林传炯、张涓

华兴会计师事务所（特殊普通合伙）（1人）：林辉

福建省医美医药投资集团有限公司（1人）：张点如

福州市台江区国有资产投资集团有限公司（1人）：林晶晶

福耀玻璃工业集团股份有限公司（1人）：潘慧

福州利之星汽车销售服务有限公司（1人）：徐传捷

福建东飞环境集团有限公司（1人）：周华

福建省新能海上风电研发中心有限公司（1人）：赵彩凤

建信人寿保险股份有限公司福建分公司（1人）：张雪清

福建省福州外贸食品冷冻厂有限公司（1人）：陈舒

福建海峡基石科技集团有限公司（1人）：邓超

福建中联房地产开发集团有限公司（1人）：沈璐

福建吉诺车辆服务股份有限公司（1人）：肖宇

中海石油福建新能源有限公司（1人）：陈晶晶

福建奔驰汽车有限公司（1人）：林波

福建卓越建设集团有限公司（1人）：王芬

福建中兴会计师事务所有限公司（1人）：肖正波

兴业证券股份有限公司（1人）：高彩霞

福州豪顺鑫税务师事务所有限公司（1人）：刘静凤

中国航油集团福建石油有限公司（1人）：黄揭隆

福建省外国机构服务中心有限公司（1人）：陈婉如

福州市规划设计研究院集团有限公司（1人）：高璐

世纪长龙影视有限公司（1人）：公丽伟

中航天旭科技（福建）有限公司（1人）：江敏

中检集团康泰安全科技有限公司（1人）：林萍

郭氏投资集团有限公司（1人）：徐礼芳

四、兴业银行股份有限公司（1人）：俞艳林

五、福建省农村信用社联合社（10人）

福建省农村信用社联合社（1人）：潘颖红

福建邵武农村商业银行股份有限公司（1人）：方小钦

福建上杭农村商业银行股份有限公司（1人）：袁丽华

福建仙游农村商业银行股份有限公司（1人）：陈一平

光泽县农村信用合作联社（1人）：李蕾

明溪县农村信用合作联社（1人）：白平源

古田县农村信用合作联社（1人）：江英

永春县农村信用合作联社（1人）：严秀珠

福建省农村信用社联合社龙岩办事处（1人）：李玉金

惠安县农村信用合作联社（1人）：林丹

六、福建省机电（控股）有限责任公司（1人）

福建海峡科化股份有限公司：涂棽

七、福建省冶金（控股）有限公司（1人）

厦门钨业股份有限公司：葛娅楠

八、福建省能源石化集团有限责任公司（5人）

福建联美建设集团有限公司（1人）：倪飞龙

福建省福化工贸股份有限公司（1人）：卢诗钦

福建石油化工集团有限责任公司（1人）：陈晓敏

福建省城乡综合开发投资有限责任公司（1人）：陈祥清

福建煤电股份有限公司（1人）：佘丽琼

九、福建省港口集团有限责任公司（1人）

福建省物资（集团）有限责任公司：吴宇燕

十、福建省电子信息（集团）有限责任公司（2人）：谢文广、吴明清

十一、福建建工集团有限责任公司（8人）

福建建工环海房屋制造集团有限公司（1人）：林鑫

中科动力（福建）新能源汽车有限公司（1人）：陈燕

福建省工业设备安装有限公司（1人）：郑丽蓉

福建建豪建筑科技有限责任公司（1人）：张莉萍

中国武夷实业股份有限公司（4人）：罗东鑫、刘晓晟、黄传良、翁涓

十二、福建省船舶工业集团有限公司（1人）

福人集团森林工业有限公司：张义兴

十三、福建省汽车工业集团有限公司（1人）：林钦

十四、中国（福建）对外贸易中心集团有限责任公司（2人）：黄丹瑜、魏嵘

十五、福建省投资开发集团有限责任公司(5人)

福建省投资开发集团有限责任公司（3人）：曹鑫、陈萍、郭祥

福建省福投新能源投资股份公司（1人）：陈云燕

中海石油福建新能源有限公司（1人）：卢晓琴

十六、福建省旅游发展集团有限公司（1人）

福建中旅客运有限公司：叶孝锦

十七、福建省高速公路集团有限公司（2人）

福建发展高速公路股份有限公司（1人）：胡海全

福建省泉州高速公路有限公司（1人）：郑书琦

十八、福建省水利投资开发集团有限公司(3人)

福建省水利投资开发集团有限公司（2人）：张颖、汪兰杰

福建省闽水项目管理有限公司（1人）：蔡风琴

十九、海峡出版发行集团（2人）

福建新华发行（集团）有限责任公司（1人）：郑昱

福建新华发行（集团）有限责任公司福州分公司（1人）：林喆

二十、福建广电网络集团股份有限公司（1人）：韩莉

二十一、福建省招标采购集团有限公司（3人）

福建省工大工程设计有限公司（2人）：陈秀琴、魏汐

福建省交通建设工程监理咨询有限公司（1人）：林月娟

二十二、福建省国有资产管理有限公司（4人）

福建省国有资产管理有限公司（1人）：杨柳清

福建福日电子股份有限公司（1人）：李兴

福州慧美贸易有限公司（1人）：罗薇

福州中翰鑫金税务师事务所有限公司（1人）：庄铭

二十三、福州市（19人）

青岛海信电器营销股份有限公司福州分公司（1人）：卓小淘

福州左海控股集团有限公司（1人）：徐旭峰

福清市水投发展集团有限公司（1人）：黄燕霞

福州市自来水有限公司（1人）：傅丽达

福州市公共交通集团有限责任公司（2人）：潘艳、郑如蓝

福州新榕城市建设发展有限公司（1人）：徐菁

福州市保安服务有限公司（1人）：刘玮

福州市金融控股集团有限公司（1人）：张雅清

福建森达电气股份有限公司（1人）：傅灵雁

福州水务平潭引水开发有限公司（1人）：吴丽君

福建上检机动车检测技术服务有限公司（1人）：翁祖平

汇达地产（福州）有限公司（1人）：陈如强

新大陆数字技术股份有限公司（1人）：方艳

福建省二建建设集团有限公司（1人）：林明

福建宏顺融资租赁有限责任公司（1人）：饶建英

福州翁财记食品有限公司（1人）：林立

福州名城保护开发有限公司（1人）：齐妍

广电计量检测（福州）有限公司（1人）：王苗

二十四、厦门市（73人）

新荣腾种业有限公司（1人）：黄生雄

泉州市汉威机械制造有限公司（1人）：叶文广

好利来（中国）电子科技股份有限公司（1人）：陈梓华

厦门海鑫金融保安守押有限公司（1人）：张君兰

厦门俊亿供应链有限公司（1人）：阮章林

厦门市执象智能科技有限公司（1人）：黄燕琴

厦门宏发电声股份有限公司（1人）：林晓慧

合诚工程咨询集团股份有限公司（1人）：何璇

容诚会计师事务所（特殊普通合伙）厦门分所（1人）：王勇

厦门海润通资产管理有限公司（1人）：杨文娴

厦门金鹭硬质合金有限公司（1人）：张勤聪

厦门信息集团建设开发有限公司（1人）：文忠

路达（厦门）工业有限公司（1人）：张芸彬

厦门泰柯集团有限公司（1人）：吴有正

元翔机务工程（福建）有限公司（1人）：张筱旸

厦门熵基科技有限公司（1人）：钟卫红

厦门东声电子有限公司（1人）：谢江昆

厦门纵横集团股份有限公司（1人）：刘南龙

厦门夏商房地产有限公司（1人）：陈佳

厦门金泰化工有限公司（1人）：许秀卿

福州市特房建设工程有限公司厦门分公司（1人）：茅范晖

厦门市市政工程设计院有限公司（1人）：张珊珊

厦门祺翎企业管理有限公司（1人）：戴木海

厦门信达股份有限公司（1人）：肖利红

厦门航空有限公司（1人）：张雪美

厦门翔禹航空服务有限公司（1人）：郑春玉

厦门文广传媒集团有限公司（1人）：张仙娥

立信会计师事务所（特殊普通合伙）厦门分所（1人）：陈少坚

厦门永佳和塑胶有限公司（1人）：汪瑶瑾

厦门特房嘉湾房地产有限公司（1人）：叶梅

厦门地丰置业有限公司（1人）：吴雅丹

诚益光学（厦门）有限公司（1人）：黄雪云

裕景兴业（厦门）有限公司（1人）：尤志樑

厦门安居置业有限公司（1人）：苏小青

中城投集团第八工程局有限公司（1人）：刘扬发

厦门市集美区产业投资有限公司（1人）：杜萍秀

厦门建发建设运营管理有限公司（1人）：林可欣

厦门建发金属有限公司（1人）：吴德金

厦门公交集团有限公司（1人）：吕松

厦门金圆投资集团有限公司（1人）：曾宪鸿

厦门象屿速传供应链发展股份有限公司（1人）：熊梅凤

厦门象屿物流配送中心有限公司（1人）：方丽敏

厦门象屿盈信信息科技有限公司（1人）：李梅霞

厦门象屿股份有限公司（1人）：王文城

厦门象屿物流集团有限责任公司（1人）：汤曲铃

厦门国贸集团股份有限公司（1人）：罗芳丽

厦门国贸有色矿产有限公司（1人）：卢月

厦门国贸资产运营集团有限公司（1人）：章贤坤

厦门国贸控股集团有限公司（1人）：张莉

中国建材检验认证集团厦门宏业有限公司（1人）：林清芳

厦门乔丹发展有限公司（1人）：傅春兰

安费诺（厦门）高速线缆有限公司（1人）：蒋青云

厦门太古飞机工程有限公司（1人）：林蘋

百威雪津啤酒有限公司（1人）：石晓辉

厦门立龙集团有限公司（1人）：蔡松青

鹭燕医药股份有限公司（1人）：曾铮

元翔（厦门）国际航空港股份有限公司（1人）：李美玲

厦门欣地税务师事务所有限公司（1人）：张新华

厦门水木方圆企业管理咨询有限公司（1人）：邱舒雯

厦门海沧保税港区投资建设管理有限公司（1人）：沈海玲

汉纳森（厦门）数据股份有限公司（1人）：魏若丹

厦门华润燃气有限公司（1人）：林媛媛

中审众环会计师事务所（特殊普通合伙）厦门分所（1人）：陈清建

厦门巨虎科技有限公司（1人）：余豆豆

中维鑫晟房地产开发（福建）有限公司（1人）：张争艳

福建兆翔临港置业有限公司（1人）：李素莲

厦门市美亚柏科信息股份有限公司（1人）：陈志友

紫金矿业集团股份有限公司（1人）：戴伟力

厦门市三安光电科技有限公司（1人）：林宝英

厦门禹洲集团股份有限公司（1人）：林月琴

招商局地产（厦门）有限公司（1人）：郑小艳

联发集团有限公司（1人）：吴昊

贝莱胜电子（厦门）有限公司（1人）：胡荣群

二十五、漳州市（16人）

漳州城投地产集团有限公司（1人）：苏淑贤

福建鑫展旺物流有限公司（1人）：刘漳旺

漳州鸿基房地产开发有限公司（1人）：薛叶振

漳州市交通发展集团有限公司（1人）：吴小琴

漳州靖圆发展有限公司（1人）：陈兰清

漳州市角美轨道交通投资发展有限公司（1人）：甘桂梅

福建漳龙建投集团有限公司（1人）：许淑鹃

漳州片仔癀药业股份有限公司（3人）：潘燕玲、郑志平、叶青

漳州旅游发展股份有限公司（1人）：梁金珍

漳州城市运营集团有限公司（1人）：何丽芬

漳州市古雷公用事业发展有限公司（1人）：徐运梅

福建乐尔康药业有限公司（1人）：张仁琼

漳州路桥物资发展有限公司（1人）：卢亚松

漳州市嘉信达工贸有限公司（1人）：孙桂贤

二十六、泉州市（16人）

惠安县新美港建材有限公司（1人）：曾瑶章

泉州市立诚房地产评估有限公司（1人）：王家森

福建省闽南建筑工程有限公司（1人）：康鹏

泉州速德税务师事务所有限公司（1人）：陈阿平

南安市梅陵古园陵园有限公司（1人）：余菊红

福建省金燕海洋生物科技股份有限公司（1人）：蔡建国

福建省闽发铝业股份有限公司（1人）：许志坚

兴业皮革科技股份有限公司（1人）：童以松

泉州城建集团有限公司（1人）：尤婷玲

福建金石能源有限公司（1人）：许美玲

雀氏（福建）实业发展有限公司（1人）：汪家阔

福建省晋江人力资本有限公司（1人）：周爱民

泉州中升雷克萨斯汽车销售有限公司（1人）：林永樑

泉州水务集团有限公司（1人）：林慧敏

泉州台商投资区自来水有限公司（1人）：黄丽丽

福建省晋江城市建设投资开发集团有限责任公司（1人）：陈阿算

二十七、莆田市（1人）

福建新华发行（集团）有限责任公司莆田分公司（1人）：柯明丽

二十八、三明市（4人）

三明市交通建设发展集团有限公司（1人）：赖育科

清流县财通国有投资有限公司（1人）：黄启林

三明市物资集团有限公司（1人）：林联鹏

大田县水利投资有限公司（1人）：池青荣

二十九、南平市（6人）

南平市武夷新区贸易投资有限公司（1人）：丁建华

南平高速咨询监理有限公司（1人）：曾应文

南平高速开发有限公司（2人）：周峻、黄云珠

福建武夷山旅游发展股份有限公司（1人）：黄上珍

南平建设集团有限公司（1 人）：陈勇

三十、龙岩市（22 人）

福建龙净环保股份有限公司（2 人）：钟永皇、刘剑平

福建连城国有投资集团有限公司（1 人）：廖镇中

龙洲集团股份有限公司（3 人）：任琳、林夏琼、陈维清

龙岩市土地发展经营有限公司（1 人）：郭珺

龙岩交通发展集团有限公司（1 人）：谢静

龙岩交发资产运营有限公司（1 人）：詹美仙

龙岩城市发展集团有限公司（1 人）：江淑芳

龙岩城发育智投资有限公司（1 人）：谢惠萍

福建省龙岩交通国有资产投资经营有限公司（1 人）：王秋金

福建省海峡客家旅游有限公司（1 人）：张荣萍

龙岩经济发展集团有限公司（1 人）：李朝晖

华润水泥（福建）股份有限公司（1 人）：周发成

紫金矿业集团股份有限公司（2 人）：吴婷婷、胡明红

龙工（中国）机械销售有限公司（1 人）：陈宜深

龙岩文旅汇金发展集团有限公司（1 人）：王越

紫金矿业物流有限公司（1 人）：邓聪智

龙岩交通建设集团有限公司（1 人）：严晓梅

福建紫金铜业有限公司（1 人）：蓝宇虹

三十一、宁德市（5 人）

宁德市碧晟房地产开发有限公司（1 人）：罗承科

宁德市城建集团有限公司（1 人）：周志红

福建中正恒瑞会计师事务所有限公司（1 人）：丁伟贤

福建省广拓会计师事务所有限责任公司（1 人）：王智华

福建宁德核电有限公司（1 人）：吴志娟

三十二、平潭综合实验区（1 人）

平潭综合实验区金融控股集团有限公司（1 人）：黄精照

三十三、中国铁塔股份有限公司福建省分公司（1 人）：颜文雄

三十四、中国移动通信集团福建有限公司（1 人）：林笛

三十五、中国电信股份有限公司福建分公司（4 人）

中国电信股份有限公司福建分公司（2 人）：何池捷、熊雨治

中国电信股份有限公司厦门分公司（2 人）：江毓玲、邱巧因

三十六、中国通用技术（集团）控股有限责任公司（1 人）

中国新兴厦门进出口有限责任公司：郭香云

（摘编：谢建东）

福建省农业技术正高级职务和农业推广研究员任职资格人员名单

2022 年 3 月 28 日，福建省人力资源和社会保障厅下发《关于批准确认毛坤明等 40 位同志农业技术正高级职务和农业推广研究员任职资格的通知》（闽人社批复〔2022〕168 号）提出，经研究，批准确认由福建省第二届农业技术正高级职称和农业技术推广研究员评审委员会评审通过的

毛坤明等40位同志农业技术正高级职务和农业技术推广研究员任职资格，任职资格确认时间为2022年3月13日，现予公布，名单如下：

一、农业技术正高级职务任职资格人员名单（10位）

福州市（1人）：

正高级兽医师：毛坤明

泉州市（2人）：

正高级农艺师（农学）：颜晓晖

正高级农艺师（园艺）：蔡金福

三明市（1人）：

正高级农艺师（植物保护）：胡启镔

莆田市（1人）：

正高级农艺师（农业资源环境）：原瑞芬

龙岩市（1人）：

正高级农艺师（水产）：林炳明

宁德市（2人）：

正高级农艺师（园艺）：田洪武、钟爱清

福建省食用菌技术推广总站（1人）：

正高级农艺师（园艺）：谢福泉

福建省水产技术推广总站（1人）：

正高级农艺师（水产）：游宇

二、农业技术推广研究员任职资格人员名单（30位）

福州市（1人）：

农业技术推广研究员（畜牧）：陈仰兴

厦门市（1人）：

农业技术推广研究员（畜牧）：康永松

漳州市（7人）：

农业技术推广研究员（农学）：林建华

农业技术推广研究员（园艺）：林南平、林文海、张明理

农业技术推广研究员（植物保护）：吴若蕾

农业技术推广研究员（兽医）：林建民、刘长木

三明市（6人）：

农业技术推广研究员（农学）：张启华、邓文财

农业技术推广研究员（园艺）：陈登云、钟祝烂

农业技术推广研究员（畜牧）：谢周勋、黎朝生

莆田市（3人）：

农业技术推广研究员（农学）：吴德飞

农业技术推广研究员（农业资源环境）：陈勇红

农业技术推广研究员（畜牧）：关毅敏

龙岩市（4人）：

农业技术推广研究员（园艺）：刘冬生、张文斌

农业技术推广研究员（水产）：林德忠

农业技术推广研究员（兽医）：张能贵

南平市（6人）：

农业技术推广研究员（农学）：练进旺、徐康明

农业技术推广研究员（园艺）：朱英飒

农业技术推广研究员（植物保护）：龚建军

农业技术推广研究员（农业资源环境）：杨仁仙

农业技术推广研究员（水产）：黄恒章

宁德市（2人）：

农业技术推广研究员（园艺）：陈祖枝

农业技术推广研究员（植物保护）：余小玲

（摘编：李兵）

福建省农业技术高级职务任职资格人员名单

2022 年 6 月 16 日，福建省人力资源和社会保障厅下发《关于批准确认王嫦华等 204 位同志农业技术高级职务任职资格的通知》（闽人社批复〔2022〕312 号）提出，经研究，批准确认由福建省第二十六届农业技术高级职务任职资格评审委员会评审通过的王嫦华等 204 位同志农业技术高级职务任职资格，任职资格确认时间为 2022 年 6 月 1 日，现予公布，名单如下：

一、福州市（19 人）

高级农艺师（农学 4 人）：王嫦华、庄丽芳、黄春容、谢秀卿

高级农艺师（园艺 4 人）：王艳娜、杨爱玲、黄世宇、兰凉英

高级农艺师（植物保护 1 人）：兰桂香

高级农艺师（水产 2 人）：郭睿、王世永

高级农艺师（农业资源环境 1 人）：兰善华

高级农艺师（农村合作组织管理 1 人）：吴雅华

高级畜牧师（1 人）：高喜凤

高级兽医师（5 人）：王宇翔、王秀娟、王银燕、谢翠霞、王锦力

二、厦门市（6 人）

高级农艺师（园艺 1 人）：詹福麟

高级农艺师（农业资源环境 1 人）：陈雪雅

高级畜牧师（2 人）：彭海乐、肖俊峰

高级兽医师（2 人）：张丹英、王荣宇

三、漳州市（26 人）

高级农艺师（农学 1 人）：林友德

高级农艺师（园艺 8 人）：黄桂平、刘福长、陈志参、庄木来、赖文瑞、林顺杉、叶建文、黄碧荣

高级农艺师（植保 3 人）：胡彧娴、金化亮、叶振亮

高级农艺师（水产 2 人）：戴燕彬、刘亚水

高级农艺师（农业资源环境 2 人）：郑镇勇、许炜东

高级畜牧师（2 人）：庄晓东、冯晓巍

高级兽医师（8 人）：黄静、郑艺杰、鄢燕青、廖生钱、何清辉、陈炳中、张友亮、朱永树

四、泉州市（19 人）

高级农艺师（农学 1 人）：李小梅

高级农艺师（园艺 8 人）：王河川、林荣溪、曾经得、庄朱力、陈振彬、赵锦花、廖彩虹、郑青松

高级农艺师（水产 1 人）：蒋新花

高级农艺师（农村合作组织管理 1 人）：王敬诚

高级畜牧师（2 人）：林成玉、沈忠远

高级兽医师（6 人）：戴娜桑、刘娅月、谢树荣、黄云逸、陈聪惠、傅霞珠

五、三明市（49 人）

高级农艺师（农学 11 人）：刘锋、陈永培、林红钢、翁长招、俞炎林、陈鸿、陈世安、揭联波、曹荣发、魏初时、高全根

高级农艺师（园艺 4 人）：周华、姚智雄、陈宜勇、徐堂起

高级农艺师（植保 2 人）：柯玲、罗征香

高级农艺师（水产 2 人）：廖生枝、江秀春

高级农艺师（农业机械化 3 人）：王江、潘云青、余祖祥

高级农艺师（农业资源环境 4 人）：范铭丰、林祚棋、苏丹、罗源树

高级农艺师（农产品加工与质量安全 1 人）：官建明

高级农艺师（农村合作组织管理 11 人）：张远勤、卓斌慧、谢丽珍、黄菊英、温显明、李传祀、黄平养、钟林根、王玲、王顺才、罗爱华

高级畜牧师（1 人）：曾卓能

高级兽医师（10 人）：官丁明、温小兵、沈意兴、陈文意、刘智超、揭仕春、张清雄、肖绍传、段岩丽、曾爱波

六、莆田市（7 人）

高级农艺师（水产 1 人）：张建明

高级农艺师（农村合作组织管理 3 人）：林冬妹、姚荔明、林金阳

高级农艺师（农业资源环境 1 人）：郑荔敏

高级兽医师（2 人）：丁玉华、黄双能

七、南平市（24 人）

高级农艺师（农学 7 人）：黄世铅、曾武良、吴祥茂、林峰、吴美玲、余祖建、刘忠钱

高级农艺师（园艺 3 人）：潘宏英、杨福良、陈忠林

高级农艺师（植保 1 人）：章翠华

高级农艺师（水产 2 人）：杨晓燕、吴忠友

高级农艺师（农村合作组织管理 4 人）：郑若平、郑峰、林美珍、柳慧云

高级农艺师（农业资源环境 2 人）：危煦春、刘启鹏

高级兽医师（5 人）：吴晓红、王燕玲、侯良春、陈晓萍、虞送兴

八、龙岩市（22 人）

高级农艺师（农学 7 人）：袁芸芬、钟卫胜、张永兰、谢秀松、王鸿林、陈爱琴、黄红梅

高级农艺师（园艺 5 人）：张恋芳、刘雄明、李晓辉、陈玉梅、钟红华

高级农艺师（植保 1 人）：吴绍钟

高级农艺师（水产 2 人）：陈文生、曾凡沛

高级农艺师（农村合作组织管理 3 人）：王忠阳、卢勤娣、伍永寿

高级畜牧师（2 人）：沈南雄、刘志鹰

高级兽医师（2 人）：谢永林、钟仪

九、宁德市（21 人）

高级农艺师（农学 2 人）：徐赛花、杨蓉

高级农艺师（园艺 5 人）：蒋元斌、何毓光、冯昌强、余养道、王加法

高级农艺师（植保 1 人）：李秀凤

高级农艺师（水产 2 人）：谢鸿伟、毛连环

高级农艺师（农业资源环境 2 人）：郭淑珍、陈海盛

高级农艺师（农产品加工与质量安全 1 人）：许亦峰

高级农艺师（农村合作组织管理 1 人）：卓书凤

高级兽医师（7 人）：陈小妹、程树春、陈美玲、刘荷玲、刘彩凤、林斌、钟兴金

十、平潭综合实验区（1 人）

高级农艺师（植保）：陈宜雪

十一、省农业农村厅（6 人）

高级农艺师（农业机械化 1 人）：张守宇

高级农艺师（农业资源环境 3 人）：郑昆尧、吴碧珠、付瑞洲

高级农艺师（园艺 1 人）：张蕾

高级农艺师（农学 1 人）：黄伟群

十二、省海洋与渔业局（2 人）

高级农艺师（水产）：林丹、陈曦飞

十三、中国海峡人才市场（2 人）

高级农艺师（农学 1 人）：陈永发

高级兽医师（1 人）：陈丽萍

（摘编：陈建闽）

福建省高级农艺师职务任职资格人员名单

2022 年 3 月 30 日，福建省人力资源和社会保障厅下发《关于批准确认黄章国等 2 位同志高级农艺师职务任职资格的通知》（闽人社批复〔2022〕171 号）提出，经研究，同意确认由省非公有制企业高级专业技术职务任职资格考核委员会考核并审议通过的黄章国等 2 位同志 2020 年度高级农艺师职务任职资格。任职资格确认时间为 2022 年 3 月 15 日，现予以公布，名单如下：

莆田市（2 人）：黄章国、严生仁

（摘编：孔明德）

福建省高级专业技术资格人员名单

2022 年 4 月 2 日，福建省人力资源和社会保障厅下发《关于批准确认曹晖等 35 位同志高级专业技术资格的通知》（闽人社批复〔2022〕191 号）提出，经研究，批准确认由福建省第四届特殊人才高级职称认定（评审）委员会认定（评审）通过的曹晖等 35 位同志高级专业技术资格，资格确认时间为 2022 年 3 月 4 日，名单如下：

一、正高级工程师（21 人）

（一）福州市

曹　晖　福耀玻璃工业集团股份有限公司

李　亮　福耀玻璃工业集团股份有限公司

周遵光　福耀玻璃工业集团股份有限公司

高钦泉　福建帝视信息科技有限公司

陈旭彪　冠捷电子科技（福建）有限公司

李贵生　智恒科技股份有限公司

柯东杰　福建麦特新铝业科技有限公司

王　坚　福建清云环境系统科技有限公司

（二）厦门市

陈淑武　厦门四信通信科技有限公司

陈　译　厦门芯一代集成电路有限公司

单智发　全磊光电股份有限公司

关健生　厦门欧易奇机器人有限公司

梁耀极　厦门柏慈生物科技有限公司

MO AKIRA（孟晖）　厦门石之锐材料科技有限公司

（三）泉州市

王启明　泉州海天材料科技股份有限公司

丁敬堂　海峡（晋江）伞业科技创新中心有限公司

郭镇义　万龙时代科技有限公司

曾福泉　福建约克新材料科技有限公司

（四）试点龙头企业

NI JUN（倪军）　宁德时代新能源科技股份有限公司

赵丰刚　宁德时代新能源科技股份有限公司

林孝发　九牧厨卫股份有限公司

二、研究员（自然科学研究）（1 人）

（一）龙岩市

马小波（Ma George Xiao－bo）　福建华必康生物科技有限公司

三、正高级兽医师（1 人）

（一）南平市

崔丽瑾　福建圣维生物科技有限公司

四、高级工程师（10 人）

（一）福州市

陈宏伟　福耀玻璃工业集团股份有限公司

FUKUHARA KOHTA（福原康太）　福耀玻璃工业集团股份有限公司

陈　浩　阿吉安（福州）基因医学检验实验室有限公司

郭文浒　阿吉安（福州）基因医学检验实验室有限公司

林灼华　庄臣酿酒（福建）有限公司

（二）厦门市

魏　超　厦门市美亚柏科信息股份有限公司

郭长琛　智童时刻（厦门）科技有限公司

（三）泉州市

徐　畅　福建省晋华集成电路有限公司

（四）莆田市

李天源　福建华峰新材料有限公司

（五）龙岩市

梁观华　福建省华裕天恒科技有限公司

五、高级工艺美术师（2 人）

（一）福建省国有资产管理公司

陈为新　福建省工艺美术研究院

（二）泉州市

郑雄文　福建省德化县山花陶瓷有限公司

（摘编：孔明德）

福建省高级工程师职务任职资格人员名单

谢振邦等 45 人制茶
高级工程师任职资格人员名单

2022 年 1 月 4 日，福建省人力资源和社会保障厅下发《关于批准确认谢振邦等 45 人制茶高级工程师任职资格的通知》（闽人社批复〔2022〕3 号）提出，经研究，批准确认由福建省第三届制茶高级工程师任职资格评审委员会评审通过的谢振邦等 45 位同志制茶高级工程师任职资格。任职资格确认时间为 2021 年 12 月 19 日，现予公布，名单如下：

一、泉州市（14 人）：谢振邦、吴世能、李木菊、詹朱祥、吴建法、王木辉、上官宏耿、王建全、王天升、上官万福、林学超、谢良坡、李建文、傅仰恩

二、三明市（2 人）：陈宏利、叶光兴

三、南平市（18 人）：江正兴、李泉弟、林彩英、刘喜钰、黄正华、高伟、王小明、郑圣林、吴族良、王冰、叶红、叶飞龙、李良清、刘德喜、陈文珠、徐发文、陈国爱、范祖胜

四、龙岩市（1 人）：商虎

五、宁德市（10 人）：林振传、耿锟锟、俞水荣、郑国华、黄震标、龚煦、郭陈胜、李国涛、林有希、吴传惠

陈秀珍等865位同志土建专业高级工程师职务任职资格人员名单

2022年1月4日，福建省人力资源和社会保障厅下发《关于批准确认陈秀珍等865位同志土建专业高级工程师职务任职资格的通知》（闽人社批复〔2022〕5号）提出，经研究，批准确认由2020年度省工程技术人员土建专业高级职务任职资格评委会评审通过的陈秀珍等865位同志高级工程师职务任职资格。任职资格确认时间为2021年12月6日，现予公布，名单如下：

一、省教育厅（1人）

福建卫生职业技术学院：陈秀珍

二、省住建厅（2人）

1. 福建省城乡规划设计研究院：郑颖
2. 福建省建设执业资格注册中心：林云山

三、省交通运输厅（14人）

1. 福建省交通规划设计院有限公司：苗庆林、林益州、许茂坤、黄星星、陈瀚、陈明、张浩桦、刘青、张翼、翁珍燕
2. 福建汇中恒一建筑工程有限公司：陈明仕
3. 福建省村镇建设发展中心：许志华
4. 福建省港航勘察设计院有限公司：丁浩
5. 福建省交通建设工程监理咨询有限公司：林友康

四、省水利厅（3人）

1. 福建省水利水电勘测设计研究院：王海燕、陈小霞
2. 福建省水利水电工程局有限公司：林琳

五、省地矿局（3人）

1. 福建省地质工程公司：陈东辉
2. 福建地矿建设集团公司：邱明涛、翁秋平

六、团省委（1人）

福建耘合景观建设发展有限公司：叶文才

七、福州大学（1人）

福建福大建筑规划设计研究院有限公司：陈忠辉

八、福建中医药大学（1人）

福建中医药大学附属第二人民医院：赖锦桢

九、省机电（控股）公司（4人）

1. 福建省沿海建筑设计院有限公司：陈凯、翁惟武、袁楚雨
2. 中鸿伟业工程设计有限公司：黄伟同

十、省轻纺（控股）公司（2人）

福建省建筑轻纺设计院有限公司：王俊明、谢永雄

十一、省能源集团公司（3人）

1. 福建联美建设集团有限公司：张林强、苏金表
2. 福建省华厦能源设计研究院有限公司：唐育坤

十二、省国有资产管理公司（12人）

1. 福建国庄混凝土有限公司：叶进佩
2. 福州市闽建工程检测有限公司：曹亮
3. 福建远欣建设有限公司：林时铁
4. 福建翰文景观设计工程有限公司：伊雄鹰
5. 福建新华泰建筑工程有限公司：范鸿鹄
6. 福建省建设执业资格注册中心：潘华
7. 福建省睿煌建筑工程有限公司：吴雪钦
8. 中建地平线（福建）建设有限公司：杨启斌
9. 福建华广工程管理有限公司：俞峰
10. 厦门天亚工程项目管理有限公司：苑亚敏
11. 福建瀚森净化工程有限公司：陈芳勇
12. 福建省中亿通招标咨询有限公司：郭梅芳

十三、福建建工集团（73人）

1. 福建建工集团有限责任公司：蔡金栋、朱建辉、王崧潘、林庆斌、王小勇、卓传藻、郑成锐、董哲勍、吕婕、阮呈中、付智勇、陈小蔚、林翔、王自樑、林海、许晓芳、叶裕、郭晓玲、方鹏程、曾念贵、杜成煌、范通明
2. 福建七建集团有限公司：林龙川、廖利云、陈世贤、沈长辉、韩圣德、林淑桢
3. 福建省建科院检验检测有限公司：邵远扬、魏舒晗、孙玉刚
4. 福建省建研工程顾问有限公司：涂烨、孙举飞、周燕锋、成守泽、蔡宗彦、陈辉、蓝王诚
5. 福建省建研工程检测有限公司：吕夏阳、郭行方、陈火生、付仁、廖日熙、虞梦泽、黄继城、黄金仙
6. 福建省建筑工程质量检测中心有限公司：

傅崇、谢雄亮、潘万南、林彦哲

7. 福建省建筑科学研究院：陈靖

8. 福建省建筑设计研究院有限公司：邱鲤凡、陈钧、张志新、吕德城、张璘琳、沈铭龙、周成峰、张慧芳、陈宝燕、江靖、林卿、林燕紫、倪守雨、曹华明、陈震宇、陈美榕、沈静铭

9. 中国武夷实业股份有限公司：董少波、郑桂金、施玉涌、张永焕、林凯

十四、福建建工集团（人才中心 214 人）

1. 博亚（福建）建筑设计有限公司：谢慕平

2. 大华建设项目管理有限公司：郑华

3. 方圆建设集团有限公司：林明忠

4. 飞阳建设工程有限公司：方秋洪

5. 福建安都建设有限公司：苏水龙

6. 福建百禾市政建筑设计有限公司：赵慰明

7. 福建博海工程技术有限公司：江雯雯、王颖莉

8. 福建博宇建筑设计有限公司：宁应金、何仁美

9. 福建诚正工程造价咨询有限公司：史毓凡

10. 福建达宇景观建设集团有限公司：陈慧芳

11. 福建大正工程管理有限公司：黄文青

12. 福建东南铁正工程质量检测有限公司：范玉晶

13. 福建方实工程检测有限公司：林进强

14. 福建福晟集团有限公司：林立

15. 福建工程建设监理有限公司：连惠火

16. 福建工大工程咨询管理有限公司：程平光、田赠连

17. 福建海峡建筑设计规划研究院：江丽丽

18. 福建瀚煌建设工程有限公司：陈卉

19. 福建浩悦建设有限公司：林桂明

20. 福建和天源消防安全科技有限公司：苏立立

21. 福建恒冠建设有限公司：陈巧华

22. 福建恒茂源工程管理有限公司：李元镇

23. 福建恒实建设发展有限公司：陈和

24. 福建宏盛建设集团有限公司：雷达、王毓兴

25. 福建华建工程建设有限公司：温琴香

26. 福建汇景生态环境股份有限公司：张鑫

27. 福建汇筑工程设计有限公司：郑绍晖

28. 福建嘉德房地产开发有限公司：杨勇

29. 福建嘉康建设工程有限公司：高安华

30. 福建金帝集团有限公司：孙翠连

31. 福建景尚建筑环境设计工程有限公司：卢晓娟

32. 福建径坊建造工程有限公司：卜祖金

33. 福建巨岸建设工程有限公司：林生宁、郜祥财、陈凡

34. 福建君昊工程管理有限公司：李晓霞

35. 福建朗森建设工程管理有限公司：曾祥平

36. 福建连景建设有限公司：姚丽丽

37. 福建联禹工程有限公司：卢笑英

38. 福建领城建设有限公司：张国斌

39. 福建隆峰建设管理有限公司：廖兴兵

40. 福建路港（集团）有限公司：庄思雄、黄金星、许连发

41. 福建闽才工程造价咨询有限公司：陈燕珍

42. 福建莆田泰安混凝土有限公司：郑剑飞

43. 福建七建集团有限公司：魏优勤

44. 福建清秀市政园林集团有限公司：王小花

45. 福建全景园林景观工程设计有限公司：吴长友

46. 福建省城乡规划设计研究院：张利、钟嵘、黄身森、肖林橙、林世雄

47. 福建省二建建设集团有限公司：林辉、林曦

48. 福建省工大工程设计有限公司：陈俊凤、洪英灿、陈燕燕

49. 福建省海特大洋建设有限公司：吴明涌

50. 福建省海天工程造价咨询有限公司：刘亚兰

51. 福建省豪门装饰集团有限公司：张荣河

52. 福建省浩发绿化工程有限公司：柯孟键

53. 福建省浩雅建筑工程有限公司：游杏娟

54. 福建省和昌建设工程有限公司：俞伶

55. 福建省汇涛建设发展有限公司：郑社平

56. 福建省惠和城市规划设计有限公司：林遵文

57. 福建省机电设备招标有限公司：陈海楠

58. 福建省建福工程管理有限公司：何志铭

59. 福建省建设人才与科技发展中心：陈波

60. 福建省建研工程顾问有限公司：林伟雄、卓清燕

61. 福建省建专岩土工程有限公司：郑强、林志平

62. 福建省交通规划设计院有限公司：赵欣月

63. 福建省锦上生态发展有限公司：陈立武

64. 福建省九龙建设集团有限公司：余普红、曹盛泉

65. 福建省骏元建筑设计有限公司：陈基茂

66. 福建省凯盛消防工程有限公司：王扣进

67. 福建省兰竹生态景观工程有限公司：饶家荣

68. 福建省蓝图监理咨询有限公司：严学究

69. 福建省林业勘察设计院：黄鸣

70. 福建省隆钻建设发展有限公司：刘晓斌

71. 福建省闽武建筑设计院有限公司：何嵩、何鹏辉

72. 福建省闽招咨询管理有限公司：杨家炜

73. 福建省明建工程咨询有限公司：陈丽回、陈惠敏

74. 福建省群威建设集团有限公司：刘兆城

75. 福建省水利投资集团（平潭）水务有限公司：林孔淋

76. 福建省水务发展集团厦门水业有限公司：吴晓浜

77. 福建省协进工程建设有限公司：陈小彬

78. 福建省鑫钻建筑工程有限公司：蔡宇

79. 福建省雅林建设集团有限公司：苏绍云、林能枝

80. 福建省永正工程质量检测有限公司：吴盛杨

81. 福建省禹澄建设工程有限公司：陈海山

82. 福建省长希生态环境有限公司：陈长城、包瀚、陈星

83. 福建省招标中心有限责任公司：林腾

84. 福建省直房地产开发公司：林少明

85. 福建省中孚检测技术有限公司：林杰喆

86. 福建省中建海丝勘察设计有限公司：巫秋生

87. 福建省中隧建设工程有限公司：吴云传

88. 福建省中寅建设工程有限公司：李沿东

89. 福建盛越建设有限公司：陈建基、陈振龙

90. 福建舜晟建设工程有限公司：何俊伟

91. 福建舜天绿艺园林工程有限公司：魏笑英、郑国泰

92. 福建腾晖环境建设集团有限公司：简锡绸

93. 福建万友工程集团有限公司：张子灿

94. 福建五岳建设工程有限公司：黄海荣

95. 福建祥鼎建设有限公司：陶玉梅

96. 福建新华泰建筑工程有限公司：梁晓东

97. 福建鑫岑园林绿化有限公司：黄璇

98. 福建鑫慧生态园林有限公司：张慧

99. 福建鑫凯乐建设发展有限公司：孟小晓

100. 福建旭坤建设工程有限公司：张华

101. 福建医科大学：陈静

102. 福建怡景市政园林工程有限公司：梅媛

103. 福建亿山电力工程有限公司：陈小亮

104. 福建永兴建设有限公司：侯玲烽

105. 福建展丰建设集团有限公司：洪争毅

106. 福建致和工程勘察设计院有限公司：李元乾

107. 福建中恒达建设项目管理有限公司：林雄

108. 福州滨海临空开发建设有限公司：林滢

109. 福州城建设计研究院有限公司：黄源铭

110. 福州高新区投资控股有限公司：方永桢

111. 福州轨道交通设计院有限公司：林方剑

112. 福州建筑设计院有限责任公司：黄曦

113. 福州闽川工程咨询有限公司：陈珍

114. 福州盛路源交通设计有限公司：陈雪清

115. 福州市琅岐路桥建设有限公司：林銮

116. 福州鑫隆达土木工程检测有限公司：田富香

117. 福州中和投资发展有限公司：任燕青

118. 福州中盈工程造价咨询有限公司：谢一峰

119. 甘肃省安装建设集团有限公司：李凤鸣

120. 广东顺协工程勘察有限公司：杨庆兵

121. 广州地铁设计研究院股份有限公司：孙作华

122. 国金工程项目管理有限公司：林坛良

123. 国网福建招标有限公司：郑烨

124. 合力胜装饰工程有限公司：赵淑景

125. 核工业西南勘察设计研究院有限公司：刘保为

126. 恒禾置地（厦门）股份有限公司：尤荣强

127. 华地设计有限公司：吴承贵

128. 惠安县绿化建设投资有限公司：吕盘根

129. 嘉博联合设计股份有限公司：沈守鸿

130. 嘉园环保有限公司：郭意鹏

131. 建发房地产集团有限公司：杨观明

132. 建盟设计集团有限公司：陈惠银

133. 晋江金井小城镇建设投资有限公司：施珊珊

134. 晋江市坤源水利工程有限公司：黄雅宽

135. 巨茂建设投资有限公司：黄晔瑛

136. 凯辉集团（福建）有限公司：唐金贵

137. 闽武长城建设发展有限公司：林斌赖、熊海和、林伯涛

138. 南安市燃气有限公司：陈晓鹏

139. 南平市城乡规划设计研究院有限责任公司：官志伟

140. 平潭综合实验区管廊投资管理有限公司：林海

141. 莆田市建诚工程检测有限公司：林丽辉

142. 莆田中澜投资有限公司：蔡杉

143. 泉州嘉瑞置业有限公：王耕

144. 泉州市燃气有限公司：陈小华

145. 泉州市协胜工程建设有限公司：王军容

146. 厦门安能建设有限公司：李秋香

147. 厦门地质工程勘察院：陈永磐

148. 厦门海晟房地产开发有限公司：李智

149. 厦门海投建设咨询有限公司：林小亮

150. 厦门华炀智慧城市建设有限公司：林勇、赵强

151. 厦门珑禹生态建设有限公司：王艺伟

152. 厦门市嘉颐建筑工程股份有限公司：林加静

153. 厦门市颖艺景观工程有限公司：柯煜钦

154. 厦门市筼筜新市区工程监理有限公司：方奇生

155. 厦门水务水处理科技有限公司：叶新民

156. 厦门特房建设工程集团有限公司：林小晃

157. 厦门象屿工程咨询管理有限公司：詹昌湘、吴永璋

158. 厦门兴海湾工程管理有限公司：张朝荣

159. 厦门原正工程检测有限公司：叶璐

160. 厦门筑博工程设计有限公司：黄滨

161. 陕建丝路（福建）建设发展有限公司：应俊

162. 陕西建工集团有限公司：熊炼基

163. 上海开艺设计集团有限公司：姚建智

164. 上海浦东建筑设计研究院有限公司：郑黎黎

165. 深圳市国际印象建筑设计有限公司：魏臣勋

166. 天瑞达（福建）建设集团有限公司：林娟

167. 永富建工集团有限公司：鄢桂洪

168. 永合慧筑（福建）工程设计有限公司：李玉栋

169. 禹建路桥工程有限公司：蔡晓峰

170. 漳州国润房地产有限公司：李传溢

171. 漳州祥荣房地产开发有限公司：林兴兴

172. 浙江新东阳建设集团有限公司：吴家建

173. 中北工程设计咨询有限公司：陈孝锐

174. 中翀华高建设有限公司：陈仕晓

175. 中国瑞林工程技术股份有限公司：叶式锴

176. 中国市政工程西北设计研究院有限公司：杨城洲

177. 中国武夷实业股份有限公司：阮泉飞、翁雪娇

178. 中建鑫宏鼎环境集团有限公司：张进腾

179. 中南闽泰（福建）建设发展有限公司：何育海

180. 中融固成建设科技有限公司：唐秀玉

181. 中太建设集团股份有限公司：曹仰高

182. 筑道院建筑设计（厦门）有限公司：张艳

183. 晋江市总商会投资开发有限公司：王炳炎

184. 厦门市吉兴集团建设有限公司：陈文杨

十五、海峡人才市场（178 人）

1. 北京城建设计发展集团股份有限公司：庄云祥

2. 博亚（福建）建筑设计有限公司：潘志阳

3. 福建博海工程技术有限公司：滕建芝

4. 福建诚正工程造价咨询有限公司：黄靖国

5. 福建大农景观建设有限公司：林海钦

6. 福建泛易园林建设有限公司：林娜

7. 福建福晟房地产开发有限公司：余丽珍

8. 福建富源鸿大机电设备工程有限公司：邢志响

9. 福建广宇建筑设计院有限公司：卢阳城

10. 福建翰文景观设计工程有限公司：方守钗

11. 福建弘审工程造价咨询有限公司：戴云峰

12. 福建华航建设集团有限公司：龚匡晖

13. 福建华筑工程设计有限公司：庄向平、郑文茜

14. 福建嘉宸建筑工程有限公司：游玉南

15. 福建江海苑园林工程有限公司：黄瑜

16. 福建景尚建筑环境设计工程有限公司：郭凌钊、王丽霞

17. 福建九鼎建设集团有限公司：王寅

18. 福建六建集团有限公司：叶生强、齐晟、王森辉、陈增、林渠、林振霖、郭坤峰、林宝增、林金光、陈建辉、秦亮、张晓亮、杨庆锋

19. 福建路信交通建设监理有限公司：毛和寿

20. 福建绿艺园林景观工程有限公司：康文塔

21. 福建清华建筑设计院有限公司：李云旭

22. 福建泉宏工程管理有限公司：陈福平

23. 福建尚壹设计咨询有限公司：林荣文、林燕荣

24. 福建省邦达盛鑫建设有限公司：林璐璐

25. 福建省博意建筑设计有限公司：熊忠荣

26. 福建省港运建设工程有限公司：薛眯眯

27. 福建省工大工程设计有限公司：张鹏军

28. 福建省宏信项目管理有限公司：吴国标

29. 福建省鸿建工程检测有限公司：郑云芳

30. 福建省环境保护设计院有限公司：贺婷、陈方圻

31. 福建省惠和城市规划设计有限公司：汪艳艳

32. 福建省九龙建设集团有限公司：杨雨林

33. 福建省兰竹生态景观工程有限公司：肖宣军

34. 福建省荔隆建设工程有限公司：龚晖

35. 福建省林业勘察设计院：刘伟、蓝宁锋、朱万君、彭涌、郑德斌、林光镇

36. 福建省龙祥建设集团有限公司：潘家伟

37. 福建省闽武建筑设计院有限公司：张霆

38. 福建省榕圣市政工程股份有限公司：吴丽青

39. 福建省雅林建设集团有限公司：陈亦男

40. 福建省冶金工业设计院有限公司：张伏右

41. 福建省永正工程质量检测有限公司：林持光、陈俊捷、梁超群、沈斌、马卫健、李升超、曹西文、兰建强、官少华

42. 福建省禹澄建设工程有限公司：范彩贞

43. 福建鑫陆建设集团有限公司：范乾辉

44. 福建医工设计院有限公司：邓杰

45. 福建怡闽风景园林规划设计有限公司：潘美玲

46. 福建亿昇建材有限公司：林锦祥

47. 福建永福电力设计股份有限公司：袁建滨、庄育宏、代小利、张星星

48. 福建元博信息科技有限公司：罗晓锋

49. 福建兆翔机场建设有限公司：王小桃

50. 福建中庚置业有限公司：陈接元

51. 福建中路港通建设发展有限公司：陈金道

52. 福清市侨乡建设投资有限公司：黄卫锋

53. 福州城建设计研究院有限公司：吴艺武、陈惠书、黄麟智、邱清根、李林、宋春水、蔡建勇、许奎清、王春利、梁艺婷

54. 福州大禹建设工程造价咨询有限公司：林道隽

55. 福州地铁集团有限公司：何俊伟、何永、陈远声、林明锋、李求寿、祁小兵

56. 福州电力设计院有限公司：汪毅

57. 福州轨道交通设计院有限公司：林玉燕、左广超、李茜

58. 福州建通工程试验检测有限公司：卓美君

59. 福州鲁能地产有限公司：林俊杰

60. 福州三迪坂南置业有限公司：黄新伟

61. 福州三江口建设发展有限责任公司：郑雪玲

62. 福州市城乡规划设计院有限公司：郭茜

63. 福州市第三建筑工程公司：刘俏婷

64. 福州市规划设计研究院集团有限公司：何颖、叶坚波、苏晨、蒋隆建、李铿、郑彧、林孔斌、魏秀明、林新祥、张华

65. 福州市建新花卉集团公司：郑秀华

66. 福州市建筑设计院有限责任公司：罗家琪

67. 福州市勘测院：方涛、曲晓帆、康剑伟

68. 福州市万泽房地产有限公司：张民

69. 福州市一建建设股份有限公司：赖志龙、李安龙、朱劭君

70. 福州铁建建筑有限公司：刘观盛、李文飞

71. 福州新区开发投资集团有限公司：程林聪

72. 福州鑫隆达土木工程检测有限公司：刘明钟

73. 广东广信建筑工程监理有限公司：鄢庆桂

74. 广西华蓝岩土工程有限公司：卢伟平

75. 广州博厦建筑设计研究院有限公司福建分公司：林美娟

76. 翰林（福建）勘察设计有限公司：余文韬

77. 合诚工程咨询集团股份有限公司：高海青

78. 恒锋信息科技股份有限公司：詹璐、马永荣

79. 湖南城市学院设计研究院有限公司：翁丽红

80. 嘉博联合设计股份有限公司：张序、黄保森、姚义舜、魏臣强

81. 建盟设计集团有限公司：林敬祥

82. 龙岩市永定区宏辉城市建设发展有限公司：赖福进

83. 名筑建工集团有限公司：王凯

84. 南平市武夷新区建设发展有限公司：余飞

85. 平潭鼎新房地产发展有限公司：刘茂华

86. 平潭市政开发有限公司：翁煜童

87. 平潭综合实验区交通投资集团有限公司：翁祖泽

88. 平潭综合实验区土地开发集团有限公司：游经团

89. 平潭综合实验区先行实业有限公司：任金、任英梅

90. 厦门市市政工程设计院有限公司：王新钦、陈亮、吴成伟、柯忠、赵波

91. 厦门市政工程有限公司：林杰

92. 厦门万路通设计院有限公司：李小云

93. 厦门长实建设有限公司福州分公司：张诗应

94. 上海市城市建设设计研究总院（集团）有限公司：饶士丽

95. 上海市政工程设计研究总院（集团）有限公司：江剑煌

96. 上海隧道工程有限公司：林川

97. 时代建筑设计院（福建）有限公司：谢建成

98. 秀艺（福建）园林工程有限公司：林宏

99. 永春县新奥燃气有限公司：陈华鹏

100. 宇旺建工集团有限公司：刘世锴

101. 中城建（福建）建筑设计研究院有限公司：陈元璋

102. 中城建设有限责任公司：邱春水

103. 中鸿达信息科技有限公司：黄炜

104. 中闽（福建）勘察设计有限公司：林宜超

105. 中盛福宁集团有限公司：王雪宏

106. 中智海峡科技有限公司：刘敏伟、黄琳

十六、中国邮政集团有限公司福建省分公司（1人）：蔡涵霞

十七、厦门市（1人）

厦门华润燃气有限公司：杨志良

十八、漳州市（70人）

1. 东山经济技术开发区建设发展总公司：翁喜鸫

2. 福建安华发展有限公司：彭军

3. 福建恒翔工程项目管理有限公司：王明霞

4. 福建佳园生态建设有限公司：陈文欢

5. 福建建盛工程管理有限公司：蔡巍麟

6. 福建江南春城市建设集团有限公司：杨燕茹

7. 福建锦泰工程项目管理有限公司：王茂林

8. 福建联审工程管理咨询有限公司：赖艺铭

9. 福建平诚工程造价咨询有限公司：郑闽敏

10. 福建祺兴建设集团有限公司：韩溪泉

11. 福建荣冠环境建设集团有限公司：曾美蓉

12. 福建瑞宇工程咨询有限公司：李丽梅

13. 福建省春天生态科技股份有限公司：吴志勇、吴汉民、黄建明

14. 福建省京闽工程顾问有限公司：汤梅珍

15. 福建省泷澄建设集团有限公司：唐国辉、危代贵

16. 福建省禹澄建设工程有限公司：游荣盛、罗铭

17. 福建省漳州市建筑设计有限公司：林至敏、杨佳麟

18. 福建晏圣工程管理有限公司：沈淑惠

19. 福建越众日盛建设咨询有限公司：颜艺荣、周一平

20. 福建众亿工程项目管理有限公司：张宏艺

21. 华安县市政公用中心：汤林杰

22. 南靖县建筑工程质量服务中心：卢春兰

23. 平和县建设工程造价站：林锦祥

24. 信和置业（漳州）有限公司：蔡建华

25. 漳州安然燃气有限公司：李泰

26. 漳州城投地产集团有限公司：林菁菁

27. 漳州大自然园林工程有限公司：陈宏乐

28. 漳州国润房地产有限公司：陈燕娴

29. 漳州鸿业同创房地产有限公司：温美金

30. 漳州靖圆发展有限公司：周毅荣

31. 漳州市城市规划设计有限公司：洪建艺、王丽清、蔡卓、庄佳栋、张智林

32. 漳州市城市建设投资开发有限公司：黄浩林、沈成坤

33. 漳州市风景园林中心：蒋水龙

34. 漳州市工程咨询中心有限公司：徐晶晶

35. 漳州市供排水中心：谢少杰

36. 漳州市和泰工程检测有限公司：胡淑华

37. 漳州市华信建材有限责任公司：吴泉兴

38. 漳州市建筑安全站：刘麦超、郑永锦

39. 漳州市建筑工程有限公司：蔡松浩、高琦

40. 漳州市聚鸿建材有限公司：刘连印

41. 漳州市龙文区国有资产中心：赵艳

42. 漳州市园林绿化建筑工程有限公司：郑志芸

43. 漳州台商投资区建设工程质量安全站：郑颖众、林能强、方勇

44. 漳州台商投资区市容园林服务中心：曾艺琛

45. 漳州圆山发展有限公司：覃赛玉

46. 漳州圆山人力资源有限公司：简靖坤

47. 漳州圆山新城建设有限公司：苏建福、黄朝阳、郑俊华

48. 长泰县国土空间规划中心：王书馨、陈艺勇

49. 长泰县建设工程质量工作站：卢钦平

50. 长泰县建筑安全工作站：叶景山、叶炳林

51. 长泰县长盛房地产测绘有限公司：姚珠燕

十九、泉州市（113 人）

1. 安溪县村镇建设服务中心：黄清跃

2. 德化县城乡规划和测绘信息服务中心：陈巧玲、黄全芳、陈泽观

3. 德化县城镇房地产开发公司：郑科军、林荣龙

4. 福建德川建设有限公司：涂予波

5. 福建德和工程项目管理有限公司：王一俊

6. 福建第一公路工程集团有限公司：纪飞龙

7. 福建泉州勘测设计院有限公司：罗纪有

8. 福建泉州市土地开发有限公司：郑锦泉、魏志建

9. 福建省安泰建筑工程有限公司：叶德全

10. 福建省博正建筑设计有限公司：张宏韬

11. 福建省东霖建设工程有限公司：洪伟堂、陈军军

12. 福建省华策建设集团有限公司：林劲文

13. 福建省华远建工集团有限公司：詹中山

14. 福建省建专岩土工程有限公司：黄森良

15. 福建省晋江自来水股份有限公司：陈小青

16. 福建省蓝深环保技术股份有限公司：黄晓辉

17. 福建省闽南建筑工程有限公司：邱国川、丁晓、张惠良

18. 福建省南安市第一建设有限公司：叶婉玲

19. 福建省奇尚园林工程有限公司：江少斌

20. 福建省泉州市东海建筑有限公司：赖宝国

21. 福建省石狮市建设工程质量安全站：施

正取

22. 福建省五建建设集团有限公司：肖群、傅江龙、郭亚菊、骆云阳、陈飞来、陈志彬、李昆仑、林杜铭、蔡建兵、黄吉祥、李晓、李家阳、许文超、王志文、张忠钦、李志松、吴辉南、雷文生

23. 福建省五建装修装饰有限公司：郑文德

24. 福建新时代项目管理有限公司：张延毅

25. 福建长坤建设有限公司：黄加福

26. 福建中联建工有限公司：尤淑润

27. 惠安房建投资有限公司：孙伟强

28. 惠安县规划技术站：尤晓斌

29. 惠安县建设总工程师室：陈小琼

30. 惠安县建筑安全工作站：陈东军

31. 晋江市城乡住房建设中心晋南辅城分中心：郭重源

32. 晋江市给排水中心：蔡期灿、周文从

33. 晋江市坤源水利工程有限公司：黄林

34. 晋江市林业园林规划技术中心：谢伟强、张森鑫

35. 晋江市园林中心：颜晖艳

36. 晋江市住房保障中心：朱志岳、蔡金龙

37. 雷峰镇社会事务服务中心：赖瑞泽

38. 鲤城区财政投资评审中心：吴福琳

39. 鲤城区建设工程安全站：苏泽煌

40. 南安市城乡规划局梅罗片区管理服务中心：郑江海

41. 南安市村镇规划管理站：黄清燕

42. 南安市给排水管理中心：陈良华

43. 南安市路灯管理所：黄志林

44. 南安市园林管理处：梁宇龙、黄晓煌、洪礼阳

45. 千亿设计集团有限公司：杨志群、黄启升

46. 泉州城建集团有限公司：吴为森

47. 泉州清源山景区资源保护中心：赖世订

48. 泉州市城市规划设计研究院：黄贝尔、唐力丰、曾桂林

49. 泉州市东海投资管理有限公司：金少春

50. 泉州市方信建筑材料检测试验有限公司：杜秀镜

51. 泉州市工程建设监理事务所：张达雄、陈永开

52. 泉州市环境卫生中心：洪亮亮

53. 泉州市泉港区市政公用事业管理处：林志金

54. 泉州市万安投资经营有限公司：张佳

55. 泉州市亿民建设发展有限公司：张小强

56. 泉州市政府投资项目评审中心：汪飞跃

57. 泉州市中泉建筑工程有限公司：郭宇行

58. 泉州市住宅建筑设计院：姜树春

59. 泉州市装饰装修工程质量监督站：许建福

60. 泉州市自然资源和规划局技术中心：孙星琳

61. 泉州水务工程建设集团有限公司：朱振华、张宗联、董灿伟

62. 泉州台商投资区城市建设发展有限公司：刘儒炯、魏巍、陈志埕

63. 泉州台商投资区自来水有限公司：郭惠财

64. 群盛建工集团有限公司：贾玉祥

65. 石狮市城市建设服务中心：洪星东

66. 石狮市村镇规划服务站：胡奕东

67. 石狮市建设工程质量安全站：李一龙

68. 石狮市市政公用事业处：蔡金树、林鹏飞

69. 石狮市水务处：邱于益

70. 石狮市土地整理开发有限公司：洪火龙

71. 耀华园林股份有限公司：华杭燕

72. 中建富林集团有限公司：刘永平

73. 中建远南集团有限公司：黄玉萍

74. 晋江市住房建设中心：蔡金龙

75. 泉州台商投资区开发建设有限责任公司：王晓锻

76. 泉州台商投资区市政管理有限责任公司：曾俊赫

二十、莆田市（14 人）

1. 莆田城市园林发展集团有限公司：陈俊卿

2. 莆田市城市建设投资开发集团有限公司：黄剑辉、陈林、李秋芳

3. 莆田市国有资产投资有限公司：蔡钦

4. 莆田市涵江区新型建材和散装水泥发展管理办公室：刘松芬

5. 莆田市荔城区财政局：林福仙

6. 莆田市荔城区住房保障服务中心：唐细明

7. 莆田市荔园园林有限公司：林溢超

8. 莆田市湄洲岛建设工程质量安全监督站：蔡振兴

9. 莆田市市政建设工程公司：陈剑青

10. 莆田市水务集团有限公司：黄宇真

11. 仙游县村镇规划建设管理中心站：茅剑英

12. 仙游县人防工程维护管理中心：陈锋

二十一、三明市（49 人）

1. 福建超平建筑设计有限公司：李妍

2. 福建丹霞城市建设投资有限公司：李观求

3. 福建东南设计集团建设发展有限公司：吴庆声

4. 福建东南设计集团有限公司：李松柏

5. 福建瑞晟建设工程造价咨询有限公司：池其钰

6. 福建三明市政工程有限公司：罗建宏

7. 福建尚森建设有限公司：余振禄

8. 福建省华实建设工程有限公司：张君炜

9. 福建省屏宁建筑工程有限公司：刘茂江

10. 福建一建集团有限公司：涂宣群、郑大挥、李元景、官厚兵、郭朝年、易军、李斌喜

11. 福建盈泰建设有限公司：张逢顺

12. 将乐县财政投资评审中心：范晨亮

13. 将乐县城乡建设技术指导站：余志斌

14. 将乐县光明镇农村基础设施建设服务中心：张小琴

15. 将乐县市容市貌中心：肖衍合

16. 闽晟集团城建发展有限公司：陈峻、瞿婷

17. 宁化县城市建设技术服务中心：黄新忠、孙剑

18. 宁化县政府投资审计中心：黄玉珠

19. 清流县建设工程质量安全站：雷晓明

20. 清流县龙津镇村镇建设综合服务中心：赖文旭

21. 三明美景建设有限公司：许接兰

22. 三明生态工贸区招商服务中心：吴观宇

23. 三明市城市建设发展集团有限公司：李志杰、邓翼华

24. 三明市城乡规划设计有限公司：廖加轩、黄定荣

25. 三明市工程建设监理有限公司：邹龙

26. 三明市沙县区固定资产投资审计中心：胡金火

27. 三明市市政工程养管中心：李强、胡水金、陈由榕

28. 三明市园林中心：林静媛

29. 沙县金古空港综合服务中心：洪英光

30. 泰宁县房屋征收服务中心：廖增福

31. 泰宁县土地收储中心：吴芳芳

32. 永安市建设工程技术服务中心：黄璐、郭超

33. 永安市人防设施保障中心：许接武

34. 永安市燕东街道社会事务综合服务中心：陈吉庆

35. 尤溪县国土空间信息中心：傅玲玲

36. 尤溪县自然资源权属纠纷调解服务中心：张朝云

二十二、南平市（25 人）

1. 福建省南平市建阳区建设工程质量安全监督站：周行忠

2. 福建省邵武三建工程有限公司：林川

3. 福建省武夷山市建工集团有限公司：王光富

4. 建瓯市鸿兴建设有限公司：傅伟忠

5. 建瓯市建安街道国土资源所：肖雅妹

6. 建瓯市建设工程质量安全监督站：严勇

7. 南平高速建设有限公司：魏智成

8. 南平高速中凡建筑工程有限公司：吴传兴

9. 南平市财政投资评审中心：蔡小芳

10. 南平市城乡规划设计研究院有限责任公司：吴伟、真庄波

11. 南平市大业建设工程监理有限公司：吴隆平

12. 南平市建设工程质量安全站：吴勇

13. 南平市建阳区政府投资项目审计中心：严海梅

14. 南平市武夷新区建设发展有限公司：楼婧

15. 南平市政园林工程有限公司：季恭国、黄子泉、胡威力

16. 南平武夷集团有限公司：郑明

17. 浦城县房地产综合开发公司：潘闽浦

18. 顺昌县项目工程质量安全综合技术中心：

黄晓强

19. 松溪县村镇建设站：邵晖

20. 松溪县建设工程质量安全站：兰俊荣、范祖国

21. 福建南平武夷有轨电车有限公司：黄宇

二十三、龙岩市（59 人）

1. 福建博业建设集团有限公司：钟儒魁

2. 福建泛易园林建设有限公司：俞建金

3. 福建可盛市政园林工程有限公司：蒋庆贞

4. 福建立德工程管理有限公司：黎永华

5. 福建联泰建设工程有限公司：黄业生

6. 福建绿涛市政园林工程有限公司：陶琳

7. 福建泉润建设工程有限公司：胡淑芳、蓝丽华、童文礼

8. 福建荣建集团有限公司：熊万礼

9. 福建省龙岩市城市建设投资发展有限公司：陈建生、李文金、戴世芳

10. 福建省龙岩市城乡规划设计院：吕晶、李贵铭、陈钧、刘伟强、范涛、蓝金水

11. 上杭县住房保障中心：陈珍贤

12. 福建省泰宏建设工程有限公司：罗秀清

13. 福建省同源建设工程有限公司：温启荣

14. 福建省新越建工有限公司：游小鹭

15. 福建西景市政园林建设有限公司：陈攀尊

16. 福建新华夏建工集团有限公司：黄金福、黄小芬、冯象英

17. 福建旭之茂建筑工程有限公司：吕飞群

18. 福建学智建设工程有限公司：温泉俊、廖永东

19. 福建永旺建设集团有限公司：郑高文

20. 福建中凯建设工程有限公司：王天发

21. 福建筑景园林建设有限公司：麻惠芝

22. 恒亿集团有限公司：邱烽华

23. 连城县工贸发展有限公司：许轶腾

24. 龙岩城发物业有限公司：蓝秀荣

25. 龙岩城市发展集团有限公司：王翠娥

26. 龙岩交发地产有限公司：郑伟英

27. 龙岩美伦房地产开发有限公司：林福泉

28. 龙岩市安居住宅建设有限公司：陈国仕、廖胜永、张莹、陈家林、郑建聪

29. 龙岩市财政投资评审中心：廖琼芳

30. 龙岩市城市规划研究中心：郑蓉

31. 龙岩市龙达建筑工程有限公司：张哲铃

32. 龙岩市明辉工程咨询有限公司：刘大木

33. 龙岩市市政维护管理处：郭晓勇

34. 龙岩市土地发展经营有限公司：张健明

35. 龙岩市土地收购储备中心：王丽平

36. 龙岩水发环境发展有限公司：蓝杭春、陈美之

37. 武平县财政投资评审中心：张华军

38. 武平县国土空间规划服务中心：陈贞伟

39. 漳平市房屋征收中心：易建文

40. 漳平市华昇城市综合开发有限责任公司：陈谦华

41. 长汀县固定资产投资审计中心：罗薇

42. 紫金矿业集团股份有限公司：沈伟钦

二十四、宁德市（21 人）

1. 福安市金宏运混凝土有限公司：黄卫茂

2. 福安市市政工程管理处：雷燮

3. 福鼎市住房和城乡建设服务中心：朱千州

4. 福建恒实建设发展有限公司：陈马城

5. 福建屏南工业园区管理委员会：陈抑非

6. 福建省永发建筑工程有限公司：詹其庄

7. 宁德东侨二建工程建设管理有限公司：杨维玲

8. 宁德市财政投资评审中心：黄见达

9. 宁德市城建集团有限公司：吴巧明

10. 宁德市城市建设发展中心：郭颖颖、缪晓鸿、严瑛

11. 宁德市规划编制研究中心：陈阿铁、颜广平

12. 宁德市三都澳新区开发建设有限公司：郑智富

13. 宁德市鑫东项目管理有限公司：汪承涛

14. 寿宁县东部新区开发建设中心：龚安

15. 寿宁县建筑设计院：胡友需

16. 霞浦县固定资产投资审计服务中心：吴文坤

17. 柘荣县固定资产投资审计中心：杨云周

18. 柘荣县建设工程质量安全站：林峰

何树宾等24位引进生工程系列土建专业技术职务任职资格人员名单

2022年1月4日，福建省人力资源和社会保障厅下发《关于批准确认何树宾等24位引进生工程系列土建专业技术职务任职资格的通知》（闽人社批复〔2022〕2号）提出，经研究，批准确认由2020年度工程技术人员土建专业高级技术职务评审委员会评审通过的何树宾等24位工程系列土建专业技术职务任职资格，任职资格确认时间为2021年11月28日。现予公布，名单如下：

一、高级工程师

福建建工集团（1人）

福建省建筑科学研究院有限责任公司：何树宾

二、工程师

1. 福建省交通运输厅（2人）

福建省交通规划设计院有限公司：杨忠勇、陈坤

2. 福建建工集团（8人）

福建建工集团有限责任公司：池君宇、黄建明、程健

福建省建筑科学研究院有限责任公司：陈灿、林嘉丽

福建省建筑设计研究院有限公司：吴安海、刘东林、梁竞

3. 福州市（4人）

福州市规划设计研究院集团有限公司：陈奕韬、陈楚鋆、林诗琪

福州市城乡建总集团有限公司：林欣晖

4. 厦门市（8人）

厦门市测绘与基础地理信息中心：王浩

厦门市城市规划设计研究院有限公司：程国辉、黄丽云

厦门市规划数字技术研究中心：李港、刘华发

厦门市国土空间和交通研究中心：俞璐、廖岩枫、傅寒珺

5. 平潭综合实验区党群工作部（1人）

平潭综合实验区自然资源服务中心：吴立记

张瑾等121位同志地勘专业高级工程师职务任职资格人员名单

2022年1月4日，福建省人力资源和社会保障厅下发《关于批准确认张瑾等121位同志地勘专业高级工程师职务任职资格的通知》（闽人社批复〔2022〕7号）提出，经研究，批准确认由2020年度省工程技术人员地勘专业高级职务任职资格评委会评审通过的张瑾等121位同志高级工程师职务任职资格。任职资格确认时间为2021年11月28日，现予公布，名单如下：

一、福建省地质矿产勘查开发局（106人）

福建省闽北地质大队：张瑾、尤阳正、吴祖才、李海强、陈强、李国文、林香、李克冰、田传仁、张富乐、彭思远；

福建省闽西地质大队：陈繁、罗辉隆、沈志健、周杰元、邱瑞、徐敏、周海、卓秀霞；

福建省第二地质勘探大队：林策；

福建省闽东南地质大队：陈冲、杨延平、黎福地、陈剑峰、刘乙锋、蔡金楚、单广林、李强；

福建省第四地质大队：黄明、李映平、周启亮、张佩、陈贺松、兰佑；

福建省第八地质大队：胡灶福、陈灯建、钟锦辉、黎刚波；

福建省闽南地质大队：潘军、蔡荣忠、陈惠格；

福建省厦门地质工程勘察院：李金德、郑杰、汪晓峰；

福建省地质工程勘察院：朱涛、林荧、赵亮亮、黄瑛瑛、唐雪峰、张明花；

福建省地质工程大队：刘明伟；

福建省地质测试研究中心：郑春阳、李艳、王晓磊、肖坤明；

福建省地质测绘院：林鸿荣、赵一攀、李计英、林立强、曹元锋、郭玉斌、刘建霞、张帅、夏鹏；

福建省地质调查研究院：陈进全、郑明泉、吴方杰、王文俊、黄少胤、包国良、丘国春、李腾鹏、林建平、林泽铃、李明、曹容浩、陈海锋、郑国明、钟和清、杜建文、李景、彭头平、雷德利、陆求裕、王芳华、柳文广、余蓬春、陈礼明、

杨仲、邓克、汪珉、许仙斌、王峰、蒋永建、罗江、王衍勋、吴俊、葛伟男、钟艳春；

福建省核工业二九五大队：庄来新、赵琼、白成玉、张亮、严国铸、吴兴盛、傅宗瑚；

二、福建省煤田地质局（7 人）

福建省121地质大队：颜景强、李雪平、吴联钱、张松木；

福建省197地质大队：蔡海兵；

福建省煤田地质勘查院：赵举兴；

福建东辰综合勘察院：郑侠；

三、中国海峡人才市场（3 人）

福建省地质测绘院：胡斌、肖国铃；

福建省金皇环保科技有限公司：袁园；

四、三明市（1 人）

将乐县昌乐测绘有限公司：林华英；

五、南平市（2 人）

邵武市地质矿产中心：袁达；

光泽县国土资源局土地收储中心：刘斌；

六、龙岩市（2 人）

龙岩市国土交易评审中心：赖黄海；

漳平市土地整治中心：刘星红。

郑荔等20位同志汽车、船舶专业高级工程师职务任职资格人员名单

2022年1月4日，福建省人力资源和社会保障厅下发《关于批准确认郑荔等20位同志汽车、船舶专业高级工程师职务任职资格的通知》（闽人社批复〔2022〕8号）提出，经研究，批准确认由2020年度福建省工程技术人员汽车、船舶专业高级职务评审委员会评审通过的郑荔等20位同志高级工程师职务任职资格。任职资格确认时间为2021年12月11日，现予公布，名单如下：

一、福建省汽车工业集团公司（4 人）

东南（福建）汽车工业有限公司：郑荔、陈刚、黄彦、吴旭辉；

二、福建省船舶工业集团有限公司（5 人）

福建省马尾造船股份有限公司：林辉、黄建通；

厦门船舶重工股份有限公司：苏建华；

福建福船投资有限公司：王宏；

福建省福船海洋工程技术研究院有限公司：殷文林；

三、海峡人才市场（3 人）

厦门威迪思汽车设计服务有限公司：吴金镇；

福建奔驰汽车有限公司：林博、丁太节；

四、福州市（1 人）

福清市公共交通公司：严雄；

五、三明市（5 人）

中国重汽集团福建海西汽车有限公司：范永福、周庆金、田荣、张晓鹏、赖志永；

六、龙岩市（2 人）

福建侨龙应急装备股份有限公司：阙彬元；

福建龙马环卫装备股份有限公司：赖滨萍。

余雪芬等40位同志通信专业高级工程师任职资格人员名单

2022年1月17日，福建省人力资源和社会保障厅下发《关于批准确认余雪芬等40位同志通信专业高级工程师任职资格的通知》（闽人社批复〔2022〕30号）提出，经研究，批准确认由省电信公司工程技术人员通信专业高级职务评审委员会评审通过的余雪芬等40位同志通信专业高级工程师任职资格。任职资格确认时间为2021年12月28日，现予公布，名单如下：

一、中国电信股份有限公司福州分公司：余雪芬、吴翠敏、陈俊峰、陈明迅

二、中国电信股份有限公司厦门分公司：常诚、林伟艺、刘森

三、中国电信股份有限公司宁德分公司：王功朝、谢和忠

四、中国电信股份有限公司莆田分公司：陈福清

五、中国电信股份有限公司泉州分公司：陈怀铭、王成境、吴昊、何群峰、王松勇

六、中国电信股份有限公司龙岩分公司：路万里

七、中国电信股份有限公司三明分公司：郑鸿麟

八、中国电信股份有限公司南平分公司：陈朝伟

九、中国电信股份有限公司福建分公司：官东亮

十、中国电信股份有限公司福建无线通信分公司：王闽申

十一、中国电信股份有限公司福建信息产业分公司：徐福燕

十二、中电福富信息科技有限公司：陈军、江燕青、叶先壹、杨青云、郑宗宇、黄书涵

十三、福建省电信技术发展有限公司：林峰、王国栋

十四、中邮科通信技术股份有限公司：吴芳、鲍捷杰、李松清、林玮

十五、福建省邮电规划设计院有限公司：张贵术、王成林、张涌、刘丹丹、高文斌、甘志浩、杨国涛

黄帆等137位同志机械专业高级工程师职务任职资格人员名单

2022年1月29日，福建省人力资源和社会保障厅下发《关于批准确认黄帆等137位同志机械专业高级工程师职务任职资格的通知》（闽人社批复〔2022〕65号）提出，经研究，批准确认由2020年度省工程技术人员机械专业高级职务任职资格评委会评审通过的黄帆等137位同志高级工程师职务任职资格。任职资格确认时间为2021年12月26日，现予公布，名单如下：

一、福建省教育厅（2名）

福建水利电力职业技术学院：黄帆、林梅芬

二、福建省交通运输厅（1名）

福建省港航勘察设计院有限公司：欧林森

三、福建省卫生健康委员会（1名）

福建省肿瘤医院：黄熙

四、福建省市场监督管理局（1名）

福建省锅炉压力容器检验研究院：黄耀波

五、福建省粮食储备局（1名）

福建省救灾物资储备中心：卓武君

六、福建医科大学（2名）

福建医科大学附属协和医院：方洵

福建医科大学附属第二医院：柯建锋

七、福建省高速公路集团有限公司（2名）

福建省福泉高速公路有限公司：俞方升、沈炳孟

八、福建省冶金（控股）有限责任公司（3名）

厦门金鹭特种合金有限公司：刘三军、曾腾辉

厦门创云精智机械设备股份有限公司：李庚

九、福建省能源石化集团有限责任公司（3名）

福建福海创石油化工有限公司：陈春辉、汤彦鑫

福建省东南电化股份有限公司：陈清泉

十、福建省港口集团有限责任公司（2名）

福建可门港物流有限责任公司：黄键

福建省肖厝港口开发有限公司：陈志林

十一、福建省汽车工业集团有限公司（1名）

福建新龙马汽车股份有限公司：林科

十二、福建省机电（控股）有限责任公司（8名）

福建海峡科化股份有限公司：潘素华、俞樟林、郑新浩、陈余华、唐文、陈赫、荆东旭

福建兵工装备有限公司：黄琛

十三、福建省轻纺（控股）有限责任公司（1名）

福建省轻安工程建设有限公司：张华秦

十四、福建省国有资产管理有限公司（9名）

福建福大建筑规划设计研究院有限公司：严国志

福建省普华电力科技有限公司：龚钦耀

志品（福州）技术工程有限公司：陈汝秀

福建宏瑞建设工程有限公司：张志成、刘道兴

福建雪人股份有限公司：沈顺喜

锐捷网络股份有限公司：朱蓓

福建源发电力勘察设计有限公司：黄泓云

福建润秀电力发展有限公司：汤忠敏

十五、中国海峡人才市场（43名）

百特（福建）智能装备科技有限公司：陈钦明

博能特（福州）工业有限公司：沈举贤

福建飞毛腿动力科技有限公司：陈阿文

福建闽高电力股份有限公司：洪敏勇

福建群峰机械有限公司：庞亮

福建润明建设有限公司：叶承文、潘文曦

福建省恒天电力有限公司：温玉灯

福建省环境保护设计院有限公司：宁星

福建省劳安设备技术开发中心：林健民

福建省闽建机械有限公司：吴程晨

福建省农业机械化研究所（福建省机械科学研究院）：谢舒华

福建省特种设备检验研究院：季秉伟、卢松俊、陈泰潮、吴城汀、王胜光

福建省特种设备检验研究院泉州分院：曾国源、王常辉、陈挺木

福建省特种设备检验研究院漳州分院：涂志松

福建省新能海上风电研发中心有限公司：谢贤彬

福建省亿力建设工程有限公司福建电力调试分公司：马超、施清山、孙利永

福建永福电力设计股份有限公司：宋馗、黄华臻

福建中网电气有限公司：韩云

福州地铁集团有限公司运营事业部：南玉才、罗旭、赵海欧

福州电力设计院有限公司：尹翔

福州海峡建设发展有限责任公司：吴燕玲

福州市虚谷技术有限公司：张功旺

和协（福建）物业管理有限公司：梁敬铸

华阳电业有限公司：王林强

嘉亨家化股份有限公司：许聪艳

泉州华中科技大学智能制造研究院：黄玮文

泉州市双塔汽车零件有限公司：苏志伟

泉州亿兴电力有限公司：林腾腾

泉州亿兴电力工程建设有限公司泉州经济技术开发区分公司：潘志腾

泉州中国兵器装备集团特种机器人研发中心：何小林

中锦骏业建设有限公司：陈瑶

十六、福建龙净环保股份有限公司（17 名）

罗香銮、林东飘、吴桂平、钟才秀、吴荣鑫、卢宇明、郑晓盼、潘保堂、肖华生、钟斌、赖耿峰、吴华秀、苏碧香、陈巧娟、王金龙、许继福、初琨

十七、福建龙溪轴承（集团）股份有限公司（5 名）

陈杰、郑清皇、施政中、庄彩虹、张健鹤

十八、福建宁德核电有限公司（1 名）

郑智敏

十九、宁德时代新能源科技股份有限公司（8 名）

陈圣旺、邢承友、李克强、但志敏、颜昱、李清、黄小腾、吴兴远

二十、宁德新能源科技有限公司（1 名）

郭培培

二十一、漳州市（3 名）

漳州大北农农牧科技有限公司：吴锋文

漳州市城市建设投资开发有限公司：钟燕东

漳州盈创信息科技有限公司：陈永革

二十二、泉州市（3 名）

福建省晋江自来水股份有限公司：吴志鹏

福建（泉州）哈工大工程技术研究院：梁培栋、张陈涛

二十三、三明市（2 名）

福建省清流县总医院：吴贞新

福建省永安林业（集团）股份有限公司永安人造板厂：许梅芳

二十四、龙岩市（15 名）

福建龙马环卫装备股份有限公司：郑海辉、朱德生、陈增志

福建侨龙应急装备股份有限公司：张功元

福建卫东环保股份有限公司：张兴州

紫金铜业有限公司：林家永、林福坤

福建紫金铜业有限公司：王江涛

华达（福建龙岩）环卫科技有限公司：黄达焱

龙工（福建）桥箱有限公司：曾辉、蔡军

龙岩畅丰专用汽车有限公司：卢森加

紫金矿业集团股份有限公司：蓝桃生、袁致忠、关长亮

二十五、平潭综合实验区（2 名）

福建卓翼能源科技发展有限公司：周文

平潭综合实验区城市投资建设集团有限公司：龚凯

朱妙艺等 137 位同志水利水电专业高级工程师职务任职资格人员名单

2022 年 2 月 28 日，福建省人力资源和社会保

障厅下发《关于批准确认朱妙艺等137位同志水利水电专业高级工程师职务任职资格的通知》（闽人社批复〔2022〕105号）提出，经研究，批准确认由2021年省工程技术人员水利水电专业高级职务任职资格评委会评审通过的朱妙艺等137位同志高级工程师职务任职资格。任职资格确认时间为2021年12月31日，现予公布，名单如下：

一、福建省水利厅厅属单位（27人）

1. 福建省水利水电勘测设计研究院：朱妙艺、刘延琼、刘佑琳、汤绍青、李福荣、李德亮、杨伟华、肖秀丽、吴素兰、沈恒、张冲隆、张金福、张桓、陈海英、郑琦、郝晓博、黄燕、蒋云魁、雷少青、雷泳南、魏瑞城

2. 福建省水利规划院：杨劲文

3. 福建省水利建设中心：林胜

4. 福建省九龙江北溪水资源调配中心：陈振炉、郭良彬、黄毅玲

5. 福建省农村饮水安全中心：钟徐枫

二、福建省投资开发集团有限责任公司（1人）

福建永泰闽投抽水蓄能有限公司：揭子义

三、福建建工集团有限责任公司（2人）

1. 福州市聪铭实业有限公司：郭华明

2. 福建省新力工程监理有限公司：杨震

四、福建省水利投资开发集团有限公司（20人）

1. 福建省水利水电工程局有限公司：王欣欣、卢先洪、叶国强、伍兴、刘星军、李斌、杨坤源、吴金锋、余红瑞、陈立龙、高利佳、常雪玲、彭长宝、颜朝伟

2. 福建省水投勘测设计有限公司：陈海燕、蔡铭洁

3. 福建省水利水电建设有限公司：林金才、简颖华

4、福建省围垦建设工程有限公司：郭信义

5. 福建省水务发展集团有限公司：李鹏飞

五、中国海峡人才市场（12人）

1. 福建华圣工程技术咨询有限公司：张尔辉

2. 福建省建江水利水电设计咨询有限公司：陈实、陈岚

3. 厦门安能建设有限公司：吉燎原

4. 莆田市城乡供水有限公司：吴硕、俞建平

5. 福建茂源工程咨询有限公司：郑泽斌

6. 福建润闽工程顾问有限公司：刘国桂、许颜雄

7. 福建省永川水利水电勘测设计院有限公司：廖耀元

8. 福州市规划设计研究院集团有限公司：游畅

9. 福建省建江水利水电设计咨询有限公司：黄振兴

六、福州市（3人）

1. 永泰县水利局：林美莲

2. 福建旭炑里建设工程有限公司：刘玉坤

3. 福建星洲水利水电工程有限公司：廖明地

七、漳州市（7人）

1. 漳州市水利水电勘测设计有限公司：吴洪武

2. 漳州市芗城区水利工程建设与质量安全站：林燕

3. 福建省云霄县向东渠管理处：邓济坤

4. 云霄县水利建设技术队：陈永文

5. 长泰县水利建设与运行站：张华东

6. 福建联冠建设有限公司：周景连

7. 福建省三安建设有限公司：陈渊泉

八、泉州市（16人）

1. 泉州市山美灌区水资源调配中心：曾少森

2. 晋江市水利工程建设中心：颜剑南

3. 晋江市河务中心：王黎光

4. 南安市九都镇人民政府：黄艺

5. 南安市笋塔水库管理处：潘渊峰

6. 惠安县惠女菱溪陈田库区事务所：何文彬、陈伟雄

7. 惠安县外走马埭海堤管理处：黄舜祥

8. 福建路港（集团）有限公司：王巧艺、游玲峰

9. 福建省水利投资集团泉州洛江水务有限责任公司：林思阳

10. 泉州水务工程建设集团有限公司：王登基、何雪花、何敬、秦志国

11. 高科环保工程集团有限公司：余定椿

九、三明市（12人）

1. 三明市堤防服务中心：徐辉

2. 三明市水利工程站：李玉杰

3. 三明市沙县区水利水电工程质量服务中心：汤发燚

4. 清流县水利水电工程质量技术站：李松招

5. 将乐县电力工作站：张春飞

6. 将乐县水电工程站：汤利海

7. 将乐县城区防洪堤工程站：杨斌

8. 尤溪县水利工作站：林兴周

9. 三明市水利水电工程有限公司：邱维金

10. 福建省明兴工程建设有限公司：张龙柱

11. 三明市明兴水利水电勘察设计有限公司：叶乔波、许国圳

十、莆田市（4人）

1. 莆田市东圳水库管理局：任永聪、许金纳、林国凯

2. 仙游县水利水电建设管理中心：陈雄熠

十一、南平市（11人）

1. 南平市建阳区水利技术队：陈金梅

2. 邵武市水政监察大队：吴丽榕

3. 武夷山市水利工程站：杨水才

4. 建瓯市水土保持试验站：高清贵

5. 建瓯市小桥镇乡村振兴发展中心：郑祥富

6. 建瓯市水利水电技术推广中心：林述强

7. 顺昌县洋口镇乡村振兴发展中心：刘祖斌

8. 浦城县东坑水库运行调度中心：陈德勇

9. 浦城县莲塘镇乡村振兴发展中心：吕云英

10. 光泽县水利电力管理站：章强

11. 政和县水利水电工程质量监督站：范巧燕

十二、龙岩市（11人）

1. 龙岩市永定区水利工作站：刘启全

2. 上杭县防汛抗旱保障中心：黄文忠

3. 长汀县财政投资评审中心：杨荷花

4. 连城县水利水电服务中心：刘美斌

5. 漳平市水利工作站：林委利

6. 福建亿水建设工程有限公司：巫菊珠、李国台

7. 福建江隆水利水电工程有限公司：江映祥

8. 福建省汀江水电工程有限公司：张汉祥

9. 福建韩江工程咨询有限公司：邓宾宾

10. 福建启丰建筑工程有限公司：黄衍清

十三、宁德市（10人）

1. 宁德市水利规划研究室：孟志华

2. 宁德市蕉城区水利工程站：刘如通

3. 福鼎市水利技术队：王世雅、陈振平

4. 福安市水利水保事业服务中心：林石全

5. 霞浦县水利电力技术队：丁国利

6. 屏南县水利水电工程移民发展中心：张建生

7. 屏南县水电开发有限公司：李剑波

8. 寿宁县水利电力技术队：何发灼

9. 福建省金禹建设工程有限公司：黄孝禄

十四、平潭综合实验区（1人）

平潭综合实验区农业农村发展服务中心：高仁斌

李敏等113位同志质量专业高级工程师职务任职资格人员名单

2022年2月28日，福建省人力资源和社会保障厅下发《关于批准确认李敏等113位同志质量专业高级工程师职务任职资格的通知》（闽人社批复〔2022〕106号）提出，经研究，批准确认由2020年度省工程技术人员质量专业高级职务任职资格评委会评审通过的李敏等113位同志高级工程师职务任职资格。任职资格确认时间为2022年1月16日，现予公布，名单如下：

一、省市场监督管理局

福建省产品质量检验研究院：李敏、黄碧霞、谢莉杰、胡晓芳、曾作钦、巫红平、徐国长、胡朝阳、余以周、钟华彧、林祥灿、王琳、吴王震、卢业坚、许锦华、柯振华、韩涛、张朝辉

福建省计量科学研究院：林喜鉴、周志春、徐彩军、赵斯衔、钱志森、郑小清、赵欣、苏黎丽、张煌辉、蔡晓燕、林硕、马兴

福建省特种设备检验研究院：季秉伟、陈崇钰、王胜光、吴城汀、陈挺木、万当

福建省锅炉压力容器检验研究院：江茂清、陈福海、黄理、张忠銮、蒋艳、高玉姜、连静毅

福建省特种设备检验研究院莆田分院：杨家武

福建省特种设备检验研究院泉州分院：林海坤、王常辉、林立伟、张洪华、陈少伟、施波宁、庄岩、林芳建、吴福森、戴加法、魏李平

福建省特种设备检验研究院漳州分院：丘成

强、苏成东

福建省特种设备检验研究院龙岩分院：张德良

福建省锅炉压力容器检验研究院宁德分院：刘海亮

福建省锅炉压力容器检验研究院莆田分院：林超

福建省锅炉压力容器检验研究院泉州分院：陈少斌、黄维生、陈江龙

福建省锅炉压力容器检验研究院漳州分院：陈时太、陈志斌、李晖榕

福建省锅炉压力容器检验研究院三明分院：曾凌

福建省锅炉压力容器检验研究院南平分院：李淑梅、甘军军

福建省工业产品生产许可证审查技术中心：杨琳

福建省纤维检验中心：林丽云、白霞、林宁婷、薛宇锋

方圆标志认证集团福建有限公司：林润、刘彬

福建省闽量校准技术中心有限公司：邢东华

福建省劳安设备技术开发中心：涂传魁、林健民

二、省科技厅

福建省测试技术研究所：余振平

三、省供销社

福建省茶叶质量检测与技术推广中心：陈昌梅

四、团省委

福建晶坤尚检测技术有限公司：傅义振

五、中国海峡人才市场

福建中检华日食品安全检测有限公司：赵晨

福建华佑检测技术有限公司：许同建

福建杨振华 851 生物科技股份有限公司：陈彩萍

厦门泓益检测有限公司：杨旺火

厦门鉴科检测技术有限公司：游青

六、福建医科大学

福建医科大学附属第一医院：郭飞宝

七、福州市

福建省深蓝生物科技有限公司：姚丽峰

八、泉州市

晋江市质量计量检测所：许金榜

永春县产品质量检验所：康秀棠

九、漳州市

福建省漳州市医院：吴继平

漳州市计量所：郭庄启、蔡燕燕、戚毅敏

云霄县质量计量检验检测所：施忠贤

十、莆田市

仙游县质量计量检测所：杨晓君

十一、三明市

三明市食品药品审评与不良反应监测中心：黄传晖

明溪县市场监管综合执法大队：钟晓明

泰宁县知识产权服务中心：吴赐梅

十二、南平市

南平市计量所：陈峰

南平市食品药品审评与不良反应监测中心：杨萍

南平市粮油质量监测站：宗芳

南平水务发展有限公司：康志萍

建瓯市市场监管综合执法大队：李建顺

浦城县检验检测所：张义富

十三、龙岩市

长汀县质量计量检测所：陈冬临

十四、宁德市

宁德市产品质量检验所：刘仙金、颜颖

宁德市计量所：陈芳

宁德市工业产品生产许可证审查技术中心：陈晓东

宁德市食品药品检验检测中心：陶华平

十五、平潭综合实验区

平潭综合实验区质量计量检测中心：王明辉

邹永芳等 438 位同志建筑专业高级工程师职务任职资格人员名单

2022 年 3 月 30 日，福建省人力资源和社会保障厅下发《关于批准确认邹永芳等 438 位同志建筑专业高级工程师职务任职资格的通知》（闽人社批复〔2022〕176 号）提出，经研究，同意确认由省非公有制企业高级专业技术职务任职资格考核委员会考核并审议通过的邹永芳等 438 位同志 2020 年度建筑专业高级工程师职务任职资格。任

职资格确认时间为2022年3月15日，现予以公布，名单如下：

一、建筑工程施工高级工程师（129人）

福州市（18人）：邹永芳、王景慰、王立彪、华可森、林剑团、邹碧玉、潘友勤、陈键、赵令锋、贺源全、陈崇榕、李大伟、黄其宇、吕伟鹏、郑为共、李钦枝、叶南理、蒋海锋

厦门市（6人）：宋晋闽、蔡景润、黄敏辉、曾昭欣、张志明、刘清云

漳州市（8人）：曾凡团、陈银虾、肖建华、官振煌、黄伟杰、刘勇彬、黄育平、邓宏锋

泉州市（30人）：汪志达、潘广铭、林志成、王杰明、蓝福桂、郑洪阳、陈志坚、陈松、李前进、盛建彬、张志明、王凤兴、卢桂锦、钟臣福、陈江湖、陈青江、颜剑宏、林忠平、郑志专、黄真谊、陈江培、黄锦辉、卢竞锋、刘祖财、黄杰虎、王诚忠、赖燕招、黄建新、潘桂标、陈志华

三明市（9人）：肖毓胜、赖道烜、廖荣生、刘文磷、孔新宇、张航航、江以东、邹光钟、李承伟

莆田市（4人）：陈亚山、董建辉、刘建椿、吴志强

南平市（16人）：林名江、黄翔、蔡旻罡、吴强、杨华英、席毅明、张小平、黄忠武、张光丽、张兆文、刘性贵、罗毅、张国友、张声平、张勇、许海

龙岩市（5人）：郑喜年、罗兆良、许小勇、雷平、陈火明

宁德市（4人）：洪宇晗、林瑞军、余养尧、余延浩

省工商联所属商会（26人）：黄聪明、林子泱、黄崇勇、黄国忠、谢杰辉、欧阳宋南、龚文婷、林镇、钱晓东、刘坤、林松霖、葛林娜、马智年、詹海萍、李赫、林泽如、吴崇永、张林林、苏桂乐、苏文旭、陈清河、林世义、雷泽闽、雷伙强、李明海、谢祥裕

省级异地福建商会（1人）：俞爱斌

福建省建工集团（福建省建筑人才市场）（2人）：朱爱丹、戴建洪

二、市政工程施工高级工程师（95人）

福州市（20人）：方文春、刘志伟、龚周荣、林任、王俞增、钱立炜、钱立莉、张灵珍、陈欣、陈松、林採玉、谢英超、唐豫元、杨锦、张学良、刘春贡、王梅、黄德强、黄言安、闫文琼

厦门市（5人）：张天福、吴锡泰、唐凌、陈志清、陈荣标

漳州市（7人）：陈建新、何智富、郑振强、郑海木、刘荣华、黄志忠、唐宝明

泉州市（20人）：陈更生、刘淑娥、黄桂春、侯远植、陈灿鸿、吴云聪、陈万聪、涂洪波、许美娟、吴福顺、陈惠刚、杨志龙、杨汉文、张锡安、柳培育、林永乐、陈燕婷、曾进阳、陈贤玻、林涌超

三明市（2人）：胡加伟、宁平平

南平市（7人）：高凤英、林齐忠、余莉雯、叶小明、叶林平、张国清、徐子林

龙岩市（4人）：林鸿村、郑浩为、陈华明、刘桂英

宁德市（2人）：陈海英、陈键

省工商联所属商会（28人）：吴承彬、林琪峰、王塔山、胡俊达、郭磊、游玲峰、陈昆明、郑惠珍、叶丽琼、谢义锋、苏丹凤、谢杰忠、吴志龙、王马玉、张凌、赵时丰、郑文潇、池小明、陈弘毅、刘伟、肖兰英、罗财明、赖丽姗、尤庆健、吴辉康、郭姣玉、陈小玲、温文明

三、建筑机电设备安装施工高级工程师（5人）

福州市（1人）：周远珊

漳州市（1人）：沈江城

泉州市（1人）：陈能栋

南平市（1人）：黄秋明

省工商联所属商会（1人）：张键烽

四、建筑给水排水工程施工高级工程师（6人）

福州市（1人）：林衍

厦门市（1人）：黄绍亮

泉州市（1人）：陈国宝

三明市（1人）：邹长勇、

龙岩市（1人）：钟添龙

省工商联所属商会（1人）：陈金龙

五、建筑电气工程施工高级工程师（3人）

福州市（1人）：曹卫华

泉州市（1人）：林辉

宁德市（1人）：吴文星

六、道路与桥梁工程施工高级工程师（40 人）

福州市（6 人）：蔡尊玉、吴成村、廖新建、刘惠华、庄华清、李丹

厦门市（3 人）：叶建飞、李建立、王永鹏

漳州市（3 人）：欧思声、陈志生、吴我闽

泉州市（7 人）：刘永平、朱渊博、张立波、陈丰仁、林志泉、郭银岁、沈忠贤

莆田市（1 人）：王昌军

南平市（10 人）：吴凤炎、范沛明、张宗燕、陈崇威、张曦、陈婕、黄智泉、许星凯、魏剑强、杨寿

宁德市（1 人）：钱辉

省工商联所属商会（9 人）：张雷、黄飞龙、黄澄海、连嘉滨、赖战辉、叶俊海、池涌、郑先、丁闰芳

七、建筑装饰施工高级工程师（4 人）

福州市（1 人）：王忠平

南平市（1 人）：许福明

省工商联所属商会（2 人）：陈郁、严千里

八、建筑智能化施工高级工程师（2 人）

福州市（1 人）：金炎

泉州市（1 人）：张永淦

九、工程建设管理高级工程师（67 人）

福州市（12 人）：林美惠、林炳辉、陈星、陈震宇、童冬香、程火、陈惠琳、陈德新、王志明、陈桂兴、池守亮、林雪莲

厦门市（17 人）：周文海、蔡顺平、王宝伟、谢期才、林来荣、舒福庚、陈跃进、王曙芬、雷雨亮、刘猛、陈磊、庄彬、林传德、李东罡、许景彬、田生江、冯江钦

漳州市（4 人）：刘俊杰、郑吉良、吴松江、汤梅珍

泉州市（13 人）：李明、潘晋明、王志英、杨传芳、郑建华、刘继斌、范呈祥、黄君荣、张诗宏、戴云、欧阳建忠、庄锦阳、林财贵

三明市（3 人）：邹龙、杨波、饶金财

莆田市（3 人）：郑愫芬、罗先福、戴爱华

南平市（2 人）：孙福、田斌

龙岩市（2 人）：廖炜忠、黄元水

宁德市（5 人）：黄桔德、谢少虾、胡尧峰、洪仁组、陆世锋

省工商联所属商会（6 人）：刘羽耀、郑堂春、许志川、陈文聪、郭振煜、蓝伟发

十、工程检测高级工程师（12 人）

福州市（5 人）：冯腾翔、章招钿、刘景熙、张远光、徐宝贵

厦门市（1 人）：黄印明

漳州市（1 人）：许聪兰

莆田市（2 人）：沈俊峰、方镇

南平市（1 人）：张敬

龙岩市（1 人）：杨秋彬

省工商联所属商会（1 人）：曾荣奎

十一、工程造价高级工程师（5 人）

福州市（1 人）：陈俊伟

泉州市（1 人）：陈素兰

莆田市（1 人）：俞峰

南平市（1 人）：王丽

龙岩市（1 人）：吴晓红

十二、风景园林施工高级工程师（70 人）

福州市（20 人）：池艳玉、池亚徽、王靖、高义、林家毅、周青、黄家平、刘晓东、陈星、余贤林、刘建旺、林敏、李静、林旭、王建知、陈记贵、程风孙、许俊钦、卢海鹏、张人银

厦门市（5 人）：李丽芬、刘鹏展、林联景、肖志海、黄夏阳

漳州市（7 人）：石少东、郑秀玉、谢朝霞、蓝炎阳、曾志鹏、曾炳坤、杨燕玲

泉州市（12 人）：邱轻轻、陈奕文、陈少平、王少扬、苏建斌、余超、杨志明、陈汉阳、苏志良、刘锦生、林春霞、郑丽娟

三明市（2 人）：刘丽萍、黄梅金、

南平市（4 人）：李建军、周晨熙、胡凤梅、林烜

龙岩市（2 人）：江福照、温智勇

宁德市（1 人）：陈祖勇

省工商联所属商会（17 人）：林东钗、李淑钰、洪辉鹤、杨永进、池艳芳、池振伦、李宝贵、郑榕、李军、张东鹏、陈晨、许文洪、周腊梅、何太、陈国灵、吴旭彤、张志清

周迪等35位同志机械专业高级工程师职务任职资格人员名单

2022年3月30日，福建省人力资源和社会保障厅下发《关于批准确认周迪等35位同志机械专业高级工程师职务任职资格的通知》（闽人社批复〔2022〕175号）提出，经研究，同意确认由省非公有制企业高级专业技术职务任职资格考核委员会考核并审议通过的周迪等35位同志2020年度机械专业高级工程师职务任职资格。任职资格确认时间为2022年3月15日，现予以公布，名单如下：

一、厦门市（1人）：周迪

二、漳州市（3人）：苏佳东、张阳城、郑石竹

三、泉州市（18人）：杭立忠、朱江滨、王胜春、王斌、黄云平、蔡栋梁、黄清森、刘阿小、吴联平、张公敏（电气）、高坤、徐金山、徐清辉、苏昆焕、李第贤、贺卫东、杨晓峰、黄俊锋

四、三明市（2人）：陈志坚、刘玉西

五、莆田市（1人）：黄福生

六、宁德市（1人）：王晶

七、龙岩市（2人）：蔡军、曾辉

八、省工商联所属商会（5人）：陈从俭、张雄、曾国耀、曾国艺、戴惠勇（电气）

九、福耀集团（2人）：李宏业、李炜军

林锦等19位同志管理专业高级工程师职务任职资格人员名单

2022年3月30日，福建省人力资源和社会保障厅下发《关于批准确认林锦等19位同志管理专业高级工程师职务任职资格的通知》（闽人社批复〔2022〕174号）提出，经研究，同意确认由省非公有制企业高级专业技术职务任职资格考核委员会考核并审议通过的林锦等19位同志2020年度管理专业高级工程师职务任职资格。任职资格确认时间为2022年3月15日，现予以公布，名单如下：

一、福州市（1人）：林锦

二、厦门市（3人）：盛琼、余穗荣、何晓玥

三、漳州市（1人）：何宗奇

四、泉州市（4人）：王标、陈小军、吴建都、方惠庭

五、宁德市（1人）：许刚

六、省工商联所属商会（3人）：李启坤、甘乾耀、卢鑫

七、福耀集团（6人）：张玲玲、吴礼德、陈胜坤、关金亮、滕育、王兴辉

林建平等11位同志食品专业高级工程师职务任职资格人员名单

2022年3月30日，福建省人力资源和社会保障厅下发《关于批准确认林建平等11位同志食品专业高级工程师职务任职资格的通知》（闽人社批复〔2022〕177号）提出，经研究，同意确认由省非公有制企业高级专业技术职务任职资格考核委员会考核并审议通过的林建平等11位同志2020年度食品专业高级工程师职务任职资格。任职资格确认时间为2022年3月15日，现予以公布，名单如下：

一、厦门市（1人）：林建平

二、漳州市（3人）：洪清林、陈高飞、陈惠娜

三、泉州市（2人）：颜文凤、洪礼法

四、南平市（3人）：陈国珍、王晓娟、陈剑

五、省工商联所属商会（2人）：李继飞、李栋梁

李有平等22位同志电子专业高级工程师职务任职资格人员名单

2022年3月30日，福建省人力资源和社会保障厅下发《关于批准确认李有平等22位同志电子专业高级工程师职务任职资格的通知》（闽人社批复〔2022〕170号）提出，经研究，同意确认由省非公有制企业高级专业技术职务任职资格考核委员会考核并审议通过的李有平等22位同志2020年度电子专业高级工程师职务任职资格。任职资格确认时间为2022年3月15日，现予以公布，名单如下：

一、福州市（1人）：李有平

二、厦门市（4人）：黄婷锦、应闽、庄清池、黄昀乐

三、漳州市（5人）：王志聪、许来顺、曾戈弋、梁阿坤、黄志刚

四、泉州市（3人）：张炼东、李秋、郑惠茹

五、三明市（1人）：杨功祥

六、省工商联所属商会（2人）：谢远勇、薛天宝

七、省级异地福建商会（1人）：李京燕

八、福建省国有资产管理有限公司（国资人才市场）（3人）：贺伟、王凯星、张烽

九、福耀集团（2人）：赵维兵、林勇

陈国树等3位同志玻璃专业高级工程师职务任职资格人员名单

2022年3月30日，福建省人力资源和社会保障厅下发《关于批准确认陈国树等3位同志玻璃专业高级工程师职务任职资格的通知》（闽人社批复〔2022〕172号）提出，经研究，同意确认由省非公有制企业高级专业技术职务任职资格考核委员会考核并审议通过的陈国树等3位同志2020年度玻璃专业高级工程师职务任职资格。任职资格确认时间为2022年3月15日，现予以公布，名单如下：

福耀集团（3人）：陈国树、池科长、林勇

陈安城等11位同志轻纺专业高级工程师职务任职资格人员名单

2022年4月1日，福建省人力资源和社会保障厅下发《关于批准确认陈安城等11位同志轻纺专业高级工程师职务任职资格的通知》（闽人社批复〔2022〕182号）提出，经研究，批准确认由2020年度轻纺专业高级工程师任职资格评审会评审通过的陈安城等11位同志轻纺专业高级工程师职务任职资格，任职资格确认时间为2022年1月14日，现予公布，名单如下：

一、福建省市场监督管理局（1人）

福建省纤维检验中心：陈安城

二、福建省能源石化集团有限责任公司（1人）

福建福能南纺卫生材料有限公司：胡国防

三、中国海峡人才市场（5人）

福州大世界橄榄有限公司：郑秀丽

名成腾德检测服务（福州）有限公司：邱桂芳

福建中检华日食品安全检测有限公司：陈竞秀

三六一度（中国）有限公司：魏书涛、田友如

四、福州市（1人）

福建宇邦纺织科技有限公司：林泳安

五、厦门市（1人）

厦门博士丁环境技术有限公司：王巍

六、泉州市（2人）

安溪县茶业管理委员会办公室：林松洲

浩沙实业（福建）有限公司：付春林

陈芳等3位同志医药专业高级工程师职务任职资格人员名单

2022年7月5日福建省人力资源和社会保障厅下发《关于批准确认陈芳等3位同志医药专业高级工程师职务任职资格的通知》（闽人社批复〔2022〕342号）提出，经研究，批准确认由省医药工程专业副高级职务任职资格评审会评审通过的陈芳等3位同志医药专业高级工程师职务任职资格。任职资格确认时间为2022年6月18日，现予公布，名单如下：

一、省药品监督管理局1人

药学专业：陈芳

二、省科技厅1人

药学专业：孙菲

三、漳州市1人

中药学专业：林志雄

陈发来等50人制茶高级工程师任职资格人员名单

2022年9月29日，福建省人力资源和社会保障厅批复下发《关于批准确认陈发来等50人制茶高级工程师任职资格的通知》（闽人社批复〔2022〕519号）提出，经研究，批准确认由福建省第四届制茶高级工程师任职资格评审委员会评

审通过的陈发来等50位同志制茶高级工程师任职资格。任职资格确认时间为2022年9月18日，现予公布，名单如下：

福州市（2人）：陈发来、严锦华

龙岩市（2人）：张士安、王新宝

泉州市（13人）：林溪水、高进忠、李志芳、谢春茹、林海城、詹文章、林金良、黄永红、陈志鹏、陈清标、谢少华、吴光研、陈文贤

三明市（9人）：刘意春、李志忠、郭守郡、郑际灶、李家宝、陈大显、蔡宣顺、廖翌祖、林忠平

南平市（19人）：郑小明、雷华美、蔡小勇、占仕权、薛庭、钱凯、鲍忠飞、张贤祯、宋建国、蔡志平、祝文华、吴光兴、吴素青、余闽辉、吴世才、叶家亮、邱水明、余步贵、胡结兴

宁德市（1人）：吴志坚

中粮集团有限公司（2人）：

福建茶叶进出口有限责任公司：陈文峰、徐来明

中国海峡人才市场（2人）：郑国、林梅花

蔡渊等63位同志能源专业高级工程师职务任职资格人员名单

2022年9月30日，福建省人力资源和社会保障厅批复下发《关于批准确认蔡渊等63位同志能源专业高级工程师职务任职资格的通知》（闽人社批复〔2022〕523号）提出，经研究，批准确认由2020年度能源专业高级工程师任职资格评审会评审通过的蔡渊等63位同志能源专业高级工程师职务任职资格，任职资格确认时间为2022年6月18日，现予公布，名单如下：

一、福建省能源集团有限责任公司（41人）

蔡渊、陈文伟、阙启钦、苏焱、黄跃来、林冠洲、杨开集、黄德明、李锦华、阙友章、吴佳伟、何承武、潘鸿森、钟德祥、林晓亮、林伟、傅铁军、李东伟、卢旺先、侯志南、曹佳赟、刘建彬、谭从平、叶培玮、罗炳荣、雷骏、周宏伟、王大为、温清华、李建武、陈忠峤、卢占贤、陈小剑、王秋红、董庆庆、陈超、徐传勇、陈文炼、卓盆花、刘佩玺、陈志林

二、福建省煤田地质局（2人）

林俊英、刘晶晶

三、福建建工集团有限责任公司（2人）

杨静静、邹奎

四、海峡人才市场（7人）

程建奎、张民赦、张翔、钟立勋、谢海芳、周志森、卢智林

五、福建龙净环保股份有限公司（2人）

邱振中、颜俊瑜

六、漳州市（3人）

何民伟、贾林妮、兰明雄

七、泉州市（1人）

黄祥贤

八、三明市（2人）

刘礼泉、张兴府

九、龙岩市（2人）

章盛辉、陈翊应

十、宁德市（1人）

叶维楚

陈木春等60位同志化工专业高级工程师职务任职资格人员名单

2022年10月13日，福建省人力资源和社会保障厅批复下发《关于批准确认陈木春等60位同志化工专业高级工程师职务任职资格的通知》（闽人社批复〔2022〕524号）提出，经研究，批准确认由2020年度化工专业高级工程师任职资格评审会评审通过的陈木春等60位同志化工专业高级工程师职务任职资格，任职资格确认时间为2022年7月9日，现予公布，名单如下：

一、福建能源石化集团有限责任公司（12人）：陈木春、杨金姬、陈凯伟、薛文弟、张连威、姚晓亮、高小超、尤金发、刘春生、陈珺、王胜军、刘志盛

二、福建省煤田地质局（1人）：王立岩

三、海峡人才市场（6人）：郑花文、王国平、方乾源、洪雪华、庄新民、倪素美

四、福建省国有资产管理有限公司（1人）：俞春红

五、泉州市（2人）：江毓铭、董宏祯

六、三明市（3人）：余觉民、刘玲玲、崔灿

七、龙岩市（3人）：项荣海、杨鸿翔、邱建森

八、宁德市（1人）：杨浩田、

九、福建龙净环保股份有限公司（2人）：尤燕青、罗婷

十、宁德时代新能源科技股份有限公司（18人）：张磊、杜国栋、陈威、刘倩、陈世龙、伍永彬、范铨、温严、湛英杰、杨建瑞、刘晓梅、李婷、王升威、黄冕、胡波兵、彭畅、黄华锋、李晓伟

十一、宁德新能源科技有限公司（11人）：刘彩胜、屈长明、戴璐、王中旭、王慧鑫、蒋欣、李彩彩、栗文强、吴飞、周墨林、周邵云

吴淑梅等120位同志林业专业高级工程师职务任职资格人员名单

2022年10月13日，福建省人力资源和社会保障厅批复下发《关于批准确认吴淑梅等120位同志林业专业高级工程师职务任职资格的通知》（闽人社批复〔2022〕545号）提出，经研究，批准确认由2021年度林业专业高级工程师任职资格评审会评审通过的吴淑梅等120位同志林业专业高级工程师职务任职资格，任职资格确认时间为2022年8月23日，现予公布，名单如下：

一、福州市（10人）

福州市林业规划队：吴淑梅

连江国有林场：康开权

闽清县林业局东桥林业站：尹丽钦

闽清县塔庄林业站：傅本杰

闽侯白沙国有林场：何杰

闽侯县林业综合行政执法大队：余朝晖

闽侯县林业局白沙林业站：林昌锋

闽侯县林业局荆溪林业站：林铮

永泰县林业局清凉林业工作站：郑心桦

永泰藤山省级自然保护区管理处：谢建太

二、厦门市（1人）

厦门市和保人力资源服务有限公司：卢丽俐

三、漳州市（15人）

长泰区林业局：林惠山

龙海区林业局程溪林业工作站：郭华北

漳州蓝田经济开发区自然资源所：郭伟志

长泰亭下国有林场：韩水兴

东山赤山国有防护林场：洪小龙

华安金山国有林场：邹顺发、邹文真

华安西陂国有林场：邹淑琴

龙海林下国有林场：徐耀昌

平和天马国有林场：黄俊鹏、张荣标

漳州天宝国有林场：林勇健

诏安国有防护林场：杨勇长

南靖县丰田林业站：张宝初

平和县大溪林业站：何汉池

四、泉州市（7人）

泉州森林公园服务中心：许淮江

泉州湾河口湿地自然保护区发展中心：赖兴凯

安溪县大坪林业工作站：赵锦河

安溪县芦田林业工作站：黄火炼

安溪县森林动植物病虫害防治检验检疫站：傅祝安

永春县林业执法大队：陈华生

德化县水口林业工作站：林贵森

五、莆田市（2人）

仙游县枫亭林业工作站：郑志涛

仙游县营林指导站：陈丽娴

六、三明市（24人）

三明市林业有害生物防治检疫站：姚伍

三元区洋溪林业工作站：林榕华

三元区中村林业工作站：黄明辉

沙县区林业执法大队：陈长青

大田县广平林业工作站：方初胜

大田县林木种苗站：王爱贞

大田县桃源林业站：颜建北

宁化县县属国有林场：周晓平

福建省宁化国有林场：廖祥明

福建省泰宁国有林场：李树朝、张吉福

福建省泰宁国有林场：刘传辉

建宁县濉溪镇林业站：杨宜生

明溪县林业执法大队：颜源涑

福建省清流林业有限责任公司：廖晖

清流县温郊林业站：梁金镛

泰宁县林业局杉城林业站：李天生

福建省永安国有林场：陈振泉

永安市贡川镇林业站：萧建权

永安市野生动植物保护站：严希权

尤溪县林业局城关林业站：林国新、黄燕芳

尤溪县林业局中仙林业站：李芳

尤溪县自然资源权属纠纷调解服务中心：王昂

七、南平市（20人）

建阳区国有林场大阐场：叶月容

建阳区蕉溪国有林场：林德明

建阳区莒口林业站：洪勇

建阳区小湖林业站：李长华

福建省武夷山国有林场：曹贵良、杨乐强

建瓯市林海森林采伐调查设计服务中心：林庆祥

建瓯市徐墩林业工作站：叶文建

建瓯市南雅林业工作站：林明谷

邵武市林业综合执法大队：谢长周

顺昌县国有林场：赵兵、廖利文、林仁忠、周旋、郑世忠、卢丰林

顺昌县元坑林业工作站：叶麒

光泽县苗圃：刘勇

浦城县永兴林业工作站：孟世雄

浦城县不动产登记中心：陈丽华

八、龙岩市（22人）

福建省龙岩市林业科学研究所：林秀凤

新罗区林业局：陈源锌

新罗区森林防灭火协调服务中心：林云田

永定区林业技术推广中心：李新招

永定区绿化工作站：赖国梅

漳平市森林病虫害防治检疫站：林起财

长汀县古城林业工作站：戴兴福

长汀县汀江国家湿地公园管理处：上官明汀

连城县林业规划队：谢在龙

连城县林业局林坊林业站：方金铿

连城县林业局新泉林业站：黄宗洪

连城县文川河流域绿化管理站：黄茂勋

上杭县步云林业站：傅源

上杭县林业局才溪林业站：黄远洪

上杭县林业局临城林业站：潘礼文

上杭县林业局南阳林业站：吴开禄

上杭县林业局中都林业站：刘家洪

武平县中赤林业工作站：王永华

福建省长汀楼子坝国有林场：王火荣

福建省连城邱家山国有林场：马维华

福建省永定仙岽国有林场：江建谊、黄秉源

九、宁德市（5人）

宁德市国有林场发展中心：陈澜

宁德市林业科研与技术推广中心：王星星

福建省宁德福口国有林场：张瑞秀

福建省寿宁景山国有林场：林忠

屏南县林业行政执法大队：张孝谊

十、平潭综合实验区（1人）

平潭综合实验区自然资源服务中心：林平华

十一、省教育厅（2人）

福建林业职业技术学院：黄梓良、高伟

十二、省林业局（11人）

福建省航空护林总站：王李银

福建省林业科学研究院：曾丽琼、黄宇

福建省林业调查规划院：郭国英

福建省林业勘察设计院：池上评

福建三明林业学校：纪成据

福建省洋口国有林场：李文芳、何志斌

福建省林业科技试验中心：徐建球、张毅智、黄玲

（摘编：谢建东）

福建省高级工艺美术师职务任职资格人员名单

林忠等85位同志高级工艺美术师职务任职资格人员名单

2022年3月30日，福建省人力资源和社会保障厅下发《关于批准确认林忠等85位同志高级工艺美术师职务任职资格的通知》（闽人社批复〔2022〕169号）提出，经研究，同意确认由省非公有制企业高级专业技术职务任职资格考核委员会考核并审议通过的林忠等85位同志2020年度高级工艺美术师职务任职资格。任职资格确认时间为2022年3月15日，现予以公布，名单如下：

一、福州市（1人）：林忠

二、泉州市（29人）：贺耀辉、张文山、杨瑞筑、苏惠明、孙建阳、蔡立南、陈亚宗、金细忠、王烈平、黄国保、王少真、徐建勇、苏燕红、黄素花、周德民、章明星、林雪丽、黄明玉、曾莲春、林思剑、苏天培、李学成、苏琴花、陈玉梅、郑英杰、徐有河、郑甲墙、熊文杰、徐锦灿

三、莆田市（7人）：陈伟毅、黄加成、杨雄生、郑志杰、陈开泉、蔡文建、吴玉伯

四、省工商联所属商会（48人）：林胜标、郑献东、苏上将、黄建强、赖冬生、林铁勇、廖光勇、林玉芬、徐文守、邹云源、林永福、谢麟贤、王国桐、孙福昆、王小丹、马辉、郑建忠、曾藩华、林义昭、林杰锋、白锦灿、陈贵生、冯秋英、郭锦标、林运艳、林小彩、李婷婷、杨建智、郑建冰、张远景、曾宪恭、蔡明文、欧彦恩、郑清海、林燕华、林养生、徐长和、廖成义、蔡龙、杨敏、邱芙蓉、袁忠、沈学东、王冬燕、许金勇、陈剑都、陈丽华、修光明

吴志勇等21位同志工艺美术系列高级职务任职资格人员名单

2022年10月31日福建省人力资源和社会保障厅下发《关于批准确认吴志勇等21位同志工艺美术系列高级职务任职资格的通知》（闽人社批复〔2022〕593号）提出，经研究，批准确认2021年度福建省工艺美术系列高级（含正高级）职务任职资格评审委员会评审通过的吴志勇等3位同志的正高级工艺美术师任职资格、黄林锋等18位同志的副高级工艺美术师任职资格。任职资格确认时间为2022年10月15日，现予公布，名单如下：

一、正高级工艺美术师（3人）

（一）泉州市（1人）

福建省建窑文化创意园有限公司：吴志勇

（二）莆田市（1人）

仙游县度尾镇书潭珍藏坊名木艺品厂：徐元宝

（三）南平市（1人）

南平市曜变陶瓷研究院：陆金喜

二、高级工艺美术师（18人）

（一）中国海峡人才市场（1人）

福建省东方工艺美术研究所：黄林锋

（二）福建省国有资产管理有限公司（2人）

福建省工艺美术实验厂有限公司：杨明

福建省工艺美术研究院：陈强

（三）泉州市（3人）

福建惠安县洛阳庆达石雕艺术有限公司：杨庆聪

德化颖达瓷艺研究所：连德理

德化县陶瓷发展中心：徐永超

（四）莆田市（4人）

莆田市金山雕塑研究院：朱建山

天下寻宝（莆田）工艺品有限公司：翁志峰

仙游县榜头镇王清梅竹木工艺品厂：王清梅

仙游县宝瓷斋工艺陶瓷厂：陈万龙

（五）南平市（7人）

南平市建阳区枕头岭建盏陶瓷有限公司：徐长和

南平市建阳区水吉后井成义建盏文化推广有限公司：廖成义

南平市建阳区芊盏堂建盏陶瓷有限公司：袁忠

南平市朱哥建盏陶瓷有限公司：朱信丛

南平市建阳区九段乾工建盏陶瓷有限公司：吴兴乾

南平市叶镔建盏文化传播有限公司：叶镔

建瓯市徐墩镇君煜工艺品推广中心：朱君煜

（六）宁德市（1人）

宁德市山哈服饰有限公司：林章明

（摘编：谢建东）

福建省药学专业（非临床）副高级专业技术职务任职资格人员名单

2022年7月5日福建省人力资源和社会保障厅下发《关于批准确认杨志强等18位同志药学专业（非临床）副高级专业技术职务任职资格的通知》（闽人社批复〔2022〕341号）提出，经研究，批准确认由省药学（非临床）专业副高级评委会评审通过的杨志强等18位同志药学（非临床）专业副高级职务任职资格。任职资格确认时间为2022年6月18日，现予公布，名单如下：

一、省药品监督管理局5人

药学专业：杨志强、廖燕萍、许娇红、万红艳、周丽清

二、福州市1人

药学专业：姚泽炳

三、厦门市2人

药学专业：陈春晓、张燕惠

四、泉州市2人

药学专业：许琨琨、黄碧鸿

五、莆田市1人

中药学专业：杨丽群

六、三明市3人

药学专业：蔡宣越、蔡晓燕

中药学专业：高忠坂

七、龙岩市2人

中药学专业：赖玲、郭勇金

八、南平市2人

药学专业：邱慧珍、章剑军

（摘编：李兵）

第七篇

区域概况

2022年福州市经济发展概况

2022年是极不寻常、极不平凡的一年。党的二十大胜利召开，为新时代新征程党和国家事业发展、实现第二个百年奋斗目标指明了前进方向、确立了行动指南。习近平总书记当年亲自为福州谋划的“3820”战略工程实施30周年，有福之州站上了新的历史起点，正昂首阔步迈向新征程。

一年来，福州市以习近平新时代中国特色社会主义思想为指导，坚持“3820”战略工程思想精髓，加快建设现代化国际城市，高效统筹疫情防控和经济社会发展，扎实推进“两稳一保一防”工作，经济发展稳中有进。全市实现地区生产总值增长5.2%以上；规上工业增加值增长4.8%；固定资产投资增长6.5%、总量保持全省第一；一般公共预算总收入1059.1亿元，同口径下降5.5%；地方一般公共预算收入698.5亿元，同口径增长1.1%；进出口总额3620亿元，增长9%；实际利用外资11.7亿美元，实现正增长；社会消费品零售总额4732亿元，增长4%；城镇、农村居民人均可支配收入分别达56145元、26763元，分别增长5.1%、6.2%；居民消费价格总水平上涨2.5%。

农　业

农林牧渔业总产值达1180亿元，渔业产值位居全国地级市第1位，连江渔业产值位居全国县级第1位。治理抛荒撂荒耕地0.96万亩，建成高标准农田4.9万亩，种植粮食124.5万亩。实施特色现代农业（产业）园区建设行动项目89个，开工建设绿色食品产业链项目54个，新增全国农业产业强镇1个、全国“一村一品”示范村（镇）2个。新增全国名特优新农产品2个、国家地理标志证明商标4个。福州茉莉花茶窨制工艺列入联合国教科文组织人类非物质文化遗产代表作名录。2022渔业周·渔博会、首届中国茶叶交易会等活动成功举办。实施“海上福州”重点项目223个，完成全国首宗海洋渔业碳汇交易，成立全国首个市级海洋与渔业科技创新联盟，福清东瀚海洋牧场获批国家级海洋牧场示范区。开设福州鱼丸品牌店159家。评定乡村振兴五星级村20个、四星级村175个，新增国家级最美休闲乡村1个，农村人居环境整治积分制行政村覆盖率超90%。植树造林6.9万亩，改造提升松林11.9万亩。综合治理水土流失13万亩。除治互花米草3.18万亩。新建改造农村公路201千米。选认省市科技特派员610人。中印尼“两国双园”上升为国家级“一带一路”旗舰项目，印尼海洋渔业中心首个渔业基地投产。

工　业

开展“项目攻坚落实年”专项行动，落地中交海峰风电、宽腾医疗CT制造基地等产业项目488个，动建万景石化、福蓉源铝型材等产业项目280个，建成福清核电6号机组、大东海产能置换等产业项目187个。开展“扶持龙头壮大产业”专项行动，136家工业龙头企业产值增长8.5%。实施工业（产业）园区标准化建设深化改革行动，启动中心城区工业企业“四个一批”搬迁改造，优化中心城区工业园区功能布局。实施16条重点产业链“链长制”，引进产业链项目220个，57家链主企业实现产值3708亿元、增长10.2%。实施“榕升计划”“榕腾计划”，新增规上工业企业260家、上市企业5家。开展“千名干部进千企”专项行动，协调解决企业问题7797个。推进东南汽车城建设，引进奇瑞汽车与东南汽车开展战略合作。推进国家自主创新示范区福州片区“一区多园”协同创新，新增科创走廊载体144.2万平方米、国家级科技企业孵化器1家、众创空间2家，入选首批国家知识产权强市建设示范城市。大学城中心共享区加快建设，闽都院士村设计方案完成国际招标，福耀科技大学（暂名）开工建设。新增国家级高新技术企业超900家、省级科技小巨人企业280家、省级以上专精特新企业99家。举办第五届数字中国建设峰会暨第二届数博会，入选数字人民币试点城市，中国工业互联网研究院福建省分院、福建人工智能计算中心落地建设，福米恒美全球最先进的超宽幅偏光片生产线顺利投产，福州位居2022中国数字城市百强榜第19位。实施绿色经济重点项目134项，新增省级绿色工厂12家，全球单机容量最大海上风电机组下线，永泰抽水蓄能电站1—3#机组建成投用。

建筑业

全面划定国土空间规划“三区三线”，完成重点发展区域专项规划及城市设计28项。滨海新城建设持续推进，机场第二高速、十九中滨海校区等104个项目顺利开工，G228线滨海风景道、滨海新城CBD输配环等169个项目加快建设。三江口片区城市设计方案编制完成，植物园设计方案完成国际招标，道庆洲大桥主线正式通车。“闽江之心”成为热门“网红打卡点”，滨江步行街、青年桥建成开放，青年广场城市更新项目获评2022年全球未来设计金奖。实施古厝保护修缮项目153个，采峰别墅方所艺文空间等古厝活化利用项目进展顺利。实施城市品质提升项目903个。地铁5号线一期首通段和6号线开通运营，2号线东延线、6号线东调段全面动建。完成城区缓堵项目26个，尤溪洲南桥头立交提升改造、象山隧道拓宽改造等35个项目开工建设。新改扩建市政道路108.2千米。新增更新新能源公交车283辆，新辟优化公交线路130条。新增公共停车泊位5013个，新建汽车充电桩1598个。实施连片旧屋区改造项目60个，整治老旧小区376个。新增各类租赁住房7万套。闽江北岸三线贯通等项目启动建设，建成主题公园13个、口袋公园77个、郊野公园11个。清理批而未供土地3.3万亩。处置“两违”588万平方米。改造二次供水设施3.1万户，新建改造市政供水管网117千米、污水管网108.5千米。

服务业

加快商贸服务型国家物流枢纽建设，现代物流城动建京东供应链、民天国际物流中心等项目21个，入选全国供应链创新与应用示范城市。新增限上规上商贸服务业企业超1000家。开展“惠聚榕城·福见商旅”等促消费活动超2000场，发放消费券超10亿元。新建一刻钟便民生活圈试点社区22个。福州万象城、烟台山漫步街区等商业综合体开业。举办2022年春季中国跨境电商交易会，跨境电商进出口销售额增长59.8%。发布“有福之州”城市形象标识，举办街头艺术文化节，建成温泉特色街区（小镇）5个，开通内河旅游航线5条，闽江夜游入选国内水路旅游客运精品航线，三坊七巷、上下杭获评国家级旅游休闲街区。

建成海丝中央法务区福州片区，推出全国首个实体法务服务中心。国际航空城、丝路海港城加快建设，机场二期扩建工程、综合枢纽配套、港口后方铁路等项目顺利推进，长乐国际机场新增国内外航线9条，中欧、中老班列开通运营，福州港货物吞吐量、增速均居全省首位。举办金砖国家可持续发展高层论坛、21世纪海上合作委员会第二次全体会员大会，连任世界城地组织执行局和理事会成员。举办第十届海峡青年节等涉台交流活动112场，打造福州海峡交响乐团两岸文化交流品牌。

2023年发展目标

2023年福州市紧扣“四个更大”重要要求，扎实推进中国式现代化，坚持稳中求进工作总基调，完整、准确、全面贯彻新发展理念，坚持“3820”战略工程思想精髓，一张蓝图绘到底，全方位推进高质量发展，做大做优做强省会，加快建设现代化国际城市，努力在新发展阶段新福建建设中走在前头。全市经济社会发展主要预期目标是：地区生产总值增长6.5%左右，规上工业增加值增长6.8%，地方一般公共预算收入增长5.5%，固定资产投资增长6%，社会消费品零售总额增长10%，出口总额增长不低于全省平均水平，实际利用外资正增长，城镇、农村居民人均可支配收入分别增长7%、7.5%。

（摘编：孔明德）

2022 年厦门市经济发展概况

2022 年，厦门市坚持以习近平新时代中国特色社会主义思想为指导，深入贯彻党的十九大和十九届历次全会精神，认真学习宣传贯彻党的二十大精神，坚决贯彻落实习近平总书记重要讲话重要指示批示精神尤其是来闽考察重要讲话和致厦门经济特区建设 40 周年贺信重要精神，按照省第十一次党代会、省委十一届三次全会和市第十三次党代会、市委十三届四次全会部署要求，坚持稳字当头、稳中求进，全面落实疫情要防住、经济要稳住、发展要安全的重要要求，高效统筹疫情防控和经济社会发展，统筹发展和安全，着力提高效率、提升效能、提增效益，积极克服国内外各种超预期因素叠加影响，扎实做好“两稳两促”工作，经济社会保持平稳健康发展。地区生产总值增长 4.4%；固定资产投资增长 10.2%；一般公共预算总收入、地方一般公共预算收入同口径分别增长 4.9% 和 6.6%；全体居民人均可支配收入增长 5.7%；居民消费价格涨幅控制在 2% 以内。

农　业

都市现代农业产业集群营业收入增长 6.4%，4 家企业入选中国农业企业 500 强。全力打造 18 条乡村振兴动线和 69 个试点示范村。创建 13 个“绿盈乡村”，全面完成农村雨污分流工程。创新薄弱村挂钩帮扶机制，新增 20 个集体经济年收入超过 50 万元的村集体。农村居民人均可支配收入总量保持全省第一。做好省内对口帮扶，启动闽宁产业园建设，厦门临夏东西部协作获评全球减贫案例。推动出台《厦门经济特区粮食安全保障规定》，全面完成粮食生产任务，“菜篮子”市长负责制考评居全国前列。获评国家食品安全示范城市，消费者满意度测评位居全国前十。全域获评国家生态文明建设示范区。深化中央生态环保督察反馈问题整改，埭头溪治理经验入选全国河湖长制典型案例，入海排放口整治经验全国推广。空气质量保持全国前列，集中式饮用水水源地、主要流域国省控断面、小流域省控断面水质达标率均达 100%。完成污水处理“三个一百”计划。生活垃圾分类考评连续 18 个季度全国第一。完成互花米草除治任务。率先全国设立海洋碳汇和农业碳汇交易平台。

工　业

现代化产业体系加快构建，实施市场主体培育工程，谋划构建“4 + 4 + 6”现代化产业体系，开展先进制造业、供应链主体倍增计划。电子信息、机械装备、商贸物流、金融服务等支柱产业集群规模分别达到 4615 亿元、2379 亿元、11827 亿元和 1918 亿元。新能源、新材料、生物医药、文旅创意等战略性新兴产业产值（营业收入）分别增长 40.7%、16.4%、6.4% 和 10%，新增 3 家产值超百亿元企业。数字经济规模超 4500 亿元，海洋经济占地区生产总值比重达 32%。创新驱动能力明显增强。净增国家高新技术企业超 800 家、专精特新“小巨人”企业 64 家、新型研发机构 11 家，R&D 经费投入强度预计 3.2%，新认定高层次人才 1819 人，有效发明专利拥有量增长 21.9%，全球首个鼻喷疫苗获批在国内紧急使用，获评国家知识产权强市建设示范城市，创新能力指数居全国创新型城市第 12 位，科技集群、科技强度首次跻身全球百强。国企改革扎实推进。完成国企改革三年行动任务，国企混改比例达 73.3%。加快国有经济布局优化和结构调整，市属国企整合为 16 家，资产总额、营业收入分别增长 28.8% 和 14.8%，建发、国贸、象屿在《财富》世界 500 强位次分别提升至第 77 位、106 位、160 位。

建筑业

加强项目全生命周期管理，按照高于上年实际投资完成额 3 倍目标策划生成项目 1020 个、总投资 6162.8 亿元，新开工入库项目数、总投资分别增长 38% 和 48.9%，470 个省市重点项目完成投资 2445.8 亿元、完成年度投资计划 159.5%。获批新增地方政府债券、政策性开发性金融工具等国家政策资金支持 718.7 亿元。全面开展工程招投标"评定分离"改革试点，建设成本降低 6% 左右，开工时间提前 10 天左右。岛外新城建设全面推进，水、电、路网等基础配套更加完善，同翔高新城成为先进制造业新增长极，银城智谷等产业园区加速成型，新体育中心、新会展中心等重大公建项目进展顺利，马銮湾生态三岛等生态工程建成投用。推动实施闽西南协同发展区重大协作项目 212 个，年度总投资 1073 亿元。重大基础设施加快建设，入选首批国家综合货运枢纽补链强链城市。厦门新机场主体工程加快推进，轨道交通 3 号线南延段、6 号线集同段开工，6 号线林华段全线洞通，福厦高铁厦门段完成铺轨，海沧疏港通道建成通车，翔安大桥成功合龙。新建改造供水管网 45.1 千米、雨水管网 49 千米、天然气管道 86.9 千米。市域内外五大水源实现连通。开工建设厦门数字工业计算中心，建成投用厦门鲲鹏超算中心、厦门国际互联网数据通道，5G 基站累计超万个。加快推进城市有机更新，湖滨片区、高林－金林片区等 44 个项目开工建设，沙坡尾等老城区功能持续提升。推动 649 个城乡建设品质提升项目，改造老旧小区 4.97 万户。推进道路交通改善项目 56 个，累计打通断头路 25 条，增开优化公交线路 189 条，新增公共停车泊位 1.07 万个。改造新建公园绿地 129 公顷、绿道 61 千米、慢行系统 120.4 千米，山海健康步道林海线建成投用。

服务业

消费市场稳步复苏。社会消费品零售总额增长 3.1%。推出促进消费系列举措，发放数字人民币消费红包，开展"2022•厦门消费节"等特色消费活动，海上世界等商业综合体开业，集美新城核心区等入选国家级夜间文化和旅游消费集聚区，城市便利店发展指数保持全国首位。外贸外资保持稳定。落实稳外贸稳外资系列政策，实施加快推进供应链创新与应用提升核心竞争力行动，新增 5 家全国供应链创新应用示范企业，外贸综合竞争力全国第七，获批全国首批内外贸一体化试点和促进跨境贸易便利化专项行动城市，推动外贸稳定和创新发展工作获国家正向激励，外贸进出口总额 9225.6 亿元，占全省 46.5%，实际使用外资 22.1 亿美元，占全省 44.3%。金砖创新基地建设成效显现。成功举办金砖国家工业互联网与数字制造发展论坛等金砖"中国年"系列活动，在厦发布金砖国家制造业数字化转型合作倡议，新工业革命伙伴关系论坛及大赛永久落户厦门。组建金砖智库合作联盟和培训基地联盟，打造 23 个示范性培训项目，开展人才培训覆盖 41 个国家 83.5 万人次。上线新工业革命领域赋能平台 8 个，推出示范项目 104 个。对金砖国家进出口总额增长 29.9%。开放合作走深走实。厦门自贸片区新增全国首创举措 15 项，象屿保税区质量效益综合排名全国第一。新型离岸贸易外汇收支结算增长 43.1%，跨境电商进出口额增长 43.7%。厦门港集装箱吞吐量完成 1243.5 万标箱，"丝路海运"联盟成员 300 家，与"一带一路"沿线国家和地区进出口额增长 12%、投资增长 15.3 倍。与以色列内坦亚市结为友城，国际友城增至 21 个。两岸融合发展稳步推进。成功举办第十四届海峡论坛、两岸企业家峰会年会等活动，设立大陆首个台企金融服务联盟和首家全国性台商产业投资基金，每周增开 4 班厦金货运航班，开通转运临时邮路，新批台资企业增长 3.8%，对台贸易出口额增长 31.8%。

2023 年发展目标

2023 年全市经济社会发展的主要预期目标为：地区生产总值增长 6.5%，规模以上工业增加值增长 11.5%，固定资产投资增长 10%，一般公共预算总收入、地方一般公共预算收入均增长 5.5%，社会消费品零售总额增长 6.5%，外贸进出口总额增长 1.5%，居民消费价格涨幅控制在 3% 左右，全体居民人均可支配收入与经济增长保持同步，完成国家和省下达的节能减排任务。

（摘编：孔明德）

2022 年漳州市经济发展概况

2022 年是党的二十大胜利召开之年。在以习近平同志为核心的党中央坚强领导下，在省委和省政府以及市委的正确领导下，漳州市人民团结拼搏、迎难而上，坚决落实“疫情要防住、经济要稳住、发展要安全”重要要求，坚持稳中求进工作总基调，聚焦提高效率、提升效能、提增效益，全方位推进高质量发展。全市地区生产总值 5706.58 亿元、增长 6.9%，一般公共预算总收入（同口径）341.03 亿元、增长 8.3%，地方一般公共预算收入（同口径）250.6 亿元、增长 16.7%，规模工业增加值增长 10.2%，固定资产投资增长 10.1%，社会消费品零售总额增长 5.5%，出口总额增长 17.8%，城镇居民、农村居民人均可支配收入分别增长 7.1%、9.4%，居民消费价格指数（市辖区）上涨 1.6%，完成年度节能减排任务。

农　业

守牢粮食安全底线，实施“绿色储粮、科学保粮”三年行动，完成粮食播种面积 92.8 万亩、产量超 42 万吨，超额完成省政府下达指标任务。加强食品安全和药品安全监管，两项工作满意率保持全省前列。率先开展“林业地票”试点，南靖县发放全国首张林业地票、完成全国首单农田碳汇试点项目交易，华安县入选全国 2022 年农村综合性改革试点试验名单。推进 819 个乡村振兴试点示范项目，打造 36 条乡村振兴“串点连线成片”线路；加快发展 11 个乡村特色产业，推广 129 个优新品种，培育 1 个国家级“一村一品”示范村（镇）、28 个省级示范村，打造 2 个全国乡村特色产业十亿元镇，新增 115 家市级以上农业龙头企业；推进农村建设品质提升行动，新建乡镇污水管网 219 千米，新建改造农村公路 646.7 千米，实现农村水冲式卫生厕所全覆盖，村庄规划编制、现有裸房整治等工作成效居全省前列。强化要素保障，全年获批建设用地近 3 万亩；实施“亩均论英雄”，着手改造 592 家低效企业、4.8 万亩低效工业用地，处置批而未供土地 13831.7 亩，清理闲置土地 7618 亩；争取上级资金 73.3 亿元、地方政府专项债券额度 158.6 亿元，57 个项目争取国家发改委基础设施投资基金 147.4 亿元、资金额度居全省第一。深入打好污染防治攻坚战，加快两轮中央环保督察反馈问题整改销号，花山溪饮用水水源地风险问题完成“黄牌”摘牌，入选 2022 年全国农村黑臭水体治理试点城市，生态环境质量持续改善。全面推进耕地违法图斑整治、互花米草除治等工作。

工　业

开展“产业发展项目建设攻坚年”活动，实施“七比一看”竞赛，比学赶超、奋勇争先的氛围更加浓厚。突出抓产业、突破抓工业，推进“千百亿产业培育行动计划”，深入开展“千名干部挂千企”帮扶活动，加快培育 9 个千亿级、5 个超五百亿产业集群，新增新上“四上”企业 1497 家、比 2021 年多 698 家，国家高新技术企业总数突破 700 家。加快片区开发，中心城区 15 个重点片区稳步推进。高新区“三大片区”完成启动区征迁，收储土地 7000 亩，绿色发展及产业配套设施项目获国开行授信贷款 122.3 亿元，片仔癀健康美妆园、万洋智造产业园、泓光光刻胶、建筑业总部等 35 个项目接续落地。全面调整优化市属国有企业结构布局，形成“10 + 3”架构，5 家国企获得AA+以上信用评级。盘活城市资产资源，有效增加收入。大力实施“万才聚漳”行动计划，举办“人才漳州月”活动，高层次人才队伍不断壮大，“科特派”工作成效保持全省前列。设立芗城、龙文两个新经济产业园。

建筑业

加大项目前期工作力度，建强市县两级项目前期办，增强项目谋划、生成、落地的能力，接续举行季度项目集中签约、开竣工、招商大会等活动。习近平总书记访问沙特两次提及的中沙古雷乙烯项目正式开工建设。云霄抽水蓄能等349个项目开工建设，总投资2401.5亿元；闽粤电力联网工程等274个项目竣工投用，完成投资945.3亿元；古雷炼化一体化二期等1363个项目新签约，总投资3132亿元；重大项目前期工作取得突破，漳州核电3#和4#机组获国家核准，闽南海上风电基地规划获国家能源局批复；漳州核电1#和2#机组、联盛林浆纸一体化等重点项目加快建设。实施城市建设品质提升“五大工程”，扎实推动“完整社区”建设，改造老旧小区227个，新增城市公共停车泊位5356个、公园绿地94公顷、口袋公园83个，入选全国第二批海绵城市建设示范城市。新开工保障性安居工程8018套，新建成10472套。中心城区7800套住房不动产权登记历史遗留问题得到解决。全国文明城市创建工作巩固提升，常态化、长效化机制建立健全。开工建设漳州一中古雷分校、漳州三中龙文校区等教育项目，新增幼儿园学位4700个、中小学学位1.1万个。新建19家省级普惠性托育园，新增普惠性托位1370个。推进41个重点医疗卫生项目建设，新增医疗床位500张、卫技人员1021人，市医院总部院区正式开诊，片仔癀名医馆开馆运营。建设10个区域性养老服务中心和35个长者食堂，完成2100户特殊困难老年人家庭适老化改造。建设22个公益性“生命公园”。

服务业

主动融入“海丝”核心区建设，谋划实施中非“两国双园”，加快国家跨境电商综合试验区建设，成功举办金砖国家传统医药高级别会议。出台通关便利化正向激励实施办法，推行“通关一体化两步申报”等创新举措。持续探索漳台融合发展新路，开展100场对台交流活动，全市新批办台资企业项目90个，海峡两岸最大的石化合作项目古雷炼化一体化项目投入商业运营。稳定市场主体，制定出台助企纾困“30条”等系列扶持政策，全面落实各级稳经济扶持政策，落实新的组合式税费支持政策，减、免、退、缓税收132.98亿元，新注册市场主体增长17.4%，总量超74万户。加快县域发展，长泰区、龙文区和华安县分别入选2022年度福建省城市发展“十优”区、经济发展“十佳”县。着力防范化解重点企业信贷风险，年末全市不良贷款率0.71%，保持在历史低位。全力“保交楼、稳民生”，率先采取“政府主导、国企托管、捆绑运作”模式化解房地产市场风险，有力推进19个房地产风险项目处置。实施290项营商环境提升改革创新举措，进驻省网上办事大厅事项数6万项，推行“房地分离”“安商一体化”“拿地即开工”，政务服务非常满意率保持全省前列，城市信用排名稳定在全国30位左右。

2023年发展目标

2023年是全面贯彻落实党的二十大精神的开局之年。漳州市以习近平新时代中国特色社会主义思想为指导，全面贯彻落实党的二十大精神，紧扣“四个更大”重要要求，坚持稳中求进工作总基调，完整、准确、全面贯彻新发展理念，服务和融入新发展格局，全方位推进高质量发展，更好统筹疫情防控和经济社会发展，更好统筹发展和安全，全面深化改革开放，大力提振市场信心，把实施扩大内需战略同深化供给侧结构性改革有机结合起来，深入开展“产业发展项目建设提升年”活动，突出做好稳增长、稳就业、稳物价工作，有效防范化解重大风险，推动经济实现质的有效提升和量的合理增长，推动建设现代化滨海城市取得新进展新成效，全力打造全省高质量发展新的重要增长极。全年主要预期目标是：地区生产总值增长6.5%，一般公共预算总收入增长7.5%，地方一般公共预算收入增长6%，规模工业增加值增长8.6%，固定资产投资增长7.5%，社会消费品零售总额增长10%，出口总额增长8%，城镇居民、农村居民人均可支配收入分别增长7%、8%，居民消费价格指数（市辖区）涨幅控制在3%左右，完成节能减排任务。

（摘编：张全进）

2022 年泉州市经济发展概况

2022 年，泉州市勇担省委、省政府赋予的全省高质量发展主力军重任，紧扣“提高效率、提升效能、提增效益”，发挥“三大比较优势”，以实施“强产业、兴城市”双轮驱动为路径，聚焦“1 +3”专项行动，全力抓项目、促发展，加快推进新型工业化和城镇化步伐，经济承压前行、稳中见韧。全市生产总值增长 3.5%，地方一般公共预算收入可比增长 8%，居民人均可支配收入增长 5.4%。

农　业

推动农业高质量发展，完成农林牧渔业总产值 454 亿元，建成高标准农田 20.5 万亩，粮食产量超 50 万吨，新增国家级现代农业产业园 1 个、“一村一品”示范村镇 2 个、农民合作社示范社 6 家，安溪铁观音茶文化系统入选全球重要农业文化遗产。全年向金门供水 764 万立方米，开工建设金门供水水源保障工程。深化“碧水清河”行动，实现全市 430 条河流水质监测全覆盖，推行全市原水资源“五统一”管理，县级及以上饮用水水源地Ⅲ类水质达标率保持 100%；开展“蓝色海湾”综合整治，全面除治互花米草，近岸海域优良水质比例达 94.4%；完成 126 个大气精准治理减排项目；持续推进林业改革发展，建立市县乡村四级林长责任体系，完成植树造林 8 万亩、水土流失治理 22.3 万亩、废弃矿山修复 3490 亩。持续加强食用农产品“一品一码”追溯管理，获批国家食品安全示范创建城市。

工　业

产业升级步伐加快，打好“强引擎、建载体、铸链条、提存量、拓增量”转型升级组合拳。全力抓创新促应用，新增高新技术企业超 700 家、总数超 2300 家，新增国家专精特新“小巨人”10 家；新引建高水平科创平台 3 家，落地国家技术转移东部中心泉州分中心，国家智能铸造产业创新中心建成投用；推广皮革院经验，推动 5 家大院大所企业化运作，全市技术合同成交金额增长 62%；推出“涌泉”行动 20 条措施，入选省级以上人才计划 250 人，新增高层次人才 2416 名，新培养引进高校毕业生、技能人才、专技人才 8.4 万名；获批国家知识产权强市建设试点城市，晋江成为首批国家创新型县（市）。实施“工业园区标准化建设”专项行动，摸清工业用地“5 笔账”，紧抓规划、规范、提升、示范、招商 5 个环节，首批市级 14 个试点项目全面启动，全市开工和在建标准厂房 1300 万平方米，建成 300 万平方米，规上企业入园率和增加值占比分别提高到 35%、50%。坚持重龙头、强品牌、铸链条，实行“一产一策一专班”，制定“一规划一计划一方案”，实施龙头企业培优扶强工程，新增省级龙头企业 35 家；狠抓中小微企业“小升规”，新增“四上”单位 2210 家；商标有效注册量达 72 万件，保持全国地级市首位。加快绿色数字技改，编制完成碳达峰实施方案，新增国家级绿色制造示范项目 25 个，实施节能重点项目 89 个，单位规上工业增加值能耗下降 9%，入选全国废旧物资循环利用体系建设重点城市。推动机器换工向全流程数字化迈进，新增国家级智能制造示范工厂 3 家、智能制造优秀场景 7 个，推广数字化生产线 121 条、新增“上云上平台”企业超 1000 家，新建 5G 基站 7525 个、培育 5G 示范场景应用新案例 37 个。实施“抓开放招商促项目落地”专项行动，建立 12 个产业发展领导小组，新签约正式合同2342个、总投资1.3万亿元。

建筑业

实施“项目攻坚2022”，专班推进“抓前期促开工”，150个重点项目开工建设，120个重点项目建成投产，完成固定资产投资2840亿元、增长10.3%，其中工业投资增长21.6%。

实施“抓城建提品质”专项行动，划定国土空间总体规划“三区三线”，开展西华洋、南滨江、江南等6个片区控规修编，完成中央活力区城市设计国际竞赛。分3批实施城建项目1173个，完成投资800亿元；24个重点片区开发建设加快推进，中央商务区人气加速集聚，入驻企业数增长105%，税收增长55.4%，建成海丝中央法务区泉州片区。古城保护提质提效，完成古城核心区29条街巷市政综合提升，启动中山南路片区46条街巷整治。实施老旧小区改造项目560个、7.9万户，基本建成保障性安居工程1.2万套，新增保障性租赁住房5600套。实施“绿满泉城”、照明提升、水系联排联调、电力设施补短板4个三年行动，建立“三山一线”统一规划建设管理机制，建成口袋公园157个、新增公园绿地面积121公顷；实施东海片区、“两江”沿岸及重要节点照明提升；完成水系联排联调规划总体方案编制；中心城区电力设施投资增长22%。着力推进聚城畅通，53个重点项目完成投资94亿元，兴泉铁路全线通车，国道324改线惠安黄塘段、洛江西环路双阳段顺利完工，国道324改线南安水头段、政永高速德化段、通港东街快捷化改造等项目启动建设，跨江跨海通道项目前期工作取得实质性进展。持续推动乡村建设，完成全市151万栋农村地籍房屋调查，编制实施村庄规划942个，创建整镇推进“五好”乡镇20个，打造乡村振兴示范线23条、典型示范村60个，新增国家级乡村治理示范村8个，整治裸房4.3万栋；实施城乡供水一体化建设，新改建供水管网1125千米；完成农村公路路网建设301千米、安防工程180千米。

服务业

推动现代服务业提质增效，新增3A级以上物流企业5家，快递业务量保持全国前十，获评首批国家综合货运枢纽补链强链城市；发行“全域旅游卡”，策划推广世遗游、研学游、乡村游、工业游等精品线路70条，新增国家3A级以上景区4家、国家级旅游休闲街区1个、国家级夜间文化和旅游消费集聚区2个；支持影视产业发展，新增影视剧制作企业13家。启动“爱泉州·大乐购”促消费活动，组织“十大主题促销、百场工业旅游、千家企业大让利、万场产业直播”，加快消费回补和潜力释放，全市网络零售额2463亿元，总量居全省首位，社会消费品零售总额增长2.8%。全力稳外贸稳外资，全市实际使用外资增长100%，进出口总额增长3.6%，推广扩容市场采购贸易试点，市场采购额574亿元、增长25.1%，晋江获批国家进口贸易促进创新示范区；开展“海外抢单”，组织外贸“微展会”“代参展”、包机组团参展，开行“中欧班列”和“整船出海”泉州至俄罗斯远东航线，获批商贸服务型国家物流枢纽。推动营商环境持续提升，建成投用政务便民服务平台、公共数据开发平台，“一网通办”比例达85%，“一趟不用跑”比例达92%。整合“一件事”集成套餐548项，基本覆盖重点领域、高频事项；持续开展“局长走流程、走基层”活动，解决痛点堵点问题959个，压缩承诺时限3013个工作日。实施“百千万”融资促进活动，开展政银企对接153场，存贷款余额均突破万亿元；启动企业上市“刺桐红”三年行动，新增上市企业4家，新设天使投资基金，不良贷款率持续下降。推进市属国企战略性重组和专业化整合，新组建城市规划设计集团、能源集团，市属国企资产总额增长21%、突破3000亿元；水务集团控股上市公司，实现泉州国企上市“零”的突破。

2023年发展目标

2023年全市经济社会发展主要预期目标是：全市生产总值增长6.5%左右，农林牧渔业总产值增长3.5%，工业增加值增长6.5%—7%，第三产业增加值增长7%—7.5%；一般公共预算总收入增长7%，地方一般公共预算收入增长5.6%；固定资产投资增长8%；实际使用外资增长8%，出口增长7%；社会消费品零售总额增长7%，居民消费价格涨幅控制在3%左右；居民人均可支配收入和经济增长同步；完成节能减排降碳任务。

（摘编：孙云荣）

2022年三明市经济发展概况

2022年是党和国家历史上极为重要的一年。一年来，三明市坚持以习近平新时代中国特色社会主义思想为指导，认真学习宣传贯彻党的二十大精神，深入贯彻落实习近平总书记来福建、来三明考察重要讲话重要指示精神，在省委省政府和市委领导下，全面落实疫情要防住、经济要稳住、发展要安全重要要求，聚焦"三提三效"、聚力真抓实干，有力克服了宏观经济下行、疫情反复、天气前涝后旱等多重超预期因素冲击，扎实做好"两稳一保一防"各项工作，全市经济社会发展取得了新的成效。初步统计，全市地区生产总值3100亿元，增长3.5%；地方一般公共预算收入111.35亿元，同口径增长6.35%；固定资产投资1205亿元，增长8.3%；社会消费品零售总额886亿元，增长4.0%；外贸出口136.6亿元，增长17.3%；城镇居民、农村居民人均可支配收入分别增长5.5%、7.0%。

农　业

农业融合发展得到新提升。全市整治撂荒耕地3.12万亩，粮食总产量95.4万吨；制定出台推进种业振兴行动二十条措施，杂交水稻制种面积、产量均保持全国第一，建宁、泰宁、宁化、尤溪4个县列入国家新一轮制种大县名单；232家市级以上农业龙头企业营收超255亿元、增长4.3%，沙县夏茂镇列入国家级农业产业强镇。明台农业合作交流持续深化，第十七届林博会、首届海峡两岸（三明）乡村融合发展论坛成功举办，海峡两岸乡村融合发展试验区正式获批。林改持续发力，制定进一步推进林业改革发展二十条措施，入选国家林业碳汇试点市，首届全国林草碳汇高峰论坛在三明市举办，福建沙县农村产权交易中心成为全省首家区域性农村综合产权交易平台并投入运营，"碳票"变"钞票"、探索生态产品价值实现机制做法在党的二十大新闻发布会上发布。生态优势持续巩固。成功举办习近平生态文明思想理论与实践研讨会，三明市有7个县进入全省空气质量前十名、5个县进入全省水环境质量前十名，数量均为全省第一，泰宁入选全国水系连通及水美乡村建设县。

工　业

工业高质量发展增添新动能。强化科技赋能，制定出台重点企业增资扩产促进转型升级方案，新增国家高新技术企业67家、"专精特新"企业16家，展化化工成为我市首家国家级单项冠军企业，全市高技术产业增加值增长15%、战略性新兴产业增加值增长超8%。全面启动矿产资源整合，建立全市统一调配的利益分配机制，推动矿产资源优势转化为产业发展优势。新一轮中央和省级单位对口支援三明工作扎实推进，宁化应急产业园、明溪原料药绿色生产基地、清流华润绿色高新建材产业园、建宁粮食产业融合发展示范园等加快实施。京闽科技合作持续拓展，三明中关村科技园获批省级科技企业孵化器，累计入驻企业224家，中国机械科学研究总院海西分院开启第三轮三方共建。闽西南协同发展区深入推进，厦明火炬新材料产业园、泉三高端装备产业园新引进产业项目25个、总投资45亿元，16个项目建成投产。

建筑业

坚持抓龙头促协调，城乡建设水平持续提升。中心城市建设加快推进。编制完成“三沙永”融合发展规划，出台进一步支持生态新城加快发展十条措施，市委党校、市疾控中心完成整体搬迁。市区工业园区整合提升有力推进，三明经济开发区、三明高新区2个新园区管委会正式运营。市区实施老旧小区改造项目82个、直接受益群众2.32万户，儿童公园、户外劳动者“暖心驿站”等一批便民设施建成使用，市区餐厨垃圾、飞灰垃圾处理等项目投入运营，启动实施城市防洪排涝系统能力建设，福建省城市精细化管理研究培训中心落户三明市。城镇化建设持续推进。实施城乡建设品质提升项目937个、完成投资277亿元，5个项目被评为全省样板工程并获省级正向激励，新建改造福道140千米，更新老旧燃气管道40千米，管道燃气实现“县县通”，泰宁获省级历史文化名城称号。乡村建设成效明显。完成1046个村庄规划编制，培育38条乡村振兴精品示范线，沙县小吃管理服务标准化项目入选国家级试点，全国乡村建设工作会议在三明市召开。全面发挥投资关键作用，深入开展重点项目“百日攻坚大会战”行动，全市争取专项债、政策性基础设施投资基金85.53亿元，莆炎高速、兴泉铁路三明段全线通车，市本级和建宁、沙县、永安、大田分别获全省项目考评正向激励。

服务业

服务业扩量提质发展实现新突破。出台加快服务业发展“1+3”政策，全市新增限上商贸企业160家、规上服务业企业71家，分别增长180.7%、195.8%，完成“主辅分离”企业30家，新增房建一级资质企业16家、增长54.6%；建成三钢闽光大数据中心、中国联通工业互联网研究院三明分院，4家企业入选数字经济“独角兽”或“瞪羚”企业，永安、尤溪、大田被授予首批省级数字乡村试点县（市）；启动泰宁、建宁、将乐3个县旅游资源整合工作，上线运营“智慧游三明”APP，全市游客接待量、旅游总收入分别超3850万人次、300亿元。“百趟专列进泰宁”等项目加快实施，省直单位对口支援实现11个县（市、区）全覆盖。沪明对口合作全面展开，上海市政府和福建省政府印发了《上海市与三明市对口合作实施方案（2023—2025年）》，红色文化交流、农产品销售、文旅及教育卫生事业合作等重点工作有序推进。绿色金融改革取得实效，推出“福碳贷”等绿色金融产品，我市列入国家首批、全省唯一的国家气候投融资试点城市，沙溪流域生态治理及资源化一体开发EOD项目入选国家试点，全市绿色信贷余额235亿元、增长28%。全面增强消费基础作用，组织第三届“中国绿都·乐购三明”直播节暨首届网络主播大赛等线上线下促消费活动，分期发放消费券1865万元，带动批零住餐、新能源汽车等消费回升。全面提升出口质量，加大纺织、竹木制品、机械等出口产品创新力度，年出口额超千万美元的生产型企业21家。

2023年发展目标

2023年是全面贯彻落实党的二十大精神的开局之年，也是实施“十四五”规划承上启下的关键一年。三明市坚持以习近平新时代中国特色社会主义思想为指导，全面贯彻落实党的二十大和中央经济工作会议精神，按照省委十一届三次全会、省委经济工作会议和市第十次党代会、市委十届四次全会、市委经济工作会议部署要求，坚持稳中求进工作总基调，完整、准确、全面贯彻新发展理念，加快融入新发展格局，着力推动高质量发展，大力提振市场信心，突出做好稳增长、稳就业、稳物价工作，推动经济运行整体好转，实现质的有效提升和量的合理增长，全面推进三明革命老区高质量发展示范区建设提质增效，努力在中国式现代化中彰显三明担当、贡献三明力量。全市经济社会发展的主要预期目标是：地区生产总值增长5.5%；地方一般公共预算收入增长5%；固定资产投资增长6.5%；外贸出口增长6%；实际利用外商直接投资增长3%；社会消费品零售总额增长5%；居民消费价格涨幅控制在

3%左右；城镇居民人均可支配收入增长5%，农村居民人均可支配收入增长7.5%；完成节能减排降碳目标。全面落实国务院、省政府一揽子政策和接续措施，分四批次叠加出台了稳住经济大盘63条、纾困解难33条等一系列政策措施，全市减税降费超38亿元、新增贷款203.96亿元，协调解决企业困难1758个，全市实有市场主体34.4万户、增长13.2%。

（摘编：谢建东）

2022 年莆田市经济发展概况

2022 年，莆田市坚持以习近平新时代中国特色社会主义思想为指导，深入学习贯彻习近平总书记重要讲话重要指示批示精神，以木兰溪综合治理为总抓手，全面发力产业发展、城乡建设、基层治理、民生保障、港口崛起“五篇文章”，推动经济社会平稳健康发展。初步统计，地区生产总值 3100 亿元，增长 5% 左右；一般公共预算总收入 264.6 亿元（含留抵退税 45.9 亿元），同口径增长 3%，地方一般公共预算收入 174 亿元（含留抵退税 22.9 亿元），同口径增长 10%；固定资产投资增长 9%；社会消费品零售总额 1833 亿元，增长 5%；外贸出口总额 375 亿元，增长 21%；实际利用外资 1.22 亿美元，增长 14.9%；城镇居民人均可支配收入增长 7%，农村居民人均可支配收入增长 8%；城镇登记失业率 2.7%；居民消费价格上涨 2%。

农　业

莆田市坚定践行习近平总书记治理木兰溪的重要理念和保护好湄洲岛的重要嘱托，木兰溪流域获评全国“绿水青山就是金山银山”实践创新基地，省委省政府出台政策，支持莆田市践行木兰溪治理理念建设绿色高质量发展先行市，木兰溪样本再谱新华章；湄洲岛入选国家级再生水利用配置试点，获评全国水系连通及水美乡村建设试点县优秀等次，绿色低碳发展案例亮相联合国气候变化大会，向全球展现湄洲岛生态之美。严格耕地保护，治理撂荒地 2.32 万亩，粮食播种面积 46.17 万亩。在全省率先完成互花米草除治任务、获省政府推广表扬。常太镇获评国家级农业产业强镇，仙游湘溪村、金溪村入选全国乡村特色产业超亿元村，涵江双福村获评中国美丽休闲乡村，建成美丽示范点 3400 个，“五个美丽”建设经验得到国家部委肯定，乡村生活更有特色、更具活力。

工　业

坚定发展实体经济，俯下身子抓产业、一心一意谋发展，四套班子领导挂帅 12 条重点产业链，高规格配置、高站位谋划、高层次嫁接，“链”动产业发展；充分激活数据要素价值，“全市一张图、全域数字化”试点列入《2022 年数字福建工作要点》，大数据指挥调度平台建成投用，190 个核心业务全面融入，212 个场景全面应用，“数”推产业转型，上榜 2022 全国先进制造业百强市。创新赋能，产业转型提质增效。全社会研发投入增长 17%，新增国家高新技术企业 108 家、国家专精特新“小巨人”企业 4 家、省级科技小巨人企业 22 家，10 个产品列入省级首台（套）重大技术装备指导目录、为历年之最；实施“人才工作突破年”行动，引进各类人才 1572 人、增长 15.2%。传统产业迭代升级，“莆田鞋”集体商标成功注册，形成“1 + N”品牌效应，40 家企业入选省纺织鞋服“白名单”、居全省第一，亚太最大、全省首个精酿啤酒生产线实现投产。新兴产业规模壮大，豆讯云计算数据中心、2GW 二代异质结电池等项目开工，三棵树产业园、三利谱偏光片等项目投产，云度新能源汽车战略性重组、实现复产，妈祖重离子医院设备成功调试出束，生命健康、新型功能材料产业产值均增长 20% 以上。

建筑业

城乡品质一体提升。完善城乡规划发展委员会，高铁城市新区、大学城南片区、绶溪片区建设稳步推进，开工棚改1.7万套、改造老旧小区49个，新区扩容、老城提质双向发力。木兰大道一期实现通车，10个高快一体化项目开工建设，八二一街南段、木兰大道三期加快建设，3条“断头路”顺利打通，新改扩建城市道路66千米，建成莆阳福道42.2千米，新增公共停车泊位3060个、口袋公园35个、公园绿地73公顷，城市生活更加便捷、更具品质。人大代表、政协委员主动参与河湖治理监督，完成泗华溪排污口整治及清淤工程，提升安全生态河道35千米，新改建污水管网60千米、供水管网60千米，入选国家“无废城市”建设名单，饮用水源水质达标率、近岸海域国控点位水质优良比例均居全省第一；整治城市易涝点17个，非居民用户燃气报警器安装率100%。设立兴莆产业投资基金，获批地方债额度266.2亿元，争取基础设施投资基金额度91.4亿元，规模均居全省前列。升级建设莆田国际陆港，开工建设罗屿第二个40万吨级泊位，港口吞吐量5360万吨、增长7%，增幅居全省沿海港口第二。积极融入福州都市圈，G324线萩芦溪大桥开工建设，全国首座跨海高铁矮塔斜拉桥——湄洲湾跨海大桥建成，湄洲岛至平潭岛海上旅游线路开通，区域协同更加顺畅便捷。

服务业

经济新动能加速培育。城市24小时便利店比例居全国第四，组织“全闽乐购·约惠莆田”等活动近百场，带动消费30亿元以上。跨境电商综试区建设持续深化，首单“9810”货物顺利出关，仙游抖音基地获全省首批TikTok跨境电商运营服务商资质，鞋类出口逆势增长20%以上，带动外贸出口增速稳居全省前三。京东（仙游）数字经济产业园经验获商务部推广，完成全国首例双壳贝类海洋渔业碳汇交易，秀屿区获评国家级水产健康养殖和生态养殖示范区，木兰溪绶溪片区项目入选国家EOD模式试点，163千米的“1号滨海风景道”启动建设，入选全国国庆十大“本地游新锐目的地”，文化产业增加值占GDP比重达9.8%、稳居全省首位。成功举办海峡工艺品博览会、香文化产业大会、福建企业100强发布大会等活动，城市影响力不断扩大。海峡两岸生技和医疗健康产业合作区初具规模，金门供气项目扎实推动，对台铁矿石中转量连续四年全国第一。坚定文化自信自强，注重方言保护、文脉传承，莆仙戏《踏伞行》代表福建参赛，为福建省时隔15年，再次斩获中国舞台艺术最高奖——文华奖，千年遗响再添美誉；兴化府历史文化街区实现开街，各界纷纷点赞，千年古街再启繁华；第七届世界妈祖文化论坛五洲同聚，千年信俗再增璀璨。

2023年发展目标

2023年是全面贯彻落实党的二十大精神的开局之年，党的二十大擘画了全面建设社会主义现代化国家、以中国式现代化全面推进中华民族伟大复兴的宏伟蓝图，吹响了奋进新征程的时代号角；今年也是莆田建市40周年，历届党委政府初心不改、励精图治，全市人民同甘共苦、团结拼搏，谱写了一曲曲自强不息、接续奋斗的壮丽凯歌。做好今年工作至关重要，要从国家战略全局充分认识党的二十大的里程碑意义，不断强化学习宣传贯彻的政治自觉、思想自觉、行动自觉；要从建市40周年的奋斗历程中汲取智慧力量，自信自强、同心同德、苦干实干，为共创美好未来、共享美好生活而奋斗。莆田市工作的总体要求是：以习近平新时代中国特色社会主义思想为指导，全面贯彻落实党的二十大精神和中央、省委经济工作会议部署，紧扣“四个更大”重要要求，坚持稳中求进工作总基调，完整、准确、全面贯彻新发展理念，加快构建新发展格局，全方位推进绿色高质量发展，落实市委“一个总抓手、两大支撑、三大战略、四城辉映、五篇文章”工作部署，更好统筹疫情防控和经济社会发展，更好统筹发展和安全，全面深化改革开放，大力提振市场信心，把实施扩大内需战略与深化供给侧结构性改革有机结合起来，突出做好稳增长、稳就业、稳物价工作，有效防范化解重大风险，推动经济运行整体好转，实现质的有效提升和量的合理增长，在推进中国式现代化中展现莆田作为，为奋力答好谱写“福建篇章”的莆田答卷开好局起好步。经济社会发展的主要预期目标是：地区生产总值增长6%左右，一般公共预算总收入增长6%，地方一般公共预算收入增长6%，固定资产投资增长7%，社会消费品零售总额增长10%，外贸出口总额增长7%，城镇居民人均可支配收入增长7%、农村居民人均可支配收入增长7.5%，城镇登记失业率控制在3%以内，居民消费价格涨幅3%左右，粮食总产量稳定在18.7万吨。

（摘编：江涛）

2022 年南平市经济发展概况

2022 年，南平市坚持以习近平新时代中国特色社会主义思想为指导，着力提高效率、提升效能、提增效益，绿色高质量发展迈出了坚实的步伐。全市实现地区生产总值 2211.8 亿元、增长 3.8%；一般公共预算总收入 147.3 亿元、同口径增长 4.3%，地方一般公共预算收入 104.1 亿元、同口径增长 9.4%；固定资产投资增长 5.1%；社会消费品零售总额 791.1 亿元、增长 4%；居民消费价格总水平涨幅控制在 3% 以内；城镇居民人均可支配收入 41101 元、增长 4.4%，农村居民人均可支配收入 21782 元、增长 6.6%。一些重要领域、重大项目取得新的突破：

荣获国家生态文明建设示范区和林业碳汇试点市，生态文明建设和林长制两项工作获国务院督查激励。

南平港正式开港，闽江干流全面复航；沙南高速开工建设；温武吉铁路列入国家“十四五”现代综合交通运输体系发展规划；武夷山机场迁建项目前期取得重大突破，民航部分预可研评审报告上报国家发改委。

农　业

“三茶”统筹发展稳步推进，积极推动燕子窠区域打造成全国“三茶”统筹示范标杆，建成绿色生态茶园 48.2 万亩，评选一批最美生态茶园；成功举办中国（南平）茶科学家论坛、第二届中国武夷红茶国际交流会和首届南平市“万斤好茶等您来”现场交易会等活动，发布《武夷岩茶的品质化学与健康养生功能白皮书》；“武夷岩茶（大红袍）制作技艺”入选联合国教科文组织人类非物质文化遗产代表作名录；“武夷岩茶”“政和白茶”等 6 个区域公用品牌入选中国百强榜单；茶全产业链产值达 410 亿元、增长 17.1%。加快推进乡村振兴。深化农业农村工作机制，持续推进乡村振兴“一二三四”机制，制定稳定发展粮食生产的若干措施，开展“齐心共耕希望田”活动，新建高标准农田 22.5 万亩，复耕复种撂荒闲置地 6 万亩，完成粮食播种面积 281.17 万亩、总产量 118.49 万吨；推进种业创新，茶树种质资源圃加快建设，全省首个百合种质资源圃建成；争取国家支持扩种烟叶，收购增长 27.3%；完善农村土地流转服务平台，土地流转率提升至 41.5%；浦城入选国家乡村振兴示范县和国家农业现代化示范区，松溪、顺昌乡村振兴热度指数居全省前十。

工　业

主导产业进一步集聚。制定出台帮助市场主体纾困解难 26 条、促工业稳增长 10 条等措施，累计减税降费及退缓税费 38.9 亿元；帮助企业协调解决问题 1150 项，工业企业贷款增长 23.2%；规上企业研发费用投入增长 12%，新认定国家级高新技术企业、知识产权优势企业 122 家；新增省级以上“专精特新”和制造业单项冠军企业 22 家、数字经济“未来独角兽”“瞪羚”企业 16 家、企业技术中心 5 家；圣农白羽肉鸡育种与产业应用工程研究中心、氟新材料创新中心升格为省级创新平台。新培育“四上”企业 616 家、上市后备企业 18 家，远翔新材料在创业板成功上市。深化新一代信息技术与制造业融合发展，推进太阳电缆、帝盛科技等一批工业企业技改升级，经营效益有效提升。产业集聚日益显现，新落地开工或投产竹产业链项目48个、茶产业链项目42个、水产业链项目15个、食品加工产业链项目193个、文旅产业链项目45个；全国竹产业高质量发展示范市、中国竹工机械产业基地、中国竹产业协会竹家居与装饰分会、省竹木产业工业设计研究院落地南平，邵武荣获“中国竹家居之都”，龙竹科技、祥福工艺入选中国竹产业品牌企业十强，福酒集团挂牌运行；“圣泽901”成功推向国内原种鸡市场。

建筑业

抢抓政策“窗口期”，谋划重大项目317个、总投资1013亿元，获批地方政府专项债项目244个、债券资金149.6亿元，开工率93.9%，资金使用率居全省前列。环武夷山国家公园保护发展带加快建设。累计争取各类资金215亿元、增长16%；加快实施闽江上游水生态环境治理、环带生态巡护路、风景道等85个亿元以上项目；加紧推进项目落实。新开工美新科技、永太六氟磷酸锂、华祥苑茶博城等省市重点项目156个，三爱富氟新材料、瑞和白茶庄园、城乡供水一体化等233个省市重点项目加快建设；永和新材料、圣农加工六厂、熊宝科技等62个亿元以上产业项目投产，年可增加工业产值200亿元以上；顺昌棚户区（危旧房）改造、林职院江南校区二期、松溪生态养老康复中心等350个城建或社会事业项目建成。推进以县城为重要载体的城镇化建设取得实质性突破，采取“房票”安置等形式，完成拆迁面积222万平方米；改造各类棚户区3286套、老旧小区3.5万户，改造新建城市道路118.4千米、绿道152千米，新建污水、雨水、供水等各类管网415千米，新增公园绿地187.7公顷、公共停车泊位3385个；制定南平市风貌管控意见，完成全域规模化花化彩化1.5万亩，打造景观带23条。谋划实施城市建设品质提升项目759个，累计完成投资349.6亿元，占年计划的111.4%。坚持双核驱动。武夷新区林后大街、童游大街、建平大道等城市主干道景观提升全面完成，周垄水库备用水源、云谷公园、赤岸幼儿园等一批基础设施和公共服务配套项目相继建成；生态食品产业园、智慧物流园、汽车驾训产业园、职教园加快建设，华润怡宝、益优园食品等项目开工建设，武夷山水城、闽铝轻量化三期、恒冰物流等项目建成投产或运营。建阳街道析置工作顺利完成，连接新老城的潭阳大桥、潭阳隧道建成通车，医卫产业园一批ES纤维产业链项目相继投产。延平中心城市建设协同推进，改造危旧片区3个、老旧小区16个，惠及群众1.86万户；南平工业园区物联网电池产业园、爱克太尔等13个产业项目开工建设。

服务业

出台武夷山主景区免门票政策，创新推出国家公园探秘游、“山盟海誓”等旅游线路和产品，建成武夷山崇溪漫步道特色观景台，打造提升武夷山国家公园十大打卡点；加强与携程等OTA平台合作，上线“南平大武夷星球号”，上架“五个100”放心产品；建阳考亭获评国家级夜间文旅消费集聚区，新增3家国家4A级旅游景区。科技特派员制度持续巩固提升，选派选认科技特派员1029人、团队421个；推行重大项目“揭榜挂帅”机制。传承弘扬优秀传统文化扎实推进，成功举办学习贯彻习近平总书记“两个结合”重要论述、朱子书院揭牌仪式暨宋明理学研究中心二十年回顾等系列活动，积极推动省级朱子文化生态保护区申报及《朱子之歌》大型舞台剧打造；推动武夷岩茶、建窑建盏等非遗项目传承和合理利用，建成提升非遗展示馆、体验馆、技艺传习所等130余个，国家级工艺美术大师实现零的突破，4位省级非遗传承人推荐申报国家级非遗传承人；建瓯古城申报国家级历史文化名城，完善提升7个历史街区、传统村落，寒泉精舍、朱熹墓、宋慈纪念园、张山头红军墓群等文化史迹保护利用项目加快推进，北苑御焙遗址和建窑遗址入选省级考古遗址公园名录。组织开展“发现武夷之美”活动，“网络名人看武夷”活动全平台阅读量达6.2亿次，开发环带观景科考点26个，启动建设一批国家公园科普教育基地。

2023年发展目标

2023年经济社会发展的主要预期目标是：全

市地区生产总值增长6%，固定资产投资增长6%，一般公共预算总收入增长5%，地方一般公共预算收入增长5%，出口增长4%，实际利用外资增长8%，社会消费品零售总额增长7%，城镇居民、农村居民人均可支配收入分别增长7%、7.5%，单位GDP能耗控制在省下达目标内，粮食总产量稳定在118.4万吨以上。

（摘编：赵小真）

2022年龙岩市经济发展概况

2022年，龙岩市全面贯彻习近平新时代中国特色社会主义思想，认真学习宣传贯彻党的二十大精神，按照“疫情要防住、经济要稳住、发展要安全”重要要求，深入实施“提高效率、提升效能、提增效益”行动，大抓招商、大抓产业、大抓项目，各项事业发展取得新成效。全年实现地区生产总值3300亿元，增长5.5%左右；固定资产投资增长9%；社会消费品零售总额增长4%；出口增长4.9%；一般公共预算总收入356.3亿元、同口径增长8.1%，地方一般公共预算收入165.5亿元、同口径增长5.5%；城镇、农村居民人均可支配收入分别增长5%、7.5%。

2022年，也是龙岩发展进程中极不寻常的一年。在党中央、国务院的关怀重视下，国家出台《闽西革命老区高质量发展示范区建设方案》，为推动老区苏区振兴发展指明新的方向、注入强大动力。龙岩与广州、7个县（市、区）与广州11个市辖区建立结对合作关系。龙岩新机场签订军地协议并报国务院、中央军委立项审批。科学精准抓好疫情防控工作，因时因势优化调整防控措施，最大程度保护了人民生命安全和身体健康，最大限度减少了疫情对经济社会发展的影响。科学有效应对5月、6月多轮超历史极值强降雨天气和坡面泥石流地质灾害，243户灾后重建户春节前可搬迁入住。入选首批国家知识产权强市建设试点城市、首批国家“十四五”土壤污染防治先行区、国家林业碳汇试点市、全国基础教育综合改革实验区。首次跻身全省营商环境标杆城市。

农　业

加大农业生产支持力度，七大特色农业全产业链产值突破1000亿元，闽西禽蛋入选国家优势特色产业集群建设名单。长汀列入国家农业绿色发展先行区。漳平列入国家现代农业产业园。漳平水仙制茶技艺入选联合国人类非遗名录。

新建设高标准农田14万亩，超额完成省下达粮食生产任务。龙岩杉木和米老排种子搭载神舟十四号进入太空试验。上杭列入国家乡村振兴示范县创建名单。长汀获评全国县域农业农村信息化发展先进县。连城入选全国传统村落集中连片保护利用示范县。生态环境质量巩固提升，全市主要流域优良水质比例100%，小流域Ⅰ—Ⅲ类水质达标率100%，城市空气质量优良天数比例99.5%、居全省第一。市第二生活垃圾焚烧发电厂可于春节前后点火运行，中心城区基本实现新增原生生活垃圾“零填埋”。完成水土流失治理44.9万亩、占年度任务131%。乡村振兴“一县一片区”建设扎实推进，完成150个村“两治一拆”整治。龙岩作为唯一设区市代表在全国水土保持会议上作典型发言。

工　业

抓产业促转型，实体经济提质增效。制定闽粤赣边区域先进制造业中心实施方案，加快构建“2+4”工业体系，有色金属、机械装备产业产值分别达1400亿元、890亿元，新材料产业产值突破500亿元、增长20.5%，新上百亿企业1家，新增规模以上工业企业145家、为近十年最多。净增国家高新技术企业96家、“专精特新”小巨人企业6家。永定获评国家小微型创业创新示范基地。金龙稀土获评国家技术创新示范企业。德尔科技荣获全国颠覆性技术创新大赛最高奖。龙净环保、福龙马入选国家工业互联网应用试点示范。

开展大招商招好商行动，建立产业链“链长+链主”双链驱动机制，出台“飞地”政策，全市新签约项目549个、总投资1444亿元。对接落实老区苏区政策取得新成果，获得中央和省转移支付资金187亿元、增长14%，第三轮汀江—韩江流域上下游横向生态补偿协议签订实施，永定历史遗留废弃矿山生态修复工程列入国家示范项目；上杭与深圳前海合作建设铜产业数字化智慧供应链平台。打好安全生产专项整治三年行动收官战，生产安全事故起数和死亡人数分别下降67.5%、53.7%。实行“四级包保”机制，食品安全得到更好保障。

建筑业

抓项目促投资，发展后劲不断增强。组织开展一月一签约、每月开竣工“互比互看”活动，打好重点项目百日攻坚战役，项目工作打开新局面。1106个重点项目、160个重大攻坚项目、十大重点工程均超额完成年度任务。新安阻燃剂、紫金锂元等468个项目开工建设，天甫电子、新兴纺织等377个项目竣工投产。靖永高速、东环高速建成通车。抓城乡促协调，人居环境持续提升。“三区三线”划定成果通过国家审查。启动中心城区南部新城、北部新城规划建设。系统化全域推进海绵城市建设，全市新改建雨污水管网187千米、供水管网74千米，新增公园绿地114公顷、福道149千米，整治内涝积水隐患点193个。持续实施交通畅通工程，全市新改建城市道路60千米、新增公共停车位2150个，中心城区打通了浮东路、陈陂南路、天马西路二期、东外环铁山市政连接线等一批“断头路”，龙岩大道四期可于春节前通车。完成老旧小区改造349个，竣工回迁安置房3200多套。

服务业

全面落实国家和省稳经济一揽子政策，出台实施稳经济58条、助企纾困25条等措施，深化“千名干部挂千企”“百名行长进企业”活动，退税减税降费47亿元，发放纾困专项贷款49亿元，提供还贷应急资金17亿元。出台区域文旅康养消费中心实施方案，推出“一机游龙岩”平台，开展“全闽乐购·福见龙岩”“四季如歌游龙岩”“客家美食宴”等活动，恢复和扩大消费，文旅康养产业产值达1150亿元。新增限额以上商贸企业290家、为近六年最多。侨龙应急创业板IPO成功过会。新罗连续五年入选全国综合实力、投资潜力“双百强”区。上杭成为原中央苏区县中唯一全国百强县。连城连续五年入选省县域经济发展十佳县。抓改革促开放，发展活力加速释放。制定区域物流和供应链中心实施方案，开通龙岩至福州往返标杆车、龙岩至广州直达动车和直飞航线，开行中欧班列，新培育跨境电商企业47家，跨境电商出口额增长98%。出台区域高标准市场体系示范中心实施方案，实行市县乡“一窗受理、集成服务”联动改革，完成“一件事”集成服务套餐364个，“一趟不用跑”事项占比99%，不动产交易登记和抵押登记便利化改革、普惠金融司法协同等经验做法在全省推广。营商环境综合考评、中小企业发展环境评估均首次跻身全省前三。顺利完成国企改革三年行动任务。入选全国政府采购支持绿色建材试点市。成为首批中央财政支持普惠金融发展示范区。数字普惠金融服务平台入选全国数字政府创新优秀案例。在财政收支极度紧平衡情况下，三年来化解市级政府债务97亿元，债务风险等级由预警地区降为提示地区。省对市金融风险防控综合考评排名第一。武平林业金融区块链平台入选全国“两山银行”十大优秀案例。

2023年发展目标

2023年龙岩市工作的总体要求是：坚持以习近平新时代中国特色社会主义思想为指导，全面贯彻落实党的二十大精神，深入学习贯彻习近平总书记关于做好老区苏区工作的重要论述，按照党中央决策部署和省委、市委工作要求，坚持稳中求进工作总基调，完整、准确、全面贯彻新发展理念，积极服务和融入新发展格局，抢抓三大机遇，发挥四个优势，重点打好五张牌，着力推动高质量发展，加快建设闽西革命老区高质量发展示范区，奋力谱写全面建设社会主义现代化国家龙岩篇章。全年经济社会发展主要预期目标是：全市地区生产总值增长6%—6.5%；固定资产投资增长7%；社会消费品零售总额增长6%；出口增长5%，实际利用外资增长8%；地方一般公共预算收入增长6.2%；城镇、农村居民人均可支配收入分别增长7.5%、8%；城镇新增就业1.4万人以上。

（摘编：孔明德）

2022年宁德市经济发展概况

2022年，宁德市全面落实“疫情要防住、经济要稳住、发展要安全”重要要求和“提高效率、提升效能、提增效益”行动部署，以实施“双百”项目、献礼“二十大”活动为总抓手，以“15个专项行动”为具体抓手，扎扎实实抓市场主体、抓项目攻坚、抓运行调度、抓重难点突破。全市上下坚定信心、积极应对，经济运行稳定保持了良好发展态势、稳定保持了全省领跑势头，全市实现地区生产总值3554.6亿元、增长10.7%，增速全省第1，12项主要经济指标中6项增幅全省第1。宁德历史性跻身中国百强城市，蕉城挺进全国“百强区”、蝉联全省“十优区”并前移1位，福安蝉联全省“十强县”并前移2位，霞浦、周宁新晋全省“十佳县”，东侨首次进入国家级经济技术开发区30强。

农　业

实施优势农业提效专项行动，“8+1”特色产业全产业链总规模达2150亿元。创新开展“我在宁德有亩田”活动，在全省率先实施农资保供补助，粮食总产量48.1万吨。新增农业标准化示范基地45个；新增全国名特优新农产品3个、地理标志证明商标4件、“三品一标”157个；新增省级农业产业化示范联合体18家、“一村一品”专业村24个，福安入选国家级“一县一业”葡萄标准化示范基地。启动实施“国鱼计划”，首次发布大黄鱼地方标准、烹饪团体标准和产业发展蓝皮书，深远海养殖平台“宁德1号”建成下水，霞浦获评“中国生态大黄鱼之乡”。成立全国首个“三茶”研究院，5个县（市、区）获评中国茶业百强县域，福鼎被授予“世界白茶发源地”。成功举办全国“十四五”渔业高质量发展推进会、中国大黄鱼文化节、首届福建蔬菜种业创新大会。获批农转用1.23万亩、林地1.55万亩，解决项目融资需求558亿元，签约项目总投资1122亿元。强化生态环境综合治理，全市空气环境保持优良，国考断面水质居全国第25位。实施污染防治项目141个，建设生态清洁小流域22.3千米，治理水土流失30.2万亩，植树造林19.7万亩，修复红树林3000亩，除治互花米草7.4万亩。海上养殖综合整治经验全国推广，周宁获评国家水土保持示范县，寿宁入选全国水系连通及水美乡村建设县。新增闽台农业融合发展推广基地3个、乡建乡创合作项目9个。

工　业

产业支撑更加有力。推进主导产业龙头扩张、集群发展，锂电新能源产业完成产值2758亿元，蕉城时代、福鼎时代一期等一批龙头项目建成投产，新增在建、投产配套项目35个。动力电池集群入选国家先进制造业集群，宁德时代入选全球电池联盟董事会、荣获“中国工业大奖”。不锈钢新材料产业完成产值1923亿元，新增在建、投产配套项目18个，不锈钢新材料产业园入选国家新型工业化产业示范基地。新能源汽车产业完成产值285亿元，年产26.19万辆（含KD件），首款全球车“名爵·木兰”热销20多个国家。铜材料产业完成产值266亿元，东南铜业阴极铜产品取得国内国际期货交易“双牌照”。宁德入选全国首批产业链供应链生态体系建设试点城市。实施传统产业数字化转型专项行动，完成52家企业智能制造诊断，实施103个省市重点技改项目。船舶修造、电机电器产业携手进军电动船舶市场，福船集团电动船舶研制总装基地落地，一批技术领先的电动船舶下水首航，新能源汽车驱动电机生产取得突破。食品加工、汽摩配件、合成革等产业转型步伐加快。累计建成小微园19个、标准化厂房及配套设施130万平方米，入驻及意向入驻企业260家。实施科技创新扩面升级专项行动，全社会研发投入突破百亿元大关，规上工业研发活动覆盖率达到45.8%、同比提高15.5个百分点。新增国家级高新技术企业74家，新增省级以上“专精特新”企业、科技小巨人、新型研发机构、企业技术中心80家；新增专利授权5953件，申请PCT国际专利11063项，获得中国专利优秀奖3项。宁德时代创新实验室一期建成投用，麒麟电池正式发布。成功举办首届国际不锈钢产业创新发展大会，世界钢铁工业十大优秀不锈钢技术在宁德发布。实施新时代“三都澳人才”强市战略，新引进认定省高层次人才71人、省工科青年专业人才475人、“天湖人才”1183人，认定“能工巧匠”550人。

建筑业

在建省市重点项目255个完成投资719亿元，重大项目开工341个、竣工217个，“双百”任务超额完成。实施城市更新、新区拓展、生态连绵、交通通达、安全韧性五大工程，完成老旧小区改造38个，新增口袋公园44个、福道145千米、公园绿地1755亩、停车泊位2357个。实施中心城区交通拥堵治理专项行动，建成市政道路8条，开通定制高速客运班线、定制公交线路19条，完成堵点治理、路口改造、信号灯优化109处，主干道路口通行能力、干道通行速度分别提升10%、15%以上；实现生活垃圾干湿分类全镇域乡镇19个、行政村754个，整治裸房2万栋；新增中国传统村落14个，创建森林村庄184个、绿盈乡村177个。加快城乡基础设施扩容提级，宁古高速、宁上高速霞浦至福安段加快推进，国道228全线开工。新改建国省道57.2千米、农村公路353千米，“四好农村路”经验全国推广。新增5G基站2888个，信号覆盖90%以上乡村。实施闽东大水网建设专项行动，开工建设中心城区湖库连通工程，新改建供水管网573千米，建成城乡供水一体化项目10个。建成投产110千伏以上输变电工程12个。周宁抽蓄电站全面投产发电。

服务业

推动现代服务业提质增效，实施现代物流创新发展专项行动，漳湾临港物流仓储、宁德国际物流中心一期等项目建成投用，港口货物吞吐量6847万吨。金融业加快发展，金融机构本外币存贷款余额分别达到3676亿元、3414亿元。拓展“两业融合”场景应用，全国首座标准化光储充检智能超充站、全省首座电动重卡换电站建成投用。宁德首次上榜全国百强数字城市。开展“福见商旅·畅享宁德”系列促消费活动，出台文旅消费“10条措施”，全年接待游客4235.4万人次、旅游总收入363.8亿元。成功举办世界地质公园文化旅游节，验收通过首批金牌旅游村34个、新发布主题线路4条。线上平台交易活跃，实现网络零售额248.6亿元，涌现出一批粉丝百万、销量过亿的网红主播。进一步扩大对外贸易，全市进出口增长42.5%，总额达到1292.8亿元、晋位全省第4。成功举办海峡论坛·陈靖姑文化节、海丝国际茶文化论坛、国际白茶论坛。闽浙赣皖福州经济协作区、闽东北协同发展区交流合作和福州·宁德山海协作更加紧密。

2023年发展目标

2023年宁德市工作的总体要求是：坚持以习近平新时代中国特色社会主义思想为指导，深入学习宣传贯彻党的二十大精神，贯彻落实习近平总书记对宁德工作的重要指示精神，坚持稳中求进工作总基调，完整、准确、全面贯彻新发展理念，更好统筹疫情防控和经济社会发展，更好统筹发展和安全，全面深化改革开放，大力提振市场信心，突出做好稳增长、稳就业、稳物价工作，组织开展“四个年”活动，深化实施“15个专项行动”，推动经济运行保持“两个稳定”态势，全方位推进高质量发展，加快打造“增长极”、建设

“四个区”，奋力谱写全面建设社会主义现代化国家的宁德篇章。经济社会发展主要预期目标是：地区生产总值增长 8.5%；农林牧渔业总产值增长 5.2%；规上工业增加值增长 15.5%；固定资产投资增长 5%；社会消费品零售总额增长 6%；进出口增长 14%；一般公共预算总收入增长 8%，地方一般公共预算收入增长 6%；金融机构本外币贷款余额增长 14%；城乡居民人均可支配收入分别增长 7.5%、9.5%。

（摘编：孙云荣）

2022 年平潭综合实验区经济发展概况

2022 年是极不寻常的一年。面对世界变局加剧、新冠疫情冲击、国内经济下行、两岸形势变化等复杂严峻的外部环境，以及主动调整经济结构、全面净化政治生态等多重考验，平潭综合实验区以迎接党的二十大召开和学习宣传贯彻党的二十大精神为主线，紧扣“一岛两窗三区”战略定位，在省委、省政府的坚强领导下，保持战略定力，主动求变、敢于斗争、攻坚克难，稳住了经济大盘，守护了人民健康，维护了社会大局稳定，实验区高质量发展表现出强大韧性。备受鼓舞的是，上级支持力度不断加大。国家部委和省委、省政府始终对平潭关心厚爱，《平潭综合实验区总体发展规划（2022—2035）》已经国家发改委研究通过，省委、省政府建立福州新区、平潭综合实验区工作联席会议制度，全力推动两地一体化高质量发展，并在规划报批、债券申报、重大项目、政策争取等方面给予实验区大力支持。令人振奋的是，新思路打开了新局面。音乐、赛车、棒垒球、环岛游等新产品陆续推出，欢乐岛、活力岛、舒心岛建设初见成效。极为不易的是，新旧动能转换迎难而上。立足战略定位，敢于以一时阵痛换长远发展，不再依靠房地产拉动和税收奖补驱动，更加注重壮大第三产业，更加注重企业的长生命周期健康运营。全年计完成地区生产总值 373.91 亿元，增长 4%；固定资产投资完成 212 亿元，保持正增长；一般公共预算总收入、地方一般公共预算收入完成调整后目标；社会消费品零售总额 61.6 亿元，增长 0.5%；进出口总额 198 亿元，增长 1%。

农　业

78 个省级乡村振兴试点示范项目加快实施，苏平镇入选第二批全国乡村旅游重点镇名单，青峰村入选第六批中国传统村落名录，砂美村获评全国“一村一品”示范村。生态环境持续优化，君山海洋生态保护修复工程加快推进，完成营造林 1.93 万亩，新增绿地 38 公顷，环境空气质量达标率 99.4%，联合省水利厅成立平潭水文中心，成功完成县域节水型社会达标建设。

工　业

科创能力显著提升，海岛研究中心成功申报省重点实验室，厦大平潭研究院获批设立博士后创新实践基地，平潭集成电路产业中心揭牌成立，新增国家级高新技术企业 10 家、省级科技小巨人企业和科技型中小企业 12 家、省数字经济领域“瞪羚”企业 4 家。区属国企战略重组顺利完成，投融资能力显著增强，区城发集团成功获得 AA+信用评级。

建筑业

重点项目攻坚成效明显，24 个省级重点项目完成年度计划投资 45.12 亿元，新开工平潭外海海上风电场等 95 个区重点项目，建成投用 75 个区重点项目。实施城市更新行动，107 个城市建设品质提升项目完成年度投资 31.59 亿元，28 个老旧小区完成改造，新建改造燃气、污水、供水、雨水管网共 50 千米，出台支持繁荣金井新城实施意见，新建扩建市民广场和如意湖公园，生活配套日益完善。推动城乡融合发展，与省水投集团合作城乡水务一体化项目，南部水厂二期等 12 个项目完成投资 4.6 亿元，积极探索“资源换产业”，引进中能建合作开发新兴产业园，三五集团“海峡梦之城”项目成功签约，总投资分别为90亿元、240亿元。围绕专项债策划生成项目，2022年26个项目获批额度45.29亿元，超过过去历年的总和。

服务业

出台稳住经济大盘一揽子接续措施，新登记市场主体9265户，新增注册资本542亿元人民币。平潭连续四年上榜全国投资潜力百强县市。“惠聚岚岛”“开渔直播节”等促消费活动全面开展，累计拉动消费超过3000万元。围绕打造音乐艺术欢乐岛，新增国际演艺中心、龙王头城市音乐会客厅、68小镇黑礁音乐博览馆等体验空间，上演舞蹈诗剧《只此青绿》等60多场高品质演出。举办首届“海岛生活节”。影视产业逆势而上，全年吸引28个影视综艺剧组落地拍摄、比增65%，平潭参与联合摄制的央视热播剧《那山那海》取得口碑、收视双丰收。围绕打造品牌赛事活力岛，卡丁车场、越野赛道、如意湖国际赛道、全国唯一的综合性奥运备战“泡泡”隔离训练基地等建成投用；成功举办平潭国际赛车嘉年华活动，做特风筝冲浪、棒垒球、自行车等品牌赛事，成立全省首支F4国际方程式赛车队、洲际自行车队，以省队区办模式组建福建平潭男子排球队，国家羽毛球队、速滑队顺利在“泡泡”基地完成集训；组团参加第十七届省运会并夺取2枚金牌，实现实验区独立组团以来金牌零的突破。平潭连续六年获评“中国体育旅游十佳目的地”。围绕打造旅游体验舒心岛，开展全域旅游品质提升攻坚行动，“福往福来”海上游平潭—莆田航线成功入选国内水路旅游客运精品试点航线，平潭滨海旅游公路获评全国交旅融合创新项目，全省首创消费投诉“先行垫付、代位追偿”协同保护机制，推广“畅游平潭”APP，确保游客放心来、自在游。全年接待游客700万人次，旅游收入63亿元，分别同比增长2.3%、3.3%。着力打造两岸“黄金水道”，平潭对台货运航线实现天天有航班，全年跨境电商进出口额预计突破100亿元，外贸集装箱吞吐量突破10万标箱，对台贸易额突破180亿元，平潭跨境电商保税进口业务量蝉联全省第一，对台海运跨境电商业务量居全国第一。着力构建台胞登陆平台，全国首个台胞职业资格一体化服务中心揭牌运营，对台职业资格采信“e+”服务模式在全省推广，两岸家园数字身份公共服务平台实现政务办理、医保购药等7类服务场景“一码通”服务，“台商台胞金融信用证书”“台胞诚信闪贷”业务累计发放贷款近2000万元，有效缓解了台商台胞担保难、融资难问题，新增台资企业111家。着力增进两岸民间交流，与全国台企联签订战略合作协议，与厦大合作成立两岸融合发展研究院，顺利举办第十一届共同家园论坛、海峡两岸工商合作论坛、海峡两岸检察制度研讨会、岚台青年创新创业大赛等50多场交流活动。入选第三批数字人民币试点城市，在对台、旅游等应用场景方面取得初步成效。坚持扩大开放，持续提高贸易通关便利度，平潭海关进口通关时间压缩为5.7个小时，保持福州关区第一；与福州新区开展一体化高质量发展战略合作，119个事项实现“福州都市圈”通办，闽江口水资源配置（一闸三线）平潭段工程已完工；举办中国－岛屿国家海洋合作高级别论坛、海外侨胞与平潭国际旅游岛建设学术研讨会，国际知名度和影响力持续提高。

2023年发展目标

2023年是全面贯彻落实党的二十大精神的开局之年，是实施“十四五”规划承上启下的一年。中央大力支持福建建设海峡两岸融合发展示范区，省委、省政府明确支持平潭加快构建对台全方位开放格局，为平潭发挥试验田作用、当好两岸关系和平发展的新载体，赋予了更大作为空间。《平潭综合实验区总体发展规划（2022—2035）》的落地带来重大战略机遇，必将有力引领实验区中长期发展。2023年工作的总体要求是：以习近平新时代中国特色社会主义思想为指导，全面贯彻落实党的二十大精神以及中央经济工作会议精神，按照省委十一届三次全会和省委经济工作会议的部署，坚持稳中求进工作总基调，建设高辨识度的国际旅游岛，率先推动对台全方位开放，以更大气魄谋划推进全面深化改革，加快探索以城乡一体化发展推动共同富裕的平潭模式，努力开创新时代"一岛两窗三区"高质量发展新局面。经济社会发展的主要预期目标是：地区生产总值增长6%以上，固定资产投资增长6%，一般公共预算总收入和地方一般公共预算收入增长保持在合理区间；接待游客达800万人次，旅游收入达70亿元，文旅规上企业增长33%以上，旅游增加值占GDP比重达10%；台资企业增长10%，台胞创业就业人数增长10%，对台贸易额突破200亿元，占闽台贸易额20%以上。

（摘编：刘海元）

第八篇
经济数据

说明：本篇内容摘自《2023 福建统计年鉴》，采用近三年的数据（除注明外）。

（摘编：赵小真）

综　合

全省法人单位数（2022 年）

单位：个

项　　目	法人单位数	单产业法人	多产业法人
按登记注册类型分	**1547262**	**1523300**	**23962**
内资	1528499	1505224	23275
国有	37095	35380	1715
集体	8548	7956	592
股份合作	414	361	53
联营	277	277	
国有联营	26	26	
集体联营	70	70	
国有与集体联营	27	27	
其他联营	154	154	
有限责任公司	26780	25301	1479
国有独资公司	2870	2569	301
其他有限责任公司	23910	22732	1178
股份有限公司	1222	844	378
私营	1373131	1354303	18828
私营独资	93652	93175	477
私营合伙	15997	15947	50
私营有限责任公司	1260406	1242394	18012
私营股份有限公司	3076	2787	289
其他	81032	80802	230
港澳台商投资	12568	12218	350
合资经营（港或澳、台资）	2777	2673	104
合作经营（港或澳、台资）	82	79	3
港、澳、台商独资经营	9267	9038	229
港、澳、台商投资股份有限公司	214	202	12
其他港澳台商投资	228	226	2
外商投资	6195	5858	337
中外合资	1487	1420	67
中外合作	36	35	1

续表

项　　目	法人单位数	单产业法人	多产业法人
外商独资	4473	4216	257
外商投资股份有限公司	86	74	12
其他外商投资	113	113	.
按机构类型分	**1547262**	**1523300**	**23962**
企业	1419812	1397609	22203
事业单位	24402	23918	484
机关	6698	5668	1030
社会团体	21103	21085	18
其他	75247	75020	227
按行业分	**1547262**	**1523300**	**23962**
农、林、牧、渔业	72500	72313	187
农业	39214	39117	97
林业	6882	6855	27
畜牧业	9268	9245	23
渔业	10210	10192	18
农、林、牧、渔服务业	6926	6904	22
采矿业	1826	1791	35
煤炭开采和洗选业	139	136	3
黑色金属矿采选业	223	213	10
有色金属矿采选业	165	159	6
非金属矿采选业	1204	1189	15
开采辅助活动	38	38	
其他采矿业	57	56	1
制造业	192832	191138	1694
农副食品加工业	6942	6840	102
食品制造业	6337	6256	81
酒、饮料和精制茶制造业	8638	8528	110
烟草制品业	12	11	1
纺织业	6926	6871	55
纺织服装、服饰业	13922	13792	130
皮革、毛皮、羽毛及其制品和制鞋业	15373	15301	72
木材加工和木、竹、藤、棕、草制品业	7902	7845	57
家具制造业	8121	8075	46
造纸和纸制品业	4698	4671	27
印刷和记录媒介复制业	3543	3499	44

续表

项　　目	法人单位数	单产业法人	多产业法人
文教、工美、体育和娱乐用品制造业	12121	12064	57
石油加工、炼焦和核燃料加工业	372	366	6
化学原料和化学制品制造业	4541	4475	66
医药制造业	1341	1317	24
化学纤维制造业	353	352	1
橡胶和塑料制品业	9879	9815	64
非金属矿物制品业	22787	22583	204
黑色金属冶炼和压延加工业	629	624	5
有色金属冶炼和压延加工业	922	913	9
金属制品业	15807	15697	110
通用设备制造业	10155	10083	72
专用设备制造业	9793	9717	76
汽车制造业	2039	2011	28
铁路、船舶、航空航天和其他运输设备制造业	1273	1266	7
电气机械和器材制造业	6600	6514	86
计算机、通信和其他电子设备制造业	4515	4439	76
仪器仪表制造业	1410	1381	29
其他制造业	3201	3188	13
废弃资源综合利用业	1161	1147	14
金属制品、机械和设备修理业	1519	1497	22
电力、热力、燃气及水生产和供应业	7576	7376	200
电力、热力生产和供应业	5991	5868	123
燃气生产和供应业	217	176	41
水的生产和供应业	1368	1332	36
建筑业	78971	73360	5611
房屋建筑业	24047	20852	3195
土木工程建筑业	15319	13735	1584
建筑安装业	5289	5063	226
建筑装饰和其他建筑业	34316	33710	606
批发和零售业	594100	589032	5068
批发业	306146	303967	2179
零售业	287954	285065	2889
交通运输、仓储和邮政业	29961	29120	841
铁路运输业	101	98	3
道路运输业	17097	16720	377

续表

项　　目	法人单位数	单产业法人	多产业法人
水上运输业	1849	1808	41
航空运输业	175	163	12
管道运输业	7	7	
多式联运和运输代理业	7153	7013	140
装卸搬运和仓储业	2484	2442	42
邮政业	1095	869	226
住宿和餐饮业	22796	21966	830
住宿业	6168	5998	170
餐饮业	16628	15968	660
信息传输、软件和信息技术服务业	92964	92251	713
电信、广播电视和卫星传输服务	1009	940	69
互联网和相关服务	16673	16548	125
软件和信息技术服务业	75282	74763	519
金融业	4392	3858	534
货币金融服务	1372	1104	268
资本市场服务	1941	1926	15
保险业	497	257	240
其他金融业	582	571	11
房地产业	33487	32117	1370
房地产业	33487	32117	1370
租赁和商务服务业	158089	155891	2198
租赁业	13177	13028	149
商务服务业	144912	142863	2049
科学研究和技术服务业	84579	83062	1517
研究和试验发展	18704	18583	121
专业技术服务业	28670	27467	1203
科技推广和应用服务业	37205	37012	193
水利、环境和公共设施管理业	9596	9451	145
水利管理业	622	607	15
生态保护和环境治理业	1448	1433	15
公共设施管理业	5859	5759	100
土地管理业	1667	1652	15
居民服务、修理和其他服务业	27262	26715	547
居民服务业	12837	12566	271
机动车、电子产品和日用产品修理业	9428	9253	175

续表

项　　目	法人单位数	单产业法人	多产业法人
其他服务业	4997	4896	101
教育	24392	23819	573
教育	24392	23819	573
卫生和社会工作	10214	10048	166
卫生	6653	6530	123
社会工作	3561	3518	43
文化、体育和娱乐业	42593	42147	446
新闻和出版业	337	328	9
广播、电视、电影和影视录音制作业	6748	6687	61
文化艺术业	15489	15367	122
体育	5448	5311	137
娱乐业	14571	14454	117
公共管理、社会保障和社会组织	59132	57845	1287
中国共产党机关	1343	1282	61
国家机构	13769	12766	1003
人民政协、民主党派	241	236	5
社会保障	366	359	7
群众团体、社会团体和其他成员组织	26333	26311	22
基层群众自治组织	17080	16891	189

各设区市按行业门类分的法人单位数（2022 年）

单位：个

项　　目	福建省	福州市	厦门市	莆田市	三明市	泉州市	漳州市	南平市	龙岩市	宁德市
农、林、牧、渔业	72500	10324	1499	2679	7935	8191	10682	9830	6652	14708
采矿业	1826	162	16	19	466	262	145	190	460	106
制造业	192832	18439	27115	9376	6709	81554	19034	9953	6974	13678
电力、热力、燃气及水生产和供应业	7576	776	224	209	1308	1027	1078	948	1245	761
建筑业	78971	19639	13444	4209	3701	16363	7090	4542	5235	4748
批发和零售业	594100	86219	97169	89402	15902	183424	34579	30056	32204	25145
交通运输、仓储和邮政业	29961	6327	6889	1099	1544	5853	3098	1775	1529	1847
住宿和餐饮业	22796	5018	5076	1169	891	4491	2363	1028	1576	1184
信息传输、软件和信息技术服务业	92964	29241	22619	4522	2183	19203	4530	3139	4405	3122
金融业	4392	1511	1180	123	143	697	233	161	174	170
房地产业	33487	7678	6162	1743	1486	7073	3080	1965	1909	2391
租赁和商务服务业	158089	42541	35261	6991	4657	34448	10954	7600	6799	8838

续表

项　　目	福建省	福州市	厦门市	莆田市	三明市	泉州市	漳州市	南平市	龙岩市	宁德市
科学研究和技术服务业	84579	20006	19810	5247	2759	18006	6743	3275	4669	4064
水利、环境和公共设施管理业	9596	1718	1109	792	750	1646	1311	780	669	821
居民服务、修理和其他服务业	27262	5953	6453	1457	1054	5564	2413	1366	1587	1415
教育	24392	4466	4711	1591	1273	4480	3179	1365	1822	1505
卫生和社会工作	10214	2830	1275	417	1572	1344	678	746	774	578
文化、体育和娱乐业	42593	8246	10370	2075	1553	10485	3010	2218	2553	2083
公共管理、社会保障和社会组织	59132	10123	3407	3719	6330	10422	6260	6819	5536	6516
国际组织										

各设区市按机构类型分的法人单位数（2022 年）

单位：个

地　区	法人单位数					
		企业法人	事业法人	机关法人	社团法人	其他法人
福建省	**1547262**	**1419812**	**24402**	**6698**	**21103**	**75247**
福州市	281217	261390	3860	1131	3898	10938
厦门市	263789	256798	1361	421	1842	3367
莆田市	136839	130132	1805	404	705	3793
三明市	62216	47605	2743	886	1981	9001
泉州市	414533	394576	3938	907	5000	10112
漳州市	120460	104947	3326	862	1793	9532
南平市	87756	71917	3274	738	2423	9404
龙岩市	86772	75073	2063	628	1927	7081
宁德市	93680	77374	2032	721	1534	12019

各设区市按营业状态分的企业法人单位数（2022 年）

单位：个

地　区	企业法人单位数				
		营　业	停业（歇业）	筹　建	其　他
福建省	**1419812**	**1240228**	**23227**	**156238**	**119**
福州市	261390	197567	6684	57135	4
厦门市	256798	234174	7441	15182	1
莆田市	130132	106976	777	22351	28
三明市	47605	43416	324	3862	3
泉州市	394576	358217	4370	31962	27
漳州市	104947	92518	580	11818	31
南平市	71917	66798	1594	3505	20

续表

地　区	企业法人单位数	营　业	停业（歇业）	筹　建	其　他
龙岩市	75073	72479	532	2058	4
宁德市	77374	68083	925	8365	1

各设区市按登记注册类型分的企业法人单位数（2022 年）

单位：个

地　区	企业法人单位数	内资企业	#国有企业	#集体企业	#股份合作企业
福建省	**1419812**	**1401057**	**2219**	**4279**	**374**
福州市	261390	257263	517	1009	48
厦门市	256798	250019	193	190	81
莆田市	130132	129648	51	216	18
三明市	47605	47279	187	459	22
泉州市	394576	390162	277	734	39
漳州市	104947	103306	296	497	86
南平市	71917	71588	345	502	30
龙岩市	75073	74622	159	372	33
宁德市	77374	77170	194	300	17

地　区	#联营企业	#有限责任公司	#股份有限公司	#私营企业	港澳台商投资企业	外商投资企业
福建省	**57**	**26492**	**1212**	**1366338**	**12562**	**6193**
福州市	17	4811	276	250584	2799	1328
厦门市	18	5219	445	243873	4329	2450
莆田市	3	2483	61	126808	316	168
三明市	2	1884	68	44642	229	97
泉州市	6	5231	97	383757	3164	1250
漳州市		2558	70	99783	1104	537
南平市	7	1642	52	68985	202	127
龙岩市	2	1411	83	72562	321	130
宁德市	2	1253	60	75344	98	106

国民经济核算

主要社会经济效益指标

项目	2015	2020	2021
社会劳动生产率（元/人）	**119890**	**197502**	**225147**
总产出中间投入率（%）	**65.0**	**64.8**	**64.4**
按主要行业分			
工业	75.4	75.9	75.4
建筑业	71.0	73.8	73.4
交通运输、仓储和邮政业	59.5	62.7	62.7
批发和零售业	30.9	36.1	38.7
增加值率（%）	**35.0**	**35.2**	**35.6**
按主要行业分			
工业	24.6	24.1	24.6
建筑业	29.0	26.2	26.6
交通运输、仓储和邮政业	40.5	37.3	37.3
批发和零售业	69.1	63.9	61.3

地区生产总值

单位：亿元

年份	地区生产总值	第一产业	第二产业	第三产业	#工业	#建筑业	人均 GDP（元）
2020	43608.55	2730.81	20168.43	20709.31	15615.48	4618.99	105106
2021	49566.05	2899.91	23319.82	23346.32	18292.82	5097.80	118750
2022	53109.85	3076.20	25078.20	24955.45	19628.83	5518.86	126829

地区生产总值构成

单位:%

年份	地区生产总值	第一产业	第二产业	第三产业	#工业	#建筑业
2020	100.0	6.3	46.2	47.5	35.8	10.6
2021	100.0	5.9	47.0	47.1	36.9	10.3
2022	100.0	5.8	47.2	47.0	37.0	10.4

分行业增加值

单位：亿元

项　　目	2020	2021	2022
地区生产总值	**43608.55**	**49566.05**	**53109.85**
第一产业	2730.81	2899.91	3076.20
第二产业	20168.43	23319.82	25078.20
第三产业	20709.31	23346.32	24955.45
按行业分			
农、林、牧、渔业	2831.80	3007.15	3191.90
工业	15615.48	18292.82	19628.83
采矿业	231.10	268.90	288.26
制造业	14631.81	17255.90	18535.90
电力、热力、燃气及水生产和供应业	752.57	768.02	804.68
建筑业	4618.99	5097.80	5518.86
批发和零售业	4705.98	5634.23	6230.37
交通运输、仓储和邮政业	1502.33	1846.94	1960.00
住宿和餐饮业	593.73	709.77	734.41
信息传输、软件和信息技术服务业	1100.06	1241.58	1367.20
金融业	3319.59	3607.68	3889.78
房地产业	2672.64	2733.75	2674.86
租赁和商务服务业	1394.63	1694.70	1914.90
科学研究和技术服务业	676.07	743.63	811.49
水利、环境和公共设施管理业	172.04	182.67	183.95
居民服务、修理和其他服务业	762.46	833.62	867.80
教育	1252.78	1371.79	1489.37
卫生和社会工作	602.06	666.09	732.32
文化、体育和娱乐业	305.40	354.92	357.59
公共管理、社会保障和社会组织	1482.52	1546.91	1556.23

地区生产总值指数（上年＝100）

单位：以上年为100

年份	地区生产总值	第一产业	第二产业	第三产业	#工业	#建筑业	人均GDP
2020	103.2	103.1	102.4	104.0	101.6	105.7	102.4
2021	108.3	105.0	108.1	109.0	109.9	102.3	107.7
2022	104.7	103.7	105.4	104.0	104.9	107.3	104.3

地区生产总值指数（1952 年 =100）

单位：以 1952 年为 100

年份	地区生产总值	第一产业	第二产业	第三产业	#工业	#建筑业	人均 GDP
2020	49401.1	1625.8	322509.7	97880.6	382844.6	36548.8	14648.1
2021	53521.4	1706.9	348560.8	106727.3	420762.7	37391.8	15774.8
2022	56014.2	1770.6	367453.2	111037.7	441322.0	40139.1	16456.3

三次产业对经济增长的贡献及拉动

单位:%

年份	贡献率				地区生产总值增长率	拉动（百分点）			
	第一产业	第二产业	第三产业	工业		第一产业	第二产业	第三产业	工业
2020	5.9	37.0	57.1	19.8	3.2	0.2	1.2	1.8	0.6
2021	3.7	44.8	51.5	42.5	8.3	0.3	3.7	4.3	3.5
2022	4.9	53.7	41.4	38.1	4.7	0.2	2.5	2.0	1.8

第三产业增加值

单位：亿元

年份	第三产业	#批发和零售业	#交通运输、仓储和邮政业	#金融业	#房地产业
2020	20709.31	4705.98	1502.33	3319.59	2672.64
2021	23346.32	5634.23	1846.94	3607.68	2733.75
2022	24955.45	6230.37	1960.00	3889.78	2674.86

第三产业增加值构成

单位:%

年份	第三产业	#批发和零售业	#交通运输、仓储和邮政业	#金融业	#房地产业
2020	100.0	22.7	7.3	16.0	12.9
2021	100.0	24.1	7.9	15.5	11.7
2022	100.0	25.0	7.9	15.6	10.7

第三产业增加值指数（上年 =100）

单位：以上年为 100

年份	第三产业	#批发和零售业	#交通运输、仓储和邮政业	#金融业	#房地产业
2020	104.0	105.3	104.7	105.7	101.4
2021	109.0	116.6	115.3	105.9	97.9
2022	104.0	107.4	100.7	106.7	97.0

第三产业增加值指数（1978 年 =100）

单位：以 1978 年为 100

年份	第三产业	#批发和零售业	#交通运输、仓储和邮政业	#金融业	#房地产业
2020	13525.2	12993.6	8270.7	9352.4	19800.6
2021	14747.6	15154.8	9537.9	9908.3	19387.7
2022	15343.3	16279.8	9604.3	10571.2	18808.6

就业和职工工资

全省就业基本情况

项　　目	2020	2021	2022
就业人员合计（万人）	**2206**	**2197**	**2174**
第一产业	323	301	299
第二产业	719	729	721
第三产业	1164	1167	1154
就业人员构成（%）			
第一产业	14.6	13.7	13.7
第二产业	32.6	33.2	33.2
第三产业	52.8	53.1	53.1
城镇非私营单位就业人员（万人）	**605.90**	**579.00**	**559.16**
#国有单位	152.27	150.48	147.27
集体单位	8.85	8.33	6.88
股份合作单位	7.51	1.81	1.55
联营单位	0.40	0.30	0.31
有限责任公司	245.28	229.83	229.94
股份有限公司	52.65	51.33	47.34
港澳台商投资单位	77.82	74.93	68.82
外商投资单位	53.84	54.34	50.13
城镇非私营单位在岗职工人数（万人）	**550.13**	**537.18**	**519.79**
国有单位	143.11	141.46	138.12
城镇集体单位	7.96	7.75	6.52
其他经济	399.06	387.97	375.15
城镇私营单位就业人员数（万人）	**603.26**	**620.63**	**589.16**
城镇登记失业人数（万人）	**35.74**	**37.97**	**28.31**

按三次产业分全社会就业人员及构成

年份	就业人员数（万人）				构成（%）		
	合计	第一产业	第二产业	第三产业	第一产业	第二产业	第三产业
2020	2206	323	719	1164	14.6	32.6	52.8
2021	2197	301	729	1167	13.7	33.2	53.1
2022	2174	299	721	1154	13.7	33.2	53.1

城镇非私营单位就业人员年末人数

单位：万人

项　　目	2020	2021	2022
总计	**605.90**	**579.00**	**559.16**
按登记注册类型分			
国有单位	152.27	150.48	147.27
城镇集体单位	8.85	8.33	6.88
其他单位	444.78	420.20	405.01
按执行会计制度类型分			
企业单位	460.95	433.66	416.30
机关事业单位	139.82	140.21	138.26
其他单位	5.13	5.14	4.60
按产业分			
第一产业	1.11	1.28	1.08
第二产业	311.59	285.70	272.98
第三产业	293.19	292.01	285.09
按行业分			
农、林、牧、渔业	1.11	1.28	1.08
采矿业	1.64	1.59	1.37
制造业	162.11	160.44	150.52
电力、热力、燃气及水生产和供应业	10.94	10.92	11.02
建筑业	136.91	112.75	110.07
批发和零售业	24.07	24.49	24.06
交通运输、仓储和邮政业	22.76	21.63	21.37
住宿和餐饮业	8.82	9.42	9.25
信息传输、软件和信息技术服务业	10.34	10.73	10.37
金融业	26.64	24.05	20.55
房地产业	16.94	16.18	16.29
租赁和商务服务业	18.31	18.69	18.45
科学研究和技术服务业	8.36	8.32	7.99
水利、环境和公共设施管理业	7.37	7.21	7.01
居民服务、修理和其他服务业	3.60	3.66	3.80
教育	63.49	63.95	63.05
卫生和社会工作	26.49	27.91	27.43
文化、体育和娱乐业	4.17	4.03	3.80
公共管理、社会保障和社会组织	51.84	51.75	51.67

城镇非私营单位女性就业人员年末人数

单位：万人

项　　目	2020	2021	2022
总计	**240.82**	**236.23**	**227.23**
按登记注册类型分			
国有单位	74.21	75.68	76.01
城镇集体单位	4.18	4.17	3.46
其他单位	162.43	156.38	147.76
按执行会计制度类型分			
企业单位	165.44	159.15	150.80
机关事业单位	71.48	73.22	72.94
其他单位	3.90	3.87	3.49
按产业分			
第一产业	0.28	0.34	0.32
第二产业	99.08	93.30	87.80
第三产业	141.47	142.60	139.11
按行业分			
农、林、牧、渔业	0.28	0.34	0.32
采矿业	0.31	0.28	0.22
制造业	73.91	71.76	66.92
电力、热力、燃气及水生产和供应业	2.86	2.85	2.84
建筑业	22.00	18.40	17.83
批发和零售业	12.38	12.61	12.26
交通运输、仓储和邮政业	5.73	5.50	5.29
住宿和餐饮业	5.01	5.41	5.41
信息传输、软件和信息技术服务业	3.88	3.93	3.78
金融业	15.44	13.85	11.77
房地产业	6.60	6.40	6.42
租赁和商务服务业	6.08	5.90	5.73
科学研究和技术服务业	2.57	2.58	2.51
水利、环境和公共设施管理业	3.03	3.02	2.93
居民服务、修理和其他服务业	2.35	2.46	2.50
教育	40.74	41.76	41.27
卫生和社会工作	18.33	19.56	19.24
文化、体育和娱乐业	2.01	2.00	1.89
公共管理、社会保障和社会组织	17.31	17.61	18.09

城镇非私营单位在岗职工年末人数

单位：万人

项　　目	2020	2021	2022
总计	**550.13**	**537.18**	**519.79**
按登记注册类型分			
国有单位	143.11	141.46	138.12
城镇集体单位	7.96	7.75	6.52
其他单位	399.06	387.97	375.15
按执行会计制度类型分			
企业单位	414.20	400.73	385.92
机关事业单位	130.98	131.50	129.43
其他单位	4.95	4.95	4.44
按产业分			
第一产业	0.96	1.08	0.87
第二产业	282.72	267.24	253.52
第三产业	266.45	268.87	265.40
按行业分			
农、林、牧、渔业	0.96	1.08	0.87
采矿业	1.59	1.53	1.32
制造业	159.35	157.94	148.34
电力、热力、燃气及水生产和供应业	10.04	10.06	10.35
建筑业	111.74	97.71	93.52
批发和零售业	22.84	23.30	23.13
交通运输、仓储和邮政业	22.36	21.28	21.12
住宿和餐饮业	8.28	8.50	8.29
信息传输、软件和信息技术服务业	10.21	10.65	10.31
金融业	13.57	14.81	13.92
房地产业	16.39	15.59	15.70
租赁和商务服务业	17.08	17.67	18.02
科学研究和技术服务业	8.09	8.07	7.76
水利、环境和公共设施管理业	6.93	6.74	6.55
居民服务、修理和其他服务业	3.47	3.53	3.68
教育	58.60	59.16	58.49
卫生和社会工作	25.38	26.67	26.12
文化、体育和娱乐业	3.95	3.69	3.49
公共管理、社会保障和社会组织	49.30	49.21	48.82

按注册类型分城镇非私营单位就业人员平均工资

单位：元

年份	就业人员平均工资				在岗职工平均工资			
	总计	国有单位	集体单位	其他单位	合计	国有单位	集体单位	其他单位
2020	88149	113614	70225	79627	91072	118298	71975	81536
2021	98071	124279	75505	89169	101516	129507	77428	91756
2022	103803	134627	78593	93047	106977	140739	80788	95082

按执行会计标准类别分城镇非私营单位就业人员平均工资

单位：元

年份	就业人员平均工资					在岗职工平均工资				
	总计	企业	事业	机关	机关和事业	总计	企业	事业	机关	机关和事业
2020	88149	79816			116030	91072	81752			121090
2021	98071	89672			125472	101516	92305			130933
2022	103803	93683			135652	106977	95780			142009

城镇非私营单位就业人员平均工资

单位：元

项目	就业人员平均工资		在岗职工平均工资	
	2021	2022	2021	2022
总计	**98071**	**103803**	**101516**	**106977**
按三次产业分				
第一产业	69504	77840	78084	89266
第二产业	83251	86073	84118	87058
第三产业	112418	120655	118690	126023
按企事业机关分				
企业	89672	93683	92305	95780
机关和事业	125472	135652	130933	142009
按行业分				
农、林、牧、渔业	69504	77840	78084	89266
采矿业	67457	83510	68482	84578
制造业	86707	90788	86621	90708
电力、热力、燃气及水生产和供应业	134343	141910	141091	147231
建筑业	73221	73178	74031	73961
批发和零售业	97427	103188	99357	104337
交通运输、仓储和邮政业	109125	113836	109988	114751
住宿和餐饮业	50328	52087	54434	55345

续表

项　　目	就业人员平均工资		在岗职工平均工资	
	2021	2022	2021	2022
信息传输、软件和信息技术服务业	143350	154022	143789	154411
金融业	131573	157538	194404	208319
房地产业	91617	90573	93169	91994
租赁和商务服务业	75274	79344	78186	80209
科学研究和技术服务业	139416	148080	141616	150780
水利、环境和公共设施管理业	69001	69572	71255	71775
居民服务、修理和其他服务业	76355	72596	76927	72870
教育	111035	124756	116760	131143
卫生和社会工作	142942	156258	146461	160260
文化、体育和娱乐业	96891	106939	102990	113548
公共管理、社会保障和社会组织	126864	130557	131321	136330

城镇私营单位就业人员及平均工资（2022年）

项　　目	就业人员（万人）			平均工资（元）	
		#女性	#在岗职工	就业人员	在岗职工
合　计	**589.16**	**218.80**	**556.90**	**65392**	**65844**
按产业分					
第一产业	1.80	0.63	1.70	52450	53224
第二产业	365.62	116.56	340.24	66930	67342
第三产业	221.74	101.61	214.97	63000	63593
按行业分					
农、林、牧、渔业	1.80	0.63	1.70	52450	53224
采矿业	0.44	0.07	0.44	63835	63794
制造业	182.49	84.71	179.65	69715	69797
电力、燃气及水的生产和供应业	1.11	0.29	1.08	61350	62207
建筑业	181.58	31.50	159.07	64054	64494
批发和零售业	74.73	35.55	72.26	58621	59398
交通运输、仓储和邮政业	14.55	3.78	13.99	64584	65160
住宿和餐饮业	12.86	7.20	12.71	48558	48711
信息传输、计算机服务和软件业	15.57	6.12	15.41	96028	96394
金融业	1.12	0.58	0.97	108280	117729
房地产业	13.52	5.83	13.23	62850	63292
租赁和商务服务业	47.34	19.68	45.45	66673	67513
科学研究和技术服务	11.75	4.31	11.53	64884	65139

续表

项目	就业人员（万人）	#女性	#在岗职工	平均工资（元） 就业人员	平均工资（元） 在岗职工
水利、环境和公共设施管理业	2.74	1.43	2.67	50653	51459
居民服务和其他服务业	10.36	5.86	10.10	49128	48894
教育	8.29	6.37	8.05	50841	51020
卫生、社会保障和社会福利业	3.67	2.48	3.51	75362	75853
文化、体育和娱乐业	5.24	2.42	5.08	52775	53191

各设区市全社会就业人员

单位：万人

地区	2020	2021	2022
全省	**2206**	**2197**	**2174**
福州市	420	419	404
厦门市	312	314	315
莆田市	156	155	155
三明市	117	115	111
泉州市	517	515	507
漳州市	277	277	279
南平市	125	123	122
龙岩市	129	128	129
宁德市	153	151	152

各设区市分城乡分产业就业人员（2022 年）

单位：万人

地区	就业人员	按城乡分		按产业分		
		城镇	乡村	第一产业	第二产业	第三产业
全省	**2174**	**1507**	**667**	**299**	**721**	**1154**
福州市	404	286	118	42	113	249
厦门市	315	286	29	7	111	197
莆田市	155	104	51	17	55	83
三明市	111	66	45	23	27	61
泉州市	507	351	156	38	237	232
漳州市	279	177	102	80	74	125
南平市	122	72	50	30	29	63
龙岩市	129	79	50	26	36	67
宁德市	152	86	66	36	39	77

各设区市城镇非私营单位就业人员和平均工资（2022 年）

地区	就业人员数（万人）			平均工资（元）	
		在岗职工	其他从业人员	就业人员	在岗职工
全　省	**559.16**	**519.79**	**39.37**	**103803**	**106977**
福州市	137.25	125.23	12.03	112248	115549
厦门市	120.27	113.94	6.33	121641	124463
莆田市	38.43	35.45	2.98	82901	84686
三明市	22.85	21.14	1.71	103158	108344
泉州市	109.44	105.25	4.18	88174	89579
漳州市	53.37	47.57	5.80	98265	103722
南平市	22.06	20.20	1.86	88957	94101
龙岩市	27.22	25.58	1.63	98151	102124
宁德市	24.98	22.17	2.81	99079	105184

农　业

农业基础设施

项　　目	2010	2020	2022
农业机械使用			
机耕地面积（千公顷）	908.68	951.11	995.26
机械播种面积（千公顷）	25.77	258.33	306.07
机械收获面积（千公顷）	222.74	601.47	640.76
化肥施用量（万吨）			
按折纯量计算	121.04	100.81	92.07
氮肥	47.74	36.80	32.39
磷肥	17.06	14.11	12.47
钾肥	24.67	19.66	17.78
复合肥	31.56	30.23	29.43
农用塑料薄膜使用量（万吨）	**5.71**	**5.18**	**4.67**
#地膜使用量	2.66	2.55	2.52
农用柴油使用量（万吨）	83.17	78.35	75.22

农业机械化情况

项　　目	2010	2020	2022
农业机械动力（万千瓦）	**1206.16**	**1260.20**	**1296.71**
柴油发动机	891.66	769.01	774.75
汽油发动机	64.01	193.61	211.29
电动机	250.47	297.56	310.65
其他机械	0.03	0.02	0.01
农业机械拥有量			
大型拖拉机（台）		384	561
大型拖拉机动力（万千瓦）		3.23	4.63
中型拖拉机（台）		5453	5975
中型拖拉机动力（万千瓦）		22.88	26.12
小型拖拉机（台）	107739	81347	75443
小型拖拉机动力（万千瓦）	107.02	90.20	84.23
联合收割机（台）	4411	11002	11736
联合收割机动力（万千瓦）	15.48	47.74	52.08
机动脱粒机（台）	93484	105772	89196
养殖渔船（艘）		28693	26985
捕捞渔船（艘）		21963	18358
机电井（眼）	17866	312609	279412

农业生产条件

年　份	农业机械动力（万千瓦）	耕地灌溉面积（千公顷）	化肥施用量（吨）	农药使用量（吨）	农用塑料薄膜使用量（吨）
2020	1260. 20	1110. 42	1008056	43163	51824
2021	1270. 52	1071. 05	966342	41689	46304
2022	1296. 71	811. 88	920693	39845	46707

农作物播种面积

单位：千公顷

年　份	合　计	粮食作物	#谷物	#稻谷	非粮作物	#油料作物
2020	1682. 00	834. 43	639. 17	601. 72	847. 57	79. 31
2021	1705. 65	835. 13	637. 75	599. 35	870. 52	80. 44
2022	1737. 96	837. 62	638. 61	599. 45	900. 34	81. 38

粮食作物播种面积

单位：千公顷

项　　目	2010	2020	2022
总　计	**1073. 17**	**834. 43**	**837. 62**
按品种分			
#稻谷	789. 59	601. 72	599. 45
早稻	192. 14	97. 70	97. 39
中稻	286. 37	258. 43	252. 32
晚稻	311. 08	245. 59	249. 74
小麦	1. 46	0. 08	0. 06
甘薯	136. 45	102. 91	106. 64
马铃薯	57. 58	49. 96	49. 24
玉米	30. 47	33. 05	34. 73
大豆	42. 99	34. 36	35. 15

非粮作物播种面积

单位：千公顷

项　　目	2010	2020	2022
总　计	**868. 04**	**847. 57**	**900. 34**
油料	91. 74	79. 31	81. 38
#花生	83. 06	73. 18	74. 24
油菜籽	7. 63	5. 72	6. 77
芝麻	0. 70	0. 26	0. 28
甘蔗	8. 91	4. 90	5. 17

续表

项　目	2010	2020	2022
麻类		0.01	
烟叶	59.86	47.53	57.15
#烤烟	59.49	47.47	57.05
莲籽	5.55	3.42	3.88
蔬菜	578.89	596.98	627.23
西瓜	23.43	16.17	16.01
绿肥	17.06	9.09	11.07
青饲料	17.74	3.15	3.35

水产品养殖面积

单位：千公顷

项　目	2010	2020	2022
总　计	**231.47**	**250.25**	**253.21**
海水养殖	137.64	163.14	167.95
#滩涂养殖	55.21	45.04	42.25
淡水养殖	93.83	87.10	85.26
#池塘养殖	34.36	35.31	36.09
湖泊养殖	0.80	0.78	0.35
河沟养殖	51.63	3.88	3.05
水库养殖	4.91	43.67	42.72

年末各类园林水果实有面积

单位：公顷

项　目	2010	2020	2022
园林水果合计	**425824**	**355785**	**377090**
#柑橘	175365	144403	156630
龙眼	53284	30132	29480
荔枝	27390	14084	13159
香蕉	19583	11840	12386
枇杷	26365	20429	21829
菠萝	2123	1025	1040
橄榄	8436	8448	8504
柿	16009	9850	10045
桃	18071	11964	12320
李	27079	25855	26613
梨	18141	13907	14075
葡萄	5659	10523	10963
杨梅	13799	10236	11816

农林牧渔业总产值和指数

年 份	农林牧渔业总产值（亿元）					农林牧渔业总产值指数（1952 年 =100）				
	总产值	#农业	#林业	#牧业	#渔业	总指数	#农业	#林业	#牧业	#渔业
2020	4901. 07	1818. 18	390. 57	1141. 12	1373. 12	2260. 4	1258. 0	5226. 3	2906. 7	7631. 1
2021	5200. 97	1906. 02	424. 87	1059. 91	1621. 51	2376. 6	1309. 5	5344. 7	3212. 9	7851. 2
2022	5502. 56	2065. 66	429. 92	1066. 25	1740. 75	2469. 3	1378. 0	5613. 5	3351. 0	7987. 0

农林牧渔业分类产值和增速

项 目	数值（万元）		比上年增长（%）	
	2021	2022	2021	2022
农林牧渔业总产值（万元）	**52009680**	**55025631**	**5. 1**	**3. 9**
农业产值	**19060236**	**20656627**	**4. 1**	**5. 2**
谷物及其他作物	2673832	2851844	3. 1	1. 3
谷物	1359158	1423037		
薯类	377875	383770		
油料	232528	279913		
豆类	107372	94615		
棉花	50	49		
麻类	1	1		
糖料	34462	35736		
烟草	370405	439021		
其他农作物	191981	195702		
蔬菜、食用菌及花卉盆景园艺作物	9429239	9996908	4. 3	5. 0
#蔬菜	5753567	6096880		
食用菌	2481180	2604353		
花卉	739854	778727		
水果、坚果、茶、饮料和香料作物	6206428	7038066	4. 0	8. 0
#水果	3816999	4457542		
园林水果	3704786	4329457		
果用瓜	112213	128085		
茶叶	2286067	2474306		
香料原料	6276	6613		
中草药材	750737	769810	7. 0	-1. 3
林业产值	**4248731**	**4299235**	**2. 3**	**5. 0**
林木的培育和种植	425574	426990	0. 5	3. 4
木竹采运	1707412	1742907	4. 2	5. 3
#村及村以下	1302331	1292346		
林产品	2115745	2129337	1. 1	5. 1
牧业产值	**10599101**	**10662536**	**10. 5**	**4. 3**
牲畜饲养	682380	734267	3. 7	3. 2

续表

项目	数值（万元）		比上年增长（%）	
	2021	2022	2021	2022
牛	268496	297305		
羊	228390	246580		
奶类	185494	190382		
#牛奶	173768	177782		
猪的饲养	4027474	3674119	18.1	5.9
家禽饲养	5644904	5986884	4.6	3.2
肉禽	4643119	4926631		
禽蛋	1001786	1060253		
捕猎野兽、野禽	2357		-65.1	
其他畜牧业	241986	267267	3.6	7.5
渔业产值	**16215117**	**17407483**	**2.9**	**1.7**
海水产品	13895141	15006700	2.8	1.8
淡水产品	2319976	2400783	3.2	1.5
农林牧渔服务业产值	**1886495**	**1999750**	**5.1**	**4.2**

主要农业产品产量

单位：万吨

年份	粮食	油料	蔬菜	园林水果
2020	502.32	22.73	1492.30	717.05
2021	506.42	23.31	1540.46	763.02
2022	508.70	23.61	1599.77	817.31

粮食总产量及单产

年份	总产量（万吨）		单产（公斤/亩）	
	粮食	稻谷	粮食	稻谷
2020	502.32	391.75	401	434
2021	506.42	393.18	404	437
2022	508.70	393.75	405	438

非粮作物总产量及单位播种面积产量

年份	总产量（万吨）				单产（公斤/亩）			
	油料	花生	甘蔗	烤烟	油料	花生	甘蔗	烤烟
2020	22.73	21.68	26.98	10.03	191	197	3667	141
2021	23.31	22.21	28.79	10.52	193	201	3718	143
2022	23.61	22.43	28.84	12.09	193	202	3722	141

各类粮食产量

单位：万吨

项　　目	2015	2020	2022
合　计	**500.05**	**502.32**	**508.70**
按品种分			
稻谷	405.69	391.75	393.75
早稻	91.28	62.16	61.62
中稻	159.26	171.16	169.05
晚稻	155.15	158.42	163.07
#小麦	0.08	0.02	0.02
甘薯	52.37	60.66	63.95
马铃薯	18.34	21.49	21.24
玉米	11.57	14.76	15.65
豆类	10.31	11.99	12.43
大豆	8.11	9.47	9.93

非粮作物产量

单位：吨

项　　目	2010	2020	2022
蔬菜	12788200	14922973	15997747
油菜籽	9859	9645	11017
芝麻	829	365	419
烟叶	115955	100476	121240
莲籽	6397	5810	7335
西瓜	490390	397018	397269

茶叶园林水果实有面积及产量

年　份	面积（千公顷）		产量（万吨）	
	茶　叶	园林水果	茶　叶	园林水果
2020	223.94	355.78	46.14	717.05
2021	232.09	368.36	48.79	763.02
2022	241.00	377.09	52.08	817.31

各类茶叶　园林水果　食用菌产量

单位：吨

项　　目	2010	2020	2022
茶叶	**258289**	**461371**	**520775**
#红茶	12765	55433	61460
绿茶	97054	129290	127631

续表

项　　目	2010	2020	2022
青茶	140022	237976	267106
园林水果	**4950288**	**7170499**	**8173131**
#柑橘	1038022	1069866	1274059
龙眼	200967	220071	234904
荔枝	127584	105787	114908
香蕉	605545	452130	491796
枇杷	247500	335485	348069
菠萝	25113	16996	17880
橄榄	61166	137763	156277
柿	97226	126574	137627
桃	157890	159575	177837
李	205776	356616	392588
梨	157860	194922	207582
苹果	309	16	16
葡萄	100444	228683	244339
杨梅	110240	155307	185115
食用菌	**762663**	**1378814**	**1531285**
#蘑菇	341758	370982	352701
香菇	92345	143135	154764
白木耳	30589	45645	50553
黑木耳	35491	73390	80914

林业牧业水产品产量

年　份	造林面积（千公顷）	肉类总产量（万吨）	猪出栏数（万头）	奶类产量（万吨）	水产品产量（万吨）
2020	4.89	259.39	1299.86	17.48	832.98
2021	3.27	286.54	1547.59	19.97	853.07
2022	2.04	296.30	1614.13	22.05	862.35

造林面积

单位：千公顷

项　　目	2015	2020	2022
当年造林面积	87.11	4.89	2.04
#用材林	45.81	1.53	0.74
经济林	32.47	0.82	0.22
防护林	7.25	1.80	1.12
薪炭林		0.09	0.00
迹地更新面积	53.58	47.16	63.07

续表

项　目	2015	2020	2022
封山育林面积	522.03	762.03	662.08
育苗面积	8.40	10.79	9.04
幼林抚育作业面积	471.45		366.59
成林抚育作业面积	418.11	602.16	592.02

主要林产品产量

项　目	2010	2020	2022
木材产量（万立方米）	1455.38	1451.25	1563.16
毛竹采伐量（万根）	26602	62921	64337
篙竹采伐量（万根）	14787	32785	33481
油桐籽（吨）	23244	29910	31017
油茶籽（吨）	94815	232847	273852
乌桕籽（吨）	532	410	396
棕片（吨）	14847	18842	19699
松脂（吨）	87758	125246	135926
笋干（吨）	215123	440986	484340
山苍籽（吨）	12174	15976	16481
板栗（吨）	80793	99113	107794

主要畜禽产品产量

项　目	2010	2020	2022
猪出栏数（万头）	2080.38	1299.86	1614.13
出栏率（%）	151.4	202.6	168.7
牛出栏数（万头）	16.80	22.07	23.95
羊出栏数（万头）	118.47	159.06	160.92
出栏率（%）	125.2	150.5	152.0
家禽出栏数（亿只）	2.37	10.31	11.16
家兔出栏数（万只）	1321.13	1125.86	1321.57
肉类产量（万吨）	192.61	259.39	296.30
#猪肉	155.36	103.75	128.07
牛肉	1.69	2.46	2.69
羊肉	1.62	2.28	2.33
禽肉	31.44	146.56	158.64
兔肉	1.85	1.78	2.05
禽蛋产量（万吨）	30.54	53.66	59.83

续表

项　　目	2010	2020	2022
牛奶产量（万吨）	12.91	16.93	21.51
羊奶产量（万吨）	0.33	0.54	0.55
蜂蜜产量（万吨）	0.86	1.74	1.83

畜禽存栏数

项　　目	2010	2020	2022
猪存栏数（万头）	1348.45	910.90	956.76
#能繁殖母猪	133.05	92.77	99.07
牛存栏数（万头）	49.70	31.64	33.12
#乳牛	4.01	4.43	5.02
羊存栏数（万头）	94.43	105.90	105.85
家禽年末数（亿只）	0.94	2.07	2.11
家兔年末数（万只）	658.06	565.15	597.62
蜜蜂年末箱数（万箱）	36.26	56.88	67.93

淡水产品产量

单位：万吨

项　　目	2010	2020	2022
淡水产品产量	**74.16**	**92.49**	**98.95**
#养殖产量	65.97	85.47	91.75
按类别分			
#淡水鱼类	62.68	76.80	80.63
虾蟹类	5.10	10.00	12.40
贝类	4.84	4.67	4.83
主要品种产量			
淡水鳗	8.75	10.75	12.21
草鱼	13.84	17.73	18.36
鲢鱼	6.21	7.90	8.60
鲤鱼	5.08	6.12	6.19
罗非鱼	11.08	12.06	12.15

海水产品产量

单位：吨

项　　目	2010	2020	2022
海水产品产量	**5132598**	**7404915**	**7633929**
#鱼类	1787085	1913710	1986175
虾蟹类	388610	511917	513873
贝类	2221429	3342548	3445103
藻类	599357	1237766	1303328
#海水养殖产量	3038990	5268029	5477892
#鱼类	170308	464961	486771
虾蟹类	95816	217134	219854
贝类	2171544	3308910	3412321
藻类	598225	1235977	1301483
主要品种产量			
大黄鱼	75660	207007	215614
带鱼	240362	142731	140786
鲳鱼	62817	59141	57342
鳓鱼	15425	10670	9836
马鲛鱼	54226	40247	38734
鲷鱼	76902	102282	103032
鲐鱼	62656	215906	205039
鳗鱼	70186	56384	58727
墨鱼	30085	36911	36280
海蜇皮	11819	13880	13123
对虾	72282	158187	163159
毛虾	56383	48159	48240
梭子蟹	89261	109370	111446
蛏	193708	305755	288526
蛤	288793	467837	505776
蚶	37469	63503	56844
牡蛎	1456106	2068647	2127281
海带	452096	827883	861335
紫菜	51313	72858	63845

工　业

规模以上工业企业单位数

单位：个

项　　目	2010	2020	2022
合　计	**19227**	**18845**	**20691**
按轻重分			
轻工业	10654	10872	11638
重工业	8573	7973	9053
按注册类型分			
内资企业	13524	15711	17928
港澳台商投资企业	3705	1990	1681
外商投资企业	1998	1144	1082
按经济类型分			
国有	273	127	126
集体	584	71	46
其他经济	18370	18647	20519
#外商及港澳台商投资	5703	3134	2763
按经济组织分			
独资	5631	2654	2256
合作、合伙	681	114	94
股份有限公司	444	585	620
有限责任公司	12471	15492	17721
按规模分			
大型	124	426	359
中型	2116	2297	1987
小型	16987	14189	15906
微型		1933	2439

工业总产值指数

年　份	工业总产值指数（1952＝100）					工业总产值本年比上年增长（%）				
	总　计	#国有企业	#集体企业	#轻工业	#重工业	总　计	#国有企业	#集体企业	#轻工业	#重工业
2020	1296567.1	155322.3	17884189.1	851881.3	4532770.0	1.9	－1.7	14.1	－0.4	4.3
2021	1410665.0	166660.9	17902073.3	927698.7	4918055.4	8.8	7.3	0.1	8.9	8.5
2022	1482608.9	163161.0	19889203.5	975939.1	5168876.3	5.1	－2.1	11.1	5.2	5.1

规模以上工业企业主要指标

单位：亿元

年　份	企业单位数（个）	资产总计	流动资产合计	利润总额	税金总额
2020	18845	41995.99	21136.44	3949.87	1188.01
2021	20114	47211.29	24160.78	4980.00	1387.37
2022	20691	50912.96	27044.60	3698.65	1353.28

规模以上工业企业主要经济指标

单位：亿元

年　份	固定资产原价				固定资产净值合计			
	合　计	国　有	集　体	其　他	合　计	国　有	集　体	其　他
2020	22883.84	100.15	81.13	22702.56	11263.71	70.88	20.72	11172.11
2021	24882.52	55.46	93.46	24733.60	13567.84	42.54	28.67	13496.63
2022	25543.05	43.34	55.49	25444.21	14026.19	39.99	8.62	13977.57

年　份	利税总额				利润总额			
	合　计	国　有	集　体	其　他	合　计	国　有	集　体	其　他
2020	5137.88	2.27	15.10	5120.51	3949.87	-10.39	12.83	3947.43
2021	6367.37	0.61	13.71	6353.05	4980.00	0.11	11.70	4968.20
2022	5051.94	-1.65	6.44	5047.15	3698.65	-1.81	5.45	3695.02

规模以上工业企业产品产量

项　　　目	2010	2020	2022
原煤（吨）	24427250	6458491	4431694
铁矿石原矿（吨）	23272585	20800804	24009003
硫铁矿石（折硫35%）（吨）	99177	399436	420757
原盐（吨）	333929	265406	245391
配混合饲料（吨）	4830171	10374680	11047929
精制食用植物油（吨）	1684343	2030794	1741340
罐头（吨）	2032091	2818036	2455797
啤酒（千升）	1887767	1569360	1607398
饮料（吨）	3869623	8344303	9951341
精制茶（吨）	103310	266865	230895
卷烟（万箱）	168.75	177.29	179.97
纱（吨）	1847365	5434505	5716584
布（万米）	312003	744892	700414
棉布（万米）	39708	79416	95267
棉混纺布（万米）	110002	234714	197247

续表

项　　目	2010	2020	2022
化学纤维短纤布（万米）	162292	430761	407900
印染布（万米）	391229	591712	601739
绒线（毛线）（吨）	5020	924	659
服装（万件）	292273	551100	718902
轻革（平方米）	43511617	53601277	51534639
皮革鞋靴（万双）	114358	203570	207624
人造板（立方米）	9979320	25502960	27432732
胶合板（立方米）	4248677	18011171	18280346
纤维板（立方米）	1936396	1899736	3364346
刨花板（立方米）	2075427	1425742	1281039
机制纸及纸板（吨）	4320636	7984898	9353030
焦炭（吨）	1430462	2234565	2223846
硫酸（折100%）（吨）	597822	3437310	3566163
盐酸（含量31%以上）（吨）	70749	194951	158156
烧碱（折100%）（吨）	201120	358968	261196
纯碱（碳酸钠）（吨）	177867	254912	190205
合成氨（无水氨）（吨）	1021305	298917	1063286
农用氮、磷、钾化学肥料（折纯）（吨）	578746	862460	481617
#氮肥（吨）	553717	561493	361822
#尿素（吨）	329370		0
磷肥（吨）	25028	300967	119794
涂料（吨）	319064	1262270	1389301
初级形态塑料（吨）	1524961	3980344	5419134
合成洗涤剂（吨）	39705	186185	26499
化学药品原药（吨）	7266	24473	58929
中成药（吨）	6534	31077	34777
化学纤维（吨）	2061509	8563633	10313747
轮胎外胎（条）	27876136	29257788	29029965
塑料制品（吨）	1663088	5469151	6943234
水泥（吨）	59212000	96868968	96568000
砖（万块）	303443	3112055	3477049
花岗石板材（平方米）	145464187	72615489	62128571
平板玻璃（重量箱）	27653500	53616323	54394980
生铁（吨）	5588053	11062083	13824834
粗钢（吨）	10868830	24665002	29956974
钢材（吨）	13405616	38616471	35055374

续表

项　　目	2010	2020	2022
铁合金（吨）	240768	117872	86507
十种有色金属（吨）	138774	739662	882562
金属切削机床（台）	3146	11632	14752
起重机（吨）	4655	10002	13759
叉车（台）	11081	21005	22644
泵（台）	8358576	3683734	5919279
气体压缩机（台）	50472	58568	44993
轴承（万套）	11108	15410	32129
汽车（辆）	194963	180410	338863
#载货汽车（辆）	8005	35977	50862
改装汽车（辆）	16222	10380	7152
民用钢质船舶（载重吨）	727031	900444	1095623
交流电动机（千瓦）	5827571	4186489	5072959
变压器（千伏安）	5728012	13787333	17295448
电力电缆（千米）	105487	582788	335947
电话单机（部）	8452845	1144416	1040554
微型计算机设备（台）	7382707	14936299	11852616
集成电路（万块）	1158.40	169472.67	181262.16
彩色电视机（台）	9031009	13300154	10759031
照相机（台）	4510909	606223	691598
钟（只）	85595769	94237627	52751298
发电量（万千瓦小时）	13563200	25371210	28826604
#水电	4536900	2075960	2427679

规模以上工业企业

项　　目	企业单位数（个）	资产总计	负债合计	固定资产原价
合　计	**20691**	**509129559**	**278911437**	**255430508**
#国有控股企业	613	139041263	81787431	104310367
#亏损企业	2507	91562118	60592942	52131974
按轻重分				
轻工业	11638	206570837	109874103	73109392
重工业	9053	302558722	169037335	182321117
按经济类型分				
国有	126	24615170	14280207	30797222
集体	46	374293	169975	595654
股份	991	133159443	77458417	77303763
私营	16757	231944061	128289511	83810257
外商及港澳台商投资	2763	118983273	58705629	62912894
其他	7	15328	2599	9806
按登记注册分				
内资企业	17928	390146286	220205809	192517614
港、澳、台商投资	1681	66933713	33669283	31027934
外商投资企业	1082	52049561	25036345	31884961
按经济组织分				
独资企业	2256	74765115	35130618	37617783
合作、合伙	94	1057793	593484	522799
股份有限公司	620	119963639	62993038	22929467
有限责任公司	17721	313343012	180194297	194360459
按规模分				
大型企业	359	229253579	132979605	120669383
中型企业	1987	115271711	58220621	55666590
小型企业	15906	149968567	80011176	72155756
微型企业	2439	14635703	7700035	6938779
按行业分				
煤炭开采和洗选业	30	1049216	395318	548041
黑色金属矿采选业	42	850517	311089	815110
有色金属矿采选业	37	1096014	319506	830234
非金属矿采选业	159	1589192	611722	904832

主要指标（2022 年）

单位：万元

固定资产净额	所有者权益合计	利润总额	利税总额	所得税费用	应交增值税
133657388	**230218129**	**36986536**	**50519376**	**2816010**	**7779563**
59342780	57253829	2800003	8860590	187341	2154747
28182132	30969163	-4112852	-2346814	-375990	794560
35649796	96696694	19927016	26157652	1473911	3192036
98007592	133521435	17059520	24361724	1342099	4587528
15025827	10334963	599292	3374676	114423	633355
95230	204319	64480	78762	2339	9134
48099478	55701019	3309856	6157089	297429	1688807
43670935	103654579	23326429	28227292	1302298	3723265
26757680	60277630	9676404	12671005	1099498	1724614
8226	12729	837	968	1.3	72
106899708	169940499	27310132	37848371	1716513	6054949
14036469	33264423	5032188	6285492	564131	899143
12721211	27013207	4644216	6385513	535367	825472
15176040	39634487	6682416	8057308	856722	994297
270166	464308	119378	146432	15853	19480
12597804	56970597	7282188	8636450	560604	1061639
105613378	133148737	22902555	33679186	1382832	5704148
65529053	96273972	14296028	21213973	1204255	2890056
26996714	57051085	8192137	10823901	689428	1887082
37258809	69957408	13844815	17659718	879700	2891710
3872811	6935664	653557	821784	42628	110715
188996	653899	140613	193409	19715	39241
386448	539428	123464	171204	22924	31593
246185	776508	96396	126453	13372	13121
408587	977470	127963	179306	14920	30809

续表

项　　目	企业单位数（个）	资产总计	负债合计	固定资产原价
农副食品加工业	1152	17697750	9982566	6729476
食品制造业	675	11707574	5023738	3382179
酒、饮料和精制茶制造业	505	5841110	2252895	2978743
烟草制品业	8	2671743	724692	1449186
纺织业	1186	18270526	10032568	10123278
纺织服装、服饰业	1493	11326816	4955231	3995852
皮革、毛皮、羽毛及其制品和制鞋业	1518	16627284	8547990	4763812
木材加工和木、竹、藤、棕、草制品业	882	4156183	2090031	1935105
家具制造业	489	3409312	1774822	1150605
印刷和记录媒介复制业	301	2889487	1325108	1326473
文教、工美、体育和娱乐用品制造业	948	7751714	3182455	3399082
石油、煤炭及其他燃料加工业	49	10846176	6464504	9660337
化学原料和化学制品制造业	806	31766714	18261970	16485932
医药制造业	230	9098709	2350777	2939059
化学纤维制造业	110	9170189	6364880	6609540
橡胶和塑料制品业	1120	14530793	7005859	7385460
非金属矿物制品业	2040	27864492	13930741	13588253
黑色金属冶炼和压延加工业	179	18890256	13147692	12926658
有色金属冶炼和压延加工业	199	24664677	15487900	6012125
金属制品业	1173	11966592	6044819	5057779
通用设备制造业	834	10651074	5040703	4100368
专用设备制造业	760	10248943	5352740	3013573
汽车制造业	411	11729568	7014022	5061514
铁路、船舶、航空航天和其他运输设备制造业	138	2956573	2069683	1264106
电气机械和器材制造业	880	71268980	44510818	12784428
计算机、通信和其他电子设备制造业	803	55263266	26582688	24062935
仪器仪表制造业	247	3400781	1557006	725015
其他制造业	152	1579038	791144	345236
废弃资源综合利用业	124	1205895	822231	489735
金属制品、机械和设备修理业	38	1557252	610819	808719
电力、热力生产和供应业	284	53938780	32766240	65953399
燃气生产和供应业	70	3551857	2216415	2388560
水的生产和供应业	113	7750021	4225775	4359554

固定资产净额	所有者权益合计	利润总额	利税总额	所得税费用	应交增值税
3211228	7715180	1464527	1748970	58704	218590
1833431	6683836	1158553	1376363	70028	168955
1479568	3588213	825189	1017442	57338	100846
405157	1947051	170345	2580804	53156	329433
4358621	8237957	1800635	2134683	95330	249227
1545879	6371590	1463122	1864997	84681	313460
2124135	8079288	2491351	3112021	195306	486150
951861	2066150	587574	702607	11476	91909
630049	1634484	374759	453977	17971	58344
682341	1564378	319592	390775	17083	52350
1740302	4569254	1143715	1353507	70113	129800
4889641	4381672	38272	1651224	-159847	313547
9977566	13504740	1102689	1936102	14028	595233
1385275	6747931	1705087	1908518	212732	166244
2656315	2805309	653196	765977	5990	77292
3395725	7524929	1206143	1518456	84516	223579
6649123	13933664	2976703	3816526	194309	586635
7658446	5742563	-29399	237547	9978	221640
3283840	9176775	3104541	3458089	135686	263310
2308455	5921765	1012139	1277383	83221	202395
1900445	5610363	857739	1054353	70239	141883
1390723	4896201	817833	1025062	58145	155280
2100741	4715545	596691	974162	114375	228957
672926	886891	126401	191928	17565	32342
7441363	26758154	4679364	5237622	490644	450805
12303853	28680573	2625951	3289121	327543	503182
413300	1843774	227599	284059	14479	45652
167846	787894	131648	169158	5549	30497
291296	383663	43590	278760	2158	203467
397545	946432	143898	163644	16378	11977
37199595	21172538	1947002	2811027	275307	740957
1462387	1335441	-20397	16968	-11567	31034
2693496	3524421	76796	117631	17008	28817

大中型工业企业

项　　目	企业单位数（个）	资产总计	负债合计	固定资产原价
合　计	**2346**	**344525289**	**191200226**	**176335973**
煤炭开采和洗选业	12	746778	266763	255139
黑色金属矿采选业	5	638093	213399	602633
非金属矿采选业	4	436853	37922	140711
农副食品加工业	120	6587538	3256644	2936459
食品制造业	105	6918614	2614768	1529131
酒、饮料和精制茶制造业	36	2519102	899402	1439526
烟草制品业	4	2380213	681856	1247949
纺织业	168	10622992	5762051	6059757
纺织服装、服饰业	160	6165401	2463233	1908107
皮革、毛皮、羽毛及其制品和制鞋业	327	11968934	6139429	3052262
木材加工和木、竹、藤、棕、草制品业	24	731627	311502	278223
家具制造业	27	1130338	537434	384322
造纸和纸制品业	43	4915244	2893273	3766960
印刷和记录媒介复制业	25	1171617	484654	485380
文教、工美、体育和娱乐用品制造业	113	3077193	1522739	1157156
石油、煤炭及其他燃料加工业	6	10203279	6149616	9519273
化学原料和化学制品制造业	64	21637852	13088477	11390657
医药制造业	42	6835966	1469006	1558845
化学纤维制造业	34	7803974	5538647	6040796
橡胶和塑料制品业	95	8110726	3461575	4622438
非金属矿物制品业	210	12227170	6011301	6628607
黑色金属冶炼和压延加工业	29	17176599	12147950	11830896
有色金属冶炼和压延加工业	32	22906391	14458073	5413325
金属制品业	72	5310067	2574198	1996338
通用设备制造业	57	5342162	2390197	2059359
专用设备制造业	52	5329923	2825942	980371
汽车制造业	70	8325220	5335049	3364557
铁路、船舶、航空航天和其他运输设备制造业	20	2098381	1555394	822629
电气机械和器材制造业	119	64224574	40333724	11066959
计算机、通信和其他电子设备制造业	193	45111384	20341038	21080918
仪器仪表制造业	21	1170308	464159	253832
其他制造业	14	819185	470255	91633
金属制品、机械和设备修理业	6	911578	386389	578518
电力、热力生产和供应业	27	34037934	21250873	48188069
燃气生产和供应业	6	2068876	1322281	1593542
水的生产和供应业	8	2619975	1431852	1893077

主要经济指标（2022 年）

单位：万元

固定资产净额	所有者权益合计	利润总额	利税总额	所得税费用	应交增值税
92525767	**153325057**	**22488165**	**32037874**	**1893683**	**4777138**
121575	480015	117398	156758	16612	29153
320888	424694	95911	130844	21201	22832
131868	398931	6316	8422	151	1488
1661872	3330895	485580	578080	24662	72228
758218	4303845	661285	793157	55646	105993
670398	1619700	505050	603050	36398	50412
323409	1698357	167067	2572106	51629	325388
2565761	4860941	1015384	1199891	72741	140739
883239	3702167	664445	849666	55858	149243
1357689	5829504	1869554	2296626	172929	341664
156582	420124	95790	112845	3912	11480
228244	592905	86235	109049	11604	15905
2143052	2021971	417858	596528	23299	151383
256805	686962	115308	138199	8323	16445
613962	1554454	372603	444025	25700	49066
4824109	4053663	-53509	1532415	-162823	292014
7669268	8549374	434574	1058418	-57868	419557
856266	5366959	1475736	1630420	185681	126291
2376512	2265328	514340	615244	3225	69833
2133479	4649152	613070	747652	53041	89315
3359055	6215869	1026637	1332433	90299	231754
7076752	5028648	-109192	131041	6933	200470
2985033	8448317	2994961	3259069	122034	190477
949933	2735868	429893	519597	47786	67803
948730	2951965	379736	462432	43989	58866
515648	2503981	337925	415202	28510	57785
1413384	2990171	440416	736301	95645	164938
445423	542988	48454	89770	11218	12771
6649183	23890849	4289006	4731258	455060	356188
10432203	24770345	2160392	2652485	269054	360869
146665	706149	72142	85148	3451	9615
42669	348930	45863	61406	1842	12375
259074	525190	82590	93299	13079	4871
25215351	12787061	686378	1306014	126839	535701
886527	746596	-110900	-100875	-34153	6744
1085188	1188123	23406	41729	3958	13215

国有控股工业企业

项　　目	企业单位数（个）	资产总计	负债合计	固定资产原价
合　计	**613**	**139041263**	**81787431**	**104310367**
按隶属关系分				
中央企业	94	53108495	34903176	64217831
地方企业	527	85900633	46861810	40072741
按轻重分				
轻工业	95	10209985	3933605	3665924
重工业	526	128799143	77831381	100624649
按规模分				
大型企业	50	82889983	49842773	67616332
中型企业	101	28367256	16063512	17133011
小型企业	390	24678649	13878803	17499151
微型企业	80	3073240	1979898	2042078
按行业分				
#煤炭开采和洗选业	8	744502	235622	259464
黑色金属矿采选业	4	587413	206248	515119
有色金属矿采选业	8	291468	80753	169140
非金属矿采选业	13	681193	127555	186833
农副食品加工业	14	350845	227026	80858
食品制造业	11	554873	201166	140486
酒、饮料和精制茶制造业	10	255085	52822	156803
烟草制品业	7	2652807	706181	1416298
纺织服装、服饰业	4	60442	9584	18717
木材加工和木、竹、藤、棕、草制品业	7	275086	86425	150281
造纸和纸制品业	5	500896	146635	340162
印刷和记录媒介复制业	11	325183	113289	161657
石油、煤炭及其他燃料加工业	5	9657059	5971594	9364536
化学原料和化学制品制造业	31	10488781	7908915	6192731
医药制造业	13	1909051	236283	423334
化学纤维制造业	3	174145	170247	94285
非金属矿物制品业	60	1957908	1007534	1070477
黑色金属冶炼和压延加工业	10	7792037	4611088	5337085
有色金属冶炼和压延加工业	19	15539169	9990108	2633076
金属制品业	12	282795	168651	81403
通用设备制造业	12	840087	429867	287174
专用设备制造业	10	2594675	1730356	168109
汽车制造业	17	3469378	2642742	1280302
铁路、船舶、航空航天和其他运输设备制造业	7	1602783	1390888	580222
电气机械和器材制造业	21	3339653	2397616	766232
计算机、通信和其他电子设备制造业	38	16444006	6644033	7986952
废弃资源综合利用业	8	145385	105565	91020
金属制品、机械和设备修理业	8	233600	59415	62674
电力、热力生产和供应业	164	47123037	29361566	59379714
燃气生产和供应业	11	1456574	957135	1261571
水的生产和供应业	64	6540352	3716297	3600760

主要经济指标（2022 年）

单位：万元

固定资产净额	所有者权益合计	利润总额	利税总额	所得税费用	应交增值税
59342780	**57253829**	**2800003**	**8860590**	**187341**	**2154747**
36795319	18205319	1234489	4870142	54869	1069231
22543004	39038820	1565297	3989992	132477	1085424
1719075	6276380	614952	3179257	118798	453944
57619248	50967759	2184834	5680877	68548	1700711
38148900	33047210	1446895	6365134	19319	1345056
8547168	12303744	147233	916008	-7435	517735
11279971	10799843	1122800	1475102	159560	275349
1362284	1093342	82858	103890	15902	16515
87624	508881	94130	119217	11549	18966
315710	381165	94598	127714	21302	22772
77613	210715	33822	50963	8165	7410
160257	553638	42165	51612	4732	5945
46322	123819	5458	10345	556	3847
86266	353707	-1503	3305	58	2958
48521	202264	14825	31339	3104	8039
399689	1946625	172500	2582919	53156	329433
7016	50859	7323	9838	1489	2196
82979	188661	29231	34175	-42	3799
110501	354261	26513	35843	5587	7513
66470	211894	20868	30124	3062	7339
4769468	3685465	-90463	1466952	-163771	267274
4073754	2579865	-582782	-136730	-138355	267955
183226	1672768	348063	414083	45083	56883
39331	3898	-15144	-14144	170	315
526432	950373	62681	109915	12125	38431
2863022	3180949	-100228	-17721	-12106	60523
1519743	5549060	572505	704918	48086	81898
50411	114144	3560	9561	958	5156
169319	410220	31020	44390	3367	10423
93354	864319	104913	126394	7543	16823
706788	826636	-2844	98976	204	58369
373641	211895	-24829	-12375	5049	8037
650637	942036	32989	75806	709	38820
4335239	9799974	178676	293809	18266	82027
64688	39820	-5352	14804	69	17659
47938	174184	12001	14553	2040	2317
34426297	17761470	1820594	2621583	262514	690529
668056	499438	-133167	-127051	-31680	3872
2266131	2824054	28419	61794	9635	23968

规模以上外商及港澳台投资工业

项　　目	企业单位数（个）	资产总计	负债合计	固定资产原价
合　计	**2763**	**118983273**	**58705629**	**62912894**
按登记注册类型分				
港、澳、台商投资企业	1681	66933713	33669283	31027934
合资经营企业	368	16206139	9743121	7648691
合作经营企业	5	53595	30060	24963
独资企业	1244	44011763	21102415	20926587
股份有限公司	64	6662216	2793687	2427693
外商投资企业	1082	52049561	25036345	31884961
中外合资经营企业	264	16601923	9164862	14586520
中外合作经营企业	8	587453	358084	330909
外资企业	790	28853967	13336623	15023404
外商投资股份有限公司	20	6006217	2176776	1944127
按轻重分				
轻工业	1704	58189238	28292871	24267640
重工业	1059	60794035	30412758	38645254
按规模分				
大型企业	148	56851279	29371471	31439064
中型企业	568	35865551	16732701	18973620
小型企业	1830	24166944	11592382	11508440
微型企业	217	2099498	1009075	991771
按行业分				
非金属矿采选业	4	46146	12051	22291
农副食品加工业	121	4968893	2491116	2483514
食品制造业	107	4630522	1934945	1041247
酒、饮料和精制茶制造业	54	2242731	892251	1481506
纺织业	192	5018850	2379473	2650108
纺织服装、服饰业	238	4774439	2035302	1489297

企业主要经济指标（2022 年）

单位：万元

固定资产净额	所有者权益合计	利润总额	利税总额	所得税费用	应交增值税
26757680	**60277630**	**9676404**	**12671005**	**1099498**	**1724614**
14036469	33264423	5032188	6285492	564131	899143
4535348	6463016	941518	1330687	98706	258872
10774	23535	4070	4666	74	395
8402240	22909344	3778797	4521376	432275	541799
1088107	3868528	307804	428763	33076	98077
12721211	27013207	4644216	6385513	535367	825472
5229341	7437060	1151356	2209031	34015	323550
163748	229369	45243	54732	11103	6136
6228304	15517338	2676549	3276226	418646	434742
1099818	3829441	771068	845524	71604	61044
10962895	29896361	5589815	6694570	571123	801973
15794785	30381269	4086589	5976435	528375	922641
13504877	27479808	4875621	6646908	535431	835854
7994352	19132849	2807948	3502278	362706	505269
4782726	12574552	1902672	2410160	194357	370755
475725	1090422	90162	111660	7003	12736
11807	34095	1728	3204	331	1204
1297345	2477777	307513	353313	19670	34698
441023	2695577	460271	539031	29078	63047
667296	1350480	395384	494759	29234	45772
1170326	2639377	443020	528705	24562	62103
682670	2739136	439848	569732	42116	103922

续表

项　　目	企业单位数（个）	资产总计	负债合计	固定资产原价
皮革、毛皮、羽毛及其制品和制鞋业	220	8809574	4387559	1965071
木材加工和木、竹、藤、棕、草制品业	24	305503	151625	122173
家具制造业	51	879785	426408	329432
造纸和纸制品业	61	2813199	1675183	1537659
印刷和记录媒介复制业	29	392020	195708	244423
文教、工美、体育和娱乐用品制造业	167	2161589	889946	1007924
石油、煤炭及其他燃料加工业	6	3121107	1520575	3926552
化学原料和化学制品制造业	109	6210895	3652962	4034040
医药制造业	33	1498755	468035	595345
化学纤维制造业	30	3854816	2812832	2814644
橡胶和塑料制品业	177	7274365	3242557	4126243
非金属矿物制品业	123	4315825	1773867	2540859
黑色金属冶炼和压延加工业	18	2736286	1973837	2452675
有色金属冶炼和压延加工业	28	2932612	1482223	1615961
金属制品业	104	3534081	1567754	1607102
通用设备制造业	106	3139117	1231540	1821263
专用设备制造业	118	2113000	838164	703958
汽车制造业	128	5671458	3213802	2710494
铁路、船舶、航空航天和其他运输设备制造业	26	590177	292653	338007
电气机械和器材制造业	148	10426952	5298503	4181339
计算机、通信和其他电子设备制造业	174	16320563	8365661	7773452
仪器仪表制造业	35	696864	218764	185791
其他制造业	44	1032056	502788	172869
金属制品、机械和设备修理业	12	1122640	467383	667087
电力、热力生产和供应业	32	3813733	1514244	5304590
燃气生产和供应业	25	1196800	682637	712353
水的生产和供应业	13	198543	61184	183863

固定资产净额	所有者权益合计	利润总额	利税总额	所得税费用	应交增值税
758283	4422014	1280263	1529060	140540	197495
65321	153878	9628	15816	1538	4984
191440	453377	52565	65905	10545	9313
673985	1138016	216131	275703	20068	47207
112062	196312	50258	60645	6496	7406
460130	1271643	213665	252412	25007	17675
1027564	1600532	509426	1312337	-56049	126167
2913395	2557934	173413	308764	34706	117375
279269	1030720	218229	257227	23406	32393
1120946	1041985	-4974	38445	1041	32890
1724859	4031807	384435	484037	46048	67011
1349084	2541958	298354	394065	26517	70040
1372372	762449	14850	93675	988	72118
836864	1450389	586140	643901	38564	45827
556168	1966327	295190	355032	37558	45206
746828	1907576	286890	327102	41658	23494
292192	1274835	153656	192073	21951	28535
845873	2457654	398591	608652	99610	118143
117181	297524	52999	64190	7643	6138
1897847	5128448	1390209	1559315	222463	126954
2607972	7954901	927009	1101502	189513	122596
76084	478100	29129	37256	3473	6182
75035	529267	54085	77748	3285	20119
301797	655257	96709	105216	14725	2472
1461356	2299489	-108861	-49419	-14568	49529
498317	514162	34492	48459	4871	11358
90279	137359	7665	9058	2189	944

规模以上工业企业主要经济效益指标

年份	总资产贡献率（%）	资产负债率（%）	流动资产周转次数（次/年）	工业成本费用利润率（%）	产品销售率（%）
2020	12.93	50.68	2.62	7.74	96.53
2021	14.09	52.05	2.72	8.23	96.47
2022	10.49	54.78	2.08	7.08	95.59

规模以上工业企业主要经济效益指标（2022 年）

单位:%

项　　目	总资产贡献率	资产负债率	流动资产周转次数（次/年）	工业成本费用利润率
合　计	**10.49**	**54.78**	**2.08**	**7.08**
#国有控股企业	7.37	58.82	2.39	2.88
按轻重分				
轻工业	12.90	53.19	1.89	8.69
重工业	8.84	55.87	2.27	5.82
按经济类型分				
国有	14.64	58.01	4.37	2.93
集体	21.21	45.41	14.89	3.98
股份	5.50	58.17	1.92	3.74
联营	25.23	13.42	4.84	9.46
私营	12.61	55.31	2.18	8.01
外商及港澳台商投资	11.05	49.34	1.80	8.01
其他	6.37	16.95	1.75	10.86
按登记注册分				
内资企业	10.32	56.44	2.19	6.80
港、澳、台商投资企业	9.76	50.30	1.60	8.11
外商投资企业	12.70	48.10	2.06	7.90
按经济组织分				
独资企业	11.09	46.99	1.84	8.09
合作、合伙	14.04	56.11	3.15	6.90
股份有限公司	7.30	52.51	0.96	11.89
有限责任公司	11.55	57.51	2.68	6.07
按规模分				
大型企业	9.74	58.01	1.66	8.08
中型企业	9.95	50.51	2.06	6.83
小型企业	12.49	53.35	2.69	6.50
微型企业	6.04	52.61	1.90	5.06
按行业分				
煤炭开采和洗选业	18.15	37.68	2.34	16.16

续表

项　　　　目	总资产贡献率	资产负债率	流动资产周转次数（次/年）	工业成本费用利润率
黑色金属矿采选业	21.15	36.58	7.84	9.35
有色金属矿采选业	11.77	29.15	2.87	18.31
非金属矿采选业	11.63	38.49	3.13	7.52
农副食品加工业	10.45	56.41	2.51	5.44
食品制造业	12.06	42.91	1.90	9.50
酒、饮料和精制茶制造业	17.63	38.57	2.26	14.31
烟草制品业	96.45	27.12	1.87	12.16
纺织业	12.58	54.91	2.74	6.63
纺织服装、服饰业	16.67	43.75	3.18	7.09
皮革、毛皮、羽毛及其制品和制鞋业	18.91	51.41	2.43	9.42
木材加工和木、竹、藤、棕、草制品业	17.32	50.29	3.23	7.68
家具制造业	13.66	52.06	2.44	7.30
造纸和纸制品业	11.57	57.41	2.03	7.43
印刷和记录媒介复制业	14.16	45.86	2.96	7.60
文教、工美、体育和娱乐用品制造业	18.02	41.05	3.24	9.04
石油、煤炭及其他燃料加工业	16.08	59.60	3.49	0.26
化学原料和化学制品制造业	7.02	57.49	2.16	3.93
医药制造业	20.81	25.84	1.00	37.90
化学纤维制造业	9.93	69.41	2.91	5.13
橡胶和塑料制品业	10.90	48.21	2.15	7.12
非金属矿物制品业	14.22	49.99	2.61	8.23
黑色金属冶炼和压延加工业	2.66	69.60	3.75	-0.12
有色金属冶炼和压延加工业	15.18	62.79	3.64	8.38
金属制品业	11.17	50.51	2.59	5.51
通用设备制造业	10.21	47.33	1.80	7.65
专用设备制造业	10.35	52.23	1.55	8.27
汽车制造业	8.55	59.80	1.66	5.10
铁路、船舶、航空航天和其他运输设备制造业	7.98	70.00	1.30	5.12
电气机械和器材制造业	7.11	62.45	0.93	10.79
计算机、通信和其他电子设备制造业	6.23	48.10	1.50	5.81
仪器仪表制造业	8.57	45.78	1.22	9.04
其他制造业	11.07	50.10	2.18	5.84
废弃资源综合利用业	24.39	68.18	4.61	1.34
金属制品、机械和设备修理业	10.47	39.22	1.97	10.07
电力、热力生产和供应业	6.75	60.75	3.17	7.16
燃气生产和供应业	1.43	62.40	3.72	-0.41
水的生产和供应业	1.93	54.53	0.53	7.64

建筑业

建筑企业基本情况

年份	单位数（个）	#国有	#集体	从业人员（万人）	#国有	#集体	总产值（亿元）	#国有	#集体
2020	7027	80	26	483.79	22.24	8.00	14117.80	803.35	177.17
2021	8204	89	28	479.10	20.03	6.61	15810.43	890.03	179.22
2022	9028	103	26	471.04	23.58	6.38	16850.97	1001.96	188.61

年份	资产合计（亿元）	利润总额（亿元）	税金总额（亿元）	房屋建筑面积（万平方米）		按总产值计算的劳动生产率（元/人）
				施工面积	竣工面积	
2020	8081.66	417.94	392.59	82671.20	18231.74	285578
2021	9514.21	447.51	418.33	87230.72	19206.99	321185
2022	9522.32	466.16	393.60	85603.78	20254.67	335721

建筑企业主要经济指标

项目	2010	2020	2022
企业单位数（个）	2606	7027	9028
建筑业总产值（亿元）	3062.17	14117.80	16850.97
建筑业竣工产值	1742.46	6033.58	6785.33
房屋施工面积（万平方米）	28406.86	82671.20	85603.78
#本年新开工	14349.31	26914.19	24292.93
房屋竣工面积（万平方米）	9095.78	18231.74	20254.67
#住宅	5474.72	12931.99	14104.05
年末从业人员（万人）	229.57	483.79	471.04
按总产值计算的劳动生产率（元/人）	134520	285578	335721
工资总额（亿元）	713.35	2810.68	3148.61
财务指标（亿元）			
资本金合计	511.59	1805.78	1932.44
流动资产年末数	1321.15	6703.66	7796.92
固定资产原值	327.21	750.04	805.66
营业收入	2816.29	11421.15	12678.12
主营业务收入	2801.82	11267.30	12418.65
主营业务成本	2512.58	10291.83	11339.65
利润总额	87.91	417.94	466.16
#营业利润	168.45	415.55	467.02
利税总额	195.61	810.53	859.76

国有经济建筑企业主要经济指标

项　　目	2010	2020	2022
企业单位数（个）	93	80	103
建筑业总产值（亿元）	448.16	803.35	1001.96
建筑业竣工产值	167.59	266.30	427.02
房屋施工面积（万平方米）	3063.41	2948.29	3822.98
#本年新开工	1417.80	662.69	971.37
房屋竣工面积（万平方米）	498.51	560.58	973.54
#住宅	376.06	380.21	494.35
年末从业人员（万人）	29.32	22.24	23.58
按总产值计算的劳动生产率（元/人）	158901	329150	428970
工资总额（亿元）	88.03	116.09	172.40
财务指标（亿元）			
资本金合计	44.25	88.44	97.41
流动资产年末数	221.40	668.75	959.24
固定资产原值	59.54	66.47	48.85
营业收入	424.75	637.10	695.25
主营业务收入	420.07	626.40	688.75
主营业务成本	386.16	588.60	643.61
利润总额	5.42	18.73	23.33
#营业利润	19.06	18.38	22.82
利税总额	19.20	30.70	38.64

集体经济建筑企业主要经济指标

项　　目	2010	2020	2022
企业单位数（个）	73	26	26
建筑业总产值（亿元）	61.44	177.17	188.61
建筑业竣工产值	43.29	211.39	147.90
房屋施工面积（万平方米）	884.06	2386.84	2345.53
#本年新开工	339.27	707.22	642.07
房屋竣工面积（万平方米）	277.51	794.88	627.23
#住宅	196.10	760.97	588.31
年末从业人员（万人）	4.21	8.00	6.38
按总产值计算的劳动生产率（元/人）	137908	266113	315905
工资总额（亿元）	13.95	44.60	42.43
财务指标（亿元）			
资本金合计	9.97	10.25	10.15

续表

项　　目	2010	2020	2022
流动资产年末数	33.75	55.87	51.67
固定资产原值	6.50	3.41	4.31
营业收入	51.92	101.42	97.86
主营业务收入	51.61	101.20	97.42
主营业务成本	46.52	96.61	92.15
利润总额	1.10	2.20	2.19
#营业利润	3.05	1.65	2.00
利税总额	3.02	4.02	3.71

各种资质等级建筑企业主要经济指标（2022 年）

项　　目	合计	总承包				专业承包			
		总承包	一级及以上	二级	三级及其他	专业承包	一级	二级	三级及不分等级
企业单位数（个）	9028	6680	575	897	5208	2348	590	1380	378
建筑业总产值（亿元）	16850.97	15464.58	10450.98	2920.54	2093.06	1386.39	701.16	480.65	204.58
建筑业竣工产值	6785.33	6365.87	4516.11	1140.35	709.42	419.46	210.18	156.23	53.04
房屋施工面积（万平方米）	85603.78	82747.23	62672.40	14870.20	5204.63	2856.55	1015.60	1151.06	689.89
#本年新开工	24292.93	23238.50	15938.10	4922.73	2377.68	1054.42	337.94	499.96	216.52
房屋竣工面积（万平方米）	20254.67	19557.64	14289.99	3413.47	1854.17	697.03	407.36	268.14	21.53
#住宅	14104.05	13786.60	10782.76	2264.20	739.64	317.45	242.14	74.86	0.45
年末从业人员（万人）	471.04	432.48	295.97	74.41	62.09	38.56	18.10	14.87	5.59
按总产值计算的劳动生产率（元/人）	335721	337014	340302	351513	304773	321938	364890	275591	319279
工资总额（亿元）	3148.61	2891.29	2119.48	430.54	341.27	257.32	123.06	96.45	37.81
财务指标（亿元）									
资本金合计	1932.44	1640.63	852.14	336.91	451.58	291.81	149.53	101.22	41.06
流动资产年末数	7796.92	6932.75	4722.50	1097.88	1112.37	864.17	437.30	286.38	140.49
固定资产原值	805.66	689.81	356.34	160.90	172.57	115.85	54.54	37.76	23.55
营业收入	12678.12	11468.87	8018.10	1940.72	1510.06	1209.25	594.03	432.92	182.30
主营业务收入	12418.65	11247.04	7915.44	1880.02	1451.58	1171.61	580.45	414.04	177.12
主营业务成本	11339.65	10294.23	7318.29	1703.27	1272.67	1045.41	519.20	370.12	156.10
利润总额	466.16	426.45	274.68	85.67	66.10	39.71	18.81	14.84	6.06
#营业利润	467.02	427.86	275.83	85.69	66.34	39.16	18.52	14.62	6.02
利税总额	859.76	781.30	499.94	157.73	123.63	78.45	38.25	29.38	10.82

按行业分建筑企业主要经济指标（2022年）

项　　目	房屋建筑业	土木工程建筑业	建筑安装业	建筑装饰和其他建筑业
企业单位数（个）	4936	2541	389	1162
建筑业总产值（亿元）	11905.70	4046.95	342.25	556.06
建筑业竣工产值	5145.22	1333.30	139.53	167.28
房屋施工面积（万平方米）	77040.65	7312.49	139.08	1111.56
#本年新开工	21359.27	2511.23	99.59	322.84
房屋竣工面积（万平方米）	17705.76	2186.73	140.12	222.06
#住宅	12589.24	1249.68	127.58	137.56
年末从业人员（万人）	348.15	99.44	8.13	15.32
按总产值计算的劳动生产率（元/人）	324962	368752	417471	315660
工资总额（亿元）	2254.65	733.32	59.77	100.88
财务指标（亿元）				
资本金合计	1187.97	539.13	84.29	121.04
流动资产年末数	5162.88	1957.52	328.75	347.76
固定资产原值	405.22	311.80	42.51	46.13
营业收入	8841.41	3034.42	346.11	456.18
主营业务收入	8648.85	2981.03	338.83	449.94
主营业务成本	7928.05	2710.93	294.86	405.81
利润总额	327.57	115.07	12.30	11.22
#营业利润	328.05	115.58	12.26	11.14
利税总额	597.26	215.89	21.94	24.67

按经济类型分建筑企业主要经济指标（2022年）

项　　目	国有经济	集体经济	港澳台经济	外商经济	其他经济
企业单位数（个）	103	26	17	11	8871
建筑业总产值（亿元）	1001.96	188.61	127.15	36.95	15496.29
建筑业竣工产值	427.02	147.90	67.68	17.20	6125.52
房屋施工面积（万平方米）	3822.98	2345.53	706.38	139.65	78589.24
#本年新开工	971.37	642.07	97.46	86.92	22495.11
房屋竣工面积（万平方米）	973.54	627.23	262.45	58.51	18332.94
#住宅	494.35	588.31	262.45	29.29	12729.64
年末从业人员（万人）	23.58	6.38	4.02	0.37	436.69
按总产值计算的劳动生产率（元/人）	428970	315905	321436	951443	330932
工资总额（亿元）	172.40	42.43	30.90	5.96	2896.92
财务指标（亿元）					
资本金合计	97.41	10.15	8.10	5.97	1810.80

续表

项　　目	国有经济	集体经济	港澳台经济	外商经济	其他经济
流动资产年末数	959.24	51.67	53.31	50.60	6682.10
固定资产原值	48.85	4.31	1.27	0.30	750.94
营业收入	695.25	97.86	129.28	45.93	11709.80
主营业务收入	688.75	97.42	122.85	45.90	11463.74
主营业务成本	643.61	92.15	118.78	41.55	10443.56
利润总额	23.33	2.19	2.51	3.00	435.13
#营业利润	22.82	2.00	2.51	2.95	436.74
利税总额	38.64	3.71	5.13	4.71	807.56

房屋竣工建筑面积

单位：万平方米

项　　目	竣工面积		
	2015	2020	2022
合　计	**16631.27**	**18231.74**	**20254.67**
住宅房屋	10715.31	12931.99	14104.05
商业及服务用房屋	1150.74	1176.89	1299.69
商厦房屋（批发和零售用房）	498.94	501.42	
宾馆用房屋（住宿用房）	126.68	65.09	
餐饮用房屋（餐饮用房）	30.60	7.35	
商务会展用房屋	59.22	32.84	
其他商业及服务用房屋（居民服务业用房）	435.31	570.18	
办公用房屋	969.45	711.67	665.13
科研、教育、医疗用房屋	527.54	534.09	586.71
科学研究用房屋	59.19	21.07	
教育用房屋	374.83	383.28	
医疗用房屋（卫生医疗用房）	93.52	129.74	
文化、体育、娱乐用房屋	140.22	110.19	89.19
厂房及建筑物	2898.59	2542.22	3085.58
#厂房	1256.84	1427.95	
仓库	106.89	58.86	89.26
其他未列明的房屋建筑物	122.53	165.83	335.05

各设区市建筑企业数（2022 年）

单位：个

地　区	合计	总承包	一级及以上	二级	三级及其他	专业承包	一级	二级	三级及不分等级
全　省	**9028**	**6680**	**575**	**897**	**5208**	**2348**	**590**	**1380**	**378**
福州市	2125	1284	140	269	875	841	286	418	137
厦门市	1395	939	155	137	647	456	103	262	91
莆田市	512	454	32	35	387	58	1	45	12
三明市	728	687	43	71	573	41	6	23	12
泉州市	1320	789	93	118	578	531	144	324	63
漳州市	787	589	43	74	472	198	16	163	19
南平市	694	646	16	44	586	48	12	20	16
龙岩市	807	708	42	101	565	99	15	70	14
宁德市	660	584	11	48	525	76	7	55	14

各设区市建筑企业期末从业人员数（2022 年）

单位：人

地　区	合计	总承包	一级及以上	二级	三级及其他	专业承包	一级	二级	三级及不分等级
全　省	**4710386**	**4324750**	**2959668**	**744149**	**620933**	**385636**	**181000**	**148717**	**55919**
福州市	1900699	1740782	1307276	323640	109866	159917	87861	54358	17698
厦门市	843264	745322	540892	69641	134789	97942	37950	36776	23216
莆田市	159614	156415	94892	22663	38860	3199	42	2578	579
三明市	300468	295701	148328	61750	85623	4767	818	2633	1316
泉州市	596186	527911	434190	51710	42011	68275	43151	19052	6072
漳州市	298320	282559	178437	60274	43848	15761	692	14069	1000
南平市	96691	86410	28851	16366	41193	10281	3186	4296	2799
龙岩市	444837	424694	216392	119238	89064	20143	6523	11569	2051
宁德市	70307	64956	10410	18867	35679	5351	777	3386	1188

各设区市建筑企业房屋施工情况和利税总额（2022 年）

地区	房屋建筑竣工面积（万平方米）	房屋建筑施工面积（万平方米）	本年新开工（万平方米）	利税总额（万元）			资产利税率（%）
					#利润总额（万元）	#税金及附加（万元）	
全　省	**20255**	**85604**	**24293**	**8597563**	**4661570**	**1098009**	**9.0**
福州市	7844	38504	10845	2902209	1525417	308854	7.7
厦门市	3743	18344	4527	932770	431037	110181	4.9
莆田市	911	4713	1025	413360	251543	50682	10.1
三明市	1061	3700	1007	829775	473807	135143	17.7
泉州市	3276	8489	2746	1693213	979495	244334	13.3
漳州市	1033	3845	1073	448257	271331	48871	6.9
南平市	310	1022	284	182201	94906	26640	6.7
龙岩市	1920	5979	2437	1081022	578868	164170	19.6
宁德市	158	1008	349	114754	55167	9134	5.5

各设区市建筑企业总收入（2022 年）

单位：万元

地区	营业收入	主营业务收入	主营业务成本	营业利润	营业外收入	其他业务利润
全　省	**126781235**	**124186530**	**113396473**	**4670218**	**99669**	**46668**
福州市	48501523	47558294	43857501	1510161	31859	16284
厦门市	23905747	23258297	21858973	432160	15614	14842
莆田市	4722655	4645441	4067713	246332	2975	993
三明市	7655698	7582998	6488450	493442	3284	3908
泉州市	18866754	18543529	16670484	967749	23280	3301
漳州市	6396076	6077965	5496250	272645	3361	790
南平市	2380379	2258569	2039570	94934	2088	5539
龙岩市	12223478	12174401	11008052	596479	12844	380
宁德市	2128924	2087036	1909481	56318	4363	633

交通运输和邮电通信业

主要年份各类运输总量

年　份	客运量（万人）	旅客周转量（亿人千米）	货运量（万吨）	货物周转量（亿吨千米）
2020	25490	661.97	139927	9020.34
2021	21893	650.89	166131	10164.20
2022	18140	511.82	169107	11344.64

交通运输业基本情况

项　　目	2010	2020	2022
铁路营业长度（千米）	**2110**	**3774**	**4230**
公路通车里程（千米）	**91015**	**110118**	**112878**
#高速公路	2350	5635	5951
内河通航里程（千米）	**3245**	**3245**	**3245**
客运量（万人）	**77153**	**25490**	**18140**
铁路	3640	7539	6378
公路	70714	14882	9651
水运	1444	742	538
航空	1356	2327	1572
旅客周转量（亿人千米）	**648.76**	**661.97**	**511.82**
铁路	137.70	223.16	191.74
公路	346.68	90.64	68.13
水路	2.14	0.77	0.53
航空	162.23	347.40	251.41
货运量（万吨）	**66159**	**139927**	**169107**
铁路	3765	3750	4815
公路	45575	91137	106939
水运	16803	45018	57336
航空	16	23	17
货物周转量（亿吨千米）	**2983.52**	**9020.34**	**11344.64**
铁路	184.20	180.90	206.37
公路	578.32	1021.69	1260.62
水路	2218.88	7811.73	9873.30
航空	2.12	6.02	4.36
全社会机动车拥有量（辆）	**7246919**	**12088602**	**13799599**
#汽车	1996529	7313359	8270700

续表

项　　目	2010	2020	2022
沿海主要港口货物吞吐量（万吨）	**32687.01**	**62132.47**	**71407.99**
福州港	7124.79	24896.84	30164.10
厦门港	12728.05	20749.54	21939.62
泉州港	8455.37	6679.98	8265.15
漳州港	1202.47		
湄州湾港	1755.99	9806.11	11039.13
宁德港	1420.33		

各类运输工具拥有量（年底数）

项　　目	2010	2020	2022
公路			
全社会机动车拥有量（辆）	**7246919**	**12088602**	**13799599**
#民用汽车	1996529	7313359	8270700
#载客汽车	1502963	6420715	7315234
大型	24704	34689	33919
中型	39736	20401	17521
小型	1384498	6336414	7240982
微型	54025	29211	22812
载货汽车	451130	863337	921899
重型	64942	156769	164309
中型	47062	18729	15300
轻型	329155	678417	735893
微型	9971	768	27
三轮汽车		25	22
低速货车		8629	6348
专项作业车		29307	33567
水路			
内河			
客轮			
艘数（艘）	319	169	156
载客量（客位）	9395	7723	6963
货轮			
艘数（艘）	722	272	247
净载重量（吨）	313962	189738	218307
沿海			
客轮			

续表

项　　目	2010	2020	2022
艘数（艘）	259	203	162
总吨（吨位）	16617	24979	25657
载客量（客位）	15259	20413	20821
货轮			
艘数（艘）	952	1059	1236
总吨（吨位）	2593122	7950141	10006030
净载重量（吨）	4061378	12162201	15336691
远洋			
货轮			
艘数（艘）	91	57	85
总吨（吨位）	818337	1180173	2030117
净载重量（吨）	1297002	1790767	2989019

民用汽车拥有量

年　份	民用汽车总计（辆）	载客汽车	大　型	中　型	小　型	微　型	载货汽车	重　型
2020	7313359	6420715	34689	20401	6336414	29211	863337	156769
2021	7815032	6872634	34324	18971	6793538	25801	910409	168826
2022	8270700	7315234	33919	17521	7240982	22812	921899	164309

年　份	中　型	轻　型	微　型	三轮汽车	低速货车	专项作业车	其他汽车	机动车驾驶员（万人）	#汽车
2020	18729	678417	768	25	8629	29307		1403.45	1164.30
2021	16846	716877	278	30	7552	31989		1470.97	1234.10
2022	15300	735893	27	22	6348	33567		1538.18	1306.30

私人汽车拥有量

单位：辆

年　份	私人汽车	载客汽车	大　型	中　型	小　型	微　型	载货汽车
2020	6326715	5768711	317	3071	5738167	27156	549507
2021	6757914	6185378	229	2501	6158583	24065	563882
2022	7186224	6611608	186	2066	6588070	21286	565914

续表

年　份							专项作业车	其他汽车
	重　型	中　型	轻　型	微　型	三轮汽车	低速货车		
2020	26353	9136	505233	690	10	8085	8497	
2021	23943	7208	525407	247	15	7062	8654	
2022	22132	5851	531980	18	7	5926	8702	

运输线路长度（年底数）

单位：千米

项　　目	2010	2020	2022
铁路营业长度	**2110**	**3774**	**4230**
#电气化长度	1498	3148	3357
公路通车里程	**91015**	**110118**	**112878**
#绿化里程	45906	94919	100354
#养护里程	91009	110118	112878
按行政等级分			
国道	4206	10982	11207
省道	6151	5722	5796
县道	13485	14889	14947
乡道	35676	41525	41690
专用公路	486	122	115
按技术等级分			
#等级路里程合计	70655	95316	100780
高速公路	2350	5635	5951
一级	603	1481	1565
二级	7373	11459	11864
三级	6419	9251	9869
四级	53910	67490	71531
内河通航里程	3245	3245	3245

客货平均运距

单位：千米

年份	平均运距				
		铁路	公路	水运	民用航空
旅客运输平均运距					
2020	260	296	61	10	1493
2021	297	286	71	11	1478
2022	282	301	71	10	1599

续表

年份	平均运距	铁路	公路	水运	民用航空
货物运输平均运距					
2020	645	482	112	1735	2642
2021	612	394	111	1737	2788
2022	671	429	118	1722	2591

铁路运输情况

年　份	营业长度（千米）	旅客发送量（万人）	旅客周转量（亿人千米）	货物发送量（万吨）	货物周转量（亿吨千米）
2020	3774	7539	223. 16	3750	180. 90
2021	3983	8350	238. 64	5112	201. 32
2022	4230	6378	191. 74	4815	206. 37

公路运输情况

年　份	公路通车里程（千米）	汽车数（辆）	客运量（万人）	旅客周转量（亿人千米）	货运量（万吨）	货物周转量（亿吨千米）
2020	110118	7313359	14882	90. 64	91137	1021. 69
2021	111031	7815032	10522	74. 52	110777	1233. 16
2022	112878	8270700	9651	68. 13	106939	1260. 62

水路运输情况

年　份	内河航运里程（千米）	#通航里程	客运量（万人）	旅客周转量（亿人千米）	货运量（万吨）	货物周转量（亿吨千米）
2020	3955	3245	742	0. 77	45018	7811. 73
2021	3955	3245	742	0. 82	50224	8724. 61
2022	3955	3245	538	0. 53	57336	9873. 30

民用航空情况

年　份	空港数（个）	旅客发送量（万人）	货物发送量（万吨）	旅客周转量（万人千米）	货物周转量（万吨千米）
2020	6	2326. 77	22. 80	3474032	60231
2021	6	2279. 02	18. 33	3369179	51093
2022	6	1572. 48	16. 82	2514116	43569

沿海港口货物吞吐量

单位：万吨

年 份	总 计	福州港	厦门港	泉州港	宁德港	湄州湾港	漳州港	吞吐总量指数（以1950年为100）
2020	62132.47	24896.84	20749.54	6679.98		9806.11		185915.0
2021	69190.28	27352.42	22755.99	8354.47		10727.39		207033.7
2022	71407.99	30164.10	21939.62	8265.15		11039.13		213669.6

邮电通信业务情况

年 份	邮电业务总量（亿元）	邮政业务总量	电信业务总量	函件（万件）	固定电话用户（万户）	移动电话用户（万户）
2020	4764.94	856.48	3908.46	3268	733.07	4739.28
2021	1005.31	474.78	530.53	2529	707.16	4824.25
2022		513.98	538.32	2693	679.83	4894.40

邮电业务总量

年 份	邮电业务总量（亿元）	电信业务总量（亿元）	快递业务量（万件）	集邮业务（万枚）	互联网用户（万户）	（固定）互联网宽带接入用户	移动互联网用户
2020	4764.94	3908.46	343189.82	2261.10		1831.02	3979.60
2021	1005.31	530.53	415012.26	1716.80		1985.14	4146.55
2022		538.32	426376.55			2145.30	4281.84

电信主要通信能力

年 份	移动电话交换机容量（万户）	移动电话基站（个）	光缆线路长度（千米）	长途光缆线路总长度
2020	8862	323151	1548884	25010
2021	8862	345434	1683409	26218
2022	7818	393700	1748523	26928

邮政业网点及邮递路线

项 目	2015	2020	2022
营业网点（处）	6467	8365	12047
#快递营业网点	6453	6730	6006
信筒信箱（个）	8730	7312	7265
农村投递路线（千米）	92262	117538	118183
城市投递路线（千米）	33147	68794	71236

续表

项　　目	2015	2020	2022
邮政总长度（单程）（千米）	203778	298991	323166
#航空邮路	129466	162565	170909
汽车邮路	72387	136159	145078

设区市交通运输业基本情况（2022 年）

项　　目	客运量（万人）	旅客周转量（亿人千米）	货运量（万吨）	货物周转量（亿吨千米）	全社会机动车拥有量（万辆）	汽　车
福州市	2951.39	20.12	41313.53	3951.61	218.58	175.33
#平潭	81.34	0.62	10174.06	1312.23	12.58	7.05
厦门市	1581.96	8.55	42127.81	3179.66	199.47	163.06
莆田市	375.51	1.16	4699.06	72.79	102.42	49.54
三明市	914.27	4.62	8538.22	76.08	83.30	38.16
泉州市	624.67	4.89	35643.76	3307.89	327.58	196.07
漳州市	624.22	6.46	7659.54	112.66	153.38	76.62
南平市	613.21	4.42	4983.48	122.02	93.63	35.84
龙岩市	754.30	5.99	10926.22	135.23	122.80	55.17
宁德市	1679.66	12.30	8020.44	173.06	78.82	37.28

设区市邮电通信业务基本情况（2022 年）

项　　目	邮政业务总量（亿元）	电信业务总量（亿元）	固定电话用户（万户）	移动电话用户（万户）	（固定）互联网宽带接入用户（万户）	移动互联网用户（万户）	快递业务（万件）	邮路总长度（单程）（千米）
福建省	**513.98**	**538.32**	**679.83**	**4894.40**	**2145.30**	**4281.84**	**426376.55**	**323166**
福州市	90.10	137.14	152.84	1028.14	448.65	909.06	56938.47	38244
#平潭	1.44	4.75	4.80	42.02	20.46	37.55	883.04	
厦门市	107.97	80.15	95.85	680.26	282.88	614.79	56548.45	31808
莆田市	33.05	37.37	49.57	360.06	159.24	307.92	25411.85	1927
三明市	10.83	27.73	37.07	277.69	127.68	238.96	5275.68	5859
泉州市	189.87	112.95	138.26	1068.49	474.37	934.52	210753.41	37394
漳州市	41.29	50.60	67.09	558.38	229.70	477.35	44848.93	5664
南平市	12.91	28.12	36.55	296.23	130.19	253.46	6419.32	6872
龙岩市	12.55	30.13	57.70	290.96	139.47	260.19	9180.59	4939
宁德市	15.40	34.13	44.91	334.20	153.12	285.58	10999.85	6214

批发零售、住宿餐饮和旅游业

社会消费品零售总额

年 份	数值（亿元）	指数（%）	
		以上年为100	以1950为100
2020	18626.45	98.6	483951.2
2021	20373.11	109.4	529442.6
2022	21050.12	103.3	546914.2

限额以上批发零售与住宿餐饮业企业基本情况

项 目	2015	2020	2022
法人企业（个）		**20578**	**25471**
批发和零售业	10554	17956	21914
住宿和餐饮业	1770	2622	3557
批发和零售业（亿元）			
商品购进总额	18567.79	43004.25	67983.71
商品销售总额	20516.43	45882.59	71121.31
商品库存总额	1128.44	2443.67	2490.94
住宿和餐饮业营业额（亿元）	**320.84**	**484.61**	**614.08**

限额以上批发和零售企业基本情况（2022年）

单位：万元

项 目	法人企业（个）	商品购进额	商品销售额	#批发额	期末商品库存额
合 计	**21914**	**679837095**	**711213137**	**642351445**	**24909375**
批发业	**14014**	**619960620**	**643923963**	**632823017**	**20809240**
按登记注册类型分					
内资企业	13638	596733385	618334043	608128037	19003999
#国有企业	33	6369820	9085769	9084386	1604850
集体企业	19	162324	196294	178841	19224
有限责任公司	968	265397029	268675490	267171616	9305546
股份有限公司	17	34003179	35155209	35050636	1053344
私营企业	12596	290751825	305171035	296592311	7020962
港澳台商投资企业	209	9223641	10363028	10046419	733078
外商投资企业	167	14003594	15226892	14648560	1072163
按行业分					

续表

项　　目	法人企业（个）	商品购进额	商品销售额	#批发额	期末商品库存额
农、林、牧、渔产品批发	431	21382200	22433772	22297418	1618688
食品、饮料及烟草制品批发	1556	32839161	37636863	36063588	2581025
米、面制品及食用油批发	187	5701357	5822241	5677630	1019693
烟草制品批发	13	4739128	7451219	7430330	239244
纺织、服装及家庭用品批发	2813	66091632	72746267	70205415	2090854
服装批发	862	17080002	18107640	17126999	1142272
日用家电批发	116	2042449	2175739	2067471	125045
文化、体育用品及器材批发	352	13516836	13989361	13486912	488441
医药及医疗器材批发	495	10300056	11201769	10814112	900183
矿产品、建材及化工产品批发	6064	429785088	436329694	433061129	11054172
煤炭及制品批发	309	54931972	55746061	55621827	2962922
石油及制品批发	452	30041159	29785451	29030330	621753
金属及金属矿批发	1577	211440313	213488529	212745639	4934060
建材批发	1721	31440410	33569409	32648177	930986
化肥批发	70	1702351	1820247	1790066	133979
机械设备、五金产品及电子产品批发	1553	29085510	30852361	29717737	1667159
汽车及零配件批发	287	5069630	5162087	5050223	386350
计算机、软件及辅助设备批发	143	1444138	1637861	1566107	105380
贸易经纪与代理	47	2058688	2126470	2119237	35487
其他批发业	703	14901451	16607407	15057469	373231
零售业	**7900**	**59876475**	**67289174**	**9528428**	**4100135**
按登记注册类型分					
内资企业	7687	46905132	53031882	6239202	3440063
#国有企业	4	6689	6159		1194
集体企业	43	76961	82794	13080	1450
有限责任公司	422	6941181	7569291	1300040	603203
股份有限公司	11	1913505	2215155	911218	174209
私营企业	7199	37955414	43145471	4012685	2659758
港澳台商投资企业	83	2342166	2668543	201038	209219
外商投资企业	130	10629177	11588749	3088189	450852
按行业分					
综合零售	687	6002105	6771959	173099	323904
百货零售	163	1308712	1741551	21414	72841
超级市场零售	415	4082434	4368864	95176	219447
食品、饮料及烟草制品专门零售	1015	3598047	4293209	267638	296053

续表

项　　目	法人企业（个）	商品购进额	商品销售额	#批发额	期末商品库存额
纺织、服装及日用品专门零售	322	3803425	5130939	1527577	224331
服装零售	132	2242647	2996555	1048663	149356
文化、体育用品及器材专门零售	224	1308306	1428299	406871	178723
图书、报刊零售	14	657718	683679	315178	72003
医药及医疗器材专门零售	225	1238894	1459061	24197	161800
西药零售	169	1060797	1250094	21311	135488
中药零售	46	171495	200182	2053	25804
汽车、摩托车、零配件和燃料及其他动力销售	1612	26551086	27774380	5478520	1747882
汽车新车零售	1092	14976876	15119249	626179	1320356
机动车燃油零售	342	10843396	11871879	4822180	374780
家用电器及电子产品专门零售	591	1842357	2172162	136465	156049
家用视听设备零售	38	131337	142626	6604	11056
日用家电零售	278	833455	1061774	71107	77185
计算机、软件及辅助设备零售	136	307996	336525	28123	23427
通信设备零售	97	459168	507834	26314	37221
五金、家具及室内装饰材料专门零售	573	1376085	1584716	86343	236565
货摊、无店铺及其他零售业	2651	14156171	16674448	1427719	774828

限额以上批发和零售企业年末资产及负债情况（2022 年）

单位：万元

项　　目	资产总计	#流动资产合计	固定资产原价	负债总计	所有者权益合计
合　计	**272280779**	**199070494**	**11878422**	**192565629**	**78600448**
批发业	**245410882**	**181820202**	**7230839**	**174026122**	**70535168**
按登记注册类型分					
内资企业	228477640	167095055	6246677	161948018	65685956
#国有企业	7186919	3562134	589552	2931303	4255616
集体企业	69064	59123	7872	54747	14317
有限责任公司	91557525	63309094	1216599	63029636	28480627
股份有限公司	20342428	10930217	67260	11612002	8730426
私营企业	109313236	89226376	4364916	84312575	24204255
港澳台商投资企业	7257428	6006258	528624	4399176	2855601
外商投资企业	9675813	8718889	455538	7678928	1993611
按行业分					
农、林、牧、渔产品批发	8993937	7182036	289859	6936192	2050077

续表

项　　目	资产总计	#流动资产合计	固定资产原价	负债总计	所有者权益合计
食品、饮料及烟草制品批发	23759780	18055100	1691199	14648147	9007461
米、面制品及食用油批发	2590411	2172950	153759	2069205	521206
烟草制品批发	3311486	2911519	574107	628140	2683346
纺织、服装及家庭用品批发	26888580	19964094	1801928	17480111	9100260
服装批发	6706640	6018901	274901	4604355	1978983
日用家电批发	1341349	1291248	14766	1005462	340745
文化、体育用品及器材批发	3687123	2838164	128114	2728206	954643
医药及医疗器材批发	5864516	4988661	340166	4198766	1634150
矿产品、建材及化工产品批发	156862867	112298852	2068533	113588797	43024170
煤炭及制品批发	14463500	11427131	100536	10582697	3854491
石油及制品批发	11454218	6632319	350607	7958872	3488972
金属及金属矿批发	69890190	51213082	539004	49186733	20617980
建材批发	19766661	15866642	490080	14969274	4757302
化肥批发	909379	743313	24123	542076	365465
机械设备、五金产品及电子产品批发	14990704	13295379	598601	11591239	3365185
汽车及零配件批发	2546103	2065922	128670	2007675	532963
计算机、软件及辅助设备批发	1023842	958169	26516	724203	298916
贸易经纪与代理	839762	629173	24686	639299	198099
其他批发业	3523612	2568742	287753	2215365	1201123
零售业	**26869897**	**17250293**	**4647583**	**18539507**	**8065280**
按登记注册类型分					
内资企业	20259737	13797815	3359112	14002844	5951651
#国有企业	2439	1803	779	1821	619
集体企业	26072	9384	8995	7210	17425
有限责任公司	4067808	2496127	720093	2572717	1480558
股份有限公司	869139	277335	269162	280310	588829
私营企业	15289855	11010614	2358182	11140194	3860390
港澳台商投资企业	1592010	933242	323854	1017850	571783
外商投资企业	5018151	2519236	964616	3518813	1541846
按行业分					
综合零售	3808167	2018006	869718	3184787	642000
百货零售	2049782	1018893	385991	1616776	425578
超级市场零售	1499606	831763	437713	1387653	158269
食品、饮料及烟草制品专门零售	1817899	1104281	467945	784825	874013
纺织、服装及日用品专门零售	2362512	1352074	197856	1924837	435746

续表

项　　目	资产总计	#流动资产合计	固定资产原价	负债总计	所有者权益合计
服装零售	1533716	866607	134071	1240832	291787
文化、体育用品及器材专门零售	1506907	1058108	199484	844631	651985
图书、报刊零售	913654	579664	131258	555324	358329
医药及医疗器材专门零售	799227	595564	73883	571718	220221
西药零售	642817	478857	57904	441189	199872
中药零售	145408	108607	14645	125732	14142
汽车、摩托车、零配件和燃料及其他动力销售	10441120	6412809	2038161	6812998	3586394
汽车新车零售	5671840	4176210	993203	4380835	1263338
机动车燃油零售	4519484	2045606	983468	2278123	2227311
家用电器及电子产品专门零售	844847	689714	86569	509522	330907
家用视听设备零售	37675	34837	4390	18492	19106
日用家电零售	501004	390426	48559	292447	207989
计算机、软件及辅助设备零售	110626	95482	15315	57381	52841
通信设备零售	127810	113024	7311	94027	32721
五金、家具及室内装饰材料专门零售	780155	505081	184780	514536	244400
货摊、无店铺及其他零售业	4509063	3514656	529187	3391654	1079614

限额以上批发和零售企业财务状况（2022 年）

单位：万元

项　　目	主营业务收入	营业成本	税金及附加	营业利润
合　计	**614293532**	**594504982**	**1534782**	**9255213**
批发业	**554564669**	**541222048**	**1336553**	**7949173**
按登记注册类型分				
内资企业	531542559	520300032	1285474	6862325
#国有企业	8276239	6387199	772334	763854
集体企业	212134	190821	946	2996
有限责任公司	227018026	224530032	212178	1794102
股份有限公司	22265110	22101342	13450	924203
私营企业	273723620	267044079	286544	3376825
港澳台商投资企业	9397498	8527721	30705	330077
外商投资企业	13624612	12394295	20374	756771
按行业分				
农、林、牧、渔产品批发	20130571	19739018	17370	68407
食品、饮料及烟草制品批发	33972801	30687261	825490	1528557
米、面制品及食用油批发	5369260	5218364	4624	29777

续表

项　　目	主营业务收入	营业成本	税金及附加	营业利润
烟草制品批发	6665071	4786678	767362	785361
纺织、服装及家庭用品批发	67470063	63815565	62995	2333801
服装批发	16223741	15097807	20097	814527
日用家电批发	1942162	1855533	3656	34219
文化、体育用品及器材批发	12388135	11946449	20678	146361
医药及医疗器材批发	9950907	9279323	23276	258823
矿产品、建材及化工产品批发	366586974	363048081	295389	2776895
煤炭及制品批发	44007200	43322014	38651	434122
石油及制品批发	26294260	26007554	20901	-110163
金属及金属矿批发	175747764	174580691	131936	1507742
建材批发	29627565	28781655	43920	326819
化肥批发	1707314	1656310	2003	11666
机械设备、五金产品及电子产品批发	27697000	26391843	38230	737242
汽车及零配件批发	4797629	4645107	7514	95303
计算机、软件及辅助设备批发	1474950	1344592	2104	39752
贸易经纪与代理	2028497	2039043	1710	11021
其他批发业	14339722	14275465	51416	88068
零售业	**59728863**	**53282934**	**198230**	**1306040**
按登记注册类型分				
内资企业	46603484	41662408	164759	1029348
#国有企业	5549	4667	5	10
集体企业	65993	61765	588	3492
有限责任公司	6723268	5944251	20981	128015
股份有限公司	1937425	1947444	3958	-26755
私营企业	37859200	33695178	139164	923513
港澳台商投资企业	2408112	1993757	13112	45032
外商投资企业	10717267	9626769	20359	231660
按行业分				
综合零售	5939782	5255262	24032	-28722
百货零售	1422009	1222551	13239	-9208
超级市场零售	3928987	3520849	8817	-25088
食品、饮料及烟草制品专门零售	3572635	3214247	32774	332654
纺织、服装及日用品专门零售	4230662	3052837	14296	6798
服装零售	2601915	1847243	8008	15590
文化、体育用品及器材专门零售	1144036	1053876	7060	49362
图书、报刊零售	562530	472294	2193	24707

续表

项　　目	主营业务收入	营业成本	税金及附加	营业利润
医药及医疗器材专门零售	1342965	1030732	3832	61819
西药零售	1153138	882409	3251	56561
中药零售	181901	142532	519	4520
汽车、摩托车、零配件和燃料及其他动力销售	25048147	23832149	67665	419385
汽车新车零售	13403404	12793020	46109	57100
机动车燃油零售	10930667	10361530	19864	348080
家用电器及电子产品专门零售	1974329	1764100	4599	18755
家用视听设备零售	132814	120292	345	3607
日用家电零售	969020	844852	2381	-2614
计算机、软件及辅助设备零售	315362	284469	733	11046
通信设备零售	452678	418490	902	3025
五金、家具及室内装饰材料专门零售	1377660	1253633	7835	55024
货摊、无店铺及其他零售业	15098648	12826098	36137	390964

限额以上批发和零售企业主要效益指标（2022 年）

单位:%

项　　目	资产负债率	销售毛利率	经营费用率	成本费用利润率
合　计	**70.7**	**3.2**	**3.2**	**1.6**
批发业	**70.9**	**2.4**	**2.3**	**1.5**
按登记注册类型分				
内资企业	70.9	2.1	2.1	1.4
#国有企业	40.8	22.8	4.9	11.2
集体企业	79.3	10.0	8.1	1.6
有限责任公司	68.8	1.1	1.1	0.8
股份有限公司	57.1	0.7	1.3	4.1
私营企业	77.1	2.4	2.8	1.3
港澳台商投资企业	60.6	9.3	9.0	3.7
外商投资企业	79.4	9.0	6.4	5.8
按行业分				
农、林、牧、渔产品批发	77.1	1.9	1.9	0.3
食品、饮料及烟草制品批发	61.7	9.7	6.4	4.8
米、面制品及食用油批发	79.9	2.8	2.5	0.7
烟草制品批发	19.0	28.2	5.7	15.0
纺织、服装及家庭用品批发	65.0	5.4	4.1	3.6
服装批发	68.7	6.9	5.8	5.2
日用家电批发	75.0	4.5	3.3	1.8

续表

项　　目	资产负债率	销售毛利率	经营费用率	成本费用利润率
文化、体育用品及器材批发	74.0	3.6	3.3	1.2
医药及医疗器材批发	71.6	6.7	6.1	2.6
矿产品、建材及化工产品批发	72.4	1.0	1.2	0.8
煤炭及制品批发	73.2	1.6	1.3	1.0
石油及制品批发	69.5	1.1	1.1	-0.4
金属及金属矿批发	70.4	0.7	0.8	0.9
建材批发	75.7	2.9	3.6	1.1
化肥批发	59.6	3.0	3.0	0.7
机械设备、五金产品及电子产品批发	77.3	4.7	3.9	2.7
汽车及零配件批发	78.9	3.2	2.7	2.0
计算机、软件及辅助设备批发	70.7	8.8	6.9	2.8
贸易经纪与代理	76.1	-0.5	2.2	0.6
其他批发业	62.9	0.4	6.7	1.2
零售业	**69.0**	**10.8**	**11.9**	**2.2**
按登记注册类型分				
内资企业	69.1	10.6	11.7	2.3
#国有企业	74.6	15.9	16.8	0.2
集体企业	27.7	6.4	7.7	5.4
有限责任公司	63.2	11.6	11.2	2.2
股份有限公司	32.3	-0.5	4.8	-1.4
私营企业	72.9	11.0	12.2	2.5
港澳台商投资企业	63.9	17.2	20.1	1.9
外商投资企业	70.1	10.2	10.6	2.2
按行业分				
综合零售	83.6	11.5	15.4	-0.2
百货零售	78.9	14.0	20.0	-0.5
超级市场零售	92.5	10.4	13.9	-0.3
食品、饮料及烟草制品专门零售	43.2	10.0	13.1	9.1
纺织、服装及日用品专门零售	81.5	27.8	30.3	0.2
服装零售	80.9	29.0	31.2	0.6
文化、体育用品及器材专门零售	56.1	7.9	13.3	4.2
图书、报刊零售	60.8	16.0	14.0	4.7
医药及医疗器材专门零售	71.5	23.2	20.2	4.8
西药零售	68.6	23.5	19.8	5.1
中药零售	86.5	21.6	23.0	2.4
汽车、摩托车、零配件和燃料及其他动力销售	65.3	4.9	5.7	1.7

续表

项　　目	资产负债率	销售毛利率	经营费用率	成本费用利润率
汽车新车零售	77.2	4.6	6.6	0.5
机动车燃油零售	50.4	5.2	4.6	3.2
家用电器及电子产品专门零售	60.3	10.6	10.1	1.0
家用视听设备零售	49.1	9.4	7.7	2.9
日用家电零售	58.4	12.8	12.2	-0.2
计算机、软件及辅助设备零售	51.9	9.8	6.6	3.6
通信设备零售	73.6	7.6	8.4	0.7
五金、家具及室内装饰材料专门零售	66.0	9.0	10.8	3.9
货摊、无店铺及其他零售业	75.2	15.1	14.7	2.7

亿元以上商品交易市场主要经济指标（2022 年）

项　　目	市场数（个）	摊位数（个）	营业面积（平方米）	市场成交额（万元）
总　计	**99**	**46948**	**2737764**	**11417716**
按经营环境分				
封闭式	83	40953	2518159	9729661
露天式	4	957	67663	959594
其他	12	5038	151942	728461
按营业状态分				
常年营业	98	46920	2736264	11406916
季节性营业	1	28	1500	10800
其他				
按经营方式分				
批发（或以批发为主）	39	24661	1849435	9375897
零售（或以零售为主）	60	22287	888329	2041819
按市场类别分				
综合市场	43	23175	776907	3816680
生产资料综合市场	1	200	5100	11273
工业消费品综合市场	3	5756	71638	996784
农产品综合市场	32	13083	318959	1396401
其他综合市场	7	4136	381210	1412222
专业市场	56	23773	1960857	7601036
生产资料市场	5	1687	306000	528183
农产品市场	30	10128	710390	4058941
食品饮料及烟酒市场	2	2539	67221	137662
纺织、服装、鞋帽市场	4	4841	240615	631694
日用品及文化用品市场				

续表

项　　目	市场数（个）	摊位数（个）	营业面积（平方米）	市场成交额（万元）
黄金、珠宝、玉器等首饰市场	4	1803	242569	1472062
电器、通讯器材、电子设备市场	1	719	38000	91335
医药、医疗用品及器材市场	1	28	1500	10800
家具、五金及装饰材料市场	6	1694	282462	167397
汽车、摩托车及零配件市场	3	334	72100	502962
花、鸟、鱼、虫市场				
旧货市场				
其他专业市场				

亿元以上商品交易市场成交情况（2022 年）

项　　目	出租摊位数（个）	市场成交额（万元）
总　计	**40112**	**11417716**
#粮油、食品类	18730	5848989
饮料类	2885	332336
烟酒类	300	253855
服装、鞋帽、针纺织品类	8347	1506149
服装类	6753	1129312
鞋帽类	1081	97393
针纺织品类	513	279444
化妆品类	70	6731
金银珠宝类	1356	1163689
日用品类	995	414225
五金、电料类	681	41208
体育、娱乐用品类	115	79166
电子出版物及音像制品类	226	5306
家用电器和音像器材类	230	50147
中西药品类	83	17522
#西药类	4	3062
中草药及中成药类	77	13752
文化办公用品类	576	88686
家具类	723	125323
通讯器材类	76	4970
煤炭及制品类		
木材及制品类	363	44599
化工材料及制品类	9	298
金属材料类	57	314442

续表

项　　目	出租摊位数（个）	市场成交额（万元）
建筑及装潢材料类	2275	408902
机电产品及设备类	149	5105
汽车类	283	502962
种子饲料类	251	52892
棉麻类		

限额以上住宿业企业基本情况（2022 年）

项　　目	法人企业（个）	床位数（个）	餐位数（位）
住宿业	**1344**	**285214**	**431371**
按登记注册类型分			
内资企业	1250	253102	357813
#国有企业	18	4051	6835
集体企业	5	553	795
有限责任公司	148	60142	88430
私营企业	1077	187398	260273
港澳台商投资企业	59	18698	54825
外商投资企业	35	13414	18733
按行业分			
#旅游饭店	741	192905	355287
一般旅馆	543	85183	65509
民宿服务	28	2095	3152
其他住宿业	31	4956	7391

限额以上餐饮业企业基本情况（2022 年）

项　　目	法人企业（个）	年末餐饮营业面积（平方米）	餐位数（位）
餐饮业	**2213**	**3173795**	**1071219**
按登记注册类型分			
内资企业	2150	2714379	957767
#国有企业	3	3185	800
有限责任公司	53	201762	75215
私营企业	2092	2507282	881147
港澳台商投资企业	30	171635	32399
外商投资企业	33	287781	81053
按行业分			
正餐服务	1913	2413960	799667

续表

项　　目	法人企业（个）	年末餐饮营业面积（平方米）	餐位数（位）
快餐服务	107	497593	179435
饮料及冷饮服务	58	69340	16329
餐饮配送及外卖送餐服务	92	132139	52474
其他餐饮业	43	60763	23314

限额以上住宿业和餐饮业企业经营情况（2022 年）

单位：万元

项　　目	营业额				
		客房收入	餐费收入	商品销售额	其他收入
合　计	**6140811**	**1244763**	**4488321**	**172379**	**235348**
住宿业	**2376725**	**1190456**	**1002074**	**50544**	**133652**
按登记注册类型分					
内资企业	2027466	1014521	859200	46383	107362
#国有企业	19420	10615	6173	38	2594
集体企业	5315	1023	4279		14
有限责任公司	580749	276512	236730	15912	51595
私营企业	1417191	724107	610392	30433	52259
港澳台商投资企业	220973	98514	104542	3288	14629
外商投资企业	128286	77421	38332	873	11660
按行业分					
#旅游饭店	1807756	830686	834558	34527	107984
一般旅馆	510884	328585	148980	12459	20859
民宿服务	11812	7304	3758	353	398
其他住宿业	45607	23829	14164	3204	4411
餐饮业	**571477**	**54308**	**3486247**	**121835**	**101697**
按登记注册类型分					
内资企业	3054223	52976	2816449	101838	82960
#国有企业	1444	291	449	704	
有限责任公司	144333	2713	131835	4419	5365
私营企业	2905696	49972	2682790	95339	77595
港澳台商投资企业	237966	878	212130	11415	13543
外商投资企业	471898	454	457668	8582	5194
按行业分					
正餐服务	151605	54096	2158647	76616	25640
快餐服务	371268		1053546	17262	25070
饮料及冷饮服务	120955		108387	11523	1045

续表

项　　目	营业额	客房收入	餐费收入	商品销售额	其他收入
餐饮配送及外卖送餐服务	149670	212	95047	8243	46169
其他餐饮业	82584		70621	8190	3773

限额以上住宿和餐饮业企业年末资产及负债情况（2022 年）

单位：万元

项　　目	资产总计	流动资产合计	固定资产原价	负债总计	所有者权益合计
合　计	**11664326**	**5097006**	**5115034**	**7482509**	**4174069**
住宿业	**9796167**	**4138229**	**4520716**	**6245453**	**3554247**
按登记注册类型分					
内资企业	5736753	2237777	3350894	4171840	1568446
#国有企业	97024	13228	107432	86730	10294
集体企业	1336	382	1538	1038	298
有限责任公司	1853407	586802	1331512	1242268	607200
私营企业	3544795	1482724	1887886	2826491	725776
港澳台商投资企业	1041526	409223	713024	841898	199629
外商投资企业	3017888	1491229	456799	1231716	1786172
按行业分					
#旅游饭店	8439674	3486275	3920651	5342485	3103796
一般旅馆	1044252	481351	521429	823541	217638
民宿服务	258022	151477	41270	54737	203285
其他住宿业	54195	19115	37351	24689	29506
餐饮业	**1868159**	**958776**	**594318**	**1237056**	**619821**
按登记注册类型分					
内资企业	1438782	847764	425966	882781	545548
#国有企业	1540	956	461	362	1178
有限责任公司	91320	34407	19683	74141	17179
私营企业	1339575	808261	404813	806396	522725
港澳台商投资企业	212535	50540	99014	183890	27816
外商投资企业	216842	60472	69339	170385	46457
按行业分					
正餐服务	1190294	651794	398918	719461	464054
快餐服务	494577	204367	151968	372060	120673
饮料及冷饮服务	55895	28977	10342	55544	－1799
餐饮配送及外卖送餐服务	70191	50391	21191	42649	27229
其他餐饮业	57202	23248	11900	47342	9665

限额以上住宿和餐饮业企业主要财务指标（2022 年）

单位：万元

项　　目	主营业务收入	营业成本	税金及附加	营业利润
合　计	**5810437**	**3807322**	**40335**	**-94339**
住宿业	**2242076**	**1297396**	**31170**	**-201063**
按登记注册类型分				
内资企业	1916540	1147215	23525	-139409
#国有企业	18308	6326	242	-7592
集体企业	5277	3868	90	275
有限责任公司	551509	363245	9281	-68065
私营企业	1337005	773057	13706	-66827
港澳台商投资企业	207885	97731	3770	-49364
外商投资企业	117651	52451	3875	-12290
按行业分				
#旅游饭店	1718134	962267	25502	-172998
一般旅馆	467835	296799	4953	-22663
民宿服务	11597	8887	327	181
其他住宿业	43997	29059	385	-5636
餐饮业	**3568361**	**2509926**	**9166**	**106724**
按登记注册类型分				
内资企业	2904636	2193746	8397	88899
#国有企业	1438	1041	14	-341
有限责任公司	140796	98841	491	1140
私营企业	2759894	2092569	7884	89633
港澳台商投资企业	225030	88907	238	1509
外商投资企业	438695	227273	531	16317
按行业分				
正餐服务	2208022	1541406	6937	76979
快餐服务	1025528	746136	1655	27373
饮料及冷饮服务	113107	59723	208	-2140
餐饮配送及外卖送餐服务	143659	113823	204	1156
其他餐饮业	78046	48838	162	3357

限额以上批发和零售业连锁企业基本经营情况（2022 年）

项目	连锁总店数（个）	年末门店数（个）	直营店	加盟店	年末营业面积（平方米）	年末从业人员（人）	商品销售总额（万元）
总计	**171**	**15429**	**9788**	**5641**	**13796910**	**177779**	**21527767**
批发业	7	1759	169	1590	537072	8082	1087623
零售业	164	13670	9619	4051	13259838	169697	20440143
按登记注册类型分							
内资企业	150	11919	6355	5564	3155910	69483	7055356
#国有企业	5	168	168		139111	1497	1245491
有限责任公司	55	2669	2501	168	1135553	26248	2488338
股份有限公司	12	384	383	1	536033	2566	1270601
私营企业	77	8661	3302	5359	1315097	39105	2017663
港澳台商投资企业	2	221	144	77	9626	473	43081
外商投资企业	19	3289	3289		10631374	107823	14429330

限额以上住宿和餐饮业连锁企业基本经营情况（2022 年）

项目	连锁总店数（个）	连锁门店数（个）	直营店	加盟店	营业面积（平方米）	年末从业人员（人）	营业收入（万元）
总计	**25**	**1330**	**1242**	**88**	**363419**	**33554**	**571477**
住宿业							
餐饮业	25	1330	1242	88	363419	33554	571477
按登记注册类型分							
内资企业	15	404	320	84	111266	6424	175325
#有限责任公司	5	157	102	55	83866	4284	121119
私营企业	10	247	218	29	27400	2140	54206
港澳台商投资企业	4	340	340		93916	9734	157762
外商投资企业	6	586	582	4	158237	17396	238390

入境游客人数

单位：人次

年份	合计	外国人	台湾同胞	港澳同胞	#香港同胞
2020	2296740	939246	830244	527250	458473
2021	651054	309727	177457	163870	123700
2022	482553	209122	154395	119036	105507

接待游客人数及旅游收入

年 份	入境旅游人数（人次）	#外国人	国际旅游外汇收入（万美元）	国内旅游人数（万人次）	国内旅游收入（亿元）	国内游客人均花费（元）
2020	2296740	939246	206863	36981	4928	1332
2021	651054	309727	49168	40681	4862	1195
2022	482553	209122	31375	39147	4307	1100

入境外国游客人数

单位：人次

国别（地区）	2020	2021	2022
合 计	**939246**	**309727**	**209122**
亚洲小计	519366	136146	94464
#日本	101799	66704	25649
菲律宾	24714	1535	2376
泰国	18997	1463	5884
印度尼西亚	19326	3501	1919
马来西亚	84522	7006	7574
美洲小计	191601	83726	47752
#美国	125608	59587	28432
加拿大	43449	18095	12255
欧洲小计	146264	69560	50412
#英国	31840	10372	21072
法国	16075	7276	2635
德国	23759	18848	7594
意大利	10660	5476	2538
俄罗斯	11142	5733	2676
大洋洲小计	54893	11837	13321
#澳大利亚	34666	8522	9200
新西兰	11767	2438	2858
非洲小计	27122	8460	3173

国内旅游人数及旅游收入

项 目	2021	2022
国内旅游者人数（万人次）	**40680.51**	**39146.80**
星级饭店、经营性非星级住宿设施接待人数	7868.15	7525.48
居民家庭、自驾营地、露营地等接待人数	4313.94	2316.14
一日游游客人数	28498.42	29305.18

续表

项目	2021	2022
国内旅游收入（亿元）	**4862.34**	**4306.54**
外省多日游游客消费	1611.25	1322.07
本省多日游游客消费	1935.02	1615.56
一日游游客消费	1316.06	1368.91

国内游客消费构成

单位:%

项目	2021	2022
交给旅行社	2.6	3.1
长途交通	13.5	10.3
住宿	19.7	20.7
餐饮	22.7	24.6
购物	16.1	15.7
游览	9.1	8.4
文化娱乐	2.2	2.3
自驾车或租车	10.8	11.6
休闲疗养	1.1	1.2
其他	1.9	2.1

国内游客构成

单位:%

项目	2021	2022
按性别分		
男	49.1	49.0
女	50.9	51.0
按年龄分		
16 岁以下	2.0	4.1
17—22 岁	9.5	20.9
23—45 岁	61.1	65.2
46—60 岁	22.3	8.3
60 岁以上	5.2	1.5
按旅游目的分		
旅游度假目的	88.9	88.5
观光游览	48.1	47.5
休闲度假	28.3	27.3
探亲访友	5.7	6.8

续表

项　　目	2021	2022
宗教朝拜	1.9	1.8
文化艺术欣赏	1.2	0.9
购物娱乐	3.7	4.1
工作学习目的	7.3	7.8
商务活动	2.3	2.8
会议培训	0.7	0.9
学习交流	2.1	1.9
其他工作学习活动	2.2	2.1
医疗保健及其他	3.8	3.8
医疗保健	0.2	0.2
其他	3.6	3.6
按出游方式分		
单位组织	4.5	3.5
旅行社	2.0	1.2
个人亲友结伴	93.5	95.2

各设区市国际旅游外汇收入

单位：万美元

地　区	2020	2021	2022
福州市	57783	9201	4194
厦门市	94984	23411	17966
莆田市	6639	2274	654
三明市	996	1881	1722
泉州市	24803	3749	3413
漳州市	13688	1804	430
南平市	4115	1679	666
龙岩市	2192	2284	1103
宁德市	1059	2191	1035
平潭综合实验区	604	694	192

各设区市入境游客人数

单位：人次

地　区	2020	2021	2022
福州市	556315	88318	69443
厦门市	931772	304394	273532
莆田市	101920	34109	13584
三明市	13491	14972	12126
泉州市	351659	104479	55513
漳州市	213911	40264	19529
南平市	60201	16050	8751
龙岩市	39160	22183	11930
宁德市	15186	20400	15672
平潭综合实验区	13125	5885	2473

金融保险

金融机构人民币各项存款和贷款余额

单位：亿元

年　份	各项存款	#住户存款	#财政存款	各项贷款	#短期贷款	#中长期贷款
2020	55160.49	24052.60	1053.15	58589.49	17843.60	37789.18
2021	60557.26	26248.19	1132.22	65920.32	19356.43	42475.16
2022	70859.00	31352.39	796.95	74128.73	21214.76	46512.20

金融机构年末人民币分项存贷款余额（2022 年）

单位：亿元

项　　目	数值	比上年增长（%）
金融机构各项存款余额	**70859.00**	**17.0**
境内存款	69968.74	16.9
住户存款	31352.39	19.5
#个人活期存款	12471.73	12.0
个人定期存款	11631.71	29.0
个人结构性存款	485.22	-7.1
非金融企业存款	19992.32	11.7
#企业活期存款	5631.52	-2.8
企业定期存款	3024.10	49.2
企业保证金存款	2443.05	32.3
企业结构性存款	1143.85	-8.5
机关团体存款	8417.27	5.5
财政性存款	796.95	-29.6
非银行业金融机构存款	9409.81	42.2
境外存款	890.26	30.2
金融机构各项贷款余额	**74128.73**	**12.5**
境内贷款	73528.68	12.4
住户贷款	35156.72	7.1
短期贷款	10505.83	7.5
#个人消费贷款	5336.09	0.9
个人经营性贷款	5169.74	15.2
中长期贷款	24650.89	7.0
#个人消费贷款	18666.91	2.3
个人经营性贷款	5983.98	24.8

续表

项目	数值	比上年增长（%）
非金融企业及机关团体贷款	38094.79	17.3
短期贷款	10708.93	11.8
#单位经营贷款	8979.99	7.1
单位固定资产贷款	39.37	-47.8
单位并购贷款		
贸易融资	1670.54	52.3
中长期贷款	21861.31	12.5
#单位经营贷款	5514.51	22.9
单位固定资产贷款	15808.37	10.0
单位并购贷款	479.26	3.1
贸易融资	59.17	-47.8
融资租赁	174.35	28.9
票据融资	5314.04	61.6
各项垫款	36.16	49.3
非银行业金融机构贷款	277.18	80.0
境外贷款	600.05	23.1

商业保险业务情况

单位：万元

项目	2015	2020	2022
保费收入	**7775781**	**12422493**	**13746655**
财产保险公司	2745518	3900407	4392813
#机动车辆险	2070193	2388086	2449361
人身保险公司	5030263	8522086	9353842
#寿险	4081091	6199780	7045869
健康险	784114	2105128	2131864
意外伤害	165058	217178	176109
赔款及给付	**2450773**	**3932296**	**4468940**
财产保险公司	1472506	2431610	2828119
#机动车辆险	1068129	1432080	1600273
人身保险公司	978267	1500686	1640821
#寿险	729538	864984	892111
健康险	210014	589349	705780
意外伤害	38716	46353	42929

社会保险情况

项　　目	2010	2020	2022
基本养老保险			
企业职工基本养老保险			
期末参加基本养老保险职工人数（万人）	466.88	894.36	1342.78
期末领取基本养老保险离退休人员人数（万人）	93.33	159.34	178.91
基本养老保险基金收入（亿元）	149.55	391.99	854.37
基本养老保险基金支出（亿元）	135.85	532.89	725.60
基本养老保险基金累计结余（亿元）	104.63	562.49	684.70
机关事业单位基本养老保险			
期末参加基本养老保险职工人数（万人）	54.93	97.24	100.23
期末领取基本养老保险离退休人员人数（万人）	20.13	49.63	52.47
基本养老保险基金收入（亿元）	55.32	189.22	366.37
基本养老保险基金支出（亿元）	52.65	355.42	370.42
基本养老保险基金累计结余（亿元）	36.60	147.67	147.19
城乡居民基本养老保险			
期末参加基本养老保险人数（万人）		1588.16	1598.77
基本养老保险基金收入（亿元）		130.83	144.89
基本养老保险基金支出（亿元）		95.30	114.96
基本养老保险基金累计结余（亿元）		230.99	291.53
基本医疗保险			
期末参加基本医疗保险人数（万人）	1226.25	3840.48	3863.49
城镇职工	554.67	893.13	972.20
城乡居民	671.58	2947.35	2891.30
基本医疗保险基金收入（亿元）	113.72	624.88	789.59
城镇职工	106.22	377.66	499.91
城乡居民	7.50	247.22	289.68
基本医疗保险基金支出（亿元）	96.01	554.65	652.38
城镇职工	88.96	314.60	383.18
城乡居民	7.05	240.05	269.20
基本医疗保险基金累计结余（亿元）	174.86	866.89	1100.81
城镇职工	169.99	763.98	970.75
城乡居民	4.87	102.91	130.06
职工基本医疗保险基金收缴率（%）	99.29	98.83	99.04
失业保险			
期末参加失业保险人数（万人）	374.18	664.41	761.34
期末领取失业保险金人数（万人）	3.17	6.34	6.19
失业保险基金收入（亿元）	11.63	18.70	37.63
失业保险基金支出（亿元）	5.60	66.87	36.68
失业保险基金累计结余（亿元）	52.25	98.86	85.47

续表

项目	2010	2020	2022
工伤、生育保险			
期末参加工伤保险人数（万人）	417.74	936.85	1040.00
工伤保险基金收入（亿元）	5.90	10.40	30.24
工伤保险基金支出（亿元）	2.86	24.22	32.97
工伤保险基金累计结余（亿元）	22.37	49.02	45.23
期末参加生育保险的职工人数（万人）	374.41	676.58	741.75
生育保险基金收入（亿元）	4.32	19.32	26.92
生育保险基金支出（亿元）	2.95	21.33	23.29

各设区市商业保险业务情况（2022 年）

单位：万元

地区	保费收入	财产保险公司	人身保险公司	#寿险	健康险	意外伤害
福建省	**13746655**	**4392813**	**9353842**	**7045869**	**2131864**	**176109**
福州市	4038107	1244494	2793613	2018128	720095	55390
厦门市	2704532	906063	1798469	1420999	346440	31030
莆田市	770946	208514	562433	419009	137316	6108
三明市	628813	200967	427847	347296	73899	6652
泉州市	2688244	814759	1873485	1401674	433713	38097
漳州市	958196	368045	590151	456275	120693	13183
南平市	618078	196626	421451	339613	75526	6312
龙岩市	677405	259876	417529	315409	92654	9466
宁德市	662334	193469	468865	327465	131530	9871

地区	赔款及给付	财产保险公司	人身保险公司	#寿险	健康险	意外伤害
福建省	**4468940**	**2828119**	**1640821**	**892111**	**705780**	**42929**
福州市	1367298	814755	552544	228213	315333	8998
厦门市	840700	575326	265374	164848	91984	8543
莆田市	256820	139759	117061	50398	65014	1648
三明市	215385	139359	76026	58371	15264	2390
泉州市	780599	490573	290026	193246	87284	9497
漳州市	343494	245455	98040	65183	28844	4012
南平市	210046	133905	76142	49907	24091	2144
龙岩市	246002	175919	70082	44661	21891	3530
宁德市	208596	113069	95527	37284	56075	2168

各设区市主要社会保险参保人数（2022 年）

单位：万元

地区	期末参加城镇职工基本养老保险人数	期末参加城乡居民基本养老保险人数	期末参加基本医疗保险的城镇职工人数	期末参加基本医疗保险的城乡居民人数	期末参加失业保险人数	期末参加工伤保险人数	期末参加生育保险人数
全　省	**1674.39**	**1598.77**	**972.20**	**2891.30**	**761.34**	**1040.00**	**741.75**
省　直	59.16		39.18			24.27	27.07
福州市	287.70	252.63	187.50	500.79	162.19	200.17	138.10
#平潭	8.12	20.15	5.02	34.94	3.87	6.75	3.53
厦门市	511.72	25.19	320.27	150.27	287.30	290.50	280.11
莆田市	80.62	173.86	34.07	288.09	30.29	54.10	25.80
三明市	78.96	125.16	44.82	213.42	29.20	48.10	24.21
泉州市	238.51	375.55	117.43	603.19	95.35	158.55	95.51
漳州市	150.68	225.33	82.76	396.60	56.36	93.18	56.14
南平市	77.47	136.51	43.88	237.00	26.57	54.92	21.99
龙岩市	84.75	139.63	51.85	223.67	35.58	54.12	34.44
宁德市	104.82	144.90	50.44	278.28	38.50	62.09	38.35

各设区市城镇职工基本养老保险人数（2022 年）

单位：万人

地区	期末参加城镇职工基本养老保险职工人数			期末领取基本养老保险金离退休人员人数		
		参加企业职工基本养老保险人数	参加机关事业单位基本养老保险人数		企业职工领取人数	机关事业单位领取人数
全　省	**1443.01**	**1342.78**	**100.23**	**231.38**	**178.91**	**52.47**
省　直	40.83	27.40	13.42	18.33	11.17	7.16
福州市	240.20	226.31	13.89	47.50	39.05	8.45
#平潭	6.54	5.70	0.84	1.58	1.04	0.54
厦门市	469.40	459.93	9.48	42.31	38.97	3.34
莆田市	70.96	64.02	6.94	9.66	6.45	3.21
三明市	58.27	50.34	7.93	20.69	15.91	4.78
泉州市	219.54	204.58	14.96	18.97	13.08	5.89
漳州市	126.99	116.54	10.44	23.70	18.45	5.25
南平市	53.88	46.49	7.39	23.59	18.08	5.51
龙岩市	71.17	63.52	7.65	13.58	9.15	4.43
宁德市	91.77	83.64	8.13	13.05	8.60	4.45

对外经济

对外经济基本情况

项　　目	2010	2020	2022
海关货物进出口总额（亿元）	**7363.88**	**14080.59**	**19810.70**
出口总额	4839.73	8473.17	12132.43
进口总额	2524.15	5607.43	7678.26
进出口差额	2315.57	2865.74	4454.17
海关货物进出口总额（亿美元）	**1087.80**	**2033.17**	**2972.34**
出口总额	714.93	1223.87	1819.26
初级产品	52.98	100.20	145.23
工业制品	661.95	1123.48	1674.03
进口总额	372.87	809.30	1153.08
初级产品	102.41	469.47	716.61
工业制品	270.45	339.82	436.47
进出口差额	342.06	414.57	666.17
外商直接投资			
新签合同数（个）	1139	2234	2733
合同投资金额（亿美元）	73.76	133.51	132.19
实际利用外资（亿美元）	58.03	50.23	49.94
外商投资企业工商注册情况			
年末注册数（个）	17886	31637	33062
投资总额（亿美元）	1248.31	3152.55	3940.39
注册资本（亿美元）	693.58	1990.23	2812.53
对外承包工程（亿美元）			
合同金额	0.86	7.96	11.93
完成营业额	2.35	12.89	11.67
对外劳务合作（亿美元）			
劳务人员合同工资总额	2.06	6.11	7.30
劳务人员实际收入总额	2.32	8.63	10.51

进出口总额

年　份	进出口总额（亿美元）			进出口总额（亿元）		
		出　口	进　口		出　口	进　口
2020	2033.17	1223.87	809.30	14080.59	8473.17	5607.43
2021	2852.50	1673.41	1179.09	18433.02	10812.07	7620.95
2022	2972.34	1819.26	1153.08	19810.70	12132.43	7678.26

按主要贸易方式分进出口商品贸易额（2022 年）

项　　目	总计（万元）	总计（万美元）
出口总额	**121324327**	**18192572**
#一般贸易	89328068	13386199
来料加工贸易	581828	87512
进料加工贸易	14148008	2137083
保税监管场所进出境货物	3632901	548915
海关特殊监管区域物流货物	6263005	927318
进口总额	**76782629**	**11530827**
#一般贸易	63305262	9502627
来料加工装配贸易	406235	60878
进料加工贸易	7082733	1069482
加工贸易进口设备	280	39
外商投资企业作为投资进口的设备、物品	91374	13838
保税监管场所进出境货物	2957123	443796
海关特殊监管区域物流货物	2748715	411394
海关特殊监管区域进口设备	10594	1566

按企业性质分进出口商品贸易额（2022 年）

项　　目	总计（万元）	总计（万美元）
进出口总额	**198106956**	**29723399**
出口总额	**121324327**	**18192572**
#国有企业	11011146	1659303
集体企业	437440	66506
私营企业	82550313	12348403
外商投资企业	27262283	4108731
进口总额	**76782629**	**11530827**
#国有企业	32673146	4902342
集体企业	382260	57563
私营企业	27279350	4092668
外商投资企业	16349842	2463449

进出口主要分类情况（2022 年）

项　　目	总计（万元）	总计（万美元）
进出口总额	**198106956**	**29723399**
出口商品总额	**121324327**	**18192572**
初级产品	9648523	1452252

续表

项目	总计（万元）	总计（万美元）
工业制品	111675789	16740318
进口商品总额	**76782629**	**11530827**
初级产品	47733667	7166149
工业制品	29048962	4364678
机电产品进出口	**57957417**	**8675708**
出口总额	46445440	6945259
进口总额	11511976	1730448
高新技术产品进出口	**21248459**	**3198008**
出口总额	12879945	1939504
进口总额	8368514	1258504
外商投资企业进出口	**43612125**	**6572179**
出口总额	27262283	4108731
进口总额	16349842	2463449
一般贸易进出口	**152633330**	**22888826**
出口总额	89328068	13386199
进口总额	63305262	9502627
加工贸易进出口	**22218804**	**3354955**
出口总额	14729836	2224595
进口总额	7488968	1130360

按主要国别（地区）分进出口商品贸易额（2022 年）

国别（地区）	出口总额（万元）	出口总额（万美元）	进口总额（万元）	进口总额（万美元）
总计	**121324327**	**18192572**	**76782629**	**11530827**
亚洲	56482033	8469079	36986446	5563846
#中国香港	4747095	714548	185899	27102
中国澳门	40439	6041	50	7
中国台湾	6357949	954666	3995623	603310
日本	5278084	791031	2980981	449090
菲律宾	7541308	1130876	916357	138184
泰国	3540658	531954	1463350	220167
马来西亚	4128637	615857	1908759	287444
新加坡	2013727	297445	676068	100992
阿拉伯联合酋长国	1509733	226593	1193611	178016
欧洲	26099493	3907916	9859417	1467176
#德国	5751595	857802	1077288	161780
法国	1358184	204632	449823	67130

续表

国别（地区）	出口总额（万元）	出口总额（万美元）	进口总额（万元）	进口总额（万美元）
意大利	1688913	253739	365136	54788
芬兰	242093	37190	114262	17176
英国	2708487	406484	237346	35608
丹麦	366604	55182	57105	8539
瑞典	370130	55678	78686	11816
瑞士	153263	23164	1777959	262141
西班牙	2246113	334604	347624	52398
北美洲	22989668	3454895	6959093	1048553
#加拿大	1638777	246552	1957994	296207
美国	21349150	3208071	4950149	744821
大洋洲	2832324	423034	8160076	1223380
#澳大利亚	2408726	359586	6676721	1000009
拉丁美洲及非洲	12920809	1937647	14769655	2220931

按类分进出口总额（2022 年）

项　　目	出口总额（万元）	出口总额（万美元）	进口总额（万元）	进口总额（万美元）
初级产品	**9648523**	**1452252**	**47733667**	**7166149**
食品及活动物	8006171	1204565	7622604	1147300
活动物	215	32	44	6
肉及肉制品	95981	14343	732635	109696
乳品及蛋品	13115	1975	1006100	151661
鱼、甲壳及软体类动物及其制品	5570873	839656	951992	141855
谷物及其制品	57527	8597	1878577	286117
蔬菜及水果	1254179	187735	564460	85046
糖、糖制品及蜂蜜	232176	34792	186810	27966
咖啡、茶、可可、调味料及其制品	450952	67713	86399	12828
饲料	29537	4473	1846641	277062
杂项食品	301616	45248	368946	55063
饮料及烟类	97218	14523	206941	30978
饮料	74059	11094	205868	30817
烟草及其制品	23159	3429	1073	161
非食用原料	1168702	176581	23894345	3590660
生皮及生毛皮	378	54	140578	21141
油籽及含油果实	3193	475	2482464	372267
生橡胶	29688	4437	287672	43254

续表

项　　目	出口总额（万元）	出口总额（万美元）	进口总额（万元）	进口总额（万美元）
软木及木材	37368	5556	1515840	228150
纸浆及废纸	36026	5380	1434110	214808
纺织纤维（羊毛条除外）及其废料	160494	24223	53645	8112
天然肥料及矿物（煤、石油及宝石除外）	106015	15860	1512091	226969
金属矿砂及金属废料	539406	82087	16280562	2447891
其他动、植物原料	256134	38509	187383	28068
矿物燃料、润滑油及有关原料	320755	48469	15537051	2327479
煤、焦炭及煤砖	257996	38762	5569130	825822
石油、石油产品及有关原料	62760	9706	8372101	1262174
天然气及人造气			1595820	239484
动植物油、脂及蜡	55676	8114	472726	69732
动物油、脂	26094	3763	36991	5548
植物油、脂	4882	743	394351	58043
已加工的动植物油、脂及动植物蜡	24699	3608	41385	6141
工业制品	**111675789**	**16740318**	**29048962**	**4364678**
化学成品及有关产品	6286498	948761	5398447	809945
有机化学品	822453	124329	1121944	167978
无机化学品	843905	127395	627656	94263
染料、鞣料及着色料	54346	8216	89889	13578
医药品	866849	133205	32979	4929
精油、香料及盥洗、光洁制品	367552	55020	504886	74852
肥料	458941	68972		
初级形状的塑料	949519	143011	1956742	294295
非初级形状的塑料	933914	140044	203141	30549
未列名化学原料及产品	989020	148569	861211	129501
按原料分类的制成品	24930071	3750198	8477794	1278100
皮革、皮革制品及已鞣毛皮	205640	31000	173193	26107
橡胶制品	658563	98841	84653	12761
软木及木制品（家具除外）	1380813	208871	30176	4533
纸及纸板、纸浆、纸及纸板制品	1955904	292023	449688	67572
纺纱、织物、制成品及有关产品	6373041	961384	548733	83869
非金属矿物制品	4543730	681597	437068	65974
钢铁	3396819	513769	4764573	715285
有色金属	1923409	290784	1728137	262737
未列名金属制品	4492152	671930	261574	39261

续表

项　　目	出口总额（万元）	出口总额（万美元）	进口总额（万元）	进口总额（万美元）
机械及运输设备	35716813	5337214	10251661	1541629
动力机械及设备	1880208	282646	1338401	199458
特种工业专用机械	1939010	290613	991716	149113
金工机械	196738	29342	104088	15720
通用工业机械设备及零件	4077928	612799	657516	98709
办公用机械及自动数据处理设备	2433003	363114	1197759	180833
电信及声音的录制或重放装置及设备	4527874	681933	485347	72778
未列名电力机械、装置、器具及其电气零件	17390013	2584979	4825779	726789
陆路车辆（包括气垫式）	2460432	368625	539861	81528
其他运输设备	811608	123162	111194	16701
杂项制品	40711366	6100631	1763004	263652
活动房屋、卫生、水道、供热及照明装置	2419645	361709	32311	4631
家具及其零件、褥垫及类似填充制品	3998553	601436	77760	11886
旅行用品、手提包及类似品	2090830	312117	23660	3451
服装及衣着附件	10915565	1637433	84234	12445
鞋靴	10186043	1525946	122645	18196
专业、科学及控制用仪器和装置	1187767	178404	516699	77388
摄影器材、光学物品及钟表	1255269	187862	654447	98081
未列名杂项制品	8657694	1295725	251248	37574
未分类的商品及交易品	4031040	603513	3158056	471353

人民币汇率（年平均价）

单位：元

年　份	100 美元	100 日元	100 港元	100 欧元
2020	689.76	6.46	88.93	787.55
2021	645.15	5.87	83.00	762.93
2022	672.61	5.13	85.89	707.21

按行业分外商直接投资合同数

单位：个

年　份	总　计	农　业	工　业	建筑业	交通运输仓储及邮电通信业	批发和零售贸易餐饮业	其他服务业
2020	2234	117	214	26	41	687	1149
2021	2742	114	192	21	23	767	1625
2022	2733	105	210	23	20	732	1643

按行业分外商直接投资合同金额

单位：万美元

年　份	总　计	农　业	工　业	建筑业	交通运输仓储及邮电通信业	批发和零售贸易餐饮业	其他服务业
2020	1335089	85889	241623	9272	44789	239634	713882
2021	1669898	23034	191922	58611	845	207068	1188418
2022	1321937	24507	311692	2825	22147	121809	838957

分国别（地区）外商直接投资合同数和合同金额

国别（地区）	2015	2020	2022
合同数（个）	**1689**	**2234**	**2733**
#中国香港	468	617	786
中国澳门	19	83	114
中国台湾	890	1233	1448
日本	21	16	15
菲律宾	7	4	4
泰国	2	4	3
马来西亚	14	23	18
新加坡	37	36	40
印度尼西亚	10	10	4
德国	11	6	2
法国	2	4	3
英国	13	7	7
加拿大	10	16	18
美国	52	36	60
澳大利亚	27	15	22
合同金额（万美元）	**1446277**	**1335089**	**1321937**
#中国香港	765753	727939	508601
中国澳门	8158	18898	26292
中国台湾	282112	339565	443190
日本	4676	3027	8400
菲律宾	-421	2047	3591
泰国	53	9527	212
马来西亚	6675	5130	1961
新加坡	27949	89533	110835
印度尼西亚	462	2327	3752
德国	1428	146	-243
法国	31	2287	5763

续表

国别（地区）	2015	2020	2021
英国	3246	14877	425
加拿大	2292	1178	1139
美国	28221	10003	6017
澳大利亚	73995	4840	1216

实际利用外商直接投资金额

单位：万美元

年　份	数　值
2020	502347
2021	490543
2022	499364

分国别（地区）实际利用外商直接投资金额

单位：万美元

国别（地区）	2010	2020	2022
总　计	**580279**	**502347**	**499364**
亚洲			
#中国香港	354634	355884	346509
中国澳门	5156	2779	8134
中国台湾	23805	16621	20616
印度尼西亚			2714
日本	6287	841	4495
新加坡	25545	18987	38429
韩国	3254	450	1027
泰国	153	110	
欧洲			
#英国	1007	49	43
德国	1443	38	186
法国	278		2484
俄罗斯			
拉丁美洲			
#巴哈马	1769		
开曼群岛	12662	18929	2460
墨西哥	957		
英属维尔京群岛	42153	13484	31891
北美洲			

续表

国别（地区）	2010	2020	2022
#加拿大	1099	15	
美国	5096	203	2249
大洋洲			
#澳大利亚	1823	121	418
新西兰	336		44

外商投资企业工商注册数

单位：个

项　　目	2020	2021	2022
总　计	**31637**	**32450**	**33062**
按行业分			
农、林、牧、渔业	872	936	972
采矿业	32	30	30
制造业	9359	8921	8680
电力、热力、燃气及水生产和供应业	216	218	219
建筑业	315	315	321
批发和零售业	7740	7897	7938
交通运输、仓储和邮政业	695	683	692
住宿和餐饮业	1461	1626	1683
信息传输、软件和信息技术服务业	1424	1475	1491
金融业	442	432	425
房地产业	1084	1089	1053
租赁和商务服务业	3588	3884	4074
科学研究和技术服务业	2979	3344	3725
水利、环境和公共设施管理业	113	116	119
居民服务、修理和其他服务业	274	275	283
教育	61	50	43
卫生和社会工作	54	61	73
文化、体育和娱乐业	923	1094	1238
其他行业	5	4	3
按国别（地区）分			
#中国香港	9297	9512	9664
中国澳门	545	650	718
中国台湾	9366	9950	10060
日本	407	390	384
英国	121	127	127

续表

项　　目	2020	2021	2022
德国	78	76	74
加拿大	214	213	202
美国	622	604	607
澳大利亚	212	189	192

外商投资企业工商注册资本金

单位：万美元

项　　目	2020	2021	2022
总　计	**19902256**	**21921577**	**28125275**
按行业分			
农、林、牧、渔业	355570	364962	410125
采矿业	11349	12001	13269
制造业	6935832	6932423	7061050
电力、热力、燃气及水生产和供应业	266047	251617	254848
建筑业	290831	392967	393405
批发和零售业	1434256	1770858	2277238
交通运输、仓储和邮政业	483093	434059	409294
住宿和餐饮业	370821	349605	333576
信息传输、软件和信息技术服务业	501028	653543	1219915
金融业	484634	546323	592465
房地产业	1678443	1606679	1604405
租赁和商务服务业	3729385	4723222	6304477
科学研究和技术服务业	2652586	3130165	4363393
水利、环境和公共设施管理业	114802	116892	118664
居民服务、修理和其他服务业	223415	231217	1242569
教育	23068	22525	22503
卫生和社会工作	122532	139520	139273
文化、体育和娱乐业	217441	235889	1357713
其他行业	7124	7109	7095
按国别（地区）分			
#中国香港	12401585	13561640	16873621
中国澳门	186889	209716	236456
中国台湾	2301376	2612437	3837161
日本	186667	191855	193029
英国	169934	173895	155357
德国	46468	48846	47586

续表

项　　目	2020	2021	2022
加拿大	101534	96278	92421
美国	219381	223836	235945
澳大利亚	58076	63356	60381

外商投资企业工商注册投资总额

单位：万美元

项　　目	2020	2021	2022
总　计	**31525492**	**33715497**	**39403929**
按行业分			
农、林、牧、渔业	516303	517423	527344
采矿业	17130	20448	23695
制造业	13229862	13025560	13259246
电力、热力、燃气及水生产和供应业	715244	769572	776476
建筑业	523025	726722	704519
批发和零售业	1934999	2271448	2270529
交通运输、仓储和邮政业	917146	795514	760553
住宿和餐饮业	474732	453857	452156
信息传输、软件和信息技术服务业	770648	1283839	1821444
金融业	427221	490415	400459
房地产业	3030649	2901964	2765664
租赁和商务服务业	4488006	5387334	9279077
科学研究和技术服务业	3363781	3923851	4154378
水利、环境和公共设施管理业	235376	237892	239152
居民服务、修理和其他服务业	375949	384314	1396206
教育	60301	59758	59245
卫生和社会工作	153835	171624	170760
文化、体育和娱乐业	282017	284710	333787
其他行业	9266	9252	9237
按国别（地区）分			
#中国香港	19390518	20508196	24773988
中国澳门	274423	298933	318326
中国台湾	3095442	3744177	3768711
日本	419965	418368	409786
英国	236047	239111	223768
德国	107407	111858	108409
加拿大	200617	196545	193004

续表

项　　目	2020	2021	2022
美国	336958	332870	384841
澳大利亚	80371	83813	66698

对外承包工程和劳务合作主要指标

年　份	对外承包工程合同金额（万美元）	劳务人员合同工资总额（万美元）	年末在外人数（人）		
				承包工程	劳务合作
2020	79616	61081	57033	3021	54012
2021	84016	74497	60657	3719	56938
2022	119268	72985	61937	2547	59390

各设区市进出口商品总额（2022 年）

年　份	进出口总额（万元）	进出口总额（万美元）	出口总额（万元）	出口总额（万美元）	进口总额（万元）	进口总额（万美元）
福州市	36534450	5460325	25632554	3828866	10901897	1631460
厦门市	92214604	13844770	46549580	6990307	45665024	6854463
莆田市	6759705	1012907	3785795	568620	2973911	444287
三明市	1451385	218773	1376183	207486	75202	11287
泉州市	27103943	4071031	19927638	2990437	7176305	1080594
漳州市	11974171	1799365	8119399	1218200	3854772	581165
南平市	1570591	238151	1511508	229163	59083	8989
龙岩市	5534918	837938	3318276	501944	2216642	335994
宁德市	12913227	1932525	9947382	1484302	2965845	448223
平潭综合实验区	2049962	307613	1156014	173247	893948	134366

各设区市外商直接投资合同数

单位：项

地　区	2020	2021	2022
福州市	297	467	435
厦门市	987	1135	1141
莆田市	29	42	41
三明市	54	56	65
泉州市	358	509	587
漳州市	104	135	166
南平市	32	40	60
龙岩市	45	57	61
宁德市	27	23	29

各设区市外商直接投资合同金额

单位：万美元

地　区	2020	2021	2022
福州市	266757	602502	198993
厦门市	552310	676107	657991
莆田市	21415	33710	16369
三明市	17200	14724	24158
泉州市	241468	150457	144916
漳州市	76600	45230	189058
南平市	11380	4533	5277
龙岩市	33713	15549	20456
宁德市	29134	9823	4628

各设区市实际利用外商直接投资金额

单位：万美元

地　区	2020	2021	2022
福州市	101007	117118	110352
厦门市	241030	272568	221197
莆田市	13698	10618	11771
三明市	2034	2903	6498
泉州市	66339	48629	97254
漳州市	59041	19615	39616
南平市	3561	3411	2644
龙岩市	3886	3501	4096
宁德市	2148	2120	5466

市县国民经济主要指标

地区生产总值（2022年）

单位：亿元

地　区	地区生产总值	第一产业	第二产业	第三产业	#工业	#建筑业	人均GDP（元）
全　省	**53109.85**	**3076.20**	**25078.20**	**24955.45**	**19628.83**	**5518.86**	**126829**
福州市	**12308.23**	**683.38**	**4656.90**	**6967.95**	**3020.19**	**1656.81**	**145936**
福州市辖区							
鼓楼区	2609.06		428.12	2180.94	114.39	313.81	387100
台江区	679.57		60.02	619.54		60.02	164345
仓山区	1045.07	1.86	410.95	632.25	320.65	91.98	88980
马尾区	675.34	14.29	384.84	276.20	247.83	137.46	228155
晋安区	1137.19	8.89	288.84	839.46	159.43	129.77	142773
长乐区	1218.08	76.10	717.91	424.07	659.25	58.87	150195
福清市	1604.42	132.67	772.18	699.57	587.96	184.57	113628
闽侯县	1009.21	55.79	552.75	400.67	391.65	161.44	98991
连江县	731.46	185.74	271.02	274.69	196.40	87.39	113229
罗源县	417.04	59.57	224.09	133.38	197.57	26.87	160709
闽清县	446.26	41.27	258.19	146.80	111.41	150.08	171639
永泰县	367.83	64.58	195.12	108.12	20.40	174.78	128836
平潭县	367.71	42.60	92.86	232.25	13.27	79.76	95262
厦门市	**7802.66**	**29.27**	**3233.56**	**4539.83**	**2454.28**	**809.42**	**147387**
厦门市辖区							
思明区	2503.88	3.00	412.61	2088.27	111.82	301.07	235549
海沧区	1067.48	1.62	664.34	401.51	597.58	67.17	172871
湖里区	1681.94		683.74	998.20	496.10	215.89	166446
集美区	956.58	3.11	484.00	469.47	389.68	95.02	88205
同安区	705.63	11.33	375.08	319.21	338.39	36.96	79195
翔安区	887.14	10.20	613.78	263.17	520.71	93.31	141377
莆田市	**3116.25**	**146.13**	**1630.82**	**1339.31**	**1341.94**	**291.50**	**97095**
莆田市辖区							
城厢区	587.08	10.27	225.70	351.11	158.72	67.29	107288
涵江区	684.56	18.37	457.84	208.35	389.20	69.40	142914
荔城区	642.00	18.06	330.85	293.08	276.58	54.82	95280
秀屿区	575.64	74.53	298.18	202.93	246.28	52.38	95304
仙游县	626.99	24.90	318.25	283.84	271.16	47.62	69242

续表

地　区	地区生产总值	第一产业	第二产业	第三产业	#工业	#建筑业	人均 GDP（元）
三明市	**3110.14**	**339.60**	**1580.92**	**1189.62**	**1148.85**	**435.30**	**126044**
三明市辖区							
三元区	716.05	25.59	362.77	327.69	283.33	79.73	174773
沙县区	375.79	33.93	219.27	122.59	158.08	62.09	150556
永安市	511.73	36.64	302.77	172.32	250.74	52.44	149672
明溪县	127.08	23.62	59.61	43.85	40.24	19.44	132372
清流县	163.93	30.68	76.67	56.58	31.83	44.95	142051
宁化县	239.14	31.13	104.42	103.59	55.45	49.36	92437
大田县	258.38	43.27	132.39	82.72	117.60	15.09	86734
尤溪县	262.65	55.10	96.23	111.32	79.52	16.96	77228
将乐县	194.57	22.17	95.37	77.03	68.65	26.95	136255
泰宁县	99.69	15.94	40.58	43.18	17.68	22.95	97450
建宁县	161.15	21.54	90.84	48.76	45.72	45.33	142106
泉州市	**12102.97**	**250.12**	**6882.07**	**4970.78**	**6182.83**	**706.71**	**136533**
泉州市辖区							
鲤城区	759.13	0.17	372.66	386.31	335.55	37.19	176748
丰泽区	850.01	1.90	156.79	691.31	97.08	59.82	117567
洛江区	355.11	5.37	223.38	126.35	193.11	30.27	138985
泉港区	696.59	13.11	516.32	167.16	450.95	65.46	193497
石狮市	1159.68	31.56	510.37	617.75	465.71	44.80	167584
晋江市	3207.43	22.31	1972.91	1212.21	1907.18	71.71	154762
南安市	1646.05	34.68	988.31	623.06	921.55	67.33	107585
惠安县	1624.43	38.33	1133.86	452.24	957.71	176.42	155671
安溪县	907.18	61.19	470.86	375.12	395.74	75.29	90672
永春县	543.91	28.07	325.17	190.67	295.26	29.97	129349
德化县	353.44	13.43	211.42	128.59	162.98	48.45	104724
漳州市	**5706.58**	**571.50**	**2859.95**	**2275.13**	**2231.98**	**631.99**	**112578**
漳州市辖区							
芗城区	945.21	11.95	447.22	486.04	298.23	149.17	147160
龙文区	439.15	5.42	167.99	265.74	114.62	53.79	143279
龙海区	1432.49	75.37	909.16	447.96	701.41	210.66	149889
长泰区	412.27	22.19	285.00	105.07	229.54	55.63	178549
云霄县	269.70	58.02	104.28	107.41	86.13	18.18	65399
漳浦县	669.67	104.71	266.66	298.30	218.99	47.81	78739
诏安县	350.05	60.91	176.79	112.35	158.16	18.62	62766

续表

地　区	地区生产总值	第一产业	第二产业	第三产业	#工业	#建筑业	人均 GDP（元）
东山县	249.43	49.34	98.55	101.53	73.70	24.95	112862
南靖县	421.71	86.15	198.11	137.44	172.86	25.33	138447
平和县	302.89	60.25	85.59	157.06	70.00	15.59	66775
华安县	214.00	37.18	120.60	56.22	108.36	12.25	159704
南平市	**2211.84**	**361.31**	**784.95**	**1065.58**	**503.19**	**281.94**	**83136**
南平市辖区							
延平区	455.23	40.62	165.40	249.21	65.78	99.67	101276
建阳区	278.99	46.11	108.78	124.10	71.01	37.80	81220
邵武市	273.94	35.07	116.06	122.81	83.66	32.43	100713
武夷山市	233.94	32.39	74.44	127.11	50.95	23.50	89634
建瓯市	303.01	58.34	101.98	142.69	76.77	25.24	70632
顺昌县	148.02	21.41	50.67	75.94	39.41	11.27	83863
浦城县	192.37	41.18	62.41	88.78	39.15	23.27	65321
光泽县	125.30	48.38	36.90	40.01	30.15	6.76	97889
松溪县	88.38	15.24	29.22	43.92	17.14	12.08	68249
政和县	112.65	22.57	39.08	51.00	29.16	9.92	63643
龙岩市	**3314.47**	**311.27**	**1420.04**	**1583.16**	**940.13**	**479.91**	**121721**
龙岩市辖区							
新罗区	1182.28	53.00	557.74	571.54	425.18	132.56	138684
永定区	336.38	38.23	131.20	166.94	68.80	62.40	105284
漳平市	314.85	39.54	125.87	149.44	82.98	42.90	124942
长汀县	343.71	41.57	139.93	162.21	87.19	52.74	86359
上杭县	513.29	58.58	206.66	248.05	118.37	88.29	136878
武平县	306.73	38.73	124.34	143.66	74.20	50.13	110931
连城县	317.23	41.61	134.29	141.33	83.40	50.89	127146
宁德市	**3554.62**	**386.41**	**2048.61**	**1119.61**	**1817.79**	**232.55**	**112738**
宁德市辖区							
蕉城区	1261.51	51.41	903.45	306.65	817.08	86.61	197420
福安市	761.11	62.29	485.82	213.01	431.91	54.99	125286
福鼎市	503.88	75.98	273.68	154.22	253.45	20.45	90301
霞浦县	353.70	85.40	127.26	141.03	106.00	21.46	73995
古田县	242.54	54.85	78.93	108.75	63.84	15.10	76150
屏南县	125.89	17.42	56.59	51.88	49.54	7.05	91226
寿宁县	111.42	19.43	43.21	48.78	37.07	6.14	63671
周宁县	108.98	9.53	42.31	57.13	34.12	8.19	74135
柘荣县	85.59	10.09	37.35	38.16	24.79	12.56	93033

地区生产总值指数（2022 年）

单位：以上年为 100

地　区	地区生产总值	第一产业	第二产业	第三产业	#工业	#建筑业	人均 GDP
全　省	**104.7**	**103.7**	**105.4**	**104.0**	**104.9**	**107.3**	**104.3**
福州市	**104.4**	**103.0**	**105.2**	**104.0**	**102.9**	**109.7**	**103.6**
福州市辖区							
鼓楼区	104.4		101.8	104.8	100.2	102.0	104.0
台江区	104.1		103.5	104.1		103.5	103.8
仓山区	101.1	100.0	100.6	101.4	100.1	101.8	99.8
马尾区	103.9	103.0	105.1	102.2	103.3	108.8	103.1
晋安区	104.6	102.9	102.5	105.3	104.2	100.4	104.0
长乐区	104.4	103.1	104.3	104.6	103.4	115.3	103.1
福清市	105.7	103.0	104.9	107.0	103.6	109.4	104.9
闽侯县	104.5	104.0	106.8	101.6	103.3	115.6	102.9
连江县	104.9	102.1	106.9	104.7	106.0	108.6	104.4
罗源县	104.7	103.3	105.2	104.4	105.7	101.9	103.8
闽清县	104.3	104.0	105.2	102.9	100.3	109.7	103.5
永泰县	102.4	104.6	104.6	97.8	76.1	109.5	101.7
平潭县	103.6	101.5	108.3	102.2	104.5	108.9	104.6
厦门市	**104.4**	**101.4**	**103.8**	**104.7**	**103.3**	**105.5**	**103.1**
厦门市辖区							
思明区	105.2	93.3	105.5	105.1	105.8	105.4	105.6
海沧区	104.7	95.9	105.5	103.3	105.3	107.9	101.8
湖里区	103.3		102.8	103.6	103.2	101.8	105.4
集美区	103.0	95.0	101.1	105.0	98.6	114.1	100.5
同安区	103.7	103.7	101.7	106.1	100.8	110.8	101.7
翔安区	106.0	104.0	105.8	106.4	106.4	102.8	100.7
莆田市	**104.0**	**102.5**	**104.0**	**104.2**	**103.0**	**108.8**	**104.2**
莆田市辖区							
城厢区	105.6	97.1	109.1	103.9	105.2	118.6	105.8
涵江区	103.1	103.7	103.3	102.5	102.1	110.1	103.4
荔城区	101.0	100.3	97.4	105.1	99.0	90.5	101.2
秀屿区	105.0	102.2	106.5	103.7	104.8	115.1	105.1
仙游县	106.0	106.4	106.9	105.1	105.8	113.0	106.2
三明市	**103.1**	**104.5**	**103.3**	**102.3**	**102.4**	**105.8**	**103.8**
三明市辖区							
三元区	102.8	105.3	105.0	100.3	104.0	108.3	102.4

续表

地　区	地区生产总值	第一产业	第二产业	第三产业	#工业	#建筑业	人均 GDP
沙县区	104.0	103.9	104.4	103.3	103.3	107.0	104.4
永安市	103.3	104.0	103.4	103.1	103.3	103.9	104.2
明溪县	101.6	104.9	100.8	101.0	102.9	96.8	103.6
清流县	100.1	104.7	99.3	98.9	93.8	103.3	101.5
宁化县	103.2	104.2	104.8	101.4	103.4	106.4	104.5
大田县	103.7	104.3	103.5	103.7	103.0	106.9	104.4
尤溪县	103.9	104.5	102.0	105.3	100.7	108.0	104.6
将乐县	105.9	104.7	105.2	107.2	104.2	107.7	107.0
泰宁县	96.1	105.0	88.9	100.1	74.6	103.4	97.5
建宁县	104.4	104.8	105.0	103.3	102.9	107.1	105.3
泉州市	**103.5**	**103.5**	**103.3**	**103.8**	**103.1**	**104.2**	**103.0**
泉州市辖区							
鲤城区	103.6	102.4	103.8	103.5	102.7	114.2	103.4
丰泽区	103.6	102.9	100.8	104.2	100.3	101.6	101.8
洛江区	103.6	106.0	104.0	102.6	103.3	108.9	101.9
泉港区	102.1	102.0	100.4	107.8	99.1	110.0	101.2
石狮市	104.2	101.7	103.4	105.0	104.0	97.2	103.6
晋江市	104.0	102.6	104.3	103.4	104.4	101.2	103.6
南安市	103.7	103.3	103.7	103.9	103.2	110.5	103.3
惠安县	104.1	102.3	104.3	103.8	104.7	102.5	103.4
安溪县	104.3	104.7	104.9	103.5	105.5	101.9	104.5
永春县	97.6	104.6	95.1	100.9	95.0	96.1	98.0
德化县	104.7	104.0	106.0	102.8	105.1	109.1	104.0
漳州市	**106.9**	**104.3**	**108.5**	**105.9**	**107.9**	**110.9**	**106.9**
漳州市辖区							
芗城区	108.0	106.3	109.1	107.1	109.1	109.2	107.7
龙文区	107.0	106.2	108.7	106.0	109.2	107.6	106.6
龙海区	106.9	101.0	108.2	105.5	107.1	112.7	106.7
长泰区	107.1	104.4	108.4	104.4	107.9	111.0	106.6
云霄县	106.8	104.9	109.6	105.0	107.7	119.8	106.5
漳浦县	108.0	103.8	112.4	106.0	112.3	112.8	107.9
诏安县	105.0	103.6	105.6	104.7	105.2	109.8	105.5
东山县	108.6	103.3	113.7	106.8	115.3	109.9	108.3
南靖县	106.3	105.9	107.5	105.1	107.6	107.3	106.6
平和县	104.8	106.1	102.6	105.5	101.6	107.3	104.8

续表

地　区	地区生产总值	第一产业	第二产业	第三产业	#工业	#建筑业	人均 GDP
华安县	105.4	106.0	105.6	104.8	105.2	109.2	105.5
南平市	**103.8**	**104.0**	**105.8**	**102.3**	**103.8**	**109.7**	**104.4**
南平市辖区							
延平区	102.5	106.4	101.4	102.5	101.4	101.3	103.2
建阳区	104.7	103.6	111.7	99.4	105.9	125.8	104.2
邵武市	105.4	104.3	108.5	102.8	105.8	117.0	106.0
武夷山市	102.2	104.9	101.3	102.1	101.3	101.2	101.9
建瓯市	102.4	103.4	102.2	102.2	103.6	97.8	103.3
顺昌县	104.8	102.7	104.7	105.6	102.2	115.3	106.0
浦城县	106.0	102.4	114.6	102.4	102.4	146.3	106.9
光泽县	104.7	103.9	106.8	103.6	106.5	108.2	106.0
松溪县	102.0	105.4	99.8	102.2	101.2	97.7	102.7
政和县	105.9	103.7	112.1	102.4	106.7	133.6	106.9
龙岩市	**105.0**	**103.5**	**105.7**	**104.7**	**104.2**	**108.8**	**105.2**
龙岩市辖区							
新罗区	104.7	104.4	106.0	103.4	105.2	108.6	104.2
永定区	104.2	103.3	105.2	103.7	101.9	109.2	105.5
漳平市	103.6	104.1	104.1	103.1	101.8	109.0	104.2
长汀县	105.5	104.5	106.2	105.1	104.1	110.1	105.6
上杭县	107.3	103.5	107.2	108.4	107.5	106.9	107.7
武平县	104.6	100.9	104.7	105.8	101.9	109.2	105.2
连城县	104.7	103.2	104.8	105.0	102.1	109.8	105.3
宁德市	**110.7**	**103.5**	**115.1**	**106.1**	**118.3**	**96.2**	**110.5**
宁德市辖区							
蕉城区	114.1	102.3	115.8	111.2	118.1	96.4	112.3
福安市	106.6	104.2	106.4	107.5	107.3	99.9	107.0
福鼎市	109.2	102.4	116.4	101.8	121.5	89.3	108.3
霞浦县	113.6	101.7	140.1	103.2	151.6	98.4	113.2
古田县	106.1	104.9	110.0	104.4	110.8	107.6	107.6
屏南县	117.3	107.7	147.3	101.6	165.2	81.8	118.6
寿宁县	104.5	105.1	107.2	102.5	111.6	98.2	105.7
周宁县	114.1	105.2	132.9	106.3	164.3	81.5	115.6
柘荣县	105.0	105.2	101.9	107.7	102.2	101.3	105.6

金融机构货币存贷款余额（2022年）

单位：亿元

地　区	金融机构人民币各项存款余额	#非金融企业存款	#住户存款	金融机构人民币各项贷款余额	#短期贷款	#中长期贷款
全　省	**70859.00**	**19992.32**	**31352.39**	**74128.73**	**21214.76**	**46512.20**
福州市	**20842.47**	**6174.27**	**9029.08**	**22810.95**	**5119.43**	**16583.42**
福州市辖区	13527.40	4711.53	4343.83	16019.32	3257.79	11811.07
鼓楼区						
台江区						
仓山区						
马尾区	1061.31	259.31	620.19	967.20	265.78	686.67
晋安区						
长乐区	1312.96	350.10	751.76	1479.78	505.57	903.58
福清市	2050.46	289.30	1475.98	1475.44	389.49	1053.46
闽侯县	844.40	156.52	512.70	764.14	160.25	597.35
连江县	649.44	66.35	475.62	669.82	139.92	520.60
罗源县	195.35	30.67	134.71	249.22	79.89	168.05
闽清县	235.42	18.54	193.55	144.92	41.88	100.92
永泰县	236.35	45.97	159.82	212.96	36.00	175.49
平潭县	729.38	245.97	360.93	828.17	242.87	566.22
厦门市	**15366.21**	**6260.09**	**5213.39**	**16690.34**	**4770.40**	**10130.49**
厦门市辖区	15366.21	6260.09	5213.39	16690.34	4770.40	10130.49
思明区						
海沧区						
湖里区						
集美区						
同安区						
翔安区						
莆田市	**2912.38**	**462.16**	**2031.44**	**2722.48**	**639.79**	**2065.71**
莆田市辖区	2338.89	411.20	1572.14	2339.77	529.01	1794.65
城厢区						
涵江区						
荔城区	650.26	122.11	480.06	607.14	138.33	468.36
秀屿区						
仙游县	573.49	50.96	459.30	382.71	110.78	271.06
三明市	**2389.59**	**428.80**	**1530.74**	**2100.17**	**534.71**	**1482.11**
三明市辖区	715.63	211.98	329.94	766.63	196.03	528.14

续表

地　区	金融机构人民币各项存款余额	#非金融企业存款	#住户存款	金融机构人民币各项贷款余额	#短期贷款	#中长期贷款
三元区						
沙县区	252.12	47.46	170.84	248.50	53.13	189.12
永安市	294.14	43.00	206.56	290.25	82.29	201.92
明溪县	109.90	14.59	77.43	53.19	18.10	29.16
清流县	95.80	11.54	65.02	62.81	16.35	44.00
宁化县	204.80	24.06	140.60	126.44	25.24	98.29
大田县	159.07	16.19	121.13	140.90	34.58	104.82
尤溪县	223.16	19.18	183.32	180.10	48.53	123.72
将乐县	127.63	19.77	93.91	95.01	24.16	68.37
泰宁县	98.36	10.18	67.26	66.91	13.25	51.26
建宁县	108.98	10.86	74.74	69.43	23.05	43.31
泉州市	**10832.04**	**3111.53**	**6024.05**	**9839.70**	**3281.37**	**5773.35**
泉州市辖区	3355.51	1060.96	1442.51	3610.55	1063.05	2026.23
鲤城区						
丰泽区						
洛江区						
泉港区	42.82	17.22	20.25	60.39	21.20	39.18
石狮市	981.90	172.24	665.69	844.25	346.38	469.48
晋江市	2760.31	956.52	1499.91	2042.37	814.71	1107.65
南安市	1476.03	278.08	1053.00	1249.18	451.22	759.64
惠安县	1027.94	435.22	517.80	832.84	216.15	559.93
安溪县	634.62	121.19	445.23	678.42	190.76	475.37
永春县	302.90	32.66	234.10	225.27	66.35	154.84
德化县	292.84	54.65	165.81	356.82	132.75	220.21
漳州市	**4336.27**	**1041.23**	**2592.64**	**4676.32**	**1331.88**	**3129.16**
漳州市辖区	1787.70	607.62	796.92	1993.52	678.89	1155.45
芗城区						
龙文区						
龙海区	823.42	168.50	533.05	984.38	189.89	776.89
长泰区	194.58	40.47	128.25	150.61	56.82	92.24
云霄县	211.50	26.93	155.73	261.60	53.46	207.27
漳浦县	506.71	121.53	325.40	619.46	94.57	502.82
诏安县	184.13	14.52	154.39	159.54	62.24	97.07
东山县	148.39	21.61	112.39	175.37	48.30	126.00

续表

地　区	金融机构人民币各项存款余额	#非金融企业存款	#住户存款	金融机构人民币各项贷款余额	#短期贷款	#中长期贷款
南靖县	183.11	18.79	142.35	125.78	53.14	64.91
平和县	215.69	12.92	178.72	146.87	62.02	81.08
华安县	81.05	8.33	65.44	59.22	32.55	25.45
南平市	**2707.59**	**410.67**	**1820.37**	**2074.46**	**554.92**	**1459.78**
南平市辖区	720.63	140.43	386.52	584.60	132.07	413.03
延平区						
建阳区						
邵武市	262.69	32.01	195.09	193.40	57.78	133.26
武夷山市	250.65	38.32	176.64	207.52	54.75	150.51
建瓯市	331.76	30.36	266.55	203.14	59.51	142.10
顺昌县	165.66	16.27	125.88	111.52	38.38	66.39
浦城县	260.43	26.53	194.52	145.49	40.64	101.23
光泽县	110.12	19.27	78.75	105.56	53.77	51.79
松溪县	100.13	10.55	79.30	58.62	28.40	28.24
政和县	138.85	17.49	93.20	75.47	30.70	43.19
龙岩市	**2851.32**	**789.18**	**1550.74**	**3139.41**	**908.04**	**2157.91**
龙岩市辖区	1373.15	447.92	641.49	1750.03	497.42	1218.27
新罗区						
永定区						
漳平市	178.66	30.18	128.76	172.58	59.93	112.19
长汀县	266.67	37.24	188.27	259.19	92.06	164.23
上杭县	479.07	187.93	207.47	452.75	89.52	327.62
武平县	183.82	35.66	125.52	185.01	49.76	135.24
连城县	158.60	22.52	102.60	135.28	43.04	92.17
宁德市	**3245.49**	**1291.05**	**1514.03**	**3321.73**	**757.96**	**2381.33**
宁德市辖区	1490.13	923.98	355.00	1280.54	285.34	903.36
蕉城区						
福安市	506.16	177.72	255.57	431.65	81.11	269.71
福鼎市	404.38	68.54	285.86	627.87	129.31	495.59
霞浦县	259.44	63.74	163.73	401.78	87.32	313.25
古田县	238.77	19.08	194.84	216.73	72.69	143.44
屏南县	96.08	9.42	75.91	100.39	25.41	74.20
寿宁县	98.46	7.34	79.11	93.37	37.50	54.58
周宁县	89.94	12.89	63.06	94.42	20.44	71.59
柘荣县	62.13	8.35	40.94	74.98	18.82	55.59

主要农产品产量（2022 年）

单位：吨

地　区	粮　食	油　料	蔬　菜	食用菌	茶　叶	园林水果	肉　类	水产品
全　省	**5087009**	**236108**	**15997747**	**1531285**	**520775**	**8173131**	**2962956**	**8623473**
福州市	**493636**	**57951**	**4684664**	**279417**	**48967**	**1006740**	**215118**	**3005025**
福州市辖区	76302	2075	960604	10082	2773	64609	34938	399153
鼓楼区								
台江区								
仓山区			32344					1347
马尾区	1512	23	43437			11121	5800	193902
晋安区	4039		157917	1129	2593	7992	7009	593
长乐区	70751	2052	726906	8953	180	45496	22129	203311
福清市	108573	34216	853722	3564	484	151449	62579	573120
闽侯县	59180	2602	1326760	25225	2196	195769	41556	22769
连江县	42708	842	123313	1708	12905	28073	17487	1294622
罗源县	35011	355	153230	176979	8911	66748	13327	223476
闽清县	54779	3087	533908	34819	4065	203769	17261	7729
永泰县	98062	8137	671084	27040	17633	293362	18639	11875
平潭县	19021	6637	62043			2961	9331	472281
厦门市	**25739**	**3466**	**557511**	**32588**	**1558**	**71226**	**36145**	**64490**
厦门市辖区	25739	3466	557511	32588	1558	71226	36145	64490
思明区								50404
海沧区	411	42	24943			3578	626	801
湖里区								
集美区	1399	197	49395	24	6	28583	933	1663
同安区	13167	1213	252660	2481	1547	29737	17885	2432
翔安区	10762	2014	230513	30083	5	9328	16701	9190
莆田市	**187731**	**41472**	**679785**	**36839**	**4166**	**223797**	**97651**	**1025650**
莆田市辖区	102808	32554	541580	12081	874	84800	70188	1009310
城厢区	11354	2323	21727	8	34	24050	29178	57830
涵江区	23667	2733	107795	12073	836	44314	11043	60585
荔城区	24945	2635	337194		4	15422	11203	83261
秀屿区	42842	24863	74864			1014	18765	807634
仙游县	84923	8918	138205	24758	3292	138997	27462	16340
三明市	**953853**	**15153**	**2072537**	**168926**	**56057**	**1065637**	**231633**	**121004**
三明市辖区	94096	1874	372871	11975	5330	344018	57155	
三元区	18962	496	189836	2471	603	228292	27878	2751
沙县区	75134	1378	183035	9504	4727	115726	29277	8970

续表

地　区	粮　食	油　料	蔬　菜	食用菌	茶　叶	园林水果	肉　类	水产品
永安市	66172	1327	329581	7815	2224	123402	28191	14235
明溪县	80822	1955	105197	9653	4024	68274	9983	8307
清流县	81033	2264	110310	3659	2591	82205	15402	28251
宁化县	179570	3367	185317	9635	6780	21972	20719	11245
大田县	89613	1194	531703	25074	16099	121773	27620	8825
尤溪县	136498	1006	243034	55689	15100	122831	36709	10939
将乐县	77458	1059	77479	20191	892	36791	15855	5281
泰宁县	58278	790	28123	16843	1152	1624	9971	14370
建宁县	90313	317	88922	8392	1865	142747	10030	7830
泉州市	**508403**	**47073**	**1085669**	**102924**	**98618**	**167077**	**203739**	**1070404**
泉州市辖区	23930	5657	83719	112	564	8369	22077	106200
鲤城区	255	18	10461	62		369		121
丰泽区	295	60	5711	50	1	401	85	13404
洛江区	11680	2414	37087		98	4390	11918	1726
泉港区	11700	3165	30460		465	3209	10073	90949
石狮市	5340	561	25309			2404	27	400469
晋江市	24377	6931	198635	9485		4756	5946	249111
南安市	152762	9238	143389	23391	1338	27024	74381	58003
惠安县	56843	19875	81684	410	40	2789	27708	252402
安溪县	93810	3601	274749	963	82749	17435	30791	1637
永春县	90000	529	146878	66432	12087	76707	25364	946
德化县	61341	681	131306	2131	1840	27593	17444	1636
漳州市	**420144**	**32578**	**2566181**	**459872**	**67932**	**4148401**	**422025**	**2104828**
漳州市辖区	94989	4949	527011	220392			91120	20882
芗城区	3257	508	48378	59426	170	68681	16664	12364
龙文区	463	115	43323	1313	357	1674	5358	8518
龙海区	52098	1526	279731	158030	104	202167	50823	429832
长泰区	39171	2800	155579	1623	2769	144928	18274	25255
云霄县	49009	2952	195626	19672	1692	302035	28283	271711
漳浦县	114295	14021	759815	54642	290	268743	68343	427010
诏安县	72662	5414	314399	1777	17222	252851	28508	451645
东山县	9560	2071	74717			8411	7716	449685
南靖县	38179	1654	369319	137629	9144	365100	143138	18214
平和县	23590	316	206139	1838	13763	2308545	26250	6859
华安县	17860	1201	119155	23922	22421	225266	28668	3735
南平市	**1184907**	**12135**	**1582069**	**176158**	**90009**	**415010**	**958684**	**93598**

续表

地 区	粮 食	油 料	蔬 菜	食用菌	茶 叶	园林水果	肉 类	水产品
南平市辖区	268065	1555	435018	37446	7521	64265	88328	19993
延平区	59012	639	208774	16012	443	17254	72567	10428
建阳区	209053	916	226244	21434	7078	47011	15760	9565
邵武市	182402	4553	115320	14793	10378	12224	21092	18147
武夷山市	98975	1750	159609	12434	26157	20353	12975	7091
建瓯市	211943	1220	348328	10485	19524	225162	29854	14014
顺昌县	47080	326	51740	83291	283	78376	15068	4688
浦城县	211865	1923	99882	4423	2128	2293	241696	10991
光泽县	63428	407	79803	5352	1416	1720	443600	11505
松溪县	51152	203	115128	6967	9183	4620	7236	5295
政和县	49997	198	177241	967	13419	5997	98835	1874
龙岩市	**831556**	**19666**	**1684757**	**56189**	**26671**	**485301**	**688706**	**66194**
龙岩市辖区	152496	3928	294623	3962	2818	191285	282907	11358
新罗区	50977	2331	139635	1634	1136	18252	193381	6752
永定区	101519	1597	154988	2328	1682	173033	89526	4606
漳平市	61671	1089	273292	27861	14229	57409	39620	6882
长汀县	172921	5332	283831	6019	2061	21605	84500	12725
上杭县	159046	3374	395668	4984	1921	108864	160426	9050
武平县	156059	1352	191064	9794	3916	82510	68420	13449
连城县	129363	4591	246279	3569	1726	23628	52834	12730
宁德市	**481040**	**6614**	**1084574**	**218372**	**126797**	**589942**	**109256**	**1072280**
宁德市辖区	27170	1326	101650	446	8221	39006	13813	223280
蕉城区	27170	1326	101650	446	8221	39006	13813	223280
福安市	77552	2090	317689	7158	28761	236899	17125	104221
福鼎市	64646	312	191371	18026	40913	44038	7454	234705
霞浦县	43180	1727	121037	306	9330	84171	11037	484412
古田县	114847	411	86355	148887	1157	115139	18303	16454
屏南县	47375		76724	24494	699	13345	23450	3321
寿宁县	53555	128	112249	11878	21760	41306	7200	2399
周宁县	27775	382	49582	2033	8755	12277	6365	2169
柘荣县	24940	238	27917	5144	7201	3761	4508	1319

农作物播种面积（2022 年）

单位：千公顷

项　　目	农作物播种面积	粮食作物	#稻谷	#薯类	#豆类	非粮作物
全　省	**1737.96**	**837.62**	**599.45**	**155.89**	**43.11**	**900.34**
福州市	**275.12**	**86.68**	**39.36**	**37.87**	**7.26**	**188.44**
福州市辖区	44.89	12.44	5.57	6.76	0.09	32.45
鼓楼区						
台江区						
仓山区	1.56					1.56
马尾区	2.34	0.28	0.13	0.11	0.03	2.06
晋安区	6.98	0.59	0.10	0.46	0.01	6.39
长乐区	34.01	11.57	5.33	6.20	0.05	22.44
福清市	58.85	19.05	6.77	9.71	2.36	39.80
闽侯县	56.44	11.10	5.00	4.35	1.23	45.34
连江县	13.46	7.22	4.32	2.19	0.65	6.24
罗源县	15.61	6.29	3.16	2.47	0.63	9.32
闽清县	29.90	9.59	6.40	2.11	0.96	20.31
永泰县	46.40	17.30	8.14	6.76	1.19	29.10
平潭县	9.58	3.69	0.00	3.51	0.17	5.89
厦门市	**21.54**	**4.14**	**1.95**	**1.80**	**0.13**	**17.40**
厦门市辖区	21.54	4.14	1.95	1.80	0.13	17.40
思明区						
海沧区	1.13	0.08	0.04	0.03	0.01	1.05
湖里区						
集美区	2.80	0.23	0.15	0.07	0.01	2.57
同安区	9.39	2.19	1.35	0.51	0.07	7.20
翔安区	8.22	1.64	0.40	1.18	0.04	6.58
莆田市	**68.95**	**30.78**	**17.24**	**8.94**	**3.14**	**38.17**
莆田市辖区	46.55	17.11	6.97	7.47	1.94	29.44
城厢区	3.46	1.95	1.02	0.48	0.23	1.51
涵江区	9.35	3.79	2.75	0.71	0.27	5.55
荔城区	16.06	4.17	2.30	1.35	0.46	11.89
秀屿区	17.68	7.19	0.90	4.93	0.98	10.50
仙游县	22.40	13.68	10.27	1.46	1.20	8.73
三明市	**318.28**	**161.53**	**118.32**	**19.97**	**11.29**	**156.75**
三明市辖区	32.69	14.77	11.79	1.54	0.51	17.92
三元区	10.14	3.04	2.10	0.43	0.29	7.10

续表

项　目	农作物播种面积	粮食作物	#稻谷	#薯类	#豆类	非粮作物
沙县区	22.55	11.73	9.69	1.11	0.23	10.82
永安市	24.45	10.85	8.10	0.87	0.70	13.60
明溪县	26.62	14.31	8.95	1.70	2.58	12.31
清流县	44.87	14.91	9.33	2.46	1.58	29.96
宁化县	54.38	31.87	21.04	3.15	3.82	22.52
大田县	40.37	16.56	9.62	4.80	1.07	23.81
尤溪县	36.19	22.43	17.33	3.91	0.47	13.76
将乐县	19.89	12.13	10.67	0.73	0.22	7.76
泰宁县	15.24	9.68	8.26	0.53	0.13	5.56
建宁县	23.57	14.01	13.23	0.28	0.23	9.55
泉州市	**167.52**	**87.58**	**55.10**	**29.42**	**1.33**	**79.94**
泉州市辖区	9.53	4.02	1.49	1.96	0.12	5.51
鲤城区	0.45	0.04		0.04	0.01	0.40
丰泽区	0.55	0.06	0.01	0.05	0	0.49
洛江区	4.23	1.89	0.79	0.72	0.06	2.34
泉港区	4.30	2.03	0.69	1.16	0.06	2.27
石狮市	2.92	1.13	0.10	0.95	0.04	1.79
晋江市	15.74	3.58	0.60	2.59	0.17	12.15
南安市	38.90	25.88	22.14	3.44	0.15	13.03
惠安县	21.64	11.00	3.02	7.11	0.47	10.63
安溪县	35.52	18.27	9.59	8.19	0.26	17.24
永春县	25.87	14.47	11.58	2.74	0.07	11.39
德化县	17.41	9.22	6.56	2.44	0.04	8.19
漳州市	**179.41**	**61.88**	**46.34**	**9.21**	**2.96**	**117.52**
漳州市辖区	40.62	14.28	9.09	1.74	0.94	26.34
芗城区	3.19	0.62	0.28	0.12	0.21	2.57
龙文区	2.13	0.07	0.00	0.05	0.01	2.06
龙海区	22.74	7.56	5.68	1.25	0.19	15.19
长泰区	12.56	6.04	3.13	0.32	0.53	6.52
云霄县	17.79	7.14	6.11	0.78	0.23	10.65
漳浦县	50.66	16.01	11.40	3.28	0.90	34.66
诏安县	23.51	10.48	8.76	1.15	0.43	13.04
东山县	4.99	1.45	0.02	1.38	0.05	3.54
南靖县	22.11	5.91	5.50	0.15	0.21	16.20
平和县	10.44	3.98	3.41	0.29	0.12	6.46

续表

项　　目	农作物播种面积	粮食作物	#稻谷	#薯类	#豆类	非粮作物
华安县	9.28	2.64	2.06	0.44	0.07	6.64
南平市	**308.96**	**187.44**	**150.82**	**13.07**	**9.15**	**121.52**
南平市辖区	70.45	41.47	35.94	2.31	1.01	28.98
延平区	21.55	9.87	7.99	0.69	0.57	11.68
建阳区	48.90	31.60	27.95	1.62	0.44	17.30
邵武市	47.34	31.45	22.32	3.57	2.18	15.89
武夷山市	27.03	15.00	12.59	0.85	0.75	12.04
建瓯市	51.56	33.53	22.38	3.37	3.90	18.04
顺昌县	12.95	8.01	6.88	0.29	0.41	4.94
浦城县	44.41	31.82	28.38	0.94	0.54	12.59
光泽县	19.98	10.11	9.49	0.19	0.24	9.87
松溪县	15.64	7.96	6.71	0.28	0.03	7.68
政和县	19.60	8.09	6.14	1.26	0.08	11.51
龙岩市	**224.24**	**127.59**	**112.32**	**10.71**	**2.61**	**96.65**
龙岩市辖区	41.46	23.87	21.80	1.05	0.14	17.59
新罗区	14.81	7.85	6.65	0.38	0.07	6.96
永定区	26.65	16.01	15.15	0.67	0.07	10.63
漳平市	22.37	9.42	8.43	0.76	0.11	12.95
长汀县	43.52	25.51	21.79	2.56	0.74	18.01
上杭县	47.34	24.37	21.64	1.68	0.74	22.97
武平县	35.52	24.03	23.23	0.44	0.28	11.49
连城县	34.03	20.39	15.44	4.23	0.59	13.64
宁德市	**173.94**	**89.99**	**58.00**	**24.91**	**5.26**	**83.94**
宁德市辖区	11.50	5.30	3.28	1.22	0.36	6.19
蕉城区	11.50	5.30	3.28	1.22	0.36	6.19
福安市	37.37	16.01	7.62	6.69	1.58	21.36
福鼎市	30.72	12.96	5.66	5.43	1.65	17.76
霞浦县	17.85	8.50	3.96	3.93	0.48	9.35
古田县	25.83	19.49	17.19	1.97	0.17	6.35
屏南县	13.11	7.95	6.81	0.76	0.13	5.16
寿宁县	18.29	10.33	6.00	3.38	0.65	7.96
周宁县	9.21	4.94	3.68	0.97	0.19	4.27
柘荣县	10.06	4.52	3.80	0.56	0.06	5.54

规模以上工业增加值增速（2022 年）

单位:%

地 区	比上年增长	轻工业	重工业
全 省	**5.7**	**6.6**	**4.9**
福州市	**3.8**	**-1.6**	**8.9**
福州市辖区			
鼓楼区	0.2	9.9	-1.8
台江区			
仓山区	-1.3	-1.5	-0.9
马尾区	3.8	1.8	15.7
晋安区	4.0	2.7	6.0
长乐区	4.3	6.6	-2.7
福清市	4.5	8.5	2.5
闽侯县	4.1	-9.4	10.5
连江县	8.2	-41.3	16.4
罗源县	7.3	-4.7	8.2
闽清县	2.4	2.8	2.3
永泰县	-32.1	-39.7	-17.4
平潭县	5.1	-24.0	7.5
厦门市	**4.3**	**5.1**	**3.8**
厦门市辖区			
思明区	8.1	20.7	6.6
海沧区	6.2	-0.8	20.3
湖里区	3.5	1.0	3.7
集美区	-2.4	1.2	-5.0
同安区	0.6	4.5	-4.5
翔安区	9.0	30.2	4.0
莆田市	**4.2**	**6.1**	**0.2**
莆田市辖区			
城厢区	7.5	6.0	13.7
涵江区	3.1	2.2	4.6
荔城区	-1.4	-1.6	-0.7
秀屿区	7.5	26.2	-3.8
仙游县	8.4	14.7	-11.6
三明市	**3.3**	**-0.1**	**4.8**
三明市辖区			
三元区	4.4	7.1	4.1

续表

地　区	比上年增长	轻工业	重工业
沙县区	3.4	-5.9	8.3
永安市	3.6	-10.4	6.4
明溪县	2.9	8.5	-3.9
清流县	-7.5	-18.0	-3.3
宁化县	3.2	4.9	2.8
大田县	3.0	5.3	1.2
尤溪县	0.1	1.2	-2.8
将乐县	4.5	5.0	3.4
泰宁县	-29.8	-35.0	-16.8
建宁县	2.8	2.5	2.9
泉州市	**3.9**	**4.5**	**3.2**
泉州市辖区			
鲤城区	2.5	1.9	5.0
丰泽区	0.1	1.2	-1.3
洛江区	4.2	1.2	15.7
泉港区	-1.0	44.9	-6.8
石狮市	4.5	8.1	-7.8
晋江市	5.4	6.7	0.5
南安市	3.9	1.8	4.9
惠安县	5.9	1.7	9.4
安溪县	7.2	9.1	4.1
永春县	-6.8	-9.5	0.8
德化县	7.1	1.4	28.6
漳州市	**10.2**	**6.6**	**13.1**
漳州市辖区			
芗城区	12.9	-0.8	14.9
龙文区	11.3	11.0	11.8
龙海区	9.7	10.5	8.4
长泰区	10.5	9.8	11.1
云霄县	10.5	6.9	11.1
漳浦县	21.0	7.9	21.7
诏安县	6.4	7.4	-1.6
东山县	20.9	7.8	37.7
南靖县	9.7	13.9	4.5
平和县	0.2	-4.0	1.5

续表

地　区	比上年增长	轻工业	重工业
华安县	7.3	-11.4	13.8
南平市	**4.4**	**2.2**	**7.7**
南平市辖区			
延平区	1.3	-19.3	12.6
建阳区	8.0	9.6	6.2
邵武市	7.7	1.9	15.5
武夷山市	-1.3	-1.0	-5.4
建瓯市	3.8	3.6	4.3
顺昌县	3.0	4.6	2.4
浦城县	2.3	0.2	11.6
光泽县	8.7	8.6	11.4
松溪县	-3.7	-6.3	1.2
政和县	8.8	10.8	5.1
龙岩市	**5.5**	**4.6**	**6.0**
龙岩市辖区			
新罗区	6.9	4.4	9.4
永定区	2.0	5.2	0.9
漳平市	1.6	8.3	-1.7
长汀县	5.0	-7.0	13.8
上杭县	10.0	-6.9	10.3
武平县	1.8	-7.3	4.7
连城县	2.1	10.2	-13.3
宁德市	**23.6**	**36.3**	**10.2**
宁德市辖区			
蕉城区	23.4	25.7	14.3
福安市	10.9	-30.7	11.5
福鼎市	30.4	117.5	-6.2
霞浦县	121.4	153.5	25.6
古田县	12.5	27.8	-8.5
屏南县	159.7	222.5	-5.1
寿宁县	0.1	-13.5	4.4
周宁县	116.1	17.8	128.2
柘荣县	1.0	6.2	-7.3

规模以上工业企业主要财务指标（2022 年）

单位：亿元

地　区	固定资产净额	流动资产合计	利润总额	利税总额
全　省	**13365.74**	**27044.60**	**3698.65**	**5051.94**
福州市	**3389.14**	**4346.64**	**556.49**	**728.62**
福州市辖区				
鼓楼区	370.77	149.23	9.30	19.92
台江区				
仓山区	49.99	362.76	28.84	40.10
马尾区	116.91	462.94	19.61	32.18
晋安区	40.03	135.48	16.81	21.78
长乐区	585.90	923.12	168.48	200.19
福清市	1269.79	1136.58	137.89	182.99
闽侯县	164.26	528.02	77.88	110.89
连江县	334.48	269.86	74.24	82.92
罗源县	226.04	226.28	-3.59	1.00
闽清县	82.09	74.66	23.33	30.98
永泰县	68.67	39.42	0.73	2.04
平潭县	80.21	38.28	2.97	3.62
厦门市	**1687.87**	**5805.62**	**555.79**	**793.86**
厦门市辖区				
思明区	282.67	313.41	31.32	41.63
海沧区	398.51	1521.07	195.03	331.41
湖里区	108.40	941.28	99.12	117.08
集美区	200.65	969.35	102.62	124.93
同安区	241.96	971.26	45.67	70.92
翔安区	455.68	1089.25	82.03	107.87
莆田市	**885.67**	**1148.68**	**173.55**	**218.96**
莆田市辖区				
城厢区	76.96	103.32	20.09	25.76
涵江区	183.08	196.03	50.99	62.50
荔城区	43.01	219.82	10.39	18.46
秀屿区	447.47	403.10	41.92	54.09
仙游县	135.14	226.41	50.16	58.16
三明市	**634.44**	**769.08**	**74.34**	**112.72**
三明市辖区				
三元区	263.16	215.38	20.32	35.30
沙县区	53.15	114.11	13.30	17.58

续表

地　区	固定资产净额	流动资产合计	利润总额	利税总额
永安市	101.88	180.89	8.40	13.90
明溪县	15.56	27.51	8.52	9.65
清流县	17.04	18.92	4.23	5.53
宁化县	46.37	27.39	3.59	5.26
大田县	28.80	45.89	3.99	8.01
尤溪县	38.88	73.62	2.67	5.09
将乐县	46.90	42.43	1.50	3.45
泰宁县	8.18	4.45	0.90	1.43
建宁县	14.50	18.50	6.93	7.50
泉州市	**2679.32**	**5379.71**	**1112.16**	**1504.65**
泉州市辖区				
鲤城区	63.83	286.11	40.10	51.47
丰泽区	80.64	106.71	17.09	21.02
洛江区	37.72	141.75	47.87	54.39
泉港区	219.21	450.72	92.92	179.93
石狮市	248.60	390.60	74.20	93.67
晋江市	574.46	2157.50	359.39	457.02
南安市	350.18	726.12	197.07	237.60
惠安县	753.10	761.23	122.32	218.71
安溪县	259.18	215.76	94.57	112.65
永春县	52.85	99.11	54.13	59.89
德化县	39.55	44.11	12.51	18.29
漳州市	**1512.85**	**2424.49**	**302.18**	**453.01**
漳州市辖区				
芗城区	357.62	434.95	45.76	62.66
龙文区	37.81	139.63	23.61	29.60
龙海区	389.85	554.17	92.93	126.88
长泰区	117.65	244.87	35.15	49.04
云霄县	27.88	74.02	13.09	17.24
漳浦县	418.28	469.60	-19.94	32.36
诏安县	30.86	99.30	24.35	29.68
东山县	32.42	119.95	10.49	16.26
南靖县	41.74	118.45	38.85	44.02
平和县	18.67	61.35	17.84	21.06
华安县	40.08	108.20	20.05	24.22
南平市	**484.58**	**606.24**	**50.69**	**75.79**

续表

地　区	固定资产净额	流动资产合计	利润总额	利税总额
南平市辖区				
延平区	129.02	152.96	16.72	24.12
建阳区	35.93	72.55	0.80	2.90
邵武市	92.98	103.80	10.73	14.56
武夷山市	13.74	24.94	2.69	3.73
建瓯市	24.64	45.06	1.26	3.18
顺昌县	23.92	32.15	5.28	7.59
浦城县	58.73	58.78	5.65	9.01
光泽县	60.97	67.87	3.32	4.37
松溪县	9.43	18.80	1.82	2.78
政和县	35.21	29.33	2.42	3.56
龙岩市	**562.36**	**1370.69**	**190.33**	**388.54**
龙岩市辖区				
新罗区	207.09	568.43	64.80	227.01
永定区	52.07	77.86	9.69	13.21
漳平市	59.54	85.31	8.51	13.09
长汀县	49.58	93.18	13.14	16.46
上杭县	118.39	433.84	62.36	81.67
武平县	34.50	59.09	16.24	19.03
连城县	41.19	52.99	15.59	18.07
宁德市	**1529.51**	**5193.46**	**683.10**	**775.80**
宁德市辖区				
蕉城区	539.56	4011.18	360.56	409.32
福安市	209.74	551.89	244.64	263.09
福鼎市	565.94	337.97	34.73	40.00
霞浦县	72.85	142.91	13.33	21.22
古田县	25.31	31.10	8.82	13.51
屏南县	26.65	47.99	6.01	7.93
寿宁县	15.49	25.38	5.54	7.09
周宁县	60.44	20.80	3.85	6.40
柘荣县	13.53	24.24	5.62	7.24

运输邮电基本情况（2022 年）

单位：千米

地　区	农村投递路线总长度	公路通车里程	地　区	农村投递路线总长度	公路通车里程
全　省	**118183**	**112878**	沙县区		1294
福州市	**17274**	**12298**	永安市		1831
福州市辖区			明溪县		1154
鼓楼区			清流县		956
台江区			宁化县		1656
仓山区		84	大田县		1901
马尾区		231	尤溪县		2719
晋安区		497	将乐县		1265
长乐区		1142	泰宁县		958
福清市		2169	建宁县		1212
闽侯县		1764	**泉州市**	**29787**	**18877**
连江县		1246	泉州市辖区		
罗源县		1013	鲤城区		184
闽清县		1558	丰泽区		314
永泰县		1945	洛江区		546
平潭县		649	泉港区		506
厦门市	**11402**	**2135**	石狮市		547
厦门市辖区			晋江市		2086
思明区		64	南安市		3491
海沧区		205	惠安县		1251
湖里区		56	安溪县		4739
集美区		268	永春县		2759
同安区		1028	德化县		2454
翔安区		515	**漳州市**	**12896**	**13211**
莆田市	**4504**	**6549**	漳州市辖区		
莆田市辖区			芗城区		356
城厢区		704	龙文区		197
涵江区		1193	龙海区		1488
荔城区		634	长泰区		1089
秀屿区		1306	云霄县		886
仙游县		2713	漳浦县		2124
三明市	**10912**	**16016**	诏安县		1240
三明市辖区			东山县		451
三元区		1070	南靖县		2115

续表

地　区	农村投递路线总长度	公路通车里程	地　区	农村投递路线总长度	公路通车里程
平和县		1861	永定区		1988
华安县		1406	漳平市		2172
南平市	**9950**	**16231**	长汀县		2584
南平市辖区			上杭县		2227
延平区		2216	武平县		1799
建阳区		1537	连城县		2019
邵武市		1746	**宁德市**	**11760**	**12522**
武夷山市		1399	宁德市辖区		
建瓯市		2665	蕉城区		1261
顺昌县		1258	福安市		2150
浦城县		2052	福鼎市		1795
光泽县		1098	霞浦县		1597
松溪县		852	古田县		1689
政和县		1409	屏南县		952
龙岩市	**9698**	**15039**	寿宁县		1410
龙岩市辖区			周宁县		948
新罗区		2250	柘荣县		719

第九篇

涉企政策

福建省人民政府印发关于贯彻落实扎实稳住经济一揽子政策措施实施方案的通知

闽政〔2022〕15 号

各设区市人民政府、平潭综合实验区管委会，省人民政府各部门、各直属机构，各大企业，各高等院校：

现将《关于贯彻落实扎实稳住经济一揽子政策措施实施方案》印发给你们，请你们认真组织实施。

福建省人民政府

2022 年 5 月 30 日

（本文有删减）

关于贯彻落实扎实稳住经济一揽子政策措施的实施方案

为坚决贯彻党中央、国务院决策部署，按照“疫情要防住、经济要稳住、发展要安全”重要要求，落实落细国务院扎实稳住经济一揽子政策措施，着力稳增长稳市场主体保就业，确保二季度结果好、上半年“双过半”，确保实现全年经济社会发展目标任务，为全国大局多作贡献，特制定本实施方案。

一、加大市场主体纾困解难力度

1. *落实增值税留抵退税政策*。将制造业、科学研究和技术服务业、电力热力燃气及水生产和供应业、软件和信息技术服务业、生态保护和环境治理业、民航交通运输仓储和邮政业等 6 大行业大型企业一次性退还存量留抵税额时间由 10 月提前至 6 月。在批发和零售业，农、林、牧、渔业，住宿和餐饮业，居民服务、修理和其他服务业，教育，卫生和社会工作，文化、体育和娱乐业等更多行业实施存量和增量全额留抵退税政策，摸排行业扩围后可退资源清册，强化政策宣传辅导。尽快下达支持基层落实减税降费和保障重点民生等转移支付资金，推动市、县（区）不折不扣落实增值税留抵退税政策，确保应退尽退、及时退付。加快办理小微企业、个体工商户留抵退税，在纳税人自愿申请的基础上，6 月 30 日前基本完成集中退还存量留抵税额。

2. *加快财政支出进度*。省级各部门要尽快下达转移支付预算，并加快本级部门预算支出进度。特别是加快省委、省政府既定重大事项、重点项目，以及各项助企纾困政策等支出的资金拨付进度。加大盘活存量资金力度，对结余资金和连续两年未用完的结转资金按规定收回统筹使用，对不足两年的结转资金中不需按原用途使用的资金收回统筹用于经济社会发展急需支持的领域。结合留抵退税、项目建设等需要做好资金调度、加强库款保障，确保有关工作顺利推进。

3. 加大融资担保支持力度。对符合条件的交通运输、餐饮、住宿、旅游行业中小微企业、个体工商户，鼓励政府性融资担保机构提供融资担保支持，政府性融资担保机构及时履行代偿义务，推动金融机构尽快放贷。对上述纳入国家融资担保基金再担保合作业务，发生代偿时，省级分担比例由40%提高到60%。各地政府性融资担保机构主管部门要推动政府性融资担保机构合理提高担保放大倍数，扩大对小微企业的覆盖面。鼓励各金融机构与政府性融资担保机构开展“见贷即担”“见担即贷”批量担保业务合作，减少重复尽职调查，优化担保流程，提高担保效率。

4. 加大政府采购支持中小企业力度。将面向小微企业的价格扣除比例由6%—10%提高至15%—20%。2022年实施的政府采购项目，采购人可以结合项目实际，给予中小企业不低于采购合同金额50%的预付款，预付款比例和支付时间应当在采购文件和采购合同中予以明确。政府采购工程、货物、服务要落实促进中小企业发展的政府采购政策，根据项目特点、专业类型和专业领域合理划分采购包，积极扩大联合体投标和大企业分包，降低中小企业参与门槛，坚持公开公正、公平竞争，按照统一质量标准，将预留面向中小企业采购的份额由30%以上今年阶段性提高至40%以上，非预留项目要给予小微企业评审优惠，增加中小企业合同规模。

5. 落实扩大实施社保费缓缴政策。将中小微企业、个体工商户和餐饮、零售、旅游、民航、公路水路铁路运输等5个特困行业缓缴养老等三项社保费政策延至年底，并扩围至其他特困行业，尽快制定福建省办理流程、执行口径标准等，开发前台缓缴信息采集录入，提高认定效率。

6. 免征相关行业地方水利建设基金。对福建省工业、物流、餐饮、住宿、公路水路运输、旅游等六大行业免征2022年度地方水利建设基金，相关行业判断标准按照现行《国民经济行业分类》执行。

7. 加强对中小微企业、个体工商户、货车司机、受疫情影响人群等的金融支持。鼓励商业银行等金融机构对符合条件的受疫情影响的中小微企业和个体工商户、货车司机办理无还本续贷业务，按市场化原则自主协商贷款还本付息方式，应延尽延，延期还本付息日期原则上不超过2022年底。对因感染新冠肺炎住院治疗或隔离，受疫情影响隔离观察或失去收入来源的人群，督促金融机构对其存续的个人住房、消费等贷款，灵活采取合理延后还款时间、延长贷款期限、延期还本等方式调整还款计划。对延期贷款坚持实质性风险判断，不单独因疫情因素下调贷款风险分类，不影响征信记录，并免收罚息。

8. 优化信用服务。鼓励有条件的金融信用信息基础数据库接入机构积极运用自身业务系统，或采取与政府部门、医院等单位对接等方式，排查新冠疫情开始后发生逾期的征信记录。对因感染新冠肺炎住院治疗或隔离人员、因疫情防控需要隔离观察但未住院隔离人员、参加疫情防控工作人员在疫情防控期间因疫情影响未能及时还款的逾期信贷业务，经接入机构认定，相关逾期贷款可以不作逾期记录报送；对受疫情影响暂时失去收入来源的个人和企业，接入机构可依调整后的还款安排报送征信记录；已经报送的，按征信纠错程序予以调整；存在异议的，应主动与相关主体进行沟通协商，妥善处理。

9. 加大普惠小微贷款支持力度。落实好普惠小微贷款支持工具资金支持比例提高的政策，按相关地方法人银行普惠小微贷款余额增量的2%提供资金支持。充分用好普惠性再贷款再贴现政策工具，持续引导金融机构加大对涉农、小微和民营企业的信贷支持。省级财政安排1亿元贷款贴息资金，设立第七期100亿元中小微企业纾困增产增效专项资金贷款。加大“政府、银行、企业、保险、担保”等“几家抬”工作力度。通过信息共享、政银企对接及其他合作方式，促进政策集成和生产要素盘活，推动金融产品和服务创新，实现金融支持目标。强化科技赋能，扩大小微企业“信用贷”“首贷”。大力发展供应链金融服务，引导金融机构和国有企业、供应链核心企业支持中小微企业应收账款质押等融资。

10. 推动优化贷款利率。促进贷款利率稳中有降，推动金融机构在用好前期降准资金的基础上，充分发挥市场利率定价自律机制作用，持续释放LPR改革效能，发挥存款利率市场化调整机制作用，强化存款利率自律管理，稳定银行负债成本，推动金融机构进一步向实体经济合理让利。

11. *加快资本市场融资步伐*。出台福建省企业上市行动方案，持续加大对拟上市企业的培育孵化力度，引导符合条件的企业在境内外交易所上市融资、再融资。支持福建省上市公司和新三板挂牌公司通过股权和债权再融资、并购重组等方式不断做大做强。加强银证企发债对接和宣传，支持民营企业发债融资，扩大债券发行规模，拓宽直接融资渠道，积极支持和鼓励金融机构发行"三农"、小微企业、绿色、双创等金融债券，为重点领域企业提供融资支持。鼓励福建私募股权基金、创业投资基金加大对省内相关企业的投入，引导基金投早投小，投长期，投未来，积极支持各类中小企业发展。

二、保产业链供应链稳定

12. *着力降低市场主体用水用电用网等成本*。全面落实对受疫情影响暂时出现生产经营困难的小微企业和个体工商户用水、用电、用气"欠费不停供"政策，设立6个月的费用缓缴期，各地可根据实际进一步延长，缓缴期间免收欠费滞纳金。鼓励各地对中小微企业、个体工商户用水、用电、用气给予适当补助。开展2022年涉企违规收费专项整治行动，依法查处城镇供水供电供气领域违法违规收费行为，进一步规范经营者收费行为，推动落实各项惠企降费政策。通信管理部门督促电信运营企业落实2022年中小微企业宽带和专线平均资费再降10%的政策。优化工程领域招投标全流程电子化，全面推行保函（保险）替代现金缴纳投标保证金，鼓励招标人对中小微企业投标人免除投标担保。

13. *推动阶段性减免市场主体房屋租金*。2022年对服务业小微企业和个体工商户承租国有房屋减免3—6个月租金；其他行业市场主体承租国有房屋减免租金按现有政策继续执行；出租人减免租金的可按规定减免当年房产税、城镇土地使用税。鼓励国有银行加强与减免服务业小微企业和个体工商户租金的出租人对接，按市场化法治化原则给予优惠利率质押贷款等金融支持。鼓励非国有房屋租赁主体在平等协商基础上，通过适当减免或缓交租金等方式，合理分担疫情带来的损失。非国有房屋减免租金的同等享受上述政策优惠。

14. *推动产业链供应链企业复工达产*。建立健全产业链供应链风险监测机制，加强产业链供应链苗头性问题预警管理，及时协调解决企业员工返岗、物流保障、产业链上下游衔接等方面存在的困难问题，保障企业稳定生产。及时总结推广"点对点"运输、不见面交接、绿色通道等经验做法，加快建设应急物资中转接驳站，加强重点产业链供应链"白名单"企业服务保障，推动上下联动、区域互认，协同推动产业链供应链企业复工达产。各地区要落实属地责任，在发生疫情时鼓励具备条件的企业进行闭环生产，原则上不要求停产。

15. *完善交通物流保通保畅政策*。各地不得擅自阻断或关闭高速公路、普通公路、航道船闸，严禁硬隔离县乡村公路，不得擅自关停高速公路服务区、港口码头、铁路车站和民用运输机场。严禁限制疫情低风险地区人员正常流动和货运车辆正常通行。对来自和进出疫情中高风险地区所在地市的货运车辆，落实"即采即走即追"制度。客货运司机、快递员、船员到异地免费检测点进行核酸检测和抗原检测，当地政府视同本地居民纳入检测范围、享受同等政策，所需费用由地方财政予以保障。健全应急运输保畅协调机制，实行分区分级交通管控查验，落实"一断三不断"要求，严防疫情在省内跨区扩散、向省外蔓延。

16. *加大对物流枢纽和物流企业的支持力度*。搭建以国家枢纽为核心的骨干物流基础设施和多式联运体系，借助枢纽间合作机制，争取更多区域分拨中心、物流配送中心布局福建省，完善全省现代物流网络体系。积极申报国家级农产品产地冷藏保鲜设施建设项目，引导县级以上示范家庭农场、农民合作社示范社以及已登记的村集体经济组织等新型农业经营主体，建设农产品产地冷藏保鲜设施，提升农产品产地冷藏保鲜能力。支持完善县乡村三级物流配送体系，促进农产品冷链物流发展，实施县域商业建设行动，加快农产品供应链体系建设。做好1000亿元交通物流专项再贷款政策在福建的落地工作。

17. *加大对民航企业的纾困支持力度*。促进全省机场规划建设、运营管理“一盘棋”，增强福建省机场筹融资能力。支持相关航空企业争取国家民航应急贷款额度等。争取国家支持增加福建省相关航空企业国际国内客运航班数量。

18. *加强对相关行业领域的金融支持*。推动银行机构开展银企对接或线上授信，围绕零售商贸、交通物流、文化旅游、住宿餐饮等受疫情影响较严重的行业和企业，针对性创新开发动产抵质押、信用贷款产品，开展贷款展期和续贷支持。推动银行机构用好政策性金融产品，重点支持相关行业领域企业复工复产、增产增效。对复工复产企业和其他市场主体予以优先支持，不得盲目抽贷、压贷、断贷。

三、更大力度保就业

19. *实施保就业税费支持政策*。对脱贫人口和自主就业退役士兵等重点群体就业创业，以及企业招录上述人员，可顶格按照国家规定的限额标准，依次扣减增值税、城市维护建设税、教育费附加、地方教育附加和所得税。

20. *完善农业转移人口和农村劳动力就业创业支持政策*。加强对吸纳农业转移人口较多地区的财政支持，统筹中央补助和省级财力，安排农业转移人口市民化奖励资金，推动健全常住地提供基本公共服务制度。积极促进福建省脱贫人口稳岗就业，推广以工代赈拓展就业，支持脱贫地区在涉农项目建设和管护时，优先安排当地农村劳动力特别是吸纳脱贫劳动力参与项目建设，增加就业渠道。扶持帮扶车间吸纳就业，鼓励各类企业、新型农业经营主体和就业帮扶车间吸纳脱贫人口就业。开发公益性岗位兜底就业，结合乡村振兴、应对疫情、人居环境整治等，科学开发公益性岗位，重点保障脱贫人口中半劳力、弱劳力以及因疫情影响失业未就业群体实现收入稳定。开展“雨露计划+”行动，动态掌握雨露计划资助生就学、就业情况，加大雨露计划毕业生就业帮扶力度。

21. *优化失业保险稳岗返还政策*。进一步提高失业保险返还比例，将大型企业稳岗返还比例由30%提至50%。拓宽失业保险留工补助受益范围，受益企业扩大到被新冠肺炎疫情防控指挥部划定的中高风险区域，其封控、管控区域内的参保企业，以及在封控、管控区域外，但受疫情影响应征增值税销售额在一定时段同比下降达到一定比例的参保企业，时段和比例可由各地自行确定。企业招用毕业年度高校毕业生，签订1年以上劳动合同并参加失业保险的，按每人1500元的标准，发放一次性扩岗补助，所需资金从失业保险基金中列支。一次性扩岗补助与一次性吸纳就业补贴不重复享受，政策执行期限至2022年底。

22. *继续实施创业担保贷款政策*。逐步免除反担保要求，鼓励金融机构推广创业就业类专属产品，切实满足农业转移人口和农村劳动力创新创业的资金需求。

四、扩大有效投资

23. *加快推进水利工程项目*。推进流域防洪防潮、安全生态水系、流域综合整治、蓄水工程、引调水工程、城乡供水一体化等项目建设。加快推进已列入国家规划的重大水利项目建设。谋划一批打基础、利长远重大水利项目。

24. *加快推进交通基础设施项目*。打通铁路、公路大动脉，完善“三纵六横两联”综合立体交通网体系。加快建设福厦高铁、双龙铁路，建成兴泉铁路；争取尽快开工建设漳汕高铁、温福高铁，加快温武吉等铁路前期工作。加快高速公路项目建设。对列入交通运输部“十四五”规划的项目，力争年底前50%以上完成工可和初设批复。支持“四好农村路”高质量发展，推进“四好农村路”全国示范县、省级示范县创建，支持推进新一轮农村公路建设。围绕构建现代化“丝路海运”体系，做大做强东南国际航运中心，以厦门国际枢纽港、福州国际深水港为龙头，聚焦重点港区整体连片开发，打造世界一流港口。加快推进“丝路飞翔”建设，抓紧建设福州机场二期和厦门新机场，加快武夷山机场迁建、龙岩新机场前期工作。

25. *因地制宜继续推进城市地下综合管廊建设*。城市新区、各类园区、成片开发区域新建道路必须同步建设地下综合管廊，老城区要结合地铁建设、河道治理、道路整治、旧城更新、棚户区改造等，逐步推进地下综合管廊建设。建成地下综合管廊的区域，各类管线必须入廊，既有管线应结合改造升级等逐步有序迁移至管廊，管廊以外区域不得再单独新建管线。鼓励社会资本投资建设、运营地下综合管廊。2022 年底前，各地要编制、修编地下综合管廊建设专项规划，建立项目库，明确分年度建设计划，并加快在建管廊项目建设。

26. 稳定和扩大民间投资。加快推进国家“十四五”规划 102 项重大工程项目和福建省“十四五”规划重大项目实施，鼓励和吸引更多社会资本参与重大项目建设。推动更多符合条件的存量项目发行基础设施 REITs，优先支持具备持续盈利能力的存量项目规范开展政府和社会资本合作（PPP）。鼓励社会资本参与存量资产盘活。鼓励民间投资以城市基础设施等为重点，通过综合开发模式依法依规参与重点领域项目建设。

27. 加大技改支持力度。鼓励金融机构对列入年度计划的重点技术改造项目，加大贷款投放力度，落实技术改造融资无还本续贷、中长期贷款支持等政策。已获得国家高质量发展专项、技改专项等支持项目，可同时享受省级技改政策扶持。

28. 促进平台经济规范健康发展。围绕重点领域，打造一批发展基础好、潜力大且具有全国影响力、竞争力的互联网平台。落实支持平台经济规范健康发展具体措施，在防止资本无序扩张的前提下设立“红绿灯”，维护市场竞争秩序，以公平竞争促进平台经济规范健康发展。充分发挥平台经济稳就业作用，稳定平台企业及其共生中小微企业的发展预期，以平台企业发展带动中小微企业纾困。引导平台企业在疫情防控中做好防疫物资和重要民生商品保供“最后一公里”的线上线下联动。鼓励平台企业加快重点领域技术研发突破及规模化应用。

29. 加快地方政府债券发行使用并做好项目储备。用好 2022 年中央下达福建省的新增政府债券，加快提前批新增政府债券使用进度；第二批新增政府债券要于 6 月中旬前发行，相关项目 6 月底前开工，力争在 8 月底前基本使用完毕。对以前年度沉淀的专项债券资金，以及 2022 年新增专项债券项目在第三季度仍未开工的，将收回专项债券资金调整用于其他符合条件的项目。对确有市场化配套融资需求、符合配套融资条件的专项债券项目，市、县（区）在依法合规、风险可控的前提下，保障重大项目合理配套融资需求。引导商业银行对符合条件的专项债券项目建设主体提供配套融资支持，做好信贷资金和专项债资金的有效衔接。常态化做好交通基础设施、能源、农林水利、生态环保、社会事业、物流基础设施、市政和产业园区基础设施、保障性安居工程等领域专项债券项目策划储备，并积极策划新型基础设施、新能源领域的政府投资项目，提早做好专项债券扩大支持领域的项目储备。

30. 加大对基础设施建设和重大项目的金融支持力度。加强窗口指导，引导开发银行、政策性银行优化贷款结构，对福建省基础设施和重大项目建设投放更多更长期限的贷款。引入保险资金对接福建省重大项目和基础设施建设，提供长期稳定资金支持。

31. 建立常态化重大项目融资对接机制。定期收集全省重大项目融资需求，关注在建项目、补短板项目和民企重大项目的融资需求，推送相关部门和金融机构。建设全国中小企业融资综合信用服务平台省级节点，依法依规为融资服务平台提供信用信息查询服务，助力中小微企业融资。

32. 加强用地、用林等要素保障。坚持土地要素跟着项目走，统筹安排使用年度新增建设用地计划指标，优先保障国家和省重大项目用地。对省级及以上重点项目优先保障用林指标。进一步下放部分省级林地审批权限，扩大市县两级林地审批权限。

33. 提速项目环评审批。实行“一个窗口”改革，提升行政审批窗口管理和服务水平。对省重点建设项目，实行技术评估提前介入、技术评估和环评审批并联开展等支持措施，压缩审批时间。

五、促进消费需求

34. 持续加大促汽车、家电等大宗消费力度。从“全闽乐购”福建商旅消费券资金中预安排 2000 万元开展汽车促销活动，对在省内汽车销售企业购买新车并上牌的用户给予每辆 3000 元以上消费补贴。支持汽车整车进口口岸地区开展平行进口业务。落实对一定排量以下乘用车减征车辆购置税政策。加快推进电动汽车充电基础设施建设，优先建设公共服务领域充电基础设施，重点推进公共服务场所公共充电桩、老旧小区和机关、企事业单位的充电桩建设。支持福建省高速公路企业加快全省高速公路光储充站点布局，加大新能源汽车在公共领域的推广应用力度，支持在景区、厂区、港区、物流园区、矿区等重点区域及省内岛屿打造新能源汽车推广应用示范区。支持废旧家电回收处理体系建设，畅通生产、消费、回收、处理产业链条，推动家电更新消费。

六、全力稳外贸稳外资

35. 加强对重点外贸企业跟踪服务。各地要将属地重点外贸企业纳入地市重点企业复工达产“白名单”管理服务，推动外贸产业链供应链企业复工达产。

36. 加大出口信保支持外贸力度。鼓励出口信用保险福建分公司推进“单一窗口 + 出口信保”统保业务，扩大短期出口信用保险覆盖面。

37. 加快推进重大外资项目。推动省级重大活动集中签约外资项目加快转段、加快开工，尽快形成有效投资。

38. 积极吸引外商投资。做好外商投资鼓励类项目确认工作，用好鼓励类外资项目进口设备免税等优惠政策，鼓励外资投向先进制造业和战略性新兴产业，助力福建省数字经济、海洋经济、绿色经济、文旅经济发展。对认定为国家高新技术企业、确认为技术先进型服务企业，符合到资奖励条件的，由省级财政给予奖励。优化国际化营商环境，严格落实新修订的鼓励外商投资产业目录，进一步扩大外商投资范围。制定发布福建省外商投资指引，便利外国投资者来闽投资。建立省网上办事大厅“海外版”专区，以外籍人员、港澳台居民、华侨等在闽办事需求为导向，提供涉外政策新闻咨询、办事指引、办事进度查询等服务。

39. 积极支持福建省有条件的企业发行外债，有效利用境外低成本资金降低融资成本。支持产业投资基金通过平潭等地 QFLP 试点参与福建省新兴产业孵化，支持资本金境内再投资扩大产业布局，发挥资本收入支付便利化政策红利，助力承接高端产业及引进核心技术。推行外国投资者来闽投资外汇登记线上办理，推动省内银行数字化服务试点落地，实现线上全流程办理外汇登记、账户开户入账、支付便利化等 FDI 业务。

七、加强粮食能源安全保障

40. 强化粮食生产保障。在化肥生产、流通、储存、市场监管等重要环节积极采取调控措施，形成化肥保供稳价调控工作合力，保障化肥供应充足、价格稳定。7 月底前实际种粮农民一次性补贴第二批资金发放到户。

41. 加强粮食收购储备。继续实施籼稻最低收购价政策，落实好 2022 年适当提高稻谷最低收购价水平的政策要求，2022 年福建省籼稻谷最低收购价格按照国家规定执行，保护农民种粮积极性。加快省直属粮库新改扩建项目建设。

42. 推动实施一批能源项目。适度超前开展能源领域基础设施投资，推进省重点能源在建项目加快建设，推动基本具备开工条件的工程尽快实施。积极稳妥推进漳州核电 1—2 号机组等建设。加快推动在建火电、天然气项目建设。推动列入“十四五”“十五五”规划的抽蓄项目加快前期工作，争取提前开工建设。加快福建海上风电基地建设，抓紧开展首批海上风电竞争配置试点。漳州液化天然气（LNG）接收站及联络线工程 9 月底同步完工投产。有序推进 500 千伏、220 千伏、110 千伏电网在建项目，年内全部完工。闽粤联网工程下半年完工投产，福厦特高压工程力争年内取得核准。

43. 提高煤炭储备能力和水平。做好当前煤炭稳产稳供工作，落实煤炭生产激励约束机制，推动能源储备项目尽快开工。用好支持煤炭清洁高效利用专项再贷款。

44. 加强原油等能源资源储备能力。有序推进地下水封洞库储油项目，加强地下水封洞库储油项目“窗口指导”。

八、保基本民生

45. 实施住房公积金阶段性缓缴政策。受疫情影响的企业可按规定申请疫情防控期间缓缴住房公积金，到期后进行补缴，缓缴期间缴存时间连续计算，不影响职工正常提取和申请住房公积金贷款。对因感染新冠肺炎住院治疗或隔离人员、因疫情防控需要隔离观察但未住院隔离人员、参加疫情防控工作人员在疫情防控期间因疫情影响未能及时偿还住房公积金贷款的，经相关机构认定，不作逾期记录报送，已报送的予以调整。各地区可根据本地实际情况，提高住房公积金租房提取额度，更好满足实际需要。

46. 统筹推进疫情防控和保供稳价工作。全面落实粮食安全党政同责、“菜篮子”市长负责制和疫情防控生活物资保障责任，适时启动平价商店，确保重要民生商品市场供应充足。

47. 加强社会救助兜底保障。落实好社会救助和保障标准与物价上涨挂钩联动机制，及时足额发放补贴。鼓励有条件的地方发放节日慰问等一次性补贴。加强中央、省级困难群众救助补助资金的拨付和监管，通过财政资金直达机制，压实地方政府责任，及时足额将各类救助资金发放到困难群众手中。做好因疫因灾遇困群众救助帮扶，取消户籍地限制，由经常居住地、急难发生地乡镇或县级民政部门按急难型实施临时救助；对符合条件的失业未参保人员可发放一次性临时救助金。根据疫情灾情影响，临时救助可采取现金和物资发放等形式，必要时可通过发放生活必需品及防护用品等实施。

48. 统筹发展和安全。严格落实安全生产责任制，深入开展安全生产大检查，抓紧落实安全生产15条硬措施和福建省66条具体措施，巩固提升安全生产专项整治三年行动，严防危化、燃气、建筑、交通、煤矿、水上运输和渔业船舶等重点行业领域生产安全事故；强化隐患整改，开展危化品安全风险集中治理、城镇燃气安全排查整治、自建房安全专项整治等专项行动，坚决遏制重特大事故发生。抓紧抓实抓细防汛抗旱防台风抢险救灾各项工作，切实保障人民群众生命财产安全。

各地各部门要坚持以习近平新时代中国特色社会主义思想为指导，进一步提高政治站位，切实增强使命感、责任感、紧迫感，把稳增长放在更加突出位置，着力保市场主体以保就业保民生，确保经济运行在合理区间。要全面顶格落实国家各项政策措施，并结合本部门本地区实际进一步研究制定助企纾困政策举措，确保各项政策应落尽落、市场主体应享尽享，形成政策叠加效应。要弘扬“马上就办、真抓实干”优良传统作风，建立各级政府各部门深入一线协调服务工作机制，点对点、面对面帮助基层和企业解决实际困难问题。要加强经济运行调度，加强跟踪监测，确保完成全年目标任务。

福建省人民政府关于印发福建省积极应对疫情影响进一步帮助市场主体纾困解难若干措施的通知

闽政〔2022〕9号

各市、县（区）人民政府，平潭综合实验区管委会，省人民政府各部门、各直属机构，各大企业，各高等院校：

现将《福建省积极应对疫情影响进一步帮助市场主体纾困解难的若干措施》印发给你们，请认真组织实施。

福建省人民政府

2022年4月4日

（此件主动公开）

《福建省积极应对疫情影响进一步帮助市场主体纾困解难的若干措施》

为深入贯彻落实习近平总书记关于统筹疫情防控和经济社会发展的重要指示精神，全面落实党中央、国务院决策部署，坚持稳字当头、稳中求进，积极帮助市场主体有效应对新冠肺炎疫情冲击，加快纾困解难、恢复发展，最大限度减少疫情对经济社会发展的影响，制定以下措施。

一、实施普惠性扶持措施

1. 加大信贷支持力度。对日常征信良好确受疫情影响的市场主体按正常续贷业务办理，切实做到应续尽续、能续快续，不得盲目惜贷、抽贷、断贷、压贷。加快第六期100亿元中小微企业纾困增产增效专项贷款投放，并向受疫情影响严重地区和企业倾斜，贴息标准按贷款金额的1%按月预拨。督促银行机构单列并严格执行普惠小微贷款信贷计划，向受疫情影响严重地区倾斜信贷资源，力争2022年新发放普惠小微企业贷款利率较上年进一步下降。对依法无须申领营业执照的个体经营者，比照个体工商户和小微企业主，在同等条件下给予金融支持。（责任单位：省金融监管局、财政厅，人行福州中心支行、福建银保监局、厦门银保监局）

2. 加大政府性融资担保支持力度。鼓励各级政府性融资担保（再担保）机构为受疫情影响较大的地区、企业和“三农”主体提供融资担保服务，担保费率不超过1%，并取消反担保，省财政通过风险补偿和业务奖补、代偿补偿、降费奖补以及再担保保费补贴等措施，推动融资担保扩面、降费，支持省级再担保业务持续扩大。对于依法依规提供融资担保服务出现风险造成损失的，根据尽职免责有关规定，免除机构及相关人员责任。（责任单位：省金融监管局、财政厅）

3. 鼓励符合条件的国有企业发行小微企业增

信集合债，募集资金通过商业银行转贷给小微企业，对转贷部分金额给予发行人0.5%贴息补助。（责任单位：省发改委）

4. 提升保险保障。鼓励保险机构对受疫情影响较大的投保企业减费让利、适度延后保费缴纳时间。对感染新冠肺炎或受疫情影响受损的出险理赔客户优先处理，适当扩展责任范围，应赔尽赔快赔。鼓励保险机构为疫情防控一线的疾控、医护、科研、志愿者及其家属免费赠送疫情保险保障。（责任单位：福建银保监局、厦门银保监局）

5. 加大中小微企业设备器具税前扣除力度。落实关于中小微企业设备器具所得税税前扣除有关政策，中小微企业2022年度内新购置的单位价值500万元以上的设备器具，折旧年限为3年的可选择一次性税前扣除，折旧年限为4年、5年、10年的可减半扣除；企业可按季度享受优惠，当年不足扣除形成的亏损，可按规定在以后5个纳税年度结转扣除。（责任单位：省税务局、厦门市税务局）

6. 加大小型微利企业所得税减免力度。落实小型微利企业所得税优惠政策，对小型微利企业年应纳税所得额不超过100万元的部分，减按12.5%计入应纳税所得额，按20%的税率缴纳企业所得税；对超过100万元但不超过300万元的部分，减按25%计入应纳税所得额，按20%的税率缴纳企业所得税。（责任单位：省税务局、厦门市税务局）

7. 加大增值税优惠力度。落实对增值税小规模纳税人免征增值税政策，自2022年4月1日至2022年12月31日，增值税小规模纳税人适用3%征收率的应税销售收入，免征增值税；适用3%预征率的预缴增值税项目，暂停预缴增值税。2022年对生产性、生活性服务业纳税人当期可抵扣进项税额继续分别按10%和15%加计抵减应纳税额。（责任单位：省税务局、厦门市税务局）

8. 减免小微企业和个体工商户房屋租金。承租国有房屋从事生产经营活动的小微企业和个体工商户，2022年免除3个月租金，2022年被列为疫情中高风险地区所在的街镇行政区域或因落实防疫要求严重影响经营活动的，再免除3个月租金、全年合计免除6个月租金。存在间接承租情形的，转租人不享受本次减免政策，相关国有企事业单位要确保免租措施惠及最终承租人。鼓励大型商务楼宇、商场、园区等各类市场运营主体在协商基础上，为实体经营的承租户适当减免租金。（责任单位：省国资委、财政厅、住建厅、机关管理局）

9. 优化电力保障。对参与福建电力市场交易的市场主体（含批发用户、零售用户、售电公司、发电企业）在2022年3月电力市场交易偏差部分免予考核，减轻疫情对企业的影响。对暂未直接从电力市场购电的用户，由电网企业代理购电，保障企业用电需求。实施低压小微企业电力接入工程优惠政策，对全省用电设备容量在160千瓦以下的小微企业采取低压方式接入电网，计量装置及接入工程由供电企业投资建设。电压等级不满1千伏的工商业用户，参与现货市场交易的，不承担辅助服务、成本补偿等市场分摊费用，执行期限从2022年1月1日至2023年12月31日。（责任单位：省发改委，省电力交易中心，国网福建省电力公司）

10. 鼓励有条件的地方对工业和一般商业企业2022年3月和4月的用水、用气给予补贴。（责任单位：各设区市人民政府、平潭综合实验区管委会）

11. 持续返还小微企业工会经费，对小微企业上缴上级工会经费实行全额返还，期限延长至2022年12月31日。（责任单位：省总工会）

12. 加大政府采购支持中小企业力度。综合运用预留采购份额、价格评审优惠、优先采购等措施，支持中小微企业参与政府采购。加强各级预算单位的预算和需求管理，对适宜由中小企业提供的，预留采购份额专门面向中小企业采购：小额采购项目（200万元以下的货物、服务采购项目，400万元以下的工程采购项目），原则上全部预留给中小企业。（责任单位：省财政厅）

二、支持工业企业恢复发展

13. 支持企业入规升级。对2022年新投产纳统规上工业企业、规下转规上工业企业，省级财政给予每家5万元奖励。其中，对二季度新投产纳统的规上工业企业给予10万元奖励，鼓励各地市

配套出台扶持政策。（责任单位：省工信厅、财政厅）

14. 支持疫情防控创新产品加快生产应用。对符合条件的新冠病毒检测试剂、特效药物等研发及产业给予专项资金支持，帮助相关企业加快产品审批进度，推动快速形成有效产能、注册上市和投入应用。按规定积极引导福建省疫情防控创新产品及时挂网采购，督促引导二、三级公立医院和基层医疗卫生机构，将福建省企业的新药及通过（含视同通过）仿制药质量和疗效一致性评价药品优先纳入院内采购目录。（责任单位：省科技厅、卫健委、药监局、工信厅、财政厅、医保局）

15. 加大外贸企业支持力度。进出口银行福建省分行设立70亿元抗疫情专项贷款额度，优先保障受疫情影响的外贸企业融资需求。对受疫情影响的中小微外贸企业新增首贷（含保单融资）和无还本续贷、纯信用金融产品给予最高1%贴息支持。适度放宽受疫情影响外贸企业出口前保险承保条件。（责任单位：省金融监管局、商务厅、财政厅，福建银保监局、厦门银保监局，进出口银行福建省分行、出口信保福建分公司）

三、加大服务业纾困力度

16. 加快餐饮业、零售业复苏。引导金融机构加强与餐饮、零售行业主管部门的信息共享，运用中小微企业和个体工商户的交易流水、经营用房租赁以及有关部门掌握的信用信息等数据，提升风险定价能力，更多发放信用贷款。鼓励符合条件的餐饮企业、零售企业发行公司信用类债券。鼓励政府性融资担保机构为符合条件的餐饮业、零售业中小微企业提供融资增信支持，依法依约及时履行代偿责任，积极帮助受疫情影响企业续保续贷。鼓励保险机构优化产品和服务，扩大营业中断损失保险覆盖面，提升理赔效率，提高餐饮企业等疫情下经营的保险保障。（责任单位：省金融监管局、商务厅、财政厅、市场监管局，人行福州中心支行、福建银保监局、厦门银保监局、福建证监局、厦门证监局）

17. 2022年各地原则上给予餐饮、零售业企业员工开展定期核酸检测不低于50%比例的补贴支持。有条件的市、县（区）对餐饮和零售企业免费开展定期核酸检测，给予防疫、消杀支出补贴。减半收取餐饮企业电梯、锅炉、锅炉水（介）质等检验检测费用。（责任单位：省财政厅、商务厅、卫健委、市场监管局）

18. 加大交通运输和物流业扶持。支持省级示范物流园、4A级以上物流企业、省级快递分拨中心开展适应疫情防控设施改造，配备消毒设备，并按照改造投入总金额的一定比例进行补助，最高不超过50万元。引导金融机构创新符合道路水路运输企业特点的动产质押类贷款产品。鼓励符合条件的交通运输企业发行公司信用类债券。落实暂停航空和铁路运输企业分支机构预缴增值税政策，免征2022年轮客渡、公交客运、地铁、城市轻轨、出租车、长途客运、班车等公共交通运输服务增值税。（责任单位：省工信厅、交通运输厅、商务厅、金融监管局，人行福州中心支行、省税务局、厦门市税务局）

19. 进一步支持文旅业发展。对以组团接团为主营业务的骨干旅行社予以纾困补助。鼓励机关企事业单位将符合规定举办的工会活动、会展活动等委托旅行社组织实施，在规定标准和限额内凭旅行社发票报销。鼓励银行业金融机构对旅游相关初创企业、中小微企业和主题民宿等个体工商户分类予以小额贷款支持。（责任单位：省文旅厅、财政厅、金融监管局、总工会，人行福州中心支行）

20. 对已依法交纳旅游服务质量保证金、领取业务经营许可证的旅行社，按照现有交纳数额的80%暂退旅游服务质量保证金，有条件的地方可进一步提高暂退比例，对暂退保证金的旅行社补足保证金期限延长至2022年12月31日。鼓励保险机构创新推出旅行社旅游服务质量保证金履约保证保险。（责任单位：省文旅厅、财政厅，福建银保监局、厦门银保监局）

21. 对处于中高风险区承担疫情防控隔离任务的宾馆饭店减免2022年1月至6月数字电视基础服务费。（责任单位：省广电网络集团）

22. 鼓励商贸企业大力发展线上销售。鼓励福建省企业利用电子商务第三方平台、自营平台实现闽货（需拥有福建注册商标）实物商品网络销售。支持商场、超市、便利店等零售业企业加快数字化、智能化改造，发展线上商城、智慧商店等，鼓励疫情防控期间对开发或租用APP、线上小程序等数字化应用加大投入。（责任单位：省商务厅、发改委、财政厅、数字办）

23. 增强消费引导。支持各地持续开展“八闽美食嘉年华”等活动，鼓励各地“闽菜馆”创建。鼓励各地举办预制菜产业供需对接会等活动，促进预制菜产业发展。（责任单位：省商务厅）

24. 提升航空运力和机场集货能力。鼓励相关地市对航空公司新开通国内定期客运、货运航线给予资金补助；对航空货运代理、进口生鲜冷链分别给予国际出港货物、国内出港货物、进口生鲜冷链产品机场服务保障费优惠。省级财政资金对武夷山、沙县、冠豸山支线机场的航班航线，给予每个不超过3000万元补助。（责任单位：省交通运输厅、发改委、财政厅）

25. 加大服务业引导资金对困难行业支持力度。2022年度省级服务业发展引导资金重点支持各地打造一批主题鲜明、产业融合度高、品牌效应显著的具有地方特色和示范效应的文旅项目，促进受疫情影响较大的文旅产业恢复发展；支持各地建设一批具有公共服务属性的直播基地，围绕优势产业开展直播活动推介特色产品。（责任单位：省发改委、财政厅）

四、帮助企业稳定用工

26. 鼓励企业吸纳就业。2022年中小微企业招用毕业年度高校毕业生，可按规定给予每人不超过1000元的一次性吸纳就业补贴，所需资金从就业补助资金中列支。对企业吸纳就业困难人员、毕业年度高校毕业生，按规定给予社保补贴。对不裁员、少裁员的企业，顶格实施国家普惠性失业保险稳岗返还，将中小微企业返还比例从60%提至90%。（责任单位：省人社厅、财政厅）

27. 对受疫情影响较大的住宿餐饮、文化旅游、交通运输、批发零售等行业的各类企业，鼓励以企业为主体，面向企业职工实施职业技能提升培训，对符合要求的按规定提供职业培训补贴。（责任单位：省人社厅、财政厅）

28. 缓缴或延期办理社会保险费。对2022年被列为疫情中高风险地区，以及被纳人封控管控防范区等封闭管理区的用人单位，可根据有关规定，申请缓缴基本养老保险、失业保险费，缓缴期间免收滞纳金。对2022年因为疫情管控等原因，无法办理社保缴费业务的企业，可以在调整为非中高风险地区或解除封控管理防范管理的次月起3个月内，申请补缴基本养老保险、失业保险，延缴期间可申请免收滞纳金。对因疫情影响面临暂时性生产经营困难的中小微企业，可向当地医保部门（厦门市向当地税务部门）申请缓缴职工医保、生育保险费，缓缴期限不超过当地调整为非中高风险地区或解除封控管理防范管理的次月起3个月，缓缴期间不收滞纳金。（责任单位：省人社厅、医保局，省税务局、厦门市税务局）

29. 缓缴住房公积金。受疫情影响的企业，可按缴存地公积金中心规定申请疫情防控期间缓缴住房公积金，缓缴期间缴存时间连续计算，不影响职工正常提取和申请住房公积金贷款。受疫情影响的职工，疫情防控期间住房公积金贷款不能正常还款的，不作逾期处理，不作为逾期记录报送征信部门，已报送的予以调整。（责任单位：省住建厅，人行福州中心支行）

五、优化涉企服务

30. 优化税费优惠“免申即享”服务。升级福建省电子税务局，完善纳税人、缴费人分类标识，自动判别税费优惠项目。优化信息系统功能、改造系统流程，通过弹窗提醒、一键通达等方式实现简便快捷操作。推行“自行判别、网上办理、申报享受”，纳税人在线确认后，自动享受小型微利企业所得税优惠、“六税两费”减征等政策，实现从“审批办理”到“无需审批只需备案”再到“无需备案自行留存备查”的“免申即享”服务。（责任单位：省税务局）

31. 优化提升“金服云”平台功能。依托平台做好“纾困贷”“科技贷”“技改贷”“乡村振兴贷”等政策性产品投放，提升“担保云”“不动产在线抵押”“融资撮合”等功能应用，力争2022年“金服云”平台新增注册企业用户5万户，解决融资需求450亿元。（责任单位：省金融监管局）

32. 优化企业信用服务。推动公共信用信息向各级融资服务平台共享应用，进一步推进“信易贷”工作。对企业在疫情防控期间出现的失信行为进行审慎认定，确因疫情不可抗力导致的，不计入失信记录；在收到企业信用修复、异议申请1个工作日内完成本级审核。对于受疫情影响暂时失去收入来源的企业，可依调整后的还款安排报送征信记录，已经报送的按征信纠错程序予以调整。（责任单位：省发改委、市场监管局、金融监管局，人行福州中心支行）

33. 创新拓展政府服务方式。推动各级政务服务中心做好疫情时期“网上办、邮寄办、帮代办、自助办”配套服务，引导企业和群众通过省网上办事大厅、闽政通APP、“e政务”自助服务一体机、邮政速递等“不见面”方式办理业务。优化涉企经营审批服务，持续推进“跨省通办”，创新拓展“省内通办”“帮办代办”等服务模式，帮助企业“一次、高效、便捷”办理审批业务。（责任单位：省发改委）

各地各部门要认真落实国家发展改革委等部委印发的《关于促进工业经济平稳增长的若干政策》《关于促进服务业领域困难行业恢复发展的若干政策》等文件精神，以及省里已出台的相关政策措施，并结合实际，进一步制定发布本领域其他惠企纾困政策措施，落实精准推送，线上办理、免申即享等便利化措施，最大力度支持市场主体恢复发展。省发改委要牵头对各设区市、平潭综合实验区和省直有关部门政策兑现落实情况进行跟踪检查，定期通报。

福建省人民政府关于印发福建省“十四五”推进农业农村现代化实施方案的通知

闽政文〔2022〕288 号

各市、县（区）人民政府，平潭综合实验区管委会，省人民政府各部门、各直属机构，各大企业，各高等院校：

现将《福建省“十四五”推进农业农村现代化实施方案》印发给你们，请认真组织实施。

福建省人民政府

2022 年 6 月 17 日

福建省“十四五”推进农业农村现代化实施方案

为贯彻落实国务院印发的《“十四五”推进农业农村现代化规划》，走具有福建特色的乡村振兴之路，加快推进福建省农业农村现代化，现制定以下实施方案。

一、总体要求

（一）指导思想

以习近平新时代中国特色社会主义思想为指导，全面贯彻党的十九大和十九届历次全会精神，深入贯彻落实习近平总书记来闽考察重要讲话精神，按照省第十一次党代会部署要求，坚持稳中求进工作总基调，立足新发展阶段，完整、准确、全面贯彻新发展理念，积极服务和主动融入新发展格局，促进共同富裕，坚持农业农村优先发展，顺应乡村发展规律，坚持农业现代化与农村现代化一体设计、一并推进，以全方位推进高质量发展超越为主题，深化农业供给侧结构性改革，提高粮食综合生产能力，加快农业高质量转型发展，实施乡村建设行动，实现巩固拓展脱贫攻坚成果同乡村振兴有效衔接，全面推进乡村振兴，加快形成工农互促、城乡互补、协调发展、共同繁荣的新型工农城乡关系，促进农业高质高效、乡村宜居宜业、农民富裕富足，走出一条具有福建特色的乡村振兴之路。

（二）主要目标

到 2025 年，农业基础更加稳固，乡村振兴战略全面推进，粮食综合生产能力稳步提升，播种面积稳定在 1250 万亩以上、总产量保持在 500 万吨以上；生猪产能巩固提升，存栏保持在 900 万头以上；农业实现高质量转型发展，乡村产业体系进一步健全，培育形成一批产业强县、强镇、强村；乡村建设行动取得积极成效，数字乡村建设取得重要进展，农村生活设施不断改善，城乡基本公共服务均等化水平稳步提高；农村人居环境整体提升，生态环境明显改善，农村生产生活方式绿色低碳转型取得积极进展；村党组织对村级各类组织和各项工作领导机制更加完善，乡村治理能力进一步增强；农村居民人均可支配收入年均增长8%以上，脱贫地区实现巩固拓展脱贫攻坚成果同乡村振兴有效衔接，农业农村现代化取得重要进展，沿海较发达的县（市、区）率先基本实现农业农村现代化。

二、增强粮食等重要农产品供给保障能力

（一）稳定粮食生产和供给

压实粮食安全政治责任。严格落实粮食安全党政同责要求，发挥粮食安全责任制考核、乡村振兴实绩考核等指挥棒作用，压紧压实粮食安全属地责任。“十四五”期间，全省粮食年播种面积保持在1250万亩以上，其中大豆52万亩以上。〔责任单位：省发改委、农业农村厅、粮储局，各市、县（区）人民政府，平潭综合实验区管委会。责任单位按职责分工负责，下同；以下均需各市、县（区）人民政府和平潭综合实验区管委会落实，不再列出〕

完善粮食生产扶持政策。完善、落实耕地地力保护补贴、规模种植双季稻补助、种粮大户奖励、蔬菜大棚规模轮作水稻补助、山垅田复垦种粮、水稻种植保险等各项扶农惠粮政策，鼓励地方出台发展粮食生产配套政策措施，提高农民种粮积极性。（责任单位：省财政厅、农业农村厅）

提高粮食单产和效益。深入开展粮食产能区增产模式攻关、绿色高质高效创建，建设一批百亩以上规模示范基地，大力推广水稻、甘薯、马铃薯、玉米等优良品种，落实水稻工厂化机插育秧、水稻精量播种、全程机械化等关键技术措施，发展代耕、代种、代防、代收、代烘等社会化服务，带动全省大面积均衡增产。稳定发展双季稻，扩大甘薯、玉米等旱粮作物种植面积。积极发展优质稻，水稻品种优质率稳定在80%以上。（责任单位：省农业农村厅）

抓好粮食储备流通。科学合理确定粮食储备规模，建立企业社会责任储备。统筹布局粮食物流枢纽，形成节点支撑、枢纽引领、通道顺畅的粮食物流骨干网络。加快省级高标准粮食储备库项目建设，建设全省粮食储备信息化“一张网”。促进“引粮入闽”，深化产销协作。推进绿色安全储粮，完善粮食标准体系，健全粮食协同保障机制，促进优粮优产、优购、优储、优加、优销。（责任单位：省粮储局）

（二）加强耕地保护与质量建设

守住耕地红线。落实最严格的耕地保护制度，加强耕地用途管制，坚决遏制耕地“非农化”、基本农田“非粮化”。一般建设项目不得占用永久基本农田，重大建设项目选址确实难以避让永久基本农田的，应符合国家规定并进行严格论证。严格控制非农建设占用耕地，经合法审批的建设项目占用耕地严格执行“占一补一、占优补优、占水田补水田”。严格控制耕地转为林地、草地、园地等其他农用地及农业设施建设用地。严禁违规占用耕地和违背自然规律绿化造林、挖湖造景。永久基本农田重点用于发展粮食生产，特别是保障稻谷、玉米等谷物种植。强化土地流转用途监管。建立健全耕地数量、种粮情况监测预警及评价通报机制。（责任单位：省自然资源厅、农业农村厅、林业局、海洋渔业局）

加强高标准农田建设。以提升粮食产能为首要目标，加快高标准农田建设步伐。压实属地主体责任，实行严格考核，强化县乡两级政府主体责任。持续完善管理制度，实行精准化管理农田建设，全面推广应用数字农田管理模式，做到项目县基本覆盖，鼓励建立市级数字农田平台。完善建后管护机制，开展农田设施灾损保险试点。严格落实良田粮用，新建高标准农田优先划入永久基本农田储备区，原则上全部用于粮食生产，对于已经在高标准农田种植林果、苗木、草皮或挖塘养鱼的，依法依规督促恢复粮食生产。2021—2025年全省新建高标准农田300万亩，改造提升高标准农田100万亩，新增高效节水灌溉面积45万亩。（责任单位：省农业农村厅、发改委、自然资源厅、水利厅）

提高耕地质量水平。以提升粮食产能为首要目标，突出抓好耕地保护和地力提升，增施有机肥，推广种植绿肥还田，实施秸秆还田，增加土壤有机质，提升土壤肥力，推广培肥地力技术模式，推进占用耕地耕作层土壤剥离再利用，进一步提升福建省耕地园地的质量水平。开展耕地质量调查评价，建立健全耕地质量监测体系，科学布设耕地监测点，推动耕地质量监测信息化改造提升。（责任单位：省农业农村厅、自然资源厅）

（三）发展特色优势农林产品

树立大食物观，立足农业资源多样性和气候适宜优势，按照宜粮则粮、宜经则经、宜牧则牧、宜渔则渔、宜林则林的要求，大力培育特色优势产业，不断提高福建省特色优势农产品市场占有率和竞争力。蔬菜产业。重点在闽江口以南冬春蔬菜优势区域，扩大冬春高优茄果类、瓜类、叶菜类蔬菜种植面积，在鹫峰山、戴云山脉等中高海拔山区，大力发展夏秋高山蔬菜。突出发展设施蔬菜，扶持蔬菜主产县建设达到省定标准的高标准钢架温室大棚。水果产业。优化果树品种结构，调整非适宜区果树面积，引导果农适地适栽，引导主栽果类向适宜、最适宜栽培区集中。闽南、闽东沿海地区，重点发展晚熟柑橘、晚熟龙眼、晚熟荔枝、优质白肉枇杷等，闽西北及闽东南山区，重点发展特早熟温州蜜柑、优质甜橙、早熟杂柑、早熟梨、桃等。因地制宜发展百香果、蓝莓、猕猴桃等特色鲜食果类品种。茶叶产业。统筹做好“茶产业、茶科技、茶文化”，大力推广金观音、金牡丹、紫玫瑰、春闺等高香型、制优率高、适制性好的优良品种，支持茶叶企业建设连续化自动化精制加工生产线等；坚持生态优先，推广茶园绿色防控、土壤环境优化技术，生态茶园面积占比超过80%；开展“闽茶海丝行”活动，利用中国农民丰收节、国际茶日、中国国际茶叶博览会、海峡两岸茶业博览会等平台，充分展示闽茶文化，讲好闽茶故事。食用菌产业。推广一批提质增效食用菌生产栽培技术，培育一批菌包集中生产供应中心，新建（扩）一批工厂化食用菌项目，推动一批传统菇棚标准化设施改造，发展一批食用菌专业村镇，打造一批食用菌区域公用品牌。到2025年，全省食用菌一产产值亿元以上大县达50个，专业村镇150个以上，工厂化食用菌栽培产量占比提高到30%。畜禽产业。推进畜禽产业转型升级，向标准化、智能化、品牌化发展，重点支持发展单点适度规模养殖，引导养殖场因地制宜改造提升，支持建设多层养殖设施建筑，示范推广水禽无水面饲养等技术。加快培育壮大一批畜禽养殖龙头企业，建设一批现代畜禽产业园区、产业集群。稳定生猪生产，做优做强南平、三明、龙岩主产区，提升福州、厦门、泉州主销区，稳定漳州、莆田、宁德、平潭产销平衡区。加快发展地方特色家禽，扩大优质牛羊兔生产，提升黄羽肉鸡、水禽、草食动物和蛋禽比例。加强规模化、标准化奶牛养殖场基础设施设备升级改造。持续推进生猪屠宰厂标准化建设，引导屠宰加工企业向养殖主产区转移。到2025年，生猪规模化率达95%以上，主要畜禽规模化率达90%以上，猪肉保持基本自给、禽肉自给有余、禽蛋自给率达90%以上。渔业产业。实施海上养殖转型升级行动，将传统养殖渔排升级为塑胶养殖渔排或深水大网箱。发展工厂化循环水养殖，治理养殖尾水，规模以上养殖主体尾水全面实现达标排放或循环利用。持续推进标准化池塘改造，发展稻（莲）渔综合种养。发展壮大远洋渔业，鼓励发展大洋性渔业，拓展过洋性渔业，加强南极磷虾资源开发，建设福州（连江）国家远洋渔业基地，完善省内远洋渔业基地布局。推进渔港新建改造提升，全省新建、改造提升和整治维护一批渔港。积极拓展渔港经济区功能内涵，延伸发展捕捞生产、卸港交易、加工运销、补给休闲等海洋渔业经济产业链。林业产业。推进优质森林资源培育和科学利用，加快丰产竹林基地建设，培育一批笋竹精深加工企业。大力推动以林下种植、林下养殖、林下产品采集加工、木本油茶等为主的林下经济发展，扶持一批示范基地建设。花卉产业。大力发展设施花卉，持续推进品种创新，着力推进花卉产业与观光旅游、休闲康养、文创产业等融合发展，推动花卉苗木产业提质增效。（责任单位：省农业农村厅、林业局、海洋渔业局）

（四）提升农业抗风险能力

加强流域治理和水库除险加固。突出生态理念，组织实施中小河流域治理项目。“十四五”期间，治理河长1752千米。建立水库常态化除险加固机制，发现一座，除险一座，加快对鉴定为三类坝的病险水库实施除险加固，积极消除隐患，确保水库安全。（责任单位：省水利厅）

强化动植物疫病防控。落实全省动物疫病强制免疫计划，确保强制免疫动物群体免疫密度常年保持在90%以上，应免畜禽免疫密度达到100%，群体免疫抗体合格率达到80%以上。强化动物疫病监测预警，组织实施全省动物疫病监测与流行病学调查计划，加强兽医系统实验室建设和管理，提升各级重大动物疫病监测和实验室自动化检测能力。以种畜禽场、规模养殖场为重点，推动10个以上重点动物疫病净化场和5个以上无疫小区建设。建立健全水生动物疫病防控体系，组织实施水产苗种产地检疫试点，建设检疫申报点，完善水产养殖病害测报网络，加强水产养殖病害预警和风险评估。加强林业有害生物监测预警、检疫御灾和防治减灾体系建设，强化马尾松毛虫、刚竹毒蛾等主要林业有害生物防治，组织实施松材线虫病防控5年攻坚。加强农作物重大病虫害和检疫性有害生物防控，完善监测网点及基础设施，改造提升监测预警信息系统，建设区域性应急防控设施及物资储备库，提升数字化水平和应急防控能力，确保粮食作物重大病虫害危害损失率控制在5%以内。（责任单位：省农业农村厅、林业局、海洋渔业局）

推进农业气象灾害风险预警。建立适应现代农业发展的气象为农服务技术保障体系，完善分区域、分时段、分灾种、分作物的农业气象灾害风险预警指标体系，建立健全面向农业生产全过程、多时效、精细化的农业气象监测分析、预测预报和影响评估的技术系统，提升精细化农业气候资源区划和农业气象灾害风险区划技术能力。开展特色农业、设施农业的灾害风险预警和福建特色农业气象灾害风险区划，实现基于位置的精细化、定制化、直通式农业气象信息服务。强化粮食安全气象保障，推进气象融入三明“中国稻种基地”和建宁国家现代农业（种业）产业园建设。持续推进国家级热带水果特色农业气象服务中心以及省级特色农业气象服务中心建设。（责任单位：省气象局，省农业农村厅）

保障农业生产安全。强化隐患排查治理，整治畜禽屠宰行业、农业生产以及饲料、饲料添加剂生产企业、渔业船舶等重点行业领域安全生产管理问题。修订完善全省动物防疫应急物资储备管理办法，按照储备计划做好兽用消毒剂、消毒器械、动物疫苗、诊断试剂、个人防护用品等动物防疫应急物资储备和日常管理。全面加强森林防火工作，重点推动无人机等新技术在森林防火方面的推广应用，有力提升森林火灾综合防控能力。（责任单位：省农业农村厅、林业局、海洋渔业局）

三、提升农业科技和装备水平

（一）强化现代农业科技支撑

开展农业关键核心技术攻关。实施创新驱动发展战略，构建现代农业产业技术体系，深化农业产学研用协同创新，组织实施农业科技计划项目，支持高校、科研院所、新型农业经营主体开展新品种、新技术研发和关键技术联合攻关。完善农业领域基础研究支持机制，强化高水平农业科研院校建设，加大农业领域省级科技计划支持力度，支持和鼓励涉农高校、科研院所、行业龙头企业聚焦农业科学、动植物科学、农业生态和环境科学、生物育种、农副产品精深加工、智慧农业、农业机械设备、农业绿色投入品等领域的基础前沿和关键领域开展协同创新。（责任单位：省科技厅、教育厅、农业农村厅、农科院，福建农林大学）

推动科技与产业深度融合。围绕产业链部署创新链、围绕创新链布局产业链，推进茶叶、蔬菜、水果、食用菌、水稻、生猪、家禽等7个省级现代农业产业技术体系和15个农业科技创新专业联盟建设，加强技术集成配套和推广应用，破解产业技术和工艺提升瓶颈问题。加快农业领域国家技术创新中心建设，支持国家菌草工程技术研究中心、国家甘蔗工程技术研究中心等现有农业领域国家工程中心转建国家技术创新中心。以产业研究院、科技小院、示范基地、农业科技园区为依托，围绕种业创新、优势特色产业全产业链发展、农产品精深加工、关键技术及装备研发、美丽乡村建设等，实施一批专项行动。持续推进科技特派员工作，建设结构合理、素质优良、适应需求的科技特派员队伍。创新农业科技成果转化机制，建立纵向贯通、横向多元“政产学研”协同创新体系，构建以知识产权为纽带的产学研用合作机制与利益共享机制。（责任单位：省农业农村厅、科技厅、农科院，福建农林大学，省科协）

（二）实施种业振兴

加强种质资源保护。全面完成农业、林木、水产养殖种质资源普查，摸清全省种质资源家底，开展种质资源精准鉴定及综合评价。建设福建省农业、林业、水产养殖生物种质资源库，新（改扩）建一批种质资源库（场、区、圃）。确定省级种质资源保护单位，做好农业、林业、水产养殖种质资源登记。（责任单位：省农业农村厅、林业局、海洋渔业局）

开展育种创新攻关。深入实施种业创新与产业化工程，突出粮食安全、特色优势及闽台融合，开展种源“卡脖子”技术攻关，围绕水稻、甘薯、马铃薯、玉米、蔬菜、果树、食用菌、花卉、林木、畜禽、水产等开展联合育种攻关，到2025年育成120个具有自主知识产权农业（水产）新品种（品系）。实施农业生物育种省级重大科技项目，对育种基础性研究以及重点育种项目给予长期稳定支持，大力推进分子设计育种、基因育种、抗性育种等现代育种技术创新发展。鼓励省内教学、科研机构及企业申报国家种业重点研发计划、国家科技重大专项等项目，对符合规定条件的省级育种攻关课题给予优先立项支持。（责任单位：省农业农村厅、科技厅、林业局、海洋渔业局、农科院，福建农林大学）

加强种业基地建设。建设三明“中国稻种基地”，推动南平、龙岩等地杂交水稻制种产业发展，全省杂交水稻年制种面积稳定在30万亩以上。实施福建省海南南繁科研育种基地改扩建工程。加快蔬菜、果树、茶树、中药材等特色农作物种苗繁育基地和种畜禽场建设。实施国家和省级重点林木良种基地质量提升，建设10个珍贵或乡土阔叶树种省级重点种子基地，大力培育珍贵树种和优良乡土阔叶树种苗木。扶持创建一批国家级和省级水产原良种场，鼓励省级水产原良种场择优创建国家级水产原良种场。到2025年，全省新增省级水产原良种场20家，省级水产良种场基本覆盖全省水产养殖主要品种和重点地区。（责任单位：省农业农村厅、林业局、海洋渔业局）

培育壮大种业企业。强化种业企业育种创新主体地位，引导种业企业加大研发投入，牵头承担国家和省级科研攻关任务，提高企业自主创新能力，培育一批具有核心竞争力的种业企业。建立健全商业化育种体系，打造一批叫得响、有影响力的种业品牌。（责任单位：省农业农村厅、海洋渔业局）

强化种业市场监管。开展保护种业知识产权专项整治，依法严厉打击假冒伪劣、套牌侵权等违法犯罪行为。坚持“双随机、一公开”，开展种子（苗）、种畜禽生产经营行为和质量监督检查。（责任单位：省农业农村厅、海洋渔业局、市场监管局）

（三）提高农业装备水平

加快农机装备薄弱环节研发。研究和引进适合福建省实际情况的耕地、开沟、起垄、移栽、施肥、灌溉、打药、除草、修剪、采摘、烘干、仓储等全程机械化中小农机，形成集成配套装备。（责任单位：省农业农村厅、科技厅、工信厅）

推进农业生产机械化。大力实施农作物全程机械化推进行动，每年扶持建设一批主要农作物、特色产业生产全程机械化示范基地，重点开展水稻机械播种、“两薯”（甘薯、马铃薯）和蔬菜移栽收获、花生播种和收获、果茶园生产管理等薄弱环节新机具与新技术的试验示范。创建主要农作物生产全程机械化示范县，加强农机农艺融合，构建主要农作物生产全程机械化技术方案。到2025年，全省农作物耕种收综合机械化率达到75%。支持林区道路等基础设施建设，将符合政策要求的林业机械纳入农机购置补贴范围。鼓励开展渔船更新改造，淘汰落后老旧渔船，推广渔船标准化船型，推进新技术、新设备在渔船上的应用。加强渔具管理，清理取缔禁用渔具和小于最小网目尺寸网具，逐步淘汰底拖网等高能耗、对资源和生态破坏严重的作业方式。（责任单位：省农业农村厅、林业局、海洋渔业局）

加快农业信息化。加快推进农业物联网、大数据、人工智能、5G、区块链、卫星遥感等信息化新技术新装备集成应用，提升现代农业全产业链数字化水平。构建“天空地”一体化的林业资源网格监管体系，增强林业资源动态监测和态势感知能力。建立以林业“一张图”为基础的林业大数据中心，完善智慧林业共享平台。开展福建省食用林产品安全信息追溯管理平台建设。推进智慧渔业建设，大力发展深海智能养殖渔场，实施深海装备养殖示范工程。推动“智慧海洋”工程建设，加强海洋立体观测网建设，促进渔业生态、渔业资源、水产品质量安全检测、渔船管理等数据的汇聚融合、共享应用。建设一批"智慧渔港"。加强"智慧供销"建设，推进生产供销信用三位一体运行机制。（责任单位：省农业农村厅、林业局、海洋渔业局、供销社）

四、构建现代乡村产业体系

（一）加快推进"三区"建设

推进特色现代农业集聚区建设。实施特色现代农业高质量发展"3212"工程，着力构建乡村产业"圈"状发展格局，形成"一村一品"微型经济圈、农业产业强镇小型经济圈、现代农业产业园中型经济圈、优势特色产业集群大型经济圈。开展农业现代化示范区建设，推动现代农业产业园、优势特色产业集群、产业强镇等项目向示范区集中，示范引领农业设施化、园区化、融合化、绿色化、数字化发展，持续做强做优做大福建省特色优势产业。（责任单位：省农业农村厅、林业局、海洋渔业局）

推进农业绿色发展先行区建设。深化漳州、南平、永泰3个国家农业绿色发展先行区建设，创建福清、罗源、安溪、德化、尤溪、永安、新罗、漳平、柘荣、屏南等10个第二批省级农业绿色发展先行区，推进平和、武夷山、永泰等县（市、区）绿色发展先行先试支撑体系建设，探索不同生态类型、不同主导品种的农业绿色发展典型模式。全面开展生态农场评价工作，建设一批国家级、省级生态农场，探索生态农业扶持政策，提高农业质量效益和竞争力，让生态农场建设成为支撑农业绿色低碳发展的重要平台和有力抓手。（责任单位：省农业农村厅）

推进闽台农业融合发展示范区建设。落深落细同等待遇，组织实施一批重点工程项目，加强闽台优势产业对接合作，推动更多台胞台企来闽创业创新。高质量推动台湾农民创业园和闽台农业融合发展产业园建设，加快打造两岸农业融合发展示范样板，力争全省台湾农民创业园每年新增台资农业项目20个以上、闽台农业融合发展产业园每年新增台资农业项目18个以上。以闽台农业合作推广示范县和闽台农业融合发展推广基地为抓手，加快台湾农业"五新"示范推广，推动闽台特色现代农业深度融合。（责任单位：省农业农村厅，省委台港澳办，省海洋渔业局）

（二）发展农村二三产业

大力发展农产品加工业。鼓励各类新型农业经营主体围绕福建省蔬菜、水果、水产、食用菌、茶叶、畜禽、粮食等优势特色产业，发展农产品初加工，建设农产品产地初加工设施，提升商品化处理能力。加快农产品生产与加工、农副产品保鲜等行业技术开发基地建设，推动农产品加工企业技术改造、智能升级，提高农产品精深加工和副产物综合利用水平，促进农产品加工产业全链条循环化、集约化、绿色化发展。（责任单位：省农业农村厅、工信厅、海洋渔业局）

发展乡村休闲旅游业。丰富乡村旅游品牌体系，支持创建全国乡村旅游重点镇村、福建省全域生态旅游小镇、金牌旅游村，依托种养业、村落建筑、自然景观、民俗风情等资源优势，培育一批功能齐全、布局合理、机制完善、带动力强的省级休闲农业示范点、省级美丽休闲乡村、省级"水乡渔村"休闲渔业示范基地和中国美丽休闲乡村。突出优势互补、串点成线，拉动消费、提升效益，推介一批视觉美丽、体验美妙、内涵美好的休闲农业、休闲渔业精品线路。依托独特自然资源、农业资源、文化资源，培育一批设施完备、业态丰富、功能完善、知名度高、影响力强的休闲农业重点县。（责任单位：省农业农村厅、文旅厅、林业局、海洋渔业局）

发展乡村生产服务业。支持和引导农民专业合作社、家庭农场以及村集体经济组织，大力开展农产品产地冷藏保鲜设施建设，强化智能化信息化技术改造，夯实农产品产地流通基础设施，培育农产品流通新业态新模式。积极构建农产品产地冷藏设施信息化平台，建设配备智能化、数字化分等分级、包装称重、在线检测等设施，促进农产品产销衔接。以乡镇惠农综合服务中心建设为抓手，推进供销合作社基层社改造提升，加快发展基层经营网点，强化终端服务功能，满足农民便利消费、就近销售需求。（责任单位：省农业农村厅、海洋渔业局、供销社）

加快农村电子商务发展。推动全省44个电子商务进农村示范县建设，完善农村商贸流通体系和电商公共服务体系，结合推进"互联网+"农产品出村进城工程，畅通农产品进城和工业品下乡双向流通渠道，促进农村产品和服务网络销售。到2025年，全省农村网络零售额突破4000亿元。（责任单位：省商务厅、农业农村厅、供销社）

（三）推进农村创业创新

鼓励各类人才返乡创业。深入实施农村创业创新带头人培育行动，以返乡入乡创业创新农民工、中高等院校毕业生、退役军人、科技人员和在乡创业创新等人员为重点对象，培育一批创业创新活跃、联农带农紧密、业绩突出的农村创业创新群体。加大创业扶持政策支持力度，将符合条件的返乡入乡创业项目纳入创业资助项目评审，给予适当的资金扶持。实施"师带徒"乡村振兴引凤计划，支持一批省内外创新创业领军人才产业项目"嫁接"给返乡入乡创业群体。（责任单位：省农业农村厅、人社厅、林业局、海洋渔业局）

建设农业农村创业创新孵化载体。依托各类园区、农业企业、农民合作社、种养基地、大中专院校等，培育一批产业特色鲜明、资源要素集聚、基础设施齐全、服务功能完善的农村创业创新园区（基地），为农村创业创新人员提供政策咨询、项目遴选、创业辅导、技能培训、用工对接等服务，吸纳农村创业创新项目入驻。鼓励引导科技特派员围绕农业农村特色产业开展创业和技术服务，支持各地建设"星创天地""科技企业孵化器"等支撑平台。（责任单位：省农业农村厅、科技厅、林业局、海洋渔业局）

开展创业创新培训。鼓励高校、职业院校广泛开展创业创新培训，支持大学生依托现代农业领域创新创业成果参加各类大学生创新创业竞赛。围绕脱贫地区主导产业和科技人才需求，积极选派高校优秀专家及团队下乡。推动高校发挥学科、人才、技术优势，主动对接乡村振兴产业发展需要，深化校地、校校、校企合作，培养应用型、复合型人才。深入实施"创业培训马兰花计划"，组织农村转移就业劳动者参加马兰花创业培训。（责任单位：省教育厅、人社厅，福建农林大学）

五、建设宜居宜业农民新家园

（一）科学推进乡村规划

完善县镇村规划管控。加快推进县乡国土空间规划编制，科学确定国土空间用途管制分区，统筹划定永久基本农田、生态保护红线、城镇开发边界。优化县域村庄建设用地布局，统筹安排县乡（镇）村功能衔接互补的建管格局，推动公共资源在县域范围内优化配置，实现农村建设用地节约集约利用。（责任单位：省自然资源厅）

科学推进村庄规划编制。区分集聚提升型、城郊融合型、特色保护型、搬迁撤并型等村庄类型，有序推进实用性村庄规划编制工作。按照"多规合一"要求，统筹考虑土地利用、"三产"融合、居民点布局、人居环境整治、生态保护等，科学划定农业生产空间和生态保护空间，合理规划农村生产生活配套设施用地。力争至2023年底实现村庄规划管控全覆盖。（责任单位：省自然资源厅）

（二）加强乡村基础设施建设

完善农村交通运输体系。实施"百乡千村"路网提升工程，加快农村路网提档升级，加快推进县道"四晋三"、乡道"单改双"等建设，有序推进较大自然村公路建设。"十四五"期间，全省建设改造农村公路5000千米。（责任单位：省交通运输厅）

增强农村供水和防灾减灾能力。以城乡供水一体化建设为载体，大力推进农村供水保障工程建设，推进供水工程规范化建设和管理，到2025年规模化工程覆盖农村人口比例达70%以上，农村自来水普及率达90%以上。健全农村供水工程建设运行和管护长效机制，积极探索推广"三级管护"、购买第三方服务等管护模式。完善农村防汛抗旱设施，整合优化自动雨水情监测站，充分利用大数据、云计算、人工智能等技术，巩固提升省级山洪灾害监测预警平台建设。科学制定水库供水调度计划方案，加强水资源统一调配和计划管理。加快实施平潭及闽江口水资源配置工程、罗源霍口水库、泉州白濑水库等一批骨干蓄引调水工程。（责任单位：省水利厅）

加强乡村清洁能源建设。深挖村镇电气化发展潜力，因地制宜实施"电能替代"。探索农村特色用能、能效提升、多能互补等建设，推动建成一批电能替代示范项目，推进农村生物质能源多元化利用，强化清洁供暖设施建设。在农业生产、生活各环节推广电气化、智能化设备，加快电气化改造，提高电能在农村能源消费中的比重。因地制宜推动农村地区光伏、风电发展，加强分布式光伏及风电项目接网方案设计，做好光伏及风电并网配套电网建设改造，促进农村能源消费环节减碳降碳。(责任单位：省电力公司)

完善农村物流体系。加强农村邮政快递基础设施和服务网络共享，支持建设和改造县级寄递公共配送中心、乡镇快递物流站点、村级寄递物流综合服务站等农村寄递基础设施，提高自动化和信息化水平。鼓励有条件的县乡（镇）村布设智能信包（快件）箱。(责任单位：省邮政管理局)

（三）实施农村环境整治五年提升行动

扎实推进农村改厕质量提升，持续推进农村户用厕所改造，提升一批农村公厕，推进农村厕所粪污无害化处理与资源化利用，到2025年农村卫生厕所全面普及，厕所粪污得到有效处理或资源化利用。推进村庄生活污水治理，重点治理人口聚集、环境区位敏感、发展潜力大以及周边环境质量差的村庄，加快推进试点示范工程，及时示范推广成熟的模式，到2025年全省农村生活污水治理率达65%以上，设施稳定运行率达90%以上。持续推进以县域为单位打包乡镇生活污水治理设施改造提升、管网铺设和运行维护实施市场化工作，实现全省乡镇生活污水治理市场化运营管理全覆盖。加强农村黑臭水体治理，建立农村黑臭水体治理台账，采取控源截污、清淤疏浚、生态修复、水体净化等措施进行综合治理，到2025年基本消除较大面积农村黑臭水体。健全农村生活垃圾处理长效机制，推行农村生活垃圾分类，以县域为单位，将村庄保洁、垃圾转运、农村公厕管护等打捆打包进行市场化运营管理，到2025年农村基本建立有机垃圾生态处理机制。整体提升村容村貌，规范用地建房审批，强化农房风貌管控，将农房建筑立面图集管控要求纳入乡村建设规划许可内容。（责任单位：省农业农村厅、自然资源厅、生态环境厅、住建厅、供销社）

（四）加快数字乡村建设

推进农村通信基础设施提档升级，综合应用光纤、4G、5G低频、卫星互联网等多种接入技术，对偏远地区和有具体应用需求场景进行网络覆盖补强。加速推动5G网络向乡镇及重点建制村延伸覆盖，深化重点人员聚集区、产业核心区5G网络覆盖，实现100%乡镇镇区和重点行政村5G覆盖。强化乡村信息基础设施建设，加快推动“互联网+”向乡村延伸，打通省、市、县、乡、村农业信息资源服务体系，每年建设一批国家级数字乡村试点县，创建一批省级数字乡村示范乡镇、示范村。融合乡村振兴示范创建试点工程，加快特色产业、乡村旅游、乡风文明、文化传承、党建村务、教育科普、健康医疗、综合治理、交通出行、便民服务等进行信息化智能化改造提升。(责任单位：省委网信办，省农业农村厅、数字办，省通信管理局)

（五）提升农村基本公共服务水平

提高农村教育质量。多渠道增加农村普惠性学前教育资源供给，推进学前教育普及普惠安全优质发展。深入推进城乡义务教育一体化改革发展，以乡村温馨校园、义务教育管理标准化学校、城乡紧密型教育共同体建设为主要抓手，办好必要的乡村小规模学校，改善乡镇寄宿制学校办学条件，完善特殊教育保障机制，进一步缩小城乡、校际教育差距。把耕读教育和科学素质教育纳入教育培训体系，着力提升学生的创新意识、创新能力和科研素养。支持建设涉农高校、涉农职业院校、涉农学科专业，调整优化学科专业结构，推动涉农学科的前沿交叉创新研究。办好一批县级职教中心，重点建设1—2个专业群，培养农村急需的实用技术技能人才。持续加强乡村教师队伍建设，继续实施省级公费师范生培养，开展乡村教师省级专项培训，深入推进“县管校聘”改革，加快推进县域内教师交流轮岗。(责任单位：省教育厅)

全面推进健康乡村建设。持续推进村卫生室标准化建设，每个建制村（乡镇卫生院所在地的行政村除外）至少有1所村卫生室为村民提供医疗卫生服务，通过选派乡镇卫生院医生巡诊、派驻或邻近村医覆盖的方式实现村级医疗卫生服务全覆盖。提升乡镇卫生院医疗服务能力，推动乡镇卫生院通过创建达到国家基本标准或推荐标准。到2025年，力争全省70%乡镇卫生院达到服务能力基本标准，10%服务能力较强的乡镇卫生院达到服务能力推荐标准。加强县级综合医院医疗服务能力提标扩能建设，常住人口超过10万人的县有

1所县级医院达到二级医院。实施健康促进行动，推进“健康知识进万家”试点工作，推动健康知识进乡村、进家庭、进学校。完善农村医保经办管理服务体系，推进医保经办服务纳入县乡村公共服务一体化，实现省市县乡村五级全覆盖。（责任单位：省卫健委、医保局）

完善农村养老服务体系。推进县、乡、村三级农村养老服务网络建设，在县（市、区）范围推进失能照护机构、在乡镇范围推动农村区域养老服务中心建设，发展具备全日托养、日间照料、上门服务、区域协调指导等综合功能的区域养老服务机构。推进乡镇敬老院升级改造，通过增加照护型床位，开辟失能老人、残疾老人照护单元，优先保障生活不能自理特困人员集中供养。发展农村普惠型养老服务和互助性养老，加大居家养老支持力度。持续加强农村幸福院建设和运营管理，推进农村幸福院质量提升。（责任单位：省民政厅）

（六）扩大农村消费

促进农村居民耐用消费品更新换代，鼓励汽车消费，支持汽车流通行业相关商协会组织福建省汽车生产企业、流通企业开展“汽车下乡”巡展促销活动。开展县域商业建设行动，支持优化县域商业网点设施布局，以人口聚集的乡镇为重点，支持升级改造一批商贸中心、大中型超市、集贸市场等，建立完善县域统筹、以县城为中心、乡镇为重点、村为基础的农村商业体系。（责任单位：省商务厅）

六、建设人与自然和谐共生美丽乡村

（一）推进质量兴农

加快标准化体系建设。聚焦农业农村发展，组织研制标准100项，推动构建现代农业全产业链标准体系、农业社会化服务标准体系。建设国家级农业标准化区域服务推广平台，开展农业农村领域标准化试点示范项目建设，新建2个平台、60个标准化试点示范项目。（责任单位：省农业农村厅、林业局、海洋渔业局、市场监管局）

加强农产品质量安全监管。深入推进“治违禁、控药残、促提升”行动，聚焦禁限用药物使用、常规农兽药残留超标等问题，大力实施精准治理，推动11个重点品种农产品质量安全水平明显提升。加强质检体系建设，提升省市县乡四级农产品质量安全检验检测能力。加强监测预警，推进源头快速筛查、风险监测排查、重点监督抽查，全面落实快速反应制度。深入推进食用农产品承诺达标合格证与一品一码追溯并行制度，推动赋码出证、凭证销售，促进产地准出与市场准入有效衔接。积极推进乡镇农产品质量安全网格化管理体系建设，推动区域定格、网格定人、人员定责。（责任单位：省农业农村厅、卫健委、海洋渔业局、市场监管局）

实施农业品牌提升行动。大力发展绿色食品，稳步发展有机农产品，继续做好无公害农产品，积极推动农产品地理标志，提升“三品”占比率，每年新培育“三品一标”农产品240个以上，每年实施地理标志农产品保护工程6个以上。积极发挥农产品区域公用品牌作用，带动优质农产品生产发展，每年评选区域公用品牌10个和福建名牌农产品20个以上。创新和优化品牌宣传形式，融合传统媒体与新兴媒体，充分运用信息化平台、互联网技术，广泛开展品牌宣传与推介，构建“全方位、立体式、高强度”宣传态势。到2025年“生态福建·绿色农业”品牌影响力显著提升，品牌价值达到3000亿元以上。（责任单位：省农业农村厅、林业局、海洋渔业局）

（二）推进绿色兴农

促进化肥农药减量增效。集成推广科学施肥技术，分阶段分步骤稳步推进化肥投入定额制。在粮食、蔬菜、水果、茶叶等福建省主要作物产区，推进农机农艺融合，推广机械施肥、水肥一体化等技术措施。示范推广缓控释肥、水溶肥、配方肥等新型肥料，提高肥料利用率。实施种养循环试点，以果菜茶优势区为重点，示范推动畜禽粪肥、秸秆粉碎、绿肥翻压等有机肥源还田措施，提高有机肥养分施用比例，减少化肥用量，增加土壤有机质含量。全面落实农药购买实名制，建立完善农药调查与监测体系，设立监测点。推进高效药械替代，因地制宜推广智能化植保无人机等现代植保机械及先进施药技术。扶持发展一批装备精良、服务高效、管理规范的病虫防治专业化服务组织。每年统防统治面积达1200万亩次以上，绿色防控技术应用面积达3000万亩次以上，

2025年农药使用量比2020年减少10%。（责任单位：省农业农村厅）

推进农业废弃物资源化利用。推行源头减量，落实畜禽养殖场的主体责任，推行“一禁、二表、三分离”。推进畜禽粪肥还田利用，构建种养结合、农牧循环的发展机制，提升粪污精准化利用水平。深入实施畜禽粪污资源化利用提升工程，改造升级粪污收储、处理利用、臭气净化等基础设施设备，到2025年全省畜禽粪污资源化综合利用率达到93%以上。推动农药包装废弃物全面回收处理，按照“谁生产、经营，谁回收”的原则，建立“定点收集—科学分类—安全转运—规范处理”的全链条监管回收处理体系，到2025年全省农药包装废弃物回收处理率达80%。促进秸秆肥料化，集成推广秸秆还田技术，改造提升秸秆机械化还田装备，推动粮食生产大县整县推进秸秆粉碎还田。促进秸秆饲料化，鼓励养殖场和饲料企业利用秸秆发展优质饲料，实现过腹还田。促进秸秆基料化和原料化，发展食用菌生产等秸秆基料，引导开发人造板材、包装材料等秸秆原料产品，提升秸秆附加值。培育秸秆收储运服务主体，建设秸秆收储场（站、中心），构建秸秆收储和供应网络。落实严格的农膜管理制度，加强农膜生产、销售、使用、回收、再利用等环节管理。推广普及标准地膜，开展地膜覆盖技术适宜性评估，因地制宜调减作物覆膜面积。强化市场监管，禁止企业生产、采购、销售不符合国家强制性标准的地膜，积极探索推广环境友好的全生物降解地膜。培育专业化农膜回收主体，建设农膜储存加工场点，健全回收网络体系。开展区域农膜回收补贴制度试点，探索地膜生产者责任延伸制度。建立健全农田地膜残留监测点，开展常态化、制度化监测评估。（责任单位：省农业农村厅、工信厅、生态环境厅、市场监管局、供销社）

加强污染耕地治理。根据国家部署开展土壤污染状况调查，优化土壤环境质量监测网络，逐步摸清底数，建立台账。实行耕地土壤环境质量分类管理，建立完善优先保护类、安全利用类和严格管控类耕地管理清单。分类分区开展污染耕地治理，对轻中度污染耕地采取农艺措施治理修复，对重度污染耕地实行严格管控。持续开展农产品产地环境监测，因地制宜采取种养结合、增施有机肥、优化施肥、品种调整、水分调控、耕作优化、施用土壤调理剂或“VIP + n”农田重金属污染治理修复技术等安全利用技术措施，降低农产品超标风险。（责任单位：省农业农村厅、生态环境厅）

（三）保护修复农村生态系统

强化农业资源保护。深入推进农业水价综合改革，加强大中型灌区供水成本核算，结合灌区节水配套改造完善供水计量设施，将有效灌溉面积内的大中型灌区、高标准农田建设项目区作为改革实施重点，坚持工程建设与机制建设并重，协同推进建立农业水价形成机制、工程建设与管护机制、精准补贴与节水奖励机制、终端用水管理机制。以沿海基干林带建设、红树林保护修复为重点，补齐、加宽、加厚，以及老化、受损基干林带更新，努力构筑布局合理、结构稳定、功能完善，乔灌草、带网片相结合的沿海绿色屏障。做好生态公益林和天然林的管护，以及人工促进低产低效林分提升，推进以封禁、造林、坡改梯为主要措施的水土流失治理，打造水土保持生态清洁小流域。持续开展水生生物增殖放流，适当增加珍稀濒危水生动物放流数量，“十四五”期间，全省增殖放流苗种150亿个单位。保护渔业资源环境，创建国家级海洋牧场示范区6个，维护渔业水域生态平衡。严格执行海洋伏季休渔制度，探索实施海洋渔业资源总量管理制度，进一步探索开展限额捕捞试点工作。开展外来入侵生物普查，完善相关管理名录、应急预案及政策措施，有效阻截外来入侵物种，保护生物多样性。（责任单位：省水利厅、农业农村厅、林业局、海洋渔业局）

推进农业农村减排固碳。落实2030年前力争实现碳达峰的要求，围绕农业农村领域减排固碳重点任务，编制福建省农业农村领域减排固碳实施方案。推进农村沼气转型升级，促进可再生能源利用。吸引市场主体开发农业碳汇项目，探索开展农业碳汇交易试点。创新林业碳汇方法学研究，鼓励通过森林经营、植树造林等措施增强森林生态系统碳汇能力。开展碳中和试点，探索林业碳汇交易方式，加强碳汇交易服务。推广水禽无水面养殖、稻渔综合种养、多营养层级海水养殖、工厂化循环水养殖、贝藻类混养，以及秸秆还田固碳、高效植保药械等技术模式，提升碳汇规模。（责任单位：省农业农村厅、林业局、海洋渔业局）

推进重点区域生态环境保护。严格执行闽江禁渔制度，开展闽江上游、汀江、九龙江等水域渔业资源情况调查，对扩大实施禁渔可行性进行研究评估。在重点湖库、饮用水水源保护区、氮磷超标河段等敏感区域，开展农田生态沟渠、污水净化塘、地表径流蓄积池等农田氮磷生态拦截设施建设，实施重点区域农田退水治理。根据国家部署要求，探索建立农业面源污染调查监测评估体系。继续推进重点生态区位商品林赎买等改革，探索建立多元化赎买资金筹集机制，加强赎买后森林的经营管理。在管护好现有省级以上生态公益林和天然林的同时，开展重点生态区位商品林赎买25万亩。围绕河湖水系综合整治，强化生态治理理念，突出山水林田湖草海要素，做好水系连通及水美乡村试点县建设。（责任单位：省水利厅、生态环境厅、农业农村厅、林业局、海洋渔业局）

七、加强和改进乡村治理

（一）加强农村基层党组织建设

强化县级党委抓乡促村职责。全面落实县级领导班子成员包乡走村入户制度。深化乡镇管理体制改革，健全乡镇党委统一指挥和统筹协调机制。加强乡镇、村集中换届后领导班子建设，充实加强乡镇工作力量。坚持和完善村党组织书记、村委会主任“一肩挑”制度，着力加强对“一肩挑”人员的管理监督。推动落实乡镇编制“专编专用”，探索“县编乡用”等方式推进县直部门人员编制向乡镇倾斜，整合条线辅助人员由乡镇统筹指挥调配，赋予乡镇更加灵活的用人自主权。推动县乡党委加强对驻村第一书记和工作队的日常管理，推动驻村第一书记和工作队员下沉一线扎实干事。完善乡村振兴指导员制度，鼓励各类人才投身乡村振兴事业。（责任单位：省委组织部、编办）

全面开展农村基层干部乡村振兴主题培训。认真组织农村基层干部深入学习习近平新时代中国特色社会主义思想，学习党的历史，推动农村基层干部深刻领悟“两个确立”的决定性意义，促进形成全面推进乡村振兴的强大力量。推动落实“农村基层干部乡村振兴主题培训计划”，按照“全员、精准、有效”要求，由县级以上党委组织部门牵头，每年对村党组织书记、村民委员会主任、村级集体经济组织负责人、村务监督委员会主任开展1次集中培训。发挥“互联网+培训”优势，在福建干部网络学院平台设立“实施新时代基层干部主题培训行动计划”专区专栏，不定期持续推送优质课程、特色课程。（责任单位：省委组织部）

完善村党组织领导村级议事决策工作机制。严格规范村级事项决策和公开，完善村级重要事项、重大问题经村党组织研究讨论机制，凡属村经济社会发展公共事务、大额资金使用、惠农政策落实、工程建设、社会治理、宅基地审批等重大事项，严格按照“四议两公开”制度、“六要”群众工作法程序议事决策。加强村级民主协商，综合运用听证会、议事会、理事会、恳谈会等形式，组织群众自己说事、议事、主事。（责任单位：省委组织部）

加强村务监督委员会建设。加强基层纪检监察组织与村务监督委员会的沟通协作、有效衔接，实现对村“两委”成员监督全覆盖，重点加强对“一肩挑”人员的监督。充分发挥村务监督委员会作用，重点加强对村务决策和公开、村级财产管理、村工程项目建设、惠农政策落实、农村精神文明建设等方面的全程监督，确保决策规范、公开到位、群众满意。（责任单位：省委组织部，省民政厅）

（二）提升乡村治理效能

依法设定县级对乡镇赋权赋能范围。依法赋予乡镇综合行政执法权。根据《福建省人民政府关于赋予乡镇人民政府、街道办事处部分行政处罚权的决定》（闽政文〔2022〕3号），指导县（市、区）依法赋予乡镇综合行政执法权，统筹乡镇和县级派驻乡镇的工作力量，健全完善乡镇和县直部门联动监管执法配合机制，压实乡镇综合治理、安全生产等方面的责任。（责任单位：省委编办，省司法厅）

健全党组织领导的乡村治理体系。推行网络化管理、数字化赋能、精细化服务，推动基层群众自治组织、经济组织和各类社会组织、服务组织等，在村党组织领导下依法依规有序开展工作、发挥作用。大力加强乡村治理队伍建设，引导各类人才资源在乡村治理中发挥积极作用，打造乡村治理过硬队伍。总结运用疫情防控、抢险救灾等经验，构建常态化管理和应急管理动态衔接机制，提升乡村应急管理能力，切实防范和有效应对自然灾害、公共卫生、安全隐患等风险。（责任单位：省委组织部，省农业农村厅、民政厅、应急厅）

推广应用“积分制”“清单制”等治理方式。完善党组织领导的自治、法治、德治相融合的乡村治理体系。扩大“积分制”运用范围，发挥积分激励约束作用，引导村民主动参与公共事务，激活乡村发展内生动力。加大“清单制”管理试点，厘清村级组织权责边界，规范清单运行规则，切实减轻村级组织负担。（责任单位：省农业农村厅、民政厅）

（三）深入开展平安乡村建设

加强乡（镇）、村综治中心规范化建设，深化农村网格化管理服务，推进警格、网格融合运作。完善基层社会治安防控体系，深化乡村“雪亮工程”“平安家园·智能天网”建设，壮大群防群治力量，持续开展平安创建活动。健全农村扫黑除恶常态化机制，严厉打击农村黑恶势力和整治“村霸”。坚持和发展新时代“枫桥经验”，探索完善“四门四访”工作机制，巩固充实乡村人民调解组织队伍，健全乡村矛盾纠纷多元化、一站式解决机制和心理疏导服务机制。进一步健全完善乡镇信访工作联席会议制度，探索多元预防调处化解矛盾纠纷机制。持续开展乡村公共安全隐患排查整治专项行动，建立健全农村安全监管责任体系，坚决遏制乡村各类重特大安全事故。（责任单位：省委政法委，省公安厅、司法厅、信访局）

（四）提升农民科技文化素质

以家庭农场主和农民合作社带头人为重点，加强高素质农民、能工巧匠等本土人才培养，面向乡村基层干部和涉农人员开展成人学历提升继续教育。实施农民素质提升行动，选拔一批有志从事农业的农村青壮年、返乡农民工和退役军人，到涉农大中专院校接受非全日制大中专学历教育。充分发挥农广校和涉农大中专院校作用，引导优质教育资源下沉乡村，采取线上线下相结合的培训模式，开展分级分类技术技能培训。依托电视台、党员干部现代远程教育网、农村实用技术远程培训网等平台，打造“兴农讲堂”“田园公开课”，提升农业生产经营者的技术和经营管理水平。依托福建开放大学开展农民学分银行试点，设立学分认定标准、“学分银行”合作联盟，完善学分转换和课程建设标准，推动农民培训与职业教育有效衔接，促进农民终身学习。（责任单位：省农业农村厅、教育厅）

（五）深化新时代农村精神文明建设

加强农村思想道德建设。坚持以社会主义核心价值观凝魂聚气、成风化人，促进农民素质和农村文明程度提档升级。深入开展“四史”教育，加强新时代农村思想文化建设，持续发挥新时代文明实践中心（所、站）、爱国主义教育基地、乡风文明联系点、公民思想道德教育馆等阵地作用，推动理想信念教育常态化制度化。不断壮大“新时代宣讲师”队伍，深入开展文明实践“宣讲+志愿服务”活动，拓展理论进基层的有效途径。深化“扣好人生第一粒扣子”主题教育实践和“新时代好少年”学习宣传，建好用好未成年人心理健康辅导站、乡村学校少年宫、青少年科学工作室等阵地，推动乡村“复兴少年宫”建设由试点探索向深化拓展延伸。（责任单位：省委宣传部、文明办）

深化农村文明村镇建设。围绕学思践悟新思想、提升农民精神风貌、保障农民基本文化权益、加强农村人居环境建设、强化基层治理等方面，科学研究制定省级文明村镇测评体系。推动乡镇党委、村党支部履行主体责任，把精神文明建设融入乡村振兴、基层党建等工作。充分发挥村民议事会、道德评议会、红白理事会、禁毒禁赌协会、老年人协会等组织的积极作用，引导农民自我教育、自我服务、自我提高。结合常态化疫情防控工作，引导广大农民群众开展爱国卫生运动，养成科学文明、绿色健康生活方式。（责任单位：省委宣传部、文明办）

繁荣发展乡村优秀文化。精心打造文化科技

卫生“三下乡”、文化进万家、文艺轻骑兵等文化惠民品牌，推动乡镇综合文化站、文化广场、农家书屋、体育设施等设施提质增效。大力宣传选树“时代楷模”“道德模范”“八闽楷模”“诚信之星”“最美人物”等先进典型，营造学习先进、崇尚先进、争当先进的浓厚氛围。推动福建优秀传统文化传承发展，支持因地制宜推动“福”文化资源转化利用、打响“福”文化品牌，发展特色文化产业、培育新型文化业态。（责任单位：省委宣传部，省文旅厅）

持续推进农村移风易俗。开展结婚登记免费颁证服务，倡导“重登记、强责任、崇节俭”的现代婚俗新风。积极拓展婚姻家庭辅导服务，推动婚事移风易俗向基层延伸。深化违建坟墓专项整治行动，进一步严控增量、消减存量。加快乡村公益性骨灰楼堂建设步伐，积极推广树葬、花葬、草坪葬等节地生态葬法。推动各地制定丧葬礼仪规范指引，细化简办标准，纳入村规民约。积极推进绿色安全文明祭扫，统筹疫情防控和群众安全祭扫，规范和优化预约祭扫、网络祭扫等新型祭扫服务。（责任单位：省民政厅）

八、实现巩固拓展脱贫攻坚成果同乡村振兴有效衔接

（一）巩固提升脱贫攻坚成果

稳定过渡期内帮扶政策。严格落实“四个不摘”要求，保持现有帮扶政策连续性。持续落实教育、医疗、住房、饮水等民生保障普惠性政策。进一步优化产业就业等发展政策，支持脱贫地区因地制宜发展特色现代农业。维持财政保障政策，加强与全面推进乡村振兴衔接。适时组织开展巩固脱贫成果后评估工作，将巩固拓展脱贫攻坚成果纳入市县党政领导班子和领导干部推进乡村振兴战略实绩考核范围，坚决守住不发生规模性返贫的底线。（责任单位：省乡村振兴局，省委组织部，省教育厅、民政厅、财政厅、人社厅、住建厅、水利厅、卫健委、医保局）

巩固“三保障”和饮水安全成果。巩固教育扶贫成果，健全控辍保学工作机制，确保除身体原因不具备学习条件外的脱贫家庭义务教育阶段适龄儿童少年不失学辍学。健全从学前教育到高等教育全学段的学生资助体系，落实已脱贫和监测对象家庭就学子女教育精准资助政策。巩固健康扶贫、医保扶贫成果，稳步扩大乡村医疗卫生服务覆盖范围，统筹完善医疗保险分类资助参保政策，有效防范因病致贫返贫风险。对易返贫及脱贫边缘户患病人口落实“先诊疗后付费”及分类救治政策。建立农村脱贫人口住房安全动态监测保障机制，通过农村危房改造、造福工程搬迁等多种方式保障低收入人口基本住房安全，推动以县级为单位常态化开展住房安全筛查鉴定，及时解决动态新增危房问题。持续开展常态化排查监测工作，保障脱贫人口饮水安全。（责任单位：省乡村振兴局、教育厅、住建厅、水利厅、卫健委、医保局）

强化易地扶贫搬迁后续扶持。按照“稳得住、有就业、逐步能致富”要求，推动搬迁群众后续产业稳定发展。鼓励有条件的安置区发展特色种养、农产品加工、文化休闲等产业，引导新型经营主体参与搬迁群众承包地、林地等资源流转与规模化经营，盘活用好迁出地农业农村资源。加强职业技能培训，提供岗位信息等就业指导服务，引导企业吸纳脱贫劳动力就业，支持搬迁群众自主创业，开发公益性岗位兜底就业。持续加强安置区基础设施和公共服务设施配套建设，统筹推动安置区环境卫生、市政公用、产业平台等配套设施提档升级，优化教育医疗卫生服务，确保搬迁群众平等共享公共服务资源。加强属地管理，健全组织体系，建强服务队伍，强化感恩教育和权益保障，加快不动产登记，增强搬迁群众主人翁意识，促进搬迁群众融入新社区。（责任单位：省发改委、乡村振兴局、教育厅、民政厅、人社厅、自然资源厅、住建厅、卫健委、林业局）

加强扶贫项目资产管理和监督。构建资产家底清晰、产权归属明晰、类型界定科学、管护主体职责明确、运行管理规范的扶贫项目资产管理制度，防范资产流失、损失和闲置浪费。全面摸排项目资产情况，分类建立管理台账，在全面清产核资、登记造册的基础上，做好项目资产确权登记和资产移交，并纳入相关管理体系。根据项目资产特点，按照“受益权与管护权相结合”原则，落实管护主体，明确责任单位和具体责任人。引导受益群众参与管护，探索多形式、多层次、

多样化的管护模式。规范资产收益分配，发挥扶贫项目资产的帮扶作用。（责任单位：省乡村振兴局、财政厅）

（二）持续推进脱贫地区乡村振兴

加快老区苏区振兴发展。落实省领导挂钩联系、省直部门挂钩帮扶、经济较发达县（市、区）对口协作的工作制度，38 个乡村振兴重点县和欠发达老区苏区县分别由一位省领导挂钩联系，每个县确定 1 个老少边岛村作为省领导的联系点，由 5—6 个省直单位挂钩帮扶、1 个经济较发达县（市、区）对口协作。有挂钩帮扶任务的省直单位每年可从部门专项等预算资金中安排一定数量资金用于开展挂钩帮扶。经济较发达县（市、区）每年落实不少于 1200 万元对口帮扶资金，支持所挂钩帮扶县（市、区）。（责任单位：省乡村振兴局，承担挂钩帮扶任务的省直有关单位）

支持脱贫地区改善生产条件。不断改善脱贫地区农业生产条件，支持脱贫地区农业基础设施建设及补齐必要的农村人居环境整治和小型公益性基础设施建设短板，重点支持水、电、路、网等农业生产配套设施，以及垃圾清运等小型公益性生活设施建设。（责任单位：省发改委、财政厅、乡村振兴局）

促进脱贫人口就业增收。落实就业帮扶政策，压实就业帮扶责任，深化东西部劳务协作，加强省内劳务协作，促进就地就近就业，确保脱贫劳动力就业规模稳定。发挥消费帮扶、以工代赈等政策作用，统筹用好乡村公益岗位，帮助脱贫劳动力和监测帮扶对象就业增收。实施“雨露计划”，做好“雨露计划”毕业生就业帮扶，促进毕业生实现有质量就业。（责任单位：省人社厅、教育厅、乡村振兴局）

（三）健全农村低收入人口常态化帮扶机制

健全防止返贫动态监测和精准帮扶机制。充分发挥“一键报贫”主动申报机制，结合每月组织乡村干部走访排查、行业主管部门专项筛查，加强部门联动预警，健全完善快速发现响应机制，及时将符合条件的易致贫返贫人口纳入监测范围，及时落实针对性帮扶措施。对脱贫人口和监测帮扶对象中完全丧失劳动能力或部分丧失劳动能力且无法通过产业就业获得稳定收入的人口，依规纳入低保、特困人员救助供养范围或给予临时救助。（责任单位：省乡村振兴局、教育厅、公安厅、民政厅、人社厅、住建厅、水利厅、卫健委、应急管理厅、统计局、医保局、残联）

实施分层分类社会救助。完善最低生活保障工作规范、特困人员认定办法，研究制定低收入人口救助帮扶政策，适度扩大基本生活救助覆盖范围，明确各类基本生活救助家庭财产标准和条件，对生活困难的重度残疾人和支出型困难人口、低保边缘家庭中的重病患者、失能失智老年人实施单人纳保。对有集中供养意愿的生活不能自理特困人员落实集中供养，对分散供养特困人员落实委托照料服务责任。完善急难社会救助，对遭遇规定情形导致基本生活出现困难的群众加强临时救助。发展服务类社会救助，通过政府购买服务，对社会救助家庭中生活不能自理的老年人、未成年人、残疾人等特殊困难群体提供必要的访视照料、关爱帮扶服务。（责任单位：省民政厅）

（四）深化闽宁对口协作

坚持以协作促发展的理念，以推动区域协调发展、促进共同富裕为目标，以宁夏 5 个国家乡村振兴重点帮扶县为重点，巩固产业、就业、消费等方面成果，推动闽宁对口协作援助资金、人员、项目落到实处。高标准推进闽宁镇建设，打造东西部协作乡村振兴典范。推进福建省产业向宁夏梯度转移，提升 10 个闽宁产业园区建设水平。深化闽宁两省区行业部门和对口协作县（区）行业部门间的结对帮扶与互学互助，开展“万企兴万村”行动，鼓励福建省慈善机构、行业协会、基金会等社会组织积极参与，营造全社会参与闽宁协作的浓厚氛围。（责任单位：省乡村振兴局，承担闽宁协作帮扶任务的省直有关单位）

九、健全城乡融合发展体制机制

（一）畅通城乡要素循环

推进县域内城乡融合发展。深化经济发达镇行政管理体制改革，健全完善考核评估体系，进一步破解影响基层发展的体制性障碍，推动按法定程序赋予更多乡镇部分县级经济社会管理权限，加快构建简约高效的基层管理体制。推进国家城乡融合发展试验区福州东部片区建设，在城乡有序流动的人口迁徙制度、城中村改造合作平台、城乡产业协同发展平台、生态产品价值实现机制、城乡基础设施一体化发展体制机制等方面开展改革探索。(责任单位：省发改委，省委编办)

促进城乡人力资源双向流动。完善城市人才入乡激励机制，进一步做好选调生到基层锻炼工作，鼓励引导高校毕业生回乡创业兴业，统筹实施“三支一扶”计划等高校毕业生服务基层项目。推进省级高层次人才、省引进紧缺急需人才等人才项目，对农村地区引进符合条件人才给予相应的安家补助等工作和生活待遇。适当放宽乡村基层事业单位专业技术人才招聘条件，适当降低学历、年龄、专业等要求。建立统一开放、竞争有序的人力资源市场，为城乡劳动力和人才流动提供专业化服务。推进农业转移人口市民化。有力有序有效深化户籍制度改革，推进居住证制度全覆盖，鼓励各地逐步扩大居住证附加的公共服务和便利项目。落实农业转移人口市民化奖补机制，增强市、县（区）政府的财政保障能力。统筹安排年度建设用地计划指标，保障进城落户人口用地需求。维护进城落户农民土地承包经营权、宅基地使用权、集体收益分配权，支持引导其依法自愿有偿转让上述权益。（责任单位：省委组织部，省教育厅、公安厅、人社厅、自然资源厅、农业农村厅）

优化城乡土地资源配置。建立健全城乡统一的建设用地市场。加快修订福建省土地管理法实施办法，总结晋江农村土地制度改革试点经验，有序推动农村集体经营性建设用地入市。研究调整区片综合地价，明确征收农用地的土地补偿、安置救助费标准。依法扩大国有土地有偿使用范围，严格执行《划拨用地目录》，对可以使用划拨土地的能源、环境保护、保障性安居工程、养老、教育、文化、体育及供水、燃气供应、供热设施等项目，鼓励以出让、租赁方式供应土地。有序推进城乡建设用地增减挂钩，规范指标交易和资金使用。积极推进全域土地综合整治试点。引导农村产业在县域范围内统筹布局，保障农村一二三产业融合发展合理用地需求，县域内新增耕地指标应当重点保障乡村产业发展所需耕地占补平衡需求。编制县乡级国土空间规划应当安排不少于百分之十的建设用地指标，重点用于保障乡村产业用地。在符合国土空间规划前提下，通过村庄整治、土地整理等方式节余的农村集体建设用地优先用于发展乡村产业项目。(责任单位：省自然资源厅)

引导社会资本投向农业农村。支持县级农担机构建设，建立健全全省农业信贷担保体系，提高农业信贷担保规模，促进新型农业经营主体发展。加大对农业企业和农户的信贷支持，依托省级政策性优惠贷款风险分担资金池，落实乡村振兴贷政策。继续有效实施创业担保贷款贴息政策，支持返乡创业农民工、脱贫人口、农村自主创业农民等符合条件的群体获得贷款贴息支持。延续实施脱贫人口小额信贷政策，落实应贷尽贷，满足脱贫人口有效信贷需求。（责任单位：省财政厅，福建银保监局）

（二）深化农村改革

推进农村承包地“三权分置”改革。建立健全农村承包地日常登记、变更和管理等制度，加快农村经营管理综合信息应用平台建设，探索建立土地经营权流转合同网签制度，提升承包地管理数字化、信息化水平。引导土地经营权规范有序流转，推广使用统一的土地流转合同范本，引导发展土地股份合作、土地托管、土地经营权入股等多种适度规模经营模式。落实工商企业等社会资本流转土地经营权资格审查、项目审核和风险防范制度。加强农村土地承包经营纠纷调解仲裁能力建设，进一步健全和完善乡村调解、县市仲裁、司法保障的农村土地承包经营纠纷调处机制，依法维护农户土地承包权益。(责任单位：省农业农村厅)

深化农村集体产权制度改革。巩固提升农村集体产权制度改革成果，进一步完善集体经济组织成员信息，积极拓展成果应用渠道。持续深化集体林权制度改革，推进林业改革发展再出发。加强农村集体“三资”管理，建设福建省农村集体资产线上监督平台，依托福建省乡村振兴（扶贫惠民）资金在线监管平台，推动集体财务收支、合同管理等线上公开。发展壮大新型农村集体经济，创新集体经济组织形式和运营机制，因地制宜探索资源开发型、股份合作型、项目带动型、服务经济型、物业收益型等集体经济发展路径。

探索开展经营性资产股份（份额）有偿退出、抵押担保试点。采取集中建设、分级使用、数据共享、综合监督的方式，建设省市县乡村上下畅通，多方联动与协同合作，实体交易市场+线上网络市场相结合的农村产权流转交易体系。（责任单位：省农业农村厅、林业局）

推进农村宅基地制度改革。深化农村宅基地制度改革试点，在晋江、沙县、建瓯探索宅基地所有权、资格权、使用权“三权分置”，落实宅基地属于本集体成员集体所有的有关规定，保障农村集体经济组织成员家庭作为宅基地资格权人依法享有的权益，允许在一定条件下流转、抵押宅基地使用权，推动建立依法取得、节约利用、权属清晰、权能完整、流转有序、管理规范的农村宅基地制度。(责任单位：省农业农村厅)

（三）健全现代农业经营体系

培育壮大新型农业经营主体。推进国家、省、市、县级龙头企业梯队发展，“十四五”期间力争农业产业化省级以上重点龙头企业超1500家。着力提升龙头企业创新发展、数字化发展、绿色发展、品牌发展、融合发展等五项能力和联农带农水平。加强龙头企业服务，组织开展龙头企业培训，提高龙头企业管理人员素质。持续组织实施农民合作社规范提升行动，深入开展国家、省、市、县示范社“四级联创”，“十四五”期间新培育3000家县级及以上示范社。加强财政、税收、金融、用地等要素保障，支持农民合作社扩大规模、创建品牌、引进技术、促进产销。加快培育特色家庭农场，组织开展省、市、县示范家庭农场创建活动，鼓励有条件的地方，有序组建一批区域性家庭农场协会或联盟，“十四五”期间新培育5000家县级及以上示范场，推进家庭农场高质量发展。加强农民合作社和家庭农场辅导员等人才队伍建设。(责任单位：省农业农村厅、海洋渔业局)

健全社会化服务体系。以提升社会化服务能力为重点，突出以小农户为主要服务对象，在巩固水稻等粮食作物生产托管的同时，持续向食用菌、果树、茶叶、蔬菜等特色经济作物延伸。加快推广“互联网+农机作业”北斗卫星导航作业监测、网上订单等服务模式，为小农户和新型农业经营主体提供耕、种、防、收等各环节“菜单式”托管服务。发挥供销合作社作用，以龙头企业、农业服务公司、庄稼医院、农民合作社等为载体，加快构建县有运营中心、乡镇有服务站、村有服务点的县级供销社农业社会化服务体系，开展农产品营销、加工、电子商务、土地托管、配方施肥、统防统治、农机作业、助农信贷增信服务。(责任单位：省农业农村厅、供销社)

（四）强化支持保护

加大财政投入保障力度。建立健全与乡村振兴相适应的财政投入保障制度，继续把农业农村作为一般预算优先保障领域，预算内投资进一步向农业农村倾斜。加强考核监督，稳步提高土地出让收入用于农业农村比例。地方政府债券对符合条件的乡村振兴公益性项目给予支持。推进涉农资金统筹整合，强化预算绩效管理和监督，提高财政资金使用效益。(责任单位：省财政厅、发改委、农业农村厅、水利厅、海洋渔业局、林业局、供销社)

提高银行保险服务水平。以龙头企业为点、特色产业为线、现代农业产业园为面，进一步推广全产业链综合金融服务，为产业发展注入动能。重点加强乡村普惠型、基础性、兜底性民生建设的金融支持力度，加大乡村道路交通、物流通信、供水供电、教育卫生、清洁能源、人居环境改造等农村现代化重点领域的中长期信贷投放力度。突出创业创新带头人、返乡下乡人员、大学生村官、退役军人等重点群体，提供适配性更高、针对性更强的金融综合服务。促进政策性保险与商业性保险相融合，探索构建涵盖财政补贴基本险、商业险和附加险等的农业保险产品体系，巩固扩大农业保险覆盖面。实施优势特色农产品以奖代补政策，鼓励各地聚焦具有区域资源禀赋的特色水果、水产养殖、茶叶等产业，创新“一县一品”特色农险产品。逐步推进大宗农产品保险从“保成本”向“保价格”“保收入”转变。推广“保险+期货”“保险+信贷”等金融产品组合。（责任单位：福建银保监局)

（五）深化农业对外合作

推动优势农产品出口。每年创建30个农业国际贸易高质量发展基地，对标国际通行标准体系，推动开展国际认证和国际商标注册，不断提升出口农产品品质和国际化、标准化、品牌化水平。每年支持150家农产品生产、加工、贸易企业参加线上线下国际知名专业展会，开展宣传推介活动，巩固传统出口市场，重点拓展RCEP市场。（责任单位：省农业农村厅、海洋渔业局）

实施闽茶海丝行。充分发挥福建21世纪海上丝绸之路核心区的优势，立足已建立的13个“闽茶文化推广中心”和福建茶叶主要境外市场，组织茶企参加“香港茶展”等线上线下国际专业展会，设立闽茶展销专区，开展闽茶品牌文化推介活动。每年适时开展1次“闽茶海丝行”境外推介活动，提高闽茶海内外知名度。开展“闽茶海丝行”线上展销，依托福茶网开辟“闽茶海丝行”专区，向全球专题推介闽茶文化、区域公用品牌、知名茶叶企业品牌等，拓展闽茶销售渠道。（责任单位：省农业农村厅）

强化菌草援外等农业技术国际合作。加强菌草种质保护与创新，推进菌草援外项目实施，拓展菌草国际合作渠道。积极推进全球重要农业文化遗产申报与保护利用，组织遗产地参与国际交流，助力遗产地乡村振兴事业。（责任单位：省农业农村厅，福建农林大学）

十、加大组织保障

（一）健全工作推进机制

建立省农业农村厅、发改委牵头的农业农村现代化工作推进机制，结合乡村振兴“十大行动”制定年度任务清单和工作台账，明确任务分工，加强重点工作任务跟踪调度，确保各项目标任务落地见效。各设区市和平潭综合实验区要结合实际制定推进落实措施，明确目标任务，细化政策举措。各部门要根据责任分工，强化政策配套，协同推进。

（二）动员社会参与

搭建社会参与平台，构建政府、市场、社会协同推进农业农村现代化的工作格局。调动基层干部和农民群众积极性、主动性、创造性，发挥各类群团组织和其他社会力量积极作用，凝聚推进农业农村现代化的强大合力。

（三）加强考核评估

建立农业农村现代化监测评估制度，加强年度监测分析、中期评估和总结评估全过程管理。建立健全跟踪考核机制，把推进农业农村现代化情况纳入实施乡村振兴战略实绩考核。健全规划、财政、金融等政策协调和工作协同机制，强化各类政策对规划实施的保障支撑。

附件：1.“十四五”推进农业农村现代化主要指标

2.“十四五”推进农业农村现代化重点工程

附件1

“十四五”推进农业农村现代化主要指标

序号	指标	2020年基期值	2025年目标值	年均增速（累计）	指标属性	责任单位
1	粮食综合生产能力（万吨）	502.32	>500	保持稳定	约束性	省农业农村厅
2	肉类总产量（万吨）	259.39	275.33	保持稳定	预期性	省农业农村厅
3	农业科技进步贡献率（%）	62	>65	>（3）	预期性	省农业农村厅、科技厅
4	高标准农田面积（万亩）	1135	1435	（300）	约束性	省农业农村厅
5	农作物耕种收综合机械化率（%）	70	75	（5）	预期性	省农业农村厅
6	畜禽粪污综合利用率（%）	90	93	（3）	约束性	省农业农村厅
7	农产品质量安全例行监测合格率（%）	99.3%	高于全国平均水平	/	预期性	省农业农村厅
8	农产品加工业与农业总产值比	3.2	3.3	（0.1）	预期性	省农业农村厅
9	较大人口规模自然村通硬化路比例（%）	74.3	90	（15.7）	预期性	省交通运输厅

续表

序号	指标	2020 年基期值	2025 年目标值	年均增速（累计）	指标属性	责任单位
10	农村自来水普及率（%）	87.3	90	（2.7）	预期性	省水利厅
11	乡村义务教育专任教师本科以上学历比例（%）	60.5	63	（2.5）	预期性	省教育厅
12	乡村医生中执业（助理）医师比例（%）	36.1	45	（8.9）	预期性	省卫健委
13	乡镇（街道）范围具备综合功能的养老服务机构覆盖率（%）	50	60	（10）	预期性	省民政厅
14	农村居民人均可支配收入增速（%）	6.7	—	8	预期性	省农业农村厅
15	集体收益 20 万元以上的村占比（%）	51.2	60	（8.8）	预期性	省委组织部，省农业农村厅、财政厅
16	县级及以上文明村占比（%）	45	65	（20）	预期性	省委文明办
17	农村居民教育文化娱乐消费支出占比（%）	7.5	>11.5	（4）	预期性	省委宣传部，省教育厅、文旅厅

注：（）为 5 年累计数

附件 2

“十四五”推进农业农村现代化重点工程

序号	工程名称	主要目标	政策措施	责任单位
1	粮食产能区建设	每年建设水稻、旱粮等粮食生产示范基地 250 个以上，示范作物单产高于全省平均水平 10%	1. 建设相对连片的百亩以上水稻生产示范片，重点推广新品种、新技术、新肥料、新农药、新机具等农业“五新”。2. 扶持发展粮食适度规模经营，开展社会化服务，提高单产水平。3. 建设甘薯、马铃薯、玉米等旱粮生产示范基地，重点示范推广优质专用品种、脱毒种薯及轻简化栽培、稻草包芯等配套关键增产技术	省农业农村厅
2	省级粮食储备库建设项目	新建省级储备仓容量 32 万吨，扎实抓好粮食储备软硬件建设，高起点规划、高标准建设一批生态型粮食储备库，大力推广科技储粮、绿色储粮新技术	1. 加强顶层设计，项目建设纳入省政府粮食安全相关规划。2. 建设省储备粮管理有限公司建宁直属库、南安直属库拆旧建新、漳浦直属库扩建工程、莆田直属库仙游库区改建等高标准粮食储备库项目。3. 项目建设列入 2022 年度省重点项目名单。4. 加快项目建设前期工作，推动项目早开工、早建设、早投产、早见效	省粮储局
3	高标准农田建设	新建高标准农田 300 万亩，改造提升 100 万亩，新增高效节水灌溉面积 45 万亩	1. 落实农田建设“中央统筹、省负总责、市县抓落实、群众参与”的工作机制，拓宽多元投入渠道，用足新增耕地指标调剂收益，健全农田建设投入稳定增长机制，保障财政资金投入。2. 新增建设与改造提升并重，实行精准化管理，全面推广应用数字农田，强化项目事前、事中、事后全程管理，规范参建单位建设行为，提升农田宜机化、田园化、生态化、数字化建设水平	省农业农村厅

续表

序号	工程名称	主要目标	政策措施	责任单位
4	耕地保护与质量提升项目	推广施用有机肥2000万亩（次）以上，每年示范推广酸化耕地质量改善项目100万亩	1. 结合畜禽粪污资源化利用全省推进和地力提升项目，大力推广施用商品有机肥、科学合理施用畜禽粪便堆（沤）肥、沼肥等有机肥2000万亩（次）以上。2. 实施酸化耕地质量改善项目，在土壤pH值小于5.5的耕地酸化和潜育化地区，建立示范片，施用石灰和土壤调理剂，提高土壤pH值，每年示范推广100万亩。3. 开展耕地质量等级调查评价及新建高标准农田质量等级变更评价	省农业农村厅
5	果树提质增效项目	每年建设10个以上果树标准化示范基地	1. 依托现代果业发展项目资金，扶持建设标准化果园，主要示范推广新优果树品种。2. 完善果园基础设施，推广增施有机肥、病虫害绿色防控技术等，提高水果标准化生产技术水平，优质果率提高15个百分点	省农业农村厅
6	茶业发展提升项目	到2025年，面积稳定在350万亩，产量稳定47万吨	1. 指导各地建设生态茶园，综合采取种树、留草、间作、套种、疏水、筑路、培土等措施，保持茶园水土，改善茶园生态。2. 通过各类展会、茶事活动等，扩大闽茶影响力	省农业农村厅
7	现代菌业提升工程	促进25家食用菌精深加工企业发展壮大，重点培育10个菌种繁育中心、50家规模菌包集中供应中心、100个食用菌生产设施化智能化生产基地、100个食用菌标准化示范基地	1. 在食用菌优势主产区，突出优势特色品种，推动打造食用菌产业集群。2. 依托国家食用菌产业集群、现代农业产业园、农业产业强镇、“一村一品”专业村等项目，加大基地建设力度，鼓励引导食用菌生产企业工厂化智能化改造	省农业农村厅
8	生猪产业转型升级项目	新改扩建165个生猪规模养殖场，全省生猪规模化率达95%以上	采取拆小建大或标准化升级改造，实现生猪养殖场规模化、标准化、生态化、智能化健康养殖	省农业农村厅
9	特色畜禽产业提升项目	新改扩建蛋禽养殖场25个，新增存栏蛋禽1000万羽，新建或改扩建肉禽养殖场17个，新增出栏肉禽7000万羽，新建或改扩建牛羊兔等草食动物养殖场25个，新增出栏牛羊兔等草食动物200万头（只）	加快建设特色畜禽产业项目，重点建设标准化畜禽舍、自动化饲养设备、自动清粪设备、自动环控系统、自动光照系统、水禽旱养系统、粪污处理系统、集蛋分级包装打码等系统，提升特色畜禽标准化、设施化、智能化、集约化、生态化养殖水平	省农业农村厅
10	现代渔业提升项目	全省新建、改造提升和整治维护一批渔港	1. 加快福州（连江）国家远洋渔业基地建设，开展远洋渔船更新改造。2. 建设设施渔业，提升工厂化养殖和网箱养殖水平。3. 建设人工鱼礁，保护渔业资源，建设深远海养殖平台。4. 推进渔港新建改造提升，建设福建智慧渔港	省海洋渔业局

续表

序号	工程名称	主要目标	政策措施	责任单位
11	木本油料基地建设	至2025年，建设油茶基地2.33万公顷，其中：新造0.63万公顷、改造1.7万公顷	大力推广闽优家系、湘林系列、长林系列等福建适生油茶良种，加大优质、丰产油茶林基地建设，持续推进现有低产低效油茶林改造提升	省林业局
12	林下经济及非木质利用	至2025年，林下经济利用面积达200万公顷，扶持林下示范基地200个	1. 重点发展道地中草药，引导发展蜂、梅花鹿、麝等药用特种动物的养殖，有序开展红菇、竹荪、灵芝、梨菇等食用菌和竹笋的采集加工。2. 扶持林下经济产品产地初加工和精深加工，支持生物质能源、生物制药等产业发展	省林业局
13	花卉苗木产业发展	至2025年，全省花卉苗木全产业链总产值达到1380亿元	1. 实施省级财政花卉产业发展项目100个，建设温室大棚100万平方米。2. 支持有条件的地区建设花卉产业园，推进花卉产业集聚发展	省林业局
14	农业气象指数保险	有效保障当地保户灾后恢复生产，全面助力农业防灾减灾和乡村振兴	1. 农业气象指数保险纳入福建省《关于加快福建省农业保险高质量发展的实施方案》《关于做好特色农业保险工作的通知》的政策支持的内容，农业气象指数保险写入《福建省“十四五”气象发展规划》。2. 通过开展农业气象指数保险，推进地方优势特色农产品气象指数保险和农业气象巨灾指数保险产品的扩面增品，发挥“保险＋气象”服务优势，提升政府灾后救灾能力	省气象局
15	福建省现代农业生产安全气象保障工程	扩大特色农业气象服务关键技术保障能力	1. 研发特色农业气象服务关键技术写入《福建省“十四五”气象发展规划》。2. 建立适应现代农业发展的气象为农服务技术保障体系，完善现代农业、特色农业的气象指标体系，建立健全面向农业生产全过程、多时效、精细化的农业气象监测分析、预测预报和影响评估的技术系统。3. 研发基层精细化农业气候区划和农业气象灾害风险区划等特色农业气象服务关键技术	省气象局
16	福建省农业生物种质资源库建设	建设福建省农业生物种质资源库，种质资源保存能力达25万份以上	推进福建省农业生物种质资源库建设，新建农业生物种质资源短期库、中期库、长期库、试管苗保存库、鉴定评价实验室等，保存作物、畜禽、农业微生物等三类种质资源，建设水产种质资源保种场30家以上，种质资源保存能力达25万份以上	省农科院、海洋渔业局
17	种业创新与产业化工程	到2025年，育成120个具有自主知识产权农业（水产）新品种（品系）	突出粮食安全、特色优势、闽台融合，鼓励科企联合，重点扶持优质绿色水稻、特色果蔬、食用菌、高产蛋鸭、大黄鱼、鲍鱼、海参以及高值化淡水鱼等育种攻关与产业化开发	省农业农村厅、林业局、海洋渔业局
18	三明市“中国稻种基地”建设	三明市制种面积稳定在25万亩以上	1. 支持三明“中国稻种基地”建设，提升建宁县国家现代农业（种业）产业园建设水平。2. 提高制种基地高标准农田建设标准，研发现代化制种设施，完善制种社会化服务体系	省农业农村厅

续表

序号	工程名称	主要目标	政策措施	责任单位
19	设施农业温室大棚建设项目	每年建设一批省定标准设施农业温室大棚，到2025年省定标准的设施农业温室大棚达到20万亩以上	在主产县，对集中建造以设施蔬菜种植为主的各类建设达到省定标准的高标准钢架温室大棚实施主体给予补贴，不断完善水肥一体化、温控、机械化作业等设施装备	省农业农村厅
20	农产品产地冷藏保鲜设施建设	每年建设农产品仓储保鲜冷藏设施建设60个左右	围绕水果、蔬菜、茶叶、食用菌、特色中药材等特色主导产业，支持农民专业合作社、家庭农场、村集体经济组织等建设农产品产地冷藏保鲜设施	省农业农村厅
21	提升农作物生产机械化水平	到2025年，全省建成500个农作物生产全程机械化示范基地，创建10个国家级、25个省级农作物生产全程机械化示范县	组织实施农作物全程全面机械化推进行动，每年扶持建设100个农作物生产全程机械化示范基地	省农业农村厅
22	农业生产智能化	到2025年建设国家级数字农业创新应用基地2—3个，建设一批省级数字农业创新应用基地	综合应用农业物联网、5G、大数据、人工智能卫星遥感等信息化新技术和新装备，建设数字农业创新应用基地	省农业农村厅
23	特色现代农业高质量发展“3212”工程	创建30个重点现代农业产业园、20个重点优势特色产业集群、100个农业产业强镇和2000个“一村一品”专业村	用好国家产业政策和财政衔接推进乡村振兴补助资金，支持现代农业产业园、优势特色产业集群、农业产业强镇和“一村一品”专业村建设，推进特色优势产业集聚发展，打造特色农业产业强县、强镇、强村	省农业农村厅、海洋渔业局
24	深化农业绿色发展先行创建	新增9个省级以上农业绿色发展先行区	1. 在现有3个国家农业绿色发展先行区和8个省级农业绿色发展先行区创建的基础上，新增9个省级以上农业绿色发展先行区创建，并在平和、武夷山、永泰等县（市、区）开展六大支撑体系建设，推动形成不同生态类型地区的农业绿色发展整体解决方案。2. 总结推广典型模式，为深入推进全省农业绿色发展树标杆、立典型	省农业农村厅
25	闽台农业合作提升工程	全省台湾农民创业园每年新增台资农业项目20个以上、闽台农业融合发展产业园每年新增台资农业项目18个以上	落实落细、用好用足园区产业发展、贷款贴息、电价优惠等扶持政策，引进落地一批精品现代农业项目，加快实施一批重点项目，精心培育一批龙头企业。支持符合条件的台湾农民创业园申报创建国家现代农业产业园，争取新设一批国家级台湾农民创业园、设立一批海峡两岸乡村振兴合作基地	省农业农村厅
26	休闲农业提升工程	培育省级美丽休闲乡村和休闲农业示范点250个	依托福建省各地种养业田园风光、绿水青山、村落建筑、乡土文化、民俗风情和人居环境等资源优势，培育一批天蓝、地绿、水净、安居、乐业的美丽休闲乡村，打造一批功能齐全、布局合理、机制完善、带动力强的休闲农业示范点	省农业农村厅

续表

序号	工程名称	主要目标	政策措施	责任单位
27	旅游公共服务设施完善提升行动	提升乡村旅游服务能力和水平	1. 做好旅游厕所百度地图上线和“一厕一码”工作。2. 建设提升一批文化特色鲜明的旅游服务中心（点）	省文旅厅
28	农村创新创业带头人培育工程	培育农村创新创业带头人 30000 名	深入实施农村创新创业带头人培育行动，以返乡入乡创业创新农民工、中高等院校毕业生、退役军人、科技人员等各类农村创业创新人员为重点对象，培育一批创业创新活跃、联农带农紧密、业绩突出的创业创新群体	省农业农村厅
29	农民素质提升行动	到 2025 年累计新增培养中专学历以上高素质农民 5 万人，培训新型农业经营主体带头人 15 万人，开展农村实用技术远程培训 500 万人次	实施高素质农民学历提升、高素质农民培训、农村实用技术远程培训等三大工程，每年省级财政支持高素质农民学历提升工程 3000 万元、高素质农民培训工程 3000 万元、农村实用技术远程培训工程 300 万元	省农业农村厅、教育厅
30	“师带徒”引凤计划	提升乡村创新创业水平	将省内外创新创业领军人才（金凤）的产业项目“嫁接”给致力于返乡创业的大中专毕业生、返乡入乡创业人员、退伍军人、待就业青年（雏凤）并通过“师带徒”结对子的方式进行孵化，培育一批乡村振兴战略带动型人才（玉凤），落地一批引领性强、成长性好、扎根农村的创新创业企业	省人社厅
31	“智惠八闽”专家服务乡村振兴专项行动	提高乡村振兴人才支撑能力	组织各级各类专家深入基层一线，开展多种形式的技术帮扶、产业帮扶、人才帮扶等服务活动，大力促进乡村人才队伍建设和乡村全面振兴	省人社厅
32	农村供水保障工程	到 2025 年，农村自来水普及率达到 90%	实施农村供水保障工程，积极推进县（市、区）城乡供水一体化建设，推进城乡供水融合发展	省水利厅
33	“快递进村”工程	实现乡乡有网点、村村有服务，提升农村地区快递服务水平	1. 支持村级寄递物流综合服务站建设，鼓励有条件的农村地区快递直达到户。2. 探索以中心村设点、辐射村安装智能终端的“人工 + 智能”方式。3. 引导鼓励邮政快递企业“抱团进村”，打通寄递服务“最后一公里”	省邮政管理局
34	农村生活污水提升治理工程	到 2025 年，全省农村生活污水治理率达 65% 以上	优先治理“三周边、两沿线、两重点”等七类重点村庄的农村生活污水。完成 9616 个行政村农村生活污水提升治理	省生态环境厅、农业农村厅、住建厅
35	农村黑臭水体治理工程	基本消除较大面积农村黑臭水体	开展农村黑臭水体治理试点示范工程，探索建立治理技术模式	省生态环境厅、农业农村厅、水利厅等
36	农村生活垃圾治理工程	农村生活垃圾基本实现无害化处理，农村有机垃圾生态处理机制基本建立	推进农村生活垃圾“干湿”分类，通过沤肥返田、配置“湿垃圾”终端处置设施等方式解决终端处理问题，不断扩大垃圾分类覆盖面，提升垃圾治理的减量化、资源化利用水平，实现农村生活垃圾处置体系全覆盖	省住建厅、农业农村厅、生态环境厅、供销社

续表

序号	工程名称	主要目标	政策措施	责任单位
37	数字乡村建设发展工程	到2025年，全省乡镇以上区域全面实现千兆光网和5G网络覆盖，行政村5G通达率达80%，互联网数据中心机架规模达15万个	持续拓展农村光网和4G覆盖广度和深度，推动农村千兆光网、5G网络、移动物联网与城市同步规划建设	省通信管理局
38	普惠性学前教育巩固提升工程	每个乡镇原则上至少办好一所公办中心园，每个县（市、区）公办幼儿园在园幼儿占比均达到50%以上	1. 继续实施公办幼儿园建设项目，扶持各地加强公办幼儿园建设，支持乡镇、村集体等利用闲置房产、空闲校舍等资源，积极创造条件举办公办园或附属园。2. 支持通过购买服务、综合奖补、减免租金、派驻公办教师、培训教师、教研指导等方式，加大普惠性民办幼儿园扶持力度。3. 深入推进“总园+”“镇村一体化”等办园模式改革，提升学前教育片区管理和乡村小规模学校附设幼儿园（班）精准帮扶实效。4. 持续做好边远乡村学前教育巡回支教	省教育厅
39	城乡义务教育一体化发展行动	推进城乡义务教育优质均衡发展，进一步缩小城乡、校际教育差距	1. 办好必要的乡村小规模学校，改善乡镇寄宿制学校办学条件，推进乡村温馨校园建设。2. 加快推进义务教育薄弱环节改善与能力提升工作，推动城乡学校对口帮扶、教育共同体建设全覆盖。3. 深入推进“县管校聘”改革，加快推进县域内教师交流轮岗	省教育厅
40	职业教育提升工程	加强职业教育基础能力建设	办好一批县级职教中心，重点建设1—2个专业群，培养农村急需的实用技术技能人才	省教育厅
41	农村养老服务体系建设工程	每个县（市、区）至少建有1所县级供养服务机构；乡镇范围具备综合功能的养老服务机构覆盖率达到60%；全省达到三星级及以上标准的农村幸福院数量不少于4000所	1. 支持提高养老机构照护能力，盘活用好现有养老照护设施，建设一批服务高龄及失能老人的养护院，满足基本养老需求和高龄、失能老年人的服务需求。2. 整合片区资源，推动在乡镇范围内建有具备全托、日托、上门服务等综合功能的养老服务设施。3. 开展农村幸福院质量提升行动，继续加强农村幸福院建设和运营管理	省民政厅、财政厅
42	县域商业体系建设行动	加强县域商业体系建设，促进农村消费	支持优化县域商业网点设施布局，以人口聚集的乡镇为重点，支持升级改造一批商贸中心、大中型超市、集贸市场等，建立完善县域统筹、以县城为中心、乡镇为重点、村为基础的农村商业体系	省商务厅
43	“三品一标”培育	每年新培育“三品一标”农产品240个以上	1. 引导农业龙头企业、农民合作社、家庭农场等新型农业经营主体开展“三品一标”品牌培育、文化挖掘、技术改造和科技创新等。2. 每年实施地理标志农产品保护工程6个以上。3. 实施标准化生产，完善质量安全追溯体系	省农业农村厅、林业局、海洋渔业局

续表

序号	工程名称	主要目标	政策措施	责任单位
44	农产品品牌打造与宣传	每年评选区域公用品牌10个和福建名牌农产品20个以上。构建全面立体的品牌农业宣传矩阵，健全市场营销推介机制	1. 鼓励创建和发展农产品品牌，努力打造以品牌价值为核心的新型农业。2. 强化政府公益服务，全方位打造“福农优品”，塑造“生态福建·绿色农业”整体品牌形象。3. 利用传统媒体和新媒体宣传平台，以科技手段加强对“三品一标”和全国名特优新农产品的宣传报道。4. 办好年度绿色食品宣传月活动，组织参加绿博会、有机博览会、农交会地标专展等专业展会	省农业农村厅、林业局、海洋渔业局
45	化肥减量“2345”工程	全省化肥使用量减少10%	每年示范推广有机肥2000万亩、推广测土配方施肥技术3000万亩（次）、示范推广绿肥种植400万亩、实施秸秆还田500万亩	省农业农村厅
46	持续推进农药减量控害	每年全省推广应用绿色防控技术3000万亩次以上，实施统防统治1200万亩次以上	积极推广高效低毒低残留农药、智能无人机等高效能植保机械和先进施药技术	省农业农村厅
47	实施畜禽粪污资源化利用提升工程	到2025年，全省畜禽粪污综合利用率达到93%以上	组织50个县（市、区）实施畜禽粪污资源化利用提升工程，改造升级粪污收储运、处理利用、臭气处理及信息化监管设施设备，实现高水平利用	省农业农村厅
48	坚持和深化新时代科技特派员制度	每年选认2000名省级科技特派员	1. 支持科技特派员与服务对象结成利益共同体。2. 每年选认2000名省级科技特派员，实现省级科技特派员创业和技术服务乡镇全覆盖。3. 坚持跨界别选拔人才，实现创业和技术服务领域覆盖一二三产业，促进一二三产业深度融合	省科技厅
49	文化惠民扩面增效工程	大力推动乡村文化振兴	开展文化下乡、乡村村晚和“春燕行动—福建乡村音乐会”“戏曲进乡村”“新时代乡村阅读季”“文化三下乡”等文化惠民活动	省文旅厅，省委宣传部
50	法治乡村平安乡村建设行动	提升乡村治理体系和治理能力现代化	1. 强化农村社会治安防控体系建设。大力推进“一村一警务助理”机制，积极构建专群结合、警民联防的乡村治安防控网络。深入推进乡村“雪亮工程”建设，扎实开展智慧农村警务建设。依法打击各类涉农村安全稳定违法犯罪活动。2. 强化乡村社会矛盾排查化解工作。发挥人民调解、行政调解、司法调解等多元化矛盾纠纷解决机制作用。畅通和规范群众诉求表达、利益协调、权益保障通道。3. 强化乡村社会治理机制探索创新。加强乡（镇）、村综治中心规范化建设，深化农村网格化管理服务。4. 强化乡村法律服务法治宣教建设。推动“一村一法律顾问”和“互联网＋乡村公共法律服务”全覆盖。实施全省农村“法律明白人”培养工程，全面落实“谁执法谁普法”普法工作责任制	省委政法委，省公安厅、信访局、司法厅

续表

序号	工程名称	主要目标	政策措施	责任单位
51	家庭农场培育	到2025年县级以上示范家庭农场达到6000家以上	突出技术先进、生产绿色、产品安全、管理规范、规模适度的发展要求，每年新增县级以上示范家庭农场500家	省农业农村厅
52	优势农产品出口提升工程	每年创建30个农业国际贸易高质量发展基地，每年组织150家农业企业参加国际展会，持续开展“闽茶海丝行”活动	1. 突出优势特色产业，支持企业完善基础设施，推广水肥一体化、智慧农业等高新技术，开展产品或生产管理体系认证，加强可追溯管理，注重品牌培育，提高福建省出口农产品国际竞争力。 2. 组织农产品生产、加工、贸易企业参加国际知名专业展会，开展宣传推介活动，巩固传统出口市场，重点拓展“一带一路”沿线国家新兴市场	省农业农村厅、海洋渔业局
53	金融支持乡村振兴专项行动	提升“三农”金融服务能力，加大支持力度	1. 结合乡村振兴金融需求，“一企一策”、“一业一策”开发乡村振兴特色化金融产品，发展生产订单、农业保单融资，推广“三农”综合保险，创新环境污染责任险、农产品质量险、农民短期意外伤害险等产品。2. 依托信用户、信用村、信用乡镇创建工作，对信用户实行贷款优先、额度优先、利率优惠的“三优”服务	福建银保监局

福建省人民政府办公厅关于印发福建省推进绿色经济发展行动计划（2022—2025年）的通知

闽政办〔2022〕42号

各市、县（区）人民政府，平潭综合实验区管委会，省人民政府各部门、各直属机构，各大企业，各高等院校：

《福建省推进绿色经济发展行动计划（2022—2025年）》已经省政府同意，现印发给你们，请认真组织实施。

福建省人民政府办公厅

2022年8月18日

（此件主动公开）

福建省推进绿色经济发展行动计划（2022—2025年）

为深入贯彻落实习近平总书记来闽考察重要讲话精神，加快推进福建省绿色经济发展，加快构建绿色低碳循环发展经济体系，全方位推进高质量发展超越，制定以下行动计划。

一、总体思路

（一）指导思想。以习近平新时代中国特色社会主义思想为指导，全面贯彻落实党的十九大和十九届历次全会精神，深入践行习近平生态文明思想，立足新发展阶段、贯彻新发展理念、服务和融入新发展格局，持之以恒实施生态省战略，深化国家生态文明试验区建设，坚定不移走生态优先、绿色低碳的高质量发展道路，协同推进降碳、减污、扩绿、增长，聚焦“提高效率、提升效能、提增效益”，着力推动经济社会发展全面绿色转型，推动绿色经济发展再上新台阶，为全方位推进高质量发展超越、建设美丽中国示范省份提供有力支撑。

（二）主要目标。坚持生产绿色化、生态产业化、能源清洁化、生活低碳化，到2025年，全省绿色经济发展水平显著提升，一批绿色低碳关键技术和重大研发成果取得突破，具备条件的省级以上园区全面实施循环化改造，重点工业行业节能能力显著提升，重点行业和数据中心企业能效达到标杆水平的产能比例超过30%；优质生态产品供给能力不断增强，生态产品价值实现机制进一步完善，绿水青山就是金山银山转化途径进一步拓宽，绿色信贷规模大幅增长，较2021年末翻一番；能源清洁高效利用水平稳步提升，能源产业核心竞争力不断增强，新能源产业增加值力争达到1000亿元；绿色低碳理念深入人心，绿色生活创建行动取得阶段性成果，探索形成一批可复制可推广的绿色发展模式和典型经验。

二、重点任务

（一）强化减污降碳，推动产业绿色低碳循环发展

1. 实施绿色低碳技术创新行动。加强节能低

碳基础研究和前沿技术布局，加快生态环保产业、环境友好高分子材料等制造业创新中心建设，提升制造业协同创新能力。以化石能源绿色开发、低碳利用、减污降碳等为重点，实施碳中和关键技术与示范等省科技计划项目，加快推动低碳零碳负碳关键核心技术攻关。完善科技成果转化激励机制，提升中国·海峡创新项目成果交易会、国家技术转移海峡中心和中科院科技服务网络福建中心等创新服务平台功能，健全以技术交易市场为核心的绿色技术转移和产业化服务体系，推动一批国家级绿色科技成果在闽落地转化。组织实施一批重大节能低碳技术示范工程，支持发展碳捕集利用与封存（CCUS）等重大节能低碳技术和装备产业化示范项目，推动实现先进适用技术产业化、全流程规模化应用。（责任单位：省科技厅、发改委、工信厅，各设区市人民政府、平潭综合实验区管委会按职责分工，以下均需各地落实，不再列出）

2. 培育壮大新兴绿色产业。持续壮大节能环保产业、清洁生产产业、清洁能源产业、生态环保产业、基础设施绿色升级以及绿色服务产业，积极推进福州高新区等国家绿色产业示范基地建设。推进高效节能装备、先进环保装备发展，培育一批大气污染防治环保装备、先进制冷系统制造、氢燃料电池空气压缩机制造等领域龙头企业，加快宁德电机电器、厦门永磁电机等产业基地（集群）发展。把握 RCEP 正式生效和金砖国家合作等发展机遇，拓展完善绿色供应链。大力推广合同能源管理、合同节水管理、环境污染第三方治理服务模式。依托创建绿色制造体系和绿色诊断，培育绿色制造系统解决方案、第三方评价及城市环境服务机构，发展第三方服务市场。到 2025 年，工业战略性新兴产业产值占规上工业产值比重提高到 23%。（责任单位：省发改委、生态环境厅、工信厅、商务厅按职责分工）

3. 实施节能降碳改造和传统行业升级提升行动。以钢铁、有色、建材、石化化工等行业为重点，对标能效标杆水平，推动能效低于基准水平的重点行业企业有序实施改造升级，促进行业高质量发展。支持工业企业实施低效设备更新改造、能量系统优化等重大示范引领工程，推动能源梯级利用，推动企业建设智慧能源管理平台，推动高碳制造业数字化减碳降碳工作。大力开展绿色工厂、绿色园区等绿色制造体系建设，到 2025 年底，累计创建省级以上绿色园区 15 个，绿色工厂 150 家。支持符合条件的省属企业按照市场化原则有序开展兼并重组。支持对供电煤耗在 300 克标准煤/千瓦时以上的煤电机组实施节煤降耗改造，支持开展煤电机组供热改造和灵活性改造。到 2025 年，规模以上工业单位增加值能耗下降高于 14%。（责任单位：省工信厅、发改委、生态环境厅、国资委按职责分工）

4. 开展省级以上园区循环化改造。从优化产业空间布局、促进产业循环链接、推动节能降碳、推进资源高效利用、加强污染集中治理等方面开展省级以上园区循环化改造，显著提升园区绿色低碳循环发展水平。推动工业园区能源系统整体优化，综合利用园区及周边地区的蒸汽、电力、余热等资源，推进供热、供气等公共基础设施共建共享。加快编制全省清洁生产审核实施方案，在石化、钢铁等重点行业积极探索清洁生产审核创新试点，探索园区、行业清洁生产整体审核。鼓励企业采用先进清洁生产技术装备实施升级改造，推广应用清洁高效制造工艺、清洁生产技术和产品。（责任单位：省发改委、工信厅、生态环境厅、商务厅按职责分工）

5. 推进大宗固体废弃物综合利用。开展工业固废综合利用提质增效工程，推动工业固废按元素价值综合开发利用，加快推进粉煤灰、尾矿、冶炼渣等工业固废的规模化利用。加大大宗固废综合利用先进适用技术、装备研发和应用。支持大宗固废综合利用，推进新能源汽车动力蓄电池回收利用，支持示范项目列为省重点技改项目。构建废旧物资循环利用体系，加快完善废旧物资回收网络，提升再生资源分拣加工利用水平，推动再生资源规模化、规范化、清洁化利用。积极培育再制造产业，支持建设再制造产业示范基地，推进机动车零部件、机床、工程机械、农用机械、电子设备等再制造。到 2025 年，新增大宗固废综合利用率达 60%。（责任单位：省工信厅、发改委、商务厅按职责分工）

6. 推动塑料生产和使用环节源头减量。健全完善塑料制品生产、流通、消费、回收利用、末端处置全链条的治理长效机制。开发生产绿色环保、节材节能、创新设计的日用塑料产品，支持竹木制品、纸制品、可降解塑料制品等塑料替代品产业化、绿色化、规范化发展。围绕炼化一体化项目，延伸发展新型高档汽车用塑料、包装材料、农用管材、医用材料等塑料产品。督促指导电子商务、外卖等平台企业和快递企业按照国家要求落实一次性塑料制品减量规定。加快发展高性能特种用途薄膜、功能性复合膜材料和新型功能性药用包装薄膜，推动功能性聚酯薄膜项目建设。推广全生物降解农膜产品，到2025年，全省农膜回收率达到85%，地膜残留量实现零增长。深化快递业绿色转型升级，电商快件基本实现不再二次包装，可循环快递包装应用规模达30万个。（责任单位：省发改委、工信厅、商务厅、农业农村厅、市场监管局、供销社、邮政管理局按职责分工）

（二）围绕价值实现，着力打造生态产业链

1. 提高生态产品供给能力。编制出台《福建省自然保护地总体布局和发展规划（2022—2035年）》，持续优化自然保护地整合优化预案，加快建设以国家公园为主体的自然保护地体系。积极推动发展生态循环农业，加快推行农业绿色生产方式，实施绿色优质农产品供给提升工程，每年新培育绿色、有机、地理标志农产品200个以上。实施森林质量精准提升工程，强化森林经营，大力实施国家储备林、丰产竹林、木本油料林以及速生丰产林、乡土、珍稀树种和大径级用材林基地建设。有序推进深海装备养殖试点，打造深海装备养殖全产业链。实施渔业养殖设施提升改造，重点支持环保型塑胶渔排、深水抗风浪网箱、工厂化循环水养殖、标准化池塘改造、稻田综合种养、养殖尾水处理设施等建设，持续实施水产健康养殖“五大行动”，重点推广稻渔综合种养、多营养层级海水养殖等绿色水产养殖技术模式。实施文化旅游融合示范工程，鼓励盘活废弃矿山、工业遗址、古旧村落等资源，推动康旅、茶旅、农旅、渔旅等跨界融合，打造一批知名的精品旅游线路，提供更多优质生态旅游产品。引导和扶持省内认证机构积极申请绿色产品认证相关资质，拓展绿色认证项目供给范围，鼓励企业取得绿色产品认证，实现认证证书数量突破性增长。（责任单位：省农业农村厅、林业局、发改委、自然资源厅、海洋渔业局、文旅厅、市场监管局按职责分工）

2. 促进生态产品价值持续增值。实施重要生态系统保护和修复重大工程，提升生态系统质量和稳定性，促进生态资源永续利用。推进耕地质量保护与提升，提高耕地综合生产能力，到2025年绿肥养分还田率达到50%以上，有机肥推广率达60%以上。探索自然保护和资源利用新模式，推动扩大森林康养、休闲、探险、体验等生态旅游产品供给。支持科研院所推进生态产品加工技术集成科研基地建设，加快绿色高效、节能低碳的生态产品精深加工技术集成应用。持续实施种业创新与产业化工程，鼓励开展育种技术研究和关键核心技术攻关，重点扶持优质绿色水稻、特色果蔬、食用菌、高产蛋鸭等育种攻关与产业化开发，育成100个具有自主知识产权突破性农业新品种。培育新型农业经营主体，开展新型农业经营主体带头人培训，推进生态农场建设。以品牌赋能生态产品，支持打造“武夷山水”“木兰溪”“红古田”“下乡的味道”等生态产品区域公用品牌，打响“福”字号绿色优质农产品，支持成立生态产品品牌运营机构，提高特色企业集群区域品牌形象和竞争力。（责任单位：省发改委、农业农村厅、林业局、海洋渔业局、商务厅、文旅厅按职责分工）

3. 完善生态产品市场交易平台。打造生态产品对接供需平台，加强线上线下资源、渠道深度融合，促进生态产品供需精准对接、资源与资本有效链接，鼓励相关企业积极参加中国国际消费品博览会、“双品网购节”等消费促进活动，以及“双十一”“双十二”等电商节庆，努力办好福茶网。实施“互联网+”农产品出村进城工程，力争全省农产品网络零售额年均增长10%以上。推进资源环境权益交易市场建设，探索开展土地、矿产地、森林、湿地等自然资源整体收储，借鉴“生态银行”经验，鼓励各地开展自然资源平台化运营试点。健全排污权有偿使用制度，拓展排污权的污染物交易种类。探索用能权交易机制，扩大交易试点行业。探索多种形式的用水权交易机制。推进碳排放权和碳汇交易，健全碳排放权交易机制，持续推进林业碳汇交易，探索开展省级海洋产业发展示范县藻类海水养殖碳汇试点。（责任单位：省商务厅、农业农村厅、自然资源厅、生态环境厅、水利厅、林业局、发改委、海洋渔业局按职责分工）

4. 强化绿色金融支持。完善绿色金融标准体系，依托“金服云”平台设立省级绿色金融服务专区，推进绿色企业项目认证。积极开发绿色消费贷、绿色按揭贷、绿色理财等金融产品，推广“林票”制度等，丰富农业、林业金融创新产品、碳金融产品。支持各地依托山水林田湖草沙等自然资源以及农村宅基地、农房、古村、古镇等生态资源，探索规范灵活的产权流转和回报机制，探索以租赁、赎买、合股、托管等多种运营形式为基础的融资模式，用于周边生态环境系统整治、生态资源修复及乡村休闲旅游开发等。力争2022—2025年，绿色信贷年均增速高于25%。（责任单位：省金融监管局、人行福州中心支行、福建银保监局、福建证监局、厦门银保监局、厦门证监局按职责分工）

（三）坚持先立后破，推动能源产业提质增效

1. 实施能源绿色低碳转型行动。着力优化能源结构布局，适度超前开展能源领域基础设施投资，加快形成煤、油、气、核和可再生能源多轮驱动、协调发展的能源供应体系。加快海上风电开发，重点推进福州、宁德、平潭、漳州、莆田等地区项目建设，稳妥推进闽南海上风电基地示范开发，“十四五”期间增加装机400万千瓦。稳步推进整县（市、区）屋顶分布式光伏试点。积极安全有序发展核电，在确保安全的前提下，推进“华龙一号”机组示范应用。促进抽水蓄能发展，推进省内相关抽水蓄能项目加快前期、加快开工。有序推进新型储能设施发展，到2025年新型储能装机容量达到60万千瓦以上。（责任单位：省发改委）

2. 推动新能源产业集群发展。深入推进国家新能源产业创新示范区建设，加快推进高效太阳电池与装备国家工程研究中心建设，推动产业集群链式布局、协同发展，着力构建新能源装备制造全产业链体系。加快福州江阴海上风电装备产业园建设，做大做强海上风电装备制造、施工、运维等产业链。完善动力电池和储能产业基地布局，推进异质结等新一代高效低成本光伏电池技术研发及产业化，做优做强锂电新能源新材料千亿产业集群。加快制氢产业基础设施建设，推进储氢、运氢、加氢、氢燃料电池电堆等装备体系建设。积极发展新能源工程机械。（责任单位：省发改委、工信厅按职责分工）

3. 培优扶强能源产业市场主体。鼓励龙头企业做大做强，支持有条件的大型企业延伸产业链，力争打造一批新能源等领域“链主”企业。大力开展“产业链招商”，引进一批产业配套企业，实现产业链上下游贯通、产供销配套。深化能源领域央地合作，促成综合能源服务、清洁能源发展等方面更多优质项目落地。协调推进能源企业在闽设立区域总部，积极引进核电配套装备、运维企业在闽生产经营。探索推进海峡两岸能源融合发展，建设两岸能源资源中转平台。（责任单位：省发改委、工信厅、商务厅按职责分工）

4. 推进智慧能源建设与应用。开展能源领域数字化转型，支持多能互补、分布式新能源、风光储一体化、微电网等绿色示范项目建设，重点推进台山岛等风光储微电网项目。推广应用智慧能源系统，探索综合能源规划设计、工程投资建设、多能源运营服务以及投融资服务等方面的融合商业模式，在厦门、福州、泉州、漳州、南平（武夷新区）、平潭等地率先落地实施智慧综合能源创新应用项目。全面规划布局充换电设施，重点推动全电园区（小区、景区）、港口岸电等一批项目建设。“十四五”期间，电能替代新增用电量200亿千瓦时以上。（责任单位：省发改委、工信厅、交通运输厅按职责分工）

（四）强化绿色理念，实施绿色低碳全民行动

1. 实施交通运输绿色低碳行动。将绿色低碳理念贯穿于交通基础设施规划、建设、运营和维护全过程，加强新型智能化交通基础设施建设，打造智慧交通。优化交通能源结构，持续推进“电动福建”建设，加快推进城市客运、城市物流配送车辆电动化、新能源化和清洁化，稳步推进充电桩、加氢站、加注（气）站、配套电网等基

础设施建设。加快福建省电动船舶产业发展试点示范建设，着力打造国家级新能源电动船舶研发制造基地。加快构建城市绿色配送体系，鼓励配送企业开展集中配送、共同配送、夜间配送等集约化配送模式。支持物流企业构建数字化运营平台，鼓励发展智慧运输。加强非机动车道和城市步行步道等城市慢行系统建设，积极引导公众主动选择绿色低碳交通方式。到2025年，城区常住人口100万以上城市绿色出行比例达到70%。（责任单位：省交通运输厅、发改委、工信厅、商务厅、住建厅，中国铁路南昌局集团有限公司按职责分工）

2. 实施绿色建筑推广行动。加快推进居住建筑和公共建筑节能改造，持续推动老旧市政基础设施节能降碳改造。推广绿色低碳建材和绿色建造方式，加快推进新型建筑工业化，持续推进福州、厦门、泉州、漳州等重点区域装配式建筑发展。开展绿色建材应用示范工程建设，推动整体卫浴、整体厨房、集成化墙板、标准化外窗等绿色建材产品应用。持续实施绿色社区创建行动，推动各地打造一批绿色社区样板。开展农村住房节能改造。到2025年，城镇新建建筑中绿色建筑占比达到100%，装配式建筑占新建建筑面积比例达到35%以上。（责任单位：省住建厅、市场监管局按职责分工）

3. 实施环境基础设施绿色升级改造行动。按照适度超前的原则，围绕污水、垃圾、固体废物、危险废物、医疗废物处理处置设施和监测监管能力提升，策划推进一批城乡环境基础设施重点项目。推进城镇污水管网全覆盖，加快污水资源化利用，系统规划建设污水再生利用设施。着力推进城市建成区生活垃圾分类，加强可回收物回收、分拣、处置设施建设，加快推进生活垃圾分类网点和再生资源回收网点融合，到2025年，城市生活垃圾资源化利用率达到60%以上。推进生活垃圾焚烧处理设施建设，基本实现原生生活垃圾“零填埋”，城市生活垃圾焚烧处理率达到85%以上。（责任单位：省住建厅、商务厅、发改委、生态环境厅、卫健委、工信厅，省供销社按职责分工）

4. 促进绿色产品消费。加强绿色低碳产品质量和品牌建设。持续实施绿色产品政府采购制度，引导国有企业逐步执行绿色采购制度。完善绿色产品消费激励措施，鼓励有条件的地方探索建立碳普惠机制、积分奖励等方式促进绿色消费。开展绿色低碳宣传推广活动，推动电商平台和商场、超市等流通企业设立绿色低碳产品销售专区，在大型促销活动中设置绿色低碳产品专场。大力发展高质量、高技术、高附加值的绿色低碳产品贸易，积极扩大绿色低碳产品进口。（责任单位：省商务厅、国资委、财政厅按职责分工）

三、保障措施

（一）完善制度体系。积极融入全国统一大市场建设，推进统一的绿色产品认证与标识体系建设。加快农业绿色生产地方标准制修订，建立油茶产业等地方技术标准体系，加强林业科技推广示范园、示范基地、示范点建设，提升科技推广力度。对接国家生态产品总值核算规范，支持莆田开展生态产品总值核算在绩效考核、生态补偿等领域的应用试点。支持厦门、南平、武夷山等拓展生态产品价值核算成果应用。（责任单位：省市场监管局、农业农村厅、生态环境厅、发改委、林业局、统计局按职责分工）

（二）强化政策支撑。落实环境保护、节能节水、环境服务、环保技术与装备等有关的绿色财政税收优惠政策。围绕生态环境污染防治、资源节约和循环利用、城市绿色发展、新能源、能耗和污染物协同控制技术等重点领域，加快相关标准制修订。深化放管服改革，优化绿色产业发展营商环境，依法依规简化环评手续，营造公平竞争的市场环境，促进绿色产品标准实施、认证结果使用与效果评价。健全绿色收费价格机制。引导金融机构有效保障电子信息和数字产业、先进装备制造、现代纺织服装等制造业主导产业的融资需求，加大对食品加工、冶金、建材等传统行业智能化、数字化、绿色化转型的融资支持。（责任单位：省税务局、厦门市税务局，省发改委、财政厅、生态环境厅、市场监管局，人行福州中心支行、福建银保监局、福建证监局、厦门银保监局、厦门证监局按职责分工）

（三）强化要素保障。以绿色低碳制造业、清洁生产产业、特色现代农业、绿色康养产业、清洁能源产业、绿色低碳服务业等为重点，建立健全绿色产业项目库。发挥财政资金引导作用，各级财政加大对入库项目的资金支持力度，积极推动碳减排支持工具落地见效，撬动社会资本参与绿色经济领域项目建设。加大对入库项目用地保障力度。对符合条件的工业节能降碳、资源综合利用等入库项目，省级节能和循环经济专项资金予以倾斜支持。强化用能保障，落实好新增可再生能源和原料用能不纳入能耗消费总量控制等政策。将绿色经济人才纳入省级高层次人才认定支持范畴，大力引进绿色经济产业发展急需紧缺人才。在省引才“百人计划”等省级重点人才项目中，对绿色经济人才予以倾斜支持，引导支持各地结合实际出台市级绿色经济人才支持政策，落实子女入学、住房保障等优惠政策。（责任单位：省委组织部，省发改委、财政厅、自然资源厅、工信厅，人民银行福州中心支行按职责分工）

（四）加强组织协调。按照省级统筹协调、市县落实推动的原则，各地市政府应结合实际，采取有力措施加快推进绿色经济有关工作。省发改委牵头建立工作协调机制，系统推进绿色经济各项工作，各有关部门按照职责，主动作为、各司其职，扎实推进相关工作。各地各部门充分发挥首创精神，创新思路，积极探索开展绿色经济试点示范。同时，加强经验总结凝练和复制推广，对行之有效的重大改革举措和成功经验做法，成熟一条、推广一条，力争探索一批绿色产品价值可实现、绿色技术可应用、绿色生活成时尚的福建绿色发展新模式。（各有关部门按职责分工）

福建省人民政府办公厅关于印发福建省加快农村寄递物流体系建设实施方案的通知

闽政办〔2022〕14号

各市、县（区）人民政府，平潭综合实验区管委会，省人民政府各部门、各直属机构：

《福建省加快农村寄递物流体系建设实施方案》已经省政府同意，现印发给你们，请认真贯彻执行。

福建省人民政府办公厅

2022年3月7日

（此件主动公开）

福建省加快农村寄递物流体系建设实施方案

为认真落实《国务院办公厅关于加快农村寄递物流体系建设的意见》（国办发〔2021〕29号）精神，加大农村寄递物流体系建设力度，加快完善县、乡、村寄递物流服务体系，补齐农村寄递物流基础设施短板，推动农村地区流通体系建设，切实发挥好农产品出村进城、消费品下乡进村的重要渠道作用，更好满足农村生产生活和消费升级需要，结合福建省实际制定本实施方案。

一、工作目标

以习近平新时代中国特色社会主义思想为指导，深入贯彻党的十九大和十九届历次全会精神，认真落实党中央、国务院决策部署，坚持以人民为中心的发展思想，加快推进农村寄递物流体系建设，推动农村寄递物流与电商协同发展，助力乡村振兴。到2025年，基本形成开放惠民、集约共享、安全高效、双向畅通的农村寄递物流体系。

二、体系建设

（一）强化农村邮政体系作用。加大邮政县域基础设施建设投入，优化县级中心、乡镇中心、村级站点等三级节点，到2022年底前基本建成邮政县乡村三级物流体系。在保证邮政普遍服务和特殊服务质量的前提下，加强农村邮政基础设施和服务网络共享，发挥邮政网络在农村末端寄递中的基础性作用。推进县级中心及乡镇局所标准化、信息化改造，鼓励乡镇局所增设货物堆场、仓库等设施提升为乡镇综合物流中心，加快推动农村投递汽车化，提升建制村逐日班投递比重。统筹推进农村邮政便民综合服务站建设，切实提高农村通邮服务水平。支持邮政企业公平参与农村寄递服务市场竞争，推动邮政服务农村电子商务发展，为农村电商提供寄递、仓储、金融一体化服务。〔省邮政管理局牵头，省发改委、财政厅、农业农村厅（乡村振兴局）、商务厅，省邮政公司，各设区市人民政府及平潭综合实验区管委会按职责分工负责。以下均需各设区市人民政府及平潭综合实验区管委会落实，不再一一列出〕

（二）健全末端共同配送体系。鼓励邮政、快递、交通、供销、商贸流通等融合发展，推广农村寄递物流共同配送模式，探索建立“一点多能、一网多用、双向流通、深度融合”的农村物流发展模式，构建农产品产、销、运一体化供应链体系。加快农村共配骨干网络及基础设施建设，合理规划运输网络，整合关键节点，推动末端共同配送各主体各环节设施设备衔接、数据交互畅通、资源协调共享。通过新建或整合一批交通客货场站、农村供销社、农村邮政网点、快递服务点、电商服务站、益农信息社拓展服务叠加功能，实现配送资源的集约利用，有效降低农村流通成本。〔省发改委、交通运输厅、农业农村厅（乡村振兴局）、商务厅，省供销社，省邮政管理局，省邮政公司按职责分工负责〕

（三）优化协同发展体系。持续推动农村电商发展，进一步提升农村地区电子商务与快递物流协同发展水平，2022 年 6 月底前在全省建设 5 个农村电商快递协同发展示范区，有条件的县（市、区）可使用电子商务进农村示范专项资金给予补助。鼓励各地将农村寄递物流体系建设纳入“四好农村路”和城乡交通运输一体化建设，打造一批“交邮合作”“交快合作”农村物流服务品牌。允许利用现有县级客运站闲置功能区域改造成县级分拨中心。引导邮政快递企业入驻乡镇客运站、综合运输服务站，共享场站资源和设施。鼓励“四好农村路”管护人员兼任邮件快件配送员。鼓励邮政快递企业与农村客运、城乡公交经营者开展合作，在保障农村旅客乘车需求和安全的前提下，依托农村客运车辆、城乡公交车辆开展代送已安检邮件快件包裹和农产品物资等服务。（省交通运输厅、商务厅，省邮政管理局，省邮政公司按职责分工负责）

（四）构建冷链寄递体系。聚焦产地“最先一公里”和城市“最后一公里”，完善骨干冷链物流基地布局，加强产销冷链集配中心建设，补齐两端冷链物流设施短板。鼓励邮政快递企业、供销社、电商物流企业、冷链运输企业在农产品产地建设预冷保鲜、分级分拣、包装加工等基础设施，试点共建共享共用。加快发展冷链寄递服务，推广冷链循环快递箱。引导和支持邮政快递企业加大冷链仓储基础设施建设力度，购置、改造升级冷藏车辆，提升末端冷链配送能力，到 2025 年前逐步建立覆盖生产流通各环节的冷链寄递物流体系。支持电商快递冷链服务标准规范推广实施，提升冷链寄递安全监管水平。在明确设施产权归建设主体所有、合理确定合作方式和收益分配的基础上，鼓励与批发市场、电商平台等企业开展合作，试点示范支持一批田头公益市场。通过现有资金支持渠道，加强国家骨干冷链物流基地、产销冷链集配中心等大型冷链物流设施建设，邮政快递企业参与冷链物流设施建设，可按规定享受相关支持政策。〔省发改委、财政厅、交通运输厅、农业农村厅（乡村振兴局）、商务厅，省邮政管理局，省供销社，省邮政公司按职责分工负责〕

三、重点任务

（一）分类推进“快递进村”工程。全面提升“快递进村”水平，丰富农村品牌供给，拓宽双向流通渠道，实现快递服务进村的快递品牌数量显著增多。支持各快递企业抱团共建农村末端快递服务平台，统一开展快件揽收、投递业务。综合运用多种媒体渠道开展“快递进村”专题宣传。引导快递企业持续完善农村服务范围公示，推动服务范围信息同步接入电子商务平台。引导快递企业完善符合农村实际的分配激励机制，适当提高偏远山区、海岛地区农村派费标准。（省邮政管理局牵头，省发改委、财政厅、交通运输厅、商务厅，省供销社，省邮政公司按职责分工负责）

（二）完善农产品上行发展机制。鼓励支持寄递物流企业主动对接家庭农场、农民合作社、农业产业化龙头企业，为农产品上行提供专业化供应链寄递服务。持续优化快递服务现代农业金牌项目示范作用，围绕水果蔬菜、花卉林竹、食用菌、水产等优势特色产业，进一步培育推广福建省快递服务现代农业“一地一品”“一县一品”项目，到 2022 年 6 月底前建设 6 个快递服务现代农业示范项目。鼓励邮政快递企业加大吸纳脱贫人口就业力度。接续推进脱贫地区乡村振兴，支持脱贫地区乡村特色产业发展壮大，助力当地农产品外销，巩固拓展脱贫攻坚成果。〔省农业农村厅（乡村振兴局）、省商务厅、省邮政管理局牵头，省供销社、省邮政公司按职责分工负责〕

（三）加快农村寄递物流基础设施补短板。统筹用好现有资金渠道或专项政策，建设县乡村三级寄递物流体系，支持建设和改造县级寄递公共配送中心、乡镇快递物流站点、村级寄递物流综合服务站等农村寄递基础设施，提高自动化和信息化水平。推动利用村级党群服务中心、社会工作服务站、农家书屋、益农信息社、农村供销社、新型乡村便利店等村内现有公共服务设施和服务资源，提供农产品寄递、邮件快件代投等便民服务。鼓励有条件的县乡村布设智能信包（快件）箱。引导快递企业总部加大农村寄递网络投资，在派费结算、设置农村服务网点补贴、分类制定服务考核时限等方面给予偏远农村地区政策倾斜，保护从业人员合法权益，保障农村快递网络可持续运行。各地要组织编制快递物流网点布局专项规划，并与国土空间规划做好衔接，为快递物流用地预留规划建设空间。〔省发改委、财政厅、自然资源厅、交通运输厅、农业农村厅（乡村振兴局）、商务厅，省邮政管理局，省供销社，省邮政公司按职责分工负责〕

（四）继续深化寄递领域“放管服”改革。鼓励发展农村快递末端服务，对于开办快递服务站、运营智能快件箱经营快递业务的企业，鼓励其将服务资源向农村地区倾斜。对于将70%以上的快递服务站（智能快件箱）设置在农村地区的企业，在申请快递业务经营许可时，快递服务站（智能快件箱）数量要求比照现行规定降低30%执行。推进“互联网＋政务服务”，对于开办快递服务站、运营智能快件箱面向农村地区提供快递末端服务的企业，实施末端网点批量在线备案，备案回执在线下载，实现“一次都不用跑”。规范农村快递经营行为，鼓励探索符合农村实际的业务模式。加强寄递物流服务监管和运输安全管理，进一步畅通农村地区消费者投诉和申诉渠道，发挥社会监督作用，依法查处未按约定地址投递、违规收费等行为，保障消费者合法权益。支持有条件的地区健全县级邮政快递监管工作机制和电商、快递协会组织，加强行业监管和自律。（省邮政管理局）

四、组织落实

各地区、各相关部门要充分认识加快农村寄递物流体系建设的重要意义，强化责任落实、加强协调配合，按照本方案提出的要求，结合实际研究支持措施，及时部署落实。各地要将农村寄递物流体系建设纳入相关规划和公共基础设施建设范畴，落实地方财政支出责任，承担交通运输领域地方事权和支出责任划分改革中邮政普遍服务、快递服务末端基础设施建设职责。各相关部门要建立工作协调机制，将农村寄递物流体系建设纳入乡村振兴考核，及时总结推广典型经验做法。省邮政管理局要加强工作指导和督促检查，重大情况及时报告省政府。

福建省发展和改革委员会等五部门关于促进石化化工高质量发展加快打造万亿支柱产业的实施意见

闽发改规〔2022〕7号

各设区市发改委、工信局、科技局、生态环境局、应急局，平潭综合实验区经济发展局、资源生态局、综合执法与应急管理局：

石化化工是福建省支柱产业之一，是全方位推进高质量发展超越的重要产业支撑。为贯彻落实省委、省政府工作要求，促进石化化工产业高质量发展，依据《工业和信息化部　国家发展和改革委员会　科学技术部　生态环境部　应急管理部　国家能源局关于"十四五"推动石化化工行业高质量发展的指导意见》等文件精神，经省政府研究同意，制定本意见。

一、总体要求

（一）指导思想

以习近平新时代中国特色社会主义思想为指导，全面贯彻落实党的十九大和十九届历次全会精神，深入贯彻落实习近平总书记对福建工作的重要讲话重要指示批示精神，立足新发展阶段，完整、准确、全面贯彻新发展理念，积极服务和深度融入新发展格局，落实碳达峰、碳中和目标要求，深入实施"提高效率、提升效能、提增效益"行动，按照高端化、智能化、绿色化、集聚化的发展要求，优化提升石化化工产业链，做优做强一批特色明显的化工园区，培育壮大一批具有国际竞争力的领军企业，培养壮大一支创新人才队伍，全力打造具有核心竞争力的产业集群，实现石化化工产业高质量发展目标。

（二）主要目标

规模效益持续提升。到2025年，全省规上石化化工企业实现营业收入超万亿元，加快打造六大特色产业集群，力争营业收入超1000亿元的化工园区（集中区）达到4家，营业收入超100亿元的化工园区（集中区）达到8家左右，营业收入超100亿元的企业达到15家左右。

布局结构不断优化。到2025年，化工园区（集中区）产值贡献率提至70%以上。石化产业链不断延伸和完善，向化工新材料、高端石化产品、精细化学品方向发展，高附加值产品比重进一步提高。

创新能力显著提升。到2025年，培育一批全国重点实验室、国家工程研究中心、国家企业技术中心等创新平台，加快打造一批智能制造示范工厂。

绿色低碳安全深入推进。到2025年，全省石化化工产业达到能效标杆水平的产能比例超过30%，化学需氧量、氨氮、二氧化硫、氮氧化物和挥发性有机物等污染物排放强度进一步下降，能源利用效率和主要污染物排放控制水平达到国内领先水平，碳排放强度明显下降，绿色低碳发展能力显著增强，本质安全水平显著提高，有效遏制重特大生产安全事故。

二、发展重点领域

（一）化工型石油加工产业链

合理提高原油加工能力，提升石化基础原料保障能力，加快推进现有炼化项目升级，鼓励采用轻质化原料，建设加氢裂化、芳烃吸附分离等装置，提高原油加工适应性，降低成品油产率，为下游提供更多烯烃、芳烃原料。

（二）低碳轻烃产业链

优化利用化工型石油加工产业链提供的烯烃原料，合理利用海外轻烃资源，有序发展轻烃裂解、烷烃脱氢等多元化烯烃产业。推进基本原料精深加工，重点发展聚乙烯、聚丙烯、环氧乙烷、环氧丙烷及下游产品，乙烯—醋酸乙烯共聚物（EVA）及下游产品，苯乙烯、丙烯腈、丁二烯、碳五、碳九和芳烃及下游产品。

（三）工程塑料产业链

重点发展工程塑料及可降解塑料产品，引进丙烯腈—丁二烯—苯乙烯共聚物（ABS）、聚酰胺66（PA66）、聚酰胺6/66（PA6/66）、聚酰胺12（PA12）等项目。加快推进己二酸、己二腈、己二胺、乙二醇、丁二醇、丁二酸、丙烯腈等原料项目落地，延伸发展下游产品聚酰胺工程塑料产业链条。

（四）聚氨酯材料产业链

推动聚氨酯所需关键原料项目建设，鼓励开展二苯基甲烷二异氰酸酯（MDI）、甲苯二异氰酸酯（TDI）的非光气工艺研究，规模化发展聚氨酯配套及深加工产品，延伸发展聚氨酯泡沫、热塑性弹性体、纤维、胶粘剂和密封胶等。

（五）高端聚烯烃产业链

建设醋酸、醋酸乙烯等原料项目，重点发展超高分子量聚乙烯、高性能聚丙烯、茂金属聚丙烯、茂金属环烯烃共聚物（COC）、EVA、乙烯—乙烯醇共聚物（EVOH）等产品，提升品种牌号和产品质量。

（六）高性能橡胶产业链

围绕汽车、纺织鞋服、电子信息等产业需求，重点发展溶聚丁苯橡胶、稀土聚丁二烯橡胶、高固丁苯胶乳、丁腈橡胶和新型热塑性弹性体、橡胶助剂等。

（七）高性能纤维产业链

围绕纺织鞋服、医疗保健等产业需求，鼓励现有高性能纤维企业扩大生产规模，通过改进工艺技术提升产品质量，发展尼龙、特种聚酯、高分子量聚乙烯、莱富尔、碳纤维、氨纶、芳纶、ES纤维等高性能纤维产业。

（八）功能性膜材料产业链

围绕锂离子电池、光伏等产业需求，重点发展特种聚酯膜、聚丙烯电容膜、太阳能电池用聚氟乙烯/聚偏氟乙烯（PVF/PVDF）和改性聚丙烯（PP）背板保护膜、EVA光伏薄膜、锂电池用复合膜、燃料电池用膜、建筑/汽车窗膜等。

（九）氟新材料产业链

围绕电子信息、新能源汽车、高端装备等产业需求，完善基础氟材料产品链，加快发展高端含氟精细化学品、环保型制冷剂/发泡剂、高端含氟聚合物及制品、特种氟化盐和副产氯化氢综合利用等产品。

（十）电子化学品产业链

围绕电子信息、新能源汽车等产业需求，重点发展集成电路用电子化学品，包括光刻胶、高纯试剂和气体、封装材料等，发展印制电路板用特种树脂，以及为柔性板配套的聚酰亚胺薄膜、特种聚酯薄膜和导电涂料等，发展平板显示用液晶材料，发展为新能源电池配套的新型电解质、电解液溶剂等。

三、统筹优化产业布局

（一）培育壮大产业集群

结合各地产业特色，形成分工合理、优势突出、差异化发展的石化化工产业布局，提升产业集群发展水平，推动化工产业与相关传统产业及战略性新兴产业等多产业协同并进。

1. 炼化一体化产业集群

以漳州古雷石化基地和湄洲湾石化基地为中心，依托泉港石化工业园区、泉惠石化工业园区、古雷港经济开发区等主要产业集中区，发挥现有石油化工、有机原料、合成材料等中上游产业优势，推进原料深加工。

2. 化工新材料产业集群

依托福清江阴化工新材料专区、泉港石化工业园区、泉惠石化工业园区、连江可门经济开发区、石门澳化工新材料产业园等产业集中区，加快石化中下游产业链的化工新材料和精细化学品发展，重点发展高性能聚乙烯、高性能聚丙烯、EVA、己内酰胺、PA6、PA66、MDI、TDI等产品。

3. 鞋服新材料产业集群

依托福州临空经济区、连江可门绿色纺织产业园，莆田市秀屿区，泉州市晋江市、石狮市及惠东工业园区，漳浦万安工业园等产业集中区，重点发展新型化学纤维、功能纺织材料及其他功能材料等，完善化纤、棉纺、经编等鞋服上游产业链，打造具有全球竞争力的现代纺织鞋服新材料生产基地。

4. 氟新材料产业集群

依托邵武金塘工业园区、上杭蛟洋工业园区、三元黄砂新材料循环经济产业园、清流县氟新材料产业园等产业集中区，重点发展高端含氟精细化学品、环保型制冷剂/发泡剂、高端含氟聚合物及制品、特种氟化盐等产品。

5. 锂电新材料产业集群

依托古雷港经济开发区、泉惠石化工业园区、福鼎市龙安化工园区、邵武金塘工业园区、江阴化工新材料专区、连江可门经济开发区、厦门海沧台商投资区、上杭蛟洋工业园区、漳浦万安工业园、明溪县工业集中区等产业集中区，重点发展正极材料、负极材料、隔膜、电解液等。

6. 化学原料药产业集群

围绕“化工原料—医药中间体—原料药—药物制剂”产业链条，依托泉港石化工业园区、江阴原料药集中区、邵武金塘工业园区、莆田市海峡两岸生技和医疗健康产业合作区、明溪县工业集中区、浦城浦潭生物专业园（化工集中区）、漳州高新区等产业集中区，重点发展化学原料药、医药中间体、化学创新药生产项目。

责任单位：省发改委、工信厅、科技厅按职责分工，各设区市人民政府

（二）优化化工园区规划布局

规范化工园区（集中区）设立、标准化建设和认定，鼓励存量化工企业向化工园区搬迁转移。相关地市进一步完善化工园区（集中区）规划，明确园区产业发展定位、方向，宜重点发展的主导产业链。依托龙头企业发展上下游关联度强、技术水平高、绿色安全可控的企业和项目，进一步补链延链强链，加快打造各具特色、差异化发展的高水平园区。指导各地科学设立和建设化工园区（集中区），做好园区认定和管理工作。引导产业资源要素向园区集中，促进化工园区（集中区）高质量发展。

责任单位：省工信厅、发改委按职责分工，各设区市人民政府

（三）加强化工园区基础设施配套

加快化工园区（集中区）配套设施建设，完善园区工业用水、电力电网、天然气管道、污水处理厂、公共事故应急池，加快工业用气、用热、公共管廊、危化品运输车辆停车场等公用工程建设。加大应急救援能力建设投入，统筹规划化工园区应急队伍建设。鼓励化工园区（集中区）建设科技企业孵化器等平台，加快建设检验检测认证、标准计量、研发孵化等公共服务平台。支持建设石化化工产业相关产品的国家级和省级质检中心、特种设备检验工作站，提升石化化工检验检测机构的技术能力和水平。

责任单位：省工信厅、市场监管局、发改委、科技厅、住建厅、生态环境厅、商务厅、应急厅按职责分工，各设区市人民政府

四、精准实施强链补链

（一）做大做强领军企业

大力培育一批具有核心竞争力的领军企业。鼓励石化化工龙头企业通过兼并重组等方式提高产业集中度和资源配置效率，进一步延伸产业链。支持符合条件的企业申报并优先纳入省重点上市后备企业，按照省级财政对省重点上市后备企业有关奖励政策给予上市分阶段奖励；对企业年营业收入首次超过100亿元的，省级财政予以一次性300万元奖励。支持符合条件的企业发行中期票据、短期融资券、企业债券、公司债券等各类债券融资工具。支持符合条件的优质重点企业上市融资、再融资。

责任单位：省工信厅、发改委、财政厅、金融监管局，人行福州中心支行、福建银保监局、福建证监局、厦门银保监局、厦门证监局按职责分工，各设区市人民政府

（二）积极培育中小企业

推动产业链上中小微企业“专精特新”发展，形成大中小企业分工协作、互利共赢的产业组织结构。持续推进“小升规”“规改股”“股上市”，加快培育一批制造业单项冠军、隐性冠军和和专精特新“小巨人”企业，对新认定的省“专精特

新”中小企业和国家专精特新“小巨人”企业，由省级财政分别予以一次性奖励，对实施中小企业梯度培养成效明显的设区市，予以最高500万元奖励。

责任单位：省工信厅、市场监管局、金融监管局，福建证监局按职责分工，各设区市人民政府

（三）加强产业链项目招引

聚焦重点领域，发挥全省重大活动集中签约项目联合推进工作机制作用，加快对接引进一批产业链补链项目、延伸项目、升级项目。对引进全球500强、全球行业龙头企业、中国企业500强、中国民营企业500强、国家制造业单项冠军企业中民营企业及其控股一级子公司投资的制造业项目且已落地的，按单个项目投资额大小给予相应设区市民营企业对接牵头部门前期工作经费奖励。用好“9·8”投洽会、进博会等重要展会平台，力争更多优质外资项目落地。鼓励化工园区（集中区）开展产业链上下游专场对接，策划实施一批延链补链强链项目，补齐化工新材料发展短板。对招引重大项目落地填补产业链空白、提升产业核心竞争力的有关部门予以重大项目前期经费支持。

责任单位：省工信厅、商务厅、财政厅、发改委按职责分工，各设区市人民政府

（四）强化重点产业协同

着力推动石化化工产业与电子信息、纺织鞋服、新能源电池等下游产业融合，鼓励开展产品推介、上下游协作配套、产能对接等“手拉手”活动，促进企业持续加大本省采购、增强上下游产业链协同，促进一大批配套、协作企业发展。鼓励企业间建立长期战略合作，稳定重点产业链、供应链，实现石化化工产业与支柱产业、传统优势产业之间的集群式联动和全产业链发展。

责任单位：省工信厅、发改委按职责分工，各设区市人民政府

五、强化创新能力建设

（一）加快创新平台建设

积极推进龙头企业、高校、科研院所在重点领域加快创建一批重点实验室、工程研究中心、制造业创新中心、企业技术中心、检验检测认证中心等创新平台，支持加快化工材料循环利用等领域建设创新实验室。对新认定符合条件的全国重点实验室、国家工程研究中心给予最高1000万元奖励，对新认定符合条件的全国重点实验室（企业类）、国家企业技术中心、教育部重点实验室、教育部工程研究中心予以最高500万元补助，对新认定符合条件的省工程研究中心及符合条件的省高校重点实验室、高校工程研究中心等创新平台开展动态评价、择优奖补，由省直推荐部门在本部门预算中落实。

责任单位：省科技厅、发改委、教育厅、工信厅、财政厅、市场监管局按职责分工，各设区市人民政府

（二）加强关键技术攻关

着力突破一批石化化工领域“卡脖子”关键技术和重大成套装备，实现多品种、系列化发展。实施产业重大技术难题“揭榜挂帅”，每年支持若干个省级科技重大专项项目，每个项目支持500万元以上。每年支持一批突破卡脖子难题的产业科技创新重点项目，对入选项目给予最高300万元资金补助。着力提升石化化工产业发展基础能力水平，对符合条件的省重点技改项目，按项目设备（含技术、软件、咨询设计等）投资额不超过5%的比例给予补助，单家企业最高不超过500万元，其中省级工业龙头企业最高1000万元。鼓励龙头企业加快先进化工材料等重点新材料研发，对首批次新材料应用示范产品，最高给予200万元奖励。

责任单位：省工信厅、科技厅、财政厅按职责分工，各设区市人民政府

（三）健全协同创新机制

推进组建由龙头企业联合上下游企业，校科研院所、检验检测机构、行业协会、园区、科研单位参与的石化化工产业创新联盟、创新联合体，采取政府与社会合作、政产学研用产业创新战略联盟等新机制新模式，开展关键共性重大技术研究和产业化应用示范。支持有条件的地市、龙头企业牵头设立石化产业创新发展基金，支持省能化集团设立石化产业投资基金。支持开展行业关键共性技术研究、应用技术研究、国际合作和科技成果转化。鼓励化工园区（集中区）为具备中试条件的创新技术提供中试场地和配套条件，支

持地市创设产业基金、专项基金等方式，加大对中试项目转化的支持力度。

责任单位：省发改委、科技厅、工信厅、财政厅、国资委、市场监管局按职责分工，省能化集团，各设区市人民政府

（四）加快人才队伍建设

支持引进石化化工领域高层次人才，符合条件的可享受安家补助。围绕福建省石化化工发展重点领域，引导省内高等院校及职业院校建立学科专业动态调整机制，增设前沿紧缺学科，优化提升传统学科，支持厦门大学、华侨大学、福州大学、福建师范大学、三明学院，黎明职业大学、闽江高等师范学校、湄洲湾职业技术学院、泉州职业技术大学等省内高校适当扩大石化化工相关专业学生培养规模。鼓励化工企业通过“订单式”培养、校企联合办学等方式，加快技术工人培养。完善行业职业技术教育与培训体系，支持将石化化工产业相关工种列入《福建省部分急需紧缺职业（工种）参考目录》，鼓励化工园区与行业协会、高职院校、龙头企业等共建化工职业技能培训和实训基地。

责任单位：省委人才办、省教育厅、人社厅按职责分工，各设区市人民政府

（五）加速推进智能制造

围绕安全环保、节能降耗、提质增效，加快培育一批针对石化化工产业项目的系统解决方案供应商，加速推进石化化工产业智能车间、智能工厂和智慧园区建设，提升企业在资源配置、工艺优化、过程控制、产业链管理、节能减排及安全生产等方面的智能化水平，促进化工企业和化工园区智能化生产、智慧化管理、网络化协同。

责任单位：省工信厅，各设区市人民政府

六、推进绿色低碳安全发展

（一）推进产业能效提升

鼓励石化化工产业重点能耗企业参照能效标杆水平要求，对能效低于本行业基准水平的存量项目（装置）和在建项目（装置），加快节能降碳、提质增效改造，对能效提升效果显著的项目给予节能循环经济等专项资金支持；对拟建项目严格对照行业能效标杆水平建设实施，推动能效水平应提尽提。鼓励企业逐步推进清洁能源替代，根据条件增加清洁能源或新能源应用。鼓励有条件的园区采用冷能利用技术，建设冷热能互换设施，提升整体能效水平。提高产业集聚集约发展水平，构建首尾相连、互为供需和生产装置互联互通的产业链，突出能源环境等基础设施共建共享，形成规模效应。

责任单位：省工信厅、发改委、生态环境厅按职责分工，各设区市人民政府

（二）推进二氧化碳减排

推进石化化工企业与绿电产业耦合发展，鼓励企业逐步推进可再生能源替代，根据条件增加风电、生物质能、绿氢、光热、光伏等应用。鼓励二氧化碳捕集、利用与封存技术的开发及产业化应用，鼓励园区上下游企业协作，共同推进二氧化碳减排，发展二氧化碳为主要原料的高值化学品生产，加快推进二氧化碳精制及合成高值化学品产业化应用项目。支持原油直接裂解制乙烯等节能降碳技术应用。

责任单位：省发改委、科技厅、工信厅按职责分工，各设区市人民政府

（三）提升安全发展水平

严格实施园区安全风险分级管理，提升化工园区风险控制水平。严格落实《化工园区安全风险排查治理导则（试行）》，深入开展化工园区整治提升，切实提升本质安全和清洁生产水平。完善应急管理制度，严格规范项目管理，加快“两重点一重大”智慧化控制系统建设，实施重大危险源在线监测监控。严格执行危险化学品“禁限控”目录，新建危险化学品生产项目必须进入一般或较低安全风险的化工园区（与其他行业生产装置配套建设的项目除外），引导其他石化化工项目在化工园区发展。推进智慧园区建设，健全应急联动体系，积极推进“工业互联网＋危化安全生产”，鼓励有条件的园区打造安全、环保、应急救援和公共服务一体化信息管理平台。

完善重点部位、关键环节和重大危险源的监测预警和风险防范机制，严格落实企业安全生产主体责任，加大化工企业安全投入力度，加快实现重大危险源企业全覆盖，排查治理企业安全隐患，指导企业完善风险管理措施。加强从业人员安全相关培训，督促企业严格落实安全生产主体

责任，定期开展应急演练，牢固树立安全环保红线意识，强化底线思维。

责任单位：省应急厅、工信厅按职责分工，各设区市人民政府

（四）加快园区绿色转型

增强绿色发展主体责任意识，引导园区和企业开展节能减污降碳改造升级。推进化工产业绿色发展，明确新建项目要达到能效标杆水平，推进清洁生产改造提升，提高资源综合利用，鼓励园区、企业开展碳排放检测，完善园区环境质量和污染物检测体系，推进园区和入园企业污染深度治理，建设绿色工厂、绿色园区、绿色供应链。

责任单位：省生态环境厅、工信厅按职责分工，各设区市人民政府

（五）提升资源综合利用能力

推动废塑料、废聚酯、废橡胶等高附加值利用，提高再生塑料在汽车、纺织等领域的使用比例。推动新能源汽车动力电池产业链上下游合作共建回收渠道，构建跨区域回收利用体系。加强产业间合作，促进石化化工与冶金、建材、节能环保等产业协同耦合，促进固废资源跨产业协同利用。推动固废在园区内协同循环利用，提高固废就地资源化效率。

责任单位：省发改委、工信厅、科技厅、自然资源厅、生态环境厅、商务厅按职责分工，各设区市人民政府

七、提升开放合作水平

（一）加强国际交流合作

支持企业开展国际产能合作，支持有条件的企业开展境外能源和矿产资源开发利用合作，积极鼓励企业参与国际并购和重组，建设境外生产基地及合作园区，鼓励外资投资发展重点领域，鼓励境外企业和科研机构在福建省建立全球研发中心。积极融入共建“一带一路”倡议，引导企业深度开拓东亚、东南亚市场，结合福建省优势产品，做大优势产品市场份额。

责任单位：省发改委、商务厅、财政厅、工信厅，福州、厦门海关按职责分工，各设区市人民政府

（二）推进闽台产业融合

以古雷石化基地、湄洲湾石化基地为主要依托，发挥有机原料资源优势，利用海峡论坛、两岸企业家峰会等重大平台，深化石化化工产业对接合作，在台湾传统优势领域着力引进一批台资石化下游产业链项目，推动闽台企业在研发、标准、品牌、市场等方面合作。支持古雷石化基地在两岸产业融合领域开展更多具有重大改革意义的创新探索，为台资企业落地建设和转型发展营造良好的政策环境。

责任单位：省商务厅、发改委、工信厅，省委台港澳办按职责分工，各设区市人民政府

八、保障措施

（一）强化组织领导

由省石化专项协调小组全面统筹协调全省石化化工产业发展工作，明确省和地市具体任务分工，省级重点做好产业统筹布局、协调指导；各设区市要参照省里做法，建立健全本地区领导挂钩重点区域和重点产业工作机制，及时协调产业发展和项目建设中涉及的资金、基金、园区、重大项目、人才等方面支持措施，统筹协调推进项目、园区、集群建设。

（二）落实要素保障

对石化化工产业发展前沿领域的重大项目和产业链补链延链项目，依法依规在项目用地、资金补助、环境容量、能耗指标等方面优先予以支持。对列入省级重点的石化化工项目的用地，在符合详细规划、安全要求和不改变用途的情况下，允许适当增加工业用地容积率，不再增收土地价款。盘活化工园区（集中区）存量建设用地，引导不符合园区产业方向的低效企业退出。

（三）加大金融支持

鼓励和引导各类政府及社会基金加大对石化化工产业的投资，建立金融机构与重点石化化工企业的协调沟通机制，加大政银企对接力度，深化产融合作。鼓励金融机构创新产品和服务，为企业量身定制融资方案，优先配置信贷资源、增加资金供给，加大信贷等支持力度。支持符合条件的企业发行企业债券、公司债券、中期票据、短期融资券等各类债券融资工具。鼓励各级地方产业股权投资基金加大对石化化工企业的并购扩张等投资支持力度。

（四）优化发展环境

全面实施《福建省优化营商环境条例》及相关配套政策措施，打造市场化、法治化、便利化、国际化的营商环境。优化审批流程，精简优化项目环评，实行产业园区规划环评与项目环评繁简分离管理，试行项目环评审批告知承诺。加强知识产权保护，建立健全知识产权执法联动协作机制、纠纷多元化解决机制和维权援助机制，探索建立知识产权侵权预警机制。

本实施意见执行期限为2022—2025年，根据实施效果适时调整、延长期限。各地建立或依托相应机制，及时制定配套政策措施。本实施意见与本省其他同类政策有重复的，按照“从优、就高、不重复”原则予以支持。

福建省发展和改革委员会
福建省工业和信息化厅
福建省科学技术厅
福建省生态环境厅
福建省应急管理厅
2022年7月14日

（此件主动公开）

福建省发改委　福建省工信厅　福建省财政厅 关于印发福建省促进工业经济平稳增长行动方案的通知

各市、县（区）人民政府，平潭综合实验区管委会，省人民政府有关部门、有关直属机构，出口信保福建分公司、国网福建省电力公司：

《福建省促进工业经济平稳增长行动方案》已经省政府同意，现印发给你们，请认真贯彻实施。

福建省发展和改革委员会
福建省工业和信息化厅
福建省财政厅
2022 年 4 月 1 日

（此件主动公开）

福建省促进工业经济平稳增长行动方案

为贯彻落实《国家发展改革委工业和信息化部关于振作工业经济运行推动工业高质量发展的实施方案的通知》和国家发展改革委等部门《关于印发促进工业经济平稳增长的若干政策的通知》有关要求，进一步巩固工业经济增长势头，确保工业经济运行在合理区间，结合福建省实际，制定本行动方案。

一、落实财税优惠政策，有效减轻企业负担

1. 落实加大中小微企业设备器具税前扣除力度税收优惠政策，中小微企业 2022 年度内新购置的单位价值 500 万元以上的设备器具，按照单位价值的一定比例自愿选择在企业所得税税前扣除。其中，按规定最低折旧年限为 3 年的设备器具，单位价值的 100% 可在当年一次性税前扣除；最低折旧年限为 4 年、5 年、10 年的，单位价值的 50% 可在当年一次性税前扣除，其余 50% 按规定在剩余年度计算折旧进行税前扣除；当年不足扣除形成的亏损，可按规定在以后 5 个纳税年度结转弥补。适用政策的中小微企业范围：一是信息传输业、建筑业、租赁和商务服务业，标准为从业人员 2000 人以下，或营业收入 10 亿元以下，或资产总额 12 亿元以下；二是房地产开发经营，标准为营业收入 20 亿元以下或资产总额 1 亿元以下；三是其他行业，标准为从业人员 1000 人以下或营业收入 4 亿元以下。（福建省税务局、厦门市税务局，各设区市人民政府、平潭综合实验区管委会按职责分工负责。以下任务均需各设区市人民政府、平潭综合实验区管委会落实，不再列出）

2. 落实延长阶段性税费缓缴政策，将 2021 年四季度实施的制造业中小微企业延缓缴纳部分税费政策，延续实施 6 个月；落实新能源汽车车船税减免优惠政策。（福建省税务局、厦门市税务局负责）

3. 落实扩大地方"六税两费"减免政策适用主体范围政策，按规定对增值税小规模纳税人、小型微利企业和个体工商户减半征收"六税两费"。（福建省税务局、厦门市税务局，省财政厅按职责分工负责）

4. 落实对月销售额15万元以下的小规模纳税人免征增值税、小型微利企业减征所得税、增值税期末留抵退税、研发费用加计扣除、固定资产加速折旧等税费优惠政策，精简享受优惠政策办理流程和手续；对受市场环境等因素影响，缴纳房产税、城镇土地使用税确有困难的纳税人，按规定减征或免征房产税、城镇土地使用税。（福建省税务局、厦门市税务局负责）

5. 降低企业社保负担，2022年延续实施阶段性降低失业保险、工伤保险费率政策，畅通社保缴费业务"网上办"渠道，实现降费率优惠政策"免申即享"。（省人社厅、财政厅，福建省税务局、厦门市税务局按职责分工负责）

6. 对符合《中华人民共和国税收征收管理法》及其实施细则规定的"特殊困难"缓税条件的煤电和供热企业，加快办理延期缴纳税款核准；落实对煤电和供热企业的税费优惠政策，对符合条件的企业加快办理增值税留抵退税。（福建省税务局、厦门市税务局负责）

二、加强调度保供稳价，畅通工业经济循环

7. 充分发挥煤电油气运保障工作厅际协调机制作用，统筹协调和督促指导全省煤电油气运保障工作；落实各主力燃煤电厂企业保供主体责任，提升厂内存煤水平，加强机组运维管理，推动煤电企业提高发电出力；实现发电用煤、用气中长期合同全覆盖，提高合同兑现率。（省发改委负责）

8. 优化电力运行调度，组织开展2022年电力市场交易工作，对暂未直接从电力市场购电的用户，由电网企业代理购电，保障企业用电需求；完善有序用电方案，合理安排错峰用电，探索建立需求响应市场调节机制，保障民生和重点用户用电需求。（省发改委，国网福建省电力公司按职责分工负责）

9. 有序推进永安、可门、漳平、坑口等电厂升级改造和南埔电厂智慧电厂试点建设，进一步降低燃煤电厂平均供电煤耗；推动闽粤联网工程2022年建成投产，加快江阴、泉惠、古雷等工业园区热电联产项目核准开工，满足园区用热及区域电力需求。（省发改委负责）

10. 整合差别电价、阶梯电价、惩罚性电价等差别化电价政策，建立统一的高耗能行业阶梯电价制度，对能效达到基准水平的存量企业和能效达到标杆水平的在建、拟建企业用电不加价，未达到的根据能效水平差距实行阶梯电价，加价电费专项用于支持企业节能减污降碳技术改造。（省发改委、工信厅，国网福建省电力公司等单位按职责分工负责）

11. 落实《重要商品和服务价格指数行为管理办法（试行）》，依法依规开展价格指数评估和合规性审查，促进价格指数市场健康有序发展；密切监测大宗原材料市场供需和价格变化，持续强化大宗商品期现货市场监管，严厉打击各类违法行为，坚决遏制过度投机炒作。（省发改委、工信厅、商务厅、市场监管局，福建证监局、厦门证监局等单位按职责分工负责）

12. 支持企业投资开发铁矿、铜矿等具备资源条件、符合生态环境保护要求的矿产开发项目；推动废钢、废有色金属、废塑料、废纸等再生资源综合利用，提高"城市矿山"对资源的保障能力；推动具备条件的省级以上园区循环化改造，推行清洁生产工艺，提升大宗固体废物综合利用率。（省发改委、工信厅、自然资源厅、生态环境厅等单位按职责分工负责）

13. 支持省内供应链企业申报全国供应链创新与应用示范创建，鼓励大型国有企业打造大宗商品供应链服务平台；持续跟踪钢材、水泥等重点企业产销存和价格情况，协调企业对接重点工程项目。（省商务厅、国资委、工信厅等单位按职责分工负责）

14. 动态更新《福建省首台（套）推广应用指导目录》，对经认定属于国内、省内首台（套）的省级财政给予资金补助，促进科技含量较高的首台（套）、首批次应用；组织企业申报国家年度重点新材料首批次保险补偿项目。（省工信厅负责）

15. 充分发挥计量、标准、认证检测、质量管理等技术机构的支撑作用，全面推进质量基础设施一站式服务；实施质量强省战略，深化质量提升行动，深入开展小微企业质量管理体系认证提升行动。（省市场监管局负责）

三、鼓励提质增效升级，增强创新发展动力

16. 全年组织实施500个以上省重点技改项目，由设区市统筹省级专项转移支付资金，按照项目实际设备（含技术、软件等）投资额不超过5%的比例给予补助，单个企业最高不超过500万元，其中省级工业龙头企业不超过1000万元；项目完工投产后，实际固定资产投资额达1000万元以上，且完工投产当年企业营业收入较上一年度有增长的，再按照项目实际设备（含技术、软件等）投资额不超过5%的比例给予奖励，单个企业最高不超过500万元，其中省级工业龙头企业不超过1000万元。（省工信厅负责）

17. 组织实施200个以上工业战略性新兴产业重点项目，加强项目跟踪管理和协调服务，力争全年建成投产项目30个以上；深入实施战略性新兴产业集群发展工程，争取再推动一批省级产业集群纳入国家战略性新兴产业集群发展工程。（省工信厅、发改委等单位按职责分工负责）

18. 支持企业入规升级，对2022年新投产纳统规上工业企业、规下转规上工业企业省级财政给予一次性资金奖励，鼓励各地市配套出台扶持政策。（省工信厅、财政厅按职责分工负责）

19. 制定省级节能降碳技术改造实施方案，推动钢铁、电解铝、水泥、平板玻璃、炼油、乙烯、合成氨等重点行业存量项目开展节能降碳技术改造；研究出台工业领域碳达峰碳中和工作方案；鼓励省内相关单位主导或参与能效相关国家标准和行业标准的制修订工作，按规定给予补助。（省发改委、工信厅、市场监管局等单位按职责分工负责）

20. 开展能效、水效领跑者引领行动，分期分批发布重点行业能效、水效领跑者标杆企业；征集发布国内领先的节能技术、产品、装备目录，依托节能技术产品推广平台、节能标杆现场交流活动等，加大钢铁、水泥、平板玻璃等重点行业先进适用工业节能减碳技术装备推广应用。（省工信厅、水利厅按职责分工负责）

21. 完善高新技术企业成长加速机制，力争2022年全省国家高新技术企业突破9000家；对购买重大科技成果实现产业化的企业，按实际支付技术交易额的30%予以补助，最高300万元。（省科技厅、财政厅按职责分工负责）

22. 对本年度单项研发经费投入1000万元以上的企业，可“一事一议”申请企业研发经费分段补助；对上年度研发经费投入1亿元及以上的企业，按上年度核定补助额实行预补助，由省级财政预拨经费全额垫付。（省科技厅、财政厅按职责分工负责）

23. 实施中小企业创新能力和专业化水平提升工程，力争全年培育省级“专精特新”中小企业100家以上、国家专精特新“小巨人”企业50家以上，对新认定的省“专精特新”中小企业和国家专精特新“小巨人”企业，由省级财政分别给予一次性20万元、50万元奖励；组织开展“专精特新八闽行”活动，为每家企业配备一名服务专员，为每家企业至少解决一项困难。（省工信厅、财政厅按职责分工负责）

24. 实施制造业数字化转型行动，对新认定的工业互联网示范平台、新一代信息技术与制造业融合发展新模式新业态标杆企业、工业互联网APP优秀解决方案分别给予最高200万元、50万元、15万元资金奖励，筛选一批“5G＋工业互联网”典型案例，通过现场会、对接会、专家问诊咨询等，加快成熟应用场景复制推广。（省工信厅、财政厅按职责分工负责）

25. 鼓励企业对接国家基金，对企业获得国家制造业转型升级基金、中小企业发展基金或其一级子基金股权投资支持的，按照实际到资额分别给予5‰、1%奖励，最高100万元。（省工信厅、财政厅等单位按职责分工负责）

26. 省级财政安排专项资金支持国家级、省级重点实验室、工程研究中心、制造业创新中心、企业技术中心等创新平台培育建设，积极争取创建国家级创新平台，年度认定省级制造业创新中心2—3家、省级工程研究中心5家、省企业技术中心50家。（省科技厅、发改委、工信厅、财政厅按职责分工负责）

27. 综合运用“揭榜挂帅”等政策举措，鼓励骨干企业、高校科研院所等搭建产业链创新联盟、创新联合体，开展产学研用协同攻关，每年实施10个以上省级科技重大专项专题项目，每个项目给予最高500万元资金支持；每年实施50个左右省级技术创新重点攻关及产业化项目，每个项目给予最高300万元资金支持。（省科技厅、工信厅、财政厅等单位按职责分工负责）

四、着力扩大有效投资，拓展市场需求潜力

28. 抓好635个省级工业增长点项目，推进龙头企业重大项目建设，促进上下游产业链延伸集聚发展；全面梳理年度计划开工重大重点项目，实行“清单化”台账管理，筛选有代表性、示范性、导向性的重大项目，列入季度全省重大项目集中开工。（省工信厅、发改委等单位按职责分工负责）

29. 组织召开2022年央企合作座谈会，做好地方专场央企招商项目推介会，推进福建省与央企深化拓展全面战略合作关系，推动重大项目落地建设。（省发改委、国资委按职责分工负责）

30. 举办第十二届民企产业项目对接洽谈会，全年对接民企产业项目投资额5000亿元以上，其中制造业项目投资额3500亿元以上；力争当年新对接民企产业项目开工率达50%以上；加强民企招商正向激励，对完成年度目标任务、绩效排名靠前、引进大项目好项目、开展多场次专场招商活动等给予奖励。（省工信厅、财政厅按职责分工负责）

31. 有序推进整县（市、区）屋顶分布式光伏试点，持续开展近海“渔光互补”等集中式光伏试点；加快福州、漳州、莆田、宁德、平潭海上风电开发，推动平潭外海、漳浦六鳌二期、宁德霞浦B区等项目尽早开工，组织开展年度海上风电项目竞争配置；支持福州江阴海上风电产业园做大做强，推动海上风电装备产业加快发展。（省发改委负责）

32. 优化数据中心布局，重点推进中国电信（长乐）东南信息园数据中心、中国移动（福州、厦门）数据中心、中国土楼云谷等区域性数据中心建设，积极发展面向工业互联网等领域的边缘数据中心；支持5G行业虚拟专网在传统行业的建设应用；深入实施“上云用数赋智”行动，鼓励建设一批中小企业数字化转型促进中心。（省发改委、工信厅，省通信管理局按职责分工负责）

33. 建设福建省算力资源一体化公共服务平台，纳管省内各算力平台资源，实现统一调度、统筹管理，实现全省算力资源、数据资源、算法模型、软件应用共享；积极推进基础算力领域的示范应用，加大数据资源供给；争取国家支持福建省纳入国家一体化算力网络国家枢纽体系，在福州、厦门建立全国一体化算力网络国家枢纽节点。（省发改委、工信厅，省通信管理局按职责分工负责）

34. 实施省北斗综合应用示范工程，推动北斗在气象、交通、生态环境、农林、电力、自然资源、应急通信等领域规模化应用，加快推动国家北斗导航位置福建分中心建设。（省发改委，省委军民融合办，省通信管理局等单位按职责分工负责）

35. 持续开展先进制造业与现代服务业深度融合发展试点示范，打造面向主要产业集群的两业融合发展服务平台，打造一批两业深度融合的新型产业集群、优势产业链条、示范企业和载体。（省发改委、工信厅按职责分工负责）

36. 深化“三品”专项行动，引导纺织鞋服、食品等传统优势产业加强品牌建设和网络营销，积极开拓市场；支持各地开展产品推介、展览展销、互采互购等活动，进一步挖掘省内市场潜力，对各地工信部门牵头举办（含承办）线上或线上线下相结合的促销活动和“手拉手”供需对接活动按规定给予财政资金补助。（省工信厅、商务厅、财政厅按职责分工负责）

37. 健全废旧家电回收处理体系，鼓励有条件的地方在家电等领域推出新一轮以旧换新行动；鼓励开展新能源汽车、智能家电下乡行动。（省发改委、工信厅、商务厅等单位按职责分工负责）

五、提高外资利用水平，推动外贸稳定发展

38. 贯彻落实2021年版外资准入负面清单和自贸区负面清单，密切衔接即将出台的新版鼓励类外商投资产业指导目录，鼓励外资投向负面清单中新开放的制造业领域；制定出台利用外资保稳促优政策措施，对符合条件的外商投资制造业项目，省级财政按到资比例给予奖励；争取更多

符合条件的外资项目列入国家重大外资项目专班。（省发改委、商务厅、财政厅按职责分工负责）

39. 充分利用中国国际投资贸易洽谈会、中国国际进口博览会等重大经贸活动平台，加强“一把手”招商、以商招商、产业链招商等，做好招商信息收集和招商环境推介，便利外籍人员及其家属来华，引进更多外资大项目好项目。（省商务厅、外办等单位按职责分工负责）

40. 引导和支持外资物流、服务型制造、工业设计企业来闽投资，对符合条件的外资企业，推荐申报国家A级物流企业、国家级服务型制造示范及国家级工业设计中心。（省工信厅负责）

41. 加强与中远海运等大型班轮公司合作，对接重点外贸企业物流需求，鼓励外贸企业与班轮公司签订长期协议；进一步提高港口作业效率，提升船舶、仓位的周转率；支持厦门港等开展海铁联运国际过境业务，承接东南亚与欧洲间的国际物流需求，推动“丝路海运”与中欧班列、西部陆海新通道联动发展。（省交通运输厅、发改委、商务厅，福州海关、厦门海关等单位按职责分工负责）

42. 用好“丝路海运”港航发展专项资金，助力企业增开“丝路海运”航线、拓展集装箱国际中转，发展外贸内支线、内贸水水中转、海铁联运等各项业务；定期公布在福建省挂靠的国际集装箱航线名单，便利外贸企业与航运企业对接。（省交通运输厅、发改委、财政厅按职责分工负责）

43. 面向口岸收费主体推广使用国家标准版“单一窗口”口岸收费及服务信息发布系统，实现收费线上公开、在线查询、直观比价。（省商务厅负责）

44. 加快推进福州、厦门国家物流枢纽建设，搭建以国家枢纽为核心的骨干物流基础设施和多式联运体系，争取布局更多区域分拨中心、物流配送中心，创建一批省级示范物流园区；借力RCEP协议的签署，进一步优化海外仓全球布局，鼓励在“一带一路”沿线国家、地区新建高质量海外仓。（省发改委、工信厅、商务厅按职责分工负责）

45. 鼓励出口信保福建分公司不断优化承保和理赔条件，持续推广“单一窗口+出口信保”“跨境电商+海外仓”“市场采购贸易”等新型承保模式，积极运用出口前保险、进口信用保险、国内贸易险等延伸保障链条，进一步扩大外贸企业承保覆盖面；推进融资增信业务，积极推广“白名单”、“信保贷”等融资模式；支持企业利用出口信保的资信调查服务了解海外市场及买方信息。（福建银保监局、厦门银保监局，省商务厅，出口信保福建分公司按职责分工负责）

六、加强政策措施保障，激发市场主体活力

46. 设立第六期100亿元规模的中小微企业纾困增产增效专项贷款，省级财政安排贴息资金1亿元，引导有条件的市、县（区）安排中小微企业纾困资金，促进中小微企业融资增量、扩面、降价；持续推动“纾困贷”“商贸贷”“外贸贷”“技改贷”“科技贷”等政策性产品发放。（省财政厅、工信厅、金融监管局，人行福州中心支行、人行厦门市中心支行、福建银保监局、厦门银保监局等单位按职责分工负责）

47. 引导银行业金融机构将信贷资源向制造业倾斜，结合制造业企业生产经营周期，合理确定融资期限，加大制造业中长期贷款投放力度，力争全省2022年制造业贷款余额同比增速高于上年；用足用好碳减排支持工具和支持煤炭清洁高效利用专项再贷款政策，支持碳减排和煤炭清洁高效利用重大项目建设；按季度开展银行业金融机构服务实体经济质效监测评价，赋予制造业贷款30%的考核权重，持续推动制造业信贷增总量、优结构。（人行福州中心支行、人行厦门市中心支行、福建银保监局、厦门银保监局，省金融监管局按职责分工负责）

48. 省财政安排融资担保发展专项资金1.8亿元，落实政府性融资担保（再担保）业务风险补偿、业务降费奖补、再担保费补贴、代偿补偿等，力争2022年末融资担保放大倍数超过3.3倍，融资担保费率保持在1%以下。（省金融监管局、财政厅按职责分工负责）

49. 进一步推进“金服云”平台功能升级和推广应用，提升“担保云”、“不动产在线抵押”、“融资撮合”等功能应用，力争2022年“金服云”平台新增注册企业用户5万户，解决融资需求450

亿元。（省金融监管局负责）

50. 将普惠小微企业贷款延期支持工具转换为普惠小微贷款支持工具，从2022年起到2023年6月底，按照地方法人金融机构普惠小微贷款余额增量的1%提供资金；将普惠小微企业信用贷款支持计划纳入支农支小再贷款管理，向符合条件的地方法人金融机构提供支农支小再贷款优惠资金支持。（人行福州中心支行、人行厦门市中心支行负责）

51. 安排2022年度“电动福建”建设专项资金3.6亿元，支持新能源汽车、电动船舶、新能源工程机械和农用机械等产业发展，力争2022年推广应用新能源汽车9万辆标准车；研究制定2022年充电基础设施建设实施方案，按照不同地区对公共充电桩给予建设补贴，对新建的公共充电桩继续给予电动汽车充电量0.2元/千瓦时的运营补贴；开展电动船舶和海洋装备试点示范，加快推动电动船舶示范项目建设。（省工信厅、发改委、财政厅等单位按职责分工负责）

52. 加快推进基础设施领域不动产投资信托基金（REITs）试点工作，推动落实促进基础设施REITs发展若干措施，鼓励企业申报试点项目。（省发改委、金融监管局，福建证监局、厦门证监局按职责分工负责）

53. 推动符合条件的企业发行企业债券，拓展融资渠道；依托省公共信用信息平台建设融资信用服务省级节点，对上联通全国中小微企业融资信用服务平台，对下联通省内各级融资服务平台，促进中小微企业信用信息共享应用，助力银行等金融机构提升服务中小微企业能力。（省发改委、金融监管局，人行福州中心支行、人行厦门市中心支行、福建证监局、厦门证监局按职责分工负责）

54. 征集企业（项目）融资需求清单，推动各地市组织举办产融对接活动30场次以上，促进金融机构与企业（项目）精准对接；落实应收账款融资奖励政策，进一步推进供应链核心企业支持上游中小微企业实现应收账款融资，帮助中小微企业拓宽融资渠道。（省工信厅、财政厅，人行福州中心支行、人行厦门市中心支行按职责分工负责）

七、强化资源要素支撑，持续优化发展环境

55. 推行工业项目“标准地”改革，统一区域评估，建立“标准地”控制指标，促进工业项目快速落地；支持不同产业用地类型按程序合理转换，完善土地用途变更、整合、置换等政策；鼓励采用长期租赁、先租后让、弹性年期供应等方式供应产业用地。（省自然资源厅、发改委等单位按职责分工负责）

56. 保障重点项目用地，省级及以上重点项目用地报批，可不与供地率、批而未供处置率挂钩；对符合规划和安全要求、不改变用途的，园区内工业企业在原有建设用地上通过新建、扩建、拆建或三种方式组合的路径进行厂房升级改造、适当增加用地容积率的，不再增收土地价款。（省自然资源厅、发改委等单位按职责分工负责）

57. 在符合国土空间规划、用途管制和安全要求的前提下，单一生产功能的开发区、产业集聚区，可按照统一配套、依法供应的原则，对园区统一建设的公共生活服务设施用地面积占项目总用地面积比例最高可达到30%。（省自然资源厅、商务厅等单位按职责分工负责）

58. 完善重污染天气应对分级分区管理，坚持绩效分级差异管控，精准实施企业生产调控措施；实施生态环境领域“一个窗口对外”改革，对大型风光电基地、有利于节能减污降碳等重大项目，加快规划环评和项目环评进度，保障尽快开工建设。（省生态环境厅负责）

59. 研究制定“十四五”节能减排综合工作方案，科学确定全省“十四五”节能减排重点任务，合理分解下达各地市能耗强度指标；落实新增可再生能源和原料用能消费不纳入能源消费总量控制政策；积极争取国家重大项目能耗单列。（省发改委、工信厅、生态环境厅等单位按职责分工负责）

60. 加强职业技能培训基础能力建设，推动在工业园区周边、劳动力输出城市、产业集中地区建设一批公共实训基地，促进产业用工需求和职业技能培训有效衔接；大力发展人力资源服务业，严厉打击侵害劳动者就业权益行为，规范用工市场，提高人力资源配置效率。（省发改委、人社厅等单位按职责分工负责）

61. 组织开展各类线上线下招聘会，举办“就业援助月”、“春风行动”等专项招聘活动，协调解决企业用工热点难点问题；鼓励各类社会机构、个人为重点企业引进劳动力，各地可按规定给予相关机构和个人一次性用工服务奖补。（省人社厅负责）

62. 深化拓展“强服务守安全提质量”再落实行动成果，组织开展产品质量技术帮扶“提高效率、提升效能、提增效益”行动；深化工业产品质量安全追溯体系建设试点，扩大试点范围，推行全链条全流程监管；组织开展企业首席质量官公益培训。（省市场监管局负责）

63. 加大拖欠账款投诉举报行为处理力度，规范欠款年报公示行为，加大对大型企业拖欠制造业中小微企业款项的年报公示制度的监管力度；充分发挥清理拖欠账款工作联席机制，强化部门联动、联合惩戒，探索推行工程建设领域资金监理制度，确保“无分歧”欠款及时清偿；加大对涉企违规收费的整治力度，推动助企纾困政策落地落细。（省工信厅、人社厅、住建厅、市场监管局等单位按职责分工负责）

64. 完善工程建设项目审批管理系统功能，推进相关审批业务系统互联互通和数字证书、电子印章互认，持续推进工程审批全流程在线审批；进一步推动工程建设审批中介网上交易，加强审批服务管理。（省住建厅负责）

65. 提升“党政新时空·政企直通车”平台服务效能，及时协调解决企业实际困难诉求；深入开展“惠企政策进百园入万企”，用好惠企政策统一发布平台，优化政策和企业精准匹配功能，开展惠企政策“点对点”精准推送服务。（省工信厅负责）

66. 实施《福建省优化营商环境条例》，研究制定福建省营商环境创新改革行动计划，推出创新改革事项清单；完善营商环境数字化监测督导机制，运用大数据手段，动态监测全省营商环境建设情况，及时发现问题，督促整改落实。（省发改委，省有关单位按职责分工负责）

67. 健全完善“旬监测、月分析、季调度”工作机制，紧盯重点地区、重点产业、重点企业、重点园区、重点产品、重点市场，加强重点产业链供应链分析研判预警，及时发现并协调处置苗头性、倾向性、潜在性问题。（省工信厅、发改委等单位按职责分工负责）

68. 建立省级促进工业经济平稳增长协调机制，设立重点区域、重点产业省级专项协调小组，加强对行动方案重要工作、重大项目及政策措施督促落实，统筹协调跨地区、跨部门重要事项，推动工业高质量发展。（省工信厅牵头，省发改委等单位按职责分工负责）

福建省发展和改革委员会　福建省工业和信息化厅印发关于建立专项协调机制推动产业高质量发展的工作方案的通知

闽发改工业〔2022〕193 号

各设区市人民政府，平潭综合实验区管委会，省科技厅、财政厅、自然资源厅、生态环境厅、交通运输厅、卫健委、应急厅、国资委、医保局、机关管理局、药监局，省能化集团、汽车集团、电子信息集团，国网福建省电力公司：

《关于建立专项协调机制推动产业高质量发展的工作方案》已经省政府同意，现印发给你们，请认真贯彻执行。

福建省发展和改革委员会
福建省工业和信息化厅
2022 年 3 月 24 日

（此件主动公开）

关于建立专项协调机制推动产业高质量发展的工作方案

按照省委、省政府工作部署，为推动“提高效率、提升效能、提增效益”行动落细落实，强化统筹谋划和协同推进，提升全省产业链现代化水平，推动产业高质量发展，省级层面建立重点区域、重点产业专项协调机制，设立专项协调小组，并制定本工作方案。

一、专项协调小组责任分工

（一）石化－化纤－纺织－鞋服产业

牵头省领导：郭宁宁、康涛

牵头单位：省发改委、工信厅

责任单位：省科技厅、自然资源厅、生态环境厅、应急厅、国资委，省能化集团，相关地市政府等

1. 古雷石化基地

牵头省领导：郭宁宁

牵头单位：省发改委

责任单位：省工信厅、科技厅、自然资源厅、生态环境厅、应急厅、国资委，省能化集团，漳州市政府、古雷开发区管委会等

2. 湄洲湾石化基地

牵头省领导：康涛

牵头单位：省工信厅

责任单位：省发改委、科技厅、自然资源厅、生态环境厅、应急厅，泉州市、莆田市政府等

（二）集成电路产业

牵头省领导：康涛

牵头单位：省工信厅

责任单位：省发改委、财政厅、科技厅、国资委，省委台港澳办，省电子信息集团，福州市、厦门市、泉州市、莆田市政府等

（三）新能源汽车产业

牵头省领导：康涛

牵头单位：省工信厅

责任单位：省发改委、财政厅、科技厅、交通运输厅、国资委、机关管理局，省汽车集团，相关地市政府等

（四）锂电新能源新材料产业

牵头省领导：郭宁宁

牵头单位：省发改委

责任单位：省工信厅、财政厅、科技厅、自然资源厅，国网福建省电力公司，相关地市政府等

（五）生物医药产业

牵头省领导：康涛

牵头单位：省工信厅

责任单位：省发改委、科技厅、财政厅、卫健委、医保局、药监局，相关地市政府等

二、重点任务

（一）强化产业分析研判。全面梳理重点产业链龙头企业、产业分布、优势领域、薄弱环节、缺失环节、招商重点、承载园区等情况，联合行业专家团队、咨询机构，理清本省、全国、全球产业发展现状，分析研判产业发展趋势，对现有产业链进行“会诊把脉”，细化完善“1 张图谱 + N 张清单”，精准绘制产业链全景图谱，形成重点企业清单、重点招商项目清单、重点园区清单、重点产业区域布局清单等，明确产业发展路径方向。

（二）鼓励产业研发创新。围绕产业链部署创新链，支持重点实验室、工程研究中心、制造业创新中心、企业技术中心等创新平台建设。聚焦产业链关键环节“卡脖子”技术短板，综合运用“揭榜挂帅”等政策举措，组织实施省级重大科技专项，鼓励骨干企业、高校科研院所等搭建产业链创新联盟、创新联合体，开展产学研用协同攻关，重点突破一批产业链核心关键技术，加快推进技术成果市场转化应用。

（三）加强企业梯次培育。实施龙头企业“三个一批”行动，培优扶强龙头企业，支持龙头企业在突出主业的基础上延伸拓展产业链条，发挥引领带动作用。实施中小企业梯度培育工程，引导中小企业专业化、精细化、特色化、新颖化、高端化发展，持续推进“个转企”“小升规”“规改股”“股上市”，打造一批细分行业和细分市场单项冠军和专精特新“小巨人”企业。

（四）加大招商引资力度。紧盯世界500强、全国500强、全国民企百强、台湾百大以及独角兽、瞪羚等重点企业，根据重点产业发展需求，开展靶向招商、精准招商，对接引进一批产业链强链补链延链项目。探索跨市县联合招商，构建产业跨区域转移激励机制，支持合作共建产业园区，统筹抓好重大产业协作链群建设。

（五）强化产业协同联动。支持开展产品推介、协作配套、产能对接等“手拉手”活动，推动产业链上下游联动、产供销一体、大中小协同，拓宽重点产业终端产品在关联产业中的应用，促进石化、纺织、鞋服、锂电新能源新材料等关联产业协同发展。鼓励企业间建立长期战略合作关系，稳定重点产业链、供应链，实现集群式联动和全产业链发展。

（六）夯实园区载体建设。促进开发区高质量发展，支持符合条件的产业园区基础设施项目申请政府专项债券，持续完善园区水电气以及码头、航道、管廊、环保、安全、物流、商贸等公共服务设施配套，进一步扩大工业（产业）园区标准化试点范围。加大园区存量建设用地盘活力度，推进园区批而未供和闲置土地处置，加快产业向专业园区聚集，以园聚链、以链集群。

三、工作要求

（一）加强组织领导。专项协调小组要强化统筹谋划，明确省和地市具体任务分工。省级重点加强产业发展统筹布局和规划引导，全面梳理上下游产业链，明确产业发展重点和方向，研究制定产业发展规划、扶持政策措施，探索设立产业发展基金，建立健全行业协会、专家智库、企业家联盟，争取国家有关政策、资金、资源要素支持；各设区市、平潭综合实验区要参照省里做法，建立健全本地区领导挂钩重点区域和重点产业工作机制，加强园区配套、招商引资、要素保障等

工作，进一步压实责任，明确分工，形成一级抓一级、层层抓落实的良好工作局面。

（二）完善工作机制。按照“一产业一专班”的模式，各牵头单位要会同有关责任单位分产业成立工作专班，办公室设在牵头单位。结合重点产业发展实际和现实需求，研究制定具体工作方案，明确目标任务，细化政策措施，落实具体人员，确保工作任务落细落实。各级各部门要密切配合、通力协作，建立定期跟踪报送机制，每月跟踪汇总各相关领域工作推进落实情况、存在问题和意见建议，定期向省政府报告重大事项进展情况，形成整体推进合力。

（三）强化协调服务。完善省、市、县三级联动机制，加强产业发展日常跟踪调度、定期协商，及时协调解决产业园区建设、龙头企业发展、重点项目实施中遇到的困难问题，共性问题集中研究解决，个别问题专题研究解决，建立问题清单、任务清单、跟踪落实、对账销号。

（四）加强宣传引导。充分发挥电视、广播、报刊、网络、微信公众号等新闻媒体作用，多角度、多形式加大对重点产业推进工作成效和经验做法的宣传报道力度，挖掘先进典型，凝聚社会共识，营造全省上下齐心协力推动产业高质量发展的良好氛围。

福建省住房和城乡建设厅印发《关于稳住住建行业经济运行若干措施》的通知

闽建办〔2022〕5号

设区市住房和城乡建设行政主管部门：

为坚决贯彻“疫情要防住、经济要稳住、发展要安全”的重要要求，聚焦提高效率、提升效能、提增效益，全面贯彻省委和省政府工作要求，深入落实省政府48条稳住经济政策措施，努力保持住建行业经济运行在合理区间，省厅研究制定了《关于稳住住建行业经济运行若干措施》，已经省政府领导同意，现印发给你们，请认真抓好实施。

福建省住房和城乡建设厅

2022年6月10日

关于稳住住建行业经济运行若干措施

一、实施住房公积金阶段性支持政策

（一）职工家庭第二次申请使用住房公积金贷款购房的，最低首付款比例40%降低至30%，具体最低首付款比例由各地住房公积金管委会根据当地公积金资金状况、当地房价水平等因素综合确定。按照国家生育政策生育二孩或三孩家庭的，住房公积金最高贷款额度予以适当提高。具体提高额度由各地住房公积金管委会根据当地公积金资金状况、当地房价水平等因素综合确定。

（二）各地根据当地房租水平和合理租住面积，可提高住房公积金租房提取额度，支持缴存人按需提取，更好地满足缴存人支付房租的实际需要。

二、支持建筑业企业拓展业务领域

（一）各地要落实龙头企业扶持政策，在联合体业绩采认、信用分规则方面细化措施，支持龙头企业与央企、在闽子公司与母公司组建联合体参与城市轨道交通、机场设施、大型市政桥梁、大型综合管廊、大型隧道工程等基础设施项目投标。

（二）企业拓展省外市场需调整“部四库一平台”的工程项目信息数据等级的，市县住建主管部门要及时予以确认。“走出去”所需的专业承包业绩信息因总包单位、监理单位注销等原因无法采集的，企业可向省级行业协会申请核对。经核对无误后的专业承包业绩信息，按规定推送至省部相关信息平台。

（三）支持“走出去”企业回乡纳税，纳税信息按规定纳入福建省施工企业信用综合评价范围。支持企业拓展境外工程，境外工程荣获的国家级工程质量奖项（鲁班奖、国家优质工程、詹天佑奖）在福建省施工企业信用综合评价中予以采认。

对“走出去”企业纳税表现突出的企业，市级住建主管部门在确定龙头企业等工作中要予以倾斜。

三、进一步减轻建筑业企业负担

（一）全面推行保函（保险）替代现金缴纳投标、履约、工程质量等保证金，支持对信用良好企业降低缴纳比例，政府投资项目不再要求企业采用现金形式缴纳或预留。鼓励招标人对中小微企业投标人免除投标担保。建设单位应按合同约定及时支付工程进度款，依法向施工单位提供工程款支付担保。

（二）实施审慎监管，对施工企业存在施工扬尘等违法行为轻微并及时改正，没有造成危害后果的，审慎实施行政处罚。

四、大力推进地下综合管廊建设

城市新区、各类园区、成片开发区域新建道路必须按照管廊专项规划同步建设地下综合管廊，老城区要结合地铁建设、河道治理、道路整治、老城更新、棚户区改造等，逐步推进地下综合管廊建设。建成地下综合管廊的区域，各类管线必须入廊，既有管线应结合改造升级等逐步有序迁移至管廊，管廊以外区域不得再单独新建管线。管廊实行有偿入廊和使用，入廊管线单位应向管廊建设运营单位支付管廊入廊费和日常维护费，鼓励社会资本投资建设、运营地下综合管廊。各地要在2022年底前编制、修编地下综合管廊建设专项规划，建立项目库，明确分年度建设计划。2022年，加快在建的38个113千米管廊项目建设，力争年内再开工15千米。

五、加快城市排水防涝设施建设

全面排查城市内涝风险隐患，持续开展城市排水防涝整治专项行动，提升应急处置能力，力争城区积水点动态清零。在城市更新、老旧小区改造等工作中，将解决居住社区积水内涝问题作为重要内容。落实城市内涝治理系统化实施方案，策划一批项目，形成项目清单，系统推进城市排水防涝工程建设，推行城区水系与周边江河湖海、水库等“联排联调”运行管理模式。抓紧推进3个国家海绵城市示范城市创建，2022年全省新建改造雨水管网500千米。

六、构建统一开放的建筑市场环境

各地要组织清理废除含有地方保护、市场分割、指定交易等妨碍统一市场和公平竞争的政策，对新出台政策严格开展公平竞争审查，为企业创造良好的市场环境。

七、推进老旧小区充电设施等完善类改造

各地应结合老旧小区改造，将群众意愿强烈的汽车充电设施等配套设施列入重点改造内容。同时引导充电桩专业建设运营等单位履行社会责任，将老旧小区汽车充电设施优先纳入本单位专营设施年度更新改造计划，主动与城镇老旧小区改造年度计划做好衔接。

八、推进政务服务事项标准化

各地要进一步梳理完善省网上办事大厅“五级十五同”审批服务事项和办事指南，明确各审批服务事项的材料清单、审查标准、办理时限、办理流程，精减前置条件和申报材料，做到无差别受理、同标准审批，方便企业和群众。

九、深化工程建设项目审批制度改革

城乡建设品质提升项目在原有用地范围内未新改扩建建筑的，免于办理施工许可证和施工图审查，免于办理质量安全监督手续。

十、提前下达城乡建设品质提升正向激励奖励资金

会同省财政厅提前下达2022年综合绩效优异县（市、区）部分正向激励奖励资金，各地要及时分解下达，将资金拨付到具体项目上，坚决防止资金滞留在市县一级，充分发挥财政资金的引领作用，力争形成更多实物工作量，切实提升财政资金使用效益。

十一、夯实安全基础

深入开展安全生产大检查工作，针对城镇燃气、房屋结构、建筑施工等方面制定排查整治方案，细化具体任务，强化监管措施，坚决防范化解重大安全风险。自建房安全专项整治方面，突出城乡结合部、城中村、拆迁安置区、学校医院周边、工业园区、景区和非景区景点、集镇区等区域的经营性自建房。城镇燃气安全专项整治方面，加快安装燃气泄漏报警器，推动老旧燃气管道改造和场站设施提标改造，确保年底前完成计划任务。建筑施工安全专项整治方面，加大隐患排查整治力度，针对危大工程严格按照相应程序强化监管，列清单，定目标，抓落实，严格落实安全生产“一票否决”制度，强化通报处罚制度，对发生事故的项目一律停工整顿。

十二、强化组织实施

各地要结合实际，不折不扣抓好各项措施的细化落实。要加强政策储备，主动收集梳理省外相应政策措施，因地制宜地学习借鉴推广。要加大项目谋划力度，及时跟进研究国家、省政策资金走向，积极争取政府专项债券、国家政策性银行等支持，为重点项目建设提供资金支持。要加强调研跟踪，深入一线督导政策落实情况，多渠道听取了解基层诉求，梳理补充政策措施清单。各地在实施过程中存在困难、问题或有好的意见、建议，请及时反馈省厅，我们将抓紧组织研究，进一步制定完善政策措施。

福建省商务厅等九部门关于印发《加快推进预制菜产业高质量发展的措施》的通知

闽商务〔2022〕194 号

各设区市人民政府，平潭综合实验区管委会，各省直单位：

经省政府同意，现将《加快推进预制菜产业高质量发展的措施》印发给你们，请认真组织实施。

福建省商务厅
福建省发展和改革委员会
福建省农业农村厅
福建省海洋与渔业局
福建省林业局
福建省工业和信息化厅
福建省市场监督管理局
福建省科学技术厅
福建省供销合作社联合社
2022 年 11 月 10 日

（此件主动公开）

加快推进预制菜产业高质量发展的措施

为深入学习贯彻党的二十大精神，认真贯彻落实习近平总书记来闽考察重要讲话精神，落实落细国务院稳住经济一揽子政策和接续政策措施，服务和融入新发展格局，推动福建预制菜成为富民强省的特色产业，打造全国预制菜产业发展高地，不断实现人民对美好生活的向往，按照“做强闽菜大产业、畅通闽菜大物流、建设闽菜大市场、服务闽菜大民生，打造闽菜产业全链条”总体要求，现提出以下措施。

一、打造预制菜产业集群

1. 实施区域差异化策略。充分发挥福建海洋经济优势，在福州马尾、连江、福清，漳州东山、诏安，宁德蕉城、霞浦、福鼎，莆田涵江，平潭等地发展以水产品为重点的预制菜产业基地；发挥福建省食品加工业的产业链优势，在厦门同安、南平光泽、泉州晋江、漳州台商投资区、龙岩新罗及长汀产业园等地发展以肉产品为重点的预制菜产业基地；发挥福建省森林资源大省优势，在莆田、漳州、南平、三明、龙岩建立发展以蔬果净菜为重点的预制菜产业基地。到 2025 年，建设 30 个现代农业产业园、20 个优势特色产业集群。（责任单位：省农业农村厅、省海洋渔业局、省林业局等部门按职责分别负责，各设区市人民政府、平潭综合实验区管委会）

2. 打造预制菜产业园区。支持福州元洪投资区中科经纬预制菜产研城建设，打造福建省内首家预制菜产业园和中印尼“两国双园”预制菜产业示范园区；支持马尾供销预制菜供应链产业园建设；支持福清元洪投资区保罗（元洪）国际大健康食品产业园建设，打造预制菜生产加工基地；支持利嘉国际食材产业园打造预制菜产业博览园；支持正祥海峡国际农产品物流园建设；推进沙县小吃产业发展，支持建设沙县区预制菜产业园；以建瓯为核心打造中国笋食品产业园区；以同安食品工业园区为依托，规划建设厦门预制菜产业创新园。鼓励建设标准化预制菜种植基地、养殖基地，发挥规模效应。培育一批富有特色、全国知名的预制菜品牌，形成预制菜产业高地，带动周边预制菜加工产业带发展。（责任单位：省商务厅、省发改委、省工信厅、省农业农村厅、省海洋渔业局、省林业局、省供销社等部门按职责分别负责，各设区市人民政府、平潭综合实验区管委会）

3. *加大预制菜引资力度*。用好“9·8”投洽会、进博会等重大经贸平台，强化“一把手”招商、产业链招商、大数据招商等，着力引进一批预制菜大项目、好项目。鼓励各级招商部门用好“云上投洽会”平台，通过云招商、云推介、云洽谈等方式开展预制菜领域对外招商，工作成效突出的，给予一定的招商工作奖励。（责任单位：省商务厅、省财政厅等部门按职责分别负责，各设区市人民政府、平潭综合实验区管委会）

二、培育壮大预制菜龙头企业

4. *培育一批龙头企业*。培育一批涵盖生产、冷链、仓储、流通、营销等环节的福建省预制菜龙头企业，培育一批跨区域的预制菜仓储冷链物流龙头企业。支持认定一批从事预制菜农业产业化省级以上龙头企业。鼓励有供应链优势条件的大型国有企业、龙头企业创新研发一批对振兴农业发展、促进农民增收、推动农特产品上行的预制菜助农名优产品。引导、支持预制菜生产企业设立、扩大研发厨房，加大闽菜研发及闽菜工业化生产、标准化转化。培育“+旅游”新业态，鼓励龙头企业建设生产、加工、科研、商贸、旅游、文化于一体的预制菜文化产业园、观光车间、观光工厂等，开展工业、农业旅游。（责任单位：省农业农村厅、省工信厅、省文旅厅、省商务厅、省海洋渔业局、省供销社、省委宣传部等部门按职责分别负责，各设区市人民政府、平潭综合实验区管委会）

5. *完善预制菜标准体系*。鼓励和支持企业、社会团体、教育科研单位以及检验检测机构等组织积极参与标准制定和修订工作，从原材料、加工、菜品、技术、质量、服务、文化、培训等方面建立完善预制菜标准体系。以龙头企业优势抢占行业标准“制高点”，打造预制菜“福建标准”，推动“福建标准”上升为行业标准、国家标准。鼓励和支持相关组织和单位研制预制菜的相关团体标准、企业标准。对主导标准制定的单位，按有关规定予以补助。实施品牌战略，围绕定位、推广、延伸等重要环节，推进预制菜品牌建设工作，培育绿色、特色品牌，指导企业注册商标。（责任单位：省卫健委、省市场监管局、省工信厅、省农业农村厅、省海洋渔业局、省林业局、省供销社等部门按职责分别负责，各设区市人民政府、平潭综合实验区管委会）

6. *推动预制菜加工转型升级*。支持预制菜加工企业实施技改升级，对符合条件的加工企业给予技改奖补、贷款贴息等政策支持；对国内或省内首台（套）重大技术装备认定和推广应用的，按首台（套）政策给予补助。（责任单位：省工信厅，各设区市人民政府、平潭综合实验区管委会）

三、支持仓储冷链建设

7. *提升农产品产地初加工能力*。支持农业新型经营主体建设贮藏库、冷库、清洗、分拣、包装等农产品产地冷藏保鲜设施，提升农产品产地初加工能力水平。引导仓储冷链物流企业与预制菜生产企业对接，建设预制菜从田头到餐桌消费的全程闭环供应模式。到2025年，建设农产品产地冷藏保鲜设施150个。（责任单位：省农业农村厅、省海洋渔业局、省林业局等部门按职责分别负责，各设区市人民政府、平潭综合实验区管委会）

8. 加强预制菜冷链物流配送能力。支持预制菜生产企业、连锁化经营餐饮企业等推广“原料基地+中央厨房+冷链配送”模式，支持其加大冷链仓储设施建设力度，支持建设自动化预制菜仓储冷链。对开展预制菜业务的冷链仓储物流企业，其冷链设施建设改造按相关规定给予支持。推动冷链物流企业信息化建设项目，鼓励建设集在线交易、信息发布、位置跟踪、技术咨询、产业动态分析等功能于一体的区域性、第三方冷链物流资源交易公共服务平台。推行轻微型冷链配送货车在非高峰时段允许在市区免予办证通行，逐步放宽中型及以上冷链配送货车市区通行限制。到2025年，全省初步形成产销衔接、城乡覆盖、联通高效的冷链物流网络，服务于预制菜产业的冷链物流信息化、自动化、智能化、标准化显著提高。（责任单位：省发改委、省工信厅、省商务厅、省供销社、省公安厅等部门按职责分别负责，各设区市人民政府、平潭综合实验区管委会）

四、搭建预制菜公共服务平台

9. *鼓励开展产学研合作*。推动省内高等院校、科研院所、预制菜相关企业、农业龙头企业及行业组织共同建立预制菜产业研发平台，鼓励以企业为主体开展关键核心技术的产业研发，并推动研发成果及技术转化。鼓励有条件的国有企业带头与科研院所、高等院校展开深度合作，为预制菜企业提升产能效能、科学合理布局探索发展方向，形成相对统一科学的行业发展解决方案。引领预制菜头部企业帮扶小微企业，开展技术研发，完善供应链。到2025年，全省预制菜产业科技创新支撑能力得到有效提升。（责任单位：省教育厅、省科技厅、省工信厅等部门按职责分别负责，各设区市人民政府、平潭综合实验区管委会）

10. *建设预制菜一体化服务模式*。形成从选品（项目）、研发、产业化、工业化、品牌塑造、食品包装、营销宣传、销售渠道、互联网线上推广的一站式服务体系，建立预制菜食品孵化基地，扩大聚集全国食品行业专家资源，组建由技术专家、营销专家、互联网专家等的多学科服务队伍，助力预制菜市场发展。（责任单位：省商务厅、省科技厅、省工信厅、省农业农村厅等部门按职责分别负责，各设区市人民政府、平潭综合实验区管委会）

11. *打造一体化数字服务平台*。推动预制菜产业供应链、销售链数字化升级，鼓励龙头企业、行业协会等建立多功能一体化的数字化公共服务平台，为企业交流、政策分享、品牌宣传、市场拓展、贸易沟通、供需对接等各个环节提供线上综合服务。（责任单位：省商务厅、省农业农村厅、省工信厅、省供销社、省数字办等部门按职责分别负责，各设区市人民政府、平潭综合实验区管委会）

五、构建预制菜品牌营销渠道

12. *促进预制菜网络销售*。对利用电子商务第三方平台、自营平台，实现福建预制菜年网络零售额超过1亿元的企业，择优给予最高50万元奖励。支持预制菜企业对接阿里巴巴、京东、抖音等知名平台，提升网络推广力度。（责任单位：省商务厅、省供销社等部门按职责分别负责，各设区市人民政府、平潭综合实验区管委会）

13. *拓展便民消费渠道*。鼓励商场、超市、便利店、火车站、机场设立预制菜、预制食品专区、专柜，拓宽预制菜品牌营销渠道；支持各地城市一刻钟便民生活圈建设，推动预制菜知名品牌产品进社区、景区、服务区扩大产品销售，便利居民和游客消费。挖掘一批优质的预制菜企业、预制食品纳入“万福”商旅伴手礼产品库，通过“万福”线上、线下渠道推动产品销售。（责任单位：省商务厅，各设区市人民政府、平潭综合实验区管委会）

14. *多形式全方位推广预制菜*。依托“全闽乐购”、一二三三供应链、元洪在线等平台和福州渔博会、菌博会、福品博览会等展会，举办形式多样的线上线下预制菜促销活动。支持开展预制菜企业供需对接会，鼓励预制菜知名产品进学校、工厂、医院、社区等食堂。支持开展预制菜产业专项主题展、八闽美食嘉年华、闽货华夏行等系列活动，每年组织若干场预制菜品牌推介和营销活动，培育和打造福建预制菜产业一站式展示、交易空间。集成推介八闽华侨美食文化，构建“福建省华侨美食风情文化节”特色美食展销节庆活动。依托重点侨乡和华侨农场，兼容中外餐饮文化及华侨风情元素，生成推广一系列以国别地区为鲜明标签且富含“侨韵侨味”的特色预制美食。（责任单位：省商务厅、省海洋渔业局、省侨联等部门按职责分别负责，各设区市人民政府、平潭综合实验区管委会）

15. *推动预制菜拓展国际国内市场*。促进预制菜内外贸一体化发展，支持预制菜企业参加境内外专业展会，抓住 RCEP 协定生效契机，鼓励预制菜企业到境外设立加工基地等，拓展东盟等重点市场。鼓励企业用好市场采购贸易方式试点、出口预包装食品试点等政策，拓展新业态新模式。对预制菜小微出口企业通过国际贸易“单一窗口”投保出口信用保险保费给予支持，提供专业化信用风险管理和信息服务。（责任单位：省商务厅、福州海关、厦门海关等部门按职责分别负责，各设区市人民政府、平潭综合实验区管委会）

16. 打造“福”文化系列预制菜。拓展“福”文化发展创新空间，鼓励各地以“闽菜馆”为重点，推动当地主要酒店、酒楼，加强“福”文化氛围布置，推出系列“福宴”“福小吃”“福菜”。鼓励餐饮经营单位运用现代标准化流水作业或中央厨房集中生产，研发并推广具有福建各地特色的预制菜品和名小吃，对“福宴”、“经典闽菜”、“闽菜药膳”等菜品原料进行前期加工，推出半成品、成品预制菜，带动各地特色闽菜预制化经济的成长。鼓励、引导闽菜大师和预制菜生产企业多维度、多层次合作，加大闽菜工业化、标准化力度，将更多闽菜产品以预制菜的形式推向国际国内市场。（责任单位：省商务厅、省工信厅、省供销社等部门按职责分别负责，各设区市人民政府、平潭综合实验区管委会）

六、建立预制菜产业保障制度

17. 保障预制菜食品安全。严格落实《中华人民共和国食品安全法》，按照标准体系打造预制菜。食品添加剂严格按照《食品添加剂使用标准》规定使用。明确食材全流程可回溯，保障冷链物流运输。鼓励生产企业利用新技术实现“明厨亮灶”。推动预制菜初加工生产主体落实好食用农产品承诺达标合格证与一品一码追溯并行制度。鼓励有条件的地方组织有资质的第三方检测机构开展抽检，提高预制菜食品安全保障水平。预制菜食品安全抽检合格率稳定在98.5%以上。（责任单位：省市场监管局、省农业农村厅等部门按职责分别负责，各设区市人民政府、平潭综合实验区管委会）

18. 发挥预制菜相关社会组织作用。推动成立福建省预制菜相关社会组织，鼓励餐饮、食品加工等行业协会成立预制菜分会。充分发挥社会组织服务作用，加强预制菜行业自律，推动预制菜行业健康发展。（责任单位：省商务厅、省民政厅、省供销社、省工信厅、省市场监管局等部门按职责分别负责，各设区市人民政府、平潭综合实验区管委会）

19. 加强人才队伍建设。鼓励和支持福建农林大学食品科学学院、集美大学食品与生物工程学院等科研院所与福建本土预制菜企业深度合作。推动建设预制菜产业人才实训基地，开展预制菜产业人才培训，加大对预制菜产业的运营、管理和工程化职业技术人才培训力度。推进人才和技术的开放交流，鼓励企业引入高端人才并制定培养人才计划，对预制菜产业领军人才给予安家补助、租房补贴、科研配套经费、重大项目申报、科技成果转化、专业技术职称申报等方面的多重扶持保障。支持推动各级各类企业经备案自主开展技能人才评价。（责任单位：省教育厅、省人社厅、省科技厅、省商务厅等部门按职责分别负责，各设区市人民政府、平潭综合实验区管委会）

20. 加大财税政策支持。对预制菜产业园区，在产业发展基金、企业设备和生产线投资、配套冷链物流、融资成本、预制菜产品出口、网络销售平台等方面予以大力支持。建立预制菜创新企业、优质企业名单发布制度，给予名单内企业信贷支持。对预制菜产业企业依法依规落实税收优惠政策。（责任单位：省税务局、厦门市税务局、省财政厅、省发改委、省工信厅、省科技厅、省商务厅等部门按职责分别负责，各设区市人民政府、平潭综合实验区管委会）

21. 搭建银企合作平台。引导金融机构、投资基金加大对预制菜企业的融资支持力度。鼓励金融机构创新金融服务，丰富企业融资渠道，加大企业上市扶持力度，遴选龙头优势企业建立备选上市企业库，形成龙头企业和“专、精、特、优”的中小企业协调发展的产业格局。（责任单位：省金融监管局、省财政厅等部门按职责分别负责，各设区市人民政府、平潭综合实验区管委会）

第十篇

表彰奖励

“福建省非公有制经济优秀建设者名单”表彰名单

2022年6月17日福建省人民政府印发《福建省人民政府关于表彰福建省非公有制经济优秀建设者的决定》（闽政文〔2022〕280号）提出，自2019年第六届世界闽商大会以来，福建省非公有制经济人士坚持以习近平新时代中国特色社会主义思想为指导，大力传承弘扬“晋江经验”，勇于改革创新，争做时代先锋，为推动全省经济社会各项事业发展作出了重要贡献，涌现出一批优秀的非公有制经济人士。

为树立典型、表彰先进，引导全省广大非公有制经济人士做“爱国敬业、守法经营、创业创新、回报社会”的典范，激励非公有制经济在全方位推进高质量发展超越中发挥更大作用，省政府研究决定，授予丁思泉等100位非公有制经济人士（名单附后）“福建省非公有制经济优秀建设者”荣誉称号。

希望受表彰的非公有制经济人士珍惜荣誉，再接再厉，继续发挥模范引领作用，坚守实业，深耕主业，再创佳绩。全省各级各部门要全面贯彻落实党的十九大和十九届历次全会精神，深入学习贯彻习近平总书记来闽考察重要讲话精神，认真落实省第十一次党代会、省委经济工作会议要求，坚持“两个毫不动摇”，坚持提高效率、提升效能、提增效益，高效统筹疫情防控和经济社会发展，强化责任担当，促进非公有制经济健康发展，激励引导全省广大非公有制经济人士以受表彰的先进典型为榜样，大力弘扬企业家精神，进一步发扬“敢为天下先、爱拼才会赢”的闯劲，再激创新活力，再燃创业热情，再掀创造热潮，为全方位推进高质量发展超越，奋力谱写全面建设社会主义现代化国家福建篇章作出新的更大贡献。

“福建省非公有制经济优秀建设者”表彰名单

（按姓氏笔画排序）

丁思泉　太阳海（福建）制衣有限公司总经理

丁辉煌　三六一度（中国）有限公司董事长

王　军　厦门市演武场投资管理有限公司董事长

王　晖　宁德聚能动力电源系统技术有限公司总经理

王文礼　八马茶业股份有限公司董事长

王希仁　福建省铁拓机械股份有限公司董事长

尤信进　福建三都澳食品有限公司副总经理

叶　灿　武夷山茶言精舍文化旅游有限公司董事长

叶建官　福建伟益锦纶科技有限公司总经理

叶智勇　漳州市白玉兰精糖有限公司董事长

付文辉　宁德思客琦智能装备有限公司董事长兼总经理

兰平勇　宏东渔业股份有限公司董事长

吕联选　汇力兴业集团有限公司董事长

华祥斌　福建德尔科技股份有限公司董事长

刘　良　泉州英良石材有限公司董事长

刘洪美　龙工龙岩基地党委书记，龙工（福建）桥箱有限公司、龙工（福建）铸锻有限公司总经理

江元勋　福建武夷山国家级自然保护区正山茶业有限公司董事长

许阳阳　达利食品集团有限公司副总裁兼执行董事

许寿强　福建众智达远科技产业有限公司董事长

许志华　福建泉州匹克体育用品有限公司总经理

许清流　连捷投资集团有限公司董事长

苏庆灿　厦门大学附属厦门眼科中心董事长

李　旭　福州朴朴电子商务有限公司联合创始人、总经理

李冬敏　厦门市嘉晟对外贸易有限公司董事长

李志忠　福建省江山美人茶业有限公司董事长

李恒章　福建旭牧联生物科技有限公司董事长

杨荣辉　泉州荣祺食品有限公司董事长

杨紫明　卡宾服饰（中国）有限公司董事长兼 CEO

肖文华　华祥苑茶业股份有限公司董事长

肖智勇　漳州万佳陶瓷工业有限公司董事长

吴文露　福建路通管业科技股份有限公司董事长

吴永文　漳州万宝能源科技股份有限公司董事长

吴家莹　佳好集团（厦门）有限公司董事长

吴清焕　新兴新纺织科技（龙岩）有限公司总经理

吴景华　福建荣耀健康科技股份有限公司董事长

何丽勤　厦门市绿百合食品有限公司总经理

何宝平　福建鸿生材料科技股份有限公司董事长

余建铣　福建凯邦锦纶科技有限公司董事长

邹剑寒　奥佳华智能健康科技集团股份有限公司董事长

张桂潮　福龙马集团股份有限公司总裁

张维林　新万鑫（福建）精密薄板有限公司董事长

张澍楠　福建省领秀文旅集团有限公司总经理

陈　文　福建新华源纺织集团有限公司总裁

陈　凯　福建吴航不锈钢制品有限公司董事长

陈　翔　泉州南少林国际学校校长

陈文豹　福建巨岸建设工程有限公司董事长

陈文彪　双驰实业股份有限公司董事长

陈方毅　厦门美柚股份有限公司创始人兼董事长

陈立新　福建谨而信律师事务所主任

陈成辉　科华数据股份有限公司董事长

陈延进　紫金铜业有限公司总经理

陈兴华　福建闽瑞新合纤股份有限公司董事长兼总经理

陈秀喜　宁德市蕉城区百汇电器有限公司董事长

陈建华　福建省建阳金石氟业有限公司董事长

陈孟邦　宗仁科技（平潭）股份有限公司董事长、总经理

陈思暐　厦门厦顺铝箔有限公司董事长

陈朝宗　厦门禹道实业集团有限公司董事长

陈瑞喜　正力海洋工程有限公司董事长

林一文　福建永福电力设计股份有限公司党委书记、董事长兼总经理

林立举　宁德东恒机械有限公司总经理

林礼渠　福州弘博工艺有限公司董事长

林启明　福建省润和投资集团有限公司董事长

林建能　福建吉马集团有限公司副总裁、漳州理工职业技术学院副董事长

林振传　福建品品香茶业有限公司董事长

林常青　福建永安物业管理有限公司董事长

林善平　福建顺昌虹润精密仪器有限公司董事长

林锡臻　福建爱的电器有限公司执行董事、厦门渡远户外用品股份有限公司董事长

罗如生　福建龙净环保股份有限公司总裁

周以晴　福建以晴科技集团有限公司董事长、漳州中科智谷科技有限公司实际控制人

郑永光　福建长源纺织有限公司董事长

郑丽煌　福建豆讯科技有限公司总经理

单钻锋　福建平潭瑞谦智能科技有限公司董事长

柯志文　福建点景科技股份有限公司董事长

柳依玲　福建金杨科技股份有限公司董事长兼总经理

施人玮　澳门泓铭集团有限公司董事长

施俊侨　信诚集团（国际）有限公司总裁

施能狮　信义集团董事

洪顶超　鑫东森有限公司董事长

倪章益　永富建工集团有限公司董事长

徐昌毅　福建省春秋陶瓷实业有限公司、春秋农林科技有限公司董事长

翁声锦　福建中景石化有限公司董事局主席

翁启镜　大有海洋（厦门）集团有限公司董事长兼总经理

郭学婢　福建华宇集团有限公司副董事长

涂崇禹　福建重宇合众律所首席合伙人

黄士斌　宁德卓高新材料科技有限公司总经理

黄仕塔　福建安泰新能源科技有限公司董事长

黄达平　力达（中国）机电有限公司董事长

黄赛琴　福建省安特集团有限公司董事长

曹　晖　福耀玻璃工业集团股份有限公司副董事长

彭宜斌　福建省富强石材有限公司董事长

蒋清峰　福建兴港建工有限公司董事长

韩萤焕　厦门东亚机械工业股份有限公司董事长

景　浓　福建腾龙鞋业有限公司董事长

赖世贤　安踏体育用品集团有限公司执行董事、首席财务官

雷贤伟　福建闽家生活物业服务有限公司总经理

雷祖云　福建省恒基建设股份有限公司董事长

蔡友志　建新轮胎（福建）有限公司董事长

蔡劲军　福建火炬电子科技股份有限公司副董事长兼总经理

蔡建四　香港宏创国际投资有限公司董事长

缪国栋　厦门狄耐克智能科技股份有限公司董事长

（摘编：江涛）

“第十九届福建省优秀企业家”表彰名单

2022年7月8日，第十九届福建省优秀企业家表彰大会在福州举行。会上，王钻等134位企业经营管理者获颁福建省优秀企业家奖杯、奖牌和证书。副省长康涛，第十三届全国政协委员雷春美，省级老同志黄文麟、李祖可、李川出席活动并为优秀企业家颁奖。

今年受表彰的134位福建省优秀企业家是从388位候选人中评选产生的，他们都是福建省经济活动的主要参与者、技术进步的主要推动者、就业机会的主要提供者，在推动企业转型升级、提质增效、绿色发展及履行社会责任等方面作出了优异成绩，为推动福建省经济社会发展作出了突出贡献。这些获奖企业家分布在福建省各地、各行业中，既有国有企业的经营管理者，也有民营、外资企业的经营管理者；既有年富力强的企业家，也有年轻一代企业家，是一批德才兼备、善于经营、充满活力，致力于创新创业创造的优秀企业家。

自1986年以来，省企业与企业家联合会已19次组织开展优秀企业家评选工作，在社会上产生了积极而广泛的影响，对当选的企业家产生强大的激励和鼓舞作用，也为全省企业家树立起先进典范，激发出他们比学赶超的热情，有力地促进广大企业家积极投身到福建的改革开放和经济建设的壮丽事业中去。

第十九届福建省优秀企业家名单

1. 王　钻　福建纵腾网络有限公司集团总裁
2. 王　莺　福建省医药有限责任公司党总支书记、董事长
3. 王少芳　福建鹏翔实业有限公司董事长

4. 王书传　信和新材料股份有限公司总经理

5. 王永和　立兴集团有限公司总裁

6. 王加富　泉州交通发展集团有限责任公司党委副书记、副董事长、总经理

7. 王启灿　日春股份公司董事长

8. 王星钿　福建省宏大房屋拆除工程集团有限公司董事长

9. 王惠山　福建漳州农村商业银行股份有限公司党委书记、董事长

10. 尤长智　福建省长兴海洋装备有限公司总经理

11. 邓启东　厦门象屿集团有限公司党委副书记、总裁

12. 卢文胜　福建省晋华集成电路有限公司党委书记、董事长

13. 卢荣兴　福建磊鑫（集团）有限公司党委书记、董事长

14. 卢竑岩　厦门吉比特网络技术股份有限公司董事长兼总经理

15. 叶世俊　福人集团森林工业有限公司党支部书记、执行董事、总经理

16. 邢平贵　青拓集团有限公司副总裁（主持工作）

17. 朱小梅　中富通集团股份有限公司总裁

18. 朱陈松　熹茗集团有限公司董事长

19. 朱恒冰　圣元环保股份有限公司总经理

20. 任剑锋　方圆建设集团有限公司董事长

21. 刘木火　福建九鼎建设集团有限公司总经理

22. 刘用旭　盛丰物流集团有限公司总裁

23. 刘宏禹　福建省连江县宏裕水产有限公司董事长兼总经理

24. 刘金铃　金强（福建）建材科技股份有限公司董事长

25. 刘革生　福建省旅游发展集团有限公司党委书记、董事长

26. 江铭福　福州日兴水产食品有限公司董事长、总经理

27. 汤若象　福建益众建材有限公司董事长

28. 许东明　漳州路桥物资发展有限公司党支部书记、董事长兼总经理

29. 许光荣　阳光中科（福建）能源股份有限公司总经理

30. 许丽颖　福建源鑫投资集团有限公司董事、总裁

31. 许　玫　中粮海嘉（厦门）面业有限公司总经理

32. 孙辉永　兴业皮革科技股份有限公司总裁

33. 苏文生　福建省闽投资产管理有限公司董事长

34. 苏玉荣　厦门火炬集团有限公司党委书记、董事长

35. 苏庆灿　华厦眼科医院集团股份有限公司董事长

36. 苏忠高　福建博海工程技术有限公司董事长

37. 苏　捷　福建万安实业集团有限公司总裁

38. 杜清辉　泉州市自来水有限公司党委书记、董事长

39. 李天培　石狮正源水产科技开发有限公司董事长

40. 李有财　福建星云电子股份有限公司党委书记、董事长

41. 李　伟　厦门航天思尔特机器人系统股份公司党支部书记、总经理

42. 李兴刚　福建省国资保安守押有限公司党总支书记、董事长、总经理

43. 李明明　福清市贸旺水产发展有限公司总经理

44. 李垂举　泉州城建集团有限公司党委书记、董事长

45. 李　勇　福信富通科技股份有限公司董事长、总经理

46. 李振辉　青蛙王子（福建）婴童护理用品有限公司董事长

47. 李瑞河　漳州天福茶业有限公司董事局主席

48. 杨立新　福建永荣科技有限公司董事长

49. 杨利玉　福建华闽实业（集团）有限公司党委书记、董事长

50. 杨清金　中仑科技集团有限公司董事长

51. 杨　静　龙合智能装备制造有限公司董

事长

52. 肖光书　福建省路桥建设集团有限公司党委书记、总经理

53. 吴文建　金冠（中国）食品有限公司总经理

54. 吴东锋　龙岩市海德馨汽车有限公司总经理

55. 吴国伟　福建漳州城投集团有限公司党委副书记、董事、总经理

56. 吴振开　福建海峡客家投资发展集团有限公司党委书记、董事长

57. 吴高潮　厦门钨业股份有限公司党委副书记、总裁

58. 吴清标　八马茶业股份有限公司总经理

59. 吴景华　福建荣耀健康科技股份有限公司董事长、总经理

60. 何天仁　福建省三钢（集团）有限责任公司党委副书记、总经理

61. 何文静　中国人民财产保险股份有限公司南平市分公司党委书记、总经理

62. 邹来昌　紫金矿业集团股份有限公司执行董事、总裁、党委副书记

63. 汪建根　福建永荣锦江股份有限公司总经理

64. 张　超　福建康莱宝运动用品有限公司董事长

65. 陈子昂　福建科宏生物工程股份有限公司总经理

66. 陈加成　福建天马科技集团股份有限公司执行总裁

67. 陈成辉　科华数据股份有限公司董事长

68. 陈延富　厦门保沣实业有限公司总裁

69. 陈忠杰　宏东渔业股份有限公司总裁

70. 陈莉琳　福建省数字福建云计算运营有限公司总经理

71. 陈银平　宁德市星光食品有限公司董事长

72. 陈添旭　中能电气股份有限公司董事长

73. 陈惠贞　龙翔实业有限公司总经理

74. 陈惠聪　福建省泷澄建设集团有限公司总经理

75. 陈富泽　福建凯景新型科技材料有限公司总经理

76. 陈　强　永兴东润服饰股份有限公司董事长兼总经理

77. 陈滢华　福建省天源水产集团有限公司董事长兼总经理

78. 林扬波　厦门扬森数控设备有限公司董事长

79. 林卫东　福建省建筑设计研究院有限公司党委书记、董事长

80. 林天送　安安（中国）有限公司总裁

81. 林友色　九牧集团有限公司执行总裁

82. 林友康　福建日出东海投资有限公司总经理

83. 林华忠　莆田市永丰鞋业有限公司董事长

84. 林克兴　福建友谊胶粘带集团有限公司总裁

85. 林丽华　南平华孚电器有限公司总经理

86. 林　忠　福州素天下食品有限公司董事长

87. 林建平　嘉文丽（福建）化妆品有限公司总经理

88. 林建忠　福建省海佳集团股份有限公司董事长

89. 林　莹　福建省华荣建设集团有限公司总裁

90. 林惠斌　厦门中联永亨建设集团有限公司董事长

91. 林策荣　福建省晋江荣恒鞋服有限公司董事长

92. 林德殿　三棵树涂料股份有限公司执行总裁

93. 林　曦　福慧达股份有限公司总经理

94. 罗福海　福建龙马环境产业有限公司总经理

95. 周日弟　德京集团有限公司董事长

96. 郑一将　莆田市城市建设投资开发集团有限公司党委副书记、总经理

97. 郑明铃　厦门海澳集团有限公司董事长兼总裁

98. 赵呈闽　建发房地产集团有限公司党委副书记、总经理

99. 赵　皓　福建福清核电有限公司总经理、

党委书记

100. 柯文新　福建省晋江市华宇织造有限公司董事长

101. 修人坤　龙岩城市发展集团有限公司党委书记、董事长

102. 俞　艳　福建和其昌竹业股份有限公司副董事长兼总裁

103. 施　浩　福建省融旗建设工程有限公司总裁

104. 洪　潮　福建省恒一发展集团有限公司党委书记、董事长

105. 夏江平　厦门市江平生物基质技术股份有限公司董事长

106. 徐集成　福建省八一村永庆竹木业开发有限责任公司总经理

107. 高洪义　福建绿艺园林景观工程有限公司董事长

108. 郭进鹏　林德（中国）叉车有限公司董事长

109. 郭劲草　福建省文松彩印有限公司总经理

110. 郭泽鹏　泉州金百利包装用品有限公司董事长

111. 郭学婢　福建华宇集团有限公司董事长

112. 郭聪明　厦门国贸控股集团有限公司党委副书记、总经理

113. 黄永强　星河电路（福建）有限公司董事长

114. 黄朱华　宁德市海扬食品有限公司董事长

115. 黄志强　福州城市建设投资集团有限公司党委书记、董事长

116. 黄亮海　连城县丰海竹木业有限公司董事长兼总经理

117. 黄祯荣　福建祥鑫股份有限公司总经理

118. 黄福镇　福建省三福古典家具有限公司总裁

119. 梅　震　长乐恒申合纤科技有限公司总经理

120. 谌丽玲　福建诚安蓝盾实业有限公司总经理

121. 蒋晨熙　福建福矛酒业集团总裁

122. 韩　勇　福建省榕源建设：工程有限公司总经理

123. 曾　平　中建四局建设发展有限公司党委书记、董事长

124. 谢礼龙　福州米立科技有限公司总经理

125. 雷　敏　福建和顺矿业化工有限公司总经理

126. 褚凤弟　福建三宝特钢有限公司总经理

127. 蔡小郭　福建泉州南星大理石有限公司总经理

128. 蔡艺良　漳州市交通发展集团有限公司党委书记、董事长

129. 蔡立群　厦门港务控股集团有限公司党委副书记、总经理、萤

130. 蔡洪潮　泉州市金融控股集团有限公司党委书记、萤事长

131. 廖日才　中铁十七局集团第六工程有限公司党委书记、萤事长

132. 颜建议　福建海峡科化股份有限公司党委副书记、总经理

133. 潘德标　福建申远新材料有限公司总经理

134. 戴嘉庆　福建南安市顺昌鞋业有限公司总经理

（摘编：黄国实）

福建省享受国家级、省部级表彰奖励获得者待遇人员名单（2021 年 4 月—2022 年 3 月）

2022 年 4 月 7 日福建省人力资源和社会保障厅？印发《福建省人力资源和社会保障厅关于公布福建省享受国家级、省部级表彰奖励获得者待遇人员名单（2021 年 4 月—2022 年 3 月）的通知》提出，2021 年 4 月至 2022 年 3 月，全省共有 16 人受党中央表彰并享受国家级表彰奖励获得者待遇，共有 87 人受省部级表彰并享受省部级表彰奖励获得者待遇，现将名单予以公布，请按有关规定落实相关待遇。

享受国家级表彰奖励获得者待遇人员名单

（2021 年 4 月—2022 年 3 月，共 16 人）

序号	姓名	受表彰时单位及职务	获得荣誉称号	表彰文号	表彰时间	备注
1	林占熺	福建农林大学生命科学学院菌草所党支部书记、国家菌草工程技术研究中心首席科学家	全国优秀共产党员	中委〔2021〕434 号	20210628	
2	谢华安	福建省农业科学院原院长、研究员，中国科学院院士	全国优秀共产党员	中委〔2021〕434 号	20210628	
3	郑贞良	福州市红庙岭垃圾综合处理中心生产科副科长	全国优秀共产党员	中委〔2021〕434 号	20210628	
4	陈清洲	厦门市公安局集美分局二级高级警长	全国优秀共产党员	中委〔2021〕434 号	20210628	
5	陈欠水	惠安县人大常委会原助理调研员	全国优秀共产党员	中委〔2021〕434 号	20210628	
6	黄秀泉	沙县农业科学研究所副所长、良种繁育场党支部副书记、三明市总工会副主席（兼职）	全国优秀共产党员	中委〔2021〕434 号	20210628	
7	刘家富	宁德市水产技术推广站原站长	全国优秀共产党员	中委〔2021〕434 号	20210628	
8	兰　臻	漳州市实验小学党委书记	全国优秀共产党员	中委〔2021〕434 号	20210628	
9	傅光明	福建圣农控股集团有限公司党委书记、福建圣农发展股份有限公司董事长	全国优秀共产党员	中委〔2021〕434 号	20210628	
10	杨　晓	福州市园林中心党委书记、主任、一级调研员	全国优秀党务工作者	中委〔2021〕434 号	20210628	
11	吴丽敏（女）	厦门市湖里区金山街道金安社区党委书记	全国优秀党务工作者	中委〔2021〕434 号	20210628	
12	王周齐	福鼎市硖门畲族乡柏洋党委书记	全国优秀党务工作者	中委〔2021〕434 号	20210628	
13	林孝发	九牧集团有限公司党委书记、董事长、总裁	全国优秀党务工作者	中委〔2021〕434 号	20210628	

续表

序号	姓名	受表彰时单位及职务	获得荣誉称号	表彰文号	表彰时间	备注
14	段闽杰	南平市延平区四鹤街道党工委书记、一级主任科员	全国优秀党务工作者	中委〔2021〕434 号	20210628	
15	刘　琤	国网漳州供电公司副总政工师、纪委副书记，纪委办党支部书记、主任	全国优秀党务工作者	中委〔2021〕434 号	20210628	
16	黎立璋	福建省冶金（控股）有限责任公司总经理助理，福建省三钢（集团）有限责任公司党委书记、董事长	全国优秀党务工作者	中委〔2021〕434 号	20210628	

享受省部级表彰奖励获得者待遇人员名单

（2021 年 4 月—2022 年 3 月，共 87 人）

序号	姓名	受表彰时单位及职务	获得荣誉称号	表彰文号	表彰时间	备注
1	周元火	福建省政和县委党史和地方志研究室主任、党支部书记	全国地方志系统先进工作者	人社部发〔2021〕35 号	20210602	
2	吕清贵	福建省水土保持与乡村发展亚行贷款项目中心一级主任科员	全国乡村振兴（扶贫）系统先进个人	人社部发〔2021〕37 号	20210604	
3	林浩磊	福州市农业农村局扶贫综合协调与开发处处长	全国乡村振兴（扶贫）系统先进个人	人社部发〔2021〕37 号	20210604	
4	杨先健	连城县脱贫攻坚指挥部办公室副主任，连城县良种繁殖场副场长	全国乡村振兴（扶贫）系统先进个人	人社部发〔2021〕37 号	20210604	
5	关咏梅（女）	福建省举重运动管理中心教练员	全国体育系统先进工作者	人社部发〔2021〕70 号	20210908	
6	李发彬	福建省举重运动管理中心运动员 第三十二届东京奥运会举重男子 61KG 级比赛金牌运动员	全国体育系统先进工作者 福建省先进工作者	人社部发〔2021〕70 号 闽委〔2021〕62 号	20210908 20211031	
7	黄东萍（女）	福建省乒羽网运动管理中心运动员 第三十二届东京奥运会羽毛球混合双打比赛金牌运动员	全国体育系统先进工作者 福建省先进工作者	人社部发〔2021〕70 号 闽委〔2021〕62 号	20210908 20211031	
8	卢云秀（女）	福建省帆船帆板运动管理中心运动员 第三十二届东京奥运会帆板女子 RS：X 级比赛金牌运动员	全国体育系统先进工作者 福建省先进工作者	人社部发〔2021〕70 号 闽委〔2021〕62 号	20210908 20211031	
9	李雯雯（女）	福建省举重运动管理中心运动员 第三十二届东京奥运会举重女子 87 + KG 级比赛金牌运动员	全国体育系统先进工作者 福建省先进工作者	人社部发〔2021〕70 号 闽委〔2021〕62 号	20210908 20211031	
10	刘灵玲（女）	福建省体操技巧运动管理中心运动员 第三十二届东京奥运会蹦床女子网上个人比赛银牌运动员	全国体育系统先进工作者 福建省先进工作者	人社部发〔2021〕70 号 闽委〔2021〕62 号	20210908 20211031	

续表

序号	姓名	受表彰时单位及职务	获得荣誉称号	表彰文号	表彰时间	备注
11	谌　龙	厦门市竞技体育发展中心运动员 第三十二届东京奥运会羽毛球男子单打比赛银牌运动员	全国体育系统先进工作者 福建省先进工作者	人社部发〔2021〕70 号 闽委〔2021〕62 号	20210908 20211031	
12	吴美锦	第三十二届东京奥运会举重女子 87 + KG 级比赛金牌教练员	福建省先进工作者	闽委〔2021〕62 号	20211031	
13	林忠仔	第三十二届东京奥运会 10 米气手枪混合团体比赛金牌教练员	福建省先进工作者	闽委〔2021〕62 号	20211031	
14	黄文红	第三十二届东京奥运会 10 米气手枪混合团体比赛金牌教练员	福建省先进工作者	闽委〔2021〕62 号	20211031	
15	高传卫	第三十二届东京奥运会帆板女子 RS：X 级比赛金牌教练员	福建省先进工作者	闽委〔2021〕62 号	20211031	
16	朱德宁	集美大学 第十六届东京残奥会田径男子跳远 – T38 金牌、田径男子 100 米 – T38 银牌运动员	福建省先进工作者	闽委〔2021〕65 号	20211118	
17	陈　超	福州市残疾人就业服务指导中心工作人员 第十六届东京残奥会乒乓球男子团体 – TT6/7 金牌、乒乓球男子单打 – TT6 第五名运动员	福建省先进工作者	闽委〔2021〕65 号	20211118	
18	叶超群	厦门市第二外国语学校职员 第十六届东京残奥会乒乓球男子团体 – TT8 金牌运动员	福建省先进工作者	闽委〔2021〕65 号	20211118	
19	衷黄浩	福建武夷山市居民 第十六届东京残奥会田径男子跳远 – T38 银牌运动员	福建省先进工作者	闽委〔2021〕65 号	20211118	
20	杨小平	厦门市竞技体育发展中心高级教练 第十六届东京残奥会田径男子跳远 – T38 比赛金牌教练员	福建省先进工作者	闽委〔2021〕65 号	20211118	
21	黄华兵	福建工贸学校讲师 第十六届东京残奥会乒乓球男子团体 – TT6/7、乒乓球男子团体 – TT8 比赛金牌教练员	福建省先进工作者	闽委〔2021〕65 号	20211118	
22	郜志强	福建省残疾人体育运动管理中心干部 第十六届东京残奥会田径男子跳远 – T38 比赛银牌教练员	福建省先进工作者	闽委〔2021〕65 号	20211118	
23	高松涛	福建省网络与信息安全测评中心党政机关测评部副部长	国家网络安全先进个人	人社部发〔2021〕79 号	20211009	

续表

序号	姓名	受表彰时单位及职务	获得荣誉称号	表彰文号	表彰时间	备注
24	郑少泉	福建省农业科学院研究员	全国杰出专业技术人才	人社部发〔2021〕84号	20211026	
25	鲍晓军	福州大学教授	全国杰出专业技术人才	人社部发〔2021〕84号	20211026	
26	夏宁邵	厦门大学教授	全国杰出专业技术人才	人社部发〔2021〕84号	20211026	
27	钱向炜	福建省应急管理厅防汛抗旱处三级主任科员	全国应急管理系统先进工作者	人社部发〔2021〕85号	20211101	
28	陈华森	福建省三明市应急管理局办公室主任、一级主任科员	全国应急管理系统先进工作者	人社部发〔2021〕85号	20211101	
29	陈国锋	福建省石狮市应急管理局党委书记、局长、一级主任科员	全国应急管理系统先进工作者	人社部发〔2021〕85号	20211101	
30	王士成	福建地震台地震预警室副主任	全国应急管理系统先进工作者	人社部发〔2021〕85号	20211101	
31	乔巍然	福建省泉州市消防救援支队特勤大队一站消防员	全国应急管理系统先进工作者	人社部发〔2021〕85号	20211101	
32	岳承浩	福建省森林消防总队南平市支队副支队长兼灭火救援指挥部部长	全国应急管理系统先进工作者	人社部发〔2021〕85号	20211101	
33	王　刚	福建省厦门市曙光救援队队长	全国应急管理系统先进工作者	人社部发〔2021〕85号	20211101	
34	涂颜森	福建省福州市消防救援支队特勤大队二站消防员	中国消防忠诚卫士	人社部发〔2021〕85号	20211101	
35	黄谷霖	福建省森林消防总队特勤大队大队长	中国消防忠诚卫士	人社部发〔2021〕85号	20211101	
36	郑智明（女）	福建省图书馆馆长、研究馆员	全国文化和旅游系统先进工作者	人社部发〔2021〕91号	20211118	
37	陈　山（女）	福建省文化和旅游质量标准化建设中心一级主任科员	全国文化和旅游系统先进工作者	人社部发〔2021〕91号	20211118	
38	孙　砾	福建省歌舞剧院党总支书记、院长、一级演员	全国文化和旅游系统先进工作者	人社部发〔2021〕91号	20211118	
39	徐　扬（女）	福建省文化和旅游厅资源开发处副处长	全国文化和旅游系统先进工作者	人社部发〔2021〕91号	20211118	
40	陈源春	福建省文化和旅游厅人事处一级主任科员	全国文化和旅游系统先进工作者	人社部发〔2021〕91号	20211118	
41	陈惠平	泉州市文化广电和旅游局党组副书记	全国文化和旅游系统先进工作者	人社部发〔2021〕91号	20211118	
42	陆逸红（女）	漳州市歌仔戏（芗剧）传承保护中心副主任、一级演员	全国文化和旅游系统先进工作者	人社部发〔2021〕91号	20211118	
43	曾学文	厦门市台湾艺术研究院院长、一级编剧	全国文化和旅游系统先进工作者	人社部发〔2021〕91号	20211118	
44	丁光棋	连江县文化体育和旅游局党组书记、局长	全国文化和旅游系统先进工作者	人社部发〔2021〕91号	20211118	
45	徐卫兵	南平市建阳区文化体育和旅游局党组书记、局长	全国文化和旅游系统先进工作者	人社部发〔2021〕91号	20211118	

续表

序号	姓名	受表彰时单位及职务	获得荣誉称号	表彰文号	表彰时间	备注
46	叶少春（女）	建宁县副县长（尤溪县文体和旅游局原局长）	全国文化和旅游系统先进工作者	人社部发〔2021〕91 号	20211118	
47	叶蒲青	福建金源纺织有限公司车间技师	全国纺织工业劳动模范	人社部发〔2021〕93 号	20211125	
48	舒玉华（女）	福建航港针织品有限公司财务经理	全国纺织工业劳动模范	人社部发〔2021〕93 号	20211125	
49	陈明宏	福建长源纺织有限公司技术中心主任	全国纺织工业劳动模范	人社部发〔2021〕93 号	20211125	
50	陈文娟（女）	福建省宏港纺织科技有限公司管理部工程师	全国纺织工业劳动模范	人社部发〔2021〕93 号	20211125	
51	陈国汉	欣贺股份有限公司党委书记、副总裁兼财务总监	全国纺织工业劳动模范	人社部发〔2021〕93 号	20211125	
52	叶琼念（女）	厦门维达斯服饰有限公司员工	全国纺织工业劳动模范	人社部发〔2021〕93 号	20211125	
53	徐天雨	福建华峰新材料有限公司研发创新二部副总监	全国纺织工业劳动模范	人社部发〔2021〕93 号	20211125	
54	谢明忠	才子服饰股份有限公司生产厂长	全国纺织工业劳动模范	人社部发〔2021〕93 号	20211125	
55	钟宗峰	福建省三明纺织股份有限公司技术部工艺技术主管	全国纺织工业劳动模范	人社部发〔2021〕93 号	20211125	
56	陈超凡	福建省永安市金德纺织实业有限公司总工程师	全国纺织工业劳动模范	人社部发〔2021〕93 号	20211125	
57	肖美清	福建省百川资源再生科技股份有限公司加弹车间主任	全国纺织工业劳动模范	人社部发〔2021〕93 号	20211125	
58	黄福春	福建福联精编有限公司研发总监	全国纺织工业劳动模范	人社部发〔2021〕93 号	20211125	
59	王琼兰（女）	匹克（中国）有限公司缝纫工	全国纺织工业劳动模范	人社部发〔2021〕93 号	20211125	
60	高雪冬（女）	福建安溪佳胜针织服装有限公司生产部部长	全国纺织工业劳动模范	人社部发〔2021〕93 号	20211125	
61	汤伯发	福建万家美轻纺服饰有限公司行政部经理	全国纺织工业劳动模范	人社部发〔2021〕93 号	20211125	
62	施金锥	福建林生纺织有限公司技术总监	全国纺织工业劳动模范	人社部发〔2021〕93 号	20211125	
63	万仲海	石狮市新华宝纺织科技有限公司技术科科长	全国纺织工业劳动模范	人社部发〔2021〕93 号	20211125	
64	洪霜雅（女）	联邦三禾（福建）股份有限公司副总经理	全国纺织工业劳动模范	人社部发〔2021〕93 号	20211125	
65	郑小佳	晋江海纺新材料科技有限公司研发人员	全国纺织工业劳动模范	人社部发〔2021〕93 号	20211125	
66	林阿查（女）	南安市南益电脑针织有限公司员工	全国纺织工业劳动模范	人社部发〔2021〕93 号	20211125	

续表

序号	姓名	受表彰时单位及职务	获得荣誉称号	表彰文号	表彰时间	备注
67	郑　羡（女）	福建佳丽斯家纺有限公司产品研发开发部副经理	全国纺织工业劳动模范	人社部发〔2021〕93号	20211125	
68	李拥军	福建新纺纺织有限公司董事长	全国纺织工业劳动模范	人社部发〔2021〕93号	20211125	
69	陈容俤	福州市长乐区工业和信息化局二级主任科员	全国纺织工业先进工作者	人社部发〔2021〕93号	20211125	
70	郑武进	莆田市仙游县司法局党组书记、局长	全国司法行政系统一级英雄模范 平安中国建设先进个人	人社部发〔2022〕6号 人社部发〔2021〕99号	20220215 20211213	
71	王国顺	福建省委政法委综治督导处处长	平安中国建设先进个人	人社部发〔2021〕99号	20211213	
72	李明毅	三明市法学会秘书科科长、二级主任科员	平安中国建设先进个人	人社部发〔2021〕99号	20211213	
73	黄佶喆	南平市建阳区人民法院刑庭庭长	平安中国建设先进个人	人社部发〔2021〕99号	20211213	
74	蓝浩成	龙岩市委政法委综治督导科科长、一级主任科员	平安中国建设先进个人	人社部发〔2021〕99号	20211213	
75	魏良康	平潭综合实验区党工委政法工作部综合处负责人	平安中国建设先进个人	人社部发〔2021〕99号	20211213	
76	陈全守	福建省安溪县委组织部副部长、老干部局局长	全国优秀老干部工作者	人社部发〔2021〕104号	20211219	
77	徐巧英（女）	福建省市场监督管理局（知识产权局）知识产权运用促进处处长	全国知识产权系统先进个人	人社部发〔2021〕106号	20211223	
78	丁长新	厦门市市场监督管理局（知识产权局）知识产权保护处一级主任科员	全国知识产权系统先进个人	人社部发〔2021〕106号	20211223	
79	叶儒旺	南平市市场监督管理局（知识产权局）商标监督管理科科长	全国知识产权系统先进个人	人社部发〔2021〕106号	20211223	
80	万　欢（女）	厦门市海沧区市场监督管理局药品监督管理科科长	全国药品监管系统先进个人	人社部发〔2021〕108号	20211230	
81	陈　艳	福州市台江区洋中街道金斗社区党委书记、居委会主任、妇联主席	全国妇联系统劳动模范	人社部发〔2021〕109号	20211230	
82	林丽霞	莆田市仙游县鲤城街道东门社区党支部书记、妇联主席	全国妇联系统劳动模范	人社部发〔2021〕109号	20211230	
83	丁美娇	平潭综合实验区海坛街道上楼村妇联主席	全国妇联系统劳动模范	人社部发〔2021〕109号	20211230	
84	张谢池	厦门市妇联宣传部（发展联络部）二级主任科员	全国妇联系统先进工作者	人社部发〔2021〕109号	20211230	
85	张　蕾	漳州市诏安县妇联党组书记、主席	全国妇联系统先进工作者	人社部发〔2021〕109号	20211230	

续表

序号	姓名	受表彰时单位及职务	获得荣誉称号	表彰文号	表彰时间	备注
86	邱鹭鹭	龙岩市新罗区西陂街道华莲社区党委书记、居委会主任、妇联主席	全国妇联系统先进工作者	人社部发〔2021〕109号	20211230	
87	苏俊才	龙岩市委党史和地方志研究室主任	全国党史和文献部门先进个人	人社部发〔2021〕113号	20211231	

（摘编：吴汉良）

国家杰出青年优秀青年科学基金项目福建省获资助名单

2022年8月14日国家自然科学基金委信息，福建省25人获2022年度国家杰出青年、优秀青年科学基金项目资助，其中国家杰青10人、国家优青15人，批准资助经费6880万元，获资助人数和经费均创历史新高。

从省科技厅了解到，获资助项目来自厦门大学、中科院福建物构所、福建师范大学等7家单位，较往年呈现出从厦门大学一枝独秀到多点开花的良好趋势。厦门大学以5项杰青（国家杰出青年科学基金项目）、8项优青（国家优秀青年科学基金项目）继续保持全省第一，中科院福建物构所以2项杰青、1项优青位列全省第二，福建师范大学获2项杰青，中科院城环所获杰青、优青各1项，均为该单位历年最佳成绩。福州大学及福建农林大学各获2项优青，福建医科大学获优青1项。

近年来，福建省持续加强自然科学基金工作力度，通过探索多元投入机制，创新开展联合资助，省基金立项规模从2014年2895万元逐步增加到2022年14689万元，增长4倍。同时积极参与实施国家自然科学基金的联合基金，为福建省科研团队争取更多高层次科研平台。2021年福建省共获得国家基金各类项目立项897项，直接经费6.79亿元。

（摘编：吴汉良）

全国绿化先进福建省获殊荣名单

2022年8月24日福建省绿化委员会办公室消息，全国绿化委员会、人力资源和社会保障部、国家林业和草原局日前授予298个单位“全国绿化先进集体”称号，147名同志“全国绿化劳动模范”称号，146名同志“全国绿化先进工作者”称号。福建省一批单位与个人获殊荣。

福建省绿化委员会办公室、福州市林业局、泉州市林业局、宁德市林业局、长汀县林业局、福建省泰宁国有林场、平和县林业局、政和县林业局被授予“全国绿化先进集体”称号。

福安市潭头镇太坑林场场长林住平、福建省华安金山国有林场和清管护站站长许亚春、福建省上杭县古田国有林场场长雷勤福、福建省闽清美菰国有林场股长汤绍雄被授予“全国绿化劳动模范”称号。

福建省世界银行贷款造林项目办公室主任林萍、福建省沙县官庄国有林场场长谢汝根、厦门市绿化中心副主任丁印龙、平潭综合实验区绿化委员会办公室干部李积安被授予“全国绿化先进工作者”称号。福建省安溪丰田国有林场场长周宗哲被追授为“全国绿化先进工作者”。

（摘编：周树峰）

第23届中国专利奖福建省大丰收

2022年8月1日福建省知识产权局消息，国家知识产权局近日发布《关于第二十三届中国专利奖授奖的决定》，对为技术（设计）创新和经济社会发展作出突出贡献的专利权人和发明人（设计人）以及相关组织者给予表彰，福建省获奖数创新高。

福建夜光达科技股份有限公司“一种微棱镜阴阳条纹反光模具的制作方法”等26个项目获中国专利优秀奖，金牌厨柜家居科技股份有限公司“厨柜（亚丁3）”等4个项目获中国外观设计优秀奖。福建省本次获奖的项目总数达30项（含2项与省外专利权人共有），位居全国第7位，是历年来获奖项目最多的一届。

中国专利奖由中国国家知识产权局和世界知识产权组织（WIPO）共同评选，是我国唯一的专门对被授予专利权的发明创造给予奖励的国家级政府部门奖，也是我国专利领域的最高奖项。

（摘编：黄国实）

龙岩大道高架桥（龙岩大桥）获“中国钢结构金奖”

2022年7月21日，中国建筑金属结构协会第十五届“中国钢结构金奖”获奖名单公布，龙岩大道高架桥（龙岩大桥）成为福建省唯一获奖市政项目。

“中国钢结构金奖”是住房和城乡建设部委托中国建筑金属结构协会设立的钢结构行业最高工程大奖，每年评选一次，代表着钢结构行业工程质量的最高荣誉。

龙岩大道高架桥（龙岩大桥）是龙岩中心城市连接南北、沟通新老城区的重要枢纽，创造了桥梁最大转体重量、最大转体悬臂、最大转体梁宽、最大倾斜角度下塔柱四项世界纪录及世界首创二次转体。龙岩大桥作为福建省涉铁桥梁转体结构重量最大、悬臂最长、梁宽最宽的一座桥梁，是目前龙岩市唯一一座获此国家级荣誉的桥梁工程，标志着龙岩市建筑业企业在钢结构领域施工和管理能力的重大突破。

（摘编：李兵）

全国退役军人创业创新大赛福建省获奖项目

2022年11月4日，由退役军人事务部、四川省人民政府主办的第二届全国退役军人创业创新大赛决赛在成都落幕。福建省选送项目荣获三等奖1个、优胜奖2个，福建省退役军人事务厅获“优秀组织奖”。

福建省选送的福建省洋泽海洋生物科技有限公司的海中“虫草”——沙蚕生态产业先行者项目获现代农业组三等奖，海创飞龙（福建）科技有限公司的空中百灵——智能无人子母机及模拟仿真应用项目、泉州泉港东烽投资合伙企业的纳米防火安全水漆项目分别获得新兴产业组、传统产业及生活服务业组优胜奖。省退役军人事务厅获得“优秀组织奖”。

本届大赛以“立创业创新潮头　展退役军人风采”为主题，采用线上比赛的方式进行，共有93个项目参赛，项目内容涉及电子商务、工业制造、大数据、人工智能、新材料、生物医药、新能源等多个领域。大赛共产生一等奖3个、二等奖9个、三等奖18个和优胜奖若干个。

（摘编：周树峰）

第六届全国 119 消防先进集体和先进个人福建省获评名单

2022 年 11 月 11 日福建省应急管理厅消息，日前，应急管理部召开第六届全国 119 消防先进集体和先进个人表彰大会，表彰投身和热心消防安全事业的先进集体和先进个人。福建省有 5 个先进集体、7 名先进个人获得表彰。

福建省被评为先进集体的有福安市上白石镇义务消防队、莆田市涵江区社会治理网格化中心、宁德市周宁县应急管理局森林灭火队伍、龙岩市上杭县古田消防救援站、省森林消防总队特勤大队。被评为先进个人的有永安市军队离休退休干部休养所退休干部谢晓晖，福建经贸学校基建办副主任郑煌山，建瓯市建安街道党工委书记、办事处主任杨亮，福州市鼓楼区三坊七巷消防救援站站长陈辉华，三明市大田县均溪消防站政府专职消防员范有杰，省森林消防总队南平市支队福安市大队三中队中队长李楠，省森林消防总队三明市支队三明市大队一中队班长张永爱。

（摘编：黄国实）

全国工业和信息化技术技能大赛福建代表团全部获奖

2022 年 8 月 18 日到 20 日，由国家工业和信息化部、人力资源和社会保障部、教育部、中华全国总工会、共青团中央 5 部门共同主办 2022 年全国行业职业技能竞赛——全国工业和信息化技术技能大赛（以下简称大赛）决赛在深圳举办。由福建省工信厅选送的 7 队 15 名选手进入工业机器人技术应用、集成电路 EDA 开发应用两个赛项决赛并全部获奖。

经过两天的激烈角逐，来自厦门技师学院电子光电工程系的职工团队获集成电路 EDA 开发应用一等奖；福建船政交通职业学院的学生团队获工业机器人技术应用一等奖。

此外，福建省派出的队伍还获得工业机器人技术应用二等奖 2 项、三等奖 3 项的好成绩，他们分别来自福建船政交通职业学院、龙岩烟草工业有限责任公司、福建（泉州）哈工大工程技术研究院、福建水利电力职业技术学院等高校、科研院所和企业。

本届大赛设置工业机器人技术应用、集成电路 EDA 开发应用、工业大数据算法三个赛项，都是推动制造业数字化转型的重点专业领域，与中国制造业加速迈向数字化、智能化的进程相适应，密切对接技术技能人才需求发展的新趋势。全国共有超过4000人参与了各地选拔赛，最终来自28个省（市、区）和24家央企的870名选手进入决赛。

（摘编：郑新贵）

第二届中国工艺美术博览会福建省荣获佳绩

2022年8月29日福建省工信厅消息，8月18日—21日第二届中国工艺美术博览会在南京国际博览中心举行。本次博览会期间举办了“百鹤杯”工艺美术设计创新大赛和中国首饰玉器“百花奖”评选两大行业顶尖赛事，福建省“百鹤杯”“百花奖”金奖数占获奖总数近三成。

本届博览会展览总面积5万平方米，汇集了46个地方特色展团、32所专业院校、1800多家展商，展示作品涵盖11个大类上千个小类，参展作品超过10万件，其中工美大师和大国工匠的精品超过2万件。

一、3个单位分获优秀组织金奖、优秀组织奖

本届博览会福建省共有230多家企业参展，展位数量350多个，展位面积6000余平方米，展位全国最多、展出面积全国最大。福建省泉州市城镇集体工业联合社、莆田市人民政府等被授予“第二届中国工艺美术博览会优秀组织金奖”，福州市工业和信息化局被授予“第二届中国工艺美术博览会优秀组织奖”。

二、12个大师工作室入选首批“工艺美术大师传承创新基地”

博览会期间同步举办中国工艺美术传承与发展论坛，论坛上中国轻工业联合会中国工艺美术大师工作委员会为56家荣获“工艺美术大师传承创新基地”的单位进行授牌。福建省许瑞峰等12个大师工作室入选“工艺美术大师传承创新基地”，占全国总数的21.4%。

福建省入选首批工艺美术大师传承创新基地名单

序号	基地名称	序号	基地名称	序号	基地名称
1	许瑞峰大师工作室	5	宋春国大师工作室	9	林建军大师工作室
2	孙建兴大师工作室	6	张建奎大师工作室	10	林建胜大师工作室
3	吴德强大师工作室	7	陈玉树大师工作室	11	蒋惠民大师工作室
4	余春洲大师工作室	8	陈忠大师工作室	12	史俊贤大师工作室

三、第二届“百鹤杯”工艺美术设计创新大赛福建省获奖名单

“百鹤杯”工艺美术设计创新大赛今年设“百鹤金鼎奖”“百鹤奖”“百鹤新锐奖”三个层次奖项。福建参加“百鹤杯”比赛作品392件（套），其中荣获“百鹤金鼎奖”20件、“百鹤奖”31件、“百鹤新锐奖”19件，荣获“百鹤金鼎奖”作品数量占全国获奖总数的28.2%。

第二届“百鹤杯”工艺美术设计创新大赛福建省获奖名单

序号	作品名称	种类	作者姓名
一、百鹤金鼎奖 20 件			
1	《印锦薄料淡彩 6 扇围屏（林亭消遣图）》	漆艺	上官俊华
2	《太湖帆影》	寿山石雕	江秀影
3	《白云深处有人家》	寿山石雕	林　霖
4	《中元自在》	古典家具	陈　忠
5	《三十六行》	木雕	张其仕
6	《不忘初心》	牙雕	戴德裕、戴德霖
7	《漆器 · 维摩诘演教图》	漆艺	林德进、翁　辉、李冬梅、郑世昌
8	《丰收》	石雕	王俊民
9	《闻一多》	石雕	蒋惠民
10	《万山红遍》	石雕	王少卿
11	《雀语吉祥》	工艺陶瓷	林灵月
12	《贵妃沐浴》	工艺陶瓷	温清民
13	《华严三圣》	工艺陶瓷	兰全盛
14	《筑梦》	工艺陶瓷	郑雄彭
15	《梵阁礼佛》	木雕	余向群
16	《红色传承》	寿山石雕	林永福
17	《黎明破晓前》	木雕	林飞鹤
18	《初转法轮》	玉雕	舒松伟
19	《中秋望月》	建盏	李光熙
20	《清供琥珀》	建盏	赵旭辉
二、百鹤奖 31 件			
1	《福州双塔》	软木画	郭丽
2	《相》	漆画	蔡友灵
3	《李清照》	木雕	陈兴
4	《长征》	木雕	余春洲
5	《扭转乾坤》	木雕	吴杰
6	《德不孤必有邻》	寿山石雕	陈为新
7	《四爱》	寿山石雕	陈贵洪
8	《治佛》	寿山石雕	郑则评、郑则耀
9	《百鸟朝凤》	木雕	朱建平
10	《纳福》	木雕	吴　焘
11	《神话》	工艺陶瓷	连德理
12	《戏里戏外》	工艺陶瓷	李璋高
13	《海丝先行 – 郑和下西洋》	工艺陶瓷	朱芳芳
14	《丹凤朝阳》	工艺陶瓷	李甲栈

序号	作品名称	种类	作者姓名
15	《心经观自在（薄胎）》	工艺陶瓷	苏福良
16	《惠女半边天》	树脂工艺	陈阳山
17	《航天梦》	木雕	郑燕萍
18	《悟》	石雕	王银昆
19	《迎春接福》	石雕	张月萍
20	《蒸蒸日上》	金属工艺	张新强
21	《镶百宝嵌四出头官帽椅》	古典家具	黄福忠
22	《五方佛（佛说金则经）》	木雕	陈世峰
23	《福禄寿禧盒》	木雕	徐元宝
24	《宋道》	建盏	陈祥松
25	《建盏文君相如套件》	建盏	陆金喜
26	《传统龙窑柴烧宝石蓝银油滴香炉阁》	建盏	廖成义
27	《丽人行》	建盏	黄少屏
28	《建窑柴烧表蓝毫胆式瓶》	建盏	吴兴乾
29	《神光电曜变》	建盏	徐长和
30	《建窑银兔毫组》	建盏	孙建兴
31	《柴烧建盏组》	建盏	孙　莉
三、百鹤新锐奖 19 件			
1	《鼓乐齐鸣》	木雕	刘其湘
2	《东山报捷·笔筒》	木雕	陈雨辉
3	《姐姐的怀抱》	木雕	张梦楣
4	《嵌竹丝博古架》	古典家具	陈宇馨
5	《八仙》	工艺陶瓷	吴志勇
6	《梦江南》	工艺陶瓷	李良启
7	《海丝妙音》	金属工艺	陈燕青
8	《喜从天降》	金属工艺	陈志伟
9	《唱支山歌给党听》	木雕	陈拥军
10	《群山祝寿》	木雕	翁志峰
11	《家园》	寿山石雕	赖冬生
12	《敦煌印象》	木雕	黄淑钦
13	《金玉满堂》	寿山石雕	林清廉
14	《溪山访友》	木雕	林建军
15	《建盏大漆套组》	建盏	凌超
16	《轩辕曜变》	建盏	沈元旺
17	《柴烧窑变七彩梅瓶》	建盏	徐祈旺
18	《金丝逐日》	建盏	叶婷婷
19	《和谐社会之老有所依》组图三幅	剪纸	王　旭

四、2022中国首饰玉器“百花奖”福建省获奖名单

福建参加“百花奖”评选的作品109件(套),其中获得金奖10件、银奖6件、铜奖3件,荣获“百花奖”金奖作品数量占全国获奖总数的32.3%。

序号	作品名称	种类	作者姓名
一、金奖10件			
1	《古兽钮祥瑞提梁壶》	寿山石雕	陈明志
2	《红船精神》	寿山石雕	杨　明
3	《丝路之韵》	寿山石雕	赖庆光
4	《月朗风清》	寿山石雕	江秀影
5	《寿山石高山石(乘物明心)文房六件套》	寿山石雕	陈为新
6	《十八罗汉》	寿山石雕	陈贵洪
7	《爱在心中》	石雕	张景阳
8	《北魏佛像》	石雕	张玲玲
9	《逐鹿图》	牙雕	蔡奇龙
10	《功勋》	石雕	王玉锋、张　昊、金建田、陈金植、刘露婉晴
二、银奖6件			
1	《儒释道》	寿山石雕	郑世斌
2	《春江花月夜》	寿山石雕	程由军
3	《清影》	寿山石雕	张志在
4	《龙腾四海》	石雕	刘国文
5	《非洲情》	寿山石雕	左一刀
6	《渡江罗汉》	牙雕	翁志峰
三、铜奖3件			
1	《曙光》	寿山石雕	谢道勇
2	《童趣—童年无忌》	石雕	曾少锋
3	《大愿地藏王》	牙雕	翁志晨

本届博览会期间同步举办第八届中国工艺美术大师颁证大会,福建省刘传斌等11位新晋的第八届中国工艺美术大师获颁证书。

(摘编:彭文荣)

2021 年度福建省重点新材料首批次生产应用奖励企业名单

2022 年 9 月 15 日福建省工业和信息化厅发布了《2021 年度福建省重点新材料首批次生产应用奖励企业名单的通知》（以下简称《通知》）。新材料产业是战略性、基础性产业，是高技术竞争关键领域，对福建省建设制造强省具有重要意义。《通知》要求各设区市工信部门要切实做好重点新材料专项奖补工作，加快推动福建省新材料研发创新生产和产业转型升级。《通知》明确了将对“G8.5 代线及以上新型显示用玻璃基板”等 9 个重点新材料产品生产企业进行奖励，详细名单如下。

2021 年度福建省重点新材料首批次生产应用奖励企业名单

序号	地市	企业名称	重点新材料产品
1	福州	福州旭福光电科技有限公司	G8.5 代线及以上新型显示用玻璃基板
2	厦门	厦门钨业股份有限公司	AB5 稀土储氢合金
3	厦门	厦门金鹭特种合金有限公司	纳米硬质合金高端棒材
4	厦门	厦门厦钨新能源材料股份有限公司	三元材料（镍钴锰酸锂）
5	厦门	瀚天天成电子科技（厦门）有限公司	6 英寸碳化硅外延晶片
6	泉州	福建立亚新材有限公司	连续碳化硅纤维
7	南平	福建永晶科技股份有限公司	氟化氢
8	三明	福建康碳复合材料科技有限公司	碳/碳复合材料
9	龙岩	福建德尔科技股份有限公司	四氟甲烷

（摘编：李兵）

全国纺织工业先进集体、劳动模范和先进工作者福建省获表彰信息

2022 年 7 月 12 日，全国纺织工业先进集体、劳动模范和先进工作者表彰大会举行。表彰大会由人力资源和社会保障部、中国纺织工业联合会主办，共表彰“全国纺织工业先进集体”100 个、“全国纺织工业劳动模范”324 名、“全国纺织工业先进工作者”24 名。其中，福建省晋江市工业和信息化局等 7 个集体被授予“全国纺织工业先进集体”称号，福建金源纺织有限公司叶蒲青等 23 人被授予“全国纺织工业劳动模范”称号，福州市长乐区工业和信息化局陈容俤被授予“全国纺织工业先进工作者”称号。

本次表彰旨在激励动员全国纺织行业企事业单位和 2000 万名纺织干部职工大力弘扬劳模精神、劳动精神、工匠精神，推动纺织强国建设再出发，推动高质量发展再上新台阶。

表彰大会采用主会场 + 分会场形式举行。在福建分会场，省工信厅、省人社厅共同为福建省纺织工业先进集体、劳动模范和先进工作者代表颁发奖牌、奖章和荣誉证书。厦门优佳丽服饰有限公司董事长陈黎明、联邦三禾（福建）股份有限公司副总经理洪霜雅分别代表福建省“全国纺织工业先进集体”“全国纺织工业劳动模范”作交流发言。

（摘编：彭文荣）

福建省 11 家国企进入“双百企业”名单

2022 年 3 月 10 日福建省国资委消息，国务院国资委近日公布了新一批调整后的“双百企业”名单。本次更新的名单新增了 16 家国有企业，其中 10 家为地方国有企业，6 家为央企控股子企业。随着厦门建发集团有限公司新入围榜单，福建省已有 11 家企业在列，数量仅次于广东省，居全国第二。

福建省进入“双百企业”名单的除省国资公司、龙溪轴承、福日电子、福人木业外均来自厦门，分别为厦门新立基、厦钨股份、厦门国际港务、厦门国贸、象屿集团、厦工股份和厦门建发。

本次更新的“双百企业”增至 454 家，其中共有 193 家地方国有企业入选。广东省入选企业数量最多，达 20 家；福建省以 11 家排名第二，山东、陕西入选企业均为 10 家，上海以 9 家排名第五。其余大部分省（区、市）入选企业数量均在 4 家至 8 家。

“双百行动”是国务院国有企业改革领导小组组织开展的国企改革专项行动之一，共选取百余家中央企业子企业和百余家地方国有骨干企业，

全面落实“1 + N”系列文件要求，深入推进综合性改革。2021 年，400 多家“双百企业”全员劳动生产率达到人均 85.3 万元，远远高于中央企业和全国国有企业的水平。

（摘编：刘海元）

第六届中国青年志愿服务项目大赛水利专项赛福建省荣获奖

2022 年 6 月 8 日福建省水利厅消息，近日，由水利部和共青团中央共同举办的第六届中国青年志愿服务项目大赛节水护水志愿服务与水利公益宣传教育专项赛评审结果发布，福建省上报 14 个项目，获奖 6 个。其中，“开展节水行动，创建节水校园”主题宣传教育行动荣获一等奖；“福小禹”——乡村清流守护者志愿服务、“八闽幸福河”专题宣传项目荣获二等奖；“海志献青春，护水环保行”志愿服务、“保护母亲河，有我河小禹”宣传教育、“节水行动，‘福’见成效”宣传教育项目荣获三等奖。

（摘编：赵旭东）

全国水旱灾害防御工作先进集体和先进个人福建省表彰名单

2022 年 2 月 15 日福建省水利厅消息，近日，水利部发布关于表彰全国水旱灾害防御工作先进集体和先进个人的决定，福建省有 3 个单位荣获“全国水旱灾害防御工作先进集体”称号、6 位同志荣获“全国水旱灾害防御工作先进个人”称号，具体名单如下：

一、全国水旱灾害防御工作先进集体

福建省水利厅水旱灾害防御与水文处

福建省南平市水利局

福建省漳州市九龙江洪水预警报中心

二、全国水旱灾害防御工作先进个人

林剑龙　建省水文水资源勘测中心二级主任科员

林元彦　福建省洪水预警报中心一级主任科员

张开荣　福建省水利规划院测量队教授级高级工程师

柯宝水　福建省福州市长乐区水利局局长

蔡丽芳（女）　福建省宁德市水利水电工程质量技术站站长

杨　闽　福建省龙岩市水利局总工程师

（摘编：李兵）

福建省表彰全省工商联系统先进集体和先进工作者名单

2022 年 7 月 1 日，福建省人力资源和社会保障厅、福建省工商业联合会下发《福建省人力资源和社会保障厅　福建省工商业联合会关于表彰全省工商联系统先进集体和先进工作者的决定》（闽人社表彰〔2022〕18 号）提出，近年来，在省委、省政府的领导下，全省各级工商联和广大干部职工以习近平新时代中国特色社会主义思想为指导，深入学习贯彻党的十九大和十九届历次全会精神，紧紧围绕“五位一体”总体布局和“四个全面”战略布局，围绕中心，服务大局，立足“两个健康”工作主题，开拓创新，积极有为，涌现出一批先进集体和先进个人，有力地推动了福建省工商联事业的发展。

为表彰先进，弘扬正能量，进一步激励全省各级工商联广大干部职工奋进新征程、建功新时代，省人力资源和社会保障厅、省工商业联合会决定，授予福州市工商业联合会等 21 个单位“全省工商联系统先进集体”称号，授予陈平等 38 名同志“全省工商联系统先进工作者”称号。

全省工商联系统先进集体名单（21 个）

福州市工商业联合会
福州市台江区工商业联合会
永泰县工商业联合会
厦门市海沧区工商业联合会
厦门市集美区工商业联合会
漳州市芗城区工商业联合会
漳州市龙海区工商业联合会
南靖县工商业联合会
泉州市工商业联合会
石狮市工商业联合会
安溪县工商业联合会
三明市三元区工商业联合会
尤溪县工商业联合会
莆田市荔城区工商业联合会
莆田市秀屿区工商业联合会
建瓯市工商业联合会
武夷山市工商业联合会
上杭县工商业联合会
长汀县工商业联合会
周宁县工商业联合会
福安市工商业联合会

全省工商联系统先进工作者名单（38 名）

陈　平　福州市工商业联合会四级调研员

梁诏洪　福州市工商业联合会联络处处长

赖芝琴（女）　福州市工商业联合会经济处副处长

陈成平　连江县工商业联合会党组成员、一级主任科员

林　辉　福清市工商业联合会商会服务中心主任

冯佐行　厦门市工商业联合会民营经济工作部部长

陈珺珺（女）　厦门市工商业联合会民营经济工作部一级主任科员

叶红莲（女）　厦门市工商业联合会办公室一级主任科员

洪　薇（女）　厦门市思明区工商业联合会工作人员

郑招治（女）　厦门市同安区工商业联合会秘书长

苏艺峰　漳州市工商业联合会党组成员、三级调研员

冯艺华　漳州市龙文区工商业联合会秘书长

邹瑞国　华安县工商业联合会党组书记、常务副主席

杨海山　漳州市长泰区工商业联合会党组书记、一级主任科员

张丽容（女）　晋江市工商业联合会经济联络科科长

吴鸿祯　南安市工商业联合会党组成员、秘书长、四级主任科员

出小彬　惠安县工商业联合会党组书记、常务副主席

刘　娜（女）　永春县工商业联合会一级科员

李小锋　三明市工商业联合会党组成员、副主席

李　岳　三明市工商业联合会办公室主任、一级主任科员

包盛吉　清流县工商业联合会党组书记、常务副主席

张贤权　宁化县工商业联合会党组书记、常务副主席、一级主任科员

陈文书　莆田市荔城区工商业联合会党组成员、二级主任科员

吴　迈（女）　莆田市城厢区工商业联合会秘书长、四级主任科员

林玉燕（女）　莆田市湄洲湾北岸经济开发区工商业联合会副主席

陈　芬（女）　南平市延平区工商业联合会秘书长、办公室主任

李庚贵　光泽县工商业联合会党组成员、副主席

范锦招　松溪县工商业联合会党组成员、副主席、二级主任科员

杨陈和　政和县工商业联合会秘书长、三级主任科员

陈亚华　龙岩市工商业联合会经济联络科科长

陈志文　龙岩市新罗区工商业联合会秘书长

陈　腾　长汀县工商业联合会党组书记

童晓君（女）　连城县工商业联合会党组成员、四级主任科员

范世锋　宁德市工商业联合会秘书长、经济联络部部长、四级调研员

章陈德　宁德市蕉城区工商业联合会主席

吴　颖（女）　福安市工商业联合会干部

马晓峰　福建省工商业联合会会员部二级调研员

吴世彦　福建省工商业联合会办公室一级主任科员

（摘编：江涛）

福建省首届“数字工匠”建设行业 BIM技能竞赛获奖集体及个人名单

2022年8月3日福建省住房和城乡建设厅、福建省总工会印发《关于公布福建省首届“数字工匠”建设行业BIM技能竞赛结果的通知》（闽建工会〔2022〕5号）提出，经研究，决定授予徐媛彬等10名选手“全省住房和城乡建设行业BIM技术能手”荣誉称号；授予王欣亮等20名选手“全省住房和城乡建设行业BIM优秀选手”荣誉称号；颁给中建海峡（厦门）建设发展有限公司等18个

代表队“福建省首届“数字工匠”建设行业 BIM 技能竞赛团体一（二、三）等奖”、中铁二十二局集团第三工程有限公司等 3 个代表队“团体优秀组织奖”；授予“中建海峡建设发展有限公司”等 6 个单位“福建省首届“数字工匠”建设行业 BIM 技能竞赛突出贡献奖”。鼓励参赛企业对获奖选手给予一定奖励。

福建省首届“数字工匠”建设行业 BIM 技能竞赛获奖集体及个人名单

一、BIM 技术能手

徐媛彬　中建海峡（厦门）建设发展有限公司

施榕声　中建海峡建设发展有限公司

张书斌　中建海峡建设发展有限公司

王昱淇　中建海峡建设发展有限公司

黄思贤　福建建工集团有限责任公司

郑　方　厦门中建东北设计院有限公司

王小颖　中建海峡（厦门）建设发展有限公司

黄琳捷　厦门中建东北设计院有限公司

林国栋　厦门中建东北设计院有限公司

陈小青　厦门特房建设工程集团有限公司

二、BIM 优秀选手

王欣亮　福建建工集团有限责任公司

陈文韬　福建建工集团有限责任公司

林长炫　福建省晋南建设集团有限公司

王彦哲　福建省建筑设计研究院有限公司

杨立豪　福建省泷澄建设集团有限公司

余志彬　福建省建筑设计研究院有限公司

王小翔　中建海峡（厦门）建设发展有限公司

王胜彬　中科博能（福建）工程设计集团有限公司

李永球　厦门特房建设工程集团有限公司

林钟灵　厦门特房建设工程集团有限公司

林　富　福建省建筑设计研究院有限公司

卢清杰　福建六建集团有限公司

王晓敏　福建一建集团有限公司

程书鹏　福建一建集团有限公司

张景珍　厦门叁富建设有限公司

林　栋　福建七建集团有限公司

张鸿涛　福建省晋南建设集团有限公司

丘成杰　福建省九龙建设集团有限公司

黄振兴　福建省九龙建设集团有限公司

郑远财　福建一建集团有限公司

三、竞赛团体奖

一等奖（3 个）

中建海峡（厦门）建设发展有限公司

中建海峡建设发展有限公司

福建建工集团有限责任公司

二等奖（6 个）

福建省建筑设计研究院有限公司

厦门中建东北设计院有限公司

厦门特房建设工程集团有限公司

福建省晋南建设集团有限公司

福建六建集团有限公司

福建巨岸建设工程有限公司

三等奖（9 个）

厦门叁富建设有限公司

福建省泷澄建设集团有限公司

福建七建集团有限公司

福建一建集团有限公司

福建磊鑫（集团）有限公司

福建省九龙建设集团有限公司

福建省二建建设集团有限公司

中建海峡总承包公司

福建力森建设有限公司

优秀组织奖（3 个）

中铁二十二局集团第三工程有限公司

福州市建筑设计院有限责任公司

中核华辰工程管理有限公司

四、突出贡献奖

中建海峡建设发展有限公司

福建建工集团有限责任公司

福州市城建工会

福建省建设信息技术行业协会

福建工程学院工程数字化管理产业学院

福建晨曦信息科技集团股份有限公司

（摘编：郑新贵）

福建省公布2021年度中小企业梯度培养正向奖励

2022年3月30日，福建省工信厅公布2021年度中小企业梯度培养正向奖励结果，泉州获得正向奖励指标得分第一名、漳州第二、福州第三。

根据《福建省人民政府关于促进中小企业平稳健康发展的若干意见》（闽政〔2020〕3号）、《福建省促进中小企业发展工作领导小组办公室关于福建省加大力度助企纾困激发中小企业发展活力的若干意见》（闽中小企业办〔2022〕1号）以及省工信厅、省市场监管局、省统计局、省金融监管局《关于印发福建省中小企业梯度培养正向奖励实施方案的通知》（闽工信中小〔2020〕159号）精神，省级财政对推动实施梯度培养成效明显的地市，即泉州、漳州、福州分档予以奖励。

中小企业梯度培养正向奖励指标得分由“个转企”、“小升规”、“规改股”、“股上市”四个指标得分构成，经研究，各地综合指标得分情况如下：泉州84，漳州72.5，福州70.5，厦门69，龙岩55，宁德54，莆田52.5，南平52.5，平潭40，三明29.5。

（摘编：郑新贵）

福建省燃气行业燃气储运工岗位技能竞赛获奖集体及个人名单

2022年9月2日福建省住房和城乡建设厅印发《关于公布福建省燃气行业燃气储运工岗位技能竞赛结果的通知》提出，经研究，决定授予谢良师等10名选手“全省燃气行业燃气储运工技术能手”荣誉称号；授予王腾等20名选手“全省燃气行业燃气储运工优秀选手”荣誉称号；颁给泉州一队（泉州市燃气有限公司）等10个代表队“全省燃气行业燃气储运工岗位技能竞赛团体一（二、三）等奖”；颁给平潭代表队（平潭华润燃气有限公司）等3个代表队“全省燃气行业燃气储运工岗位技能竞赛优秀组织奖”；授予“福州市城市建设工会”等3个单位“全省燃气行业燃气储运工岗位技能竞赛突出贡献奖”。鼓励参赛企业对获奖选手给予一定奖励。

福建省燃气行业燃气储运工岗位技能竞赛获奖集体及个人名单

一、技术能手

谢良师　泉州市燃气有限公司（泉州一队）
陈宏德　厦门华润燃气有限公司（厦门三队）
陈少华　泉州市燃气有限公司（泉州一队）

毛厚旻　福清华润燃气有限公司（福州二队）
王建平　泉州市燃气有限公司（泉州一队）
陈裕发　厦门华润燃气有限公司（厦门三队）
陈明铮　福州华润管网运行部（福州二队）
洪龙松　龙海安然燃气有限公司(漳州代表队)
冯飞鹏　福州华润管网运行部（福州三队）
庄鹏炜　平潭华润燃气有限公司(平潭代表队)

二、优秀选手

王　腾　福州华润管网运行部（福州三队）
李　麒　厦门华润燃气有限公司（厦门三队）
刘永木　泉州市燃气有限公司（泉州二队）
陈明志　厦门华润燃气有限公司（厦门二队）
涂金辉　龙岩昆润天然气有限公司（龙岩代表队）
王坤鹏　厦门华润燃气有限公司（厦门四队）
王培尚　福州华润管网运行部（福州三队）
郭　泉　龙岩昆润天然气有限公司（龙岩代表队）
杨　捷　厦门华润燃气有限公司（厦门二队）
汤　斌　连江安然燃气有限公司（福州四队）
黄幸明　福清华润燃气有限公司（福州二队）
陈建树　连江华润燃气有限公司（福州一队）
潘弘纪　泉州市燃气有限公司（泉州二队）
郑辉鹏　漳州安然燃气有限公司(漳州代表队)
陈继良　漳州安然燃气有限公司角美分公司（漳州代表队）
柯建南　泉州市燃气有限公司（泉州二队）
邓锦亮　南平安然燃气有限公司(南平代表队)
叶先勤　南平华润燃气有限公司(南平代表队)
赖金镇　厦门华润燃气有限公司（厦门一队）
吴建雄　三明中燃城市燃气发展有限公司（三明代表队）

三、竞赛团体奖

一等奖（2 个）
泉州一队（泉州市燃气有限公司）
厦门三队（厦门华润燃气有限公司）
二等奖（3 个）
福州二队
福州三队（福州华润管网运行部）
漳州代表队
三等奖（5 个）
泉州二队（泉州市燃气有限公司）
厦门二队（厦门华润燃气有限公司）
龙岩代表队（龙岩昆润天然气有限公司）
福州一队
厦门四队（厦门华润燃气有限公司）
优秀组织奖（3 个）
平潭代表队（平潭华润燃气有限公司）
南平代表队
厦门一队（厦门华润燃气有限公司）

四、突出贡献奖

福州市城市建设工会
福州华润燃气有限公司
福建省城市建设协会

（摘编：王增丰）

第三届福建省物业管理行业职业技能竞赛获奖集体及个人名单

2022 年 9 月 27 日福建省住房和城乡建设厅印发《关于公布第三届福建省物业管理行业职业技能竞赛结果的通知》提出，第三届福建省物业管理行业职业技能竞赛于 9 月 23 日至 25 日在福州举行，全省共有 28 家代表队参加物业管理员技能竞赛。经过严格的理论知识考试和实际操作技能考核，经竞赛评委会公平、公正、公开的评判，分别评出了获奖集体和个人。经研究，决定授予叶焘等10名选手“全省物业管理行业物业管理员技术能手”荣誉称号；授予郑浩枢等20名选手“全省物业管理行业物业管理员优秀选手”荣誉称号；授予厦门市人居乐业物业服务有限公司等18个代表队“福建省第三届物业管理行业（物业管理员）职业技能竞赛团体一（二、三）等奖”；授予骏源（福建）生活服务发展有限公司等3个代表队“福建省第三届物业管理行业（物业管理员）职业技能竞赛优秀组织奖”；授予“福建省物业管理协会”等2个单位“福建省第三届物业管理行业（物业管理员）职业技能竞赛突出贡献奖”。名单如下。

第三届福建省物业管理行业职业技能竞赛获奖集体及个人名单

一、技术能手（10个）

叶　焘　厦门市人居乐业物业服务有限公司
彭　琳　福建大众物业管理有限公司
郑舒愔　厦门市人居乐业物业服务有限公司
雷　刚　厦门安居物业管理有限公司
蔡宝芬　天利仁和物业服务股份有限公司
黄晓婷　厦门联发（集团）物业服务有限公司
林晓琴　怡家园（厦门）物业管理有限公司
黄留卷　福建永安物业管理有限公司
蔡乃杰　厦门安居物业管理有限公司
戴霞玲　厦门市德政物业服务有限公司

二、优秀选手（20个）

郑浩枢　福建花开富贵物业管理有限公司
李腊梅　怡家园（厦门）物业管理有限公司
杨云霞　福建千仟禧物业管理有限公司
林玲玲　福建麒麟友朋城市服务有限公司
陈明燕　福建麒麟友朋城市服务有限公司
张晓冰　厦门市德政物业服务有限公司
潘钟桑　福州融侨物业管理有限公司
郑少凡　厦门安居物业管理有限公司
杨平珠　厦门联发（集团）物业服务有限公司
龙世兴　福建永安物业管理有限公司
林小萍　天利仁和物业服务股份有限公司
张　晶　海纳物业服务集团有限公司
张晶晶　厦门市人居乐业物业服务有限公司
朱怡丽　天利仁和物业服务股份有限公司
强雪娟　厦门市德政物业服务有限公司
陈丽丽　今日大唐（泉州）物业管理有限公司
罗兰芳　厦门友朋四方物业管理有限公司
吴春燕　三明城发物业有限公司
陈莹莹　福建麒麟友朋城市服务有限公司
杨翠云　福建南方物业管理有限公司

三、竞赛团体奖

一等奖（3个）

厦门市人居乐业物业服务有限公司
厦门安居物业管理有限公司
福建麒麟友朋城市服务有限公司

二等奖（6个）

天利仁和物业服务股份有限公司
怡家园（厦门）物业管理有限公司
厦门市德政物业服务有限公司
厦门联发（集团）物业服务有限公司
福建花开富贵物业管理有限公司
福建永安物业管理有限公司

三等奖（9个）

福建大众物业管理有限公司
厦门友朋四方物业管理有限公司
今日大唐（泉州）物业管理有限公司
福建南方物业管理有限公司
福建千仟禧物业管理有限公司
海纳物业服务集团有限公司
三明城发物业有限公司
福州融侨物业管理有限公司
福建太平富邦物业管理有限公司

优秀组织奖（3个）

骏源（福建）生活服务发展有限公司
宁德银典物业管理服务有限公司
漳州福晟物业服务有限公司

三、突出贡献奖

福建省物业管理协会
福州市农林水利工会

（摘编：郭鹭）

中泽农控股有限公司

惠　泽　农　民　　造　福　社　会

中泽农控股有限公司是一家以新型城镇化建设为主营，土地一级开发、城市商业综合体开发、旅游休闲度假及养老产业运营为配套产业的大型综合性集团公司。同时也是国内最早涉足城中村改造、社会主义新农村建设、新型城镇化建设，并成为此行业在北京唯一一家以政府授权、民企主导、农民参与，可持续发展的新型城镇化建设的民营企业。

公司秉承“泽惠农民、造福社会”的企业发展理念，积极投身城乡一体化及新型城镇化建设。探索总结出了新农村改革的“四化”建设模式，即：资源资产化→资产资本化→资本股份化→股份市场化，实现了杨庄村村民千家万户有住房、有产业、有社保、有就业的新型“四有”居民目标。2004年中泽农控股主导的北京通州杨庄村新型城镇化项目被中央党校《领导干部学习读本》列为全国城中村改造的典型案例。杨庄村土地一级开发项目于2010年被北京市政府纳入50个重点村新型城镇化、新农村建设试点单位，杨庄村也成为通州区首个纳税亿元村。公司先后荣获“纳税大户”“重合同守信誉单位”等荣誉七十多项。

爱心回报社会，真情温暖人间。中泽农控股有限公司在追求经济效益的同时，更加注重社会责任的履行和社会效益的创造。公司先后投巨资几千万元，积极参与捐资助学、赈灾重建、修桥铺路、扶贫帮困、养老救助等社会公益活动，形成了“泽惠农民、造福社会”的企业核心价值观，树立了良好的企业形象，赢得了社会的广泛赞誉。

中国建设银行
China Construction Bank
福建省分行

4 月 24 日，总行与福建省政府支持福建“十四五”高质量发展超越战略合作协议签约仪式

4 月 24 日，总行与福州市政府签订战略合作协议

2021 年，中国建设银行福建省分行围绕福建省全方位推动高质量发展超越部署，聚焦金融服务实体经济、防控金融风险、深化金融改革“三项任务”，持续增强服务国家建设、参与国际竞争、防范金融风险“三个能力”，依托住房租赁、普惠金融、金融科技“三大战略”为代表的“新金融”优势，深入落实福建省人民政府与建行总行签署的“十四五”战略合作协议，积极履行大行责任，发挥金融主力军、领头羊作用。全年累计解决融资需求超 6200 亿元，为实体经济减费让利超过 13 亿元。至年底，一般性存款余额 6442 亿元，各项贷款余额 6106 亿元，主要经营指标连续 18 年保持四行首位。

聚合集团优势，全力支持实体。聚焦“六稳”“六保”，广筹资金、服务八闽，主要金融服务指标居各金融机构前列。新增贷款 70% 投向重点领域，其中绿色贷款、基础设施贷款、战略新兴产业贷款新增，分别是上年的 3.1 倍、1.8 倍、24.5 倍，科技贷款新增居全国建行系统第 4。**全集团引资入闽。**聚焦“两新一重”、先进制造业、战略性新兴产业等领域，提供“融资 + 融智 + 融技 + 融商”专业服务。对接“五个一批”项目，为国家和省级重点项目提供授信 913 亿元。充分运用建行集团全牌照优势，拓宽融资渠道，加大直接融资支持力度，推广碳中和债、革命老区债等创新型债券产品，提供定增、并购重组、债转股等市场化服务，资管投行非信贷融资总量 564.9 亿元。发起设立中化创新（泉州）产业投资基金，成功争取国家发改委与建行合作设立战略性新兴产业基金在闽落地。**全方位聚力赋能。**与省国资委签署战略合作协议，“十四五”将为 17 家省属企业提供综合授信 2000 亿元。落实为省广电网络集团提供 100 亿元综合融资赋能新基建，与省妇联合作，为女企业家、女性创业者和家庭提供专属金融支持；助力退役军人事务厅服务退役军人创业，荣获“特别贡献奖”。**全渠道精准服务。**支持民营经济，与省工商联发布“支持闽商创业十条”措施，提供综合融资、财务顾问、数据治理等系统化平台服务。做到小微企业贷款按需支用、随借随还、按日计息，普惠贷款余额增长 28%、客

第四届数字峰会建行展厅

户增长 24%；当年新增普惠小微贷款平均利率比 2019 年下降 17%；创新“智慧快贷”“农机云贷”大数据线上产品，被省政府确定为“国家级普惠金融改革试验区可复制创新成果”。给力科技创新，与省科技厅共同实施“科技型中小微企业创新发展行动”；与省知识产权局联合推出“知信融合”知识产权综合金融服务方案；深化与政府部门、科研院校、孵化机构、科创产业园等合作，为科创企业提供从初创到上市、并购等全流程服务。

打造服务特色，提振发展动能。服务双循环。与福州海关合作“关银一 KEY 通”，创新办理数十项全国首笔、同业首批外汇便利化业务；协助举办福建－阿联酋投资贸易洽谈会、第四届进博会福建交易团活动等多场国际推介、洽谈活动；国际结算、跨境人民币结算、贸易融资，分别增长 33%、39% 和 27%。继续与省商务厅合作开展“百千万”金融行动，携手银联福建公司合作深化“全闽乐购”行动。服务绿色经济。开通绿色通道，实行特殊政策，发力绿色金融，当年绿色信贷增长 73%。成功投放建行系统首笔林业碳汇收益权质押贷款、首笔可再生能源补贴确权贷款，联动南平顺昌“森林生态银行”为林户办理信用快贷。承销或投资碳中和债 19.3 亿元。成功发行全国首单可持续 / 乡村振兴 / 碳中和“三标签”债券、全国首单革命老区 / 碳中和“双标”绿色永续中票；成功投资全国首单公交类绿色中票。服务闽台融合。依托建设银行“海峡两岸跨境金融中心”（设在福建），打造两岸专业金融服务平台，助力建设台胞台企登陆的第一家园。累计办理对台跨境收支 562 亿元，对台跨境融资 391.5 亿元。为台胞台企提供开户开卡、支付结算、资金管理、外汇交易、授信融资、按揭贷款等全面金融服务。

践行为民情怀，服务安居乐业。聚焦社会民生痛点难点，推进以科技性、普惠性、共享性为特点的新金融行动，服务大众安居乐业。助力安居宜居。服务公租房、产业园区公寓、人才公寓建设和开发，助力规范租赁市场标准体系；大力支持城市更新，着力推进 180 亿元支持福州住房租赁和老旧小区改造战略合作。为 48 个保障性租赁住房项目授信 121 亿元，全流程支持新建改建房源 1.6 万套，有效丰富租赁住房供给。助力社会治理。服务智慧政务建设，在“闽政通”上线 294 个单位的缴费功能；开放全辖 470 多个网点、

福建省分行举办庆祝建党 100 周年升国旗仪式暨红歌快闪活动

2000 多台智慧柜员机提供省内及跨省政务服务，把建行网点共享成为“百姓身边的政务大厅”。发挥金融科技优势，实现全省公积金业务“网上办”“全省办”“智慧办”，领全国之先。助力民生保障。实施县域帮扶“十条措施”，与省工商联推进“万企兴万村”；与建信人寿联手下沉力量助力柘荣乡村振兴，深入挂钩帮扶建瓯市。在全辖网点建设“劳动者港湾”，为户外劳动者免费提供休息、充电、热饭、饮水、上洗手间服务。举办“金智惠民”活动，面向小微企业主、乡村致富带头人等免费送金融知识。

防范金融风险，维护金融生态。扛牢国有大行责任，落实省委、省政府部署，通过再融资、期限调整等，支持暂时困难企业发展；对房地产金融风险，密切关注、确保稳定。积极争取总行

9 月 29 日，建行福建省分行与省工商联开展以“政银企联学共建 聚合力促进发展”为主题的党委（党组）学习中心组联学共建活动，推进“万企兴万村”行动战略合作协议

支持，加快不良贷款处置进程。资产质量保持稳定向好，保持四行首位。积极创建“平安建行”。全省第七轮安全评估居同业第一；获得省“平安单位”创建新一轮考核免检资格。强化消费者权益保护。“网点服务类”监管有效投诉为零。

兴业证券股份有限公司

兴业证券股份有限公司是中国证监会核准的全国性、综合类、创新型证券公司，成立于 1991 年 10 月 29 日。2010 年 10 月，在上海证券交易所首次公开发行股票并上市（601377.SH）。公司注册地为福建省福州市，主要股东有福建省财政厅、福建省投资开发集团有限责任公司、中国证券金融股份有限公司等。

兴业证券主要经营经纪业务、承销与保荐业务、投资咨询业务、自营业务、财务顾问业务、融资融券业务、基金与金融产品代销业务、基金托管业务、期货介绍业务等。在全国 31 个省、市、区共设有 62 家分公司，140 家证券营业部，控股兴全基金管理有限公司、兴证国际金融集团有限公司、兴证期货有限公司；全资拥有兴证证券资产管理有限公司、兴证创新资本管理有限公司、兴证投资管理有限公司；经营海峡股权交易中心（福建）有限公司；参股南方基金管理有限公司、中证信用增进股份有限公司、中证机构间报价系统股份有限公司、证通股份有限公司；设立兴业证券慈善基金会，专门从事慈善公益与扶贫活动。兴证国际金融集团有限公司于 2019 年 1 月在香港联交所主板上市（6058.HK），是兴业证券集团国际化和全球化发展的平台。

兴业证券成立以来，始终坚持依法经营、稳健经营、文明经营。在中国特色社会主义进入新时代的新形势下，兴业证券提出了“建设一流证券金融集团”的新战略目标。明确提出要把公司建设成为具有一流的资本实力，一流的风险管理能力，一流的竞争能力和盈利能力，一流的人才和优秀企业文化、科学的机制体制以及较强国际竞争力的证券金融集团。

兴业银行
INDUSTRIAL BANK CO.,LTD.
福州分行
Fuzhou Branch
兴业银行
和记电讯

总行营业大厅

分行营业大厅

总行营业大厅

兴业银行福州分行是兴业银行在福州地区的分支机构，成立于 1990 年 4 月，目前在福州市区及福清市、长乐区设有 64 个营业网点。截至 2018 年末，总资产约 2000 亿元，本外币各项存款余额约 1700 亿元，本外币各项贷款余额超过 800 亿元。业务规模、盈利能力、资产质量在福州地区银行同业中始终居于前列，并保持着良好发展态势。分行自开业以来始终秉承与客户“同发展、共成长”和“服务源自真诚”的经营理念，致力于为客户提供全面、优质、高效的金融服务。

支持实体经济 响应国家供给侧改革战略转型号召，支持实体经济发展。调整贷款结构，重点支持纺织、钢铁、电子信息等行业发展，发展现金管理、投资银行、供应链金融、绿色金融等重点业务，拓宽企业项目融资渠道；主动服务，为企业提供“家门口”注册登记便民服务；寓义于利，成为福州市首个企业河长；为医院提供掌上医院、银医通等服务，助力解决医院“排队难”。

提升网点服务 加强“美丽厅堂”建设，打造样板网点，提供 wifi 服务，设立自助发卡机、移动终端、网银体验台，加强营业厅“美丽厅堂”建设工作。持续开展金融消费者权益保护及公众金融普及教育服务工作。全国首家社区银行在本分行落地，累计共有 27 家社区银行正式对外营业。加强社区支行运营管理水平，通过客流分析，合理安排错时服务，很好地贯彻了“便民、惠民”的指导方针。为老年人提供安愉人生专属金融服务，分行获评全国敬老文明号。为客户提供专属金融服务，兴业银行三次荣登普益财富综合理财能力全国性银行排行榜第一，连续 5 年共 10 人获评福州晚报评选的金牌理财师称号。

坚持创优争先 分行是全国精神文明建设先进单位，获评全国级“敬老文明号”，目前所辖网点中有 1 个国家级“青年文明号”单位，8 个省级“青年文明号”单位，11 个市级“青年文明号”单位。

Bank 中国光大银行 福州分行 CHINA EVERBRIGHT BANK FUZHOU BRANCH

服务新格局 追光再启航

——光大银行福州分行 2020 年发展掠影

与福建共成长，是光大银行福州分行铭记在心的使命。即将过去的一年，光大银行福州分行坚决贯彻省委、省政府和集团总行决策部署，自觉履行“金融国家队”的责任担当，主动融入福建发展大局，突出对“两新一重”、高端制造业及民营企业和小微企业的金融支持，助力全方位推动高质量发展超越。

年终岁末，传来捷报：2020 年 12 月，光大银行福州分行首次获得省内专项债发行服务商资格，规模 264 亿元，为地方经济高质量发展注入金融“动能”。这一成绩，仅是特殊之年福州分行交出不俗答卷的一个缩影。截至 2020 年 11 月末，福州分行实体企业贷款余额 235 亿元，比年初增长 13 亿元；零售客户数累计 307 万户；实现信用卡交易量 1525 亿元，在全国光大系统排名第二；社区银行零售资产管理规模（AUM）在光大系统内排名第二，交出了一份高质量发展的答卷。

聚焦主业 护航实体经济高质量发展

2020 年 12 月 11 日，福建省金融工作座谈会召开，强调要创新投融资模式，用好政府专项债，加大财政支持金融力度，促进财政金融协同发力。

12 月，光大银行福州分行传来好消息：成功中标“2021-2022 年福建省专项债发行准备工作公开选聘第三方机构项目”合同包 3（泉州、南平地区项目），首次获得省内专项债发行服务商资格，规模 264 亿元。

不忘金融服务实体的初心，牢记助力经济发展的使命，光大银行福州分行创新金融工具，用实际行动很好地践行

了“财政金融协同发力”的要求，不断夯实财政合作基础。2020 年该行全年承销各类债券 24 只，金额 92 亿元，创分行历史新高。

自觉履行“金融国家队”的责任担当，依托光大集团金融全牌照和产融结合优势，光大银行福州分行认真贯彻总行“十项举措”，助力“六稳六保”，进一步突出对制造业、民营企业和小微企业的金融支持，把“增量、降本、便利”的实招硬招落实到地方经济发展上。

科技赋能 探路数字金融“星辰大海”

2020 年 9 月 10 日，光大银行龙岩分行成功落地首笔阳光供应链云平台项下 1+N 保理业务。该业务围绕核心企业福建某集团公司，解决上游供应商资金需求的燃眉之急。

阳光供应链云平台是光大银行依托“科技输出”，采用 SaaS 平台模式和云服务技术，开发出为企业客户提供在线供应链金融综合服务的在线平台，解决了传统供应链金融存在的线下逐笔确权、融资审批流程长等难点。

“数字福建”是数字中国战略的思想源头和实践起点。光大银行福州分行认真落实集团“三无三化”理念，依托总行的“123+N”数字光大特色发展体系，不断加速线上化、平台化、智能化转型，探路数字金融的“星辰大海”，为数字经济、数字治理、数字生活等“数字福建”建设提供“光大力量”。光大银行福州分行与本土新零售标杆朴朴的合作就是一个典型范例。

借助总行金融科技创新机制，光大银行福州分行坚持按照“线上化、智能化、平台化”的总体原则，创新了针对朴朴供应商的应收账款“池融资”业务模式，为朴朴超市众多的小微企业供应商，提供便捷的线上融资服务，助

力小微企业“C 位出道”，同时针对朴朴下游用户，光大银行福州分行更是积极履行社会责任，“重振引擎、助商惠民”。

东进南下，福州向海，滨海新城处处迸发着创业创新的激情与活力，正成为福州发展的新增长极。紧跟东南大数据产业园的建设步伐，光大银行福州分行给予福建电子信息集团投放流动资金贷款 2.9 亿元，助力福州市“数字福建”十三五规划重点之一的国家东南健康医疗大数据中心项目建设，奏响“服务数字福建”新乐章。

坚持把科技创新作为第一动力源，2020 年，光大银行福州分行持续推进“一体两翼”发展策略，做优渠道，做大平台，做好创新，打造了一批熠熠生辉的“数字化名品”：上线福州分行城市服务、物泊科技、好运联联、云联商船、福州市驾培资金托管、花呗多分行运营等重点项目；开展无人停车缴费业务；丰富手机银行业务场景，在手机银行首创健康类直播栏目“名医直播”；通过电商平台支付结算产品“智慧海都平台”与海峡都市报开展合作，以高质量数字金融服务满足人民美好生活需要。

在光大银行金融科技的试验田中，云缴费是最早播种的，如今已是硕果累累。历经 11 年多的打造，云缴费已成为中国便民缴费行业的领军者和互联网普惠金融的先行者，也成为光大银行福州分行普惠便民服务的核心基础业务之一，福州分行实现提供 175 个项目缴费功能，覆盖财政非税、水、电、燃、通讯、物业、学费、停车、培训等多品种缴费功能，让智能、便捷的阳光服务深入八闽大地。

价值创造 聚焦一流财富管理银行建设

2020 年 10 月 1 日，光大银行福州分行“乐博金秋 · 光彩大 FUN”第三届万人博饼消费节终极王中王挑战赛在福州人气商圈仓山爱琴海购物公园举行，最终一名信用卡新用户夺得状元王汽车大奖。

坚持“以客户为中心”的经营理念，光大银行福州分行开展了形式多样、丰富多彩的客户活动。疫情期间，开展了“光爱你，有我在”抽奖赠口罩等关怀活动；后疫情时期，优质楼盘开展物业费 88 折项目，国庆中秋双节主题等一些特色鲜明的主题活动，形成了良好的口碑效应，进一步完善了分行客户增值服务体系。

这些仅是光大银行福州分行“打造一流财富管理银行”战略愿景的一次次生动实践。近年来，该行私行中心通过“产品 + 权益 + 活动”的组合拳，奋力实现私行客户倍增，为“打造一流财富管理银行”而持续奋斗。通过为高净值客户开展财富大讲堂、健康讲座、书画展览等金融和非金融的主题活动，探索金融服务的核心价值，提升企业品牌形象。

2020 年，光大银行福州分行个贷业务在保持信贷规模稳定增长的同时，通过优化产品、缩短流程、提增效率，大力发展普惠金融，践行担当社会责任。

光大银行福州分行在注重产品普惠性的同时，也不断加强便民性。作为福州分行零售业务名品，自 2014 年与福建省高速开展业务合作以来，该行持续推动 ETC 业务发展，通过在全省辖内 86 家营业网点设立高速代理坐席，实现 ETC 客户的“一站式服务”，为广大用户提供便捷的服务环境；针对光大 ETC 客户，持续开展省内高速通行费折上折、中石化车 E 族加油卡充值优惠等专属增值服务，受到客户的广泛认可。截至 2020 年 11 月末，该行已累计服务 ETC 用户 17 万户。

强根固魂 打造光大党建特色品牌

2020 年 7 月 1 日，光大银行福州分行庆祝建党 99 周年暨“七一”表彰大会如期召开。福州分行党委书记、行长高名安在大会上为全体人员上了一堂以《抓五要 强作风 护航发展谋新篇》为主题的党课。

党建引领聚合力，携手共建促发展。福州分行零售金融部党支部联合漳州分行党委开展“弘扬谷文昌精神，践行初心使命”主题党日活动；金山支行党支部联合仓山区建新镇党支部、福州海峡创意产业园党支部及红星美凯龙家居集团福州金山商场党支部，共同举办“守初心、担使命，聚合力、促发展”主题党建活动……光大银行福州分行各级基层党组织通过开展各种形式党建和主题党日活动，打造具有特色的“光大党建”品牌。

以实干服务大局，用担当践行使命。在建设一流企业征程中，光大银行福州分行全体党员，正以信仰之光照亮奋斗之路，在党旗的引领下阔步前行，以高质量全面发展的优异成绩迎接建党 100 周年。

从银行卡到移动支付

——顺应时代变革谋创新 相伴经济民生共成长

徐志忠总经理在福建亚太合会上发言

中国银联福建分公司作为中国银联在福建辖内（不含厦门）的分支机构，扎根福建，基于全国银行卡跨行信息交换网络，提供银行卡跨行信息交换相关的专业化服务，管理和经营“银联”品牌，致力支付产品创新和受理市场建设，为生产经营提供高效便捷安全的支付服务，助力福建经济发展。

一、建设数字支付生态，助推产业数字化转型

为适应移动互联时代趋势，中国银联福建分公司坚守“支付为民”的理念，大力开展移动支付业务，大力推广银行业统一 APP（云闪付），大力推进受理市场建设，基于银行账户的数字支付生态已初具规模。截至 2021 年底，全省云闪付用户 1867 万户，用户渗透率 51%，全国排名第一。云闪付、银行 APP 已成为普遍接受和广泛使用的支付结算工具。

作为金融服务基础设施，中国银联福建分公司发挥平台和在金融科技、数据服务、风险防控等能力与经验优势，加快输出赋能，助力辖内各产业加快数字化转型，为企业精准防疫、电子政务、电子商务、云消费、云缴费、“数字福建”建设发挥了不可或缺的重要作用，显著提升了各经济主体在移动互联时代的市场竞争力。

二、多措并举促消费，助力经济复苏

中国银联福建分公司全力落实省市政府促消费行动，联合金融机构促消费合力，协同省市县三级政、银、企、商共投入、同发声、聚资惠民，确保了各项促消费政策与活动的顺利实施，为拉动消费增长、助力经济复苏发挥了重要作用。“全闽乐购”促消费行动取得显著成效，得到了省委省政府的高度认可，写入《2021 年福建省政府工作报告》。“全闽乐购”已成为福建特色名片，2020 年以来撬动消费超过 1329 亿元。

同时，积极落实监管机构减费让利要求，联合各金融机构通过结算和分期费率下调、消费信贷模式创新、专项特殊还款安排、重点行业精准对接和小微企业融资助贷、推广“红火计划”等多种手段，加大对个人及个体工商户的降费补贴，

云闪付带你玩转全闽乐购现场活动

云闪付百福红包墙

2022 年全闽乐购万福跨年购启动仪式

“全闽乐购”福建促消费行动启动

外语外贸学院启动仪式

全闽乐购·她经济活动启动

加大对重点行业、小微企业的纾困帮扶。全省促消费行动开展至今，全省各金融机构、支付机构累计对个人及企业的减费让利达 33.87 亿元。这些减费让利政策的有效实施，大大减轻了商户的交易成本和资金成本，有力提升了市场主体活力。

全闽乐购·下乡的味道活动现场

打击金融诈骗乐享安全用卡宣传

三、发挥清算组织职能，做大做强“闽”字号品牌

全闽乐购灯光秀

为促进消费升级，助推福建经济高质量发展，中国银联福建分公司积极响应省委省政府关于进一步促进消费、推动闽菜繁荣发展的工作部署，主动参与闽菜馆、大众茶馆、“万福”馆创建与“闽”字号品牌推广工作，推动收单机构落实减费让利政策，减轻商户交易成本；围绕“闽”字号品牌商户，组织策划了“食在八闽”“大众茶馆”“万福伴手礼”等一系列宣传营销活动，有力引导了“闽”字号消费，“闽”字号品牌影响力显著提升。

征途漫漫，惟有奋斗。中国银联福建分公司将继续坚定“支付为民”的使命与责任，聚焦转接清算业务，深化数字化转型，着力构建“支付清算 + 信息科技”双轮驱动的高效支付网络，奋力开拓数字化发展新格局，为更好地服务福建经济高质量发展做出应有贡献。

闽江学院坐落于福建省省会福州市，是2002年经教育部批准设立的全日制普通本科高校，实行“省市共建、以市为主”的办学体制。学校现为“服务国家特殊需求”硕士专业学位研究生教育试点高校，福建省重点建设高校、一流学科建设高校，福建省示范性应用型本科高校、首批深化创新创业教育改革示范高校和全省党建工作示范高校。

学校拥有光荣的历史传统。前身是1958年创办的福州师范高等专科学校和1984年创办的闽江职业大学（含2001年并入的福州工艺美术学校），2010年，爱国华侨蔡继琨先生创办的福建音乐学院并入闽江学院。习近平总书记在福州工作期间曾兼任闽江职业大学校长6年（1990年6月至1996年5月），亲自为学校改革发展把方向、谋规划、做决策、解难题、办实事，提出“不求最大，但求最优，但求适应社会需要”的办学理念，倡导“立足福州、面向市场、注重质量、突出应用”的办学宗旨。30多年来，他始终关心关怀学校发展，2008年学校50周年校庆、2018年学校60周年校庆，他都在百忙之中发来贺信；2021年3月25日，习近平总书记亲临学校考察调研，与师生亲切交流并发表重要讲话，为学校新发展指明了努力方向、提供了根本遵循。

经过六十多年的发展，学校已成为一所学科门类较为齐全、办学水平较高、具有一定影响的应用型本科高校。学校设有16个二级学院，拥有工商管理专业学位硕士点，开设本科专业61个，涵盖经、法、文、史、理、工、管、艺等八大学科门类。拥有省级重点学科3个，省级一流学科（高原学科）1个、省级应用型学科6个；国家级特色专业2个，国家级一流专业建设点1个；省示范性应用型专业群3个，省级一流专业建设点14个，省级特色专业5个、服务产业特色专业7个，省级创新创业改革试点专业5个，省级人才培养模式创新实验区6个。

学校现有全日制在校生约1.6万人，专任教师1000多人，硕士以上学位教师占90.5%（其中博士学位教师占39.6%）。拥有省级教学、科研及高端外专团队12个，国家级、省部级人才138人（含柔聘）。现有省级科研创新平台44个，其中省级重点实验室4个。

学校现有校园总面积2294.6亩。校舍建筑总面积54.25万平方米。教学科研仪器设备总值达4.30亿元。各类纸质图书204.9万册，电子图书166万册。

学校坚持开放办学，与福州市各县（市）区开展科技开发合作；与清华大学、北京大学、中国人民大学、中国科学技术大学、武汉理工大学、东华大学、江南大学、温州大学等国内高水平大学开展办学合作；与逢甲大学、中国文化大学、实践大学等台湾地区高校进行闽台高校应用型人才联合培养；与日本、美国、澳大利亚、加拿大等国（境）外30多所高校建立友好合作关系；与塞浦路斯欧洲大学合作举办本科层次不具有法人资格的中外合作办学机构——闽江学院国际数字经济学院；与澳大利亚墨尔本理工学院合作举办全省第一个具有独立法人资格的中外合作办学机构——福州墨尔本理工职业学院。

学校的办学和发展得到省市党委政府高度重视和社会各界有力支持。省市专门出台支持闽江学院加快发展的若干措施和意见。社会慈善机构、著名侨领、企业家、海内外校友纷纷慷慨解囊，支持学校办学，特别是福建省发树慈善基金会向学校累计无偿捐资人民币10亿元。

“十四五”期间，学校坚持以习近平新时代中国特色社会主义思想为指导，深入学习贯彻习近平总书记来校考察重要讲话精神，坚定不移沿着习近平总书记指引的正确方向，坚持“立德树人”的根本任务不动摇，坚持“不求最大、但求最优”的办学追求不动摇，坚持“应用技术型”的办学定位不动摇，坚持“适应社会需要”的办学特色不动摇，以一张蓝图绘到底的战略定力，全力建设高水平有特色的应用型大学，努力以优异的办学成绩回报习近平总书记的重托和期望。

（数据截至2022年3月1日）

福建开放大学

福建开放大学是一所汇聚优质教育资源、以现代信息技术为支撑、以“互联网 +”为特征、面向社会成员提供学历继续教育和非学历教育、服务全民终身学习的新型高等学校，是国家开放大学办学体系的重要组成部分。学校前身是创办于 1979 年 1 月的福建广播电视大学，2020 年 12 月正式更名为福建开放大学。

开放大学左海校区

学校贯彻“为了一切学习者，一切为了学习者”的办学理念，秉持“自强弘毅、励学敦行”的校训精神，开展学历继续教育、非学历教育和终身学习支持服务。先后开设教育学、经济学、文学、法学、理学、工学、农学等学科专业，建校至今已累计培养 50 余万名“留得住、用得上、干得好”的应用型高等专门人才，现有学历教育在校生 12.7 万人，年举办各类培训 20 万多人次。依托全省系统成立了 1400 多家市县社区大学、社区学院和社区学习点，成立老年开放（互联网）大学 69 家。

开放大学桂山校区

学校实行体系办学，除省校外，下设 8 个设区市办学单位和 62 个县（市、区）级办学单位（正逐步更名转型为地方开放大学、学院、学习中心），形成遍布全省城乡的远程教育系统和办学网络。“福建省远程高等教育中心”“福建省中小学教师远程培训中心”“福建省终身教育服务中心”“福建省社区教育指导服务中心”“数字福建终身教育大数据研究所”“福建省终身教育学分银行”“福建老年开放（互联网）大学”依托学校成立。

2020 年 12 月 23 日，省政府办公厅印发《福建开放大学综合改革方案》，这是全国第一家以省级人民政府办公厅名义出台的省级开放大学综合改革方案，为学校改革发展指明了方向。学校将全力落实《福建开放大学综合改革方案》、第一次党代会精神和学校事业发展“十四五”规划精神，以推进转型发展为主线，以建设“有特色高质量开放大学”为目标，聚焦重点、改革创新，努力把学校建设成为福建省终身教育的主要平台、在线教育的主要平台和灵活教育的平台、对外合作的平台，成为服务全民终身学习的重要力量和技能社会的有力支撑，为服务全民终身学习体系、服务全方位推动高质量发展超越做出更大的贡献。（数据截止 2021 年 12 月）

聚焦职教师资培养　建设特色鲜明的高水平技术师范院校

——福建技术师范学院情况介绍

一、学校概况

福建技术师范学院 (Fujian Polytechnic Normal University) 创办于 1977 年 6 月，有 44 年办学历史，前身是福建师范大学福清分校，2002 年开启本科办学之路。2019 年，经教育部批准独立设置为福建技术师范学院，是省属公办普通本科院校，主要培养区域经济社会发展所需要的高素质应用型、技术技能型人才和职业教育师资，是福建省唯一一所定位培养职教师资的高校。2018 年、2021 年分别获得第一、二届省级文明校园荣誉称号。

二、办学条件

学校现有五马山和石竹山 2 个校区，占地 748 亩，元洪校区规划建设用地 600 亩，五马山校区南片扩建规划 240 亩。建有各类省级教学科研实验平台、教学示范中心、校外专业实习实训基地（中心），设有国家职业技能鉴定站、全国职业素养能力培训项目教学基地、省级继续教育基地。

三、内涵建设

学校以习近平新时代中国特色社会主义思想为指导，始终坚持社会主义办学方向，全面贯彻党的教育方针，紧紧围绕立德树人根本任务，持续发挥艰苦创业、拼搏争先的精神，聚焦建成福建职业教育教师的培养摇篮、产教城深度融合的示范基地、服务福建实施国家重大区域战略的重要力量、面向"一带一路"沿线国家和地区开放办学的重要窗口，勇于担当作为，敢于攻坚克难，持续推进内涵发展、质量提升。

1. 师资队伍。加强人才队伍建设，加大高层次人才引进力度，近年来引进和聘请国家"万人计划"领军人才、"闽江学者"讲座教授等高层次人才近 30 人，引资设立"金朝奖教基金""龙江学者"优秀人才奖励计划，对优秀人才给予配套奖励。目前，专任教师 450 多人，其中双师型教师 188 人，具有硕士以上学位教师占 82% 以上。受聘博士生导师 2 人、硕士生导师 40 人。

2. 人才培养。目前学校设有 12 个二级学院，30 个本科专业，拥有省级应用型学科、省级服务产业特色专业、省级示范性应用型专业群和省级一流专业建设点。注重文化育人，设有省高校哲学社会科学优秀讲坛"求真大讲堂"、福建"百人计划"专家等高端人才交流平台"百人讲坛"、省高校中华优秀

现任福建省委常委，省政府副省长、党组副书记，时任省政府副省长郭宁宁莅临福建技术师范学院宣讲党的十九届五中全会精神并为师生讲授思想政治理论课

福建技术师范学院与福清市人民政府签署战略合作框架协议

福建技术师范学院附属学校授牌揭牌仪式举行

传统文化教育示范基地，成立全省高校唯一一支大学生马术队，形成书香校园、我享创业、香樟夜话等校园文化品牌项目。截至目前，已培养了本科生 3 万人。学生近年来就业率保持在 95% 以上。

3. 转型发展。学校主动融入和服务地方“八大”国家区域发展战略，与企业共建了一批省级示范性实训基地、省级实践教学基地、教育部产学合作协同育人项目。与福清市人民政府签订战略合作框架协议，深化落实服务地方经济社会发展十大行动计划，与地方的工业园区合作共建了光电、食品、化工新材料等 4 个产业研究院，着力在光电信息技术、食品加工、新材料开发等方面开展创新研究。主动服务闽东南千百亿产业集群发展，与工业园区、产业联盟、龙头企业共建了 9 个产业学院，并在推进“园中驻”、探索“园中教”、强化“园中训”、促进“园中留”上下功夫，着力培养高素质应用型、技术技能型人才。

4. 服务职教。学校主动承担福建构建高质量教育体系补短板、强弱项的历史重任，坚持师范本色，突出职教师资培养，成立了职业教育办公室、职业教育学院、职业教育发展研究院。2021 年发起并成立了福建省职业教育教师发展联盟，积极搭建师资培训成长平台、人才培养模式探索创新平台、优质资源共建共享平台和教师发展服务支持平台，推动打造具有福建特色现代职业教育发展范式。与福清市人民政府、厦门市教育局合作共建附属学校，探索“3+4”中职本科贯通人才培养模式，助力厦门创建职业教育创新发展高地。获批成立福建省职业教育师资继续教育培训中心。承担了省职业教育重大教改项目。学报开辟职业教育研究专栏。

5. 科学研究。学校与印尼高校共建福建省－印尼海洋食品联合研发中心省级创新平台，建有近海流域环境测控治理、食品软塑包装技术、非遗数字化与多源信息融合研究中心等省高校科研创新平台以及福州市专家工作站、行业技术创新中心等研究机构和省高校创新团队。近年来，承担国家级、省部级等纵向项目和政府企事业委托项目 900 多项，获得授权专利近 300 件。目前，学校在应用电子、高分子材料、化工、食品工程等方面已具备一定的科研实力，在黄酒酿造、海产品保鲜与深加工、食品软塑包装开发、废弃物资源化和利用等方面形成了一定的优势。开展特色社科研究，成立了日本研究中心，推进黄檗文化研究、中印尼产业合作研究。此外，还建立了咨询研究机构，提高软科学对地方政府和企事业决策参考咨询的贡献度，为政府企事业单位提供咨询报告 100 多篇，其中被中央部委采用 6 篇，获正国级领导批示 2 篇。

6. 对外交流合作。学校主动对接“一带一路”建设，围绕中印尼“两国双园”产业需求，积极推进开放办学。与印尼知名高校、海外华人社团、海外媒体集团签订合作协议，促进中印尼人文、教育交流。成立了海外华裔青少年联谊中心及新西兰分中心，与英国、日本、印尼、新西兰、泰国等国（境）外的 30 多所高校及研究机构建立了合作关系，并与台湾高校开展博士联培项目。具有国际留学生和华侨港澳台本科学生招生资格，面向印尼招收了首批留学生。

福建技术师范学院附属厦门工商旅游学校正式揭牌

福建技术师范学院受邀参加 2021 年中印尼“两国双园”全球招商推介会并代表学校签订合作项目意向书

福建技术师范学院发起的福建省职业教育教师发展联盟正式成立

福建技术师范学院与印尼福建社团联谊总会、印尼《国际日报》报业集团签署合作备忘录

中国电信股份有限公司福建分公司

作为“数字福建”建设的主力军，中国电信福建公司长期致力于推动国民经济和社会信息化建设，是福建省领先的综合智能信息服务运营商。

中国电信福建公司主要经营移动通信、宽带互联网接入、天翼高清、固定电话、卫星通信、信息化应用等综合信息服务，服务客户超 3000 万户；拥有千兆光纤宽带网络、NB-IoT 物联网、IPTV 网络和 4G FDD-LTE 网络；具备业内领先的云服务和 IT 研发能力，全力打造互联网 + 政务、工业、经济、民生等各领域信息化解决方案以及众多创新应用产品，有力推动“数字福建”纵深发展。

福州作为中国电信全国 17 个 5G 试点城市之一，2018 年以来，中国电信福建公司快速行动，大力推进 5G 试验网络建设，于 2018 年 12 月 12 日在福州开通全省首个 5G SA（独立组网）实验网，可为用户提供 10Gbps-20Gbps 高速率、大带宽的 5G 技术支持；100 万连接 / 平方公里的大连接、低时延 5G 网络服务；为机器人云端控制、远程医疗、无人驾驶等提供低时延、高可靠的 5G 网络保障。目前，中国电信福建公司在全省已建设 5G 基

安装海边 5G 基站

东南信息园云数据中心机房

东南信息园云数据中心机房

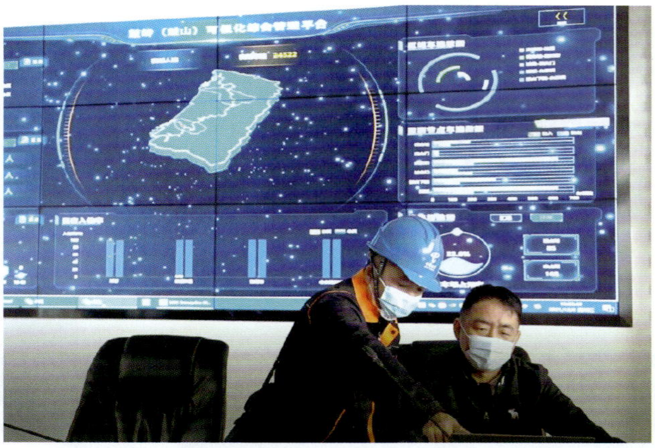

鼓岭 5G 可视化综合管理平台

为渔船安装天通卫星天线

漳州龙文区市域治理平台

福州永泰协星村乡村振兴平台

开展乡村线路巡检

站 2 万多个，实现所有市区、县城的基本连续覆盖和发达乡镇的 5G 热点覆盖和重点楼宇的 5G 室内覆盖。未来三年，中国电信福建公司将投入 100 亿元以上，按照网络技术世界领先、网络质量业内领先、网络能力适度领先的要求，建设一张覆盖质量好、用户体验优、业务生态广的灵活开放、融合智能的 5G 网络。在云能力方面，优化云网算力资源布局，启用东南信息园数据中心，在全省范围内建成 20 座星级云数据中心，1.2 万个机柜，数据中心总出口带宽达 27T，为各级政府重点网站提供云存储、云备份服务，全面满足政企用户上云赋能需求。

5G 赋能未来。当前，5G 正处于网络部署和产业培育的关键时期，中国电信福建公司将与广大产业链合作伙伴一起在网络演进、应用创新、产业培育等领域展开深度合作，共同打造 5G 智能网络，共同创新 5G 应用模式，共同繁荣 5G 产业生态，携手打造 5G 创新示范区。

中国移动通信集团福建有限公司

中国移动福建公司（以下简称“福建公司”）是中国移动（香港）有限公司的全资子公司，于1999年10月9日正式挂牌成立，1999年10月28日在香港、美国纽约上市，主要经营移动语音、数据、宽带、IP电话和多媒体业务，并具有计算机互联网国际联网单位经营权和国际出入口经营权。经过20年的发展，公司已成为省内网络规模、客户规模、收入规模、利润规模最大的通信运营商。公司下设9个地市分公司，82个县（市、区）分公司和营销中心，自成立以来，中国移动福建公司累计在省内缴纳各类税收超300亿元，年均税收贡献约占全省通信行业的70%。截至2020年，公司移动电话用户超2790万，5G客户规模超490万，有线宽带客户规模超740万，继续保持区域市场领先地位。

福建省省长王宁（时任福建省委副书记、福州市市长）于2020年3月27日到北数据中心调研

“云上签”助力当地政府招商引资

2020年，福建公司以习近平新时代中国特色社会主义思想为指导，主动融入经济社会发展大局，扎实推进网络强国、数字中国、智慧社会建设，持续打造行业领先的网络、业务和服务品质，成为“数字福建”建设的排头兵、主力军，努力满足八闽人民对美好信息服务的向往。

一是全面从严治党取得较好成效。福建移动把学习贯彻习近平新时代中国特色社会主义思想、党的十九大和十九届二中、三中、四中、五中全会精神作为首要政治任务，以“党建质量提升年”为主线，持续提升党建工作质量，连续三年在集团公司年度党建工作考评中被评为“优秀”等级。

二是扎实做好疫情防控。统筹推进疫情防控网络、服务、防控“三个保障”落实落地，完成98家医院及防控安置点、8家“小汤山”模式临时医院保障，全力保障医院、防疫单位及政府机构等抗疫重点场景通信畅通，科学有序推动社会复工复产、停课不停学；做好大数据支撑、特定医护人员话费减免、群发公益短信等服务工作。

在一线抗疫工作中，涌现出以李跃龙同志为代表的“战疫英雄”，李跃龙同志获评福建省委和国资委中央企业抗疫工作先进个人、中央企业优秀共产党员等 5 项省部级荣誉。

三是转型发展全面推进。2020 年，福建移动克服困难、调整策略、积极应对，收入利润实现恢复性增长，成功孵化 5 个集团龙头示范项目等，其中 5G 融创中心被列入首批全国 5G 应用产业方阵创新中心（福建唯一）。

四是新基建全面发力。准确把握经济社会转型发展对信息技术服务的新需求，加速 5G、大数据、区块链、云计算等新技术、新基建、新生态落地，助推经济、社会高质量发展。克服疫情、资源不足等突出困难，超额完成省委省政府和集团公司的建设要求，累计建成 5G 基站超 1.2 万个，打造厦门远海码头等典型应用，获得“福建省区块链城市节点服务商”授牌，加快福州、厦门数据中心建设，推动网络云化智能演进，构建以大数据为驱动的智慧中台。

五是民生服务质量持续提升。秉持“客户为根、服务为本”理念，持续推进“服务领先工程”，月均“携号转网”用户申诉率、影响用户感知服务问题申诉率等指标持续下降，用户满意度持续改善，强化服务质量攻坚。针对低收入及老年群体累计惠及用户超 80 万户，12 月 25 日上线“银发服务计划”，65 岁以上老人拨打 10086 热线时直接接进人工客服，为老年客户提供专属服务。

移动信息化为贫瘠山村铺设致富道路

“互联网教育魔百和”为农村偏远山区提供云课堂教学

疫情期间保障定点医院隔离病房保障

在高速路口保障临检警察手机终端及警务通通信网络正常

厦门远海码头 5G AGV 无人运输车正在投入生产

六是清朗网络空间得以进一步打造。完善网络安全工作责任体系，提升网络安全防护能力，稳步推动不良信息治理工作，加大防范打击电信网络诈骗力度，完成第三届数字中国建设峰会等重大活动保障工作。相关项目获评年度“众智护网”防范治理电信网络诈骗优秀创新实践案例（福建唯一），团队在全国网安竞赛中获安全团队特等奖（全国唯一）。

七是扶贫攻坚践行央企责任。创新扶贫工作方式，加大扶贫工作力度，全集团率先推出“互联网教育魔百和”，为农村、偏远山区学校提供云课堂教学；打造线上扶贫商城，推出 2000 余款扶贫产品；派出多批次数十名干部驻村扶贫，带领当地贫困人口脱贫致富；针对贫困地区和贫困群众推出“惠民资费专项活动”，提前全面超额完成集团下达定量扶贫任务。

近年来，福建公司先后荣获“全国文明单位”“全国五一劳动奖状”“全国通信行业用户满意企业”等荣誉称号，并连续两届被评为福建省“党建先进单位”。其中，福建移动实训基地先后被国家工信部授予部级实训基地和工业和信息化人才培养工程培训基地，被国家人社部授牌“国家级高技能人才培训基地”。面向未来，福建公司将持续发扬为民服务孺子牛、创新发展拓荒牛、艰苦奋斗老黄牛的精神，以坚定信念和昂扬斗志，努力在“十四五”开局之年开好头、起好步，努力打造数字化服务创新领先的信息通信企业。

福建省电子信息（集团）有限责任公司

2000 年，时任福建省省长的习近平作出了建设“数字福建”的重要决策，并把电子信息确定为福建省三大主导产业之一。同年 10 月，福建省电子信息（集团）有限责任公司肩负使命、应运而生。

二十年来，集团始终沿着习近平总书记指引的方向前进，自觉做习近平新时代中国特色社会主义思想的忠实实践者，培根铸魂、改革创新，逐步成长为行业骨干龙头企业。2021 年营收 550 亿元、资产总额超千亿元，位列中国企业 500 强第 433 位、制造业企业 500 强第 212 位、电子信息百强企业第 31 位。

牢记嘱托　创新领航

集团上下牢记习近平总书记考察成员企业福光股份的嘱托，发挥创新主体作用。2021 年研发费用近 33 亿元，占 17 家省属企业研发投入的 40%，研发强度达到 6%。目前拥有 45 家国家级高新技术企业、3 家国家级企业技术中心、1 家国家级工程研究中心，累计申请专利 13728 件，获得授权 8084 件，连续多年上榜“中国电子信息行业创新能力五十强企业”。晋华公司、福联公司奋力突破内存芯片、射频芯片“卡脖子”技术；华佳彩成功研制全新 11 英寸高清金属氧化物高色域艳彩屏，兴泰科技引领电子纸产品技术创新；锐捷网络以太网交换机、企业级终端 VDI、IT 基础设施运维软件、Wi-Fi6 产品领跑市场，升腾瘦客户机连续十年蝉联亚太市场份额第一、升腾威讯桌面云连续四年国内市场占有率第一。

龙头牵引　集群发展

集团认真贯彻习近平总书记关于数字经济发展的重要论述，助力数字经济不断做强做优做大。发挥龙头企业牵引作用，围绕集成电路和显示面板业务，以晋华、福联、华映科技等为重点企业，打造半导体产业集群；围绕通讯应用终端、软件与信息服务业务，以星网锐捷、福日电子、合力泰、云计算、四创、蓝建等为重点企业，打造信息通信产业集群。与工信部电子五所等共同建设信创适配测试中心、信创产业公共服务平台，打造福建信创产业生态，锐捷网络及升腾资讯整机产品、凯特信安密码机等入围国家信创产品政府采购目录。

电子集团大楼

改革赋能　提质增效

集团深入贯彻习近平总书记关于国有企业改革发展和党的建设重要论述，以高质量党建引领高质量发展，市场

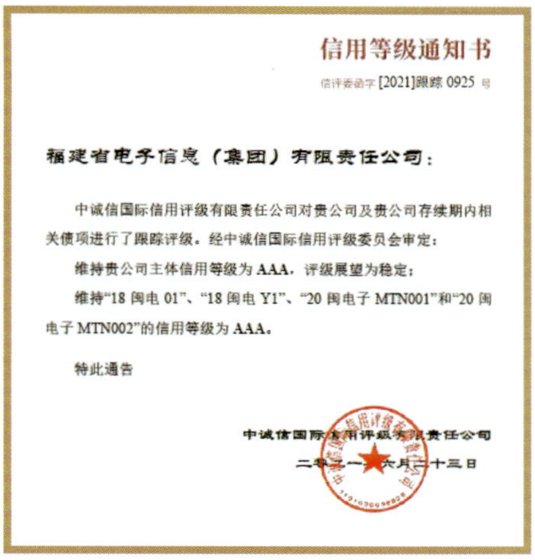
信用等级通知书

信评委函字 [2021]跟踪 0925 号

福建省电子信息（集团）有限责任公司：

中诚信国际信用评级有限责任公司对贵公司及贵公司存续期内相关债项进行了跟踪评级。经中诚信国际信用评级委员会审定：

维持贵公司主体信用等级为 AAA，评级展望为稳定；

维持“18 闽电 01”、“18 闽电 Y1”、“20 闽电子 MTN001”和“20 闽电子 MTN002”的信用等级为 AAA。

特此通告

中诚信国际信用评级有限责任公司

二〇二一年六月二十三日

电子集团主体信用评级 AAA

福建电子信息集团数字福建云计算中心

化经营机制不断健全。主体信用评级保持 AAA，资本证券化率连续多年据省属企业首位，改革经验入选“国企改革 12 样本”。星网锐捷入选全国首批“科改示范企业”名单，在专项评估中获得优秀；福日电子入选国企改革“双百行动”企业名单，薪酬制度改革入选“双百行动”案例集；兴泰科技成为福建首家实施股权激励的样板企业，福联公司入选首批“八闽综改企业”，改革提质增效作用凸显。

“十四五”期间，集团将按照福建省委省政府做大做强做优数字经济的部署要求，加快布局新基建、发展新产业、攻关新技术、培育新业态、增强新动能，力争在“十四五”末实现营收规模突破千亿，成为具有全球竞争力、国民为之自豪的民族产业中坚力量，为奋力谱写全面建设社会主义现代化国家福建篇章作出新的更大贡献！

华佳彩 11 英寸高清金属氧化物高色域艳彩屏

瘦客户机产品图（升腾公司）

锐捷网络以太网交换机

升腾威讯桌面云

福建省国有资产管理有限公司

国资大厦

福建省国有资产管理有限公司（以下简称公司）经省政府批准成立于2005年，于2014年重新组建运作，作为省国资委所出资企业。公司在职员工超过3500人，拥有正常经营的全资及控股一级企业45家（含1家新三板挂牌企业）。

公司积极做好脱钩、改革、发展“三件事情”，形成国有资本运营、人力资源服务、海洋经济、省政府确定产业投资四个主业和粮食产业、乡村振兴两个新业的多元化发展格局，逐步发展成为“双两百亿”省属国企，利润连续7年超3亿元，连续7年被评为省国资系统业绩考核A级企业，连续5年上榜“福建企业百强”，2022年名列第45名。公司改革案例被编入国务院国资委《国企改革探索与实践——地方国有企业100例》，现为国务院国资委“双百行动”试点企业、省国有资本运营公司试点企业。

接下来，公司将坚持以习近平新时代中国特色社会主义思想为指导，紧密围绕“服务省委省政府重大战略布局、服务福建省国企改革发展、服务全省产业转型升级”总体战略，着力打造具有国际视野、全国一流、产业多元化、具有市场竞争力和发展引领力、可持续发展的大型省级国有资本运营公司，在奋力谱写中国式现代化福建篇章中贡献国资力量。

中国·三都澳大黄鱼产业园

泉港新型塑胶网箱项目

武装押运队伍

国资康复医疗中心——高峰南巷中医诊所正式开业

福建省旅游发展集团

福建中旅客运

和声钢琴

福建省旅游发展集团系福建省国资委监管的省属大型企业集团，于 2015 年 12 月由福建华闽实业集团和福建中旅集团合并重组设立，是省委、省政府从大局出发，围绕“建设全域生态旅游省”战略目标，践行新发展理念，培育经济增长新动能，推动福建旅游转型升级而倾力打造的国有旅游企业集团。

目前，集团旗下全资及控股企业共 126 家（含 1 家上市企业、1 家新三板挂牌企业），主营业务涵盖旅游服务、旅游目的地建设、物业地产、文化传媒、国际贸易、资本运营、研学教育、酒店及景区运营管理等，拥有福建省中旅旅行社、福建海外旅游实业有限公司等 10 家旅行社 ,286 家网点门店；闽江饭店、武夷山庄、泉州华侨大厦、厦门华侨大厦、厦门鼓浪别墅酒店等 15 家权属、托管酒店；福建中旅客运有限公司及厦门、漳州、泉州等地中旅客运公司，130 余部车辆；自主运营泰宁九龙潭、柘荣鸳鸯草场、长乐猴屿、尤溪闽湖、冠豸山索道等项目，是福建省产业要素健全、产业链条完整、经营网络齐备的综合性旅游龙头企业。截至 2021 年 12 月 31 日，集团资产总额 106.71 亿元，同比增长 66.92%;2021 年，营收总额 128.86 亿元，同比增长 505.01%；利润总额 10365 万元，同比增加 2.94 亿元，资产营收实现“双百亿”，荣膺“中国旅游集团 20 强”。

福建省工艺美术大楼

福旅教育大楼

在省委、省政府的正确领导和省国资委、省文旅厅的指导、帮助下，福建省旅游发展集团注重顶层设计，全面深化改革，实施有效重组，始终秉持“守正、担当、融和、致远”的企业精神，积极践行“一挂牌、二搭台、三运营、四共赢”的产业发展模式，加快实施“扩大规模、做大资产、做强主业、拓展辅业”的发展战略，聚焦数字经济、海洋经济、绿色经济、文旅经济，落地柘荣鸳鸯草场、泰宁九龙潭、长乐猴屿全域旅游、政和廖俊波精神教育学院、将乐常口两山学堂、寿宁“难忘下党”教育实践基地等重点项目；全力推进“中国海洋生态牧场”渔旅融合综合体、八闽（漳州）不夜城、福建数字文旅综合服务平台（一部手机全福游）、福州市内免税店、东山青年交流基地等新兴项目；联合省总工会、团省委、省妇联开展“青春同行·缘启之旅”青年职工交友活动，帮助宁德时代、大唐发电、省立医院等单位520名青年人才成功牵手，点亮和谐民生工程；开拓自驾旅游市场，持续兴起“自驾进千村万户·旅游助乡村振兴”活动热潮，打造自驾游产业示范样板；旅游+夜游、康养、研学、文创等产业布局加速延伸，旅游服务民生、助力精准扶贫、促进乡村振兴、带动社会就业等国企担当活力彰显，以高质量党建引领在国企改革发展浪潮中跑出加速度、实现新跨越。

香港华闽

泰宁九龙潭

百舸争流，奋楫者先；千帆竞发，勇进者胜。福建省旅游发展集团将坚持以习近平新时代中国特色社会主义思想为指导，全面贯彻落实党的十九届六中全会精神和省第十一次党代会精神，扎实开展“提高效率、提升效能、提增效益”行动，紧抓福建文旅经济快速发展重大机遇期，拓宽产业链、价值链、创新链，在主动服务和深度融入新发展格局中找准定位、发挥作用，向着“引领福建文旅产业，打造全国一流的现代文旅集团”的目标愿景阔步迈进，为奋力谱写全面建设社会主义现代化国家的福建篇章作出新的更大贡献！

柘荣鸳鸯草场

福建省医药集团有限责任公司

福建省医药集团有限责任公司(以下简称福建医药集团),是2001年1月经福建省人民政府批准整合组建的大型国有医药流通企业集团。2009年9月,与福建省华侨实业集团整合重组。2012年7月,划转至福建省交通运输集团。2022年6月,成建制划转至福建省国资委。

医药集团大楼

福建医药集团是福建省属唯一国有独资设立的医药企业集团,是省级医药储备单位,也是福建省重点扶持的省级医药产业平台。集团以医药制造及销售、医药健康产业园区开发与运营为主业,立足培育医疗康养服务、医药研发与技术服务等,旗下有福建省医药有限责任公司、福建省药材有限责任公司、福建省龙华药业有限责任公司、福建省医疗器械有限责任公司、福建平潭海峡中药材交易有限责任公司、福建海西新药创制有限公司、福州屏山制药有限公司等七家全资、控股、参股子公司,现有资产规模达20亿元,销售规模约30亿元,在册员工550余人,其中医药专业技术人才占总人数的60%。

福建医药集团拥有先进的医药商务、仓储物流处理信息系统,具备符合各类医药物资存储条件的设备、设施,现有仓储面积达110000平方米,具有与经营规模相适应的物流配送车辆和服务能力。集团具有中、西药制剂、原料药、生物制品、精神、麻醉药品、国家一、二类动植物中药材、疫苗等特殊药品、医疗器械的经营许可权,拥有众多上下游客户资源,代理和经营众多外资、合资、国产等市场主打品牌药品,与广大供应商、医疗机构建立了良好的合作关系。

作为省级应急医药、防疫物资的储备企业,集团积极履行社会责任,提升服务水平,及时、高效完成储备物资的配送任务,为保障人民生命安全发挥重要作用。主动承担省级疫情防护物资收储代储及配送任务,作为国务院国资委指导成立的中国医疗医药应急保障体系联盟副理事长单位,先后获评中国物流及采购联合会授予的“全国物流行业抗疫先进企业”称号及省商务厅、应对新型冠状病毒感染肺炎疫情协调指挥部授予的“福建省商务领域抗击新冠肺炎疫情突出贡献单位”称号,并多次获得省直有关部门的来信感谢和表扬。

福建医药集团坚守服务社会、服务民众的经营理念,秉承与时俱进的奋进精神,以转型升级为主线,以延伸产业链为重点,立足现有产业基础,契合地方产业布局,打造专业化、现代化双产业园区。福建医药集团大健康产业园将积极打造福州市首个集医疗物资收储代储(含政府应急物资储备中心)、医疗服务、健康管理、医药零售、产业办公等功能融合的医药健康产业园,构建全方位一站式的医药健康产业供应链服务平台。平潭海峡医药健康产业园构建“一体两翼三结合”的功能布局,充分发挥对台对外交流优势,健全配套服务,整合系统资源,推动药品、保健食品、生物试剂等进出口交易及跨境结算,全力建设成为海峡西岸一流、布局“一带一路”的现代化大型产业园区。

东南（福建）汽车工业有限公司

一、企业介绍

秉承习近平总书记在闽工作期间所描绘的“全省汽车工业一盘棋，统筹发展”的宏伟蓝图，以及“加强海峡两岸经贸合作，打造民族汽车工业典范”的重要批示精神，福建省汽车工业集团与台湾裕隆企业集团于1995年11月合资成立了国内最大的闽台汽车合资企业——东南汽车，习总书记在闽工作期间，对该项目倾注了大量心血与精力，协调推动项目立项建设等各项工作，亲临项目建设现场就多达9次。

中国东南汽车城于1999年9月26日建成。汽车城内含有51家由欧、美、日、台等国家及地区设立的一阶汽车零部件厂，以汽车城的产业集群效应为依托，共同打造具国际竞争力的汽车工业基地。2006年4月，日本三菱汽车入股东南汽车，东南汽车跻身成为国际级的汽车制造企业。

公司注册资本128,367万元，董事长为陈文豪先生、总经理为翁武泉先生。占地面积约1,248亩，其中预留用地面积约435亩。当前，在地方各级政府及各股东方的支持下，东南汽车正在进行股权变更及增资工作，目前股权变更与首批增资工作已完成，具体如下：

1. 福建省汽车工业集团有限公司，占注册资本47.330%；

2. 福州交通建设投资集团有限公司，占注册资本26.064%；

3. 闽侯县建设投资集团有限公司，占注册资本21.081%。

4. 台湾华威股份公司（即中华汽车），占注册资本5.525%。

公司成立至今已累计产销汽车突破156万辆，累计实现营收突破1,248亿元，累计上缴税收突破135亿元。

2016年公司营收及产值均突破百亿，成为闽侯县首家突破百亿的企业。2017年公司销售突破15万辆，创历史新高。

公司现有产能12万辆/年（最大产能20万辆/年），预留用地可扩充至双班30万辆/年，形成冲压、焊接、涂装、总装、车检线等多位一体的现代化生产流程，以及高标准、严要求的质量管理体系。公司焊装自动化率达到95%，总装下线速度为乘用车线2分钟/辆、商用车线2.61分钟/辆。依托先进、可靠的生产品质管控体系，2014年公司获评工信部“工业企业质量标杆”（全国仅30家，汽车行业仅2家），以及“三菱全球制造工厂KPI整车品质第一名”。2017年、2018年东南汽车连续2年获得由世界品牌实验室颁发的“中国500最具价值品牌”奖项，2018年还获得“亚洲品牌500强”荣誉奖项。

在销售服务领域，公司已在浙江、河北、河南、山东、福建、北京等国内汽车主销区域建立较为完善的销售及服务体系。

在供应链体系方面，公司已构建门类齐全的供应链体系，已与国内外知名零部件供应商建立合作关系，其中涉及钣金、内外饰、座椅、灯具等大宗零件已在东南汽车周边建厂配套。

在工程研发领域，公司积极响应国家加大自主研发力度的政策号召。自主研发实力从创立初期的研发 1.0 时代（以产品导入为主）逐步跃升至研发 3.0 时代（完全正向自主研发为主），曾获评“福建省高新技术企业”“国家级试验室”。2019 年公司投资 1.5 亿元建设新能源研发基地，全面提升燃油车及新能源三电核心系统研发实力。在车身轻量化领域，公司已跻身主流合资车型轻量化的性能水准。2017 年东南汽车与阿斯顿 . 马丁、菲亚特 . 克莱斯勒以及本田汽车等国际汽车品牌一同入围澳沃尔轻量化大奖（Altair Enlighten Award，注），成为首个入围澳沃尔轻量化大奖中最具分量的整车类奖项的中国汽车品牌。

注：澳沃尔轻量化大奖由 Altair 联合美国汽车研究中心（CAR）、国际自动机工程学会（SAE International）共同承办，是汽车行业唯一致力于车辆轻量化创新技术的专业奖项。

在造型设计领域，公司已与世界三大汽车造型设计机构—宾尼法利纳（意大利）建立战略合作关系，并基于消费者洞察，提炼出全流程设计理念——翼 3。翼 3 设计理念包含三个维度的设计内涵，分别是造型面的型之翼、工程面的格之翼、和展望未来的智之翼。2016 年，东南 DX3 凭借独具特色的原创设计，在由德国红点奖机构发起的第二届“中国好设计”评奖中，从全球 2098 件作品中脱颖而出，获得“优胜奖”，也是参评的所有汽车类参赛作品中的最高荣誉。

总体而言，东南汽车通过与世界顶尖的设计公司宾尼法利纳的长期战略合作，产品具备时尚、动感、潮流的高颜值。主要零部件供应商来自三菱、Punch、格特拉克、博世等著名国际大厂，具备军工级制造及品控保障。成立 25 年以来，已经有超过百万车主选择东南产品，形成正面忠实的品牌口碑。

二、产品介绍

东南汽车目前产品线已实现乘用车全系列。现有 SUV 系列：“东南 DX7”“东南 DX5”“东南 DX3”；轿车：“东南 A5 翼舞”、新能源车型：DX3 EV400。

2008 年，公司首款自主研发车型 V3 菱悦上市，以极高的性价比与油耗性能获得市场青睐。2012 年 9 月，公司首款正向自主研发的 A 级轿车 V5 菱致上市，填补了省内自主研发轿车领域的产品空白。2015 年 7 月，推出首款完全正向自主研发的 A 级 SUV 车型—东南 DX7，赢得了市场的高度认可。2016 年 11 月，东南汽车推出另一款 A0 级 SUV—东南 DX3。在新能源产品领域，自 2011 年起东南汽车积极开拓电动车市场，在河南省新乡市投入 V3 菱悦换电式纯电动轿车近 500 台，进行试点运行。2015 年 7 月，东南汽车与福建宁德闽运集团建立了合作关系，运营 100 台 V5 菱致电动车。2018 年 3 月，首款纯电动 SUV 车型 DX3 EV 上市，同

年 8 月 DX3 EV 400（续航里程 400 公里）上市。2019 年 10 月，DX3 升级车型 DX5 上市，2020 年 8 月，DX7 中期换代车型 DX7 星跃上市，继续丰富企业产品线。

三、未来车型规划

坚持“家族化、系列化、族谱化”的产品发展战略，公司持续深耕乘用车领域。基于同平台多车型策略，未来产品线将拓展至物流车、商务车及电动车等更广阔的市场。后续公司还将陆续推出多款 SUV 及轿车产品，包括：7 座旗舰 SUV 车型—DX9（科技 · 家用 · 多功能”SMV”，搭载 1.8TGDI+7DCT/ 多屏交互 /L2 级别辅助驾驶）、全新 A 级 SUV-N7（搭载 1.5T GDI 引擎及启停功能 /ACC 自适应巡航 / 全自动泊车等配备）、以及全新一代纯电动智能 A+ 级轿车 -A7 等。

福建省特种设备检验研究院

福建省特种设备检验研究院，由原福建省锅炉压力容器检验所和福建省特种设备监督检验所于 2007 年 7 月 10 日合并组建成立。省特检院是锅炉、压力容器、压力管道、电梯、起重机械、大型游乐设施、场（厂）内专用机动车辆等七大类特种设备的第三方、公益性的法定检验检测机构，主要负责特种设备监督检验、定期检验和特种设备作业人员考试，并受省局委托开展省局负责的特种设备生产（制造、安装、维修）单位的行政许可鉴定评审，以及负责场（厂）内专用机动车辆型式试验、工业锅炉能效测试等工作，是我省特种设备安全节能的重要技术保障单位。成立以来，质量体系不断健全完善，实现了检验职责、综合效益和社会责任的有机统一，省领导、国家市场监管总局及原国家质检总局领导先后 20 多次对省特检院服务重点项目、服务企业、民生保障、信息化建设、质量管理、改革发展等方面工作给予批示肯定。多次获得国家市场监管总局、原国家质检总局、省局表彰，院本部和分院获得国家级青年文明号、国家级巾帼文明岗、全国模范职工小家、省五一劳动奖状、省级文明单位（连续五届）等各级各类创建荣誉 70 多项。

一、机构设置及队伍情况

省特检院目前下设 7 个设区市分院，21 个内设管理和业务部门，2 个经济实体。目前全院各类职工总数 1169 人（不含经济实体），专业技术人员 959 名，其中教授级高工 17 人，中高级以上职称人员 676 人，占专业技术人员数的 71%；本科以上学历 1008 人，其中博士及博士后 8 人、硕士

研究生 155 人；持证检验检测人员 795 人，其中各类检验师 469 人，各类检验员 326 人，III 级无损检测员 48 人，II 级无损检测员 281 人。

二、职责履行情况

省特检院检验设备量约占全省设备总量的 84%，担负着全省（除厦门外，下同）45.53 万台套注册特种设备、1 万 5 千多公里压力管道的法定检验检测和 910 多万只气瓶的技术支撑任务，同时开展全省工业锅炉能效检测、水质、油质、煤质检测等技术服务。近三年来，特检院共检验各类特种设备 94.74 万台 / 套、检验压力管道 14929.74 公里，培训考试特种设备作业人员 11.24 万人次，责任范围内在册设备检验 100% 覆盖。累计检验发现各类安全隐患超过 41.39 万项，发现严重安全隐患 6000 多处，据测算，为全省企业增加经济效益（含避免经济损失）以百亿元计算。“靠前保障、靠前服务”，服务涉及石化、港口、冶金、电力、交通等 20 多个领域重点项目、重点工程，省领导多次批示关注。

三、科技创新、信息化工作情况

省特检院成立以来，先后承担各级科研项目 513 项，其中国家级和省部级、地厅级课题 224 项，包括国家工信部智能制造综合标准化项目 1 项，国家重点研发计划子项目 4 项，中央引导地方项目 2 项，国家质检公益项目 5 项，福建省引导性科技项目、自然科学基金及省发改委等项目 9 项，地市科技局项目 4 项，总局项目 58 项，省局项目 141 项；院自立科研项目 289 项。承担或起草国家及行业、地方标准、团体标准、技术规范 121 项，其中已发布国家标准 28 项，地方标准 54 项，行业标准 8 项，团体标准 12 项，安全技术规范 1 项。我院负责项目获得省部级以上奖项 21 项，其中福建省科技进步二等奖 2 项、三等奖 2 项，原国家质检总局“科技兴检”二等奖 1 项、三等奖 3 项，福建省标准贡献奖二等奖 3 项、三等奖 3 项，中国特种设备检验协会“科学技术奖”一等奖 2 项，二等奖 3 项、三等奖 2 项；中国焊接协会“科技进步奖”三等奖 1 项；省局科技兴检奖 9 项。获得发明专利授权 34 项，实用新型专利授权 204 项，软件著作权登记 86 项。科研平台建设方面，2010 年 8 月，博士后科研工作站在国家人力资源和社会保障部获批，2018 年 4 月被省科技厅认定为第二批省级新型研发机构，被省经信委认定为“机器人综合应用服务型制造公共服务平台”，同时还获批“福建省机器人基础部件与系统集成创新中心”、“福建省数字化装备与柔性制造创新中心”，科技攻关平台效应凸显。

省特检院从 2005 年开始成立信息中心，建立了行业专业信息化人才队伍，是全国少数拥有独立自主开发大型特种设备管理平台的检验机构。在全国特检机构中率先建设了电子资料网上报检系统，先后自主研发了核心监察、检验管理平台，并承接了国家总局、省局以及省内监管所需的多项信息化平台项目的研发工作。牵头负责原国家质检总局《特种设备科技发展战略与“十三五”科技发展规划》的信息化编制，牵头或为主要起草单位编制了《特种设备物联网系统数据交换技术规范》《特种设备追溯系统数据元》《特种设备公共数据接口规范》等多个国家、地方标准。牵头成立全国特种设备科技协作平台信息化专委会，我院是秘书处承担单位，曾钦达院长任常务副主任委员，信息化工作得到总局和全国同行的高度认可，并多次在全国特种设备信息化工作会议上交流经验。

厦门航空有限公司

●公司简称：厦门航空 ●英文名称：XIAMEN AIRLINES ●国际航空运输协会（IATA）成员代码：MF
●国际民用航空组织（ICAO）指定代码：CXA ●公司地址：中国厦门市埭辽路 22 号

厦门航空成立于 1984 年，总部位于中国东南沿海的福建省厦门市，是中国首家按现代企业制度运行的航空公司。在全球航空公司金融评级中，名列中国航空公司之首。国家主席习近平在厦门担任常务副市长时，亲自参与了厦航的组建和初创阶段。2015 年访美期间，习近平主席登上即将交付厦航的波音 787 飞机，盛赞厦航是“中国航空业发展的缩影”。

截至 2022 年 12 月，厦航机队规模达到 210 架飞机，目前运营国内外航线 400 余条，年旅客运输量近 4000 万人次，已有超过 1600 万人加入厦航常旅客计划。在国际航协 270 多家成员航空公司中，厦航的收入规模排名列前 30 位，旅客周转量跻身前 13 位。

多年来，厦航在保证航空安全、提升服务品质方面做出了不懈的努力，累计安全飞行超过 740 万小时，获评民航局颁发的“飞行安全五星奖”，连续八年被中国旅客评为“最佳航空公司”。2016 年 3 月，厦航荣获第二届中国质量奖，成为中国服务业首家获此殊荣的企业，同时也是中国民航唯一获奖的航空公司。自 2020 年参评以来，厦航连续三年获得世界著名航空服务测评机构 APEX 颁发的“五星级国际航空公司”大奖，2022 年更是荣获“世界级航空公司”大奖（World Class award），成为首家跻身“世界八强”的中国航司。2022 年，由厦航牵头编制的《质量管理 文化和机制支撑服务提升指南》获国家级认证，厦航式标准正式上升为国家标准。

公司领导

赵东同志简介（厦航党委书记、董事长）

男，汉族，1965年8月出生，北京市人。2003年1月毕业于澳洲皇家墨尔本理工大学民航工商管理专业，研究生学历。1986年7月参加工作。1995年1月加入中国共产党。1993年11月取得工程师任职资格。现为厦航党委书记、董事长。

1986.07 参加工作，任中国民航总局航行司航行情报员。

1989.04 到厦航工作，先后担任飞行部航行情报员、航务部航行情报室副主任、主任。

1998.12—2000.04，任厦航航务部经理。

2000.04—2006.06，任厦航总经理助理。

2006.06 月—2016.12，任厦航党委委员、副总经理。

2016.12 月—2019.02，任厦航总经理、党委副书记。

2019.02 月至今，任厦航董事长、党委书记。

2021.11 当选中共福建省第十一届委员会委员。

2013.01 当选中国人民政治协商会第十四届全国委员会委员。

谢兵同志简介（厦航总经理、党委副书记、法定代表人）

男，汉族，1973年9月出生，中共党员。南京航空航天大学民航学院运输管理专业、暨南大学管理学院硕士教育中心工商管理专业、英国伯明翰大学工商管理（国际银行与金融）专业毕业，硕士研究生学历，MBA、清华大学经济管理学院高级管理人员工商管理硕士（EMBA），高级经济师。现任厦航总经理、党委副书记、法定代表人。

1995.07 参加工作，先后在南航股份公司运输部、规划发展部，南航（集团）公司规划投资部任职。

2003.12—2022.08，历任南航股份公司董事会秘书助理、董事会秘书，董事会秘书办公室副主任、主任，南航集团（股份）公司董秘局主任（董事会办公室主任），南航集团资本控股有限公司董事长、党委书记。

2022.09 至今，任南航股份公司总经济师，厦门航空有限公司副董事长、总经理、党委副书记。

厦航在追求自身发展的同时，通过开展扶贫助学，志愿服务，推动节能减排，环境保护，积极参与公益活动，承担企业社会责任。2017年2月15日，厦门航空与联合国在纽约联合国总部签署协议，成为全球首家与联合国开展可持续发展目标合作的航空公司。2020年9月，厦航党委荣获全国抗击新冠肺炎疫情先进集体和全国先进基层党组织两项最高集体荣誉。

厦航首架空客飞机

未来，在保持现有优势的同时，厦航将持续做优做强做大，不断着力转型创新，延伸航旅服务链条，拓展大众客户群体，加快航线网络覆盖，为客户提供超值美妙的旅行体验，实现“绩效卓越、行稳致远”的企业愿景。

厦航机队

泉州城建集团有限公司

一、企业概况

泉州城建集团成立于 2016 年 12 月，注册资本金 60 亿元，于 2017 年 1 月正式挂牌运行，职能定位为“城市建设运营服务综合提供商”“海丝名城开发建设主力军”，主要承担城市基础设施建设、市政府批准的其他重大项目投资与建设任务，通过对城东、东海、北峰、江南等四大组团及老旧片区（古城外）的开发建设，推动城市建设，促进城市发展。成立 7 年来，集团坚持“政府业务 + 市场业务”两条腿走路，以城市开发建设为基点，形成涵盖城市开发建设、工程总承包（设计咨询 + 施工）、地产置业、城市运营、装配式建筑（PC 构件）、供应链（工贸 + 建材）等多元业务板块。现有权属企业 23 家，在编员工总数 1183 人。集团党委下设基层党组织 22 个，中共正式党员 388 名。

截止 2023 年 12 月底，集团预计资产总额 1783.48 亿元、净资产 771.48 亿元，持续 7 年稳居市属国企“双第一”累计投入片区资金超 300 亿元，是泉州城市开发建设主力军，也是泉州市资产规模最大、泉州首家获得公开市场主体信用评级最高等级“双 3A”的国有企业，连续四年跻身全国城投企业百强（2023 年跃居第 34 位），连续三年进入福建服务业企业百强（2023 年跃居第 56 位）。

“十四五”时期，集团将按照“一核两翼三驱四保”思路，稳步推进“片区组团综合开发建设”核心业务，提升政府业务担当能力，助力城市建设

集团总部大楼

发展；做大做强“地产开发业务”和“供应链业务、工程总承包、城市运营”两翼，提升集团融资议价能力，更好地反哺片区开发建设，致力打造成为国内一流的“城市建设运营服务综合提供商”。

二、组织机构

（一）集团总部职能部室（12个职能部室）

综合办公室、计划财务部、党群工作部（党委宣传部）、人力资源部、投资发展部、工程管理部、总工办、资产运营部、纪委（监察专员办公室）、审计部、风险合规部。

（二）权属二级公司（11家）

泉州市城建国有资产投资有限公司、泉州市住宅建设开发有限公司、泉州市东海投资管理有限公司、泉州市建筑产业化有限责任公司、泉州城建城市开发建设有限公司、泉州建工集团有限公司、泉州城建城市运营有限责任公司、泉州城建地产集团有限责任公司、泉州城建供应链管理有限公司、泉州市城市规划设计集团有限公司、泉州城建产业投资有限责任公司。

三、经营范围

泉州城建集团致力于土地开发、城市道路、园林绿化、市政管网、垃圾处理、房地产物业开发、保障性住房、棚户区改造以及城市特许经营项目的投资、建设与管理。经营范围包含土地开发；对水务行业、环保行业、市政公用项目等国家法律法规及政策允许的行业及项目投资；市政公用项目的建设及管理；保障房建设、棚户区及石结构房屋改造；房地产开发；物业管理；工程施工、监理、设计、咨询；环境治理服务；科技推广与应用服务；货物或技术进出口；花卉种植、销售；水泥制品制造；砼结构构件制造；建材批发；绿化管理服务；固体废物治理；设计、制作、代理、发布国内各类广告；对制造业、建筑业、批发和零售业、房地产业、租赁和商务服务业、教育业、文化、体育和娱乐业的投资；商业综合体管理服务；专业停车场服务等业务。

金屿大桥

泉州绿色建筑产业园

北峰健康驿站

丰海路改造、城东浔美滞洪湖公园、水墨兰庭

中央商务区夜景照明工程

泉州发展集团
QUANZHOU DEVELOPMENT GROUP

泉州发展集团有限公司（原“泉州市金融控股集团有限公司”）是泉州市委、市政府为进一步整合盘活金融资源，助推产业转型发展，按照“组建大集团、发展大产业”的战略部署，于 2017 年 4 月成立的国有全资企业，注册资本 100 亿元，主体信用评级 AAA。自成立以来，泉州发展集团以“创新驱动、金融赋能、助力产城发展”为战略定位，业务涵盖投资与资本管理、综合金融服务、建筑施工与房地产、城乡运营服务、软件和信息技术五大板块。目前集团资产总额600多亿元，营业收入达300多亿元，利润总额超5亿元。

“十四五”期间，泉州发展集团将实施“做强全周期产业投资、做强综合金融服务和做优国有资本运营”的三轮驱动模式，充分发挥业务协同效应，加快构建“投入－回收－再投入”的资本良性循环模式，力争资本运作实控产业型上市公司，致力成为省内一流的综合金融与产业资本投资控股集团。

2023年中国服务业企业500强 位列281名

2023年全国金控集团排行榜 位列44名

2023年福建企业100强 位列53名

五大业务板块

（一）投资与资本管理

泉州发展集团逐步深化“资本＋科技＋招商”的投资驱动模式，投资布局新一代信息技术、新材料与新能源、高端装备、生物与新医药及现代服务产业，助力泉州经济发展，促进产业转型升级。在产业基金搭建方面，集团参与设立基金总规模 595 亿元，管理规模289 亿元，主导与参设基金 46 只，自主管理基金 21 只。

聚焦泉州“六三五”产业新体系等重点领域，开展产业招商和投资。

新一代信息技术

高端装备

新材料

现代服务

新能源

生物与新医药

（二）综合金融服务

泉州发展集团作为泉州银行、泉州农商银行第一大股东，大力助推泉州金融发展。集团下设金同控股集团，聚合多牌照金融资源，发挥业务协同优势，更好地满足客户多元化融资需求。

（三）建筑施工与房地产

1. 福建五建集团创办于 1951 年 10 月，获得中国建筑鲁班奖 5 个，系具有国家特级资质的国有大型施工企业、福建省建筑业龙头企业、福建百强企业。

2. 开源置业集团以空间租赁、房地产服务、园区开发建设为主业，开源置业集团等企业拥有各类资产约 130 万平米，涵盖办公、店面、土地、厂房、住宅等。

海丝金融中心

（四）城乡运营服务

1. 中泉集团是于 1983 年经国家外经贸部批准成立的综合性外经企业。业务内容包括外派船员、外派劳务、进出口贸易、供应链服务、国际物流、对外投资等。截至2023年9月，外贸供应链板块营收突破150亿元。

2. 集英集团主业为武装押运、城市安保、汽车服务、城市物业、高端物流、金融外包、档案科技。管理城市服务团队近 17000 人。

3. 畅顺公司主营泉州中心市区停车管理服务、拖车服务、停车场项目建设，已接管和在谈车位量约 23000 个。

4. 乡村振兴集团将按照“123”战略规划，锚定服务乡村产业振兴的目标，通过资产管理、资本运作、运营管理等方式，搭建农村产权交易和泉州本地生活（礼遇泉州）两大平台，探索开展土地综合开发、产业投资运营和综合金融服务三项业务，积极践行乡村振兴战略。

海丝数字城

鲁班奖：泉州市公共文化中心

（五）软件和信息技术

金同信息公司提供信息系统集成、软硬件研发和数据开发应用等服务，创新金融科技与业务模式研究促进金融科技应用落地。

管理全球最大的滚装汽车船

漳州市九龙江集团

漳州市九龙江集团于2014年12月31日正式成立，是漳州市国资委旗下国有独资企业，注册资本金为40亿元，持有片仔癀药业和龙溪轴承2家上市公司、6家二级全资/控股公司，国内主体信用等级AAA，境外主体信用等级“BBB+”（投资级）。集团成立以来，相继被获评为“诚实守信示范单位”“漳州市纳税大户”，名列2022中国500强企业服务业第201名、2021福建企业100强第43名、2020福建服务业企业100强第22名。

截止2021末，集团合并资产总额破千亿元，是漳州首家市属重点国企资产超千亿级集团，年融资能力超350亿元，企业规模和发展质量

均在漳州市属国企中名列前茅。根据漳州市委市政府赋予集团的使命定位，7 年来九龙江集团充分发挥产业投融资平台作用，主要服务古雷开发区、漳州高新区两大“经济增长极”及市委市政府批准的重大项目投资与建设任务。产业布局从原有的医药、机械制造、资金管理三大支柱产业，逐步培育和发展石化、供应链贸易、配售电、热电、信息等新兴产业，并积极参与古雷石化上下游产业链投资、漳州高新区三大片区开发建设，持续培育壮大集团产业，提升企业核心竞争力，以“务实创新、高效阳光”的企业精神，高质量发展助力漳州市现代化滨海城市建设。

片仔癀药业：
加快建设世界一流生命医药健康产业集团

片仔癀科技大楼

漳州片仔癀药业股份有限公司（以下简称“公司”）位于漳州市高新区，占地130亩，是国家高新技术企业、国家技术创新示范企业（福建省医药行业唯一）、中华老字号企业、全国文明单位、全国质量标杆，获福建省政府质量奖。2003年6月于上交所上市，现股本6.03亿元，市值居上市公司中药板块第1位。拥有1家研究院，7家二级子公司、30家三级子公司、11家四级子公司（按照国资口径），员工2922人。

公司始终坚持以习近平新时代中国特色社会主义思想为指导，贯彻新发展理念，聚焦服务新发展格局，推动片仔癀现代化、产业化，致力将“片仔癀”打造成大健康领域领导品牌，在高质量发展中不断迈上新高度。“十三五”期间，公司累计实现营收230.22亿元，年均复合增长率29.58%；实现利润总额65.02亿元，年均复合增长率34.25%，其中净利润54.92亿元，年均复合增长率35.12%；实现税收29.6亿元，年均复合增长率22.66%，成为行业佼佼者。现有公司实施“多核驱动，双向发展”战略，做优片仔癀，做大片仔癀牌安宫牛黄丸，做强片仔癀化妆品；向内挖掘潜力，提质增效；向外利用片仔癀的品牌优势、资本优势、资源优势，积极地寻找合适标的，稳妥地进行外延并购，实现片仔癀高质量跨越发展。2023年上半年（截止到6月份的合并快报数据）公司实现合并营业收入50.42亿元，比增14.01%；实现利润总额18.54亿元，比增16.04%。其中药业营业收入24.19亿元，比增18.83%；实现利润总额16.43亿元，比增17.14%。

近年来，公司蝉联“胡润品牌榜医疗健康品

牌价值榜”榜首；名列“2022 胡润中国最具历史文化底蕴品牌榜”榜首；被国务院国资委纳入“双百企业”名单；入选“国务院国资委创建世界一流专精特新示范企业”；入选“福建首届品牌价值百强”；“支持乡村振兴战略的林麝产业扶贫基地建设管理”获得全国企业管理现代化创新成果二等奖。以品牌价值 409.37 亿元蝉联“中华老字号”品牌第二位；以品牌价值 78.57 亿美元位列“2022 年凯度 BrandZ 最具价值中国品牌 100 强”第 33 位；荣获“肝胆类中国药店店员推荐率最高品牌”“点赞 2023 我喜爱的中国品牌”。片仔癀药业荣获博鳌企业论坛“2022 年度（行业）领军企业”“2022 年度（行业）· 匠心产品奖”，荣获中国品牌建设促进会颁发的“品牌价值领跑者”“功勋品牌单位”等。

一、打造产业高地，培育发展源动力

一是加快强链、延链、补链步伐：“强链”即做优片仔癀、做大片仔癀牌安宫牛黄丸、做强化妆品。聚焦大品种，打造形成新品规安宫牛黄丸（培植牛黄、天然麝香）、珍珠膏、珍珠霜、雪肌系列、祛斑膏、牙火清牙膏、复方片仔癀含片、肝宝等过亿产品群。“延链”即利用片仔癀具有的中药饮片、医疗器械、保健食品生产资质，引进保健食品、饮料、医疗器械、滋补品、中药饮片等。“补链”即围绕大健康和中医药，用好品牌、挖掘产品，弘扬文化、推动片仔癀产业与文旅、康养产业融合发展。二是主动融入数字经济。围

绕“产业数字化”，打造片仔癀智造园，将其建设成为国内一流的智慧制造工业园；同时构思旧厂房智能制造的蓝图规划，重点实现片仔癀生产车间全方位、全链条的信息化、智能化升级，实现公司向数字化、智能制造转型升级。三是主动落实漳州康养大健康战略。公司作为“名医入漳”工作的实施主体，引进省内外名中医入漳，打造名中医的汇集平台、中医药健康服务高地及产业聚集区。现已开设3家分馆。未来将打造以“中医医疗+医美+医养”为经营核心的综合型国医馆，通过增设体检、康养复健、理疗等项目，创新“防、治、养”的医养结合模式，为漳州中医药人才、科研、医疗发展注入新的活力。

片仔癀名医馆门店

二、打造品牌高地，拓展营销新模式

一是打造大健康领域的领导品牌，朝着更高、更新、更专业的方向进行推广。通过中央电视台“大国品牌”，参考消息、中国报道等央媒、上海白玉兰广场、王府井等地标性建筑、全国十大机场，“片仔癀号”动车、飞机冠名等高端媒介，实现片仔癀品牌高端多维度更高频次曝光宣传模式。二是以“产品融合、形式创新”为主题，携片仔癀全系列产品精彩亮相第三届中国国际消费者博览会，充分展现片仔癀发展多元业态和开拓大健康领域的新局面。三是创新“线下+线上”的商业模式。线下公司突破销售路径依赖，在全国各地开设“片仔癀体验馆”，将“产品展示+品牌传播+产品推介+现场体验”有机结合，拓展品牌文化传播途径，激活终端活力，培育新的高端消费群体。线上则是启动销售平台建设，先后上线片仔癀大药房天猫旗舰店、片仔癀大药房京东旗舰店。2023年片仔癀在天猫和京东平台肝胆用药类销量排名第一名；“龙江牌复方片仔癀肝宝”在618电商节中分别荣获京东大药房跨境用药品牌第1名和阿里健康大药房海外药品TOP10品牌第2名。四是与业界权威媒体《中国药店》杂志社联手打造“卓越药店人—老字号 新活力 片仔癀健康顾问评选活动”盛大赛事，吸引来自全国连锁和片仔癀体验馆的近5400位医药行业精英参与，创新了以赛引才、聚才育才模式，树立行业标杆。五是建设中医药文化的宣传窗口。新扩建片仔癀博物馆因突出彰显“片仔癀”这一名贵中成药之地方特色，荣获“首批国家工业旅游、一带一路健康产业协作基地、福建省中医药文化宣传教育基地、爱国主义教育基地称号”等。与国家中医药博物馆联合开展“首届全国中医药博物馆文博创意设计大赛”。为弘扬中医药文化、推动中医药文创产业发展提供了一个高水平、专业性的平台，在中医药博物馆界和中医药高校年轻一代中打响了片仔癀的知名度。

三、打造创新高地，推动高质量科技引领

一是布局自主优势品种的二次开发。公司积极开展片仔癀及优势品种二次开发临床研究10余项，重点推进片仔癀围绕抗肿瘤的临床研究，加快推进片仔癀增加治疗肝癌功能主治和片仔癀用于肝癌切除术后患者减少复发临床研究病例的入组，为后续片仔癀增加新适应症奠定坚实基础。同时，围绕肝病、肿瘤、炎症、抗病毒等方面开展片仔癀及优势品种的药理、药效、毒理等研究项目40余项。片仔癀四度蝉联“中药大品种科技竞争力排行榜”清热解毒领域第一名。借鉴片仔癀大品种培育经验，公司进一步挖掘片仔癀牌安宫牛黄丸、复方片仔癀含片、茵胆平肝胶囊等品

种的优势特色和临床价值，布局开展上市后临床再评价、药效机理研究等二次开发研究。二是公司有力推进国家企业技术中心、省级工程研究中心等自主研发平台创新能力建设，对标国内领先，构建大健康产品创新中心、转化中心、标准中心，创建国家工程技术中心。2023 年 3 月，公司入选国务院国资委创建世界一流专精特新示范企业名单（中药领域唯一）。三是继续深化科技交流合作，在现有与境内外科研院所共建的 8 个药物创新关键技术研发平台的基础上，公司新增与厦门大学共建"福厦泉国家自主创新示范区高亲和力抗体智能化净化协同创新平台项目"获福建省科学技术厅支持；与暨南大学校企联合共建"中药创新联合研究中心"等。四是响应"一带一路"倡仪，积极开展中医药开放发展及中医药文化海外传播，公司牵头建设中医药国际合作专项"一带一路"国际合作基地，目前已共建 6 个港澳科技合作平台，同时开展片仔癀等多个产品国际注册申报工作，拟立项开展古代经典名方研究并开展澳门注册，不断推进中药产业国际化。五是加快新药开发进程。公司着眼未来，紧跟国际医药前沿技术，围绕临床发病率高、缺乏有效治疗方案的慢性病、难治性疾病等，布局中药创新药、经典名方、化药创新药等新药项目。目前在研新药 14 项，多个新药项目相继进入重要研究阶段。同时公司加快成果转化，获新药临床批件 4 个，成为抗疫中药新药清肺排毒颗粒的唯一生产企业，两个化药阿哌沙班片（全球一线抗凝药物）和地氯雷他定口服液（临床一线抗过敏药物）已正式上市。

四、打造聚才高地，建设高素质人才队伍

一是引进创新药研发领军人才美籍华人担任公司首席研究员，让高端人才引得来留得住。计划至 2025 年，将打造一支 200 名的研发人才队伍，同时利用上海的信息、人才和创新平台优势成立片仔癀上海研究院分院。二是积极引荐名医专家，服务大健康领域产业，计划邀请 200 名符合要求且有意向来漳的名医（含院士、国医大师比例不低于 5%）到名医馆坐诊，做好中医"传帮带"工作，打造漳州中医健康领域的新高地。2023 年上半年新增签约专家 7 名，其中包含国医大师唐祖宣，国家级名中医庄礼兴，首都国医名师寿小云，省级名中医吴宽裕、陈小峰、伊春锦，非遗传承人周高产均已入驻片仔癀名医馆。漳州首家国医大师工作室"唐祖宣国医大师传承工作室"也于 2023 年 6 月 16 日落户片仔癀名医馆，在闽南水乡隆重举行收徒拜师仪式。三是构建强大的专家智囊团。公司拟聘任及合作高水平专家超过 50 人，其中院士 10 名，国医大师 5 名，以及中国中医科学院等境内外高校院所学科带头人等，专业覆盖药理、毒理、临床、制剂、质量标准、审评注册、药事管理等领域，为公司提供战略咨询、项目论证、技术指导、专业培训、药品临床应用指导与咨询等，并实现常态化运行，助力公司创新发展。四是深入推进基层技术核心岗位队伍建设，大力弘扬劳模精神和工匠精神，打造新时代高素质产业工人队伍，拓宽生产核心技术岗位人才发展通道，加快建设核心岗位知识型、技能型、创新型劳动者大军。

五、打造质量高地，扎实推进精益制造

一是公司恪守"选材精良、匠心精制、服务精诚、精益求精"的质量方针，将尊崇古法炮制与现代科技有机结合，积极构建产品全过程质控系统，使产品从源头到终端全过程实现标准化规范化管理。采用先进质检质控技术，严格把控原药材质量。建立产品质量追溯系统，保障产品全生命周期质量可追溯；建立"三个严于"的生产全过程质量内控体系，实现从原材料、中间品到成品全过程的有效质控。二是关键药材自建基地，公司积极破解原材料瓶颈，进一步巩固战略储备原料的来源可控和质量稳定。2023 年 1 月，公司"支持乡村振兴战略的林麝产业扶贫基地建设管理"获得全国企业管理现代化创新成果二等奖。三是聚焦可持续发展。重点开展天然牛黄产量提升关键技术研究，以及布局体外培育牛黄的研发；持续推进茵胆平肝胶囊全方药材研究，开展茵陈地方标准立项材料及专利材料整理工作；开展基于现代信息技术的中药材生产规范化管理及全程溯源关键技术研究，目前已完成中药材生产管理及溯源可视化平台的初步搭建，正在逐步优化中。

福建漳龙集团有限公司

福建漳龙集团有限公司于2015年3月在福建漳龙实业有限公司的基础上筹建成立，是漳州市属国有重点企业之一，漳州市政府授权独资经营的国有企业之一，现有下属企业140家，其中，全资公司65家，控股公司32家，参股公司43家。得益于市委市政府对漳龙集团的全力支持，集团逐步由城投类企业转型升级为产业投资类企业，2020年至2022年集团连续三年荣获“福建企业100强”“福建服务业企业100强”等荣誉称号，2022年入围“中国服务业企业500强”“2022投资机构软实力排行榜新锐LP TOP10”。漳龙集团是漳州市首家外部评级“AA+”公司，2016年在境外成功发行5亿美元债，开创福建国有企业在海外发行美元债券之先河。2022年6月，漳龙集团国际信用评级直接从BBB-提升两级至BBB+，成为福建省首家获得此评级的地方国有企业。

谷文昌干部学院项目

2023年6月，漳龙集团外部评级从AA+提升至AAA。

漳龙集团注册资本38.28亿元，2022年末合并资产总额810.68亿元，净资产257.55亿元，全年实现营业收入350.33亿元。集团通过发行短融、中票、企业债、定向工具、境外美元债、私募公司债等品种，完成融资387.51亿元。

集团围绕“稳贸易、强建设、活资产、兴科技、拓基金、拼利润”发展战略，系统谋划工作，狠抓项目攻坚。以漳州城市发展母基金、漳龙创投基金管理公司为主体的金融服务为基础，全面推动片区开发、产业投资、供应链运营三大板块高质量发展，助推我市“四大经济”和“9+5”千百亿产业发展。

近几年，集团积极参与厦漳大桥、南江滨路、厦漳同城大道、“五馆”、谷文昌干部学院、闽南文化生态走廊、靖城组团区域开发、漳龙物流园、木业循环经济产业园、古雷石化园区填海造地、长福棚改和安置房、“中国女排娘家”基地、芗江宾馆等省、市重点项目建设。其中，谷文昌干部学院综合楼项目获得2019年度中国建设工程“鲁班奖”（国家优质工程）。

漳州市南江滨路工程项目

漳州市长福片区棚户区改造项目

漳州市博物馆、艺术馆、规划馆项目

漳州市交通发展集团有限公司

走进新时代，踏上新征程。自2011年12月成立以来，漳州交通集团始终贯彻落实市委、市政府的重要部署，以高质量发展为目标、深化国企改革为动力、推动项目建设为抓手、强化资本运作为重点，充分发挥国有企业在经济战略中的支撑作用，引领漳州重点产业发展、带动中心城市建设、推动民生工程和乡村振兴等方面取得明显实效，为建设现代化滨海城市、奋力谱写富美新漳州建设新篇章贡献国企力量。

十年发展　综合实力显著增强

交通集团秉承通畅、高效、发展、和谐的企业精神，紧紧围绕中心、突出重点、凝心聚力、奋力攻坚，经过十年创新和发展，至2022年底，企业注册资本20亿元，资产总额超过500亿元，年营收突破50亿元，国内信用主体评级AA+、债项评级AA+、国际评级BB+，企业综合实力实现跨越式提升，企业品牌影响力日益彰显，树立起了国有企业靓丽形象。

坚持立足新发展阶段、落实新发展理念、融入新发展格局，推动产业转型升级，取得了显著成效。主营范围为“6+2”产业板块。“6”主要是：1.交通基础设施建设方面，涵盖勘察设计、建设管理、施工经营、监理咨询、试验检测等工程建设全产业链企业，代建路桥建设及延伸业务、港口码头、城市基础设施等业务；2.道路运输方面，主营道路客运、公交车、出租车、公共自行车、网约车、汽车及配件销售、汽车租赁等，并提供车辆检测、维修、LNG加气、充电、仓储、旅游包车等一系列配套服务；3.工贸建材方面，主营矿产资源及建筑材料的投资、生产、加工和贸易业务，涉及绿色环保沥青商砼、大宗建筑材料商务代理业务、供应链管理服务及相关的信息技术咨询等服务；4.海洋经济方面，涵盖港口配套服务、渔港投资经营、远洋渔业运输装备、海洋生态保护修复工程等；5.地产开发方面，涵盖漳州市区及县城周边住宅地产开发、物业管理服务、

厦漳同城大道沙洲岛特大桥

漳武高速项目书洋特大桥

房地产中介服务等；6.物流方面，主营公路普通货运、冷链物流、搬运装卸服务；国内和国际海上货物运输、船舶代理、货运代理、国际劳务外派；货物专用运输、货物联运及配送服务、仓储。“2”主要是高速铁路、城市轨道投资开发建设和资产运营管理。

勇担责任　项目建设扎实推进

交通集团坚持以漳州改革发展的开路先锋为己任，牢固树立“抓发展是硬道理、抓项目是真功夫”的理念，强化“项目为王、项目为大”的意识，不断推进工程建设提质增效，项目投资再创新高。十年来，共投资408亿元推动政府公益性项目55个，目前已完成福厦客专高铁项目1个；沈海高速复线、厦蓉高速、云平高速、漳武高速项目等4个；漳江湾跨海大桥、金峰大桥、新江东大桥、龙浦大桥、芝山南路跨江桥

云平高速

金峰大桥

梁、厦漳同城大道、迎宾西路改造、联十一线、联六线、东环城路、圆山大道等公路市政项目35个。

负重奋进　企业效益稳步增长

交通集团坚持以民为本，十年来，投入近3.4亿元新增及更新营运车1883部；累计投入6亿元购置公交车1154辆，其中新能源公交车746部，优化调整更新公交线路30多条，开通免费公交线路，优化升级共享交通，投放公共自行车8000辆，公共电单车5500辆，提高区域民众出行效率，满足人民群众日益增长的多元化、高品质出行需求。

坚持以工业为主导，抓住打造福建古雷石化产业基地的契机，引导推动“沥青、地材、渔港、石化、物流”五大业务高质量发展。建设环保合规、可再生、可持续的沥青商砼生产基地，有效整合规范全市沥青砼行业，实现高效集约发展。同时突出生态优先，持续推动矿山生态治理及综合开发项目建设，守护福建绿水青山。

坚持大力发展海洋经济，积极构建海洋养殖、海洋捕捞、水产品加工、贸易、流通、服务一条龙，扎实推动将军澳码头、北江渔港、龙海中心渔港、中利码头、漳浦县深海养殖及海洋产业三新示范园项目，释放全市深海装备养殖、海洋牧场潜在力量。着力发展远洋运输，远洋货轮总吨位达16万吨，为做大做强海洋经济夯实基础。

坚持技术创新和资质提升，目前企业拥有施工总承包一级、勘测设计双甲级等交通基础设施全产业链资质，取得二十多项软件著作权、11项实用性专利，多个项目关键技术获省市奖项，具有较强的企业实力和行业竞争力。

致力党建　企业发展迸发新机

交通集团坚持以党建为引领，以开展“党史学习教育”为载体，以“我为群众办实事”等实践活动为重要内容，扎实有序开展党建工作。近年来，连续开展“党建建设年”活动，大力抓好“支部堡垒”“党员先锋”“示范带动”“阵地达标”“帮扶共建”五大工程建设，特别是大力推广“支部建在工地上，党旗飘在岗位上”活动，在项目建设上取得良好成效。集团党史学习教育获市委、省委高度评价，被确定为漳州迎接中央第六指导组检查的唯一一家国有企业。

十年耕耘，硕果飘香。展望未来，漳州交通集团将认真学习贯彻党的二十大精神，按照漳州市委市政府作出的新部署新要求，准确把握党的二十大赋予国资国企的新使命新任务，深耕资本运作，全面创新转型，持续提高运营水平，不断提升核心竞争力，为漳州建设现代化滨海城市而奋勇前行。

客运南站

启宏号远洋货轮

漳州信息产业集团有限公司

漳州信息产业集团是漳州市全力打造的数字经济推进平台和发展载体，于 2020 年 7 月 1 日成立，注册资本金 10 亿元。拥有 6 家二级权属企业、6 家三级权属企业，3 家参股企业，1 支数字产业投资基金。

集团自成立以来，立足做好“平台运营商 + 数据服务商”，围绕漳州“数字经济发展的引领者、全域信息化智能化的推进者、信息产业集群的孵化者”的使命担当，布局产业投资及园区运营、数据服务及开发、信息技术应用、电子商务四大板块，一体推进漳州数字经济发展。

2023 年，漳州信产大数据服务有限公司、漳州信产电子商务有限公司等四家权属企业入选 2023 年度福建省数字经济核心产业领域创新企业中的“瞪羚”企业；漳州电子信息集团有限公司等两家权属企业入选重点上市后备企业。

四大业务板块

（一）产业投资及园区运营板块

以专业化、簇群化、集成化为宗旨，运营漳州语堂数字经济产业园等产业园区，构建数据服务及

跨境电商孵化园

开发、软件及信息服务业、电子商务等产业集群。设立数字经济产业投资基金推动产业培育及企业孵化，引领带动漳州数字经济产业发展壮大。

语堂数字经济产业园一期 A 区在建项目

（二）数据服务及开发

立足未来数字经济高速发展需求，建设漳州大数据中心、漳州城市大脑等数据基础设施，激活数据要素潜能，筑牢数据资产底座，推进数据开发共享，服务社会智治和经济建设。

“漳字号”平和白芽奇兰体验中心

（三）信息技术应用

发挥国企担当，加快智慧城市、数字政府、数字民生、数字农业建设，服务中心工作。布局工业互联网，推动漳州工业企业“上云用数赋智”，助力智能制造落地。拓展应用场景，酝酿策划服务国计民生的重大信息化项目；积极拓展外埠业务，实现能力输出。

“漳字号”鲜果标准化基地

（四）电子商务

立足做大做强平台经济，建设、运营国有企业阳光采购网上超市、“惠工汇”职工服务平台、“漳字号”本地生活官方平台、漳州直播电商基地和直播选品中台。运营跨境电商公共服务平台、跨境监管场站等基础设施，服务跨境电商综合试验区建设，促进漳州产、全球销，构建具有漳州特色的电商产业集群。

漳州港务集团

一、集团简介

古雷港区

东山港区

诏安港区

漳州港务集团有限公司是福建港口集团根据省委省政府关于全省港口资源整合的战略部署和建设世界一流港口群的高质量发展要求，按照“一市一港、错位发展、重点突出、整体协同”的港口布局，整合重组漳州地区省市港口企业，于 2021 年 2 月组建成立，作为福建港口集团与省市政府推动“港产城协同发展”的重要纽带和港口开发建设运营平台，主要负责港口资源开发、公共港航设施建设与运营、应急救援与防污染服务、油品化工仓储、管道运输、物流园区及港航贸一体化服务。

漳州港务集团组建以来，坚持“液化先行、散杂并举”的发展思路，按照“一核、两湾”的战略布局（“一核”：古雷化工核心港区；“两湾”：东山湾港区和诏安湾港区），扎实推进漳州区域港口的集约化开发、专业化经营、规模化发展，全力服务海峡两岸融合发展示范区建设，保障中菲“两国双园”战略实施，助力福建省海洋经济高质量发展。目前集团旗下全资控股企业 11 家，参股企业 1 家，员工 300 多人，资产规模突破 50 亿元。已建成泊位 12 个，在建泊位 7 个，开展前期工作泊位 6 个，总设计吞吐量达到 4300 万吨。集团系统 2023 年纳税总额 1.01 亿元，连续两年纳税超亿元。

古雷港区，11 个泊位连片开发，总投资超 100 亿元，其中南 13# — 19# 泊位 7 个泊位已建成投产，南 20# — 22# 泊位、古雷最大原油码头 30 万吨级南 3# 泊位（水工结构达 45 万吨级）正在建设。11 个连片开发泊位已累计完成投资 51 亿元，预计 2026 年可全部建成投产，届时可提供每年超 3000 万吨的靠泊能力，能够满足炼化一体化一期、二期及古雷园区现有产业项目的港口服务需求。

东山港区，总投资 3.5 亿元，其中港兴码头是 90 年代获批的国家一类口岸，有 16#、17#、18# 三个泊位。东山对台 5000 吨级码头 12# 泊位于 2023 年 5 月份投产，主要经营集装箱内支线业务。

东山港区

诏安港区

龙海石码港区

成立权属福建漳州诏安港务有限公司

古雷南 15# ～ 19# 泊位开港仪式

古雷南 20# ～ 22# 泊位开工仪式

诏安港区，首期投资 12 亿元，拟建设 2 个 3.5 万吨级通用泊位，水工主体按满足一艘 7 万吨级散货船靠泊建设，也可同时靠泊 2 艘 3.5 万吨级散货船，设计年通过能力 388 万吨。目前，正在开展项目前期工作。

龙海石码港区，总投资 1.8 亿元，拟建 1 个 10000 吨级通用泊位、1 个 5000 吨级通用泊位、1 个 3000 吨级通用泊位及配套设施，项目总投资为 1.8 亿元，设计年通过能力 490 万吨，功能上以装卸散杂货为主，兼顾集装箱装卸。首期拟建设 1 个 3000 吨级通用泊位及配套设施。目前，正在开展项目前期工作。

未来，漳州港务集团将深入贯彻习近平总书记关于港口发展的重要指示精神，围绕建设“四个一流港口”目标，加快推动港口专业化、智慧化、绿色化发展，着力增强港口对产业的强链补链延链功能，全力推动港产城融合发展，努力构建“大交通、大港口、大物流”的发展格局，为谱写中国式现代化福建篇章贡献港口力量。

二、集团发展大事记

（一）成立漳州港务集团。2021 年，按照省港口集团研究确定的组建方案和实施步骤，坚持“一市一港、错位发展、重点突出、整体协同”的组建原则，漳州港务集团成为第一家集团总部落户古雷的企业。

（二）古雷南 15#-19# 泊位正式开港运营。2021 年 7 月 16 日，古雷南 15#-19# 泊位正式开港运营。古雷南 15#-19# 泊位工程是福建省重点项目建设工程，2019 年开工建设以来，克服了砂石供应短缺、海洋气候多变等困难，历经 1 年多时间完成工程建设，创造了省内同类码头建设速度“新标杆”，其顺利建成有力填补了古雷港区低温液体化工专用泊位的历史空白。

（三）古雷南 20#-22# 泊位工程顺利开工。2022 年 7 月 4 日上午，古雷南 20#-22# 泊位工程正式开工建设。古雷南 20#-22# 泊位工程是漳州港务集团贯彻落实中央、省委和漳州市委市政府“稳增长、稳市场主体、保就业、防风险”和省委“提高效率、提升效能、提增效益”行动的重要举措，也是漳州港务集团实施“古雷港区连片立体开发、打造特色化工港口群”战略的重要组成部分。项目的建设实现了古雷南部港区岸线一体合拢，建成后将在古雷南部港区形成“泊位总数达 17 个、岸线长度近 4 公里、吞吐量逾亿吨”的化工港口集群，大大增强港口对产业的强链补链延链功能，推动漳州大石化产业加速聚集、效益加速显现，为漳州市临港产业发展提供了强大港口支撑，全面助推全省经济实现高质量发展超越。

成立漳州港务集团

福州市产业投资集团有限公司

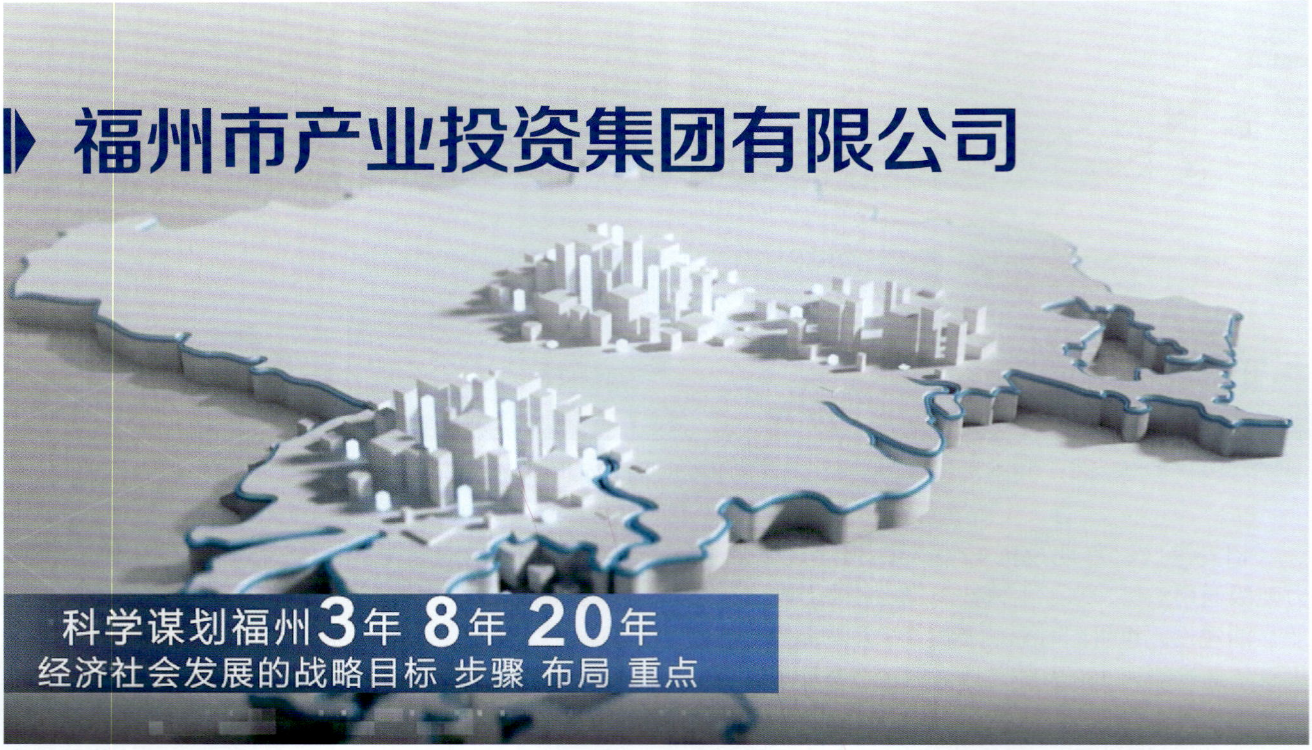

根据中共福州市委办公厅、福州市人民政府办公厅关于印发《福州市工业（产业）园区标准化建设推进制造业高质量发展实施方案》的通知（榕委办[2020] 11号）相关精神，结合福州实际，立足新发展阶段，坚持新发展理念，构建新发展水平，坚持以供给侧改革为主线，围绕主导产业重在“强”、新兴产业重在“培”、传统产业重在“优”的发展方向，高起点规划、高标准配套、高效率服务，加快工业（产业）园区标准化建设，不断推进产业基础高级化、产业链现代化，为福州市制造业高质量发展提供强有力支撑。

福州市产业投资集团有限公司（简称：福州产投）于2020年12月成立，注册资本100亿元，按照“做强开发主体，增强融资能力”的具体要求，全力推动产业链补短板锻长板，打造新的增长极。自组建以来，福州产投紧紧围绕福州市产业发展大局，聚焦产业投资和资本运作两大板块，多措并举，加快谋划项目落地。一是强化党建引领，以党建促发展，以发展强党建，创新党建模式，以党建撬动产业、汇集人才，坚定不移推动党建工作与生产经营深度融合，注重发挥党组织核心引领作用，形成组织共建、机制衔接、功能优化的党建

体制，打造具有福州产投特色的党建品牌；二是深化国企改革，积极探索混合所有制改革，与世界500强、中国500强、大型央国企、行业独角兽企业合作联动，通过混改方式实现互利共赢、共同发展；三是创新投资模式，逐步形成以产业型投资和孵化型投资为双支撑的综合型投资模式，探索运用股权投资、产业基金、资产证券化等多种手段，做大做强园区企业；四是实现产业集聚，加大产业链招商力度，优化产业招商方式，打造“产学研用金”跨界融合，实现产业集聚，让产业发展既要“流量”、又要“留量”、更要“牛量”。五是打造数字化平台，将数字化建设作为长期重点工作，加快数字资产整合，构建企业数据大脑，探索数字资产运营商业模式，搭建适合集团业务特点的“数据中台”“业务中台”，形成符合企业自身业务发展的应用场景。

十四五期间，福州产投将继续凝心聚力，砥砺前行，延伸产业链、提高产业集中度，充分发挥国有企业战略支撑作用，以跻身中国服务业500强、福建100强企业为阶段性目标，力争实现3A信用评级、1家上市企业，奋力谱写高质量发展新篇章。

福州航空

福州航空于 2014 年 10 月 30 日首飞，是福州市首家本土航空公司。肩负“立足福建，联通海丝”的使命，福州航空深耕福建民航市场，以推动福州乃至福建经济的发展和“闽都文化”传播为目标，致力成为福建省交通运输服务行业的标杆型企业。福州航空现有飞机 16 架，累计运输旅客 1700 万人次，安全运营总小时数突破 28 万小时。公司目前在飞航线 32 条，通航国内 39 座城市，其中包括福州、上海、海口、西安、天津、重庆、昆明、哈尔滨、舟山、贵阳等。

清新雅致，愉悦飞行。未来，我们将坚持创新、协调、绿色、开放、共享的新发展理念，加大运力引进速度；推动福州建设“海丝”门户枢纽机场、打造海上丝绸之路战略枢纽城市；为福州建设国际航空城、加快建设现代化国际城市作出更大贡献；为有福之州、幸福之城增光添彩！

福建省三钢（集团）有限责任公司

【基本情况】 福建省三钢（集团）有限责任公司（以下简称三钢集团）是一家年产钢 1200 万吨和以钢铁业为主，集化工新材、金属制品、商贸流通、环保资源、建安维修、文旅康养为一体的跨行业、跨地区、跨所有制的大型企业集团，旗下拥有三明本部、泉州闽光、罗源闽光、漳州闽光 4 个钢铁生产基地。2022 年底，三钢集团有职工 1.76 万人，拥有资产总额 569.24 亿元，实现营业收入 525.50 亿元，拥有全资及控股子公司 18 家（其中福建三钢闽光股份有限公司为上市公司），紧密型企业 1 家。

三钢集团主要产品有：高等级建筑材、中高等级金属制品材、中厚板材、中高等级机械制造用圆棒、优质合金热轧带钢、H 型钢、球墨铸管。其中 35MnBH 合金结构钢热轧圆钢、钢筋混凝土用热轧带肋钢筋、低合金高强度结构钢等产品获得“金杯优质产品”称号。

三钢集团自 1988 年以来连年进入中国 500 强企业行列，在“2022 中国企业 500 强”中排名第 356 位，在“2022 中国制造业企业 500 强”中排名第 172 位。

两馆

先后获得全国五一劳动奖状、全国文明单位、全国先进基层党组织、全国模范劳动关系和谐企业、全国质量管理先进企业、第一批国家级知识产权优势企业、中国钢铁工业科技工作先进单位、全国钢铁工业先进集体、首届“福建省政府质量奖”、福建省企（事）业信息化应用先进单位、福建省企业文化建设示范单位、福建省用户满意企业、福建省工商信用优异企业（AAA 级）、国有重点企业管理标杆创建行动标杆企业、国家工业旅游示范基地、国家 AAAA 级旅游景区等荣誉称号。

【产业板块运行】 1. 钢铁主业。三明本部焦化 $3^{\#}$ 焦炉、Kocks 轧机、大盘卷、焊接无头轧制，泉州闽光 $4^{\#}$、$5^{\#}$ 烧结机，罗源闽光 H 型钢和 $1^{\#}$ 烧结机投产。针对建材需求下滑趋势，及时调整产品结构，提升制品材产量，三明本部实现中板和制品材“双 200 万吨”目标，泉州闽光完成拉丝材开发，罗源闽光完成 H 型钢 13 个系列、19 个子规格品种开发。全年产钢 1102.68 万吨，比减 3.31%；生铁 936.33 万吨，比减 3.07%；钢材 1084.79 万吨，比减 3.80%；焦炭 218.71 万吨，比增 4.59%；入炉烧结矿 1179.57 万吨，比减 3.78%。

2. 化工新材板块。成功竞买获得清流县余朋大板萤石矿探矿权，全年生产无水氟化氢 2.8 万吨，与 2021 年持平。实现营业收入 2.65 亿元、比增 3.4%。

3. 金属制品板块。完成对台明铸管的增资控股，全年生产球墨铸管 8.37 万吨、比增 34.75%，实现营业收入 5.34 亿元、比增 13.33%。

4. 商贸流通板块。闽光云商供应链金融供应端平台、闽光云通智慧物流平台、产品交易 APP、物联网监管仓等投用，首个类虚拟工厂落地。电子交易平台销售三钢产品 1197 万吨、实现营收 476 亿元；开展供应链金融服务 1946 笔，实现云链收入 1312

万元；智慧物流平台入驻托运企业67家、承运企业113家、车辆1045辆、司机1268名，累计139万吨；拥有智慧仓库54个。全年实现营收493.08亿元，利润5.2亿元。获得17家金融机构综合授信总额（敞口）110.5亿元，银行平均融资成本2.0%。闽光云商入选物联网监管技术创新与应用试点单位、工信部第四批服务型制造示范平台，荣获福建省数字经济领域“独角兽”创新企业。

5. 资源环保板块。成立环资科技公司，环保资源公司、泉州环保资源公司、罗源项目部、龙海矿微粉公司生产成本有所下降。环资科技公司（含明光实业、龙海矿微粉）实现营业收入20.15亿元、比减42.93%。

6. 建安维修板块。转型尝试取得突破，以气化烟道为突破口开拓对外业务，承接方大特钢气化烟道供货和检修业务，与福建和山东冶金设计院形成长期战略合作伙伴关系，中标中冶华天、厦门伍肆等公司相关项目。

7. 文旅康养板块。1958工业记忆馆、安全教育体验馆投用，公司成功入列国家工业旅游示范基地，获授国家AAAA级旅游景区。拓展文旅业务，在市区布局门店3家，快餐配送服务延伸至三元区实验学校、三明八中、工行等机构，劳保用品延伸至南铝、马坑、潘洛等兄弟企业。加强集团食堂、酒店整合优化，罗源闽光及泉州闽光食堂、酒店管理逐步规范，闽光大酒店、万寿岩学院入住率始终保持高位。

【供销工作】 发挥集团一体化采购优势，实施差异化采购，全年进口矿综合到岸价比普氏指数低3.43美元/干吨，备件辅材采购均价比控额低4.40元/吨。加强销售管理，维护市场价格，提升省内市场占有率，全年闽光建材、普板省内市场均价分别高于“周边四地”（上海、杭州、南昌、广州）均价36元/吨、148元/吨，圆钢省内市场均价高于周边市场（杭州、广州）均价48元/吨，建材、中板、圆钢省内市场占有率分别为48%、80%、70%。

蓝天保护伞

罗源H型钢

【数智转型】 完成智能制造总体规划编制。一期一阶段闽光大数据中心、智慧管控平台、闽光云通智慧物流平台投用；一期二阶段项目方案论证、商务谈判、合同签订等完成，智控中心开工建设。智能工厂示范线建设和大数据治理、边缘系统应用、智能制造接口等工作逐步推进。第一批次智能制造填平补齐项目完成立项31项、实施16项。

大数据上线

【技术创新】 推进技术创新，全年立项重点技术攻关项目38项，完成攻关目标30项。获得全国冶金科技奖2项，省科技进步奖1项，省科技计划项目立项1项。完成两项科技成果鉴定，均达到国际先进水平。作为第一起草单位制定产品国家标准1个，参与制定国家标准3个、行业标准和团体标准各1个。推进创新平台建设，博士后工作站引入3名博士入站。持续改善提案管理，全年立项提案1791件、降本增效1.25亿元，验收改善成果1534项，实现年净效益6420万元。

【基础管理】 精细管理向子公司延伸，全年梳理山西闽光、闽光文旅、闽光云商、台明铸管、闽鹭矿业等子公司管理制度197个，发布实施152个，泉州闽光、罗源闽光、漳州闽光、龙海矿微粉等子公司实现岗位表单化考核全覆盖。管理创新持续推进，立项重点管理创新项目11项，获评全国冶金行业管理创新成果2项，其中一等成果1项。风险防控保障有力，规范制作商业合同模板，重大经营决策项目、日常合同等实现法务审核应审尽审，相关案件及矛盾纠纷均等到妥善解决。

【绿色钢铁】 推进绿色低碳发展，加快实施超低排放改造，持续开展降尘量攻关，通过第四轮清洁生产审核，全年完成有组织排放改造3项，无组织排放改造25项，三明本部厂区平均降尘量6.76吨/平方公里·月，同比下降1.05吨/平方公里·月，三钢站点空气质量优良率98.6%。

（文/萨仁高娃　图/郑玉林）

福建云霄圣城投资集团

福建云霄圣城投资集团有限责任公司是在规范地方政府债务管理和地方政府投融资平台转型升级的形势下于2017年10月成立的，属国有独资有限责任公司，注册资本为10亿元人民币，现有8家全资子公司和2家股份制子公司。集团公司主要承担城市基础设施建设与运营管理，承接城市棚户区改造和保障房建设，实施城市规划区内村民安置房建设，认真做好国有资产管理，适时开展房地产开发，补齐民生短板，改善人居环境，积极发挥其在城乡建设方面的生力军作用，推动城市建设，促进云霄县又好又快发展。

集团外景　（戴园笙／摄）

聚焦主责主业，加快推进重点项目建设

圣城集团自成立以来，在集团党委的领导下，秉着“崇德向善，知行合一”的企业精神，立足工作实际狠抓落实，深耕细作，全力以赴争创一流业绩，有序推进棚户区改造建设，加快威惠庙片区、旧实小片区、演武亭片区、莆下村片区、下港片区等项目建设进度；加快推进过城国道、莆政路、金霞路、环湖路、将军大道北段拓宽改造提升工程；统筹推进原翔球广场3号地块房地产项目（现已更名“圣城一号”）的续建及销售；通过司法拍卖成功竞得原东林电子地块，该地块现由云霄县土地收购储备中心收储，为县政府获取了215亩可做为商住出让的土地资源；全面完成1200亩的南湖生态园建设；启动规划滨北新区西溪片区，为集团发展留足后劲，为建设“向东渠精神教育实践基地”和党校迁建打下基础，形成了以项目带动，新片区逐步开发的发展格局。

整合盘活资源，确保国有资产保值增值

圣城集团党委以提高企业效益、增强企业竞争实力、实现国有资产保值增值作为工作的出发点和落脚点，充分发挥企业党组织的领导核心和政治核心作用，自觉推动服务高质量发展，在整合四家子公司资源的基础上，新成立了云霄县圣城建材有限公司、云霄县圣城房屋征迁有限公司、云霄县圣城建筑工程有限公司、云霄福圣人力资源有限责任公司；在县委县政府大力支持下，2020年6月，圣城集团与省水务集团签订《城乡供水一体化项目股东协议》，并成立福建省水务发展集团云霄水务有限公司，推动云霄县城乡供水一体化建设工作，切实解决城乡供水发展不平衡不充分问题，实现广大乡村群众与城市居民同等享受优质安全洁净的饮用水。2021年7月，圣

将军大道北段拓宽改造提升

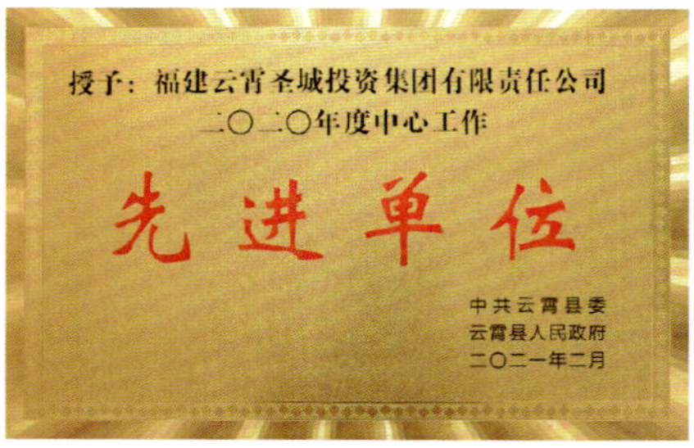

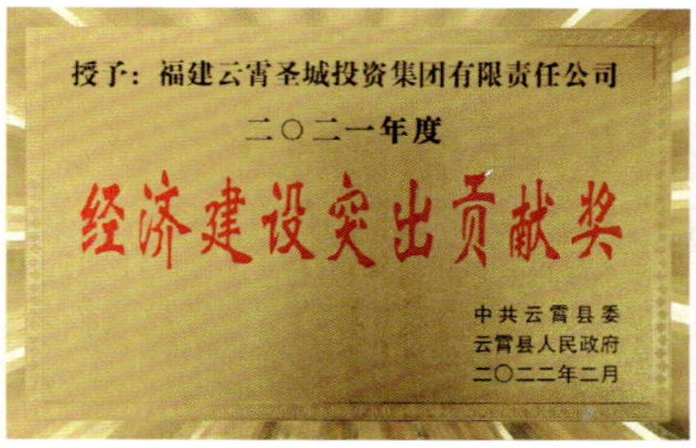

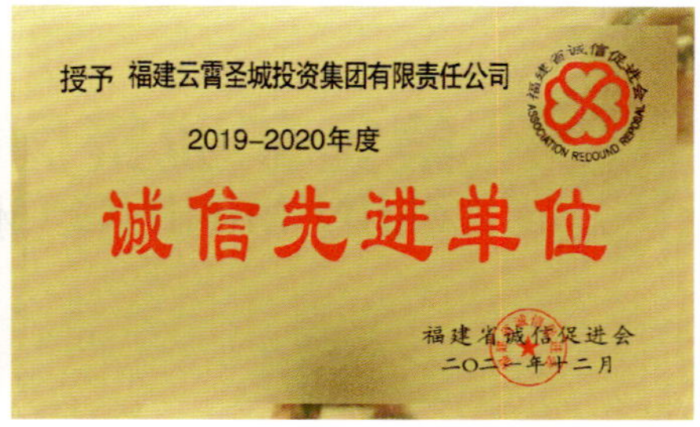

城集团与福建广电网络实业发展有限公司合作成立漳州福圣智城文化信息发展有限公司，致力于推动“数字云霄”和“文化云霄”建设，共同推进云霄信息基础设施和城市信息化建设。

集团公司成立以来，上缴县财政国有资产经营收益款合计3.2亿元，缴纳税收3.24亿元。先后获得“2018年度漳州市诚信创建工作先进单位”“纳税大户”“云霄县2018年度经济突出贡献奖”“云霄县2019年度经济突出贡献奖”“云霄县项目建设集体三等功”“漳州市工人先锋号”“云霄县先进基层党组织”“2020年度经济建设贡献奖”“2020年度中心工作先进单位”“2020年度漳州市诚信宣传教育先进单位”“2019-2020年度福建省诚信先进单位”“2021年度经济建设突出贡献奖”等荣誉称号。

弘扬工匠精神，勇担使命打好“民心桩”

在上级工会、集团党委的正确领导下，由省总工会挂牌成立了“全国五一劳动奖章获得者方祥劳模工作室”，工作室致力于云霄县匠心特色小镇规划建设及运营，打造村民生产生活用地安置创新模式，旨在解决民忧民生问题，提升城市建设品味，争当富美新云霄现代化建设的先锋。工作室以云霄县滨北新区西溪片为着力点，深入挖掘该片区自然资源、文化资源、旅游资源等元素，结合当地的实际，认真编制匠心特色小镇项目可行性报告，拟规划向东渠纪念馆、党校、家风家训展览馆、福利院、唯美职业技术学校、第二实验小学、第二职业学校、下河中心幼儿园、人社局就业服务中心、电大等项目，包括传统手工艺、小作坊等，涉及人员中的工匠种类、教育、培训、家政服务、特色小吃、传统美食等产业。该项目已率先开展向东渠精神教育实践基地和党校迁建建设，目前，向东渠精神教育实践基地项目已完工。

为有效解决近20年城市发展征收土地所遗留的问题，提高土地利用率和城市建设品味，改变以前的“自建房”安置为“小区分层居住”安置，集团公司开创了村民生产生活用地安置创新模式。集团成立以来，通过规划审批，积极筹措资金，先后就村民生产生活用地进行安置房建设，解决了云陵镇享堂村、塘坪村，莆美镇演武亭村、莆下村等村的村民安置问题。

向东渠精神教育实践基地（戴园笙/摄）

紫金矿业集团股份有限公司
ZIJIN MINING GROUP CO., LTD.

打造高技术效益特大国际矿业集团 创世界一流金属矿业公司

2019年，本集团实现销售收入1,360.98亿元，同比增长28.40%；实现归属母公司股东净利润42.84亿元，同比增长4.65%。截至2019年12月底，本集团总资产为1,238.31亿元，较年初增长9.70%；净资产为570.80亿元，其中归属母公司股东净资产为511.86亿元，较年初增长26.52%。

● 储量

根据《2019中国矿产资源报告》，全国金储量13,638.40吨，2019年公司金资源储量约1,886.87吨，约为国内总量的13.83%；根据中国黄金协会披露，2019年全国矿产金产量314.37吨，公司矿产金产量40.8吨，约为国内总量的12.98%。

公司是国内领先的矿产铜生产企业

根据《2019中国矿产资源报告》，全国铜储量11,443.49万吨，2019年公司铜资源储量约5,725.42万吨，约为国内总量的50.03%；根据中国有色金属工业协会披露，2019年全国矿产铜产量162.78万吨，公司矿产铜36.99万吨，约为国内总量的22.73%。

公司是国内最大的矿产锌生产商

根据《2019中国矿产资源报告》，全国锌储量18,755.67万吨，2019年公司锌资源储量约855.83万吨，约为国内总量的4.56%；根据中国有色金属工业协会披露，2019年全国矿产锌产量280.58万吨，公司矿产锌37.41万吨，约为国内总量的13.33%。

2019年底主要矿山保有资源储量汇总表(不含武里蒂卡金矿)

矿　产	单位	资源储量（333及以上类别）		
		2019年末	2018年末	增长率（%）
金　矿	金属吨	1,510.28	1,355.62	11.41
伴生金矿	金属吨	376.59	372.35	1.14
金矿小计	金属吨	1,886.87	1,727.97	9.20
铜　矿	金属万吨	5,725.42	4,952.11	15.62
银　矿	金属吨	1,860.64	1,846.59	0.76
钼　矿	金属万吨	67.71	67.85	−0.21
锌　矿	金属万吨	855.83	836.61	2.30
铅　矿	金属万吨	117.89	121.92	−3.31
钨　矿	WO3万吨	7.02	7.44	−5.65
锡　矿	金属万吨	13.97	13.97	
铁　矿	矿石亿吨	1.99	1.98	0.51
煤　炭	亿　吨	0.69	0.69	
铂　矿	金属吨	527.84	235.80	123.85
钯　矿	金属吨	378.14	148.76	154.19

● 产销量

主要产品	生产量	销售量	库存量
矿山产金（千克）	40,831	39,199	3,978
冶炼加工贸易金（千克）	260,461	260,446	36.53
矿山产银（千克）	263,178	265,196	12,856
矿山产阴极铜（吨）	48,983	48,955	28
矿山产电解铜（吨）	43,550	43,831	–
矿山产铜精矿（吨）	277,324	278,288	6,473
冶炼产铜（吨）	501,397	501,167	1,575
矿山产锌（吨）	374,068	372,233	13,073
冶炼产锌（吨）	228,506	228,622	434
铁精矿（万吨）（不含非控股企业）	278	300	0.24

产销量情况说明：所有产品产销量同比均有不同程度的上升，主要得益于2019年公司新并购项目、技改投产等带来的增产增效。

● 重大的股权投资

1）2019年，公司收购自由港勘探公司持有的Timok铜金矿下带矿权益和Rakita持有的探矿权权益。并购后公司100%持有Timok铜金矿上、

全球第四大高品位铜矿——卡莫阿－卡库拉铜矿预计2021年7月投产

世界级超高品位铜金矿——塞尔维亚Timok铜金矿预计2021年6月投产

下带矿权益。Timok下带矿为巨大的斑岩铜矿，推断资源量为矿石量16.59亿吨，其中铜平均品位0.86%，铜金属量1,430万吨，金平均品位0.18克/吨，金金属量约299吨。本次并购增加公司772万吨铜资源量和161吨伴生金，有利于Timok上下带矿统筹开发。

2）2019年公司收购大陆黄金100%股权，总对价约为13.3亿加元。本次收购已于2020年3月5日完成交割。大陆黄金核心资产为位于哥伦比亚安蒂奇省的武里蒂卡金矿项目100%权益。武里蒂卡金矿为世界级高品位大型金矿，拥有黄金资源量353吨，平均品位9.3克/吨，银1,469吨，平均品位38.8克/吨。

3）2019年，公司以3.98加元/股的价格认购及收购艾芬豪矿业股份，完成后共持有艾芬豪矿业约13.83%权益。

全球超高品位金矿——哥伦比亚武里蒂卡金矿2021年将扩产至矿产金9吨/年

4）2019年，公司以3,762.12万美元收购刚果（金）卢阿拉巴简易股份有限公司51%股权，该公司在刚果（金）拥有一大型优质石灰岩矿，适合生产水泥和石灰，经公司核实的资源储量为（332）+（333）矿石量55,332.42万吨，CaO平均品位51.92%。

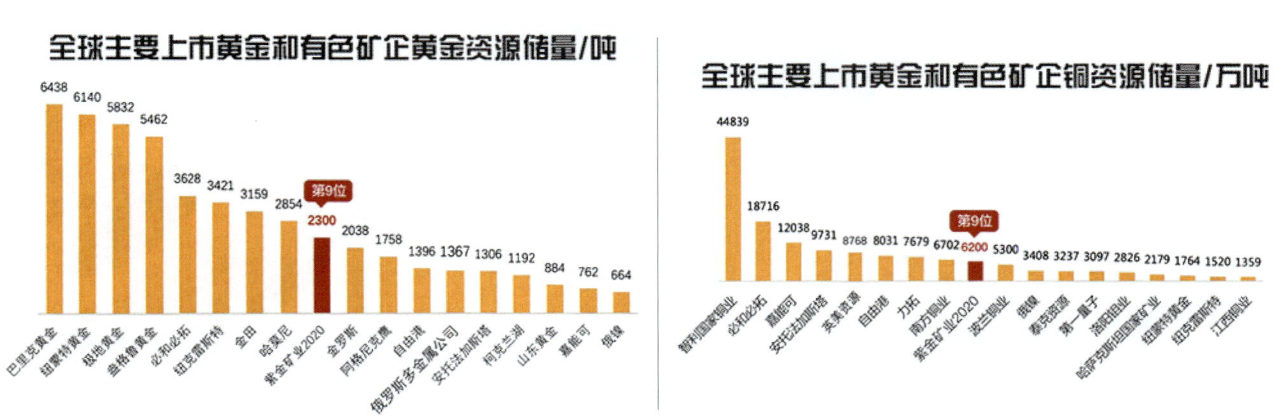

金铜资源储量排名表

福耀集团（全称福耀玻璃工业集团股份有限公司），1987 年成立于中国福州，是专注于汽车安全玻璃的大型跨国工业集团，于 1993 年在上海证券交易所主板上市（A 股代码：600660），于 2015 年在香港交易所上市（H 股代码：3606），形成兼跨境内外两大资本平台的“A+H”模式。

自创立以来，福耀集团矢志为中国人做一片属于自己的高质量玻璃，当好汽车工业的配角，秉承“勤劳、朴实、学习、创新”的核心价值观，坚持走独立自主、应用研发、开放包容的战略路线。经过三十余年的发展，福耀集团已在中国 16 个省市以及美国、俄罗斯、德国、日本、韩国等 11 个国

福耀汽车玻璃智能工厂通过在各层面搭建数字化通道，实现定制化产品、自动化制造、智能化运营模式，项目入选国家工信部第一批智能制造试点示范项目

组建九大国家级科研平台，六大研发设计中心，核心技术自主可控，引领行业标准

家建立现代化生产基地和商务机构，并在中、美、德、日设立两个研发机构和九个设计中心，全球雇员约2.9万人。

福耀产品得到全球知名汽车制造企业及主要汽车厂商的认证和选用，包括宾利、奔驰、宝马、奥迪、通用、丰田、大众、福特、克莱斯勒等，为其提供全球OEM配套服务和汽车玻璃全套解决方案，并被各大汽车制造企业评为“全球优秀供应商”。

福耀集团是“工业4.0”的积极探索者和高质量发展的实践者。公司以智识引领发展，以创新为驱动，通过智能制造，为客户提供一片有“灵魂”的玻璃，其信息技术与生产自动化方面位居全球同行业前列。近年来，福耀集团先后荣获“中国质量奖”“智能制造示范企业”“国家创新示范企业”“国家级企业技术中心”“绿色工厂”等各类创新荣誉、资质。

福耀集团多年蝉联《财富》中国500强、中国民营企业500强，多次获得“中国最佳企业公民”“中国十佳上市公司”“CCTV最佳雇主”等社会殊荣。董事长曹德旺先生从1987年至今个人捐款累计逾160亿元，被誉为“真正的首善”；2018年，曹德旺入选“改革开放40年百名杰出民营企业家”；于2009年荣膺企业界的“奥斯卡”——安永企业家全球奖；于2016年荣获全球玻璃行业最高奖项——金凤凰奖，评委会称“曹德旺带领福耀集团改变了世界汽车玻璃行业的格局”。

以“四品一体双驱动”质量经营模式，保证福耀全球产品质量稳定可靠

CST 正新厦门集团

【董事长简介】

正新厦门集团董事长陈秀雄先生，于1970年起担任台湾正新橡胶工业股份有限公司副总经理职务，1989年起在厦门经济特区创立厦门正新橡胶工业有限公司，目前担任厦门正新橡胶工业有限公司、厦门正新海燕轮胎有限公司、厦门正新实业有限公司、漳州正新橡胶工业有限公司、正新物流（厦门）有限公司及正新（厦门）汽车国际文化中心有限公司的董事长兼总经理。

陈秀雄董事长深耕中国33年，享有福建省第十、十一届政协特邀委员、福建省外商协会副会长、厦门市第十一、十二、十三届政协委员，厦门市外商协会名誉会长、厦门市台商协会名誉会长、厦门经济特区建设30周年杰出贡献者、厦门市首批荣誉市民等美誉。

正新轮胎作为代表性台企，伴随着厦门经济特区发展，目前在全球同业中排名第10，共拥有5大研发中心、17座生产基地，员工超过3万名，产品销往200多个国家和地区，陈秀雄先生是正新轮胎在祖国大陆市场开疆拓土的第一人。

正新汽车文化中心大门

【集团简介】

正新轮胎博物馆园区

正新厦门集团以厦门正新橡胶工业有限公司为发起主干企业，由正新集团（总部位于台湾彰化）于 1989 年 5 月 26 日在厦门创建成立，注册资本 1.75 亿美元；主要生产自行车轮胎、摩托车轮胎、轿车轮胎、载重汽车轮胎、沙滩车轮胎、农工车轮胎、实芯轮胎等轮胎产品。

2001 年正新厦门集团在海沧新阳工业区创办“厦门正新海燕轮胎有限公司”，主要生产全钢载重子午胎； 2004 年 1 月又在海沧新阳工业区独资成立“厦门正新实业有限公司”，主要生产各种丁基胶内胎等橡胶制品；2010 年在漳州龙海成立“正新（漳州）橡胶工业有限公司”，建设以电动车胎为主的生产基地；同年以高起点规划建设正新轿车胎生产基地（正新橡胶集美厂），全部于 2012 年顺利投产。2009 年成立的正新汽车文化公司，集文化推广传播（博物馆）、汽车运动（卡丁车赛车、越野赛车等）休闲及研学基地等功能。

正新厦门集团属国家级高新技术企业，由国家工信部认定绿色工厂和多个绿色产品，拥有“正新”CST 及图形、樱花及图形等多个产品商标并由国家商标局认定为中国驰名商标，荣获厦门市首届质量奖、厦门市制造业领军企业、福建省纳税大户等，在轮胎同行业中已成为技术先锋，品牌典范。

2022 年面对激烈竞争环境，正新公司将以专、精、特、新为抓手，瞄准细分市场，开发新产品、拓展新市场，努力取得良好企业经济效益和社会效益。

福建圣农控股集团有限公司

福建圣农控股集团有限公司（原福建省圣农实业有限公司，于2017年12月更名）创建于1983年，专注肉鸡生产30余年，是一家集饲料加工、原种研发培育、种鸡养殖（祖代、父母代）、种蛋孵化、肉鸡饲养、肉鸡加工、食品深加工、产品销售、快餐连锁、有机肥生产、物流运输为一体的特大型肉鸡生产食品加工企业，是农业产业化国家重点龙头企业，下辖福建圣农发展股份有限公司、福建日圣食品有限公司、福建省圣新环保股份有限公司、福建恒冰物流有限公司、福建省绿屯生物科技有限公司、福建丰圣农业有限公司、福建省光泽县兴瑞液化气有限公司、光泽县圣民公共交通有限公司等多家子公司，其中福建圣农发展股份有限公司于2009年10月在深交所上市，福建省圣新能源股份有限公司于2016年6月在“新三板”上市。目前，集团下属生产企业遍及福建省内的福州、光泽、浦城、政和、江西省的资溪和甘肃等地，有500个生产基地，员工2.5万余人，产品销售遍及全国各地。在白羽肉鸡行业全球排名第七，亚洲排名第一，全国排名第一。

集团总裁傅芬芳荣誉及职务

圣农集团在行业内创新性地建立了大规模、

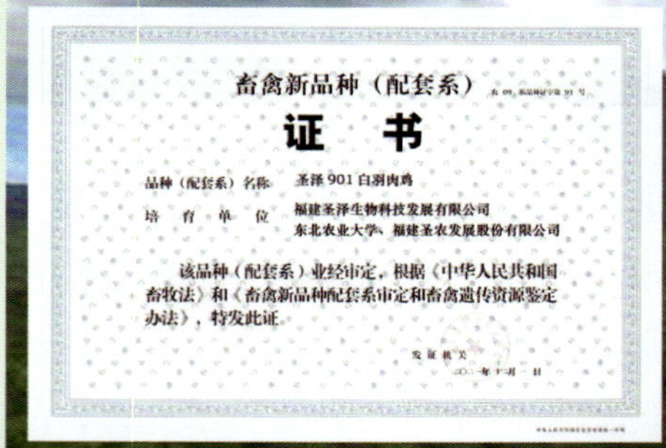
畜禽新品种（配套系）

证　书

品种（配套系）名称　圣泽901白羽肉鸡

培　育　单　位　福建圣泽生物科技发展有限公司
东北农业大学、福建圣农发展股份有限公司

该品种（配套系）业经审定，根据《中华人民共和国畜牧法》和《畜禽新品种配套系审定和畜禽遗传资源鉴定办法》，特发此证。

发证机关

养殖场

自养自宰一体化的肉鸡生产模式，是我国规模最大的自养自宰白羽肉鸡专业生产企业，圣农是肯德基长期战略合作伙伴，麦当劳唯一中国本土鸡肉供应商，以及北京奥运会、上海世博会、广州亚运会、深圳大运会鸡肉、福州青运会、杭州G20和厦门金砖国际会议鸡肉产品指定供应商。圣农商标是中国驰名商标，圣农牌冻鸡是福建名牌产品，也是国内快餐业、大型超市、大中城市农产品市场具有竞争力的品牌。

2021年11月26日，由圣农发展自主研发培育、具有完全自主知识产权的国内第一个白羽肉鸡配套系 -SZ901 配套系通过国家认证，自此，白羽肉鸡有了一颗“中国芯”，也填补了中国白羽肉鸡行业“无自主种鸡”的空白，为实现国家《全国肉鸡遗传改良计划（2021-2035）》规划目标做出突出的贡献，有力地支持白羽肉鸡品种资源实现自有化的国家战略。目前，经过三个世代的育种，育种场已经培育出了11个原种品系，在农业农村部性能测定中，SZ901 达到国际先进水平，

圣农发展生产经营所需的祖代鸡种源数量已经实现自给有余。随着白羽肉鸡育种技术的自主掌握，祖代鸡种源将正式推向市场，打破我国白羽肉鸡种源被卡脖子局面。

三十多年来，公司在发展过程中不断实现自我改善和自我转型，积极响应农业农村部号召，实施农业养殖4.0项目，采用世界先进的生产设备和生产工艺，产业链各个环节全部实现自动化、规模化生产；通过严格执行HACCP、ISO9001、ISO14001等三大国际认证体系的管理，其经营管理水平已经与国际标准接轨；凭借一条主业链和两条配套产业链（即以原种培育、祖代、商品代种鸡养殖、种蛋孵化、饲料加工、肉鸡饲养、肉鸡加工及肉鸡深加工的肉鸡主业链；以鸡粪生产有机肥、生物质发电的第一配套产业链；以鸡的废弃物进行开发利用的第二配套产业链），实现肉鸡产业资源的综合、高效利用，吃干榨尽，物尽其用，实现了无废弃、可持续的循环经济生产模式，为光泽县创建全国无废城市做出积极贡献。

据不完全统计，近年来，圣农各项公益捐款累计超过20亿元，主要用于建设希望小学、设立奖学金、帮助贫困大学生完成学业、帮助困难弱势群体、改善教育工作者工作和生活条件、支持当地乡村道路建设、支援消防部队建设、支援灾区人民重建家园等。今后圣农将全方位的履行社会责任，促使企业健康可持续发展。

福建省和顺碳素有限公司

公司办公楼

福建省和顺碳素有限公司由民营企业家雷和孙与福建省南平铝业股份有限公司共同投资兴办。公司于 2002 年 9 月按现代企业管理制度组建，是走新型工业化发展之路的企业，是一家混合所有制企业。福建省和顺碳素有限公司前身为福建省南铝碳素有限公司，公司位于延平区大洲工业园区，紧邻铁路，交通便捷，占地面积 117.5 亩，建筑面积 1.9 万平方米，注册资金壹亿元，主要产品是用作预焙铝电解槽做阳极材料的预焙阳极碳块。

该公司现已建成年产 10 万吨预焙阳极生产线，采用国内外领先技术和先进的工艺设备，自动化程度高，环保节能好，综合效益高，生产规模排全国同行业前十，是福建省唯一一家生产预焙阳极的企业。产品主要供福建省南平铝业股份有限公司使用，部分销往山东、河南等地，产品销售率达 100%，填补了我省碳素产品和技术的空白，促进了石化副产品和铝加工产业链之间的协调发展。

公司大门

企业历年来均荣获“重合同、守信用”单位、“工业纳税大户”、首届福建企业创新 100、2018 福建企业 100 强等称号，是福建省“绿色海西”环保共建单位。

焙烧车间

煅烧炉

生阳极车间

产品预焙阳极

均和集团

——中国领先的多元化产业投资集团

均和集团总部坐落于中国的经济、金融、贸易和航运中心——上海，依托沪上良好的投资环境和畅通的信息流、物流、资金流，以全球化视野关注合作创造，商业与金融结合，持续推进全球贸易、金融服务与实业投资互为支撑、融合发展的企业战略，现已形成集全球大宗商品贸易、金融服务与投资、城市运营与民生、产业园区建设与运营、实业重工与工程建设等多业并举的产业格局。集团注册资本金 130 亿元，拥有大宗贸易、金融服务、产业投资、风控、合规等各类人才5000余名。目前，集团年销售收入达人民币 2,500 亿元，并连续十多年被评为“全国守合同重信用企业”。集团上海子公司位列 2021 中国企业 500 强第 190 位、2021 中国民营企业 500 强第 56 位、2021 上海企业 100 强第 19 位、2021 上海民营企业 100 强第 3 位。

均和云谷

赋能产业的高科技园区运营商

均和产业集团是上海均和集团旗下，专注于产业园区开发建设及服务运营的全资子公司，秉承着支持区域制造业升级和产业科技化发展的初衷，致力于打造“均和云谷”品牌，成为国际领先的科技产业生态运营商，为政府和企业提供高标准、高品质的专业服务。

均和产业集团打造的“均和云谷”4.0 模式产业园区，是复合一体化的科技产业园区、生态多元的产业中心，以产业运营、产业投资、产业空间建设为核心竞争力全力赋能区域产业；发挥多年在供应链金融、产业链金融等方面的优势和资源整合能力，重点战略布局 GDP 过万亿的强市、交通枢纽节点城市，打造符合地方产业发展方向、具有推动城市产业集聚效应功能的高科技产业园区。

均和云谷 · **滨海科创产业园**

占　　地： 103 亩
容 积 率： 1.8
建筑面积： 约 12.3 万 m^2
产　　品： 独栋 / 分层标准厂房与研发楼，户型面积 1000–8000m^2
层　　高： 首层 7.2 米，标准层 4.5 米
承　　重： 首层 2 吨 /m^2，标准层 500 公斤 /m^2
招商电话： 0591-87900333
地　　址： 福州新区滨海新城东南大数据产业园（长乐区政府旁）
项目简介： 均和云谷 · 滨海科创产业园，坐落于福建省唯一的国家级新区——福州新区核心区滨海新城，拥有国家级新区、国家自由贸易试验区、国家生态文明试验区、海洋经济发展示范区、海上丝绸之路核心区、中国自主创新示范区 6 区战略叠加优势。区域内已落地中电数据、贝瑞和康、360、清华数据科技研究院等 260 多家高科技龙头企业。规划建设 5.7 万亩“福州第二大学城”——福建省职教城，已有天津大学福州滨海校区以及福州外语外贸学院滨海新城校区、阳光学院滨海校区等 16 所省属职业院校布局。均和云谷 · 滨海科创产业园以大数据、物联网、电子信息、高端装备为主要招商方向，与福州新区管委会一起，将项目打造为福州新区高科技产业增长极、滨海新城产业新地标。

均和云谷 · **东南科创总部**

占　　地： 218 亩
容 积 率： 1.1
建筑面积： 约 13 万 m^2
产　　品： 独栋标准厂房与研发楼，户型面积 1000–3000m^2
层　　高： 首层 7.0 米，标准层 3.9–4.5 米
承　　重： 首层 2 吨 / m^2，标准层 500 公斤 /m^2
招商电话： 0591-88310000
地　　址： 福州市闽侯县上街人工智能小镇（福建省委党校旁）
项目简介： 均和云谷 · 闽侯东南科创总部基地占地 218.38 亩，位于闽侯上街镇省委党校旁，规划闽侯三桥 2025 年前通车，5 分钟直达鼓楼软件园。项目以物联网、电子信息、智能制造、光学光电等产业为主导方向，打造集科技研发、中试成果转化、生产组装于一体的科技产业平台。

均和云谷 · **福清科技港**

占　　地： 143 亩
容 积 率： 1.8
建筑面积： 约 14 万 m^2
产　　品： 独栋标准厂房，户型面积 2500–5000m^2
层　　高： 首层 7.2—8.1 米，标准层 3.9–4.5 米
承　　重： 首层 2 吨 / m^2，标准层 500—800 公斤 / m^2
招商电话： 0591-87900333
地　　址： 福清市融侨经济开发区洪宽工业园
项目简介： 均和云谷 · 福清科技港，以电子信息、汽车部件、光学器件和智能制造等产业为招商方向，吸引国内外优质企业进驻，形成上下游产业集群，将其打造成为东南区域新型显示、精密制造产业标杆示范园区，产学研用融合新样板以及福清市高质量发展新引擎、高层次人才集聚新高地。

中绿食品集团

孙少锋

中绿食品集团董事局主席、总裁、高级农艺师、中级经济师

男，汉，1965年出生于福建惠安，中绿集团创始人，现任中绿食品集团董事局主席、总裁，福建省工商联常委，厦门市第十六届人大代表，厦门市湖里区第九届人大常委，第十四届厦门市工商联副主席。

中绿食品集团始创于1998年，是厦门经济特区的“三高”成长型企业，先后获得国家相关部委认定的“农业产业化国家重点龙头企业”“全国供应链创新与应用试点企业”“全国食品工业优秀龙头食品企业”“全国主食加工示范企业”“中国驰名商标”等多项荣誉。2017年，中绿被评为《中国500最具价值品牌》，品牌价值高达52.18亿元。

自创立之初，中绿集团便致力于农业产业化升级与创新。20多年来，在国内布局绿色自营种植基地24万亩，生产加工厂房占地近4000亩，拥有各类国内外大型农业种植机械化设备、绿色农产品等生产线，冷库储存能力超十万吨。且先后通过了ISO9001：2015、HACCP质量体系认证、BRC、GAP认证、美国FDA注册和多项绿色有机食品及无公害果蔬认证等市场准入规范。公司斥巨资创建“研发品控中心”，相继成立厦门首家“企业院士工作站”、食品技术研究所、质量技术检验所。同时，与华侨大学、福建农林大学、杜邦、

IFF、奇华顿和日本月岛、日兴等世界食品研发公司建立紧密的战略合作关系。

中绿秉承“绿色健康”初心使命，以“全程绿色、健康中国”为经营宗旨，以农产品种植、研发、生产、品牌管理、食品销售等全产业链为主核心，创新延展，在依托主产业链的基础上，以“乡村振兴”为战略，涉猎农旅特色产业打造，实现“一二三产融合、六产共生”的创新产业模式，致力打造绿色健康生活大平台，成为绿色健康生活的领航者。

近年来，中绿以“聚焦核心主业、六产融合共生”为发展战略，重点布局绿色农产品、植物基食品、预制调理食品、功能性食品四大业态，致力于践行乡村振兴战略的农业全产业链发展，打造绿色健康生活大平台。

1. 绿色农产品

依托 20 多年一二产业发展优势经验，进行名优产品的培育与打造，例如孵化地理标识产品、甄选优质农产品、培育优势特色产品等，致力于为消费者提供绿色健康的食品，满足人民高品质生活需求。

2. 植物基食品

继“中绿粗粮王”后的又一重磅巨献，以植物基、营养基为核心理念，强化科技赋能产品力，实现粗杂粮的科技创新，打造“初粮当稻”燕麦谷物饮料，夯实中绿粗杂粮养生专家的根基。

3. 预制调理食品

实现“绿色餐饮快消品”的升级，打造更为便捷、方便的预制调理食品。目前已开发出佛跳墙、小龙虾、大盆菜、红烧鲍鱼、宫廷海鲜宴等系列产品。在产品升级基础上加强渠道模式创新，引进智慧餐饮——无人售卖系统，为人们切实提供便捷快速的饮食体验。

4. 功能性食品

坚持科研创新先行，前瞻布局大健康产业。聚焦“功能性食品”研发，专注食品技术的创新升级，打造 SINOGREEN 绿色品牌，以及其他药食同源系列产品。

同时，在瞬息变化的市场中，中绿积极创新反向供应链应用，以市场需求、客户需求为主导，反向指导源头研发、生产，优化产业结构，形成推进式的闭环产业链，促进产业可持续发展。同时，加强农产品溯源管理体系建设，深入推进数字化溯源转型，确保“从田园到餐桌的”全程可追踪，保障食品绿色、健康、安全。

中绿将以“中国梦·绿色梦”为企业发展动力，用 20 多年企业经营中的匠心与新时代农匠、工匠、文匠等精神融合提升，赋能中绿绿色健康生活大平台发展动力，为中国绿色农业产业化发展，为中国乡村振兴发展贡献力量！

福建新华源发展集团

新华源集团大门

福建新华源发展集团成立于 2017 年，以福建省长乐市新华源纺织有限公司为主体，由福建省长乐市华源纺织有限公司、福建省长乐市恒源纺织有限公司、福建省立华智纺科技有限公司和天津市华恒包装材料有限公司等企业组成。

办公大楼

集团主要涉及纺织和塑料薄膜两大产业，目前已拥有 115 万纱锭，200 台高档倍捻机，10 万吨薄膜生产装置，现有员工 4000 多人。华源、恒源和新华源公司以高端粘胶赛络紧密纺纱线、各类差别化混纺系列、本色纱线和包芯系列纱线为主导产品，近期安排推出最新开发的色纱系列。产品销往国内外，拥有稳定的客户群，销路畅通，产品供不应求。公司产品被评为“福建省名牌产品”“国家免检产品”“中国优质产品”“用户信得过优等产品”“最具影响力品牌”等。公司拥有一家省级企业技术中心和两家市级企业技术中心，并参与多项部级和省级行业标准制定，三家企业还被中国棉纺织行业协会授予“中国粘胶纱特色产品生产基地”“中国粘胶纱混纺产品生产基地”“中国粘胶纱线精品基地”，天津华恒也被评为天津市明星企业、领军企业和天津市高新企业。

华源、恒源、新华源和天津华恒公司先后通过 ISO9001—2000 国际质量管理体系和 ISO-14001:2004 环境管理体系认证及安全标准化三级评审。

集团公司在陈宗立董事长的引领下，奋力拼搏，企业从小到大，由弱变强，先后荣获“先进纳税企业”“创税大户”“明星企业”“功勋企业”“纳税信用 A 级企业”“讲诚信、重质量企业”“质量

细纱车间

管理优秀单位”“福建工业三百强”“中国纺织服装企业竞争力500强”“福建省重点企业”等称号。一直以来在中国棉纺织行业综合效益和经济指标排名都名列前茅，被评为中国棉纺织行业百强企业，并连续四年在行业非棉纤维应用全国排名第一。

公司群团组织健全，积极推进和谐企业构建与企业文化建设，开展各种健康有益活动，获得了“全国纺织行业民营企业党建十佳示范企业”“全国纺织行业先进党建工作示范企业”，福州市、长乐市“先进基层党支部”“全国先进计生协会”“平安企业”“福建省和谐企业”等荣誉。企业一直秉承“开拓创新、追求卓越、诚信为本、客户至上”的经营理念，矢志不渝的建设民族品牌，为纺织大国迈向纺织强国而不懈努力奋斗。

粗纱设备

前纺车间

标准公寓

生活区夜景

福建连江桃园体育有限公司

温泉高尔夫球场全景

福建连江桃园体育有限公司成立于 1992 年 9 月，注册资本 10 亿日元，公司坐落在福州北峰南麓，公司以创建百年企业为宗旨，永续经营为目标，旗下福州温泉高尔夫球场占地 120 公顷，是由国际大师加藤加一所精心规划设计的 18 洞 72 杆国际标准球场，坐落在鳌江溪畔，青山环绕，流水潺潺，垂柳依依，鸟语花香，造景之特殊，堪称亚洲之最。球场四周环山，让您沐浴在森林之中，芬多精让您神清气爽，场区更蕴藏碳酸温泉，挥杆之余，热泉滋润，身心疲乏，尽皆去除，舒坦惬意，莫胜于此。球场现拥有逾 2000 位尊贵会员并与全球 50 多家高尔夫俱乐部结盟。球场在全国 378 家高尔夫球场中名列前茅、屡获殊荣。2014 年成为美国 PGA 制定球场，2015 年于云高 AAP 组织的“球友最爱打的全国十佳球场”评比中高票入选第二名，2017 年被全国高协场地委

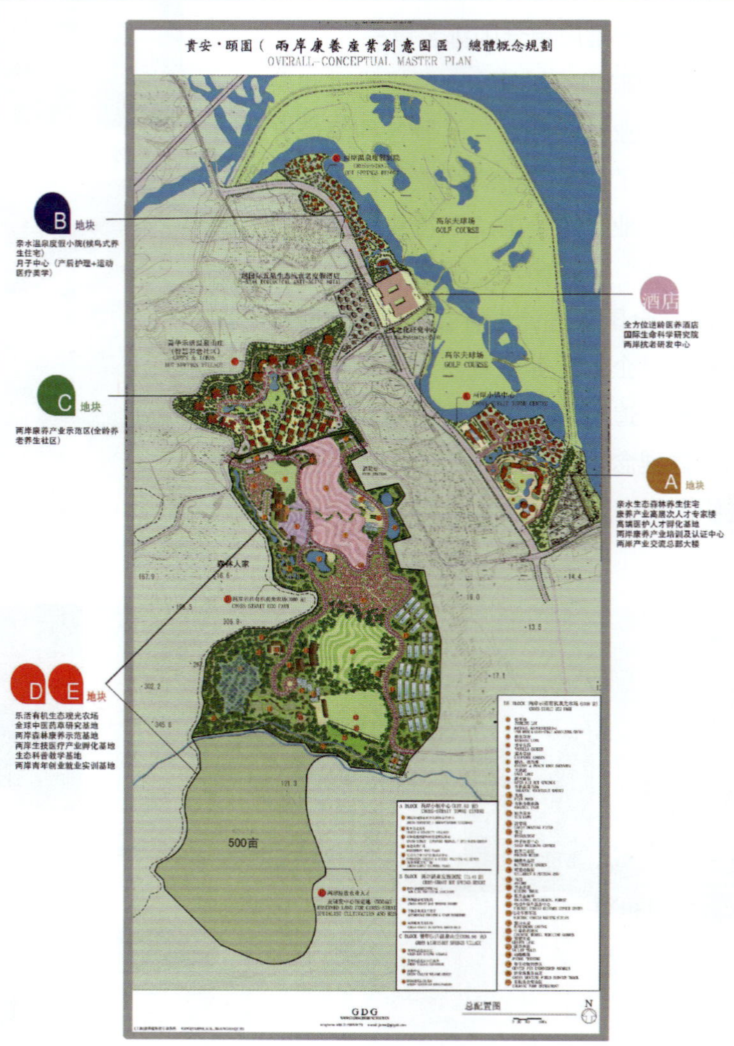

温泉高尔夫球场美景

员会评为“全国十佳景观球场”。

现在公司正通过打造国际超五星抗衰老度假酒店，为每一位讲究生活品质、关注生命质量的尊贵客人在享受集非手术抗衰老、中医抗衰老、心理抗衰老、生物抗衰老、绿色抗衰老等多种先进技术的一对一私密性美疗服务，让每一位尊客迅速恢复年轻、享受健康的同时更能享受到精汤养生、艺术熏陶、星级美馔、智能便捷的管家式服务，以满足“身心灵”均得以栖息。

未来公司还将立足连江贵安，将其作为联系两岸的纽带，由健康阳光的高尔夫运动出发，秉持精益求精、立意极致的精神，综合绿色养生、专属健康管理、医美固龄、生态健体、月子关怀、乐活安居、智慧体验、休闲农业，推动大健康产业与大数据、大生态、大旅游融合创新发展，打造新时代高端健康服务集聚区、健康云产业孵化基地和康体养生养老首选地。

超五星抗衰老度假酒店

峥嵘24载 中庚坚守品质之道

在很多人看来，闽系房企大多以激进闻名，而中庚集团却始终保持着稳健经营的姿态。在许多房企“高举规模化、高周转”大旗的当下，中庚集团是如何坚守品质之道呢？

1997年，中庚集团崭露头角，在国内房地产市场刚刚进入蓬勃发展的时期，开发了首个项目中庚·香榭丽都，正式踏上房地产开发的道路。

1997–2005年，中庚集团先后在福州开发了中庚·香榭丽都、中庚·香江明珠、中庚·香江红海园、中庚·香江枫景、中庚·国际华府、中庚·财富天下、中庚·书香大第和中庚城等30余个高端社区，形成“香系”与“中庚系”两大影响力住宅产品品牌。2001年，中庚集团以远见卓识成立中庚物业，开启物业管理新领域。

在每一个产品的开发过程中，中庚集团始终秉持“创建品质，用心筑家”的理念，对产品品质严格要求，不惜投入。以“质量第一，客户至上”为宗旨，对工程品质进行严格的把控，科学管理，精心组织，层层筛选。并定期进行质量分析，强化质量检测和验收，坚决把质量标准体系和标准工作程序贯穿到施工全过程，同时不断完善现场质量保证体系。

中庚集团通过多年的拼搏，在福州树立了良好的口碑，同时严控品质也成为了中庚集团都在坚守的信念。为了获得更多的发展机会，2006年中庚集团开始了全国化布局战略，落子福建、北京、重庆、大连、江苏等国家重点省市。2010年中庚实现七盘连发，总销售额进入全国50强。

2017年，集团总部从福州搬迁到上海，中庚发展进入到厚积薄发，二次创业期。

目前，中庚已布局京津冀经济圈、环渤海经济圈、长三角经济圈、海西经济圈、成渝经济圈、长江中游经济圈6大区域。落子福建、上海、北京、重庆、大连、江苏、浙江、湖北等国家重点省市。累计投资、开发的项目40多个，土地开发建筑面积已超2000多万平方米；开发运营文创型主题商业上海中庚·漫游城等各类商业地产120余万平方米，在上海、福州、美国等地投资建造多家自主品牌酒店——中庚聚龙酒店。集团不断加强对外合作，联手多家央企、国企、上市公司开发了多个高端产品。此外，集团积极响应国家政策，在浙江、福州开发系列小镇。

中庚集团的快速发展也可以在数据上得以体现。克而瑞地产研究中心发布的《2020年1-8月中国房地产企业销售TOP100排行榜》显示，前8个月，中庚集团累计销售额始终保持全国百强行列。

如今，房地产行业发展趋势正在由规模化向高品质过渡，中庚集团早已深谙此道，并一直认为，人应该诗意栖居在珍贵的土地之上。基于此，中庚集团融合城市与社区，社区与居者，人与环境之间的共生关系，以敬畏之心不断探索建筑本源，更新生活方式，形成6大产品标准。

当然，中庚集团的产品标准化也不是一成不变的，各个城市公司需要在既定的标准上，根据当地客户需求，对产品进行二次深化设计，一切以客户为导向，尽可能满足当地的客户需求。同时，每个产品方案都严格按照集团标准进行数据化比对，深入研究分析，最终形成一个完美的方案，保证集团的产品品质标准有效持续。中庚集团认为，只有站在客户的角度看待产品，严格管控全过程，产品品质才能有保证，客户才会满意。

未来，虽然需要走的路还很长，但是中庚集团将始终秉承着“创建品质，用心筑家”为核心的品牌理念，持续全国布局区域深耕，不断进行产品升级，品质升级，实现品牌价值长期增长及可持续的业绩表现。

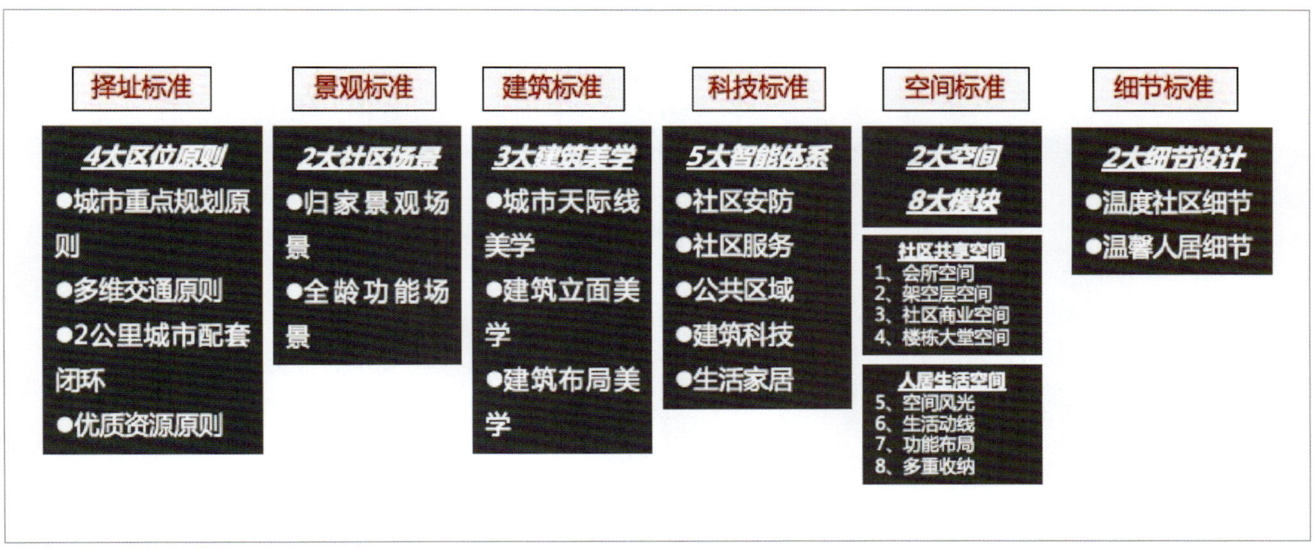

龙岩紫金集团
LONGYAN ZIJIN GROUP

龙岩紫金集团曾经是一家拥有建材、百货、化工、矿业、新能源、金融等多元化、跨行业经营的大型民营企业集团，集团旗下企业二十家，总资产超过30亿元，员工3000余人。集团辖属的龙岩龙化化工有限公司是闽西最大的化工生产基地；位于龙岩中心城市黄金旺区的百货曾经是闽西最大的百货商场；漳平金鑫硫酸化工有限公司在国内率先采用新型节能技术—蒸发管外置式余热锅炉专利技术，实现了增产增效和节能环保双赢的良性循环。随着企业发展和情况变化，集团公司也在不断调整发展方向。但紫金人秉承“凝聚产生力量”“一心一体，携手共赢”的核心理念不变，致力于营造宽松和谐、团结凝聚的氛围，共同奋斗，共同成长，共享成果。集团拥有一支勇于拼搏、敢于创新、乐于奉献、锐意进取的创业管理团队，2007年9月集团成立管理总部，同时组建了党委、工会、武装部、团委，促进了企业管理向职业化、专业化升级，实现了又一次新的飞跃，为闽西民营企业管理升级提供了新的示范模式。

热烈欢迎"全国劳模"郑振欣载誉归来
荣誉证书

省龙岩龙化化工有限公司

出效益
促发展
安全第一 预防为主 综合治理

福建和盛塑业有限公司

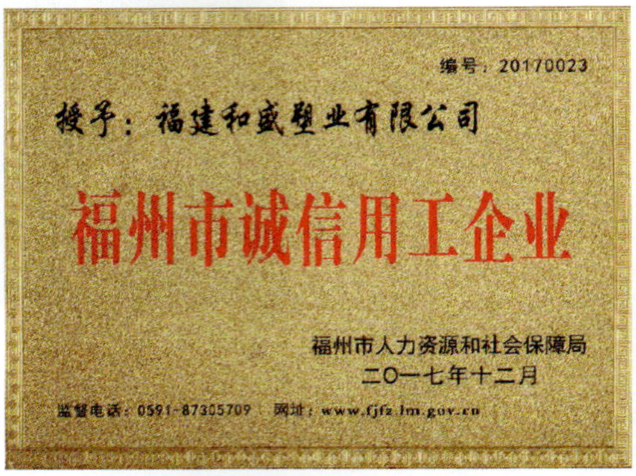

福建和盛塑业有限公司成立于2002年4月，位于福建省会城市—福州，注册资金5000万元人民币，总资产达3.6亿多元，员工500多人。公司是一家专业从事电力管道，电表箱，配电箱（柜），井盖支架，各种给排水管道及智能电网，配网自动化，节能减排，综合管廊和电力隧道综合解决方案等高科技产品的研发、生产和销售的电力、市政、管道高新技术企业，并承接市政、电力、地下管网工程总包业务。

公司严格按照ISO9001-2015质量管理体系、ISO14001-2015环境管理体系和OHSAS18001-2011职业健康安全管理体系的要求和规定组织生产，产品各项性能指标均达到或超过国家标准和行业标准要求，公司荣获多项“福建省高新技术企业”“福建省名牌产品”“福建省著名商标”“守合同重信誉单位”“质量管理优秀单位”等称号。

福建和盛塑业有限公司是一家不断创新、重视科技和人才投入，与高等院校建立紧密的产学研合作关系，创立市级企业技术中心，公司重视企业研究开发与知识产权管理的建设，目前已获得授权的发明及实用新型专利数51件。

公司产品销往全国各地，以福建省会福州为总部，在华东、华北、华南、西南、华中、西北等设立营销大区，建立了稳定的销售网络，产品销售实行售前售后（指导、安装）一条龙服务。

公司始终坚持“和谐共赢、事业昌盛”的经营宗旨，秉承“凝心聚力则为和，干事创业定会盛”的企业精神，致力为电力、市政、建筑工程提供优质产品、解决方案和服务。以创建电力领域多元市场一流资源整合商为奋斗目标，立志服务客户，造福社会。

福建华平纺织服装实业有限公司

福建华平纺织服装实业有限公司成立于 2004 年 4 月，位于长汀县腾飞三路 1 号，是港商全额投资集纺纱、织布、服装加工为一体的综合型纺织服装生产企业。该公司落地以来累计完成投资近 15 亿元，占地面积 200 亩，2021 年实现产值 10 亿元。

公司现有三条生产线：1. 纺纱生产线装备 15 万环锭纺纱锭、配套精梳及倍捻设备。主要生产纯棉及混纺 20^{S}—120^{S} 精梳、普梳纱线；2. 织布生产线 300 多台梭织机，主要生产化纤、棉布等高端胚布；3. 服装车间装备有 300 台针织机，主要生产各

式服装，出口量100%。

公司采用目前国内外最先进的纺织服装加工设备，纺纱主要产品有精梳全棉$J20^S$—$J100^S$，精梳、普梳涤棉混纺20^S—60^S及普梳全棉20^S—60^S纱，质量可达乌斯特2012年公报5—25%水平；织布主要产品有20D化纤布及棉布等较高端胚布；服装产品主要生产成人针织、梭织服装。该公司的产品定位于高品质、功能型绿色环保，产品主要销往广东、福建、山东、江苏、浙江、出口欧美、中东、非洲等地。

2021年初，公司嫁接原冠龙纺织新上30万锭生态纺纱生产线项目，计划总投资约10.5亿元，拟对原有厂房进行改造，打造数字化智能纺纱车间，将纺纱行业从劳动密集型向智能化转型。

福建中潭国际贸易有限公司

董事长：李兹钿

李兹钿，君山片区流水松厝村宋厝自然村人，平潭政协常委、实验区监察工委特约监察员、实验区工商联副主席 / 副会长、两岸企业家峰会会员、台湾平潭同乡会荣誉会长、福建中潭国际贸易有限公司董事长，主要从事对台物流贸易，是实验区物流贸易龙头企业，长期关心支持社会公益事业，并积极参与购买文化中心募捐活动，现任两会副会长。

2015 年被评为福建省“十大青年创业楷模”；2016 年被聘选为福建省产业经济发展促进会副会长；2019 年被福建省政府授予“非公有制经济优秀建设者”荣誉称号；2021 年被实验区政府授予“优秀民营企业家”荣誉称号；2016 年至今企业发展历程在每个年度均被福建产业经济发展年鉴、福建社会发展年鉴收录。

福建中潭国际贸易有限公司成立于 2012 年，公司业务涵盖台湾知名品牌商品代理进口贸易批发兼零售、台湾商品免税展销、农渔产品贸易、货运代理、进出口清关服务、OEM 代客加工服务等，是一家综合性专业对台进出口贸易服务企业。随着一岛二窗三区政策的叠加优势，中潭国际已逐渐发展为平潭综合实验区对台贸易龙头企业之一。

2012 年立足平潭，先试先行在平潭开立第一家近 1000 平方米台湾商品展销厅；2014 年入驻对台小额贸易交易市场，从市场开业至今是交易市场内展示面积最大的展示厅；公司并协助对台招商，引进多家台湾企业共同入驻，于 2015 年联合台湾彰化县 40 多家在地生产厂商以及多家台湾知名品牌企业，在平潭台湾商品免税市场打造独具台湾特色、最具规模的台湾县市主题馆——彰化馆。该馆融入台湾消费观光创新理念，以商品展示与消费观光体验相结合，打造成为台湾小镇对台小额贸易交易市场的一张重要名片。我司是专业的台湾商品运营商，公司代理十多家台湾知名品牌，并拥有自有品牌“国民味队”系列商品。

近年来公司携手台湾厂商及大陆经销商，经过长期密切合作，共同打造两岸贸易供应产业链，与客户建立长期良好的合作模式和完善的营销体系，并将台湾商品带入千家万户，深受中国大陆经销商及广大消费者的一致好评。

2019 年 2 月，高雄直达平潭货运航线进入常态化运营，公司积极响应平潭综合实验区党工委、管委会号召“将平潭打造成台湾农渔产品进入大陆主通道”公司率先入驻平潭台湾农渔产品交易市场，并将台湾进口水果在平潭口岸从无到

有的发展2019年进口水果总货量近4000吨，总柜量近300条40呎冷藏柜，货值达4000多万元；2020年进口水果总货量近8000吨，总柜量近600条40呎冷藏柜，货值达9000多万元，占比平潭口岸进口台湾水果50%左右。2020年虽受疫情影响，进口水果业务量呈不降反升趋势，主要得益于在实验区党工委管委会抓“六保”促“六稳”，有力有序推动复工复产工作安排，进口货物量及货值比2019年度增长近百分百。2021年1月-2月进口水果货物量及货值比同期增长近百分百，公司一直坚持扎根平潭、深耕平潭，积极努力拓宽对台贸易产业的发展。

2020年面对突如其来的疫情，作为实验区重点企业，我公司董事长李兹钿作为平潭政协委员、工商联一员、及民革党员积极响应政协号召迅速行动，履行职责、主动承担社会责任。1月30日第一时间捐赠600片一次性医用口罩，由平潭政协转交给实验区经济发展局，用于一线防疫工作。2月3日再次捐赠1000片一次性医用口罩交给平潭政协，送到平潭疫情防控一线工作者手中。疫情期间，受实验区管委会相关部门委托，我司积极协助联系，采购筹集防疫物资，经过多方努力协调下，为实验区筹集到一批防疫急需物资。在联系筹集采购物资的同时，共计为实验区防疫一线捐赠医用口罩1600个、美国杜邦品牌防护服200套、医用防护面罩30个，价值人民币8.55万

元疫情所需物资，尽一份社会责任和企业担当。我司作为一线企业，积极开展复工运营，为打赢疫情防控阻击战贡献智慧和企业力量，为实验区疫情防控工作及发展作出一份贡献！

公司一直秉承的宗旨是：立足平潭，服务两岸，打造专业台湾商品供应链平台。为把平潭综合实验区、自贸区、国际旅游岛建设成为两岸同胞宜居宜业宜游的共同家园贡献一份力量！

安通控股
Antong Holdings

股票简称：安通控股
股票代码：600179

安通控股股份有限公司（股票代码 600179）系国内 A 股上市的集装箱物流企业。公司响应国家“一带一路”倡议号召，扎根中国集装箱多式联运物流产业，通过整合水路、公路、铁路运输资源协同运作，并依托综合物流信息化平台为支撑，致力为市场提供综合物流、船舶服务、物流园区、投资管理等多元服务。目前，公司综合运力位居全球第 15 位，排名中国内贸集装箱物流行业第二位（民营企业首位），旗下拥有两家主要全资子公司——“国家 5A 级物流企业”泉州安通物流有限公司和“国家海事局安全诚信公司”泉州安盛船务有限公司。2018 年业务营收 100.6 亿元，同比增长 48.8%。

多式联运服务网络搭建与发展

基于多层次、广覆盖的国内外服务网络，安通控股整合“江、海、铁、公”多方物流资源，形成了完善的多式联运物流服务体系，实现了客户需求与物流资源的最佳配合，打造了低成本、高效率的“门到门一站式”物流服务，并持续拓展特色化的冷链物流、危险品物流等领域，结合驻厂物流、集疏运服务、城际配送等方式深度开发大客户，为客户提供从“采购 – 生产 – 销售 – 终端消费者”全程的物流服务。

在服务内陆区域方面，公司依托铁路端“拉线成网”战略，持续拓展延伸服务覆盖面，与原先的公路、水路网络形成叠加，经营铁路业务线 400 多条，线路通达全国 91% 以上枢纽节点，站点超过 700 个，并可通过中欧班列运转至蒙古、俄罗斯以及中亚等跨境区域。

强大的物流网络和业务规模

公司通过整合“水路、铁路、公路”多式联运资源，并与各国内主要港口建立了良好的合作关系，截至 2019 年 11 月 1 日，公司在全国设立海运网点 97 个，涉及业务口岸 183 个，设立铁路网点 25 个，涉及业务铁路站点 774 个，物流服务覆盖 31 个省 / 市 / 自治区 270 座城市。

“门到门”一站式的专业服务能力

安通控股创新集信息化整合平台，自主研发指尖物流、指尖金融等各类应用平台，建立了可供查询、订舱、结算、监管等多种功能的全程可视化物流信息平台，实现了物流全过程可视化、可监控与可追溯。该平台已于 2015 年 1 月正式投入运营，并于 2018 年 1 月入选国家首批“骨干物流信息平台”试点。

最优的船舶配置且成本优势明显

安通搭建了梯队化的船队结构，能灵活根据货物量、航线等因素调配资源，同时船舶经济性好，经统计，2019 年公司船舶的单位平均油耗比同行业船舶的油耗节省约 20%。

海铁联运

多式联运

集装箱运输

冷链物流

船舶运输

多式联运物流是安通控股企业发展的根本，安通立足于综合物流发展道路，加快在“运输网 + 仓库网 + 基地网”的布局，形成“水路 + 公路 + 铁路 + 多式联运基地”的国内全覆盖并快速延伸海外的物流网络，并重点加快多式联运物流基地的建设和运营。通过打造区域性的枢纽中心，实现“干线网”“仓储网”“园区网”的相互联动、全面协同，从而更好地服务于产业，让物流与产业链条有机融合，以物流畅通带动产业发展，以产业繁荣促进物流升级。同时，安通将在整合各方资源的基础上，持续对物流的产品、服务模式进行多维度升级，努力扩大业务平台和品牌效应，更将进一步延伸企业在物流装备研发、行业标准化体系制定等项目，加快企业自身品牌软实力的提升。

未来，安通将利用云技术、物联网、移动互联网、大数据等技术实现“线上平台”与“线下网络”高效对接、相互呼应，真正实现业务一体化运作，实现“天网”与“地网”的“天地融合”。

福建振豪建设集团有限公司

前台

董事长：林炜

中级工程师，经济师。

主要社会职务：福州市晋安区家居建材行业协会名誉会长、福建省产业经济发展促进会副会长、福州市诚信促进会副会长、福建省建筑产业现代化协会理事、福建省青年企业家协会理事、福州市建筑业协会常务理事。

福建振豪建设集团有限公司前身为福建振豪建设有限公司，成立于2013年。2018年3月并购福建省永腾建筑劳务有限公司、福建振鑫豪实业发展有限公司、福建省振豪贸易发展有限公司，组建一体化产业链集团公司。福建振豪建设集团有限公司是一家集房建、市政、装饰装修、钢结构、古建筑、施工劳务、工程机械设备租赁、建材贸易、资本投资与管理为一体的综合性建筑企业。公司现拥有房屋建筑工程施工总承包壹级、房屋建筑工程监理甲级、市政公用工程监理乙级、建筑装饰装修工程专业承包壹级、建筑幕墙工程专业承包贰级、消防设施工程专业承包贰级、市政公用工程施工总承包叁级、地基基础工程专业承包叁级、钢结构工程专业承包叁级、建筑机电安装工程专业承包叁级、古建筑工程专业承包叁级、环保工程专业承包叁级以及施工劳务等资质。

办公区外景

集团公司自成立以来，秉承先进经营理念和过硬的施工技术，严格恪守“安全至上，质量第一，诚信为本，保证工期”的战略经营宗旨，实施“质量兴业”，在集团品牌战略的思想指导下，坚定不移地坚持“提高素质、增创效益、科学管理、争创精品、树立品牌、赢得市场”的企业质量和战略目标，牢固树立企业形象，实行统一领导，统一计划，健全全员责任制。公司始终坚持以安全质量求生存、求发展、求效益，并根据自身的发展前景，结合社会发展需求，以战略分析为基础、现代企业管理制度为契机，不断探讨企业的优化组合结构，寻求可持续发展战略，走多元化道路，在市场建设工程上、行业上，占一席之地，以“团结敬业、开拓创新、追求卓越”的企业精神，迎接新的挑战，创造新的辉煌。

商务接待区

员工办公区

林炜同志，振豪集团董事长，中级工程师，经济师。2012 年参与紫阳商贸中心主要建设工作。在 2013 年，创办福建振豪建设有限公司，2014-2016 年不断加强和完善振豪内部监督管理长效机制，于 2017 年起与世界 500 强企业碧桂园集团战略合作，承接多个地产开发的施工项目；2018 年 3 月并购永腾建筑劳务有限公司、振鑫豪实业有限公司、振豪贸易有限公司，成立福建振豪建设集团有限公司。振豪集团在林炜同志的带领下，不断在技术上创新，通过了两项专利及工法申请。

专利：实用新型专利——建筑施工用放料架；

实用新型专利——建筑用刷墙机。

工法：装配式建筑双向叠合板拼缝抗浮施工工法。

振豪集团在不断的发展中也积极履行企业社会责任，投身公益事业。2020 年 2—3 月，积极响应政府号召，在林炜同志的带领下，参与疫情防控工作，通过多渠道采购医用口罩 25000 个、额温枪 33 把、消毒水 100 瓶等，总额约 14 万的防疫物资捐赠给一线的工作人员，用绵薄之力向社会贡献振豪的力量；此外，振豪集团已连续两年参与“爱心茶摊送清凉活动”，炎炎烈日为一线的工作者送去清凉；2021 年，为响应政府“万企帮万村”精准扶贫行动，振豪集团党支部小分队来到了闽清县梅溪镇新民村黄圣云家，采购农产品茶油，助力农户精准脱贫；“七一”来临之际，在晋安区委领导以及振豪董事长林炜的带领下，一同走访党龄 50 年以上的老党员们，为老党员们颁发“光荣在党 50 年”纪念章，并送去诚挚的关心和慰问。

会议室

办公室一角

福建寿山旅游文化开发有限公司

福建寿山旅游文化开发有限公司，是北京立根集团的子公司。北京立根集团创始于1989年，是一家集石油能源、房地产开发、商业资产管理、文化旅游、金融投资为一体的多元化企业集团。目前集团在全国有子公司200多家，拥有员工2000多人。福建寿山旅游文化开发有限公司是立根集团旅游产业规划的重点项目公司。立根集团结合战略转型需要，并积极响应福建省委，省政府号召，于2015年1月正式入驻福州旅游业，先后接管皇帝洞景区、七里畲寨景区、寿山石古矿洞景区。本着安全至上、开拓创新、诚信经营的理念，全员齐心协力，以高标准着力将中国寿山国际旅游度假区打造成集旅游观光、文化娱乐、休闲度假为一体的综合旅游度假区。

神龙瀑布

寿山圣地

亭 子

寿山石洞

乡 村

福建省长汀盼盼食品有限公司

福建省长汀盼盼食品有限公司是福建省盼盼食品集团的第十个子公司，拥有丰富的农产品深加工和开发的经验。公司自2004年落户长汀以来，现有食品生产线42条，可直接和间接带动农户12000户。主要生产干蛋糕、手撕包、瑞士卷、华夫饼、蛋黄派、麦香鸡块、复合薯片等一百余种系列休闲食品。公司于2016年5月，投资新建食品饮料二厂。该项目占地97亩，拟新建厂房8万平方米，项目全部建成投产后年可产各类食品饮料20万吨。2017年公司实现产值8亿元，税收达2500万元，企业员工1000余名。

公司于2017年3月由党支部升格为党总支，下辖3个党支部，拥有党员45名，入党积极分子36人，曾获“全省创先争优先进基层党组织”“龙岩市先进基层党组织”等多项荣誉称号，是省委组织部非公党建联络点。

长汀盼盼公司于2007年顺利取得薯片类产品的自主出口资格；并陆续推行ISO9001、ISO22000、ISO14001、OHSAS18001、国军标9001等五个管理体系。2017年9月盼盼梅尼耶干蛋糕、瑞士卷及手撕包三种产品被甄选为金砖厦门会晤指定食用产品，美好的口感受到国内外贵宾的一致点赞。盼盼食品也于2017年荣获“亚洲品牌500强”荣誉称号，同时，公司的梅尼耶干蛋糕、艾比利、小面包等产品荣获“福建省名牌产品”，2018年获得“第三届龙岩市质量奖”荣誉称号。

多年来，公司先后被授予“国家扶贫龙头企业”“全国农产品示范企业”“全国五一劳动奖状”“全国模范职工之家”“农业产业化省级重点龙头企业”“省爱国拥军模范单位”等160余项荣誉称号。

当心伤手

福建龙麟集团有限公司

龙麟集团龙岩水泥生产基地

福建龙麟集团有限公司是以生产旋窑水泥为主，集协同处置、余热光伏发电、商品混凝土搅拌、矿山开采、物流运输、参与金融投资等多元化于一体的大型综合企业集团。是国家发改委、工信部、国土资源部、中国人民银行批准的全国60家水泥工业结构调整重点支持企业、全国建材60家重点调度联系企业、全国两化融合促进节能减排试点示范企业、全国建材先进集体、全国节能先进集体、全国守合同重信用先进单位、工信部绿色工厂、中国建材最具成长性企业、中国建材企业100强、中国水泥熟料产能50强、福建省文明单位、福建省优秀民营企业、福建省首批循环经济示范企业、福建省节能先进集体、福建省质量管理先进企业、福建省工业和信息化省级龙头企业、福建省五大水泥龙头企业、福建水泥首家碳交易企业、福建省专精特新企业、龙岩市制造业十强企业。

集团创建三十多年，按照"立足水泥主业，延伸产业链，加快发展水泥深加工产业"的总体战略规划，以"致力于节能、环保、低碳的建材及其深加工产业建设"为使命，以"打造福建省节能、环保、低碳的建材生产主流基地"为愿景，不断夯实基础、科学发展，围绕水泥主业完善循环经济产业链。公司当前拥有新型干法回转窑带纯低温余热发电及循环经济生产线三条，配套水泥窑协同处置固体废物的绿色转型升级项目列入福建省示范项目、省重点项目、省重点技改项目、省补短板项目、省工程包项目，水泥窑协同处理的运营实现了真正

一线协同处置城市生活垃圾

意义上的"无害化、零排放、资源化"模式，成为"城市的净化器、政府的好帮手"；即将建成投产的水泥窑二氧化碳捕集项目、水泥窑SNCR+高温电除尘+SCR超低排放也将为实现碳达峰碳中和以及亲清福建做出新贡献。公司旗下配套商品混凝土搅拌站三座、"漳浦龙麟工业园"一个，现有资产55亿元、水泥产能1000万吨，商品混凝土产能300万方。公司狠抓企业基础建设及循环经济、节能减排工作，开展企业信息化与工业化融合，实现生产管理和技术改造的不断创新，公司建设运营凸显了三大特点、通过了六大认证；公司的新型干法水泥协同处置生产线广泛应用各项先进高效节能工艺技术装备，采用了生料立式辊压磨、第四代推动式熟料篦冷机、水泥立式辊压终粉磨、矿渣立式辊压高效节能粉磨及水泥无极配制等先进装备，有十多项节能减排低碳技术创福建省建材行业第一，获得国家授权专利14项。公司

围绕水泥主业形成了较为完善循环经济产业链。会同省相关部门共同制定的 DB35/1049《福建省水泥单位能耗限额标准》在福建全省颁布执行。

公司生产线配备有高效除尘设施，实现水泥窑尾气颗粒物排放浓度低于 10gm/m^3；水泥窑还配备了脱硫、脱硝装置，首台采用 SNCR 技术降解窑尾气 NOx 脱硝系统于 2012 年 3 月建成投入使用，是福建省最早开展脱硝的水泥厂家，为此省环保厅以“闽环保总量〔2012〕22 号”发文在全省通报表扬龙麟集团公司率先试点建成投运水泥脱销设施。工厂在设计和建设中还特别重视了与周边生态环境的协调和融合，使厂区巧妙和谐地融入自然环境，保持周边地区原始风貌不变。在厂区及道路两侧实施美化绿化，保护周边景观不受影响，努力打造生态工厂，实现企业发展与环境保护、社会经

济和谐发展的目的。企业还严格落实安全生产责任，强化职业健康管理，是安全生产标准化生产企业。在履行社会责任关心公益事业上，注重企业文化建设、关爱员工、创建和谐厂社关系，造福桑梓，先后为周边新农村、市政建设、水利设施、教育事业、救灾复产、支持残联等公益事业，捐款支持及捐水泥的资金累计超过上千万元。同时，集团公司涌现了一大批敬业爱岗先进集体和个人。公司良好的企业形象，得到社会各界的认可与认同。

主导产品“龙麟”牌、“闽强”牌、“鼓浪屿”牌水泥，严格按高于国家标准的企业标准要求组织生产，产品质量优异、性能稳定，荣获“福建名牌产品”“福建省著名商标”“福建省建材放心产品”“福建省用户满意产品”“重点推荐品牌”“海西经济年度最具影响力品牌”，被广泛用于城市地铁、高速公路、铁路、港口、码头、机场、桥梁、隧道等国家重点建设工程与工程重点建设项目及其他工业与民用建筑项目，成为国家重点建设项目和主体工程的首选品牌之一，深受广大用户的信任和垂青。

在“十四五”期间，集团按照国家发改委《产业结构调整指导目录》和全国建材联合会最新制定的《第二代新型干法水泥技术与装备的八大标准》以及协会倡导的推进建材行业提前全面实现碳达峰碳中和要求，坚持创新驱动，大力研发应用各类减污降碳新材料、新工艺、新技术、新产品。坚持水泥行业实现减污降碳协同增效要以降碳为总抓手，调整行业治理方式，加快从末端治理向源头防控转变。围绕国家行业政策计划投入约 20 个亿完成传统水泥产业的技术升级改造，使企业在绿色、低碳、节能、环保的路上再上新台阶，进一步现显海西建材龙头企业作用，为社会、为广大人民大众提供更多健康环保低碳优质的产品和服务，实现企业行业竞争力的进一步提高。

福建顺源纺织有限公司
FUJIAN SHUNYUAN FANGZHI YOUXIAN GONGSI

福建顺源纺织有限公司创办于2011年4月，公司坐落在三明市尤溪县经济开发区城西园，占地281亩，建筑面积20多万平方米。公司主要生产：纯棉、棉与粘胶混纺、棉与纯涤混纺、人绵纱、纯绦纱、竹节纱、包芯纱、倍捻纱、混纺纱(涤粘)等。公司计划投资13亿元，建设成40万锭的纺纱线。公司建成后，总人数超过1000人，年产量7-8万吨，产值15亿元左右。

目前公司规模38万锭，完成固定资产投资12亿元。总投资7300万元的顺源纺织二、三车间核心设备智能化改造项目，引进意大利全自动络筒机以及台湾的自调匀整并条机56台套，已完成新购设备安装调试并投入生产；总投资2.3亿元的顺源6.5万锭粗细络联智能数字化纱纺项目，引进苏拉清梳联、瑞士立达精梳联机等进口设备175台套，建设全省第一家自动化智能化数字化车间。该项目的纺纱粗细络联智能化设备在第二届中国国际进口博览会中与机械设备展区参展商卓郎公司，签订订购合同1660万美元，该项目已投产。

公司技术力量雄厚，面向全国招聘了一大批技术骨干，他们既具有深厚的理论知识，又具有丰富的实践经验。公司还具有一支技术精湛、管理能力强的领导团队。在管理上，牢固树立以人为本的观念，建立健全了各项科学的管理制度，建立了以车间、班组为单位，按产量、质量、能耗、安全等综合考评的竞争机制，建立了以优秀党员为示范，工会组织引导、快乐工作、和谐生活的员工娱乐体系。

公司设备配置科技含量高，采用国内、外最先进的纺纱设备，具有高速度、高性能、高品质、安全节能等特点，纺纱工艺流程先进：清梳联合机组→高速并条机→计算机控制的粗纱机→高效细纱机→进口自动络筒机，已具备环锭纺、赛络纺、紧密赛络纺、色纺等较为齐全的高性能、高技术的纺织能力。

公司坚持“以人为本，建立和谐企业”文化观，树立“今天的质量，明天的市场”质量观，遵循“客户的需求，公司的责任”服务观，艰苦创业，努力奋斗，创造公司美好的明天。

厦门市利安茶业有限公司

总经理 高清奇

厦门市利安茶业有限公司成立于 1985 年，以诚信、务实的经营管理，至今已发展成为集种植、生产、加工、科研、销售于一体的综合型企业。

公司拥有茶园基地面积 3733 亩，位于海拔 850 米，在群山环抱之中，常年雾气缭绕，土壤以红壤和黄壤为主，富含硒元素，年平均降雨量约 1900 毫米，空气清新，没有任何大气污染，茶树生长有着得天独厚的自然环境。

公司凭借世代精湛的茶叶初制技术和制茶的传统秘诀与科学技术相结合，经过世代的经验积累和技术创新，形成了一整套独特的产品拼配、加工、烘焙技术；并配备先进的茶叶农残、微生物检测设备；拥有一流的专业检测技术人员，确保了产品的质量安全卫生。

毛蟹五星级茶王

铁观音五星级茶王

公司出口及内销的产品有安溪四大名茶铁观音、本山、黄金桂、毛蟹、还有大红袍、武夷岩茶、闽北水仙等乌龙茶系列产品以及红茶、茉莉花茶、绿茶、普洱茶等。以“飞鹭”牌系列的乌龙茶为主打产品，香气独特，馥郁持久，回味悠长，深受消费者青睐。销售遍及全国各地及日本、马来西亚、美国、新加坡、台湾等国家及地区。

公司本着对产品质量的自然、健康、绿色以

高清奇劳模及个人荣誉简介

厦门市利安茶业有限公司的掌门人、高级经济师——高清奇，出生于福建省安溪县大坪乡茶叶世家。20 世纪八十年代改革开放，是厦门地区最早以个体私营体制从事茶叶加工、营销的先驱者，为突破公有体制垄断茶叶市场的先锋者。事业尚有成就，取得长足发展，历任厦门市政协八、九、十届委员，区政协常委并任提案主任、厦门市集美区九、十、十一届人大代表、2011 年被聘为“福建省海峡品牌经济发展研究院荣誉副院长”，世界杰出华商理事，1986 年荣获国务院颁发的“全国归侨侨眷优秀企业家”，并被福建省企业局评为“优秀企业家”、“厦门市优秀企业家”，于 1996 年被评为“厦门市劳动模范”。

及品质决定品牌的原则，在提高管理水平和产品质量方面投入大量的精力。先后通过全国质量管理达标、绿色放心食品企业，ISO9001：2000 国际质量管理体系认证，全国工业产品生产许可证 QS 标志。公司选送的铁观音、毛蟹在中国茶叶学会、世界茶文化交流协会、中国星级茶王赛筹委会的中国星级茶王赛中荣获“五星级茶王”“三星级茶王”称号。2005 年“飞鹭”品牌被授予中国三绿工程放心茶和中国茶叶协会推荐品牌，2008 年“飞鹭”牌荣获厦门市著名商标，同年“飞鹭”牌茶叶入围厦门人最喜欢的十大茶叶品牌奖。

董事长高清奇与日本绿道有限会社社长

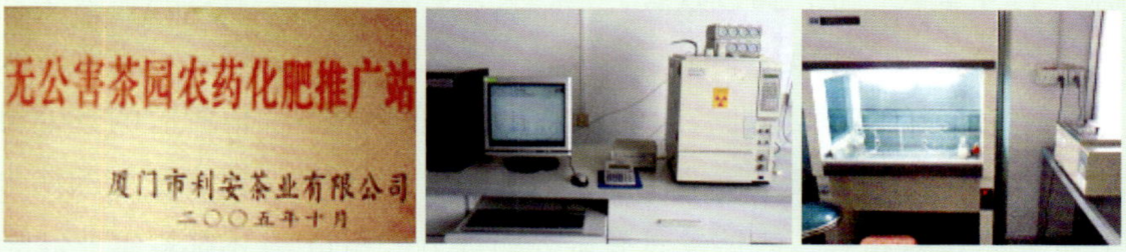

有机栽培及无公害治理

公司的管理宗旨：“质量求生存、信誉求发展”。发展至今，公司加工出口到日本、东南亚等国的乌龙茶无一退货。历年还荣获政府评为“守合同、重信用单位”“文明单位”等。是目前福建省茶叶出口生产企业的佼佼者。

茶香飘四海，质优传万里。依托优质的茶叶原料，雄厚的精加工技术，严格的品质控制和完善的售后服务。把飞鹭产品推往祖国各地、飞向世界各个角落！

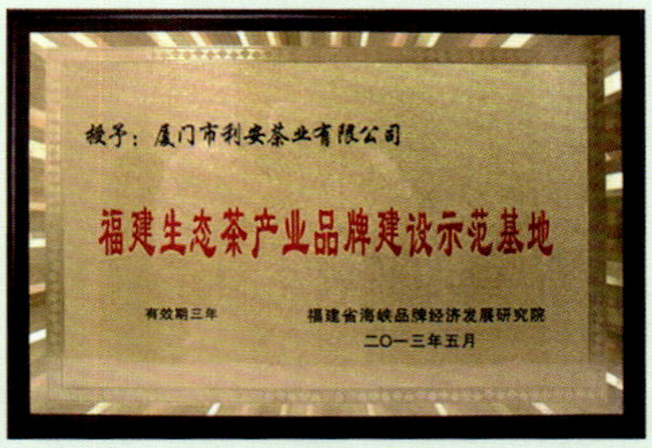

木林森集团

把自然融入生活
——木林森

集团总部大楼

一木参天，二木成林，三木成森。

创建于 1998 年的木林森休闲鞋，以建设中国第一休闲鞋品牌为愿景，秉承自然、阳光、健康、和谐的品牌理念，以鞋脚合一、人鞋一体的和谐设计和精湛工艺，为消费者带来健康舒适的自然行走体验。

经过 19 年的发展，无论是从品牌影响力和市场占有量，木林森都始终保持着休闲鞋领导品牌的地位。木林森是中国皮革协会常务理事单位，全国制鞋行业重点企业，通过权威评估，“木林森”品牌价值已达 56.8 亿元人民币。

目前，木林森集团拥有四十五大类商标使用权，木林森集团大厦、集团工业园已全面建成，木林森户外、木林森布鞋、森展皮具有限公司等分公司也已全面运营。我们始终坚持商之其道，以诚信为本的理念，以“诚信为商”为约定，立言立行立志成为中国新一代商人，共建诚信和谐的品牌经营环境。作为一个有使命感的企业，必须积极倡导“诚信经营，利益共享”要求全国各分公司在品牌、产品、市场、服务、人才等方面的全面升级，打造一批诚信经营的分公司，肩负起推动中国休闲鞋产业持续健康发展的伟大使命，在利益共享的基础上，推动木林森事业健康，持续，高速发展。

未来的木林森将开启集团国际化经营模式，实施品牌多元化跨行业操作，实现更多的财富梦想。

工业园区